Ludwig Hüttl · Max Emanuel

Ludwig Hüttl

Max Emanuel

Der Blaue Kurfürst
1679-1726

Eine politische Biographie

Süddeutscher Verlag

Umschlagentwurf: Design-Team, München

Bildquellennachweis:
Schutzumschlag (Vorderseite): Porträt Max Emanuels. Pastell von Joseph Vivien, 1706. München, Residenzmuseum. (Mit frld. Genehmigung der Staatl. Verw. der bayer. Schlösser, Gärten und Seen. Foto: Blauel.)

Schutzumschlag (Rückseite): Max Emanuel. Schabkunstblatt, gestochen von B. F. Lutz. Thesenblatt in der Staats- und Stadtbibliothek Augsburg.

Vorderer Vorsatz: Stich anläßlich der Rückkehr Max Emanuels. Entworfen von **Cosmas Damian Asam**, gestochen von Johann August Corvinus. München, Stadtmuseum.

Hinterer Vorsatz: Karte »Europa um 1700«. Als Grundlage für die Erstellung dienten der Bayerische Geschichtsatlas (hsg. von Max Spindler, München 1969) und der dtv-Atlas zur Weltgeschichte (von H. Kinder u. W. Hilgemann, München 1965, Bd. 1).

ISBN 3-7991-5863-4

© 1976 Süddeutscher Verlag GmbH, München. Alle Rechte vorbehalten
Printed in Germany. Schrift: Baskerville-Antiqua
Satz und Druck: Kösel Graphische Werkstätten, Kempten
Bindearbeit: Klotz, Augsburg

Inhalt

Vorwort 11
Regierungswechsel in Bayern 1679/80 13

Das Erbe

Bayern zur Zeit des Kurfürsten Ferdinand Maria .. 21
   Das Land 21
   Die wirtschaftliche und gesellschaftliche Kennzeichnung 22
   Die demographische Kennzeichnung 33
   Die Verwaltung des Territoriums 41
   Die kulturelle Situation 47
   Die politische Lage Bayerns innerhalb Europas 50

Der Weg zum Ruhm (1662–1699)

Kindheit und Jugend 59
   Erziehung und Umwelt 59
   Staatsdoktrin und Prestige 85

Jahre des Übergangs (1679–1682) 91

Der Kampf gegen die Türken 100
   Ungarn – das Land und seine Menschen 100
   Bayern und die Belagerung Wiens 104

Das Heer 109
   Auf dem Marsch 114
   Die öffentliche Sicherheit 120
   Der Entsatz von Wien 122
   Verträge 126
   Die Situation des Soldaten 128

Fürstenhochzeit 132
Subsidien aus Österreich 146
Militärische Wagnisse, Erfolge und Rückschläge.... 149
Gefangene aus Ungarn 156
Bayern im Jahre 1687 158
Diplomatisches Karussell......................... 160
Der Weg nach Mohács 167
Zwischen den Fronten 170
Der Kölner Bischofsstuhl......................... 171
Violante Beatrix 175
Expansionsgedanken 177
»Münchener Karneval« 179
Die Eroberung Belgrads 183
Der Sieger 187
Die europäische Konstellation im Jahre 1688...... 191
Die Niederlande 193
   Diplomatische Voraussetzung für die Statthalterschaft 193
   Der Eintritt Bayerns in den Pfälzischen Erbfolgekrieg 195
   Die Ernennung zum Statthalter 196
   Die Situation der Niederlande 198
   Hoffnungen und Perspektiven 205
   Die neue Residenz in Brüssel 207
   Orientierungen 208
   Der Einzug in Brüssel 209
   »Bayern trauert« 211
   Der Brüsseler Hofstaat 212
   »Subsidien« aus Bayern 213
   Militärische Maßnahmen 219
   Der lange Weg zum kurzen Frieden 223
   Kabinettssitzungen 226
   Popularitätsbestrebungen 227

Die zweite Ehe................................... 229
Erbverträge 236
Der Prinz von Asturien 244
   Leben 244
   Erziehung 250
   Kinderkrankheiten 253
   Übersiedlung in die Niederlande 256
   Der Tod eines Kindes 257

Das Ende eines Traumes 266
Aufruhr in Brüssel 270
Kampf dem Jansenismus 275

Der Bündniswechsel (1700–1704)

Internationales Kräftefeld 281
Traditionelle Kombinationen 287
Der Bruder in Köln 291
Bayerisch-französische Perspektiven 293
Der Abschied von Brüssel 298
Zwischenbilanz: Bayern um 1700 305
Truppenorganisation 308
Revirement der Berater 314
Die bayerischen Diplomaten 318

Fiktion und Wirklichkeit 320
Die Kreispolitik 324
Verwirrungen 326
Alea iacta est 330
Die strategische Lage Bayerns 334
Aggression und Konfusion 336
Opposition ohne Macht 344
Die Blockade 347
Marschall Villars 349
Tiroler Debakel 352
Die Folgen 359
In der Falle 363
Die Wende bei Höchstädt 371

Die Zeit der großen Krise (1704–1714)

Die Flucht 377
Frankreichs Interesse 379
Die Organisation der Versprengten 384
Das Prinzip der Verhandlungen 388

Die Stephanskrone 391
Am Rande des Bankrotts 398
Fehlschläge 401
Der vergebliche Griff nach dem Frieden 403
Auf dem Weg ins französische Exil 406
Bayern unter kaiserlicher Verwaltung 410
   Eine Reise nach Venedig 411
   Die Operation München 413
   Bestandsaufnahme 417

Der Aufstand der Bauern und Handwerker 429
   Notsituation der Bevölkerung 429
   Reaktionen 445
   Aktionen der Untertanen 452
   Statistische Gliederung der Aufständischen 459
   Die Haltung Max Emanuels zum Aufstand 465
   Eine Legende entsteht 470

Der Bann 474
Die Prinzen 479
Resümee der Okkupationszeit 482
Rien ne va plus 491
Zeit der Verhandlungen 494

Restitution (1714–1726)

Die Rückkehr nach Bayern 509
Konsolidierung 512
Politische Taktik 516
Hausmachtinteressen 520
Die kleine Finanzreform 523
Das Ende eines Lebens 526

Bilanzen 535
Epilog 560

Anhang

Abkürzungsverzeichnis 562
Anmerkungen 563
Ungedruckte Quellen 696
Gedruckte Quellen.. 737
Literatur 743
Zeittafel 770

Personenregister 779
Sach- und Ortsregister 795

Vorwort

Thematischer Mittelpunkt dieser historisch-politischen Biographie sind Kurfürst Max Emanuel von Bayern inmitten seiner höfischen Umgebung und gleichrangig das bayerische Volk in allen seinen Schichten auf dem Höhepunkt des absolutistischen Zeitalters.
Das menschliche Dasein ist eingebunden in das Gefüge der wirtschaftlichen, gesellschaftlichen, kulturellen, religiösen und politischen Kräfte seiner Zeit, ist in seiner unverwechselbaren Eigenheit und Individualität Glied des Ganzen und steht mit diesem in ständigem, unausweichlichem Zusammenhang. Durch diese konstitutive Wechselbeziehung erhält der Einzelne seinen bestimmten und charakteristischen Stellenwert.
Das bayerische Volk in seiner Gesamtheit war Basis, Mittel und zugleich Opfer absolutistischer Herrschaft. Die wirtschaftlichen und gesellschaftlichen Strukturen der Bevölkerung, ihre demographische Entwicklung, ihre Verhaltensweisen, ihre materiellen, physischen und psychischen Nöte, ihre Hoffnungen und Enttäuschungen während der Epoche des Barock, dessen prachtvolle Schöpfungen gewöhnlich die ungeheuren Schattenseiten dieser Ära kunstvoll überdecken, gehören ebenso wesensgemäß zum Gesamtbild dieser Zeit wie die Außenpolitik, die Kriegführung und die Regierungsweise ihres Fürsten, der selbst wiederum integrativer Bestandteil des absolutistischen Systems war.
Im Zeitalter einer weltweiten wirtschaftlichen Rezession wollte Max Emanuel, gestützt auf die schwachen und unvollkommenen Kräfte eines kleinen Landes, europäische Machtpolitik betreiben. Wir suchen deshalb die Voraussetzungen, Hintergründe und Bedingungen dieser Politik aufzuhellen und eine Antwort auf folgende Fragen zu finden: Wie kam es zu dieser expansiven Politik Bayerns? Welche Rolle spielte der Fürst, welche »Rolle« der Untertan? Denn »Dasein heißt eine Rolle spielen«, definierte JACOB BIDERMANN, ein Dichter des Barock[1], die Aufgabe des Menschen in Gesellschaft und Staat. War der Fürst also in seinem Rollenspiel völlig gefangen, so daß er nur nach seiner eigenen Selbstverwirklichung trachtete, oder besaß er noch einen Blick für die Realität

und die wirklichen Probleme der Zeit? Konnte er den dadurch auf ihn einstürmenden Forderungen gerecht werden oder mußte er sich in eine Welt der Phantasie und des Traumes flüchten, um sich selbst treu zu bleiben? Wo liegen die Hintergründe für seine Erfolge und für sein Scheitern? Vermochte er allgemeine, übergreifende, die Entwicklung seines Landes vorantreibende Ideen und Pläne zu entwickeln? War der enorme Widerspruch zwischen den Doktrinen der zeitgenössischen Ideologie und der primitiven Wirklichkeit zu lösen? Beide, Ideologie und Wirklichkeit, sind in der Epoche des Barock und des Absolutismus sehr wohl zu unterscheiden.

Sicherlich werden die nachstehenden Ausführungen manch liebgewonnenes Geschichtsbild erschüttern. Es geht nicht darum, Legenden zu zerstören – denn Legenden haben ihr eigenes Leben, ihre eigene Tradition und Geschichte[2] – vielmehr gilt es für die Darstellung eines jeden historischen Zeitabschnittes, den Menschen zu verstehen[3], die Bedingungen seines Lebens und die Realität politischen Handelns nüchtern und sachlich aufzuzeigen sine ira et studio, der objektiven Quellenlage entsprechend.

Diese Biographie basiert vor allem auf der Analyse bisher unerschlossener und unveröffentlichter Originalquellen, die sich in den Archiven von München, Wien, Brüssel, Paris, Madrid, London und dem Vatikan befinden. Bereits Bekanntes wird nur insoweit herangezogen, als es eine notwendige Voraussetzung zum allgemeinen Verständnis bildet. Die vorhandenen Dokumente sind so zahlreich, daß nicht alle möglichen und denkbaren Fragestellungen angeschnitten und geklärt werden können. Anstelle einer verwirrenden Vollständigkeit wurde die Konzentration auf die wichtigen und für Land und Leute entscheidenden Strukturelemente, Faktoren und Ereignisse bevorzugt.

Regierungswechsel in Bayern 1679/80

Am Abend des 25. Mai Anno Domini 1679 fuhr der bayerische Kurfürst FERDINAND MARIA – er war der Sohn MAXIMILIANS I., der während des Dreißigjährigen Krieges für das bayerische Haus Wittelsbach die Kurwürde und die Oberpfalz errungen hatte – von seinem geliebten Schleißheim in die Münchener Residenz. Repräsentationspflichten riefen ihn. Man speiste an festlich gedeckter Tafel. Anschließend führten die anwesenden, kostbar gekleideten Damen und Kavaliere ihre kunstvollen Tänze vor. Hofmusiker und Komödianten präsentierten sich. Kurz, es war ein Abend, der sich in nichts von den vorangegangenen unterschied. Nur der Kurfürst blieb auffallend teilnahmslos und fühlte sich unpäßlich. Er zog sich vorzeitig zurück und ließ sich wieder nach Schleißheim bringen[4]. Dort rief man die Leibmedici, die »Ihro churfürstlichen Durchlaucht« den Puls fühlten, von Schwäche des Herzens und Melancholie des Gemüts sprachen, verschiedene Mittelchen, Ruhe und Schonung verordneten und baldige Besserung in Aussicht stellten. Die Umgebung des Fürsten zeigte sich nicht besonders beunruhigt. Als vor fünf Jahren durch Unachtsamkeit einer Hofdame, die vor dem Schlafengehen ihr Wachslicht auszulöschen vergessen hatte, ein »gräßliches Brandunglück« in der Residenz ausbrach[5], war FERDINAND MARIA, der sich in Braunau zur Besichtigung der Festungsanlagen befand, in einem Gewaltritt nach München geeilt. Seitdem war des Kurfürsten Gesundheit angeschlagen. Hinzu kam, daß der Tod seiner lebensfrohen Gemahlin ADELHEID im Jahre 1676 seine Neigung zur Melancholie noch verstärkte.[6]

Der Fürst verbrachte eine relativ gute Nacht. Doch am nächsten Morgen verschlimmerte sich sein Zustand rasch. Herzkrisen und Atemnot setzten ein. Die Mienen der Ärzte, die das Krankenlager umstanden, drückten jetzt große Besorgnis aus. Die angewandten Rezeßkuren, Stärkungsmittel, Laxantien, Klistier und Aderlaß versagten offenbar ihre Wirkung. Man erkannte, daß auf menschliche Hilfe nicht mehr zu hoffen war. Der Beichtvater eilte herbei und spendete die Sterbesakramente. Der Kanzler und die Geheimen Räte, die sich in München aufhielten, wurden verständigt. Tiefe Bestürzung bemächtigte sich ihrer. Würden sie unter der Herrschaft eines neuen Fürsten ihre Positionen am Münchener Hof behaupten können? Ihre Zukunft stand plötzlich in Frage, als der Kurfürst am 26. Mai 1679 im 43. Lebensjahr an Herzversagen starb.[7]

FERDINAND MARIA war kein strahlender Kriegsheld gewesen, kein überragender Diplomat auf dem gefährlich glatten Parkett des theatrum europaeum, kein geistsprühender Kavalier der Hofgesellschaft, kein großer Reformer der Strukturen seines Landes. »Timide« nannten ihn die Zeitgenossen, vor allem Diplomaten französischer, italienischer und habsburgischer Provenienz, denen er zu wenig auf Vorschläge einging, die in Wirklichkeit die Eigeninteressen des fremden Landes zum Ziele hatten. »Timide« und »Cunctator« nannten ihn auch spätere Kritiker. Doch ist nicht zu übersehen, daß seine abwägende, zaudernde, rascher Entscheidung abgeneigte, aber geschickt lavierende, jedem vermeidbaren Risiko abholde und konsequent durchgeführte Neutralitätspolitik, die sein Kanzler CASPAR VON SCHMID konzipierte[8], dem nicht mit allzu großen Reichtümern gesegneten und durch den Dreißigjährigen Krieg geschundenen Bayern dreißig Jahre Frieden gebracht hatte. Aus den unheilvollen Erfahrungen der jüngsten Zeit einschlägig informiert, erscheint die Leistung FERDINAND MARIAS gar nicht so gering.

Die Nachricht vom Tode des Kurfürsten verbreitete sich in der Haupt- und Residenzstadt München mit Windeseile. Selbst der bestunterrichtete Diplomat in München, der französische Gesandte DENIS DE LA HAYE-VANTELET, erfuhr sie auf diesem inoffiziellen Wege[9], obwohl neiderfüllte Kollegen von ihm zu behaupten pflegten, er wisse durch seine Informanten bereits heute, was morgen am Hofe geschehe. Rasch gelangte die Trauerbotschaft über die vielfältigen Kanäle der mündlichen Weitergabe, dem schnell funktionierenden Kommunikationsmittel jener Zeit, bis in die entlegenste Provinz, Anteilnahme in den Kreisen der Oberschicht hervorrufend, die sich für höfische und gesellschaftspolitische Ereignisse interessierte oder von ihnen tangiert wurde. Die Gesamtbevölkerung war es sicher nicht. Die meisten Untertanen hatten den Kurfürsten nie gesehen. Er war für sie von weit geringerer Bedeutung als der nahe lokale Herrschaftsträger, dem sie Gehorsam, Abgaben und Arbeitsleistungen schuldeten.

Nach dem geltenden bayerischen Primogeniturgesetz[10] war Maximilian II. Emanuel, erstgeborener Sohn FERDINAND MARIAS und seiner Gemahlin ADELHEID VON SAVOYEN, erbberechtigter Nachfolger, ein siebzehnjähriger, geistig und körperlich völlig gesunder, in ritterlichen und höfischen Belangen sehr gut bewanderter, in studiis et litteris gerade ausreichend, in rebus diplomaticis et militariis gut vorbereiteter und äußerst selbstbewußter Prinz, dem wohl jedermann »eine glänzende Zukunft mit gesellschaftlich und wirtschaftlich gesicherter Basis« prophezeit hätte, wenn ein solch lästerlicher Gedanke einem Untertanen im Zeitalter des Absolutismus überhaupt in den Sinn gekommen wäre. Der gesellschaftliche Graben zwischen Fürst und Untertan war viel zu tief.

Da Personen von Stand und Adel die Volljährigkeit erst mit dem achtzehnten Lebensjahr erreichten, konnte der neue Kurfürst sein Amt offiziell erst im nächsten Jahr antreten. Für ihn wurde eine Vormundschaftsregierung eingesetzt ähnlich jener nach dem Tode MAXIMILIANS I. (im Jahre 1651) für dessen unmündigen Sohn FERDINAND MARIA. Über die Modalitäten einigte man sich rasch.

Administrator und alleiniger Vormund wurde der Bruder des Verstorbenen, der kühle, verständige, stets genau kalkulierende MAXIMILIAN PHILIPP, Landgraf von Leuchtenberg.[11] Als erstes setzte er für sich und seine Gemahlin MAURITIA FEBRONIA eine neue Hofordnung ein, die der Rangerhöhung des Ehepaares entsprach. Seine Frau, die dem französischen Adelsgeschlecht DE LA TOUR-AUVERGNE entstammte, galt der hochnäsigen Münchener Hofgesellschaft nicht als ebenbürtig, was man sie ständig in demütigendster Weise fühlen ließ. Zugleich wurde der »Vortritt« geregelt, eine zeremoniell festgesetzte Reihenfolge im Auftreten der Personen von Stand nach Rang und Namen bei Hof und bei Feierlichkeiten, ein bezeichnendes Symbol jener Zeit. Der Regensburger Reichstag gab dem Zuschauer manch ergötzliches Beispiel.[12]

Diese Neuerungen am Münchener Hof waren formaler Art. Sie schadeten im Grunde niemandem. Bald aber begannen die neuen Besen zu kehren: Das Kabinett wurde umgebildet. Der altbewährte Kanzler CASPAR VON SCHMID, der beständige Befürworter einer eng an Frankreich orientierten Neutralitätspolitik Bayerns, wurde seiner dominierenden Stellung, die er in der Reihe der Münchener Räte und bei allen Entscheidungen von Bedeutung innegehabt hatte, praktisch, wenn auch noch nicht offiziell, enthoben. MAXIMILIAN PHILIPP entsprach damit einem allgemeinen Wunsch des Hofes und des bayerischen Adels, der mehr zum Erzhaus Habsburg denn zum Haus Bourbon neigte und dem der entscheidende Einfluß »des alten Mannes« auf den verblichenen Fürsten und auf die Hof- und Staatsgeschäfte zunehmend ein Ärgernis geworden war. Vorbei war nun die Zeit, in der Entscheidungen von unterschiedlichster Bedeutung – von Almosenvergabe über Kleiderordnungen und Verwaltungsdekrete bis zur Gestaltung der diplomatischen Beziehungen – vom Placet des ersten Ministers abhingen, ehe der Kurfürst seine Zustimmung gab. Das Land war dabei allerdings nicht übel gefahren.

Diese Veränderungen an der beamteten Regierungsspitze wurden für die Zukunft ausschlaggebend. Es gab fortan keinen Premierminister mehr. Zunächst folgte ein System kollektiver Beratung. Dann zog der neue Kurfürst Max Emanuel unmittelbar nach seiner Amtsübernahme (11. Juli 1680) in totaler Übereinstimmung mit seiner Selbsteinschätzung als primus absolutus super omnes et omnia sämtliche Entscheidungen an sich: Die bestallten Räte hatten ihre Meinung vorzutragen – aber nur, wenn Durchlaucht geruhten zu fragen. Nicht immer geschah dies. Wurden nicht genehme Ratschläge gegeben, dann konnte der Fürst nach Belieben den Beamten entlassen. Willfährige Nachfolger gab es in Hülle und Fülle. Alle Wege führten fortan zum Thron des Fürsten, dessen Weisungen unumstößlich und endgültig waren. Es gab keine Revisionsinstanz. Da sich Max Emanuel vorerst infolge seines strapaziösen Amüsier- und Repräsentationslebens nicht um alles kümmern konnte und von vielen Vorgängen der Verwaltung auch nichts verstand, blieb manches unerledigt. Unliebsame Berichte wurden bald totgeschwiegen, um seiner Hoheit nicht die Laune zu verderben. Welcher Beamte, der in allen Graden der Abhängigkeit und Existenzangst seinem Brotgeber gegenüberstand, mochte sich die Ungnade eines so glänzenden, jungen und tatendurstigen Fürsten zuziehen, von dem bei entsprechendem Wohlverhalten gesellschaftliches Ansehen, Amt, Beförderung, Geld und Gut zu erwarten waren? Kaum einer riskierte es.

Das Korrumpieren einer Herrschaftsform von der Spitze her durch omnipotente, in keiner Phase kritisch beeinflußbare Machtausübung eines absoluten Herrschers nahm seinen Anfang[13]. Mit ihren systemimmanenten Zwängen und Mechanismen konnte sie bestehende Konfliktsituationen verschärfen und mußte bei unsachgemäßer Machtsteigerung, die die realen Bedingungen außer acht ließ, wachsendes Leid über Volk und Land bringen. Das absolutistische System war in Bayern bereits fest verankert, hatte aber ebenso wie in Frankreich noch nicht seine letzte Ausprägung erreicht. Die künftige Politik des Fürsten war in einer bestimmten Richtung vorgezeichnet: Sein Erbe – ein zentraler Begriff im Denken Max Emanuels und die Voraussetzung seiner Herrschaft und seiner Politik – sollte nicht in der überkommenen Form belassen werden, sondern als Ausgangspunkt für personal-dynastische Interessen dienen.

Das Erbe

Bayern zur Zeit des Kurfürsten Ferdinand Maria

Das Land

Das kurbayerische Territorium umfaßte im 17. Jahrhundert in etwa die heutigen Regierungsbezirke Ober- und Niederbayern zuzüglich des Innviertels, das bis 1779 bayerisch war. Außerdem gehörte die Oberpfalz dazu, die MAXIMILIAN I. als Kriegsentschädigung seit 1623 besaß. Sie war ein Aequivalent für das vom Kaiser verpfändete Oberösterreich, dessen Bewohner sich im Jahr 1626 gegen die wirtschaftliche und finanzielle Ausbeutung durch bayerische Beamte und Militärs in einem blutigen Aufstand wehrten. Nicht zu Bayern zählten damals die selbständigen reichsunmittelbaren Territorien der Bischöfe von Passau, Regensburg, Eichstätt, Augsburg, Würzburg und Bamberg, die Reichsstädte Augsburg, Regensburg und Nürnberg, das Herzogtum Neuburg und verschiedene Enklaven auswärtiger Herrschaftsträger.

Einschließlich der Landgrafschaft Leuchtenberg und einigen kleineren Herrschaften im Schwäbischen Kreis bedeckte Kurbayern eine Fläche von ca. 756 Quadratmeilen oder 40580 Quadratkilometern[14] (heute mit den während der Säkularisation und Mediatisierung angeschlossenen Territorien 77550 qkm). Es erstreckte sich vom Kamm der Kalkalpen im Süden über das Alpenvorland und die Bayerische Hochebene – begrenzt von den Flüssen Lech, Salzach und Inn – nach Norden in das Oberpfälzer Hügelland mit der Naabsenke, umrahmt von der Fränkischen Alb, dem Fichtelgebirge, dem Oberpfälzer-, Böhmer- und Bayerischen Wald[15]. Die klimatischen Vorteile seiner südlichen Lage werden durch die verhältnismäßig große Meereshöhe und die Entfernung zur See wieder aufgehoben. Daher hat die Bayerische Hochebene ein kontinentales und relativ rauhes Klima und bildet einen starken Kontrast etwa zu den klimatisch begünstigten Gebieten um den Bodensee. Die einzelnen Landesteile weisen starke Temperatur- und Witterungsschwankungen auf[16].

Kurbayern war ein mittelgroßer Flächenstaat im Herzen Europas mit offenen Grenzen. Im Vergleich zu den benachbarten, vielgestaltig strukturierten fränkischen und schwäbischen Herrschaftsbereichen bildete es ein in sich relativ geschlossenes Territorium[17]. Seit 1180 vom Haus Wittelsbach regiert und seit der zweiten Hälfte des 16. Jahrhunderts vom absolutistischen Staatsideal geprägt, war dieses Herrschaftsgebiet so sehr in sich gefestigt, daß es keine zentrifugalen Kräfte ethnischer, wirtschaftlicher, gesellschaftlicher, kultureller oder politischer Art gab, die die Existenz der bestehenden Herrschafts- und Gesellschaftsformen grundlegend in Frage gestellt hätten. Dagegen bestanden infolge der vielfältigen gesellschaftlichen und wirtschaftlichen Differenzierungen große Spannungen im Inneren, die jedoch durch die dynamischen Kräfte, die das absolutistische System und die barocke Kultur in je spezifischer Weise entwickelten, freisetzten oder zügelten, kompensiert werden konnten. Mögliche systemsprengende Ansätze im Denken der Menschen wurden durch die Anwendung wirksamer Machtmittel entweder integriert oder eliminiert.

Die wirtschaftliche und gesellschaftliche Kennzeichnung

Das Siedlungsland Bayern war kleinräumig und uneinheitlich strukturiert[18]. Mindestens 25 Prozent seiner Fläche waren ungenutztes Ödland, Gebirge, Brache, Moor und Sumpf. Etwa 70 Prozent können als Kulturland bewertet werden. Industrie gab es nicht. Bayern präsentierte sich zu dieser Zeit als altväterliches Bauernland. Das war nicht immer so gewesen. Zur Zeit der Renaissance dominierte eine bürgerliche Kultur- und Wirtschaftsform. Die Auswirkungen der Reformation, der Gegenreformation und schließlich des Dreißigjährigen Krieges brachten einen schwerwiegenden Wandlungsprozeß in allen Bereichen der Wirtschaft, Gesellschaft und Kultur mit sich. Das bürgerliche Element trat in den Hintergrund. Die feudalen Kräfte trugen den Sieg davon. Sie gewannen die alleinige Herrschaft in Gesellschaft und Staat zurück, die die Reformation mit dem Schlagwort von der Freiheit eines Christenmenschen in Frage gestellt hatte. Der Adel und die Prälaten, nicht die Bürger der größeren Städte wie München, Wasserburg, Burghausen, Straubing, Landshut, Ingolstadt oder Amberg bestimmten jetzt die Lebens-, Verhaltens- und Denkweisen des breiten Volkes. Die neue und zugleich alte Führungsschicht, die manche Traditionen des Mittelalters neu belebte, war jedoch in sich nicht homogen und autonom, sondern richtete sich nach dem alles überragenden kulturellen und gesellschaftlichen Zentrum, dem Hof des Territorialfürsten, aus.

Die Bürger der Städte hatten ihr Selbstbewußtsein und ihr Selbstwertgefühl eingebüßt. Sie schauten nach rückwärts, kultivierten ihre überkommenen Privilegien, ihre Sonderrechte, ihre veraltete Zunftverfassung. Sie entwickelten zu dieser Zeit noch keine dynamischen, zukunftsweisenden Ideen, sondern pflegten ihre gehorsame Untertänigkeit gegenüber der allgewaltigen fürstlichen Obrigkeit und ihre Verachtung des Bauern, Tagelöhners und Söldners, die gesellschaftlich weit unter ihnen standen. Nur auf eines waren die Bürger stolz – auf ihre Selbstgerechtigkeit. Die Verlagerung des wirtschaftlichen Übergewichts von der bürgerlichen auf die bäuerliche Schicht bedeutete aber keineswegs, daß diese nun an der politischen Macht partizipiert hätten. Der »vierte Stand« bildete keine Korporation und war im Gegensatz etwa zu den Tiroler Bauern nicht in der Landschaft vertreten.

Die Agrarstruktur Bayerns war vielgestaltig, der arbeitende Mensch fleißig und demütig, die Arbeitsmethode traditionell oder im Vergleich zu Holland sogar rückständig. Die Güte der Böden variierte je nach den klimatischen, geologischen und geophysikalischen Gegebenheiten[19]. Die Ernteerträge entsprachen diesen Bedingungen ebenso wie der Intensität der Bearbeitung. Grundsätzlich kann man sagen, daß höchstens das Drei- bis Fünffache der Aussaat geerntet wurde, während in Holland bereits das Zehn- und Mehrfache erwirtschaftet wurde[20]. Die Dreifelderwirtschaft war die Regel, Düngung weitgehend unbekannt. Mit Ausnahme von Wein wurden verschiedene Feldfrüchte angebaut wie Weizen, Roggen, Gerste und vor allem Hafer, Bohnen, Linsen, Hanf, Flachs, Rüben, Kabuskraut, Gemüse und Kartoffeln – letztere wurden meistens nicht als Nahrungs-, sondern als Futtermittel verwendet. Der Hopfen gedieh vorwiegend in der Hallertau. An Nutztieren wurden Tauben, Hühner, Kapaune, Enten und Gänse, Ferkel, Ziegen, Lämmer, Kühe und Pferde gehalten[21]. Die Schweine trieb man zur Eichelmast in die Wälder. Stallfütterung war sehr selten. Die Weidewirtschaft wurde einseitig bevorzugt, was zu größeren Verlusten bei schlechter Witterung und in kalten Wintern führte.

Die gesamte landwirtschaftliche Produktion in Bayern war darauf ausgerichtet, in erster Linie die Eigenversorgung der Bevölkerung in Stadt und Land sicherzustellen. Der Export stand nicht im Mittelpunkt des wirtschaftlichen Kalküls, obgleich bei guten Ernten auch Getreide und Nahrungsmittel in die umliegenden Territorien und ins städtereiche Südwestdeutschland ausgeführt wurden.[22] Aber dies war mehr eine Frage des Überschusses denn bewußter Planung. Auf der anderen Seite war die Einfuhr beträchtlicher Warenkontingente für die Versorgung der Bevölkerung lebenswichtig. Es handelte sich dabei nicht nur um Luxusgüter, sondern auch um Gebrauchsgüter jeder Art. Bayerns Autarkie existierte nur in den Köpfen einiger Theoretiker, die sich sogar in den meisten Fällen ihrer Wunschvorstellungen selbst bewußt waren.

Nach den Verheerungen des Dreißigjährigen Krieges, den Bevölkerungsverlusten durch Krieg und Pest[23] bedurfte das Land notwendigerweise einer anhaltenden Erholungsphase. Neue Impulse für einen gediegenen wirtschaftlichen Aufschwung entwickelten sich während der annähernd drei Jahrzehnte dauernden Friedensepoche unter Kurfürst FERDINAND MARIA, so daß entgegen einem Großteil der bisherigen Forschung dieser Abschnitt der bayerischen Geschichte wesentlich höher als üblich zu bewerten ist. Denn für einen Fürsten des 17. Jahrhunderts war es nicht sonderlich schwer, sich in einen der in Europa aufflackernden Kriege einzumischen; schwierig war es dagegen, das Land vor Krieg und Kriegseinwirkungen zu bewahren und ihm eine relative Sicherheit zu verschaffen, die unabdingbare Voraussetzung für Investitionen und den Wiederaufbau war. Doch auch diese Friedensperiode unter FERDINAND MARIA gibt keinen Anlaß zu überschwenglichem Optimismus, wenn man die Gesamtsituation der Bevölkerung und ihrer Lebensbedingungen betrachtet.[24] Denn der größte Teil der Untertanen blieb während seines ganzen Lebens dem beständigen Kampf um das tägliche Brot ausgesetzt, der Gunst und Ungunst des Bodens, den Unbilden der Witterung, den Überschwemmungen, dem Hagelschauer, der Ernten vernichtete, oder dem Blitzschlag, der Großbrände auslöste, die Höfe, ganze Dörfer und Stadtteile vernichten konnten. Dann war die Existenz der Betroffenen in Frage gestellt. Nach großzügiger Schätzung besaßen höchstens zehn bis 15 Prozent der Gesamtbevölkerung eine ausreichend gesicherte wirtschaftliche und finanzielle Grundlage, um innere und äußere Widerwärtigkeiten des Lebens und der Natur unversehrt überstehen zu können.

Zur Hauptgruppe der arbeitenden Bevölkerung Bayerns gehörten zwei Drittel aller Untertanen, die mit der Agrarwirtschaft, dem Ackerbau und der Viehzucht beschäftigt waren:[25] Bauern, Söldner, Häusler, Tagelöhner, Knechte und Mägde (die sog. Ehehalten), Stallburschen, Senner, Schweizer und Hirten. Konnten die durch Erbteilung zerstückelten Parzellen den bescheidenen Lebensunterhalt einer bäuerlichen Familie nicht gewährleisten, dann mußten andere Erwerbsquellen erschlossen werden. Sie bestanden meistens in handwerklicher Tätigkeit und Heimarbeit, die unterbezahlt wurde. Alle Familienmitglieder arbeiteten mit, Männer und Frauen, alt und jung. Nur auf diese Weise war das Gros der Bevölkerung überhaupt befähigt, sich einen kärglichen Lebensunterhalt zu verschaffen und ausreichend Produkte auf den Markt zu bringen, deren Erlös jene Steuerleistungen und Abgaben ermöglichte, um die kleine, aber äußerst anspruchsvolle Oberschicht, die schmale und schwere Spitze der Gesellschaftspyramide, zu ernähren und zu erhalten.

Zur zweiten Gruppe, über 25 Prozent der Bevölkerung, zählten Handwerker, Metzger, Bäcker, Büchsenmacher, Fischer, Schneider, Gärtner, Schmiede, Schuster, Müller, Kutscher, Schäffler, Köche, Läufer, Sesselträger, Beschließer, Kleinhändler, Bediente, Krämer, Reitknechte, Bierbrauer, Tafeldecker, Waldarbeiter und andere. Eine weitere verhältnismäßig kleine Gruppe, etwa vier Prozent der Bevölkerung, setzte sich zusammen aus Beamten, Akademikern, Lehrern, Offizieren[26], Kanzlisten, Schreibern, Rechnungsführern, Ärzten, Juristen, Geheimräten und Geistlichen.

Die Handwerker waren keineswegs allein in den Städten konzentriert, sondern sie waren mindestens ebenso zahlreich auf dem

Lande vertreten. Stadt und Land standen in engster Verbindung zueinander. Viele in den Städten wohnende Ackerbürger besaßen Ökonomien auf dem Land. In Kleinstädten und Märkten war das gewerbliche Leben rege. Bedeutende Marktorte wie Tölz, Rosenheim, Holzkirchen, Viechtach, Zwiesel oder Pfarrkirchen tendierten zur Verstädterung, während andere Marktorte entsprechend ihrer wirtschaftlichen Struktur die Funktion eines zentralen Dorfes wahrnahmen.

Neben den Zünften mit ihren Beschränkungen und sozialen Sicherungen bildeten sich nichtzünftische gewerbliche Organisationsformen aus, die im Gegensatz zur traditionellen Wirtschaftsform weder eine relativ zuverlässige Absatzsicherung noch irgendwelche soziale Funktionen besaßen. Die Manufaktur, die sich als nichtzünftische Wirtschaftsgestaltung mit arbeitsteiligem Produktionsprozeß auszeichnete, dominierte in Bayern noch keineswegs. Selbst die damals wichtigste Manufaktur, jene in der Münchener Au, war ein Zuschußbetrieb.[27] Etwa 125 Arbeiter, davon 25 Ausländer, fanden hier ihren Lebensunterhalt. Doch auf die Gesamtproduktion Bayerns und die Gesamtbevölkerung bezogen war dieses Unternehmen unbedeutend. Es stellte vor allem Seidenwaren von minderer Qualität her. Von einem Zeitalter des Merkantilismus kann man in Bayern noch nicht sprechen, jedenfalls was die Zeit FERDINAND MARIAS und Max Emanuels betrifft.[28]

Über der arbeitenden Bevölkerung thronten unantastbar und würdevoll die Stände, zu denen die privilegierten Bürger, Prälaten, Ritter und Adeligen gehörten. An der Spitze des Territorialstaates stand, alles beherrschend, der absolutistische Fürst. Die Kluft zwischen Ober-, Mittel- und Unterschichten war unüberbrückbar. Gleichheit der Person gab es nicht. Der Dünkel der Stände wirkte sich dementsprechend aus – in Bayern und anderswo. Zugleich gab es innerhalb der einzelnen Stände zahlreiche Abstufungen. Auf den Schultern des kleinen Mannes, des Landwirtschaft betreibenden und handwerkliche Arbeit verrichtenden Untertanen, ruhte das gesamte Staatswesen. Obwohl der Untertan alle Lasten trug, hatte er im öffentlichen Leben nichts zu sagen. Ein bayerischer Jurist namens ANTON WILHELM ERTL behauptete sogar in seinem 1682 veröffentlichten Buch über die Niedergerichtsbarkeit, ohne Widerspruch zu provozieren, der Bauer sei nicht viel mehr wert als das

Vieh, er müsse aber als solches behandelt werden. Und er fügte hinzu: »Die Bauern sind ein Mittelding zwischen einem unvernünftigen Vieh und Menschen, die da mehr ohne Vernunft, als deren fähig sind, welches diejenigen wissen, die mit ihnen viel zu schaffen haben.«[29]

Die Bodenverteilung spiegelt sehr gut die realen Machtverhältnisse im wirtschaftlichen Leben des Landes wieder. Geistliche und Prälaten besaßen im Jahr 1760 – und dies gilt mit geringen Verschiebungen praktisch seit dem Ende des Dreißigjährigen Krieges – rund 56 Prozent des gesamten Grund und Bodens. Sie übten Herrschaftsrechte über 50,4 Prozent aller in Bayern ansässigen Familien aus.[30] Die Adeligen verfügten über 26 Prozent des Grund und Bodens. Auch Städte und Märkte besaßen zahlreiche Immobilien und Untertanen. Dem Territorialfürsten verblieben nicht viel mehr als zehn Prozent des Landes und der abhängigen Bevölkerung. Freie Bauern mit vollem Verfügungsrecht über Haus, Hof, Wald und Feld gab es nur wenige. In der Regel war der Bauer einem Leib- und Grundherrn untertan und ortsgebunden. Er besaß kein Recht auf Freizügigkeit, keine freie Wahl des Arbeitsplatzes, keine freie Wahl des Ehepartners. Eine von der herrschenden Meinung abweichende Überzeugung allzu laut kund zu tun, war nicht ratsam. Die Scheiterhaufen loderten noch allenthalben im Land.

Der Untertan hatte drei Aufgaben zu erfüllen: erstens sich die materielle Grundlage für seinen Lebensunterhalt zu verschaffen; zweitens den lokalen Herrschaftsträgern und dem Landesfürsten zu dienen; drittens die geforderten Abgaben und Steuern rechtzeitig zu entrichten.[31] Seit dem Mittelalter gab es genaue Vereinbarungen zwischen Obrigkeit und Untertan hinsichtlich der Geld- und Naturalabgaben. Die Belastungen der einzelnen Höfe wichen zum Teil erheblich voneinander ab, da oft völlig verschiedene Meßzahlen der Steuerschätzung zugrunde lagen. Nicht der tatsächliche Arbeitsertrag und der Gewinn entschieden über die Höhe der Abgaben, sondern die Eintragungen in einer vor Jahrzehnten, nämlich im Jahr 1598 erstellten und letztmals im Jahr 1612 korrigierten Kontributionsliste.[32] Natürlich stimmten die damaligen Aufzeichnungen mit den nunmehrigen Verhältnissen nach den Umwälzungen des Dreißigjährigen Krieges längst nicht mehr überein. Ungerechtigkeit bei der Besteuerung war eine selbstverständliche Folge.

Ein weiteres Hemmnis entwickelte sich aus der Erbteilung bzw. Ausheiratung jüngerer Geschwister und der Verpachtung der Felder und Höfe. Wie sollten beispielsweise drei Pächter gemeinsam fünf Hühner und ein geschlachtetes Schwein abliefern können? Der menschlichen Schlauheit waren bei der Lösung derartiger Probleme sicherlich beträchtliche Chancen eingeräumt, aber zugleich auch dem Stärkeren die Möglichkeit gegeben, die ihm zustehenden Lasten einem Schwächeren und Geduldigeren aufzubürden. Ähnliche Diffikultäten entstanden auch bei der Organisation der Landesdefension.[33] Wie sollte ein bestimmter Amtsbezirk 5 3/4 Soldaten ins Feld abordnen – und dies nach Recht und Billigkeit? Nun, der Bauer stellte sich nicht selbst, sondern entsandte einen oder mehrere seiner Knechte oder den minderjährigen Sohn eines bei ihm beschäftigten Tagelöhners zur Verteidigung der fürstlichen und obrigkeitlichen Interessen, die nach zeitgenössischen Aussagen auch die seinigen sein sollten.

Zweifellos bildeten die Geld- und Naturalabgaben eine schwere Belastung für den Untertanen. Die Herren sorgten dafür, daß sie nicht zu kurz kamen. Da die Stände das Recht der Niedergerichtsbarkeit in ihren Hofmarken besaßen,[34] konnten sie ihre Ziele auch juristisch untermauern. Bei Auseinandersetzungen waren sie Ankläger, Verteidiger und Richter in einer Person. Um so mehr erhofften sich jene Untertanen, die sich ungerecht belastet fühlten, Hilfe von der höchsten Revisionsinstanz, dem Fürsten. Dieser hob zwar immer wieder seine Absicht hervor, Macht und Einfluß der lokalen Herrschaftsträger zurückzudrängen zum Wohl des Ganzen und sich selbst als »Vatter des Vatterlandts«[35] zu profilieren, doch in der Praxis obsiegte meist der lokale Herrschaftsträger und Beamte, der recht subtile Druckmittel zur Durchsetzung seiner Vorstellungen anwenden konnte. Der Landesherr residierte im fernen München oder in seinen Lustschlössern, und der Untertan konnte ihn nicht erreichen. Auch kümmerte er sich nicht immer mit gleicher Intensität um die Probleme seines Volkes. Wesentlich höher als die Erfolge seiner Innenpolitik bewertete er jene seiner Außen- und Kriegspolitik. Diese waren die eigentliche Domäne des absolutistischen Fürsten. Das Wohl und Wehe der Untertanen bildete kein primäres Anliegen. Welches Bäuerlein wäre außerdem in der Lage gewesen, die gewaltigen Kosten eines langwierigen Prozesses gegen seine Obrigkeit aufzubringen? Schien es nicht geratener, sich zu fügen? Fügsamkeit und Untertänigkeit waren die Ziele seiner Erziehung von jeher. Nicht der Wille zur Verbesserung der bestehenden Verhältnisse, zur Beseitigung von Ungerechtigkeiten wurde ihm von frühester Jugend an anerzogen, sondern Gehorsam und Demut eingebläut. Da die Herrschafts- und Gesellschaftsstrukturen transzendental legitimiert waren, mußte Gott dazu herhalten, um die bestehende Ungleichheit zu legalisieren. Denn Gott habe in seiner Weisheit jedem Menschen einen bestimmten Platz zugewiesen. Es sei frevlerisch, seine Fügungen umstoßen zu wollen.

Jeder Hof lieferte an die Obrigkeit festgesetzte Abgaben und zahlte bestimmte Steuerbeträge. Es gab in Bayern ganze, halbe, viertel, achtel Höfe usw. Ursprünglich und allgemein war ein ganzer Hof danach berechnet, daß er mindestens acht Pferde für den Feldbau und einen ausreichenden Wiesengrund besaß. Ein halber Hof sollte über sechs Pferde, ein viertel Hof über vier Pferde usw. verfügen.[36] Die tatsächlichen Verhältnisse wichen stark von diesen Normen ab. Es gab Bauern mit zwölf oder 24 und mehr Pferden, andere hatten kein einziges und spannten Ochsen oder Kühe vor den Pflug, die sie sich manchmal sogar ausleihen mußten. Waren überhaupt keine Zugtiere vorhanden, zogen die Bauern und ihre Angehörigen selbst den Pflug. Wenn die Erträgnisse von kleinen Höfen ($1/8$, $1/16$, $1/32$, $1/64$)[37] die Ernährung der Familie nicht sicherstellten, übten die Familienmitglieder, wie bereits erwähnt, verschiedene nebenberufliche Tätigkeiten aus. Die meisten Berufstätigen waren nicht Bauern *oder* Tagelöhner, Landarbeiter *oder* Handwerker. Sie waren Bauern *und* Handwerker zugleich oder abwechselnd, sie suchten Arbeit und Verdienst als Kleinhändler, Krämer, Waldarbeiter, Hilfskräfte, Knechte, Tagelöhner und Hirten, je nach Jahreszeit und Arbeitsmarktlage. Sie griffen zu, was immer sich ihnen bot. Meistens wurden sie, die Tagelöhner und Gelegenheitsarbeiter, deren es allzu viele gab, nach dem Tarif der Not bezahlt. Sechs bis sieben Kreuzer war das Minimum an Sold, mit dem ein Soldat sich zu ernähren, zu kleiden und sein Quartier zu bezahlen hatte.[38] Dies war aber Theorie. In der Praxis reichten diese sechs oder sieben Kreuzer nur selten für den vorgesehenen Zweck aus. Und dennoch wäre mancher Tagelöhner sehr froh gewesen, wenn er soviel Entgelt für einen Tag Arbeit erhalten hätte.

Für sechs Kreuzer konnte man sich um das Jahr 1680 etwa zwei Brote und zwei Maß Bier kaufen. Wie aber sollte der »arme Mann« mit diesem kärglichen Lohn für Nahrungsmittel, Kleidung, Hauszins und die notwendigen Subsistenzmittel für seine ganze Familie aufkommen? Einschränken und sparen hieß die Devise für weite Kreise der Bevölkerung ein Leben lang. Die chronische Unterernährung bei den ärmeren Schichten erzeugte auch, sozialpsychologisch gesehen, eine chronische Apathie gegenüber politischen Vorgängen und verstärkte den Fatalismus der abhängigen Untertanen.

Während in Frankreich noch bevollmächtigte Steuerpächter, also Privatunternehmer, im Auftrag des Königs die Steuern eintrieben, waren in Bayern Beamte der Landschaft und des Landesherrn dafür zuständig.[39] Ihr Salär war nicht gerade üppig, so daß sie sich gezwungen sahen, sich auf jede mögliche und denkbare Weise Nebeneinkünfte zu verschaffen, bei der »Eindienung« von Naturalien zu manipulieren und überhöhte Strafgelder von säumigen Schuldnern zu erpressen.[40] Die Korruption war eine Landplage, eine systemimmanente Erscheinung und ein Kennzeichen der gesamten Verwaltung. Zaghafte Ansätze, die Korruption zu bekämpfen, waren vorhanden; die Erfolge entsprachen den Umständen. Ein wirkliches Heilmittel gab es gegen die Korruption ebensowenig wie gegen die Pest.

Die Aufwendungen des im barocken Glanz sich repräsentierenden Hofes, die Ausgaben für Verwaltung, Beamte, Militär und für prächtige Bauten stiegen unaufhörlich. Die Einnahmen reichten nicht hin, so daß die Obrigkeit versuchte, neue Steuern, vor allem indirekte Steuern, zu erfinden und diese rigoros einzuziehen. Die neuen Belastungen bedrückten natürlich den armen Untertanen schwerer als den wohlhabenden, den Tagelöhner, der sich auf seinem Herd nur einige Male im Jahr Fleisch kochen konnte und ansonsten von Wassersuppe, Haferschleim, dünnem Mus, ungeschmalzenen Nudeln oder einem Stück Brot lebte, wesentlich mehr als den vornehmen Herrn, dessen Bedienstete das Feuer im Herd weder bei Tag noch bei Nacht ausgehen ließen und die Fleisch und Geflügel für den herrschaftlichen Gaumen stets bereit hielten.[41]

Neben den Steuern für den Landesherrn entrichtete der Landmann den Zehnten für den zuständigen Pfarrer, für ein Kloster oder den adeligen Kavalier, dessen Grundholde er war. Der Zehent bestand, sofern er nicht in eine Geldabgabe umgewandelt war, aus den Erträgnissen der Felder, des Hofbaues, aus Geflügel und Nutztieren jeder Art. Außerdem zahlte der Untertan an den Grundherrn die »Stift« und leistete nach alter Tradition Spann- und Frondienste, auch Scharwerke genannt. Alle Bewohner von Einzelhöfen, Weilern oder Dörfern, die einem geistlichen oder adeligen Grundherrn gehörten, unterlagen grundsätzlich dieser Verpflichtung, sofern auch diese nicht in eine feste Geldabgabe umgewandelt war.[42]

Genau wie alle anderen Leistungen war der Scharwerksdienst ungleichmäßig und damit ungerecht verteilt.[43] Die Untertanen erledigten die anfallenden Arbeiten am Herrenhof, sie bestellten und versorgten die Felder des Grundherrn, sie säten und ernteten, begleiteten den Herrn auf die Jagd und sorgten dafür, daß dieser die ihm zustehende »Strecke« vor die Flinte bekam. Die Untertanen hatten für den Wege- und Straßenbau, für die Unterhaltung der Brücken und Amtshäuser zu sorgen. Manche Arbeiten konnten an einem Tag erledigt werden, andere erforderten mehrere Tage. Jedes Haus hatte die notwendigen Arbeitskräfte, Pferde und Fahrzeuge zu stellen oder selbst die Arbeiten auszuführen. Der Herr war nicht verpflichtet, dem Untertanen eine Aufwandsentschädigung zu zahlen. Wenn er dies tat, dann nur freiwillig und aus Gnaden. Rechnet man pro Woche eineinhalb Tage für Scharwerksleistungen, was eine mittlere Veranschlagung bedeutet, so fehlten im Jahr insgesamt 78 Arbeitstage für die eigene bäuerliche oder handwerkliche Tätigkeit.[44] Die großen Bauten der Barockzeit konnten in diesem Umfang nur realisiert werden, weil zahlreiche billige Arbeitskräfte für Um- und Neubauten herangezogen wurden und die geduldigen Untertanen Transportmittel teils kostenlos bereitstellten.

Die Neigung der Bauern und Handwerker, unklare oder überhöhte Ansprüche ihrer Leib- und Grundherren[45] zurückzuweisen, war gering. Man suchte sich nach Möglichkeit zu arrangieren. Hatte der Untertan bei seinem Herrn in einer Notsituation Kapital aufgenommen oder war er zum Schuldner in irgendeiner Form geworden, dann sah er sich gezwungen, sich still zu verhalten, das Wohlwollen seines Herrn nicht zu verlieren und seine Ergebenheit in Wort und Tat täglich neu zu beweisen. Die zahlreichen Hypotheken auf den Höfen und auf bäuerlichem Grund und Boden schufen strenge Abhängigkeitsverhältnisse.

Die allgemeine Verschuldung war relativ groß. Private Geldverleiher jeder Art, insbesondere städtische und ausländische Kapitalgeber – eine staatliche Bank gab es in Bayern nicht – kamen auf ihre Rechnung. Um alte Schulden zu begleichen, gingen die Bauern immer wieder neue Verpflichtungen ein. Daraus entwickelte sich ein Circulus vitiosus ohne Ende.[46] Grundherren, Großbauern, Steuerbeamte, Magistrate, Stadtschreiber, Händler und Kaufleute waren die Nutznießer. Bedrückten Krankheiten den Untertanen, kam der Verlust eines arbeitenden Familienmitgliedes durch Krankheit, Unfall oder Tod hinzu, rafften Seuchen den Viehbestand hinweg, ließen feuchte Sommer die Ernten verfaulen,[47] rissen Überschwemmungen der unregulierten Flüsse Erdreich, Saat oder Ernten hinweg, vernichteten Feuer Wohnungen oder Vorräte, dann war auch die Lebensgrundlage der betroffenen Familien aufs äußerste gefährdet; es mußten neue Schulden aufgenommen werden, und die ganze Arbeitskraft diente nur dazu, diese Schulden abzutragen und die in Privatgeschäften üblichen horrenden Zinsen zu begleichen.

Zahlreiche Abhängigkeiten geistiger und materieller Art, ineinander verwobene und für jeden Laien undurchschaubare Rechtsverhältnisse, ständische und gesellschaftliche Schranken sowie nicht zuletzt das rigorose absolutistische Herrschaftssystem hielten die Menschen in einem Gleichgewichtszustand, den Anspannung und Sorgen um die physische Existenz kennzeichneten. Mangelndes Solidaritätsbewußtsein und politische Unmündigkeit der Unterschichten verhinderten die Durchsetzung eines gemeinsamen Strebens nach positiver Verbesserung im wirtschaftlichen und gesellschaftlichen Bereich. Der Wohlstand der wenigen wurde durch die Arbeit und die soziale Benachteiligung vieler erkauft. Vereinfacht gesprochen: 95 Menschen arbeiteten unter nicht immer gesundheitsfördernden Bedingungen, um die Muße von fünf Herren zu gewährleisten. Abhängigkeit, Leibeigenschaft, Kinderarbeit, bittere Not, Armut, Kummer und auch Verzweiflung waren der Preis. Denn den Ständen gehörte alles im Land, was gut, wertvoll und teuer war. Für die übrigen blieb wenig. Doch im Vergleich zu den spanischen Bauern, den polnischen Leibeigenen oder den französischen Untertanen in den Cevennen, die mittels Dragonaden zur rechten Überzeugung gebracht und zur Steuerzahlung verpflichtet wurden, auch in Relation zu den Leibeigenen in Preußen hat der

Ausspruch des bayerischen Kanzlers CASPAR VON SCHMID seine Berechtigung: »Man khan in diesem Landt, da es gegen andere noch leidentlich hergehet, allerseits wohl bestehen.«[48]

Man schlug sich durchs Leben, so gut es unter den gegebenen Verhältnissen möglich war; man freute sich über jene Dinge, die Anlaß zur Freude gaben; man bewunderte die Selbstdarstellung und die Repräsentation, mit der die Obrigkeit ihre Auserwähltheit und ihre herrschaftliche Stellung in Staat und Gesellschaft dokumentierte. Man suchte zu leben und zu überleben, selbst wenn die geforderten Auflagen und Abgaben die Kräfte desjenigen überstiegen, der sie zu leisten hatte. Die Ungerechtigkeit und Ungleichheit, die den Absolutismus kennzeichneten, fühlte man, und jeder wußte, daß sie nicht zu ändern waren. Denn alle Herrscher dieser Zeit waren überzeugt, daß ihre Herrschaft, das System des Absolutismus, ewig bestehen und daß gleichzeitig immer eine notwendige Kluft zwischen Obrigkeit und Untertan bleiben werde, daß die Armut zwar gemildert, aber nie beseitigt werden könne. Der bäuerliche Fatalismus ermöglichte es, all dies zu ertragen. Er nahm die absolutistische Herrschaft genauso hin wie Wind und Wetter, Sonne und Regen, Hagel, Hitze und Frost, selbstverständliche und unvermeidliche Härten der Natur, die man in den täglichen Kampf um Leben und Existenzsicherung einrechnen mußte.

Die demographische Kennzeichnung[49]

»Libera nos Domine a peste, fame et bello« – Erlöse uns, Herr, von Seuchen, Hunger und Krieg, begann ein traditionelles Gebet. Die beiden ersten Bitten bezogen sich auf die physischen und sozioökonomischen Bedingungen, die dritte war nach der zeitgenössischen Diktion ein politisches und gleichzeitig transzendental vorherbestimmtes Unheil, das der Mensch nicht abwenden konnte. Meist kamen alle drei Ereignisse Hand in Hand. Der Dreißigjährige Krieg hatte es erst wieder bewiesen. Krieg, Hunger, Lebensmittelknappheit, Pest und Krankheiten hatten die Bewohner mancher Dörfer, Märkte, Einöden und Weiler gänzlich ausgelöscht, fast überall stark in Mitleidenschaft gezogen. Am Schluß des Krieges war die Bevölkerungszahl Bayerns um etwa die Hälfte dezimiert.[50]

Die Weltbevölkerung wird in den letzten Dezennien des 17. Jahrhunderts auf rund 500 Millionen Menschen geschätzt. Davon lebten 1,1 Millionen Menschen in Bayern und der Oberpfalz[51], d. h. etwa 26,46 Menschen pro Quadratkilometer (heute rund 141 Menschen pro qkm). Um erfolgversprechende Weltpolitik betreiben zu können, fehlten dem bayerischen Kurfürsten allein schon die notwendigen Voraussetzungen: eine genügende Zahl von Menschen, Ressourcen, Hilfsmitteln. Auch kriegswichtige »Requisiten« wurden im eigenen Land nur spärlich hergestellt. Bayern war von der Einfuhr abhängig. Zudem war es weder eine Landmacht, geschweige denn hatte es Aussicht, jemals zur Seemacht aufzusteigen, die damals eine unabdingbare Voraussetzung für eine erfolgversprechende Weltpolitik gewesen wäre. Statt dessen war Bayern ein Land, das keine natürlichen und für die Nachbarn unübersteigbaren Grenzen besaß; ein Land, das fast nach allen Seiten offen lag.

Nach den Kriegsjahren stieg die Bevölkerungszahl zunächst sehr rasch an. Diese Tendenz hielt etwa bis zum Beginn der sechziger Jahre des 17. Jahrhunderts an. Anschließend folgte ein kontinuierliches langsames Wachstum, das durchschnittlich bei 0,4 bis 0,6 Prozent pro Jahr lag.[52] Gewöhnlich spricht man von einer überraschend hohen Geburtenquote im 17. und 18. Jahrhundert. Dies trifft nur bedingt zu und gilt weder für Bayern im besonderen noch für Europa im allgemeinen. Denn in Bayern wurde erst um die Mitte des 18. Jahrhunderts jene Bevölkerungsquote wieder erreicht, die vor dem Dreißigjährigen Krieg bestanden hatte.

Die Menschen dieser Zeit hatten eine niedrige Lebenserwartung. Der Tod war ein häufiger Gast bei hoch und niedrig. An Altersschwäche zu sterben, war nur wenigen beschieden. Die hygienischen Verhältnisse waren katastrophal, selbst die Paläste der Reichen, Prälaten, Adeligen und Fürsten starrten oft vor Schmutz, so daß man seine Zuflucht zu Jagdpartien nahm; unterdessen säuberten die Diener die Räume notdürftig. Die Ernährung der Menschen war insbesondere bei den Unterschichten einseitig; die Abwehrkräfte gegen die Unbilden der Witterung und Krankheiten wurden durch die Unterernährung unzureichend ausgebildet. Dazu kamen äußere Gefährdungen durch Seuchen und Kriege.

Entgegen der herkömmlichen Meinung waren kinderreiche Familien nicht die Regel. Die meisten Kinder erreichten nicht das

Jugend- und Erwachsenenalter.[53] Ein Drittel der Neugeborenen[54] überlebte infolge fehlender Hygiene und unverträglicher Nahrung nicht die ersten Lebensmonate,[55] weitere 20 Prozent starben, bevor sie das zweite Lebensjahr erreicht hatten. Das vierzehnte Lebensjahr erlebten kaum 25, das achtzehnte knapp 20 Prozent eines Geburtenjahrgangs.

Der frühe Tod zerstörte die Familien. Oft raffte er im Gefolge von Unterernährung, Krankheiten, Seuchen und Kriegen beide Elternteile hinweg. Unmündige Waisen blieben zurück. Besaßen sie keine Verwandten oder konnten und wollten diese die zurückgelassenen Kinder nicht aufnehmen, weil sie selbst arm waren, dann fielen die elternlosen Kinder der »Fürsorge« der Allgemeinheit anheim. Eine irgendwie geartete gesetzliche Waisen-, Kranken- und Altersbetreuung gab es nicht. Sie lag ausschließlich in den Händen freiwilliger caritativer, meist kirchlicher Organisationen. Ihre Zahl und die zur Verfügung stehenden Mittel reichten bei weitem nicht hin, um dem großen Strom der Hilfesuchenden zu entsprechen. Nur ein verschwindend kleiner Prozentsatz von bedürftigen Kindern, Kranken und Alten fand in den vorhandenen Anstalten Unterkunft und Verpflegung.[56] Ein anderer Teil von verwaisten Kindern und Jugendlichen suchte frühzeitig am Heimatort oder in benachbarten Gegenden Arbeit und Brot. Sie waren billige Hilfskräfte bei Bauern, Handwerkern, auf adeligen Gütern – auf Zeit oder Dauer. Haus- und Feldarbeit standen obenan. Doch viele fanden keinen festen Arbeitsplatz und wanderten durch das Land, um irgendwo vorübergehend Arbeit, Nahrung und Unterkunft zu suchen. Meist blieb nichts übrig als zu betteln[57] und zu stehlen. Frühzeitig gealtert, ernst, entkräftet, die Gesichter von Kälte, Hunger, Entbehrung und Hoffnungslosigkeit gekennzeichnet, waren sie unterwegs ohne ein bestimmtes Ziel. Kleinere oder größere Gruppen von Arbeitslosen, Krüppeln, Kriegsinvaliden, durch die politische und soziale Misere des Jahrhunderts Entwurzelten schlossen sich zusammen. Sie wurden notgedrungen kriminell,[58] häufig krank und unfähig, ihr Los zu ändern. Sie bildeten einen erheblichen Unsicherheitsfaktor, waren der Obrigkeit und der etablierten Gesellschaft ein Greuel. Man suchte sich ihrer nach Möglichkeit zu entledigen, was aber auf Dauer nie gelang.[59]

Die Züge der Armen, Arbeitslosen und Krüppel waren eine allgemeine Erscheinung. Ganze Bettlerheere durchstreiften das Europa dieser Zeit. Auf mindestens zehn Prozent der Gesamtbevölkerung schätzt man die Zahl der Heimatlosen.[60] In Bayern waren es also weit über 100 000 Menschen. Hinzu kamen noch die ausländischen Bettler, insgesamt ein gespenstischer Zug des Elends, des Hungers, der Krankheit, den Tod im Gefolge, Strandgut, mit dem die Obrigkeit nichts anzufangen wußte.

Das achtzehnte Lebensjahr galt für die Kinder der Stände, die Mitglieder der zahlenmäßig geringen, aber wirtschaftlich, gesellschaftlich und politisch mächtigen Oberschicht als Beginn der Volljährigkeit und Rechtsfähigkeit. Für die Kinder der abhängigen Bauern, Lohnarbeiter, Handwerker, Gewerbetreibenden, Tagelöhner spielte dieser Termin keine Rolle. Sie waren längst in den Arbeitsprozeß eingegliedert. Die Sozialisation des Kindes erfolgte traditionsgebunden und zwangsläufig. Das Kind wurde stets als kleiner Erwachsener betrachtet; spezifische Entwicklungsgesetze der Kindheit wurden kaum anerkannt. Knaben aller Gesellschaftsschichten – die kurfürstlichen Prinzen nicht ausgenommen – trugen bis zum sechsten Lebensjahr Mädchenkleider, dann erfolgte die Trennung in Geschlechter. Ab dem siebenten Lebensjahr erwartete man, daß sich das Kind uneingeschränkt nach den Maßstäben der Erwachsenen richtete.

Für das breite Volk waren nicht Bildung und Ausbildung ein erklärtes Erziehungsziel,[61] sondern Gewöhnung an die Arbeit in Haus, Hof, Feld, Wirtschaft und Gewerbe. Die Integration in den Arbeitsprozeß fand frühzeitig statt, schrittweise und konsequent. Es begannen die Jahre der Grausamkeit. Drakonische Strafen, geringe und einseitige Ernährung, dürftige Kleidung, unangefochtene Autorität, die vor Brutalität keineswegs zurückschreckte, sondern sie zum Prinzip erhob, waren Symbole dieser »Lehrjahre«. Eine Erziehung ohne Schläge und ohne bewußt zugefügte Schmerzen war in der Praxis des 17. Jahrhunderts kaum denkbar.[62] Genau wie sich der Druck von seiten der Obrigkeit auf alle arbeitenden Gesellschaftsschichten bemerkbar machte, so wirkte sich diese Pression auch in den personalen Beziehungen der Menschen und vor allem der Generationen untereinander aus.

Kinder waren billige und vor allem willige Arbeitskräfte.[63] Besonders in den Manufakturen und in den Bergwerken, in denen sie wegen ihrer geringen Körpermaße selbst in engsten Schächten arbeiten konnten, schätzte man sie als geeignete und stets leicht ersetzbare Arbeitskräfte. Sie arbeiteten bis zu 14 Stunden täglich und bekamen statt Milch Schnaps zu trinken, damit das Elend sie nicht überwältigte und sie alle Kräfte uneingeschränkt den Interessen ihrer Herren opferten. Sie blieben von der Gesellschaft ausgeschlossen. Für jene Kinder, die in der Münchener Manufaktur in der Au arbeiteten, las ein Pater im Auftrag des Landesfürsten die Sonntagsmesse nicht in einem Manufakturgebäude, nicht in einer Stadtkirche, sondern auf dem Friedhof ante portas.[64] Die Kinder lebten und schliefen zwischen den Wollsäcken der Manufaktur.

Die Welt des 17. und 18. Jahrhunderts war eine junge Welt, eine Welt mit rascher Generationenfolge, eine Welt junger Menschen. Aber nur wenige fanden darin einen gesicherten Platz. Das Alter, vor allem hohes Alter, war eine seltene Ausnahme, ein hohes Gut, das der Schöpfer nur Auserwählten gewährte. Daher stand der alte Mensch – und dazu zählte bereits der über Vierzigjährige – in hohem Ansehen. Krankheiten, besonders Berufskrankheiten, mangelnde und einseitige Ernährung, Überanstrengung, äußere Einflüsse wie Kriege und Witterung, schlechte Wohnverhältnisse rafften die Menschen rasch hinweg. Besonders im Frühjahr und Herbst erhöhte sich die Sterblichkeitsquote überdurchschnittlich.[65] Alle diese Aspekte zusammengenommen zeigen, daß von einer Bevölkerungsexplosion keine Rede sein kann.

Während die heutige Lebenserwartung bei rund 70 Jahren liegt, betrug jene des barocken Menschen im Durchschnitt 35 bis 40 Lebensjahre.[66] Sechzigjährige und ältere Personen galten als ehrwürdige und gottgesegnete Ausnahmen. Man umgab sie mit dem Mythos des Hundertjährigen und schrieb ihnen außerordentliche Fähigkeiten zu. Denn wie anders wäre es ihnen möglich gewesen, so alt zu werden?

»Ehe und Liebe sind so ernste Dinge, daß man sie nicht mit Gefühlen verbinden kann.« Mit diesen Worten charakterisierte einmal MOLIÈRE sarkastisch und realistisch zugleich die Gesellschaftsmoral seiner Zeit. Diese Maxime galt auch für den bayerischen Menschen: Stand zu Stand, Besitz zu Besitz, Geld zu Geld, wobei weniger auf flüssiges Geld als auf feste Vermögensanlagen gesehen wurde. Das durchschnittliche Heiratsalter war wesentlich höher, als allgemein angenommen wird. Nach einer Repräsentativuntersuchung ergibt sich ein durchschnittliches Heiratsalter des Mannes zwischen 24 und 27, der Frau zwischen 21 und 23 Jahren.[67] Doch sind auch fünfzehnjährige und jüngere Bräute bekannt. Kurprinz FERDINAND MARIA wurde als Vierzehnjähriger zunächst durch Prokuration mit seiner um eine Woche jüngeren Braut vermählt; knapp eineinhalb Jahre später traf seine Gemahlin in München ein. Die verhältnismäßig hohe Müttersterblichkeit bei und nach der Geburt eines Kindes – durch die Unkenntnis physiologischer Vorgänge und hygienischer Erfordernisse verstärkt – verursachte eine höhere Zahl von Wiederverheiratungen, die oft in erstaunlicher Gemütskargheit beider Partner vollzogen wurden.

In der ständisch gebundenen Gesellschaftsordnung wurde die Ehe in der Regel in einem Kreis gesellschaftlich nahestehender oder als ebenbürtig geltender Personen geschlossen.[68] Möglichste Parität von Rang und Besitz der Ehepartner war vor allem in den höheren Schichten eine Voraussetzung der Eheschließung. Bei den herrschenden Kreisen stellte die Ehe ein Politikum dar, in den übrigen eine ökonomische Gemeinschaft. Für Bauern und Handwerker bedeutete die Wirtschafts- und Produktionsgemeinschaft des Hauses zugleich eine Synthese der Familien- und Berufseinheit.[69] Aus ihr leiteten sich die äußeren Bedingungen und inneren Verhältnisse von Ehe und Familie ab. Waren diese Voraussetzungen nicht gegeben, z. B. bei Handwerksgesellen, Tagelöhnern, Häuslern, Knechten, Mägden und allen, die keine materielle Sicherheit durch Sach- und Geldwerte aufweisen konnten, schien eine Eheschließung in Frage gestellt oder völlig unmöglich. Nach allgemeiner Überzeugung waren diese Personen unfähig, einen gemeinschaftlichen Hausstand zu gründen. Staatliche Ehebeschränkungen verhinderten eine legale Eheschließung und machten persönliche Zuneigung und Liebe zu einer verbotenen, gesellschaftlich verachteten Angelegenheit. Die Obrigkeiten wollten verhindern, daß Unterhalt und Fürsorge der Kinder aus materiell ungefestigten Ehen der Allgemeinheit zur Last fielen. Gestatteten Leib- und Grundherren dennoch die Ehe – ihr Consensus war die Voraussetzung für eine offizielle Eheschließung –, so sahen sie darauf, daß ihrer Grundherrschaft keine Nachteile entstanden.[70]

Die Produktionsgemeinschaft der Familie in bäuerlichen und Handwerksbetrieben wies den Ehepartnern spezifische Arbeitsteilungen zu. Festgefügte Ordnungszusammenhänge in einer von Männern geprägten Gesellschaft bestimmten die Stellung der Frau im öffentlichen Leben. Reichte das Einkommen des Mannes zur Ernährung der Familie nicht aus, mußten die Frau und frühzeitig auch die Kinder im Haus mitarbeiten oder sich außer Haus verdingen. Fleißig und willig waren sie alle, denn ihnen saß die Not im Nacken und die Gewißheit, sofort den begehrten Arbeitsplatz zu verlieren, falls Leistung und Führung der Herrschaft oder dem Arbeitgeber nicht gefielen. Und trotz gemeinsamer Arbeit beider Ehepartner und oftmals auch der Kinder reichte der Lohn kaum hin, ein bescheidenes Leben führen zu können. Einschränken, Sparen, Verzichten hieß es ein Leben lang, und die Verschuldung war ein allgemeines und notwendiges Übel.

Rücksichten auf Stand und Vermögen traten sehr deutlich bei der Eheschließung von Beamten und Angehörigen der oberen Stände in den Vordergrund aller Überlegungen. Man suchte Einfluß und Macht der Familie zu stärken. Solche Heiraten dienten dem politischen, beruflichen und gesellschaftlichen Fortkommen des Mannes oder der Erhaltung des bisherigen Standards.

Die Eheschließung war damit in ein Determinationssystem eingeschlossen, das den Kreis der »Wählbaren« von vornherein einschränkte, und zwar zumindest in regionaler wie sozialer Hinsicht. Die Frage der Kompatibilität oder Inkompatibilität der Charaktere dagegen war nicht ausschlaggebend. Die Familie war keine Intimgruppe. Ihr Hauptzweck war die Sozialisation der Nachkommenschaft. Dabei ist aber zu beachten, daß die auf dem Willen zweier verwandter Gruppen basierende Ehe, die Standesehe, allein keine ausreichende Grundlage für den Bestand der Ehe darstellen konnte. Menschen, die zusammengezwungen wurden, ohne daß sie zusammenpaßten oder einen gemeinsamen Weg fanden, führten nicht gerade eine harmonische Ehe. Kinder aus schlechten Ehen werden meist selber schlechte Ehepartner. Gesellschaftliche, sozialpsychologische und berufliche Faktoren bildeten somit ein wesentlich dynamisches Beziehungsgefüge. Wie sehr Ehe als Problem empfunden wurde, zeigen, wenn auch einseitig, die Predigten von ABRAHAM A SANCTA CLARA, Pater JORDAN von Wasserburg und manch anderen Theologen der Barockzeit.[71]

Der durch den Dreißigjährigen Krieg in Schulden geratene alte Adel[72] suchte sich zu behaupten und durch Heirat mit Vermögenden finanziell abzusichern. Der neue Adel, durch Verdienste, Beziehungen, Geld oder gute Worte emporgekommen, trachtete mit Eifer danach, seinen neuen Stand durch eine »standesgemäße« Einheirat in eine adelige Familie zu festigen. Die altadeligen Familien wehrten sich zunächst dagegen,[73] doch brauchten sie dringend Kapitalzuwendungen, um ihre Schulden loszuwerden und ihren Repräsentationspflichten nachkommen zu können. Außerdem waren sie nicht in der Lage, jenen Personenkreis von sich zu stoßen, dem der Landesfürst, auf dessen Gunst sie selbst angewiesen waren, so großen Einfluß in Verwaltung und Politik gewährte. So wurde die Heirat von Neu- und Altadeligen zum probaten Mittel, Standeserhöhungen durch Bande des Blutes zu festigen, nachdem der Briefadel allein noch nicht die volle gesellschaftliche Anerkennung brachte. Persönliche Zuneigung als erster Schritt zu einer künftigen Ehe war keineswegs ausgeschlossen, aber auch keine unabdingbare Voraussetzung. Verstehen, Zuneigung, Liebe hatten nach der Heirat als Aufgabe zu erwachsen.

Die Ehe des Fürsten und Monarchen war in der Regel ausschließlich von politischen Erwägungen determiniert. Eine unstandesgemäße Ehe einzugehen, war eine Katastrophe und bedeutete entweder gesellschaftlichen Abstieg oder Verachtung. Deshalb mußte die Gemahlin des Herrschers altadeligem oder noch besser fürstlichem Geschlecht entstammen. Nur Kinder aus solchen Ehen hatten ein Anrecht auf die Thronfolge und wurden international als legitime Nachfolger anerkannt. Daher entschieden Fragen der Macht, Interessen der Dynastien und Forderungen der jeweiligen politischen Konstellation die Partnerwahl.

Den zweiten, manchmal auch den ersten Platz im Herzen des Fürsten nahm die Favoritin ein[74] – diese Aussage gilt allgemein für die Zeit, nicht aber für MAXIMILIAN I. und FERDINAND MARIA. Jeweils nur eine Frau erhielt diesen Rang und gewöhnlich behielt sie ihn über einen längeren Zeitraum. Sie hatte eine hohe gesellschaftliche Position inne, die aber keineswegs juristisch abgesichert war. Der Fürst zog seine Favoritin manchmal sogar in politischen Fragen zu Rate. Allerdings darf ihr politischer Einfluß nicht überschätzt werden, wie es häufig der Fall war. Die Liaisons waren am ganzen Hofe und darüber hinaus bekannt, zuweilen wurden sie zum Tagesgespräch der Residenzstädte, sehr zum Verdruß der legitimen Gemahlin. Sie wurde häufig vernachlässigt und trat nur mehr bei offiziellen Anlässen in Erscheinung.

Ansonsten war die Ehe heilig und unauflöslich – die Ausnahme bestätigt stets die Regel. Ehebruch wurde bestraft, jedenfalls wenn Angehörige der Unterschichten dieses Verbrechen begingen und dabei ertappt wurden. Im Wiederholungsfalle drohte sogar die Todesstrafe.[75]

Eine gezielte staatliche Sozial-, Bildungs- und Bevölkerungspolitik fehlte in Bayern ebenso wie anderswo in Europa. Das Leben besonders gefährdeter Bevölkerungsgruppen zu schützen und soziale Benachteiligungen zu beseitigen, schien keine verpflichtende Aufgabe der Regierung. Im Gegenteil. Anstatt die Wurzeln der Übelstände auszureißen, versuchte man, mit repressiven Maßnahmen wie Ehebeschränkungen oder Berufsverbot für unehelich Geborene – sie konnten z. B. keinen zünftischen Beruf ergreifen, nicht in den geistlichen Stand eintreten und waren beim Abschluß von Rechtsgeschäften benachteiligt – den vorhandenen Problemen Herr zu werden. Da dies nicht gelingen konnte, griff der absolutistische Staat zur Gewalt. Polizei, Militär und Behörden waren mit mehr oder weniger großem Eifer und Erfolg in diesem Sinne tätig.

Die Verwaltung des Territoriums[76]

Im Laufe der historischen Entwicklung war es dem bayerischen Landesherrn gelungen, München[77] zur Haupt- und Residenzstadt zu erheben und als Regierungs- und Verwaltungszentrale für das gesamte Land auszubauen. Ein eigenes städtisches Selbstbewußtsein neben dem kurfürstlichen Hof konnte sich auf die Dauer nicht durchsetzen.[78] Im Gegenteil, die Stadt richtete sich nach den Bedürfnissen des Hofes aus. Wenigstens jeder zehnte Bürger stand in irgendeiner Beziehung zu ihm, befand sich in fürstlichen Diensten oder bezog sein Einkommen durch die Belieferung des Hofstaates mit Waren und Versorgungsgütern. Da die Stadt vom Hof lebte, schätzten sich die Bürger glücklich, ihren Fürsten in ihrer Nähe zu wissen. Unabhängigkeitsbestrebungen, wie sie die Bürger der benachbarten freien Reichsstädte Augsburg, Regensburg oder Nürnberg entwickelten, hielten sich in engen Grenzen und erschöpften sich in einigen juristischen Querelen.

Der Regierungsapparat war in zahlreiche Behörden ausdifferenziert, deren Kompetenzen manchmal nicht genau abgegrenzt waren und sich deshalb überschnitten. Die gesamte Münchener Regierung zählte zum Hofstaat des Fürsten[79] und war in praxi allein dem Landesherrn Rechenschaft schuldig. Ministerverantwortlichkeit gegenüber dem Volk oder den ständischen Verordnungen, die sich seit dem Mittelalter und auch jetzt noch – was der Landesfürst entschieden bestritt – als Repräsentanten der Allgemeinheit verstanden,[80] gab es nicht.

Die wesentlichsten Organisationsformen der staatlichen Verwaltung seien im folgenden kurz umrissen: Der kurfürstliche Hofrat kümmerte sich um das Rechtswesen und die »Polizei« im weitesten Sinne, das heißt um die innere Verwaltung des Landes.[81] Die Hofkammer war die zentrale Finanz- und Wirtschaftsbehörde. In Krisenzeiten gewann neben ihr der Kriegsrat einen weitreichenden Handlungsspielraum, indem er Kompetenzen anderer staatlicher Organe an sich riß, um die Organisation und Versorgung des Heeres zu sichern. Über allen aber stand der Geheime Rat. Der Kanzler CASPAR VON SCHMID baute ihn zur obersten Zentralbehörde aus und zog alle Kontrollbefugnisse über die Mittel- und Unterbehörden, aber auch über Hofrat, Hofkammer und Kriegsrat an sich. Der Geheime Rat entschied Fragen der Außenpolitik, gestaltete die Beziehungen zu den Nachbarterritorien, zu Kaiser und Reich und dem gesamten Ausland, überwachte die Verwaltung des Landes, bestimmte die Höhe der Steuern, erörterte Probleme des »Hauses«, d. h. der Dynastie, und beriet den Fürsten, der in Bayern die letzte und endgültige Entscheidung über Krieg und Frieden ebenso wie über Almosenvergabe und Ankauf eines Kunstwerkes zur Ausstattung der Residenz fällte. Der Fürst war keinem Menschen, keiner irdischen Institution, sondern Gott verantwortlich.

Aus dem Geheimen Rat entwickelte sich die Geheime Konferenz. Hier kamen ausgewählte Persönlichkeiten zur Diskussion bestimmter Sach- und Personalprobleme zusammen. Die Geheime Konferenz ist nicht als eigentliche Behördenorganisation anzusehen. Einmal fehlte jede schriftlich fixierte Kompetenzabgrenzung wie bei

den anderen Behörden, außerdem wechselte die Zusammensetzung seiner Mitglieder, die nur ad hoc und nicht in Permanenz tagten.
Verschiedene untergeordnete Behörden und Kommissionen beschäftigten sich mit wechselnden Aufgabenstellungen. Zum Teil waren sie völlig von höheren Dienststellen abhängig, zum Teil entwickelten sie ein beträchtliches Eigenleben und eine spezifische Dynamik. Der Revisionsrat bearbeitete Belange der Justiz und war in allen bürgerlichen Rechtsfragen die oberste Berufungsinstanz. Über Begnadigung, Aufhebung oder Abänderung eines Urteils entschied der Fürst nach Vorlage entsprechender Gutachten. Der Geistliche Rat suchte das bereits vor der Reformation entwickelte und seitdem extensiv ausgestaltete bayerische Landeskirchentum in allen Fragen, die Staat und Kirche betrafen, energisch durchzusetzen.[82] Die Ordinariate und geistlichen Fürsten verweigerten stets eine offizielle Anerkennung dieser Institution, da sie ihre Diözesanrechte weitgehend beschnitt. Auseinandersetzungen in religionspolitischen Fragen waren deshalb kein besonderes Ereignis, das allgemein Aufregung verursacht hätte.

Die Rentämter in Straubing, Landshut, Burghausen und schließlich Amberg übten die Funktion von zentralen Mittelbehörden aus. Sie unterstanden der Leitung eines Vitztums (Vicedominus). In der Oberpfalz residierte ein Statthalter. Die Münchener Regierung betrachtete dieses Territorium stets als Kriegsbeute, lehnte ein entschiedenes wirtschaftliches und politisches Engagement ab, so daß der durch den Dreißigjährigen Krieg verursachte wirtschaftliche und kulturelle Niedergang nicht aufgehalten wurde. Die Folgen dieser Politik sind noch heute spürbar.

Die Rentämter waren dem Münchener Hofrat untergeordnet.[83] Für den Rentamtsbezirk München war der Hofrat unmittelbar zuständig. Die Rentmeister übten Kontrollbefugnisse aus und überwachten die ländlichen Unterbehörden. Bei den jährlichen Rentmeisterumritten[84] wurden Verwaltung, Finanzgebaren, Steuerwesen und Justizpflege, Schulwesen und kirchliche Institutionen visitiert, die zuständigen Beamten und Amtsdiener auf ihre Zuverlässigkeit und Loyalität gegenüber dem Landesherrn überprüft. Die Wirksamkeit dieser Inspektionen war allerdings sehr beschränkt. Einmal war es nur möglich, Stichproben vorzunehmen und einzelne Rechnungsvorlagen durchzusehen; zweitens besaßen die bayerischen Rentmeister im Gegensatz zu den französischen Intendanten keine Vollmachten, Mißstände durch wirksame Maßnahmen unmittelbar abzustellen. Die entsprechende Genehmigung der Hofkammer oder des Hofrates war abzuwarten.[85] Viele Anträge verschwanden so in den Aktenbergen, und die Hebung der Landeskultur, der Wirtschaft und Verwaltung, die Eindämmung der aller Orten üblichen Korruption ließen auf sich warten. Auch dem durchaus ernstgemeinten Bestreben des Landesherrn, die Untertanen vor der Willkür der lokalen und ständischen Herrschaftsträger sowie vor dem Eigennutz der eigenen Beamten dauerhaft zu schützen, waren enge Grenzen gesetzt. Der Absolutismus erschien nur in der Theorie vollkommen.

Die Rentämter waren in Land- und Pfleggerichte sowie Pflegämter unterschiedlicher Größe eingeteilt. Der Pfleger bzw. sein Stellvertreter, Pflegskommissär genannt, administrierte auf unterer Ebene Justiz, Finanzen und Polizeiangelegenheiten. Vor allem die Pflegskommissare waren gefürchtet.[86] Da sie meist kein festes Gehalt bezogen, sondern wie Schergen und Gehilfen nur Anteile an den Abgaben, Steuern und Strafgeldern der Untertanen erhielten, suchten sie sich rücksichtslos Nebeneinkünfte zu verschaffen, Strafgelder zu erhöhen, angeblich bereits verdorbene Naturalien zu beschlagnahmen und statt dessen außerordentliche Ersatzleistungen zu verlangen.[87] Die Situation der Beamten war ähnlich. Sie mußten oft jahrelang als sog. Supernumerarii ohne jedes Entgelt arbeiten, bis eine Stelle vakant wurde.[88] Es gab mehr Beamtenanwärter als offene Stellen. Die Konkurrenz war groß. Wovon sollte man leben? Man hatte Schulden über jedes vernünftige Maß hinaus und mußte auf irgendeine Weise zu Geld kommen. Der Zweck rechtfertigte die Mittel, und die Untertanen hatten nicht nur die Überheblichkeit und den Dünkel der Beamten, sondern auch ihre Übergriffe und ihre Willkür hinzunehmen.

Neben den landesherrlichen Beamten beeinflußten die Hofmarksbesitzer und -verwalter wesentlich die Herrschafts- und Verwaltungsorganisation des Landes. Die kurfürstlichen Landgerichte bestanden häufig bis zu zwei Dritteln aus weltlichen oder geistlichen Immunitätsbezirken, das heißt privilegierten Herrschaftsbereichen des Adels und der Prälaten.[89] Patrimoniale lokale Gewalten besaßen die Niedergerichtsbarkeit, zogen die Steuern ein,[90] verkündeten

Vorschriften hinsichtlich des öffentlichen und selbst des privaten Lebens und ordneten die Fluktuation von Waren und Kapital.

Nicht nur Prälaten und Altadelige besaßen Hofmarken. Der Fürst verlieh sie auf Lebenszeit oder erblich auch an verdiente Beamte, einheimische und ausländische Günstlinge, an den Geldadel, an einige vor allem während des Dreißigjähriges Krieges reichgewordene Offiziere, Kaufleute und Händler. Der absolutistische Fürst benötigte ein allein von ihm abhängiges Beamtentum und einen von ihm ins Leben gerufenen Adelsstand, um die Phalanx des alten Adels aufzusplittern, diesen in den allgemeinen Untertanenverband einzugliedern, seine Herrschaftsbefugnisse durch treue Anhänger über das gesamte Land auszudehnen und auf diese Weise einen zentralistischen Staat aufzubauen. Die neuen elitären Gruppen konnten sich nicht auf alte Traditionen und Privilegien berufen. Sie blieben auf das Wohlwollen des Landesherrn angewiesen und waren gerne zu jenen Diensten bereit, die zu übernehmen andere sich zierten. Da schon lange keine Ritterheere mehr existierten, hatten Adelige und Ritter Bayerns ihre Schutzfunktionen verloren. Sie gingen auf den Landesfürsten über. Im Mittelalter war der Fürst primus inter pares, der Erste unter Seinesgleichen; jetzt im 17. Jahrhundert hatte sich der Fürst längst über alle erhoben, war primus super omnes, der Erste über Allen geworden. Der Adelige sollte nach der absolutistischen Doktrin nicht mehr an der Seite des Fürsten gleichberechtigt an der Herrschaft partizipieren, sondern untergeordnete Funktionen im Staatsganzen ausüben. Dieser Funktionswandel ermöglichte den Aufstieg des neuen Adels und des Bürgers. Sie waren bereit, sich ohne Vorbehalt in den Dienst des Landesherrn zu stellen und die Ideologie des Absolutismus zu konzipieren, auszubauen und zu vervollständigen. Es ist kein Zufall, sondern ein Symptom, daß das Hohe Lied des bayerischen Absolutismus, der »Mundus Christiano-Bavaro-Politicus«,[91] eine Hymne auf den absolutistischen Fürsten, von einem Angehörigen des neuen Adels, FRANZ VON SCHMID, Sohn des bayerischen Kanzlers, stammt. Beide, Männer mit Verstand, Umsicht und Blick für die Realitäten, rühmten das Gottesgnadentum und die einzigartige überragende politische Stellung des Fürsten mit eindringlicher barocker Beredsamkeit.

Immer mehr setzte sich die Überzeugung durch, daß der Besitz von Tugend nicht allein eine Frage der Abstammung und des Standes, sondern der Leistung und der persönlichen Fähigkeit sei. Die Bürgerlichen forderten still, aber konsequent Anteil am öffentlichen Leben. Da auch ausländische Adelige das besondere Vertrauen des Kurfürsten genossen,[92] waren die einheimischen Altadeligen gezwungen, sich den bestehenden oder neu aufkommenden Sachzwängen zu beugen und sich den Wünschen des Fürsten unterzuordnen.

Nichtsdestoweniger waren die bayerischen Stände unangefochtener Bestandteil des Staates. Die Korporation des Adels, der Prälaten und der privilegierten Städte und Märkte war die kapitalkräftigste Schicht des Landes. Sie besaß, wie erwähnt, weit über 80 Prozent des gesamten Landes und zahlreiche Herrschaftsrechte über den größten Teil der Bevölkerung; sie verfügte über die Steuereinnahmen ihrer Untertanen.

In Friedenszeiten konnte die Landschaft einen beträchtlichen Geldvorrat ansammeln.[93] Sieben bis acht Millionen Gulden betrug das Vermögen der Landschaftskasse. Da es keine staatliche Bank gab, ließen die Stände hier ihre Kapitalien verzinsen oder nahmen Hypotheken auf. Der Zinsfuß betrug allgemein 5 Prozent. Den Versuchen des Landesherrn, die Gelder der Stände für seine Interessen und die Bedürfnisse des Landes verfügbar zu machen, setzten die Landschaftsverordneten, die die Rechte der Stände zwischen den Landtagen wahrnahmen, energischen Widerstand entgegen. Der Fürst erhielt nur »freiwillige« Zuschüsse, deren Höhe in längeren Verhandlungen auf den Landtagen oder in den jährlichen Sitzungen mit den Verordneten vereinbart wurde. Vor allem die Prälaten mußten mehr Gelder abzweigen, als ihnen lieb war. Denn der Landesherr erhielt über den Papst und die römische Kurie, die sich dem Bayern gegenüber wegen seiner Aktivitäten zugunsten der katholischen Kirche während der Reformationszeit zu Dank verpflichtet fühlten, größere Geldzuwendungen. Den Klöstern blieb nichts anderes übrig, als ihrem geistlichen Oberhaupt, dem Papst, und dem weltlichen Oberhaupt, dem Landesfürsten, zu gehorchen. Als Gegenleistung gewährte er ihnen einen wesentlichen Einfluß auf Kultur und Geistigkeit des Landes.

Diese Feststellung gilt für die Stände insgesamt. Denn das nationale Gefühl der bayerischen Stände hatte sich von der Idee eines die zahlreichen Gesellschafts- und Herrschaftsformen der einzelnen

Territorialstaaten übergreifenden Römischen Reiches weitgehend, wenn auch noch nicht völlig abgewendet und sich auf die Verehrung des Herrschers beschränkt, dem sie dienten. Sie waren dem Landesfürsten zugeordnet, sonst niemandem. Der Kaiser, der in der Ferne residierte, wurde nicht so sehr geschätzt wegen seiner Macht, die ihnen in ihren Bedrängnissen zu Hilfe hätte kommen können oder sollen, sondern er verkörperte die Hoffnung, zu einem größeren Ganzen zu gehören und nicht völlig den neuen Zielsetzungen der absolutistischen Herrscher ausgeliefert zu sein. Doch diese Hoffnungen waren vor allem gefühlsmäßig begründet und bedeuteten weniger eine dynamische politische Kraft. Der Kleinadel, der konservative Teil des Bürgertums, voran die Zünfte, und insbesondere das Offizierskorps, in dem eine größere Zahl von Ausländern tätig war, fanden dagegen fast ausschließlich in der Verherrlichung des Kurhauses ihr patriotisches Genügen. Schwunglos und ihrem Ausdruck nach stets servil blieb diese Ergebenheit dennoch echt und ungekünstelt, weil sie einem gemeinsamen Interesse und Bedürfnis entsprang, das die eigene relativ bescheidene Existenz an die Macht und den Glanz der wittelsbachischen Dynastie und die Erhaltung des Fürstentums band. Der Fürst konnte auf diese Treue bauen. Es gab keine Alternative, an die man sich hätte wenden können. Im Glück und Glanz des Fürstenhauses spiegelte sich auch das kleine, stets leicht verletzbare Glück dieser Kreise.

Die kulturelle Situation

Als Formen der Erziehung[94] galten im 17. Jahrhundert die Familie, die Schule, der Beruf, die Standesbeziehung. Ziel aller Bemühungen war die Integration des Heranwachsenden in die vorhandene soziale, wirtschaftliche und kulturelle Umwelt.[95] In der Praxis kamen Schulung und Bildung nur einem kleinen bevorzugten Personenkreis zugute, vornehmlich den Angehörigen der privilegierten Stände, der höheren Beamten und der Verwaltungsfachleute. Relativ guten Ausbildungsmöglichkeiten für die kleine privilegierte Oberschicht durch Privatlehrer, Gymnasien und die Universität Ingolstadt[96] stand ein erheblicher Mangel an Bildungsmöglichkeiten für die breite Bevölkerung gegenüber. Mindestens zwei Drittel des Volkes hatten entweder keine Schule besucht oder sie konnten keinen Schulabschluß nachweisen, weshalb sie mehr oder minder als Analphabeten zu bezeichnen sind. Reformen im schulischen Bereich wurden von den Orden, kaum jedoch von staatlicher Seite in Angriff genommen. Die Landschullehrer waren selbst keine überwältigenden Vorbilder an Tugend und Wissen.[97] Sie ersetzten diese Mängel durch Prügel. Ansonsten waren die Lehrer bitterarm und auf Nebenverdienste angewiesen.

Offiziell bestand kein Schulzwang. Die von FERDINAND MARIA angeordneten Schulvisitationen wurden offenbar nur lässig befolgt. Programme zur Überwindung der Chancenungleichheit auf dem Bildungssektor gab es nicht. Im Gegenteil, die Regierung befürchtete bereits ein Überangebot an Gymnasiasten und Hochschulabsolventen[98]. Die entsprechenden Stellungen im Staatsdienst reichten nicht hin, alle Anwärter mit abgeschlossenem Schul- und Universitätsstudium unterzubringen. Selbst Adelige arbeiteten jahrelang ohne Entgelt und nur in der Hoffnung, baldmöglichst eine »wirkliche Stelle«, einen Posten mit wirklichem Gehalt zu bekommen. Nur grundlegende wirtschaftliche und gesellschaftspolitische Reformen hätten auf diesem Sektor eine Wandlung bringen können. Dazu war man noch nicht fähig, und eine permanente Friedenspolitik wäre Voraussetzung für zukunftsweisende Reformen im Inneren gewesen.

Der Barock[99] prägte die Lebensformen, die Denk- und Verhaltensweisen der Gesamtbevölkerung. Die Bewegtheit, das vielfältige Formenspiel und auch die realistischen Szenen der barocken Kunst sind Abbild und Symbol für die Spannungen, in denen die Menschen dieser Zeit lebten.[100] Die im Zuge der katholischen Reform neu gefestigten Glaubensinhalte und Verhaltensweisen[101] sowie das absolutistische Herrschaftssystem[102] fanden in dieser Kunstform ihre prestigebetonte Manifestation. Man suchte in der barocken Kunst das irdische Bild transzendentaler Wahrheit, Unvergänglichkeit, herrscherlicher Vollkommenheit und Macht, eine endgültige Sicherheit für das menschliche Leben, das durch die permanenten Kriege, die wirtschaftliche Not, die allgemeine Mangelsituation an Gebrauchs- und Verbrauchsgütern und die noch nicht überwundene wirtschaftliche Depression oftmals gefährdet war. Barocke Kunst bedeutet nicht Vision des Unmöglichen, nicht Utopie des Unerreichbaren, sondern Wiedergabe der Wirklichkeit mit ihrer Schönheit und Grausamkeit, ihren Hoffnungen und Bestrebungen, ihren Spannungen und ihrer Not, den Leiden und Freuden des Lebens, ihren gesellschaftlichen Differenzierungen und ihren allgemeinen Interessen, ihrem religiösen Denken und Fühlen. Barokkes Leben bildete einen übergreifenden gemeinsamen Rahmen, in dem Emotionen, Pathos, Ars moriendi und Vanitas vanitorum in engster Verbindung zur Wirklichkeit dieser Epoche standen. Gefühl, Phantasie in der Darstellung und Ratio – denn kein Zeitalter ist ohne Ratio, nur ihre Intensität ist verschieden – waren treibende Kräfte, bis sich schließlich die Ratio zur dominierenden Kraft entwickelte und jenen gewaltigen gesellschaftlichen, geistigen und politischen Wandlungsprozeß einleitete, der in Bayern mit der Frühaufklärung zu Beginn des 18. Jahrhunderts seinen Anfang nahm und die aus dem Mittelalter überkommenen Strukturen zu zerstören begann. Der barocke Lebensstil bot die Möglichkeit, die in allen Bereichen vorhandenen Spannungen in die Gesamtheit des Lebens einzuordnen und das Dasein akzeptabel zu machen.

Das Streben nach Aufstieg war Kennzeichen der vermögenden Schichten: Jedermann, der etwas auf sich hielt, suchte seinen Einflußbereich und gegebenenfalls auch seine Macht auszudehnen. Der Großbauer erstrebte wirtschaftliche Unabhängigkeit und gesellschaftliches Ansehen; der Bürger einträgliche Posten in der Verwaltung, der Justiz, der Kirche oder den Aufstieg in den niederen Adel. Dies glückte, aufs Ganze bezogen, nur wenigen. Der mittlere Adel suchte seine Herrschaft auszuweiten oder zumindest zu konsolidieren; der alte Adel hoffte, seine Privilegien zu bewahren und seine Unentbehrlichkeit für Gesellschaft und Staat durch Autorität erheischendes Auftreten und strenge Ausübung seiner Herrschaft zu beweisen. Fernhändler, reiche Kaufleute, verdiente Beamte im Dienste des Fürsten suchten den Aufstieg in den Verdienst- und Geldadel. Der Hochadel trachtete nach standesgemäßen Positionen in Klöstern und Stiften, Domkapiteln oder nach Bischofssitzen, nach Einfluß im Staat, in der Verwaltung, im Militärwesen. Herzöge trachteten nach der Kurwürde, Kurfürsten nach dem Königsthron oder dem Kaisertum. Dieses Streben nach Aufstieg setzte dynamische Kräfte frei, die um so stärker in Erscheinung traten, als sie in einer verhältnismäßig kleinen Schicht potenziert verwirklicht wurden. Je angesehener der Stand des einzelnen war, desto größere Machtmittel setzte er ein, um seine Ansprüche zu realisieren.

Die politische Lage Bayerns innerhalb Europas

Bayern war eines unter vielen Gliedern des Heiligen Römischen Reiches Deutscher Nation.[103] Die Souveränität übte nicht eines der Teile,[104] sondern entsprechend den Bestimmungen des Westfälischen Friedens[105] die Gesamtheit Kaiser *und* Reich aus. Der Kaiser – gegenwärtig das Oberhaupt des Hauses Habsburg – konnte nicht aus eigener Machtvollkommenheit über Krieg und Frieden entscheiden. Er bedurfte der vorherigen Zustimmung der Reichsstände. Im umgekehrten Falle benötigten die Glieder des Reiches – hier am Beispiel Bayern – in bestimmten politischen Fragen das Einverständnis oder wenigstens die Rückendeckung des Kaisers und der übrigen Reichsglieder. Das Reich war keine politische Kraft, die, auf sich allein gestützt, das Antlitz Europas nach eigenem Gutdünken hätte prägen können oder wollen. Es entwickelte keine expansiven Tendenzen. Die Vielfalt territorialer Herrschaftsformen fand in der Vielfalt der kulturellen Leistungen ihren adaequaten Ausdruck. Das Reich griff niemanden an und es wurde von niemandem gehaßt.[106] Seine Existenz war nicht durch innere Unruhen gefährdet, seine territoriale Integrität allerdings durch die expansive französische Politik in Mitleidenschaft gezogen: Ihr Bestreben ging während des ganzen 17. Jahrhunderts dahin, das Haus Habsburg, das in Spanien und in den österreichischen Erbländern, in Böhmen und einem Teil Ungarns regierte, zu schwächen, wo immer dies möglich war, und das Wiedererstehen eines Frankreich bedrängenden politischen Machtblocks wie zur Zeit Kaiser KARLS V. zu verhindern. Gleichzeitig suchten die führenden Minister RICHELIEU und MAZARIN und nach ihnen König LUDWIG XIV., der zum Symbol einer ganzen Epoche absolutistischen Herrschertums wurde, Frankreich zur führenden Großmacht in Europa zu erheben. Dabei unterschätzte Paris die wirtschaftlichen, gesellschaftlichen und politischen Kräfte der Seemächte Holland und England und überschätzte die Erfolge der schwedischen Politik, dieser »künstlichen« Großmacht im Norden Europas. Hier regierte seit dem Jahr 1658 die wittelsbachische Linie Wasa-Pfalz-Zweibrücken, ohne daß es zu einem gezielten und kraftvollen Zusammengehen aller wittelsbachischen Linien gekommen wäre. Anstelle von Einmütigkeit herrschte Zwietracht oder Desinteresse zwischen den einzelnen Linien.

Die Bedeutung Bayerns für die europäische Politik beruhte während des 17. Jahrhunderts weder auf seiner Stärke noch auf seinem politischen Vermögen, sondern allein auf seiner geopolitischen Lage im Kräfte- und Spannungsfeld zwischen Paris und Wien. Seit den sechziger Jahren war Bayern unter der klugen und vorsichtigen Politik Ferdinand Marias neutral geblieben, wenn eine oder beide Seiten die Entscheidung zum Kampfe verlangten. Allgemein überwog mehr das unreflektierte Gefühl denn die rationale Einsicht, daß Bayern im Konzert der Mächte keine eigenen machtpolitischen Entscheidungen herbeiführen konnte noch ein ausschlaggebendes Gewicht besaß, um die Waagschale zu Gunsten der einen oder anderen Partei zu verändern. Im Grunde wünschte zwar jede Seite den Anschluß Bayerns an ihre spezifische Politik, doch war keine Seite darauf grundsätzlich und zur Sicherung der eigenen Existenz angewiesen. Bayern hatte – realistisch gesehen – auch nichts zu verschenken. Seine machtpolitische Bedeutung bestand nur in der Phantasie derjenigen bayerischen Minister, die zufolge der Rivalität zwischen Habsburg und Bourbon sich einbildeten, Bayern zu einem maßgeblichen Faktor der europäischen Außenpolitik machen zu können.[107] Ein Vergleich der Einwohnerzahlen Bayerns mit den europäischen Mächten zeigt allein schon die Hybris dieser Vorstellung. Das Frankreich Ludwigs XIV. zählte 20 Millionen Einwohner, England und Wales etwa sieben Millionen, Preußen vier Millionen, die österreichische Monarchie insgesamt etwa 19,5 Millionen, das Reich (ohne Bayern) 23 Millionen, die Niederlande und Portugal je etwa zwei Millionen, das Königreich Neapel 1,3 Millionen, die Schweiz 1,8 Millionen und am Schluß dieser Liste stand Bayern mit etwa 1,1 Millionen Einwohnern einschließlich der Oberpfalz.[108] Entsprechend ist die Ausdehnung der Territorien: Frankreich hatte eine Größe von ungefähr 10 000 Quadratmeilen, Spanien 8 500, Dänemark und Norwegen 6 100, Großbritannien und Irland 6 000, Portugal 1 875, Neapel und Sizilien 1 836 und die Territorien des Königs von Sardinien 1 224 Quadratmeilen. Bayern dagegen umfaßte nur etwa 756 Quadratmeilen. Es gehörte somit zu den Mittelstaaten wie Kursachsen, das mit seinen Nebenländern 730 Quadratmeilen maß, die Vereinigten Niederlande mit 629 und die Republik Venedig mit 625 Quadratmeilen.[109]

Die Kräftekonstellation Paris–München–Wien darf somit bei der Gesamtbetrachtung der europäischen Situation nicht überschätzt werden. Denn das außenpolitische System beruhte nicht – wie bisher in der Regel angenommen wird – ausschließlich auf der Bipolarität zweier widerstreitender Interessensphären, selbst wenn die Differenzen zwischen Habsburg und Bourbon einen wesentlichen Faktor in der Politik des 17. Jahrhunderts ausmachten. Beide kämpften um Einflußzonen, Paris um die Hegemonie in Europa. Doch darüber hinaus spielten die politischen und wirtschaftlichen Zentren von Den Haag, Amsterdam und London eine wesentliche Rolle.

Die dynastischen Interessen, die Wien, Paris und Madrid stets bekundeten, entsprachen nicht jenen der Seemächte Holland und England, die ihr Wirtschaftspotential vergrößerten und nach der Beherrschung der Weltmeere trachteten. Daraus ergaben sich völlig neue und andersgeartete politische Kombinationsmöglichkeiten. Jeder Staat suchte sich rührige Partner, die die eigenen Interessen unterstützen konnten. Wandelten sich die eigenen Interessen oder jene der Partner, so konnte sofort das bestehende Bündnis aufgelöst oder durch ein anderes ersetzt werden. Die Möglichkeiten waren um so größer, als seit dem Westfälischen Frieden die Territorialfürsten des deutschen Reiches in der Lage waren, selbständig Bündnisse abzuschließen sowohl gegenseitig wie mit dem Ausland, sofern sie nicht gegen Kaiser und Reich gerichtet waren. Diese Klausel war von großer Bedeutung; sie wird allgemein unterschätzt. Es bestand eine reale Möglichkeit für den einzelnen Territorialfürsten, der seine Unabhängigkeit nach innen und außen zu festigen suchte, durch geeignete politische Maßnahmen neue Partner zu finden. Die abgeschlossenen Bündnisse bedeuteten kein unwiderrufliches Entweder-Oder, sondern es wurde eine relative Unabhängigkeit aller Beteiligten gewahrt. Es bestand also kein absolutes bipolares und starres System, das nur eine Aufteilung in Freund und Feind gestattet hätte, sondern ein abgestuftes System verschiedener Qualität, verschiedener Annäherung, Übereinstimmung, Differenzierung und Abstoßung. Keinem der jeweiligen Vertragspartner wurde eine Lösung aufgezwungen. Entscheidend war die diplomatische, finanzielle und gegebenenfalls die militärische Unterstützung.[110] Diese setzte ein schlagkräftiges Heer voraus, das die deutschen Kleinstaaten allein nicht unterhalten konnten. Deshalb hielten sie nach Hilfsgeldern Ausschau, welche wiederum ihre Abhängigkeit von den auswärtigen Mächten vergrößerten. Die eigenen Mittel reichten nicht hin, ein Waffenpotential einzurichten und zu unterhalten, das der künstlich gesteigerten Machtfülle kleinerer Fürsten und Herrschaften angemessen gewesen wäre.

Durch die überaus zahlreichen Möglichkeiten der Kombination von Bündnissen stieg auch der Wert der kleinen Fürsten, da die bedeutenden Mächte eine möglichst große Schar von Partnern um sich zu sammeln suchten. Der Erfolg der Verhandlungen hing stets von den realen Angeboten ab, die der Bündnispartner für die gemeinsamen Anliegen einzusetzen bereit war. Das Prinzip »do ut des« war unbestritten. Auf Bayern angewandt bedeutete dies, daß ihm einerseits im wesentlichen natürliche Voraussetzungen für jegliche Großmachtpolitik fehlten, daß andererseits die internationale Verflechtung der politischen, wirtschaftlichen und gesellschaftlichen Probleme, der Verbindungen zu zahlreichen Machtzentren und vor allem seine geopolitische Lage in den Auseinandersetzungen zwischen Habsburg und Bourbon ein gesteigertes Interesse der internationalen Diplomatie an der bayerischen Politik erbrachten.

An den sechs Machtzentren Paris und Wien, Madrid und Den Haag, London und Stockholm gemessen, ergaben sich 15 wichtige politische Berührungslinien. Nimmt man nur die sieben Kurfürsten des Reiches (mit Ausnahme Böhmens), dann zeigen sich innerhalb des Reiches 21 Variablen, in Kombination mit den sechs europäischen Mächten insgesamt 78 Variablen, nicht gerechnet die zahlreichen kleinen Machtzentren. Innerhalb dieser Variablen war Bayern nur eine einzige Komponente.[111]

Für alle Politiker des europäischen Gleichgewichts[112] kam es darauf an, diesen Status quo im eigenen Interesse aufrechtzuerhalten. Das Prinzip »divide et impera« galt auch hier und wurde erfolgreich angewandt. Selbst für den Kaiser war die Machtverteilung im Reich nicht so nachteilig, wie es oft dargelegt wurde. Infolge der zahlreichen Kombinationsmöglichkeiten konnte das Reich sich in der Regel nicht zu einem Block, einer starken Opposition gegen die kaiserliche Macht zusammenschließen. Jeder Fürst, der aus dem bestehenden Status quo auszubrechen suchte, konnte durch eine geschickte Bündnispolitik und durch gezielte diplomatische Aktionen wirtschaftlich und politisch isoliert und gegebenenfalls mit militärischer Macht niedergeworfen werden. Gerade die Variabilität innerhalb des Systems bewirkte, so paradox dies auf den ersten Blick erscheinen mag, eine größtmögliche Stabilität. Keine einzige Macht war bedroht, wenn einer der Verbündeten sich abwandte und zu einer anderen Partei überging. Schließlich war er nicht der einzige Partner. Kritiker dieses Systems, die genaue Unterscheidungen wünschten, sprachen jedoch in erster Linie von der Instabilität, da die diplomatischen Beziehungen allzu sehr ineinander verwoben waren, Bündniswechsel auf Bündniswechsel folgte, so daß keine Klarheit gegeben schien.

Statt dessen sind die realen Möglichkeiten hervorzuheben, eine dynamische Politik zu gestalten. Eine Polarisierung trat nur dann ein, wenn eine Macht, z. B. Frankreich, die Hegemonie über die anderen Mächte erstrebte. In diesem Fall waren Koalitionen aller davon betroffenen Partner möglich, die das gestörte Gleichgewicht wiederherstellten. War dieses Ziel erreicht, so brachen diese Koalitionen gleichsam naturgemäß wieder auseinander, denn die gemeinsame Gefahr war überwunden, das System der Variabilität und des Polypols mit seinem relativ freien Spiel der Kräfte gerettet oder, wie die Kritiker sagten, die Uneinigkeit nahm wieder überhand. In Wirklichkeit jedoch bewahrten sich alle Beteiligten aufgrund dieser Kombination noch eine verhältnismäßig große Autonomie; das galt für die Beziehungen innerhalb des Reiches und der einzelnen Reichsfürsten zum Kaiser ebenso wie innerhalb der europäischen Mächte.

In diesem Kräftesystem konnte Bayern sicherlich eine Rolle spielen, doch war sein Aktionsradius eng begrenzt. Nur eine pragmatische Realpolitik, wie sie Maximilian I. und vor allem Ferdinand Maria betrieben hatten, nicht eine allein auf ideologischen Ansprüchen und juristischen Kombinationen basierende Politik war in Anbetracht der gegebenen Umstände erfolgversprechend, um die vorhandenen Probleme zu lösen. Wenn man nicht alles erreichen konnte, so mußte man wie Ferdinand Maria in weiser Selbstbescheidung mit einem Teil zufrieden sein.

Diese Situation fand Max Emanuel vor, als er sein Erbe, Kurbayern, übernahm: ein Land, nördlich der Alpen, im Herzen Europas gelegen; ein Land von geringer räumlicher Ausdehnung, das weder geophysikalisch noch klimatisch besonders bevorzugt war; ein Land mit offenen Grenzen, die ein zahlenmäßig kleines Heer nicht ausreichend schützen konnte; ein Land mit unzureichender Infrastruktur und mäßiger Bevölkerungsdichte; ein Land, dessen Menschen in Stände und verschiedene Gesellschaftsschichten aufgegliedert waren; ein Land, das eine verwirrende Vielfalt innerhalb der lokalen, regionalen, administrativen und gesellschaftlichen Herrschaftsbereiche kennzeichnete; ein Land, dessen Bewohner überwiegend in der Landwirtschaft, dessen Minoritäten im Gewerbe, im Handwerk und im Handel beschäftigt waren; ein Land mit geringem Volkseinkommen und mäßigem Steueraufkommen; ein Land, das sich kraftvoll anschickte, die beträchtlichen Nachwirkungen des Dreißigjährigen Krieges zu überwinden; ein Mittelstaat, eingebettet in das Gefüge des Reiches und der Vasallität des Kaisers unterstehend, zugleich voller fiktiver politischer Möglichkeiten, die sich aus der Rivalität zwischen Habsburg und Bourbon ergaben, und vielen Hoffnungen, etwa beim Aussterben des spanischen oder österreichischen Habsburgers das eigene Territorium erweitern zu können und innerhalb der europäischen Hierarchie eine Rangstufe aufzusteigen. Dieses Bestreben wurde von jenen Hofhistoriographen, die im Dienst der Politik standen, und von einem transzendental begründeten Herrschaftsmythos[113], über den noch zu sprechen sein wird, untermauert und getragen.

Wie aber sah Max Emanuel selbst seine Aufgaben? Wie wurde er erzogen? Wie verliefen seine Kindheit und seine Jugend?

Der Weg zum Ruhm
(1662-1699)

Kindheit und Jugend

Erziehung und Umwelt[114]

Die Ehe der Kurfürstin HENRIETTE ADELHEID mit Kurfürst FERDINAND MARIA währte schon einige Jahre und war noch nicht mit Nachkommenschaft gesegnet. Da gelobte die Kurfürstin im Jahre 1659 feierlich, bei der Geburt eines Erbprinzen eine Kirche zu stiften. Am 17. November 1660 wurde die Prinzessin MARIA ANNA CHRISTINA geboren[115], am 11. Juli 1662 Erbprinz Max Emanuel[116], das zweite von fünf Kindern des Ehepaares. Zum Dank schenkte FERDINAND MARIA seiner Gemahlin ein in der Nähe Münchens gelegenes Landgut, das er für 10 000 Gulden angekauft hatte. Dort erstand das Schloß Nymphenburg.[117] Noch im gleichen Jahr, 1662, machte sich die Kurfürstin auf die Suche nach einem Baumeister für die Verwirklichung des versprochenen Kirchenbaues. Schließlich beauftragte sie den Architekten AGOSTINO BARELLI, »die schönste und wertvollste Kirche aufzurichten wie keine andere in der Stadt«. Dafür konnten, meinte die aus Savoyen stammende Kurfürstin, nur italienische Künstler in Frage kommen.

Im Jahr 1663 kam BARELLI mit seinen ersten Entwürfen nach München; am 29. April dieses Jahres wurde der Grundstein für die Kirche gelegt, die nach dem Vorbild der römischen Theatinermutterkirche Sant'Andrea della Valle im Stil einer italienischen Kuppelkirche errichtet werden sollte. Der am Münchener Hof einflußreiche Theatinerpropst ANTONIO SPINELLI war jedoch mit den Bauplänen nicht einverstanden; er setzte eine Verbreiterung des Mittelschiffes durch und zog die Verantwortung gänzlich an sich. Zwar wurde BARELLI später wieder eingestellt, aber neue Differenzen mit dem Propst verleideten ihm seine weitere Tätigkeit und er verließ 1674 München endgültig. Der Graubündener Baumeister ENRICO ZUCCALLI führte die begonnenen Arbeiten fort und konnte seine Vorstellungen auch gegen den Widerstand der Theatiner realisieren. 1674 war der Rohbau fertiggestellt. ZUCCALLI begann mit der dekorativen Innenausstattung. Die Kurfürstin aber wollte mit der Einweihung nicht länger warten. Am 13. Geburtstag Max Emanuels, am 11. Juli 1675, wurde die Theatinerkirche St. Kajetan, damals am nördlichen Stadtrand, unmittelbar neben der Stadtmauer und der Residenz gelegen, feierlich eingeweiht.[118] Doch zurück zum Jahr 1662.

Die befreundeten Höfe und Staaten erhielten damals von dem glücklichen Ereignis, der Geburt des Erbprinzen, durch ausgewählte Gesandtschaften Nachricht.[119] HANS CHRISTOPH Graf VON PREYSING reiste zum Kaiser nach Wien; MAX FRIEDRICH Freiherr VON HASLANG zum Bischof von Köln und zum Herzog von Neuburg; JOHANN IGNAZ VON ALTHEIM nach Innsbruck zu Erzherzog FERDINAND KARL, zu Erzherzog SIGMUND FRANZ und zur Erzherzogin ANNA; HANS HEKTOR SCHADT begab sich nach Turin; HANS LUDWIG HÖRWART nach Parma; FRANZ VON NEUHAUS zum Erzbischof von Salzburg; CHRISTOPH BENNO VON EISENREICH zum Bischof von Freising. Schriftliche Benachrichtigung von der Geburt des Kurprinzen erhielten die Könige von Spanien, Dänemark und Polen, die Kurfürsten von Mainz, Trier, Sachsen und Brandenburg, der Kardinal-Landgraf von Hessen, der Herzog von Württemberg, der Landgraf von Hessen-Darmstadt, die Herzöge CHRISTIAN und AUGUST von Braunschweig, der Herzog von Schleswig-Holstein, die Bischöfe von Bamberg, Eichstätt, Regensburg und Brixen, der Abt von Fulda, der in Wien am Kaiserhof tätige Fürst von PORTIA, die bayerische Landschaft, die Regierungen der vier Rentämter, der bayerische Gesandte am Regensburger Reichstag Dr. GEORG OEXL und der päpstliche Nuntius in Wien. Ohne Benachrichtigung blieb der französische Hof. Er unterhielt zu dieser Zeit keine offiziellen Beziehungen mit München, da FERDINAND MARIA 1657/58 die französischen Angebote zurückgewiesen hatte, seine von Paris gewünschte Bewerbung um das Kaisertum finanziell und militärisch zu unterstützen mit dem Ziel, das Haus Habsburg vom Kaiserthron auszuschließen.[120]

Somit zeigten diese Gesandschaften und Mitteilungen den Stand der diplomatischen Beziehungen Bayerns zu den Reichs- und auswärtigen Fürsten an. Gleichzeitig manifestierte sich eine Welt ständischer Ordnung: denn nur ausgewählte Kreise wurden verständigt.

FERDINAND MARIA bat den Salzburger Erzbischof MAX GANDOLF, die Taufzeremonien vorzunehmen. Genau wie im Jahre 1660 bei der Taufe von MARIA ANNA CHRISTINA wurden die bayerischen Lehensleute und Kammerherren aufgefordert, mit festlich geschmückten Pferden und Kutschen in München zu den Feierlichkeiten zu erscheinen. Zahlreiche Pfleger, Kavaliere und Beamte ließen sich entschuldigen. Konnte sich doch mancher verarmte Adelige diese Ausgaben nicht mehr leisten. Denn der Fürst verlangte, nicht an Gold, Silber, Leinwand und Seide zu sparen und Triumphwagen für den Umzug prächtig auszustatten.[121]

Allmählich fanden sich die Landadeligen und Kavaliere mit ihren Familien, Pagen und Bedienten in München ein. Allein die Ritterlehensträger von Abensberg und Hals hätten laut Verordnung 261 Pferde, die Rittergüter außerhalb Bayerns weitere 59 Pferde, die Lehensträger von Wiesensteig 25 Pferde stellen sollen, ferner das Rentamt München 62 Pferde, Landshut 53, Straubing 46 Pferde. 61 Pfleger sollten insgesamt 122 Pferde nach München schicken, zwei Vizedome 14 Pferde, zehn Landrichter 18 Pferde, 14 Kastner 19 Pferde, die vier Rentmeister neun Pferde. Doch in Wirklichkeit existierten gar nicht alle angeforderten Pferde. Denn die Lehensträger konnten sich die Unterhaltskosten für die Pferde sparen, wenn sie statt dessen eine entsprechende Abgabe zahlten. Hatten alle vier Rentämter zusammen theoretisch für 245 Pferde aufzukommen, so wurden realiter nur 127 Pferde gehalten. Für 118 Pferde wurde eine Zahlung geleistet. Da wenigstens die in München anwesenden Offiziere, Kammerherren und verschiedene Beamte Pferde und Kutschen besaßen, wurde ein Ausgleich geschaffen.[122]

Nach über zwei Monaten waren die vielfältigen Vorbereitungen für die Tauffeierlichkeiten abgeschlossen. Die Taufzeremonie fand am 21. September 1662 abends in der Bürgerkirche zu Unserer Lieben Frau in München statt, Dokumentation der Verbindung Untertan und Fürst. Der Täufling wurde feierlich zur Kirche gebracht. Den Anfang des Festzuges bildete die gesamte Dienerschaft des Hofes. Ihr folgten die Kammerportiers, die Lakaien des Kurfürsten und der geladenen Gäste, dann die Truchsessen. Ihnen schlossen sich die bayerischen und ausländischen Kämmerer zu Fuß an. Auf reichgezierten Pferden ritten der Bischof von Freising Herzog ALBERT VON BAYERN und neben ihm Herzog MAXIMILIAN PHILIPP, der Bruder des Kurfürsten. Anschließend folgte der Erzbischof von Salzburg auf einem Falben, begleitet vom Herzog von Pfalz-Neuburg zur Rechten und dem Kurfürsten FERDINAND MARIA zur Linken. Der Geheime Rat, Kämmerer und Obristhofmarschall Graf HERMANN VON FÜRSTENBERG, der neben CASPAR VON SCHMID dominierende Mann der Münchener Politik, trug auf einem rotsamtenen Kissen den Kurhut. Auf einem ähnlichen Kissen brachte der Kämmerer und Hofratspräsident Graf VON WARTENBERG »des Kurprinzen Taufzeug«.[123]

Die Oberhofmeisterin Gräfin VON WOLKENSTEIN saß in einem mit rotem Samt ausgeschlagenen und mit goldenen Spitzen verbrämten Sessel, der von Lakaien getragen wurde. Sie hielt den Täufling auf dem Schoß. Ihr zur Rechten ging Graf MAXIMILIAN WILLIBALD VON WOLFSEGG, seines Zeichens kurfürstlicher Geheimer Rat, Generalfeldzeugmeister, Kämmerer und Statthalter von Amberg. Zur Linken schritt GEORG CHRISTOPH Freiherr VON HASLANG, Geheimer Rat und Obristkämmerer. Sie hielten die »köstliche Decke«, die über den Kurprinzen gebreitet war. Sechs in weißem Atlas gekleidete Edelknaben, nämlich ein Graf von Preysing, zwei Grafen von Törring, zwei Grafen von Wartenberg und ein Graf von Portia, trugen sechs weiße Kerzen zu beiden Seiten des Sessels. Anschließend kam die verwitwete Kurfürstin MARIA ANNA, eine geborene Erzherzogin von Österreich, in ihrem schwarzen Tragsessel, begleitet zur Rechten von ihrem Obersthofmeister MAXIMILIAN Graf VON FUGGER. Nun folgte der Leibwagen der Kurfürstin. Er stammte aus Savoyen und war im Inneren mit rotem Samt ausstaffiert und mit Gold verbrämt, außen mit rotsamtenen und goldenen Borten, Fransen und Quasten versehen. Sechs Schimmel zogen den Wagen. Die Kutscher trugen Festlivreen. Ihre Hüte waren mit roten und weißen Federn geschmückt. In der Kutsche saß die Kurfürstin mit der zweijährigen Prinzessin MARIA ANNA CHRISTINA und der Herzogin von Pfalz-Neuburg. Neben der Kutsche gingen die Obersthofmeister. Hundert Trabanten in Galauniform folgten unter Führung des Obersten VON PIENZENAU. Nach der Leibkutsche kamen die zur Taufe geladenen Fürsten und deren Edelknaben, Kammerdiener und Offiziere. Der Kommandant von Ingolstadt ritt in seiner Eigenschaft als Oberst der Leibgarde zu Pferd an der Spitze von 120 Karabiniers. Ihnen schlossen sich zwanzig, von je sechs Pferden gezogene Kutschen mit »hochadeligen Frauenzimmern« an.

Beim Kaiserhof der Residenz nahm der Festzug seinen Anfang. Er führte durch die Dienergasse in Richtung Friedhof zu Unserer Lieben Frau. Dort stiegen die Festgäste ab und begaben sich in die Kirche. Im Chor fanden die Taufzeremonien statt. Die zahlreichen vor der Kirche versammelten Zuschauer konnten den Schall der Pauken und Trompeten hören. Der Erzbischof von Salzburg nahm die Taufhandlung gemeinsam mit zwei Domherren und sechs infulierten Prälaten vor. Anschließend erklang das Te Deum laudamus. Daraufhin verließen alle Festgäste den Chor, schritten in der Mitte der Kirche zum Portal und kehrten in derselben Ordnung über Plätze und Gassen in die Residenz zurück, wie sie gekommen waren.[124]

Alle Häuserfronten waren mit allerlei schönen Figuren und bemalten Laternen geschmückt, da die Feier – wie in der Barockzeit üblich – abends stattfand. Die Laternen waren mit verschiedenen Emblemen und hübschen Sinnsprüchen verziert. Sie leuchteten »auf das zierlichste«. Besonders festlich war das Landschaftshaus dekoriert, wo sich Trompeter und Paukenschläger »dapfer hören« ließen, als die Festteilnehmer vorüberzogen. Zwölf Geschütze auf beiden Türmen der Frauenkirche und hundert grobe Geschütze auf den Stadtwällen schossen Salut. Die Bürgerwehr paradierte unter Gewehr und gab ihrerseits dreimal Salutschüsse ab. Im Kaiserhof endete der Festzug. Man begab sich einmütig zur Tafel, »alwo man köstlich tractiert und mussiciert«. Hofpoeten und solche, die es werden wollten, dichteten lateinische und italienische Hymnen auf die kurfürstliche Familie. Turniere, die nur mehr repräsentativen Charakter hatten, Opern, Ballette, Theateraufführungen folgten in den kommenden Tagen rasch aufeinander.[125]

Standespersonen versorgten gewöhnlich ihre Kinder nicht selbst. Sowohl Landadelige wie Fürsten bestellten Ammen, Pflegepersonal und Erzieher, die häufig abgelöst wurden. Von frühester Kindheit an wechselten die Bezugspersonen. Die Einflußnahme der Eltern auf die Entwicklung der Kinder beschränkte sich auf kurze und gelegentliche Besuche. Eine intensive Beziehung Eltern–Kind zu erreichen, galt nicht als oberstes Erziehungsziel. Diese wurde erst im Laufe der Jahre durch besondere pädagogische Maßnahmen erreicht. Achtung und Distanz zwischen Eltern und Kindern war das Grundprinzip familiärer Begegnung. Formale Beziehungen wurden einem herzlichen Verhältnis vorgezogen, die Selbständigkeit des Heranwachsenden damit von frühester Jugend an gefördert.[126]

Italienische und deutsche Ammen betreuten den Kurprinzen, ähnlich wie sie es bei seiner zwei Jahre älteren Schwester getan hatten. Das Pflegepersonal, die nächste Umgebung, setzte sich aus Bayern, Italienern und Franzosen zusammen. Die Spracherziehung war dementsprechend ausgerichtet. Kurfürstin ADELHEID bevorzugte ihre Muttersprache italienisch, FERDINAND MARIA deutsch, so daß der Kurprinz mehrsprachig aufwuchs. Sehr früh setzte auch der Unterricht in französischer und lateinischer Sprache ein.[127]

Der Kurprinz wuchs in einer Zeit heran, die den Dreißigjährigen Krieg zu vergessen begann und in der die Ansprüche an das höfische Leben ständig gesteigert wurden. Eine neue Generation strebte nach neuen Lebenszielen und neuen Verhaltensweisen, die erprobt und fortentwickelt wurden. Der Münchener Hof legte größte Sorgfalt darauf, sich an Aufwand und Repräsentationsfreudigkeit stets mit den anderen europäischen Höfen messen zu können, sie soweit als möglich zu übertreffen.[128] Der Hofstaat wurde laufend vergrößert. Die Zahl der Beamten und Amtsstellen, der Bedienten und Kämmerer, Gardisten und Ärzte, Musiker und Künstler vermehrte sich im Verhältnis zu den Ansprüchen.[129] Fünfzig bis 60 und mehr Speisen bereitete die Hofküche täglich für die fürstliche Tafel vor, um den hohen Personen eine reiche Auswahl zu bieten. Die Oberhofmeisterin und das ihr unterstellte Personal trieben großen Aufwand und ließen sich aus Keller und Küche des Kurfürsten versorgen und nicht mehr aus der eigenen. Die beiden Obersthofmeister verbrauchten jetzt zwei- bis dreimal mehr als die Gäste einer ganzen Tafel zu den strengen Zeiten des Kurfürsten MAXIMILIAN I. Die Köchinnen bereiteten für sich besondere Speisen und aßen nicht nur, was die Herrschaften übrig ließen. Sie beschwerten sich beim Kurfürsten über jeden, der sie darauf hinwies, mit den allgemeinen, für die Bediensteten vorgesehenen Speisen vorlieb zu nehmen. Es entwickelte sich eine regelrechte Geschäftspraxis, wobei übriggebliebene oder absichtlich zuviel hergestellte Speisen außerhalb der Residenz verkauft und sogar Kostgänger unterhalten wurden. Auf diese Weise wurde wenigstens nichts weggeworfen. Man wünschte Wein zu den Mahlzeiten. Bediente verkauften ihre eigene Weinration und »begnügten« sich statt dessen mit dem Weinvorrat der Hofkellerei. Kellermeister und Soumoliers legten eine größere Selbständigkeit als zu früheren Zeiten an den Tag und entschieden selbst, ohne Rückfrage beim Obersthofmeister oder Oberststallmeister, welche Nahrungsmittel und Weine für den Hof bestellt werden sollten. Zur abendlichen Beleuchtung genügten nicht mehr wenige Kerzen, sondern es bereitete die größte Freude, die ganze Residenz in hellem Kerzenschein erstrahlen zu lassen. Pomeranzen und Lemonen wurden jetzt mehr verbraucht als vordem Äpfel, mehr Zucker als ehemals Salz. Verließ der Fürst die Residenz, begleitete ihn fast der ganze Hofstaat. Immer mehr Pferde und Kutschen wurden im In- und Ausland angekauft. Besonders beliebt waren die Ausflüge nach Schleißheim. Dorthin wurden von Fall zu Fall Lebensmittel, Weine, Kerzen und sonstige Gebrauchsgegenstände transportiert. Sechzig bis 70 Personen hatten MAXIMILIAN I. auf seinen Reisen begleitet, FERDINAND MARIA dagegen nahm 250 bis 300 Kavaliere beim Verlassen der Haupt- und Residenzstadt mit, jene nicht mit eingerechnet, die sich selbst dazu einluden und auf Kosten des Hofes lebten. Das Fleisch eines ungarischen Ochsen reichte nicht aus, die Begleiter des Fürsten auch nur einen Tag lang zu verpflegen. Täglich wurden mehrere Rinder geschlachtet. Die Ausgaben für Hofküche und -kellerei stiegen dementsprechend. Auch die Anforderungen an Leinwand und Seide wurden immer höher geschraubt. Verbrauchte die Schneiderei vormals Stoffe im Wert von 10 bis 11000 Gulden im Jahr, so erhöhten sich ihre Ausgaben jetzt auf 30000 Gulden und mehr.[130]

Es wurde üblich, daß die Lakaien nicht mehr jede Besorgung zu Fuß machten, sondern zu diesem Zweck sich der Pferde bedienten. Waren zu MAXIMILIANS Zeiten wöchentlich 32 Schaff Hafer für die Pferde vorgesehen, so reichten schon im Jahr 1655 über 80 bis 100 Scheffel nicht mehr, um die neu hinzugekommenen Pferde des Marstalls zu versorgen. Einige führende Persönlichkeiten des Hofes versuchten, ihre persönlichen Ausgaben einzuschränken, indem sie sich keine eigenen Pferde hielten, sondern für private und dienstliche Reisen Pferde aus dem kurfürstlichen Marstall verwendeten. Sechs Pferde spannte man üblicherweise vor eine Kutsche, die hochgestellte Persönlichkeiten beförderte. Die Jagdleidenschaft der Standespersonen war groß und kostspielig. Die Neujahrsverehrungen, einst eine freiwillige Zuwendung, wurden zur Pflicht gemacht. Der »Bauwurm« des Kurfürsten und des Adels belastete die Finanzkasse. Manches Wort der Kritik erhob sich im Land: Der Schweiß der Untertanen werde auf diese Weise übel angelegt, der Kurfürst verliere seine Affektion im Land, zu guter Letzt würden die Untertanen noch gezwungen, ihre Güter zu verlassen. Gott gebe keinen Segen zu diesem Aufwand, so hieß es in einem Gutachten, das Land verarme und die Landschaft werde sich weigern, künftig weitere Zuschüsse zu geben.

Die Kritik an der allgemeinen Verschwendung blieb vereinzelt.[131] Es fehlte jedes Sprachrohr, Kritik in die Öffentlichkeit zu tragen. Aufgrund der Funktionalität der barocken, nach Dokumentation seiner Herrschaft drängenden Verhaltensweisen beugte man sich der Notwendigkeit. Nicht die Realität, groß zu sein, sondern die Fiktion, groß zu erscheinen, wurde entscheidend.

Bald bemerkte der Münchener Hof, daß der Kurprinz schon in jungen Jahren ein intensiveres Verhältnis zu seiner Mutter als zu seinem Vater entwickelte.[132] Im Charakter glich er mehr seiner Mutter, die temperamentvoll war, Repräsentation und Prunk, Feste und Geselligkeit liebte, von Größe und Ruhm sprach und nicht vergaß, daß sie die Enkelin eines Königs, HEINRICHS IV. von Frankreich, war. Ihre Mutter, Tochter dieses Königs, hatte sich zwar herablassen müssen, einen Herzog von Savoyen zu heiraten, aber den Titel der Madama Reale beanspruchte sie weiterhin für sich. Konnte LUDWIG XIV. von seiner spanischen Gemahlin sagen, sie wäre durch ihre Heirat eine Französin geworden, konnte Kaiser LEOPOLD I. von seiner ebenfalls spanischen Gemahlin behaupten, sie sei eine Österreicherin geworden, so war ADELHEID immer eine Italienerin geblieben. Sie verleugnete nie ihr Temperament, ihre Zielsetzungen. Ihr Gemahl, FERDINAND MARIA, dagegen war ruhig, phlegmatisch, überlegt, gewiß kein Abenteurer und Held. Sein größtes Verdienst bestand darin, die Politik vernünftigen Männern zu überlassen, sich von Persönlichkeiten seines Vertrauens beraten zu lassen, persönliche Wünsche – meistens – hintanzustellen, Argumenten Raum zu geben, Sachentscheidungen nur nach Rücksprache mit seinen amtlich dazu berufenen Räten zu treffen und Kontinuität zu gewährleisten. Nur dadurch war eine konsequente Friedenspolitik möglich.[133]

Kurfürst MAXIMILIAN I. hatte einst die Heirat zwischen FERDINAND MARIA und ADELHEID gestiftet[134] und sich dabei zum Ziel gesetzt, durch diese Eheverbindung Bayerns Italienpolitik zu aktivieren, Savoyens Beziehungen zu Frankreich zu nützen, künftig das Herzogtum Concordia und die Grafschaft Mirandola für das Haus Bayern zu gewinnen, kurzum, sich in Italien festzusetzen.[135] Auf beide Gebiete hatte er vom Kaiser eine Anwartschaft erlangt, die jedoch nicht reichsrechtlich abgesichert war.[136] Die Freundschaft Savoyens sollte seine Italienpolitik unterstützen. Diese politische Zukunftsplanung erfüllte allerdings nicht die in sie gesetzten Hoffnungen.

ADELHEID und FERDINAND MARIA waren im Grund zwei völlig entgegengesetzte Charaktere. Es war eine der üblichen politischen Heiraten, bei denen nicht nach Neigung gefragt wurde, sondern nach dem Interesse des Hauses und der Dynastie. Es verstrich eine verhältnismäßig lange Zeit, bis sich beide Partner verstanden und zusammengewöhnt hatten.[137] Erst 1660 war ihr erstes Kind geboren, MARIA ANNA CHRISTINA, 1662 kam Max Emanuel zur Welt.[138]

Jedes Kind erhielt einen kleinen Hofstaat zugewiesen. Für die Erziehung der ersten Prinzessin war MARIA ELISABETH Gräfin VON CLOSSEN fünf Jahre lang zuständig. Im Jahre 1665 folgte ihr MAGDALENA MARIA Gräfin VON PORTIA nach.[139] Nur Standespersonen konnten und durften eine solch verantwortliche Tätigkeit ausüben. Die Hofmeisterin überwachte die Versorgung des heranwachsenden Kindes und bestimmte die genaue Tages- und Stundeneinteilung, die Lebensweise, die Erziehung, die Spiele, die kleinen Aufgaben. Sie entschied mit Autorität, welche jungen Damen aus dem kurfürstlichen Hofstaat oder der Residenzstadt zur Prinzessin vorgelassen wurden. Kammerfrauen und Kammerdiener mußten zu festgesetzten Zeiten ihre Pflichten erfüllen. Sobald das Kind fähig war, selbst kleinere Aufgaben zu übernehmen, etwa ab dem vierten Lebensjahr, begann die musische Erziehung: Musik, vornehmlich

Harfenspiel, Theater und Tanz. Es folgte die Lesung von Geschichten und Geschichte, bayerische Geschichte und Weltgeschichte, ebenso ein wenig Kosmographie. Sobald auch der Kurprinz alt genug war, um unterrichtet zu werden, erhielten beide Kinder in den meisten Fächern gemeinsam Unterricht von Privatlehrern, Instruktoren und Präzeptoren.

Der Tagesablauf war streng geregelt, auch wenn die Vorschriften nicht immer eingehalten wurden. Selbst die Abwechslung war eingeplant. Beim Erwachen sprach die Prinzessin das Morgengebet. Sie wurde angekleidet, nahm das Frühstück ein und wurde zum Appartement des Bruders geleitet, um mit ihm zu »studieren«. Gegen 9.45 Uhr begaben sich beide zu ihrer Mutter. Gemeinsam hörte man die Morgenmesse. Nach der Mahlzeit hatte sich die Prinzessin je nach Wunsch in die Gemächer des Vaters oder der Mutter für kurze Höflichkeitsbesuche zu begeben. Ab $^1/_2$1 Uhr begann wieder der Unterricht. Am Dienstag, Donnerstag und Samstag Nachmittag waren je eine Stunde für den Tanz, Montag, Mittwoch und Freitag für das Harfenspiel vorgesehen. Nach Beendigung dieser Übungen folgte wieder gemeinsames Studieren der Geschwister. Sie übten sich in Sprechweise, Ausdruck und Umgangsformen, wie sie nach dem Hofzeremoniell bei offiziellen und nichtoffiziellen Anlässen geboten waren. Bestimmte Tage, besonders kirchliche Festtage, galten der Erholung: Spaziergänge, Ausfahrten, Spiele im Freien oder in der Residenz. Damit keine Langeweile entstand, mußten die Erzieher ihre Phantasie anstrengen. Handarbeit war natürlich eine Lieblingsbeschäftigung der Prinzessin. Nachmittags gegen 5 Uhr begab sie sich meistens zu ihrer Mutter, es sei denn, sie hatte mit ihrem Bruder Geschichte zu lesen, Kosmographie durchzunehmen oder Musik zu üben. Dann ging sie erst um $^3/_4$6 Uhr abends zur Kurfürstin zum gemeinsamen Souper. Bis um $^3/_4$9 Uhr abends dauerte die anschließende Freistunde. Sodann hatte sie sich zum Schlafengehen bereitzuhalten, und zwar »ohne Widerstände« nach Verrichtung ihres Abendgebetes.

Als Abwechslung gestatteten die Erzieher an Sonn- und Feiertagen die Lektüre ausgewählter »Zeitungen« und »Bücher«. Jeden zweiten Samstag suchte der Beichtvater die Prinzessin in der Zeit vor der Vesper auf. Er sprach über geistliche und religiöse Dinge, über ihr tägliches Leben, über ihre Gewohnheiten, ihre Denkweise.

Die Sakramente der Beichte und Kommunion waren an bestimmten Tagen zu empfangen. Eine formale Erziehung zum religiösen Leben stand im Vordergrund. Bei besonderen Festlichkeiten durften die Töchter des Münchener Stadtadels, des Patriziats und bekannter Bürger bei Hofe erscheinen und mit der Prinzessin spielen. Es war für sie eine der wenigen Gelegenheiten, mit Kindern in Berührung zu kommen, die nicht unmittelbar in der Residenz erzogen wurden. Allerdings war durch eine Vorauswahl gewährleistet, daß nur Kinder gehobener Gesellschaftskreise Zutritt erhielten. Bevorzugt wurden Töchter des Hochadels, vor allem des Grafen VON FÜRSTENBERG, des gegenwärtigen Oberhofmeisters und einflußreichen Ministers, sowie des Grafen VON TÖRRING, dessen Familie als eine der angesehensten des Landes galt. Diese Familien fühlten sich durch die Einladungen geehrt. Man band sich schon in der Kindheit durch persönliche Bekanntschaften und Freundschaften auch für die Zukunft eng an den Fürstenhof. Alle anderen Personen und Spielgefährten durften das Zimmer der Prinzessin nur mit vorheriger Erlaubnis der Gräfin von PORTIA oder deren Stellvertreterin aufsuchen. Waren in der Stadt Seuchen oder ansteckende Krankheiten ausgebrochen, was alle paar Jahre eintraf, dann war der Zutritt jedes Außenstehenden zu den Räumen der »kurfürstlichen Jugend« untersagt.[140]

Ein kleiner Hofstaat bediente die Prinzessin von morgens bis abends. Die Kleider waren bereitzulegen, der Schmuck auszuwählen, die Speisen aufzutragen, und zwar mit dem gleichen Zeremoniell, das der Kurfürstin zustand. Nie durfte die Prinzessin ihre Zimmer ohne Erlaubnis und ohne Begleitung verlassen. Ständig wachten neugierige, ängstliche oder unbeteiligte Augen über sie. Ging die Prinzessin zu ihren Lehrern, zum Spiel, in den Residenzgarten, dann mußte sie darauf so lange warten, bis sich ihre Hofmeisterin, ihre erste Kammerfrau und eine der Kammerdienerinnen eingefunden hatten. Es war ihr untersagt, allein in der Residenz herumzulaufen oder gar die Residenz ohne Begleitperson zu verlassen. Selten bot sich eine Möglichkeit, sich den Aufsichtspersonen zu entziehen. Einerseits war den Pädagogen unbedingter Gehorsam zu leisten, da sie als Vertreter der Eltern fungierten, andererseits mußten die Erzieher und Aufsichtspersonen wegen ihres niedrigeren Ranges den Prinzen und Prinzessinnen gebührenden Respekt erweisen.[141] Sie hatten größtmögliche Autorität zu verkörpern und krochen dennoch im Staube.

Keine persönliche Regung blieb dem Hofstaat verborgen. Alles wurde ausgeplaudert. Man sprach über das Tun, die Gebärden, die Worte, die Gedanken der Kinder wie der Erwachsenen. Edelleute jeden Alters warteten auf und legten Komplimente ab.[142] Eine Welt des Scheins, der Freundlichkeit und der Verstellung wurde kultiviert. Denn persönliche Abneigung mußte unterdrückt, persönliche Sympathie durfte nicht allzu offen gezeigt werden. Nachrichten, die beunruhigen konnten, wurden nicht ausgesprochen, Freundschaften wortreich betont, die keine waren.

Auch der Kurprinz hatte seinen eigenen kleinen, bis zum siebenten Lebensjahr nur aus Frauen bestehenden Hofstaat. Die Oberaufsicht übernahm FELICITAS Gräfin VON WOLKENSTEIN.[143] Der Kurprinz trug Mädchenkleider bis zum sechsten Lebensjahr, einen »gelben Rock, einen roten Rock«, mit einem Degen umgürtet. Söhne savoyischer Adeliger wurden gemeinsam mit ihm erzogen, so die Grafen SANFRÉ, RIVIERA und SAINT MAURICE, die ADELHEID aus Savoyen als Spielgefährten für den Kurprinzen angefordert hatte. Diese Freundschaften dauerten über Jahrzehnte.

Als Max Emanuel einige Jahre alt war, bemerkte man immer mehr sein sanguinisches Temperament, den schnellen und plötzlichen Umschlag seiner Stimmungen, unvermutet auftretende Mutlosigkeit im Wechsel mit größter Entschlußfreudigkeit und äußerster Lebhaftigkeit. Seine Mutter und die Kavaliere am Hof sprachen in dieser Zeit viel von Ehre und Ruhm, von glorreichen kriegerischen Taten, die in anderen Ländern, nur nicht in Bayern, erworben wurden.[144]

Als im Jahre 1667 FERDINAND MARIA und seine Gemahlin ADELHEID eine Badereise nach Italien unternahmen,[145] erhielt die Hofmeisterin außerordentliche Erziehungsvollmachten. Das gesamte Dienstpersonal wurde ihr unterstellt. Sie durfte sogar Änderungen in der Personalstruktur vornehmen.

Formale Frömmigkeit, Devotion, Wundergläubigkeit waren am Hof weit verbreitet. Wichtig war die tägliche Anwesenheit bei der heiligen Messe, damit man gesehen wurde. Denn davon sprach man sowohl in der Residenz wie in der Stadt. Der Prinz kannte einige Gebete, zu denen im Laufe der Zeit neue hinzukamen. Das allgemeine religiös-sittliche Leben des Hofes war darauf ausgerichtet, nach außen hin einen guten Eindruck zu erwecken, selbst wenn die tatsächlichen Verhältnisse nicht mit den religiösen und moralischen Ansprüchen und Idealvorstellungen übereinstimmten. Die Pflege der Verbindungen zur Weltgeistlichkeit einerseits, die durch Hofkapläne gewährleistet war, und zu den Orden andererseits, die eine bedeutende Rolle im gesellschaftlichen und politischen Leben spielten, wurde dem Prinzen schon von frühester Jugend ans Herz gelegt. Durch Gänge war der Residenzkomplex mit dem Kloster der Theatiner verbunden, so daß der Prinz jederzeit zu ihnen gelangen konnte, ohne Aufsehen zu erregen und die Stadt betreten zu müssen. Auch die entfernter gelegenen Klöster besuchte er häufig auf Weisung seiner Erzieher.[146] Dort durfte er in den Gärten verweilen, von Geistlichen begleitet, die ihn durch Spiel und Unterhaltung mit den allgemeinen religiösen und weltlichen Verhältnissen vertraut machten, wie sie sich aus ihrer Sicht darboten. Es entstand deshalb von Kindheit an eine sehr enge Beziehung und ein ausgeprägtes Vertrauensverhältnis zu den Orden. An der Pforte der Residenz erhielt der Prinz am jährlichen Fronleichnamsfest öffentlich den Segen. Eine ähnliche Zeremonie erfolgte jeden Abend in der Hofkapelle. Hier war jeweils ein Teil des Hofstaates zugegen. Um zu verhindern, daß der Prinz durch allzu häufigen Umgang mit Fremden ansteckende Krankheiten auffing, war es ihm verboten, nach eigenem Gutdünken irgendwelche Kirchen zu besuchen.[147] Da sich die Menschen soviel wie überhaupt nicht wuschen, war der Geruch, der sich bei großen Menschenansammlungen verbreitete, nicht sehr angenehm und die Gefahr der Ansteckung von Krankheiten durch Kontakte sehr groß.

Neben der formal religiösen Erziehung war das zweite Erziehungsziel die Sozialisation, die Einübung der Befehlsgewalt und die Anpassung an die vorhandene Gesellschaftsstruktur. Höflichkeit gegen jedermann sollte die Untertanen gewinnen, persönliche Antipathie vermieden oder zumindest nicht gezeigt werden. Wie seine savoyische Mutter liebte Max Emanuel den Umgang mit Menschen. Von Kindheit an war er gewöhnt, mit der Umgebung zu sprechen, den Untertanen allzeit freundlich entgegenzutreten. Seine Leutseligkeit trug ihm später große Sympathien bei seinen Soldaten und im Volk ein. Bei der Begegnung mit Standespersonen oder Religiosen, nicht aber vor dem gemeinen Mann, nahm der Fürst den Hut ab. Ein genaues Zeremoniell regelte die Formen der Höflichkeit.[148]

Ohne besondere Erlaubnis durfte kein Fremder, weder Standesperson noch Bürgerlicher und Untertan, weder auswärtiger Gesandter noch einheimischer Händler die Räume des Kurprinzen betreten. Durchreisende Offiziere, fürstliche Persönlichkeiten, Vertreter auswärtiger Staaten machten, wie an allen Höfen, stets der ganzen kurfürstlichen Familie, also auch dem Kurprinzen, ihre Aufwartung. Unter einem Baldachin sitzend, hielt er seit seinen Kinderjahren zu festgesetzten Zeiten Audienz. Die am Hof anwesenden Damen und Kavaliere waren bei dieser Zeremonie zugegen. Die Gräfin WOLKENSTEIN stand an der Seite des Kurprinzen und beantwortete stellvertretend die Komplimente, die an ihn gerichtet waren. Die Einübung seiner künftigen Funktion als Kurfürst von Bayern wurde somit spielerisch zur Selbstverständlichkeit und zur Gewohnheit. Auch konnte und sollte der Prinz persönlich mit den Gesandten, Bittstellern und Überbringern von Geschenken sprechen. Dadurch verlor er die Furcht vor Fremden. Erziehungsziel war die Stärkung des Selbstbewußtseins durch öffentliches Auftreten und durch Anerkennung. Diesem Zweck diente auch die öffentliche Tafel. Wie jeder Fürst aß der Prinz zuerst allein vor aller Augen, und zwar, wie üblich, Unmengen von verschiedenen Speisen in zahlreichen Gängen, von Hofdamen und Lakaien bedient. Anschließend durften die anderen Gäste speisen. Die Kammerfrauen nahmen ihr Essen sowieso erst dann ein, wenn der Prinz seine Mahlzeit beendet hatte. Fühlte sich der Prinz unpäßlich oder war er ernstlich erkrankt, wurden ihm die Mahlzeiten im Bett serviert, auch hier unter Einhaltung der Etikette, die verlangte, sich während der Mahlzeit mit den Gästen und Umstehenden zu unterhalten.

Die Hofdamen und Kavaliere konnten den Prinzen jederzeit besuchen und durften sein Zimmer betreten.[149] Er kannte daher nicht nur alle Mitglieder des Hofes persönlich, sondern es bildete sich ein besonderes Vertrauensverhältnis mit bestimmten Personen heraus. Anläßlich der Regierungsneubildung bei der Amtsübernahme machten sich diese Verbindungen stets bemerkbar. Für die Mitglieder der gegenwärtigen Regierung war es ratsam, sich rechtzeitig des Wohlwollens des jeweiligen Kurprinzen zu versichern.

Früh bemerkte Max Emanuel die Rivalitäten innerhalb des Hofes, der Adeligen, der Welt- und Ordensgeistlichen. Die Jesuiten suchten ihren Vorteil gegenüber den Theatinern[150] und umgekehrt. Über den Prinzen bemühte sich mancher, Einfluß zu gewinnen, Versprechungen für die Zukunft zu erhalten.

Die Diener, Mägde und Wäscherinnen wurden im Befehlston angesprochen.[151] Die große Kluft zwischen den Ständen, zwischen Herr und Diener war tagtäglich sichtbar. Zahlenmäßig überwogen zwar am Münchener Hof die kleinen Leute, die Bediensteten und Handwerker im Verhältnis neun zu eins, doch gesellschaftlich und politisch gaben allein die Adeligen und Standespersonen den Ton an.[152]

Durch viele Reisen zu den umliegenden Schlössern und Seen lernte der Kurprinz das Land oberflächlich kennen. Das Mittagessen durfte er nach Wunsch in Schleißheim, im Hofgarten oder in Neudegg einnehmen. Abends kehrte er wieder nach München zurück. Nur wenn er eine größere Fahrt mit seinem Hofstaat unternahm, konnte er auch außerhalb der Residenz übernachten. Die Erzieher achteten besonders darauf, daß sich durch fremde Spielkameraden, die sich bei dieser Gelegenheit um den Prinzen sammelten, »wider die tugend und guete sitten nichts ungereimbtes einschleichen möge«.[153]

Marquis HENRY DE BEAUVAU, ein aus altem französischen Adel stammender, kriegstüchtiger, von zahlreichen Reisen weltkundiger Mann, wurde im Jahre 1668 zum Hofmeister des sechsjährigen Kurprinzen ernannt. Er hatte sich bereits einen Namen als Erzieher zweier lothringischer Prinzen gemacht.[154] Seine Laufbahn dokumentierte die internationale Verbundenheit des europäischen Adels.

Die Erziehung des Kurprinzen beinhaltete das weite Spannungsfeld zwischen höfischer Etikette, Autorität und absolutistischem Gottesgnadentum. Einerseits wurde ihm beigebracht, daß Personen von Stand alles können, alles wissen, alles verstehen, über allem stehen, alles leiten und lenken. Andererseits engte eine strenge autoritäre Etikette die Bewegungsfreiheit weitgehend ein. Des Prinzen Sehnsucht, selbständig zu werden, war verständlich. Adeligen war mit Achtung zu begegnen, und zugleich waren sie Diener.

Die verwitwete Gräfin WOLKENSTEIN und eine Kammerfrau blieben beständig beim Prinzen oder sie wechselten sich einander ab.

Sie schliefen im gleichen Zimmer, der Prinz unter einem Baldachin. Ein Kammerdiener und ein Portier waren auf Abruf zur Bedienung bereit und wachten vor der Türe. War der Prinz, »daß Gott verhieten wolle, mit einem bedenckhlichen wehtumb« behaftet,[155] dann kamen die Doctores herbeigeeilt und versuchten, den Patienten so schnell wie möglich zu kurieren. Kräftige Naturen überlebten diese Kuren, die nach heutigen medizinischen Erkenntnissen recht radikal waren. Daraus kann man aber den Ärzten des 17. Jahrhunderts keinen Vorwurf machen. Sie bemühten sich redlich und gewissenhaft, aber die Möglichkeiten zu helfen und zu heilen waren eben beschränkt.[156]

Die kurfürstlichen Kinder wurden von früher Jugend an in das öffentliche Leben miteinbezogen. Schauspiele, Tanz, Empfänge wurden für sie genau wie für die Erwachsenen veranstaltet. In dem anläßlich seines sechsten Geburtstages aufgeführten Festspiel »La Luna elettorale« übernahm der Kurprinz eine Rolle. Ein Jahr später zeigten Max Emanuel und seine Schwester MARIA ANNA CHRISTINA in einem Drama für Soli und Chöre öffentlich ihre Tanzkunst.[157] Während des letzten Landtags der bayerischen Stände im Jahre 1669 waren sie bei den Eröffnungs- und Schlußfeierlichkeiten anwesend und speisten öffentlich.[158] Der Italiener BENEDETTO GIUSTANI schrieb auf Wunsch des Prinzen ein italienisches Drama. Darin spielte der junge König Dorindo, der durch Weisheit ersetzt, was ihm an Alter fehlt – eine Allegorie auf Max Emanuel –, die Hauptrolle.[159]

Im Alter von sieben Jahren erhielt der Kronprinz zu seinem bisherigen weiblichen Hofstaat noch einen männlichen Hofstaat. Die Grundsätze der Erziehung des Kurprinzen waren nach den Traditionen der »Monita Paterna«, den »Väterlichen Ermahnungen«, des Kurfürsten MAXIMILIAN I.,[160] den praktischen Erfahrungen des Hoflebens[161] und den Wünschen der Kurfürstin ADELHEID ausgerichtet.[162] Im 16. Jahrhundert war es noch der größte Ehrgeiz des Bildungsbürgertums und des Adels gewesen, seinen Kindern eine möglichst umfassende Bildung und Gelehrsamkeit zu vermitteln. Die Kenntnis der lateinischen und griechischen Sprache und der damit verbundenen klassischen Denkmodelle wurden so vervollkommnet, daß die Schüler selbst Verse in diesen Sprachen zu formen vermochten, die allerdings keinen Anspruch auf Originalität erheben konnten. Im 17. Jahrhundert war nicht mehr die Ausbildung zu einem Gelehrten, der in verschiedensten Wissensbereichen eine umfassende Bildung erzielte, ein erklärtes Erziehungsideal, sondern die Hinführung zur Gewandtheit, zu einem den modernen Ansprüchen genügenden Lebensstil. Italienisches und französisches Kulturgut war maßgebend. Das Bild des vollkommenen Hofmannes hatte bereits das Ideal eines vielseitig gebildeten Gelehrten abgelöst. Der Adelige und Fürst mußte weltgewandt sein und fähig, in der Öffentlichkeit standesgemäß aufzutreten. Der Unterricht im Griechischen wurde fast vollständig zurückgedrängt, dagegen die lateinische Sprache weiterhin intensiv gepflegt. Im Vordergrund aber stand nicht berufsbezogene Ausbildung, sondern tadelloses Benehmen, vornehme Manieren, Ausformung des Selbstbewußtseins, das sich in Tanz-, Fecht- und Reitkunst, in Kleidung nach neuester Mode manifestierte. Nicht umfassendes Wissen in Mathematik und Physik, sondern einige Grundkenntnisse in diesen Fächern, sowie in Technologie und Fortifikationskunst, in Recht, Staatenkunde, Geschichte, Geographie und Statistik, Genealogie und Heraldik genügten. Ausschlaggebend war nicht der Umfang des Wissens, sondern die Fähigkeit, mit den vorhandenen und gewonnenen Kenntnissen zu brillieren. ADELHEID von Savoyen verstand es am Münchener Hof in ausgezeichneter Weise, das neue Gesellschafts- und Bildungsideal der italienischen und französischen Kultur zu vertreten.[163] Max Emanuels Erziehung war von allen diesen Elementen wesentlich geprägt, wenn auch in den ersten Lebensjahrzehnten der italienische Einfluß noch überwog. Italienische, französische und altbayerische Lebensweise in sich zu vereinigen, war nicht immer leicht.

Daraus folgte ein großes inneres Spannungsfeld, das nicht zuletzt das ganze künftige Leben des Kurfürsten entscheidend formte. Gestalt und sportliche Haltung hatte er, um ein berühmtes Wort GOETHES abzuwandeln, von seinem Vater, die Frohnatur von seiner Mutter. Großmütterlicherseits war im äußeren Erscheinungsbild ein starker habsburgischer Einschlag festzustellen – die Habsburger Nase und die Unterlippe.[164] Von seinem Vater hatte er die Sensibilität, auch die Melancholie geerbt, die zu Zuständen der Niedergeschlagenheit und Resignation führten. Überschwengliche barocke Lebensfreude, Ausgelassenheit, die italienische Mentalität, den heutigen Tag bis zur Neige auszukosten und Unliebsames schnell zu vergessen, entsprach einer Grundstimmung seiner Mutter.

Die zahlreichen Franzosen und Italiener am Münchener Hof vertraten wie die bayerischen Adeligen die verschiedensten geistigen, wissenschaftlichen, gesellschafts- und staatspolitischen Strömungen in verwirrender Fülle. Nur der Geradlinigkeit der Politik FERDINAND MARIAS gelang es unter weitblickender Führung seines Kanzlers CASPAR VON SCHMID, die vielfältigen Einflüsse zu kanalisieren und zu einer einheitlichen Politik nach innen und außen zu formen. Da auf den jungen Max Emanuel so verschiedenartige Strömungen einwirkten, die es zu verarbeiten galt, wurde er sehr stark von Emotionen geprägt. Die Kurfürstin unterließ es nicht, ihre Kinder ins Vertrauen zu ziehen und mit ihnen all das zu beraten, was sie mit ihrem Gemahl nicht offen besprechen konnte, wenn er dafür kein Ohr hatte. Nicht Kurfürstin von Bayern, sondern Kaiserin des Heiligen Römischen Reiches Deutscher Nation wäre sie geworden, sie, die Tochter der Madama Reale von Savoyen, der Enkelin des Königs HEINRICH IV. von Frankreich, wenn Kurfürst FERDINAND MARIA im Jahre 1657 nach der Kaiserkrone gegriffen hätte.[165] Die Kurfürstin wünschte die Erhöhung des Hauses Bayern. Da ihr die Erreichung dieses Zieles nicht vergönnt war, beeinflußte sie frühzeitig den Kurprinzen, und zwar in diesem Sinne, daß ihm Höheres zustehe, als sich mit dem Erbe des Vaters zufriedenzugeben. Fragte man den jungen Prinzen, wen er einmal heiraten wolle, so sagte er ganz offen, wie es ihn seine Mutter gelehrt hatte, die Kaisertochter MARIA ANTONIE.[166] ADELHEID rechnete genauso wie FERDINAND MARIA mit dem Aussterben des österreichischen Hauses Habsburg und der möglichen Nachfolge Bayerns in den österreichischen Erblanden.[167] Um diese Nachfolge, die möglicherweise auch die Nachfolge im Kaisertum bedeutet hätte, zu sichern, schien eine Verbindung mit dem ansonsten von der Kurfürstin mit großem Mißtrauen betrachteten Hause Habsburg von großer Wichtigkeit und Nützlichkeit. Alle Anstrengungen ADELHEIDS, die rasch in ihren Entschlüssen war und nichts davon hielt, jede spontane Idee solange mit den Räten auf mögliche Eventualitäten hin zu beraten, bis sie nichts mehr wert war und als untunlich abgelehnt wurde, liefen darauf hinaus, ihren Kindern frühzeitig politische Ideale nahezubringen, die zu erreichen sie stets, aber vergeblich erstrebte.

Verwandt mit vielen europäischen Fürstenhäusern, voran mit dem französischen König und dem habsburgischen Kaiser, fühlte sich das Haus Wittelsbach mit einer hochadeligen Gesellschaft versippt, die die Geschicke Europas in ihren Händen hielt. Bündniswechsel hatte keine tiefgreifenden Umwandlungen zur Folge. Denn man war der europäischen Adelsgesellschaft verbunden, und die verschiedenen Bündniswechsel hatten nur das Ziel, innerhalb dieser spätfeudalen Gesellschaftsschicht neue Akzente zu setzen, auf die sich verschiebenden Interessen und Interessenzonen zu reagieren und einzugehen, gewisse Strömungen zu unterstützen, zu aktivieren oder anderen Tendenzen, etwa dem Hegemoniebedürfnis Frankreichs über Europa, entgegenzutreten.[168] Den Mitgliedern des Reiches fehlte es in der Regel an realen Machtvoraussetzungen, um Entscheidungen von europäischer Tragweite herbeizuführen. Beschlüsse trafen Paris und London, Den Haag und Wien, Madrid und Stockholm. München war dazu nicht in der Lage. Bayern war ein Mittelstaat und hatte bereits mit Kurfürst MAXIMILIAN I. den Höhepunkt seiner Machtentfaltung und seiner Wirkungsmöglichkeiten auf europäischer Ebene erreicht. Doch die Ansprüche waren geblieben. Auch FERDINAND MARIA verzichtete nie auf sie,[169] sondern nur auf ihre Verwirklichung. Sie lebten fort und verstärkten sich, je mehr das Prestigedenken in den 70er und 80er Jahren des 17. Jahrhunderts zur Richtschnur politischen Handelns wurde. In der Repräsentation höfischen Lebens[170] vorgestellte, in Wirklichkeit nicht vorhandene illusionäre Kräfte drängten machtvoll zum Durchbruch und verlangten nach Taten. Ansprüche auf Größe und Ruhm warteten auf Realisierung im politischen Leben.

Ein weiterer Gesichtspunkt ist von Bedeutung: Der Begriff »Christenheit« wurde infolge der allgemeinen Säkularisierungstendenzen immer mehr zurückgedrängt. Nur in den Türkenkriegen erhielt dieser Begriff noch einmal Sinn und Inhalt. Im Sprachgebrauch trat der Begriff Europa an seine Stelle.[171] Und dieses Europa war dabei, ein Gleichgewicht der Kräfte mühsam herzustellen unter Ausschaltung der Ansprüche kleinerer Herrschaftsgebilde, deren Entfaltungsmöglichkeiten und Spielraum die großen Territorien einschränkten.

Die Entwicklung der Territorialstaaten machte hinsichtlich ihrer inneren Konsolidierung beträchtliche Fortschritte. Territorialbesitz war in der Diktion der Zeit gleichbedeutend mit Hausbesitz. Die bayerischen Wittelsbacher des 17. Jahrhunderts fühlten sich nicht primär als Lehensträger des Kaisers.[172] Sie sahen Bayern als ihren vererbbaren Hausbesitz an. Ehre und Reputation des Hauses standen im Vordergrund aller Überlegungen.[173] Historische Persönlichkeiten von höchstem Rang wurden deshalb im Geschichtsunterricht besonders behandelt: JULIUS CÄSAR, THEODOSIUS, KARL DER GROSSE, KARL V. sowie die Heroen bayerischer Geschichte OTTO VON WITTELSBACH, LUDWIG DER BAYER, MAXIMILIAN I. Am meisten begann Max Emanuel aber ALEXANDER DEN GROSSEN zu verehren: Seine Taten bewunderte er, sie nachzuahmen setzte er sich in den kommenden Jahrzehnten zum Ziel.

Besonders wichtig war deshalb die Vorbereitung für den Kriegsdienst durch körperliche Ertüchtigung. Schon FERDINAND MARIA war ein begeisterter Sportler, ein ausdauernder Reiter und guter Schwimmer.[174] Der Kurprinz wurde im Reiten, Fechten, Schwimmen und Jagen ausgebildet. Die Aneignung von Kenntnissen der Kriegskunst, der Fortifikationskunst, die VAUBAN in dieser Zeit zu einer unübertroffenen Höhe führte, wurde dem Prinzen ebenso vermittelt wie Waffenkunde und Heeresverordnungen. Als im holländischen Krieg (1672–1679) ein bayerisches Truppenkontingent den Kölner Kurfürsten MAX HEINRICH gegen Holland unterstützte,[175] schrieb ein bayerischer Offizier dem Kurprinzen einige Berichte über die Belagerung von Groningen.[176] Der fast tägliche Umgang mit Offizieren und die Diskussion über militärische Probleme am Hofe gaben unmittelbar Einsicht in die Theorie der Kriegsführung und erweckte den Ehrgeiz des Prinzen, sich einst aktiv an militärischen Auseinandersetzungen zu beteiligen.

An Lehrern des Prinzen ragen hervor Jonner und Prielmayr: MATHIAS JONNER, ein Lizentiat der Rechte, unterrichtete Max Emanuel über das geltende Reichs- und bayerische Landrecht.[177] Der Geheime Sekretär CORBINIAN VON PRIELMAYR[178] und der Hofkammerdirektor VON PFETTNER – der erste ein Schüler, der zweite ein Verwandter des bayerischen Kanzlers CASPAR VON SCHMID – setzten dem Prinzen Probleme der Rechts- und Staatswissenschaft sowie der Kameralien auseinander. Der indirekte Einfluß des Kanzlers auf die Erziehung des Prinzen darf nicht unterschätzt werden. Jesuiten[179] oblag der Unterricht in Philosophie, Physik, Mathematik und Geographie. Einem Italiener, dem bayerischen Kämmerer Grafen BRISARI, war es vorbehalten, italienische und altrömische Literatur mit dem Kurprinzen durchzunehmen. Auch Handarbeit war ihm nicht fremd. Zeichnen und Werken, Drechseln, Schnitzen, Metallgießen gehörten dazu. Derartige »handwerkliche« Tätigkeiten kamen im 17./18. Jahrhundert an fast allen europäischen Höfen in Übung.[180]

Im Alter von sechs Jahren sollte der Prinz die Funktion des Geldes und den Umgang mit ihm erlernen. Man gab ihm eine kleinere Summe, über die er für persönliche Einkäufe frei verfügen konnte.[181] War es mehr ein Zufall oder ein Symbol, daß seit frühester Jugend die jährlichen Ausgaben seine Einnahmen überschritten, wobei sich an diesem defizitären Dilemma auch in den folgenden sechs Jahrzehnten nichts änderte? Bald beobachtete das Kind, daß ihm Geld auch dann ausgehändigt wurde, wenn sein Etat bereits aufgebraucht war.[182] Mit Befriedigung stellte es außerdem die große Wirkung des Geldes auf die Menschen fest. Alle näherten sich ihm mit größter Demut, wenn es ihnen ein freundliches Wort, ein kleines Geschenk, ein Trinkgeld zukommen ließ. Dafür taten sie alles. Vor dem Schloß oder dem Haus, in dem der Prinz wohnte, an die Kutsche, mit der er ausfuhr, drängte sich das Volk und es jubelte, wenn man ihm einige Heller oder Kreuzer zuwarf. Das Volk war oder tat begeistert, wenn es den Prinzen sah. Fürstliche Personen waren die Verkörperung von Tugend, Können, Fähigkeiten, Großmut, Gnade und Macht. Die Almosen, die Max Emanuel unter die Armen verteilen ließ, waren fromme Gaben. Etwas mehr als für Almosen gab er für Kartenspiele, für Spielpartner und für den Ankauf von Tieren aus. Er kaufte sich Hasen, Vögel, Dachse, Füchse, Hunde, besonders Pudel in großer Zahl. Die ersten Übungen im waidmännischen Handwerk erfolgten in der Residenz. In seinem Zimmer veranstaltete er Hatzen auf Dachse und Kaninchen. Der zuständige Kammerdiener und Fellmeister nahm ihn ab dem sechsten Lebensjahr auf die Jagd mit. Als Opfer für seine Schießübungen waren Enten, Hasen, Hirsche ausersehen.[183]

Komödianten, die dem Prinzen Theaterstücke vorspielten, Gärtner, die ihn durch die Parkanlagen von Schlössern oder Klöstern begleiteten, erhielten Trinkgelder, ebenso all jene, die ihm Geschenke überbrachten wie Obst, bemalte Ostereier, Kleingetier, aber auch Auerhähne und Rassepferde. Die Ballmeister und Bedienten des Kurprinzen erhielten Neujahrsverehrungen und während des Jahres kleine Geschenke, wenn sie an seinen Spielen teilnahmen, seine Zimmer säuberten, seine Vogelbauer reinigten. Im Winter erhielten Kinder »Trinkgeld«, wenn sie mit dem Prinzen Schlitten fuhren. Vier Buben befahl er im April 1671, einen Berg hinunter- und in den angrenzenden Weiher hineinzufahren.[184] Zwei Soldaten gebot er, in ihren Uniformen in den Brunnen zu springen.[185] Auf diese Weise erprobte er seine »Befehlsgewalt«. Ein großes Gaudium war es obendrein. Als Entschädigung erhielten die »Opfer« solch kindlichen Übermuts eine kleine Gabe.

Armen Bittstellern, Studenten, Witwen und Waisen gewährte der Prinz Audienz, um ihre Anliegen anzuhören. Einerseits erhielt er dadurch Gelegenheit, mit den verschiedenen Schichten der Bevölkerung in Kontakt zu kommen und Einsicht in ihre Verhältnisse zu gewinnen, andererseits lernte er, diesen Problemen mit ein wenig Geld und Gnadengeschenken zu begegnen. An eine grundlegende Aufklärung des Prinzen über Armut, Not und Leid der Untertanen dachte aber niemand. Barone, Grafen, Beamte, Leibärzte übersandten dem Kurprinzen besondere Geschenke, um sich sein Wohlwollen für die Zukunft zu sichern. Auch die verschiedenen geistlichen Orden beeilten sich, zu den Festtagen mit Präsenten aufzuwarten. Gerne kaufte der Kurprinz auf dem Markt oder auf der Dult kleinere Gegenstände ein.[186] Dadurch bekam er oberflächlichen Einblick in die Funktion des Warenverkehrs und des Handels.

Einige Tage vor seinem zwölften Geburtstag hatte Max Emanuel in Anwesenheit seiner Eltern und zahlreicher geladener Gäste im Schloß Schleißheim eine Prüfung abzulegen. Sie bedeutete einen gewissen Einschnitt im Verlauf des Studiums und wurde nach scholastischer Tradition in lateinischer Sprache durchgeführt.[187] Fragen und Antworten waren in der Regel lange Zeit vorher geübt und abgesprochen worden, so daß keine Panne entstehen konnte, die dem Prestige der kurfürstlichen Familie hätte abträglich sein können. Ein Universitätsstudium kam infolge der veränderten Bildungsstruktur nicht in Betracht. Nur einmal, im Oktober 1675, besuchte Max Emanuel mit seinem Vater die Universität Ingolstadt. Der Prinz empfing den Rektor in Audienz. Anschließend führte man ihn durch die Alma Mater.[188] Es blieb bei diesem einmaligen Ausflug in die heiligen Hallen der Wissenschaft.

Max Emanuels Bruder JOSEPH CLEMENS, neun Jahre jünger als der Thronfolger, war von Anfang an zur geistlichen Laufbahn bestimmt, auch wenn sich seine Erziehung kaum von der seines Bruders unterschied. Er klagte später sogar darüber, daß man ihn fast mehr in weltlichen als in geistlichen Dingen unterrichtet habe. In Charakter und Temperament glich er seinem Bruder kaum; er besaß die Ruhe, Nachdenklichkeit und Melancholie seines Vaters FERDINAND MARIA, ihm fehlte die Ausgelassenheit und Hektik seines Bruders. Der Kämmerer TIMON VICTOR VON WEICHS und der Hofrat MAXIMILIAN PERKHOVER waren JOSEPH CLEMENS als Obristhofmeister und Präzeptor zugeteilt. Auch für seine Erziehungsinstruktion galten noch im wesentlichen die Bestimmungen der »Monita paterna« MAXIMILIANS I.

In der Nacht des 8. April 1674 hatte eine nachlässige Hofdame beim Einschlafen vergessen, die Nachtkerze zu löschen. Ein Brand brach aus,[189] der einen Teil der kurfürstlichen Residenz zerstörte. Mit Hilfe einer Hofdame und des Marquis DE BEAUVAU konnte die Kurfürstin unter Lebensgefahr ihre Kinder retten. Der gesundheitliche Schaden, den sie sich dabei zugezogen hatte, führte im März 1676 zu ihrem Tode.[190] Max Emanuel war vierzehn Jahre alt. Seine Mutter, zu der er sich mehr als zu seinem Vater hingezogen fühlte, fehlte ihm sehr. Er habe seinen Vater und dessen Maximen stets gehaßt, bekannte er später dem französischen Gesandten DE LA HAYE-VANTELET.[191] Dies beruhte auf der Verschiedenheit beider Charaktere. Die jugendliche Unausgeglichenheit des Prinzen verstärkte sich zusehends. Am 26. Mai 1679 starb, wie eingangs dargestellt, FERDINAND MARIA.[192]

Fassen wir unsere Kenntnisse über Kindheit, Jugend und Charakter Max Emanuels zusammen, so erscheinen bereits wesentliche Motivationen vorgegeben, die die kommenden Entwicklungen der Regierungszeit des Fürsten maßgebend beeinflußten.

Ein Schlüssel zum Charakter des Fürsten ist zweifellos sein Verhältnis zu dem wechselnden Personenkreis, der seine Erziehung übernahm, und sein differenziertes Verhältnis gegenüber seinen Eltern. Zwischen den einzelnen Bezugspersonen hin- und hergerissen, besonders zwischen seiner vitalen Mutter und dem phlegmatischen, melancholischen Vater, fand Max Emanuel in seiner Mutter jene Charakterzüge verwirklicht, die ihm selbst wesensgemäß erschienen und die er stets bewunderte: Wendigkeit in den Auffassungen; barockes Pathos und Lebensgefühl; Religion nicht so sehr als innere Überzeugung, sondern als Lebensform; Anpassungsfähigkeit an das jeweilige Milieu; stetige Steigerung der an das Leben und die höfische Gesellschaft gestellten Ansprüche; Ausstrahlungskraft der eigenen Überzeugung auf andere Menschen.

Die Spannungen in der Ehe der Eltern übertrugen sich auch auf die Kinder. Dies wird besonders bei Max Emanuel und seinem Bruder JOSEPH CLEMENS sichtbar – bei letzterem jedoch mit gleichsam umgekehrten Vorzeichen. Liebte dieser mehr die Verinnerlichung, so Max Emanuel die Äußerlichkeiten des Lebensstils. ADELHEID von Savoyen verurteilte jedes Zaudern im politischen Handeln. Es gelang ihr zwar, ihren Gemahl fest an sich zu binden und ihm ihre Gefühle und Überzeugungen einzuflößen, was Kultur, Repräsentation und höfisches Leben betraf; es gelang ihr aber nicht, eine irgendwie geartete politische Dominante nach ihrem Geschmack durchzusetzen. In der politischen Arena blieben die Geheimen Räte, voran der Kanzler, entscheidende Faktoren. Was ADELHEID bei ihrem Gemahl nicht erreichen konnte, das sollte ihren Kindern, vor allem dem Erbprinzen beschieden sein. Ihr Sohn sollte es weiterbringen und jede Gelegenheit ergreifen, um die Erhöhung des Hauses sowie die Unabhängigkeit von Räten und sonstigen »Kreaturen« zu erwirken. Die an Max Emanuel gestellten Erwartungen waren deshalb hochgeschraubt. Er schien ihnen auch zu entsprechen. Seine Leistungen waren gut, er war mit schneller Auffassungsgabe ausgestattet und verfügte über ein beträchtliches Rednertalent, mit dem er wie seine Mutter am Hofe glänzen konnte.

Ihr früher Tod scheint Max Emanuel entscheidend geprägt zu haben. Sich verstärkt an den Vater anzuschließen, vermochte er nicht. Er fand wohl kein Entgegenkommen. Es gibt keine Briefe von Bedeutung, die FERDINAND MARIA an seinen Erbprinzen gerichtet hätte. In den Jahren 1676 bis 1679 setzte offensichtlich eine weitgehende Entfremdung zwischen Vater und Sohn ein. Zugleich traten politische Differenzen zutage zwischen der offiziellen, von FERDINAND MARIA und CASPAR VON SCHMID vertretenen Politik und jenem Teil des Münchener Hofes, der eine Modifizierung der frankreichfreundlichen bayerischen Politik wünschte. Dies blieb auch dem Kurprinzen nicht verborgen. Seine Wünsche und Vorstellungen wurden durch die bayerische Staatsideologie, den bestehenden politischen, gesellschaftlichen und wirtschaftlichen Rahmen geformt.

Aus dieser Entwicklung des Jugendlichen zeichneten sich bereits Grundelemente seines Charakters ab: seine Ambivalenz, seine Unausgeglichenheit, sein Opportunismus, sein Wunsch, die an ihn gestellten Hoffnungen zu erfüllen. Sein Mangel an Einsicht in die Realität war einmal durch die starken, ideologischen und emotional geladenen Komponenten der Weltanschauung des Absolutismus und des Barock bestimmt, andererseits durch die Schizophrenie höfischen Lebens, in dem der Schein absolut das Sein überwog. Denn die Tatsache, daß sich im politischen System der Zeit keine Bipolarität herauskristallisierte, sondern ein Polypol die Herrschafts- und Gesellschaftsstrukturen beeinflußte, erzwang einen Schutzmechanismus, der politische Wendigkeit mit politischer Überlegenheit gleichsetzte, ohne die Zwänge der tatsächlichen Verhältnisse und Bindungen erkennen und durchschauen zu können.

Da der Fürst zu einem Über-Ich erzogen wurde, war er nicht in der Lage, sich kritisch mit Herrschaft, Gesellschaft und Wirtschaft auseinanderzusetzen und seinerseits Kritik hinzunehmen. Dadurch fehlte ein natürliches und vernünftiges Regulativ. Das Bewußtsein war allein egozentrisch ausgerichtet. Das seinem Großvater MAXIMILIAN I. von Bayern zugesprochene Arbeitsethos, dessen Erfolge auf der europäischen Bühne stets gerühmt wurden, war ein nicht zu übersehendes Vorbild. Max Emanuel kannte Zeiten höchster Arbeitsleistung, eigener Produktivität; andererseits verachtete er dauerhafte Arbeit als eine Angelegenheit von Kreaturen. Da die Erziehung darauf angelegt war, die eigenen Emotionen zu verheimlichen und stets gebietend aufzutreten, führte diese Lebenshaltung zu einer Verdrängung echter Gefühle. Was er nicht ausleben durfte, versuchte er zu ersetzen durch äußere Erfolge, nicht zuletzt in Form der Aggressivität. Der Krieg diente im Rahmen dieser Gesellschaft, die von außerordentlich großen Spannungen gekennzeichnet war, unter anderem auch als Regulativ, um nicht gelöste innere Probleme von Staat, Gesellschaft und Individuum zu kompensieren.

Die Bereitschaft des Fürsten, eine Rolle zu spielen, entsprach der Dynamik dieser Erziehungsziele, der politischen und tieferen psychologischen Notwendigkeiten der Zeit. Da das Ideal nicht erreicht werden konnte – als Voraussetzung zur Verwirklichung aller überlieferten Erziehungsinstruktionen hätte es bereits eines Helden bedurft –, war sich dieser junge Mensch seiner selbst äußerst unsicher und brauchte immer eine Rolle, um zu wissen, was er zu tun und wie er gemäß dem ihm vorgegebenen Rahmen zu handeln hatte. Dieser inneren Unsicherheit setzte er einen eisernen Behauptungswillen entgegen, der ihn niemals verließ, wie auch immer die äußere Situation sich gestalten mochte. Der inneren Unsicherheit und dem starken Selbstbehauptungswillen entsprachen natürlicherweise Zeiten der Unentschiedenheit und die Radikalität der Entschlüsse. Dementsprechend wurde der Aufstieg durch eigene Kraft zu dem ihm adäquaten Ideal und Lebensziel, ungeachtet der Möglichkeiten, die Land und Untertanen in Wirklichkeit bieten konnten.

Max Emanuel verfügte über die Eigenschaft, sich und seine Umgebung stets zu überraschen. Entscheidend wurde für ihn die Kunst zu verblüffen, Dinge zu tun, die bei nüchterner Überlegung nicht getan werden durften, eine mächtige, wenn auch meist unterschätzte Antriebskraft menschlichen und vor allem politischen Handelns. Sie entspringt der Intuition und verlangt, instinktiv Entscheidungen zu treffen, deren Realisation jedermann für hoffnungslos hält. Diese Kunst zu verblüffen gilt für diplomatische Aktionen ebenso wie für militärische Unternehmungen. Ihr erstaunlicher, jedoch meist zeitlich eng begrenzter Erfolg beruht nicht auf der Überlegenheit besserer Voraussetzungen, Positionen, Argumente, sondern auf dem Überraschungseffekt. Die späteren Folgen sind in diesem Kalkül oft nicht einbezogen. War PRINZ EUGEN ein Mann mit einer für einen Adeligen dieser Zeit außergewöhnlichen Bildung – denn Bildung galt nicht als besondere adelige Tugend – und mit einem scharfen Intellekt, so entwickelte sich Max Emanuel zu einem Spieler par excellence, der um jeden Einsatz spielte in der unerschütterlichen Überzeugung, am Ende trotz aller Widrigkeiten Fortuna auf seiner Seite zu haben und letztlich der glückliche Gewinner zu sein.

Max Emanuel war ein Mensch, der für Ideen empfänglich war, sich jedoch der Vernunft weitgehend verschloß: ein in keiner Hinsicht kritischer, logischer oder analytischer Geist. Er kam durch Intuition zu seinen Schlüssen.

Staatsdoktrin und Prestige

Als Max Emanuel 1679/80 die Regierung in Bayern übernahm, war er ein junger Mann, von Gesundheit strotzend, voller Übermut und Wagemut, durch Erziehung und Umwelt eine typische Erscheinung des Barock und Absolutismus. Dem Fürsten schien nach der herrschenden Doktrin fast alles erlaubt. Es gab für ihn keine unüberbrückbaren Grenzen. Sein ganzes Streben war darauf ausgerichtet, die vorgegebenen Widerstände, wie sie die geopolitische Lage des Landes, die wirtschaftlichen, gesellschaftlichen und demographischen Verhältnisse kennzeichneten, zu überwinden. Jeder absolutistische Fürst stand über den positiven Gesetzen und den Forderungen der Ethik und der Moral. Er konnte sich seinen Eingebungen und Intuitionen hingeben, er brauchte darüber niemandem Rechenschaft abzulegen. Der gesellschaftliche Dünkel der Stände[193] und des Hofes[194] hatte ihn geprägt, nicht zu übersehen das Intrigenklima der Haupt- und Residenzstadt. Egozentrisch erzogen und nicht in der Lage, sich selbst zu beherrschen, verlangte er von seinen Anhängern unbedingte Gefolgschaft. Die ältesten Minister jagte er herum wie Hasen. Spring in den Brunnen, Soldat! Dies war ein Symbol für seine »Herrscher- und Befehlsgewalt«. Kurz, man hatte ihn zum Heros[195] erzogen, und er fühlte sich als Heros.

Der Fürst war als oberster Richter Herr über Leben und Tod. Er verlieh Gnade und ließ durch Ungnade Existenzen zerbrechen. Seine Machtbefugnisse hatte er bereits im Spiel ausprobiert. Das Volk kannte er nur in demütiger Haltung: Es hatte kein Selbstbewußtsein vor den Herren, es kam gebeugt und ging gebeugt. Diejenigen, die ihre Vorteile daraus zogen in wirtschaftlicher, finanzieller, gesellschaftlicher und politischer Hinsicht, kümmerten sich um den Fürsten. Die übrigen gehorchten. Auf der Jagd, einem wesentlichen Privileg der Führungsschicht, war diese der Antreiber, der Mann aus dem Volk nur Treiber, Gehilfe für das Vergnügen des Herrschers, das Getier das Getriebene und Opfer.

Die ersten Regierungsjahre zeigten, daß der junge Fürst allen Leidenschaften hingegeben war – dem Spiel, der Jagd, den Frauen, ein Epikureer par excellence. Carpe diem – nütze die Zeit! Aufgrund seiner Stellung brauchte er sich keine Zügel anzulegen. Freiheit zeigt sich als Einsicht in die Notwendigkeit; aber die Freiheit dieses Fürsten versuchte die gegebenen Grenzen zu sprengen. Max Emanuel ließ sich treiben und wurde getrieben, stets neue Abenteuer im Sinn. Der Hof und die Zeit verlangten es von ihm. Um im Gespräch zu bleiben, brauchte er neue ausgefallene Ideen für Repräsentation und Dokumentation seiner Herrschaft; er mußte an Aufwand und Pracht alles bisher Dagewesene übertreffen. Hinzu kamen seine dynastischen Pflichten, die ihm tief eingeprägt waren, vor allem, sich Ruhm zu erwerben.[196] Ruhm und Macht standen jedoch im Jahre 1680 dem neuen bayerischen Kurfürsten nur in sehr beschränktem Maß zur Verfügung. Dies wollte er ändern, das war seine dynastische Aufgabe, seine Berufung. Denn dem Haus Wittelsbach war es nach der Geschichtsauffassung der barocken Hofhistoriographen und Juristen[197] vorgezeichnet, in der europäischen Hierarchie eine Rangstufe höher zu steigen.[198] Max Emanuel war überzeugt worden, er allein sei dazu in der Lage, in ihm erfülle sich diese Hoffnung, in ihm erfülle sich das Schicksal des Hauses; er müsse zugreifen, jede Möglichkeit erfassen: und dies tat er bis zum Extrem. Die bayerische absolutistische Staatsideologie war in ihm für immer verankert. Der Fürst konnte alles, wußte alles und, wie es ihm die Erzieher eingeschärft hatten, besser als alle anderen aufgrund seiner gesellschaftlichen und politischen Führungsrolle, aufgrund seines ihm von Gott unmittelbar verliehenen Amtes. Dieser Tatsache mußten sich auch jene Männer beugen, die an Wissen und durch ihre intellektuellen Fähigkeiten den Fürsten weit übertrafen. Sie hatten nur die Funktion zu beraten, nicht zu entscheiden und zu befehlen. Aufgabe des Fürsten war es demnach, Bayern aus der gegenwärtigen engen Lage herauszuführen zu neuen Ufern. Selbst ein sonst nüchterner Denker, der Kanzler CASPAR VON SCHMID, behauptete, das Haus Wittelsbach sei älter und bedeutender als das Haus Habsburg, das sich im Lauf der Geschichte immer wieder bayerischer Territorien bemächtigt habe. Bayern sei schon ein Königreich in der Zeit vor KARL DEM GROSSEN gewesen. Es werde wieder zum Königreich aufsteigen.[199] Davon waren die bayerischen Minister überzeugt, und FERDINAND MARIA ebenso, und ADELHEID verlangte, die Konsequenzen daraus zu ziehen. Nicht zuletzt sie brachte ihrem Sohn frühzeitig aus Enttäuschung über ihren Gemahl bei, er sei der prädestinierte Nachfolger auf dem Kaiserthron: Er müsse das österreichische Erbe beanspruchen, wann immer es möglich sei.[200]

Das Streben nach dynastischer Erhöhung beschäftigte Max Emanuel und blieb in ihm unauslöschlich. MAXIMILIAN I. war Kurfürst geworden.[201] Er hatte dazu alle Mittel eingesetzt auf Biegen und Brechen, ohne jede Rücksicht, und hätte der Dreißigjährige Krieg noch Jahre gedauert. CASPAR VON SCHMID betonte die Führungsrolle Bayerns im Reich. Das sogenannte Erzherzogtum der Habsburger sei nur eine Legende; Bayern dagegen sei nicht Usurpator österreichischer Gebiete oder des Kaiserthrones, sondern habe einen legitimen Anspruch auf dieses Erbe.[202]

Die absolutistische Doktrin fand in Max Emanuel einen überzeugten Vertreter: »Gott selbst hat die Fürsten auf die obriste Staffel der Hochheit gesetzt.« Die Fürsten sind unmittelbar von Gott eingesetzt. Nur er bestimmt die einzelne Führerpersönlichkeit. Die Untertanen sind zu Gehorsam und Gefolgschaft verpflichtet. Man berief sich auf die thomistischen Lehren. Doch die ursprüngliche scholastische Lehre des Aquinaten hatte besagt, daß der Fürst im Auftrag des Volkes seine Machtfunktion ausübt, daß er seine Delegation vom Volk erhält, also nicht unmittelbar von Gott, sondern nur mittelbar durch seine Funktion innerhalb der Gesellschaft und des Staates. Diese Tradition wurde besonders in der Barockzeit verformt, und die persönliche, unmittelbare Beziehung Gottes zum Fürsten hervorgehoben. Das Volk entwickelte demnach keine eigenen dynamischen Kräfte. Es wird regiert und reagiert nur auf die Politik des Fürsten, aber es agiert nicht selbst. Der Herrscher repräsentiert sich durch Glanz und Pracht in seiner Machtfülle. Das Volk applaudiert oder verharrt in ehrfürchtigem Schweigen.[203]

Barockkirchen und Schlösser sind Theatrum sacrum et mundi. Das Leben des Fürsten, gleichgültig ob geistlich oder weltlich, ist Kultus. Das Volk läßt die Dinge auf sich wirken. Es erhält damit sein Leben nur vom Fürsten, von der Obrigkeit her. Es ändert sich mit dem Fürsten »wie der Fisch Polypus« je nach den Willensäußerungen des Herrschers.

Alle Entscheidungen des Fürsten sind über jede Kritik erhaben. Er hat bessere Einsicht in die Dinge als alle anderen. Denn Klugheit, Tugend, Frömmigkeit sind ihm angeboren. Er vermag alles. Der Untertan aber braucht nicht nach den Hintergründen zu fragen. Denn er versteht sie nicht. Die Fürsten sind wie die Felsen, an die sich das Volk in Dankbarkeit schmiegt. Dieses Bild weckte Assoziationen zur religiösen, transzendental verankerten Stellung des Papstes – Petrus als den umbrandeten und doch unzerstörbaren Felsen, auf dem die Kirche gebaut ist. Auch der weltliche Fürst ist ein Fels, der von Wogen umbrandet wird, der jedoch nicht zerstört werden kann. Das Volk ist von ihm abhängig, es findet bei ihm seine Zuflucht und seinen Schutz. Der Fürst ist der Stamm, an dem sich das Volk wie Efeu aufrichtet. Es ist wie eine Pflanze, die ihr Leben nur dadurch fristen kann, indem es Nahrung und Leben von einem anderen, dem Fürsten, erhält.[204] So die bayerische Staatsdoktrin der Barockzeit.

Der Fürst ist von Gott eingesetzt, um über Gut und Böse zu entscheiden. Wie Gott schickt er Gutes und Böses über die Welt. Wie Gott die Bahn der Himmelsplaneten bestimmt, die Witterung festlegt, die Strahlen der Sterne aussendet, so sendet der Fürst Licht und Dunkel, Wärme und Kälte aus. Der Fürst ist damit unmittelbar mit dem Volk verbunden. Er ist Vorbild in allen Dingen und lehrt seinen Untertanen, die ihm anvertraut sind, Leben und Verhalten. Wie Gott unmittelbar durch Furcht und Schrecken, z. B. im brennenden Dornbusch, eingreift, Symbol der verzehrenden und lichtspendenden Flamme, so greift auch der Fürst ein und erzieht das Volk zu Gehorsam und Arbeit. Der Herrscher bestimmt, wie das Volk denken, wie es leben, wie es sich verhalten muß. Er ordnet Öffnung und Schließung der Grenzen an, er regelt die Ein- und Ausfuhr gegenüber fremden Büchern und Waren jeder Art.

Doch steht all dem nicht der christliche Kerngedanke gegenüber, daß jeder Mensch frei geboren[205] ist? Die scholastische Tradition hatte diesen Standpunkt betont, wenn auch nicht in der Gesellschaft verwirklicht. Man differenzierte: Gewiß besteht die Tatsache, daß jeder Mensch frei geboren und vor Gott gleich ist, aber nicht jeder kann in der Welt die gleiche Position einnehmen. Man muß unterscheiden zwischen Fürst und Herrscher auf der einen sowie Bauer und Untertan auf der anderen Seite. Erst im Jenseits hört diese

Verschiedenheit, die im praktischen Leben des Menschen entscheidend ist, wieder auf. Wie die barocken Jesuitenschauspiele zeigen, steht im Jenseits jedermann vor Gottes Gericht und wird nach gleichem Recht beurteilt. Im Grunde ist es die traditionelle Zweiweltenlehre, die auch hier noch nachwirkt.

Der Mensch bedarf der heiligen Justitia, um seine diesseitigen Fehler zu sühnen und zu korrigieren. In der Bestrafung handelt der Fürst nicht willkürlich, sondern im Auftrag Gottes. Er ist ihm verantwortlich in seinem Tun. Aber seinen Untertanen ist er keine Rechenschaft schuldig. Denn er ist von Gott eingesetzt, um die Untertanen zu lenken, zu leiten, zu regieren und sich um ihr irdisches und ewiges Heil zu kümmern. Daher ist er nur dem verantwortlich, der ihn an diese Stelle gesetzt hat und nicht jenen, die er durch Vorbild, Milde, Güte und Strafe zu ihrem Heil führen muß.[206]

Die Wirkung einer Beziehung, die auf diesen Motiven aufgebaut ist, ist leicht abzuschätzen: Ein gesteigertes Selbstbewußtsein des Fürsten. Antiker Mythos, mittelalterliche Traditionen, differenzierte Herrschafts- und Weltvorstellungen, Glaube und Aberglaube wurden in der Barockzeit zu einer Einheit verschmolzen, im einzelnen durchaus logisch und konsequent, in der Gesamtheit schon von Zeitgenossen zumindest als anfechtbar empfunden. Die Widersprüche waren zu eklatant zwischen den großen Ansprüchen und den menschlichen Schwächen der Träger dieses absolutistischen Gedankengutes. Zu sehr dominierte das Ideal, nicht die Realität.

Bemerkenswert sind die gesellschaftlichen Aspekte dieser Lehren. Es ist nur die Rede von Fürst und Volk und deren beiderseitigen Verbindungen. Kein Wort wird von den Adeligen und verschiedenen Herrschaftsträgern gesprochen, die in der Praxis über 80 Prozent des gesamten Grund und Bodens in Bayern verfügten und damit den größten Anteil an Menschen, an Einkünften, an Gütern, Ressourcen und Herrschaftsbefugnissen innehatten. Dieses mächtige Zwischenglied wird in dieser Konzeption übergangen. Statt dessen spricht man von der unmittelbaren Verbindung von Fürst und Volk. Der Fürst war tatsächlich der einzige, an den sich der Untertan hätte wenden können, wenn er sich von der Willkür der lokalen Herrschaftsträger bedrückt fühlte. Begab sich der Fürst auf die Jagd, so durfte sich auch der einfache Mann dem Fürsten nähern und Bitten vortragen.

Während in dieser Theorie die Verbindung zwischen Untertan und Herrscher hervorgehoben wurde, hatten die Adeligen, Ritter und Prälaten ein natürliches Interesse daran, mit der dem Reichsfürsten übergeordneten Macht, dem Kaiser, in gutem Einvernehmen zu stehen. Denn er vermochte sie wenigstens theoretisch vor der Willkür des Fürsten zu schützen, der sie möglicherweise entmachten konnte. Daraus ergab sich eine Wechselwirkung der Interessen: Die Verbindung von Fürst und Untertan auf der einen und die Verbindung von Kaiser und reichstreuem Adel auf der anderen Seite.

Jahre des Übergangs[207] (1679-1682)

Die Erziehung des Prinzen Max Emanuel war weniger nach Instruktionen und Bücherweisheit ausgerichtet als nach den Erfordernissen, die der Hof, die Entwicklung der Politik und das Prestigedenken an den Thronfolger stellten. Dem Zwang zu entfliehen, das Leben zu genießen, die ererbte Macht auszuüben, sich Achtung und Anerkennung, Ehre und Ruhm zu erwerben, das waren die Ziele des jungen Fürsten, wie sie sich in den kommenden Monaten und Jahren herauskristallisierten.

Die bayerischen Räte und Adeligen stellten sich rasch auf die durch den Regierungswechsel veränderte Situation ein. Intrigen brachen auf wie schon lange nicht mehr. Jedermann wollte auf der Seite des jungen Herrschers stehen. Zwar galt der Münchener Hof als der frömmsten einer. Doch darf man sich nicht täuschen lassen. Devotion und Frömmigkeit[208] kannten ihre Grenzen, und man lebte recht gut. Inhaber großer und kleinerer Chargen hatten nichts anderes zu tun, als sich nichts zu vergeben und auf Rang und Zeremoniell zu achten.

Eine der ersten Regierungshandlungen Max Emanuels war, kaum daß er selbst der Aufsicht der Erzieher entronnen war, eine neue Instruktion und Kammerordnung für seinen Bruder JOSEPH CLEMENS[209] in Auftrag zu geben. Darin schrieb er seinem Bruder unter anderem vor, daß zu ihm hinzutreten dürften »ganz und gar kheine weiber, außer deren, under welcher sorg er bis hero gewesen, so doch auch nit zuvill geschehen soll, damit er kheine weiblichen geberden an sich nemme.«[210] Fremden Personen wurde verboten, sich dem Prinzen zu nähern. Selbst Diener sollten sich vorher beim Hofmeister anmelden. Der Rat und Geheime Sekretär PERKHOVER, Lizentiat der Rechte, wurde zum Präzeptor des Prinzen ernannt.[211] Ähnlichen Vorschriften hatten sich auch MARIA ANNA CHRISTINA und VIOLANTE BEATRIX zu beugen.

Ein System ständiger Überwachung herrschte am Hof.[212] Sie fing mit der Erziehung des Kindes an und endete nie.

In der Zeit der Vormundschaft 1679/80 übte Herzog MAXIMILIAN

PHILIPP einen heilsamen Einfluß auf den jungen Kurfürsten aus. Er führte ihn behutsam in die Regierungsgeschäfte und die alltäglich anfallenden Arbeiten ein, zumindest gab er sich redlich Mühe. Er mußte aber bald einsehen, daß den jungen Fürsten Jagd, Spiel, Tanz und Liebschaften mehr interessierten als die politischen Alltagsgeschäfte. Nur langsam schien sich Max Emanuel auch seiner politischen Verantwortung voll bewußt zu werden.

Herzog MAXIMILIAN PHILIPP nahm neue Persönlichkeiten in die Regierung auf,[213] mied jeden übereilten Schritt, was immer die auswärtigen Gesandten am Münchener Hof auch fordern mochten. Der Herzog betonte bewußt, daß er nur eine Zwischenregierung führe und nur für die Übergangszeit verantwortlich sei. Entscheidungen auszuweichen,[214] war nicht notwendig. Denn indem er die Macht des Kanzlers beschnitt, lenkte er eindeutig von der bisherigen frankreichfreundlichen Politik seines verstorbenen Bruders ab.[215]

Schon seit Jahren hatte sich am Münchener Hof eine nicht zu unterschätzende Stimmung gegen das Bündnis mit Frankreich[216] verbreitet. Selbst höchste Verwaltungs- und Regierungskreise wurden davon beeinflußt. Sie waren unzufrieden mit der bisherigen Politik, der Unterstützung französischer Interessen durch Bayern. Militärs und Adelige wünschten eine engere Beziehung zum Reich und zum Oberhaupt des Reiches, dem Kaiser. Die verwandtschaftlichen, kulturellen, gesellschaftlichen und geistigen Beziehungen waren stärker auf Österreich als auf Frankreich ausgerichtet.

Im Frieden von Nimwegen (1679) konnte Frankreich seine Interessen bewahren. Bayern hatte versucht, den Frieden zu vermitteln und Wien zum Einlenken zu bewegen.[217] Das rief den energischen Widerstand der Hofburg hervor. Es gelang ihr zu verhindern, daß Bayern in die Reihe der Signatarmächte aufgenommen und im Friedensvertrag als »Mediator« genannt wurde.[218] FERDINAND MARIA und sein Kanzler hatten diese Entwicklung der Mißgunst des Wiener Ministerrats zugeschrieben. Doch der Münchener Hof teilte diese Meinung nicht.

Die Hegemoniepolitik Frankreichs und sein ungestümer Drang nach machtvoller Ausdehnung in Europa waren gefürchtet. Man wollte vermeiden, daß Bayern diese Politik durch seine Neutralität unterstützte. Die Gegenkräfte kamen nun zum Zug. Damit war auch eine Entscheidung gefallen, die die Politik der nächsten Jahre kennzeichnete – die Annäherung an den Kaiser. Gefördert wurde diese Tendenz durch die expansive Politik des französischen Königs, insbesondere durch die Reunionen.[219] Systematisch nützten die französischen Juristen und der Verwaltungsstab der Monarchie alle Unklarheiten in den Formulierungen des Westfälischen und Nimwegener Friedens aus. Alte Akten wurden gewälzt und mit kritischem Auge durchforscht nach vormaligen Rechten, Abhängigkeiten, Grundherrschaften, Lehen und Afterlehen.[220] Die Nutzanwendung moderner kritischer Quellenforschung erfolgte jetzt im politischen Bereich. Die französischen Beamten taten dabei im Grunde nichts anderes als die Beamten deutscher Territorien. Auch hier stöberte man nach Urkunden über frühere Lehen und Abhängigkeiten, suchte Grenzen zu bereinigen. Es traten Kommissionen zusammen mit dem Ziel, die Herrschaftsbereiche abzurunden, alte Rechte wieder zu aktivieren. Der Unterschied lag nur im Größenverhältnis, der Brutalität des Vorgehens und der konsequenten Anwendung dieses Systems. Reunion wurde gleichbedeutend mit Annexion. Der friedlichen Annexion konnte jederzeit eine militärische folgen. Denn trotz des Friedens hatte LUDWIG XIV. sein Heer nicht abgedankt oder auch nur verkleinert. Die französischen Truppen standen Gewehr bei Fuß, gegen welchen Gegner auch immer. Frankreich wurde zu dieser Zeit schon mehr gefürchtet als geachtet.

1679 schon hatte es begonnen. Das Parlament von Besançon »reunierte« 80 Dörfer in der Grafschaft Mömpelgart, die zu den »Kastellaneien« der Franche-Comté gezählt wurde. Ein Jahr später wurde die übrige Grafschaft »heimgeholt«. Die Unruhe, die sich verbreitete und auch vor dem Münchener Hof nicht haltmachte, war ein Warnsignal, das Paris nicht beachtete. Die frankreichfreundlichen bayerischen Minister[221] schüttelten nur den Kopf über dieses Vorgehen LUDWIGS XIV. Welch Prestige- und Sympathieverlust für Frankreich! Man fand beschwichtigende Worte. Es sei alles nicht so schlimm.

Die französischen Reunionskammern fuhren großzügig fort, ihr neues System zu verwirklichen und Gebietserwerbungen mitten im Frieden durchzuführen. Luxemburg und das Saargebiet, Breisach und das Elsaß waren betroffen, der Herzog von Zweibrücken, der Markgraf von Baden, der spanische König, der schwedische König in seiner Eigenschaft als neuer Herzog von Pfalz-Zweibrücken ebenso. Allenthalben formulierte man Proteste. Die Unruhe verstärkte sich. Die frankreichfreundlichen Minister am Münchener Hof waren ratlos. Sie sahen alle Hoffnungen entschwinden, die bisherige Politik fortzuführen. MAXIMILIAN PHILIPP und Max Emanuel hielten mit ihrer Meinung nicht zurück.[222] Sie sprachen von Aggression, Rechtsbruch, Friedensbruch. Im Reich wurde der Ruf nach einem neuen Krieg laut. Doch davon versprach man sich in München keinen Vorteil. Der französische Resident DENIS DE LA HAYE-VANTELET bekam einiges zu hören. Solche negativen Äußerungen über Frankreich war er nicht gewohnt. Er zog es vor, Drohungen gegen alle jene zu schleudern, die sich als Feinde Frankreichs erweisen würden. Er tat damit nichts anderes als Paris, das den Gegner einzuschüchtern versuchte.[223] LUDWIG XIV. erkannte, daß die frühere enge Freundschaft mit München nicht mehr aufrechtzuerhalten war. Das Bündnis von 1670, das auf zehn Jahre geschlossen war, lief aus. Es baute auf einer Prämisse auf, die jetzt überholt war, nämlich der Hoffnung Bayerns auf ein Aussterben der männlichen österreichischen Habsburger. Doch 1678 war dem Kaiser ein lebensfähiger Sohn geboren worden;[224] die Erwartung der bayerischen Regierung, bald ein oder mehrere Stücke aus dem österreichischen Länderkonglomerat zu erben, verschob sich zumindest auf Jahrzehnte hinaus. Frankreich auf der anderen Seite war nicht mehr der gesuchte Partner von ehedem. Seine Expansionspolitik bedrohte das Reich. Die Verbündeten Frankreichs nahmen an Zahl ab, das Prestige des Kaisers wuchs. Seine Macht war beschränkt und erschien nicht als bedrohlich.

Aufgrund der neuen Distanz der Münchener Regierung gegenüber der französischen Politik begann Paris, die Auszahlung der letzten Raten für die vereinbarten Subsidien zu verweigern.[225] Es wollte damit ein Nachgeben erzwingen. Ein weiteres probates Mittel, gefährdete Beziehungen neu zu stärken, war eine Heiratsverbindung. Schon im bayerisch-französischen Vertrag von 1670 vorgesehen, aber einmal durch die Jugend der bayerischen Prinzessin, ein andermal aufgrund politischer Rücksichten verzögert, war die Heiratsverbindung zwischen dem Dauphin und der bayerischen Prinzessin MARIA ANNA CHRISTINA immer wieder zurückgestellt worden. FERDINAND MARIA wollte sie schon Mitte der 70er Jahre verheiraten[226], doch LUDWIG XIV. lehnte damals ab. Jetzt war er es, der auf die Heirat drängen mußte; denn der Münchener Hof war unschlüssig, ob die getroffenen Abmachungen in dieser Frage eingehalten werden sollten. MAX PHILIPP wollte während seiner kurzen Amtszeit diese Heirat nicht fördern, aber Paris verlangte sie, der junge Kurfürst sprach sich nicht dagegen aus, und MARIA ANNA CHRISTINA hatte man beigebracht, welch vorteilhafte Heirat eine Verbindung mit dem Dauphin wäre – einst Königin von Frankreich zu werden. Das bedeutete gesellschaftlichen Aufstieg, den man Max Emanuel stets vor Augen stellte.

COLBERT DE CROISSY kam nach München und verhandelte über diese Heirat mit den bayerischen Ministern.[227] Er war ein gewiegter, ehrgeiziger Jurist, der sich als Intendant des Oberelsaß hervorgetan und die Reunionspolitik wesentlich vorbereitet und mitgetragen hatte.[228] Die österreichischen Gesandten am Münchener Hof, CHRISTOPH RASSLER und der böhmische Graf LOBKOWITZ, ein junger Kavalier mit besonderen Fähigkeiten, diplomatischem Geschick und großer Unabhängigkeit, die ihm sein Reichtum an die Hand gab,[229] versuchten diese Heirat zu verhindern, zumindest zu verzögern. Die bayerischen Minister, die die »Heiratspuncta« aushandelten, verstanden es ihrerseits, die Angelegenheit mit Sachverstand und bürokratischer Akkuratesse abzuwickeln, so daß mehr als einmal alle Verhandlungen zu scheitern drohten. Die Atmosphäre war gespannt. Der französische Gesandte mußte durch kostspielige Feste, Geschenke und große Ausgaben das Prestige Frankreichs gegenüber den Vertretern des Kaisers durchsetzen. Man brachte ihn mehr als einmal »zur Verzweiflung«.

Wochenlang folgten Konferenzen auf Konferenzen. Sollte das bayerische Heiratsgut für die Prinzessin mit den noch nicht bezahlten Subsidien Frankreichs kompensiert werden? Durfte die Prinzessin eigene Kleider, Bediente und Hofdamen nach Frankreich mitnehmen? CROISSY verneinte. Über welche Städte sollte die Reiseroute führen? Wie hoch war das Witwengeld? Probleme über Probleme, die mit Gründlichkeit behandelt werden mußten. Nicht eingerechnet jene Forderung des französischen Königs nach einer Doppelheirat. Denn Max Emanuel sollte gleichzeitig eine französische Gattin bekommen und auf diese Weise künftig dem französischen Einflußbereich erhalten bleiben. Doch MAX PHILIPP lehnte ab. Daher äußerte sich der französische Gesandte: zwei Eheverbindungen oder keine. MAX PHILIPP hätte letzteres vorgezogen.[230] Also mußte COLBERT DE CROISSY nachgeben und wesentliche Abstriche hinsichtlich seiner Forderungen vornehmen. Auch die Münchener Regierung konnte nicht alle ihre Wünsche durchsetzen. Man traf einen Kompromiß. Es dauerte noch geraume Zeit, bis die entsprechenden Urkunden ausgestellt und von beiden Seiten unterzeichnet,[231] bis die Geschenke für die Braut vereinbart worden waren und der Papst eine Ehedispens wegen der nahen Verwandtschaft beider Häuser erteilt hatte. Dann erst konnte in München mit großer Pracht die Prokura-Vermählung gefeiert werden. Max Emanuel vertrat den künftigen Gemahl der Prinzessin, den Dauphin.

Über Straßburg führte die Reise der Dauphine nach Frankreich. Max Emanuel begleitete seine Schwester einen Teil des Weges. Die österreichischen Gesandten verhinderten, daß er mit ihr bis Paris fuhr, aus Angst, der französische König könnte ihn bei dieser Gelegenheit zu einem neuen Bündnis überreden. COLBERT DE CROISSY hatte zwar während seiner Münchener Verhandlungen eine Bündniserneuerung vorgeschlagen, doch fand er keinen Anklang.[232]

LUDWIG XIV. und der Dauphin gaben sich gegenüber der bayerischen Prinzessin betont liebenswürdig. Das änderte sich, als Bayern dem Einflußbereich Frankreichs gänzlich entschwand. MARIA ANNA CHRISTINA führte am Versailler Hof ein ziemlich tristes Leben, von der Hofgesellschaft kaum beachtet. Sie suchte Zuflucht in Melancholie und Träumen.[233] – Die Reise der Kurprinzessin nach Frankreich hatte über die freie Reichsstadt Straßburg geführt. Ein Jahr später verschlechterte sich die Situation der Stadt schlagartig. Im September 1681 wurden 30000 französische Soldaten mehr oder weniger heimlich vor den Mauern Straßburgs zusammengezogen. Nicht einmal ein juristischer Vorwand rechtfertigte diese Annexion. Die Stadt wurde angesichts der Militärmacht zur Kapitulation gezwungen.[234] Ein Sturm der Entrüstung ging durch das Reich. Max Emanuel tat sich keinen Zwang an und verurteilte die Gewalttat. Aber einen Krieg riskieren wollte er nicht, obwohl man vom Bruch des bestehenden Friedens sprach. Auch die frankreichfreundlichen bayerischen Minister, voran der Kanzler CASPAR VON SCHMID, vermochten den Rechtfertigungsversuchen des französischen Gesandten kein Verständnis entgegenzubringen.[235] Sie sahen jede Möglichkeit verbaut, die in den vorangegangenen zwei Jahrzehnten gepflegte

Verbindung aufgrund der neuen Entwicklung fortzuführen. Sogar Geschenke wiesen sie zurück. Damit konnte die allgemeine Unruhe nicht gedämpft werden, die auch den Münchener Hof ergriffen hatte. Denn am gleichen Tag, an dem die Einnahme Straßburgs erfolgte, hatte der durch Schulden und Laster ruinierte Herzog von Mantua nach längerem Feilschen die Festung Casale, den Schlüssel zum spanischen Mailand, an Frankreich verkauft.[236]

Antifranzösische Schmähschriften zeigten, wie sehr die Stimmung gegen Frankreich umgeschlagen war, aber wirksame Hilfe für die Stadt gab es nicht. Der Kaiser als Oberhaupt und »Mehrer des Reiches« war nicht in der Lage, dem Verlust der Reichsstadt Straßburg irgendeinen Widerstand entgegenzusetzen. Er war zu sehr mit den Unruhen in Böhmen und Ungarn beschäftigt.[237] Spanien hatte in den beiden vorangegangenen Kriegen große Verluste hinnehmen müssen.[238] England war innerlich zerrissen infolge der Auseinandersetzungen um die Versuche der Stuartkönige, den Absolutismus auf den britischen Inseln zu etablieren.[239] Holland litt noch an den Folgen des letzten Krieges mit Frankreich. Das Reich selbst war unschlüssig, und seine verantwortlichen Politiker wollten einen neuen Krieg nach Möglichkeit vermeiden. Der Brandenburger war jetzt mit Frankreich verbündet, nachdem er im vorangegangenen Krieg zu wenig Unterstützung vom Kaiser erfahren hatte und sich aus Enttäuschung über den »schmachvollen« Frieden von St.-Germain-en-Laye dem mächtigen Gegner mehr aus Opportunität denn aus Überzeugung zugewandt hatte.

Bayern selbst befand sich in einem Stadium der Meinungsbildung. Zwar waren sich alle Interessengruppen der »gefährlichen Anschläge des Allerchristlichsten Königs« wohl bewußt, aber ein Heilmittel, den Expansionsdrang Frankreichs einzudämmen, fand man nicht. Man gab sich schließlich mit der Versicherung des französischen Botschafters zufrieden, LUDWIG XIV. denke nicht daran, den Rhein zu überschreiten.

Der bayerische Minister am Regensburger Reichstag unterstützte alle Vorschläge, die auf eine Reform der Reichsverfassung hinzielten. Er schloß sich der vornehmlich von den österreichischen Diplomaten ausgearbeiteten Rechtsverwahrung in der Reunionsfrage an, suchte gleichzeitig zu vermitteln und die Wogen zu glätten. Ein Krieg mit Frankreich? Seit dem Dreißigjährigen Krieg hatte Frankreich nur gewonnen. War in einem solchen Krieg Ruhm zu erwerben? War COLBERT DE CROISSY nicht eher durch Vermittlung zu gewinnen? Während seines Münchener Aufenthalts anläßlich der Heiratsverhandlungen hatte LUDWIG XIV. den überaus vorsichtigen Diplomaten POMPONNE entlassen und CROISSY zum Nachfolger ernannt. Doch München täuschte sich in ihm und hielt ihn für einen Mann des Ausgleichs. In Wirklichkeit war er ein Vertreter der Reunions- und Hegemoniepolitik. CROISSY und der Kriegsminister LOUVOIS, voller Energien, mit unbeugsamem Machtwillen, dachten an die Größe und die Macht Frankreichs. Und diese Macht war nicht von Bayern abhängig. Gewiß, es bot der französischen Politik einige wünschenswerte Vorteile im Reich und gegenüber dem Kaiser, wenn es Bayern als Verbündeten einsetzen konnte. Doch in Anbetracht der eigenen Stärke war dies nicht unabdingbar notwendig. Das wäre eine Fehleinschätzung gewesen, der manche bayerische Minister unterliegen mochten.

Je mehr die Münchener Regierung Distanz zur französischen Politik gewann, je näher rückte eine Aussöhnung mit dem Kaiser in den Bereich des Möglichen. Neutralität zu bewahren zwischen den rivalisierenden Mächten, davon hielt Max Emanuel nichts. Er verachtete seinen Vater in dieser Beziehung und machte ihm nachträglich Vorwürfe.[240] Neutralität setzte er gleich mit Entschlußlosigkeit. Er begann, von dem System der Neutralität abzurücken, das FERDINAND MARIA und CASPAR VON SCHMID aufgebaut hatten und das auf einem Ausgleich der Spannungen und der Erhaltung des Gleichgewichts der Kräfte basierte. Max Emanuel suchte die Entscheidung und lehnte sich an einen Partner an, der ihm nicht vertrauen konnte aus Furcht vor einer etwaigen Rückkehr Bayerns zur früheren Politik der Neutralität oder der Verbindung mit Frankreich.

Die kaiserliche Diplomatie mußte behutsam zu Werke gehen. Denn Max Emanuel erwartete nun von Habsburg, was ihm Bourbon im Augenblick nicht bieten konnte: einen neuen Aufgabenbereich in der Reichspolitik und zugleich in der Europapolitik. Diesem Streben waren von vornherein enge Grenzen gesetzt. Frankreich und Österreich vertraten im Grund die nämliche Politik, Bayern zwar als Pufferstaat zu nutzen, es aber nicht allzu mächtig werden zu lassen – ganz gleich, auf welcher Seite es sich befand und welche Bündnisse es eingehen mochte. Für Österreich kam hinzu, daß ein starkes Bayern als größter katholischer Reichsstand nach Habsburg der nächste Anwärter auf den Kaiserthron war. So wichtig es für die Zukunft schien, Bayern aus seinen Verbindungen mit Frankreich zu lösen und es der kaiserlichen Reichspolitik wieder dienstbar zu machen, so konnte es sich nur um ein Zweckbündnis auf Zeit handeln, das wieder zu lösen war, sobald sich dynastische Interessen überschnitten.

Der Anknüpfungspunkt für eine gemeinsame bayerisch-österreichische Politik lag nicht so sehr in der Abwehr der französischen Expansionspolitik als im Anwachsen der Türkengefahr aus dem Osten. Noch immer lebte in den christlichen Fürsten Europas ein Funke des Kreuzzugsgedankens vom Kampf gegen die »Ungläubigen«, die im 16. und 17. Jahrhundert ihren Machtbereich nach Mitteleuropa auszudehnen suchten.

Der Kampf gegen die Türken

Ungarn — das Land und seine Menschen

Ungarn, dieses kleine Territorium im Abseits, im »Reißwolf der Geschichte«, bestand im 17. Jahrhundert aus einem habsburgischen, einem türkischen und einem siebenbürgischen Teil. Aus den Kämpfen des 16. Jahrhunderts, die in den Friedensschlüssen von 1547 und 1606 (Zsitvatorch) und ihren Erneuerungen jeweils nur einen vorübergehenden Abschluß gefunden hatten, ergab sich zwischen Österreich und der expansionsfreudigen Türkei ein für Habsburg ungünstiger Grenzverlauf: Die ganze ungarische Tiefebene befand sich in den Händen der Türken. Sie war eine türkische »Pachalik« geworden. Der östliche Teil Ungarns wurde in ein Fürstentum umgewandelt, das von der Pforte abhängig war, im Inneren gewisse Freiheiten besaß und vom ungarischen Adel verwaltet wurde. Dem Kaiser verblieb in seiner Eigenschaft als ungarischer König nur ein kleiner Gebietsstreifen von der Save und Drau bis zur Donau, der als Niederungarn bezeichnet wurde und der sich nördlich der Donau bis zu den Bergstädten hin verbreitete, Oberungarn genannt. Ein ununterbrochener Kriegszustand herrschte an den Grenzen. Die kaiserlichen Festungen Raab und Komorn, Neuhäusl, Neutra und Levencz waren immerwährend bedrohte Grenzstationen. Brandschatzungen und Plünderungen, Streifzüge, militärische Exekutionen, gewaltsame Eintreibung von Kontributionen mußten die Untertanen fast ohne Unterbrechung hinnehmen.[241]

Die Auseinandersetzungen zwischen Habsburg und der Türkei in den Jahren 1663/64 hatten schließlich zu einem Kompromiß, jedoch zu keiner Entscheidung geführt. Der Friede von Vasvár-Eisenburg brachte einen 20jährigen Waffenstillstand,[242] eine Atempause. Die ungarischen Magnaten als die führende Gesellschaftsschicht des Landes hatten vom Kaiser zwar Hilfe gegen die Türken erwartet, waren aber nicht bereit, sich den kaiserlichen Wünschen und Befehlen zu beugen. Dies hatte mehrere Ursachen: Die kaiserlichen Beamten betrachteten Ungarn als unterworfenes Land. Sie versuchten, die ungarischen Comitate zentralistisch zu verwalten, verweigerten den führenden einheimischen Bevölkerungsgruppen jedes Mitspracherecht und bemühten sich eifrig, ein absolutistisches Regiment aufzurichten. Ein derartiges Regime zu ertragen, war Ungarn nicht bereit und imstande. Durch den permanenten Kriegszustand herrschte allgemeine Unsicherheit, die Wirtschaft des Landes war ernsthaft in Mitleidenschaft gezogen. Die wenigen Friedensjahre genügten nicht, der Wirtschaft und dem Handel die notwendige Erholungspause zu gönnen. Dieser Faktor der wirtschaftlichen Depression, die seit Beginn des 16. Jahrhunderts anhielt, zwang die ungarischen Magnaten und Grundbesitzer, die direkten Einkünfte und die Abgaben ihrer Untertanen verstärkt in Anspruch zu nehmen, so daß es zu sozialen Spannungen kam. Die Bevölkerungsverluste Ungarns im 16. und 17. Jahrhundert nahmen überdies ein katastrophales Ausmaß an. Das »Bollwerk der Christenheit« mußte einen beträchtlichen Teil seiner Untertanen zur Sicherung Westeuropas opfern, das wenig Dank kannte. Die Religionsstreitigkeiten zwischen Katholiken und Protestanten, die zu blutigen Auseinandersetzungen führten, schließlich noch Pest und Epidemien forderten ihren Tribut an Menschen. Hatte Ungarn zu Ende des 15. Jahrhunderts vier Millionen Einwohner gezählt, so waren es 1720 nur mehr zweieinhalb Millionen. In diese Zahl sind bereits die Neusiedler eingeschlossen, die seit 1683 nach Ungarn strömten.[243]

Die Gesellschaftsstruktur Ungarns beruhte auch im 17. Jahrhundert noch auf dem mittelalterlichen System des Feudalismus. Der führende Stand war der Adel, der in sich keine einheitliche Schicht bildete, sondern sich ausdifferenzierte in den hohen, mittleren und niederen Adel. Gegen Ende des 16. und zu Beginn des 17. Jahrhunderts war die Mittelschicht aus den gesellschaftlichen und politischen Auseinandersetzungen siegreich hervorgegangen. Obgleich die ständische Verfassung des Jahres 1514 das Prinzip der Gleichheit aller Adeligen verankert hatte, bestanden nichtsdestoweniger gesellschaftliche und politische Differenzen innerhalb der Adelsschicht, in der Verteilung der Macht, der Verwaltung des Landes und der Rechtsstellung der einzelnen Gruppen. Zu den innenpolitischen Querelen kamen noch außenpolitische hinzu. Ein Teil der ungarischen Magnaten etablierte sich am Wiener Hof, stand in direkter Verbindung zur »Schutzmacht« Österreich und zum Kaiser und unterstützte das Bestreben Habsburgs, die bestehende Verfassung Ungarns zu ändern und das Wahlkönigtum in ein Erbkönigtum umzuwandeln. Damit wäre der Besitz Ungarns in der Hand Österreichs für immer gesichert. Eine andere und zwar stärkere Gruppe des Adels blieb mit dem Gedanken eines unabhängigen ungarischen Königreiches verbunden und betonte die ungarischen Rechte und Privilegien.

Der mittlere Adel, der den größten Einfluß in den Comitaten besaß, suchte durch entsprechende administrative Maßnahmen seinen Einfluß im ganzen Land zu verstärken, seine Privilegien zu verteidigen und die Fremdherrschaft zu bekämpfen. Religiöse Auseinandersetzungen verschärften die politischen und gesellschaftlichen Differenzen innerhalb dieser Gruppen.

Auf den ungarischen Reichstagen waren Adel und Geistlichkeit vertreten, ferner Abgeordnete der Städte. Letztere konnten ihre Interessen, die teilweise denen des Adels entgegenstanden, nicht entscheidend zur Geltung bringen. Handwerker und Händler genossen bestimmte Privilegien, die sich auf ihre wirtschaftliche Funktion und gesellschaftliche Stellung, aber nicht auf politische Mitspracherechte bezogen. Bürger und Bauern trugen die Last der Abgaben und Steuern. Die Städte Oberungarns und Transilvaniens erwarben sich in den kurzen Zeiten des Friedens einen relativen Wohlstand und wurden zu Zentren einer blühenden Kultur. Die unter türkischer Herrschaft befindlichen Gebiete Ungarns konnten eine verhältnismäßig große Unabhängigkeit in der Verwaltung, in kulturellen und religiösen Angelegenheiten durchsetzen und bewahren. Die Türkei befand sich in einer Phase der Spätkultur, die eine gewisse Toleranz gegenüber den verschiedenen unterworfenen Völkerschaften zuließ. Wichtig waren der Hohen Pforte die regelmäßigen Abgaben und Steuern, eine ungestörte Warenzirkulation, die Funktionsfähigkeit des Handels sowie die militärische Kapazität des Landes. Religions- und Gewissensfragen traten hinter diesen Gesichtspunkten zurück, so daß die Bewohner Ungarns ihr Eigenleben fortsetzen und entwickeln konnten. Seit Jahrhunderten der Fremdherrschaft unterworfen, vermochten sie sich der relativ freizügigeren türkischen Oberherrschaft besser anzupassen als den rigorosen absolutistischen Bestrebungen Habsburgs.[244]

Die politisch und gesellschaftlich führenden Kreise Ungarns, vornehmlich die Magnaten, waren sich in der Beurteilung und Ablehnung des Waffenstillstandsvertrages von 1664 einig. Den verstärkten Pressionen, denen die Ungarn von Seiten Habsburgs ausgesetzt waren, leisteten sie energischen Widerstand. Vor allem sollten die gegenreformatorischen Bestrebungen zum Stillstand gebracht werden. Die österreichische Administration hielt sich nicht mehr an die Entscheidungen des ungarischen Reichstages von 1608 und 1647 sowie an die entsprechenden Friedensbestimmungen der zwischen Wien und den Fürsten von Transilvanien abgeschlossenen Verträge, die u. a. die Religionsfreiheit zugesichert hatten. Statt dessen berief sich die kaiserliche Verwaltung auf das im deutschen Reich und in den österreichischen Erbländern geltende Prinzip »cujus regio, ejus et religio«. Seit der Mitte des 17. Jahrhunderts setzten in Ungarn Protestantenverfolgungen ein. Ein erbittertes Ringen begann. Der niedere Adel, ein Teil des mittleren Adels, die Städte des nördlichen und östlichen Ungarn blieben trotz aller Rekatholisierungsversuche der Jesuiten und trotz der Dragonaden der österreichischen Soldaten dem Protestantismus[245] treu. Sie verteidigten ihre Rechte sowie ihre wirtschaftlichen und politischen Interessen gegen jenen Teil der ungarischen Magnaten, die zum Katholizismus zurückgekehrt waren, gegen die Geistlichkeit und die mit absolutistischer Strenge in die Struktur des Landes eingreifende habsburgische Verwaltung. Diese Auseinandersetzungen zogen alle Bevölkerungsschichten Ungarns in Mitleidenschaft, auch die Rumänen, Slowaken, Serben, Ruthenen und Deutschen. Sie fanden sich trotz verschiedener gesellschaftspolitischer und wirtschaftlicher Interessen zeitweise im gemeinsamen Ringen um Unabhängigkeit und Gewissensfreiheit gegen die von Wien ausgehenden absolutistischen Bestrebungen zusammen.[246]

Der habsburgische Teil Ungarns hatte die schwere Aufgabe zu meistern, die Türkenabwehr zu organisieren und die erforderlichen Abgaben für die militärischen Stützpunkte aufzubringen. Der Großteil des Adels und der Bürgerschaft befand sich in Opposition zur habsburgischen Zentrale und wurde besonders unterstützt von den Fürsten von Transilvanien. Anfang des 17. Jahrhunderts gelang es STEPHAN BOCSKAI im Wiener Vertrag von 1606, einen Teil der Forderungen des Adels und der Geistlichkeit durchzusetzen sowie die Wahlfreiheit wieder herzustellen. Auch GEORG I. RÁKÓCZI konnte dem durch den Dreißigjährigen Krieg geschwächten Kaiser im Vertrag von Linz (1645) Zugeständnisse abringen. Die

Einhaltung dieser Zusagen war, wie bei allen Verträgen dieser Zeit, nicht nur eine rechtliche, sondern vor allem eine machtpolitische Frage. Sobald sich Habsburg stark genug fühlte, brach es die getroffenen Vereinbarungen. Seit 1660 waren die Wiener Minister bestrebt, die ungarische Bevölkerung zum Gehorsam zu zwingen, die ständischen Privilegien einzuschränken und schließlich die Rekatholisierung mit Entschiedenheit durchzuführen. Ein Teil der ungarischen Aristokraten fand sich zu einer Verschwörung gegen Wien zusammen, initiiert von Franz Wesselényi. Diese Bewegung war schlecht organisiert und wurde verraten. Die Grafen Peter Zrinyi, Franz Nádasdy und Franz Frangepán wurden hingerichtet, ohne daß sie irgendein Unternehmen gegen Habsburg durchgeführt hatten. Erfolgreicher handelte der junge, umfassend gebildete Graf Emmerich Tököly, der zum Führer der aufständischen Kuruzzen (Kreuzträger) gewählt wurde. Dieser Aufstand wurde vom Adel und der Bauernschaft getragen. Die Türkei und Frankreich unterstützten ihn ideell und finanziell. Ihnen lag eine Schwächung Habsburgs am Herzen. Kleinere Abteilungen der Österreicher konnten besiegt, der Kaiser zu Zugeständnissen gezwungen werden.[247] Dies war die Ausgangssituation, als die ungarische Krise in den Jahren 1682/83 ihrem Höhepunkt zustrebte.

Bayern und die Belagerung Wiens[248]

Nachdem die Türkei ihren Konflikt mit Polen und dem zaristischen Rußland beigelegt hatte, waren die Osmanen unter den energischen Wesiren Köprülü in der Lage, den ungarischen Aufstand tatkräftig, d. h. auch militärisch zu unterstützen. Die Hohe Pforte wurde durch die zunehmenden Erfolge der Dissidenten ermutigt, einen allgemeinen Angriff auf Österreich vorzubereiten. Der kaiserliche Internuntius, Graf Albert Caprara, mußte in Konstantinopel feststellen, daß der Großwesir Kara Mustafa unter keinen Umständen mehr bereit war, den auslaufenden Waffenstillstand zu verlängern. 1682 wurde der vermutete Angriff der Osmanen gegen den Westen zur Gewißheit. Wien hoffte, den Ansturm noch in Ungarn abwehren zu können. Doch die eigenen militärischen Kräfte Österreichs waren gering. Deshalb bemühten sich Kaiser Leopold I. und seine

Minister verständlicherweise, die Streitkräfte des Reiches zur Türkenabwehr heranzuziehen.

Formaljuristisch war es umstritten, ob das Reich zum Beistand gegen die Türken verpflichtet war. Denn die Habsburger betonten stets die Exemption der österreichischen Erblande vom Reich.[249] Letzten Endes aber überwog das Gemeinschaftsgefühl. Ein Angriff der Türken auf Habsburg bedeutete zugleich einen Angriff auf die Christenheit. Emotionen wurden wachgerufen, das barbarische Vorgehen des Feindes in den grellsten Farben geschildert. Furcht vor den Türken und die Hoffnung, den Feind der Christenheit vernichten zu können, setzten große Energien frei. Bei der Eroberung Wiens durch die Osmanen wäre ihr weiteres Vordringen nach Böhmen und Bayern zu erwarten. Das war die entscheidende Überlegung in München. Nicht so sehr die wachsende Entfremdung gegenüber dem Frankreich Ludwigs XIV., wie bisher in der Literatur angenommen, nicht die zunehmende Neigung, mit Österreich ins reine zu kommen und mit Wien eine gemeinsame politische Basis zu finden,[250] waren ausschlaggebend, sondern die Voraussicht, nach dem Fall Wiens sei der Vormarsch der Türken ins Reich eine militärisch-logische Konsequenz und damit eine unmittelbare Bedrohung Bayerns.

Lange genug dauerten die Verhandlungen zwischen München und Wien über die gegenseitige Unterstützung bei einem feindlichen Angriff. Die neuen leitenden Minister der Münchener Regierung, voran JOHANN BAPTIST VON LEYDEL, diskutierten ein volles Jahr am und mit dem Wiener Hof über eine Defensivallianz sowohl gegen Frankreich wie gegen die Türkei. Eine Hilfe gegen die Türken war ein Gebot der politischen Vernunft – denn die Abwehr eines Angriffs auf fremdem Boden war leichter, erfolgversprechender und brachte weniger Unkosten und Verluste an Menschen, Land und Material als auf eigenem Boden. Der Allianzfall gegen Frankreich dagegen wurde von verschiedenen Faktoren abhängig gemacht. Daß es überhaupt zu dieser Allianzbestimmung kam, daran trug das herrische Verhalten der französischen Diplomatie selbst ein gerütteltes Maß an Schuld. Die Beunruhigung Münchens über die Reunionen war nicht zu übersehen. DENIS DE LA HAYE-VANTELET versuchte, durch Demonstrationen der französischen Stärke und Macht wenigstens einige Zugeständnisse vom bayerischen Kurfürsten zu erzwingen. Er verlangte Einsichtnahme in die Instruktion für den bayerischen Gesandten auf dem Frankfurter Kongreß, auf dem über die Reunionen beraten wurde.[251] Jener Abschnitt wurde Haye natürlich vorenthalten, in dem die Annahme der französischen Forderungen schlichtweg abgelehnt wurde. An und für sich war das Verlangen des französischen Gesandten nach Kenntnisnahme nicht ungewöhnlich,[252] denn unter Ferdinand Maria war dies selbstverständlich gewesen. Jetzt lag der Fall anders, und de la Haye verlangte vergeblich die Änderung der Instruktion für Franz von Mayr.[253]

Unterstützt wurde Max Emanuels abweisende Haltung gegenüber Haye durch den größten Teil seines Hofstaates. Die ehemals frankreichfreundlichen Minister wurden zunehmend isoliert. Ohne diese war der Kurfürst im März 1681 nach Altötting zu einer Wallfahrt aufgebrochen, um dort den Kaiser zu empfangen, der sich, obwohl der Ältere und ranghöchste Monarch Europas, persönlich nach Bayern begeben hatte, um die begonnene Annäherung zwischen beiden Häusern zu stärken und zu besiegeln.[254] Der Kurfürst war mit großem Gefolge gekommen. Der Kaiser zeigte sich gnädig und wohlwollend. Damit waren die Weichen für die nächste Zukunft gestellt. Denn der persönliche Eindruck war für Max Emanuel stets ein wesentliches Kriterium für seine Entscheidungen. Der Kaiser überreichte dem Kurfürsten ein mit Diamanten besetztes Schwert. Dieser versprach, es nur im Dienste des Kaisers und Reiches zu gebrauchen,[255] Symbol für eine neue Zusammenarbeit, die alle bestehenden Differenzen temporär beiseite stellte, ohne sie vorher gelöst zu haben. Somit waren die traditionellen Meinungsverschiedenheiten weiterhin latent vorhanden.

Nach zwölfmonatigen zähen Verhandlungen einigten sich die bayerische und österreichische Regierung: Der Kurfürst verpflichtete sich, für eine eventuelle Auseinandersetzung gerüstet zu sein und vorerst 8000 Soldaten bereitzustellen, eine verhältnismäßig kleine Zahl. Der Kaiser gestand zu, in Tirol und Vorderösterreich 15000 Mann zu unterhalten, um gegen einen französischen Angriff gesichert zu sein. Eine wesentliche Rolle bei den Verhandlungen spielte das Subsidienproblem. Bayern war nicht gewillt, die eigenen Soldaten selbst zu bezahlen. Wie in Europa üblich, suchten die kleinen und mittleren Staaten bei den Großmächten um Subsidienzahlungen nach. Man entlastete dadurch den eigenen Haushalt und konnte die gesparten Summen entweder zur Erhöhung der eigenen Truppenstärke oder anderweitig verwenden. Nach langen Disputen gab der Kaiser schließlich die Zusage, an Bayern jährliche Subsidien in Höhe von 250000 Gulden und im Kriegsfall 450000 Gulden zu zahlen.[256] In München wußte man so gut wie in Wien, daß das kaiserliche Zahlamt nicht in der Lage war, diese Summen in Anbetracht der sonstigen Verpflichtungen und der verstärkten Kriegsanstrengungen gegen die Osmanen aufzubringen. Die bayerischen Minister verlangten deshalb Sicherheiten. Unbescheiden wie sie und ihr Meister Max Emanuel waren, hofften sie, durch einen klugen Schachzug Anrechte auf eine mögliche spätere Gebietserweiterung Bayerns zu erwerben. Die Verpfändung des Landes ob der Enns, der Ämter Kufstein und Rattenberg, der Herrschaft Neuburg am Inn war zur Absicherung der bayerischen Forderungen ausersehen. Kurfürst MAXIMILIAN I. hatte einst zu Beginn des Dreißigjährigen Krieges eine vergleichbare Schuldendeckung in Oberösterreich verlangt, war jedoch nach dem Aufstand der Bevölkerung gegen die bayerische Besatzungsmacht auf das Aequivalent Oberpfalz ausgewichen. Wien war sich der Bedeutung der von Max Emanuel geforderten Länder bewußt und wollte keineswegs auf sie verzichten. Besonders die Bergwerke um Rattenberg, die Habsburg im Gefolge des Landshuter Erbfolgekrieges erworben hatte, waren zu wertvoll, um sie jetzt als Pfand anzubieten.[257]

Bereits bei diesen ersten Vertragsverhandlungen unter Max Emanuel zeigte sich die Taktik der Verhandlungsführung, die der Kurfürst niemals aufgab: Zuerst erhob die Münchener Regierung Maximalforderungen, von denen sie von Anfang an wußte, daß sie niemals durchzusetzen waren. Erwies sich der Verhandlungspartner entschlossen, auf die gestellten Forderungen nicht einzugehen, erfolgte ein schrittweises Zurückweichen oder die alten Forderungen wurden durch völlig neue abgelöst. Damit war die eigene Position grundsätzlich geschwächt. Denn der Verhandlungspartner wußte, daß Max Emanuel nicht nur zu weitreichenden Kompromissen zu bewegen – ein natürliches Ergebnis aller Verhandlungen –, sondern von seinen ursprünglichen Forderungen völlig abzugehen bereit war. Nicht der Verhandlungspartner legte neue Vorschläge auf den Tisch, sondern der Kurfürst.

So bewilligte Wien als Sicherheit für die zugesagten Subsidien nur die Herrschaft Neuburg am Inn, ferner die Markgrafschaft Burgau und das Mautamt Tarvis. Am 26. Januar 1683 wurde dieser bayerisch-österreichische Vertrag unterzeichnet.[258] Er wird im allgemeinen in der Literatur überbewertet. Er bedeutet keineswegs die völlige Abkehr von Frankreich. Die gesellschaftlichen, wirtschaftlichen, künstlerischen und kulturellen Verbindungen mit Frankreich wurden kaum beeinträchtigt, nur die politischen Beziehungen erkalteten. Dies zeigte sich besonders dadurch, daß der bayerische Kanzler CASPAR VON SCHMID auf Drängen der kaiserlichen Diplomaten einen Monat nach Abschluß des Vertrages entlassen wurde.[259]

Das Heer

Schon hatte Max Emanuel begonnen, die Zahl der bayerischen Truppen zu erhöhen. Seit der Schaffung des stehenden Heeres durch FERDINAND MARIA war stets ein Grundstock an Offizieren und Mannschaften vorhanden. Die bestehenden Formationen brauchten also nur vergrößert, die Organisation ausgeweitet zu werden.[260] Durch die Neuerrichtung von 23 Kompagnien zu Fuß, 15 zu Pferd und einer Dragonerkompagnie wurde der Stand des neuen Heeres auf 45 Kompagnien zu Fuß, 25 zu Pferd und vier Dragonerkompagnien erhöht. Ein Befehl vom 29. Juni 1682 verfügte dann die Gliederung dieser Truppen in sieben Regimenter zu Fuß mit je sechs Kompagnien zu zweihundert Mann und vier Regimenter zu Pferd mit je sechs Kompagnien zu einhundert Mann. Die Dragoner blieben vorerst noch ohne Regimentsverband. Der aus dänischen in bayerische Dienste übergetretene Freiherr HANNIBAL VON DEGENFELD, der einem alten schwäbischen Geschlecht entstammte und bereits unter mehreren Herren, unter anderem auch auf Kreta (Kandia) gegen die Türken, gefochten hatte, hatte diese Neuorganisation vorgeschlagen. Er erhielt jetzt als Generalfeldmarschall-Leutnant den Oberbefehl über das neue Heer unter dem Kurfürsten.

Der Kampf gegen die Türken rief zunächst große Begeisterung hervor,[261] nicht bei jenen, die jetzt Kriegssteuern und die Türkensteuer, eine Sonderabgabe, bezahlen mußten, sondern bei allen, die kriegerische Auseinandersetzungen herbeisehnten, um sich auszeichnen zu können. War doch Bayern seit über drei Jahrzehnten an keinem Krieg mehr beteiligt gewesen und bei den letzten Konflikten immer abseits gestanden. Jetzt änderte sich die Situation schlagartig. Sich Kriegsruhm zu erwerben, galt als eine der Tugenden des Herrschers, am Kriegsruhm teilzuhaben, eine Aufgabe des Adeligen. All jene Adeligen, die nicht das Erbe ihrer Väter angetreten hatten oder in einem geistlichen Amt untergekommen waren, sahen in einem Krieg die Gelegenheit, sich Verdienste zu erwerben. Eine umfangreiche Werbekampagne ging durch das ganze Land und erfaßte alle Gesellschaftsschichten.

Die Kreisorganisationen des Reiches nahmen verstärkt ihre Tätigkeit auf. So versammelte sich auch der bayerische Kreis im Januar 1682 in Wasserburg, um über die Türkenhilfe zu verhandeln.[262] Die Interpretation der einschlägigen Reichsmatrikel, die seit 1521 für den bayerischen Kreis nicht mehr verändert worden waren, brachte einige Schwierigkeiten mit sich. Immer wieder waren Vorschläge unterbreitet worden, die die alten Bestimmungen modifizieren und nun den gegenwärtigen Verhältnissen anpassen sollten. Aber die auftauchenden Meinungsverschiedenheiten waren nicht zu beheben und keine Einigkeit über die Neufassung der Artikel zu erreichen. Die Interessen ließen sich nicht auf einen gemeinsamen Nenner bringen. Jeder fürchtete, übervorteilt zu werden oder unter die Herrschaft des mächtigsten Mitglieds, in diesem Fall Bayerns, zu kommen. Überdies berief sich jedermann auf die gegenwärtigen Verhandlungen des Regensburger Reichstags, dessen Beschlüsse über eine künftige Reichskriegsverfassung und die Vorkehrungen zur allgemeinen Securitas publica abzuwarten seien. Die praktischen Erfolge bei der Reorganisation der Streitkräfte waren gering, so sehr sich auch Fürst WALDECK dafür einsetzen mochte.[263] Die bestehenden Strukturen wurden, wie bei vielen Reformversuchen dieser Zeit, nicht grundlegend geändert.

Im Jahr 1682 beschloß der bayerische Kreis nach langen Diskussionen, zur Türkenabwehr und zur Verteidigung des Reiches ein Kontingent von 550 Kavalleristen und 1968 Infanteristen zu stellen. Davon fielen auf Salzburg 150, auf Berchtesgaden sieben, das Kloster Kaisersheim zwölf Reiter und Pferde. Kurbayern hatte 300, Pfalz-Neuburg 50, die Landgrafschaft Leuchtenberg acht, Graf Lobkowitz zehn, Ortenburg drei, Wolfstein sechs, Maxlrain und Breiteneck je zwei Kavalleristen aufzubieten. Wer diese Reiter und Pferde nicht aufbringen konnte, mußte anstelle eines Kavalleristen drei Infanteristen stellen.

An Fußsoldaten hatten zur Verfügung zu stellen: Salzburg 330, Freising und Regensburg zusammen 200, Passau 100, Berchtesgaden 19, Kaisersheim 75, St. Emmeram 18, Niedermünster und Obermünster je acht. Bei den Beratungen gelang es diesen Kreismitgliedern jedoch, die Verpflichtungen auf je sieben Mann zu reduzieren. Kurbayern brachte 640, Pfalz-Neuburg 350, Leuchtenberg zwölf, Lobkowitz 22, Wolfstein sechs und die Stadt Regensburg 180 Mann auf.[264]

Diese Mannschaften waren innerhalb von zwei Monaten einsatzbereit. Die bayerischen Kreisobersten arbeiteten mit jenen von Franken und Schwaben eng zusammen, um den gemeinsamen Abmarsch der Truppen vorzubereiten. Jedes Kreismitglied unterhielt die angeworbene Mannschaft aus eigenen Mitteln. Die militärischen Übungen wurden zunächst getrennt durchgeführt. Eine gemeinsame Ausbildung war dadurch nicht möglich, andererseits waren diese kleinen Gruppen leichter überschaubar und das übliche »Auslaufen« konnte um so eher vermieden werden. Denn der gemeine Soldat verlor in der Regel bald die Lust am Exerzieren und Marschieren.

Die Kavallerie wurde in fünf Kompagnien zu je 110 Mann eingeteilt, die Infanterie zu sechs Kompagnien mit je 200 Mann.[265] Die Stärke der militärischen Unterabteilungen schwankte. Ist nur die Zahl der jeweils im Dienst befindlichen Kompagnien überliefert, nicht aber die tatsächliche Stärke, so sind diese Aussagen mit größter Vorsicht zu benützen. Auch handelt es sich bei den Angaben über die jeweilige Truppenstärke um Soll-Zahlen, die teils unter-, teils überschritten wurden. Sie wurden dadurch unterschritten, daß ein Teil der Mannschaften für Versorgung und Nachschub eingesetzt war und nicht zum Kriegseinsatz kam; ein Teil fiel durch Krankheit und durch Verwundung aus, ein kleiner Teil entzog sich seinen Verpflichtungen durch Desertion. Überschritten wurde die Zahl der überlieferten Heeresstärke in der Praxis dadurch, daß Handwerker, Facharbeiter wie Schmiede, Bäcker, Schneider für die Versorgung der Truppen angeworben wurden und ebenfalls ins Feld zogen. Auch eine zahlenmäßig starke Personengruppe von Händlern und Marketendern folgte den Abteilungen. Hinzu kam eine nicht mehr feststellbare Zahl von Frauen und Kindern, die die Soldaten mit ins Feld nahmen, meist mit Erlaubnis der jeweiligen Obrigkeit oder des Vorgesetzten.

Die Verluste an Menschen, Tieren, Kriegsmaterialien infolge Feindeinwirkung mußten die einzelnen Kreismitglieder selbst ersetzen. Der Sold für Offiziere und Soldaten sollte gemäß der Ordonnanz monatlich ausbezahlt werden. Doch dabei ergaben sich meist Schwierigkeiten und Verzögerungen, da die Zahlungsfähigkeit und -moral der einzelnen Kreismitglieder stets zu wünschen übrig ließ. Die Gagen waren dem Rang entsprechend abgestuft.[266]

Die gemeinen Knechte bekamen acht Kreuzer. Sie machten das Gros der Truppe aus. Ein Kavallerist erhielt täglich zwölf Kreuzer, ein Fußsoldat sieben Kreuzer im Durchschnitt.[267] Dies war die unterste Grenze, um für den Lebensunterhalt aufkommen zu können. Zogen größere Kontingente durch das Land, dann war der Bedarf an Lebensmitteln und Fourage groß. Die Preise stiegen. Die Soldaten konnten mit dem geringen Sold nicht das Nötigste kaufen. Zwangsläufig kam es zu Ausschreitungen gegenüber der einheimischen Bevölkerung. An diesem System änderte sich im 17. und der ersten Hälfte des 18. Jahrhunderts nichts. Zwangskontribution auf eigene Faust und Erpressung der Untertanen waren den Soldaten zwar strengstens verboten; die tatsächlichen Verhältnisse widerlegten jedoch alle Mandate, die im Grunde nutzlos waren, da sich weder die einfachen Soldaten noch die Offiziere daran hielten. Den größten Anreiz für das Soldatenleben bot gerade die Möglichkeit, sich als Uniformierter endlich über den geringen Untertanen erheben zu können, ihm seine kleine Macht fühlen zu lassen und zu Beute zu kommen. Die Versorgung der Truppen durch stationäre Magazine war im Reich einschließlich Bayerns nicht so fortgeschritten wie bei der französischen Armee. Hier war ein organisierter, jedoch schwerfälliger Versorgungsapparat ausgebaut, der Plünderungen und Verwüstungen in der Heimat eindämmte – zumindest in den 60er bis 90er Jahren des 17. Jahrhunderts. Ausschreitungen und Beutezüge im eigenen Land waren hier bewußt ausgeschaltet und auf die Eroberungszüge in feindliche Territorien beschränkt. Die Kaiserlichen und Reichstruppen waren dagegen beweglicher, die Versorgung von Improvisation abhängig und die Logistik insgesamt in dem beschriebenen Sinn weniger weit fortgeschritten.

Der vom türkischen Anmarsch aufgeschreckte Kaiser LEOPOLD gewann die Unterstützung Venedigs, das seine Handelswege durch die expandierende Macht der Türkei gefährdet sah und deshalb zur Abwehr der Osmanen stets bereit war. Ferner scharte sich um den Kaiser die Mehrzahl der katholischen Fürsten Deutschlands, voran der bayerische und der sächsische Kurfürst mit Ausnahme des Brandenburgers, der, durch einen Vertrag mit Frankreich gebunden, die Neutralität vorzog, genau wie es Bayern in den Jahrzehnten zuvor getan hatte, wann immer LEOPOLD sich in einer wirklichen oder vermeintlichen Bedrängnis befand.

Freiwillige eilten in großer Zahl zur Armee und sammelten sich an den Höfen jener Fürsten, die zum Türkenkrieg rüsteten. Trotz französischer Abmahnungen schloß sich auch der polnische König JOHANN III. SOBIESKI dem Kaiser an. Denn fiele Wien in die Hand der Türken, würde sich der Druck der Pforte auf Polen von neuem verstärken. Alle Beteiligten taten nicht nur etwas für sich, für ihren Ruhm oder zur Dokumentation ihrer christlichen Gesinnung, wenn sie zur Türkenabwehr ihren Teil beitrugen, sondern auch zum Schutz ihrer eigenen Länder. Papst INNOZENZ XI. stellte seine Diplomatie in den Dienst der Türkenabwehr. Die Geistlichen riefen von den Kanzeln überall das Volk zu Opfern und zum Kampf auf. Kollekten verschafften den Landesfürsten wieder zusätzliche Einkünfte, die wie üblich nicht gänzlich für den Kampf gegen die Türken verwendet wurden, sondern vor allem die eigenen, meist leeren Kassen auffüllten.

Max Emanuel selbst war nicht unbedingt auf fremde Zuschüsse angewiesen. Er verfügte noch über ausreichend Geld, da sein Vater sparsam hausgehalten hatte. Die bayerischen Truppen waren nach französischem Vorbild eingeübt; denn unter FERDINAND MARIA hatten französische Instruktoren das Heereswesen organisiert. Für die nunmehrige Aufrüstung galten die traditionellen Ordonnanzen. Hierin bestand auch kein Unterschied zwischen kaiserlichen und Hilfstruppen. Sold und Verpflegungsnormen für Offiziere und ihre Bedienten, für Gemeine, für Handwerker und Spezialisten waren im einzelnen vorgeschrieben. Offiziell blieb es dem Offiziersstab verboten, über die ihm zustehenden Verpflegungsnormen weitere Naturalien oder Geldbeträge anzunehmen oder gar einzufordern. Auch wurde es jedem Soldaten untersagt, ohne ausdrücklichen Befehl des jeweiligen Vorgesetzten nach freiem Ermessen das Feldlager zu verlassen, auf Beutesuche auszureiten, herumzustreifen, zu rauben, zu plündern, den Handel zu stören, Zivilisten zu belästigen. Diese Verbote mußten immer wieder verlesen werden, da sich die wenigsten daran hielten. Kirchen, Klöster, Spitäler, Amtshäuser waren beliebte Ziele von Raubzügen, da hier Wertgegenstände zu finden waren. In eigener Verantwortung, ohne Befehl eines Vorgesetzten, war Jagen und Fischen offiziell verboten. Wer allerdings sollte die Einhaltung dieser Verbote überwachen? Wer konnte verhindern, daß die Soldaten die Zollaufschläge der einzelnen

Mautstationen, die alle paar Meilen im Land zu finden waren, kassierten oder auf die von den Händlern mitgeführten Waren Sondersteuern erhoben? Wurden diese verweigert, drohten die Krieger mit Zerstörung der Wagen, mit Plünderung und Vernichtung der Waren. Die Offiziere konnten und wollten oft auch nicht die Ausschreitungen unterbinden. Sie suchten selbst nach Nebeneinnahmen. Schwierig war es, in den Nachtlagern und Quartieren »scharfe Disziplin« aufrechtzuerhalten, hauptsächlich wenn die Soldaten dem Trunke zugesprochen hatten. Von den Bauern wurden Vorspanndienste gefordert, um den Soldaten die Transporte zu erleichtern. Auch für den Bau von Verschanzungen, von Erdwällen und Gräben zog man die Untertanen stets zwangsweise heran. Kam es zu gerichtlichen Auseinandersetzungen, so bearbeiteten die Standgerichte in der Regel die Fälle und verwehrten den zivilen Behörden jede Einmischung. Das erklärte Ziel dieser Behörden war es, auch den Hausvater und Quartiergeber neben dem Soldaten »bestehen zu lassen«,[268] was ein frommer Wunsch blieb. Die Beschwerden der Einwohner häuften sich, wo immer Soldaten auftauchten. Das Verhältnis zwischen Zivilbevölkerung und Militär war in der Regel äußerst gespannt.

Auf dem Marsch

Auf dem freien Feld zwischen München und Freimann zog Max Emanuel im Jahr 1682 mehrmals seine Truppen zusammen, um sie zu besichtigen. Einige Monate später, im Frühjahr 1683, marschierten die ersten bayerischen Kontingente in Richtung Österreich. Kittsee bei Preßburg an der Donau war zum Sammelplatz der Gesamtarmee ausersehen.[269] Am 6. Mai 1683 fand eine feierliche Heerschau in Anwesenheit Kaiser Leopolds I., der Kaiserin, der Erzherzogin Maria Antonie und des Kurfürsten Max Emanuel von Bayern statt. Das ganze Gefolge fand sich ein. Man war voll Bewunderung für die schöne Armee und gab sich dem Gefühl relativer Sicherheit hin. Hatte das kaiserliche Oberkommando doch ungefähr 28 000 Mann zu Fuß und 14 000 Kavalleristen vereinigt,[270] wenn man die Zahl der vorhandenen Truppenkontingente großzügig zusammenrechnet. Der Anblick dieser gewaltigen Truppenmacht bestärkte den Kaiser und seine Umgebung in der Hoffnung, der kommenden Auseinandersetzung mit den Türken gewachsen zu sein.

Noch waren die Osmanen von Belgrad nicht abmarschiert. Aber ehe der Monat zu Ende ging, verbreiteten sich Schreckensmeldungen bei den Kaiserlichen und ihren Verbündeten: 200 000 Türken sind im Anmarsch! Tataren, Moldauer, Walachen, Siebenbürger, Ungarn schließen sich ihnen an. Man schätzte die Gesamtstärke der Angreifer auf 248 000 Mann, wozu noch der Troß mit 62 000 Mann kam. KARL VON LOTHRINGEN, der die Verteidigung Ungarns zunächst übernommen hatte, mußte sich zurückziehen, da er gegenwärtig nur über 12 500 Mann Infanterie und 9500 Reiter verfügte.[271] Die übrigen Truppen waren an den Grenzen verteilt oder im Hinterland geblieben.

Ende Juni 1683 wurde erkennbar, daß die Stoßrichtung der türkischen Armee ausschließlich gegen Wien gerichtet war, die Hauptstadt der Giauren, der Ungläubigen.[272] Das erste in Ungarn verlorene Gefecht löste in Wien eine Panik aus. Kaiser LEOPOLD und sein Hofstaat flohen nachts Hals über Kopf nach Westen. Nicht einmal genügend Zeit blieb ihnen für die Ausrüstung der notwendigen Reisewagen. Der Kaiser mußte sogar eine kleine Strecke zu Fuß gehen, was ihm sehr beschwerlich fiel, gehetzt von der Angst, herumstreifenden Tataren in die Hände zu fallen.[273]

Mitte Juli 1683 schlossen die Türken Wien ein. Wie lange würde sich die Stadt verteidigen können? Der Kaiser schrieb an seinen Beichtvater und Vertrauten MARCO D'AVIANO, einen Kapuziner, den auch Max Emanuel besonders verehrte: »Mir liegt nur am Herzen, daß ... die Belagerung lange dauern wird, ich aber nicht die Macht habe, Wien zu helfen. Doch mache ich alle Anstrengungen, daß mir von jedem Stand Hilfe werde«,[274] insbesondere auch von Bayern.

Der österreichische Gesandte in München, Graf KAUNITZ, bestürmte in dieser Zeit den bayerischen Kurfürsten, tatkräftige Hilfe zu schicken. Er erreichte die Zusage, Bayern werde zusätzlich zum vereinbarten Kreiskontingent 10 000 Mann abgeben. Im Reich setzte sich nun endgültig die Überzeugung durch, daß die Verteidigung Wiens eine Aufgabe des »Universal Christlichen Weesens« sei.[275] Die bayerische Kavallerie marschierte über Passau nach Linz und setzte ihren Weg in Eilmärschen fort. Die Offiziere rieten bald zur Mäßigung. Die Pferde wären erschöpft, bevor die Truppe zum Einsatz käme. Auch ergaben sich neue unvermutete Schwierigkeiten. Denn die Hoffnung, in Österreich genügend Verpflegung zu finden, erfüllte sich nicht. Man mußte teilweise über vier Stunden weit ausreiten, um die notwendigen Lebensmittel und die Fourage für die Pferde von den Bauernhöfen und den Dörfern mit Gewalt einzuholen. Die nahe an den Straßen und Flüssen gelegenen und von den Hilfstruppen frequentierten Dörfer, Märkte und Städte waren bereits von den Kaiserlichen selbst ausgesogen. Bei der Requirierung der Lebens- und Futtermittel mußten jeweils 300 kaiserliche und 300 bayerische Soldaten die Kommandos decken,[276] damit die Exekutoren nicht in einen Hinterhalt der Tataren gerieten, die weite Vorstöße nach allen Richtungen, selbst bis in venezianisches und böhmisches Gebiet unternahmen.[277]

Die Rekruten aus Ostbayern sammelten sich in Schärding, die übrigen nach Österreich ziehenden Kompagnien legten hier Ruhetage ein. Die Untertanen hatten für Einquartierung und Verpflegung zu sorgen. Wie jede bunt zusammengewürfelte Soldateska dieser Zeit verübten auch die bayerischen Offiziere und Soldaten beträchtliche Exzesse. Seit 1648 war Bayern nicht mehr unmittelbar in einen Krieg verwickelt. Die dem Berufsheer angehörenden Soldaten hatten ihre Dauerquartiere und reguläre Versorgung, die eine zusätzliche Belastung der Bevölkerung unnötig machte. Jetzt zu Beginn der Türkenkriege war dem Großteil der Einwohner die harte Behandlung durch durchziehende Soldaten ein Novum, das man nur mit Entsetzen und vergeblichen Protesten hinnehmen wollte.

Die Untertanen der Landgerichte waren ebenso davon betroffen wie jene der weltlichen und geistlichen Stände. Die Soldaten verlangten Speise und Viktualien wie Fleisch, Schmalz, Eier, Brot, Mehl, rauhe und glatte Fourage in großem Ausmaß. Wer nicht freiwillig gab, wurde mit Schlägen bedroht und zur Herausgabe seiner Vorräte gezwungen. Vorwände gab es immer, Abgaben zu erpressen. Was die Mannschaften oder ihre Pferde und Lasttiere nicht aufzehren konnten, nahmen die Soldaten mit oder verschwendeten es. Schafe und Schweine schossen sie auf den Feldern nieder, töteten das Geflügel, holten Kälber und Ziegen gewaltsam aus den

Ställen, stachen sie ab; das Fleisch brieten, verzehrten oder verkauften sie. Die Quartierväter mußten aus den Städten und umliegenden Ortschaften auf ihre eigenen Kosten den Soldaten Wein, Weiß- und Braunbier, Brot und Hübschlerinnen herbeischaffen, sofern die Krieger nicht mit Frau und Kind gekommen waren, die der Bauer ebenfalls zu versorgen hatte. Jedermann wollte vor dem Marsch nach Wien, wo es nicht mehr viel zu holen gab, sich noch einmal erquicken.[278] Denn in Bayern fand sich noch relativer Überfluß.

Beim Abmarsch nahmen die Soldaten Leinen, Tischtücher, Hemden, Bekleidung, Pferdegeschirr, Wagen, Haken, Arbeitsgeräte und all das unentgeltlich mit, von dem sie hofften, es einmal gebrauchen oder vertauschen zu können. Pferde, die nicht mehr in gutem Zustand waren, ließen die Kavalleristen in den Ställen zurück und ritten mit den wohlgepflegten und gutgenährten Pferden der Bauern davon. Hatten diese ihre Zug- und Reittiere in entlegenen Scheunen versteckt, brachen die Soldaten diese auf und führten die Tiere weg. Verlangte ein Bauer sein Pferd zurück, mußte er es gegen Geld und Geschenke wieder auslösen. Besonders einfach war es, einsame Sölden zu überfallen. Hier konnten die Nachbarn nicht rechtzeitig zu Hilfe eilen. Doch auch vor der Dorfversammlung fürchteten sich die Soldaten wenig. Kamen Abteilungen von Soldaten in die Dörfer, drohten sie mit Gewalttaten, mit Brand und Zerstörung, mit Schießen, Hauen und Prügeln. Waren die Bewohner durch Drohungen eingeschüchtert, konnte man von ihnen ohne weiteren Widerstand Geld und Abgaben erhalten. Es hatte den Anschein, schrieb ein Beamter, der sich sorgte, die künftigen Steuern seiner Untertanen und die ihm zustehenden Abgaben nicht mehr bekommen zu können, »als ob nit churbayrische, sondern würckliche Feindts Völcker in Landt weren«. Versuchten die Beamten, die Ausschreitungen zu verhindern, wurden auch sie bedroht.

Die Quartiermeister verlangten von den steuerpflichtigen Untertanen eine Abgabe zwischen sechs und zwölf Reichstalern. Dieses Geld sollte den Soldaten ausgehändigt werden, damit sie auf dem Markt, bei Händlern und Kaufleuten die benötigten Waren gegen Barzahlung kaufen konnten. Die Soldaten zogen es gewöhnlich vor, das Geld zu behalten, sofern sie es überhaupt von den Offizieren bekamen, und statt dessen kostenlose Verpflegung zu verlangen. War ein Bauer nicht in der Lage, die entsprechenden Abgaben zu leisten, machten sich die Soldaten zu Herren des Hofes. Sie droschen nach ihrem Wohlgefallen das Getreide, mahlten es aus und nahmen mit, soviel sie brauchten und noch etwas mehr, um es zu verkaufen. Der Bauer hatte zu schweigen und froh zu sein, wenn er nicht »aine woll empfindliche Priglsuppen« über sich ergehen lassen mußte.[279]

Die Klagen der Bevölkerung dürfen nicht überbewertet werden: Noch war der Kreis der Betroffenen klein, das übrige Bayern in gutem Zustand. Aber es war der Beginn einer langen Reihe von Jahren, in denen die Untertanen die Kosten für den Ruhm des Kurfürsten zu tragen hatten. Es fiel ihnen schwer, einsehen zu müssen, daß noch viele Soldaten in den Krieg marschieren und in die Winterquartiere nach Bayern zurückkehren würden.

Der bayerische Generalfeldmarschall-Leutnant Freiherr HANNIBAL VON DEGENFELD erwies sich als äußerst umsichtiger Heerführer.[280] Er versuchte, die allgemeine Umstellung von der Friedenszeit zur Kriegszeit möglichst reibungslos zu vollziehen und nur sparsame Eingriffe in das tägliche Leben der Untertanen vorzunehmen. Das Offizierskorps war mit dieser Haltung nicht einverstanden. Es erhoben sich bald Beschwerden hinsichtlich der von DEGENFELD vorgeschlagenen Besoldung und Verpflegungsnorm. Die Offiziere richteten gemeinsam eine Beschwerdeschrift an den Kurfürsten des Inhalts, ein Oberst könne unmöglich mit 150 Gulden im Monat auskommen. In Ungarn müsse mindestens das Doppelte ausgezahlt werden. Auch Rittmeister, Generaladjutanten, Auditoren, Regimentswagenmeister, Cornets, Fähnriche und Wachtmeister schlossen sich diesem Protest nicht ohne Grund an.[281] Denn die Preise in Österreich stiegen entsprechend der Nachfrage. Das Land zwischen Wien und der ungarischen Grenze war bereits öde oder verwüstet. Die Nachschubwege mußten ausgedehnt werden, die höheren Transportkosten wurden wie üblich auf die Preise geschlagen. Um die Soldaten am Desertieren zu hindern, mußten wenigstens eine ausreichende Verpflegung und Bezahlung geboten werden. Dem stand entgegen, daß im Land nichts zu finden war außer verarmten Bauern und Feinden. Die allgemeine Stimmung der Bevölkerung hatte sich bereits erheblich verschlechtert. Die große Begeisterung, die Türken zu schlagen, wich schnell einer nüchternen Einschätzung der Lage.

Der bayerische Vizekanzler VON LEYDEL verhandelte im August

1683 mit dem Fürsten von Waldeck. Der Plan stand zur Debatte, die bayerischen und schwäbischen Hilfstruppen in einem einzigen Corps zu vereinigen. Die schwäbischen Obrigkeiten zögerten. Da beträchtliche französische Kontingente im Elsaß einquartiert lagen, befürchtete man Übergriffe auf das Reichsgebiet. Eine gewisse Anzahl von Reichstruppen mußte als Besatzung im Land zurückbehalten werden.²⁸² Dadurch hoffte man, weiteren Reunionen zu wehren.

Differenzen zeigten sich überall. Die Beziehungen zwischen Max Emanuel und Karl von Lothringen blieben stets gespannt. Das beruhte auf Gegenseitigkeit. Max Emanuel beanspruchte als Kurfürst den Vorrang vor dem Herzog; der Herzog wollte diesem jungen, in Kriegsangelegenheiten unerfahrenen Mann nicht weichen. Da schließlich der König von Polen als ranghöchster Teilnehmer am Abwehrkampf alle beiden Kontrahenten übertraf, auch der Kurfürst von Sachsen, der Herzog von Savoyen und andere fürstliche Persönlichkeiten sich einfanden, konnten diese Unstimmigkeiten halbwegs beigelegt werden. Selbst ein Mann wie der Fürst von Waldeck suchte den Anschein zu vermeiden, als stehe er in allzu engem Kontakt mit der bayerischen Regierung, um beim Herzog von Lothringen »keine Jalousie« hervorzurufen.²⁸³

Die Mühlen der bayerischen Bürokratie mahlten trotz der allgemeinen Kriegsvorbereitungen gemächlich. Soldaten und Offiziere wurden dringend benötigt, um die Truppenstärke zu erhöhen. Dies hinderte die zuständigen Stellen nicht, alle Anstellungsgesuche sorgfältig zu prüfen, d. h. erst einige Wochen lang unbearbeitet zu lassen. So mußte der Generalwachtmeister Ludwig Marquis de Beauvau lange auf sein Offizierspatent warten. Er stand bereits im Feld, als endlich die Formalitäten erledigt waren. Er verlor dadurch beträchtliche Gage.²⁸⁴

Die Kriegsvorbereitungen in Bayern machten langsame, aber stetige Fortschritte. In den umliegenden Territorien, besonders in den geistlichen Stiften Passau, Regensburg und Salzburg, wurden Pferde und Schiffe zum Truppentransport angekauft. Vergeblich verlangte Degenfeld größere Vollmachten, um entsprechend durchgreifen zu können.²⁸⁵ Zu schwerfällig lief seiner Ansicht nach die Kriegsmaschinerie. Der Kurfürst wollte alle Entscheidungen selbst treffen, von allem informiert sein, nichts sollte ohne seine Zustimmung durchgeführt werden. Während der Kaiser, der französische König und mancher Reichsfürst den zuständigen Generälen die Ausarbeitung der Kriegspläne, die Auswahl der Projekte und der notwendigen Mittel überließen, übernahm der 21jährige Max Emanuel selbst den Oberbefehl, ganz im Gegensatz zu MAXIMILIAN I. und FERDINAND MARIA – eine typische Verhaltensweise eines Fürsten auf dem Höhepunkt des Absolutismus.

Der Abmarsch der bayerischen Truppen von Passau nach Österreich fand in guter Stimmung statt. Man mußte nicht einmal Kranke zurücklassen. Nur der Knecht eines Oberstwachtmeisters fiel bei Linz in die Donau und ertrank. Zwei Kavalleristen gerieten in Streit. Dem Anstifter der Auseinandersetzung hieb man die rechte Hand ab,[286] allen anderen zur Warnung. Die Disziplin innerhalb des Heeres wurde mit eiserner Faust aufrechterhalten.

Die Österreicher hatten wenig vorgesorgt. Es fehlten vor allem Magazine. Da es nicht ausgeschlossen war, daß Wien in die Hände der Türken fiel, planten die Kaiserlichen bereits künftige Quartiere im Reichsgebiet. Die Münchener Regierung erstellte eine Liste, welche kaiserlichen Beamten und Behörden gegebenenfalls nach Bayern übersiedeln könnten. Eine Unterkunft für die Reichshofkanzlei war in Schärding vorgesehen.[287]

Die öffentliche Sicherheit

In Tirol, in Salzburg und Bayern wurde das herumstreifende »schlimme Gesündl« von den Gerichtsbeamten vertrieben. Man hoffte dadurch, die Versorgung der Truppen zu erleichtern, die Straßen zu sichern, die Nachrichtenübermittlung für die kaiserlichen und bayerischen Boten zu beschleunigen. Doch in der Praxis war es fast unmöglich, die heraneilenden Kämpfer von den übrigen durch das Land ziehenden Vaganten zu unterscheiden. Irgendein vager Verdacht genügte jetzt, um vorübergehend verhaftet oder abgeschoben zu werden. Die Einwohner von Salzburg legten Lebensmittelvorräte an. In die Festung schaffte man Munition und Proviant. Neben der üblichen Besatzung wurden 3000 junge Bauern und ledige Burschen aus dem ganzen Land eingezogen und mit grünen Röcken, mit Degen und Wehrgehängen ausgestattet. Zweihundert von ihnen mußten wöchentlich in Salzburg erscheinen und neben den Soldaten abwechslungsweise Wache verrichten. Jeder, der zum Dienst eingeteilt wurde, erhielt täglich ein Entgelt von sechs Kreuzern, für den Schanzdienst zwölf Kreuzer. Die Salzburger Bürgerschaft stellte drei Kompagnien mit 500 Mann. Sie exerzierten an Sonn- und Feiertagen. Angeworbene Soldaten und Landvolk bewachten die Grenzübergänge nach Tirol und der Steiermark. Alle fremden und unbekannten Personen wurden aufgefordert, sich in Salzburg zu melden, es sei denn, sie hatten genügend Geld und Proviant bei sich. Man wollte verhindern, daß Mittellose in diesen Kriegszeiten die Bauern bedrängten oder gar überfielen.[288]

Die bayerischen Behörden holten die alten Kriegsmandate wieder hervor, die zum Teil noch aus dem Dreißigjährigen Krieg stammten. Man prüfte sie auf ihre Verwendbarkeit hin. Nur ein Teil war noch brauchbar. Die nützlichen Mandate wurden wieder in Kraft gesetzt, um das öffentliche Leben den neuen Gegebenheiten anzupassen. Ähnlich wie in Salzburg und Österreich begann man die Jagd auf Bettler, verhaftete sie und brachte sie außer Landes. Ein kleiner Teil wurde zu Schanzarbeiten gezwungen. Besonders prüften die Behörden, ob das Pilger- und Priesterkleid auch tatsächlich einen Religiosen auswies. Allzu viele zogen gewöhnlich diesen Habit an, um offene Türen zu finden und eine gute Wegzehrung von den Einwohnern zu bekommen. In der Oberpfalz wurde die Grenze nach Böhmen gesichert gemäß den Mandaten, die Kurfürst FERDINAND MARIA im Jahr 1663 erlassen hatte. Die Wachen der Donaubrücken und der Befestigungen wurden verstärkt, die einheimische Landesdefension aufgeboten. Gräben, Palisaden und Verhaue schützten wichtige Übergänge notdürftig. Unruhe verbreitete sich wegen der vielen Flüchtlinge aus Österreich. Niemand wußte, wo man sie unterbringen sollte. Es war zu befürchten, daß mit ihnen auch Bettler ins Land kämen und Feinde sich dem Flüchtlingsstrom bereits angeschlossen hätten.[289]

Der bayerische Kriegsrat wurde erweitert, neue Persönlichkeiten in die Verwaltung und in das Offizierskorps aufgenommen. Es war eine günstige Gelegenheit, Umbesetzungen vorzunehmen und unliebsame Beamte auszuschalten. So wurde der Kommandant der Festung Ingolstadt, Graf BERLO, zu seinem höchsten Erstaunen seines Dienstes enthoben.[290] An seine Stelle trat nun Baron DE MERCY. Adelige und Offiziere bestürmten Max Emanuel, ihnen einen entsprechenden Posten im Heer zu verschaffen, »n'ayant autre refuge au monde qu'en la clemence de Vostre Altesse«[291] – kein anderes Refugium in der Welt vorfindend als die Milde Eurer Hoheit.

Der Entsatz von Wien

In Übereinstimmung mit dem neuen bayerisch-österreichischen Vertrag vom 6. August 1683 ließ Max Emanuel insgesamt etwa 11300 Mann nach Wien marschieren. Er selbst kommandierte die Truppen. Der halbe Hofstaat begleitete ihn ins Feld. Allein 600 Pferde gehörten zu seiner Equipage. Der Kaiser erwies dem Kurfürsten jede erdenkliche Höflichkeit, um das neue Band der Freundschaft zu festigen. Als Max Emanuel zu Schiff in Linz ankam, empfing er ihn persönlich am Ufer und führte ihn in seinem Wagen zum Schloß. Die Kaiserin wurde hier am 7. September »mit einer Prinzessin erfreut«. Nachmittags nahm der Kardinalnuntius die Taufzeremonie vor. Der bayerische Kurfürst hob die Prinzessin aus der Taufe. Am Abend reiste er weiter in Richtung Wien.[292]

Von militärischen Angelegenheiten verstand LEOPOLD soviel wie nichts. Trotzdem wollte auch er sich bei seinem Heer einfinden. Für diesen Fall schien das Zeremoniell schier unüberwindliche Schwierigkeiten zu bereiten. Nach allgemeiner Überzeugung war es klüger, wenn sich der Kaiser von der Armee fernhielt. Die vielen Persönlichkeiten, die im Hauptquartier zusammenströmten, vergrößerten die Konfusion ohnedies. Die Beachtung der Etikettevorschriften brachte mancherlei Unannehmlichkeiten. Es gab Differenzen, wer vorantreten, wer folgen, wer zur Rechten, wer zur Linken gehen sollte.[293] Dazu kamen endlose Kriegsratverhandlungen. Die Langsamkeit in den Unternehmungen und die Unentschlossenheit waren vorerst kaum zu beheben. Die Unterbringung des Gefolges, das der Kaiser, der polnische König, die Kurfürsten von Bayern und Sachsen, der Herzog von Lothringen, die zahlreichen Generale und Offiziere mit sich führten, bereitete große Schwierigkeiten. Niemand durfte sich benachteiligt fühlen.

Am 9. September traf Max Emanuel mit dem polnischen König zusammen. Dieser schrieb an seine Gemahlin über diese Begegnung: »Letzten Donnerstag ... sahen wir den Kurfürsten von Bayern kommen, von dem ich Ihnen hier eine Beschreibung gebe: kastanienbraune Haare, kein übles Gesicht; die Lippen und das Kinn österreichisch, aber nicht häßlich; ein wenig matte Augen, eine französische Haltung. Er ist in der größten Eile bei uns angekommen. Er kleidet sich besser als die anderen. Er hat schöne englische Pferde; der König von Frankreich hat ihm zwölf mit Sattel und Zeug geschickt; übrigens hat er weder Pagen noch Bediente. Er hat gute Manieren und Lebensart und ist gleichwohl ganz jung.«[294]

Nach dem Plan des Herzogs KARL VON LOTHRINGEN, aber unter dem Oberbefehl des polnischen Königs JOHANN III. SOBIESKI, begann am Morgen des 12. September 1683 die Entsatzschlacht um Wien. Um die bayerische Beteiligung nach ihrem Größenverhältnis einzuordnen, soll die etwaige Stärke der Truppen und ihre Aufstellung umrissen werden: Die kaiserliche Armee unter KARL VON LOTHRINGEN, dem Generalleutnant des Kaisers, umfaßte ungefähr 8100 Mann zu Fuß, 12 900 Reiter und 70 Geschütze. Die sächsischen Truppen unter ihrem Kurfürsten JOHANN GEORG III. setzten sich zusammen aus 7000 Mann zu Fuß, 2000 Reitern, 1400 Artilleristen und Troßknechten mit 16 Geschützen. Die Bayern unter Kurfürst Max Emanuel stellten 7500 Mann zu Fuß, 3000 Reiter, 800 Knechte und 26 Geschütze. Es war nach dem Kontingent des polnischen Königs das größte Hilfskorps. Dieser, JOHANN III. SOBIESKI, stellte 10 200 Mann zu Fuß, 14 000 Reiter und 28 Geschütze. Die Reichstruppen des fränkischen und schwäbischen Kreises unter dem Feldmarschall Fürsten VON WALDECK bestanden aus 2500 Reitern, 7000 Mann zu Fuß; sie verfügten über zwölf Geschütze. Die Gesamtstärke der alliierten Truppen wird verschieden eingeschätzt. Die Angaben schwanken zwischen 65 000 und 82 700 Mann mit 150 bis 170 Geschützen.[295]

Der polnische König übte den Oberbefehl über alle Truppen aus. Der Herzog von Lothringen befehligte gemeinsam mit dem Kurfürsten von Sachsen den linken Flügel, der aus Kaiserlichen und Sachsen bestand. Max Emanuel und Fürst WALDECK samt allen Reichsfürsten, Prinzen, Grafen und Generalen rückten in der Mitte des christlichen Heeres heran. Sie befehligten das Zentrum, das aus Bayern und Reichstruppen bestand. Der polnische Großfeldherr JABLONOWSKI kommandierte den rechten Flügel, der aus polnischen und vier kaiserlichen Regimentern zusammengesetzt war.

Auch die Angaben über die Stärke der türkischen Heeresmacht vor Wien schwanken. Einschließlich der Tataren, Mineure, Pioniere, Siebenbürger, Walachen, Moldauer und Ungarn sollen es 168 000 Mann gewesen sein. Abzurechnen davon wären etwa 15 000 Aufständische unter Tököly, 6000 Siebenbürger unter dem Fürsten Apafy und weitere an der Heerstraße nach Ungarn postierte Truppen. 30 000 Mann setzten die Belagerung Wiens fort, so daß etwa 100 000 Mann dem Entsatzheer entgegentraten. Die Befehlshaber beider Seiten sprachen ihren Mannschaften ermutigend zu, und die christlichen Fürsten animierten ihre Untergebenen, »mit gesamter Hand und Macht auf die gottesunwürdigen Bösewichter loszugehen«.[296]

In drei Treffen schritten die Verbündeten zum Angriff. Die Sachsen auf dem linken Flügel waren die ersten, die die Türken zurückdrängten. Die Bayern, die mit den Kaiserlichen die Mitte bildeten, kamen zunächst nur langsam vorwärts, da Hecken und Gräben, Büsche und Weinberge den Abstieg von den Höhen des Kahlenberges behinderten. Mit den Janitscharen kam es zu leichten Kampfhandlungen. Die vorwärtsstürmende Reiterei der Polen wurde auf dem rechten Flügel wiederholt von den Türken zurückgeworfen. Doch gelang es Sobieski, seine Hauptmacht zum Angriff zu ordnen. Vereint mit den Polen warf sich im offenen Gelände die kaiserliche und bayerische Reiterei, diese unter Beauvau und Münster, mit unwiderstehlicher Wucht auf die türkischen Reiter. Als es den Janitscharen nicht gelang, die Angriffe zurückzuschlagen, setzte eine allgemeine Fluchtbewegung im türkischen Heer ein. Die für den Nachschub zuständigen Abteilungen hatten zuerst die Flucht begonnen und sie rissen auch rückwärtige Teile der türkischen Armee, die noch nicht am Kampf teilgenommen hatten, in den Strudel eines überhasteten und kopflosen Rückzugs. Die Bayern unter Max Emanuels Führung erstürmten als erste die türkische Hauptstellung, die mit Geschützen gesichert gewesen war. Die Sieger drangen ins Lager ein und bemächtigten sich einer ungeheuren Beute: 15 000 Zelte, zahlreiche Kanonen, Munition, Bomben, Pulver, Kugeln, Pech, Eisen, Blei, Kupfer, Zinn, Gold, Silber, Teppiche, Kleider und Hausrat, Proviant, Mehl, Brot, Butter, Schmalz, Reis, Kleinvieh, Kamele, Büffel, Ochsen, Schafe, Karren und Wagen.[297] Es war ein Plündern, daß man vergaß, die Fliehenden zu verfolgen, die noch genügend Zeit fanden, ungezählte Gefangene und Sklaven totzuschlagen und über 83 000 Menschen in die Sklaverei mitzuschleppen. Es waren 8000 Männer, 25 000 Frauen und 50 000 Kinder aus Niederösterreich und der Steiermark.[298] Ihr Elend war unbeschreiblich groß, während die christlichen Fürsten ihren glorreichen Sieg feierten.

Der Kommandant von Wien, Graf STARHEMBERG, der die Verteidigung der Stadt trotz aller Schwierigkeiten umsichtig und erfolgreich bewerkstelligt hatte, geleitete den polnischen König, die Kurfürsten von Bayern und Sachsen und den Herzog von Lothringen durch Wien und zeigte ihnen die Verteidigungsanlagen und die Zerstörungen. Die Zustände in der Stadt und im Lager waren entsetzlich. Überall lagen Leichen und Tierkadaver. Ein unerträglicher Gestank verbreitete sich. Man sprach von mehr als 20 000 krepierten oder getöteten Pferden im türkischen Lager. Die Soldaten waren im Rauben und Plündern kaum zu halten. Jeder wollte sich für die Zukunft einen kleinen Vorrat schaffen. Die polnischen, bayerischen und anderen in den Vorstädten einquartierten Hilfstruppen tranken die von dem Feind zurückgelassenen vielen tausend Eimer Wein aus. Was übrig blieb, schleppten sie fort oder ließen die Behälter mutwillig leerlaufen, schlugen den Fässern den Boden ein, schossen hinein und fügten allen, die in den Häusern der Vorstadt Vorräte besessen hatten, großen Schaden zu.

Die Bürger überließen schließlich nicht bloß den Soldaten die Plünderung des türkischen Lagers. Da die Stadttore noch zugemauert waren, kletterten sie über die zerstörten Basteien, überwanden die Laufgräben und Palisaden und eilten dem türkischen Lager zu, um für sich etwas Denkwürdiges und Nützliches mitzunehmen, wonach das Herz verlangte. Und die Wahl fiel schwer.

Der Bischof von Wiener-Neustadt ließ unterdessen die Kinder einsammeln, die im türkischen Lager in großer Zahl herumirrten, deren Eltern umgekommen oder verschleppt worden waren. Zwischen 450 und 500 Kinder konnte er in die Stadt bringen und mit eigenen Mitteln und fremden Spenden versorgen. Den Kaiser bat er um eine geeignete Unterkunft. Dieser hatte nichts besseres anzubieten als das Zuchthaus.[299]

Die Unstimmigkeiten unter den Alliierten setzten unmittelbar nach dem Sieg ein. Jeder beschuldigte den anderen, mehr, als ihm zustand, geraubt zu haben. Die Türken konnten unterdessen ihre Flucht ungestört fortsetzen. Mit der Befreiung Wiens war das eigentliche Ziel, das sich das Entsatzheer gestellt hatte, erreicht. Die Sachsen zogen unter ihrem Kurfürsten, der sich vom Kaiser und den anderen Fürsten nur schriftlich verabschiedete, nach Hause, und auch die Reichstruppen unter GEORG VON WALDECK kehrten zurück.[300] Die Bayern[301] und Polen blieben, letztere trotz der Differenzen zwischen ihrem König und dem Kaiser.

Aus einer großen Bedrohung der Hauptstadt, die die Schwäche des Kaisers aufgedeckt hatte, wurde im Gegenstoß eine Offensive entwickelt, die die österreichisch-ungarische Donaumonarchie begründete und die Geschicke Österreichs bis zum Zusammenbruch des Jahres 1918 mit den Ländern Südosteuropas aufs engste verband.[302]

Verträge

Der Krieg in Ungarn wurde fortgesetzt. Dem Expansionsdrang der österreichischen Monarchie eröffnete sich eine neue Bahn, die erfolgversprechend zu beschreiten war, besonders da ein Teil der Reichsfürsten sich bereitwillig für Habsburg engagierte. Der Adel fand die ihm zukommende Aufgabe. Hoffnung auf Ruhm, Anerkennung und manchmal auch Reichtum waren mit dem Kampf verbunden, zumindest eine Stellung auf Kriegsdauer.

Während der Kaiser im Osten gebunden war, konnte LUDWIG XIV. in Ruhe und mit Vorbedacht neue Territorien gewinnen oder zumindest vorteilhafte strategische Positionen erreichen. Zu seinen Gunsten wirkte es sich aus, daß sich Spanien zu einer Kriegserklärung gegen Frankreich hinreißen ließ, ohne sich vorher bei den Verbündeten abgesichert zu haben. Holland zögerte, in den Krieg einzugreifen. Fürst WALDECK wagte keine eindeutige Entscheidung gegen Paris zu propagieren. Max Emanuel sah in einem Zweifrontenkrieg im Osten und Westen keinen Gewinn. In dieser Zeit widmete er strategischen Überlegungen große Aufmerksamkeit. Jedermann drängte Spanien zur Verhandlungsbereitschaft und bot seine Vermittlung an. Der Kaiser und das Reich sahen sich gezwungen, das Angebot des französischen Königs zum Abschluß eines

Waffenstillstandes von 20 Jahren zu akzeptieren. Dies würde genügend Zeit und Spielraum geben, die Türken im Osten zu schlagen. Im August 1684 wurde dieser Waffenstillstand geschlossen, und LUDWIG XIV. konnte die vor dem 1. August 1681 veranstalteten Reunionen sowie Straßburg, Kehl, Luxemburg, ferner einige Festungen und Ortschaften in den Niederlanden mit dem Placet des Kaisers und des Reiches für sich verbuchen.[303]

Österreich, Polen und Venedig schlossen im gleichen Jahr 1684 die Heilige Allianz. Ihr trat zwei Jahre später auch Rußland bei, jene in den Augen der bayerischen Minister ferne und doch bedeutende Macht, deren Grenzen und Möglichkeiten man sich in München nicht vorstellen konnte. Die Heilige Allianz erreichte, daß die Subsidien auch nach Bayern etwas umfangreicher flossen als bisher, so daß das bayerische Heer auf eine Sollstärke von 18 000 Mann gebracht werden konnte.[304]

Während die Kämpfe im Osten weitertobten, konnte sich der französische König nur schwer vor neuen ruhmreichen Waffentaten größeren Ausmaßes zurückhalten. Frankreich war in den Augen der mitteleuropäischen Öffentlichkeit trotz des Waffenstillstandes eine drohende und bedrohende Macht. Als 1685 die Linie Pfalz-Simmern ausstarb, PHILIPP WILHELM von Pfalz-Neuburg nicht gerade zum Vergnügen Max Emanuels zum Kurfürsten avancierte und LUDWIG XIV. für die zweite Madame, LISELOTTE VON DER PFALZ, die Schwester des verstorbenen Kurfürsten, Erbansprüche erhob, schienen neue kriegerische Auseinandersetzungen bevorzustehen. Die kaiserliche Diplomatie konnte Max Emanuel von der Notwendigkeit überzeugen, sich gemeinsam mit Österreich, Spanien, Schweden und den fränkischen und südwestdeutschen Reichskreisen in der Augsburger Allianz vom 9. Juli 1686 – einem Defensivbündnis für den Eventualfall,[305] den jedermann erwartete, an den man aber nicht glauben wollte – gegen Paris zusammenzuschließen. Den Vorrang aber nahm in den Überlegungen Max Emanuels nicht Frankreich, sondern der Türkenkrieg ein. So kämpfte im Jahr 1684 der Kurfürst vor Ofen. Doch die Belagerung der Festung war vergebens. Max Emanuel konnte die Übergabe nicht erzwingen. Die Feindkräfte blieben überlegen. Die Belagerung wurde abgebrochen.

Die Situation des Soldaten

Die tatsächliche Lage der Soldaten war weit von den schönen Worten der Kriegspropaganda entfernt. Seit 1683 mußte sich Bayern daran gewöhnen: Truppendurchmärsche ohne Ende, Quartierleistungen, Verpflegungsnormen und Spanndienste. Abgaben, Sondersteuern und Kontributionen wurden zur Regel. Werber zogen durch das Land und riefen die jungen Männer zum Kriegsdienst auf. Die Werbekampagnen wuchsen sich zur Dauereinrichtung aus. Denn die Verluste in Ungarn waren groß und mußten ersetzt werden. Im Februar 1684 hatten sich z. B. auf folgenden Werbeplätzen Rekruten zu stellen: In München 26 Mann, in Landsberg 46, in Landshut 43, in Friedberg 46, in Donauwörth 79, in Stadtamhof 79, in Braunau 388, in Straubing 23, in Rain fünf, in Wemding elf, in Dietfurt 21, in Mindelheim sieben, in Memmingen fünf, in Cham 17, in Vilshofen acht, in Burghausen 57, in Ried 22, in Reichenhall neun, in Rosenheim 22 einschließlich jener, die aus Innsbruck als Freiwillige angeworben worden waren, in Ingolstadt 31, in Aichach 20, in Wiesensteig acht, in der Oberpfalz 117 Mann. Aus Nördlingen wurden acht Soldaten geschickt, aus Dinkelsbühl zwei, aus Regensburg 16, aus Tirol 23. Insgesamt kamen 1139 Rekruten zusammen, um die Fehlbestände im bayerischen Heer wenigstens einigermaßen auszugleichen.[306] Bayern hatte in dieser Zeit tatsächlich nur 10 000 bis 13 000 Mann einsatzbereit. Es hielt keinem Vergleich mit anderen Mächten Europas stand, etwa Schweden, das 1684 im Mutterland, in Est- und Livland 102 Kompagnien Kavallerie mit 15 229 Mann und 160 Kompagnien Infanterie mit 25 886 Mann besaß. In Finnland befanden sich weitere 56 Kompagnien mit 9 208 Mann. In Bremen-Verden und Wismar blieben 40 Kompagnien mit 6 864 Mann stationiert, in Livland 3 720 Mann Infanterie. Außerdem exerzierten in Schweden jeden Monat 13 125 Mann aus dem Landvolk. Dazu kam noch die Miliz, so daß insgesamt über 75 000 Mann unter Waffen standen. Ferner blieben rund 12 000 Bootsleute auf den Bauernhöfen in Küstennähe abrufbereit.[307]

Die Einquartierung der bayerischen Soldaten in Ungarn bereitete jedes Jahr die gleichen Schwierigkeiten. In erster Linie fehlte es an Geld und einwandfreien Unterkünften. Die Soldaten lebten auf engstem Raum zusammen. Sanitäre Einrichtungen waren nicht vorhanden. Es mangelte an Lazaretten, Siechenhäusern und Sanitätspersonal. Für ausreichende Verpflegung wurde nicht gesorgt. Es gab selten frische Lebensmittel. Man aß mit Maden und Würmern, mit Schimmel durchsetztes Brot und trank brackiges Wasser. Die Anfälligkeit für Krankheiten blieb deshalb groß. Die Entstehung und Ausbreitung von Seuchen war die unausweichliche Folge dieser ungesunden Verhältnisse. Die bayerischen Soldaten kamen zu hunderten ums Leben. Vereinfacht gesprochen: Ein Sechstel der nach Ungarn gekommenen Soldaten fiel im Kampf, zwei Drittel starben in den Quartieren und nur ein Sechstel kehrte wieder nach Bayern zurück. Die Münchener Regierung belastete jedes Jahr die kaiserlichen Behörden mit dem Schuldkonto an diesen verheerenden Zuständen. Doch auch für die österreichischen und Hilfstruppen waren kaum bessere Unterbringungsmöglichkeiten vorhanden. Trotzdem fühlten sich die Bayern benachteiligt. Sie wurden immer wieder von einem Quartier ins andere verlegt.

Nur ein Beispiel: Im Dezember 1684 waren bayerische Soldaten in Raab und um Reflach stationiert. Die Strapazen des vorangegangenen Feldzuges hatten ihre Kräfte verzehrt. Es war unmöglich, sie zum Abmarsch zu zwingen und ihnen andere Unterkünfte zuzuweisen, wie es die österreichischen Militärbehörden wünschten. Der Münchener Kriegsrat befürchtete, daß die erkrankten Soldaten in diesem Fall »alle auf den hauffen crepirn mechten«. Der bayerische Resident in Wien, Baron STOIBERER, setzte sich zwar wortreich dafür ein, daß die zuständigen Behörden den Kranken die notwendige Schonung zuteil werden ließen. In der Praxis vermochte er jedoch nur Bittschrift auf Bittschrift zu häufen, ohne irgendeine durchgreifende Änderung zu erreichen. Auch seine Warnung nützte nichts, daß der bayerische Kurfürst und der Kaiser in Zukunft niemanden mehr zum Kriegsdienst bewegen könnten, wenn es sich herumspräche, daß der arme Soldat in seiner Not so schlecht behandelt werde, nachdem er vor dem Feind das Seinige so tapfer getan habe. Selbst wenn neue Geldüberweisungen aus Wien oder München bei den bayerischen Truppen eintrafen, konnte dem eigentlichen Mangel nicht abgeholfen werden, da es an Lebensmitteln und Brennholz fehlte.[308]

Die Donau war und blieb der wichtigste Versorgungsweg zwischen den Heimatländern und den in Ungarn befindlichen Armeen.[309] Nicht jeder konnte sich des Schiffstransportes bedienen. Der gemeine Soldat durfte in Bayern und Österreich seine Zelte weder auf Schiffe noch auf Fuhrwerke verladen. Diese waren allein den Munitionstransporten vorbehalten. Das persönliche Gepäck hatte der Soldat selbst zu tragen und seine Ausrüstung instand zu halten.

Starb ein adeliger Offizier im Feld oder im Lager, so erstellten kurbayerische Beamte unter Hinzuziehung adeliger Standesgenossen des Verstorbenen das Inventar der Verlassenschaft.[310] Aus der vorhandenen Erbschaftsmasse wurden die Gläubiger ausbezahlt. Denn Schulden zu haben, war nicht ehrenrührig, sondern allgemein üblich aufgrund der finanziellen und wirtschaftlichen Situation nicht nur des Adels. Der Rest der Habe wurde unter den Nachkommen und Verwandten aufgeteilt, jedoch erst, nachdem die Kosten für die Bemühungen all jener, die an der Erstellung des Inventars beteiligt waren, hinreichend gedeckt waren.

Eine große Anzahl von Handwerkern und Knechten diente beim bayerischen Heer, um die anfallenden Arbeiten zu verrichten und die Versorgung von Mensch und Tier zu gewährleisten. Fehlten aktive Soldaten, dann wurden diese Knechte rasch aus ihren Diensten entlassen, um jedoch sofort »under die recroutn gestossen« zu werden.[311] Nur Beziehungen zu hochgestellten Persönlichkeiten konnten den Gefährdeten vor einer Rekrutierung retten.

Dies war die Situation der Offiziere und Soldaten während aller Ungarnfeldzüge. Die Hoffnung auf Beute und Reichtum trieb sie, die Sehnsucht nach Ruhm, die Befriedigung eines großen Ehrgeizes, in einer langen Traditionsreihe zu stehen im Kampf gegen die Ungläubigen, sich einen Namen zu machen und die bisherigen Demütigungen am Feind und den Unterworfenen abreagieren zu können. So entfielen alle moralischen und ethischen Hemmungen, und die Türkenkriege wurden zu den »entsetzlichsten mörderischen Ausschweifungen« dieses Jahrhunderts. Im ganzen Dreißigjährigen Krieg hatte es keine Verwüstungen von jener Planmäßigkeit gegeben, wie es das französische Vorgehen gegen die Pfalz zeigte. Doch die Türkenkriege übertrafen die Ausschreitungen, die die schaudernde Menschheit im Dreißigjährigen und im Pfälzer Erbfolgekrieg erleiden mußte. Verschleppung der Einwohner und Massenhinrichtung von Gefangenen – diese türkischen Bräuche übernahmen die christlichen Eroberer ebenso wie den Genuß türkischen Kaffees. In manchen eroberten Städten wurde die gesamte Bevölkerung ermordet, einige hübsche Frauen und Mädchen ausgenommen, deren Schicksal anders, aber kaum glücklicher war.[312] Der Einsatz der Soldaten im Kampf war total. Selbst Vernichtung und Tod versprachen ewiges Leben. Die Emotionen waren aufs äußerste entfacht. Sie ließen die erbärmliche Lage vergessen, in der sich die Mehrheit der Soldaten befand und die von Versorgungsschwierigkeiten, Krankheiten, Not und Lebensunsicherheit gekennzeichnet war.

Fürstenhochzeit

Die Münchener Räte vertraten bereits seit dem Jahr 1679 die Meinung, der bayerische Kurfürst habe aus dynastischen Gründen, zur Erhaltung des Hauses eine standesgemäße Ehe einzugehen. Überdies war es nach ihrer Ansicht höchst notwendig, den jungen Fürsten zu verheiraten, um sein Liebesleben endlich in geordnete Bahnen zu weisen. Nicht nur Puritanern, inländischen und ausländischen, tat es in der Seele weh, wie eine Favoritin auf die andere folgte. Ludwig XIV. hatte anläßlich der Heiratsverhandlungen zwischen dem Dauphin und Maria Anna Christina ein Ehebündnis Max Emanuels mit einer französischen Prinzessin vorgeschlagen. Aber der Administrator Max Philipp und der junge Kurfürst hatten dieses Anerbieten abgelehnt, die österreichischen Diplomaten einem solchen Plan energisch und erfolgreich entgegengearbeitet. Bekannt war Max Emanuels zorniger Ausspruch, eher möge ihn der Teufel holen als daß er eine Französin heirate.[313]

Die bayerischen Geheimräte überlegten, welche Partie für den Kurfürsten in Frage käme. Wiederholt tauchte seit 1679 der Gedanke auf, das neu geknüpfte Band mit Habsburg durch eine Ehe zu festigen. Doch dagegen erhoben sich zumindest anfänglich erhebliche Bedenken. Eine solche Verbindung könnte die Interessen Bayerns und Habsburgs allzu sehr einander nähern. Bayern würde in eine exponierte Position gegenüber Frankreich getrieben, möglicherweise in kriegerische Auseinandersetzungen verwickelt. Aus staatspolitischen Gründen schien Vorsicht geboten, wenngleich die dynastischen Vorteile einer Vermählung mit Maria Antonie, der Tochter des Kaisers aus seiner ersten Ehe mit der spanischen Infantin Margarita Theresia, die keinen Erbverzicht geleistet hatte, nicht zu übersehen waren.[314]

Wien seinerseits hielt sich in dieser Frage zurück. Auch hier waren die Meinungen geteilt: Einerseits würde eine Heirat den bayerischen Kurfürsten an Kaiser und Reich binden, andererseits wären die Ansprüche Bayerns auf österreichische Territorien und die Kaiserkrone bekannt. Sie könnten durch eine Heirat neuen Auftrieb erhalten. Leopold wollte sich das spanische Erbe reservieren und sich keinen neuen Rivalen schaffen.

In München wie in Wien wurde ein mögliches Ehebündnis zwar immer wieder diskutiert,[315] aber ernsthafte Anstrengungen zur Lösung dieses Problems unternahm man nicht. Im Gegenteil: Die bayerischen Räte hielten unabhängig von den Spekulationen um die Kaisertochter nach einer geeigneten Braut für den Kurfürsten Ausschau. Seine Schwäche für schöne Frauen war bekannt.[316] Er brauchte in erster Linie eine Gemahlin, die seinen Ansprüchen von Schönheit, Anmut und gegenseitiger Neigung genügte. Der bayerische Gesandte am Regensburger Reichstag, DELLMUCK, der gute Verbindungen mit allen Parteien pflegte und intime Kenntnis von den deutschen und auswärtigen Höfen besaß, stellte eine Liste zusammen, in der er alle heiratsfähigen Prinzessinnen aufführte. Mehrere Namen versah er mit dem Zusatz »Ist sehr schön«. Die Münchener Räte nahmen Einsicht in dieses Verzeichnis[317] und kamen in gemeinsamen Beratungen mit dem Kurfürsten zu dem Ergebnis, daß die Tochter des Herzogs von Sachsen-Eisenach namens ELEONORA ERDMUTE die lieblichste, schönste und geeignetste Kandidatin wäre.

Üblicherweise übernahmen Gesandte die Brautschau und die ersten Verhandlungen mit dem auserwählten Hof. Doch Max Emanuel wollte sich selbst vergewissern. Inkognito reiste er mit einer kleinen Begleitung nach Eisenach,[318] ließ sich in die Hofgesellschaft einführen und konnte selbst unerkannt bei einem der Hoffeste die Prinzessin in Augenschein nehmen. Sie entsprach den Beschreibungen. Max Emanuel war begeistert und ließ unmittelbar nach seiner Rückkehr nach München offizielle Heiratsverhandlungen einleiten.[319] Nur eine Schwierigkeit ergab sich, und diese war ausschlaggebend: die Religionsfrage. Die liebliche Prinzessin war protestantisch. Der bayerische Kurfürst, stets Vorkämpfer des Katholizismus, würde eine »akatholische« Prinzessin heiraten. Unvorstellbar! Welche Wirkung auf das Volk! Es gab nur eine Lösung. Wie zahlreiche andere Hochadelige dieser Zeit[320] hatte auch sie zu konvertieren.

Als Sondergesandter verhandelte FRIEDRICH Graf VON PREYSING über Ehevertrag und Konversion. In München wetteiferten unterdessen Jesuiten- und Theatinerpater miteinander, auf welchem Wege die erstrebte Konversion am besten zu vollziehen wäre. In aller Heimlichkeit begab sich ein Jesuitenpater an den Eisenacher

Hof, um die Neigung der Prinzessin zu erkunden und ihre eventuelle Bereitschaft tatkräftig zu unterstützen. Herzog HANS GEORG von Eisenach aber lehnte nicht nur die Konversion seiner Tochter ab, sondern wollte in den Ehevertrag einen Artikel aufnehmen, der eine Konversion auch für alle Zukunft ausschloß. Er setzte folgende Bedingungen für den Ehevertrag fest: Weder der Kurfürst noch andere Personen dürfen die künftige Kurfürstin zum Glaubenswechsel überreden. Es dürfe ihr weder offen noch im Verborgenen Gewissenskummer bereitet werden. Ihr Hofstaat müsse aus Angehörigen der Augsburger Konfession bestehen. In der Münchener Residenz sei ein geeigneter Raum zur Feier des Gottesdienstes bereitzustellen. Ein eigener Hofprediger habe die Kurfürstin zu betreuen. Ihm dürfe weder an Leib und Leben noch Hab, Gut und Ehre ein Leid entstehen. Sein Nachfolger solle nur mit Zustimmung der Eisenacher Verwandten ernannt werden. Der Kurfürstin müsse es freistehen, außerhalb Bayerns jederzeit einen evangelischen Gottesdienst zu besuchen. Ihr Gefolge müsse aus zwei Hofdamen, zwei Mägden, einem Sekretär und einem Kammerdiener bestehen, die dem protestantischen Bekenntnis angehören.[321]

Diese Bedingungen erschienen dem Münchener Hof unannehmbar. War unter diesen Umständen noch zu einer Heirat zu raten? Die befragten Patres waren sich uneinig. Die einen meinten, es sei nur eine läßliche Sünde, wenn ein so exponierter katholischer Fürst wie Max Emanuel eine protestantische Prinzessin heirate, ohne ihrer Konversion sicher zu sein. Die anderen meinten, der Fürst lade sich eine schwere, eine Todsünde auf. Daher sei von dieser Eheverbindung strikt abzuraten. Die Geistlichen warnten eindringlich. Wenn allein die schöne Gestalt der Prinzessin einen solchen Eindruck auf den jungen Fürsten ausübe, wie groß und ungeheuer werde ihre Macht über ihn sein, sobald sie am Münchener Hof residiere! Daraus sei nichts Gutes zu erhoffen.

Die bayerischen Räte und der Kurfürst wollten die Bedingungen von Sachsen-Eisenach nicht akzeptieren. Die Verhandlungen versandeten, noch ehe eine Abmahnung des Papstes in München eingetroffen war. Max Emanuel tröstete sich anderweitig.[322]

Der Beginn der Türkenkriege brachte die enge Allianz mit Österreich. In Wien war der Kurfürst bald ein gern gesehener Gast. Sein

Ehrgeiz war geweckt, sein Ruhm wuchs, er wurde anerkannt, er war stets im Gespräch. Das tat ihm in seiner Seele wohl. Doch das Zweckbündnis stand auf schwankendem Boden. Die ersten Differenzen über die Art der Kriegführung, über die mangelnden Subsidien Habsburgs entstanden und trübten das Einvernehmen. Noch war Wien an einer Aufrechterhaltung der Allianz interessiert. Konnte sie durch eine Heirat mit der Kaisertochter auf die Dauer gefestigt werden? Die Münchener Räte bestürmten ihren Fürsten ohnedies, sich zu vermählen, eingedenk der Tatsache, daß das Kurhaus Bayern derzeit nur »auf zwei Augen« bestand, nämlich auf Max Emanuel. Denn sein Onkel MAX PHILIPP besaß keine Kinder, und sein jüngerer Bruder JOSEPH CLEMENS war bereits für die geistliche Laufbahn bestimmt; er kam also als Kronprinz nicht in Frage. Würde dem Kurfürsten in den Türkenkriegen etwas zustoßen, was dann? Eine Ehe war das beste für ihn. Sie würde ihn vor gefährlichen Abenteuern zurückhalten[323] und den Bestand der Dynastie sichern.

Im Herbst 1684 fiel die Entscheidung: Max Emanuel sollte mit der Erzherzogin MARIA ANTONIE die Ehe eingehen.[324] Das dynastische Interesse siegte, nicht die Neigung. Denn Max Emanuel hatte die Auserwählte am Wiener Hof oft genug gesehen. Sie erschien ihm nicht gerade besonders sympathisch. Daß sie häßlich gewesen sei, ist ein erst später entstandener Vorwurf der bayerischen Propaganda. Die mit dieser Ehe verbundenen Vorteile gaben den Ausschlag: einmal das österreichische Erbe durch entsprechende Vertragsartikel wiederum zu sichern und zweitens die Anwartschaft auf das spanische Erbe vorzubereiten.

Der spanische König KARL II. war kinderlos. Es bestand keine Aussicht, daß er jemals leibliche Erben hinterlassen würde. Die nächsten Erbberechtigten waren die zwei Töchter des verstorbenen Königs PHILIPP IV.: MARIA THERESIA hatte König LUDWIG XIV. von Frankreich geheiratet und im Ehevertrag auf ihr Erbe verzichten müssen. Allerdings waren nicht alle Bestimmungen dieses Paktes von Spanien erfüllt worden, und die Cortez hatten ihn nicht ratifiziert. Die zweite Prinzessin, MARGARITA THERESIA, hatte sich mit Kaiser LEOPOLD vermählt. In diesem Heiratsvertrag war kein Erbverzicht ausgesprochen. Deshalb war nach ihrem Tod ihre einzige Tochter MARIA ANTONIE erbberechtigt. Würden einer ehelichen

Verbindung mit dieser Prinzessin Kinder entspringen, dann galten sie als die nächsten Anwärter auf das große spanische Erbe, wenigstens auf einen Teil und zumindest juristisch. Diese Aussicht war verlockend und entsprach dem Wittelsbacher Interesse, das eigene Haus zu vergrößern, es auf eine höhere Rangstufe innerhalb Europas zu führen. – Max Emanuel war stets sehr berechnend.

Die Münchener Räte wurden im November 1684 schriftlich um ihre Meinung gefragt, während sich Max Emanuel in Wien aufhielt. Sie stimmten grundsätzlich einer Heirat ihres Fürsten zu. Nachdem er im Türkenkrieg Heldenmut und Generosität bewiesen habe, sei es verständlich, wenn er nun vom »Mars zum Hymenaeos« werden wolle. Eine Ehe diene nicht nur den Interessen des lieben Vaterlandes, sondern auch des Römischen Reiches, der gesamten Christenheit und der katholischen Religion im besonderen.[325] Dies war eine stereotype Formel, einer Angelegenheit Bedeutung beizumessen. Doch erhoben sich große Bedenken, was die Ansprüche des Kurfürsten betraf. Sicher, einem Aufstieg Bayerns waren die Räte nicht abgeneigt. Hatten sie doch selbst immer wieder dieses Ziel betont. Aber zu welchem Preis?

Beim spanischen Erbfall war die juristische Position für mögliche bayerische Ansprüche sehr zweifelhaft. Besaß die Erzherzogin MARIA ANTONIE wirklich alle Rechte? War sie alleinige Erbin des spanischen Königs unter Ausschluß ihrer französischen und österreichischen Verwandten? Es war schließlich allgemein bekannt, auch in München, daß sich der Kaiser und seine Verwandten niemals freiwillig vom spanischen Erbe ausschlössen. Lieber würde LEOPOLD die Erzherzogin unverheiratet lassen. Der Kaiser würde einen Erbverzicht fordern. In diesem Fall allerdings, so die nicht unbescheidene Ansicht der Räte, müsse der Kurfürst ein Aequivalent verlangen. Vielleicht aus den österreichischen Erblanden? Nein. Davon würde der Kaiser niemals auch nur ein kleines Stück »ausschneiden«. Also doch aus dem spanischen Erbe! Sicher. Und was käme für Bayern in Frage?

Man ging die Nebenländer der spanischen Monarchie der Reihe nach durch, um sich das beste auszusuchen: die spanischen Niederlande, das Königreich Neapel und Sizilien, das Herzogtum Mailand. Eifrig wurde disputiert, welches Land dem Kurfürsten anzuraten wäre. Vielleicht die Erwerbung der Niederlande? Dies schien äußerst fraglich. Der französische König würde sie für sich beanspruchen. Der Devolutionskrieg hatte es zur Genüge bewiesen. Frankreich besaß derzeit Luxemburg und bedeutende Festungen an der flandrischen Grenze. LUDWIG XIV. war jederzeit in der Lage, die Niederlande anzugreifen. Und wo lag Bayern? Woher käme Hilfe? Mußte nicht Spanien beständig Gelder nach den Niederlanden übersenden, um die Verteidigungsbereitschaft dieses Landes wenigstens notdürftig aufrechtzuerhalten? Was könnte Bayern aufweisen, um die Niederlande gegebenenfalls zu schützen? Nichts. Vom Reich wäre keine Hilfe zu erwarten. Jedermann, besonders »die widrige religions verwandte« würden das Wachstum des Hauses Bayern mißbilligen. Von ihnen war keine Assistenz zu erhoffen.

Das Königreich beider Sizilien wäre eine andere Möglichkeit, Bayern zu vergrößern. Doch es lag weit entfernt. Keine Land-, keine Seeverbindung war möglich. Bayern besaß keine Flotte. Wie sollte man dorthin gelangen, wenn die Gegner die Landverbindung sperrten? Überdies würde der französische König auch Neapel und Sizilien für sich beanspruchen. Dann wäre wie im Fall der Niederlande eine kriegerische Auseinandersetzung mit dem mächtigen Frankreich zu erwarten. LUDWIG XIV. konnte überdies durch Drohungen oder durch Waffengewalt den Papst für seine Zwecke gewinnen. Des päpstlichen Wohlwollens war Bayern nicht für alle Zeiten gewiß.

Als Ausweg blieb nur das Herzogtum Mailand, ein Reichslehen, nicht allzu weit entfernt, aber ohne Verbindung mit Bayern. Im Augenblick würde zwar Österreich eine Passage dorthin ermöglichen. Aber wie die Geschichtsschreiber in ungezählten Fällen bewiesen, war die Freundschaft des Hauses Habsburg nicht für alle Schicksalsfälle gesichert. Frankreich dagegen besaß den Zugang nach Pignerolo und Casale, nach Savoyen und Mantua. Frankreich, immer wieder Frankreich als Bedrohung!

Als Ergebnis ihrer Überlegungen[326] hielten die Münchener Räte fest: Am besten wäre es für Bayern, wenn sich der Kurfürst aller Ansprüche enthielte! Ein Sieg der Vernunft über »Couronnes quoyque chimériques«,[327] wie der französische Gesandte DE LA HAYE diese Hoffnungen Max Emanuels umschrieb? Die Angst vor Frankreich saß tief. Sie wirkte lähmend. Doch zugleich wußten die Räte, daß der Kurfürst nicht auf sie hörte. Er würde diese Gelegenheit ergreifen, eine einmalige Gelegenheit. Etwas verzagt schrieben die Räte ihrem Meister, sie wollten sein löbliches Vorgehen keineswegs hindern, sondern nur ihre sorgfältigen Gedanken hinsichtlich der eventuell eintretenden Schwierigkeiten offenlegen. Denn auf dieser Welt verändere sich alles so seltsam, daß sie nicht die Schuld auf sich laden wollten, bei einem so bedeutenden Anlaß die geziemende Sorgfaltspflicht außer acht gelassen zu haben. Weder dürfe man die Vergangenheit noch die Zukunft vergessen. Die verschiedensten Umstände im In- und Ausland seien zu berücksichtigen. Nicht nur das Recht, nicht nur Ansprüche, sondern auch Fakten könnten sich verändern. Die Münchener Minister waren zu dieser Zeit – noch – überzeugt, daß Bayern das spanische Erbe weder in seiner Gesamtheit noch einige von der Erbmasse getrennte Teile auf die Dauer werde behaupten können. Würden also keine Länder zu erhalten sein, so müsse sich der Kurfürst vom Kaiser eine ergiebige Geldentschädigung ausbedingen und entsprechende Klauseln in den Ehevertrag aufnehmen.[328]

Max Emanuel blieb nicht unbeeindruckt von diesen Argumenten. Doch das Wagnis einzugehen, war er bereit. Zu phantastisch, zu verlockend waren die Aussichten und die Hoffnungen. Monatelang beriet der Kurfürst mit seinen Ministern das Für und Wider dieser Heirat. Im März 1685 schickte er schließlich eine Delegation unter Führung des Geheimen Vizekanzlers VON LEYDEL und des Geheimen Rats VON BERCHEM an den Kaiserhof, um die endgültigen Heiratsverhandlungen zu führen. Es kann nicht überraschen, daß die Gesandten aufgrund ihrer persönlichen Überzeugung nicht in der Lage waren, den österreichischen Verhandlungspartnern entscheidend Paroli zu bieten. Sie mußten im Auftrag des Kurfürsten Forderungen in den Verhandlungen vorbringen, von deren Unerfüllbarkeit sie von vorneherein überzeugt waren. Ihre Nachgiebigkeit gegenüber den Wiener Gesprächspartnern war eindeutig. Das Ergebnis beweist dies hinreichend.

Zu Wasserburg hatte die bayerische Delegation bereitgestellte Schiffe bestiegen und war mit Sack und Pack, mit Dienern und Lakaien, Sekretären und Köchen nach Wien gefahren.[329] Dort angekommen, statteten sie der kaiserlichen Familie Höflichkeitsbesuche ab. Der Erzherzogin versicherten sie entgegen der Wahrheit, aber den Gepflogenheiten entsprechend, »die herzliche affection, Lieb und Zuneigung« des Kurfürsten. Sie hoben ihre »hohen Qualitäten und Tugenden« hervor. Unmittelbar danach begannen die Verhandlungen. Bayerischerseits zog man die früheren Heiratsabmachungen zwischen Wittelsbach und Habsburg hervor und wollte sie zum Vorbild für den neuen Ehevertrag machen. Die Erbschaftsansprüche Bayerns sollten darin eingeflochten werden. Im Laufe der Diskussion gelang es den österreichischen Ministern, die bayerischen Abgeordneten weitgehend von ihren Ansprüchen auf das österreichische Erbe abzubringen. Die Kaiserlichen schmeichelten den bayerischen Verordneten zunächst damit, daß dem Kurfürsten durch diese Heirat möglicherweise das spanische Erbe zufallen würde. Über etwas anderes zu sprechen, sei unmöglich. Da auch Max Emanuel derzeit wenig Chancen hinsichtlich des österreichischen Erbes sah, ging er von diesen Ansprüchen weitgehend, wenn auch nicht vollständig ab.[330]

Nachdem diese Forderungen reduziert waren, begannen die Verhandlungen über das mögliche spanische Erbe. Die Wiener Gesprächspartner verfolgten dabei das Ziel, dieses Erbe zumindest juristisch ganz klar abzugrenzen und es nicht für Bayern, sondern für Österreich zu sichern. Mit großem Geschick gelang es ihnen, die bayerischen Abgeordneten zu bewegen, dem Kurfürsten den Verzicht auf dieses Erbe nahezulegen. Diese waren, wie erwähnt, ihrerseits allzu gerne bereit nachzugeben. Sie wollten mit dieser gefährlichen Angelegenheit so wenig wie möglich zu tun haben. So kam es, daß die Erzherzogin und ihr künftiger Gemahl in dem Ehevertrag von 1685 von jeglichem Erbrecht auf das spanische Königreich und alle dazu gehörigen Territorien, Fürstentümer, Grafschaften, Provinzen, Güter, Rechte und Gerechtigkeiten, welche Namen sie immer haben mochten, Abstand nahmen, die spanischen Niederlande ausgenommen. Sie verzichteten auf alles, was Spanien gegenwärtig besaß oder künftig besitzen würde.[331] Jene Historiker, die nur den Ehevertrag, aber nicht die vorangegangenen Verhandlungen und Überlegungen kannten, vermochten sich diesen Verzicht nicht zu erklären und rätselten über den Sinn dieser Bestimmungen. Da Bayern nichts von diesem Erbe hörte, fiel den bayerischen Verordneten der Verzicht auch nicht besonders schwer. Sogar in spanischer Sprache stellten sie eine Verzichtserklärung aus.[332] Aber den Madrider Hof um seine Einwilligung zu bitten, unterließen sie wohlweislich. Spanien erkannte den vereinbarten Verzicht nicht an.

Nachdem der Heiratsvertrag geschlossen und die gegenseitigen Geschenke abgesprochen worden waren,[333] erhielten die auswärtigen Höfe Nachricht von der Vermählung des Paares. Ein bayerischer Abgeordneter reiste nach Paris, um LUDWIG XIV. davon Nachricht zu geben. Der Berichterstatter wurde nicht gerade mit stürmischer Freude empfangen. Hatte doch Max Emanuel sein einst COLBERT DE CROISSY gegebenes Versprechen nicht eingehalten, keine dem französischen König »nicht genehme Ehe« einzugehen. Max Emanuels Schwester MARIA ANNA CHRISTINA hatte nun den Mißmut des Königs auszukosten. Paris sah in dieser Vermählung einerseits eine neue starke Bindung Bayerns an Österreich, andererseits aber bereits die Grundlage für neue Differenzen zwischen München und Wien.[334] Würde der Kurfürst wirklich auf das spanische Erbe verzichten? Interessen der Ehe und der Politik waren zwei verschiedene Angelegenheiten.

Im Juni 1685 fanden die Vermählungsfeierlichkeiten in Wien mit großem Pomp statt. Alles, was Rang und Namen hatte, voran fast der gesamte bayerische Hofstaat, 849 Personen mit 1084 Pferden, reiste nach Wien.[335] Die Hofdichter arbeiteten Tag und Nacht; sie verfaßten Hymnen über Hymnen und beschworen das Glück des jungen Paares.

Nach der Vermählung begab sich der jetzt 23jährige Kurfürst nach Ungarn, um weiter gegen die Türken zu kämpfen. Die 16jährige Kurfürstin blieb vorläufig in Wien, von einem kleinen Hofstaat umgeben.[336] Bald schon wurde bestätigt, was jedermann vorausgesagt hatte: Die beiden Ehepartner verstanden sich nicht. Der Kurfürst setzte seinen bisherigen leichtsinnigen Lebenswandel fort.

Im September übersiedelte die Kurfürstin nach Bayern,[337] im Oktober zog das Paar unter großen Feierlichkeiten in München ein. Ein Freudenfeuer wurde vor dem Neuhauser Tor abgebrannt, ein Tempel zum Empfang errichtet. In ihm waren zwei von einem Ring zusammengehaltene Herzen dargestellt, die ein fliegender Cupido entzündete. Sie symbolisierten Justitia und Clementia, Gerechtigkeit und Milde des Herrscherpaares. Weitere 26 Herzen versinnbildlichten das Land Bayern mit seinen vier Rentämtern. Die Oberpfalz vergaß man großzügig. Das Rentamt München repräsentierte den Frühling, Landshut den Sommer, Straubing den Herbst und Burghausen den Winter. Begleitet wurde das Feuerwerk vom Schall der Trompeten und Pauken. Zwölf Kanonen schossen Salut.[338]

Der Tagesablauf der Fürstin war ziemlich streng geregelt. Der Obersthofmeister hatte die Aufsicht über ihren Hofstaat. Er bediente die Kurfürstin, begleitete sie zur Messe, zur Tafel, zu Empfängen. Untertags hielt er sich in einem eigens für ihn eingerichteten Zimmer auf, um jederzeit die Befehle der Kurfürstin entgegennehmen zu können. Während der Obersthofmeister die männlichen Bedienten überwachte, hatte die Obersthofmeisterin das weibliche Personal unter sich. Beide arbeiteten eng zusammen. Bei groben Verstößen konnte jeder unmittelbar eingreifen, ansonsten waren gegenseitige Konsultationen erforderlich. Wer immer bei der Kurfürstin vorsprechen wollte – sein Weg führte über den Obersthofmeister und die Obersthofmeisterin. Selbst die Religiosen mußten sich bei ihnen anmelden. Begab sich der Kurfürst zu seiner Gemahlin, was selten genug vorkam, und hielt mit ihr Tafel, dann hatten nur hohe Offiziere, die diensthabenden Kämmerer und die notwendige Dienerschaft Zutritt zum Salon. Alle übrigen Personen mußte der Obersthofmeister abweisen. Auch die Edelknaben durften das Zimmer nicht betreten. Sie waren angewiesen, beim Auftragen der Mahlzeiten vor der Türe zu warten und die Speisen den Kammerfrauen weiterzureichen. Da sich die Dienerschaft oft langweilte, während sie auf neue Befehle wartete, griff sie gerne zum Kartenspiel oder las »verbotene« Büchlein und Traktätchen. Der Hofmeister bemühte sich vergeblich, diesen »Unfug« abzustellen. Entsetzlich, wenn die Kurfürstin ein solches Traktätlein zu Gesicht bekäme, es würde sie »höchlich erschröckhen«. Um ihr seelisches Gleichgewicht nicht zu gefährden, mußte man entsprechende Vorsorge treffen. Sie sollte nur zur Kenntnis nehmen, was ihr der Kurfürst zu wissen erlaubte. Doch am Hof sprach sich alles herum, und so erfuhr die Kurfürstin mehr, als ihrem Gemahl lieb war. Den dauernden Umgang mit der Kurfürstin nützten Offiziere und Diener gerne zu ihrem Vorteil, baten um Fürsprache, um Unterstützung; sie überreichten Denkschriften und Bittgesuche, Empfehlungen und Geschenke, obgleich dies untersagt war.[339]

Durch ihre Stellung erhielten der Obersthofmeister und die Obersthofmeisterin einen bedeutenden Einfluß. Sie beherrschten praktisch die Kurfürstin, sie entschieden zum großen Teil, was sie zu tun und zu lassen hatte. Ihr Rat war nur selten zu umgehen. Sie sorgten für die Garderobe der Fürstin, ihren Schmuck, sie arrangierten die Empfänge und Zeremonien, beaufsichtigten das Dienstpersonal und verwalteten die Privatschatulle der Fürstin. Formell war es ihre Pflicht, keine Schulden zuzulassen, doch in der Praxis wurden häufig Kredite aufgenommen und die Schulden erst nach Monaten und Jahren bezahlt.[340]

Es war eine typische Ehe aus dynastischen Erwägungen. Max Emanuel liebte seine Gemahlin nicht. Er bemühte sich nicht um sie. Sie erlitt eine Fehlgeburt, und ein Kind starb bald nach der Geburt.[341] Dadurch kamen Max Emanuels Hoffnungen ins Wanken, einst für seine Nachkommen das spanische Erbe beanspruchen zu können. Den unterschriebenen Erbverzicht einzuhalten, war er niemals bereit. Seine Verbindungen mit immer neuen Mätressen waren das Tagesgespräch in München und Wien. Sogar für die Zeitgenossen, die einiges gewohnt waren, erschien sein Treiben zuviel des Guten. Der Kaiser, der Papst, der Nuntius in Wien, der Internuntius in Brüssel[342], manche Patres ließen es nicht an vorsichtigen Ermahnungen fehlen. Eine Favoritin zu haben, war nach PIETRO GERBORE zur Institution geworden,[343] gewiß. Doch Max Emanuel liebte die Abwechslung zu sehr. Noch bevor die letzte Herzensfreundin abgedankt war, war die nächste schon erobert.

Während sich der Kurfürst jegliche Freiheit in seinem Tun und Lassen zugestand, lebte seine Gemahlin in einem goldenen Käfig. Sie fühlte sich durch das Verhalten ihres Gatten mit Recht zurückgesetzt und verletzt. Als Max Emanuel im Jahre 1692 nach Brüssel übersiedelte, ließ er seine Gemahlin in München zurück. Sie wollte nicht allein in Bayern verbleiben und reiste zu ihrem Vater an den Kaiserhof. Hier kam am 28. Oktober 1692 ihn Sohn JOSEPH FERDINAND zur Welt.[344] Sie erholte sich nach der Geburt nicht mehr, trotz aller Bemühungen der Ärzte. Am 12. Dezember 1692 unterzeichnete sie ihren letzten Willen.[345] Sie verlangte, bei ihrer Mutter, der verstorbenen Kaiserin MARGARITA, in der Kapuzinergruft beigesetzt zu werden und wiederholte ihren Verzicht auf die spanische Monarchie, den sie schon bei ihrer Heirat ausgesprochen hatte. Sie tat dies für sich und ihren Erben.[346] Ihren Privatbesitz vermachte sie dem kleinen Kurprinzen. Sollte dieser ohne Nachkommen sterben, so war nicht ihr Gemahl, der Kurfürst, sondern der Kaiser und dessen Verwandte als Erben vorgesehen. MARIA ANTONIE wußte zu gut, daß Max Emanuel alles verschleudern oder verpfänden würde, um Bargeld in die Hand zu bekommen. Denn die bayerischen Finanzen reichten seit langer Zeit nicht mehr aus, den Ansprüchen des Kurfürsten zu genügen. Die Jagd nach Ruhm, nach Macht, nach Anerkennung in Europa, die Leidenschaft im Spiel, zahllose Amouren, großer Aufwand und überschwengliche Pracht bei Festen und Zeremonien, unverantwortliche Ausgaben kennzeichneten diesen Lebensabschnitt des Fürsten. Selbst Politiker, die ihm wohlwollend gegenüberstanden, fragten sich, wie der Bayer dies alles schaffen und wie lange er diese Lebensweise durchhalten könne. Man hielt ihn vom Glück begünstigt, man erlag seiner persönlichen Überzeugungskraft. Geld, flüssiges Geld vor allem, war die Voraussetzung für alle Unternehmungen. Aber an Geld fehlte es. Darum hatte Max Emanuel schon zu wiederholten Malen Schmuck und Perlen, Diamanten und Rubine von großem Wert in Holland versetzen lassen.[347] Dem Wiener Hof schien es notwendig, hinsichtlich des Besitzes der Kurfürstin vorzubauen. Ihrem Gemahl vermachte deshalb MARIA ANTONIE nur bestimmte Wertgegenstände »zum Gedächtnis« und unter der Bedingung, sie müßten allezeit beim Haus Wittelsbach verbleiben und dürften niemals veräußert werden. Ohne diese Klausel, das wußten die österreichischen Minister zu gut, war alles verloren. Ihren Bediensteten hinterließ die Kurfürstin kleine Geschenke, Leinwand, getragene Kleider, etwas Geld und Silber. Als Testamentsvollstrecker wurde nicht Max Emanuel, sondern der Kaiser eingesetzt.

Wenige Tage nach Abfassung dieses Testaments, am frühen Abend des 24. Dezember 1692, starb die Kurfürstin, erst 23jährig, in Wien.[348] Zwei Tage darauf fanden abends um sechs Uhr die Beisetzungsfeierlichkeiten in Anwesenheit der kaiserlichen Familie, des Klerus der Stadt Wien, der kaiserlichen Minister und des Hofstaates statt. Soldaten begleiteten den Trauerzug von der Hofburg zur Kapuzinerkirche mit klingendem Spiel. Einige arme Leute gingen dem Sarg nach. Dafür erhielten sie neue Kleider und etwas zu essen. Zuschauer bestaunten den Zug. Anläßlich der Seelengottesdienste wurden in Wien, später auch in München und Brüssel, Almosen an Bedürftige ausgeteilt.[349]

Der Kurfürst nahm die Nachricht vom Tod seiner Gemahlin ohne sonderliche Betrübnis auf. Nur die offizielle Diktion lautete, er habe »den höchst bedawrlichen todtfahl Unser gliebsten Frawen Gemahlin liebden, deren Seelle der allerhöchste genädig sein wolle, wehemiettigist zuvernehmen gehabt«.³⁵⁰ Max Emanuel war wütend, als er von den Testamentsbestimmungen hörte. Die Kaiserlichen, natürlich die Kaiserlichen hatten seiner Gemahlin diese entehrenden Verfügungen eingeredet! Er hatte wieder einen Grund, über LEOPOLD empört zu sein. Den Grafen VON PREYSING schickte er umgehend nach Wien. Er übernahm die Aufsicht über den Kurprinzen, der noch zu klein war, um auf die Reise nach München oder Brüssel geschickt zu werden. Der Graf VON DER WAHL eilte ebenfalls im Auftrag des Kurfürsten nach Wien, um bei der Testamentsvollstreckung die Interessen Max Emanuels wahrzunehmen. Zahlreiche Inventare über den Nachlaß der Kurfürstin wurden erstellt, über ihren Schmuck, ihre Diamanten und Perlen, Smaragde und Rubine, Ringe und Ketten, über Bilder und Kalender, Geschirr und Kleider, Galanterien und Mäntel, Leinwand und Spitzen. Ihre Schulden wurden zusammengerechnet. Schmuck, Stoffe, Goldschmiedewaren, Pelze und einige hundert Gulden für welsche Komödianten, die während ihrer Krankheit zu ihrer Unterhaltung 17 Komödien aufgeführt hatten, waren noch nicht bezahlt.³⁵¹

Der wiederum ausgesprochene Erbverzicht hinsichtlich Spaniens berührte Max Emanuel am tiefsten. Die Münchener Minister waren zwar immer noch davon überzeugt, daß im Erbfall das Haus Österreich mit aller Gewalt seine Ansprüche verwirklichen und auch die Krone Frankreich nicht versäumen würde, ihre Machtmittel einzusetzen, um Spanien zu gewinnen. Der spanische Bischof von Solsona äußerte sich aber in Wien, allein der Kurprinz sei der wahre Nachfolger auf dem spanischen Thron. Die Tatsache, daß Max Emanuel bei seiner Vermählung einen Erbverzicht unterzeichnet habe, sei »stultitia« gewesen. Auch sein Nachfolger, der spanische Botschafter DUC DE MOLES, sprach sich in Wien gegenüber bayerischen Vertretern dahingehend aus, nur der Kurprinz sei erbberechtigt.³⁵² Max Emanuels Hoffnungen, dem Haus Wittelsbach Weltgeltung verschaffen zu können, stiegen ins Unermeßliche.

Der Schmuck der Kurfürstin wurde teilweise verkauft, um die Schulden in München und Wien bei Handelsleuten, Musikern, Garderobiers, Schneidern, Hoflakaien, Kistlern, Hutmachern und Juwelieren zu tilgen. Fast alle Bediensteten wurden entlassen, die Gehälter der übrigen um zwei Drittel gekürzt. Einige wenige Auserwählte übernahm der Kaiser in seinen Dienst. Der bayerische Resident, Baron VON MÖRMANN, entzweite sich mit dem kaiserlichen Schatzmeister, als es um die Aushändigung der verschiedenen Wertgegenstände ging. Schließlich wurde ein Teil nach München gebracht. Zum Nikolaustag erhielt der Kurprinz aus dem Nachlaß seiner Mutter alljährlich einige kleine Geschenke. Trotz aller Testamentsbestimmungen wurde der ehemalige Besitz der Kurfürstin verteilt, verkauft, Gold und Silber beim Münchener Münzamt eingeschmolzen. Bald war MARIA ANTONIE vergessen.[353]

Subsidien aus Österreich

Ständige Differenzen ergaben sich wegen der Auszahlung der vom Kaiser durch Verträge zugesicherten Subsidien. Einige Beispiele über die Taktik beider Bündnispartner mögen aufgrund ihres Modellcharakters hier genügen. Jahrelang wurden Verhandlungen über dieses Problem geführt,[354] wobei Wien einen größeren Erfolg als München für sich zu verbuchen hatte. Beteiligt waren auf österreichischer Seite der kaiserliche Oberstkämmerer Fürst VON DIETRICHSTEIN, der Rat VON ABELE, der Finanzexperte ROSENBERG, der Hofkanzler Graf STRATMANN, die Grafen RABATTA, CARAFFA, KAUNITZ und der Kanzlist MAYR. Im November 1684, mehr als ein Jahr nach der Belagerung Wiens durch die Türken, verlangte der bayerische Kurfürst Max Emanuel durch seine Gesandten, vor allem MARX VON MAYR und Baron VON BERCHEM, die Auszahlung von 875 000 Gulden Subsidien. Die kaiserliche Kasse war nicht in der Lage, diese Summe aufzubringen, obwohl sich der Wiener Hoffaktor OPPENHEIMER alle Mühe gab, die Subsidien nach München zu überweisen und die bayerischen Truppen zu versorgen.[355]

Infolge der allgemeinen Finanzmisere in den habsburgischen Erblanden überlegten die kaiserlichen Minister mit großem Eifer, welche Geldbeträge von den geforderten Subsidien abgezogen werden könnten. Erstens überwies bereits Tirol 280 000 Gulden direkt nach Bayern; zweitens entstanden durch die Quartier- und Verpflegungslasten der bayerischen Truppen sowohl in Ungarn wie während ihres Marsches durch Österreich und Böhmen hohe Kosten, die ebenfalls in Rechnung zu stellen waren, obgleich nach dem bayerisch-österreichischen Vertrag die Kaiserlichen sich zur Versorgung der bayerischen Truppen unmittelbar nach ihrem Grenzübertritt verpflichtet hatten. Drittens war zu berücksichtigen, daß nach dem Rezeß von 1684 die bayerischen Soldaten sofort nach Beendigung der Kampfhandlungen in Ungarn hätten nach Hause zurückkehren müssen. Da Max Emanuel die Kosten für die Verpflegung seiner Truppen im eigenen Land sparen wollte, war ein Arrangement getroffen worden, diese Truppen auch noch bis zum Jahre 1685 in Ungarn zu belassen. Daraufhin wollten die Kaiserlichen die Hälfte der vereinbarten Subsidien einbehalten.[356]

Die bayerischen Vertreter waren ob solcher Rechenkünste höchst erstaunt und suchten nun ihrerseits alle nur denkbaren Argumente zusammen, um die Überweisung der Subsidien zu erreichen. Sie erhielten schließlich Zusagen hinsichtlich der Auszahlung von 150000 Gulden. Doch auch von dieser Summe wollten die kaiserlichen Vertreter sofort 50000 abziehen. Denn sie kamen auf die Idee, daß im Vertrag vom 27. November 1684 dem zuständigen Kanzlisten ein Schreibfehler unterlaufen sei. Nicht 150000, sondern nur 100000 Gulden habe der Kaiser versprochen. Im übrigen gaben die Wiener Minister zu bedenken, daß die bayerischen Soldaten erst einige Wochen später als ursprünglich geplant nach Ungarn marschiert seien, so daß sie dem Kaiser in dieser Zeit de facto keinerlei Nutzen gebracht hätten. Folglich brauche man sie auch nicht zu bezahlen.

Die Wiener Deputierten beharrten auf ihrem Standpunkt, die bayerischen ebenso. BERCHEM verlangte im Namen Max Emanuels Einsichtnahme in die kaiserliche Rechnungsführung über die tatsächlich entstandenen Unkosten für die bayerischen Truppen. So folgte Konferenz auf Konferenz. Die Wiener Minister forderten, die bayerischen Soldaten müßten entsprechend diszipliniert, ihre Exzesse abgestellt werden. Im übrigen könne der Kaiser seine eigene Miliz nicht zugunsten der bayerischen Soldaten vernachlässigen. Die schlechte Disziplin der Bayern sei bekannt, meinte RABATTA, die geringste Mühe machten die schwäbischen, fränkischen und oberrheinischen Kreistruppen. Man sprach sich äußerst negativ über die bayerischen Krieger aus und wäre dieser Last, so schien es, gerne enthoben gewesen. BERCHEM vertrat die Ansicht, die kaiserlichen Behörden trügen selbst die Verantwortung für die Ausschreitungen, da sie keine Subsidien auszahlten, mit denen der Sold für die bayerischen Soldaten hätte bestritten werden können. So bliebe ihnen nichts anderes übrig, als aus dem Land das zu holen, was ihnen die Kaiserlichen verweigerten. Als BERCHEM allzu zudringlich wurde, erklärte ihm ROSENBERG lapidar, er könne nichts geben, da die kaiserliche Kasse leer sei.[357]

Um Max Emanuels Mißmut zu besänftigen,[358] ließ sich schließlich STRATMANN zu dem Zugeständnis herbei, im Herbst 1685 noch 50000 Gulden auszuzahlen, zu Ostern des kommenden Jahres weitere 50000. Damit hofften die Wiener Minister, Zeit für neue Überlegungen zu gewinnen, wie diese Geldüberweisungen noch um einige Wochen zu verzögern wären.[359] Schließlich hatte Wien nicht allein an Bayern Subsidien auszuzahlen. Die Unkosten für die ungarischen Feldzüge waren enorm hoch. Die Städte, Märkte und Dörfer in Ungarn, in Böhmen, in Mähren und Schlesien hatten bereits mehr als genügend Belastungen auf sich zu nehmen, so daß aus diesen Gebieten keine neuen Sondersteuern zu erwarten waren.[360]

Die rückständigen Subsidien beliefen sich im Jahre 1686 auf 390 000 Gulden, was den Rezeß von 1685 betraf, ferner auf 250 000 Gulden Schulden vom Jahre 1684 sowie 125 000 Gulden für die Zeit vom 1. Oktober 1685 bis 31. Januar 1686.[361] Die bayerischen Truppen ernährten sich in dieser Zeit aus dem Land. Die sechsmonatigen Winterquartiere der bayerischen Truppen in Ungarn kosteten die dortigen Einwohner 131 877 Gulden sowie weitere 15 000 an Servicebeitrag. Auch die Untertanen der übrigen österreichischen Erblande mußten größere Summen speziell für die bayerischen Truppen aufbringen.[362] Die Rechnungsführung der kaiserlichen Verwaltung und die nach Ansicht Münchens große Nachlässigkeit der kaiserlichen Armeeführung und der Wiener Hofkammer in ihrer Sorge um die bayerischen Truppen waren ein beständiger Anlaß zu heftigen Auseinandersetzungen zwischen beiden Parteien.[363]

Militärische Wagnisse, Erfolge und Rückschläge

Im Jahre 1685 waren bayerische Truppen unter Führung des Kurfürsten an der Rückeroberung von Neuhäusl und dem Entsatz von Gran beteiligt. Unter den 32500 Mann Hilfstruppen, die das Reich dem Kaiser zur Verfügung stellte, befanden sich auch 7000 Bayern. Unter dem Befehl des Grafen SERENI waren diese im Juni in Preßburg zusammengezogen worden und am 9. Juli zugleich mit Max Emanuel vor Neuhäusl eingetroffen. Diese wichtige Grenzfestung war 1663 an die Türken verloren worden. Während KARL VON LOTHRINGEN die Belagerung von Neuhäusl durch 16 000 Mann unter CAPRARA, darunter 2100 Bayern, fortsetzen ließ, war er selbst mit der Hauptmasse seines Heeres zum Entsatz von Gran aufgebrochen. Am 16. August kam es dort zur Entsatzschlacht. Max Emanuel befehligte den linken Flügel des Heeres. Die ihm untergeordneten Soldaten wiesen die feindlichen Angriffsstöße zurück, und seine Reiterei war am Erfolg dieser Schlacht wesentlich beteiligt. Auch die Belagerung Neuhäusls wurde am 19. August erfolgreich beendet. Außerdem waren drei bayerische Regimenter an CAPRARAS Angriff auf die Festung Kaschau beteiligt, die am 21. Oktober 1685 fiel.

Max Emanuel gab sich mit seiner bisherigen Stellung als ein Heerführer unter vielen nicht zufrieden. Er wollte den Oberbefehl über alle Streitkräfte des Kaisers ausüben, dessen Schwiegersohn er schließlich war. Die Kaiserlichen zögerten und suchten nach höflichen Ausreden. Ein Jahr später mußte der Hofkriegsrat in Wien den ständigen Forderungen Max Emanuels nach einem selbständigen Kommando in Ungarn nachkommen. Die Streitigkeiten zwischen dem Oberbefehlshaber, dem Herzog von Lothringen, und dem bayerischen Kurfürsten, der im Rang über dem Herzog stand, drängten auf eine Lösung. Allerdings war die militärische Lage in Ungarn für die kaiserlichen Truppen keineswegs so günstig, daß man den Sonderwünschen Max Emanuels hätte entsprechen können. Beide Heerführer mußten notgedrungen eng zusammenarbeiten.[364] Die Truppen unter dem Kommando des Kurfürsten[365] waren ihrerseits zu schwach, um entscheidende Angriffe gegen die Türken in eigener Verantwortung voranzutreiben, selbst dann, als der Kurfürst von Sachsen seine Soldaten ebenfalls unter das Kommando Max Emanuels stellte.

Um die Einigkeit zwischen dem Bayern und dem Lothringer wenigstens einigermaßen zu wahren, schickte Kaiser LEOPOLD seinen vertrauten Hofkanzler nach Ungarn. Zugleich überwachte dieser die Aktionen der bayerischen und kaiserlichen Truppen. Bei allen militärischen Planungen vermittelte er und suchte den Ausgleich zwischen Armeeführung, Offizierskorps und Soldaten herzustellen. Allein STRATMANNS Geschicklichkeit war es in dieser Zeit zu verdanken, daß die »schädliche Eifersucht« überwunden und die Erfordernisse der Kriegsoperationen über persönliche Animositäten gestellt wurden.[366]

Max Emanuel war nicht zufrieden über seinen Auftrag, sich in keine Feldschlacht einzulassen, sondern lediglich die vorgesehenen Belagerungen zum Erfolg zu führen. Der Hofkanzler bemühte sich um Kompromisse und suchte überflüssige Bombardierungen, die nach übereinstimmender Ansicht zwecklos waren, und »anderes Feuerwerk« zu verhindern, wodurch nutzlos Kriegsmaterial zerstört wurde.[367] Neue Truppenverstärkungen verteilte man gleichmäßig auf beide Heeresgruppen, um KARL VON LOTHRINGEN und Max Emanuel in gleicher Weise tatkräftig zu unterstützen.

Der Kurfürst konnte die Belagerung von Buda erfolgreich abschließen. Als das übliche große Gemetzel an den Gefangenen begann, versuchte er, die Besiegten zu schonen.

Die Belagerung der Festung Ofen, die den Schlüssel zur Beherrschung der Donaulinien bildete, war das nächste und wichtigste Kriegsziel im Jahre 1686. Zwei verschiedene Operationspläne lagen vor. Der Kurfürst bestand darauf, zuerst das Schloß von Ofen zu erobern und von dort aus in die Stadt einzudringen. KARL VON LOTHRINGEN wollte sich zuerst die Stadt untertan machen und dadurch die Besatzung des Schlosses zur Übergabe zwingen. Da Max Emanuel auf seinem Plan beharrte, mußte der Lothringer sich notgedrungen fügen. Max Emanuel gab zu bedenken, wenn KARL VON LOTHRINGEN zuerst in die Stadt eindringe, würden sich die dortigen Besatzungstruppen in das Schloß zurückziehen. In diesem Fall wäre es um so schwerer, die Festung zu erobern. Würden jedoch beide gleichzeitig beschossen, der Fall des Schlosses aber rechtzeitig vorbereitet, sei es weniger schwierig, nach der Besetzung des Schlosses in die Stadt einzudringen und von zwei Seiten, vom Schloß und von den Gräben aus, die türkischen Verteidiger unter Beschuß zu nehmen. Auch waren die Zugänge zu den Stadtbrunnen vom Schloß her besser zu überwachen und zu zerstören, so daß die Versorgung der Einwohner schnell unterbrochen und sie rasch zur Übergabe der Stadt »ermuntert« würden, sobald man sich der Festung bemächtigt hätte.[368]

Kaiserliche, bayerische, brandenburgische, sächsische, schwäbische, fränkische und oberrheinische Truppen standen für die Belagerung zur Verfügung.[369] Die Fortschritte dieser Aktionen waren beträchtlich. Doch gelang es den Feinden immer wieder, durch Ausfälle die Angreifer zurückzudrängen und die belagerte Stadt mit frischem Proviant zu versorgen. Der Nachschub für die kaiserlichen Truppen ließ dagegen, genau wie in den Jahren vorher, zu wünschen übrig. Insbesondere gelang es den Türken, durch gezielte Störaktionen die Nachschubwege zu verunsichern. Das Land ringsum war erschöpft. Viele Rekruten kamen bereits infolge mangelnder hygienischer Verhältnisse und ungesunder Ernährung in Ungarn erkrankt an.[370]

Die rote Ruhr grassierte und forderte ihre Opfer. Die Stimmung der Soldaten hob sich nur durch den guten jungen ungarischen Wein und Meth. Die Felder waren verwüstet von den Kaiserlichen und ihren Alliierten, von Türken, Tataren, Siebenbürgern und anderen Hilfstruppen der Türken. Oft traf man über 30 Meilen im Umkreis keine intakten Dörfer und Städte an. Die Siedlungen waren geplündert, verbrannt, zerstört, verwüstet. Die aus ihren Häusern und Hütten vertriebenen Familien lebten in Erdhöhlen oder schlossen sich zu umherwandernden Horden zusammen. Das Elend der Flüchtlinge war riesengroß, niemand von ihnen wußte, wohin er sich in Sicherheit bringen sollte. Die zerstörten Felder wurden nicht mehr bebaut. Es gab keine Lebensmittel mehr. Man verschlang Früchte des Waldes und Wurzeln, riß das Fleisch aus den Kadavern von Pferden, Mauleseln, Kamelen, die auf dem Trieb nach Ofen verendet waren, und aß es roh. In geringer Entfernung von den Straßen und Wegen warteten hungernde und zerlumpte, selbst dem Hungertod nahe Menschen, um sich aus den gefallenen Tieren ein Stück lebenserhaltende Nahrung zu sichern.

Die Bevölkerung dieser mit Krieg überzogenen Gegenden war in dieser Situation gegenüber Angreifern und Verteidigern völlig apathisch; von beiden Parteien hatte sie nur Schlimmes zu erwarten. Heroische Ziele waren ihr so fremd und fern wie die Sterne über dem nächtlichen Pußtahimmel. Nur wer sie bezahlte, dem diente sie, sei es den Türken oder den Kaiserlichen.

Das »sonst schöne Ungarn« lag verwüstet und verödet. Das Gras stand mannshoch, so daß die Soldaten ihren Weg durch Gestrüpp bahnen mußten. Verwilderte, herrenlose Hunde fielen Mensch und Tier an. Die herumstreifenden Türken, Tataren und andere Partisanengruppen verunsicherten die Wege. Auch der Schiffs- und Floßtransport auf der Donau war durch den Beschuß der türkischen Kanonen behindert und gefährdet. Manche Schiffe kenterten in den Strudeln und Untiefen des Flusses. Die meisten Soldaten, die aus dem Römischen Reich nach Ungarn zogen, kamen dort ohne Geld und Proviant an.

Schließlich gelang es den Kaiserlichen und den Bayern, nach wiederholten Attacken die Wasserstadt Ofen einzunehmen. Um die Verletzten und Kranken kümmerte sich niemand, es sei denn, die Soldaten hatten Frauen und Kinder nach Ungarn mitgenommen, die sie betreuten. Am 22. Juli flog ein türkisches Pulvermagazin in die Luft. Ein spanischer Ingenieur in bayerischen Diensten nahm den Ruhm für diese Tat in Anspruch.[371] Andere sagten, eine Verschwörergruppe in der Stadt habe das Pulvermagazin zur Explosion gebracht, um den Angreifern Vorteile zu verschaffen.

Im allgemeinen muß aber festgestellt werden, daß sich die Begeisterung der Ungarn, durch die Kaiserlichen vom türkischen Joch befreit zu werden, in engen Grenzen hielt und daher auch ihre Hilfeleistung den Kaiserlichen gegenüber bescheiden blieb.

Als durch die Gewalt der Explosion Steine, Erde und Menschen durch die Luft wirbelten, ganze Mauerteile zersprangen, waren die Angreifer so bestürzt und vor Schreck erstarrt, daß sie keine Attake auszuführen wagten. Die Türken fanden genügend Zeit, die Breschen zu schließen. Daher lagen die Angreifer noch weitere sechs Wochen erfolglos vor der Stadt und verloren viele Soldaten.

Die Zivilbevölkerung der Stadt beteiligte sich aktiv an der Verteidigung; sogar Frauen und Kinder halfen mit, die Mauern auszubessern, von den Festungswällen herab brennende Gabeln und Kugeln auf die Angreifer zu schleudern. Diese verbrannten oder stürzten sich mit brennenden Kleidern in die Donau, wo sie ertranken. Den Türken gelang es, zahlreiche Minen äußerst geschickt anzulegen. Wann immer die Kaiserlichen glaubten, einen eroberten Platz halten zu können, ließen die Türken ihre Minen springen und die Angreifer wurden getötet. Ausfälle der Belagerten dagegen wiesen die Alliierten blutig zurück. Alle Türken, die in die Hände der Angreifer fielen, wurden massakriert. Man zog den Getöteten die Haut ab, dörrte sie und schickte ganze Säcke voll in die Heimat, wo sie als äußerst kostbare »Mumia« Ärzten und Apothekern für Mixturen diente. Gedörrtes Menschenfleisch galt als hervorragendes Heilmittel,[372] Menschenschädel als Trophäen. Man bot sie zentnerweise auf den europäischen Märkten feil.[373]

Max Emanuel wollte die Entscheidung erzwingen. Seine Generale rieten von einem Sturm auf die Festung Ofen entschieden ab. Max Emanuel setzte seinen Willen gegen den einhelligen Rat aller Generale der bayerischen wie der kaiserlichen Armee durch. Sie mußten sich seiner Überzeugungskraft und seiner Redekunst beugen. Die Generale waren im Gehorsam geübt und von dem Bewußtsein durchdrungen, daß ein Fürst einen größeren Überblick über das Kriegsgeschehen besitze, über umfangreiche und geheime Informationen verfüge und daher in der Lage sei, anders als die gesamte Generalität zu entscheiden; eine typische, aber immer wiederkehrende Situation im Leben Max Emanuels. Somit befahl der Kurfürst am 27. Juli den Sturm, der zwar einige Fortschritte und große Verluste, aber noch nicht die Entscheidung brachte.[374]

Tagsüber herrschte in Ungarn große Hitze, die Nächte waren bitter kalt. Nicht alle Soldaten besaßen Zelte und Decken. Sie lagen auf der bloßen Erde, eingehüllt in ihre zerlumpten Uniformen als Wärmeschutz. Der junge Wein, den sie in sich hineintranken, um die Schrecken des Kampfes und das namenlose Elend zu vergessen, verursachte schwere Durchfälle. Die Exkremente von Mensch und Tier, die ungezählten qualmenden Lagerfeuer, an denen die Soldaten das Fleisch geschlachteter oder verendeter Tiere brieten, die verwesenden Tierkadaver, die in allen Lagergassen herumlagen, die aufgeschnittenen Menschenleiber, in deren Eingeweiden man nach verschluckten Münzen gesucht hatte, verbreiteten in der Gluthitze des ungarischen Sommers einen entsetzlichen Gestank im ganzen kaiserlichen Lager. Niemand kümmerte sich um die Verstorbenen, niemand beerdigte sie. Schweiß- und Stechfliegen und Ungeziefer quälten Mensch und Tier. Von Zeit zu Zeit, wenn es nicht mehr auszuhalten war und der Leichengeruch selbst die Generale in ihren mit Springbrunnen versehenen und mit orientalischen Teppichen und Tapezereien ausgestatteten Prunkzelten zur Verzweiflung trieb, zwang man ungarische Bauern, Massengräber auszuheben.

Nachdem das türkische Entsatzheer zurückgetrieben war, kam es zum erbitterten Entscheidungskampf. »Da war nichts als Donner, Blitz, Rauch, Geschrei, Trommeln, Lärmen und Trompeten.«[375] Der letzte Angriff erfolgte am 2. September 1686 mittags um 1 Uhr.[376] Mit Absicht wurde diese Zeit gewählt. Die Generalität war überzeugt, daß die Türken mittags zu essen oder zu schlafen pflegten, so daß sie jetzt am leichtesten zu überrennen waren. Brandenburger und Bayern drangen, ohne einen Schuß abzugeben, heimlich in eine Bresche ein. Erst hier begann der Nahkampf. Sogar türkische Frauen und Kinder, auch Juden, von denen viele in der Stadt gelebt hatten und die nunmehr um ihr Leben bangten, unterstützten die Verteidiger und warfen sich verzweifelt den Angreifern entgegen.

Bayerische und brandenburgische Soldaten nahmen unter großen Verlusten die Zitadelle ein. Über zwei Ellen hoch lagen die Toten in der Bresche übereinander. Trotz tapferster Gegenwehr erstiegen die Angreifer die Stadtmauern. Alles, was sich ihnen entgegenstellte, mußte sterben. Später fand man tote Frauen, die zum Teil noch Pistolen oder Säbel in ihren Händen hielten. Die Eroberer rissen ihnen die Kleider vom Leib und durchstießen ihre Körper mit Partisanen. Kinder im Alter von ein bis zwei Jahren wurden aufgespießt oder an die Mauern geworfen, bis sie tot waren. Der brandenburgische Feldscher und Augenzeuge JOHANN DIETZ kommentierte: »Ich bin erstaunet, was da ist vorgegangen, daß auch Menschen viel grausamer als Bestien gegeneinander sich bezeigeten.« Was in der ersten Wut nicht getötet oder von Juden und Christen versteckt worden war, zog sich auf die Burg, dem letzten Zufluchtsort zurück. Nach zwei Tagen mußten auch diese Verteidiger kapitulieren.[377]

Kurze Zeit, nachdem die Angreifer mit der Plünderung der Stadt begonnen hatten, stand sie bereits in Flammen. Die kostbare Beute, auf die man sich so sehr gefreut hatte, wurde vernichtet. Umsonst hatten die Soldaten gehofft, sich alle Schätze aneignen zu können, die reiche Türken aus Sicherheitsgründen in die Stadt gebracht hatten. Überlebende Türken wurden verschleppt oder als Gefangene und Zwangsarbeiter in den Westen gebracht. Dort verwendete man bald besondere Sorgfalt auf ihre Bekehrung.

Waren die Kriegsoperationen beendet, so erwies sich Max Emanuel stets als tolerant gegenüber den Unterworfenen, in Buda ebenso wie in Ofen. Er verhinderte, soweit der Kriegsfurie überhaupt Einhalt zu gebieten war, weiteres Morden und Überfälle auf die Zivilbevölkerung. Er setzte sich mit türkischen Adeligen zu gemeinsamen Gesprächen und zu einem gemeinsamen Festessen zusammen, obgleich diese wenig Anlaß zum Feiern hatten; er beriet mit ihnen über die allgemeine Lage, was nicht nur das Entsetzen, sondern auch das Mißtrauen seiner kaiserlichen Umgebung wachrief. Zweifellos gehörte er zu jenen Fürsten, die zwar den Gegner militärisch bekämpften, jedoch den Unterworfenen keine persönliche Feindschaft nach Beendigung des Krieges entgegenbrachten. Er war immer, mit Ausnahme des Jahres 1703, ein Ritter, für den das Kriegsspiel ein Teil seines Lebens war. Für ihn zählte der Krieg zu den Künsten.

Wie üblich wurde nach der siegreichen Schlacht ein Dankgottesdienst abgehalten. Lebensmittel, Munition, Schutz- und Trutzwaffen, die im Kastell von Ofen gefunden wurden, verteilte und verschleuderte man. Eine ausgezeichnete Bibliothek mit vielen lateinischen Werken entdeckte man in der Burg. Es war der Rest einer Büchersammlung, die einst der ungarische König MATHIAS CORVINUS, der auf den Thron des jungen LADISLAUS POSTUMUS gefolgt war, besessen hatte. Der Kurfürst hatte die große Ehre, ein Verzeichnis aller im Kastell vorgefundenen Gegenstände anfertigen und dieses den kaiserlichen Kommissaren überreichen zu lassen. Die Bücherschätze verleibte der Kaiser seiner Bibliothek in Wien ein.[378]

Gefangene aus Ungarn

Eine große Schar türkischer Gefangener jeden Alters wurde in den Jahren zwischen 1683 und 1690 aus Ungarn verschleppt. Man brachte sie auch nach Bayern, besonders in die Haupt- und Residenzstadt München.[379] Bekanntlich hoben türkische Gefangene den Nymphenburger Kanal aus.[380] Die Arbeit war schwer. Viele Türken wurden vom Sumpffieber befallen. Vornehme Türken, die solche körperliche Arbeiten nicht gewohnt waren, starben an Erschöpfung.[381] Andere Gefangene waren als Diener bei Adeligen und vor allem beim Kurfürsten ausersehen. 1688 wurde in München eine eigene Zunft, nämlich die der türkischen Sesselträger, institutionalisiert. Ihre Aufgabe war es, Angehörige der kurfürstlichen Familie und des Hofes durch die Stadt zu tragen. Jeder Bürger und Adelige, der etwas auf sich hielt oder beim Kurfürsten sich Gunst zu erwerben trachtete – und das waren nicht wenige –, holte sich türkische Pagen und Bedienstete ins Haus. Es wurde große Mode, sich von kleinen türkischen Buben und Mädchen, die türkische oder ungarische Landestracht trugen, durch die Stadt oder aufs Land begleiten oder sich von türkischen oder ungarischen Dienern, die in geziemendem Abstand vorausgingen oder folgten, die Einkäufe tragen zu lassen. Wie in Österreich und anderswo trank man auch in Bayern seit 1683 mit besonderer Vorliebe türkischen Kaffee. Orientalische Wandteppiche schmückten jetzt manches Empfangszimmer und manchen Salon nach dem Vorbild der Prunkzelte von türkischen Wesiren und Generalen.[382]

Die christliche Gesinnung verbot es, die türkischen Gefangenen weiterhin im »Unglauben«, dem Islam zu belassen. Mit großem Eifer widmeten sich Orden, Weltpriester, Bürger und Adelige der Bekehrung und Erziehung dieser neuen Dienerschaft, sobald sie einige Worte des bayerischen Dialektes verstand. Max Emanuel und sein Bruder JOSEPH CLEMENS bemühten sich mit Hingabe, Türkenkinder persönlich aus der Taufe zu heben oder die Gevatterschaft zu übernehmen. Adelige, Bürger und Geistliche folgten diesem Beispiel.[383] So wurde aus dem sechsjährigen Mustapha ein Maximilian Antonius Joseph,[384] wobei ein Rufname jeweils zum Familiennamen avancierte – es sei denn, der Täufling wurde unmittelbar von einer Familie adoptiert, so daß er auch den Familiennamen bekam. Aus der fünfjährigen Zeripha wurde eine Maria Barbara, deren Patenschaft die Gräfin ANNA BARBARA VON STEINAU, die Gemahlin eines bayerischen Generals, übernahm.[385] Der fünfjährige Machameth,[386] Sohn des Janitscharenhauptmanns HASSAN CORBAGI von Ofen, wurde in der Residenz getauft. Besonders begehrt waren Kinder, die dem türkischen Adel angehörten. Wußte man nicht genau, ob ein verschleppter Türke oder Ungar bereits im christlichen Glauben erzogen worden war, so taufte man ihn vorsichtshalber noch einmal. Der 15jährige Elias, den die Türken bereits mit diesem Namen gerufen hatten, war einer dieser Fälle.[387] Die Ordensmitglieder wetteiferten miteinander, den Konvertiten Religionsunterricht zu erteilen, selbst wenn diese nicht alles verstanden. Da die glaubenseifrigen Männer schließlich überzeugen wollten, engagierte man Dolmetscher,[388] die den Zöglingen Unterricht im bayerischen Dialekt wie in der katholischen Religion gaben. Die Konversion bedeutete Unterwerfung und zugleich den Beginn der Integration in das neue, fremde Land.

Beim Friedensschluß von Karlowitz (26. Januar 1699) zwischen dem Kaiser und der Türkei wurde auch ein Gefangenenaustausch vereinbart. Daraufhin konnten die in Bayern befindlichen türkischen Gefangenen auf Wunsch in ihre Heimat zurückkehren. Max Emanuel stimmte noch im Jahr 1699 dem von den Münchener Räten vorgeschlagenen Gefangenenaustausch zu. Dabei ließ er vermerken: »Ihro Chf. Durchlaucht wollen diese gefangenen Türken zu hierin vermelten Ende gnädigst loslassen, jedoch ist dahin zu sehen, daß dadurch das Sesseltragen nit gar in Abgang komme.« Im folgenden Jahr, 1700, lebten namentlich nachweisbar noch 36 »türkische Sklaven« in München.

Bayern im Jahre 1687

Die Kriegskosten, die die bayerischen Untertanen während des Türkenkrieges zu tragen hatten, erreichten eine ungewöhnliche Höhe. Die Staatsfinanzen waren bereits völlig durcheinander geraten. Anstelle der vollen Staatskasse, die Max Emanuel im Jahre 1679 von seinem Vater übernommen hatte, bestand jetzt eine gewaltige Staatsschuld. Die jährlichen Einnahmen wurden jeweils völlig aufgebraucht. Überschüsse und Rücklagen waren nicht mehr möglich. Schulden wurden aufgenommen, neue Sondersteuern den Untertanen auferlegt. Für die Machtausdehnung Österreichs hatte Bayern von 1683 bis Herbst 1687 insgesamt 11 Millionen Gulden aufgebracht.[389] Die versprochenen Subsidiengelder, deren Auszahlung die Wiener Hofburg weder regelmäßig leisten konnte noch wollte, vermochten die bayerischen Aufwendungen natürlich nicht zu decken oder die Schulden abzutragen. Überdies befanden sich die Subsidienzahlungen im Rückstand. Im Februar 1687 wurden weitere 352 000 fl. vergeblich von Wien angefordert.[390] Im Grunde mußten die bayerischen Untertanen diese Verluste ersetzen. Zum Teil mit, zum Teil ohne päpstliche Zustimmung brachte die bayerische Kirche erhebliche Geldsummen auf, um die Kosten des Kampfes mitzufinanzieren. Zwangsanleihen verhinderten größere Zahlungsschwierigkeiten der bayerischen Finanzkasse und vermochten den Staatsbankrott immer wieder hinauszuzögern.[391] Bis zu 14 000 Talern mußte ein einzelnes Kloster jährlich an Sondersteuern abliefern. Weitergehende Geldakkumulation in Bayern wie zu Zeiten MAXIMILIANS I. und FERDINAND MARIAS wurde besonders dadurch verhindert, daß entgegen dem merkantilistischen Grundprinzip, möglichst viel Bargeld im eigenen Land anzuhäufen und zurückzuhalten, beträchtliche Geldbeträge ins Ausland flossen. Die Soldaten mußten bezahlt, Kriegsmaterial im Reich, in den österreichischen Erblanden und im Ausland eingekauft werden.

Die Feldzüge verursachten große Verluste an Menschenleben. Seuchen, Hitze, Hunger, miserable Quartiere vermehrten die Zahl der Opfer. Die Unzufriedenheit wuchs, ebenso die Verärgerung; zuweilen war auch die Ablehnung dieser Politik durch das Volk nicht zu übersehen, selbst wenn man die Siege des Kurfürsten

»würdig und mit großem Pomp« in Stadt und Land feierte. Als der Kurfürst im Jahr 1687 auf seiner Rückreise von Ungarn nach Bayern in Braunau Station machte, führte die dortige Bürgerschaft ein Festspiel auf, in dem Max Emanuel symbolisch unter die antiken Kriegsgötter erhoben wurde.[392] Der persönliche Einsatz des Kurfürsten im Kampf wurde allenthalben gerühmt, auch wenn ihm die Kaiserlichen immer wieder vorwarfen, sich selbst in aussichtslosen Aktionen unnötig zu engagieren und die kaiserlichen Truppen außerordentlichen Gefahren auszusetzen. Max Emanuel ließ seine Heldentaten gebührend feiern. Im Ruhm des Kurfürsten sollte sich auch der Ruhm Bayerns widerspiegeln. Mit Max Emanuel sah die Bevölkerung das Prestige des Landes wachsen. Doch die Kriegslasten haßte sie und diejenigen, die die Steuern und Abgaben eintrieben.

Diplomatisches Karussell[393]

Seit dem Abbruch der diplomatischen Beziehungen zwischen Bayern und Frankreich, als DENIS DE LA HAYE-VANTELET im Januar 1685 nach Venedig übersiedelte,[394] hatten der französische Geheimagent CHARLES DU HÉRON und der Gesandte am Regensburger Reichstag VERJUS DE CRÉCY den Versailler Hof über die bayerische Politik stets gut unterrichtet. Regensburg war die Börse der Diplomaten. Jedermann erfuhr dort alles Wissenswerte und jeden Klatsch, wenn man nur zur rechten Zeit kleine Aufmerksamkeiten in Geld, Gold, Juwelen, Fayencen oder Perlen – manchmal genügten auch falsche Perlen – anbot. Eine Abschrift des bayerisch-österreichischen Allianzvertrages vom Januar 1683 hatte VERJUS DE CRÉCY seinerzeit für die Kleinigkeit von 24 Francs bekommen.[395] Die Gerüchte verbreiteten sich stets sehr schnell, und über Max Emanuel glaubte jedermann Bescheid zu wissen. Seine wendige Politik, sein extravaganter Lebensstil, seine Ruhmsucht, sein jugendlicher Überschwang, sein übermäßiger Aufwand bei Festen, Spiel und Selbstbespiegelung zu Hause wie im Felde hatten ihn populär gemacht. Seine neuesten Liebschaften besprachen nicht nur die Diplomaten.

Die allgemeine politische Situation, insbesondere der Aufstieg des Hauses Österreich, veranlaßte LUDWIG XIV., neue Sondierungsversuche zu unternehmen, um Verbündete oder Freunde im Reich zu gewinnen und seine Reunionspolitik ungestört, wenn auch in bescheidenerem Maße und unter der Hand vorantreiben zu können.

Bayern blieb für Frankreich aufgrund seiner geopolitischen Lage stets von großem Interesse. Es war ein potentieller Gegner Habsburgs. Man fragte sich in Versailles, welche Anknüpfungspunkte für künftige engere Beziehungen vorhanden wären. Der Anschluß Max Emanuels an Österreich erschien LUDWIG XIV. nur als ein Zweckbündnis. Der Kurfürst suchte Triumphe und Erfolge. Um seine Freundschaft zu erwerben, mußten ihm entsprechende Angebote gemacht werden. Nur auf diese Weise war er von Habsburg zu lösen und nach dem Vorbild FERDINAND MARIAS zu neutralisieren. Es galt, nichts zu überstürzen. Ein subtiles Vorgehen war das Gebot der Stunde, so die Überlegungen des französischen Königs.

Der Abbé PALLAVICINI reiste im Januar 1687 im Auftrag LUDWIGS XIV. nach Venedig.[396] Denn Max Emanuel hatte dort seinen Besuch angekündigt, um den Karneval in Ausgelassenheit zu verbringen. Der Abbé sollte diese günstige Gelegenheit ergreifen und den Kurfürsten der französischen Politik wieder etwas näherbringen. Ansatzpunkte für Gespräche bot die bekannte Unzufriedenheit des Kurfürsten mit dem Wiener Hof. Man mußte Max Emanuel überzeugen, daß Österreich niemals aufrichtig eine Machtvergrößerung Bayerns wünschen konnte. Der Kurfürst opferte Menschen und Gelder seines Landes zugunsten Habsburgs. »Doch in der Tat beabsichtige Wien nichts anderes, als den Ruhm des Kurfürsten zu schmälern«, stellte Versailles fest. Unterstützt werde Wien durch die Familie des Pfälzer Kurfürsten, der stets eine Rangerhöhung im Reiche zum Nachteil Bayerns erstrebe.[397]

Die ersten Sondierungsgespräche erbrachten kein Resultat. Doch bald bot sich eine weitere Möglichkeit, mit Max Emanuel in Kontakt zu kommen, durch die Mission eines französischen Kavaliers, des Marquis LOUIS HECTOR DE VILLARS. Den diplomatischen Gepflogenheiten entsprach es, bei Trauerfällen einen Sonderbotschafter zur Kondolenz abzusenden. Nach dem Tod der Kaiserinwitwe ELEONORE VON GONZAGA begab sich VILLARS nach Wien, um im Namen LUDWIGS XIV. die üblichen Beileidsbezeigungen abzulegen. Der Marquis war ein Mann mit glänzenden Manieren, feinfühliger Beredsamkeit, diplomatischem Geschick und militärischer Begabung. Der französische König LUDWIG XIV. und CROISSY, der leitende Minister des Auswärtigen, beauftragten ihn während einer geheimen Konferenz in Versailles, auf seiner Rückreise von Wien einige Tage in München zu verweilen und die persönliche und politische Einstellung des Kurfürsten gegenüber Österreich, Frankreich und dem Römischen Reich zu eruieren.[398] Denn schließlich schien es wider alle Vernunft, daß der bayerische Kurfürst Aktionen unternahm, die nur dem Kaiser zum Vorteil gereichen konnten. Die Machterweiterung Habsburgs bedeutete nach dieser Doktrin gleichzeitig eine Schwächung Bayerns. Der Dualismus zwischen Bayern und Österreich schien aus geopolitischen Gründen naturgegeben und unüberwindlich. Die wirtschaftliche und finanzielle Situation, in der sich Bayern befand, hatte weitere Bindungen zur Folge, aus denen sich München vernünftigerweise lösen müßte. Anscheinend vermochte der Kurfürst seine tatsächliche Lage und die damit verbundene Abhängigkeit von Habsburg nicht zu durchschauen, da er sich noch in einem Alter befand, in dem die Leidenschaften über die Vernunft zu siegen pflegen. Überdies blieb sein Verhältnis zu seiner Gemahlin getrübt, die Heirat war ein menschliches und politisches Mißgeschick. Die Ehepartner harmonierten nicht, noch weniger als es sonst bei diesen, aus staatspolitischen Gründen und politischer Berechnung geschlossenen Ehen der Fall war. So sah die Lage des bayerischen Kurfürsten aus Versailler Sicht aus. Auch wollte LUDWIG XIV. keineswegs auf seine Ansprüche bezüglich des spanischen Erbes verzichten und beauftragte seine Diplomaten, dem Kurfürsten klarzumachen, daß er keinerlei Hoffnungen auf dieses Erbe setzen könne.[399]

Wie konnte VILLARS Zugang zum Kurfürsten finden? Eine Möglichkeit bestand darin, seine Favoritin zu gewinnen. Dies war allerdings ein schwieriges Unterfangen, da selbst Paris nicht genau wußte, welche der zahlreichen Geliebten derzeit die größte Zuneigung des Kurfürsten genoß. Auf jeden Fall mußte die Gräfin KAUNITZ, die Gemahlin des kaiserlichen Gesandten, ausgeschaltet werden. Dies nahm bereits Kaiser LEOPOLD in Angriff, indem er ihren Mann als Botschafter nach London versetzte. Max Emanuel gab sich verstimmt. Er mochte die um fünf Jahre ältere Gräfin am Münchener Hof nicht missen und war wütend auf seinen Schwiegervater und gleichzeitig auf die Gräfin, der er vorwarf, sie wolle ihn verlassen. So wenig engagiert schien ihre Freundschaft, daß sie nicht einmal auf ihn gewartet hatte, bis er aus den ungarischen Feldzügen nach Wien zurückgekehrt war. Selbst BURGOMANERO, der Botschafter des katholischen Königs von Spanien am Wiener Hof, hatte sich aus politischen Erwägungen heraus für ein Verbleiben der Gräfin KAUNITZ in München ausgesprochen. Er erhoffte sich davon einen beruhigenden Einfluß auf Max Emanuel. Würde ansonsten nicht die Abneigung des Kurfürsten gegen Habsburg zum Durchbruch kommen und sein permanenter Widerstand gegen den Lothringer, seine Eifersucht gegen den Pfalz-Neuburger und die regierende Kaiserin einen politischen Umschwung herbeiführen? Man wußte in Wien ebensogut wie in Versailles, daß Max Emanuels Entscheidungen nach seiner jeweiligen Stimmung erfolgten. Seine Freunde, die Grafen DE RIVIERA und SANFRÉ sowie der

Marquis DE SAINT MAURICE, alle drei Piemontesen und in ihrer Lebensart der französischen Kultur zugehörend, bildeten auch keine Phalanx in der Umgebung des Kurfürsten zugunsten der Hofburg.[400]

Alle seinerzeitigen diplomatischen Bemühungen Frankreichs zielten darauf, Max Emanuel zu überzeugen, daß die österreichische Politik ausschließlich das Verderben Bayerns herbeiführen und daß ein Anschluß Bayerns an Frankreich den wahren Interessen des Landes und des Fürsten entspräche.

Im Februar 1687 erschien VILLARS in Wien und hoffte, innerhalb von 14 Tagen seine Aufträge erledigen und die Briefe der Dauphine ihrem Bruder Max Emanuel übergeben zu können. Doch VILLARS mußte einige Zeit warten. Denn der Kurfürst war im venezianischen Karneval zurückgehalten und konnte sich lange nicht und schließlich nur »mit Mühe« von den Freuden der Lagunenstadt trennen.[401]

Der Karneval Venedigs war in seiner Vielfalt und Buntheit, mit seinen grandiosen Festen und Opernaufführungen, Konzerten und Maskenbällen weltberühmt. Unter den Masken waren alle gleich, souveräne Fürsten, die Schulden machten, und abhängige Adelige, die von Schulden lebten. Hohe Herrschaften brauchten ihr Inkognito nicht zu lüften und gaben sich ungezwungen, frei von den Pflichten der Etikette, obgleich jedermann wußte, wer sich unter den Masken verbarg. Man bemühte sich durch originelle Einfälle und durch liebenswürdige Arrangements, die Konkurrenten auszustechen. Nächtliche Beleuchtungen und Raketenfeuer, reichgezierte Gondeln auf den zahlreichen Kanälen suchten die Stadt in ein Traumland zu verwandeln. Die venezianischen Adelsfamilien luden ähnlich wie die Vermögenden in Verona, Mantua oder in Rom ihre Freunde zu Hauskonzerten ein, Akademien genannt. In- und ausländische Künstler sorgten für die musikalische Untermalung. Berühmt waren die Abende, die mit Symphonien schlossen, beim kaiserlichen Gesandten. In den Salons der Adeligen trafen sich Künstler und ausländische Gäste. Die Opern des Karnevals wurden während der Fastenzeit von Oratorien und der Musica sacra abgelöst. Die feine Gesellschaft übte sich zwischendurch in Wohltätigkeitsveranstaltungen. Ihre Almosen hielten die Armen, die Arbeitslosen, die kleinen

Fischer und Tagelöhner, Bediensteten und Tagediebe bei guter Laune.

Da Max Emanuel nicht zur festgesetzten Zeit in Wien eintraf, mußte VILLARS seinen Aufenthalt immer wieder verlängern.[402] Darüber war er nicht glücklich. Außerhalb Frankreichs fühlte er sich nie wohl. Nur die Hoffnung, die Gräfin KAUNITZ in Wien wiederzusehen, zog Max Emanuel zu guter Letzt in die Donaustadt, wo er im März 1687 eintraf: Ein Mann von 25 Jahren, der sich bei Wien, Gran und Ofen ausgezeichnet hatte, ehrgeizig und stolz, voller unausgereifter Pläne und Hoffnungen, den Vergnügungen des Augenblicks völlig ergeben und im Gegensatz zu seinen Vorfahren MAXIMILIAN I. und FERDINAND MARIA kaum fähig, seine Vergnügungen mit seinen Pflichten als Regent in Einklang zu bringen. 100 000 Francs hatte Max Emanuel an einem einzigen Abend beim Glücksspiel in Venedig verloren. Es war nur ein Abend und ein Verlust unter vielen. Doch in Wien hatte er das seltene Glück, wieder einige Gewinne einzustecken.[403]

VILLARS gelang es innerhalb weniger Tage, das Vertrauen des Kurfürsten zu erobern. Dies zeigt ein typisches Verhalten Max Emanuels auf. Er war schnell bereit, sich von vermeintlichen und wirklichen Freunden beeinflussen zu lassen und ebenso schnell war er fähig, diese Freundschaften abzubrechen: Zeichen innerer Unsicherheit und mentaler Labilität.

Max Emanuel begann, mit VILLARS alle seine Pläne zu besprechen, ihm alle seine Hoffnungen und Ziele darzulegen. VILLARS wurde sein Mitverschworener bei seinen galanten Abenteuern, bei Tag und vor allem bei Nacht. Die Menschen des Barock lebten bei Nacht, sie versuchten die Dunkelheit zu besiegen. Bei VILLARS konnte Max Emanuel auch seinen Zorn über seine »unfähigen« Minister in München abreagieren, die Bürokraten waren und seine Prinzipien nicht schätzten, daß man viel wagen mußte, um viel zu gewinnen. VILLARS erhielt stets Zutritt zum Kurfürsten, selbst wenn dieser noch im Bett lag, »eine Gnade, die nur wenige Personen hatten«.[404] Die übrigen mußten oft stundenlang im Vorzimmer warten, bis der Fürst erwacht und bereit war, sie gnädigst zu empfangen.

VILLARS unterstützte die großen, vagen, weitausgreifenden Pläne des Kurfürsten, sofern sie nicht Frankreich gefährlich werden konnten. Welch ein Ruhm, das eigene Land zu vergrößern, meinte er. Doch davon wollte Max Emanuel wenig wissen. Was war schon Bayern wert? Nichts. Es war nur gut genug, um dort jagen zu können. Ungarn hatte dem Kurfürsten den Blick für die Welt geöffnet und die Möglichkeiten aufgezeigt, Neues zu erwerben, über sich hinauszuwachsen und die Enge der Heimat zu überwinden.

Als sich der Kurfürst nach München begab, reiste ihm VILLARS auf seinen ausdrücklichen Wunsch nach. Die Minister des Kaisers waren bestürzt.[405] Man hatte Max Emanuels Bündnistreue von Anfang an mißtraut und schätzte sich um so glücklicher, in KARL VON LOTHRINGEN den zuverlässigen Verteidiger des Reiches und der habsburgischen Interessen zur Verfügung zu haben. Die Münchener Minister waren schockiert, als sie den Einfluß VILLARS erkennen mußten. Sie beschlossen, ihren Mantel nach dem Wind zu hängen. Einer nach dem anderen, BERCHEM ebenso wie LEYDEL, tauchten bei VILLARS auf oder ließen ihn im geheimen, teils aus eigenem Antrieb, teils auf Wunsch ihres Herrn und Meisters wissen, sie wären stets überzeugte Anhänger des französischen Königs gewesen und würden es auch in Zukunft sein.[406] Während der österreichische Gesandte Graf VON THUN in einem Dorf eine Viertel Meile außerhalb Münchens eine kleine Wohnung beziehen mußte, erhielt VILLARS in der Münchener Residenz eine prächtige Zimmerflucht zugewiesen. Damit wollte Max Emanuel dokumentieren, wem er derzeit vertraute, um die Kaiserlichen zu weiteren Zugeständnissen für die kommenden Feldzüge zu bewegen und in der Subsidienfrage gefügig zu machen, eine politische Erpressung, nichts anderes. Seit den Siegen in Ungarn war sein Selbstgefühl ungeheuer gestiegen. Dies drückte sich auch in den großen repräsentativen Festen dieser Zeit aus. Immer erschien VILLARS und begleitete Max Emanuel. Sie besuchten Tanz- und Musikveranstaltungen in Münchener Bürgerhäusern und Wirtshäusern, sie arrangierten heimliche Treffpunkte außerhalb der Stadt, sie liebten die Jagden bei Schleißheim, Leonberg, Landshut oder Geisenfeld. Bälle und Konzerte, Theateraufführungen, Glücksspiele und Jagdpartien wechselten einander ab. Max Emanuel zog das Tollen in den Wäldern, in denen er mit VILLARS Hirsche und Eber jagte, dem Leben in der Residenz mit seinen Verpflichtungen, den Regierungsgeschäften, vor.[407]

VILLARS erfand vielfältige Zerstreuungen, doch gelang es ihm nicht, seine politischen Absichten rasch in die Tat umzusetzen. Max Emanuel sah sich gezwungen, die Politik der letzten Jahre zu verteidigen. Ursache der Entfremdung zwischen Paris und München seien die Türken gewesen; denn von der Rettung oder dem Untergang Wiens hing einst auch das Wohl und Wehe Bayerns ab.[408]

VILLARS versuchte vergeblich, die im Jahre 1683 entlassenen Minister und Geheimräte SCHMID, MAYR und ZÜNDT wieder auf ihre früheren Posten zu bringen, um der bayerischen Politik neue Impulse zu geben. Der österreichische Gesandte, der ein jährliches Einkommen von über 80 000 Livres bezog, versuchte seinerseits, dies zu verhindern und durch aufwendige Feste den Kurfürsten für die kaiserliche Politik verfügbar zu halten.[409]

Das wichtigste Ziel Max Emanuels wurde den französischen und österreichischen Diplomaten eindeutig klar: die Königskrone. Doch in dieser Hinsicht stieß Max Emanuel auf den Widerstand beider Seiten. Habsburg wünschte keine Rangerhöhung des Kurfürsten und damit eine souveräne Herrschaft für diesen wankelmütigen Nachbarn. Frankreich gewann die Überzeugung, daß der Kurfürst zumindest das Königtum über die Niederlande für sich beanspruchte und auf diese Weise in die Rechtsansprüche Frankreichs auf das spanische Erbe einzubrechen gedachte. VILLARS versuchte, Max Emanuel jede Hoffnung hinsichtlich der spanischen Niederlande zu nehmen. Von Wien habe der Kurfürst nichts zu erwarten. Denn nur der französische König könne halten, was er verspreche, sowohl durch seine Rechtsansprüche wie durch seine außerordentliche Macht. »Ist es Flandern, das man Ihnen geben will«, fragte VILLARS den Kurfürsten, »das ist ein verhängnisvolles Geschenk, das weder die Monarchie von Spanien noch das ganze Reich zu Ihren Gunsten zu halten vermögen.«[410] Ein solches Ziel bedeute den Untergang Bayerns, denn niemand würde Max Emanuel dieses Königtum gönnen. Die Gunst der Spanier und Österreicher nütze in dieser Angelegenheit überhaupt nichts, Max Emanuel bedürfe der französischen Zustimmung.[411]

Der Weg nach Mohács[412]

Der österreichische Gesandte in München, Graf THUN, wurde immer unruhiger über VILLARS Anwesenheit. Er bedrängte die kaiserliche Armeeführung, dem Kurfürsten endlich ein eigenständiges Kommando in Ungarn zu übertragen, um dadurch Max Emanuel neuerdings an den Kaiser zu binden.[413] Während des Winters 1686/87 ließ Max Emanuel auf Drängen Wiens seine Truppen neu aus- und aufrüsten und schließlich erhielt er ein größeres Kommando zugesichert.[414] Alle notwendigen Maßnahmen und die Heeresorganisation in Ungarn besorgten allein die Österreicher; Max Emanuel kümmerte sich um diese Dinge nicht. Ihm genügte es, nachdem die Kaiserlichen alle notwendigen Vorbereitungen getroffen hatten, den Befehl über die Truppen zu übernehmen.[415]

Im Juni 1687 begab sich Max Emanuel nach Wien,[416] VILLARS folgte ihm zum Entsetzen der kaiserlichen Minister. Die verschiedenen Feldzugspläne wurden diskutiert. Zunächst herrschte wie fast immer Uneinigkeit unter den Heerführern. Nur langsam schritt der Meinungsbildungsprozeß voran, bis man sich über die neuen Kriegsziele einig wurde. Vom Sammelplatz Szolnok aus rückte Max Emanuel mit seinen Soldaten die Theiß entlang. Wie in den vorangegangenen Jahren begannen kleine Scharmützel mit den Türken, lange Märsche bei drückender Hitze. Der Nachschub kam bald zum Erliegen, je weiter man nach Osten vorstieß. Es mangelte an Nahrungsmitteln. Man zog durch leere, verwüstete und ausgesogene Landstriche. Das Trinkwasser aus den Ziehbrunnen war oft verseucht, die mitgeführten Lebensmittel waren bald verdorben. Feindliche Attacken und Partisanenüberfälle zielten auf die Vernichtung der Proviantwagen.[417]

Max Emanuel wollte Peterwardein gewinnen, der Lothringer aber bat dringend um Hilfe, so daß der Kurfürst seine Pläne ändern und abziehen mußte.[418] Die bayerische Reiterei unter Führung des Grafen ARCO schlug bei Mohács einen türkischen Angriff unter beträchtlichen eigenen Verlusten zurück und rettete dadurch die Proviantschiffe der Kaiserlichen, deren Backöfen das Heer mit Brot versorgten. Sobald es die Lage nur irgendwie zuließ, gingen Max Emanuel und VILLARS, der den Kurfürsten auf Schritt und Tritt begleitete, auf die Jagd. Max Emanuel schien unbeeindruckt von der Nähe der Feinde. Die Österreicher waren wütend, da sie größere Truppeneinheiten abkommandieren mußten, um das jeweilige Jagdrevier des Kurfürsten abzuschirmen und zu verhindern, daß er in die Hände der Türken fiel.[419] Als hätte es zu dieser Zeit keine anderen Sorgen gegeben!

Im August 1687 standen sich bei Mohács die gegnerischen Heere gegenüber.[420] Im Jahre 1526 war hier König LUDWIG II. von Ungarn vernichtend geschlagen worden. Der größte Teil Ungarns war an die Osmanen gefallen. Stand jetzt eine Wende bevor? Durch ein geschicktes Täuschungsmanöver gelang es den Kaiserlichen, die Türken über die Drau zu locken. Am Berge Harsán kam es zur Schlacht. Das Heer der Osmanen war zahlenmäßig den Kaiserlichen erheblich überlegen. Durch Wälder gehindert, waren Flankenbewegungen nicht möglich. Max Emanuel drängte wie immer zur Entscheidung, von VILLARS und LUDWIG VON BADEN unterstützt, obwohl KARL VON LOTHRINGEN die Schlacht nicht wünschte. Der Kurfürst und LUDWIG VON BADEN rollten die Linien der Gegner auf. »Eineinhalb Stunden tat die Kavallerie nichts anderes als töten,«[421] berichtete VILLARS nach Paris. VILLARS, DU HÉRON, der Marquis DE CRÉQUI, der Prinz der Kurlande waren die ersten, die das Zelt des Großwesirs betraten und sich der Schätze und der Kriegskasse bemächtigten. Die Beute war beträchtlich an Silber, Kostbarkeiten und an reichbestickten Stoffen. Die Franzosen taten alles, um einen der Wesire zu retten.[422] »Aber es ist schwierig, die deutschen Reiter vom Töten abzuhalten.« Die Türken flohen, viele ertranken bei dem Versuch, die Drau zu durchqueren. Dieser Sieg ermöglichte dem Kaiser, in ganz Ungarn Fuß zu fassen. Der ungarische Reichstag wurde gezwungen, unter Bruch der durch Tradition geheiligten Reichsgesetze die Erbbarkeit der Königswürde beim Hause Habsburg anzuerkennen.[423]

Max Emanuels Kriegsruhm wurde in Türkenliedern und Türkentragödien nicht nur im deutschen Raum gefeiert, auch die französische Literatur gedachte seiner Taten. Die spanischen Granden schenkten ihm als Gemahl der Erzherzogin MARIA ANTONIE ihre besondere Aufmerksamkeit. Max Emanuel rückte in den Kreis jener, die Anspruch auf das spanische Erbe erheben konnten.[424]

Als der Kurfürst einsah, daß während dieses Jahres in Ungarn nichts mehr zu gewinnen[425] und Belgrad nicht zu erobern war, kehrte er über Wien, wo er sich mit seinem Freund VILLARS gebührend feiern ließ, nach München zurück. Die bayerischen Truppen wurden in Ungarn, Siebenbürgen und 13 polnischen Städten der Zips in Winterquartiere verlegt. Da die Verpflegsgelder aus Wien nicht eintrafen, holte sich der bayerische General STEINAU mit Gewalt Geld und Verpflegung. Er ließ Stadtrichter, Adjunkten und je einen Vertrauensmann der 13 Städte bei Wasser und Brot einsperren, bis ein größerer Teil der ausstehenden Verpflegssummen von der Bevölkerung gezahlt worden war.[426] Der Rest wurde bei Bürgern und Bauern mit Gewalt und durch militärische Exekutionen eingezogen. Ihr Haß auf die Okkupanten war groß und wohl berechtigt.

Max Emanuel selbst sah sich vorübergehend zur Sparsamkeit gezwungen. Als er im Oktober 1687 wieder in seiner Haupt- und Residenzstadt München eintraf, verbot er sich alle Feierlichkeiten zu seinem Empfang. Die Kassen waren leer. Zwei Jahre vorher, 1685, hatte er nicht einmal den Kostenaufwand für seine Hochzeit mit der Kaisertochter MARIA ANTONIE begleichen können. Um das goldene Tafelservice zu bezahlen, mußte er bei den Jesuiten in Ingolstadt einen beträchtlichen Kredit aufnehmen. Weitere Zwangsanleihen bei Kirchen und Klöstern boten die einzige Möglichkeit, die bayerischen Soldaten in Ungarn wenigstens von Zeit zu Zeit zu entlohnen.

Zwischen den Fronten[427]

In Wien wurden intensive Diskussionen geführt, ob man den Grafen KAUNITZ samt Gemahlin wieder nach München schicken solle, um VILLARS zu neutralisieren, der den Kurfürsten völlig zu beherrschen schien. Doch Max Emanuel kam allen Entscheidungen zuvor, indem er von seinem Schwiegervater, dem Kaiser, die Ernennung des Grafen KAUNITZ – seiner zahllosen Verdienste wegen – zum österreichischen Staatsrat erbat. Der Kaiser mußte diesem Wunsch willfahren, und die Gräfin blieb in Wien.

Um seine Unabhängigkeit zu dokumentieren, weigerte sich Max Emanuel Anfang 1688, den abgelaufenen Fünfjahresvertrag mit der Hofburg zu erneuern. Vergeblich versuchte die Gräfin KAUNITZ, den Kurfürsten wieder zu gewinnen. Auch dem Fräulein VON WEHLEM, einer Hofdame der Kaiserin, gelang dies nicht.

Max Emanuels Verhältnis zu ihr war nicht ohne Folgen geblieben. Darüber empörte sich die Kaiserin derart, daß sie drohte, Fräulein WEHLEM beim nächsten Fenster hinauszustoßen. Nur die Rücksicht auf ihren Schwiegersohn könne sie davon abhalten.[428] Wiederum berieten wichtig sich gebärdende Kommissionen, wie das Fräulein auf schnellstem Wege zu verheiraten und mit welcher Entschädigungssumme sie abzufinden wäre. Max Emanuel erklärte sich bereit, ihr 100 000 Gulden zu geben, doch ermäßigte er bald die Summe um die Hälfte.[429]

Seit der Rückkehr Max Emanuels nach München im Herbst 1687 entwickelte sich ein monatelanger Kampf zwischen den österreichischen Gesandten und VILLARS um die Gunst des Kurfürsten. Diese Auseinandersetzungen wurden halb offen, halb im geheimen, jedoch in aller Höflichkeit geführt, ein »Schulbeispiel der Methoden der Rokoko-Diplomatie«.[430] Der ganze Münchener Hof war auf der einen oder anderen Seite engagiert. LUDWIG XIV. versuchte, ein Bündnis mit Max Emanuel zustande zu bringen, um freie Hand über das Bistum Köln zu gewinnen, die pfälzische Erbschaftsangelegenheit in seinem Sinn zu regeln und in Ansätzen auch die spanische Thronfolge vorzubereiten. In allen diesen Fällen verlangte er den Verzicht Max Emanuels auf jegliche Ansprüche.[431] Die kaiserlichen Minister sahen sich zu neuen Zugeständnissen gezwungen.

Der Kölner Bischofsstuhl[432]

Kardinal WILHELM EGON VON FÜRSTENBERG war seit 1682 Fürstbischof von Straßburg, ohne je von diesem Bistum Besitz ergriffen zu haben. Im Einklang mit den Wünschen der französischen Diplomatie hatte er seinen Einfluß auf die Regierung des Hochstiftes Köln beibehalten. Er beherrschte den phlegmatischen Kurfürsten und Erzbischof MAX HEINRICH von Köln völlig. Mit starker diplomatischer Rückendeckung von Seiten Frankreichs, durch zahlreiche Bestechungen, Versprechungen, Geschenke und Drohungen gelang es ihm, die Wahl eines Koadjutors für den alternden Kölner Kurfürsten durchzusetzen. MAX HEINRICH sprach sich für seinen leitenden Minister FÜRSTENBERG aus, und die meisten Stimmen des Domkapitels schienen ihm sicher. Die kaiserliche Partei erkannte lange nicht, welche Gefahr in diesen Vorgängen lag. Köln könnte dem eigenen Einflußbereich verloren gehen, wenn es sich noch enger als bisher an Frankreich anschlösse. Denn FÜRSTENBERG hatte seit Jahr und Tag die Politik LUDWIGS XIV. befürwortet. Die Kaiserlichen hatten ihn während des holländischen Krieges jahrelang in Gefangenschaft gehalten. Es war vorauszusehen, daß FÜRSTENBERG bei einer Nachfolge im Erzstift Köln dem französischen Einfluß alle Türen öffnen würde. In diplomatischen Kreisen hieß es, wenn FÜRSTENBERG zum Kölner Kurfürsten avanciere, »so bedeute dies, einen französischen Minister im Kurkollegium zu haben«.[433] Die Abneigung und die Verachtung gegen Frankreich insbesondere seit dem holländischen Krieg und seit Beginn der Reunionspolitik war so ausgeprägt, daß alle politischen Maßnahmen Frankreichs mit großem Mißtrauen beobachtet wurden. Strategische Überlegungen ergaben außerdem, daß FÜRSTENBERG bei militärischen Auseinandersetzungen das Kölner Hochstift den französischen Truppen öffnen und dadurch eine breite Einfallspforte ins Reich aufstoßen würde. Bei allen Abstimmungen im Kurfürstenkollegium und am Regensburger Reichstag könnte FÜRSTENBERG die französische Position entscheidend verstärken. Infolge dieser Überlegungen wurde die Kölner Wahl zu einer machtpolitischen Auseinandersetzung ersten Ranges.[434]

Verhältnismäßig spät erst kürten die österreichischen Diplomaten mehrere Gegenkandidaten, u. a. aus den Häusern Bayern und Pfalz-Neuburg. Um den stets schwankenden bayerischen Kurfürsten zu verpflichten, einigten sich die Wiener Minister schließlich schweren Herzens und trotz vielfältiger Bedenken auf den bayerischen Kandidaten, den Prinzen Joseph Clemens. Obgleich er nominell Bischof von Freising[435] und Regensburg war, hatte er noch keine Priesterweihe erhalten. Die Einkünfte beider Bistümer waren nicht gerade überwältigend, so daß Max Emanuel versuchte, seinem Bruder mit dem reichen Erzstift Köln eine standesgemäße Versorgung zu verschaffen und gleichzeitig jene Tradition, die mit Herzog Ernst begonnen hatte, ungeschmälert fortzuführen. Dabei waren folgende Schwierigkeiten zu überwinden: Das Alter des Kandidaten entsprach nicht den kanonischen Bestimmungen der Wählbarkeit. Joseph Clemens war noch ein Jugendlicher. Ein weiterer Einwand ergab sich durch die Bestimmung des Trienter Konzils, das die Akkumulation mehrerer Bistümer in einer Hand verbot. Aber daran hielt man sich nicht. Das Wohlwollen des Papstes gab den Ausschlag. Er räumte alle Hindernisse durch einschlägige Breven aus dem Weg.

Villars versuchte mit allen Kräften, durch Versprechungen, Verdrehungen und Warnungen Max Emanuel und Joseph Clemens zum Verzicht auf die Kölner Kandidatur zu bewegen. Sein Hauptargument lautete: Der bayerische Kurfürst habe keinen Thronfolger, deshalb müsse Joseph Clemens auf geistliche Würden verzichten und heiraten. Villars hatte bereits eine Braut für Joseph Clemens in Aussicht, die Infantin von Portugal.[436] Da alle Einwände nichts fruchteten, schlug Villars vor, Frankreich und Bayern sollten die Wahl Fürstenbergs unterstützen, der wiederum Joseph Clemens als Koadjutor und Nachfolger auf den Kölner Bischofsstuhl vorschlagen werde.[437] Alle Schuld an den gegenwärtigen Schwierigkeiten schob Villars der österreichischen Diplomatie zu. Daß Frankreich kein Mitbestimmungsrecht bei der Besetzung von Reichsbistümern besaß, störte ihn wenig. Immer wieder betonte er, Wien wolle das Haus Bayern auf jede nur mögliche Weise schädigen.[438] Die Kölner Frage zeige dies eindeutig.

Diese Vorhaltungen blieben nicht ohne Wirkung auf den im Grunde stets unsicheren, leicht erregbaren Fürsten, der seinen Gesprächspartnern in der Regel mit großer Offenheit begegnete und, sah er sich getäuscht oder hintergangen, mit großem Zorn und Erbitterung jene verfolgte, denen er noch vor wenigen Tagen sein volles Vertrauen geschenkt hatte. Die Leichtgläubigkeit und Vertrauensseligkeit auf der einen Seite wie das permanente Mißtrauen gegen jedermann auf der anderen Seite, gegen seine Gemahlin, seine Mätressen, seine Minister, seine Generale und Offiziere, seine Gesandten nicht ausgenommen, rissen ihn von einem Extrem ins andere. Max Emanuel war wütend auf Frankreich, das der glänzenden Versorgung seines Bruders mit dem Erzstift Köln Widerstand entgegenzusetzen und dem Haus Wittelsbach eine weitere Kurstimme zu mißgönnen schien. Er war in gleicher Weise voller Zorn auf Österreich, das seine und seines Bruders Ansprüche nur mit halbem Herzen zu verfechten schien.[439] Außerdem war er empört über die kaiserlichen Gesandten, die aus München alle seine Liebschaften nach Wien berichteten und die Feststellung trafen, daß er seine Gemahlin mit großer Verachtung behandle. Das tat er, doch durfte und sollte es niemand offen aussprechen. Was nicht ausgesprochen wurde, das existierte nicht. Als schützende Gottheit seines absolutistischen Seins waltete der Schein!

Der Kurfürst gewährte VILLARS Einblick in den Schriftwechsel mit dem Kaiser; umgekehrt fingen die Kaiserlichen einige Briefe ab, die VILLARS an RÉBÉNAC nach Regensburg gesandt hatte.[440] Mit ihnen konnten die Wiener Gesandten die Beteuerungen Max Emanuels widerlegen, er stehe mit den Franzosen in keinerlei engem Kontakt. VILLARS leugnete geschickt, jemals Briefe an RÉBÉNAC geschrieben zu haben. Die vorgelegten Schriftstücke seien eine plumpe Fälschung. VILLARS versuchte, vollendete Tatsachen zu schaffen und den Kurfürsten zu einem Geheimvertrag mit Frankreich zu bewegen.[441]

Der französischen Diplomatie gelang es, FÜRSTENBERG zum Koadjutor von Köln wählen zu lassen. Der Kaiser erkannte diese Wahl nicht an, und der Papst beeilte sich nicht, die Wahl zu bestätigen. Als wenige Monate später, am 3. Juni 1688, MAX HEINRICH starb, war nach kanonischem Recht eine Neuwahl notwendig. Wieder begann der Kampf. Nur knapp verfehlte FÜRSTENBERG die erforderliche Zweidrittelmehrheit, so daß nach der üblichen Interpretation des kanonischen Rechts der Gegenkandidat JOSEPH CLEMENS zum Nachfolger in Köln gekürt war. Kaiser LEOPOLD und Papst INNOzenz XI. gaben ihre Zustimmung zur Wahl des bayerischen Prinzen. Fürstenberg jedoch wollte auf seine Stellung und seine Ansprüche nicht verzichten. Er scharte seine Anhänger um sich und verhinderte die Amtsübernahme seines Gegenkandidaten. Würden beide Seiten eine militärische Lösung suchen, da man sich auf dem Wege der Vernunft nicht einigen konnte?

Violante Beatrix[442]

Zu gleicher Zeit vermittelte Frankreich eine jener politischen Fürstenhochzeiten, deren Erfolg mit großem Prestige verbunden war, deren Bedeutung aber infolge der allgemeinen europäischen Entwicklung bald überholt wurde. Max Emanuel dachte daran, seine jüngste Schwester VIOLANTE BEATRIX zu verheiraten. Von den in Frage kommenden Kandidaten bevorzugte er den Sohn des Großherzogs von Florenz. Seine Neigung zu Italien war von jeher sehr groß gewesen – er fühlte sich selbst mindestens ebenso als Savoyer wie als Bayer –, so daß er auch aus persönlicher Überzeugung diese Heirat befürwortete. Sollte das spanische Erbe geteilt werden, so ergäben sich hinsichtlich der italienischen Gebiete neue Ambitionen. Es wäre sicher nicht von Nachteil, seine Position durch neue verwandtschaftliche Bindungen an ein italienisches Fürstenhaus zu stärken.[443]

Überdies war der Großherzog von Florenz nicht gerade zu den Freunden Österreichs zu zählen, so daß diese Heirat wiederum das gespannte Verhältnis zwischen Bayern und Wien dokumentieren sollte. VILLARS unterstützte diesen Plan, den Erbprinzen FERDINAND VON TOSKANA, den Sohn COSIMOS III. von Medici, ins politische Spiel zu bringen.[444]

Finanzielle Gründe gaben den Ausschlag: Während des Dreißigjährigen Krieges hatte Kurfürst MAXIMILIAN I. aus seinem Hausschatz 300 000 Dukaten bester Münze zur sicheren Aufbewahrung nach Florenz bringen lassen.[445] Als er nach Beendigung des Krieges dieses Deponat zurückforderte, zeigten sich die Florentiner höchst erstaunt über dieses Ansinnen. Man wußte angeblich von nichts. Doch war es schwierig für Florenz, die Sache beständig abzuleugnen. Jetzt im Jahre 1687 plante Max Emanuel, seiner Schwester diese Summe als Aussteuer zu geben, um damit neue Ausgaben für die Heirat sparen zu können. VILLARS schaltete sich vermittelnd ein, um den Großherzog von Florenz zur Anerkennung dieser Schuld zu bewegen.

Monatelang, von März bis November 1688 zogen sich die Verhandlungen zwischen den florentinischen Gesandten, voran CAMILLO FINETI und dem Pater BENFATTI, sowie dem bayerischen Oberstkämmerer PAUL Graf FUGGER, dem Baron VON LEIBLFING, dem Obersthofmarschall JOHANN MAXIMILIAN Graf PREYSING, dem Kriegsratsdirektor Dr. MARX VON MAYR und dem aus Wien zurückgekehrten Baron VON LEYDEL hin.[446] Mitgift und Witwengabe,[447] Titular- und Zeremonialstreitigkeiten verzögerten die Verhandlungen, die mehrmals dem Abbruch nahe schienen. VILLARS geriet oft außer Fassung, als er die Juristen und Bürokraten beider Seiten zu vernünftigen Kompromissen zu bewegen suchte. Da COSIMO III. hinsichtlich der Witwengabe keine Zusicherung machte, einigte man sich schließlich darauf, gegebenenfalls den Papst zum Schiedsrichter anzurufen. Vergeblich hatte LEYDEL als Staatsmann und Jurist den Kurfürsten beschworen, keine derartig vagen Formulierungen in diesen Ehevertrag aufzunehmen.[448]

Endlich im November 1688 konnte die Prokuravermählung in München mit großem Pomp gefeiert werden. An drei aufeinanderfolgenden Tagen wurden Opern, Feuerwerke und Turniere aufgeführt. Dann reiste die Prinzessin nach Italien ab. Max Emanuel begleitete sie bis an die Tiroler Grenze bei Mittenwald, JOSEPH CLEMENS bis nach Verona.[449]

Expansionsgedanken

Im Verlauf der Heiratsverhandlungen mit MARIA ANNA CHRISTINA in den Jahren 1679/80 hatte der damalige bayerische Kanzler CASPAR VON SCHMID mit dem französischen Gesandten CHARLES COLBERT DE CROISSY, dem jetzigen französischen Außenminister, die Ansprüche Bayerns auf umliegende Territorien diskutiert. CROISSY hatte diese Ausführungen nicht vergessen, so daß VILLARS die damaligen Argumente wieder aufgreifen und mit Max Emanuel über eine Gebietserweiterung Bayerns sprechen konnte. Alles, was VILLARS anbot, gehörte zwar nicht dem französischen König, doch schätzte man in Versailles den Drang Max Emanuels nach Expansion realistisch ein. LUDWIG XIV. wollte den bayerischen Fürsten von etwaigen Ansprüchen auf das spanische Erbe abbringen und ihn im Reich beschäftigen. Eine Möglichkeit für Bayerns Ausdehnung bestand darin, die vorhandenen Exklaven auswärtiger Herrschaftsträger auszuschalten und ein kompaktes Staatsgebilde zu schaffen, nämlich alles Land zwischen Inn, Donau und Oberrhein, die vermögenden Reichsstädte Augsburg, Regensburg und Nürnberg, die Hochstifte Freising und Passau an Bayern anzugliedern.[450] Dazu bot Paris seine Hilfe an. Da die Hoffnungen Max Emanuels auf einen Teil des spanischen Erbes nicht zerstört werden konnten, waren die französischen Minister sogar bereit, Zusagen über den Erwerb des Königreichs Neapel und Sizilien aus dem spanischen Erbe zu geben. Das große Ziel Max Emanuels, sich eines Tages die Königskrone aufs Haupt zu setzen, schien damit ein klein wenig nähergerückt. Unmittelbare Folge aller dieser Reflexionen aber wäre ein sofortiger Anschluß Bayerns an Frankreich gewesen. Paris gab zu verstehen, daß es in diesem Fall auch die Kandidatur Max Emanuels anläßlich einer künftigen Kaiserwahl protegieren werde.

Die Verwirklichung dieser Angebote, so verlockend sie dem Kurfürsten erscheinen mochten, war voraussichtlich mit schweren Erschütterungen des Reiches wie des labilen internationalen »Status quo« verbunden. Die Einnahme der Reichsstädte Augsburg, Regensburg oder Nürnberg hätte den Bruch des Friedens und den Kampf Bayerns gegen das Reich bedeutet. Max Emanuels Bruder JOSEPH CLEMENS verwaltete das Bistum Freising, so daß eine Okkupation dieses Gebietes unklug war. JOSEPH CLEMENS müßte dann auf andere Weise versorgt werden. Eine Okkupation der Stadt Passau würde das unmittelbare Eingreifen Österreichs heraufbeschwören. Der österreichische Habsburger befand sich überdies nicht mehr in jener schwachen Position des Jahres 1683. Einem Bruch des Reichsfriedens durch Bayern würde er nicht tatenlos zusehen. Max Emanuel hatte zwar bisher die territoriale Vergrößerung Habsburgs in Ungarn mehr oder minder tatkräftig unterstützt. Trotzdem würde er sich mit Sicherheit die unversöhnliche Feindschaft Habsburgs bei einer Bewerbung um die Kaiserkrone zuziehen.

Max Emanuel hatte damals noch Sinn für Realitäten, insbesondere die strategische Lage Bayerns, das an beinahe drei Seiten von kaiserlichen Erblanden umgeben war, nicht vergessen. Desungeachtet spielte er lange Zeit – zumindest in Gedanken – mit dem Feuer. Mit dem überkommenen Erbe wollte er sich nicht zufriedengeben. Er erstrebte die Vergrößerung seines Herrschaftsbereiches und eine Rangerhöhung. Voraussetzung zur Realisierung dieser Absichten wäre die Aufstellung eines starken Heeres gewesen. Dazu gehörte Geld. LUDWIG XIV. aber war nicht bereit, entsprechende Subsidien anzubieten. Er verstand sich nicht einmal dazu, die restlichen Zahlungen aus den Vertragsverpflichtungen von 1670/73, die im Jahre 1680 eingestellt worden waren, nachzuholen.

Ein weiterer Einwand ergab sich aus der Überlegung, daß die Säkularisierung von Bistümern die Position der Reichskirche entscheidend schwächen konnte. Bayerns Vorbild würde andere weltliche katholische und protestantische Fürsten ermutigen, auf ähnliche Weise vorzugehen.[451] Auch hätte Max Emanuel durch die Säkularisierung geistlicher Territorien das Wohlwollen des päpstlichen Hofes eingebüßt. Die Angebote VILLARS waren in Anbetracht der gegenwärtigen internationalen Lage äußerst gefährlich. Max Emanuel beriet die Anträge Österreichs mit LEYDEL und BERCHEM und gleichzeitig die Angebote VILLARS mit dem ehemaligen bayerischen Kanzler CASPAR VON SCHMID. Dieser versuchte, dem Kurfürsten das System FERDINAND MARIAS zu erklären, das die Neutralität Bayerns zur Maxime erhoben hatte.[452]

»Münchener Karneval«[453]

Die unterschiedlichen Angebote von Paris und Wien, glänzende Aussichten auf Erwerbungen, die ohne internationale Komplikationen nicht zu verwirklichen waren, einander entgegengesetzte politische Tendenzen, schließlich die Parteiungen am Münchener Hof beeinflußten in verwirrender Weise die Meinungsbildung des Kurfürsten. Er war sich seiner selbst äußerst unsicher. Das zeigen viele Ereignisse dieser Wochen. Zwei Beispiele: Als sich VILLARS über den mangelnden Eifer des bayerischen Gesandten am Regensburger Reichstag, Baron VON WÄMPL, beschwerte, drohte Max Emanuel mit seiner Absetzung.[454] VILLARS Beanstandungen entsprachen jedoch nicht den Tatsachen. In einem Augenblick ruhigen Nachdenkens kam der Kurfürst zu einer realen Würdigung der Verdienste WÄMPLS: Er ernannte ihn zum Geheimen Rat.

Als LEYDEL – in vollem Bewußtsein des Risikos eines solchen Vorschlags – dem ehrgeizigen Kurfürsten riet, sich mit dem Besitz Bayerns zu begnügen, behandelte ihn Max Emanuel als einen »miserable«. Schließlich, so gestand der Kurfürst dem französischen Sondergesandten, habe er nicht in fünf Feldzügen in Ungarn gekämpft, um sich mit dem zufriedenzugeben, was ihm seine Vorfahren hinterlassen hätten.[455] Nach vielen Diskussionen gelang es LEYDEL und BERCHEM, Max Emanuel wieder zu beruhigen und zur größeren Zurückhaltung gegenüber »den gefährlichen französischen Werbungen« zu veranlassen. LEYDEL wurde daraufhin ermächtigt, mit der österreichischen Gesandtschaft in intensive Verhandlungen über den bevorstehenden Ungarnfeldzug einzutreten.[456]

Der Einfluß VILLARS bereitete dem Wiener Hof ernstliche Sorgen. Man müßte beide trennen und den Kurfürsten mit Versprechungen, Geschenken und verschiedenen Angeboten gewinnen. Dieser gefiel sich in der Rolle, umworben zu werden. Der Kaiser schrieb Briefe über Briefe an den Kurfürsten, um ihn zu bewegen, nach Wien zu kommen. Seine Minister taten dasselbe. Max Emanuel ließ sich vorerst davon nicht beeindrucken.[457] Er lehnte den Wunsch des Kaisers ab, weitere Truppen nach Ungarn zu schicken, entließ einen Teil seiner Soldaten und verkaufte die bereitgestellten Boote und Transportmittel.[458]

Sowohl der französische wie die österreichischen Gesandten versuchten, Max Emanuels wechselnde Favoritinnen[459] für ihre Zwecke einzuspannen, wobei sie jedoch, entgegen der bisherigen Ansicht in der Literatur, nur einen geringen Erfolg erzielten. Max Emanuel hatte im Grunde wenig Lust, sich mit den Damen über politische Fragen zu unterhalten. Ihm kam es darauf an, der Gräfin VON PAAR und dem Fräulein VON WEHLEM in der Münchener Residenz ein Appartement vorzubereiten, das Geheimgänge hatte,[460] so daß er sie ungesehen besuchen konnte. Unter der sachkundigen Anleitung VILLARS wurden die vorgesehenen Zimmer prächtigst ausgestattet. Die Verschwiegenheit wurde gewahrt; weder die Kurfürstin noch ihre Bedienten erfuhren etwas von diesem Arrangement. Mit der Gräfin KAUNITZ, der ersten großen Liebe seines Lebens, stand Max Emanuel nur noch brieflich in Kontakt.

Der päpstliche Hof ließ seinen Unmut über Max Emanuels Ausschweifungen erkennen. Der Kurfürst schrieb den Ratgebern des Papstes und den kaiserlichen Diplomaten diese Verstimmung zu.[461] VILLARS sparte nicht an Ausgaben, um die österreichischen Gesandten zu übertreffen. »Es ist eine unerläßliche Notwendigkeit«, schrieb er an LUDWIG XIV., »eine große Tafel zu halten. Man muß die Deutschen essen und trinken lassen, das ist das einzige Mittel, um ihre Hochschätzung und ihre Freundschaft zu erwerben.«[462]

Max Emanuel, VILLARS und einige wenige Vertraute des Kurfürsten begaben sich während der Faschingszeit inkognito dreimal in der Woche zum Souper in Bürgerhäuser. Danach mischte man sich maskiert unter die Festgäste und tanzte bis 7 Uhr morgens. Da auch die Kurfürstin nicht ganz des Vergnügens entbehren sollte, ließ Max Emanuel in der Residenz ein Ballett vorbereiten, in dem seine Gemahlin zu tanzen und eine Rolle in der französischen Komödie zu übernehmen hatte. »Ich habe kein Land gesehen, wo der Karneval so geschätzt wird«, konstatierte VILLARS.[463]

Noch während Max Emanuel auf die Ankunft des Fräuleins VON WEHLEM wartete, die die Kaiserlichen unter verschiedenen Vorwänden in Prag zurückhielten, war die Gräfin VON PAAR aus Wien zurückgekehrt und brachte ihre hübsche Tochter mit, »die den weisen und freien Ratschlägen ihrer sehr erfahrenen Mutter folgte«.[464] Doch Max Emanuel gab sich damit nicht zufrieden und schickte mehrere Kuriere nach Prag, um auch noch Fräulein VON WEHLEM herbeizuzitieren.⁴⁶⁵ Unterdessen hatte sich das Ehepaar KAUNITZ wieder nach München aufgemacht. Es beabsichtigte, Max Emanuel auf seiner Reise in die ungarische Tiefebene zu begleiten, die Wien für ihn geplant hatte. Der Kurfürst hatte sich noch nicht entschieden, so daß die Gräfin KAUNITZ samt Gemahl vergeblich an der österreichisch-bayerischen Grenze auf ihn warteten. Max Emanuel ließ ihnen keine Pässe aushändigen. Ebenso vergeblich harrten die kaiserlichen Offiziere auf die Ankunft der bayerischen Hilfstruppen.⁴⁶⁶ Statt dessen reiste der Sekretär MAYR in die Donaumetropole, um neue Forderungen des Kurfürsten zu überbringen hinsichtlich der Subsidien wie des Oberbefehls über KARL VON LOTHRINGEN.

Um einen Eklat zu vermeiden, sann der Kaiser auf einen Ausweg. Dieser bot sich unerwartet, als KARL VON LOTHRINGEN erkrankte.⁴⁶⁷ Jetzt schien endlich die Gelegenheit für Max Emanuel gekommen, allein das kaiserliche Heer zu befehligen. Doch er mißtraute der Meldung über diese plötzliche Erkrankung und hielt sie für eine arglistige Täuschung, um ihn aus München wegzulocken. Sobald er in Wien ankäme, wäre auch KARL VON LOTHRINGEN wieder gesund und er müßte sich neuerdings fügen.

Die Kaiserlichen hatten einige Mühe, ihn von der tatsächlichen Erkrankung des Lothringers zu überzeugen. Max Emanuel schickte vorsichtshalber einen Kurier ab. Er sollte den Patienten persönlich in Augenschein nehmen. VILLARS, der die Abreise des Kurfürsten nach Wien verhindern wollte,⁴⁶⁸ hatte den Kurier bereits entsprechend instruiert, was er seinem Meister zu berichten hatte. Doch um der Wahrheit die Ehre zu geben – KARL VON LOTHRINGEN war tatsächlich, aber nur leicht erkrankt. In wenigen Wochen würde er seine frühere Gesundheit wieder erlangt haben. Wenn man nach dem gesundheitlichen Befinden urteilen wollte, so hätte auch Max Emanuel den vom Kaiser angebotenen Oberbefehl nicht übernehmen dürfen, da er sich selbst in München im Krankenstand befand und schon zweimal geschröpft worden war.⁴⁶⁹ Die österreichischen Diplomaten sahen die Erfolglosigkeit ihrer Bemühungen und schalteten den Papst ein, der den Kurfürsten veranlassen sollte, im Interesse der Christenheit die kaiserlichen Truppen zu befehligen. Ein Fürst, »den Türken so furchtbar«, dürfe nicht in seinem Land verweilen. Schließlich ließ sich Max Emanuel überzeugen⁴⁷⁰ und reiste nach Ungarn ab.

Die Wiener Diplomaten hatten vor allen Forderungen Max Emanuels kapituliert. Nur einen kleinen Erfolg konnten sie verzeichnen. Max Emanuel, »der tief in seiner Seele französischer ist als Ludwig XIV.«, den Kaiser und die Kaiserlichen »persönlich haßt und mehr die Erniedrigung des Hauses Österreich wünscht als die Erhebung seines Hauses«, wie der französische Gesandte nach Paris schrieb, mußte auf Drängen des österreichischen Hofkanzlers STRATMANN VILLARS nach Frankreich zurückschicken.[471] Dies war die einzige Bedingung der Kaiserlichen. Dann erst konnte Max Emanuel den Oberbefehl über die kaiserlichen Truppen übernehmen. Er fügte sich widerwillig. Ansonsten machte es ihm ein besonderes Vergnügen, daß der Herzog von Mantua sich freiwillig seinem Kommando unterstellte.[472]

Die Eroberung Belgrads[473]

33 500 Mann, die kleinste Armee, die seit 1683 gegen die Türken aufgebrochen war, marschierten im Sommer 1688 gegen Belgrad. Darunter befanden sich etwa 6000 Bayern, will man den schriftlichen Überlieferungen glauben. Der Angriff auf Stadt und Burg Belgrad war nur von der Landseite her möglich. Nach Ofen galt Belgrad als der zweite und endgültige Schlüssel zum Königreich Ungarn. Eine mit zahlreichen Türmen bewehrte zweifache Mauer umgab die Stadt an der Flußseite. An der Landseite übernahm die Festung, die mit hohen Türmen aus Quadersteinen umgeben war, den Schutz der Stadt. Von hier aus konnte jeder Angreifer mit Geschützfeuer bestrichen werden. Vor Belgrad befanden sich weitläufige Vorstädte, in denen verschiedene »Nationen« wie Türken, Ungarn, Griechen, Juden, Dalmatier und andere in leidlichem oder gutem Einvernehmen miteinander lebten, bis die Kaiserlichen beschlossen, dieser Eintracht ein Ende zu bereiten. Belgrad besaß ein großes Kaufhaus mit weiten Gewölben und zahlreichen Gängen, in denen die Händler ihre Waren feilboten. Dieses Kaufhaus war ebenso wie die Festung und die Moscheen mit einem Bleidach gedeckt. In den Jahren 1440 und 1456 hatten die Krieger des Islam erfolglos versucht, die Stadt einzunehmen. Erst im Jahre 1521 hatte Sultan SOLIMAN der Prächtige sie seinem Reich einverleibt.[474] Jetzt hoffte LEOPOLD, sie zurückzugewinnen.

1688 wollte die türkische Armee unter ihrem Kommandanten JENGHIEN BASSA in enger Zusammenarbeit mit EMMERICH TÖKÖLY und seinen Anhängern den Übergang der kaiserlichen Armee unter Führung Max Emanuels über die Save verhindern.[475] Angesichts des Feindes auf dem gegenüberliegenden Ufer weigerten sich die kaiserlichen sowie die alliierten Offiziere und Mannschaften, den Fluß zu überqueren. Es war eine Situation, die vielen vorangegangenen ähnelte. Wieder gelang es Max Emanuel durch den vollen Einsatz seiner Persönlichkeit, die Generale von der Richtigkeit und Ausführbarkeit seiner Angriffspläne zu überzeugen. Er sparte weder mit Worten noch Dukaten, um den Soldaten Mut zu machen. Die Fähigkeit, den eigenen Kampfwillen auf seine Untergebenen übertragen zu können, war dem Kurfürsten in höchstem Grade zu

eigen. Im Gegensatz zu allen militärischen Regeln ließ er das Heer
übersetzen. Das Wagnis gelang. Die Truppen verjagten die Türken
aus ihren Verschanzungen und richteten sich dort selbst ein. JEN-
GHIEN BASSA floh mit seinen Soldaten nach Semendria.[476]

Als KARL VON LOTHRINGEN trotz der bisherigen Zusagen im geheimen beim kaiserlichen Heer auftauchte, um im Notfall eingreifen zu können, geriet der Kurfürst in Rage. Er sah sich betrogen.
LEOPOLD blieb nichts anderes übrig, als KARL VON LOTHRINGEN mit
einem anderen Kommando zu betrauen.[477] Er blieb aber stets
marschbereit.[478] Würde Max Emanuels Ungestüm eine Katastrophe
herbeiführen, könnte der Lothringer rechtzeitig den Oberbefehl
übernehmen, so die Überlegungen der Wiener Kriegführung.

Nachdem der Kurfürst »als dapffermütigster Anführer dieser
dapffermütigen Christlichen Armee« die Flucht des türkischen Ent-
satzheeres beobachten konnte, ließ er seine Truppen gegen Belgrad
marschieren.[479] Die Türken steckten die Vorstädte in Brand. Max
Emanuel befahl zwar, das Feuer zu löschen,[480] doch wurden einige
hundert Häuser in Asche gelegt. Obgleich am 11. August das Feuer
noch weiter schwelte, ließ Max Emanuel seine Truppen in zwei
Linien zusammenziehen. Die erste Linie, größtenteils Fußvolk,
rückte gegen die Stadt vor, die andere, vornehmlich die Regimenter
zu Pferd, besetzte zur Sicherung des Nachschubs und der Donau die
Abschnitte gegen das freie Feld. Max Emanuel begab sich selbst auf
Kundschaft, um die Situation des Schlosses und der Wasserstadt
in Augenschein zu nehmen. Er wählte persönlich die Ingenieure und
Mineure aus.[481]

Der bayerische General SERENI erhielt das Kommando zum Angriff auf die Festung. Ein Feldmarschall-Leutnant, ein Generalwachtmeister, 20 Hauptleute, 25 Leutnants, 30 Feldwebel, 50
Korporale, 300 Gefreite und 256 Gemeine wechselten sich täglich
bei den Aktionen gegen die Festung ab. Die türkische Besatzung
versuchte vergeblich, die Aufstellung der Truppen und der Kanonen durch mehrmalige Ausfälle zu verhindern. Sie wurden alle
zurückgeschlagen.[482]

Der Kurfürst ließ durch einen gefangenen Türken einen Brief
übermitteln mit der bei solchen Anlässen üblichen Aufforderung,
die Festung zu übergeben.[483] Sollte jedoch der Platz halsstarrig verteidigt werden, würde den Türken künftig die Gnade eines Akkords

nicht mehr zuteil werden. Anstelle einer Antwort wurde ein Mann in türkischen Kleidern, wahrscheinlich der Überbringer des Schreibens, an den Mauern öffentlich gehängt. Die türkischen Verteidiger verließen sich auf die Kampfkraft ihrer Truppen, die Verteidigungsbereitschaft der Bevölkerung und die Schlagkraft ihrer Kanonen. Trotz des Minenkrieges gelang es den Angreifern, die Türken aus den Palisaden zu verjagen und diese in Brand zu stecken. Beide Seiten setzten Kanonen und Granatwerfer ein. Tag und Nacht beschossen alle verfügbaren Mörser die Festung. »Der Helden-müthige Churfürst hatte bey allen diesen Actionen Seine treffliche Kriegs-Erfahrenheit stattlich spühren lassen und ware er in eigner Person gantz zu nechst dabey, wo es am ernstlichsten daher gienge, indeme eines Tages in einen Approchen dero Leib-Pferd, welches sie doch eben damals nicht besetzten, todt geschossen, und gleich den folgenden Tag darauf einer von dero Leib-Laqueyen mit einer Janitscharen-Kugel dermassen getroffen, daß er noch selbigen Tages gestorben.« So lautete einer der offiziellen Heeresberichte.[484]

Unter schweren Verlusten gelang es den Angreifern, die Türken aus ihren Positionen unter den Mauern zu vertreiben.[485] Trotz des fortdauernden Bombardements errichteten die Verteidiger neue Palisaden, Barrikaden und Verschanzungen, mit Sandsäcken verstärkt. Die Angreifer schossen ihrerseits eine breite Bresche in die Mauer, füllten die Gräben mit Fässern und Faschinen und erweiterten die Bresche so sehr, daß an die 400 Mann gleichzeitig eindringen konnten. Die Belagerer trugen eine Schutzkleidung aus Ochsen- und Kuhhäuten, um gegen die Pfeile und Geschosse der Türken ein wenig besser gesichert zu sein. Die Verluste an Menschen und Material waren auf beiden Seiten groß. Auch Graf SERENI und Prinz EUGEN VON SAVOYEN wurden verletzt.[486]

Am 6. September um 4 Uhr morgens ließ der Kurfürst den Sturmangriff auf die Festung befehlen. Die Verteidiger leisteten einen derart starken Widerstand, daß die Angreifer nach sechsstündigem hitzigen Gefecht zurückzuweichen begannen. Als der Kurfürst sah, wie seine Truppen die Aktionen abbrechen wollten, warf er sich selbst in den Kampf und ritt mit bloßem Degen voran, um die Mannschaften anzufeuern. Ein erneuter Ansturm hatte endlich Erfolg. Die Festung konnte erobert werden. Ein Pfeilschuß verletzte dabei den Kurfürsten an der rechten Wange. Mit blutüberströmtem Gesicht führte er seine Mannschaften zum Sieg. General SCHERFFENBERG, die Obristen Graf VON THUN, Graf VON STYRUM, Graf VON FÜRSTENBERG, Graf VON STARHEMBERG, der Fürst VON LIECHTENSTEIN opferten neben zahlreichen anderen Offizieren und hunderten von Soldaten »ihr Leben der Christenheit zum unbeschreiblichen Nutzen und ihrem selbsteigenen unsterblichen Ruhm«.[487]

Die Sieger verhielten sich wie in allen vorangegangenen Feldzügen. Sie machten alles nieder, was ihnen in den Weg kam. Der offizielle Kriegsbericht meldete: »Der erbitterte Soldat« hat »von der Besatzung und dem übrigen Gesindlein nicht einen Mann übriggelassen.« Etliche der siegreichen Helden, die keinen Degen mehr besaßen, erstachen die »verfluchten Türcken mit Brotmessern« und schickten sie »solcher gestalt zu ihrem Mahomet«. Die Verwundeten wurden mit Äxten und Gewehrkolben erschlagen. In den Trümmern der zerschossenen Häuser irrten halbverhungerte Kinder umher, die ihre Eltern oder Schutz bei Bekannten suchten. Mit Bajonetten wurden sie niedergemacht.[488] Das Gemetzel dauerte über Stunden. Die eroberte Stadt wurde geplündert und teilweise zerstört.

Der Sieger

Die Erfolge der ungarischen Unternehmungen brachten dem bayerischen Kurfürsten keine Gebietserweiterung, keine erhöhten Subsidienzahlungen, dafür aber persönlichen Ruhm, militärisches und politisches Prestige. Die Münchener Regierung wertete sie propagandistisch weitgehend aus. Der Kurfürst ließ sich feiern. Wo immer er nach seinen Ungarnfeldzügen Station machte, wurden glanzvolle Empfänge veranstaltet. Gleichsam in Begleitung des Kriegsgottes Mars unternahm er seine Triumphzüge. Am Vorbild antiker Imperatoren, wie sie in den Fensterlaibungen des Treppenhauses von Schloß Schleißheim dargestellt wurden, maß Max Emanuel seinen Ruhm, den er bewahren und vermehren wollte. Sein Stolz ertrug es nicht mehr, von irgendeinem Mächtigeren gegängelt zu werden. Seine Versuche, mit den Parteien in Europa ins Gespräch zu kommen, den jeweiligen Partner zu überflügeln, sich jeder Abhängigkeit, in die er sich begab, sofort wieder zu entziehen, sind in diesem Sinn zu verstehen. Er betrachtete sein Land, seine Untertanen und auch seine Verhandlungspartner als Mittel zum Zweck, Ruhm zu erwerben, gleichgültig auf welche Weise – auf irgendeine Weise. Das Bündnis mit dem Kaiser zur Offensive in Ungarn bedeutete für ihn nur ein Mittel, diesen Ruhm zu fördern. Wegen der Farbe seines Uniformrockes nannten ihn die Türken den »Blauen Kurfürsten«, so die richtige Übersetzung des türkischen Wortes »Mavi Kral« und nicht der »Blaue König«.[489]

Über den Siegesbildern im Viktoriensaal des Schlosses Schleißheim zeigen die lateinischen Verse, wie Max Emanuel seine Feldherrntaten eingeschätzt wissen wollte. Bei der Eroberung von Neuhäusl heißt es: »Nicht die zarte Braut, nicht tausend Gefahren halten Dich auf, wenn der Gott des Krieges Dir mit dem Lorbeer winkt.« Die Belagerung der Festung Buda durch Max Emanuel wird interpretiert: »Der Blitz des Krieges heißt Emanuel. Selbst Mars verblaßt vor ihm, wenn er mit schwerem Geschütz Berge und Felsen sprengt.« Der Übergang über die Save im Angesicht des türkischen Heeres wird kommentiert: »Der Siegesgöttin nach über den Fluß zu springen, das sind Schritte, wie Du, Maximilian, sie tust.«[490]

Seit 1683, als das Zelt des Großwesirs in des Kurfürsten Besitz kam, ließ ihn das Streben nach Kriegsruhm nicht mehr ruhen. Die Eroberung Belgrads im Jahre 1688 – die Stadt war seit 1521 in den Händen der Türken gewesen und fiel ihnen bald wieder zu, da die Kaiserlichen nicht in der Lage waren, die Festung zu halten – war der Höhepunkt in Max Emanuels Leben, den er nicht mehr zu überschreiten vermochte. Aber konnte er dies einsehen? Sein Ehrgeiz war angestachelt. Er war bereit, sich mit jedem Gegner zu messen. Das Streben aller europäischen Fürstenhäuser nach Ausdehnung ihrer Macht, nach Anerkennung und Rangerhöhung hatte ihn geprägt. Alle fortschreitenden Veränderungen aber waren auf eine kleine führende Gesellschaftsgruppe beschränkt. Die Situation der Untertanen verbesserte sich nicht. Im Gegenteil, Bayern opferte für diese Türkenkriege insgesamt 30 000 Mann und etwa 15 Millionen Gulden.[491] Bis 1690 stiegen die Ausgaben auf 20 Millionen Gulden an. Das Volk trug die Lasten und Kriegskosten, mußte für die Verpflegung und Einquartierung der Soldaten aufkommen. Doch von den Lasten wollte man in der Öffentlichkeit nicht sprechen. Vom Ruhm des Türkensiegers sprach man, und dieser Ruhm verblieb Max Emanuel bis zu seinem Tode – und bis heute.

Die Siege in Ungarn verstärkten den Glauben des Fürsten an die Auserwähltheit seines Hauses und seiner Person. Es war Hybris, die ihn fortan begleitete. Die unüberbrückbare Differenz zwischen Wunschvorstellung und Wirklichkeit, realen Möglichkeiten und gedachten Möglichkeiten, wie die Scholastiker dieser Zeit unterschieden, zwischen Utopie und Fakten begleitete und prägte ihn. Alle Erfolge waren ihm bisher scheinbar leicht zugefallen. Er brauchte sich niemals um Einzelheiten zu kümmern. Um diese sorgten sich andere, vor allem die kaiserlichen Generale, die österreichischen Beamten und Behörden. Max Emanuel war gekommen und hatte die Zaudernden mitgerissen. Veni, vidi, vici! Bisher hatte er nur der Vergrößerung und Machterweiterung anderer gedient. Fortan wollte er sich vor allem seiner eigenen Größe und der seines Hauses widmen. Er hatte seine Fähigkeiten unter Beweis gestellt. Große Ziele waren zu erreichen. Es wechselten Hochstimmung und Niedergeschlagenheit. Er wünschte die Vergrößerung seines Hauses, wie sie seine Vorfahren schon lange vorbereitet hatten. Die Stunde schien gekommen. Max Emanuel stürmte hilflos gegen die

Widerstände in der täglichen Politik an; eine Politik der kleinen Schritte war nicht sein Ideal. Dieses Verhaltensmuster war ausschlaggebend. Die auswärtigen Diplomaten sprachen immer wieder vom Charakter des Fürsten. Sie sahen darin den Schlüssel zum Verständnis seines Wesens.

Max Emanuel hatte Ungarn erobert, nicht für sich, sondern für den Kaiser. Er lebte gleichzeitig in ständigen Differenzen mit den kaiserlichen Ministern und Offizieren, die mit äußerster Härte und Strenge gegen unterworfene Türken und Ungarn vorgingen. Der Kurfürst selbst liebte Ungarn, das Land, und schätzte die Magnaten. Er riet zur Schonung der vornehmen Türken, lud sie an seine Tafel zum Entsetzen der Kaiserlichen, korrespondierte mit ihnen zum Schrecken Wiens.[492]

Der Unwille der bayerischen Soldaten gegen Österreich wuchs. Hunger, Krankheiten und Seuchen dezimierten jedes Jahr die Hilfstruppen, und jedes Jahr erhielten sie wiederum schlechte Winterquartiere, so jedenfalls die Ansicht der Münchener Regierung. Die Subsidien blieben aus, sie wurden erst nach heftigen Vorstellungen und vielfältigen Drohungen ausbezahlt. Die Unkosten deckten sie nicht.

Die bayerischen Minister brauchten lange Zeit, bis sie den Gedankengängen ihres Fürsten folgen konnten. Sie vermochten sich nicht vorzustellen, wie die gewünschte dynastische Rangerhöhung zu realisieren wäre. Sie rieten ab, sie hegten Zweifel, aber Max Emanuel konnte sie überzeugen, riß sie mit, und sie stellten sich ihm zur Verfügung. Sie suchten in den alten Verträgen mit auswärtigen Höfen und in den Erbschaftsabmachungen nach Rechtsansprüchen. Sie vollzogen die historische Entwicklung Bayerns nach, entdeckten von neuem, wie es schon JOHANN ADLZREITER,[493] JOHANN MÄNDL und CASPAR VON SCHMID getan hatten und letzterer noch tat (er schrieb zu dieser Zeit seine Historia Bayerns[494]), die einstigen Besitzungen Bayerns, die Herrschaft der Straubinger Linie im Hennegau und in Flandern,[495] sie durchdachten die Erbansprüche gegenüber dem spanischen Königreich,[496] sie überlegten, ob das österreichische Erbe beim Aussterben der Habsburger an Bayern fiele.[497] Die Situation war voller Spannungen und Überraschungen. Max Emanuel vermochte auch Zweifler und Skeptiker umzustimmen und von seinen gerechten Ansprüchen zu überzeugen. Immer seltener wurde ein Widerspruch angemeldet. Ihn konnte der Fürst, der vor allem an die Vergrößerung seines Ruhmes dachte, nicht ertragen. Die Realität trat in den Hintergrund. Den Vorrang erhielt eine Phantasiewelt, die neben der Realität stand.

Die europäische Konstellation im Jahre 1688

Nach der Rückkehr Max Emanuels von Belgrad fand sich auch VILLARS wieder beim Kurfürsten ein.[498] Noch einmal nahm er die Verhandlungen über eine Allianz Bayerns mit Frankreich auf. Doch die internationale Situation hatte sich verändert. Ende August 1688 hatte das Versailler Kabinett auf Drängen des französischen Kriegsministers LOUVOIS und LUDWIGS XIV. den Krieg beschlossen. Dem Dauphin, Max Emanuels Schwager, wurde das Kommando übertragen. Frankreich forderte vom Reich, den 20jährigen Waffenstillstand bis zum 1. Januar 1689 in einen definitiven Frieden umzuwandeln und alle Reunionen als rechtskräftig anzuerkennen. Ferner behauptete Versailles, PHILIPP WILHELM VON PFALZ-NEUBURG habe sich widerrechtlich des gesamten Erbes des Hauses Simmern bemächtigt, und die Wahl JOSEPH CLEMENS zum Kölner Erzbischof diene nur dazu, dem Haus Wittelsbach zu schaden. Die zu erwartenden negativen Auswirkungen müßten abgewendet werden.

LOUVOIS' Kriegsmaschinerie lief auf Hochtouren. Exakte Planungen hatten das Ziel, mit kraftvollen Schlägen die Offensive zu eröffnen und bedeutende Gewinne einzustreichen, solange die Streitkräfte Habsburgs und des Reiches noch in Ungarn gebunden waren. FÜRSTENBERG, der in Bonn residierte, hatte bereits einen Hilfsvertrag mit Frankreich geschlossen. Er öffnete das Erzbistum den französischen Truppen. Dies war zugleich eine feindliche Aktion gegen die Interessen der bayerischen Wittelsbacher. Die französischen Truppen drangen ins Reich vor, verwüsteten planmäßig die Pfalz. Schon befürchtete man Angriffe auf Ulm. Die schwäbischen Kreisstände und der württembergische Administrator schickten an Max Emanuel, an den Reichstag und an den Kaiser Gesuche um Hilfe.[499] Die französischen Offiziere forderten Kontributionen in Höhe von zwei Millionen Livres. Allein das kleine Hochstift Eichstätt mußte davon 50 000 Gulden bezahlen. Im Oktober 1688 besetzten französische Truppen Avignon. Ein europäischer Krieg hatte begonnen.[500]

Der Kampf gegen die verwandte Linie der Pfalz, gegen seinen Bruder JOSEPH CLEMENS als Bischof von Köln erschwerte die Aufrechterhaltung der bisherigen Beziehungen Max Emanuels zu Frankreich. Vergeblich beschwor ihn LUDWIG XIV., eine Zusammenarbeit aller katholischen Mächte, voran Bayerns und Frankreichs anzustreben, um den »verderblichen Plänen«[501] WILHELMS VON ORANIEN entgegenzutreten, der dem Ruf des englischen Parlaments folgte und in der »Glorreichen Revolution« von 1688 das absolutistische Stuart-Regiment stürzte. Dieser für die europäische Geschichte entscheidende Vorgang wurde in seiner Tragweite von den bayerischen Ministern nicht erkannt und kaum wahrgenommen. Doch hatten kaiserliche und bayerische Truppen im Süden des Reiches praktisch mitgewirkt, französische Truppen zu binden und ihren möglichen Einsatz gegen Holland zu verhindern.[502]

Da der französische König keine konkreten Angebote machte und keinerlei Zurückhaltung in der Kölner Frage übte, war der Bruch Bayerns mit Frankreich eine Frage der Zeit. Obwohl die eigenen militärischen Kräfte durch die Ungarnfeldzüge zersplittert und die Finanzkraft des Landes weitgehend erschöpft waren, konnte nur noch ein Anschluß an Habsburg diese Situation verändern. Die Entscheidung fiel Anfang des Jahres 1689. Am 5. Januar erschien LEYDEL bei VILLARS und erklärte, daß sich der Kurfürst nicht von den Interessen des Kaisers und des Reiches, das von allen Seiten angegriffen werde, trennen könne. Der französische Gesandte habe innerhalb von drei Tagen München zu verlassen. VILLARS konterte, er könne nicht glauben, daß dieser Befehl wahr sei, unwürdig eines Kurfürsten von Bayern. VILLARS bat um eine Audienz; Max Emanuel lehnte ab. Daraufhin betrat VILLARS, wie bisher, unaufgefordert das Kabinett Max Emanuels. Dieser versuchte, ihn mit schönen Worten abzuspeisen, und verließ schließlich abrupt sein Kabinett, da er den Argumenten VILLARS nicht gewachsen war. Der Kurfürst stieg auf einen Kutschersitz und fuhr mit seinen Höflingen in das Feldlager. Nach dieser offenen Brüskierung zog der Gesandte die Konsequenzen. Mit einer großen Anzahl französischer Offiziere, die nicht gegen ihr Vaterland dienen wollten, reiste er über die Schweiz nach Frankreich zurück.[503]

Die Niederlande[504]

Frankreich hatte keine besonderen Vorteile geboten. Max Emanuels Schaukelpolitik verursachte viel Mißtrauen. Er konnte sie im Hinblick auf die europäische Lage auch nicht auf die Dauer durchhalten. Normativ für die Haltung des Kurfürsten war letztlich nicht allein der französische Angriff auf Köln, die Pfalz und Avignon, sondern ein völlig neuer Gesichtspunkt, ein Angebot des Wiener Hofes, ihm, wie gewünscht, das Gouvernement der spanischen Niederlande – ein Gebiet, das in etwa dem heutigen Belgien entspricht – zu verschaffen. Lange zogen sich die Verhandlungen hin. Max Emanuel war ein typischer Fürst des Barock, ein Opportunist. Wer ihm größere Vorteile bot, in dessen Gefolgschaft begab er sich, stets auf dem Sprung, sich daraus zu lösen, wenn ein neuer Partner bessere Bedingungen versprach.

Diplomatische Voraussetzungen für die Statthalterschaft

Konsequent in seinem Streben nach Aufstieg innerhalb der europäischen Hierarchie und in der Erwartung, den Erbverzicht, den er bei seiner Vermählung unterzeichnet hatte, auszuhöhlen und einen weiteren Schritt auf das spanische Erbe hin zu tun, verlangte der Kurfürst die Statthalterschaft der Niederlande auf Lebenszeit. Auf diese Weise sollte sein Anspruch gesichert werden, obgleich er noch keine Nachkommen besaß. Durch das Gouvernement der Niederlande würde er aufs engste mit Spanien in Verbindung treten, er könnte die neu gewonnenen Beziehungen ausbauen. Er wäre im Gespräch. Befände er sich einmal in den Niederlanden, vermöchte man ihn nicht ohne weiteres daraus zu vertreiben. Seit seinen militärischen Erfolgen in Ungarn verstärkte sich in ihm die Überzeugung, daß Bayern für seine Ziele zu klein sei und daß es nur die Basis ad majorem principis gloriam sein konnte.

Die Anwesenheit VILLARS übte genügend Druck auf Wien aus.[505] Die kaiserlichen Diplomaten sahen sich gezwungen, auf die Forderung Max Emanuels einzugehen. Sie wußten sehr wohl um die berechnenden Absichten des Kurfürsten. Konnte er doch niemals etwas verschweigen, und seine Minister, die gerne auf das gesamte spanische Erbe verzichtet hätten, ließen unter der Hand auch manches verlauten, was dem Kurfürsten schaden sollte. Es war eine typische Situation: Der absolutistische Fürst steht über den positiven Gesetzen, er hält sich nicht an Vertragsabmachungen, wie es schon MACHIAVELLI gefordert hatte,[506] er sucht die einschlägigen Verträge, besonders den Erbverzicht, zu umgehen. Die Minister des Fürsten haben nur beratende Funktion. Sie entscheiden nicht, sondern letztlich allein der Fürst. Sie haben sich der höheren Einsicht zu beugen und sich in den Dienst einer Sache zu stellen, von deren Erfolg und Realisierungsmöglichkeit sie selbst nicht überzeugt sind. So handelten sie für den am 4. Mai 1689 zwischen München und Wien geschlossenen Allianzvertrag einen Artikel aus, der den Kaiser verpflichtete, bei seinen spanischen Verwandten die Statthalterschaft der Niederlande für Max Emanuel zu erwirken. Als Gegenleistung versprach der Kurfürst, 8000 Soldaten für den Krieg gegen Frankreich bereitzustellen.[507]

Die Methode, Versprechungen und Drohungen einander folgen zu lassen, war nichts anderes als eine der üblichen politischen Erpressungen, ein Geschäft, bei dem der Kurfürst allein zu gewinnen hoffte. Denn bei der Realisierung dieses Artikels wäre indirekt die Zustimmung Wiens erreicht worden, Max Emanuel entgegen allen früheren Absichtserklärungen vorzeitig in die spanischen Belange miteinzubeziehen. Der Kaiser mußte etwas versprechen, das er selbst nicht besaß und daher auch nicht von sich aus vergeben konnte. Im Grunde übernahm er keine staatsrechtliche, sondern nur eine moralische Verpflichtung, sich bei seinen spanischen Verwandten in dieser Angelegenheit zu engagieren. Wenn aber der Madrider Hof dazu nicht bereit war oder Wien ihm indirekt nahebrachte, man sei an dieser Sache nicht allzusehr interessiert, gab es kein Gegenmittel. Aus wohl überlegten Gründen beeilte sich die kaiserliche Diplomatie nicht, ihr Versprechen einzulösen, das ihr abgetrotzt worden war.[508]

Der Eintritt Bayerns in den Pfälzischen Erbfolgekrieg[509]

Dieser Krieg, den die deutschen Historiker nach dem Anlaß des pfälzischen Erbstreits, die französischen Historiker nach der Augsburger Liga und die belgischen Geschichtsschreiber den Krieg der neun Jahre nennen, war ein Zusammenstoß zwischen Frankreich, in dessen Politik sich das Streben nach Hegemonie in Europa, nach einer »Universalmonarchie« abzuzeichnen schien, und jenen Kräften, die sich dagegen zur Herstellung des Friedens und eines die Sicherheit wahrenden Gleichgewichts zusammenschlossen. Die Allianz zwischen dem Kaiser, den Reichsfürsten, den Generalstaaten, England, Spanien und Savoyen setzte sich die Wiederherstellung des Westfälischen und Pyrenäenfriedens zum Ziel. Im Allianzvertrag vom 4. Mai 1689 verpflichtete sich Max Emanuel, dem Kaiser 8000 Mann, davon ein Drittel Reiterei, zum Kampf gegen Frankreich zu stellen. Als Gegenleistung versprach LEOPOLD, ihm vom 1. April 1689 an auf fünf Jahre 400 000 Gulden, bei längerer Dauer des Krieges jährlich 200 000 Gulden Subsidien zu zahlen. Die bayerischen Kreistruppen wurden dem Kommando des Kurfürsten unterstellt.

Eine weitere Forderung Max Emanuels, ihm ein neues Oberkommando über alle kaiserlichen Truppen und über das Reichsheer zu geben, lehnte die kaiserliche Armeeführung entschieden ab. In Italien und im Westen gegen Frankreich war ein Stellungskrieg über Jahre hin zu führen, keine plötzlichen und einmaligen Attakken, wie sie der Kurfürst so sehr liebte. Der Krieg mußte gewonnen werden, nicht nur die eine oder die andere Schlacht. Eine besonnene Kriegführung war notwendig. Dazu schien Max Emanuel nicht der richtige Mann. Wie sehr seine Haltung schwankend blieb, war nur allzu offensichtlich. Man unterstellte ihm, er wäre fähig, sich jederzeit mit Frankreich zu arrangieren. Ihm unter diesen Umständen den Oberbefehl zu übertragen, wäre einem Verzicht gleichgekommen, die kaiserliche Politik zur Richtschnur aller strategischen Planungen und Operationen zu machen. Das Mißtrauen, mit dem ihm Wien begegnete, hatte sich Max Emanuel selbst zuzuschreiben. Anstatt seine durch die Heirat mit der Kaisertochter MARIA ANTONIE erworbene Vorzugsstellung geschickt zu nützen, bereitete er dem Wiener Hof Schwierigkeiten, wo immer er konnte. Opposition gegen Wien war ein Prinzip der bayerischen Politik. Deshalb war es nach Ansicht der kaiserlichen Minister ratsam, den Kurfürsten, wenn er wieder persönlich in den Krieg zog, einem verantwortungsbewußten Heerführer unterzuordnen. Auch sollte er nicht allzu mächtig werden im Kreise seiner Soldaten. Man stellte ihm und seiner Regierung mit sehr bewegten Worten vor Augen, daß bayerische Soldaten in Ungarn, Italien und am Rhein benötigt würden, weil die kaiserlichen Truppeneinheiten zahlenmäßig viel zu gering seien. Somit mußte der Kurfürst stets auf andere Truppen und Offiziere Rücksicht nehmen, andere fragen, bevor er etwas unternahm. Allein mit seinen bayerischen Truppen hätte er eigene Unternehmungen wagen können. Doch sie standen nicht zur Verfügung. Die Wiener Minister kannten ihren Verbündeten zu gut, um nicht zu wissen, wie er zu bändigen war. Deshalb blieben in den kommenden Jahren spektakuläre Erfolge des Kurfürsten aus, obgleich er sich ständig mit harten Worten und politischen Druckmitteln bemühte, mit einem größeren Kommando beauftragt zu werden. An Aktivitäten ließ er es bestimmt nicht fehlen, weder am Rhein noch in Italien noch in den Niederlanden. Wien vermißte die Konsequenz seiner militärischen Unternehmungen. Prinz EUGEN stellte schon bald fest, daß der Kurfürst viel von seinem früheren Ansehen verlor, da er sich um die Logistik nicht bekümmerte.[510] Sein Denken war jetzt vornehmlich auf die Niederlande ausgerichtet. Seine Zustimmung zur Wahl des minderjährigen Erzherzogs JOSEPH zum Römischen König[511] ließ er sich abringen durch neuerliche Zusicherungen hinsichtlich eines künftigen Oberkommandos über das Heer und der Übernahme der Statthalterschaft in den spanischen Niederlanden.

Die Ernennung zum Statthalter

Die Entscheidung brachte letztlich nicht der Kaiser, sondern König WILHELM III. VON ORANIEN. Obgleich völlig entgegengesetzte Charaktere, gelang es Max Emanuel, sich das Vertrauen des englischen Königs zu erwerben. Der Kampf gegen Frankreich einte sie. Unzufrieden mit der Mißwirtschaft in den spanischen Niederlanden und der mangelnden Verteidigungsbereitschaft des Landes, versprach sich WILHELM von einem tatkräftigen Gouverneur, wozu Max

Emanuel geeignet schien, eine positive Entwicklung zugunsten der Großen Allianz. Ihr trat der Kurfürst im Jahre 1691 bei.[512] Bei dieser Gelegenheit war der Erwerb der Statthalterschaft für Max Emanuel und die Verteidigung der Niederlande als eine wichtige Aufgabe genannt worden. Madrid seinerseits verhielt sich sehr zurückhaltend, es wollte in der Erbschaftsangelegenheit keinerlei Präjudiz schaffen und keinem der selbsternannten Erben irgendeinen Vorzug geben. Die Angelegenheit schien nicht spruchreif. Lediglich die Notwendigkeit der Allianz verlangte ein Entgegenkommen gegenüber den Argumenten des englischen Königs.[513] In ihm fand Max Emanuel jetzt seinen treuesten Fürsprecher. Dem englischen König allein hatte er es zu verdanken, daß ihn der spanische König KARL II. nach langen Diskussionen und intensiven diplomatischen Überlegungen am 12. Dezember 1691 zum Generalstatthalter und Generalkapitän der Niederlande ernannte.

In der geschichtlichen Bewertung wird dieser Titel allgemein weit überschätzt. Daß ein fürstlicher Inhaber eines solchen Amtes nach altem Herkommen weit über dem Rang eines bloßen Vizekönigs stand, ist eine dieser Überschätzungen.[514] Davon kann keine Rede sein. Der Gouverneur war ein hoher Beamter, aber kein Souverän und den Befehlen Madrids unterworfen. Die bayerischen Minister waren sich lange nicht einig, wie die neue Titulatur ihres Meisters auszusehen habe. Denn einerseits war Max Emanuel Reichsfürst mit bedeutenden Rechten und Pflichten und nur dem Kaiser als Vasall unterstellt; jetzt aber als Generalstatthalter war er auch einem ausländischen Souverän, dem spanischen König, untergeordnet. Gleichzeitig wurden die spanischen Niederlande zum burgundischen Kreis gezählt.[515] Daraus ergaben sich doppelte Bindungen einerseits nach Spanien, andererseits zum Reich. Die Stellung bedeutete Ausdehnung des bayerischen Einflusses und Anerkennung auf europäischer Ebene, sie brachte aber keine Rangerhöhung.

Max Emanuel wollte sich frühzeitig in das spanische Nest setzen und sich dadurch einen guten Ausgangspunkt für den Fall des Falles sichern. Das war eine offenkundige Taktik, die jedermann durchschaute. Doch je höher die Hoffnungen des Kurfürsten wuchsen, desto unsicherer war sein Verhalten: Säbelgerassel und Pomp, ein ständiges Sichproduzieren bei Festen, Spiel und Frauen. Er schien ganz und gar von seinem Glück überzeugt und seiner historischen

Bestimmung. Es wurde viel Kraft vergeudet, um wenigstens einige Erwartungen angesichts des schwierigen Alltags zu realisieren.

In langwierigen Verhandlungen mit Spanien wurden dem Kurfürsten schließlich der Vorsitz im Staatsrat, Weisungsbefugnisse im forensischen Bereich, über die Polizei, die Finanzen und das Koalitionsrecht im Einklang mit der spanischen Politik zugestanden.[516] Er durfte den Hofstaat nach seinen Vorstellungen einrichten. Die vereinbarten finanziellen Zusagen konnten aber wegen der Kriegsereignisse nicht eingehalten werden: So war es bis Herbst 1692 noch nicht gelungen, Namur auszurüsten. Man verfügte dort zwar über 100 000 Kugeln jeden Kalibers und zahlreiche Bomben, jedoch über keine entsprechenden Kanonen, um sie abzuschießen.[517]

Die Situation der Niederlande[518]

Der Geheime Rat und Bevollmächtigte Bayerns am Haager Kongreß KORBINIAN PRIELMAYR, einst Kabinettssekretär FERDINAND MARIAS, einer der treuesten Bayern mit Sinn für Nüchternheit und Realität, wurde nach Brüssel vorausgeschickt, um die notwendigen Vorbereitungen für die Regierungsübernahme durch den Kurfürsten zu treffen.[519] Der bayerische Hofstaat hatte, gelinde gesagt, keinerlei Ahnung von den niederländischen Verhältnissen, von den Gebräuchen und Gewohnheiten, dem Regierungsstil, den gesellschaftlichen und wirtschaftlichen Problemen des Volkes und der Stände.

Wirtschaft, Gesellschaft und Politik der spanischen Niederlande[520] waren in vielen Bereichen anders, in einigen ähnlich strukturiert wie in Bayern. Die bayerischen Stände waren froh, daß sie der Fürst nicht zuletzt aus eigenem Interesse existieren ließ. Die Niederländer – Angehörige des spanischen Weltreiches – waren ebenso wie die Engländer stolz auf die Verfassung ihres Landes bzw. ihrer Provinzen. Jede Provinz besaß eine Art historischer Charta.[521] Jene von Brabant war die bedeutendste. Sie wurde Joyeuse Entrée genannt und beinhaltete Privilegien des Herzogs von Brabant aus dem Jahre 1455. Korporative Freiheiten kennzeichneten diese sowie die übrigen Verfassungen. Alle Provinzen unterstanden einer gemeinsamen Regierung, deren Mitglieder der spanische König ernannte. Alle Beamten waren fast ausnahmslos geborene Niederländer, nicht jedoch der Generalstatthalter.

Durch die genannten Privilegien war das Land seit dem 16. Jahrhundert gegen alle Verfassungsänderungen gefeit. Nachdem die Auseinandersetzungen mit dem Calvinismus und den holländischen Dissidenten eine Klärung der gesellschaftlich-religiösen Bestrebungen der Bewohner gebracht hatten, blieben die Niederländer ebenso wie die Bayern mehr oder minder streitbare Katholiken, die die Orthodoxie des Glaubens mit Eifer vertraten. Reformbestrebungen stießen in dieser Hinsicht bald an ihre »natürlichen« Grenzen. Genau wie in Bayern gehörte über die Hälfte des Landes und seiner Bewohner den Klöstern, Abteien und kirchlichen Institutionen. Dem Klerus, von wenigen hohen Würdenträgern abgesehen, wie auch der niederen Geistlichkeit war die Religiosität ihrer Untertanen und das religiöse Leben im allgemeinen eine Herzensangelegenheit; Frivolität und Gleichgültigkeit, wie sie ein Kennzeichen der führenden Kleriker von England oder Frankreich waren,[522] blieben ihnen fremd.

Der Adel war wie in Bayern auf seine Traditionen, Privilegien und seine Steuerfreiheit stolz. Einige Adelige waren wohlhabend, andere reich, andere waren aus finanziellen und wirtschaftlichen Gründen zur bescheidenen Lebensführung verpflichtet, viele waren, wie in Bayern, verschuldet und wußten nicht, wie sie Hypotheken und Schulden tilgen und Zinsen begleichen sollten. Ihr Geld und ihre Arbeitskraft in »bürgerliche« Unternehmungen zu stecken, um so zu einem gesunden finanziellen Rückhalt zu gelangen, erschien ihnen standesunwürdig.

Die niederländischen Bauern waren keine Leibeigenen mehr, also wie in Frankreich gesetzlich frei, wohl aber unterlagen sie den Verpflichtungen der Grundherrschaft, mußten bestimmte persönliche und sachliche Leistungen erbringen sowie Abgaben und Steuern abführen an die Kirche, die Grundherrschaft und die Landesherren.

Die beständigen Kriege mit Frankreich während des 17. Jahrhunderts hatten auch in den Niederlanden Verwüstungen, Gewalttaten, soziale Unsicherheit, erhöhte Steuern und Abgaben und Belastungen für den Untertanen gebracht. Was die Geschäfte und das Finanzgebaren betraf, so standen die Niederlande weit über der bayerischen Rückständigkeit, waren aber zugleich dem holländischen Geschäftssinn und dem weltumspannenden Erwerbsleben und Geschäftsgebaren der benachbarten »Herren Staaten« hoffnungslos unterlegen. Als Holland im 16. Jahrhundert seine Unabhängigkeit und Souveränität erhalten hatte, erreichten die dortigen Politiker in weiser Voraussicht und kluger Rücksicht auf die eigene Wohlhabenheit die Schließung der Scheldemündung für Hochseeschiffe. So wurde der Hafen von Antwerpen völlig lahmgelegt, eine wichtige Konkurrenz ausgeschaltet. Internationale Verträge legalisierten diesen Wirtschaftskrieg. Die Folgen hatten die Bewohner von Antwerpen und seiner Umgebung zu tragen. Die Bevölkerungszahl dieser Stadt sank zwischen dem 16. und 18. Jahrhundert laufend ab, von 100 000 auf 50 000, während die aufstrebenden und von der Schließung dieses Hafens profitierenden Handelsstädte Amsterdam und London ihre Bevölkerungszahl vervierfachten.[523]

Die Niederländer pflegten ihr »demokratisches« Bewußtsein, achteten ihre überkommenen Traditionen, lehnten übertriebene absolutistische Politik ab und schätzten ihre Freiheiten sehr hoch ein. Nicht übersehen werden darf die Tatsache, daß die Niederländer nicht nur Bauern, sondern auch Händler waren und mit der See, der Weltwirtschaft, wenn auch nur am Rande, verbunden waren. Sie hatten eine natürliche Scheu gegenüber staatlicher Bevormundung. Aus der Münchener Perspektive waren die Niederlande erfüllt von regem Leben. Sie zeichneten sich durch ihre relative Unabhängigkeit und Selbständigkeit, durch die Freiheit ihrer Landbevölkerung und vor allem durch die große Zahl rühriger Städte aus. Die Niederlande waren aus bayerischer Sicht ein Tor zur Welt, das jedem Glücksritter ungeheure Möglichkeiten eröffnete. Frankreich sah dagegen in den Niederlanden eine kulturelle Wüste. Was man daher in Paris von Bayern hielt, kann man sich denken.

Eine absolutistische Regierung, wie sie Max Emanuel in Bayern gewohnt war, den Niederlanden aufzuoktroyieren, war zwar nicht unmöglich, aber äußerst schwierig. Voraussetzung dafür wäre gewesen, die überkommenen Strukturen zu überwinden. Das war nicht einfach. Die Städte, der Adel, der Klerus besaßen ihre Freiheiten und Privilegien und waren bereit, für sie einzutreten, und nicht nur fähig, wie die bayerischen Stände, zu resignieren und Klagelieder anzustimmen, wenn der Landesfürst ihre Rechte beschnitt.

Alle Privilegierten waren in den verschiedenen Parlamenten der Provinzialstände vertreten, ausgenommen Flandern, dessen Städte seit dem Mittelalter so mächtig waren, daß sie den Adel von der Mitsprache in den öffentlichen Angelegenheiten verbannt hatten. Entscheidend war, daß diese Mitsprache in Permanenz sich abspielte und nicht, wie in Bayern, nur ein »Kleiner Ausschuß« von 20 Verordneten einmal oder zweimal im Jahr zusammentrat und über Angelegenheiten, die Fürst und Stände gemeinsam betrafen, verhandelte.

Der Besitz von korporativen Freiheiten besagt nicht, daß nun alle Stände auch die gleichen Rechte besessen hätten. Nein, man war stets bedacht, den Unterschied zwischen den einzelnen Ständen genau zu dokumentieren. So tagten die »Staaten« von Brabant zwar im Brüsseler Rathaus gemeinsam, stimmten in drei Kammern ab, blieben im gleichen Raum, doch Kleriker und Adelige nahmen auf gepolsterten Lehnstühlen Platz, während der dritte Stand, die Bürgerlichen, auf Bänken in den Fensternischen saß, ein wenig abseits, so daß man ihn nicht sehen mußte, wenn man ihn nicht sehen wollte. Einige mächtige Äbte saßen mit dem ersten Stand zusammen, und von den Adeligen durften nur die »Vierviertel-Adeligen«, die mindestens 4000 Florins Jahreseinkommen nachweisen konnten, an den Beratungen teilnehmen. Im dritten Stand waren die Hauptstädte Brabants vertreten, nämlich Brüssel, Löwen und Antwerpen. In Wirklichkeit repräsentierte der dritte Stand die corporations des métiers, also die Gilden dieser drei Städte, die Vereinigungen kleiner Arbeitgeber, die von ihren überlieferten Traditionen ähnlich wie die bayerischen Zünfte fasziniert waren, so daß sie jeden modernen Gedanken, der ihre wirtschaftliche und gesellschaftliche Position hätte auch nur entfernt in Frage stellen und erschüttern können, mit Vehemenz ablehnten. Wie die bayerischen Zünfte, so durften auch die Gilden nur eine bestimmte Anzahl von Arbeitern, Gesellen und Lehrlingen beschäftigen, doch anders als in Bayern mußte die Lehrzeit in der betreffenden Stadt selbst absolviert werden, während in Bayern ein Wanderleben Voraussetzung für die Erwerbung des Meistertitels war. Niemals durfte ein Fremder, d. h. keiner, der nicht in der Stadt wohnte und kein Bürgerrecht besaß, in ihr oder ihrer Umgebung ein Geschäft eröffnen. Die Zugehörigkeit zur Gilde war zahlenmäßig beschränkt, so daß – wie bei den bayerischen Zünften – Söhne, Neffen oder Schwiegersöhne den Beruf ihres Vaters oder nahen Verwandten übernahmen. Abschließung dieses Standes und Nichtöffnung waren bewährte Prinzipien. Die Gilden wollten, wie die bayerischen Zünfte, keine ökonomischen Experimente, keine neuen Arbeitsmethoden, keine neuen Märkte, keine Zulassung neuer Handwerker, Gesellen oder Meister und dies zu einer Zeit, als es Arbeitssuchende in Fülle gab und ein Viertel der Gesamtbevölkerung von Antwerpen, Gent und Brügge der Armenfürsorge anheimfiel, die auch keinen Ausweg aus der Misere wußte.

Die Macht der Gilden war weder zu brechen noch auszuschalten. Denn für die Durchsetzung jeder Maßnahme in Gesellschaft, Wirtschaft und Politik, die die drei Stände berieten, war Einstimmigkeit erforderlich. Jeder Stand hatte somit ein Vetorecht, keiner konnte überstimmt oder, wie in Bayern der dritte Stand, an die Wand gedrängt werden, sobald sich die beiden anderen einig waren. Das äußerliche Gehabe unterschied die Stände voneinander, gemeinsam aber waren ihnen die Bestrebungen zur Gestaltung des öffentlichen Lebens. Die Meinung einflußreicher Persönlichkeiten aus Handwerk und Gewerbe wurde überall gehört, und sie war ebenso entscheidend wie jene der Adeligen und Prälaten, ja Sondierungsgespräche aller führenden Kreise blieben eine unerläßliche Voraussetzung für das Zustandekommen eines Beschlusses.

Die Verhältnisse in den anderen Provinzen ähnelten jenen von Brabant. Die Generalstände aller Provinzen aber tagten seit 1634 nicht mehr. Auch in Bayern wurde seit 1669 kein Landtag der Stände mehr einberufen.[524]

Neben den Gildenmeistern der Städte waren die Abteien, die weite Ländereien besaßen, und gewisse Aristokraten von großer Bedeutung. Sie alle fühlten sich als Vertreter des gesamten Volkes. Die Landbevölkerung oder die städtischen Unterschichten besaßen genausowenig wie in Bayern oder Frankreich irgendein Stimmrecht, was ihre politische Verfassung und das öffentliche Leben betraf. Die Armen in Stadt und Land hatten nur eine Sorge, auf irgendeine Weise ein Stück Brot, eine Mehlspeise, einen Fladen oder überhaupt etwas Eßbares zu bekommen, um den neuen Tag zu erleben; ansonsten schwiegen sie still und waren außerordentlich dankbar für die Almosen der Vermögenden.

Jene Städte, die über keine Vertretung in der Joyeuse Entrée oder vergleichbaren Provinzialverfassungen verfügten, waren auf das Wohlverhalten ihrer privilegierten Standesgenossen angewiesen. Die Weltgeistlichen besaßen aufgrund ihrer Stellung gewisse persönliche Freiheitsrechte und persönliche Immunität. Den Grundbesitz von Adeligen und Abteien verwalteten in der Regel Juristen. Nicht privilegiert, aber für die Gesamtwirtschaft entscheidend waren jene Bankiers, die im nationalen und internationalen Wirtschaftsleben tätig waren, Fabrikunternehmer, Besitzer von neuzeitlichen Manufakturen, die die repressiven Maßnahmen der Gilden durchbrechen und auch in ländlichen Gebieten neue Industrien aufbauen und zusätzliche Arbeitsplätze schaffen wollten. Tatkräftige Kaufleute strebten nach rentablen Kapitalanlagen, suchten neue Märkte zu erschließen, die Schelde wieder schiffbar zu machen und Kolonien zu gründen, um den Anschluß an den internationalen Warenverkehr und eine gesicherte Rohstoffbasis zu finden. Im Vergleich zu Holland und England, selbst zu Frankreich wurden diese Bestrebungen allerdings nicht mit dem nötigen Nachdruck realisiert, doch im Vergleich zu Bayern mußten die Niederlande zeitgenössischen Betrachtern als ein reges, bienenfleißiges Land erscheinen, das tausend Möglichkeiten zur Verwirklichung politischer und wirtschaftlicher Träume bot.

Der Ämterkauf war gang und gäbe; die Rechtsprechung blieb Sache der Privilegierten, der kirchlichen Körperschaften, der adeligen Gutsherrschaften oder der städtischen Korporationen. Viele Interessenten verwandten ihre Geldreserven, um sich einen Posten in Staat und Verwaltung zu kaufen. »Von Jugend auf haben wir schwer gearbeitet«, heißt es in einer Deklaration des 18. Jahrhunderts, deren Aussagen für die gesamte Zeit repräsentativ sind, »um die nötigen Kenntnisse zu erwerben, und wir hoffen, damit unsere Frauen und Kinder zu erhalten, denn unser Recht beruht auf der geheiligten und unantastbaren Joyeuse Entrée«.[525]

Änderungen der Gesellschaft oder der verfassungsmäßigen Freiheiten, anders ausgesprochen Reformen, welche Privilegien, Eigentum, Sonderrechte, Standesunterschiede, Mitbestimmung anderer Gesellschaftsschichten betrafen, wären einer Revolution gleichgekommen. Die Einführung von Neuerungen jeder Art, die eines dieser Privilegien verletzen konnten, mußte jeden, der diesen Versuch wagte, in schwerste Bedrängnisse bringen. Denn man warf ihm zu Recht einen Bruch des Rechtes und Herkommens vor, der den legitimen Widerstand aller Betroffenen hervorrufen mußte. Das gleiche galt auch für die politische Situation der Niederlande als einem Teil des spanischen Weltreiches.

Nachdem Prielmayr in Brüssel eingetroffen war, horchte er Beamte und Adelige aus, um sich die ersten Informationen über die aktuelle Situation der Niederlande zu verschaffen.[526] Am schwierigsten erschien ihm als bayerischem Vertreter dynastischen Denkens die Frage, wie künftig das Zeremoniell gestaltet werden sollte, damit die Bayern weder bei den Spaniern noch beim Kaiser Anstoß und Verdacht erregten. Mit Argusaugen ließen diese jede Bewegung des Kurfürsten überwachen. Unter welchen Umständen würde er die Souveränität der Niederlande beanspruchen? Zu welchem Zeitpunkt? Man wollte rechtzeitig über alle Entwicklungen informiert sein.

Prielmayr erledigte seine Aufgaben mit viel Geschick und Einfühlungsvermögen. Die zuständigen Stellen in Brüssel empfingen ihn mit Zuvorkommenheit. Die spanischen Granden, die Ritter des Goldenen Vlieses, Minister und Stände überhäuften ihn mit Verehrungen und mit Lobeshymnen auf den Kurfürsten. Selbst der Gouverneur Marquis de Gastañaga, dessen Posten Max Emanuel einnahm, fügte sich in das Unvermeidliche. Beamte, Minister und Adelige zeigten sich von der besten Seite. Jeder bangte um seine Stellung. Würde er sie bewahren oder würden ihn Landesfremde verdrängen? Was hatte der Kurfürst vor? Die Beantwortung dieser Frage war lebenswichtig, aber augenblicklich nicht eindeutig zu bekommen. Die Gerüchteküche dampfte.

Niemand machte ein Hehl daraus, daß sich die spanischen Niederlande seit Jahren in äußerst desolatem Zustand befanden.[527] Die Kriege mit Frankreich hatten das Land an den Rand des wirtschaftlichen und finanziellen Ruins gebracht. Reformen waren dringend notwendig. Der Graf von Bergeyck als zuständiger Fachmann und Finanzminister[528] tat sein Bestes. Er war einer der wenigen großen Staatsmänner, die dem Kurfürsten jemals dienten. Bergeyck kümmerte sich um das darniederliegende Kameral- und Steuerwesen. Alle Versuche der niederländischen Behörden, von Madrid finanzielle Hilfe zu bekommen, um Handel und Gewerbe zu fördern, waren in den letzten Jahren fehlgeschlagen.[529] Oberstes Prinzip mußte sein, sich selbst zu helfen. Von Madrid war wenig zu erwarten. Die dortige Mißwirtschaft war in ganz Europa bekannt; die Spannungen im Bereich der spanischen Gesellschaft blieben unüberbrückbar, und der politische Druck von außen auf das innerlich geschwächte Land schien kein Ende zu nehmen. Die Goldzuflüsse aus Südamerika hatten zudem seit langem die Währung des Landes untergraben.

GASTAÑAGA selbst hielt sich für den unglücklichsten aller bisherigen Gouverneure. Spanien habe ihn völlig im Stiche gelassen, klagte er. Außer den Einkünften des Landes stünden keine weiteren Hilfsgelder zur Verfügung. Den Soldaten würde in den letzten Jahren der ihnen zustehende Sold nicht oder nur teilweise ausbezahlt. Desertion sei an der Tagesordnung, ebenso Raub und Plünderung, wollten die Soldaten nicht verhungern. Die Magazine wären leer, und dies während des Krieges mit Frankreich! – Wie immer bei einem Thronwechsel in Madrid oder bei Regierungsantritt eines Gouverneurs in Brüssel erhoben sich große Hoffnungen, der neue Mann würde manches ändern, manches verbessern. Denn schlechter als gegenwärtig könnte die Lage nicht sein und nicht werden.[530]

Hoffnungen und Perspektiven

Der Prinz VON VAUDÉMONT,[531] der ausgezeichnete Verbindungen zum englischen König besaß, riet dem Kurfürsten, sobald als möglich nach Brüssel zu kommen und die Amtsgeschäfte zu übernehmen. Frankreich mißbilligte die Ernennung Max Emanuels[532] und sah darin eine Gefährdung seines Anspruchs auf das spanische Erbe, aus dem es zumindest einen Teil zu gewinnen hoffte. Die Niederlande waren die Einfallspforte der Gegner Frankreichs. Die französischen Strategen unternahmen deshalb alle Anstrengungen, um die Front bis Brüssel vorzuschieben. Die Niederländer erwarteten für den März 1692 französische Vorstöße auf verschiedene Festungen. Keine konnte einer längeren Belagerung standhalten. Fielen sie in die Hände der Feinde, dann hatte das Land mit Kontributionen zu rechnen, so daß die Einnahmen der niederländischen

Regierung völlig zum Erliegen kämen. Ein Bombardement auf die Hauptstadt Brüssel wurde ebenfalls befürchtet. So ist es nicht verwunderlich, daß sich die Niederländer durch die Ankunft ihres neuen Gouverneurs einen beträchtlichen positiven Einfluß auf die Regierung wie die Soldaten, die Stände und die Untertanen insgesamt erhofften. In letzter Zeit hatte man die Dinge einfach laufen lassen und aus eigenem Antrieb nichts mehr unternommen. Denn die Zukunft war ungewiß. Die Anhänger GASTAÑAGAS zogen sich rechtzeitig zurück. Die vermögenden Städte hatten ihre Abgaben einbehalten. Überließ man sie nämlich GASTAÑAGA, dann könnte der Nachfolger sie nochmals verlangen. Die Einziehung einer zweiten Steuer würde vermieden, wenn man die Auszahlung der ersten verzögerte.

Überall große Worte und Versprechungen: Nach der Ankunft des Kurfürsten werden die flandrischen und brabantischen Landstände, insbesondere auch die Stadt Antwerpen, nicht nur ihre Schuldigkeit zur Erhaltung des Vaterlandes entrichten, sondern auch ihre Kisten und Kästen öffnen, um das Land gegen die feindlichen Einfälle zu rüsten. Auch Spanien werde Geld zur Auszahlung an die Truppen überweisen. Dies wäre in der Tat wichtiger als alles andere gewesen.

Den Soldaten fehlte es an allem, sogar am täglichen Brot. Die Anwesenheit des Kurfürsten würde auch neuen Kredit bei den benachbarten Generalstaaten eröffnen und die Unterstellung der spanischen, englischen und holländischen Truppen sowie aller jener Alliierten, die zwischen Maas und Rhein stationiert waren, unter seinen Befehl bewirken. Dadurch wäre man der Willkür auswärtiger Offiziere und Generäle enthoben.[533]

Die ganze Bevölkerung, hoch und niedrig, erwartete von Max Emanuel Wunderdinge, die Beendigung der jetzigen miserablen Verhältnisse und die Verwandlung des Landes in seinen früheren Zustand als blühendes Handelsland. Um so größer und nachhaltiger war dann die Enttäuschung.

Die neue Residenz in Brüssel

PRIELMAYR riet dem Kurfürsten, beim Einzug in die Niederlande auf teuere Zeremonien und Festlichkeiten zu verzichten, um durch sein Beispiel den Ständen und Untertanen die Gewißheit zu geben, daß er in ihrem, nicht in seinem Interesse ins Land käme.[534] Und so geschah es. Zuvor aber hatte PRIELMAYR noch das Schloß ausstatten lassen. Die Frontseite war zwar herrlich anzusehen, in den Räumen jedoch fehlten Möbel und notwendige Einrichtungsgegenstände. Mit Tapezereien verdeckte man die Wandschäden.[535] Das Silbergeschirr wurde aus den Kästen geholt und auf Hochglanz poliert, die Wände getüncht, neue Möbel angeschafft.[536] Nach Ansicht PRIELMAYRS waren im Vergleich zur Münchener Residenz die Zimmer allgemein zu dunkel, die Fußböden nur mit Ziegelsteinen gepflastert, die Teppiche nicht mehr in bestem Zustand. Er hoffte, daß man im Lauf der Zeit, besonders wenn »der liebe Gott einen reputierlichen Frieden verleihen werde«, die Residenz erneuern könnte. Schon Erzherzog LEOPOLD WILHELM hatte vor Jahren diese löbliche Tat beabsichtigt, aber er war nicht mehr dazu gekommen. Die verschiedenen Gouverneure hatten auch nach und nach die besten Möbel und Wertgegenstände mitgenommen und die fehlenden Stücke durch minderwertige ersetzt.

PRIELMAYR ließ für den Kurfürsten das Bett Kaiser KARLS V. aufstellen. Die Brüsseler Hofbaumeister entwarfen einen Grundriß des Schlosses, damit sich die Bayern zurechtfinden könnten und in den Gängen nicht verliefen. Bayerische Handwerker reisten an, um die Residenz etwas heimatlich auszugestalten. Keller und Küche waren leer. Die kurfürstlichen Küchenbedienten eilten voraus, um »Zöhrgaden«, Vorratskammern und Keller aufzufüllen. PRIELMAYR ließ nach guter bayerischer Art als erstes einige Fässer Bier in die Residenz schaffen, damit wenigstens eine kleine Stärkung für den ankommenden Hofstaat vorhanden war. Wein war in Brüssel zu erhalten, aber zu einem überhöhten Preis, so daß die kurfürstliche Gefolgschaft auf ihrer Reise von München nach Brüssel Mosel- und Rheinwein in Fülle mitbrachte.[537]

Orientierungen

Schon wenige Tage nach seiner Ankunft hatte PRIELMAYR festgestellt, daß GASTAÑAGA, VAUDÉMONT und BERGEYCK die führenden Männer der Niederlande waren. BERGEYCK hatte eine Stellung inne, vergleichbar jener des bayerischen Kanzlers CASPAR VON SCHMID unter FERDINAND MARIA. Fast alle Schriftstücke gingen durch seine Hände; keine Angelegenheit wurde ohne ihn entschieden. BERGEYCK schilderte die wahren Verhältnisse der Niederlande: Der Kurfürst werde erschrecken, wenn er bei der Generalmusterung den elenden Zustand der spanischen und niederländischen Soldateska sehe. In Brüssel befand sich nur ein einziges Regiment, 200 Mann in zerrissener Kleidung. Manche niederländische Kompagnie bestand nur aus drei Offizieren, kein einziger Soldat war vorhanden. Die Sollstärke der Truppen war zwar auf 20000 Mann festgesetzt, aber nur ein Bruchteil leistete wirklich Dienst.[538] Der Ernährungs- und Kräftezustand der niederländischen Soldaten war schlichtweg erbärmlich zu nennen, ebenso ihr Ausbildungsstand und ihre Disziplin.

Jeder Minister suchte sich bei PRIELMAYR ins beste Licht zu setzen und den Kollegen herabzuwürdigen. Jeder pries seine Verdienste mit blumigen Worten. Es war schwierig, Treue und Untreue zu unterscheiden. Hauptsächlich beschwerte man sich über GASTAÑAGA. Das kostetete nichts und war ungefährlich. Er mußte sowieso nach Hause gehen. Die Regierung des Marquis DE GRANA wurde dagegen allgemein gelobt und als Vorbild hingestellt. Er habe sich um Zivil- und Militärangelegenheiten gekümmert, er habe keine Vetternwirtschaft getrieben und Militärchargen, Ratsstellen und Justizposten nicht nach Gunst und Laune vergeben, seinen Nepoten keine Expektanzen zugeschanzt und keine Ämter verschenkt, keine jungen unqualifizierten Leute angestellt und keine verdienten Persönlichkeiten kaltgestellt oder entlassen. GASTAÑAGA hingegen habe soviele Offiziere abgesetzt, daß man eine ganze Armee von 40 bis 50000 Mann mit ihrer Hilfe kommandieren könnte, sofern nur Soldaten vorhanden wären. Mit der »Reformation« in Heer und Beamtentum sei ein schändlicher Mißbrauch getrieben und viel Geld nutzlos verschwendet worden.[539]

Die Vertreter der Stände und Städte umschmeichelten PRIELMAYR besonders. Jeder neue Gouverneur war zumindest anfänglich eine Gefahr. Würde er ihre Privilegien einhalten? Hatte der neue Gouverneur ein Regierungsprogramm? Waren Reformen zu erwarten oder zu befürchten? In dieser Hinsicht war die Angst der Stände völlig grundlos. Max Emanuel entwickelte kein Programm außerhalb seiner dynastischen Interessen. Programme zu entwerfen und durchzuführen, überließ er anderen. Und dazu genügten die niederländischen Minister. Die beiden Bürgermeister von Antwerpen erboten sich sogar, das Ihre bis auf das Blut herzugeben. Sie hätten zum Kurfürsten ein derartiges Vertrauen, daß sie »seiner Person Gegenwart zu genießen« nicht erwarten könnten. Sie priesen den Kurfürsten: Sie würden einen solchen »Souverän« bekommen, der dem Gemeinwesen wieder aufhelfen, einem jeden die »unparteiische Justiz administrieren und in summa also löblich zu gubernieren beflissen« sein werde, damit »groß und klein darüber konsoliert« sein mögen. »Ja es seint auch bereits einige vornembe Ständ und Ministri gewest, welche sich im verthrauen dahin vernemben lassen, daß sie Euer Churfl. Dhl. nit nur als einen souvarainen Fürsten, sondern auch ihren könfftigen Erbherrn« ansähen für den Fall, daß der König von Spanien keinen Nachfolger haben sollte, wozu »auf dato noch schlechte apparenz darzue verhanden«. Es sei offensichtlich, daß sie »desthalben bey Ihro mit leib und blueth zu stehen begehren; dergleichen Sincerationen bey dem gemeinen Mann noch mehr zu hören.«[540]

PRIELMAYR bekam das zu hören, was er gerne hören wollte. Zugleich gaben diese Worte treffend die allgemeine Stimmung wieder. Sie bestärkten die Hoffnung des Kurfürsten auf das künftige spanische Erbe; hauptsächlich seinetwegen hatte er sich um das »Instrument der Niederlande« bemüht. In den kommenden Jahren kreisten die Gedanken Max Emanuels um den schwierigen Komplex des spanischen Erbes. Dieses wurde schließlich zur Zwangsvorstellung.

Der Einzug in Brüssel

Obgleich der Kurfürst auf Anraten PRIELMAYRS kein besonderes Gepränge angeordnet hatte, um die Niederländer von seinem guten Willen und seiner Sorge um die »Konservation« des Landes zu überzeugen, errichtete die Stadt Brüssel einen Triumphbogen und veranstaltete nächtliche Beleuchtungen, als Max Emanuel am 26. März 1692 in der Hauptstadt eintraf.[541] Er war über Antwerpen angereist, um den dortigen Magistrat zur Öffnung seiner Schatztruhen zu bewegen.[542] In der Abtei St. Michel hatte ihm GASTAÑAGA den Regimentsstab als Zeichen seiner neuen Würde übergeben. Alle maßgebenden niederländischen Minister und Offiziere waren bei dieser Zeremonie zugegen.

Nach seiner Ankunft in Brüssel fuhr der Kurfürst zur Hauptkirche St. Gudula. Dort wurde ein Te Deum gesungen, begleitet von Salutschüssen. Anschließend empfing Max Emanuel die führenden Männer der Niederlande, die Minister, die spanischen Granden und die obersten Beamten in Audienz. Baron VON DIJKVELD überbrachte die Glückwünsche Hollands. Die notwendigen Reformen im Hofstaat fanden nicht statt. Um sich keine Feinde zu schaffen, wurde niemand entlassen. Auch jene Personen durften ihre Stellung behalten, die von Madrid abgeschoben worden waren, alles, was nach Ansicht PRIELMAYRS »krumps und kraks« war.[543] In diesen Dingen gab sich Max Emanuel großzügig.

Dreißig Jahre alt, voller Tatkraft und das Ziel vor Augen, seine neue Stellung reichlich für den Aufstieg seines Hauses zu nützen, vermochte der Kurfürst durch sein Auftreten in der Öffentlichkeit, durch seine Leutseligkeit, durch seinen Prachtaufwand die Sympathien oder besser das Erstaunen seiner neuen Untertanen zu erringen. Durch Herkunft und Erziehung ebenso dem französischen wie dem deutschen Wesen verhaftet, gewann er zumindest anfänglich den hohen Adel des Landes, machte sich die Parteien untertan, und es gelang ihm, die Spielarten und Denkweisen der niederländischen Politiker sich dienstbar zu machen. Alle hohen Persönlichkeiten, die ihm möglicherweise gefährlich werden konnten, suchte er für sich einzunehmen, indem er ihnen Ehrenstellen am Hof und in der Armee gab, genau wie es LUDWIG XIV. tat. Den Grafen VON EGMONT ernannte er zum General der Kavallerie, den Prinzen VON CHIMAY zum ersten Kammerherrn. Der alte Palast von Coudenberg wurde in kürzester Zeit zu einem glänzenden Hof nach dem Muster von Versailles umgestaltet, so daß jene, die die schmucklosen Zeiten unter der Erzherzogin ISABELLA erlebt hatten, ihre Verwunderung nicht verbergen konnten.[544] Die Amouren des Kurfürsten waren das Tagesgespräch in Brüssel, und sie gaben den Beobachtern der öffentlichen und heimlichen Szenen stets neue Möglichkeiten zum Klatsch. Sogar LUDWIG XIV., der sich infolge seines Alters und der Einwirkung seiner »zweiten Gemahlin« DE MAINTENON, der verwitweten SCARRON, entschieden der Tugend zuwandte, entschlüpften mißbilligende Worte über das Treiben des Kurfürsten, von seinem Schwiegervater, Kaiser LEOPOLD, ganz zu schweigen. Dem Internuntius mangelte es nicht an Neuigkeiten aus der Chronique scandaleuse am Brüsseler Hof, die er nach Rom berichten konnte.[545]

»Bayern trauert«

Ein wahrer Exodus erfolgte aus München. Adelige und Minister, Sekretäre und Bürokraten machten sich reisefertig.[546] Auf nach Brüssel! hieß das Losungswort. Nur die notwendigsten Verwaltungsbeamten blieben zurück, um die Steuern einzutreiben, und jene Adeligen, die nicht genug Vermögen hatten, um sich einen langjährigen Aufenthalt im Ausland zu leisten. Die Stände waren konsterniert. Ihre Ergebenheit gegenüber dem Kurfürsten kannte keine Grenzen. Sie glichen Waisen, die aus Trauer über den Verlust ihres Vaters völlig hilflos schienen.[547] Hatten sie doch seine Anwesenheit schon seit dem Türkenkrieg entbehren müssen. Wann würde der Kurfürst aus Brüssel wieder zurückkehren? Anstatt ihre Angelegenheiten selbst in die Hand zu nehmen, wozu sich jetzt die beste Gelegenheit geboten hätte, jammerten sie ohne Unterlaß über den schmerzlichen Verlust. An eine Fronde, an gemeinsamen Widerstand dachten sie nicht. Im Gegenteil. Sie konnten kaum begreifen, daß ihr Held, der starke bayerische Löwe,[548] seiner Haupt- und Residenzstadt den Rücken gekehrt hatte. Wo gab es jetzt noch eine Zuflucht in all den Nöten? Ein Hof ohne Fürst schien fast ein Ding der Unmöglichkeit.

Worin lag ihre Trauer begründet? Der gesellschaftliche und politische Funktionswandel des Adels in den vergangenen Jahrzehnten war tiefgreifend und bereits in wesentlichen Zügen abgeschlossen. Adelige waren keine gleichberechtigten Partner des Fürsten mehr.

Es blieben ihnen nur zwei Möglichkeiten: Der wärmenden Sonne und den Gnadenstrahlen des Herrschers zu entsagen oder beträchtliche Unkosten auf sich zu nehmen, eine Kutsche zu bestellen und mit Sack und Pack, Frau und Kindern (manchmal auch ohne diese) nach Brüssel zu reisen. Sie kamen in hellen Scharen und zum Entsetzen der niederländischen Adeligen, die keine Konkurrenz wünschten.

Die Bayern erkannten bald, daß die niederländische Metropole zwar nicht zu den führenden Weltstädten zählte, daß ihre Bedeutung vielmehr in ihrem wirtschaftlichen und kulturellen Leben begründet lag. Die Niederlande waren ein Übergangsland, offen und begierig, die wirtschaftlichen, gesellschaftlichen, kulturellen und religiösen Einflüsse von Spanien und Frankreich, Holland und England aufzunehmen. Der Kurfürst und sein Hofstaat kamen auf diese Weise in engste Berührung mit diesen verschiedenen, sehr lebendigen Strömungen.

Als dominierend erwiesen sich in der Folgezeit das absolutistische Frankreich sowie Holland und England mit ihren demokratischen Gegebenheiten und Strukturen. Da aber diese den Bayern, voran dem Kurfürsten, im Grunde völlig fremd blieben, wurde die Öffnung nach Frankreich in aller Stille vorbereitet und vollzogen.

Der Brüsseler Hofstaat[549]

Die Lebenshaltungskosten waren in Brüssel wesentlich höher als in München. Die Ausgaben für die Besoldung des Hofstaates und insbesondere die Zuschüsse für Sonderausgaben stiegen unaufhörlich. Allein das Gehalt der Obersthofmeisterin Marquise DE LAIDE erhöhte sich in den neunziger Jahren von 2000 auf 8000 Gulden. Dem Obersthofmeister JOHANN JOSEPH FRANZ Freiherr VON BAUMGARTEN wurden Gehaltsbezüge in der gleichen Höhe zugestanden. Der Hofmarschall ANTON FRANZ MAX Graf VON SANFRÉ bekam eine Gehaltsaufbesserung von 2000 Gulden, der Hofküchenmeister FERDINAND Freiherr VON SIMEONI eine Zulage von 2500 Gulden, der Geheime Rat KORBINIAN VON PRIELMAYR, der ständig in diplomatischen Geschäften im benachbarten Holland, England und im Reich unterwegs war, eine Sonderzulage von 3600 Gulden, der Geheime

Rat und Sekretär ALOIS MALKNECHT von 500 Gulden, der Geheime
Rat und Gesandte in Spanien PETER Baron VON BERTIER von 592
Gulden, der Kämmerer Graf VON ARCO von 600 Gulden. Der Leibmedicus LOUIS FERNANDEZ erhielt 1200 Gulden, womit er auch zwei
Pferde zu unterhalten hatte, der Medicus JOHANN HEINRICH GIESE
400 Gulden. Das nämliche Gehalt bezogen auch die Medici JOHANN
BAPTIST GARRIDO und BALTHASAR PISTORINI. In unveränderter
Höhe dagegen blieb die Entlohnung der Aufwärterinnen und kleinen Bediensteten, die mit einem Jahresverdienst von 32 Gulden
zufrieden sein mußten.[550]

Im Jahre 1698 belief sich die Gesamtsumme der ausbezahlten
Gehälter an den engeren Kreis des Brüsseler Hofstaates auf 56 929
Gulden 43 Kreuzer. Dieser Hofstaat, bestehend aus 119 Personen,
die zum großen Teil aus Bayern übersiedelt waren, wurde mit bayerischem Geld bezahlt.[551] Nicht enthalten sind in der angegebenen
Summe die Gehälter der niederländischen Hofbediensteten.

»Subsidien« aus Bayern

Der Kurfürst brachte zwei Millionen Gulden aus Bayern mit,[552]
als er in Brüssel einzog; Anleihen in Holland und England verbesserten anfänglich die Finanzsituation der Niederlande. Eine durchgreifende Änderung erfolgte nicht. Allmonatlich überwies die Münchener Hofkasse für die persönlichen Bedürfnisse des Kurfürsten
30000 Gulden. Der Italiener BOMBARDA, seit den achtziger Jahren
im Dienst Max Emanuels, leitete die Finanzmanipulationen und
Transaktionen.[553] Der Kurfürst hatte ihn in Italien kennengelernt,
als es um die Versorgung seiner dortigen Truppen ging. BOMBARDA
erwies sich als Finanzgenie.[554] Obwohl ursprünglich von den Franzosen als Agent beim Kurfürsten eingeschleust, war er ein loyaler
Anhänger Max Emanuels. Entweder stellte sich BOMBARDA taub
oder er verstand wirklich nichts von Agententätigkeit. Seine Berichte an den französischen Hof über Max Emanuels Politik waren
so nichtssagend, kurz und bündig und allgemein gehalten,[555] daß
den Pariser Diplomaten nach anfänglichen bitteren Vorhaltungen
jede Lust verging, BOMBARDA für ihre Ziele zu verwenden. Statt
dessen eröffnete BOMBARDA, dessen Vorname sich nunmehr von

Giovanni Batista zu Jean Baptist geändert hatte, immer neue Finanzquellen für den Kurfürsten, trieb in Bayern und im Ausland Gelder auf und überwies sie nach Brüssel. Gehörige Spesen fielen dabei für ihn ab. Er versorgte bayerische und alliierte Truppen, vor allem den Kurfürsten und seinen Hof mit Geld und Waren.

Den bayerischen Untertanen wurden laufend neue Sondersteuern auferlegt. Trotz allem genügten sie den Erfordernissen nicht. Schon 1692 wurden Juwelen versetzt, um die spanische Soldateska unterhalten zu können. Aus den Niederlanden selbst war wenig zu holen. Zahlreiche Einkünfte flossen den Engländern und Holländern zu, und die Unkosten für alliierte Truppen wie die Brandenburger hatten ebenfalls die Niederlande zu bestreiten.[556] Nach München kam ein Brief nach dem anderen mit stets neuen Geldforderungen. In Bayern blieb alles, wie es war. Man kümmerte sich nur noch um das nötige Geld für die Aufwendungen und Ausgaben des Kurfürsten im fernen Brüssel. Die Münchener Räte waren nicht befugt, irgendetwas zu entscheiden. Anfragen über Anfragen richteten sie nach Brüssel. Es vergingen Wochen und Monate, bis eine Beantwortung erfolgte. Es gab keine Instanz, die eine Kontrolle über die Durchführung der einzelnen Befehle ausgeübt hätte. Das Lehenswesen lag darnieder. War ein Adeliger verstorben, so hatte sein Erbe und Nachfolger lange Zeit zu warten, bis er die Lehensbestätigung erhielt.[557] Alles Denken des Kurfürsten konzentrierte sich auf die Niederlande und die Möglichkeit des künftigen spanischen Erbes. Bayern rückte in weite Ferne. Es war nicht wichtig mit Ausnahme der zu erwartenden Geldüberweisungen. Die Stände waren ob dieser Vernachlässigung im innersten Herzen erschüttert. Die Dinge selbst zu ordnen, wozu sie zumindest theoretisch noch genügend Macht und Einfluß besaßen, auf diesen Gedanken kamen sie nicht. Mit Tränen in den Augen sahen sie tatenlos zu, wie Millionen bayerischen Geldes in die Niederlande flossen, um dort in Pracht und Aufwand, Üppigkeit, Festen, fröhlichen See- und Flußfahrten, für Oper und Musik, Ballett und Mätressen, zuweilen auch für Militär und Festungsbauten, für Quartiere und Verpflegung aufzugehen.

In der Münchener Residenz und in den Landschlössern suchte man Wertgegenstände, Vorhänge, Samt und Seide, Atlas und Damast zur Verschönerung des Brüsseler Schlosses zusammen. Der

Münchener Bankier und Fernhändler GUGLER erhielt die Oberaufsicht über die Spediteure.[558] Später half BOMBARDA nach, vom Rest noch das Schönste auszusuchen. Auch zwei eingebundene Exemplare der »Bayerischen Historia« von ADLZREITER, die eigentlich vom Beichtvater des Kurfürsten MAXIMILIAN I., JOHANNES VERVAUX, stammten,[559] wurden schon frühzeitig nach Brüssel gebracht, damit die bayerischen Räte laufend Einsicht nehmen konnten, welche Ansprüche der Kurfürst zu stellen habe, welche Herrschaften Bayern einst besessen und auf welche es zu hoffen hatte. CASPAR VON SCHMID schrieb zu Beginn der 90er Jahre seine bayerische Historia,[560] um die bayerischen Ansprüche neu zu überdenken und zu festigen. Falls den bayerischen Räten in Brüssel wieder einige Zweifel an den übermäßigen Ansprüchen des Kurfürsten kamen, dann konnte Max Emanuel auf fundierte Werke verweisen: Seine Ansprüche seien keine Träume, sondern Wirklichkeit, die Wiedergutmachung einstigen Unrechts, das dem Haus Bayern angetan worden war. Jetzt schien eine Entscheidung nahe. Die Sorge der bayerischen Stände und Untertanen hielt der Kurfürst für unbegründet, er habe Bayern den Niederlanden »eingebrockt«, alles Geld fließe dorthin. Wenn einmal das spanische Erbe sich in seinen Händen befände, dann würden sich die derzeitigen Ausgaben und Unkosten reichlich lohnen.[561]

An Geld fehlte es Max Emanuel immer und überall,[562] damit auch der wichtigste Faktor der damaligen Politik. Wer ihm Geld gab, dem verpflichtete er sich. Er war jederzeit als Verbündeter zu kaufen. Vergeblich wartete man auf die von Madrid zugesagten Rimessen. Anstelle des Bargeldes traten Schulden. Der Kurfürst versetzte als Sicherheit Wertgegenstände, Gold- und Silbergeschirr, Perlen und Edelsteine, Ketten und Ringe. Seine Gemahlin wußte sehr wohl, warum sie in ihrem Testament die Bestimmung einsetzte, ihre Hinterlassenschaft dürfe weder verkauft noch versetzt werden.[563] Eine weitere Möglichkeit, Geld flüssig zu machen, ergab sich durch die Verpfändung bayerischer Kameraleinkünfte: Gelder wurden bei Bankiers aufgenommen. Die Tilgung der Zinsen und die Rückzahlung der Schulden erfolgten durch die Verpfändung von Steuereinnahmen und Einkünften aus Mautgefällen, Salzlegstätten und Scharwerksgefällen. Der Ausverkauf Bayerns machte somit rasche Fortschritte.

Kaufleute und Bankiers fanden sich bereit, dem Fürsten Geld vorzustrecken, selbst wenn die Rückzahlung nicht gänzlich gesichert war. Dies lag in dem Umstand begründet, daß der Kurfürst ihnen den Zugang zum bayerischen und niederländischen Markt eröffnete. Sie erhielten die Erlaubnis, die Geldgeschäfte der Untertanen zu regeln. Konnten kleine Leute ihre Steuern nicht bezahlen, mußten sie Schulden aufnehmen. Materielle Güter sicherten diese Geschäfte ab, die Zinsen waren enorm hoch. Brannte das Haus ab, schwemmte ein Hochwasser das Erdreich und die Saat hinweg, ließen feuchte Sommer die Ernte verfaulen, schädigte der Frost das Wintergetreide, tätigte die Bevölkerung Einkäufe, die sie nicht in bar begleichen konnte, dann mußte sie bei Geldverleihern um Kredit nachsuchen.

Die Abhängigkeit der ärmeren Bevölkerung von einer kleinen Schicht von Geldgebern wuchs seit dem Dreißigjährigen Krieg ohne Unterbrechung. Jetzt kamen die ständigen Kriegskontributionen hinzu, die die Untertanen oft nicht aufbringen konnten. Sie belasteten ihre Anwesen mit Hypotheken[564] in der Hoffnung, sich dadurch über Wasser halten zu können.

Derartige Geldgeschäfte warfen große Gewinne ab. Mit ihnen arbeiteten und wirtschafteten die Verleiher, Kaufleute und Bankiers. Die Millionen, die sie dem Fürsten vorstreckten, basierten auf diesem System. Selbst wenn der Fürst seine Schulden nicht beglich, so machte das Verleihgeschäft bei den Untertanen und Ständen die entstandenen Verluste wieder wett. Indem sie andererseits jenen Untertanen, die ein kleines Vermögen besaßen und es vermehren wollten, beim Kapitalverleih große Zinsgewinne zusicherten, häuften sie einen Grundstock an Kapitalien an, mit dem sie ihre Geschäfte finanzieren konnten. Wurde ein Verleiher zahlungsunfähig, so waren stets hunderte von kleinen Kapitalgebern die eigentlichen Verlierer.

Die Absicherung durch das Verleihgeschäft war so groß, daß die Bankiers mit Geldsummen arbeiten konnten, die in Wirklichkeit garnicht bestanden.[565] Denn die Transaktionen etwa von München nach Brüssel, von Wien nach München oder von Madrid nach Brüssel erfolgten durch Überweisungen, nicht durch tatsächlich vorhandene Kapitalien. Deshalb war es oft trotz der eingegangenen Anweisungen schwer, Bargeld flüssig zu machen. Die einbehaltenen Spesen[566] für Wechsel, Transaktionen, gegebenenfalls auch Geldtransporte zu den Truppen ermöglichten andererseits den Bankiers eigene Unternehmungen. Denn diese Geldbeträge wurden von Überweisungen und Subsidien zurückbehalten und meist in Grundstücken, Häusern, Wertgegenständen und dergleichen angelegt. Vom Zusammenbruch eines Wechselgeschäftes waren die kleinen Geldgeber betroffen, aber nicht die angesammelten Vermögen außerhalb des Geldumsatzes. Auf diese Weise konnte BOMBARDA seinen Gewinn in wertbeständiges Guthaben umsetzen.[567]

Auch die Heereslieferungen boten Händlern und Kaufleuten nicht geringe Chancen, einen beträchtlichen Überschuß zu erzielen. Munition und Proviant en gros angekauft, verbilligte den Einkaufspreis. Die Verrechnung aber erfolgte zu den jeweils gültigen Sätzen. Überschüssiger, lange liegen gebliebener Proviant, der nicht aufgekauft und somit dem Verderb preisgegeben war, mußte vom Besitzer unter dem festgesetzten Preis abgegeben werden. Die Lebensmittel wurden vom Aufkäufer billig erworben, jedoch zum regulären Preis bei der kurfürstlichen Kasse verrechnet. Da Händler meist auch Bankiers und umgekehrt waren, ergab sich eine vielfältig verschlungene und jedem Außenstehenden unübersichtliche Geschäftspraxis. Durch den Zusammenschluß mehrerer Unternehmer und Bankiers[568] war die Betriebsstruktur derart kompliziert, daß zwischen Privatvermögen und Fremdkapital kaum mehr zu unterscheiden war.

Ein Beispiel für die »Finanzpolitik« des Kurfürsten kann hier genügen: Im Jahre 1698 gab der Kölner Handelsherr JOHANN GERWIN BEYWEG dem Kurfürsten einen Vorschuß von 300 000 Patacon. Die Anleihe wurde mit fünf Prozent verzinst. Weitere 100 000 Patacon nahm BEYWEG bei seinen »Freunden« auf. Er verlangte eine Verzinsung von sechs Prozent. Als Sicherheit versetzte Max Emanuel in Brüssel und Amsterdam Juwelen und Perlen: Für den Schätzwert von 1000 Patacon erhielt er eine reale Auszahlung von nur 700 Patacon. Der Rest diente als Verdienstspanne und Sicherheit für den Fall, daß das verliehene Kapital nicht zurückgezahlt würde und die Juwelen und Perlen verkauft werden müßten. Die Kündigung des Darlehens stand beiden Teilen frei. Sie konnte jeweils Mitte oder Ende eines Jahres erfolgen. Die Rückzahlung war in Reichswährung zu leisten entsprechend dem allgemeinen Kurs. Nicht die Brüsseler, sondern die Münchener

Hofkammer mußte die jährlichen Zinsen begleichen. Darüber hinaus übernahm BEYWEG die Bezahlung von 11 098 Patacon für den dem Brüsseler Hofkeller gelieferten Wein unabhängig von den ersten Zinszahlungen.[569]

In all diesen Jahren wurden laufend Diamanten, Brillanten und Perlen bei GERWIN BEYWEG, auch unter Einschaltung des Bankiers CORNELIUS BLESSEN, versetzt gegen Auszahlung von Bargeld und Belieferung des Hofstaates und der Truppen, vor allem Wein und Brot für den Hof, Munition, Getreide und Branntwein für die Soldaten. Im Jahre 1700 erbrachten die genannten Versatzstücke einmal 13 600 Patacon, ein andermal 12 136 Patacon. Die Verbindlichkeiten des Kurfürsten bei diesem einzigen Händler beliefen sich im Jahre 1698 auf 300 000 Patacon, im Jahre 1700 auf weitere 69 208 Patacon, im folgenden Jahr nochmals auf 10 000 Patacon. In Frankfurt versetzte BEYWEG Perlen und Diamanten für 13 333 Patacon. Zwischen 1701 und 1714 ließ der Kurfürst in Holland Perlen und Wertgegenstände im Wert von 3 283 500 holländischen Gulden verpfänden.[570] Dies war nur ein kleiner Teil seiner Verbindlichkeiten.

Die Abrechnung der österreichischen Subsidien[571] ergab stets neue Schwierigkeiten, besonders was den Abzug der Unkosten für Quartierlasten, Verpflegung und Exzesse der Truppen betraf. Trotz aller bayerischen, englischen und österreichischen Zuschüsse reichte das Geld, das dem Kurfürsten zur Verfügung stand, niemals aus, auch nur ein annähernd ausgeglichenes Budget zu erstellen.

Der Sold für die Hofbediensteten war zwar in Brüssel mächtig angewachsen, aber das stand nur auf dem Papier. In der Regel mußte das Personal zufrieden sein, wenn es ein Drittel oder die Hälfte der zugesagten Summen bekam. Vokalisten, Instrumentalisten, Künstler jeder Gattung sangen und spielten zum Wohlgefallen des Fürsten und des Hofes, und trotzdem erhielten auch sie kaum eine geldliche Abfindung.[572] Nebeneinkommen konnten sie nur erlangen, wenn sie in den Adels- und reichen Bürgerhäusern der Stadt Unterricht in Gesang, Instrument und Tanz gaben. Dazu verhalf die Stellung bei Hof. Man war bekannt. Dies tröstete über das nicht ausbezahlte Gehalt ein wenig hinweg. Vom Hof waren viele Menschen abhängig. War der Hof nicht zahlungsfähig, wurden sie alle in Mitleidenschaft gezogen.

Militärische Maßnahmen

Die großen Probleme während der niederländischen Statthalterschaft Max Emanuels bezogen sich auf die Heeresorganisation und die Versorgung der Truppen. WILHELM VON ORANIEN hatte damit gerechnet, mit Max Emanuel einen willfährigen Partner in den Niederlanden zu etablieren, der sich in erster Linie zu einem gemeinsamen Kampf gegen Frankreich entschließen würde. Bald mußte der englische König einsehen, daß die Ergebenheit und »Dankbarkeit« des Kurfürsten allzu rasch ihre Grenzen fanden.[573] Denn Max Emanuel nahm sich gerade den Oranier zum Vorbild, der zum König aufgestiegen war. Die Beziehungen beider Politiker blieben einige Jahre lang korrekt und jeder von ihnen gedachte, den anderen seinen Interessen auf bestmögliche Weise dienstbar zu machen. Der Consens ließ zu wünschen übrig.

Wie überall in absolutistischen Staaten arbeitete die niederländische Bürokratie langsam und mit Bedacht. Der frühere Elan, den der Kurfürst in den Türkenkriegen entwickelt hatte, war vergangen und unwiederbringlich. Die Hoffnungen des niederländischen Volkes, der Kurfürst würde die Feinde rasch aus dem Land verjagen, erfüllten sich nicht. Im Gegenteil – die Feldzüge der Jahre 1692 und 1693 brachten nur den Franzosen Vorteile. Das Jahr 1694 verging mit Manövern ohne Schlacht und ohne Entscheidung, obwohl 92 000 Mann in den Niederlanden zusammengezogen waren.

Die Preise stiegen. Überall in Westeuropa, nicht nur in den Niederlanden, war die Ernte der letzten Jahre schlecht ausgefallen. Hunger drohte. Selbst im Agrarland Bayern brach eine Hungersnot aus.[574] Die Einfuhrkontingente mußten aufgestockt werden. Die Abhängigkeit vom Ausland verstärkte sich. Nicht einmal über den Umstand konnte man sich freuen, daß auch in Frankreich die Grundnahrungsmittel sich enorm verteuerten und Krankheiten und Erschöpfung die Untertanen des mehr verhaßten als geliebten französischen Königs fast im ganzen Land (mit Ausnahme des Westens und Südens) dezimierten. Es war »die Zeit des größten Sterbens« während der ganzen Regierungszeit LUDWIGS XIV.[575] Trotzdem konnten die Alliierten nur unwesentliche Erfolge erringen. Der Tod des französischen Marschalls LUXEMBOURG im Jahre 1695 war auch nicht ihr Verdienst.

Die Niederlande waren ohne Unterbrechung gefährdet. LUXEMBOURGS Nachfolger VILLEROY konnte 1695 bis unter die Mauern Brüssels vorstoßen. Mit Ausnahme der Residenz, in der sich Max Emanuels zweite Gemahlin aufhielt, ließ er Brüssel bombardieren. Der Kurfürst feuerte persönlich die Verteidiger an, die Angriffe abzuwehren und die brennenden Straßenzüge zu löschen. Vom 13. bis zum 15. August dauerte das Bombardement der Franzosen Tag und Nacht an. 3830 Häuser wurden zerstört oder brannten aus.[576] Der Kurfürst gab notgedrungen all jenen Sonderprivilegien, die die Stadt wieder aufzubauen halfen.[577] Er ließ die Zölle für Baumaterialien aufheben. Während Brüssel gehalten werden konnte, mußte Namur kapitulieren.

Der Graf VON BERGEYCK war unermüdlich tätig, um die Organisation der Truppen voranzutreiben und die erforderlichen Geldsummen für ihre Besoldung aufzubringen. In BERGEYCKs Kanzlei liefen alle Fäden des Militär- und Finanzwesens der Niederlande zusammen. Wiederholt wurden die Verordneten der Stände vorstellig, um sich über die ihnen aufgebürdeten Lasten zu beschweren. Der Kurfürst betonte immer wieder mit bewegten Worten, wie notwendig es sei, daß die Stände das Ihre für das Gemeinwohl beitrügen. Es sei nicht zu umgehen, daß auch sie dem spanischen König entsprechende Dienste leisteten.

Die Soldaten mußten in den verschiedenen Städten und Festungen einquartiert, verpflegt und besoldet werden. Beständig traten neue Schwierigkeiten beim Nachschub an Lebensmitteln, Kanonen, Kugeln und sonstigem Kriegsmaterial auf. Um Mißgunst zu vermeiden, wurden die Beamten angewiesen, die Hilfstruppen der Verbündeten ebenso wie die einheimischen zu behandeln. Besonders schwer war es, Soldaten in jenen Gebieten zu stationieren, die die Franzosen bereits verwüstet hatten. Niemand wollte zum Beispiel nach Nieuport, da es dort nichts mehr gab, wovon Tabak und Branntwein für 10 000 Soldaten hätten angeschafft werden können. Nicht einmal 400 Feldbetten waren vorhanden, um wenigstens zwei Bataillone einzuquartieren. Magazine mußten immer wieder neu angelegt und unterhalten werden. Da auch Frankreichs Heer und Marine stark aufrüsteten, durften die Niederlande nicht nachstehen. Es fehlten Schiffe. Kaperfahrten und Beschlagnahme von ausländischen und besonders feindlichen Schiffen boten nur eine geringe

Möglichkeit, den eigenen Fehlbestand zu ergänzen. In eroberten Gebieten war es üblich geworden, Geiseln zu nehmen, um die Untertanen von Aufständen und Sabotage abzuhalten. Unterschlagungen und Korruption waren an der Tagesordnung. Die Bezahlung der Truppen verzögerte sich immer wieder über Gebühr. Man verfiel auf den Ausweg, ein Kontingent nach dem anderen zu entlohnen, um auf diese Weise jeder Abteilung im Laufe des Jahres wenigstens einige Male, besonders im Frühjahr und Herbst Sold auszuzahlen, damit die Bauern in Ruhe säen und ernten konnten. Die Vorräte an Brot, Käse und Bier reichten oft nur für drei Tage, so daß die Soldaten über die Bevölkerung herfielen und Abgaben erpreßten.[578]

In den Kasernen waren die Soldaten in großen Sälen untergebracht. Die Ansteckungsgefahr bei Seuchen war infolge der unzureichenden hygienischen Verhältnisse äußerst groß. Anstatt prophylaktisch vorzusorgen, wurden erst Maßnahmen ergriffen, wenn die Krankheiten bereits ausgebrochen waren. Kümmerten sich die Offiziere nicht um die Disziplin der Soldaten in den Garnisonen, kam es zu handfesten Auseinandersetzungen zwischen Truppen und Zivilbevölkerung. Exzesse der Soldaten wurden nur dann geahndet, wenn die Geschädigten die Namen der Schuldigen angeben konnten, was nur selten der Fall war. Die Furcht vor Spionen war groß; immer neue Verhaftungswellen gingen über das Land hinweg.[579]

Die alliierten Truppen suchten häufig auf eigene Faust Quartiere und Verpflegung für sich, Futtermittel, Heu, Hafer und Stroh für ihre Pferde. Es herrschte großer Mangel an Zelten und Wagen, Barken und Transportfahrzeugen, Palisaden und Pfählen. Für die Heizung im Winter mußten Kohlen aus Zeeland und Torf aus der Gegend von Antwerpen herangeschafft werden.[580]

Je länger der Krieg dauerte, um so weniger brachten die Kontributionen ein. Die Wirtschaft des Landes stagnierte. Die Unternehmungen der Fernhändler siechten dahin. Der wirtschaftliche Ruin breiter Käuferschichten beschleunigte den Niedergang des Handels. Die gewerbliche Tätigkeit erlahmte, ein Teil der Webstühle stand still, die Zahl der Arbeitslosen nahm außerordentlich zu. Arbeitslose Färber und Teppichweber suchten sich den nötigen Lebensunterhalt durch Handarbeit zu verdienen.[581] Die Ressourcen des Landes erschöpften sich; die geforderten Steuern konnten nicht mehr aufgebracht werden; die Anordnungen der Verwaltung wurden unwirksam. Die caritativen Einrichtungen hatten noch niemals ausgereicht, um die Armen genügend zu unterstützen, und standen jetzt dem erhöhten Ansturm materieller Not machtlos gegenüber.

Den Durchmarsch schwedischer, dänischer und anderer ausländischer Offiziere über niederländisches Gebiet nach Frankreich ließ Max Emanuel verbieten, hielt aber den Ausländern Offiziersstellen in seinen Truppeneinheiten offen. Deserteure aus dem französischen Heer bekamen, gleichgültig welcher Nationalität, beim Übertritt in alliierte Dienste von den niederländischen Behörden drei Ecus Belohnung. Diese Ausgaben belasteten die Staatskasse nicht allzusehr, da jene Deserteure, die die französische Armee verließen, ein Untertauchen in der Zivilbevölkerung einer Neuverpflichtung bei den Alliierten vorzogen.

Offiziell blieben die Handelsbeziehungen mit Frankreich unterbrochen, doch gelang es verschiedenen Händlern, die gute Verbindung zur Regierung unterhielten, eine Sondererlaubnis zur Einfuhr französischer Waren zu erhalten. Die Einlösung von Wechselbriefen zu wesentlich niedrigerem Wert wurde zur allgemeinen Gepflogenheit.

Das Engagement der einheimischen Bevölkerung in diesem Krieg wurde infolge der sinkenden Moral immer geringer. Das strenge Regiment BERGEYCKS war verhaßt. Die Stationierung ausländischer Truppen gab Anlaß zur Kritik. Es kam immer mehr zu einem spannungsgeladenen Gegeneinander zwischen Zivilbevölkerung und Soldaten.

Die Adeligen fürchteten um ihre Privilegien, da die Offiziere ihre Truppen auch auf adelige Güter verteilten und die Regierung von ihnen in erhöhtem Maße freiwillige Beiträge verlangte. Diese Maßnahme widersprach dem Privileg der Steuerbefreiung. Neuerdings überreichten die Adeligen dem Kurfürsten verschiedene Bittschriften des Inhalts, sie und das Volk künftig von weiteren Steuerforderungen zu verschonen.[582] Die Gelder, die BOMBARDA aus Bayern in den Niederlanden investierte, konnten die Finanzprobleme nicht lösen.

Ständig mußten neue Rekruten ausgehoben werden, um den Verlust an Soldaten auszugleichen. Da sich kaum mehr einheimische

Männer freiwillig zum Kriegsdienst bereitfanden, griffen die Offiziere zu Zwangsrekrutierungen. Um ihr Soll an Neuanwerbungen zu erfüllen, fingen Truppenanwerber umherstreunende Jugendliche ein, holten sie sogar aus den Häusern. Alle Erlasse der Regierung, künftig nur mehr über 18 Jahre alte Männer zu verpflichten, wurden nicht beachtet. Einmal wußten die einfachen Leute ihr Alter oft selbst nicht; dann sahen auch die Werber großzügig über ein allzu jugendliches Aussehen des zukünftigen Soldaten hinweg, um ihr Kontingent auffüllen zu können. Alle Anordnungen der Regierung waren dadurch mehr oder minder illusorisch.

In der Praxis hatten die militärischen Erfordernisse den absoluten Vorrang vor zivilen Belangen.[583] Die Untertanen wurden, gleich welchen Alters, herangezogen, um Gräben auszuheben, Linien zu formieren, Brustwehren zu errichten, Kanäle zu verbreitern, neue Schleusen zu bauen, nach deren Öffnung gegebenenfalls das tiefer gelegene Land überschwemmt werden konnte, wenn die Franzosen allzuweit in das Land vordringen sollten. Der Kampf gegen Schmuggler und Spione führte zu Ausschreitungen, jedoch zu keinem dauerhaften Erfolg.

Der lange Weg zum kurzen Frieden[584]

Trotz einiger lokaler Siege vermochte keine der kämpfenden Parteien einen durchschlagenden Erfolg für sich zu verbuchen. Bereits Mitte des Jahrzehnts waren alle kriegführenden Staaten der Erschöpfung nahe. Überall bot sich das gleiche Bild: Zunehmende Belastung der Bevölkerung durch Kriegssteuern, Kontributionen, Requirierung von Quartieren und Lebensmitteln; Zwangsrekrutierungen; mangelnde Versorgung der Soldaten und als deren Folge Übergriffe, Überfälle und Raub; allgemeine Unsicherheit; Rückgang von Handel und Gewerbe; leere Staatskassen; die Lebensmittelverknappung; die große Teuerung; die Verwüstungen und Zerstörungen durch Kriegshandlungen und Plünderungen durch eigene und fremde Soldateska; das Fehlen einer festen Front; die dauernden Manöver mit den Durchmärschen größerer Truppeneinheiten; die Demoralisierung der Soldaten und die zahlreichen Desertionen; die Massen der Bettler und Hungernden; kultureller Niedergang;

sinkende Moral und fortschreitende Hoffnungslosigkeit waren die Faktoren, die in diesen Jahren den Alltag in den Niederlanden prägten ebenso wie in Italien, in Frankreich, in Bayern, in Ungarn oder in den rheinischen Gebieten.

Nur mühsam gelang es den französischen Militärs, die Macht der Koalition einzudämmen. Die Alliierten vermochten keine Entscheidung zu erzwingen. Die Politiker aller Lager drängten auf eine diplomatische Lösung des Konflikts, auf einen Waffenstillstand oder einen Friedensschluß. Verhandlungen begannen, zäh und gründlich, jahrelang. Unterdessen gingen die Feldzüge weiter, die Belagerungen, die Bombardierungen von Städten und Festungen.

KORBINIAN VON PRIELMAYR verhandelte im Auftrag des Kurfürsten in Holland [585] und versuchte mit großem Geschick, die bayerischen Interessen durchzusetzen und eine Entschädigung für die bayerischen Kriegsaufwendungen in einen künftigen Friedensvertrag miteinzuflechten. Da Max Emanuel seine Forderungen wie stets über alle Maßen erhöhte, wurden die bayerischen Anträge weder von den Alliierten, geschweige denn von Frankreich ernstgenommen.

Erstmals sahen sich die französischen Minister genötigt, LUDWIG XIV. zum Nachgeben zu bewegen. Im Frieden von Ryswick (1697) [586] verzichtete er auf einige Reunionen (mit Ausnahme von Straßburg), auf Luxemburg sowie einige Städte und Territorien an der niederländisch-französischen Grenze. Eine Grenzkommission verhandelte in den folgenden Jahren über die Einzelheiten, die im Abkommen von Lille (Dezember 1699) festgelegt wurden.[587]

Die kaiserlichen Diplomaten hatten während der Ryswicker Verhandlungen die bayerischen Entschädigungsansprüche nicht unterstützt. Deshalb war in diesem Vertrag kein einziges Wort zu lesen über die Zukunft der spanischen Niederlande, deren Souveränität Max Emanuel für sich beanspruchte. Nur der Besitz Kölns in Wittelsbachischer Hand war gesichert. Der Kaiser erreichte in Geheimverhandlungen einige Vorteile für sich und das Reich. Der Lothringer wurde restituiert. LUDWIG XIV. nahm Abstand von seinen Ansprüchen auf die Pfalz. Für Frankreich blieb kein Gewinn. Auch Max Emanuel hatte während dieses Krieges wenig Ruhm geerntet. Die Schuld daran gab er Wien. Somit hatte er wieder einen Grund mehr, dem Kaiser zu zürnen, der seine

»rechtmäßigen Ansprüche« zu hintertreiben schien. Sein Verlangen wuchs, bei passender Gelegenheit der Wiener Diplomatie Schaden zuzufügen. Doch vorläufig war diese Absicht nicht zu verwirklichen. Das spanische Erbe stand auf dem Spiel.

In den Niederlanden wurde Bilanz des vergangenen Krieges gezogen,[588] die für das Land äußerst negativ ausfiel: keine Vorteile, aber ungeheure Verluste an Leben und materiellen Gütern. Die Behörden begannen, die Gesamtschuldenlast festzustellen und die alliierten Truppen möglichst rasch aus dem Land zu bringen. Barken und Schiffe stellte man mit Freude bereit, um die englischen Truppen über den Kanal zu transportieren. Noch lange nach dem Friedensschluß blieben die Lebensmittelvorräte knapp. Ebenso bestanden bei den Brennmaterialien Holz, Kohle und Torf Engpässe.[589] Nur langsam normalisierte sich die Versorgungslage. Adelige erhielten aufgrund ihrer traditionellen Privilegien Vorzugspreise und brauchten keine Zölle für Einfuhren zu zahlen.

Hauptaufgabe BERGEYCKS war es, nach Beendigung des Krieges den Handel zu beleben und die Verwaltung zu reorganisieren. BERGEYCK beschwor Max Emanuel, eine »Reformation« des gesamten Staates in Angriff zu nehmen. Man wollte mit der Einsparung von Minister- und Beamtenposten beginnen und die Organisation der Behörden und Tribunale straffen. Auf diese Weise hoffte man, die Staatsausgaben einzuschränken.[590] Die durch Tod oder Beförderung freigewordenen Stellen sollten nicht mehr besetzt und die Zahl der Beschäftigten auf den früheren Stand, nämlich des Jahres 1681, zurückgeführt werden.[591] Zwischen Theorie und Praxis ergab sich aber eine tiefe Kluft.

Am Brüsseler Hof verbreitete sich Unsicherheit. Jedermann hatte Angst, seinen Posten demnächst zu verlieren.[592] BERGEYCK war unerbittlich und kürzte die Gehälter der »Consulen«, der Justizbeamten und Rechnungsaufnehmer. Gespart wurde nicht so sehr bei den höchsten Chargen, bei denen es sich wahrlich gelohnt hätte, sondern bei den untergeordneten und abhängigen Beschäftigten. Gleichzeitig war beabsichtigt, den gesellschaftlichen Unterschied zwischen hoch und niedrig wieder besonders hervorzuheben und jene Männer zu fördern, die durch ihre Verdienste, durch ihre Fähigkeiten oder durch ihre Abkunft sich auszeichneten. Um jedoch größere Spannungen und Unannehmlichkeiten zu vermeiden, tastete man die Privilegien der Städte und Magistrate nicht an. Während die Sparmaßnahmen sich beim kleinen Mann auswirkten, erhöhten sich gleichzeitig die Zuteilungen für den kurfürstlichen Hof und die fürstliche Familie. Allein 6000 Maß Holz und 6000 Sack Kohlen wurden im Jahre 1698 mehr als im Jahre zuvor in der Brüsseler Residenz verheizt.[593]

Kabinettssitzungen

Jeweils in einem Abstand von wenigen Tagen fanden Kabinettssitzungen statt, deren Vorsitz der Kurfürst innehatte. In der Regel traf man sich in der Residenz, zur Zeit der Feldzüge in den Prunkzelten des Kurfürsten. Sekretäre, Geheimräte und vor allem BERGEYCK hatten alle Anträge vorbereitet, die aus München und dem Ausland kommenden Briefe, die diplomatischen Akten und Bittgesuche ausgewählt und eventuell notwendige Rückfragen erledigt. Meist wurde der Inhalt der Schriftstücke nur stichwortartig zusammengefaßt oder auszugsweise vorgelesen. Die Minister unterbreiteten Vorschläge zu ihrer Beantwortung, die der Kurfürst akzeptierte, modifizierte, ablehnte oder durch eigene Vorschläge ergänzte. In verhältnismäßig kurzer Zeit konnten dadurch die verschiedenen Anträge und Anfragen besprochen werden, angefangen von der Heiratserlaubnis für Adelige und Offiziere über die Erteilung von Expektanzen auf Ämter und Güter, über Stellenbesetzung bis zu Gnadengeldern, Almosen und Spenden für Siechen- und Waisenhäuser, für invalide und altgediente Soldaten. Man diskutierte über die neuen Anschaffungen für die fürstlichen Apotheken, über die Anzahl der Sprachmeister, Offiziere und Gerichtsschreiber in Brüssel oder München, über die Satzungen der bayerischen Lebzelterzunft oder über das Verlangen eines Münchener Kammerdieners, seine Schwiegermutter wiederum ins Hospital einzuweisen, denn sie sei ganz unschuldig daraus verstoßen worden.[594] Politische Fragen, finanztechnische Manipulationen oder die Festsetzung der Steuern besprach genau wie in München nur ein ausgewählter Kreis von vertrauenswürdigen Mitarbeitern. Wichtig war, das Land reicher zu machen, nicht aus Liebe zu den Untertanen, sondern um höhere Steuereinnahmen zu erzielen. Die

Sorge um Manufaktur und Handel stand obenan[595] – beide Begriffe gehörten im 17. und 18. Jahrhundert aufs engste zusammen. Das Volk mußte in die Lage versetzt werden, den Ruhm des Kurfürsten zu finanzieren.

Popularitätsbestrebungen

Max Emanuel versuchte in all den Jahren seines Aufenthalts in den Niederlanden, die Untertanen für sich zu gewinnen. Ein probates Mittel dazu war die unmittelbare Begegnung mit dem Volk. Sie war möglich, wenn der Gouverneur zu den Jagden ritt; wenn er Kirchen und Klöster besuchte; wenn er sich von den Untertanen Geschenke überbringen ließ. Traf er mit der geistlichen Prominenz zusammen, wurden reichlich Almosen verteilt und Weihegaben in den Kirchen geopfert. Wie während seiner Jugendzeit ließ er Almosen unter das Volk werfen, wenn er sich am Balkon des Palastes zeigte oder mit der Kutsche durch die Stadt fuhr; wenn er Ball- und Komödienhäuser aufsuchte, auf Reiherjagd oder zur Rennbahn sich begab. Wann immer er das Schloß verließ, wurden die herandrängenden Menschen beschenkt.

Untertanen und Hofbediente verehrten ihm Tiere, besonders Pudel und Vögel, überbrachten ihm geweihtes Pfingstwasser, feine Kräuter und Butter. Wenn diese Personen vorgelassen wurden, händigte man ihnen kleine Geschenke und Trinkgelder aus. Ebenso wie in München vermochte der Kurfürst in Brüssel wohl zu unterscheiden, welche Kreise ihm am meisten zugetan waren. Er pflegte das Charisma des Fürsten, um sich das Image des Landesvaters zu erhalten. Max Emanuel war begeistert von der Feststellung, daß ein Kirchendiener am Allerseelentag die Glocke besonders laut läutete, als er in die Kirche einzog. Der Kurfürst schenkte ihm dafür eine »Pistole«. Auch Waisenkindern, die ihm vorgestellt wurden, überreichte er kleinere Geschenke. Wenn er in Boutiquen oder auf Jahrmärkten Gebrauchsgegenstände einkaufte, gab es bei der Bezahlung zusätzlich Trinkgelder. Ein krankes Hündchen schickte er zu einem bekannten Tierarzt nach Holland und ließ es dort vier Monate lang pflegen.

Eine besonders ehrenvolle Aufgabe hatte Baron MALKNECHT zu

übernehmen, denn er mußte stets Spielgeld auslegen. Alle diese und andere Sonderausgaben für Almosen und Trinkgeld betrugen in einem Jahr 2188 Patacon 41 Stiber 1 Liar.[596]

Die zweite Ehe[597]

Nach dem Tod der Kurfürstin MARIA ANTONIE (1692) suchten die bayerischen Räte eine neue Gemahlin für den Kurfürsten. Die Erbfolge beruhte nur auf dem kleinen Kurprinzen JOSEPH FERDINAND. Daher schien es geboten, Max Emanuel bald wieder zu verheiraten. Die fleißigen bayerischen Räte machten 67 Kandidatinnen ausfindig,[598] so daß die Hoffnung bestand, der Kurfürst werde die richtige auswählen. Nur wenige kamen in die engere Wahl. Wichtig waren das Alter der Prinzessin, die politischen Rücksichten, die Religionszugehörigkeit und die Höhe der Mitgift. Es war allgemein bekannt, daß THERESE KUNIGUNDE, die Tochter des polnischen Königs JOHANN SOBIESKI, der die Befreiung Wiens 1683 mit großer Umsicht geleitet hatte, eine ungeheure Mitgift in die Ehe bringen würde. Man sprach von einer Summe bis zu einer halben Million Taler.[599]

Besondere Rücksicht war auf den Madrider Hof zu nehmen. Da Max Emanuel den spanischen König beerben wollte, durfte er keine Ehe eingehen, die KARL II. und seinen Anhängern nicht genehm war. Ansonsten hätte er sich alle Aussichten, im Testament berücksichtigt zu werden, von vornherein wesentlich geschmälert. Die bayerischen Räte, die niederländischen Minister, der spanische Botschafter GRANA sowie die holländischen und englischen Gesandten hatten in dieser Frage ein Wort mitzureden. Mit Den Haag und London mußte sich der Kurfürst in gutem Einvernehmen befinden, wollte er ihrer Anerkennung im Fall des spanischen Erbes versichert sein. Zu guter Letzt durfte er sich die Gunst des Kaisers nicht gänzlich verscherzen, noch den französischen König brüskieren.[600]

THERESE KUNIGUNDE schien von allen in Frage kommenden Prinzessinnen die geeignetste zu sein. Denn Paris und Wien schätzten ihren Vater; ihr Bruder JAKOB war durch seine Gemahlin mit dem regierenden spanischen König und mit dem Kaiser verschwägert. Österreich und Polen verband außerdem das Interesse, den Türken niederzuringen. Andererseits gab es in Polen eine bedeutende französische Partei, die die Verbindung mit LUDWIG XIV. nie abreißen ließ. Polen war infolge seiner inneren Struktur und seiner geographischen Lage keine Macht, die Expansionspolitik betrieb und somit irgendeinem Nachbarn hätte gefährlich werden können. Vielmehr pflegte es gute Beziehungen mit allen Seiten, so daß eine Familienverbindung mit dem Hause SOBIESKI beträchtliche politische Vorteile bringen und die bereits bestehenden Verbindungen festigen konnte. Nur ein Nachteil war hinzunehmen; denn THERESE KUNIGUNDE war die Tochter eines Wahlkönigs, nicht eines Dynasten. Möglicherweise konnte sich diese Tatsache für die Nachkommen ungünstig auswirken, wenn sie hohe kirchliche Würden zu erlangen trachteten.[601] Doch angesichts der großen Vorteile dieser Heirat wurde dieser Einwand übergangen.

Max Emanuel, der sich des öfteren über die geringe Schönheit seiner ersten Gemahlin lautstark beklagt hatte, wollte in seiner zweiten Gemahlin Schönheit, reiche Mitgift und politische Vorteile zugleich vereinigt sehen. Er schickte seinen Kammerdiener DULAC, einen Franzosen, dem er mehr als seinen bayerischen Ministern vertraute, im geheimen an den polnischen Königshof, um die Braut in Augenschein zu nehmen, bevor er die Heiratsverhandlungen offiziell in die Wege leitete. Da DULAC sich über das Aussehen und die Gestalt der polnischen Prinzessin zufrieden äußerte, war mithin den »Anforderungen« des Kurfürsten an diese Ehe in jeglicher Hinsicht Genüge geleistet.

Der Bischof von Plock, ZALUSKI, rühmte sich sehr, die Heirat zustande gebracht zu haben,[602] doch mehr als er setzte sich Prinz JAKOB für diese Eheverbindung ein. Baron MAYR führte bayerischerseits die offiziellen Verhandlungen in Warschau.[603] Wie üblich wurde lange über die Höhe der Mitgift gefeilscht, bis schließlich im August 1694 die Prokuravermählung in Warschau mit großem Prunk gefeiert werden konnte.[604] Ein Verwandter der Braut, Kardinal RADZIEJOWSKI, segnete die Ehe ein. Prinz JAKOB vertrat den Bräutigam.

Im November verließ die Braut das väterliche Schloß Wilanow, das in der Nähe der Hauptstadt Warschau lag. In Wesel am Rhein war die Zusammenkunft der Eheleute vorgesehen. Der Kurfürst, der stets die vorgegebenen Schranken zu sprengen suchte, erwartete ungeduldig die Stunde, seine Braut zu sehen. Nur der Rhein trennte die Eheleute noch. Spätere Historiker vergaßen nicht,[605] den Mut des Kurfürsten hervorzuheben, der in einem kleinen Boot unter Lebensgefahr mitten im Winter den Rhein überquert habe, um seine Gemahlin sobald als möglich in die Arme zu schließen. Diese Heldentat, die Überfahrt trotz des Treibeises gewagt zu haben, gebührt eigentlich dem Baron SIMEONI. Ihn hatte Max Emanuel vorausgeschickt, um zu erkunden, ob die Überquerung des Flusses lebensgefährlich oder realisierbar war.

Die erste Begegnung beider Ehepartner zeigte deutlich, daß THERESE KUNIGUNDE zwar die Tochter eines der reichsten Magnaten Polens und seiner französischen Gemahlin MARIE CASIMIERA DE LA GRANGE D'ARQUIEN war, aber nicht aus einem Dynastenhause stammte, dessen Töchter dazu erzogen waren, sich willig und widerstandslos in ihr von Ministern vorgezeichnetes Schicksal zu ergeben und von jedem Gemahl entzückt zu sein, den sie heiraten mußten. Als THERESE KUNIGUNDE den per procuram angetrauten Gemahl sah, der ihr stets als großer Kriegsheld gerühmt wurde, war sie zunächst von seinem Aussehen, den unübersehbaren Zeichen des habsburgischen Erbes, so sehr entsetzt, daß sie sofort wieder nach Polen zurückreisen wollte.[606] Er gefiel ihr absolut nicht. Sie hatte von dem ihr zugedachten Gemahl ein sympathischeres Aussehen erwartet. Der fromme Bischof von Plock mußte alle seine Redekunst aufwenden, um die erschreckte Gemahlin zum Bleiben zu bewegen. Außerdem besaß Max Emanuel reiche Erfahrungen, um sich die Gunst der Frauen zu erwerben, sogar jener, die ihn nicht von vornherein anziehend fanden. Der Münchener und Brüsseler Hof waren der beste Beweis dafür. So gelang es ihm auch, THERESE KUNIGUNDE für sich zu gewinnen und ihre Zurückhaltung bald völlig zu überwinden.

Unter großer Prachtentfaltung wurde die neue Kurfürstin in Brüssel von Volk, Ständen und dem Hofstaat empfangen. Die Unkosten für die Heiratsverhandlungen und die Vorbereitungen für die Feierlichkeiten hatten schon im Herbst 1694 eine weitere Kapitalaufnahme in Höhe von 300000 Gulden notwendig gemacht. Wie sollten die anfallenden Zinsen aufgebracht werden? Man überlegte und kam auf die bayerischen Scharwerksgefälle. Sie trugen jährlich 15000 Gulden ein. Damit konnten die Zinsen in Höhe von 5 Prozent gezahlt werden. Die bayerischen Scharwerksgefälle wurden somit an holländische Händler verkauft. Der Münchener Geheime Rat, die Hofkammer und das Baudirektorium verhandelten mit den Kapitalgebern. Darüber hinaus suchte man noch sogenannte »Partisanen« einzuschalten, um bei ihnen günstigere Verzinsungen zu erreichen. In München wurde ein eigenes Kollegium, das sogenannte Reformationskollegium institutionalisiert, welches darüber sinnierte, wie die Ausgaben für die Gehälter der kleinen Leute zu senken und welche Gelder für die Sonderausgaben des Fürsten freizumachen waren.[607]

In den ersten Monaten ihrer Ehe hielt Max Emanuel seiner Gemahlin sogar die Treue, und THERESE KUNIGUNDE schickte zufriedene Briefe an ihre polnischen Verwandten, in denen sie sich lobend über ihren Gemahl aussprach. Ab Frühjahr 1695 zog der Kurfürst wieder ins Feld. Hunderte von Liebesbriefen sandte er an seine Gemahlin mit den zärtlichsten Worten und Schmeicheleien. Sogar polnische Kosenamen hatte er auswendig gelernt.[608] Doch das eheliche Einvernehmen dauerte, wie zu erwarten war, nicht allzu lang.

Max Emanuels langjährige große Liebe, AGNES LOUCHIER, wurde THERESE KUNIGUNDES Rivalin. Der Kurfürst hatte sie vor seiner Hochzeit mit der polnischen Prinzessin schnell mit dem Grafen FERDINAND ARCO verheiratet. Im Sommer 1695 schenkte sie dem Comte de Bavière, dem illegitimen Lieblingssohn Max Emanuels, in Amsterdam das Leben.[609] Wenig später kehrte die Gräfin wieder nach Brüssel zurück. THERESE KUNIGUNDE durchschaute bald die Beziehungen ihres wankelmütigen Ehemannes, sie reagierte mit temperamentvollen Eifersuchtsszenen, die zu dramatischen Auftritten in aller Öffentlichkeit führten. Der Kurfürst hielt seinerseits mit Vorwürfen nicht zurück und erfand stets Kleinigkeiten, um seine Gemahlin zu kränken. Sie befolge nicht die Etikette, sie weigere sich, das Kinderbettchen mit Reliquien zu behängen, was ihre Gottlosigkeit beweise. Schließlich warf er ihr Untreue vor, eine völlig unhaltbare Beschuldigung; er ließ jeden ihrer Schritte eifersüchtig überwachen. Das führte so weit, daß er ihr zuweilen verbot, ihr Appartement zu verlassen. Der Kurfürst verheimlichte seiner Gemahlin sogar Informationen, die ihre Familie betrafen. Die Nachricht vom Tod ihres Vaters, des Königs JOHANN III. SOBIESKI, der am 17. Juni 1696 gestorben war, wurde ihr erst sechs Wochen später bekanntgegeben, obwohl von dem Todesfall bereits jedermann am Brüsseler Hof wußte.[610]

Max Emanuel traf Vorsorge, daß auch seine jetzige Gemahlin, wie schon früher MARIA ANTONIE, nur von Vorgängen Kenntnis erhielt, die ihm unbedenklich erschienen. Zwischen Vorwürfen der Treulosigkeit schrieb er ihr wieder heiße Liebesbriefe, gleichzeitig auch der Gräfin ARCO, die um ihre Stellung am Hof und um ihren politischen Einfluß kämpfte.[611]

THERESE KUNIGUNDE war nicht willens, wie einst MARIA ANTONIE, klaglos alle Kränkungen hinzunehmen. Im Jahr 1700 schien ihr ein Weiterleben an der Seite des Kurfürsten am Brüsseler Hof unerträglich. Sie erzwang von ihm die Zustimmung zu ihrer und ihrer Kinder Übersiedlung nach München, um damit auch dem Wunsch der bayerischen Landstände nachzukommen. Doch als der Zeitpunkt der Abreise feststand, überlegte es sich Max Emanuel wieder anders. Beide versöhnten sich, wie schon so oft, und die Kurfürstin blieb weiterhin in Brüssel.

Das »vorbildliche« Eheverhalten des Kurfürsten zeitigte am Brüsseler Hof Auswirkungen, die bei den Untergebenen keineswegs erwünscht waren. Hoch und niedrig, jung und alt hielt sich nicht mehr an die einstigen strengen Moralvorschriften und das steife Hofzeremoniell der ehemaligen spanischen Statthalter. Deshalb setzte die Kurfürstin den Erlaß einer neuen Hofordnung durch. Ab sofort mußten die Hofdamen täglich um 11 Uhr vormittags gemeinsam, ohne Ausnahme und in Begleitung der Hofmeisterin die Messe hören. Den Andachten war mit gebührender Ehrfurcht beizuwohnen. Schwatzen, Lachen und Dösen während der geistlichen Übungen wurden verboten. Von 7 Uhr abends bis 10 Uhr nachts hatten sich die Hofdamen im Vorzimmer der Kurfürstin aufzuhalten und sich nach dem Abendessen und nach den üblichen Gesprächen und Spielen unmittelbar in ihre Zimmer zu begeben, ohne wie bisher »mit einigen Mansbildt ein gemeinschafft« zu haben. Den Kavalieren wurde der gewohnte Zugang zu den Zimmern der Hofdamen nicht mehr erlaubt. Wer dort angetroffen wurde, mußte damit rechnen, vor allem von der Kurfürstin ungnädig angesehen und »gehöriger orthen« zurechtgewiesen zu werden. Die Hofmeisterin durfte jederzeit die Zimmer der Hofdamen betreten. Fand sie Türen versperrt oder weigerten sich die Fräulein aus gutem Grunde, die verschlossenen Türen zu öffnen, dann konnte die strenge Hofmeisterin auf Anweisung der Kurfürstin unverzüglich die notwendigen Handwerker herbeirufen und die Türen mit Gewalt aufbrechen lassen. Besonders den jüngeren Hofdamen wurde untersagt, ohne ausdrückliche Genehmigung die Residenz zu verlassen. Nicht einmal mehr in den Garten oder in das Ballhaus sollten sie sich ohne Vorwissen der Vorgesetzten begeben. Den Dienerinnen am Hof wurde ihr lohnender Nebenberuf als Postillon d'amour zwischen Hofdamen und Kavalieren verboten, auch die Annahme irgendwelcher Aufträge von seiten der Hofdamen.[612] Doch was nützten solche Gebote und Verbote in der Praxis, wenn der Kurfürst sein gewohntes Leben lustig weiterführte und gute Worte und kleine Geschenke bald findige Köpfe beiderlei Geschlechts veranlaßten, neue Möglichkeiten zur Fortsetzung des fröhlichen Treibens auszuspähen?

Erst im Jahre 1701 kamen Max Emanuel und seine Gemahlin aufgrund veränderter politischer Konstellationen nach München zurück. Gräfin ARCO fuhr nach Paris[613] und knüpfte dort zugunsten Max Emanuels politische Beziehungen an. Der Ehefriede des Fürstenpaares in München blieb dadurch gesichert. Doch nach Erledigung ihrer Aufgaben in der französischen Hauptstadt reiste Gräfin ARCO nach Bayern und ließ sich in der Nähe von München nieder, wo sie häufig mit dem Kurfürsten zusammentraf. Zwischenzeitlich vergewisserte sie sich der Treue Max Emanuels durch seine Liebesbriefe. Sie war schön, intelligent und kämpfte zielbewußt um ihren Geliebten. Gab er ihr Grund zur Eifersucht, antwortete sie mit heftigen Vorwürfen. Der Kurfürst mußte nicht selten sowohl seine Gemahlin wie seine Favoritin besänftigen. Außerdem nahm auch Mademoiselle DE MELUN, eine Hofdame der Kurfürstin, zumindest vorübergehend sein Herz ganz in Besitz, was die Konfusion in den ehelichen und außerehelichen Beziehungen des Kurfürsten nicht unwesentlich verstärkte.

Vom polnischen Hof derartige Kombinationen nicht gewöhnt, bat die Kurfürstin ihre Mutter, die verwitwete polnische Königin, die sich in Italien niedergelassen hatte, sich beim Papst für eine Scheidung einzusetzen. Sie selbst war bereit, sich in irgendein Kloster zurückzuziehen. Max Emanuel gab vor, an seinem Einverständnis solle dieses löbliche Vorhaben nicht scheitern. Gräfin ARCO glaubte, auf diese Weise die Kurfürstin ausschalten, deren Hofdame MELUN aus München verdrängen und sodann Max Emanuel für immer an sich binden zu können. Eine läppische Intrige zwischen Max Emanuel, der Gräfin ARCO und einigen anderen nicht namentlich genannten Personen zielte auf eine fingierte Korrespondenz mit Rom, als ob eine Scheidung verhandelt werde. Max Emanuel sprach davon, seiner Gemahlin die Landshuter Residenz als Aufenthaltsort zuzuweisen oder sie in das Kloster auf der Fraueninsel im Chiemsee zu verbannen. Doch der Kurfürst wußte zu gut, daß er sich einen solchen Skandal nicht leisten konnte, denn selbst die Freizügigkeit der munteren barocken Lebensauffassung kannte ihre Grenzen. Schließlich beredete er seine geliebte Gräfin, sich in Regensburg ansässig zu machen. Die Ehepartner versöhnten sich wieder einmal, und Max Emanuel schrieb heiße und beschwörende Liebesbriefe an seine Gemahlin. Auch die Gräfin ARCO vergaß er nicht. Jeder versprach er ewige Liebe und in dem Augenblick, da er seine betörenden Schwüre zu Papier brachte, war er von ihrer Aufrichtigkeit sogar überzeugt.[614] Doch seinen Liebschaften zugunsten seiner Gemahlin abzuschwören, weigerte er sich grundsätzlich. »Wollte ich«, so schrieb er seiner zürnenden Schwiegermutter, der verwitweten polnischen Königin, »mich immer nur dort aufhalten, wo keine bekannten Damen auf mich warten, so müßte ich bis nach Indien reisen.« Außerdem läge der Grund für seine Liebschaften nicht in seinem Herzen, sondern in der Politik. Weder Gott noch die Menschen könnten ihn davon abbringen.

Erbverträge[615]

Krank und dahinsiechend verbrachte KARL II., König von Spanien und seiner Nebenländer, seine Tage. Schon oft hatte man ihm den Tod vorhergesagt,[616] aber trotz seiner schwächlichen Konstitution raffte er sich immer wieder auf. Im September 1697 schien der König erneut dem Tode nahe. Eine Anzahl europäischer Fürstenhäuser wartete nur auf sein Ableben, um das Erbe ganz oder teilweise übernehmen zu können. Dynastische Denkkategorien dominierten. Das Land eines Souveräns wurde als Hausbesitz betrachtet und entweder auf die legitimen Kinder oder, wenn der Herrscher keinen Nachfolger hatte, durch Testament vererbt. Das Volk wurde nicht befragt. Selbst im Wahlkönigtum Polen entschied nicht das Volk, sondern die allerdings zahlreichen Mitglieder der polnischen Stände, die dem Reichstag angehörten, über die Person des künftigen Königs.

Das Volk hatte nach der Diktion der Zeit ein Herz von Leim und Wachs, das sich an den Fürsten hing, wie sich das Efeu um einen Baum rankt.[617] Die Ideologie des Absolutismus hatte den Fürsten zum Mittelpunkt der Gesellschaft und des politischen Lebens gemacht und ihm die beherrschende Stellung zuerkannt, auch wenn sie mit den tatsächlichen Verhältnissen nicht übereinstimmte. Nur in England hatten sich 1688 aufgrund einer langen Entwicklung in der »Glorreichen Revolution« die Machtverhältnisse weg von der elitären Ideologie des Absolutismus zugunsten der wirtschaftlich und damit auch gesellschaftspolitisch Mächtigen verschoben.[618] Auch die demokratischen Strukturen in Holland waren seit langem gefestigt, so daß sich Probleme des fürstlichen Absolutismus in diesem Raum nicht in vergleichbarem Ausmaß ergaben.

Wem das spanische Erbe beim Tode KARLS II. testamentarisch zugesprochen werden sollte, darüber gab es keine einheitliche Meinung. Parteiungen bildeten sich in Madrid und zerfielen. Nur zwei der Anwärter waren wirklich in der Lage, zufolge ihrer politischen und militärischen Stärke das Erbe zu übernehmen, das Land zu führen, gegen Angriffe von außen zu verteidigen, Reformen im Inneren einzuleiten und, was das Wichtigste war, den Zusammenhalt der Ländermasse mit so vielen verschiedenartigen wirtschaftlichen, gesellschaftlichen und politischen Interessengruppierungen, wie sie in Südamerika, in Sizilien oder den Niederlanden je spezifisch vorhanden waren, zu gewährleisten:[619] Es waren LUDWIG XIV. als Gatte und Sohn älterer spanischer Infantinnen und Kaiser LEOPOLD als Sohn und Gemahl von nachgeborenen.[620] Beide Anwärter erstrebten nach Möglichkeit das ganze Erbe für sich; keiner war bereit, dem anderen diesen Thron zu überlassen. Frankreich befürchtete bei einer Thronbesteigung in Madrid durch einen Sohn LEOPOLDS eine Wiedervereinigung beider habsburgischer Linien, eine ungeheure Machtausdehnung und die mögliche Vorherrschaft Habsburgs über Europa wie zur Zeit KARLS V. Die österreichischen Minister sahen bei einer Vereinigung der französischen mit der spanischen Monarchie die endgültige Vorherrschaft Frankreichs über Europa besiegelt, das Reich dem verstärkten Druck Frankreichs ausgesetzt und neue kriegerische Verwicklungen um Einfluß- und Interessenzonen heraufziehen.

Die Rechtslage war nicht eindeutig. LUDWIG XIV. gab vor, die Erbverzichtsklausel des Pyrenäen- beziehungsweise Heiratsvertrags sei ungültig, da Madrid die vereinbarte Mitgift seiner Gemahlin nicht bezahlt habe. Auch hatten die Cortez den Erbverzicht nicht legalisiert. LEOPOLD I. dagegen behauptete, der Erbverzicht des französischen Königs sei rechtsgültig, die kleinen Schönheitsfehler unbedeutend, das spanische Reich stehe nur der jüngeren Tochter des spanischen Königs PHILIPP IV. und deren Erben zu. MARGARITA THERESIA hatte keinen Erbverzicht bei ihrer Heirat geleistet. Außerdem war für den Fall, daß ihre Ehe ohne Nachkommen bleiben sollte, das Erbrecht LEOPOLDS gesichert als Sohn der Infantin MARIA ANNA, der Tochter des spanischen Königs PHILIPP III.[621]

Zu beiden Anwärtern trat noch ein bayerischer Kandidat hinzu. Denn MARIA ANTONIE, Haupterbin in gerader Linie, Tochter Kaiser LEOPOLDS I. und der spanischen Infantin MARGARITA THERESIA, hatte 1685 den bayerischen Kurfürsten geheiratet. Nachdem sie 1692 verstorben war, besaß ihr Sohn JOSEPH FERDINAND gemäß spanischem Recht einen legitimen Anspruch auf das Erbe. Doch dagegen hatte sich LEOPOLD rechtzeitig abgesichert und im Heiratsvertrag eine Verzichtsklausel eingebaut, den der Kurfürst und seine Gemahlin unterschrieben hatten. Die Spanier bezeichneten dies als eine »Dummheit«. Erschwerend kam hinzu, daß MARIA ANTONIE kurz vor ihrem Tod den Verzicht noch einmal wiederholt hatte, und zwar auch im Namen ihres Sohnes. Doch weder das spanische Königshaus noch die Cortez hatten eine dieser Verzichtserklärungen gebilligt und anerkannt.

Die mächtigsten Prätendenten, LUDWIG XIV. und LEOPOLD I., arbeiteten in Madrid wie an den verschiedenen europäischen Höfen zu ihren Gunsten auf das Erbe hin. Allerdings stand dieses Problem weder bei der französischen noch bei der österreichischen Diplomatie beständig auf der Tagesordnung, doch seit der Mitte des 17. Jahrhunderts war es immer wieder aufgetaucht und hatte die Phantasie der politischen und politisierenden Prominenz Europas angestachelt. Alle Prätendenten waren mit dem spanischen Königshaus verwandt, der Adel war international verschwägert und versippt, die kulturellen und gesellschaftlichen Beziehungen sehr eng.

Max Emanuel als Vater des rechtlich zwar aussichtsreichen, aber machtpolitisch völlig hilflosen Prätendenten JOSEPH FERDINAND [622] versuchte, seine Ansprüche – mehr waren es nicht – mittels einer ausgleichenden Balancepolitik durchzusetzen. Man rühmte ihm nach, am spanischen Hof zugunsten seines Sohnes nicht intrigiert zu haben, wie es die anderen Anwärter taten. Nun, dazu waren die bayerischen Gesandten auch zu bieder, einfallslos und offenherzig. Die französischen und österreichischen Gesandten, geschult und zuweilen über Jahrzehnte im diplomatischen Dienst tätig, waren zu agil, als daß die bayerischen Vertreter den Meinungsbildungsprozeß am Madrider Hof hätten wesentlich beeinflussen können.[623] Auch der Ehrgeiz des Kurfürsten war nicht ausschlaggebend. Man kannte ihn überall in Europa. Daß er im Gespräch blieb, dafür sorgte er mit allen Mitteln. Aber es gelang ihm nicht, das Vertrauen von Madrid, Wien, Paris, Den Haag oder London auf die Dauer zu erringen und zu erhalten. Hatte er es einmal mühsam erreicht, wie beim holländischen Ratspensionär HEINSIUS und dem englischen König WILHELM III. VON ORANIEN, dann verscherzte er es sich durch seine übermäßigen Forderungen, die – an europäischen Maßstäben gemessen[624] – zu phantastisch angesichts seiner Machtlosigkeit waren.

Entscheidend waren die wirtschaftlichen und machtpolitischen

Interessen Englands und Hollands. Die Seemächte befürchteten, wenn Spanien dem Hause Bourbon zufiele, den Ausschluß vom spanischen Überseemarkt, die französische Beherrschung des Mittelmeerraumes, die Expansion der französischen Kolonien und eine einseitige Verschiebung des nur unter größten Schmerzen und Verlusten endlich aufgerichteten europäischen Gleichgewichts zugunsten des absolutistischen Frankreich. Es war den weitblickenden Welthandelsherren in Den Haag und London ein Greuel besonders hinsichtlich seiner merkantilistischen Wirtschaftspolitik, seiner rigorosen Religionspolitik, den permanenten Verfolgungen der Hugenotten und dem ausgefeilten System des Gottesgnadentums. Die Nachfolge des österreichischen Hauses Habsburg in Spanien barg andererseits nach einhelliger Überzeugung von London und Den Haag die Gefahr eines Wiederauflebens der weltumspannenden Monarchie KARLS V. Dies war in gleicher Weise für den von England und Holland beherrschten internationalen Handel gefährlich. Habsburg war während der Türkenkriege zur Großmacht aufgestiegen. Diese Tatsache fand nicht überall ungeteilten Beifall. Man mußte sich vor seiner Expansionspolitik vorsehen.

Einen Ausweg aus diesem Dilemma bot allein der bayerische Kandidat JOSEPH FERDINAND. Seine reale Position war nachteilig und vorteilhaft zugleich. Nachteilig war sie, weil der Prätendent mit Ausnahme des relativ kleinen Bayern keine Machtgrundlage besaß, um gegebenenfalls sein Erbe verteidigen zu können. Spanien selbst konnte – wie die vorangegangenen Kriege gezeigt hatten – allein nicht Mutterland und Nebenländer gegen Angriffe von außen erfolgreich schützen. War Max Emanuel als Verwalter der Amtsgeschäfte während der Minderjährigkeit seines Sohnes in der Lage, eine solche Verteidigung des Landes durchzuführen? Nein. Er machte nicht einmal Anstalten, vorbereitende Abwehrmaßnahmen zu treffen. Er hatte Schulden über Schulden, und seine Verschwendung vergrößerte die Misere tagtäglich. Mindestens der halbe Hausschatz war schon in Amsterdam versetzt.[625] Dem Kurfürsten fehlten Soldaten, Ressourcen und vor allem Geld, um das Erbe des Sohnes mit militärischer Macht halten zu können. Denn würden die beiden anderen Anwärter zulassen, daß dieser machtlose Prinz den spanischen Thron bestiege? Wohl kaum. Auf der anderen Seite war diese Machtlosigkeit für die Seemächte von Vorteil. Spanien würde nur mit Bayern vergrößert werden und nicht umgekehrt. Sogar dies könnte man verhindern. Max Emanuel hatte aus seiner zweiten Ehe bereits zwei Söhne.[626] Sie würden das bayerische Erbe antreten, während der einzig überlebende Sohn aus der ersten Ehe mit MARIA ANTONIE Spanien in Besitz nähme. Die Macht Spaniens würde sich nicht vermehren, der neue König müßte alle Kraft zusammenfassen, um seine Stellung zu halten. An Machterweiterung war nicht zu denken. Der internationale Handel und die Beherrschung der Meere durch die Seemächte würden durch ihn zumindest in absehbarer Zeit nicht gefährdet.

Die Situation war explosiv. Allerseits liefen deshalb Bestrebungen, die Erbfolge schon vor dem Tod des spanischen Königs festzulegen, um vollendete Tatsachen zu schaffen. Da jeder Anwärter das Erbe beanspruchte, konnte nur eine Teilung alle in etwa befriedigen und eine kriegerische Auseinandersetzung verhindern. Wie aber war die Stimmung in Madrid?

In den 90er Jahren des 17. Jahrhunderts entwickelten sich am spanischen Hof zunächst zwei Parteien. Eine französische Partei arbeitete zugunsten der Ansprüche des Dauphin und des Hauses Bourbon. Doch der Krieg Frankreichs gegen Spanien (1689–1697) nahm dieser Partei den Wind aus den Segeln. Emotionale Stimmungen spielten eine große Rolle. Andererseits wußte jedermann, daß mit Frankreich zu rechnen war als der immer noch volkreichsten und stärksten Macht in Europa. Die zweite Gemahlin König KARLS II., MARIA ANNA aus dem Hause Pfalz-Neuburg, führte energisch und umsichtig die kaiserliche Partei an.[627] Seit langem waren beide Häuser aufs engste verbündet. Der Pfalz-Neuburger, jetzt Pfälzer Kurfürst, war einer der treuesten Anhänger des Kaisers im Reich. Er stand durch verwandtschaftliche Beziehungen mit dem Wiener Hof in bestem Einvernehmen. Es war nur natürlich, daß sich MARIA ANNA für ihre Verwandten einsetzte und nicht für die bayerischen Ansprüche. Versuchte doch Bayern ständig, Pfalz-Neuburg zurückzugewinnen, das es im Landshuter Erbfolgekrieg als selbständiges Herzogtum hatte abtreten müssen.[628] Im Jahr 1697 wurde in einem Schreiben des spanischen Königs KARL II. schließlich Erzherzog KARL, der zweite Sohn Kaiser LEOPOLDS I., als Nachfolger bezeichnet.[629] Angesichts der bedrohlichen militärischen Lage verlangte Spanien ein österreichisches Hilfskontingent von 10 000 Mann zum Entsatz Barcelonas. Soviel mußte das spanische Erbe dem Kaiser wert sein. Aber LEOPOLD konnte keine Soldaten entbehren, er wollte es nicht und wagte es nicht, so daß die Beziehungen beider Höfe wieder etwas erkalteten. Würde der Erbe aus dem Hause Österreich gegebenenfalls in der Lage sein, einem konzentrierten Angriff von seiten Frankreichs Widerstand zu leisten? Die Fähigkeit des Thronprätendenten, den Zusammenhalt des Erbes zu garantieren, war eine der wichtigsten Voraussetzungen. Darüber gab es im spanischen Thronrat wiederholt detaillierte Diskussionen.[630]

Als dritte fand sich in Madrid die bayerische Partei zusammen. Sie war zahlenmäßig gering, aber nicht ohne Einfluß. Vor allem die Königinmutter MARIANNE setzte sich für den Kurprinzen JOSEPH FERDINAND ein,[631] ferner der Kardinalprimas von Spanien, der Erzbischof von Toledo MANUEL DE PORTOCARRERO. Ihnen ging es darum, einen militärischen Konflikt zwischen Habsburg und Bourbon auf Kosten Spaniens zu vermeiden und das Erbe einem Dritten zu geben, der nicht zu mächtig war. JOSEPH FERDINAND würde sich in Spanien einfügen, er würde keine Hausmacht mitbringen, er besäße nur geringen Rückhalt, er würde die gegebene gesellschaftliche und politische Situation nicht eigenmächtig verändern. Von ihm war nichts zu befürchten.

Die internationale Situation schien diese Überlegungen zu begünstigen: LUDWIG XIV. ging es darum, Österreich vom Erbe weitgehend auszuschalten und wenigstens einen Teil des Erbes zu bekommen. Er ließ seine Diplomaten bei Hollands Ratspensionär HEINSIUS und bei seinem großen Gegenspieler WILHELM VON ORANIEN nicht ohne Erfolg agieren. Frankreich hielt zwar seine Truppen auch nach dem Frieden von Ryswick in ständiger Bereitschaft, doch einen neuen Krieg wollte es nicht. Es brauchte den Frieden.[632] Land und Menschen waren erschöpft. England dachte insbesondere an seine Handelsinteressen. Durch eine Teilung würde Spanien geschwächt, die erbende Partei nicht allzu mächtig. WILHELM und HEINSIUS sahen im Prinzip der Teilung den einzigen Weg, alle Prätendenten zufriedenzustellen.[633] Sogar der Kaiser konnte nicht widersprechen, da er selbst im Vertrag vom 19. Januar 1668 dieses Prinzip anerkannt hatte.[634]

Das Ergebnis dieser neuerlichen Geheimabsprachen wurde im Teilungsvertrag vom 24. September 1698 zwischen WILHELM III. und LUDWIG XIV. festgelegt: Der Dauphin begnügte sich mit den Königreichen Neapel und Sizilien, Teilen der Toskana und des Baskenlandes. Dem Erzherzog KARL war das Herzogtum Mailand zugedacht und dem bayerischen Kurprinzen das Kernland Spanien mit Südamerika und den Niederlanden. Eventuellen späteren Tauschgeschäften war ein genügend großer Spielraum offengelassen. Damit war erstmals, und zwar ohne Max Emanuels direkte Beteiligung, das Anrecht des Kurprinzen von Drittmächten anerkannt. Ein geheimer Sonderartikel, den Max Emanuel weder zu dieser Zeit noch später kannte, bestimmte den bayerischen Kurfürsten zum Nachfolger, falls JOSEPH FERDINAND vorzeitig und kinderlos stürbe.[635] Max Emanuel hatte den Holländern nach dem letzten Krieg eine Barriere in den Niederlanden eingerichtet und ihnen seit Oktober 1697 gestattet, Garnisonen in Mons, Ath, Charleroy, Namur, Luxemburg, Nieuport, Courtray und Oudenaarde zu unterhalten. Das Vertrauen, das er Holland und England entgegenbrachte, wurde jetzt belohnt.[636]

Sei es durch Unvorsichtigkeit oder durch gezielte Indiskretionen, der Teilungsvertrag wurde dem Madrider Hof bekannt. Entrüstung und Proteste erhoben sich allenthalben. Der Kaiser sah sich benachteiligt und forderte wiederum das ganze Erbe. Seine Minister drohten laut mit Krieg – auch gegen Bayern. Das Unbehagen gegenüber dem bayerischen Kurfürsten steigerte sich noch mehr. So weit also war es gekommen! Trotz des Erbverzichts wolle Max Emanuel Spanien für sich gewinnen. Gewiß habe er von diesen Verhandlungen gewußt, vielleicht sie sogar initiiert. Auch am Madrider Hof erhoben sich kritische Stimmen, die Max Emanuel verurteilten. Er habe hinterrücks diese Teilungspläne unterstützt. Graf VON BERGEYCK war erst vor kurzem in Madrid gewesen. Obwohl man ihn nicht empfangen wollte, war er gekommen und sprach über das spanische Erbe zugunsten des Kurprinzen. Daraufhin reiste er nach London weiter und beriet sich mit WILHELM III. Sicher habe er die Teilung befürwortet. Der englische König protestierte zwar gegen die falschen Darstellungen des spanischen Gesandten, jedoch glaubte man ihm nicht. Madrid forderte Max Emanuel auf, seinen engsten Mitarbeiter und vertrauten Minister

BERGEYCK sofort zu entlassen. Der Kurfürst zögerte, und BERGEYCK blieb.[637]

Der Unwille in Spanien gegen jede Art der Teilung war groß. Am Madrider Hof vollzog sich ein allgemeiner Meinungsumschwung. Es darf keine Teilung geben! Nur das ganze Erbe wird dem Anwärter überlassen, der die größten Rechte aufweisen, der die gegebenen Verhältnisse nicht ändern kann, weil er keine Macht dazu hat: JOSEPH FERDINAND. Der Staatsrat verfaßte ein neues Testament. König KARL II. unterschrieb es. Am 14. November 1698 wurde es im Staatsrat verlesen: JOSEPH FERDINAND ist Universalerbe der gesamten, unteilbaren spanischen Monarchie.[638] Der Kurfürst war fast ohne sein Zutun am Ziel aller Hoffnungen angelangt. Das Testament rief natürlich die Gegnerschaft Österreichs und Frankreichs hervor. LUDWIG XIV. protestierte, der Kaiserhof war in Aufregung. Man sprach von Krieg und sah sich betrogen. LEOPOLD selbst schien sich noch am ehesten mit den Bestimmungen des Testaments abzufinden. Es sei schließlich sein Enkel, dem dieses Erbe zufalle, sagte er. PRIELMAYR war völlig überrascht, als man ihm solche Worte aus Wien berichtete.[639]

Die bayerischen Minister schwankten zwischen Angst und Zuversicht. Die Seemächte akzeptierten das Testament, obgleich sie mit Max Emanuels persönlichem Verhalten nicht zufrieden waren. Aber für ihre wirtschaftlichen und politischen Ziele war es, abgesehen vom Teilungsplan, eine den Umständen angemessene Lösung. In Geheimverhandlungen erreichte Max Emanuel die Zustimmung Hollands zu diesem Vertrag. Doch war ein europäischer Krieg zu vermeiden? Würden sich LEOPOLD I. und LUDWIG XIV. fügen? Alle Parteien mit Ausnahme Spaniens und Bayerns rüsteten auf, auch wenn man es nicht offen zugab und der französische König wissen ließ, er sei zu einem Arrangement bereit.

Alles hing von der künftigen Entwicklung der internationalen Beziehungen ab und davon, wie lange der spanische König KARL II. am Leben blieb und wann der Erbfall für JOSEPH FERDINAND, der zum Prinzen von Asturien ernannt wurde, einträte. Wie verlief nun sein Leben?

Der Prinz von Asturien⁶⁴⁰

Während sich Kurfürst Max Emanuel im Jahre 1692, bald nach seiner Ankunft in Brüssel mit Vehemenz seinen neuen Aufgaben und einem Leben widmete, das die Konventionen zu sprengen suchte, war seine Gemahlin MARIA ANTONIE nicht bereit, in der Münchener Residenz allein Hof zu halten und die Sticheleien der Höflinge anzuhören. Sie begab sich nach Wien. Dort erwartete sie ein Kind. Der Kurfürst befahl ihr, nach München zurückzukehren und schickte vergeblich seinen Obersthofmarschall Graf VON SANFRÉ nach Wien, um ihre Rückreise vorzubereiten. Die kaiserliche Familie widersetzte sich diesem Ansinnen. Auch die untertänigsten Bitten der bayerischen Landschaft fruchteten nicht.⁶⁴¹

Die Geburt eines kurfürstlichen Kindes im Ausland war »ein bishero niemahls gewest = neuer Casus«. Die bayerischen Bürokraten hatten Mühe, alle notwendigen Schriftstücke mit den richtigen Bezeichnungen zu versehen.⁶⁴² Vertreter der Landschaft und des Münchener Hofes reisten nach Wien, um bei der Geburt des Kindes anwesend zu sein. Gräfin DE LA PEROUSA, eine frühere Vertraute des Kurfürsten, und der Vorsitzende des Münchener Ärztekollegiums Dr. WALTHER übernahmen die »Oberaufsicht« über die Kurfürstin.⁶⁴³

Leben

Am 28. Oktober 1692 wurde der Kurprinz in Wien geboren. Am Nachmittag des gleichen Tages war die Taufzeremonie vorgesehen. Doch bis alle geladenen Gäste eintrafen und die kaiserliche Familie sich mit »köstlicher Kleiderpracht« ausstaffiert hatte, war es bereits Abend geworden. Die kaiserlichen Kammerherren und Minister, die Truchsessen, die in Wien anwesenden Fürsten und Gesandten fanden sich erst nach und nach ein. Die Gräfin DE LA PEROUSA, die »Frau Aya« und künftige Erzieherin, trug das Kind, das mit einem »kostlichen Ornat von golt reichgestickhet« bekleidet war, auf den Armen. Der päpstliche Nuntius taufte es auf den Namen JOSEPH FERDINAND. Der Kaiser und seine Gemahlin sowie der römische König als Stellvertreter des spanischen Monarchen übernahmen die Patenschaft. »Under dem Tauffen hat er nit gewainet«, sich aber anderntags »schon öffters hören lassen«. Der Klang von Trompeten und Pauken begleitete die Zeremonie. Die Anwesenden sangen das Te Deum.[644]

Über 60 Höfe, Reichsstädte und Fürstlichkeiten erhielten die Nachricht von der Geburt des Kurprinzen. JOSEPH CLEMENS, der Bischof von Köln, Freising, Regensburg und Propst von Berchtesgaden, ordnete in allen Gotteshäusern seiner Diözesen Gebete und Meßfeiern für das Wohl des Kindes an. Max Emanuel befahl in Brüssel ein Te Deum in der St. Gudula-Kirche, eine nächtliche Festbeleuchtung in der Stadt, ein Galadiner und ein Ballett. Der bayerische Resident in Rom, Abbate SCARLATTI, inszenierte große Feierlichkeiten. Papst INNOZENZ XII. zelebrierte im Petersdom und in der Chiesa della Madonna della Vittoria Dankgottesdienste, von 48 Prälaten assistiert.[645] 22 Kardinäle statteten dem bayerischen Residenten ihre Glückwünsche ab. Trotz manchen Kummers, den Max Emanuel dem Heiligen Stuhl bereitete, war Rom fest entschlossen, den Kurfürsten weiterhin zu protegieren. Allgemein vertrat die Kurie die Ansicht, man werde in Zukunft mit dem bayerischen Kurfürsten rechnen können und müssen.

MARIA ANTONIE erholte sich nicht mehr. Melancholie verschlimmerte ihren Gesundheitszustand. Es fehlte ihr jeder Lebensmut. Eine baldige Rückkehr an den Münchener Hof lehnte sie strikt ab. Kaiserliche und bayerische Leibärzte bemühten sich um sie vergeblich. Die verabreichten Medikamente halfen wenig, nicht einmal das Krebsaugenpulver und die in einer Pfanne vorgewärmten weißen Rüben.[646] Auch Dr. VACHIERI, ein junger Arzt mit Verstand und großem Können, konnte seinen Kollegen keine entscheidenden Behandlungsvorschläge unterbreiten. Im Türkenkrieg hatte er sich durch Tatkraft und Umsicht um zahllose verwundete Soldaten Verdienste erworben und sich durch sein einnehmendes Wesen – er war von Geburt Italiener – in Brüssel einen Namen gemacht. Max Emanuel ernannte ihn jetzt zum neuen Vorstand des Münchener Ärztekollegiums. Die bisherigen Leibärzte Dr. WALTHER und Dr. WELLER waren von ihrem neuen Chef zwar nicht sonderlich begeistert, doch fügten sie sich den Anordnungen des Kurfürsten.[647]

Seitdem MARIA ANTONIE in Wien am Heiligen Abend des Jahres 1692, wie erwähnt, 23jährig verstorben und ihr Testament bekannt geworden war,[648] das Max Emanuel vom Erbe weitgehend ausschloß, wuchs das Mißtrauen des Kurfürsten gegenüber dem Kaiser beständig. Max Emanuel wollte seinen kleinen Sohn nicht länger in den Händen der Kaiserlichen wissen. Im Frühjahr 1693, zum frühestmöglichen Zeitpunkt, beschloß er, den Prinzen nach München bringen zu lassen. Es gab vier Möglichkeiten zum Transport des Kindes von Wien nach München, die zugleich ein anschauliches Bild der bestehenden Verkehrsverhältnisse und Infrastruktur in Österreich und Bayern vermitteln: Erstens den Wasserweg auf einem von Pferden gezogenen Schiff donau- und innaufwärts nach Bayern. Dieser Plan wurde verworfen, da im Frühjahr das Donautal bekanntlich kalt und feucht sei, was die Gesundheit des einhalbjährigen Kleinkindes erheblich gefährden könnte. Zweitens die Reise in einer geschlossenen Kutsche, dem sogenannten »Kölnischen Wägerl«, das JOSEPH CLEMENS dem Prinzen geschenkt hatte. Auch dieses Vorhaben wurde als undurchführbar bezeichnet, da die nur unvollkommen ausgebauten Wege ein Umkippen des Wagens und Achsenbrüche und damit eine ernstliche Schädigung des Kindes verursachen könnten. Als eine dritte Möglichkeit wurde die Beförderung in Tragsesseln und als vierte in Maultiersänften in Erwägung gezogen. Max Emanuel entschied sich für letzteres.[649]

Frauen bestiegen diese Sänften und hielten abwechselnd den Kurprinzen in den Armen. Starke Knechte schritten zu beiden Seiten nebenher, um Frau und Kind sofort zu stützen, wenn das Maultier infolge der miserablen Straßenverhältnisse zu Fall kam. Der Kaiser stellte eigene Transportfahrzeuge zur Verfügung, um den Hofstab bis an die bayerische Grenze zu bringen. Von dort übernahmen einheimische Bedienstete die Begleitung. Die Oberhofmeisterin und der Leibmedicus WALTHER führten eine kleine Apotheke mit, um für alle Fälle gerüstet zu sein. Den österreichischen und bayerischen Klöstern war anbefohlen, für eine glückliche Reise des Prinzen zu beten und Andachten zu verrichten, wie es den Gepflogenheiten des Staatskirchentums entsprach.[650]

Die Reiseroute wurde bekanntgegeben. Es meldeten sich zahlreiche Adelige und Geistliche an, um den Prinzen zu besuchen.

Auch der Zulauf der Untertanen war groß. Es bot sich eine der seltenen Gelegenheiten, einen Erbprinzen zu Gesicht zu bekommen. Die Reiseleiter achteten streng darauf, daß nur jene Personen vorgelassen wurden, »bei denen kein Verdacht« bestand, sie könnten dem Kind irgendwie schaden. Tag und Nacht wurde es sorgfältig bewacht. Die Landschaft schickte an die Grenze eine Abordnung zum Empfang.[651] Sie drückte ihre »unaussprechlich grosse freud, Trosst, und consolation« über die Ankunft des Prinzen in Bayern aus. In Altötting wurde JOSEPH FERDINAND in der Heiligen Kapelle aufgeopfert und eine Opfergabe aus Silber überreicht. Der Kölner Kurfürst reiste persönlich dorthin, um seinen Neffen zu sehen. Der Baron VON WEICHS ließ sich nicht davon abbringen, die ganze Reisegesellschaft zu sich nach Aschheim einzuladen. Dadurch mußte die ursprünglich geplante Reiseroute geändert werden. Der Obersthofmeister Graf VON FUGGER hatte vergeblich gegen diese Verzögerung opponiert.[652] Spannungen herrschten zwischen den verschiedenen Adeligen und den Begleitpersonen des Kurprinzen. Jeder wollte für sich das Verdienst beanspruchen, das meiste für das Wohl des Kindes getan zu haben. Unmittelbar nach der Ankunft in München suchte der ganze Hofstaat die Bürgerkirche zu Unserer Lieben Frau auf. Für die Fahrt durch München stand ein neuer Prachtwagen zur Verfügung, der in Paris eigens für den Prinzen und die Gräfin PEROUSA angefertigt worden war. Damit der Prinz »nit geschröckht werde«, durften die Geschütze auf den Wällen vor der Stadt und auf den Frauentürmen nur abgefeuert werden, wenn der Prinz sich in einem geschlossenen Raum befand. Auf dem Marktplatz vor dem Rathaus gaben die Bürger »Freudenschüsse« ab. Wegen des Trauerjahres für die Kurfürstin war die Münchener Hofgesellschaft noch in Schwarz gekleidet. Sie durfte jetzt drei Tage lang die Trauerkleidung ablegen, und jedermann von Stand erschien in Gala, als der Prinz in München empfangen und geistlichen und weltlichen Ständen vorgezeigt wurde. Dem Volk waren Freudenbezeigungen erlaubt, doch »daß solches mit Bescheidenheit ohne Tumult ... geschehe«. Die Landstände fanden sich wiederum ein und überreichten ein Geschenk, ein mit Edelsteinen versetztes »Trüchel«, in dem sich »vierhundert fünffache Ducaten« befanden. Sie entschuldigten sich, daß sie wegen der »üblen Zeiten« kein größeres Präsent geben konnten.[653]

Der Prinz gewöhnte sich bald an das Münchener Klima. »Der hiesige Lufft macht ihme ganz khein änderung.« Die bayerischen Ammen waren, »wie mans wünschen solle, in gspür und Humor.« Zur Suite des Kindes gehörten »Marchzimmer, die Ante Camer audienz stuben, und alsdan das Schlafzimmer.« Die Kammerfrau hatte nicht soviel Platz. Sie schlug im Audienzzimmer »under einem tisch« ihre Schlafstelle auf. Denn die Schlafkammer des Prinzen war zu klein, um dort alle Aufsichtspersonen unterzubringen. Die Zimmer wurden nach niederländischer Manier ausgestattet. Ursprünglich waren die »Reichen Zimmer« der Residenz für ihn vorgesehen, aber dort war es zu heiß, stellte die Gräfin PEROUSA fest.[654]

Dr. FERDINAND VACHIERI überwachte die gesundheitliche Entwicklung des Kindes. Die Gräfin PEROUSA war mit ihm zufrieden. Auch die Doktores WELLER und WALTHER sowie Stadt- und Landschaftsmedici wurden von Fall zu Fall zu Konsultationen herangezogen. Kein Arzt übernahm gewöhnlich allein die Verantwortung bei fürstlichen Personen. Der Gesundheitszustand[655] des kleinen Prinzen war stets schwankend. Magenbeschwerden traten über die Maßen häufig auf. Galle und Schleim im Stuhl, Erbrechen und leichtes Fieber waren regelmäßige Anzeichen für eine Verschlechterung seines Befindens. Daran änderte sich während seines ganzen kurzen Lebens nichts. Sonsten »Sye lachen, und seint ganz lustig darbei.« Im Frühjahr und Herbst traten stets leichte, von Katarrhen begleitete Infektionen auf.[656]

»Die Zeit des Zahnens« bereitete große Schwierigkeiten. Die Gräfin PEROUSA zerfloß fast vor Mitgefühl. Sie war sehr fromm, ließ Bitt- und Dankgebete anstellen, schenkte Opfergaben für die Heiligen, besonders die hl. Apollonia und den hl. Joseph,[657] wann immer der Prinz unpäßlich war. Besonders sorgte sie sich, wenn eine neue Amme ihren Dienst antrat. Dann ließ sie in allen Klöstern und Spitälern Münchens und der näheren Umgebung Gebete anordnen, wodurch »viel überstanden« wurde. Die spanische Königin übersandte eine Reliquie mit einem Kreuzpartikel in reicher Fassung und eine Kette von 840 Diamanten.[658]

Über die frühen Lebensjahre kaum eines anderen Kindes aus dieser Zeit sind wir so gut informiert wie über JOSEPH FERDINAND. Die einschlägigen Berichte zeigen Verhaltensmuster barocken Lebens mit all seinen Wertvorstellungen auf. Da Max Emanuel in Brüssel weilte, wurde ihm mit jeder »Ordinaripost« ein Brief über das Befinden des Kindes übersandt. Sie sind wertvolle erziehungs- und kulturgeschichtliche Dokumente. Hinzu kommen ärztliche Bulletins, die für die Geschichte der Leibärzte und ihrer täglichen Praxis an einem fürstlichen Hof von Interesse sind. Jede Veränderung im Wohlbefinden des Kindes wurde genauestens registriert. Die Gräfin PEROUSA trommelte die Ärzte zusammen, »ihr meinung zuhören, ob sies vor schmerzen oder zorn halten, an welchen sie anfänglich gezweifelt und vil sachen verordnet, endlich aber mir beigefallen, das nur ein Zohrn.«[659] Wann immer Unruhe, Fieber, Erbrechen auftraten, gab man vornehmlich den Zähnen die Schuld. »Ihr Drt. lassen mich nicht in das Maull greifen, so alzeit ein anzeigen, wan das Zanfleisch so swirig ist.«[660]

Zu den Speisen, die das Kind bekam, gehörten Fleischbrühe und Suppen, in der Frühe meist ein »Spinätl«,[661] abends eine Mehlspeise und nachts Gekochtes. Von Kindheit an wurden fürstliche Personen zu übermäßigem Konsum erzogen. Zu jedem Geburtstag verfaßten die Hofdichter deutsche und lateinische Poeme. Pater SPINELLI[662] sorgte sich um das Seelenheil des Kleinen und schenkte ihm ein Bildnis des hl. Kajetan, seines Ordenspatrons, damit sich der Prinz auch später dieses Ordens mit Wohlwollen erinnere. Der Münchner Juwelier STROBL, der für den Hof arbeitete und auf dessen Gunst angewiesen war, überreichte dem Prinzen ein Kreuz, mit Diamanten und Rubinen geziert.[663]

Die Spracherziehung des Kindes machte sehr gute Fortschritte. Denn man beschäftigte sich ständig mit ihm. Infolge der Abwesenheit Max Emanuels nahm der kleine Prinz den ersten Platz am Münchener Hof ein. »Je mehr Sie von Kavalieren bedient werden, je angenehmer ist es ihm.«[664] In jedem Winter wurden Schlittenfahrten zu Ehren des Kurprinzen veranstaltet. Die Kavaliere und Hofdamen nahmen daran teil. Der Prinz durfte dem bunten Treiben im Hofgarten hinter geschlossenen Fenstern zuschauen. Anschließend empfing er alle Gäste in »großer Gala«. Die Hofkapelle musizierte, die Hofsänger präludierten. Nachts begab sich die Gesellschaft zu Spiel und Tanz ins Gesandtenhaus. Von MARIA ANTONIE sprach man kaum mehr, nur manchmal erinnerte LEOPOLD Graf VON TÖRRING an sie.[665]

Erziehung

Genau wie FERDINAND MARIA oder Max Emanuel wurde der Kurprinz im Spiel zu jenen Künsten erzogen, die von einem Fürsten der Barockzeit verlangt wurden. Daran hatte sich nichts geändert. Es waren die gleichen Methoden, Erziehungsinhalte und Lernziele. Im Alter von zweieinviertel Jahren lernte der Kurprinz Pauken- und Flötenspiel, in »Mascara« das Theaterspiel. Alle Fürstlichkeiten, Bischöfe, Gesandten, Generale und Offiziere, die auf ihren Reisen nach München kamen, machten ihre Aufwartungen. Damit wurde der Gesichtskreis des Kindes allmählich erweitert, es selbst unmittelbar in das offizielle Leben des Hofes integriert. Der Prinz übernahm kleine Zeremonien und trat als Taufpate auf. Bei der Taufe eines Grafen PREYSING sollte Baron von WEIX die vorgeschriebenen Worte sprechen, doch der Kurprinz, den wohl seine Erzieherin entsprechend angelernt hatte, kam ihm zuvor »mit größter Verwunderung aller Dämen, und anderer, so darbey waren«.[666]

Das Ritterspiel war ein gewichtiger Punkt in der Erziehung. Max Emanuel schenkte seinem Sohn zu diesem Zweck einen Degen.[667] Dem Überbringer hatte der Prinz zu antworten: »Ich küß Ihro Durchlaucht Papa untertänigst die Hände, bedanke mich der gnädigsten Gedächtnus, und schönen Degen, befehle mich beständig in die vätterliche Huld.« Der Prinz ahmte das Verhalten der Adeligen, Kavaliere und der Leibgarde nach. Reiten lernte er im Hofgarten, das Jagen wie einst Max Emanuel in seinem Zimmer. Auf einer kleinen Theaterbühne übte er das Komödienspiel, wozu er einige Kavaliere als Partner nach Belieben einsetzen konnte. Als Vorbilder dienten die welschen Komödianten, die teils beständig am Hof engagiert waren, teils auf ihrer Tournee durch Deutschland in München vorübergehend Station machten.[668]

Die Gräfin VON PEROUSA, deren Vetter LÜTZELBURG zunächst Obrist im kurfürstlichen Heer, später Vertrauter der Kurfürstin THERESE KUNIGUNDE war, verstand es, alle notwendigen Erziehungsziele durch die Förderung kreativen Spiels zu erreichen. Das betraf sowohl den Umgang mit der Natur, mit Tieren, mit Menschen, wie die Eingewöhnung in das Hofleben, die Beziehungen zu Welt- und Ordensgeistlichen, die Einordnung in die gesellschaftliche Hierarchie und die Aneignung »politischer Begriffe«. Ganz bewußt verfaßten die Jesuiten für den Kurprinzen eine Komödie, in der der Genius Domus Societatis Jesu dem Genius Bavariae huldigte. Zugleich wurden gemäß der traditionellen Verbindung zwischen den Münchener und Wiener Jesuiten die gegenseitigen persönlichen und politischen Beziehungen besonders hervorgehoben, so »daß österreichisch blueth in Ihm ganz frisch auffwallen thuet«. Ein typischer Vers in dieser Komödie lautete:

»Wo Bayren, auch Österreich
an bluet, und Tugend gleich
verbunden seint zusammen,
es grünet der holde Stammen.«[669]

Diese Komödie wurde zum großen Teil gesungen. Sie war ganz dem kindlichen Verständnis angepaßt. Besonders zur Faschingszeit wurden viele Lustspiele in München aufgeführt. Der Portier FÜXEL mit seiner Schauspielercompagnie inszenierte diese Stücke für den Prinzen. Ebenso schrieb der Sohn der Gräfin PEROUSA eine Komödie und studierte sie mit den Kindern des Oberststallmeisters, des Oberstjägermeisters und der Grafen VON TÖRRING-JETTENBACH, VON PERFALL und VON LERCHENFELD ein, genannt »Die Königin Irlanda«. Der Prinz trug zu dieser Zeit meist »Masquera«. Graf ARCO ließ ein buntes Zelt anfertigen, das im Zimmer des Prinzen aufgestellt werden konnte. Mit der Tochter des Grafen SANFRÉ, »welche schön wie ein Engel«, führte JOSEPH FERDINAND, in Hermelin gekleidet, seine Tanzkünste vor.[670]

In Gegenwart des Kölner Kurfürsten, mit dem der Prinz besonders gern spielte,[671] ferner in Anwesenheit des kaiserlichen Oberstkämmerers Grafen VON THUN, des Grafen WENZEL VON STERNBERG und des kaiserlichen Ministers BIETIGGAMB, die dem Prinzen bei einem Besuch ihre Reverenz erwiesen, hat dieser »Gewör austheilt, und Sie gemusstert, auch paugt, welches sie können, just wie mans bei der Wacht macht, wans ausfahre, wie man werbt, und alles anderes, was vorgesungen wirdt, der gleichen airen, iez fangen Sie an zu danzen, und ihnen maniern zu geben, so woll herzig, baldt den huet ins Gesicht druckhen, dan in die Hand nehmen«. Bei der Namenstagsfeier des Kurprinzen in München trug die Hofsängerin ANSOLA Gesangsstücke vor. JOSEPH FERDINAND hat

»ganz ernstlich auf den jnstrument dazu geschlagen«. Auf seinen »Befehl« hin mußte der Baron DE LA MARCEL den Takt dazu geben. Der gemütvolle Kurfürst von Köln ließ seine Grenadiere, die er nach München mitgebracht hatte, im Vorzimmer des Kurprinzen exerzieren und schenkte ihm eine dazu passende Grenadierhaube mit einer rotsamtenen Tasche, in der sich diamantene Schuhschnallen befanden. Anläßlich einer Geburtstagsfeier wurde ein Turnier abgehalten, das der Kurprinz später in seinem Zimmer nachspielte. Nach Beendigung der Festlichkeiten kam JOSEPH CLEMENS auf das Zimmer des Prinzen und tanzte und spielte mit ihm über eine Stunde. JOSEPH FERDINAND gab daraufhin dem Kurfürsten zu Ehren vor den geladenen Damen und Kavalieren des Hofes in der Ritterstube Gala und eine Komödie. Als sich der Kurfürst wieder verabschiedete, da er nach Köln zurückreisen mußte, gab es viele Tränen.[672]

Bei der Nikolausfeier des Jahres 1695 wurde befriedigt bemerkt, daß sich der Prinz nicht vor dem fremden Mann fürchtete. JOSEPH FERDINAND ging ihm etliche Schritte entgegen, machte eine schöne Reverenz und küßte ihm die Hand. Der Nikolaus nahm Platz, der Prinz kniete vor ihm nieder, betete laut das Vaterunser und Ave Maria. Lob und Tadel folgten; insbesondere wurde hervorgehoben, daß der Prinz bei der hl. Messe so unruhig und so eigensinnig sei. Darauf mußte er antworten, er wolle sich schon bessern. Er erhielt Geschenke, die die Gräfin PEROUSA aus der Hinterlassenschaft der verstorbenen Kurfürstin genommen hatte. Den größten Eindruck machten zwei Trommeln, Turnierköpfe und Lanzen.[673]

Die Geschehnisse der großen Weltpolitik, etwa 1695 die »so glickseelige Eroberung der Stadt Namur« durch den Kurfürsten, schienen sich fern der Münchener Idylle abzuspielen.[674] Viele Chargen am Hof blieben durch die Abwesenheit Max Emanuels unbesetzt, um so mehr drängte jedermann danach, im Gefolge des Kurprinzen eine Stelle zu erhalten. Allein um den Posten einer Kammerdienerin bewarben sich über 30 Personen. Die Gräfin PEROUSA versuchte, ihr genehme Kandidaten unterzubringen, schon um ihren »Credit« aufrechtzuerhalten. Auch die Stelle eines Portiers mußte neu besetzt werden. Ein Anwärter hatte bereits eine Expektanz des Kurfürsten erreicht. An die Neubesetzung war allerdings die

Bedingung geknüpft, daß der Interessent die Witwe des Verstorbenen heiraten und dessen Kinder versorgen müsse. Der Betreffende aber hegte keinerlei Zuneigung zu der Witwe, um so weniger als er bereits seit 5 Jahren mit einer Frau liiert war, die er nur mangels ausreichenden Einkommens nicht hatte kirchlich heiraten können. Um der Liebe willen verzichtete er auf diese Stelle. Daraufhin bewarben sich zwei andere Interessenten um Stelle und Witwe. Der Kurfürst überließ ihr die endgültige Wahl und somit auch die Stellenbesetzung.[675]

Kinderkrankheiten[676]

Der Kurprinz war bei seiner Geburt (1692) ein wohlgestaltetes, gesundes Kind. Die Entbindung war ohne Komplikationen verlaufen. Aufzeichnungen über Geburtsgewicht und -maße des Säuglings bestehen nicht. Er wurde von Ammen gestillt, wie es damals in Standeskreisen allgemein üblich war. Diese und das gesamte Dienstpersonal, das mit dem Kind in nähere oder weitere Berührung kam, wurden sorgfältig ausgesucht und überwacht; das Leben des Erbprinzen war zu kostbar für die Dynastie.

Die ersten Lebensmonate des Kindes verliefen ohne besondere Vorkommnisse. Die Säuglingserkrankungen konnten überwunden werden. Besonders mit Beginn der Dentition traten gesundheitliche Schwierigkeiten auf, die sich im Verlauf der nächsten Jahre steigerten und häuften. Sicherlich hatten sie zum Teil ihre Ursache in den Idealvorstellungen der Kinderernährung jener Zeit: dem kleinen Erdenbürger möglichst oft, möglichst viel von jener Nahrung einzutrichtern, die zwar einem erwachsenen, aber nicht einem kindlichen Organismus zuträglich war: Suppen und Soßen, Brühen und Breie, Fleisch und Backwaren, in Wein eingeweicht, aber kaum Gemüse oder Obst. Abwehrreaktionen des Magen-Darmtraktes waren die Folgen dieser Kinderernährung, oft verbunden mit heftigem Erbrechen, »gallig-schleimigen« Durchfällen, krampfartigen Magenschmerzen, Kopfschmerzen.

Seit dem vierten Lebensjahr vermehrten sich diese Erkrankungen; sie traten gänzlich unerwartet auf. Das Befinden des Kindes verschlechterte sich oft innerhalb weniger Stunden ernstlich. Einmal erbrach der Prinz in drei Tagen über zwanzigmal. War eine Infektionsquelle die Ursache dieser Erkrankungen? Die Ärzte des Prinzen und seine Erzieherin, die Gräfin PEROUSA, gaben meist den Zähnen, einer Zahnfleisch- und einer vermuteten Kieferentzündung die Schuld und bekämpften die Zahnschmerzen mit Linderungsmitteln und Einreibungen des Zahnfleisches. »Wenig Jugendten werden sein, die soviel als dieser Herr wegen der Zähne leiden müssen, so ganz unterschiedlich mall kommt.«[677]

Die meist gleichzeitig bestehenden Verdauungsstörungen wurden symptomatisch mit Purgieren, Klistieren und Abführmitteln behandelt. Trotz Bittens und Bettelns, ja gegen aktive Gegenwehr zwang man dem hilflosen Patienten das gewohnte Essen auf, zugleich mit den verordneten Pillen, Pulvern, häufig unter neuem Erbrechen, was nur eine Wiederholung der Prozedur zur Folge hatte. Natürlich fiel der Prinz unter solchen Umständen rasch von Kräften. Es dauerte oft Wochen, bis er sich wieder ausreichend erholt hatte. VACHIERI, der Vorstand des Ärztekollegiums und behandelnde Arzt des Kindes, tat sein Bestes. Die Gräfin PEROUSA und die Bediensteten, die den kleinen Prinzen liebten, zerflossen bei jeder ernstlichen Erkrankung in Sorge und Mitgefühl und sparten nicht mit gutgemeinten Ratschlägen.[678] Insbesondere hegten die »kleinen Leute« am Hof eine erhebliche Besorgnis, man lasse den Prinzen »verhungern«. Sie waren auf alle erdenkliche Weise bemüht, »daß er zu seinem Sach« kam.

Von jeder ernstlichen Erkrankung des Prinzen wurde der Kurfürst in Brüssel unterrichtet, der dann eine »Suppe« oder verschiedene Arzneien nach München schicken ließ, von denen man sich Linderung erhoffte. Ansonsten nahm man seine Zuflucht zu den Heiligen und versprach Gebete, Opfer und Meßstipendien, was »neben dem Fleiß der Doctores gewiß erwünschten effect gemacht«.[679]

Vorübergehend besserte sich der Gesundheitszustand des Prinzen immer wieder; er blieb aber zeit seines Lebens krankheitsanfällig.

In den gesunden Tagen konnte der Prinz Ballett und Jahrmarkt, Jagd und Tanz oder Maskenfeste veranstalten. Auch der Unterricht in geistlichen und weltlichen Dingen nahm seinen genau festgelegten Gang. Im Alter von fünf Jahren konnte er das lateinische

Paternoster, Ave Maria, Angelus Domini auswendig. Im Ministrantendienst war er geübt. Das ABC vermochte er von vorne und von rückwärts aufzusagen. Er begann allmählich schon zu buchstabieren. Man hatte ihm verschiedene kleine Sentenzen beigebracht.[680] Sie sind keineswegs von barockem Pathos gekennzeichnet, sondern einfach und klar. Sie drückten meist Wünsche oder Befehle aus, wie sie einem Fürsten zustanden. Sprache und Begriffe zeigten bereits die jeweilige Relevanz und Differenz innerhalb der gesellschaftlichen Gruppen: Die Befehlsgewalt des künftigen Herrschers auf der einen Seite, andererseits die Demut der Untertanen, die ihre Gefühle und Überlegungen mehr anzudeuten als auszusprechen wagten und sie in vielfältigen Wendungen und Umschreibungen zum Ausdruck brachten, wie aus allen Behördenkorrespondenzen zu ersehen ist.

In einem Reim wurden die Erziehungsziele ausgesprochen:

»Man muß voran studieren
Darauf folgt das gut Regieren
Sein Leid und auch sein Land.
Ein Kunst ist es zu schweigen
Kein großen Zorn zu zeigen
Das stets ein Prinz [muß] wollen.«[681]

Im Januar 1698 erkrankte der Prinz neuerdings schwer.[682] Die Symptome waren die nämlichen wie in den vorangegangenen Monaten und Jahren. Allenthalben herrschte Ratlosigkeit über die Ursachen. Vier Ärzten gelang es nach neunzehntägiger Radikalkur, mit Purgieren und zahllosen Medikamenten, die Gesundheit des Prinzen wieder herzustellen. Auch die Kindsblattern überstand JOSEPH FERDINAND relativ gut. PEROUSA behauptete, »daß in so üblen Stand Ihr Durchlaucht niemahlen wie an jetzo gewesen«.[683] Sie gelobte eine Kirchfahrt nach Altötting, eine zweite nach Deggendorf zum Hochwürdigsten Gut, ein Opfer von 400 Gulden und ein Almosen von 1000 Gulden. Der Prinz versprach seinerseits, Almosen zu geben und neun Tage lang zu Fuß in die Kirche zu gehen, während er sich sonst in einem Tragsessel dorthin bringen ließ. Der Obersthofmeister Graf FUGGER und der Geheime Rat WÄMPL ließen zehnstündige Gebete anstellen und forderten die Klöster Münchens auf, für die Gesundheit des Prinzen zu beten.[684]

Wie immer gingen Gerüchte um, der Kurprinz sei den Nachstellungen der Kaiserlichen zu sehr ausgesetzt. Das Verhältnis Max Emanuels zu Leopold war seit langem getrübt. Die Spannungen waren unübersehbar. Die plötzlichen Erkrankungen des Prinzen gaben zu denken. Man sagte, es gehe nicht mit rechten Dingen zu. Wer anders als der Kaiser könne sich veranlaßt sehen, dem Prinzen zu schaden? Denn er gönne Bayern keine Rangerhöhung und keine Machterweiterung. Max Emanuel und seine niederländischen Minister hielten höchste Wachsamkeit für erforderlich. Sie wollten unumstößliche Tatsachen bereits vor dem Tod des spanischen Königs schaffen.[685]

Übersiedlung in die Niederlande

Als die internationale Diplomatie den bayerischen Kurprinzen Joseph Ferdinand als ernsthaften Anwärter für das spanische Erbe ins Gespräch gebracht hatte, beschloß Max Emanuel, den Kurprinzen nach Brüssel bringen zu lassen. Im Vorgriff auf die künftigen Würden seines Sohnes gab der Kurfürst bereits ruinöse königliche Feste und feierte mit enormem Aufwand den Aufstieg seines Hauses zur baldigen Weltmachtgeltung. Die bayerische Landschaft war von der Entscheidung des Kurfürsten nicht begeistert, seinen Sohn in die spanischen Niederlande zu holen. Sie befürchtete, Bayern würde gänzlich zu einem Nebenland herabsinken, die bayerischen Belange könnten in Zukunft noch mehr als bisher vernachlässigt werden. Max Emanuel mußte sich zu dem Zugeständnis herbeilassen, sobald wie möglich seinen ältesten Sohn aus seiner zweiten Ehe mit Therese Kunigunde, Karl Albrecht, nach München zu schicken,[686] um den dortigen Hofstaat nicht völlig brotlos und überflüssig zu machen.

Zum Abschied des Kurprinzen Joseph Ferdinand aus Bayern erschienen zahlreiche deutsche und französische Gedichte.[687] Sie brachten sehr deutlich die Enttäuschung über die Entscheidung Max Emanuels zum Ausdruck. Man warf ihm vor, sein Versprechen nicht erfüllt zu haben, nach Beendigung des Pfälzischen Erbfolgekrieges (1697) nach München zurückzukehren. Die Hoffnung auf einen beständigen Frieden schien sich trotz der Verträge von

Ryswick nicht zu erfüllen. Statt dessen drohten neue kriegerische Auseinandersetzungen mit Frankreich, das seine Truppenstärke ungeachtet des Friedensschlusses unvermindert aufrechterhielt und sich nach dem Tode KARLS II., der jederzeit eintreten konnte, auf das spanische Erbe zu stürzen bereit schien. In München war man überzeugt, LUDWIG XIV. würde darauf niemals gänzlich verzichten. Graf SANFRÉ, der den Prinzen nach Brüssel begleitete, stellte deshalb fest, »daß allhier [in München] sowohl bei dem Adl, als gemeinen [Mann], über die vorkommene Abreise des durchlauchtigsten Kurprinzen eine unbeschreibliche Consternation entstanden, und will die gebente Vertröstung des anderen dagegen heraufkommenden durchlauchtigsten Prinzen, nit sowohl consolation geben, als Schmerzen die abrais des jetzigen verursachen tut«.[688]

Die Hofburg ließ ganz offen erklären, der Kurfürst wolle sich auf diese Weise der Niederlande versichern. Doch werde Frankreich beim Tod des spanischen Königs gegen alle anderen Prätendenten losschlagen und den größten Vorteil erzielen. LUDWIG XIV. werde Frankreich und Spanien »uniren wollen«. Die Hofburg räumte dem Kurprinzen keinerlei Chancen ein, das Erbe zu gewinnen und es behalten zu können.[689]

JOSEPH FERDINAND kam glücklich in Brüssel an.[690] Seine Erziehung wurde auf die Übernahme seiner künftigen Aufgaben ausgerichtet. Max Emanuel festigte die Beziehungen zu Spanien und Holland. Auch mit dem kaiserlichen Hof hielt er eine halbwegs realistische Korrespondenz aufrecht.[691] Mit Versailles suchte er einen Modus vivendi und einen Ausgleich. England und Holland vor allem unterstützten diese Bemühungen, wenngleich die persönlichen Beziehungen Max Emanuels zu WILHELM III. sehr zu wünschen übrigließen. Nach menschlichen Berechnungen schienen alle Erwartungen des Kurfürsten in Erfüllung zu gehen.

Der Tod eines Kindes

Unter zahllosen Rechnungen im Nationalarchiv von Paris fand sich auf elf eng beschriebenen Folioseiten das ärztliche Bulletin des kurfürstlichen Leibarztes und ärztlichen Leiters im kurprinz-

lichen Behandlungsgremium Dr. CARL FERDINAND VACHIERI: »Morbus et Mors Principis Electoralis Bavariae Bruxellis 6to Februaris a^o 1699« – Krankheit und Tod des bayerischen Kurprinzen, Brüssel, den 6. Februar 1699.[692]
In dieser in zeitgenössischen Terminis abgefaßten Darstellung des Krankheitsablaufes, der Symptome, Diagnose, Medikation, insbesondere aber durch den Sektionsbefund erhalten wir noch nicht bekannte Erkenntnisse, die geeignet erscheinen, die bisherigen Spekulationen über Krankheit und Tod des sechsjährigen Prinzen beenden zu können.[693] Eingehende und konzentrierte Ausführungen mögen eine vollständige Wiedergabe dieser Aufzeichnungen ersetzen.

Am 15. Januar 1699 erkrankte der Kurprinz an einer leichten Unpäßlichkeit mit uncharakteristischen Allgemeinsymptomen: Abgeschlagenheit, Unlust, Appetitlosigkeit, unklarer Mattigkeit und Schwäche der Glieder. In den nächsten Tagen verstärkten sich diese Beschwerden, auch traten wieder Zahnschmerzen im Oberkiefer auf. Das Gesicht wurde auffallend blaß, die Lippen hochrot, der Schlaf oberflächlich, unruhig, von zahlreichen Wachpausen unterbrochen. Zeitweise traten heftige Körperschmerzen auf, die aber vom Patienten nur ungenau lokalisiert werden konnten. Der Urin verfärbte sich gallig.[694]

Mit Besorgnis verfolgten Ärzte und Betreuer die stetige Verschlechterung im Befinden des Kranken, deren Ursachen für sie gänzlich unverständlich blieben. Der Prinz versuchte indessen ständig durch Scherze und lustiges, übermütiges Verhalten, deren Angestrengtheit aber nicht zu übersehen war, seine Schmerzen herunterzuspielen und die Ängste seiner Umgebung zu zerstreuen.

In der Nacht zum 24. Januar trat eine akute Verschlechterung ein. Plötzlich stieg das Fieber an, starke Kopfschmerzen setzten ein, verbunden mit Aufgeregtheit, Unruhe, Bewußtseinsstörungen, Hin- und Herwerfen des Körpers. Der Puls wurde sehr schnell. Am Morgen erbrach das Kind die eben genossenen paar Löffel des Frühstücks im Schwall; die kleinmengige Urinentleerung war wieder »gallig«. Beim Wäschewechsel bekam der Patient einen schweren Schüttelfrost. Allen wurde klar, daß der Prinz auf den Tod erkrankt war. Der Kurfürst wurde davon benachrichtigt.

VACHIERI holte sich Consiliarbeistand bei Dr. LUDOVICUS REG-

NIS, bei einem weiteren Leibarzt des Kurfürsten (wahrscheinlich bei LOUIS FERNANDEZ) und bei dessen Kammerdiener.[695]

Trotz aller Bemühungen der Ärzte und des Pflegepersonals verschlechterte sich das Befinden des Prinzen von Tag zu Tag. Puls und Atmung veränderten sich täglich, ja stündlich. Der Puls beschleunigte sich, wurde langsam, jagend, klein und aussetzend, die Atmung beschleunigte sich, wurde langsamer, schwankend, unregelmäßiger, schmerzhaft; die Atemwege verschleimten; das Abhusten war schwierig und schmerzhaft. Die Kopfschmerzen und die Unruhe nahmen zu, ebenso das Irrereden, Sopor- und Praekomaerscheinungen, die Krämpfe mit auffallender Krampfstellung der Hände. Das Kind behielt nichts mehr bei sich, weder Speise noch Trank, noch Medikamente. Ein unstillbares Erbrechen entleerte zu jeder Tages- und Nachtstunde wieder alles, was man ihm mit Zureden oder Gewalt einverleibt hatte, sofort, nach wenigen Minuten, nach zwei bis drei Stunden, im Schwall, in Schüben, im schmerzhaften Würgen unter heftigen Magenkrämpfen. Wind- und Stuhlverhalten blähten den Leib auf; der Flatusabgang ließ den Bauch zusammenfallen; die schmerzhafte Berührungs- und Druckempfindlichkeit blieb. Durchfällige Stuhlentleerung zeigten gallige, dann gelbliche Verfärbung, waren oft mit Schleim vermischt.

In der Nacht zum 31. Januar ließ eine weitere Verschlechterung im Befinden des Kindes, dessen Ernährungs- und Kräftezustand bereits weitgehend geschwächt war, das Schlimmste befürchten. Das Gesicht verfiel, der Puls war klein und aussetzend, die Atmung unregelmäßig mit Atempausen, manchmal »unnatürlich aufschluchzend« (heute Cheyne-Stockessches Atmungsphänomen genannt). Das Kind fiel vorübergehend in Bewußtlosigkeit. Wider Erwarten trat am Morgen eine leichte Besserung ein, die aber nur von kurzer Dauer war. Am 2. Februar zog man noch den praktischen Arzt LUGERO hinzu, helfen aber konnte auch er nicht mehr. Am 5. Februar gab man dem aufs äußerste geschwächten, mit dem Tode ringenden Kind einen geweihten Zettel mit dem Bildnis der Unbefleckten Empfängnis ein. Nur noch himmlische Hilfe konnte Rettung bringen. Und tatsächlich kam es im Laufe des Nachmittags und Abends zu einer deutlichen Besserung. Der Prinz trank sogar einige Schluck Burgunderwein – ohne zu erbrechen. Der Kurfürst und seine Umgebung schöpften neue Hoffnung. Optimismus breitete sich aus, der sich noch steigerte, als der Prinz gegen ½ 11 Uhr nachts ein Getränk und in Burgunderwein getauchte Semmeln ohne Widerstreben aß und nicht erbrach. Doch nur kurz war die hoffnungsvolle Freude. Nach Mitternacht trat eine neuerliche akute Verschlechterung ein. Unter heftigen Krämpfen verstarb der Kurprinz am 6. Februar 1699 gegen ½ 2 Uhr morgens.[696]

VACHIERI und die zu Consiliarberatung und -behandlung berufenen Ärzte waren sich zwar meist in Theorie und ihrer Anwendung in der Praxis nicht recht einig (»quot medici, tot sententiae«), doch konnte sich VACHIERI mit seiner Diagnose und seinen Behandlungsvorschlägen durchsetzen. Es handelte sich nach seiner Meinung um ein akutes Magenfieber, das durch die Entzündung der Magenschleimhaut zu einem fortgeleiteten entzündlichen, krampfhaften und totalen Verschluß des Pylorus führte. Diese Behinderung des Nahrungsabflusses aus dem Magen habe dann zur Disharmonie der Säfte und der Schärfe des Blutes geführt. Die Wiederherstellung normaler Säfte- und Säureverhältnisse (»Iatrochemie«), die Ableitung der krankhaften Säfte und Schleime a superioribus ad inferiora (»Katarrhenlehre«) nahmen einen breiten Raum in ihren Besprechungen ein und wurden mit Belegen aus Schriften von HIPPOKRATES, GALEN und ihren Jüngern bereichert.

Neben den Medikamenten, die den obengenannten »übergeordneten« Zielen dienen sollten, wurde in der Hauptsache eine reine Symptomenbekämpfung durchgeführt. Man verabreichte Schmerz-, Schlaf-, Beruhigungs-, Abführ-, Stärkungs-, Herzmittel in Form von Tees, Pulvern, Pillen, Drogen, Mixturen, Spülungen; man purgierte und gab Klistiere; kurz man betrieb eine hochkarätige Polypragmasie zu jeder Tages- und Nachtzeit. Wenn der Kleine schlief, wurde er geweckt und, ob er wollte oder Widerstand leistete, mit Überredung und Gewalt drängte man ihm die Medikationen auf. Da er alles wieder erbrach, mußte er essen, nach jedem Erbrechen unerbittlich wieder essen. Nur mit Mitleid für den armen Dulder sind die genau beschriebenen Speisen in den lateinischen Aufzeichnungen nachzulesen: Fleischbrühe, Gerstenbrühe mit Fleisch, Breie, gebratenes Rebhuhn mit Pflaumen, gebackenes Hühnchen oder Täubchen, geröstetes Brot, Ei mit Zimt, Milch mit Zucker, Sirup, Wasser mit Zimt, in Wein getauchtes

Biskuit, Kalbfleisch, »Pflanzl«, die aus Mehl, Milch, Eiern und Butter gefertigt waren, und vieles andere mehr. Nur das Pflanzl schien er mit Freude zu essen.

Wie nahm der Patient diese martervolle Behandlung hin? Er suchte seine Schmerzen zu verbergen. VACHIERI schreibt in seinen Aufzeichnungen »von dem niemals genug zu bewundernden Ausmaß der Geduld, die während des ganzen Krankheitsverlaufs zu beobachten war«, obwohl durch die Schwere der Erkrankung »eine geringere höfische Sorgfalt« angewandt werden mußte.

Und wie benahm sich der Vater, der Kurfürst, bei dieser schweren Erkrankung seines Stammhalters? Er besuchte ihn »saepientissime«, sehr oft, zu verschiedenen Tages- und Nachtzeiten, besonders in den Morgenstunden, wenn er von den Hoffesten zurückkam; denn weder Bälle noch Feste sagte er ab, obwohl ihm der Ernst der Erkrankung seines Sohnes nicht verborgen blieb. Am 4. Februar hatte der Graf MÉRODE den Prinzen besucht, als gerade dessen Vater im Krankenzimmer zugegen war. Darüber berichtet er: »Der Kurfürst hatte Spielzeug mitgebracht, und der Knabe strengte sich sichtlich an, um den Glauben zu erwecken, als sei er gar nicht so krank, und um den Vater zu trösten. Dem stürzten die Tränen aus den Augen, er mußte das Gemach verlassen.«[697] Es sind Zeichen der üblichen Widersprüche im Verhalten Max Emanuels.

In Anwesenheit des Ärztekollegiums und des Geheimen Rates PRIELMAYR nahm Dr. VACHIERI die Autopsie vor: »in dissectione elegantissima, simetria et proportione constructa.« Assoziieren wir bei diesen Worten nicht REMBRANDT's ›Die Anatomie des Dr. Tulp‹, die analoge, etwas makabre Szene des in schwarzer Hoftrauertracht gekleideten gelehrten Collegiums und die Leiche des kleinen Prinzen auf dem Tisch, der »elegantissime« zerschnitten werden soll?

Das Sektionsprotokoll beschreibt – dem medizinischen Wissen der Zeit entsprechend – nur die grob-makroskopisch erkennbaren anatomisch-pathologischen Organveränderungen; den daraus gezogenen physiologisch-theoretischen Deduktionen können wir aber nicht mehr folgen.

Der Ernährungszustand des Körpers war erheblich reduziert. Die Körperlänge wurde gemessen »usque ad calviam« mit 3 Fuß und 3 Unzen, »usque ad pollicem« mit 4 Fuß und einer halben

Unze, das ist bis zum Scheitel 104,1 Zentimeter, bis zum Daumen 129,4 Zentimeter. Der linke Lungenlappen war von bester Dichtigkeit und Farbe, der rechte bläulich verfärbt, mit zäher Lymphe infarziert. Herzgröße, Farbe und Stärke waren von bester, das Gekröse von blasser Beschaffenheit. An den Gedärmen fiel die schmutzige Verfärbung und die Unterernährung auf. Die Leber zeigte beste Dichtigkeit, Farbe und Größe. Die Gallenblase war aber größer als normal und voll dicker Galle, weil »durch den Verschluß der Lymphgänge der Abfluß zum Duodenum unmöglich geworden war.« Die Milz war von bester Farbe, Größe und Konsistenz. Der eluxierte Magen zeigte genügend dünne Außenwände, genügend lockere fleischige Teile und eine innerste Drüsenwand, die von zähestem, schwärzlich gefärbtem Schleim bedeckt war. Im Magengrund fanden sich 2 Löffel voll grüner, schwärzlich gefärbter, härtester Schleimmassen. Der ganze Magengrund war entzündet. Die Entzündung dehnte sich aus bis zum Pylorus, in dem nach Meinung VACHIERIS »das ganze Krankheitsgeschehen beruhte«. Die Entzündung hatte den Schließmuskel des Magenausgangs zum krampfartigen Verschluß gebracht. Großhirnrinde, graue Substanz, Streifenkörper des Gehirns waren von bester Farbe. Intradural fand sich sanguilente Flüssigkeit, in den Ventrikeln bis zu 2 Löffel »käsiges« Wasser, »welche den Kreislauf im Gehirn und die Funktionen der Nerven« durch Zusammendrücken zerstörten, häufige Betäubung, krankhaften Schlaf, Verwirrung und Zuckungen im ganzen Körper und nach aller Voraussicht »den schnelleren Tod zur Folge hatten«.

VACHIERI schloß sein Protokoll mit folgenden Worten, die wohl trösten sollten:

»Die sterblichen Überreste aber waren so elegant, kräftig konstituiert und symmetrisch, so daß, wie schwierig auch eine Heilung bei derartigem Zusammenwirken und von Anfang an ungewöhnlicher Erschlaffung des Magens gewesen wäre, dennoch ein glückliches Leben hätte geführt werden können bis zum ersehnten Alter des Nestor, wie er jetzt in Ewigkeit leben und unter den Seligen triumphieren und regieren möge.

Carolus Ferdinandus Vacchinus
Medicus Personae defuncti
ordinarius«.[698]

Die Epikrise soll den Versuch einer Beurteilung des Krankheitsfalles nach Entstehung, Verlauf und Ausgang aus heutiger Sicht unternehmen, erstellt aus den Erkenntnissen, die die Berichte des Dr. VACHIERI vermitteln.

JOSEPH FERDINAND, ein sechsjähriges, normal entwickeltes, aber durch Blattern, häufige Magen-Darmerkrankungen, Kopf- und Zahnschmerzen und Magenkrämpfe vorgeschwächtes Kind, erkrankte am 15. Januar 1699 an einer leichten Unpäßlichkeit. Die anfänglich noch uncharakteristischen Prodromalerscheinungen nahmen in den nächsten Tagen die Formen einer zyklischen Infektionskrankheit an, die mit relativ langdauernder Inkubation zur Generalisation und schließlich am 24. Januar zur Organmanifestation führte, einer infektiös-serösen Meningitis mit typisch sich abzeichnenden Stadien der Reizung, der Lähmung bei rasch zunehmenden Hirndruckerscheinungen. Die Frage, ob eine direkte oder indirekte, eine lokale oder hämatogene und gegebenenfalls welche Bakterien-Infektion vorlag, hätte in diesem Zusammenhang nur theoretischen Charakter und könnte nur spekulativ beantwortet werden.

Gleichzeitig hatte sich ein Infektionsprozeß im Gastrointestinaltrakt entwickelt, der mit ziemlich großer Wahrscheinlichkeit von der chronisch latenten Gallenblasen- und Gallengangsentzündung seinen Ausgang nahm, welche mit einer Gastroenteritis einherging bei einer zusätzlichen mechanischen Stenosierung des Magenausgangs durch einen abnorm kleinen Pylorus. Der Entzündungsprozeß gipfelte in einer Peritonitis – in ihren Symptomen deutlich nachweisbar. Die verabreichten Medikamente konnten die Infektionsprozesse nicht beeinflussen; die ständigen Ernährungsfehler, das ewige Purgieren und Klistieren kumulierten die Folgen des unstillbaren Erbrechens: es kam zu einer totalen Störung des Elektrolythaushaltes. In den Muskelkrämpfen, in der »Pfötchenstellung« der Hände traten sichtbare Zeichen einer Hypokalzämie auf. Schließlich kam es noch zur Ausbildung einer rechtsseitigen hypostatischen Pneumonie.

Neben schweren Infektionsschäden bildete sich in wenigen Tagen eine hochgradige Inanition aus. Nach einem nur Stunden währenden Euphoriezustand ante finem, der bei Gehirnerkrankungen nicht unbekannt ist, starb das Kind nach schweren Krampfanfällen am 6. Februar 1699 um ½2 Uhr morgens an Herz- und Kreislaufversagen.

Nach unserer Meinung haben die bisher nicht der wissenschaftlichen medizinischen Analyse unterzogenen Aufzeichnungen des Dr. VACHIERI den verschiedenen Spekulationen und Hypothesen über den Tod des bayerischen Kurprinzen den Boden entzogen. Insbesondere dürfte ein Giftmord an dem Kinde mit großer Wahrscheinlichkeit auszuschließen sein. Die skandalumwobene Atmosphäre früherer Giftmordprozesse in Paris [699] bot der Fama in ganz Europa noch lange den geeigneten Nährboden, um bei jedem spektakulär wirkenden Todesfall Verdächtigungen und Gerüchte üppig ins Kraut schießen zu lassen. Kein Wunder, daß sie sich des unerwarteten Todesfalles im Brüsseler Schloß mit besonderer Hingabe annahm.

Dr. VACHIERIS Aufzeichnungen weisen auch auf die Ursachen der häufigen Magen-Darmerkrankungen des Kindes: Eine latent-chronische Gallenblasenentzündung scheint Herd des Infektionsprozesses gewesen zu sein, der zu den Rezidiverkrankungen führte, die dann mit den Ernährungs- und Behandlungsmethoden der Zeit sicher nicht allzu günstig beeinflußt wurden. Auch eine latente Tetanie könnte zu den krampfartigen Kopf- und Magenschmerzen in der Kindheit beigetragen haben; dies eine Vermutung im nachhinein, nicht mehr, nicht weniger.

SIGMUND VON RIEZLER schrieb: »Die Ansichten der Ärzte über die Behandlung gingen auseinander. Nach dem Rat eines der Leibärzte, des spanischen Juden LOUIS FERNANDEZ, sah man von allen Arzneien ab und ließ der Natur ihren Lauf. Der Kranke wurde jedoch von Tag zu Tag schwächer...«.[700] Dr. VACHIERIS Aufzeichnungen bestätigten, daß die Ansichten der Ärzte auseinandergingen, aber von dem Rat eines LOUIS FERNANDEZ berichten sie nicht, und die Absetzung aller Arzneien fand auf keinen Fall statt, im Gegenteil.

Aus heutiger Sicht der medizinischen Wissenschaft wurde der Kleine – schlicht gesagt – zu Tode kuriert. Ein solches Urteil wäre aber absurd. Jedes Menschenleben ist unverrückbar eingebettet in die Gesamtsituation und -struktur seiner Zeit und ihrer Entwicklungsstufe. Theorie und Praxis der medizinischen Wissenschaften am Ende des 17. Jahrhunderts konnten den praktizierenden Ärzten nur eng begrenzte Kenntnisse vermitteln: »ultra posse nemo obligetur«. Es geht darum, die tatsächlichen Verhältnisse zu verstehen, nicht zu verurteilen. Im übrigen wären die Prognosen hinsichtlich der Erkrankung des Kindes auch unter den heutigen Erkenntnissen und Kautelen der Medizin nicht unproblematisch und die Heilungschancen nicht allzu günstig.

In einem zinnernen Sarg wurde der Prinz in einer Gruft vor dem Altar des Wundertätigen Heiligen Sakramentes in der Brüsseler St. Gudulakirche am 8. Februar 1699 beigesetzt.[701]

Das Ende eines Traumes

In den Mitternachtsstunden des 5./6. Februar 1699 war Max Emanuel an das Bett des Sterbenden geholt worden. Graf MÉRODE-WESTERLOO und der spanische Botschafter Marquis DE BEDMAR begleiteten ihn. Als der Prinz in den ersten Morgenstunden starb, waren noch nicht einmal zwei Monate verstrichen, seitdem ihn KARL II. zum Universalerben der spanischen Monarchie eingesetzt hatte. Es lagen bereits 24 Segelschiffe im Hafen von Amsterdam,[702] die den Prinzen nach Spanien hätten bringen sollen, um dort zum Nachfolger des letzten spanischen Habsburgers erzogen zu werden.

Der Kurfürst war außer sich vor Schmerz, mehr über den Verlust des spanischen Weltreiches als über den seines Kindes. Er zerriß seine Kleider und fiel ihn Ohnmacht. Man mußte ihn wegtragen.[703] Alle Hoffnungen auf die Erhöhung seines Hauses, auf das spanische Königreich mit seinen Nebenländern Neapel und Sizilien, Sardinien und Mailand, die Niederlande und die weiten südamerikanischen Besitzungen waren gegenstandslos geworden. Dieser Tod des Kurprinzen war die einschneidendste Zäsur im Leben Max Emanuels und in seiner Politik. Das Schwinden des spanischen Erbes traf ihn mehr, als er nach außen hin zu erkennen gab. Offiziell aber wollte er sich nicht geschlagen geben. Er suchte nach neuen Mitteln und Wegen, um im Gespräch zu bleiben.

Am Morgen des 6. Februar 1699 eilten zahlreiche Boten und Kuriere mit der Trauerbotschaft an die europäischen Höfe,[704] zum Kaiser nach Wien, zum dänischen König nach Kopenhagen, zu LUDWIG XIV. nach Versailles, zu den Kurfürsten von Mainz, Köln und Trier, von Brandenburg, Hannover und der Pfalz, zum Herzog MAX PHILIPP von Bayern, zur bayerischen Landschaft, zu in- und ausländischen Fürsten, Bischöfen und Äbten, nach Rom, Holland und England. Als offizielle Todesursache wurde angegeben: Der Prinz sei in Brüssel am 6. Februar 1699 nach 13tägiger Unpäßlichkeit und Alteration infolge eines Magenfiebers gestorben. Dem französischen König meldete man als Todesursache: »une fièvre suivie des convulsions violentes.«

Während der bayerische Resident in Wien die üblichen Trauerzeremonien beachtete, lehnte der kaiserliche Hofstaat diese mit der Begründung ab, in Wien sei auch beim Tod von Kindern des Kaisers das Anlegen von Trauerkleidern unüblich, sofern sie noch nicht das zwölfte Lebensalter erreicht hätten. Die Wiener Minister beeilten sich mit der Feststellung, daß mit dem Tode des Kurprinzen alle Rechte und Ansprüche des bayerischen Hauses Wittelsbach auf das spanische Erbe hinfällig seien.[705]

Der spanische und venezianische Botschafter sowie der päpstliche Nuntius bezeigten Anteilnahme und Bestürzung ebenso wie holländische und englische Minister. LOTHAR FRANZ VON SCHÖNBORN, Kurfürst von Mainz und Bischof zu Bamberg, war ebenfalls einer der wenigen, die diesen Tod bedauerten. Denn an den Kurprinzen war die Hoffnung gebunden gewesen, möglicherweise einen europäischen Krieg um das spanische Erbe vermeiden zu können. LOTHAR FRANZ schrieb, er habe »gewißlich mit großem Leidwesen und sonderbarer Gemütsbestürzung« den Tod des Kurprinzen vernommen, er hätte »auch wohl nichts höher gewünscht, als daß der allmächtige Gott hochseelig gedachten Kurprinzens Leben zu des gemeinen Reichswesens besten bis ins hohe Alter hette fristen und erhalten mögen«.[706]

PRIELMAYR stellte fest, »fast gantz Europa« habe ihn »für einen Mediatoren angesehen«, der »auf nicht erwünschlichen Abgang des Königs in Spanien ohne Leibserben die große Erbschaft also zu machen« bereit war, so daß dieses Erbe »ohne Schwertstreich zu verteilen gewest wäre«.[707] Der holländische Ratspensionär HEINSIUS war tief betroffen. Er sah keine Möglichkeit mehr, Max Emanuel gegen die mächtigen Habsburger und Bourbonen zu unterstützen.

Die in Brüssel befindlichen Bayern wußten nicht mehr, wozu sie sich »determinieren« sollten. Allgemein herrschte die Meinung vor, man habe in Brüssel nichts mehr verloren und solle sich möglichst ohne weiteren Prestigeverlust nach Bayern zurückziehen. PRIELMAYR schrieb nach München den berühmten Satz: »Zahlte uns die Kron Spaniens die in die Niederlande gesteckten Millionen, wollten wir alsdann wohl wieder den Rückweg in Bayern finden, so nach ihrem gnädigsten Landsfürsten ohne dem einst seufzet.«[708] Der Kurfürst dachte nicht an Rückzug und ließ sich den Inhalt sämtlicher Testamente und Verträge, die seit der Regierungszeit PHILIPPS IV. von Spanien abgeschlossen waren, vortragen. Die bayerischen Minister fanden keine begründeten Ansprüche mehr auf spanisches Gebiet.[709]

Der kleine Hofstaat des Kurprinzen wurde aufgelöst. Die Gräfin PEROUSA erhielt die Zusage einer jährlichen Pension auf Lebenszeit. Die Hinterlassenschaft des Kurprinzen wurde inventarisiert: Juwelen und Pretiosen, Gold- und Silbergeschmeide, Leinwand, Bettzeug, Kleider, Mobilien, Spiegel und Juwelenkästchen, Degen und Trompeten, Pauken und Pistolen, goldene Altäre und alle Geschenke, die er von seiner Mutter, der kaiserlichen Familie und dem Kölner Kurfürsten erhalten hatte.[710]

Der französische Bischof, Königserzieher und Moralist FÉNELON hat ein treffendes Charakterbild Max Emanuels gezeichnet, das die Situation des Kurfürsten, den er in den Niederlanden kennengelernt hatte, knapp und treffend umschreibt: »Der Kurfürst scheint mir weichen Charakters und von mittelmäßigem Geist, obgleich er, des Esprit nicht bar, viele liebenswürdige Eigenschaften hat. Er ist durch und durch Fürst, das heißt, schwach in der Lebensweise und verderbt in den Sitten. Er tröstet sich mit Mätressen, er verbringt die Tage auf der Jagd, er bläst die Flöte, er kauft Bilder, er gerät in Schulden, er ruiniert sein eigenes Land und erweist dem, in das er versetzt wurde, keine Wohltaten.«[711] Der Zusammenbruch aller an JOSEPH FERDINAND gebundenen Hoffnungen und Wünsche, das Haus Wittelsbach auf die höchste Stufe seiner Machtausdehnung und zur Weltgeltung zu führen, hat Max Emanuel zutiefst getroffen. Was vorher leicht und spielerisch aussah, der Drang nach Glanz und Erfolg, nach Ruhm und Macht, entartete jetzt zur Manie. Der Kurfürst entwickelte eine fieberhafte Hektik, um trotz allem auf irgendeine Weise noch am spanischen Erbe beteiligt zu werden. Es begann die große Krise seines Lebens, die größte Krise, in die er Bayern aufgrund seiner absoluten Machtvollkommenheit gegen den Willen aller politisch relevanten Kräfte stürzte.

Mit dem Kaiser hatte sich Max Emanuel fast völlig überworfen. In Den Haag und in London zählte man nicht mehr auf ihn. Seine Eskapaden wirkten nicht mehr. Er hatte seine europäische Bedeutung verloren. Man sah ihn jetzt nur mehr mit nüchternen und realistischen Augen an: Ein Fürst mit großen Schulden und großen

Ansprüchen, die sich in nichts aufgelöst hatten. Er war überflüssig und ein Störenfried. Aller Aussichten auf Erhöhung seines Hauses bar, gab es eigentlich keinen Grund mehr für ihn, länger in den Niederlanden zu verbleiben. In Madrid hatte er keinen Fürsprecher mehr. Der spanische Gesandte DON QUIROS, der ihn von Anfang an mit kritischen Augen beobachtete, intrigierte gegen ihn in Brüssel und in Madrid.[712] Ab jetzt war es notwendig, sich nach dem neuen Sieger in dieser »affaire« umzusehen. Denn der Geheimartikel des Teilungsvertrages vom 24. September 1698, in dem Max Emanuel beim vorzeitigen Tod JOSEPH FERDINANDS als Nachfolger vorgesehen war, wurde nicht realisiert. Dieser Vertrag war ja bereits durch das Testament KARLS II. zugunsten des Kurprinzen gänzlich gegenstandslos geworden.

Aufruhr in Brüssel

Der Kurfürst hörte nicht auf das »Flehen« der bayerischen Stände, nach München zurückzukehren und dem von Steuern niedergedrückten Land eine Ruhepause zu gönnen. Er verlangte statt dessen weitere Geldüberweisungen nach Brüssel. Aus den Ruinen, die der Pfälzer Erbfolgekrieg hinterlassen hatte, wollte er eine neue prächtige Hauptstadt erbauen. Mit größter Energie stürzte er sich in diese Aufgabe, ließ den Platz um das Rathaus neu gestalten, die »rue de Bavière« durchbrechen und unter der Regie von BOMBARDA eine Oper an der Stelle der früheren Münzstätte errichten. Es gelang ihm vorübergehend, seine Popularität zu restaurieren, wovon sein »königliches« Reiterstandbild auf dem Gipfel des »l'arbre d'or« kündete.

Doch nicht der Wiederaufbau der Hauptstadt Brüssel,[713] sondern die Linderung der wirtschaftlichen Not war die eigentliche und wichtigste Aufgabe dieser Nachkriegszeit. Schon im Jahre 1695 waren die Kontributionen, die die Feinde erhoben, und die Kriegsschulden, die die Truppen verursacht hatten, auf 139 Millionen Gulden geschätzt worden.[714] Die Spanier zahlten dem Kurfürsten keine Pension mehr, so daß nur die bayerischen Gelder als einzige Hilfsquelle verblieben. Reformen im wirtschaftlichen Bereich waren daher dringend notwendig. Als Anhänger des Merkantilismus und typische Vertreter ihrer Zeit mußten Max Emanuel und BERGEYCK den Interessen der niederländischen Manufakturbetriebe Rechnung tragen und ein Schutzzollsystem in den Niederlanden einführen, um die einheimischen Waren gegen die ausländische Konkurrenz, besonders aus Holland und England, abzusichern.[715]

Die betroffenen Nachbarn setzten jedoch alles ins Werk, um die Schutzzollpolitik Max Emanuels und BERGEYCKS zu zerstören. Das im Jahr 1699 erlassene »Immerwährende Edikt«[716] traf den Nerv der Engländer und Holländer, die einen Absatzmarkt zu verlieren fürchteten. Ihre Wirtschaftspolitiker taten sich zusammen und berieten über wirksame Gegenmaßnahmen. Vorerst verstärkten sie den politischen Druck auf Brüssel, dann schürten sie die sozialen Unruhen in den Niederlanden, die während der Kriegszeit nur notdürftig hatten überbrückt werden können. Alle wirtschaftlichen und gesellschaftlichen Differenzen kamen deshalb nach dem Friedensschluß von 1697 wieder offen zum Ausbruch: Jede Provinz, jede Stadt wollte ihre Industrie, ihren Handel, ihre Erzeugnisse, ihre Bodenschätze besonders fördern, auch auf Kosten der Nachbarn. Die gestiegenen Lebenshaltungskosten brachten den Händlern größere Gewinne und Umsätze. Die Untertanen aber waren empört über die hohen Preise. Die Vertreter des Hennegaus verlangten die Subventionierung ihrer Kohlenzechen und die Besteuerung des Torfabbaus, der großen Konkurrenz.[717] Antwerpen, das seine Energieversorgung zum großen Teil mit Torf bestritt, verlangte dagegen eine steuerliche Entlastung des Torfabbaus. Die Hersteller von Kupferwaren in Namur wünschten einen besonderen Schutz gegen ihre Konkurrenz in Brüssel und Malines. Die Färbereien des Landes waren darauf angewiesen, daß ausländische Stoffe zollfrei ins Land kamen, um hier weiter verarbeitet und billig im In- und Ausland verkauft zu werden. Die einheimischen Tuchhändler riefen unentwegt nach Schutzzöllen, um ihre Waren im Land an den Mann zu bringen. Hinzu kamen noch sprachliche Differenzen zwischen Flamen und Wallonen sowie Auseinandersetzungen zwischen Zünften und »Nations« in Brüssel. Was der äußere Druck während der kriegerischen Verwicklungen mühsam zusammengehalten hatte, brach jetzt auseinander. Als 1695 die Hauptstadt beschossen wurde, war ein Turm der Goldschmiede zerstört worden. Dort fand man alte Privilegien, die den »Nations« einst bewilligt, aber nicht eingehalten worden waren. 1699 wurden sie neu gedruckt und im Land verbreitet.[718] Daraufhin verlangten die Handwerker die Autonomie und die »Nations« die Wiederherstellung ihres früheren Einflusses bei der Wahl der Magistrate.

Kurfürst Max Emanuel dachte zu dieser Zeit nur an das spanische Erbe. Er brauchte das Wohlwollen aller Untertanen, um dieses Erbe nicht zu gefährden und um sich in den Niederlanden halten zu können. Wäre einmal das Erbe gesichert, dann würde man schon weitersehen. Doch jetzt gab er nach, und zwar jedem. Den einen sagte er zu, die Zölle anzuheben, den anderen, die Zölle zu senken. Den einen sicherte er Privilegien zu, den von diesen Vorrechten Geschädigten machte er glauben, er würde die Privilegien niemals anerkennen. Die niederländischen Fernhändler planten den Bau neuer Kanäle, um eine direkte Verbindung zum Meer herzustellen, den Umweg über Holland zu vermeiden und dabei den holländischen Zoll auszuschalten. Auch dachte man daran, die Schelde wieder schiffbar zu machen und die Blockade von Antwerpen zu beseitigen. Diese Pläne waren den Wirtschaftsinteressen der Holländer diametral entgegengesetzt. Sie protestierten, da sie eine fühlbare wirtschaftliche Einbuße befürchteten. Der Kurfürst ließ Den Haag wissen, er würde den Kanalbau niemals bewilligen. Die Bestrebungen, eine Ostindienkompagnie ins Leben zu rufen und ein Kolonialreich aufzubauen, erweckten ebenfalls den energischen Widerstand der Seemächte.[719]

Die niederländischen Industriestädte erzwangen vom Kurfürsten die Einberufung einer Wirtschaftskonferenz.[720] Dem Kurfürsten und BERGEYCK gelang es nicht, extreme Forderungen, wie sie im »Immerwährenden Edikt« zum Ausdruck kamen, zu unterdrücken. Die einheimischen Tuchmacher setzten eine Importsperre für alle ausländischen, besonders die englischen Waren durch. Max Emanuel stimmte notgedrungen zu. Die Engländer protestierten. Der Kurfürst beruhigte sie, er würde das Edikt wieder aufheben. Die Engländer und Holländer verstärkten ihren Einfluß auf Max Emanuel. Er brauchte ihre Zustimmung in der spanischen Angelegenheit und mußte die Interessen der Niederlande den Interessen seines Ehrgeizes und seiner politischen Hoffnungen opfern. Es gelang ihm nur kurze Zeit, alle zu beschwichtigen. Sie wollten Taten sehen.

Im Mai 1699, knapp drei Monate nach dem Tode des Kurprinzen, als das spanische Erbe entschwunden war, rächte sich diese doppelzüngige Politik. Engländer und Holländer, Franzosen und auch der spanische Botschafter DON QUIROS hatten entsprechend geschürt. Die niederländische Bevölkerung war aufs äußerste beunruhigt und erbittert über Max Emanuels zweideutige Maßnahmen.

Am 25. Mai kam es zum Aufruhr vor dem Amtshaus des Grafen VON BERGEYCK. Man forderte seine Entlassung als Generalschatzmeister. Der Kurfürst mußte widerstrebend dem Druck der Massen nachgeben und entließ seinen besten Diener aus diesem Amt, wogegen er seine übrigen Funktionen beibehielt.[721] Trotzdem hielt die Mißstimmung im Volk an. Die Bauern waren unzufrieden, da die Regierung Maximalpreise für das Getreide festlegte, wie es die Bürger und Handwerker anläßlich der Mißernte des Jahres 1698 verlangt hatten. Der Adel war schon lange beunruhigt wegen des Andranges bayerischer, französischer und piemontesischer Hofschranzen in Brüssel. Sie fürchteten um ihre Stellungen, ihr Ansehen und ihre Verdienstmöglichkeiten. Die Zünfte konnten Max Emanuels Entgegenkommen in der Privilegienfrage erreichen, was die übrigen Stände verärgerte, die die Zünfte lieber beherrschen, aber ihnen keine erweiterten Mitspracherechte in Angelegenheiten des öffentlichen Lebens geben wollten. Das Gerücht ging um, Max Emanuel bleibe nach dem Tode seines Sohnes offensichtlich nur deshalb in Brüssel, um eine souveräne Herrschaft zu gewinnen und möglicherweise die Niederlande aus dem Zusammenhang mit der spanischen Monarchie zu reißen. Es zirkulierten Pamphlete, Karikaturen und Flugschriften, in denen Max Emanuel lächerlich gemacht wurde und die ganze Wut des Volkes über die Mißwirtschaft im Land zum Ausdruck kam. Erfundene Bündnisverträge des Kurfürsten mit Holland erregten die Gemüter. In diesen war dem Kurfürsten die Souveränität über die Niederlande zugesagt. Ein Erlaß Max Emanuels drohte im August 1699 den Verfassern dieser Schriften mit Tod oder Verbannung. Er ließ diese Flugblätter öffentlich verbrennen. Die spanische und österreichische Partei am Hof verkündete laut, der Kurfürst habe diese Schriften in Auftrag gegeben, um die öffentliche Meinung über sein tatsächliches Vorhaben zu erkunden.[722]

Max Emanuels einstige Popularität war gänzlich geschwunden. Er war völlig hilflos. Als Ende November wiederum Unruhen ausbrachen, gab er den Forderungen der Stände nach, um Zeit zu gewinnen. Hatte er bisher nicht gewagt, als absolutistischer Fürst das Militär gegen die Niederländer einzusetzen, um sich ihr Wohlwollen zu erhalten, so sah er jetzt keinen anderen Ausweg mehr. Er zog zuverlässige bayerische Truppen nach Brüssel zusammen, um die demokratischen und zum Teil radikalen republikanischen Tendenzen zu unterdrücken.[723] Der hohe Adel, der Magistrat, führende Beamte und der spanische Gesandte forderten ihn auf, seine bisherigen Zugeständnisse an die »Nations« und Zünfte zu widerrufen. Er tat es.

Die Führer der demokratischen Partei, voran der Advokat VAN DER MEULEN, wurden verhaftet. Einem Teil ihrer Anhänger gelang es noch, rechtzeitig zu fliehen oder sich in Klöstern zu verbergen. Wenige Monate später verurteilte der Brabanter Rat die flüchtigen Zunftältesten wegen Rebellion zum Tode bzw. zu langjähriger Verbannung. Ihre Güter wurden konfisziert. Die Frauen der Verurteilten und die Bettelorden flehten Max Emanuel um Gnade an. Der Kurfürst ließ die Strafen mildern. 1705, wenige Monate nach seiner Rückkehr in die Niederlande, wurden die letzten, die noch in Haft saßen, entlassen.[724]

71mal waren die Zünfte während dieser Auseinandersetzungen zusammengerufen worden. Das absolutistische Regiment vermochte nur durch den Einsatz militärischer Gewalt die gesellschaftlichen und wirtschaftlichen Forderungen der Zünfte zurückzuweisen und demokratische Bestrebungen führender Männer, denen England und Holland als Vorbild dienten, einzudämmen.

Der Zolltarif des Jahres 1699, der die einheimischen Waren vor ausländischer Konkurrenz schützte, wurde schon am 29. Mai 1700 durch eine Transitabgabe von 2 1/2 Prozent des Warenwertes ersetzt. Aber auch damit waren Holland, England und Frankreich nicht zufrieden, so daß der Kurfürst auf ausländischen Druck hin[725] gezwungen war, diesen Zolltarif gänzlich aufzuheben und das Land den auswärtigen Wirtschaftsinteressen wieder völlig auszuliefern. Seine Wirtschaftspolitik war somit gescheitert, die Interessen der Niederlande zugunsten politischen Wohlverhaltens der Seemächte geopfert, die selbst die Preisgestaltung der lokalen Märkte beherrschten.

Kampf dem Jansenismus[726]

Im 17. Jahrhundert setzte sich in den Niederlanden ebenso wie in Frankreich eine neue, vertiefte Religiosität durch, deren strenge Maximen der herrschenden laxen Religionsauffassung, besonders der Kasuistik der Jesuiten und der römischen Kirchenpolitik widersprachen. Man befürchtete bereits eine Spaltung innerhalb der katholischen Kirche. Die gesellschaftlichen und geistigen Beziehungen der Niederländer zu Frankreich waren trotz politischer Differenzen sehr eng, vergleichbar den Beziehungen Bayerns zu Österreich. Anstelle der Veräußerlichung der Religion, die sich in Riten erschöpfte, wurde eine neue Verinnerlichung in allen Glaubens- und Lebensfragen verlangt. Puritanismus führte zur Askese. Aufgrund der Lehren ARNAULDS wagten zu Beginn der neunziger Jahre des 17. Jahrhunderts viele Gläubige in den Niederlanden nicht mehr, die Kommunion zu empfangen. Die offizielle Kirchenleitung witterte Gefahr für die Einheit des Glaubens. Im Bischof GUILLAUME DE PRÉCIPIANO (1689-1711) erhielt die niederländische Kirche ein streitbares Oberhaupt. Er inszenierte eine wahre Jansenistenverfolgung. Visitationen in Klöstern und Kirchen eliminierten unliebsame Geistliche. Verdächtige Bücher wurden beschlagnahmt.[727]

Madrid legte schon im Jahre 1692 Max Emanuel als neuem Statthalter der Niederlande dringend ans Herz, den Jansenismus rücksichtslos zu bekämpfen. Dem Kurfürsten war ein solches Vorgehen, wie es PRÉCIPIANO zu verwirklichen begann, im Grunde zuwider. In religiösen Angelegenheiten erwies er sich stets als indifferent und damit als tolerant. Er hielt es mit Türken, mit ungarischen Protestanten und englischen Puritanern, wenn er darin seinen Vorteil sah. Er war Opportunist, anpassungsfähig, kein Eiferer. Die Kirche diente ihm nur als Herrschaftsinstrument, das er auf seine Weise nützte. Persönliche Überzeugung war nicht ausschlaggebend.

Zum Zeitpunkt seiner Ankunft in den Niederlanden, mitten im Krieg, hielt es der Kurfürst nicht für ratsam, sich autoritativ in die religiösen Diskussionen einzumischen und sich auf diese Weise zumindest bei einem großen und gesellschaftlich mächtigen Teil seiner neuen Untertanen verhaßt zu machen. Er verstand von Glaubensfragen überdies zu wenig. Obgleich von Jesuiten erzogen, hatte er niemals ein vertieftes innerliches Verhältnis zu religiösen Problemen entwickelt. Er liebte nur die oberflächlichen Erscheinungen. Der Glaube mußte sich in prachtvollen Festen, in Musik und Gesang repräsentieren und durfte ein lustiges Leben nicht hindern. Max Emanuel bewunderte Kasteiungen, aber nur dann, wenn sich andere dieser Prüfung unterzogen. Da Papst INNOZENZ XII. den Bischof PRÉCIPIANO nicht sonderlich schätzte, brauchte sich auch der Kurfürst in Glaubensdingen nicht zu sehr zu engagieren. Andererseits verhinderte er auch die mit Schärfe einsetzenden Verfolgungsmaßnahmen nicht, so daß die Leichenpredigt auf Max Emanuel Jahrzehnte später, von einem Jesuiten gehalten, rühmend seinen Eifer während dieser »Ketzerverfolgungen« hervorheben konnte.[728]

Die Universität Löwen wurde gesäubert. 150 Theologen Brabants fielen dem Verdikt zum Opfer. Es kam zu Gegenbewegungen, zu Verschwörungen, die aufgedeckt wurden. Nach dem Pfälzer Erbfolgekrieg dehnten sich die Auseinandersetzungen auch auf Lüttich aus. Als 1699 der Jesuitenpater SABRAN, dessen Orden besonders rührig in der Jansenistenfrage tätig war, zum Leiter eines Brabanter Priesterseminars ernannt wurde, brach ein Sturm der Entrüstung los. Schmähschriften, gegen SABRAN gerichtet, machten die Runde. Man appellierte an Rom. Die Pfarrer unterschrieben Bittschriften. Die Korporationen und die Bürgerschaft der Städte sprachen sich für die jansenistische Lehre aus.[729]

Max Emanuel hatte, solange er auf das spanische Erbe hoffte, nicht den Mut, Partei zu ergreifen, um sich keine kompromißlosen Feinde zu schaffen. Nach dem Tode seines Sohnes wagte er es um so weniger, denn er wollte die Niederlande als souveräne Herrschaft für sich gewinnen. Das beste, was er tun konnte, war, nichts zu tun. Damit hatte er in den letzten Jahren innenpolitisch die »schönsten Erfolge« zu verzeichnen gehabt.

Insgesamt gesehen, entstand für Max Emanuel eine äußerst prekäre Situation, als am 1. November 1700 durch den Tod KARLS II. die spanische Erbfolge zur Disposition kam. Wie sollte sich der Kurfürst verhalten? Sollte er das Testament des Verstorbenen und damit PHILIPP V., seinen Neffen und Enkel des französischen Königs, als Erben des spanischen Weltreiches anerkennen? Sich selbst den Befehlen des Bourbonen beugen, um sein Amt als Gouverneur der Niederlande zu retten? Würde er sich aber in diesem Fall nicht allzusehr exponieren? Wie würden die anderen europäischen Mächte reagieren? Der Kaiser erkannte das Testament nicht an, die Seemächte zögerten. Was war zu tun, um im Fall eines Krieges verläßliche Verbündete zu haben? Ja, würden die Untertanen Spaniens und seiner Nebenländer PHILIPP V. überhaupt akzeptieren oder ihn vom Thron verjagen? Doch diese verhielten sich ruhig, selbst jene, die bisher lange Jahre gegen Bourbon gekämpft hatten.

Der Bündniswechsel
(1700-1704)

Internationales Kräftefeld

Das bayerische Haus Wittelsbach war seit dem Tode des Kurprinzen Joseph Ferdinand für Spanien nicht mehr von Interesse. Max Emanuel war aus dem Rennen um das spanische Erbe ausgeschieden. Er war machtlos und nur mehr ein Bittsteller, der seine bisherigen Ausgaben im Dienste Spaniens zusammenrechnen und auf deren Begleichung hoffen konnte. Er sah voraus, daß ein immer heftiger werdender Streit um den Besitz des spanischen Weltreiches entbrennen würde, der zu einem Weltkrieg führen könnte. Sollte eine Einigung auf friedlichem Wege durch Teilung zustande kommen, was unwahrscheinlich war, oder würde auf kriegerischem Wege eine Entscheidung herbeigeführt,[730] auf jeden Fall mußte er auf der Seite des Siegers stehen.[731]

Max Emanuel entwickelte Pläne, die den bayerischen Ministern unheimlich waren. Sie rieten zur Rückkehr nach Bayern, sie erhofften ein bescheidenes Leben fern von den Machtzentren der Weltpolitik. Dies hätte – jetzt nach dem Tode Joseph Ferdinands – eine völlig neue Konzeption der bayerischen Politik verlangt; ein Abstehen von weiteren Ansprüchen auf Vergrößerung der territorialen Herrschaft, auf ein Königreich, auf Erhöhung des Hauses Wittelsbach; kurzum die Aufgabe einer Politik, die im Grunde schon von Kurfürst Maximilian I. konzipiert, seit gut einem Jahrhundert entwickelt, von bayerischen Hofhistoriographen und Juristen untermauert, von den Tendenzen der Barockzeit und des Absolutismus unterstützt, durch eine entsprechende Erziehung dem Kurfürsten unauslöschlich eingeprägt und die nach seiner innersten Überzeugung sein historischer Auftrag war. Einsicht in die Erfordernisse der Realität war diesem Fürsten wie vielen anderen typischen Vertretern der Barockzeit fremd. Der Schein und der vermeintliche Auftrag, Großes zu gewinnen, Symbol eines Umbruchs der Zeit und der Unzufriedenheit mit dem Bestehenden, beherrschte das Denken. Immer wieder wurde in der wissenschaftlichen Literatur betont, Bayern mußte sich in dieser Zeit für Habsburg oder Bourbon entscheiden. Es wäre ansonsten in der Gefahr gewesen, zwischen den Großmächten zerrieben zu werden. Neutralität sei unmöglich gewesen. In Wirklichkeit war keine Entscheidung für oder gegen Frankreich beziehungsweise Habsburg gefordert, sondern eine Entscheidung für Bayern. Sie erfolgte nicht.

Neutralität war sicher nicht unmöglich.[732] Sie wurde von den bayerischen Räten ernsthaft diskutiert. Auch Max Emanuels Politik in den Jahren 1701 und 1702, die südwestdeutschen Reichskreise zu neutralisieren, ging in diese Richtung, obwohl letztlich ein anderes Ziel dahinterstand. Neutralität war das Leitmotiv der Außenpolitik FERDINAND MARIAS gewesen, die auch Max Emanuel vorübergehend als Vorbild diente. Allerdings war diese Zeit vergangen; die politischen Probleme waren jetzt anders gelagert und umfassender in ihren Auswirkungen.

Die Politik Max Emanuels und seiner engsten Mitarbeiter MONASTEROL,[733] WILHELM, MALKNECHT, BERGEYCK war nicht darauf ausgerichtet, Bayern vor internationalen Verwicklungen zu bewahren oder es einer möglichst geringen Gefährdung auszusetzen. Statt dessen gebrauchten sie Bayern als Einsatz, um mit seiner Hilfe möglichst große Gewinne zu erzielen. Seit 1680 war es üblich gewesen, sich mit dem Meistbietenden zu verbünden. Die Sprunghaftigkeit der Entwicklung seit 1680 ist nur scheinbar. Vielmehr zieht sich eine gerade Linie durch alle politischen Maßnahmen des Kurfürsten und seiner Berater: die Erhöhung des Kurhauses um jeden Preis, mit jedem Einsatz und auf jeden Fall. Es war Opportunismus, der nach außen und oberflächlich zahlreiche Widersprüche aufscheinen läßt. Doch es ging stets darum, neue Wege zu suchen, um das gleiche Ziel zu erreichen, wenn andere Wege nicht gangbar waren, in eine Sackgasse geführt oder sich als Fehlplanung erwiesen hatten. Max Emanuels Gesamtpolitik zeigt, daß er sich immer gleich blieb. Seine wirklichen und vermeintlichen politischen Ziele gab er nie auf. Allein das Erfolgserlebnis entschied. Blieb der Erfolg aus, waren andere Möglichkeiten für die nämlichen Zwecke ausfindig zu machen. Moralische, ethische, religiöse Hinderungsgründe gab es in seiner Zielverfolgung nicht.

Stets dienten Bayern, seine Menschen und seine geringen Ressourcen als Einsatz, so im Türkenkrieg, im Pfälzer Erbfolgekrieg, für das niederländische und spanische Interesse. Bei MAXIMILIAN I. von Bayern waren Fürst und Staat in weitgehender Identität einander zugeordnet, ein gesellschaftlicher und politischer Vorgang, den ebenfalls das Frankreich LUDWIGS XIV. kennzeichnete. Kurfürst FERDINAND MARIA sah sich vornehmlich als Repräsentant der Herrschaft, der Gesellschaft insgesamt wie der Oberschicht im besonderen. Bayern war sein patriarchalisch zu verwaltendes Erbgut, das innerhalb der Familie überkommen war. Bei Max Emanuel differenzierte sich dieses Verhältnis nun weiter aus. Der Fürst war nicht mehr nur erster Repräsentant der Gesamtgesellschaft innerhalb Bayerns, sondern er fühlte sich als Angehöriger des internationalen Hochadels, der über sein Erbgut verfügte, um auf dieser Grundlage zu Höherem, wie immer geartet, aufsteigen zu können.

Das Streben nach gesellschaftlichem und politischem Aufstieg ist typisch für die Barockzeit. Der Oranier wurde König von England, der Brandenburger König von Preußen. Der Hannoveraner erhielt die Kurwürde und schließlich erlangte er das englische Königstum. Der sächsische Kurfürst wurde König von Polen.[734] Die ersteren erhielten eine erbliche Würde, Polen dagegen blieb ein Wahlkönigtum. Alle diese Fürsten verzichteten nicht auf ihren ursprünglichen Erbbesitz, sondern dieser blieb durch Personalunion mit dem neuen Herrschaftsbereich in Verbindung. Max Emanuel ging noch einen Schritt weiter und sprengte auch dieses System. Er war bereit, Bayern aufzugeben und gegen eine andere ranghöhere Herrschaft auszutauschen. – Wie sehr ihm die Erringung der Königswürde am Herzen lag, zeigt bereits die Vereinbarung, die er im Jahr 1696 mit dem Brandenburger Kurfürsten FRIEDRICH WILHELM III. zur gegenseitigen Unterstützung beim Erwerb der Königskrone hatte aushandeln lassen.

Die bayerischen Stände, die vorgaben, aus Jammer über die Abwesenheit ihres Kurfürsten schier umzukommen, konnten ihr Glück kaum fassen, als der Kurfürst im Jahre 1701 ankündigen ließ, er werde tatsächlich nach Bayern zurückkehren. Die Stände erhofften die Einsparung der Ausgaben in Brüssel. Vor allem wollten sie verhindern, daß Bayern in die Auseinandersetzungen um die spanische Erbschaft hineingezogen würde. Ziel Max Emanuels dagegen war das Königtum. Schloß Schleißheim ließ er zu einem Königsschloß ausbauen trotz des Kapitalmangels und trotz der bald bedrohlichen europäischen Lage.[735]

Der Krieg war nicht unabwendbar,[736] sein Ausbruch aber wahrscheinlich. Als Partner für Max Emanuel kamen diejenigen in Frage, die das Interesse des Kurfürsten am weitesten berücksichtigten. Dies war ein schwieriges Unterfangen. Die Schaukelpolitik, die Max Emanuel in den letzten Jahren getrieben hatte, diente jedermann zur Warnung. Zwar wechselten die Bündnisse allgemein sehr schnell. Denn das Interesse war ausschlaggebend. Frankreich und Österreich aber vertraten im Grund die gleiche Politik: sich mit Bayern zu verbünden, um es den eigenen Zielen dienstbar zu machen und gegen den anderen im Kampf einzusetzen, keineswegs jedoch einen größeren Machtzuwachs des Fürsten zuzulassen, auf welcher Seite auch immer er sich befand. In den strategischen Planungen der französischen Heeresführung war Bayern als eine Pufferzone gegen Österreich vorgesehen. Bayern war aus dieser Sicht Mittel zum eigenen Zweck. Als größter katholischer weltlicher Fürst war Max Emanuel für Habsburg obendrein noch ein möglicher Rivale um den Kaiserthron.[737] Alle Zugeständnisse, die Habsburg und Bourbon machen konnten, waren von begrenzter Natur, wollten sie ihre eigenen Ziele nicht von einem Dritten schädigen lassen.

Für die Politik des Kurfürsten blieb stets die Überlegung maßgebend, daß die spanische Erbschaftsangelegenheit allein eine dynastische Frage und als ein Problem innerhalb der europäischen Dynastien anzusehen sei. Es entsprach ganz seiner Erziehung im dynastischen Denken, daß er das wirtschaftliche Interesse der Seemächte völlig unterschätzte. Daran hatte auch sein Aufenthalt in Brüssel nichts geändert. Einen Blick für reale Machtverhältnisse durch Kapital- und Wirtschaftskraft hatte er nie besessen. Seine Finanzkünste bestanden in Schuldenaufnahme, seine Finanzpolitik glich einem Gebäude auf tönernen Füßen. Man häufte neue Schulden auf, um alte Schulden zu begleichen.[738] Eine Sanierung der Finanzen wurde immer wieder gefordert; über den guten Willen kam man nicht hinaus. Die Subsidien der Mächte reichten in keiner Weise, um die übermäßigen Ausgaben zu decken. Die Gelder kamen meist nur mit großer Verzögerung, wurden nicht in voller Höhe ausbezahlt und zum großen Teil nicht für den vorgesehenen Zweck, das Heer, verwendet, sondern für Schloßbau, Mätressen, Auslösung von versetzten Juwelen und Edelmetall,[739] für den Hofstaat und längst fällige Gehälter ausgegeben.

Es ist zweifelhaft, ob Max Emanuel und seine Regierung die internationale Lage richtig einzuschätzen vermochten. Die ständigen Diskussionen über das dynastische Interesse des Kurfürsten trübten wesentlich den Blick.[740] Für die Engländer stellte der Markt des von Spanien verwalteten Teiles Südamerikas mit seinen vielfältigen und gewinnbringenden Möglichkeiten ein wesentliches Kriegsziel dar. Darüber sprach Max Emanuel nie. Das Problem der ungehinderten Lieferung von Textilien, Gebrauchsartikeln und Negersklaven nach Spanisch-Amerika beeinflußte die internationale Politik der kommenden Jahre ebensosehr wie Fragen des europäischen Gleichgewichts und Prestigeerwägungen der Habsburger und Bourbonen. Wenigstens bis 1704 konnte auch Max Emanuel seinen Teil beitragen, um die vorhandenen Probleme um ein weiteres zu vermehren.

Für LUDWIG XIV. ging es darum, sein Haus zu verteidigen und den spanischen Thron für seinen Enkel zu bewahren. Spanien aufzugeben, hätte einen ungeheuren Verlust an Prestige, Einfluß und Macht Frankreichs bedeutet.[741] Würde einem Habsburger Gelegenheit geboten, einen Gegenkönig in Madrid zu etablieren, dann würde das gefürchtete Reich KARLS V. wieder erstehen. Gelänge es dem Kaiser darüber hinaus, im Reich absolutistischer Herr über seine Vasallen zu werden und seine Politik zur alleinigen Richtschnur in Mitteleuropa zu machen, so würde der Druck auf Frankreich auch von dieser Seite sich erheblich verstärken. Hinzu kam das ewige Grenzproblem. Würde Frankreich seine bisherigen Grenzen halten oder erweitern können: in den Niederlanden gegen die Holländer, in Lothringen und am Rhein gegen Kaiser und Reich? Fragen des Ruhms, der Herrschaft über die Meere, des Flaggenstreits, des dynastischen Vorranges waren ebenfalls nicht ohne Gewicht.[742]

Die internationalen Probleme waren somit sehr vielfältig. Die Kriegsziele der Alliierten, des Kaisers und der Seemächte, bezogen sich auf die Zerstückelung der spanischen Herrschaft, die Eindämmung der französischen Macht in Europa und in Übersee, die Gewinnung der spanischen Niederlande unter Ausschluß der Franzosen, die Herrschaft über Italien, die Beherrschung des Mittelmeers, die Öffnung der spanischen Kolonien für den Handel der Seemächte und den Ausschluß des französischen Handels von Südamerika. Der kommende Krieg wurde somit auch zum großen Handelskrieg.[743] Die Parteien begannen, ihre Anhänger um sich zu scharen. Vorübergehend setzte sich eine Polarisierung durch.

LUDWIG XIV. übersah Max Emanuel nicht. Sollten die übrigen europäischen Mächte das Testament des verstorbenen spanischen Königs KARL II. nicht anerkennen, dann bräuchte er Verbündete oder wenigstens Partner, die sich neutral verhielten. Es schien besser, die Kurfürsten von Bayern und Köln zu gewinnen, als beide seinen Rivalen in die Arme zu treiben.[744] Zugleich begann der französische König, nach erprobter Manier seine Gegner einzuschüchtern, wodurch er deren Widerstandskraft stärkte und half, die Allianz seiner Gegner zu schmieden. Es begann die Offensive an allen Fronten. Die Dritte Koalition gegen Frankreich wirkte sich bald aus, besonders seitdem LUDWIG XIV. den Sohn des vertriebenen Stuartkönigs als JAKOB III. von Großbritannien anerkannte. »Ludwig hatte geradezu einen nationalen Entrüstungssturm in England provoziert; seine Gegner zu einigen und zu stärken, war eine seiner besonderen Fähigkeiten«,[745] eine Kunst, die auch Max Emanuel verstand.

Traditionelle Kombinationen

Je länger sich der bayerische Kurfürst in Brüssel aufhielt, um so mehr erlag er dem Bann des französischen Einflusses. Dafür sorgten schon eine schöne Venezianerin namens Canossa und eine Brüsseler Tänzerin, deren Einfluß dem des Marquis de Villars nahezu entsprach. Beide wurden von Frankreich hoch bezahlt[746] und verdienten das empfangene Geld durch Ausdauer und Hingabe. Die Differenzen zwischen Max Emanuel und dem Kaiser waren sachlicher wie persönlicher Natur. Die Kluft zwischen beiden Fürsten hatte sich seit den 90er Jahren immer mehr vertieft. Frankreich hatte in diesem Jahrzehnt wiederholt versucht, mit Max Emanuel ins Gespräch zu kommen. Religiöse und dynastische Interessen standen im Vordergrund aller Erwägungen. Im geheimen hatte Max Emanuel sogar über Bündnisse, Subsidien und Kriegsziele verhandelt, während er offiziell noch auf Seiten Habsburgs engagiert war. Im Juli 1691 begab sich de la Haye inkognito nach München,[747] im September desselben Jahres hatte Comte Rébénac den bayerischen Kurfürsten in Italien gesprochen,[748] im Dezember traf Sieur de Grégy Max Emanuel in Venedig,[749] und zwar ausgerechnet in einem Palais, in dem Prinz Eugen von Savoyen und mehrere kaiserliche Offiziere zu Gast waren. Max Emanuel schlich sich ins Erdgeschoß und ließ den französischen Abgesandten, der den Zaun überstiegen hatte, durch ein Fenster ins Haus. Während ein Stockwerk über ihnen der Prinz von Savoyen und eine erlauchte Gesellschaft von Getreuen des Kaisers sich bei Spiel und Tanz amüsierten, beteuerte Max Emanuel seine Anhänglichkeit an den französischen König, gab Grégy »besondere Bemerkungen seiner Güte«, umarmte ihn zweimal und bot Verhandlungen über einen Bündniswechsel an.[750]

Der französische Gesandte beim römischen Stuhl, Kardinal Forbin-Janson, hielt in den folgenden Jahren engste Verbindung mit dem bayerischen Residenten Abbé Scarlatti. Sein Bruder verfaßte für Versailles Denkschriften über die Möglichkeit, Max Emanuel zu gewinnen.[751] Bombarda pflegte geschäftliche und politische Beziehungen zu Paris. De la Haye war in seiner Eigenschaft als französischer Botschafter in Venedig sein Mittelsmann. Man sprach über eine Offensivallianz. Der Kurfürst sollte sich gemeinsam mit dem fränkischen und schwäbischen Kreis zur Neutralität verpflichten und die Wiederherstellung des Friedens herbeiführen. Als Gegenleistung erklärte sich LUDWIG XIV. bereit, das niederländische Gouvernement Max Emanuels anzuerkennen. Gleichzeitig diskutierte man eine territoriale Erweiterung Bayerns.[752]

Die Heirat des Kurfürsten mit der polnischen Königstochter THERESE KUNIGUNDE gab der französischen Politik neuerdings Auftrieb, eine enge Verbindung mit Bayern herzustellen. Die Höfe von Versailles und Warschau gedachten die traditionellen freundschaftlichen Beziehungen beider Länder dahingehend zu nützen, die bayerische Politik dem französischen Interesse wieder näherzubringen. Der Bischof von Plock, ANDREAS ZALUSKI, der mit THERESE KUNIGUNDE anfangs 1695 nach Brüssel gekommen war, um die Mitgift der Kurfürstin zu regeln, erkundete im Auftrag des französischen Staatssekretärs des Auswärtigen, CROISSY, die Neigungen des Kurfürsten und seiner Regierung gegenüber Frankreich.[753] Max Emanuel äußerte sich, wie stets, enttäuscht über seine Verbündeten und sprach die Hoffnung aus, seine »natürliche Verbindung« mit Frankreich aufrechtzuerhalten. Er habe seine Schwester, die Dauphine, stets wie sein Leben geliebt – wobei er großzügig darüber hinwegsah, daß er sich kaum um sie gekümmert hatte. Jetzt wollte er seine verwandtschaftlichen Beziehungen mit dem Haus Bourbon wieder aktivieren. Der Bischof von Plock überreichte Max Emanuel eine Denkschrift des polnischen Königs JOHANN III. SOBIESKI, der Mittel und Wege zugunsten eines bayerisch-französischen Bündnisses aufzeigte. Obwohl die Zusicherungen Max Emanuels allgemein gehalten waren,[754] keimte dennoch die Hoffnung auf, diesem Ziel nahezukommen.

Für Frankreich ein möglicher Bundesgenosse, für Österreich ein beständiger Rivale, im Spannungsfeld verschiedenster Interessen gefiel sich Max Emanuel, von allen Seiten umworben zu werden. Zugleich gab er sich entrüstet, daß er andauernd Verdächtigungen ausgesetzt sei, er nehme seine Bündnisverpflichtungen nicht ernst und verhandle im geheimen mit dem Gegner. Besonders der holländische Gesandte DIJKVELD und der Prinz DE VAUDÉMONT waren mit dem Kurfürsten unzufrieden und beschwerten sich über seine Regierungsführung, da er sich nur in ungenügender Weise den wichtigen Angelegenheiten der Niederlande widmete. Frankreich selbst verlor durch diese diplomatischen Kontakte nichts, im Gegenteil, es verpflichtete den Kurfürsten.[755] Der Kaiser ahnte Schlimmes und schickte den bewährten Grafen KAUNITZ, um das entstehende Feuer rechtzeitig zu löschen.[756]

Krankheit und Tod SOBIESKIS veranlaßten ZALUSKI zum vorzeitigen Abbruch seiner Mission, gewohnt, »Befehle auszuführen, ohne sie zu interpretieren«. Nach seiner Abreise aus Brüssel[757] führte der Bruder des römischen Agenten SCARLATTI die Verhandlungen fort. Eingeschaltet wurden der Nuntius in Paris, der Internuntius in Brüssel sowie der polnische Hof. SCARLATTI suchte Max Emanuel dahingehend zu beeinflussen, das Friedenswerk zu erleichtern.[758] Den Widerstand Max Emanuels gegen die neunte Kurwürde für Hannover betrachtete der rührige Abbé als Beweis für die Neigung des Kurfürsten, sich von Wien zu distanzieren und sich der französischen Position zu nähern. Eine Bewerbung um den polnischen Königsthron lehnte Max Emanuel ab, da er das immerwährende spanische Königtum einem Wahlkönigreich Polen auf Lebenszeit vorzog.[759]

Während Max Emanuel gute Beziehungen mit Brandenburg aufrechterhielt, kühlten sich die Beziehungen zu seinem Kölner Bruder merklich ab, da dieser die Nachbarschaft seines Verwandten als drückend empfand und sich in seiner eigenen Bewegungsfreiheit eingeschränkt sah. Die französische Diplomatie wirkte auf einen Ausgleich zwischen den Brüdern hin, um beide zu gewinnen. Frankreich rühmte Max Emanuels Eintreten für die katholische Religion, der die Habsburger durch ihre Allianz mit protestantischen Mächten »größten Schaden zufügten«. Versailles blieb außerordentlich gut unterrichtet über die bayerischen Absichten und Pläne.[760] Obwohl man sich überzeugen konnte, daß Max Emanuel jene Ernsthaftigkeit seiner Vorfahren in der Regierungsführung fehlte, blieb er ein möglicher Partner für Frankreich.

Die Wiener Minister konnten ihre Enttäuschung über Max Emanuel nicht verbergen. Bayern übte eine stetige Obstruktionspolitik gegenüber der kaiserlichen Reichspolitik aus. Damit gewann es aber keine Freunde, die es so notwendig gebraucht hätte. Keine Seite sparte mit Vorwürfen, insbesondere als die Frage des spanischen Erbes unüberbrückbare Gegensätze hervorrief. Es zeigte sich allzu deutlich, daß die vorhandenen Differenzen zwischen Bayern und Österreich durch das Bündnis von 1683 und die nachfolgenden Verträge keineswegs beigelegt, sondern nur vorübergehend überdeckt und neutralisiert worden waren. Das Streben Bayerns nach Rangerhöhung blieb den österreichischen Interessen ebenso wie denen LEOPOLDS in seiner Funktion als römischer Kaiser diametral entgegengesetzt.

Die bayerischen Minister versäumten es in den letzten Jahren auf Befehl ihres Meisters nicht, gegen alle Maßnahmen, Vorschläge und Ideen Wiens zu agitieren.[761] Bayern gefiel sich in einer Art grundsätzlicher Opposition, die alles beargwöhnte und kritisierte, was aus der Hofburg zu vernehmen war. Eine unvoreingenommene Stellungnahme war nicht mehr möglich. Fast jede Maßnahme Wiens wurde als eine absichtliche Brüskierung des Kurfürsten aufgefaßt. Dieser wollte stets vor jeder Entscheidung konsultiert werden. Das taten die Wiener Minister aus verständlichen Gründen nicht. Für sie war Max Emanuel ein Vasall, einer der vielen Reichsglieder und ein unangenehmer Nachbar obendrein, dessen Ansprüche man zu hintertreiben habe. Seine geheimen und offenen Verbindungen mit Frankreich ließen ihn stets als suspekt erscheinen.

Die Gegensätze zwischen bayerischen und kaiserlichen Gesandten in Madrid waren verständlicher Weise fundamental und die jeweiligen Standpunkte so verschieden wie jene zwischen bayerischen und französischen Abgeordneten. Als man schließlich am Brüsseler Hof den Verdacht hegte, der Kaiser habe 1699 den Kurprinzen JOSEPH FERDINAND vergiften lassen, um sich den Zugang zum spanischen Erbe wieder zu eröffnen, war eine weitere Barriere errichtet, auch wenn man nicht immer offen davon sprach. Gerüchte und Emotionen bewirkten in dieser Zeit ohnedies mehr als exakte Überlegungen der Ratio, besonders wenn ein Charakter wie Max Emanuel angesprochen war, den Freund und Feind übereinstimmend von Anfang bis zum Ende seiner politischen Laufbahn als stark emotional beeinflußbar schilderten.

Der Bruder in Köln[762]

Der Kölner Kurfürst Joseph Clemens hatte zunächst die Verbindung mit Frankreich aufgenommen und auch zugunsten Max Emanuels sondiert. Seit 1698 entwickelten sich diese Beziehungen harmonisch, das heißt ganz nach den Wünschen Frankreichs.[763] Die führenden Minister am Bonner Hof, besonders Karg von Bebenburg, befürworteten ein enges Zusammengehen mit Paris. Karg als überzeugter Anhänger absolutistischer Staatsauffassung erhoffte sich eine Machtverstärkung seines Kurfürsten gegenüber den auf ihre Privilegien pochenden Ständen beziehungsweise den Domkapiteln in Köln und Lüttich. Joseph Clemens beschuldigte den Kaiser, in Rom durch seine Diplomaten eine Einigung aller an diesem Konflikt beteiligten Parteien zu hintertreiben. Nur Frankreich konnte durch Subsidien dem Kölner Kurfürsten die Aufstellung eines größeren Heeres ermöglichen, mit dessen Hilfe er einen gewissen Rückhalt gegenüber den sehr selbstbewußten Ständen zu gewinnen, seine Unabhängigkeit zu bewahren und die Verwirklichung absolutistischer Herrschaft zu erreichen vermochte, wie es seiner Erziehung und Herkunft entsprach. Prielmayr suchte wiederholt in den Auseinandersetzungen zwischen den Ständen, den Domkapiteln, den führenden Magistraten in Köln und Bonn auf der einen Seite und dem Kölner Kurfürsten auf der anderen Seite zu vermitteln. Da keiner der Beteiligten zu wirklichen Kompromissen bereit war, setzte sich Prielmayr den Verdächtigungen aller Seiten aus[764] und bewirkte so gut wie nichts.

Die internationale Situation seit Ende des Jahres 1700 zwang Ludwig XIV., sich nach Verbündeten im Reich umzusehen, die bereit waren, der kaiserlichen Politik Widerstand zu leisten. Im Januar 1701 erhielt Desalleurs den Auftrag, mit dem Kölner Kurfürsten eine Allianz auszuhandeln ohne Einschaltung des Domkapitels. Sein erklärtes Ziel war es, die durch den Kaiser angestrebte Errichtung einer Einheitsfront möglichst vieler Reichsfürsten gegen Frankreich zunichte zu machen.[765] Max Emanuel unterstützte diese Verhandlungen, um sich seinerseits Frankreichs Gewogenheit zu sichern. Das Bündnis von Joseph Clemens mit Paris rief in Köln einen Sturm der Entrüstung hervor.[766] Vergeblich suchte der Bischof die Wogen zu glätten, indem er darauf verwies, er habe nichts anderes getan als die Rheinbundstaaten, die sich 1658 zur Aufrechterhaltung des Friedens mit Frankreich zusammengeschlossen hätten. Die Goldene Bulle, die Reichsverfassung und die Westfälischen Friedensverträge würden seine Bündnisfreiheit sichern. Auch das moderne Staatsrecht und das Völkerrecht, unter anderem von HUGO GROTIUS, wurden herangezogen, um das Vorgehen des Bischofs zu rechtfertigen. Vergeblich versuchte der päpstliche Nuntius zwischen Köln und dem Kaiser zu vermitteln. Den Haag und Wien vereinbarten, die Franzosen aus dem Erzstift zu vertreiben, das ihnen JOSEPH CLEMENS geöffnet hatte, und diese Einfallspforte ins Reich zu schließen. Um der Opposition im eigenen Land Herr zu werden, ließ JOSEPH CLEMENS den Großdechant MEHAN unter Bruch des bestehenden Rechts gefangensetzen. Dieser Einschüchterungsversuch verfehlte seine Wirkung gänzlich. Allein die französischen Truppen vermochten die Herrschaft des Bischofs für einige Zeit zu stützen.[767]

Bayerisch-französische Perspektiven[768]

Als die Kontakte zwischen Köln und Versailles zu konkreten Ergebnissen führten, suchte auch Max Emanuel ein Bündnis mit Frankreich zustande zu bringen. Er brauchte dringend Geld. Und nur Frankreich schien bereit, ihm in seiner Not Subsidien anzubieten. Daher mußte er Paris entgegenkommen. Er verstrickte sich dabei in ein selbstgesponnenes Netz, aus dem er sich nicht mehr befreien konnte. Er war bereit, sich völlig an Frankreich auszuliefern in dem Glauben, auf diese Weise den französischen König sich für immer zu verpflichten. Frankreich hätte eine langsame Annäherung vorgezogen, doch Max Emanuel nützte die Gelegenheit zu einem raschen Vertragsabschluß.

Die offiziellen Verhandlungen begannen in Brüssel. Im Januar 1701 schickte LUDWIG XIV. den Brigadier und Oberstleutnant DE PUYSEGUR als Gesandten in die Niederlande.[769] Nachdem Max Emanuel den Bourbonen PHILIPP V. als neuen spanischen König anerkannt hatte, erklärte er sich bereit, sich nach dessen Befehlen zu richten und sich und seine Truppen auf Wunsch zurückzuziehen.[770] Dem französischen und spanischen König fiel es anfänglich sehr schwer, Vertrauen in einen Reichsfürsten zu setzen, der zwei Jahrzehnte lang enger Verbündeter des Kaisers gewesen war. Nur nach außen hin gab man sich mit dem Verhalten des Kurfürsten zufrieden, insbesondere als er die niederländischen Festungen nicht den Engländern und Holländern auslieferte, wie diese es wünschten. Paris mißtraute noch Max Emanuels Aufrichtigkeit.[771] Würde er nicht doch bei passender Gelegenheit den Seemächten die Festungen ebenso anbieten wie Frankreich, wenn diese mehr böten? Was bedeutete die Geschäftigkeit und Eile, mit der er den neuen spanischen König anerkannte? Er hatte seine Freude öffentlich zum Ausdruck gebracht über die Thronbesteigung PHILIPPS, hatte den Marquis DE BEDMAR als Gesandten nach Madrid abgeordnet, um seine Unterwerfung zum Ausdruck zu bringen. Der kaiserliche Resident in Brüssel hatte sich ob dieses Verhaltens beschwert. Frankreich hielt Max Emanuel zugute, daß er den Holländern in den spanischen Niederlanden den alljährlichen Einkauf von Lebensmitteln und Vorräten für ihre Garnison in Maastricht verweigerte. Der englische König tadelte deswegen den Kurfürsten. Max Emanuels Begründung, als Gouverneur der Niederlande könne er mit den Holländern keinen Handel treiben, solange sie nicht den spanischen König als Souverän der Niederlande anerkannt hätten, wurde nicht akzeptiert. MARX VON MAYR mußte in London sehr kritische Bemerkungen hinnehmen.[772]

Gerade die Verbindung des Kurfürsten mit dem englischen König war andererseits für Frankreich ein Anlaß, große Zurückhaltung zu üben. Depeschierte Max Emanuel nicht häufig Kuriere nach London? Schrieb er nicht eigenhändig Briefe an WILHELM III.? Verhandelte nicht MAYR unentwegt mit dem König? Welche geheimen Pläne bestanden zwischen Brüssel und London, deren Modalitäten noch unbekannt waren? Max Emanuels Ziel war trotz aller gegenteiligen Beteuerungen, das Gouvernement der Niederlande in fortwährendem Besitz zu behalten. Waren ihm die Mittel und Wege zur Erreichung dieses Zieles nicht völlig gleichgültig? Für ihn zählte der Erfolg, der auch die Mittel heiligt, die zu ihm führen. War das immerwährende Gouvernement der Niederlande nicht der Ausgangspunkt zu einer souveränen Herrschaft über die Niederlande, wie die zahlreichen Flugblätter, die in den Niederlanden kursierten, täglich beweisen wollten?[773]

Max Emanuel beharrte auf der Rückzahlung aller Schulden, angeblich eine Verpflichtung des spanischen Königs. Diese Ansprüche waren fraglich, denn von keiner Seite war ihm die Investition seiner Einkünfte aus Bayern in den Niederlanden befohlen worden; um so bemerkenswerter erschien sein Vorgehen, zu diesem Geld zu kommen. Er forderte es vom neuen spanischen König, verlangte vom französischen König eine Garantie und ließ über das gleiche Problem in Holland und England verhandeln. Die Holländer wollten zur Absicherung ihrer Grenzen eine Barriere in den Niederlanden: Überlassung der Festungen als Gegenleistung für die Anerkennung der Entschädigungsansprüche. Die Ungewißheit über Max Emanuels Absichten; das Zögern der Holländer, PHILIPP V. anzuerkennen; die hektischen Bemühungen des Kurfürsten, zu neuen Allianzen zu kommen; die sorgfältige und energische Anhäufung von Getreide und Vorräten in den Befestigungen an der Maas; die sich verdichtenden Gerüchte über einen baldigen Krieg; der Rückgang der Handelsgeschäfte mit Südamerika; all dies veranlaßte die französische Diplomatie, ohne Zeitverlust unliebsamen Überraschungen zuvorzukommen und die wichtigsten Festungen der Niederlande in Besitz zu nehmen.

Marschall DE BOUFFLERS erhielt im Einvernehmen zwischen Paris und Madrid den Marschbefehl gegen Flandern, gleichzeitig begann PUYSEGUR in Brüssel mit dem Kurfürsten über einen freien Eintritt der französischen Truppen in die Niederlande zu verhandeln.[774]

Dies war ein Testfall, um die Haltung des Kurfürsten zu prüfen. Er mußte Farbe bekennen. Entweder nehme er die Franzosen in die niederländischen Festungen auf, oder man würde ihn mit militärischer Gewalt aus dem Land vertreiben. Max Emanuel seinerseits schickte den Grafen VON MONASTEROL nach Paris und ließ dort seine Dienste anbieten.[775] Zur allgemeinen Überraschung der französischen Regierung schlug der Gesandte sofort Verhandlungen über eine Allianz zwischen dem Kurfürsten und LUDWIG XIV. vor. Welche Bedeutung hatte das Angebot, Max Emanuel wolle sich dem französischen König verpflichten, wolle einzig für die Interessen PHILIPPS V. eintreten? Was sollte die Andeutung, in diesem Fall würde er sich den Groll des Kaisers zuziehen? Dieser würde ihn mit Krieg überziehen und Bayern ruinieren, bevor er noch ein einziges Truppenkontingent besäße, um sich und sein Land zu verteidigen! Deshalb wäre es notwendig, daß der spanische und französische König eine Entschädigung versprächen und ihm die Verluste ersetzten, die er für das Interesse der spanischen Krone erdulden würde.

Im Grund beinhalteten diese Überlegungen bereits das Programm der nächsten Jahre. Max Emanuel hatte es mit MONASTEROL ausgearbeitet. Der Kurfürst war sich aller Risiken von dem Zeitpunkt an bewußt, als er eine Allianz mit Frankreich und Spanien offerierte. Die Initiative ging von Max Emanuel aus, nicht von Frankreich. Er suchte einen Partner, der ihm eine möglichst gloriose Zukunft versprach und diese durch Allianzen weitgehend absicherte. Er war bereit, Bayern in diesem gefährlichen Spiel zu opfern. Das Land Bayern war sein Einsatz für die kommenden Jahre. Es kostete MONASTEROL große Mühe, den fatalen Eindruck, den diese Angebote im Versailler Ministerrat hervorriefen, wieder wettzumachen.

Den französischen Ministern und Diplomaten waren diese Vorschläge allzu rasch und unvermittelt gekommen, noch ehe die Beziehungen beider Seiten irgendwie geregelt waren. Versailles gab vorerst nur allgemeine Zusicherungen ab, bis man sich ein klares Bild von der Haltung des Kurfürsten verschafft hatte. Man antwortete, der Kurfürst verbleibe Gouverneur der Niederlande. Dies sei ein festes Band zwischen dem spanischen König und ihm. Würde er sich vertraglich mit Paris und Madrid einigen, könnte er beträchtliche Vorteile gewinnen, selbst wenn keine Schonung für Bayern von Seiten des Kaisers zu erwarten sei.[776] Dieses war das beiderseitige Eingeständnis, daß man sich aller Risiken bewußt war, die aus einem Bündnis angesichts der gegebenen internationalen Situation entspringen konnten. Die Hauptlast eines Krieges gegen Österreich würde auf Bayerns Schultern liegen.

Seit Beginn des Jahres 1701 verhandelte Max Emanuel über den Einsatz Bayerns und eine eventuelle Entschädigung beim Verlust seiner Stammlande in diesem großen europäischen Spiel um das spanische Erbe. Max Emanuel war großzügig in seinen Entschädigungsforderungen: eine Provinz der Niederlande und deren Einkünfte, falls das Kurfürstentum Bayern ruiniert würde. Das war der Ausgangspunkt aller seiner Überlegungen.

Diese und ähnliche Vorschläge trafen genau zu jener Zeit in Versailles ein, als Max Emanuel seine Truppen in die Festungen Gelderns verlegte. Das rief wiederum Argwohn bei den französischen Diplomaten hervor. Wollte sich der Kurfürst dieser Provinz versichern und deren Einkünfte für sich behalten? Max Emanuel selbst war nicht in der Lage, diese Provinz militärisch auf die Dauer gegen französische und spanische Truppen beziehungsweise gegen Holländer, Engländer, Brandenburger und Pfälzer zu halten. Und dennoch waren nach Ansicht von Versailles diese Mächte für die Niederlande nicht gefährlicher als der Kurfürst von Bayern.

Ludwig XIV. stimmte schließlich den Vorschlägen Max Emanuels zu. Drei vorteilhafte Auswirkungen für Frankreich waren zu erwarten. Erstens verhinderte Paris, daß gegnerische Truppen die niederländischen Festungen besetzen konnten. Zweitens hatte sich der bayerische Kurfürst gegen Holland verpflichtet und drittens waren seine wirklichen Absichten bald jedermann erkennbar. Er war nicht der Mann, seine Gedanken lange verborgen zu halten trotz Geheimer Konferenz und Kabinettspolitik. Vorläufig ging Versailles nur zum Schein auf die Vorschläge des Kurfürsten ein. Man wollte ihn auf keinen Fall in die Arme der Gegner Frankreichs treiben.

Sein Hauptziel, die Niederlande für sich zu behaupten, glaubte Max Emanuel zu erreichen, indem er sich mit Frankreich und Spanien als den vermutlichen Siegern bei künftigen Auseinandersetzungen arrangierte. Er ging auf alle Wünsche Frankreichs ein, öffnete den französischen Truppen den Weg in die Niederlande und arbeitete fortan mit BOUFFLERS aufs engste zusammen, so daß die französischen Militärs über den freundlichen Empfang außerordentlich überrascht waren.[777] Marquis DE BEDMAR aber, der Max Emanuel als seinen Feind betrachtete, da er selbst das Gouvernement der Niederlande zu erlangen suchte, hatte sich schon längst mit Madrid und Paris abgesprochen. Beide wetteiferten nun miteinander, allen französischen und spanischen Wünschen nachzukommen, kaum daß sie ausgesprochen waren. Es wurde jedermann außer Max Emanuel klar, daß die spanischen und französischen Diplomaten alles versuchten, ihn aus dem Land zu komplimentieren. Zugleich wußte man, daß er es nicht freiwillig verlassen würde.[778] Trotz aller seiner Bemühungen, zu einem guten Einvernehmen mit Versailles und Madrid zu kommen, konnte er das Mißtrauen besonders von Seiten Frankreichs nicht so schnell abbauen, wie er es erhoffte.

Dies änderte sich, als PUYSEGUR sich vom »aufrichtigen Wunsch« Max Emanuels überzeugte, sich mit Frankreich zu verbünden, und zwar auf Dauer.[779] Die Vorschläge des Kurfürsten waren diskutabel. Bot sich doch eine unerwartete Chance für die französischen Militärs, eine der beliebten »Diversionen« einzuleiten, in diesem Fall den Kriegsschauplatz vom Rhein nach Bayern und an die österreichische Grenze zu verlagern. Würden sich diese Pläne verwirklichen lassen, dann mußte sich der Kaiser mit Bayern herumschlagen, anstatt seine Truppen an die französischen Grenzen zu schicken. Der Kampfplatz würde somit auf einen weit vorgeschobenen Außenposten, nach Bayern, verlegt. Nichts anderes beinhalteten die Vorschläge Max Emanuels, und für die französische Kriegführung und Diplomatie war dies der entscheidende Faktor bei ihren künftigen Verhandlungen.

Der Abschied von Brüssel

Der Rückzug der bayerischen Truppen aus den niederländischen Festungen verzögerte sich. Max Emanuel hatte den Soldaten schon seit Monaten keinen Sold mehr ausbezahlt. Die Bürger, bei denen die Soldaten im Quartier lagen, rechneten ihnen ihre Schulden vor. Erst nach Bezahlung von Speise und Trank, Unterkunft und Kleidung wollten die Quartiergeber ihre »Gäste« ziehen lassen. Doch es war kein einziger Sol vorhanden, um diese Schulden zu tilgen. Die Bürger gaben ihre Soldaten nicht frei; sie bangten um ihr Guthaben. Da Marquis DE BEDMAR die bayerischen Truppen samt ihrem Befehlshaber gerne losgeworden wäre, begab er sich auf die Suche nach Geld, eifrig von BERGEYCK unterstützt. Man wurde fündig, und es konnten wenigstens einige bayerische Korps abziehen. Die übrigen blieben in ihren bisherigen Quartieren und dienten den Bürgern als Faustpfand.[780]

Die Lage des Kurfürsten war nicht beneidenswert. Seit Jahren gab es ständig Streitigkeiten und Spannungen zwischen den bayerischen Ministern und den spanischen Granden sowie der Madrider Regierung. Die Bürger widersetzten sich den Anordnungen des Kurfürsten; der niederländische Adel gehorchte ihm nicht, jetzt angesichts der großen politischen Machtverschiebung weniger denn je. Für sie blieb er ein Fremder, der von ihren Angelegenheiten wenig verstand und sich dennoch fortwährend in diese einmengte. Nach dem Tode KARLS II. von Spanien war es auch nicht mehr nötig, ihn zu umschmeicheln. Neue Perspektiven eröffneten sich. Wer es noch nicht getan hatte, orientierte sich jetzt neu. Folgende Vorfälle sind symptomatisch: Der Kurfürst war Ritter des Goldenen Vlieses. KARL II. hatte ihn zum Oberhaupt des niederländischen Adels und der Ritterschaft erhoben. Die Stände sollten sich nicht ohne Max Emanuels Zustimmung versammeln dürfen. Trotzdem hielten sie geheime Versammlungen ab, ohne Max Emanuel zu benachrichtigen. Sie übernahmen Dienste im In- und Ausland, ohne den Gouverneur vorher um Erlaubnis anzugehen. Sie heirateten, ohne dessen Zustimmung einzuholen. Sie verließen das Land und kehrten zurück, ohne ihm Nachricht zu geben. Sie fanden sich als Korporation in Brüssel ein, wann immer es ihnen beliebte, ohne den Kurfürsten zu informieren. Max Emanuel, der die Untertänigkeit des bayerischen Adels und die fußfällige Ergebenheit der Münchener Bürger gewohnt war, fühlte sich beleidigt und beschimpft.[781] Auf Feinheiten des Zeremoniells und der Rangordnung reagierte er wie jeder Fürst seiner Zeit äußerst empfindsam. Er stellte die »aufrührerischen« Adeligen zur Rede. Sie antworteten ihm, sie schuldeten ihm nichts, es sei denn, der spanische König wäre anwesend. Max Emanuel erklärte ihnen, in seiner Eigenschaft als Gouverneur repräsentiere er den spanischen König. Dieses Argument machte keinen Eindruck. Durch sein unbeständiges Verhalten hatte er bereits jede Autorität verloren. Seit dem Tode seines Sohnes galt er nur mehr als Eindringling.

Max Emanuels Verhalten war typisch für einen absolutistischen Fürsten. Kritik und Gehorsamsverweigerung mußten bestraft werden. Eine Anzahl dieser Herren ließ er zum Militär einziehen und in die Garnisonen schicken, um sie dort zur Vernunft zu bringen, andere bestrafte er mit Hausarrest. PUYSEGUR meinte, ein französischer Leutnant habe in den Festungen Frankreichs mehr zu sagen als der Generalgouverneur in den Niederlanden. Wolle sich der spanische König hier durchsetzen, müsse er das ganze Regierungs- und Verwaltungssystem ändern.[782] BERGEYCK arbeitete deshalb in den kommenden Monaten ein umfangreiches Reformprogramm aus, das durch Zentralisation die Macht des absolutistischen Königs einschneidend verstärken sollte.[783]

Die nächste Aufgabe der französischen Diplomatie war die Störung und Unterbindung der Beziehungen Max Emanuels zum englischen König.[784] Dies war um so leichter möglich, als London keine Anstalten machte, sich zu Gunsten Max Emanuels entschieden beim Kaiser einzusetzen. Gleichzeitig wurde Max Emanuels Lage in den Niederlanden von Tag zu Tag unhaltbarer. Die Adeligen forderten seine Abberufung. Die bayerischen Minister drängten ihn zur Rückkehr nach Bayern. Man könne dort viele Unkosten sparen und die Finanzen des Landes endlich sanieren. Sie berechneten die Schulden, deren Bezahlung sie von Madrid erwarteten, auf rund neun Millionen Livres.[785] Die verfügbaren Juwelen hatte Max Emanuel bereits in Holland verpfänden lassen. Der Kurfürst konnte aus den Niederlanden keine neuen Einkünfte mehr beziehen. Die Abgaben, die sich in Normaljahren auf drei Millionen beliefen, wurden nur zögernd geleistet. Zahlreiche Steuereinnahmen standen seit Monaten aus. Dieser Geldmangel machte Max Emanuel völlig handlungsunfähig. Er brauchte dringend neue Geldgeber und neuen Kredit. Engländer und Holländer verhielten sich abwartend und weigerten sich, einen möglichen Gegner finanziell zu unterstützen. Jedermann beschwor den Kurfürsten, seine Rückkehr nach München bedeute einen ungeheueren Vorteil für ihn, für sein Land sowie für den französischen und spanischen König. Er würde Frankreich in Bayern mehr nützen als in Flandern. Auch wäre die Verpflegung der Truppen in einem Agrarland wie Bayern leichter zu bewerkstelligen als im städtereichen und industrialisierten Flandern, das zum Teil selbst auf Lebensmitteleinfuhren angewiesen war.[786]

Es bedurfte keiner großen organisatorischen Vorbereitungen, die restlichen bayerischen Regimenter in die Heimat zurückzuführen. Schließlich waren nur mehr 2000 Infanteristen, etliche Kavalleristen, Bedienungsmannschaften für die Artillerie, einige Schwadronen Dragoner aus den Kämpfen des letzten Krieges übriggeblieben. Die Gesamtzahl der ursprünglich eingesetzten Truppen wurde auf höchstens 10 000 Mann geschätzt.[787]

Gemeinsam mit den französischen Diplomaten handelte Max Emanuel seine künftige politische Position in Bayern aus: Er würde sich vorerst in gänzlicher Neutralität verhalten. Diese Neutralität hatte nur Sinn, wenn der Kurfürst zumindest einen Teil des Reiches für eine ähnliche Zurückhaltung in den erwarteten Auseinandersetzungen mit Frankreich gewönne. Das bedeutete eine Neutralisierung zumindest des fränkischen und schwäbischen Kreises. Auch wurde jetzt bereits die Möglichkeit einer Vereinigung des bayerischen mit dem französischen Heer erörtert. Eine Route war über Stuttgart vorgesehen, die aber den Herzog von Württemberg als Verbündeten voraussetzte. Eine zweite Möglichkeit bot der Weg über den Schwarzwald in Richtung auf die freie Reichsstadt Ulm. In diesem Fall mußte man sich dieser Stadt mit Gewalt bemächtigen und damit Reichsgesetze und den Frieden im Reich brechen.

Entscheidend für Versailles war die Überlegung, daß Max Emanuel dem Kaiser beträchtliche Hindernisse bereiten, daß er aber bei einem Bündniswechsel Frankreich nicht allzusehr schaden könnte. Im ersten Fall würde er zumindest durch sein neutrales oder offensives Verhalten größere kaiserliche Kontingente in den österreichischen Erblanden binden, wie es schon zur Zeit FERDINAND MARIAS der Fall gewesen war. Der Kaiser wäre gezwungen, sich mit Bayern auseinanderzusetzen, einige seiner Streitkräfte vom Rhein und von Italien abzuziehen. Zugleich war Bayern ein guter Beobachtungsposten, um von hier aus alle Bewegungen der kaiserlichen und alliierten Truppen, ihre Magazine und Kriegsprojekte auskundschaften und überwachen zu können. Spionagetätigkeit war eine wichtige Voraussetzung für das Gelingen der eigenen militärischen Operationen.[788]

Die gleichzeitig laufenden intensiven diplomatischen Aktionen der Kaiserlichen und der Reichsfürsten, der Holländer und Engländer, Max Emanuel für ihre Interessen zu gewinnen, scheiterten. Selbst Abbé STEFFANI, Musiker von Rang, Komponist und Diplomat, einst in den Diensten des bayerischen Kurfürsten, bis ihn die Hofintrigen aus München vertrieben und nach Hannover verschlagen hatten, war als Gesandter eifrig tätig, damit sein neuer Gebieter, ERNST AUGUST, allgemein als Kurfürst anerkannt werde. Er versuchte, enge Allianzen der Reichsfürsten mit dem Kaiser in die Wege zu leiten. Bei Max Emanuel konnte er keinen Erfolg verzeichnen. Graf KAUNITZ, der altbewährte und stets verläßliche Diplomat, vermochte in Brüssel ebenfalls nichts auszurichten.[789] Alle Angebote, die diese Gesandten überbrachten, erschienen dem Kurfürsten zu mager, zu wenig glorios. Allzusehr ließen sie ihn fühlen, daß ihre Regierungen zwar eine Allianz mit ihm befürworteten, aber nicht darauf angewiesen waren.

Um Max Emanuels Abreise aus Brüssel zu beschleunigen, versprach der französische König, ihm das Amt als Gouverneur der Niederlande zu belassen. Er könne alle Titel weiterhin führen, genieße die Einkünfte und Besoldungen, die mit dieser Stellung verbunden waren. Sein Stellvertreter müsse in allem seinen Rat einholen, was die Regierung der Provinzen, die Verwaltung der Schlösser und Plätze, die Religionsangelegenheiten und alle Rechte betreffe, die der Kurfürst bisher ausgeübt hatte. Ferner wurde ihm zugesagt, jederzeit in die Niederlande zurückkehren zu können, wann immer er es für ratsam finde.[790]

PUYSEGUR verhandelte in Brüssel mit Max Emanuel, MONASTE-

ROL in Versailles mit TORCY über den Abschluß einer Allianz. Problematisch war im Grund nicht der künftige Einsatz Bayerns, sondern nur die Höhe der Subsidien und die Entschädigung für die Schulden, die Spanien Max Emanuel gegenüber zu begleichen hatte, wie er vorgab. Die Finanzlage Frankreichs war selbst äußerst angespannt. Man wollte so wenig wie möglich französisches Geld ins Ausland überweisen. Dem stand das verständliche Bestreben der Kurfürsten von Bayern und Köln gegenüber, möglichst viele Subsidien zu bekommen, um dadurch unabhängig von den Landeseinkünften und den Bewilligungen der Stände bzw. des Kapitels wirtschaften zu können.[791] Paris verlangte eine detaillierte Aufschlüsselung der Ausgaben für die neu auszurüstenden bayerischen Truppen. Grundlage der Verhandlungen bildeten die Allianzen, die Kurfürst FERDINAND MARIA im Jahre 1673 abgeschlossen hatte. Max Emanuel verlangte auch die Auszahlung jener rückständigen Subsidien, die LUDWIG XIV. im Jahre 1680 storniert hatte, als der Kurfürst sich dem Kaiser zuwandte. Diese Forderung lehnte Versailles strikt ab.[792] CHAMILLART, Kriegs- und Finanzminister zugleich, wollte keine alten Rechnungen begleichen. Der französische König bekundete statt dessen seine Bereitschaft, eine Garantie für die Auszahlung der Einkünfte aus den spanischen Niederlanden zu übernehmen.[793] Im Februar 1701 wurde durch eine geschickte Verhandlungstaktik der Kölner Kurfürst zufriedengestellt.[794] Einige Wochen später, am 9. März 1701 gab auch der bayerische Kurfürst seine Zustimmung zu einer Allianz mit Frankreich. Er verpflichtete sich, 10 000 Soldaten zu stellen gegen 30 000 Taler monatlicher Subsidien bei einfacher Neutralität oder zur Erhöhung der Truppen auf 15 000 Mann gegen 40 000 Taler im Fall einer Offensive. Darüber hinaus wurden ihm 26 000 Ecus monatlich aus den niederländischen Einkünften, Aussichten auf Eroberungen im Reich und in den österreichischen Territorien zugesagt.[795] Zweck dieser Abmachungen war, den Kurfürsten von den Niederlanden und den spanischen Besitzungen abzulenken und in ihm statt dessen Hoffnungen auf das Kaisertum und ein großbayerisches Reich zu erwecken, wie es in archaischer Zeit bestanden haben soll, völlig unrealistische Pläne, deren Durchführung Bayern in einen nutzlosen Krieg verwickeln mußte.

Während Max Emanuel seine Rückkehr nach Bayern vorbereitete, war im Grund seine künftige Politik schon eindeutig vorgezeichnet, auch wenn manche Überlegungen und Schwankungen die Ausführung gewisser Absprachen verzögerten. Um seine Abreise zu beschleunigen, verpflichteten sich die Franzosen, tatkräftig bei der Schuldentilgung behilflich zu sein.[796]

Während HEINSIUS im Januar desselben Jahres das holländische Bündnis mit Dänemark verstärkte und aktiv in Europa für die Aufrichtung einer Allianz gegen Frankreich verhandelte, konnte sich LUDWIG XIV. neben der Unterstützung des bayerischen Kurfürsten und seines Bruders JOSEPH CLEMENS auch der Hilfe Savoyens versichern. Im Juni erkauften seine Diplomaten die wichtige Neutralität des Königs von Portugal, so daß Frankreichs Ausgangsposition für das künftige Ringen nicht ungünstig schien. Der Kaiser rief unterdessen die deutschen Fürsten zusammen, voran den Kurfürsten von Hannover, der bereits als Nachfolger in England auserkoren war, und den Kurfürsten von Brandenburg, dessen Erhebung zum König von Preußen er lebhaft unterstützt hatte. Als Gegenleistung stellte ihm Berlin beträchtliche Truppenkontingente zur Verfügung. Außerdem sammelten sich alle jene Kräfte, die von einer Erweiterung der französischen Macht in Europa Nachteile befürchteten.[797]

Die Verhandlungen des bayerischen Kurfürsten in Brüssel mit dem französischen Gesandten waren nicht verborgen geblieben.[798] Die Mission des Grafen SCHLICK, der in letzter Minute Max Emanuel für den Kaiser gewinnen sollte, scheiterte, obgleich seine Angebote nicht zu verachten waren. Der Kurfürst verlangte von ihm die Anerkennung seiner Neutralität für sechs Monate, das dauernde Gouvernement der Niederlande, die Auszahlung der geschuldeten Subsidien, das Gehalt als Generalgouverneur der Niederlande – Forderungen, deren Erfüllung Graf SCHLICK nicht zusagen konnte.[799]

Vor dem Aufbruch des Kurfürsten aus Brüssel kamen alle Spannungen, die seit Jahren sich angestaut hatten, unverhüllt zum Ausbruch. Jetzt brauchte niemand mehr mit seiner Meinung zurückhalten. Nur die Gläubiger sahen den Kurfürsten ungern abreisen. Sie befürchteten, ihre Guthaben nie mehr zurückzubekommen. Auch die Gehaltszahlungen für die Beamten waren schon seit zwei Jahren im Rückstand.[800] Sie wollten jetzt wenigstens die ihnen zustehende Besoldung in Empfang nehmen. Die Franzosen schickten einen Geldtransport mit 200 000 Ecus Bargeld nach Brüssel, um die vordringlichsten Schulden des Kurfürsten zu begleichen und die Verwaltung der Niederlande endgültig in eigene Regie übernehmen zu können. 100 000 Livres wurden den Gläubigern sofort ausbezahlt, 34 000 Livres erhielten die in Geldern stationierten bayerischen Truppen.[801] Die restlichen Geldsummen dienten dazu, dem Kurfürsten den Abschied zu erleichtern. Die große Abrechnung im Bereich der Finanzen und Politik begann. Max Emanuel beklagte sich laut über den flandrischen Rat in Madrid, der ihn zu wenig unterstützt habe. Dieser kritisierte heftig den Kurfürsten, der nicht genügend für die Niederlande gesorgt und durch seine Verschwendungssucht das Land ruiniert habe.[802] Keine Seite sparte mit Beschuldigungen.

Mit Spottgedichten wurde der Kurfürst verabschiedet, obgleich er es verstand, nach außen hin seinen Auszug zu einem Triumphzug zu gestalten.[803]

Zwischenbilanz: Bayern um 1700

Das Land Bayern sollte nach der Rückkehr seines Fürsten dem Aufstieg seines Hauses dienen, um – wie es zumindest Max Emanuel schien – die derzeitig günstige internationale Konstellation nützen zu können. Genauso dachte der Pfälzer, der eine Königskrone beispielsweise in Armenien erstrebte, der Brandenburger, der nach der internationalen Anerkennung seines preußischen Königtums rang, der Savoyer, der seinen Aufstieg in Italien vorbereitete. Die Hoffnungen der Landstände, den Kurfürsten in Bayern besser unter Kontrolle zu halten und durch inständige Bitten[804] und angesichts der Realität zu einer angemessenen Politik zu bewegen, erwiesen sich als trügerisch.

Eine Bestandsaufnahme Bayerns um 1700/1701 zeigt die »Erfolge« von Max Emanuels Politik der letzten zwanzig Jahre: Isolation gegenüber Kaiser und Reich, Stagnation, wenn nicht Rückschritt im Innern. Der Kurfürst, ein großer Teil des Hofstaates und das Militärpersonal waren von 1683 bis 1688 jeweils während des ganzen Sommers abwesend. Von 1689 bis 1697 war Max Emanuel durchgehend im Pfälzer Erbfolgestreit engagiert. Von 1692 bis 1701 befand er sich als Statthalter in den Niederlanden. Seit 1683 lief die Verwaltung in Bayern nur mehr ihren gewohnten Gang. Kein einziger neuer Impuls beflügelte Beamte und Bedienstete. Keine verwaltungstechnische Neuerung wurde eingeführt. Die Hoffnungen, die die Adeligen auf die Neuauflage des Amortisationsgesetzes richteten, erfüllten sich nicht.[805] Ihre wirtschaftliche Sicherstellung konnte nicht erreicht werden. Alle Maßnahmen der Münchener Zentralbehörden waren fast ausschließlich auf den Krieg und die niederländische Angelegenheit hin ausgerichtet.

Die Abwesenheit des Kurfürsten beraubte alle Hoflieferanten, jene Geschäftsinhaber, Gewerbetreibenden und Händler, die den Münchener Hofstaat versorgten, einer wesentlichen Einnahmequelle, sofern sie nicht nach Brüssel gegangen waren. Aber nicht jeder Bäcker, Metzger, Gärtner, Kleinhändler usw. konnte sein Geschäft aufgeben und in ein fremdsprachiges Land übersiedeln, wo Probleme des Zunftzwangs, der beschränkten Gewerbeausübung und Ansiedlung neue, fast unüberwindliche Schwierigkeiten bereiteten. Nicht jeder, der den Hof belieferte, zählte zu den Hofschranzen, Hoffaktoren und Hofbefreiten, die einer solchen Einschränkung nicht unterlagen. Die Millionenbeträge, die von München zu den bayerischen Truppen nach Ungarn, Italien, den Niederlanden, an den Rhein übersandt oder dem Kurfürsten persönlich und seinem Hofstaat zur Verfügung gestellt wurden,[806] blieben der Geldzirkulation im eigenen Land entzogen. Dadurch war auch der Kredit des ganzen Landes geschwächt. Dies war ein bedeutender Faktor, da vieles von der Kreditwürdigkeit des Landes abhing. Anleihen und Hypotheken waren erforderlich, um die bereits vorhandenen Schulden abtragen und neue Investitionen tätigen zu können. Darüber hinaus war das Land von der allgemein um sich greifenden Inflation erfaßt, die steigende Preise bei gleichbleibendem Lohn bewirkte, letzteres verursacht durch den Bevölkerungszuwachs und den Arbeitskräfteüberschuß. Die bayerische Münzstätte tat ihr übriges, indem sie die Münzverschlechterung zur einzigen Maxime ihrer Finanzpolitik erhob.[807]

Um die Steuern, vor allem die Sonderveranlagungen für Rekrutierung, Verpflegung, Ausrüstung, Quartiere und Durchmarsch der Soldaten aufzubringen, mußten sogar Prälaten und Adelige neue Hypotheken auf ihre Güter aufnehmen. Seit den Türkenkriegen wurden die Prälaten immer wieder zur Kasse gebeten – nicht zuletzt mit päpstlicher Zustimmung. Auch der Mittelstand und die Unterschichten waren von diesen Sondersteuern, den Serviceleistungen und den Schäden, die die durchmarschierenden Soldaten anrichteten, betroffen. Die andauernden Werbekampagnen, die dabei angewandten unseriösen Werbemethoden für den Kriegsdienst, die Gestellungsbefehle für bayerische Untertanen im Ausland hatten allgemeine Unruhe hervorgerufen.

Die Abwesenheit des Kurfürsten, teilweise auch der Minister und des Verwaltungspersonals ließ der Willkür der lokalen Herrschaftsträger, der Beamten, der Militärpersonen von Rang, der Grundherren freien Lauf. Bis eine Beschwerde vom Hofrat[808] akzeptiert, bis ein Gutachten erstellt, bis der Beschluß durchgesetzt war, das Gutachten an den Kurfürsten in eines der Feldlager oder nach Brüssel zu übersenden, bis die ankommenden Briefe und Gutachten in den Niederlanden gelesen, von den dortigen Gremien beraten, auf die Tagesordnung der Konferenzen gesetzt oder als unwichtig abgetan wurden, bis der Kurfürst die notwendigen Rückfragen veranlaßt, die Behörden die weiteren Untersuchungen durchgeführt, bis neue Gutachten erstellt, beraten, verfaßt, nach München und von dort nach Brüssel gesandt, hier wiederum beraten und endlich verabschiedet waren, verstrich so viel Zeit, daß die Hoffnung auf eine Änderung der Sachlage völlig illusorisch geworden war.

Der wachsende Überschuß an Arbeitskräften drückte auf den Arbeitsmarkt. Die Wirtschaft war auf den Krieg eingestellt. Zivile Probleme verloren ihre Wichtigkeit oder wurden zurückgestellt. Die Bürger und Bauern hatten immer wieder Soldaten einzuquartieren, zu verköstigen, mit Proviant, mit Geld und, wenn vorhanden, mit Wertsachen auszustatten. Tagelöhner und vor allem die am Rande der Gesellschaft lebenden Mittellosen wurden von der allgemeinen desperaten Situation besonders geschädigt. Obwohl es nur offiziell anerkannten Armen erlaubt war, Almosen zu empfangen, ließen sich selbst Tagelöhner die »Bettelsuppe« aus Klöstern, Armen- und Siechenhäusern holen. Ansonsten mußten sie sich mit einer Kost begnügen, die, wie es in einem Gutachten der bayerischen Landschaft heißt, selbst ein Hund nur im Heißhunger annehmen würde.[809]

Die in Europa allgemein herrschende Teuerung der Nahrungsmittel, die überhöhten Preise für ausländische Waren wirkten sich in erster Linie auf den kleinen Mann negativ aus. Von der Getreidepreiserhöhung zogen nur reiche Grundbesitzer Vorteile, die auf ihren ausgedehnten Gütern eine relativ gute Ernte und somit einen entsprechend hohen Verkaufsertrag erzielten. Jene Untertanen auf dem Land, deren Äcker durch Hagelschlag, Unwetter oder Überschwemmung zugrunde gerichtet waren und die deshalb durch Hingabe ihrer Habe Nahrungsmittel kaufen mußten, »nagten gleichsam am Hungertuch«.[810] – In Bayern ließ sich jetzt niemand mehr eine strenge Überwachung der Beamten angelegen sein, wie es noch unter FERDINAND MARIA der Fall gewesen war. Die Untertanen wurden übervorteilt bei der Ablieferung von Geld und Naturalien. Die Beschlagnahme von angeblich nicht den Anforderungen entsprechenden Naturalien war seit jeher eine beliebte Maßnahme, um den Untertanen einzuschüchtern[811].

Die allgemein rege Bautätigkeit für Barockkirchen, Schlösser und Klöster, für Adelssitze und Sommerhäuser, für Jagd- und Lustschlösser erforderte eine beständige Ausweitung des Scharwerksdienstes, damit Verlust an Arbeitszeit und Arbeitsertrag der eigentlich bäuerlichen Tätigkeit. Beamte, Hofmarksverwalter und kleine Obrigkeiten spielten ihre Machtbefugnisse über ihre Untertanen mit Wonne und Genuß aus und verstanden es, auf ihre Kosten zu kommen. Dies war keine Neuerscheinung. Sie verstärkte sich nur unter den gegenwärtigen Verhältnissen. Ansätze zu kollektivem Widerstand gegen übermäßige Steuereintreibung und gegen die Willkür der lokalen Herrschaftsträger waren vorhanden und kamen zuweilen offen zum Durchbruch. So verweigerten die Untertanen des Gerichts Griesbach gemeinsam die Zahlung der Herbststeuer des Jahres 1700, und die Obrigkeit befürchtete sogar den Ausbruch eines Aufstandes. Der Unmut richtete sich gegen den Umstand, daß der Brüsseler Hofstaat allein aus bayerischen Mitteln unterhalten wurde.[812]

Sobald sich der Kurfürst wieder im Land befände, würde ein neuer Aufschwung zu erwarten sein! Diese Meinung vertraten die Stände. Sie waren nicht in der Lage, ihre Angelegenheiten selbst zu regeln, deshalb jammerten und riefen sie nach der Rückkehr des Landesvaters. Dieser empfand es bald nach seiner Ankunft in München als ein »Vergnügen, absoluter Herr zu sein und ein so angenehmes Land zu haben wie das unserige«. So schrieb er an seine Gemahlin, die er stets als »mein teures Kind« titulierte.[813] Seine Mätressen wurden übrigens in seinen Briefen mit derselben Anrede beglückt.

Truppenorganisation

Die Stände hatten gehofft, daß nach der Rückkehr des Kurfürsten endlich die frühere Ruhe wieder einkehren würde. Aber darin täuschten sie sich. Anstatt des Abschieds von kriegerischen Plänen begann eine Rekrutierungskampagne großen Ausmaßes.[814] Das Heer wurde neu organisiert und zahlenmäßig erweitert. Der Neujahrsbefehl von 1702 forderte alle Untertanen auf, sich an festgesetzten Tagen bei den zivilen und militärischen Obrigkeiten ihrer Verwaltungsbezirke zur Musterung einzufinden.[815] Bei diesen Versammlungen der wehrfähigen Männer wurde die jeweils vorgeschriebene Anzahl Rekruten ausgewählt, auf den Kurfürsten vereidigt und erhielt – wenn vorhanden – neue Uniformen und – falls vorrätig – Seitengewehre und Musketen aus Lüttich.

Das gleiche Verfahren galt für die Landesdefension.[816] Diese Rekruten allerdings konnten wieder nach Hause zurückkehren und sollten nur jeden Sonntag nach der Messe ein bis zwei Stunden exerzieren. Dies hing vom guten Willen der zuständigen Vorgesetzten ab, sofern sie es nicht vorzogen, nach der Kirche die Trinkfestigkeit der »Truppe« im Wirtshaus zu erproben. Da nie genügend Gewehre vorhanden waren, begnügte man sich mit Sturmkolben, Lanzen, Dreschflegeln, Haken, Harken, Äxten, Beilen, Heugabeln und sonstigen Geräten zum Schlagen, Stoßen, Hauen, Stechen. Angesichts dieser »Waffen« war schnelles Entlaufen im Fall einer militärischen Auseinandersetzung mit einem halbwegs gut bewaffneten Gegner noch die beste Lebenssicherung und Verteidigung. Es fehlte auch an Uniformen. Die Krieger kamen im Arbeitsgewand, zerrissen und geflickt. Die Verpflegung war mangelhaft, so daß selbst den tapfersten Verteidigern die Lust am Kampf verging. Die behördlich angeordnete Gleichstellung der Landregimenter in Löhnung und Naturalverpflegung mit den regulären Truppen blieb Fiktion, wirkte sich in der Praxis nicht aus. Zu leicht waren Unterschlagung und Schiebung möglich. Gewehre, die für die Landesdefension bestimmt waren, wurden nicht an sie weitergeleitet, sondern unter der Hand verkauft; vorgesehene Naturalverpflegung gaben die Verwalter nicht an die Soldaten aus, sondern veräußerten sie an Großhändler. Kriegserfahrene Offiziere weigerten sich, die allgemein verachtete Landesdefension zu befehlen. Durch eine solche Abkommandierung fühlte sich jeder Offizier disqualifiziert und entehrt, so daß er lieber fremde Kriegsdienste annahm, als »widerspenstiges Bauernvolk« zu führen.

So kam es, wie es kommen mußte und die Erfahrung lehrte: Der Sold wurde nicht oder mit monatelanger Verspätung ausgezahlt.[817] Die Führung war unqualifiziert. Die Landesverteidiger trugen keine Uniform. Die Bewaffnung war gleich Null, der militärische Wert der Truppe ebenfalls. Die Generalaufgebote der Jahre 1703 bis 1704 zeigten die völlige Konfusion dieser Art militärischer Organisation. Denn es nutzte wenig, tausende von Menschen herumzujagen, wenn man nicht einmal Gewehre zur Verteidigung besaß.

Eine neue Generation von Führungskräften rückte an die Spitze der obersten Heeresleitung der regulären Truppen. Nur mehr wenige, in den Türkenkriegen und im Pfälzer Erbfolgekrieg schlachtenerprobte Offiziere und Soldaten standen im aktiven Dienst. Ihre Erfahrungen bildeten die Voraussetzungen für zukünftige Erfolge. Man erstrebte eine vorteilhafte Verbindung zwischen alten Gardisten und jungen Rekruten. Die Zeit aber drängte. Die Ein- und Neugliederung der Truppenteile mußte überstürzt erfolgen. Ausreichende Zeit für eine genügende Exerzierausbildung fehlte. Das schlimmste Übel aber war die völlig unzureichende Bewaffnung.

Die Rekrutierung ging wesentlich langsamer als geplant vor sich.[818] Niemand war sehr begeistert, sein Leben für eine ungewisse Sache in die Schanze zu schlagen. Es gingen allerlei Gerüchte um, der Kurfürst wolle gegen den Kaiser antreten, was man allgemein für den Anfang vom Ende, für den Untergang Bayerns hielt. Das Rekrutierungssoll ließ sich trotz aller Bemühungen der Behörden nicht erreichen, so daß diese Ende Januar 1703 sogar auf die Idee kamen, alle zum Kriegsdienst geeigneten Amtleute, d. h. Schergen, auch verheiratete Männer, alle Folter- und Henkersknechte und deren Söhne ins Heer aufzunehmen und aus ihnen eine eigene Abteilung zu formieren. Dieser Personenkreis galt als ehrlos. Durch ihre Dienste nützten sie zwar der Herrschaft, in ihrer sozialen Rangordnung aber standen sie am Rande der Gesellschaft. Der Erlaß, der sie zum Kriegsdienst zwang, verursachte unter der »ehrbaren« Bevölkerung größte Aufregung und konnte nicht im geplanten Umfang realisiert werden.[819]

In erster Linie wurden ledige Männer im Alter zwischen 22 und 35 Jahren zum Kriegsdienst aufgeboten.[820] Nach oben und unten war die Altersgrenze fließend. Zwölf-, Dreizehn- oder Vierzehnjährige kamen anstelle des von den Beamten ausgewählten Handwerkers, Bauernsohnes oder Tagelöhners. Die obere Altersgrenze lag bei rund 40 Jahren. Recht viel älter wurden die Menschen im Durchschnitt sowieso nicht.

Mit barbarischen Strafen versuchten die Offiziere, das Desertieren einzuschränken. Es völlig zu verhindern, war nicht einmal ein Traumziel. Die zum Wehrdienst Gepreßten entliefen bei jeder sich bietenden Gelegenheit. Um die Bevölkerung vor Übergriffen der Soldateska zu schützen, brachte man einige Truppenteile in neuerbauten Kasernen unter – eine Neueinführung in Bayern. Das Gros der Soldaten mußte aber bei Bauern, Handwerkern und Bürgern in Städten und größeren Orten einquartiert werden.

Die altgedienten Offiziere und Soldaten bildeten das Rückgrat der Armee. Ausländische Söldner übten besonders in den höheren Chargen einen nicht zu unterschätzenden Einfluß aus. Auf sie konnte sich der Fürst am besten verlassen.[821] Sie waren in ihren Entscheidungen nicht durch wie immer geartete Rücksichten auf das Land gehindert. Der Erfolg des Fürsten war auch ihr Erfolg. Ursprünglich sollten für die bayerischen Truppen keine Franzosen, Italiener oder Schweizer angeworben werden. Diese Bestimmung ließ sich aber nicht lange aufrechterhalten, da man jedermann dringend benötigte. Im übrigen standen in der alten Stamm-Mannschaft schon viele Ausländer, die die Neuaufnahme von Landsleuten begünstigten. Für den Kurfürsten waren sie willige Befehlsempfänger. Ende 1702 zeigte sich, daß von 90 Kavallerieoffizieren 55 aus den Reichslanden, 14 aus Italien, 21 aus Frankreich und nur zehn aus Bayern stammten. 72 Generale befehligten das Heer des Kurfürsten, davon 15 aus Bayern (= ca. 21 %), 18 aus den Reichslanden, 20 aus Italien beziehungsweise Savoyen, 14 aus Frankreich und Lothringen, fünf aus anderen Nationen. Von 80 Obristen waren 16 Bayern, 28 reichisch, 18 Italiener, 14 Franzosen, vier aus anderen Nationen. Die Offiziere der Fußregimenter kamen zur Hälfte aus dem Ausland, meist aus Italien und Frankreich.[822]

Die einfachen Soldaten waren größtenteils Einheimische. Deshalb ist es nicht verwunderlich, wenn der französische Oberst LACOLONIE davon sprach, in den bayerischen Regimentern herrsche »unversöhnlicher Haß« gegen Frankreich.[823] Er wurde jedoch durch die künftige Entwicklung neutralisiert, die eine enge Zusammenarbeit mit Frankreich in militärischen Dingen erforderte. In den folgenden Jahren kamen französische Regimenter und aus ihrer Heimat vertriebene irische Regimenter nach Bayern und unterstützten Max Emanuels Kriegspolitik.

In der Heeresleitung rückte Graf JOHANN BAPTIST ARCO im Jahre 1701 zum Präsidenten des Hofkriegsrates auf, wodurch er eine der wichtigsten Funktionen im bayerischen Militärapparat, in der Verwaltung und bei der Versorgung der Truppen einnahm. Im September 1702 erhielt er den Rang eines Generalfeldmarschalls.[824] Er war seit langem ein enger Vertrauter des Kurfürsten und zeichnete sich durch Umsicht und Tatkraft sowohl bei der Heeresorganisation wie bei den Entscheidungen des Augenblicks während der Schlacht aus.[825] Dies bestätigten Freund und Feind in gleicher Weise. Damit bildete er gegenüber dem aufbrausenden und ungestümen Max Emanuel einen ruhenden Pol, der die Zuflucht jener Offiziere war, die beim Kurfürsten mit Vernunftgründen nichts zu erreichen vermochten.

Nach ARCO nahm den zweiten Rang der Feldmarschall-Leutnant Graf THURN ein, der wegen politischer Differenzen – er gehörte zum Reichsadel, der aufgrund seiner politischen Überzeugung und seiner Besitzungen im Reich treu zum Kaiser hielt – im September 1702 verabschiedet wurde. Graf SANFRÉ, Gespiele aus den Jugendtagen des Kurfürsten, ein Savoyer von Geburt, mit einschmeichelndem Wesen, ein Kavalier mit Geist und Überblick, und Graf VON WEICKEL rückten im September 1702 an THURNS Stelle nach.[826] Der bayerische Gesandte am französischen Hof Graf FERDINAND SOLAR DE MONASTEROL kam 1703/04 mehrere Male vorübergehend nach Bayern und wurde in seiner Eigenschaft als Feldmarschall-Leutnant auch im bayerischen Heere zeitweise aktiv. Er pflegte sonst mehr seine politischen Verbindungen als sein militärisches Talent.[827] Er war nicht nur ein gewiegter Diplomat, der Max Emanuel weit überlegen war, sondern auch ein kluger Taktiker und Geschäftsmann, ein meist gern gesehener Gesprächspartner eines TORCY und CHAMILLART. Er übte auf Max Emanuel einen größeren Einfluß aus als alle bayerischen Minister zusammen, sogar, wenn er aus der Ferne agierte. Neben allen anderen Fähigkeiten verdankten die Grafen ARCO und MONASTEROL ihre Stellungen nicht zuletzt ihrem außerordentlichen Talent beim Spiel. Max Emanuel hatte bei MONASTEROL Spielschulden in Höhe von 700000 Francs und bei Graf ARCO von 1300000 Francs. Im Vergleich zu seinen übrigen privaten Schulden oder gar zu den Staatsschulden erschienen diese Verpflichtungen immer noch verschwindend gering; es waren »nur« zwei Jahreseinkünfte aus den bayerischen Domänen.[828]

Dem altgedienten Generalwachtmeister Freiherrn von SPILBERG standen im September 1702 die Grafen TATTENBACH und WOLFRAMSDORFF sowie der Freiherr von LÜTZELBURG in der gleichen Eigenschaft zur Seite. Eines hatten sie alle gemeinsam, sie dienten einem Fürsten und seiner Politik. Über das Interesse des Landes sprachen sie nur, wenn es sich um militärische Angelegenheiten handelte. Sie waren Soldaten, die gehorchten und bei ihren Untergebenen die Befolgung ihrer Befehle durchsetzten. Das militärische Können und strategische Denken eines Prinzen EUGEN VON SAVOYEN,[829] eines Herzogs VON MARLBOROUGH,[830] eines Prinzen LUDWIG VON BADEN[831] jedoch besaßen weder der Kurfürst, noch einer seiner Generale, noch alle zusammen. Die bayerischen Landadeligen hielten sich sehr zurück. Nur die wenigsten waren bereit, ihre Güter zu verlassen und für den zweifelhaften Ruhm des Kurfürsten zu kämpfen. Die Münchener Regierung begnügte sich, von ihnen die Gestellung von Pferden, Gerätschaften und Untertanen zu verlangen oder entsprechende Geldbeträge einzukassieren.

Mit der Rückkehr des Kurfürsten begann in Bayern die Zeit eines gewaltigen Rüstungs-»Booms«, der den Fabrikanten, den Lieferanten und Händlern große Gewinne brachte. Bei den Geschützrohr- und Munitionsgießereien in Hohenaschau und Bergen, den Gewehrherstellern in Fortschau (Fichtelgebirge) überstiegen die Aufträge das bisher gekannte Ausmaß. Die Fernhändler brachten Munition aus Lüttich, Kriegsmaterial aus Holland, Frankreich, aus verschiedenen Reichsterritorien und sogar aus Österreich nach Bayern.[832] Die Münchener Handelshäuser GUGLER, RUFFINI et Compagnon nutzten diese Chance, ihre Bilanzen durch Kriegs- und Proviantlieferungen an die bayerischen Truppen aufzubessern und den zurückgekehrten Hofstaat mit Luxuswaren zu erfreuen. Sie lieferten prompt, nur die Bezahlung ließ zum Teil jahrelang auf sich warten.

Einige Dutzend Schüler übten sich auch jetzt wieder in der 1686 eröffneten Münchener Artillerieschule in Theorie und vor den Münchener Stadtmauern in der Praxis. Aber noch ehe sie die Kunst der Ballistik und Mineure hätten vollständig erlernen und zum

Einsatz kommen können, war der Krieg für Bayern schon verloren. Die Mineure bildete Graf ARCO seit dem Jahre 1693 aus. Ansätze zu eigenständiger Unterrichtsmethode und zur Aufstellung militärischer Stamm-Mannschaften und ihrer Aus- und Fortbildung waren sicherlich vorhanden.[833] Die Erfolge entsprachen den Umständen.

Revirement der Berater

Im Kabinett vollzog sich ein Umschwung. 1680 hatten die Geheimen Räte, voran der Kanzler, der Vizekanzler, der Oberhofmeister den größten Einfluß auf die Konzeption der bayerischen Politik besessen. Während des niederländischen Aufenthalts änderte sich dies grundsätzlich. Max Emanuel vertraute nicht mehr in erster Linie seinen bayerischen Ministern. Er hielt sie für allzu borniert; sie hatten mehr das Interesse des Landes und weniger das seines Hauses im Auge; Prestige und Wohlfahrt seiner Dynastie waren ihm alles. Deshalb zog er selbst zur Beratung der bayerischen Angelegenheiten Ausländer vor, besonders den Grafen von BERGEYCK,[834] dessen Verstand und Tatkraft sich sehr positiv auswirkten, sowie den Grafen von MONASTEROL,[835] der aber mehr im französischen als im bayerischen Interesse seine Maßnahmen abwog.

Die bayerischen Geheimen Räte bewahrten zuvörderst ihre Funktion als höchste Verwaltungs- und Justizbeamte. Sie wurden in der Regel mit den bereits getroffenen politischen Entscheidungen ihres »Meisters« konfrontiert. Zur »Geheimen Konferenz« gehörten jetzt vor allem Ausländer, Militärs und Kabinettssekretäre. In Brüssel debattierte Max Emanuel lieber im kleinen Kreis von Eingeweihten, die seinen Plänen applaudierten, als in einem großen. Er wollte stets seine Politik allein formen, als absoluter Fürst auch persönlich alle Maßnahmen in die Wege leiten und verwirklichen. Widerstände liebte er nicht. Es war allgemein die Zeit einsamer Entschlüsse und geheimer Kabinettsabsprachen, in die nur ein elitärer Kreis von Anhängern eingeweiht war. Kritik galt als Beleidigung des Fürsten und zog nicht selten den Sturz des kritischen Denkers und seine Amtsenthebung nach sich. Den Ministern war es zur selbstverständlichen Gewohnheit geworden, den Wünschen des Fürsten zu willfahren und auch nur das auszusprechen, was er gerne hörte. Zur Sicherung ihrer Stellung mußten sie jedem Einfall des Fürsten nachgeben, jede seiner Launen billigen, jede seiner politischen Schwenkungen mitmachen, den kaiserlichen Gesandten schmeicheln, solange sie beim Kurfürsten Gehör fanden und am Hof in Gunst standen (wie in den Jahren 1680–1687), anschließend den französischen Gesandten VILLARS hofieren, als er den Ton angab, nachher wieder die Kaiserlichen bevorzugen und neuerlich wieder die Franzosen.[836] Daß dieser hochgradige Opportunismus, der sich geradezu zur Staatsmaxime am bayerischen Hof auswuchs, nicht zur Heranbildung einer charaktervollen und verantwortungsbewußten Beamtenschaft geeignet war, dürfte jedem Einsichtigen klar sein. Keine Instanz der bayerischen Beamtenhierarchie blieb von diesen Modifikationen der Ereignisse am Hof unberührt.

Selbst die Institution des Beichtvaters, die einige Kontinuität versprach und in der Regel einen nicht zu unterschätzenden politischen Einfluß ausübte, war kein Garant für eine gleichbleibende Entwicklung. Denn auch ein Beichtvater konnte nach Belieben ausgetauscht werden. Anfänglich kam er aus den Reihen jener Jesuiten, die aufgrund der religionspolitischen Situation ihres Ordens für eine Verbindung mit dem Kaiser und dem Reich plädierten, somit auf seiten Habsburgs standen. In Brüssel traten auf Wunsch des Kurfürsten an ihre Stelle in französischer Kultur erzogene Ordensmitglieder, die Frankreich zuneigten, so daß der politische Schwenk ohne größere Gewissensskrupel erfolgen konnte.

Die bayerischen Beamten mußten in erster Linie die nötigen Mittel für das Heer auftreiben. Gewiß saugten sie dabei die bayerischen Untertanen auf jede nur mögliche Weise aus und kamen auch selbst auf ihre Rechnung, wie es zu dieser Zeit überall der Fall war. Wozu die Bevölkerung schonen, wenn das Wohlergehen des Volkes kein Regierungsziel war? Für das Glück des Herrschers und die Erfüllung aller Wünsche der politisch und gesellschaftlich führenden Oberschicht zu sorgen, war die eigentliche Aufgabe der Verwaltung. Selbstverständlich bewirkte der wachsende Druck von oben einen wachsenden Gegendruck, wenigstens Passivität und latente Renitenz bei den Unterschichten. Doch die Angst und die

Bedrohung mit Gewalt erwiesen sich als »legitime« Mittel der Behörden, jedem aktiven und passiven Widerstand zu begegnen und ihn unwirksam zu machen. Wer nicht zahlte, bekam einige Soldaten und Offiziere ins Quartier! Diese Drohung half immer. Die Untertanen zogen es vor, lieber für die »fremden Gäste« zu zahlen, als sie im eigenen Haus zu verköstigen und ihren Beleidigungen und Erpressungen ausgeliefert zu sein.

Die Lage der Bevölkerung verschlechterte sich ständig, doch ein Ende der Bedrängnisse war nicht in Sicht. Es folgten weitere Krisenjahre, die die bayerischen Untertanen unter großen Verlusten und Drangsalen durchzustehen hatten. Denn relativer Wohlstand erfreute zu Beginn des 18. Jahrhunderts nur einen Teil der Stände, des Bürgertums, die Händler und die zahlenmäßig kleine Mittelschicht. Für die Unterschichten führten die wachsenden Anforderungen zu einer Existenzkrise.

Schon im Jahre 1701 stiegen die Ausgaben für die bayerischen Truppen sprunghaft an. Die französischen Subsidien,[837] die ohnedies kaum für den vorgesehenen Zweck verwendet wurden, brachten keinen dauerhaften Ausgleich. Auch der Verkauf von Ämtern, selbst der Niedergerichtsbarkeit an unbefreite Personen und an Klöster – dies war gemäß den Bestimmungen von 1557 eigentlich verboten –, ferner von Militär- und Zivilchargen und die Ausstellung verschiedener »Salvaguardia«, Schutzbriefe gegen Geld, die vor Truppeneinquartierungen und Sondersteuern schützen sollten, brachten dem Haushalt keine erheblichen Vorteile. Die Münzverschlechterung hatte ihre Grenze bald erreicht. Sie zu überschreiten, hätte den völligen Verlust der Kreditfähigkeit bedeutet. Dem Außenhandel brachte die Geldabwertung keinen nennenswerten Vorteil, da die steigenden Einfuhren die Handelsbilanz schwer belasteten. In den Jahren 1703 und 1704 verhängten Kaiser und Reich eine Handelsblockade gegen Bayern.[838] Dadurch kam der Nachschub vollständig zum Erliegen. Nicht einmal mehr Briefe gelangten unzensiert über Bayerns Grenzen hinaus.[839] Auf Einzelheiten der sich allmählich zuspitzenden Lage wird noch eingegangen.

Der Geheime Rat und Schatzmeister JEAN PAUL BOMBARDA konnte nur im Rahmen seiner Möglichkeiten wirken. Es gelang ihm, große Geldsummen und erstaunliche Mengen an Waren für den Kurfürsten und nebenbei für sich selbst anzuhäufen, aber zaubern konnte auch er nicht. Es war unmöglich, aus dem jahrelang ausgesogenen Land höhere Steuern als in den Vorjahren einzutreiben und noch weitere französische Gelder lockerzumachen. Das Reich Ludwigs XIV. litt selbst unter einer schweren Finanzmisere.[840] Die Friedenszeit seit 1697 war für Frankreich wie für Bayern zu kurz, die Neubelastungen zu hoch, um eine Regeneration des Staates erreichen zu können. Keine bayerische Behörde bemühte sich um eine Entlastung der Bevölkerung, um Hebung ihrer Arbeitsmöglichkeiten und ihrer Kaufkraft.

Die alten Minister und führenden Persönlichkeiten am Münchener Hof waren gestorben (wie Leydel) oder hatten sich andere Dienste gesucht, wie der zweite Jugendgespiele des Kurfürsten, der Graf de St. Maurice, der, nach Köln übergewechselt, die einzige Tochter des Fürsten Tserklaes geheiratet hatte[841] und sich in Köln eine ruhigere Zukunft erhoffte. Die Integration in den Reichsadel war sein höchstes Ziel, wie diese Heirat zeigt. So wurden Monasterol und Bombarda, beide Italiener von Geburt, die Hauptstützen Max Emanuels.

Im November des Jahres 1700 erhielt Bombarda sogar umfassende Befugnisse, in seinem eigenen Namen alle Käufe und Verkäufe zu tätigen, deren Erlös dem Kurfürsten letztlich zugute kommen sollte. Max Emanuel unterschrieb Blankovollmachten. Bombarda konnte mit den jeweiligen Partnern über Kredite in unbestimmter Höhe verhandeln. Als Sicherheit wurden wiederum Juwelen und Wertgegenstände aus dem kurfürstlichen Schatz hinterlegt oder verpfändet. Bombarda wählte sie selbst nach eigenem Gutdünken aus. Die Schuldverschreibungen, Verzinsungen, Verpfändungen und die Transportkosten übernahm der Kurfürst. Doch war es Bombarda gestattet, Schmuck und Juwelen Max Emanuels auch in seinem, Bombardas, Namen zu verkaufen oder zu verpfänden. Auf diese Weise hatte Bombarda einmal mehr freie Hand, sein eigenes Einkommen und das des Kurfürsten, welcher von Finanzpolitik nichts verstand, so miteinander zu verquicken, daß eine spätere Trennung der verschiedenen Interessenbereiche unmöglich gemacht war.[842]

Die bayerischen Diplomaten

Die Struktur des bayerischen diplomatischen Korps war wie in anderen Ländern uneinheitlich. Es bestand aus einem bunten Gemisch. Es gab keine »Diplomatenschule«, die den Nachwuchs ausgebildet hätte. Die Vertreter Bayerns im Auswärtigen Dienst stammten meist aus dem Adel und aus dem Bürgertum. Einige hatten ihre Karriere in der allgemeinen Verwaltungslaufbahn begonnen. Dann waren sie aufgrund guter Sprachkenntnisse, verwandtschaftlicher Beziehungen, gediegener Vermögensverhältnisse oder eines besonderen Vertrauens, das ihnen der Herrscher entgegenbrachte, für bestimmte Missionen ausgewählt worden. Nur an wenigen europäischen Höfen wie Rom, Wien und Paris gab es ständige Vertreter Bayerns. Die meisten Gesandtschaften begannen zufolge einer spezifischen Aufgabenstellung, die der jeweiligen politischen Situation entsprach, und sie endigten, wenn ein bestimmtes Ziel erreicht oder sich die Überzeugung eines Mißerfolgs durchgesetzt hatte.

Baron VON MÖRMANN, tüchtig und bieder, selbst Anhänger der kaiserlichen Reichspolitik mehr als der bayerischen Extravaganzen Max Emanuels, arbeitete seit 1693 in Wien und konnte seine Stellung besonders durch das Vertrauen LEOPOLDS festigen.[843] Seine Situation wurde stets dann zunehmend schwieriger, wenn sich der Kurfürst in die kräftige Umarmung Frankreichs begab. Baron GUIDOBOM CAVALCHINO hatte die Aufgabe, die Verbindung des Kurfürsten mit seinen savoyischen Verwandten aufrechtzuerhalten.[844] Er berichtete laufend von seinen Eindrücken am Turiner Hof, von der dortigen Gesellschaft, den Hoffesten und Feiertagen, den Geburtstagen und sonstigen Familienfeiern, der Unpäßlichkeit der hohen Herrschaften und dergleichen. Daß er politisch tätig war, läßt sich zumindest aus seinen Gesandtschaftsberichten nicht nachweisen, doch stellte es sich bald heraus, daß er die Frankreichpolitik des Kurfürsten mißbilligte, unter der Hand den österreichischen Einfluß am Turiner Hof stärkte und indirekt den Wünschen seines Herrn und Meisters entgegenarbeitete.[845]

In London verhandelten wiederholt Baron MAYR und Baron VON WIDMANN,[846] beide geschickt im Umgang mit Menschen, in Den Haag mit der großen Welt und der internationalen Diplomatie in Verbindung gekommen. Beide berichteten, was sie hörten oder zu hören bekamen und versuchten, die Politik des Kurfürsten zu erklären, soweit dies möglich war und sie selbst davon unterrichtet wurden. In Rom wirkte Abbé SCARLATTI als Resident. Er hatte das Amt von seinem verstorbenen Bruder übernommen,[847] so daß es in der Familie blieb. Wie viele andere Residenten arbeitete er zugleich für mehrere Auftraggeber; unter anderem erstellte er verschiedene Denkschriften für Paris. Bayern hatte er nie gesehen, nur mit dem Kurfürsten war er mehrere Male in Norditalien zusammengetroffen. Er kannte die Verhältnisse am Münchener Hof nur aus zweiter Hand und arbeitete streng nach den ihm zugeteilten Aufgabenbereichen, vornehmlich was die Religionspolitik und die Nachfolge in Spanien betraf. Entscheidend waren nicht die Vertrauensbeweise des Papstes gegenüber Bayern, sondern die römischen Beziehungen zu den großen Rivalen Habsburg und Bourbon. Demgemäß gestalteten sich auch die Verbindungen des Heiligen Stuhles zum Kurfürsten von Bayern.

Graf MONASTEROL vertrat Max Emanuels Interessen in Versailles. Nachdem sich der Kurfürst mit Frankreich verbündet hatte, mußte auch Bayerns Resident am Regensburger Reichstag,[848] wo die Politik der Reichsstände teils vertreten, teils propagandistisch ausgewertet wurde, von entsprechender Couleur sein. Man erinnerte sich wieder des guten Baron ZÜNDT, der sich unter FERDINAND MARIA und dem Kanzler SCHMID seine ersten Sporen im diplomatischen Dienst verdient hatte und die Neutralität Bayerns gegenüber dem Kaiser und eine enge Verbindung mit Frankreich trotz der Ereignisse der letzten zwanzig Jahre unentwegt vertrat. Jetzt wurde er wieder, einst auf seine Güter verbannt, in Dienst genommen und er belohnte dieses Vertrauen durch rege Aktivitäten.[849] Neben diesen ständigen Vertretungen gab es noch einige Sondergesandte teils aus geistlichem, teils aus weltlichem Stand, meist Adelige oder Neuadelige, die zu besonderen Anlässen auswärtige Höfe aufsuchten.[850]

Fiktion und Wirklichkeit

In München angekommen, machte sich der Kurfürst mit Eifer daran, Bayern zu neutralisieren und die benachbarten Reichskreise für seine Art Neutralität zu gewinnen. Er schickte seine Gesandten ins Reich, um seine Position zu erklären, zu verteidigen, als einzig möglich, ehrenhaft und vorteilbringend hinzustellen. Es hätte eines überaus großen Geschicks bedurft, um die Partei zu verhehlen, der sich der Kurfürst angeschlossen hatte. »Er spielt ein sehr großes Spiel«, gestand selbst der französische Gesandte PUYSEGUR.[851]

Max Emanuel war sich ganz und gar bewußt, daß der Verlust dieses Spieles zugleich auch den Verlust Bayerns bedeuten würde. In manchen melancholischen Stunden machte ihm diese Überlegung schwer zu schaffen. Erst wenn er sich die großen Vorteile der Allianz mit Frankreich vor Augen stellte, etwa die Machterweiterung Bayerns durch das Herzogtum Neuburg oder die Rheinpfalz, durch die benachbarten Reichsstädte, durch irgendeine Eroberung in den österreichischen Erblanden,[852] durch den Erwerb eines Königreiches, dann ging er mit neuem Elan an seine große Aufgabe. Falls alles mißglückte, seine Schaukelpolitik in die vorausberechnete Katastrophe und zum Verlust Bayerns führte, was war in diesem Fall zu tun? Dagegen schien er sich abgesichert zu haben. Der französische König verbürgte sich, bei seinem Enkel, dem spanischen König, das immerwährende Gouvernement der Niederlande für ihn zu fordern und ihm die Souveränität der Provinzen Geldern und Limburg zu verschaffen.[853] Wenn aber auch die niederländischen Provinzen an den Gegner verloren gingen? Für diesen Eventualfall hatte sich der französische König verpflichtet, eine Entschädigung bereitzustellen, zumindest sollte Max Emanuel so lange bestimmte Einkünfte genießen, bis er wieder in seine früheren Würden, Provinzen und Länder eingesetzt würde, deren Nutznießung ihm gegenwärtig zustand. Seine »früheren Besitzungen«! Wozu der Einsatz, wenn am Ende doch nur die Restitution in die »früheren Würden« zugesagt war? So schlimm würde es nicht werden! Max Emanuel vertraute auf seine militärischen Fähigkeiten, auf die Schwäche des Kaisers und der Koalition, auf die Differenzen innerhalb der Alliierten, auf sein diplomatisches Geschick.

Er übersah, daß das Frankreich des Jahres 1701⁸⁵⁴ nicht mehr das Frankreich des Jahres 1679/80 war, als er die Regierung in Bayern übernommen hatte. Frankreich war jetzt ein finanziell und wirtschaftlich geschwächtes Land. Es wurde von inneren Spannungen zerrissen, von einem im Prestigedenken befangenen König beherrscht und von guten, aber nicht überragenden Ministern verwaltet. Seine Heere führten gewandte, aber keineswegs geniale Marschälle. Selbst Bayern war nicht mehr das blühende, finanziell gesunde, gesellschaftlich relativ ausgeglichene, durch Friedensjahre erholte Land wie 1680, sondern es war ein mit enormen Schulden belastetes, ausgesogenes, von Inflation und Lebensmittelteuerung erschüttertes Land.

Auch Habsburg hatte sich – allerdings zu seinem Vorteil – verändert. Aus der einst in Reichweite der türkischen Elitetruppen gelegenen Hauptstadt Wien war das Zentrum der neu aufblühenden Donaumonarchie geworden. Die österreichischen Erblande waren weitgehend von Sonderauflagen entlastet. Die Untertanen in Ungarn mußten jene Geldsummen aufbringen, die die Stände der Erblande abzuliefern sich weigerten. Die Handelsbilanz Österreichs war weniger negativ als die Bayerns. Erklärtes Ziel der österreichischen Finanzpolitik war die Erhaltung der Geldwertstabilität im Gegensatz zu Bayern, wo die Münzverschlechterung der Weisheit einziger und letzter Schluß war. Der Kaiser verstand es, die Truppen zahlreicher Reichsfürsten in seinen Dienst zu stellen; das Kapital der Reichsstädte wie Augsburg und Nürnberg und die Finanzmacht der Engländer und Holländer für sich zu mobilisieren; die militärischen Fähigkeiten auswärtiger Fürsten, wie des geduldigen und einsichtigen Markgrafen LUDWIG VON BADEN, des genialen Prinzen EUGEN VON SAVOYEN und schließlich des hervorragenden Herzogs von MARLBOROUGH zu seinen Gunsten zu verwerten.

Die österreichischen Erblande waren ein kompaktes Gebilde, trotz großer innerer Strukturschwächen zäh und lebensfähig, mit zahlreichen Ressourcen ausgestattet. Die strategische Lage ermöglichte, sich vor einem Angreifer zurückzuziehen, ihn »laufen« zu lassen, durch Angriffe auf die Flanken jeden Gegner von seinen rückwärtigen Verbindungslinien und vom Nachschub abzuschneiden, aus dem Hinterland neue Truppen und neues Material heranzuführen.

Bayern dagegen war auf drei Seiten von habsburgischem Territorium eingeschlossen,[855] von Freiburg über Innsbruck, Linz und Prag von jeweils bedeutenden Zentren umgeben. Von hier aus konnten Vorstöße in Richtung München unternommen werden. Passau und Salzburg waren treue Anhänger des Kaisers, Reichsstadt und Bistum Augsburg nicht weniger, Bamberg und Würzburg über jeden Zweifel erhaben. Ihre Domkapitel waren mit Mitgliedern besetzt, die die kaiserliche Reichspolitik begünstigten, denen das Reich zu ihrer eigenen Existenzsicherung notwendig war und die Stärke des Kaisers die Garantie für ihr Überleben bedeutete, da sie sonst dem Zugriff der expansionsfreudigen weltlichen Nachbarn ausgesetzt waren. Überdies hatte die Beharrlichkeit Bayerns, die benachbarten Bistümer zu Sekundogenituren zu machen oder sie zumindest mit einigen dem Hause Wittelsbach angenehmen Kandidaten zu besetzen, die Domkapitel und Bischöfe automatisch in die Arme Habsburgs getrieben. Eine Machtvergrößerung des Hauses Wittelsbach barg eine viel größere Gefahr für den Bestand der Hochstifte oder freien Reichsstädte in sich als ein Machtzuwachs des ferne in Wien residierenden Kaisers, dem an der Erhaltung, nicht an der Zerstörung des Reiches lag.

Die Aussichten, die LUDWIG XIV. im ersten Vertrag vom März 1701 hinsichtlich der Vergrößerung Bayerns und der Rangerhöhung des Kurfürsten geboten hatte, erschienen Max Emanuel bald zu vage. Er wollte detaillierte Zusagen und das Fell schon verteilen, ehe der Bär erlegt war. Die französische Diplomatie verstand es, den Heißhunger des Kurfürsten stets mit kleinen Brocken halb zu stillen, halb anzuregen, um seine Abhängigkeit noch mehr zu vergrößern. Es ging vornehmlich um eine mögliche Entschädigung für den voraussehbaren Verlust Bayerns. Max Emanuel dachte an die Souveränität der Niederlande, gleichsam Tag und Nacht. Dies wurde zur Manie. Von den Niederlanden ging er aus, zu den Niederlanden kehrte er stets zurück. Die Souveränität und eine Königskrone schienen greifbar nahe. LUDWIG XIV. fand sich bereit, neue Zusicherungen hinsichtlich der Subsidien und der möglichen Truppenhilfe zu geben. Man erfüllte dem Kurfürsten praktisch jeden Wunsch. Er erhielt 40000 Ecus für den Unterhalt von 15000 Soldaten zugesprochen.[856] Doch die Soldaten bekamen davon wenig. Der Kurfürst mußte Schulden in den Niederlanden, in Holland, im Reich und in Bayern tilgen, die im Ausland versetzten Juwelen zurückkaufen, seiner geliebten Gräfin ARCO die notwendige Subsistenz auszahlen,[857] das Königsschloß Schleißheim ausbauen. Der mittlere Teil stürzte 1702 ein, da aus Ersparnisgründen die Fundamente zu schwach gebaut waren. Deshalb mußte ZUCCALLI neue Pläne entwerfen. Eine Synthese von Bauprinzipien der Königsresidenz Louvre, der Schlösser Versailles und Schönbrunn wurde angestrebt.[858]

Die Kreispolitik[859]

Während der Kurfürst versuchte, seine Verbindungen mit Frankreich als reine Defensivmaßnahme hinzustellen, die Erbschaftsauseinandersetzungen als rein dynastische, nicht als eine Reichsangelegenheit zu beurteilen, eröffneten die Kaiserlichen einen gewaltigen Propagandafeldzug gegen Frankreich und Spanien und damit auch indirekt gegen Bayern. Vorübergehend schien die von Max Emanuel und den französischen Diplomaten entworfene Strategie zum Erfolg zu führen. Baron von ZÜNDT als unermüdlicher Vorkämpfer für eine Neutralität Bayerns erreichte den Anschluß des bayerischen Kreises an die Assoziation des fränkischen und schwäbischen Kreises, die schon Ende November 1701 zu Heidenheim die Neutralität angesichts der zu erwartenden Auseinandersetzungen beschlossen hatten. Die rheinischen Kreise, die aufgrund ihrer geopolitischen Lage ebenfalls großes Interesse zeigten, ihre Territorien nicht wieder zum Kriegsschauplatz werden zu lassen,[860] verpflichteten sich auf dem Konvent von Heilbronn unter Führung des Erzbischofs von Mainz zur Neutralität.[861] Max Emanuels Angebot, mit 15000 Mann die Neutralität der Kreise zu unterstützen, wurde angenommen. Keinen Erfolg dagegen erzielten die Münchener Werbungen im bayerischen Kreis. Das Salzburger Domkapitel und der Erzbischof, die dem Druck Wiens ausgesetzt waren und sich nicht an der Seite Münchens in ein politisches Abenteuer einlassen wollten, verweigerten ihre Zustimmung.

Der französische Gesandte in München, RICOUS, gewandt, tüchtig und ehrgeizig, auf Erfolg bedacht, manchmal maßlos und sehr geschmeidig, stand dem Kurfürsten zur Seite, wann immer er Zweifel an seiner eigenen Politik äußerte – und das kam oft genug vor, insbesondere, da die bayerischen Minister fast ausnahmslos zur Zurückhaltung rieten.[862]

Ebenso schnell wie die Neutralitätsbündnisse zustande gekommen waren, zerfielen sie wieder. Die kaiserliche Diplomatie verwendete die besseren Argumente. Sie konnte die wahren Ziele der bayerischen Politik beim richtigen Namen nennen. Ehe es sich der Kurfürst versah, war seine Reichspolitik, einen Keil zwischen den Kaiser und die Reichsglieder zu treiben, in sich zusammengefallen.

Er hatte mehr als eine Schlacht verloren. LOTHAR FRANZ VON SCHÖNBORN, Bischof von Bamberg und Erzbischof von Mainz,[863] hatte sich auf seine Aufgaben als Reichserzkanzler besonnen und gegen Subsidienzahlung ein Bündnis mit dem Kaiser geschlossen. Kurtrier orientierte sich neu. Die vorderen Kreise waren gewarnt. Der Einmarsch der französischen Truppen in das Erzstift Köln, eine zwischen JOSEPH CLEMENS und Paris abgekartete Angelegenheit, die der Zustimmung des Domkapitels entbehrte, war das Signal zur Umkehr. Man sah, wohin Neutralität führen würde, nämlich hilflos dem französischen Vordringen ausgeliefert zu sein. Man brauchte Rückendeckung. Nur der Kaiser und seine Alliierten, die Seemächte, konnten diese Rückendeckung bieten. Alle Kreise, bis auf den bayerischen, schlossen sich der Großen Koalition an.

Vergeblich versuchten Max Emanuel und RICOUS, mit Drohungen die Abspenstigen zur Rückkehr und zum Wohlverhalten zu bewegen. Hätte Max Emanuel die Konsequenzen aus dieser Entwicklung gezogen – dies hatte er allerdings bisher nie getan –, so hätte er sich eingestehen müssen, daß seine Politik gescheitert war, daß er – selbst Mitglied des Reiches als Kurfürst von Bayern – nicht genügend Einfluß und Macht besaß, das Reich für sich zu gewinnen. Seine Interessen waren Hausmachtinteressen, die notwendigerweise mit den kaiserlichen und den Reichsinteressen kollidierten. RICOUS forderte als Konsequenz: die sofortige Eröffnung der Feindseligkeiten gegen den Kaiser, ehe sich dieser eine militärische Machtposition aufbauen konnte.[864]

Verwirrungen

Aber gerade das Schicksal seines Bruders, der sich angesichts der vordringenden alliierten Verbände zurückziehen mußte, ermahnte Max Emanuel und die bayerische Heeresleitung zu vorsichtiger Zurückhaltung. Hatte sich nicht erwiesen, daß die französische Unterstützung nicht ausreichte, einen Fürsten vor den Kaiserlichen zu schützen? Während Ricous Max Emanuel zu beschwichtigen suchte und alle Vorteile der bayerisch-französischen Allianz hervorhob, war der Münchener Hof unschlüssig. Die bayerischen Minister wollten zumindest abwarten, wie sich der polnische König August der Starke und die verschiedenen Reichskreise gegenüber dem Kaiser und den Seemächten verhielten, ob sie aus ihrer Defensive zur Offensive übergingen. Zugleich entwickelten sie im Auftrag des Kurfürsten immer neue Pläne zur Erweiterung und Erhöhung Bayerns und zur Aufgliederung der spanischen Monarchie. Alle rüsteten zum Krieg, der jetzt unvermeidlich schien. Die Angst, der Nachbar könnte als erster losschlagen, verunsicherte die Menschen überall.[865]

Ricous versuchte, die Hoffnungen des Kurfürsten auf eine Zergliederung der spanischen Monarchie zu zerstören. Nur durch einen Angriff auf die österreichischen Erblande oder auf die Reichskreise konnte Bayern seiner Ansicht nach die gewünschten Erfolge erringen.[866] Die Konjunkturen wären, so brachte Ricous es dem Kurfürsten Tag und Nacht bei, so glücklich und einmalig wie nie zuvor. Jetzt könne er seine Feinde vernichten, sein Land vergrößern. Max Emanuel solle von den Reichskreisen eine Entschädigung für die Aufrüstung des bayerischen Heeres verlangen. Denn er habe dies nur für die gemeinsame Verteidigung getan. Selbstverständlich würden die Reichskreise diese Forderungen ablehnen. Diese Zurückweisung biete den besten Grund für eine Kriegserklärung. Was Vernunft nicht erreichen könne, müßten Drohungen und Gewalt zu Wege bringen.[867]

Während Kardinal von Lamberg allen seinen Einfluß aufbot, um das Reich auf die kaiserliche Politik zu verpflichten, verbreiteten die Wiener Minister das Gerücht, der bayerische Kurfürst habe mit Leopold eine Allianz geschlossen. Max Emanuel werde 10 000 bayerische Soldaten zur Unterstützung des Kaisers nach Italien senden. München zeigte sich überrascht, dementierte aber diese Meldung nicht. In Europa regierte ein »Chaos der Intrigen und Verhandlungen«.

Trotz des Vertrages mit Frankreich war Max Emanuel unentschlossen, ob er seinen Verpflichtungen nachkommen sollte. Die bayerischen Minister und zahllose Gesandte des Kaisers und der Reichsfürsten beschworen ihn, sich nicht von fremden Interessen leiten zu lassen.[868] Max Emanuel selbst gefiel sich in der Rolle, Ruhm zu erwerben um jeden Preis. In Versailles überlegte man fieberhaft, wie der Kurfürst aus seiner Reserve herauszulocken wäre. Man wollte Bündnisse Bayerns mit Polen und Schweden in die Wege leiten.[869] Aber deren Interessen stimmten weder mit den französischen noch den bayerischen Zielen überein. Der Nordische Krieg[870] verhinderte die Realisierung aller dieser Pläne. Deshalb vertrat RICOUS den Standpunkt, Max Emanuel müsse den Krieg unter der Devise beginnen, die Freiheit des Reiches gegen die Übermacht des Kaisers zu verteidigen, die Einhaltung der Reichsverfassung und der Friedensverträge zu erzwingen, das Wohl des Vaterlandes zu sichern und gleichzeitig den Glanz seines Hauses zu vermehren.[871] Max Emanuel brauche sich nicht mehr mit dem Titel eines Kurfürsten begnügen, sondern werde das ihm gebührende Königtum erwerben.

Die Pariser Sirenenklänge ständig im Ohr, bedrängt und umworben von Worten und Ansichten des französischen Gesandten, die seinen eigenen geheimen Phantasien, Plänen und Absichten völlig entsprachen, konnte der Kurfürst nur schwer den französischen Wünschen widerstehen, die Feindseligkeiten mit Habsburg zu beginnen. Allein das volle Wissen um das Risiko ließ ihn zögern: Er könnte ins Unglück gestoßen, durch die Streitkräfte des Kaisers aus Bayern verjagt und mit dem Reichsbann belegt werden. RICOUS beteuerte, die Größe zweier mächtiger Könige werde ihn beschützen. Noch suchte Max Emanuel, im Bann der Geister, die er gerufen hatte, einen Aufschub zu gewinnen, indem er sich auf den Standpunkt verlegte, nicht er, sondern der Kaiser müsse den Kampf eröffnen. Erst dann werde er losschlagen und Ulm besetzen, um die Verbindung des bayerischen mit dem französischen Heer zu ermöglichen. Würde diese Verbindung nicht zustande kommen, so war eine Allianz zwischen den bayerischen Truppen und der französischen Italienarmee bereits im Gespräch.[872]

Monat um Monat verging, ohne daß Max Emanuel den Angriff begann, wie es Versailles wünschte. Die französischen Minister waren sich der großen Gefahren dieser Verzögerung bewußt. Die Gegner Frankreichs gewannen Zeit, um aufzurüsten. Ricous versuchte unentwegt, alle Bedenken Max Emanuels zu zerstreuen. Der Gesandte hatte alle früheren Gesandtschaftsberichte genau studiert und erinnerte den Kurfürsten an seine eigenen Worte, er wolle sich nicht zufriedengeben mit dem, was er von seinen Vorfahren ererbt habe. Max Emanuel wußte, daß er »auserkoren« war, den Kaiser von einem Angriff auf Frankreich abzulenken. Wiederholt äußerte er, er würde sich auf diese Weise den Haß seiner eigenen Untertanen zuziehen. Wenn er sie ruiniere, würden sie sagen, er habe den Krieg aus Gewinnsucht begonnen. Es sei eine Schande, mit dem Reichsbann belegt zu werden. Würde er seine Geheimen Räte versammeln und ihnen seinen Vertrag mit Frankreich erklären und alle Vorteile herausheben, werde es niemanden geben, der nicht zittere aus Angst vor der Zukunft. Alle Räte würden ihm die gefahrvolle Lage des Landes vor Augen stellen, das allen Feinden offen stehe. Alles sei zu befürchten und sehr wenig zu erhoffen.[873]

Ricous zerstreute diese und andere Bedenken. Er meinte: Wien wolle Bayern vernichten. Dagegen müsse sich Max Emanuel wehren. Ein General wie er dürfe nicht während des ganzen Krieges untätig sein. Die Gelegenheit, Land und Ruhm zu vergrößern, sei einmalig. Seine Sache sei gerecht. Könne er es vor seinen Nachkommen verantworten, seine Rechte und seine Autorität verloren zu haben, indem er sich der Tyrannei des Kaisers beugte? Selbst wenn er aus seinem Land verjagt würde, sei die Souveränität der Niederlande eine schöne Entschädigung. Schließlich werde man ihm beim Friedensschluß Bayern wieder zurückgeben. Im schlimmsten Fall seien die französischen Subsidien und die zugesagten Einkünfte der Niederlande ein beträchtlicher Ersatz. Übrigens müsse er einsehen, daß das Reich zu schwach sei, um sich wehren zu können. Der Kurfürst werde in zwei Jahren mehr Geld aus den eroberten Gebieten holen, als er jemals zur Verfügung hatte. Er müsse bedenken, welche Verehrung ihm seine Nachkommen entgegenbrächten, wenn er als Gründer eines mächtigen Königreiches gefeiert werde. Gewiß, Bayern liege »inmitten feindlicher Territorien«. Aber gerade dies sei eine vorteilhafte Ausgangsposition, rasch zu Erfolgen zu kommen: gegen den Pfälzer, den Kaiser, gegen Ulm, Augsburg, Regensburg, Nürnberg und Passau.[874]

Gleichzeitig versuchte RICOUS dem Kurfürsten den Plan auszureden, Bayern an Österreich zu geben und gegen irgendein Königreich auszutauschen.[875] Max Emanuel ließ gegenwärtig durch geheime diplomatische Kanäle diesen Vorschlag in Wien unterbreiten. Denn noch wollte er nicht als Abenteurer angesehen werden, den ganz Deutschland beschimpfe, er setze seine Familie und seine Untertanen den verderblichen Folgen eines Krieges ohne Hoffnung auf ein glückliches Ende aus. Er wollte seine Zukunft nicht auf Zufälle gründen. Doch RICOUS wußte diese Anwandlungen zu zerstreuen. Er brachte ihn »zur Verzweiflung«. RICOUS rühmte, LUDWIG XIV. habe einen König von Spanien gemacht, er werde auch einen König von Bayern machen, zur Ehre und zum ewigen Vorteil Frankreichs.[876]

Max Emanuel verlangte neue Zusagen. München und Paris einigten sich schließlich darauf, als Siegespreis für die militärischen Unternehmungen dem Kurfürsten die beiden Pfalzen sowie alle seine künftigen Eroberungen zu überlassen. Würden die Alliierten im Friedensvertrag diese Übereinkunft nicht anerkennen, dann war die Souveränität über Geldern und Limburg versprochen, bei einem Verlust Bayerns die volle Souveränität über die Niederlande.[877]

Tatsächlich aber hatte der Kurfürst nur Versprechungen in Händen. Mehr konnte ihm der französische König nicht bieten. Denn rechtlich besaß er keines dieser Territorien. Sogar wenn der Kurfürst, wie er selbst einsah, im Verlauf des Krieges zu Eroberungen käme, niemand konnte ihm verbindlich zusichern, daß er diese auch nach dem Friedensschluß werde behalten können. Auch die Königskrone bedurfte der Anerkennung durch den Kaiser und die Reichsfürsten. Es war ein gewagtes Spiel. Die Kräfte der Aggression und die Hoffnungen, die ein Traum von »couronnes chimeriques«[878] bot, waren stärker als alle Einwände der Vernunft.

Alea iacta est

Die kaiserliche Regierung erkannte sehr wohl, welche Zielsetzungen der bayerische Kurfürst im Bunde mit Frankreich im Auge hatte. Die Hofburg war sehr gut unterrichtet, wesentlich besser als es sich die bayerischen Räte vorstellten. Wiederholt ließ Kaiser LEOPOLD seine Gesandten am Münchener Hof vorsprechen. Die erfahrensten Diplomaten des Reiches, der Mainzer Kurfürst und sein Minister Graf STADION schalteten sich mit Vehemenz ein.[879]

Der Passauer Bischof JOHANN PHILIPP VON LAMBERG unterließ in seiner Eigenschaft als kaiserlicher Prinzipalkommissar am Regensburger Reichstag ebenfalls nichts, um Max Emanuel zu gewinnen und Einigkeit im Reich hinsichtlich der spanischen Erbfolgefrage herbeizuführen. Die Bischöfe der umliegenden Hochstifte schickten ihre Vertreter nach München, um zu sondieren und zu besänftigen. Der Hannoveraner und der Brandenburger boten ihre Vermittlung an. Eine Entscheidung vermochten sie wiederum nicht zu erreichen.[880]

Aussichtsreich gestaltete sich nur die Mission des Grafen SCHLICK. Dieser bewährte Diplomat kam im Juni 1702 nach München.[881] Er erneuerte die grundsätzlichen Angebote, die er dem Kurfürsten bereits in Brüssel unterbreitet hatte, und wollte Bayern in das System der Haager Allianz einfügen. Der Kurfürst, der leicht zu reizen und dessen Haltung trotz aller Abmachungen mit Frankreich unsicher war, empfing den Gesandten sogar mit großer Zuvorkommenheit. Denn zu diesem Zeitpunkt war er über Paris und Madrid entrüstet: Der spanische König PHILIPP V. hatte den Herzog von Burgund zum Generalvikar der Niederlande ernannt. Max Emanuel fühlte sich aufs äußerste beleidigt, jedoch völlig zu Unrecht. Er kümmerte sich um die Niederlande überhaupt nicht, so daß eine neue tatkräftige Führung auch formell zu institutionalisieren ein Gebot der Stunde war. Diese Ernennung versetzte den Kurfürsten in helle Aufregung. So also wollten Frankreich und Spanien ihre Zusagen einhalten! Er, Max Emanuel, sollte übergangen werden! Seine geliebten Niederlande, die glücklich waren, seiner entledigt zu sein, drohten völlig zu entschwinden! Graf SCHLICK dagegen bot territoriale Zugeständnisse an. Warum vom

Kaiser nicht nehmen, was LUDWIG XIV. nicht geben wollte? Max Emanuel brachte einen seiner neuen Lieblingspläne in die Diskussion ein: den Austausch Bayerns gegen Neapel und Sizilien. Die Franzosen und Spanier wollten davon nichts wissen. Der Papst hatte angeblich diesen Plan gutgeheißen. Wäre ihm doch der Bayer lieber als jeder andere Nachbar.[882] Wie würde Habsburg reagieren?

Als Graf SCHLICK Max Emanuels Tauschplan nicht zurückwies, entbrannte sofort dessen Zuneigung für den Kaiser. Der Kurfürst dachte sogar daran, seine bisherigen Verbindungen mit Frankreich abzubrechen. Der Gewinn einer Königskrone lohnte einen raschen Bündniswechsel. Der Geheime Rat VON MAYR und der Vizekanzler WÄMPL stellten die Bedingungen des Kurfürsten zum Abschluß einer Allianz mit dem Kaiser zusammen: 150000 Gulden monatlicher Subsidien für ein bayerisches Heer von 20000 Mann, Abtretung der Markgrafschaft Burgau, der Herrschaft Neuburg am Inn, der ehemals bayerischen und durch den Bergbau sehr einträglichen Ämter Kufstein, Kitzbühl, Rattenberg, zuletzt noch des Zillertals. Der Kaiser sollte die spanischen Schulden anerkennen und bezahlen, insgesamt sechs Millionen Gulden, ferner eine Entschädigung für die durch den Bündniswechsel in den Niederlanden verlorenen Einkünfte. Falls es den Alliierten gelinge, Mailand zu erobern, wünschte Max Emanuel dieses Herzogtum für sich. Die Erhebung Bayerns zu einem Königreich – Preußen blieb das große Vorbild – war eine Selbstverständlichkeit. Statt dessen wäre er auch mit einem Austausch Bayerns gegen das Königreich Neapel und Sizilien zufrieden gewesen. Der krönende Abschluß all dessen bildete die Forderung, den Kurprinzen KARL ALBRECHT zu gegebener Zeit mit einer Kaisertochter zu verheiraten. Eine glänzende Zukunft tat sich damit auf. Durch die Eheverbindung würden neue Anrechte auf das österreichische Erbe beim Aussterben der männlichen Habsburger gewonnen. Auch die Kaiserkrone stand in diesem Fall zur Disposition.[883]

Der Kurfürst verstrickte sich in seinem phantastischen Gedankengebäude, in seinen ehrgeizigen Hoffnungen so weit, daß er sogar annahm, die Kaiserlichen würden seine Forderungen akzeptieren. Der Kaiser würde demnach mehr bieten als die beiden bourbonischen Kronen zusammen! Max Emanuel schien am Ziel seiner Wünsche angelangt. Das große Glück für sein Haus und seine Dynastie war greifbar nahe.

Unterdessen mußte MONASTEROL alle laufenden Vertragsverhandlungen mit Versailles »dilatorisch« führen, durch neue belanglose Forderungen, durch Finten und vielerlei Empfindlichkeiten verzögern. Die Angelegenheit des niederländischen Generalvikariats für den Herzog von Burgund bot den besten Vorwand.[884] Der bayerische Gesandte und Agent MALKNECHT ließ aus den Niederlanden möglichst große Geldsummen nach München überweisen,[885] solange dies noch durchführbar schien und der vorgesehene Bruch mit Frankreich noch nicht vollzogen war. Paris wurde ungeduldig. Es entdeckte die geheimen Verbindungen Münchens mit dem Kaiser. Der französische König erklärte sich bereit, das Generalvikariatspatent als gegenstandslos zu betrachten und es wieder nach Spanien zurückzuschicken, um den Kurfürsten zu beruhigen.[886]

Max Emanuel lebte in diesen Wochen zwischen Hoffen und Bangen. Aus Wien kam keine Nachricht. Er mahnte und drohte. Er stellte ein Ultimatum. Mitte August brachte Graf SCHLICK die kaiserlichen Bedingungen nach Schleißheim, dem Lieblingsaufenthalt des Kurfürsten. Wien stimmte nur einem Teil der bayerischen Forderungen zu. Subsidien konnte es in der gewünschten Höhe nicht zahlen, lehnte aber derartige Zahlungen nicht grundsätzlich ab. Außerdem sollten die Seemächte, die seit dem Abschluß der Haager Allianz Geld ins Reich fließen ließen, die Garantie für die in Aussicht gestellten Hilfsgelder übernehmen. Graf WRATISLAW verhandelte bereits in dieser Angelegenheit in London. An die Abtretung einiger Gebiete der habsburgischen Erblande war keineswegs gedacht, nur an ein Pfand für die spanische Schuld. Nicht Neapel-Sizilien sollte im Austausch gegen Bayern, sondern das Herzogtum Mailand abgetreten werden. Der Hinweis auf eine mögliche spätere Aufgliederung des spanischen Erbes war ein schwacher Trost. Einige im Wiener Exil lebende neapolitanische Adelige hatten gegen den Tauschplan des Kurfürsten opponiert, und König JOSEPH hielt die Forderungen des Kurfürsten schlechtwegs für impertinent und eine Erpressung. Max Emanuels Kartenhaus fiel in sich zusammen.

Graf SCHLICK versuchte trotzdem in einer dramatischen Unterredung in Schleißheim, den Kurfürsten zum Anschluß an den Kaiser zu bewegen. Max Emanuel verlangte Territorien, die Königskrone und hohe Subsidien. Graf SCHLICK konnte nichts zugestehen, was er nicht besaß und wozu er nicht befugt war. Was er bot, entsprach realen Absichtserklärungen. Das war Max Emanuel zu wenig. Er brach die Verhandlungen ab.[887]

Am 17. August 1702 waren die Würfel gefallen. Zwei Tage später ließ der Kurfürst seinem Gesandten in Paris, Graf MONASTEROL mitteilen, er ratifiziere den Vertrag mit LUDWIG XIV. Wieder zwei Tage später wurde die Urkunde nach Paris übersandt, gleichzeitig gelangte eine Denkschrift an MONASTEROL, in der die militärische Initiative, der Überfall auf Ulm zugesagt und die Vereinigung der bayerischen mit den französischen Truppen gefordert waren.[888]

Die strategische Lage Bayerns

Diese Verhandlungen sind typisch. Nur wenige Personen waren eingeweiht. Allein der absolutistische Fürst entschied über Krieg und Frieden, über Allianzen. Er beschloß – und darüber kann es keine Diskussionen geben –, den Frieden des Reiches zu brechen, die friedlichen Nachbarn anzugreifen, seinen Lehensherrn, den Kaiser zu bekämpfen. Es war die Aufkündigung des Lehensverhältnisses, der die Fiktion einer Souveränität zugrunde lag, die nie bestand, der Rückgriff auf eine Ideologie von einem Königreich Bayern in archaischer Zeit. Ideologische Aspekte, Affekte und Emotionen siegten über jede rationale Beurteilung der internationalen Lage und der Machtverhältnisse in Europa. Max Emanuel schickte seine Untertanen in einen aussichtslosen Kampf und opferte sein Land, dessen strategische Lage einen längeren Widerstand unmöglich machte. Es besaß nicht einmal einen ausreichenden Festungsgürtel. Nur Rain und Ingolstadt im Westen und Braunau[889] im Osten waren stark befestigt.

Ober- und Niederbayern sowie die Oberpfalz beherbergten etwa 1 100 000 Menschen. Zwar besaß das verbündete Frankreich eine Bevölkerung von rund 20 Millionen. Aber die französischen Truppen, deren Stärke im Jahr 1701 auf 220 000 Mann, im folgenden Jahre auf 300 000 Mann erhöht wurde, kämpften in Übersee, in Italien und Spanien, am Rhein und in den Niederlanden.[890] Die Hauptaufgabe der französischen Truppen war der Schutz der eigenen Grenzen. Die militärische Hilfe aus Frankreich konnte immer nur relativ sein. Es war fraglich, ob die Verbindungslinien zwischen Bayern und Frankreich aufrechterhalten werden konnten, ob der Nachschub an Soldaten und Kriegsmaterial möglich war.

Gegen Bayern standen die habsburgischen Erblande mit rund 19,5 Millionen und das übrige Reich mit rund 23 Millionen Menschen. England zählte sieben Millionen, Holland zwei Millionen Einwohner.[891] Gegen sie alle führte der Kurfürst in der Folgezeit im Bunde mit Frankreich Krieg. Allein dieser Vergleich zeigt die Hybris, gegen Habsburg, das Reich und seine Verbündeten gleichzeitig vorzugehen. Ein Scheitern Max Emanuels konnte nur eine Frage der Zeit sein. Er wußte es, daher die entsprechenden Allianzbestimmungen. Eines aber wollte er nicht einsehen, die Tatsache, daß es in ganz Europa niemanden gab, der ernsthaft seine Rangerhöhung oder einen Austausch Bayerns gegen ein anderes Land wünschte, auch Frankreich nicht. Paris brauchte Bayern als Hebel gegen Habsburg. Es hatte kein Interesse, den Kurfürsten nach Neapel, Sizilien, Sardinien oder nach Mailand zu versetzen, wo er dem Hause Habsburg nicht mehr wie in der jetzigen strategischen Position hätte schaden können. Das erwog Max Emanuel nicht. In Gedanken jonglierte er wie manch anderer Fürst seiner Zeit mit Kronen, die er nicht besaß, und mit Territorien, die erst zu erobern waren. Jeder absolute Monarch stützte sich auf tatsächliche und vermeintliche Macht und auf Illusionen, die er bei sich und bei seinen Untertanen hervorrief.

Ein anderes Ziel als die Erhöhung seines Hauses kannte Max Emanuel nicht. Er sah in den Auseinandersetzungen um das spanische Erbe ein entscheidendes Ringen innerhalb der europäischen Führungsschicht. Er verband sich mit jenem Partner, der ihm mehr zu bieten schien. Auch VICTOR AMADEUS VON SAVOYEN wechselte im November 1703 das Lager, da ihm LEOPOLD mehr als LUDWIG XIV. versprach. Portugal fiel gleichzeitig ab. DON PEDRO öffnete den Alliierten seine Häfen, und das dürstende England erhielt den gewünschten Rotwein.[892]

Aggression und Konfusion[893]

Am 8. September 1702 begann der Kurfürst seine längst geplanten militärischen Unternehmungen. Ulm war als erstes Opfer seiner Aggressionspolitik ausersehen, um die Verbindung zum Schwarzwald sicherzustellen und den Einmarsch der französischen Truppen zu gewährleisten. Mit einem Trick hoffte die militärische Führung, Menschenleben zu schonen. Soldaten verkleideten sich als Bauern und bemächtigten sich der Stadttore.[894] Andere hatten sich schon einige Tage vorher als Reisende in Ulmer Wirtshäusern einquartiert, die übrige bayerische Mannschaft versammelte sich heimlich in den umliegenden Wäldern. Der Coup gelang. Die Ulmer Garnison mußte kapitulieren. Bald darauf fielen Memmingen und Dillingen den bayerischen Truppen zu. Die bayerischen Untertanen waren über diese Heldentaten ihres Fürsten mindestens ebenso erschrocken wie die unmittelbar Betroffenen. VILLARS begab sich etwa zur gleichen Zeit auf den Marsch in Richtung Bayern mit 30 Bataillonen und 40 Eskadrons. Am 1. Oktober überschritt er bei Klein-Hüningen den Rhein. Das Gefecht bei Friedlingen entschied er für sich und gewann damit den Marschallstab.[895]

Viel Hektik und wenig Übersicht kennzeichnete das Verhalten des Kurfürsten. Er weigerte sich, wie vereinbart, dem französischen Marschall entgegenzuziehen. Er ließ sein Lager verschanzen und forderte VILLARS auf, den Schwarzwald zu überqueren. Dieser dachte vorerst nicht daran, das Risiko allein zu tragen.[896] Der Kurfürst verschuldete, daß die Vereinigung der bayerischen mit den französischen Streitkräften in diesem Herbst nicht zustande kam. Er litt wieder einmal unter seelischen Depressionen. Die von ihm eingeleitete Politik ging über seine Kräfte. Der Drang nach Ruhm ließ ihn vorwärtsstürmen, und die Angst vor seiner eigenen Courage lähmte ihn. Seine Familie, seine Minister, die Vertreter der Landschaft lagen ihm in den Ohren und beschworen ihn, sich mit dem Kaiser auszusöhnen und das Land nicht gänzlich ins Verderben zu stürzen. »Statt Entschlossenheit und Zielbewußtsein ... Zerfahrenheit und Schwanken.«[897] Der Mainzer Kurfürst LOTHAR FRANZ VON SCHÖNBORN und Kardinal VON LAMBERG baten Max

Emanuel, rechtzeitig umzukehren, die Sicherheit des Regensburger Reichstages zu gewährleisten, die Reichsmitglieder nicht in einen Krieg gegeneinander zu treiben. Max Emanuel wies entrüstet alle Vorwürfe zurück. Man tue so, als ob er seine bisherigen Grundsätze aufgegeben hätte und die allgemeine Ruhe des Reiches stören wolle. Dies sei nicht der Fall. Der Kabinettssekretär REICHARDT verhandelte bereits seit Ende September in Regensburg mit Kardinal LAMBERG über einen Bündniswechsel seines Meisters.[898] Die Forderungen des Kurfürsten waren hochgeschraubt wie eh und je. Der Kaiser befahl Anfang November, diese Unterredungen abzubrechen. LUDWIG XIV. machte neue Zugeständnisse, was die Abtretung der Niederlande betraf, so daß MONASTEROL am 7. November einen Zusatzartikel unterschreiben konnte.[899]

Die Situation des Kurfürsten verschlechterte sich im Herbst und Winter 1702 zusehends. Zweifel an seiner eigenen Entscheidung plagten ihn. Ganz Bayern mißtraute ihm und lehnte offenkundig seine politischen Manöver ab. Mißtrauen auch gegen seine Inflationspolitik und seine Führungsschwäche, Angst vor der Verwundbarkeit Bayerns machten sich breit.[900] Steigende Preise und Korruption beeinträchtigten die Stimmung immer mehr. Der Kurfürst sah sich genötigt, die Franzosen um Hilfe anzuflehen. Er beschwor sie, alles Mögliche und Unmögliche zu tun, um ihm zu helfen. Er übertraf mit seinem Gejammer noch die Landstände, die nur baten anstatt zu handeln. Der Kurfürst schwebte zwischen Besorgnis, tiefster Niedergeschlagenheit und Triumph über leicht errungene Siege über fast wehrlose kleine Städte. Er benötigte die französischen Truppen dringend, um nicht gänzlich den Gegnern, die sich formierten und verstärkten, ausgeliefert zu sein. Aber er wußte nicht, wie er die französischen Truppen hätte versorgen können. Er hoffte, sie sofort nach ihrer Ankunft wieder aus Bayern hinauskomplimentieren zu können und sie im Reich zu beschäftigen. Dann würde das Prinzip, das WALLENSTEIN und viele andere schon mit Erfolg angewendet hatten, »das Land ernährt die Armee«, dieses Problem von selbst lösen. Die Franzosen widersprachen solchen Überlegungen. Sie verlangten die Bereitstellung des nötigen Unterhalts in festen Magazinen. Max Emanuel tat nichts. Die Grundlagen der Operationsbasis und die Logistik unterschätzte er maßlos.[901]

Die Nachrichtenverbindung Bayerns mit Frankreich funktionierte nicht. Zahlreiche Kuriere, die der französische Gesandte RICOUS nach Paris schickte, wurden von den Kaiserlichen und Alliierten abgefangen, die Briefe beschlagnahmt und geöffnet. Die Kommunikation München–Paris wurde aus diesem Grund äußerst schwierig und brach teilweise über Wochen hinaus völlig zusammen,[902] ebenso die zwischen dem bayerischen Kurfürsten und der französischen Italienarmee, da die Tiroler dem regen Kurieraustausch nicht lange tatenlos zusahen. Die Grenzübergänge in die Schweiz wurden auf österreichischer Seite und von den benachbarten Reichsständen überwacht. Die von Paris und München gewünschte Parallelität der militärischen Aktionen kam nicht zustande.

Die Spannungen zwischen dem Kurfürsten, dem französischen Gesandten RICOUS und Marschall VILLARS wuchsen. Alle drei vertraten jeweils verschiedene Auffassungen über die militärische Lage und die notwendigen Maßnahmen, den Schwierigkeiten zu begegnen. Von Einmütigkeit war man weit entfernt. VILLARS zog sich in die Winterquartiere zurück. Der Kurfürst forderte ihn auf, noch während des Winters die Schwarzwaldpässe zu überschreiten. VILLARS lehnte ab, er sei nicht der Teufel, der dazu nötig sei. Der Kurfürst solle ihm entgegenziehen. Schließlich bedurfte Max Emanuel seiner Hilfe und nicht umgekehrt. Der Kurfürst lehnte jedes Entgegenkommen strikt und unter fadenscheinigen Vorwänden ab. Er könne sein Land nicht im Stiche lassen angesichts der kaiserlichen Truppen, die nur darauf warteten, sich in Bayern festzusetzen. Es war eine groteske Situation, als VILLARS den bayerischen Kurfürsten an seine früheren Heldentaten erinnern mußte, wie er im Angesicht der Türken die Save überschritten hatte. Ein solcher wagemutiger Schritt würde auch jetzt die militärische Lage grundlegend verändern. Aber der Elan der Türkenkriege war längst vorbei – eine historische Reminiszenz, nichts weiter. So verblieb jeder, wo er war.[903]

Von Anfang an äußerte sich VILLARS sehr skeptisch. Er teilte nicht die Ansicht der Pariser Strategen, den Kampf von Frankreichs Grenzen auf bayerisches Territorium verlegen zu können.[904] Einen dauerhaften Erfolg hielt er für unwahrscheinlich.

Der Schatzmeister BOMBARDA verwendete die aus Frankreich

eintreffenden Subsidien zum Erstaunen der Franzosen nicht für
den vorgesehenen Zweck. Schon im Herbst und Winter 1702 bekamen die bayerischen Truppen keinen Sold mehr. Fahnenflucht
war die Folge. Mehr als 200 000 Ecus betrug der Soldrückstand.
Der Kurfürst mißtraute BOMBARDA und zweifelte seine Geschäftsführung an, aber er unternahm nichts gegen ihn und stellte weiterhin Blankovollmachten aus. Er fürchtete einen Skandal, wenn
durch die Absetzung des Schatzmeisters und durch eine gerichtliche Untersuchung die seit Jahren herrschende Mißwirtschaft aufgedeckt würde. Die vorgesehene Heeresstärke war überdies nur
auf dem Papier erreicht. Weder Kavallerie noch Infanterie verfügten über den vorgeschriebenen Sollstand. Es fehlte an Ausrüstung. Die französischen Diplomaten hätten es vorgezogen, in
eigener Regie die bayerischen Soldaten auszuzahlen. Paris verlangte, bei einer Vereinigung der bayerischen mit den französischen Truppen die Kriegskontributionen, die man aus den besetzten Gebieten in Deutschland holen würde, wie vereinbart, gleichmäßig aufzuteilen. Max Emanuel dagegen wollte alles für sich. Er
ließ weder Magazine noch Quartiere für die im nächsten Frühjahr
erwarteten Franzosen einrichten. RICOUS blieb nichts anderes übrig, als durch Mittelsmänner große Getreidevorräte aufkaufen zu
lassen.[905]

Gerüchte kursierten: Der römische König plane, Max Emanuel
in einem seiner Landhäuser überfallen und gefangennehmen zu
lassen.[906] Niemand nahm dies ernst. Eroberungspläne wurden diskutiert, meist ohne reale Grundlage, sie jemals ausführen zu können. Max Emanuel überlegte: Würde er Bayern mit Reichsterritorien vergrößern, würden alle deutschen Fürsten sein Vorgehen
mißbilligen. Dagegen wäre es ihnen eine Genugtuung, wenn
Bayern das Haus Habsburg verkleinere. Alle Fürsten würden
diese Heldentat dahingehend interpretieren, daß Bayern die Freiheit der deutschen Fürsten sichere und die allzu große Autorität
des Kaisers einschränke. Bayern werde zum Beschützer der durch
das Haus Österreich unterdrückten Fürsten avancieren.[907] Dies
waren Wunschvorstellungen ohne realen Hintergrund.

In einem umfangreichen Manifest ließ Max Emanuel seine Haltung gegenüber Kaiser und Reich verteidigen. Er zählte alle Undankbarkeit des Hauses Habsburg gegenüber Bayern auf seit den

Tagen Kaiser LUDWIGS DES BAYERN. Die Ermahnungen des Papstes, sich zu mäßigen, schlug der Kurfürst in den Wind, auch wenn er manchmal noch hoffte, sich mit Kaiser und Reich zu arrangieren. Die Tatsache, daß er die Wiener Minister zur Weißglut getrieben, den Frieden gebrochen, das Reich überfallen hatte, gestand er sich nicht offen ein.

Aus den besetzten Gebieten wurden ohne Unterlaß Kontributionen erpreßt.[908] Der französische Gesandte suchte Max Emanuel zu überzeugen, daß es jetzt kein Zurück mehr gebe. Da RICOUS die Unvorsichtigkeit begangen hatte, seine Briefe nach Paris und an VILLARS nur teilweise in Geheimschrift abzufassen, wußten die Kaiserlichen über die bayerischen Kriegsziele ausnehmend gut Bescheid, als es ihnen gelang, den größten Teil dieser Korrespondenz abzufangen. Sie hatten aufgrund dieses und anderen Materials die beste Handhabe, den Kurfürsten am Regensburger Reichstag als Reichsfeind anzuklagen und ihn des Hochverrats zu beschuldigen. Die Briefe RICOUS wurden in Regensburg gedruckt und an jeden Interessenten verteilt.[909]

Der Kurfürst zögerte. Die militärischen Aktionen kamen ins Stocken. Pläne wurden entworfen und verworfen, Marschbefehle gegeben und im letzten Augenblick widerrufen.[910] Aufschub über Aufschub. Konfusion und Hektik machten sich breit. Die lebhaftesten Vorstellungen RICOUS blieben ohne Wirkung. Die bayerischen Minister sahen ihre Meinung bestätigt, daß das Land nicht zu verteidigen war. Schon im Herbst und Winter 1702 drangen kaiserliche Husarenkorps in Bayern ein, begannen das Land zu plündern und zu verwüsten. Unruhe verbreitete sich unter der Bevölkerung. Die psychologische Wirkung der kaiserlichen Aktionen war außerordentlich. Habsburg bereitete sich gleichzeitig auf einen möglichen bayerischen Angriff auf Böhmen und Oberösterreich vor. In Prag hatte sich schon im Januar 1702 das Gerücht verbreitet, der Kurfürst ziehe Kirchenschätze ein, um seinen Krieg finanzieren zu können. Französische Gefangene, die sich auf Reichsterritorien befanden, wurden nach Österreich gebracht. Man wollte verhindern, daß sie aus ihren Quartieren fliehen und sich den bayerischen Truppen anschlössen.[911]

Angst und Hoffnungslosigkeit kennzeichnete die Stimmung in Bayern. Kurfürstliche Soldaten, die zum Teil noch unter den kaiserlichen Fahnen in Ungarn und während des Pfälzer Erbfolgekrieges gegen Frankreich jahrelang gedient hatten, waren nicht bereit, nunmehr an der Seite Frankreichs gegen das Reich und den Kaiser zu kämpfen. Sie setzten sich nach Passau und Salzburg ab und begaben sich von dort ins Sammellager nach Linz.[912]

Während kaiserliche Stoßtrupps plündernd und verwüstend nach Bayern einfielen, stießen bayerische Truppen im Westen nach Schwaben und Neuburg vor, bedrängten die dortige Bevölkerung und trieben mit Gewalt Kontributionen ein. Der kaiserliche Gesandte ließ 1703 in Frankfurt die für Bayern bestimmten Gewehre beschlagnahmen, in Augsburg die französischen Subsidien für den Kurfürsten. Die Nürnberger und selbst die Münchener Bankiers weigerten sich, die Wechselbriefe des Pariser Bankiers BERNARD anzuerkennen und einzulösen.[913] Die Überweisung der Subsidien machte unvorhergesehene Schwierigkeiten. Der Briefverkehr zwischen den bayerischen Kanzleien fiel zum Teil den Österreichern in die Hände.[914]

Beide Seiten errichteten an den Grenzübergängen Verhaue, die zwar zeitliche Verzögerungen, aber keine gewichtigen Vorteile brachten. Die Tiroler Landbevölkerung, die besser organisiert und bewaffnet war als die bayerische Landesdefension und von regulären Verbänden unterstützt wurde, besetzte die Pässe. Die Kaiserlichen dehnten ihre Streifzüge und Kontributionsforderungen systematisch aus und drangen bis unter die Tore Münchens vor, geschickt jede unsichere Bewegung der bayerischen Truppen ausnützend. Auf ihren Streifzügen vermieden sie es, schweres Geschütz mitzuführen, so daß sie wesentlich beweglicher waren als die bayerischen Truppen, die mit Kanonen anrückten. Die Husaren hatten dann genügend Zeit, sich »salvieren«. Da die bayerischen Pläne bekannt waren, nach Tirol einzufallen[915] und eine Verbindung mit dem französischen Heerführer VENDÔME in Italien herzustellen, wurden einige Verbände abkommandiert, um im Notfall die Pässe zu sichern. Man nahm wirkliche und vermeintliche Spione fest. Nur der gegenseitige Gefangenenaustausch verlief reibungslos.[916] Die Verkehrsverbindungen mit Frankreich waren unterbrochen, selbst der Weg über die Schweiz verschlossen. Graf MONASTEROL, der im Dezember 1702 aus Paris angereist kam, mußte unverrichteterdinge wieder umkehren, da

er mehrmals die bayerische Eskorte, die ihn schützen sollte, verfehlte.[917]
Die Geistlichkeit Bayerns und fast der gesamte Adel standen auf kaiserlicher Seite. THERESE KUNIGUNDE warnte vergeblich ihren Gemahl. »Das ganze Land ist gegen mich«, schrieb der Kurfürst an VILLARS.[918] Daran änderte sich auch in Zukunft nichts. Bayern wurde zunehmend von den Kaiserlichen und Alliierten eingekesselt, obgleich mehrere Male französische Hilfstruppen den Belagerungsring durchstoßen konnten. Von einer tödlichen Bedrohung Wiens durch die bayerischen Aktionen, wie es in der Literatur heißt, kann keine Rede sein. Solche weitausgreifenden strategischen Pläne existierten nur in der Phantasie. Die Situation Österreichs war keineswegs so prekär, wie sie in bayerischen Geschichtsbüchern dargestellt wurde. Die österreichischen Erblande waren in Verteidigungsbereitschaft gesetzt, die Truppen an den Grenzen zusammengezogen. Fast alle Reichsstände unterstützten die kaiserliche Politik gegenüber Bayern.[919] Das Reich stellte Truppen, Holland und England übersandten die notwendigen Gelder. Österreich besaß ein weites Hinterland, ein Reservoir an Menschen und Material.
Der Kurfürst wurde gezwungen, seine Truppen an allen Fronten zu verteilen, die befestigten Plätze (Donauwörth, Ingolstadt, Braunau, Schärding vor allem) und die eroberten Städte Ulm, Memmingen, Dillingen mit Garnisonen zu versehen, da von jeder Seite ein Angriff auf Bayern zu erwarten war. Die Grenzen nach Passau, Salzburg und Tirol mußten besonders bewacht, das Innviertel gesichert, Augsburg und Regensburg umstellt werden. Die Offiziere waren mit der Ausrichtung der Linien nicht zufrieden. Vor allem fehlte es an Ingenieuren. Die Kreise waren mit Ausnahme des bayerischen einmütig in der Abwehr des bayerischen und französischen Angriffs.[920] Trotz des Winters, der gewöhnlich als Ruhepause für die Truppen galt, mußte Max Emanuel damit rechnen, jederzeit angegriffen zu werden. Im Reich, in den österreichischen Erblanden und in Bayern wurde eine große Rekrutierungskampagne durchgeführt, um die notwendige Truppenstärke für die kommende Auseinandersetzung bereitzuhalten.
Max Emanuel rühmte sich gegenüber dem französischen König seiner bisherigen Leistungen. Er habe durch seine Aktionen ver-

hindert, daß die kaiserlichen Truppen den Rhein überschritten hätten und in französisches Territorium eingedrungen wären. Er habe den Untergang eines guten Teiles von Frankreich abwenden helfen und dadurch einen Schaden, der in die Millionen gegangen wäre, verhindert.[921] Als Gegenleistung forderte er großmütige Zugeständnisse vom spanischen und französischen König. Anstelle unmittelbarer Hilfeleistung versuchten die französischen Militärs, den Markgrafen LUDWIG VON BADEN zu binden und seinen Abmarsch nach Bayern aufzuhalten, um auf diese Weise Max Emanuels Position zu erleichtern. Bayern war von allen Seiten bedrängt.[922] Schon um die Jahreswende 1702/03 hatte es den Anschein, als ob der Vertragspassus realisiert werden müßte: »Geht der bayerische Kurfürst Bayerns verlustig, dann wird er eine Entschädigung in den Niederlanden erhalten«. Max Emanuel verlangte deshalb die Souveränität über Luxemburg, die Grafschaften Chiny, Namur, Charleroy und Mons. Schließlich war der Paragraph 5 des Vertrages verwirklicht, der Kurfürst müsse aufhören, irgendeine Schonung für den Kaiser zu zeigen.[923]

Opposition ohne Macht

Wenn nur das Lamentieren der Stände aufgehört hätte! Gewiß, sie waren schockiert über die Politik ihres absolutistischen Herrn. Aber in der derzeitigen Lage des Landes konnte er keine Rücksicht auf sie nehmen; er gab nur allgemein tröstende Zusicherungen ab. Um so größer war ihre Bestürzung, als der Regensburger Reichstag am 30. September 1702 beschloß, dem französischen König LUDWIG XIV., dem Herzog PHILIPP VON ANJOU und ihren Anhängern den Reichskrieg zu erklären.[924] Die Grundsätze der Ständepolitik, Bayern müsse stets in Harmonie mit dem Reich und seinem Oberhaupt leben, hatte der Kurfürst mißachtet. Alle Erinnerungen an die ehemals gute Verbindung mit Wien während der Türkenkriege nützten nichts.

Die Stände stellten keine politische Macht dar. Sie formulierten ihre Wünsche allzu vorsichtig, zu zurückhaltend, brachten sie ohne jeden Nachdruck vor und beteuerten, sie hätten nicht die Absicht, einem so »aufgeklärten Fürsten« wie Max Emanuel politische Verhaltensmaßregeln vorzuschreiben. Er werde zweifellos nichts ohne Überlegung unternehmen. Das war das Eingeständnis ihrer eigenen Machtlosigkeit. Nur die Pflicht betonten sie, ihrerseits Reflexionen anstellen zu müssen über die Bewahrung des Vaterlandes. Denn ungewiß fielen die Würfel des Krieges. Das gegenwärtige Unternehmen des Kurfürsten sei um so gefährlicher, als das Geld, das eigentliche Fundament jeder erfolgreichen Außen- und Kriegspolitik, fehle. Die Kassen seien leer, die Streitkräfte zu gering und nicht einmal vollständig. Das Land bedurfte mehr als jemals der Ruhe. Weitere Steuererhöhungen schienen nicht mehr möglich. Die neuen Lasten des Jahres 1702 hatten bereits alle bisher üblichen Quoten überschritten. Schon zu Beginn dieses Jahres wurde eine vollständige Steueranlage befohlen, was zuvor noch niemals der Fall gewesen war. Es blieb nicht bei diesen Auflagen. Jedes Haus mußte zusätzlich vier Gulden Sondersteuer zahlen. Die ländliche Bevölkerung hatte Futtermittel für die Kavallerie abzuliefern. Pferde und Maultiere wurden für die Kavallerie entschädigungslos eingezogen. Die Städter hatten für Bewaffnung und Kleidung jener Bauernsöhne aufzukommen, die im Heer und in der Landesdefension dienten. Die Untertanen mußten die Truppen aus ihrem Privatvermögen verpflegen, kleiden und ausrüsten. Alle Zusagen der Obrigkeit, die breite Bevölkerung mit diesen Lasten zu verschonen, blieben unerfüllt, da die Kriegskasse völlig leer war. Wagen wurden für Munitions- und Truppentransporte ohne Vergütung beschlagnahmt. Da die regulären Truppen zum Schutz der langen Landesgrenzen nicht ausreichten, wurde die Landesdefension entlang der Grenze stationiert. Sie besaß keine militärische Ausbildung und Bewaffnung. Es fehlten Offiziere zu ihrer Führung.[925]

Was konnte unter diesen erbärmlichen Umständen die Hilfe Frankreichs Bayern nützen? Nach dem Einmarsch französischer Truppen würde Bayern wie im Dreißigjährigen Krieg unmittelbarer Schauplatz der Auseinandersetzungen werden. Wieder warnten die Stände, dies werde kein glückliches Ende nehmen, wieder vergeblich.

Die Einwohner des Landes mußten an den Befestigungen der Städte arbeiten, Wälle aufwerfen, Schanzen einrichten, Gräben ziehen, Palisaden erstellen. Die Untertanen wurden sogar ohne Bezahlung, unausgebildet in den Linien eingesetzt.

Der Kurfürst ließ eine Sondersteuer auf Getreide erheben, pro Sack einen halben Gulden. Diesen Aufschlag sollte zur Hälfte der Käufer, zur Hälfte der Verkäufer zahlen. Aber der Händler verlangte die gesamte Steuersumme vom Käufer.[926] Alle Bauern, Häusler und Untertanen, die in der Landwirtschaft tätig waren, mußten je einen Sack Roggen und einen Sack Hafer in die Magazine schaffen, selbstverständlich ohne Entgelt. Leidtragende waren die ärmeren Schichten, und das war der größte Teil der Bevölkerung, die besonders unter der Getreideverteuerung und -verknappung litt. Für die Versorgung der Truppen wurde ein Großteil der Lebensmittel dem zivilen Verbrauch entzogen. Auch hielten die Händler absichtlich Getreide zurück, um eine künstliche Verteuerung zu bewirken. Die Bereitschaft der Untertanen sank, sich in Notfällen gegenseitig zu Hilfe zu kommen. Damit verzichtete man auf ein traditionelles Prinzip zur Sicherung der Lebensgemeinschaft. Jetzt trachtete jeder danach, allein sein Leben und seine Habe zu retten.

Die Stände warnten: Eine Fluchtmöglichkeit in ein Nachbarland sei nicht mehr gegeben, wenn Kaiser und Reich ihre Streitkräfte versammelt und Bayern eingeschlossen hätten. Die Hilfe Frankreichs werde nur unzureichend sein und nur halbherzig geleistet werden. Die Situation des Kölner Kurfürsten, der französische und spanische Truppen zu seinem Schutz in nächster Nähe hatte und der dennoch aus seinem Land vertrieben wurde, sei warnendes Beispiel genug, daß ein kleines Land, auf sich selbst gestellt, gegen die Übermacht der Alliierten nichts ausrichten könne. Die Gefahr für den Katholizismus sei besonders groß, sobald Bayern als eine wesentliche Stütze der katholischen Kirche zugrunde ginge und die protestantischen Mächte die Oberhand gewinnen würden.

Kurfürst und Stände diskutierten auf zwei verschiedenen mentalen Ebenen. Der Kurfürst dachte an die Erhöhung seines Hauses, an die Souveränität, an die Königskrone – und Bayern war der Einsatz. Die Stände fürchteten um ihren Besitz, ihr Einkommen, ihre Sicherheit und um das Land, in dem sie lebten, das sie nicht eintauschen und von dem sie sich nicht zurückziehen konnten, ohne die eigene Existenz aufs höchste zu gefährden. Ihre beschwörenden Ermahnungen erzielten keinen Erfolg. Ihr Verlangen, Max Emanuel solle sich aus dem Krieg heraushalten, war für ihn unannehmbar. Der »treue Vatter des Vatterlandes« hatte anderes im Sinn. Er war nicht bereit, sie aus dem vorhandenen »Labyrinth« zu ziehen.[927]

Was sich 1702 abzuzeichnen begann, verstärkte sich im folgenden Jahr. Das Vertrauen in die Politik Max Emanuels schwand vollends.[928] Aber es bildete sich keine aktive Opposition, keine Fronde des Adels. Der Untertanenverband, den der absolutistische Fürst beherrschte, war bereits zu sehr gefestigt. Die Adeligen fühlten sich nicht mehr als gleichberechtigte Partner, um einer in ihren Augen verfehlten Politik des Landesfürsten Widerstand entgegensetzen zu können, wozu ihnen die Reichsgesetze nach der Erklärung des Reichskrieges gegen Frankreich, Spanien und deren Anhänger, damit also auch Bayern, die Möglichkeit gegeben hätten.

Die Blockade

Die Kaiserlichen setzten mit großem Erfolg eine Wirtschaftsblockade gegen Bayern durch. Die ersten Maßnahmen richteten sich gegen die Salzsaline von Reichenhall, um die Soleleitung nach Traunstein zu unterbrechen und die Kammergefälle des Kurfürsten zu verringern.[929] Angesichts der sich zuspitzenden militärischen Konfrontation verlangten die Gläubiger des Kurfürsten eine rasche Bezahlung ihrer Außenstände und der fälligen Zinsen. Infolge der allgemeinen Geldverknappung in Bayern ebenso wie in Frankreich, Spanien und den Niederlanden konnten auch MALKNECHT, BERGEYCK, MONASTEROL und CHAMILLART nicht soviele Gelder flüssig machen, um den maßlosen Forderungen des Kurfürsten Genüge zu tun. Die bayerische Generalität wagte es nicht, den Winter in Ruhe zu verbringen und den kommenden Frühling abzuwarten. Ständig wurden kleinere Stoßtruppunternehmungen gegen kaiserliche Quartiere durchgeführt. Teils durch gezielte Indiskretionen der Alliierten, die Max Emanuel beunruhigen wollten, teils durch eigene Kundschafter erfuhr die bayerische Armeeführung von den geplanten Unternehmungen der Kaiserlichen, deren Beginn bereits für Ende Januar 1703 angesetzt war.

Bayerische Bauern verließen Haus und Hof, nachdem die Überfälle kaiserlicher Stoßtrupps ihnen »alle Subsistenzmittel« genommen hatten. Eine Fluchtbewegung vom Land in die befestigten Städte setzte ein. Zwei Armeen lebten jetzt auf Kosten der bayerischen Bevölkerung,[930] nämlich die kaiserlichen Truppen und die in zwei Armeekorps aufgeteilten bayerischen Streitkräfte, die gleichzeitig im Westen und Osten operierten. »Das bayerische Volk hatte weder den Übermut noch die Gefühle ihres Fürsten«, stellte RICOUS fest. Die ersten bayerischen Magazine mußten ihre Pforten schließen, da alle Vorräte aufgebraucht waren und kein Nachschub mehr eintraf.

Das Frühjahr 1703 begann mit kleineren Aktionen von unterschiedlichem Erfolg. Im Februar wurde Neuburg an der Donau eingenommen,[931] um die Donaulinie zu gewinnen. Die Kaiserlichen blieben nicht untätig. Graf SCHLICK ließ 20 000 kaiserliche Soldaten gegen den Inn vorrücken, Graf LIMBURG-STYRUM drang in die wie eh und je schlecht verteidigte Oberpfalz ein und suchte Amberg zu besetzen. Entsetzen und Schrecken verbreitete sich in ganz Bayern. Hektik war die einzige Reaktion der bayerischen Heeresleitung. Was war zunächst zu tun? Dringende Hilferufe gelangten nach Frankreich. LUDWIG XIV. mußte immer wieder versprechen, was er schon hundertmal zugesagt hatte. In dieser Situation konnte nur noch die Offensive Rettung bringen. Es gelang Max Emanuel, die verschiedenen kaiserlichen Armeekorps in raschem Angriff niederzuwerfen und zum Rückzug zu zwingen.[932] Dennoch behielten die Kaiserlichen die Initiative in der Hand. Wann immer ein neuer Einfall nach Bayern stattfand, mußte der Kurfürst darauf reagieren, einmal in Richtung Passau, dann in Richtung Neuburg, dann vor Augsburg, dann vor Ingolstadt, dann vor Braunau; dann mußte er wieder in die Oberpfalz eilen oder Verstärkungen senden. Auch in dieser, insgesamt gesehen, noch erfolgreichen Zeit konnte er sein militärisches Konzept dem Gegner nicht aufzwingen. Im Grunde hatte er auch keines. Nur vielfältige Pläne wurden durchdiskutiert.[933]

Die Verhandlungen über eine Neutralisierung Regensburgs scheiterten. Der Kurfürst verlangte die absolute Neutralität der Stadt und des Reichstages sowie eine entsprechende Garantie durch die Reichsstände und den Kaiser. LEOPOLD lehnte ebenso ab wie der Großteil der Reichsstände. Den Vorschlag, den Reichstag in österreichisches Territorium oder nach Frankfurt zu verlegen, wies Max Emanuel entschieden zurück. RICOUS hatte ihm die notwendigen Argumente eingeschärft: Der Kaiser würde sich in diesem Fall zum absoluten Meister über die Reichsstände aufschwingen. Der Reichstag würde zu einem willfährigen Werkzeug der Wiener Minister degradiert. In Regensburg aber könne man die Reichsstände besser überwachen. Max Emanuel jagte von einer Grenze zur anderen, von einer Festung zur anderen, um die Schanzarbeiten voranzutreiben und die Feinde zu verjagen. Als er am 8. April Regensburg besetzen ließ, hatte er die letzte Hoffnung, zu einem friedlichen Akkord mit dem Reichstag zu gelangen, selbst zerstört.[934]

Marschall Villars

Im März 1703 überschritt VILLARS den Rhein. Sein Ziel war die Vereinigung mit den bayerischen Truppen. Der Kurfürst aber machte keinerlei Anstalten, ihm entgegenzumarschieren. RICOUS beschwor ihn täglich, nach Westen zu eilen und die Vereinigung nicht wieder wie im Vorjahr scheitern zu lassen. Max Emanuel verlangte, daß VILLARS alle Risiken allein auf sich nehme. Der Münchener Hof vertrat die Ansicht, man müsse jeden Anschein vermeiden, als hätte Bayern den Eintritt der französischen Armee ins Reich begünstigt. Angesichts der jetzigen Situation diente dieses Verhalten nur dazu, eine Fiktion aufrechtzuerhalten, die niemand ernst nahm. RICOUS mußte wochenlang darum ringen, daß wenigstens die notwendigen Lebensmittel bis nach Villingen geschafft wurden. Max Emanuel klagte und jammerte, es fehle an allem, man lasse ihn im Stiche und wolle ihn täuschen. Da er selbst das Prinzip vertrat, alle Gegner und Verhandlungspartner auszuspielen, vermutete er, man wolle dasselbe mit ihm tun. RICOUS vermochte sich diese ständigen Wandlungen in der Gemütsart und im Verhalten des Kurfürsten nicht mehr rational zu erklären. Nach seiner Ansicht entsprach dies dem Charakter der »bayerischen Nation« überhaupt. Er mußte unendliche Geduld aufbringen und um jeden kleinen Fortschritt im Sinne Frankreichs kämpfen.[935]

Die Nachrichtenverbindung mit VILLARS blieb ungenügend. Um zu erfahren, ob und wann VILLARS in Bayern eintreffe, mußte man zu einem kuriosen Trick greifen, in den man den Markgrafen LUDWIG VON BADEN einbezog. Dieser hatte stets für eine Verständigung mit Max Emanuel plädiert und sich deswegen, ungeachtet seiner bisherigen großen Verdienste um den Kaiser, den Unmut Wiens zugezogen. München bat ihn nun um die Erlaubnis, aus Straßburg durch einen Kurier ein Augenwasser für den ständig an einer Augenkrankheit leidenden Kurfürsten holen zu dürfen.[936] In Wirklichkeit begab sich der damit beauftragte Trompeter ins Lager VILLARS. Die Zahl der mitgebrachten Phiolen sollte die noch benötigten Tage von VILLARS Vorstoß nach Bayern andeuten. Wenn ein weißes Seidentuch die Fläschchen bedeckte, sollte dieses für den Monat März stehen, ein rotes für den Monat April. Doch als der Trompeter sieben Fläschchen, mit einem grünen Seidentuch bedeckt, mitbrachte, war das Rätselraten groß. Sollte VILLARS erst im Mai nach Bayern kommen? Eine solche Nachrichtenübermittlung spricht Bände über die herrschenden Verhältnisse, aber sie war offensichtlich die einzige Kommunikationsmöglichkeit.

Falsche Meldungen über die Truppenbewegungen der Kaiserlichen brachten immer wieder große Aufregungen. Die Untertanen verbargen ihren Mißmut nicht. Die Truppen selbst murrten, als sich die Soldzahlungen verzögerten. Vertröstungen allein waren kein ausreichender Geldersatz. Üble Laune und Erregung, Unsicherheit und Unbehagen machte sich auch am Münchener Hof und im bayerischen Feldlager bemerkbar.

Anfang April beugte sich der Kurfürst endlich den Argumenten des französischen Gesandten RICOUS und marschierte Marschall VILLARS entgegen. Die Ulmer Bäcker mußten das Brot für die französischen Truppen bereitstellen – natürlich auf Kosten der Reichsstadt. Dem Markgrafen LUDWIG VON BADEN gelang es nicht, die Schwarzwaldpässe rechtzeitig zu besetzen und VILLARS den Weg abzuschneiden. So kam am 11. Mai 1703 die Vereinigung der bayerischen und französischen Streitkräfte zustande. Der Kurfürst überschüttete VILLARS mit Höflichkeiten und großen Plänen, um ihn baldmöglichst außerhalb Bayerns zu beschäftigen. Bayern war nicht in der Lage, die Franzosen zu ernähren. VILLARS wollte von neuen Operationen nichts wissen.[937] Seine Truppen brauchten erst einmal Ruhe. Er dämpfte den Unternehmungsgeist des Kurfürsten. Mit realistischem Blick sah er die wahre Lage des Landes. Eine ständige Verbindung mit Frankreich war nicht möglich, der Nachschub bereits völlig zusammengebrochen. Die Truppen mußten aus dem Land selbst versorgt werden. Einzig Fouragieren war möglich. Alle großen Pläne, Habsburg ins Herz zu treffen, einen tödlichen Stoß gegen Wien zu führen, erwiesen sich in Anbetracht dieser Situation als völlig illusorisch. Nicht einmal die Türken hatten im Jahr 1683 mit einer vier- bis fünfmal stärkeren Armee die österreichische Hauptstadt einnehmen können, obwohl die kaiserliche Position damals ungleich schwächer als heute war.[938]

Die bayerischen Truppen mußten im ganzen Land verteilt bleiben, um den Verlust der Festungen und Städte zu verhindern.[939] Dadurch war die Schlagkraft des bayerischen Heeres wesentlich gemindert. Nur einzelne Vorstöße, sei es gegen Schwaben oder Franken, waren möglich. Paris schmiedete neue Pläne, um Max Emanuel zu beschäftigen. Warteten nicht die Böhmen schon lange auf einen Befreier, der sie wieder in den Besitz ihrer Rechte und Privilegien als Wahlkönigreich setzen würde, nachdem sich das Haus Österreich widerrechtlich diese Krone angeeignet habe? Das böhmische Volk würde Max Emanuel freudig begrüßen, wenn er mit einer großen Armee ankäme und es in die Lage versetzte, eine freie Wahl abzuhalten und ihn zum neuen König zu wählen.[940] Max Emanuel dagegen entwickelte Pläne, VILLARS an den Neckar zu schicken, um LUDWIG VON BADEN zu bekämpfen, oder die Feinde aus Franken zu vertreiben. Was immer man unternahm, würde glorreich sein. Man würde vom Schrecken und der Bestürzung profitieren, die sich im ganzen Reich ausbreiteten, nachdem die Durchquerung des Kinzigtales gelungen war, die jedermann, auch Max Emanuel, für undurchführbar gehalten hatte. Doch jetzt dachte er an neue Kriegsziele: Bamberg und Würzburg, Ansbach und Bayreuth schienen lohnende Objekte zu sein, auch die Unterwerfung der Kreise und ihre Trennung vom Kaiser war eine wichtige Angelegenheit. Man hatte die Wahl und konnte sich nicht entscheiden. Der geplante Stoß gegen Nürnberg wurde im Sommer 1703 wieder aufgegeben, eine Invasion in Oberösterreich mit dem Ziel Linz zurückgestellt.

VILLARS und sein Vertreter Comte DU BOURG[941] konnten den Kurfürsten davon überzeugen, daß die vorhandenen Streitkräfte nicht ausreichten, um sich gegen alle Angriffe auf die Dauer zu halten. Weitere Verstärkungen waren dringend notwendig.

Tiroler Debakel

Seit Anfang 1702 wurde in der politischen Führung und in den Generalstäben Bayerns und Frankreichs der Plan einer direkten Landverbindung der bayerischen Truppen mit der französischen Italienarmee unter VENDÔME erwogen. Voraussetzung dazu war die Besetzung Tirols. Die Durchführung dieses Unternehmens erschien jetzt als erfolgversprechender Ausweg aus der sonst ausweglosen militärischen Lage auf dem bayerischen Kriegsschauplatz. Max Emanuel sollte diesen gloriosen Kriegszug durchführen, VILLARS unterdessen in Bayern bleiben. Der Kurfürst war begeistert von diesem Plan. Mit 4000 Mann glaubte er, Tirol unterwerfen zu können. Bei der Erörterung der Detailfragen stellte sich heraus, daß mindestens 12000 Mann notwendig waren, um die Pässe halten zu können.

Vor Beginn dieses Unternehmens wollte Max Emanuel noch unbedingt Nürnberg belagern. VILLARS und BOURG überredeten ihn, die Ausführung dieses Planes zurückzustellen, sofort nach Tirol zu marschieren und die Verbindung mit VENDÔME zu suchen. Voll Eifer betrieb er die Vorbereitungen zum Tiroler Feldzug, der ihm die Möglichkeit gab, Ansprüche Bayerns auf Tirol zu realisieren, wie sie ihm seine Hofhistoriographen und Juristen schon oft dargelegt hatten. An dem Verlust Tirols sei seinerzeit die böse MAULTASCH schuld gewesen. CASPAR VON SCHMID hatte vor einem Jahrzehnt die Rechtsansprüche Bayerns abgeleitet, und sein Sohn FRANZ VON SCHMID verfaßte jetzt auf dieser Grundlage eine neue Rechtsdeduktion.[942]

VILLARS verschanzte sich in Bayern. Die französischen Truppen sicherten die Donaulinie. Graf MAFFEI hielt sich in der Oberpfalz, so gut es ging. Der Kurfürst ließ im Juni 1703 rund 12600 Mann gegen Tirol zusammenziehen. Am 14. Juni nahm er noch an der Fronleichnamsprozession in München teil. Unmittelbar danach begab er sich eilends zu seinen Truppen nach Rosenheim. Drei Tage später befahl er den Überfall auf Tirol.[943]

Die ersten Erfolge waren überraschend. Sogar die bayerischen Beamten waren begeistert. Kufstein fiel. Der Weg nach Innsbruck war frei. Die bayerischen Truppen rückten bis über den Brenner nach Sterzing vor. Die befestigten Plätze waren binnen kurzem in bayerischer Hand. Am 2. Juli zog Max Emanuel feierlich in Innsbruck ein. Er hatte auf diesen Tag, einen Marienfeiertag, gewartet. Weitere Truppenteile erreichten das obere Inntal und einige Vorposten gelangten über den Fernpaß zur Ehrenberger Klause bei Reutte.

Die Landverbindung mit VENDÔME war jedoch noch nicht erreicht. Die Nachrichtenkommunikation mit ihm blieb nach wie vor ungesichert. Die Briefe beider Seiten wurden abgefangen, die Kuriere gefangengenommen oder getötet.[944] Der General Marquis DE NOVION reiste nach Graubünden, um die Schweiz von den guten Absichten des Kurfürsten zu überzeugen und möglicherweise über das Engadin eine Verbindung mit VENDÔME zu eröffnen. Er wurde von kaiserlichen Kommissaren verhaftet, obwohl ihn eine Eskorte von 200 Grenadieren und Dragonern begleitete.[945] Die regulären österreichischen Truppen zogen sich vorerst zurück, vornehmlich nach Landeck, wo sie sich neu formierten. Ihre Verbindung mit Wien war in keinem Augenblick gefährdet. Der Gegenstoß wurde sorgfältig vorbereitet.

Die bayerischen Truppen betrachteten unterdessen Tirol als erobertes Land, in dem sie nach Art des Siegers hausen, stehlen, plündern und fordern konnten. Kontributionen und Sondersteuern wurden verlangt, Lebens- und Futtermittel wurden mit Gewalt eingetrieben, die Tiroler Bauern ausgeplündert, die Wertgegenstände aus den Schlössern geraubt, soweit sie von den Bewohnern nicht vorher in Sicherheit gebracht worden waren. Das »goldene Dachl« in Innsbruck sollte künftig in München aufgebaut oder eingeschmolzen werden. Schiffsladungen voll Diebesgut wurden innabwärts transportiert, die Tiroler Bevölkerung drangsaliert, die Beamten auf den Kurfürsten vereidigt; manche nahmen vorher ihren Abschied. Der Kurfürst ließ sich alle Amtsrechnungen vorlegen und beabsichtigte, die Einkünfte Tirols, die auf jährlich 800 000 Gulden veranschlagt waren, in den kommenden Jahren für sich zu verwenden. Er prüfte die Rechnungen und sah mit größtem Entsetzen, daß die Ausgaben die Einkünfte überstiegen.[946] Im Vergleich zu den bayerischen Verhältnissen aber war diese Differenz minimal.

Die französischen Minister waren mit den militärischen Erfolgen des Kurfürsten sehr zufrieden. Nicht einmal HANNIBAL und CÄSAR hätten die Alpen rascher überquert, tönte eine Lobeshymne aus Versailles. Jeder Sieg wurde mit einem Te Deum gefeiert. Rasch, allzu rasch und gründlich folgte die Ernüchterung. Die schriftliche Kommunikation mit VENDÔME kam nicht zustande.[947] Die bayerische Heeresleitung wußte nicht, wo die französische Italienarmee stand. VENDÔME war im unklaren, wie weit die bayerischen Truppen vorrücken würden. Ursprünglich war das Trentino als Treffpunkt in Aussicht genommen.[948] Der Kurfürst aber wagte nicht, allzu weit über den Brenner hinauszugehen, da er die rückwärtigen Verbindungslinien nicht halten konnte. Seine wenigen Soldaten waren ohnehin von Kufstein bis zum Brenner und westwärts bis zur Ehrenberger Klause verteilt.

Nachdem sich in Tirol der erste Schrecken über die Aggression des Kurfürsten gelegt hatte, griffen Bürger, Beamte, Bauern und Handwerker zur Gegenwehr. Das barbarische Vorgehen der bayerischen Truppen und die nicht minder brutalen Maßnahmen der sich etablierenden bayerischen Verwaltung hatten sie in lodernden Zorn versetzt, der sie zu harten Abwehrmaßnahmen trieb. Ende Juni 1703 entbrannte der Abwehrkampf der Tiroler gegen die bayerischen Angreifer. Die Landesdefension war in Tirol weitaus besser als in Bayern organisiert und bewaffnet. Dies wirkte sich äußerst günstig für die Verteidigung aus. Ergänzt wurden alle Aktionen der Bauern durch reguläre Einheiten, die aus den umliegenden Herrschaften nach Tirol vorrückten. Die Tiroler Bauern besaßen im Gegensatz zu den bayerischen Bauern ein stattliches Selbstbewußtsein, das auf ihrer Stellung als Landstand beruhte.[949] Ihr politisches Bewußtsein hatte sich durch die Mitsprache in allen öffentlichen Belangen geschärft. Sie waren es gewohnt, selbst zu entscheiden, aber auch selbst für sich einzutreten und sich zu wehren. Als Bergbauern, großenteils auf Einzelhöfen, waren sie seit Generationen auf sich selbst gestellt. Der Kampf um die tägliche Nahrung und das Überleben gegen eine unbarmherzige Natur hatte sie fähig gemacht, Anstrengungen und Gefahren hinzunehmen, hatte aber auch einen starken Freiheitswillen entwickelt, der Unterdrückung und behördlicher Willkür keinen allzu großen Raum ließ. Freiwillig, keineswegs durch irgendwelche Zwangsmaßnahmen der österreichischen Verwaltung veranlaßt, scharten sie sich zum Kampf für die Freiheit und die Unabhängigkeit ihrer Heimat.[950]

Die Berge, Schluchten und Täler boten den Tirolern, die das Gelände genauestens kannten, ausgezeichnete Verteidigungs- und Angriffsmöglichkeiten. Große Steinlawinen wurden an geeigneten Paßstellen vorbereitet. Als bayerische Soldaten diese Paß- und Wegestellen passierten, durchtrennte man die Halteseile der Lawinen. Geröllmassen und gewaltige Gesteinsbrocken prasselten auf sie nieder, erschlugen sie und schnitten den Unverletzten die Fluchtwege ab. Völlig verwirrt waren die Bayern hilflos dem Gewehr- und Geschützfeuer eines Angreifers ausgesetzt, der sich im Gelände ausgezeichnet zu tarnen wußte und fast unsichtbar blieb. Die bayerischen Truppen mußten große Verluste hinnehmen, ohne dem Angreifer ernsthafte Gegenverluste zufügen zu können.

Der Terror der bayerischen Truppen hatte die Tiroler Bevölkerung nicht eingeschüchtert, sondern im Gegenteil angestachelt, sich mit allen zur Verfügung stehenden Mitteln der Aggression zu wehren. Die »Canaille«, wie fürstliche Obrigkeiten »aufständische« Untertanen zu bezeichnen pflegten, griff reguläre Truppeneinheiten an, zerstreute oder überwältigte sie, behinderte ihren Rückzug. Zuerst wurden Teile des oberen Eisacktals und des oberen und unteren Inntals von den bayerischen Truppen gesäubert, die Besatzungen zum größten Teil vertrieben oder niedergemacht, schließlich wurde der Brenner entsetzt und jede Verbindung zwischen bayerischen und französischen Truppen verhindert. Der Kurfürst befahl notgedrungen den Rückzug nach Innsbruck. Er hatte nicht genügend Truppen, um wieder offensiv werden zu können und zugleich die Aufständischen in Schach zu halten.[951] Die Wege nach Bayern waren unterbrochen.

Völlige Ungewißheit herrschte noch immer über das Vorgehen VENDÔMES. Die bayerischen Truppen waren ständig verlustreichen Angriffen ausgesetzt, ohne selbst irgendeine Entscheidung herbeiführen zu können. Max Emanuel und RICOUS warteten in höchster Spannung auf neue Nachrichten aus Italien.[952] Endlich überbrachte ein Bauer eine Meldung von VENDÔME, deren Ausstellungsdatum aber so weit zurücklag, daß ihr Inhalt längst überholt war. Das Projekt einer Vereinigung beider Armeen war gescheitert. Trotzdem wollte sich der Kurfürst diesen Mißerfolg nicht eingestehen –

er gestand sich nie etwas ein. Er gab sich hoffnungsvoll und verschob die Ausführung einer Truppenvereinigung auf eine spätere, günstigere Zeit. Mit der Festung Kufstein hatte man schließlich einen guten Zugang zu Tirol gewonnen. Man würde ihn halten. Der Herzog von VENDÔME andererseits hatte das Gebiet um den Gardasee unter Kontrolle. Zu gegebener Zeit würde man das Unternehmen von neuem versuchen. Da der Herzog von Savoyen jedoch seine bisherige Allianz mit Frankreich aufkündigte, war VENDÔME schließlich gezwungen, die Belagerung von Trient (2.–8. September 1703) abzubrechen und den Rückzug anzutreten.

Die militärische Situation der bayerischen Truppen verschlechterte sich von Tag zu Tag in beängstigendem Ausmaß. Um eine völlige Katastrophe zu vermeiden, befahl Max Emanuel am 22. Juli, knapp fünf Wochen nach Beginn der Aggression, den Rückzug aus Tirol, der einer Flucht glich. Dabei mußte die Scharnitz freigekämpft werden. Um ihre Befestigungsanlagen nicht in die Hände der Österreicher fallen zu lassen, wurden sie zerstört. In Mittenwald wartete der Kurfürst noch einmal auf neue Nachrichten VENDÔMES. Vergeblich. Das bayerische Hauptheer verließ endgültig Tirol, nur einige Besatzungen blieben zurück. RICOUS war froh, lebend diesem Abenteuer entkommen zu sein. Angesichts der Unkenntnis der tatsächlichen Verhältnisse, der Geländeschwierigkeiten, der Stimmung im Volk war der geordnete Rückzug bereits ein Erfolg. »Denn wenn wir gut unterrichtet gewesen wären, hätten wir es nicht gewagt, Tirol anzugreifen«, schrieb RICOUS nach Paris. Max Emanuel mußte die erste und entscheidende Niederlage seiner militärischen Laufbahn mit verhaltenem Zorn hinnehmen.[953]

Seine Wut ließ er am Oberstwachtmeister Baron VON HEYDON aus. Dieser hatte die Ehrenberger Klause zu verteidigen. Sie wurde am 30. Juli, also eine Woche nach dem Rückzug Max Emanuels aus Tirol, von 1500 Landesverteidigern unter dem Hauptmann KOPPENHAGER umringt und beschossen. HEYDON kapitulierte, obgleich er den ersten Angriff zurückschlagen konnte, gegen freien Abzug der Besatzung. Damit hatte er sicherlich zahllose Menschenleben gerettet. Er wußte, daß dieser Vorposten auf die Dauer nicht zu halten war. Max Emanuel aber wetterte gegen die »treulose Übergabe« eines Platzes, »den man im Schlaf hätte verteidigen können«. Er stellte HEYDON vor ein Kriegsgericht, dessen Urteil von vornherein feststand: HEYDON wurde zum Tode verurteilt und in Mittenwald enthauptet. Vergeblich hatte sein Bruder, der Abt von Rohr, um Gnade gefleht. Der Fall ist »nicht graciable«, schrieb der Kurfürst. HEYDONS erster Hauptmann wurde öffentlich degradiert, sein Degen in Gegenwart des ganzen Heeres zerbrochen. Dann wurde er mit Infamie fortgejagt.[954] Somit war Max Emanuels Zorn besänftigt, und er konnte sich wieder neuen Projekten widmen. (Im übrigen waren derartige Kapitulationen allgemein üblich.)

Im Gegenstoß drangen die Tiroler nach Bayern vor, zerstörten Bauernhöfe, verbrannten Vorräte, soweit sie diese nicht mitnehmen konnten, trieben Schafe, Kühe und Pferde von den Weiden weg oder töteten sie. Die kaiserliche Soldateska erweiterte systematisch ihre Kontributionszüge auf bayerischem Territorium. Das österreichische Landvolk besetzte die Pässe und Grenzübergänge und verübte von hier aus, von Husaren unterstützt, Übergriffe auf die bayerischen Untertanen.[955]

Bayerische Beamte und Schergen wurden in den besetzten Gebieten in kaiserliche Dienste übernommen, um die Kontributionen einzutreiben. Das Gerücht verbreitete sich, der Kurfürst habe befohlen, alle gefangenen Tiroler Bauern aufzuhängen. Sollte sich diese Meldung als wahr herausstellen, drohte der Wiener Hofkriegsrat mit Vergeltung. Für jeden Tiroler Bauern seien drei bayerische Untertanen aufzuhängen.[956]

Sengen und Brennen war das Prinzip der kaiserlichen Kriegführung, um die bayerischen Untertanen einzuschüchtern, ein Mittel psychologischer Kriegführung. Die Handelsbeziehungen wurden unterbrochen, die Soleleitung aber nicht, wie ursprünglich geplant, zerstört. Denn man hoffte, Bayern bald gänzlich zu unterwerfen und sodann die Einkünfte aus dem Salzverkauf selbst genießen zu können. Der Onkel Max Emanuels, Herzog MAXIMILIAN PHILIPP, erhielt zwar wegen seines politischen Wohlverhaltens – er war stets ein treuer Anhänger des Kaisers – einige Schutzbriefe, die seine persönlichen Güter vor Kontributionen schützen sollten. Dies hinderte aber nicht, daß die kaiserliche Miliz auch hier zahlreiche Ausschreitungen verübte.[957]

Der mit großen Zielen, aber schlecht geplante und mit unzureichenden Mitteln durchgeführte Tiroler Angriffskrieg vom Jahre 1703 endete für Max Emanuel mit einer totalen Niederlage. Weder war das militärisch-politische Ziel einer Vereinigung mit der französischen Italienarmee noch ein ausreichendes Entlastungsmanöver für die militärischen Nöte auf dem bayerischen Kriegsschauplatz gelungen. Die bayerische Angriffsarmee von etwa 12 000 Mann hatte einen beträchtlichen Teil ihres Mannschaftsbestandes und ihrer schweren Ausrüstung an Artillerie verloren. Der furiose Gegenangriff ziviler »Bauernhaufen«, insbesondere der Tiroler Landesdefension, hatte die regulären Truppen des Angreifers schmählich aus dem Land getrieben. Das militärische Prestige des Kurfürsten war schwer angeschlagen. Bayern war dem Zugriff seiner Feinde von allen Seiten schutzlos preisgegeben.

Die Folgen

VILLARS, dessen Skepsis sich seit seinem Eintreffen in Bayern wesentlich vermehrt hatte, gewann die Überzeugung, daß Bayern militärisch nicht zu halten war. Während Max Emanuel und RICOUS in Tirol weilten, hatte er dem französischen König die wirkliche Lage eindringlich vor Augen gestellt. Er riet zu einer eindeutigen Kehrtwendung: Rückzug der französischen Truppen ins Mutterland, Entlassung des Kurfürsten aus dem Bündnis mit Frankreich. In Paris wurden diese Vorschläge intensiv beraten.[958]

Während unter der bayerischen Generalität nach der Rückkehr Max Emanuels aus Tirol der Streit darüber ausbrach, welche neuen Unternehmungen in die Wege zu leiten wären, um den Aufmarsch der Gegner zu stoppen, kam die französische Heeresleitung zu dem Schluß, daß VILLARS Vorschläge verwirklicht werden mußten. Er erhielt den Auftrag, die in Bayern stehenden französischen Truppen baldmöglichst sicher in ihre Heimat zurückzuführen. Dem bayerischen Kurfürsten wurde es freigestellt, ein Abkommen mit dem Gegner zu schließen. Einzige Bedingung war, daß die französische Armee ungehindert an den Rhein zurückmarschieren könne. LUDWIG XIV. riet Max Emanuel, seine Truppen zu entlassen und sich die übrige Zeit des Krieges neutral zu verhalten oder dem Kaiser im Höchstfall das übliche Kreiskontingent zur Verfügung zu stellen, wie es der Reichsmatrikel entsprach. Als Belohnung für seine bisherige Haltung versprach der französische König, dem Kurfürsten das Gouvernement der Niederlande zu bewahren und ihm beim Friedensschluß dieselben Vorteile zu verschaffen, die er ihm vertraglich bereits zugesichert hatte. In einem gesonderten Schreiben legte LUDWIG XIV. dem Kurfürsten seine Gründe nochmals dar: Er wolle seine eigenen Interessen für die Erhaltung Bayerns und das Wohlergehen des Kurfürsten opfern und die Sicherheit des Landes nicht gefährden.[959] So lautete die offizielle Version dieser vernünftigen Kehrtwendung.

Der drohende militärische Untergang Bayerns hätte, wie auf französischer Seite bereits geschehen, ein völliges Umdenken seines Fürsten erfordert. Dazu war Max Emanuel nicht bereit. Auch der französische Gesandte RICOUS, der sein ganzes Werk, die bayerisch-französische Allianz gefährdet sah, weigerte sich, den Befehlen seines Königs nachzukommen. Die Situation sei bei weitem nicht so aussichtslos, wie VILLARS sie dargestellt habe, meinte er. Alle Schuld an dem Gesinnungswandel des Königs schob er VILLARS zu, der durch ungerechtfertigte Argumente Versailles schokkiert habe. Es kam zum Zerwürfnis zwischen VILLARS auf der einen und RICOUS und Max Emanuel auf der anderen Seite. RICOUS propagierte die Fortsetzung der bisherigen Politik, VILLARS den Rückzug nach Frankreich, unterstützt von einem Großteil der französischen Generalität. Nicht allein sein »widerwärtiger Charakter und seine pfauenhafte Eitelkeit« (P. Goubert),[960] sondern seine einsichtige Beurteilung der realen bayerischen Situation bewirkten unerfreuliche Auftritte der beiden Kontrahenten vor dem versammelten Offizierskorps. RICOUS und VILLARS beschwerten sich gegenseitig beim französischen König: RICOUS beklagte sich über den Hochmut VILLARS, dieser warf RICOUS Unfähigkeit vor. TORCY und CHAMILLART suchten zu besänftigen und zu vermitteln. LUDWIG XIV. lobte die Leistung eines jeden und riet zur Einigkeit. Französische Diplomaten hatten zumindest nach außen hin gemeinsam die Interessen des Königs zu vertreten. Max Emanuel sah seine Hoffnungen auf ein Königtum und auf eine souveräne Herrschaft entschwinden. Sich in der gegenwärtigen Situation nach dem Tiroler Debakel als Unterlegener mit dem Kaiser zu arrangieren, wäre eine Zumutung. Er würde gedemütigt, würde keine Kompensation erhalten, wäre der Willkür des Kaisers hilflos ausgeliefert.[961]

In dieser erregten Situation kam es am 20. September 1703 zur (ersten) Schlacht bei Höchstädt.[962] Die Franzosen und Bayern siegten zwar über den kaiserlichen Feldmarschall Grafen STYRUM, dessen Truppen ihr verschanztes Lager verlassen hatten. Es gelang ihnen aber nicht, den Gegner vernichtend zu schlagen oder auch nur entscheidend zu schwächen. Der Sieg wurde wie üblich gefeiert, aber er brachte nur eine Atempause.

Die Freude über den Erfolg dauerte nur kurz. Die Unzufriedenheit und die Klagen über VILLARS, dessen Truppen den größten Anteil am Sieg hatten, setzten von neuem ein. Für RICOUS war dieser Sieg ein Beweis, daß Bayern noch nicht verloren war. Die Vorbereitungen VILLARS zum Rückzug seien übereilt und für den

Kurfürsten unannehmbar. Obgleich VILLARS zu verhindern suchte, daß RICOUS' Depeschen allzu rasch nach Versailles gelangten, vermochte dieser eine neue Sinnesänderung LUDWIGS XIV. und der französischen Heeresleitung herbeizuführen.[963] Die französischen Truppen blieben in Bayern bis zum bitteren Ende. VILLARS bat um anderweitige Verwendung. Man beorderte ihn in die Cevennen, wo der Camisardenaufstand schon seit langem allzu viele französische Regimenter festhielt.[964] Die Freude Max Emanuels, den fähigsten französischen Marschall in seine Heimat zurückgeschickt zu haben, zeugt nicht von Klugheit.

Neue französische Truppen unter Marschall MARSIN waren im Anmarsch auf Bayern. Wiederum das nämliche Verhalten Max Emanuels: seine Weigerung, den Franzosen entgegenzumarschieren. Er mußte erst mühsam dazu überredet werden.

Anstelle der erhofften dynastischen Erhöhung seines Hauses und einer Gebietserweiterung seines Landes gab es jetzt für den Kurfürsten nur mehr zwei Möglichkeiten: die Bewahrung Bayerns um jeden Preis oder den Totalverlust seines Landes. MONASTEROL verlangte in Paris im Auftrag des Kurfürsten neue Vertragsbedingungen und Zusicherungen. LUDWIG XIV. lehnte ab. RICOUS hatte ein »Martyrium« zu erleiden. Er mußte die französische Generalität beruhigen, die die Aussichtslosigkeit der militärischen Lage Bayerns erkannte, und Max Emanuels Vertragstreue, die stets auf schwankenden Füßen stand, aufrechterhalten.[965]

Die Not in Bayern wuchs mit jedem Tag. Die Versorgungsschwierigkeiten nahmen ständig zu. Die französischen Soldaten mußten sich selbst ihre Verpflegung verschaffen. Die Generäle suchten auf ihre Kosten zu kommen. Gegen Geld stellten sie Schutzbriefe aus, die vor Kontributionen schützen sollten. Das war ein einträgliches Geschäft, das beliebig oft wiederholt werden konnte. Ob die Schutzbriefe beachtet wurden, war allerdings eine andere Frage. Die Teuerung nahm immer mehr zu, ebenso der Mangel an Nahrungsmitteln. Die Räubereien und Kontributionen in Tirol hatten in Bayern nur vorübergehend Entlastung gebracht, dagegen auch in Tirol mancherorts eine derartige Not hinterlassen, daß ein verhungerter Bauer aufgefunden wurde, der noch Gras zwischen den Zähnen hatte. Die drei großen Magazine in München, Ingolstadt und Donauwörth waren bereits weitgehend geleert und reichten nicht aus, die bayerischen und französischen Truppen auch nur halbwegs zu versorgen. Geld und Lebensmittel wurden dringend benötigt. Woher nehmen? Nur Augsburg schien noch ausreichend Vorräte zu besitzen. Als der Markgraf LUDWIG VON BADEN durch französische Operationen gezwungen wurde, mit seiner Armee an den Rhein zurückzukehren, ließ er in Augsburg 3 bis 4000 Soldaten als Garnison zurück. Die Gelegenheit war günstig, sich der Reichsstadt zu bemächtigen. Max Emanuel ließ die Stadt belagern, ihre Neutralität erkannte er nicht an. Die Garnison mußte im Dezember 1703 kapitulieren.[966] Die bayerischen Truppen fanden neue Quartiere und frische Verpflegung. Die leere Kriegskasse wurde aufgefüllt, indem man die Bürger ausplünderte. Sie mußten Gold, Silber und Schmuck herausgeben. Neue Münzen wurden geprägt. Die Freiheit einer alten, selbstbewußten, handels- und gewerbetüchtigen, kultur- und kunstbeflissenen Reichsstadt war für einige Monate dahin.

In der Falle

Von Augsburg aus eilte der Kurfürst mitten im Winter nach Passau. Am 9. Januar 1704 mußte die Stadt kapitulieren.[967] Wieder traf eine Siegesmeldung in Paris ein. Das Ziel der bayerischen Heeresführung war, möglichst viele Truppen ins Winterquartier zu schicken, und zwar auf Kosten der Feinde. Österreich und Franken sollten die bayerischen Truppen aufnehmen. Verwirklicht werden konnte auch dieser Plan nur zum Teil. Bayerische Soldaten marschierten bis zur Traun, um Kontributionen einzuziehen. Auch hier stellten sich ihnen österreichische Bauern entgegen, um sie zu vertreiben und die Einziehung von Kriegssteuern zu verhindern. Daraufhin gingen die bayerischen Truppen, wie gewohnt, mit Gewalt gegen die Bauern vor.[968] Der Verlust der Oberpfalz konnte durch diese Unternehmungen nicht ausgeglichen werden.

Die Zeit des Winterquartiers war üblicherweise für die Erholung der Truppe, ihre Ausbildung und die Auffrischung der Ausrüstung vorgesehen. Im Winter 1703/04 hatte der bayerische Soldat nur wenige Ruhetage. Nach den hektischen, unausgegorenen Plänen seiner Führung, des Kurfürsten und seiner willfährigen Generalität, wurde er unablässig zum Angriff geführt, von Süd nach Nord, von Ost nach West, auf Städte, die kaum verteidigt wurden, aber auch nicht lange gehalten werden konnten, wenn der Feind zum konzentrierten Gegenangriff ansetzte. Die im Winter fast unpassierbaren Wege und Straßen erschöpften die körperlichen Kräfte der Soldaten, Uniformen und Bewaffnung litten unter den Witterungsunbilden. Und eine derartig verbrauchte Truppe sollte dem zu erwartenden Generalangriff eines zahlenmäßig überlegenen Gegners standhalten können? Uneinsichtigkeit, ja Blindheit vor den Realitäten, Überschätzung der eigenen Kräfte nach unwichtigen Eroberungen schlecht verteidigter Städte, Unterschätzung der Feindkräfte, deren Stärke und Pläne man zu wenig kannte, verurteilten die Planungen der bayerischen Kriegsführung von vornherein zum Scheitern. Daran änderten auch manipulierte Erfolgsmeldungen über Erfolgsmeldungen nichts, die freudig verkündeten, die eigenen Verluste wären ganz gering, die Verluste der Gegner ungeheuer.

In Bayern traf im Frühsommer 1704 die Nachricht ein, daß der Herzog von Marlborough mit einer großen Truppenmacht von Holland in Richtung Süden aufgebrochen sei, um sich mit alliierten Truppen zu verbinden. Diese Meldung nahm die bayerische Heeresleitung nicht ernst. Während die Gegner den entscheidenden Schlag vorbereiteten, wähnte der Kurfürst, alle Machtdemonstrationen der Feinde seien nur Täuschung. Dem Bericht von Agenten und Aufklärungspatrouillen über den Transport von Kanonen nach Bayern durch die Kaiserlichen begegnete man mit dem unglaublich klingenden Hinweis, diese sogenannten »Kanonen« seien nur lange, ausgehöhlte Tannenbäume,[969] die zur Irreführung und Einschüchterung der bayerischen Soldaten umhergeführt würden. Eine gröbere Falscheinschätzung der Feindlage kann man sich kaum vorstellen.

Seit Villars abgereist und an seine Stelle der willfährige Marsin getreten war, herrschte Einigkeit in der Armeeführung. Marsin entwickelte keine Eroberungspläne. Sein Auftrag lautete, den Kurfürsten zu unterstützen. Daher ließ er seine Truppen dorthin marschieren, wohin der Kurfürst es wünschte.[970] An größere Vorstöße in feindliches Land war nicht mehr zu denken. Es ging jetzt darum, den Status quo aufrechtzuerhalten und die bisherigen kleinen Operationen fortzusetzen, jedem größeren Angriff auszuweichen und durch Taktik den Gegner zu ermüden.

Neue französische Verstärkungen waren bereits auf dem Marsch unter Führung Tallards. Die französische Heeresleitung war sich bewußt, daß nur außerordentliche Hilfeleistungen die verfahrene Situation retten konnten. So war schon die dritte Expedition ausgesandt, um den Kurfürsten in Bayern zu unterstützen. Er war ein teurer Verbündeter, doch hatte er den Vorteil eingebracht, daß die Alliierten noch keinen entscheidenden Vorstoß gegen Frankreich wagen konnten. Der Widerstand der französisch-spanischen Truppen war insgesamt gesehen auf allen Kriegsschauplätzen noch erfolgreich. Doch hatten sich die ersten Gewitterwolken angestaut, als die beiden Verbündeten Portugal und Savoyen, wie erwähnt, Ende des Jahres 1703 offen von Frankreich abfielen.[971] Die Koalition erkannte den Erzherzog Karl als König von Spanien an. Er brauchte sein Königreich nur noch zu erobern. Um dieses Ziel zu erreichen, war als erstes die von Bayern auf Habsburg und das

Reich ausgehende Gefahr zu beseitigen, und zwar mit allen verfügbaren Mitteln.

Der große Stratege MARLBOROUGH, Oberbefehlshaber der englischen Armee, hatte im April 1704 mit dem Grafen WRATISLAW diese Unternehmungen gegen Bayern ausgehandelt. Die Skeptiker aus den eigenen Reihen klug über die wahren Absichten täuschend, stieß MARLBOROUGH von Holland aus nach Süden vor, um sich mit dem kaiserlichen Heer unter Führung des Prinzen EUGEN zu vereinigen.[972]

Im Juni 1704 erfuhr der Kurfürst, daß Prinz EUGEN bei den kaiserlichen Truppen eingetroffen war, die in Bayern standen. Wie stets unterschätzte Max Emanuel die drohenden Gefahren. Er meinte, EUGEN habe Wien aus Verdruß verlassen, weil die Holländer und andere ihn in Wien verdächtig gemacht hätten. Auch möchte er dort nicht den Abgesandten der Hohen Pforte empfangen, mit dem der Kaiser über Ungarn verhandeln wolle. Prinz EUGEN mißbillige diese Verhandlungen und habe deshalb unter einem Vorwand Wien den Rücken gekehrt.[973] Die Wirklichkeit sah anders aus. Unter dem Eindruck der bayerischen Aggression hatte Kaiser LEOPOLD im Jahre 1703 den Prinzen EUGEN VON SAVOYEN zum Präsidenten des Hofkriegsrates ernannt und ihn mit der Führung des Feldzugs gegen die bayerisch-französischen Truppen beauftragt.

Als der Herzog VON MARLBOROUGH mit seinen Truppen Anfang Juni 1704 in Württemberg eintraf und gegen Bayern vorrückte, war Max Emanuel äußerst bestürzt. Er schickte wieder einmal Hilfegesuch um Hilfegesuch nach Frankreich und bat um Verstärkungen. Zu allem Überfluß fiel die Equipage des französischen Gesandten RICOUS den Feinden in die Hände, mit ihr zahlreiche Schriftstücke und der Geheimcode. Die Gegner konnten alle Briefe entziffern und die Geheimabsprachen des Kurfürsten aufdecken.[974] Max Emanuel trat die Flucht nach vorne an.

Schon im Februar 1704 hatte er Sondierungsgespräche mit den Alliierten aufgenommen.[975] Der Brandenburger bot seine Vermittlung an. Er suchte die bayerische Anerkennung seiner neuen preußischen Königswürde. Eine Vergrößerung Habsburgs durch Einverleibung bayerischer Territorien als Kriegsbeute lag nicht in seinem Interesse. Max Emanuel versuchte noch einmal, auf diplomatischem Wege seinen Zielen näherzukommen. Er forderte vom Kaiser, ihm das Herzogtum Mailand zu überlassen. Da es noch nicht erobert war, wollte er bis dahin die von ihm bereits okkupierten Reichsstädte als Faustpfand behalten. Ferner sollte Tirol an Bayern angeschlossen werden.

Wien lehnte begreiflicherweise diese Forderungen ab, die den tatsächlichen Machtverhältnissen Hohn sprachen. Allenfalls war LEOPOLD bereit, als Gegenleistung für einen Bündniswechsel die Markgrafschaft Burgau und Pfalz-Neuburg, das ihm nicht gehörte, anzubieten. Als Max Emanuel sah, daß die Kaiserlichen auf Verhandlungen eingingen, steigerte er seine Ansprüche Schritt um Schritt und gelangte wieder dort an, wo Graf SCHLICK im Jahre 1702 die Unterredung hatte beenden müssen. Es ging um territoriale Erweiterung Bayerns, um die Königskrone, um riesige Subsidienzahlungen.[976]

In Wien kamen bald Zweifel auf, ob sich der Kurfürst ernsthaft den Alliierten anzuschließen gedenke. Die militärischen Operationen nahmen ihren Fortgang. Die Engländer, mit den Truppen des Markgrafen LUDWIG VON BADEN verstärkt, näherten sich Donauwörth. Jetzt erst stellte Max Emanuel fest, daß der Zugang zur Festung, der Schellenberg, nicht befestigt war. 4000 Bauern wurden schnellstens herbeizitiert, um die Festung in Verteidigungsbereitschaft zu setzen und die Verschanzungen zu erneuern, die einst die Schweden im Dreißigjährigen Krieg angelegt hatten. Mindestens zwei Monate früher hätte dieser Befehl gegeben werden müssen. Aber, so RICOUS, in Bayern ergreift man kein Heilmittel, ehe das Übel und die Zeit drängen.[977]

Unter großen Verlusten nahmen die englischen Truppen auf Befehl MARLBOROUGHS am 2. Juli 1704 den Schellenberg ein. Die Alliierten stießen nach Bayern vor, das Land verwüstend, sengend und brennend.[978] Max Emanuel tröstete sich, der Verlust des Schellenbergs sei nicht ausschlaggebend für die Zukunft.[979]

Gute und schlechte Nachrichten jagten einander. Der Kurfürst war in höchster Unruhe. Wie früher schien er wieder angesichts der Gefahren schwach und unentschlossen. MARSIN versuchte, über RICOUS auf Max Emanuel einzuwirken. Die französische Generalität verlangte, daß der Kurfürst alle bayerischen Garnisonen aus den Städten und Festungen abzöge und mit dem Hauptheer vereinige, um die Schlagkraft seiner Truppen zu erhöhen. Dies war die einzige Möglichkeit zu überleben. Max Emanuel sträubte sich. Seine Gründe waren: Die Gegner würden alle festen Plätze in Bayern besetzen, sie wären daraus nicht mehr zu vertreiben. Dieser Verlust sei nicht mehr wettzumachen.[980]

Unruhe und Bestürzung im Land erreichten ihren Höhepunkt. Die Kurfürstin beschwor ihren Gemahl, endlich zur Besinnung zu kommen. Die Minister redeten auf den Kurfürsten ein; die Landschaft flehte wie noch nie. Der Kurfürst blieb wankelmütig und zaudernd und konnte sich zu keiner radikalen Wendung entschließen.[981]

Der Freisinger Bischof JOHANN FRANZ ECKHER war in größter Sorge um das geistliche und leibliche Wohl seiner Diözesanen. Es war ihm nur gelungen, für das Freisinger Territorium einen Schutzbrief gegen kaiserliche und alliierte Übergriffe zu erwirken. Ansonsten nahm er seine Zuflucht zu Gott und erließ einen Kriegshirtenbrief, in dem er den Krieg als Strafe Gottes darstellte und eine aufrichtige Sühneleistung der Menschen verlangte. Die Tatsache, daß die Verbündeten des Kaisers Engländer, also Andersgläubige waren, erfüllte ihn mit großen Ängsten. Zwischen den Schweden aus der Zeit des Dreißigjährigen Krieges und den Engländern des Jahres 1704 war aus dieser Sicht kein großer Unterschied.[982]

Die zu Visionen fähige Münchener Karmeliterin MARIA LINDMAYR bat die Kurfürstin inständig, auf ihren Mann einzuwirken und den Ausgleich mit dem Kaiser zu suchen. ECKHER ließ die »Seherin« nach Freising bringen, um sich mit ihr zu beraten. Dort hatte sie am 8. Juli 1704, also sechs Tage nach der Schlacht am Schellenberg, jene Vision, die eine weitere Kriegsgefahr und schwere Bedrängnis voraussagte. Sie sprach damit aus, was die Stände und das ganze Volk fühlten und nur einer nicht begreifen wollte – Max Emanuel.[983]

Zur Rettung aus der Verstrickung wurde am 17. Juli 1704 in München das feierliche Gelöbnis abgelegt, eine Dreifaltigkeitskirche zu bauen.[984] Jedermann ahnte, daß die Katastrophe unmittelbar bevorstand. Die Adeligen, die bei einem Verlust Bayerns die Rache der Kaiserlichen aufgrund ihrer Anhänglichkeit an den Kurfürsten befürchteten, schickten ihre Familien bereits in die

Schweiz in Sicherheit. Max Emanuel hoffte unterdessen auf die französische Hilfe. Jeden Tag wurde die Ankunft Tallards mit weiteren Hilfskräften erwartet.

Marlborough und Ludwig von Baden verlangten neue Verhandlungen. Graf Wratislaw, der in London den Operationsplan ausgehandelt hatte, diskutierte in Aichach mit dem bayerischen Kabinettssekretär Reichardt über die Möglichkeit, Max Emanuel als Mitglied des Reiches für die Haager Allianz zu gewinnen und eine weitere militärische Konfrontation zu vermeiden. Max Emanuel aber hatte schon längst jedes Augenmaß verloren. Er lebte in Träumen, aus welchen ihn niemand mehr reißen konnte. Graf Wratislaw machte Zugeständnisse, obwohl er von Wien dazu keine Vollmacht erhalten hatte. Er versprach Burgau und Neuburg, er versprach sogar die Königskrone. Als Gegenleistung verlangte er die Räumung aller von bayerischen Truppen besetzten Reichsterritorien sowie die Gestellung einer Truppenhilfe. Niemand kann sagen, die Alliierten hätten nicht alles versucht, um Max Emanuel durch Verhandlungen für eine Vernunftlösung zu gewinnen. Holland und England erklärten sich sogar bereit, Garantien einzugehen, damit er die vom Haus Österreich verlangte Satisfaktion erhalte. Ricous entdeckte bald, daß der Kurfürst nahe daran war, dem französischen Interesse zu entfliehen. Hin- und hergerissen zwischen Versprechungen und Drohungen, wußte Max Emanuel keinen Ausweg.[985] Auf seine Minister hörte er nicht.

Als die Meldung sich verbreitete, Marschall Tallard treffe in Kürze mit den französischen Hilfstruppen ein, den Alliierten sei es nicht gelungen, die Vereinigung der Truppen zu verhindern, ließ der Kurfürst die Verhandlungen abbrechen.[986] Es war die letzte Entscheidung Max Emanuels als absoluter Herrscher Bayerns auf lange Jahre hin.

In dieser Situation charakterisierte Ricous den Kurfürsten: »Er ist schwach, unentschlossen, schüchtern, ein großer Komödiant. Tugenden wie Rechtschaffenheit und Treue besitzt er nicht. Er ist äußerst empfindsam gegenüber allem. Er vergißt ungerechte Taten, verweigert seine Zustimmung bei jeder Kleinigkeit. Er ist eitel und hart in seinem Herzen hinsichtlich des wahren Ruhms. Er schmeichelt sich, vornehm zu sein. Er hat niemals den Mut, in der Öffentlichkeit als treulos zu erscheinen. Nur wenn er einen Schleier zur

Verfügung hat, den er vor die Augen legen kann, dann vermag man ihn zu führen, wohin man möchte, allein durch den Reiz von Nützlichkeit und eitlem Ruhm. Ansonsten leitet ihn das Vergnügen. Er bräuchte eine hochmütige und herrische Frau, um ihn zu regieren. Aber er besitzt keine. Schuldigkeiten und Gefälligkeiten erfreuen ihn. Aber selten gewinnt er auf diese Weise. Man muß ihm mit viel Entschlossenheit und großer Hochschätzung entgegentreten. In seiner Haltung nach außen erscheint er als leutseliger Fürst, familiär, sehr offen und liebenswürdig in allen Bagatellen. Jeder wird mit ihm zufrieden sein. Aber bei Verhandlungen, was Vertragstreue und Festigkeit hinsichtlich seiner eingegangenen Allianz betrifft, ist er ein sehr gefährlicher Charakter.«[987]

Am 4. August vereinigte sich bei Augsburg die bayerisch-französische Armee mit den neuen Hilfstruppen unter Marschall TALLARD. Der Kurfürst drängte zur Entscheidung, zum Angriff, zur Attacke. Dies war stets ein Grundprinzip seiner Erfolge gewesen. Statt dessen bedurften die durch den langen Marsch von Frankreich her ermüdeten Truppen TALLARDS erst der Schonung. Die militärische Lage Bayerns verbesserte sich durch die neuen französischen Kontingente nicht wesentlich. Die Armeeführung war uneins wie seit Jahren. Verschiedene Feldzugsprojekte wurden entworfen und diskutiert. Man konnte sich nicht entscheiden. Eine Möglichkeit war, den Lech entlang nach Landsberg zu marschieren und die Feinde aus Bayern zu verjagen. Die zweite Möglichkeit war, den Gegner nach Nördlingen zu locken und ihn dort durch Umklammerung zu binden. Der Kurfürst hoffte, Marschall VILLEROY würde unterdessen in Württemberg einfallen und einen Entlastungsangriff beginnen.[988]

Max Emanuel sah täglich sein Land in Flammen. Die Gegner rächten sich grausam an den unglücklichen Untertanen. Die bayerisch-französischen Truppen waren von allen Seiten eingeschlossen, die Verbindung mit Frankreich unterbrochen. Im Süden konnten sie den Übergriffen der Tiroler Bauern und kaiserlichen Soldaten keinen Einhalt gebieten. Im Osten stand das Land den Husaren offen. Im Norden hatten kaiserliche Truppen die Oberpfalz gänzlich besetzt und stießen nach Süden vor. Im Westen richteten sich die Alliierten ein. Große Teile der bayerischen Truppen waren an vielen Orten verteilt als Grenzwache und Besatzung, nicht zuletzt in den eroberten Städten zur Aufrechterhaltung von Ruhe und Ordnung. Nur ein Teil des gesamten Heeres stand dem Kurfürsten in aktiven bayerischen Regimentern zur Verfügung.

Die Kurfürstin verließ mit ihren Kindern München. Auf Befehl Max Emanuels kehrte sie wieder zurück.[989] Er wollte den Eindruck vermeiden, als sei bereits alles verloren.

Infolge der jahrelangen Kontributionen, überhöhten Steuerauflagen, außerordentlichen Kriegsleistungen war das Land erschöpft, die Naturalvorräte fast völlig aufgebraucht, der Salzhandel zum Erliegen gekommen.[990] Die Truppen, die Beamten, der Hofstaat konnten nicht bezahlt werden. Jeder suchte sich schadlos zu halten, so gut es ging. Aus dem Garten der Münchener Residenz stahlen die Bediensteten und Münchener Bürger ohne Scheu Brennholz und verkauften es, um sich eine kleine Entschädigung zu verschaffen.[991]

Die Franzosen waren unbeliebt. Man schob ihnen die Schuld an der gegenwärtigen Entwicklung zu. Der Generalität warf man vor, ein riesiges Vermögen in die eigene Tasche gesteckt zu haben. Zwischen bayerischen und französischen Offizieren herrschten Spannungen, auch innerhalb der Truppen. Die Soldaten, die einheimischen wie die fremden, waren auf Plünderung und Raub angewiesen, um sich am Leben zu erhalten. Die Winterfeldzüge hatten nichts eingebracht außer Krankheiten und Verbitterung. Die Soldaten und das Volk waren deprimiert. Um die Alliierten am weiteren Vordringen zu hindern, beschloß die bayerische und französische Generalität ihrerseits, bayerisches Land zu verwüsten. Das Prinzip der verbrannten Erde war der Weisheit allerletzter Schluß. Einzelne Häuser, Landschlösser oder Burgen, die nicht zu halten waren, wurden in Asche gelegt, ebenso rund 400 größere Dörfer. Die befestigten Städte waren von Flüchtlingen überfüllt. Die große Ansammlung von Menschen auf kleinem Raum und die miserablen hygienischen Verhältnisse brachten Krankheiten, Epidemien und Seuchen mit sich. Der Tod hielt große Ernte. Die Sterbefälle beispielsweise in München stiegen um 100 Prozent.[992]

Die Wende bei Höchstädt

Die militärische Entscheidung lag allein bei den Alliierten. Sie konnten den Tag des Angriffs bestimmen. Die französisch-bayerische Armee vermochte im Grund nur mehr zu reagieren. Die »Diversion« durch RÁKÓCZY in Ungarn entlastete Bayern keineswegs, wie erhofft. Die von Frankreich gewünschte Verbindung zwischen Max Emanuel und den ungarischen Magnaten kam nicht zustande, gemeinsame Aktionen waren schon aufgrund der geopolitischen Lage unmöglich,[993] wie später noch ausführlich dargelegt wird.

Alle wichtigen Pläne des Kurfürsten waren gescheitert. Die Vereinigung mit VENDÔME über Tirol war fehlgeschlagen, der Angriff auf Oberösterreich zurückgewiesen, das Reich nicht entscheidend geschwächt oder ausgeschaltet, Habsburg keineswegs niedergerungen. Alle Offensivschläge gingen ins Leere. Die kleineren Reichsstädte und Territorien, die durch Gewalt gewonnen waren, verursachten mehr Kummer, als dieser Erfolg wert war. Die neuen Untertanen mußten ständig überwacht werden. Ihre Verbindung mit dem Gegner war allzu offensichtlich.

Max Emanuel hatte den Höhepunkt seiner Leistungsfähigkeit längst überschritten. Ihm warfen sich entgegen die ungebrochenen Kräfte des Markgrafen LUDWIG VON BADEN, des Prinzen EUGEN, des Herzogs VON MARLBOROUGH. Sie standen als Staatsmänner und Soldaten auf dem Höhepunkt ihrer Karriere. MARLBOROUGH war einst beim großen TURENNE in die Lehre gegangen,[994] wogegen der Kurfürst in militärischen Dingen immer Autodidakt geblieben war. Er ließ sich nichts sagen und ersetzte durch seine Ausstrahlungskraft und seine mitreißende, überzeugende Art, was ihm an Argumenten fehlte. Er war im Kampf persönlich tapfer und schonte sich nicht, jedoch vermochte er nicht das ganze Geschehen im Auge zu behalten, sondern blieb völlig dem Eindruck des Augenblicks hingegeben, suchte den militärischen Erfolg intuitiv im Überraschungseffekt eines spontanen Angriffs.

Während Bayern keinen Nachschub von außen erhalten konnte, stand der alliierten Armee eine Versorgungslinie über den Main zur Verfügung, eine zweite über Nürnberg, die sie von der Rheinschiffahrt unabhängig machte, welche die Franzosen eventuell unterbrechen konnten. Verschiedene Reichsterritorien und Städte, voran Nürnberg, Würzburg, Bamberg, Eichstätt, Freising, Pfalz-Neuburg, wurden in das Versorgungsnetz integriert.[995] Die Alliierten erstrebten die Konsolidierung ihrer Lage.

TALLARD hoffte, eine Entscheidungsschlacht hinauszögern zu können. Die vorrückende Jahreszeit würde die Gegner zwingen, ihre Stellungen zu verlassen und in die Winterquartiere abzuziehen. Der Kurfürst dagegen drängte zum Angriff. Man müsse die feindliche Armee verwirren, indem man ihre Linien in ständiger Bewegung halte. Vergeblich bemühte sich TALLARD, mit der vereinigten bayerisch-französischen Armee, etwa 56 000 Mann, die Heeresgruppen des Prinzen EUGEN und MARLBOROUGHS zu trennen. Diese beiden Heerführer suchten den Kampf, während TALLARD anstrebte, den Winter heil zu überstehen.[996]

Am 12. August 1704 bezogen die französisch-bayerischen Truppen in der Absicht, den Gegner zu beunruhigen und zum Abzug zu bewegen, eine Stellung am Nebelbach zwischen Höchstädt und Blindheim, nahe genug, um den, wie sie wähnten, abmarschierenden Alliierten sofort folgen zu können. Das eigene Lager hielt man für völlig geschützt einerseits durch die Donau, andererseits durch Höhenzüge und Wälder an der linken Flanke. Allerdings gab es auch keine Rückzugsmöglichkeit, wenn der Feind angriff. Doch das erwartete man nicht. Deshalb war auch keine Pontonbrücke über die Donau installiert worden, – sei es um neues Kriegsmaterial herbeizubringen oder rasch auf das andere Donauufer zurückweichen zu können. Einziges Nahziel war, die Versorgungslinie in Richtung Augsburg und ins bayerische Hinterland notdürftig aufrechtzuerhalten. Ein Schlachtplan bestand auf bayerisch-französischer Seite nicht, da man zu diesem Zeitpunkt keine Entscheidung erwartete. Die Verschanzungen und Befestigungen waren ohne besondere Sorgfalt angelegt. Auf Seite der Alliierten dagegen herrschte völlige Übereinstimmung in militärischen und politischen Fragen: Der bayerische Kurfürst mußte ausgeschaltet, die Franzosen über den Rhein zurückgetrieben werden.[997] MARLBOROUGH und EUGEN arbeiteten gemeinsam einen genauen Schlachtplan aus.

Bei Tagesanbruch des 13. August 1704 wurden im Lager der Alliierten die Trommeln gerührt. 52 000 Soldaten traten gegen das französisch-bayerische Heer in einer Stärke von etwa 56 000

Mann an. Noch wenige Stunden vorher hatte TALLARD nach Versailles geschrieben, der Feind werde anscheinend bald in Richtung Nördlingen abziehen. Den unmittelbar bevorstehenden Angriff der Alliierten erkannte er nicht. Während diese ihre Schlachtordnung nach den Regeln der Kriegskunst formierten und ihre Marschkolonnen zum Angriff gegen das bayerisch-französische Lager antraten, wurden in diesem noch in höchster Eile Schanzen und Wälle aufgeworfen und Verhaue angelegt. TALLARD, MARSIN und Max Emanuel mußten aufgrund der Lagerordnung ihre Truppen dem Feind entgegenwerfen. Zur Aufstellung der üblichen Schlachtordnung fehlte ihnen die Zeit. Zu ihrem Glück konnte MARLBOROUGH nicht rechtzeitig angreifen, da der rechte Flügel unter Prinz EUGEN durch Geländeschwierigkeiten langsamer als geplant vorwärts kam. Diese Atempause ermöglichte den Aufbau einer Verteidigungsstellung durch TALLARD. Das Prinzip, das Max Emanuel mit Vorliebe anwandte, der sofortige Gegenangriff, war nicht mehr möglich. Die französische Armee verschanzte sich hinter dem Nebelbach. Seine Bedeutung für den Kampfverlauf ist umstritten. Die Engländer behaupten, daß der versumpfte Bachgrund ein erhebliches Hindernis darstellte und mit Faschinen überwunden werden mußte; die französischen Berichte melden, daß der Bach nur eine Rinne von zwei Fußbreit bildete und wegen der großen Hitze ausgetrocknet war. Wie auch immer, – das Bachbett war die einzige Trennungslinie zwischen beiden Armeen.

Die Schlacht begann gegen Mittag. Bis zum Abend wogte der Kampf.[998] Max Emanuel hielt sich mit der bayerischen Reiterei tapfer, doch die Franzosen wurden überrollt und hinter die Front des ursprünglichen Lagers zurückgeworfen. Der Ansturm der Alliierten war so heftig, daß kein geordneter Rückzug mehr möglich war. Eine wilde Fluchtbewegung setzte ein. TALLARD wurde gefangengenommen. Einige tausend Soldaten versuchten, die Donau zu durchschwimmen. Viele ertranken. Der Kurfürst mußte einsehen, daß die Schlacht verloren war. Er schloß sich den Flüchtenden an.[999]

30 000 Mann, Franzosen und Bayern, wurden von den Alliierten gefangengenommen, zersprengt oder niedergemacht. Alte Regimenter mußten sich ergeben, nachdem sie ihre Fahnen zerfetzt oder vergraben hatten. Insgesamt gaben 40 000 Menschen an diesem

einzigen Tag, den Max Emanuels verfehlte Politik heraufbeschworen hatte, ihr Leben. Die versprengten bayerischen und französischen Soldaten flohen, soweit es möglich war, gemeinsam mit Max Emanuel und MARSIN.[1000] Sie eilten ins Elsaß, von den Siegern verfolgt, die Anfang September den Rhein überschritten. Bayern war verloren, Versailles in Panik. Zuerst wagte niemand, dem König diese Schreckensnachricht zu überbringen. Die Gefahr eines Angriffs von Osten war bedrohlich nahe. VILLARS, der fähigste der Marschälle, wurde aus den Cevennen geholt.[1001] Seiner Gemahlin THERESE KUNIGUNDE schrieb Max Emanuel am Tag nach der verlorenen Schlacht: »Retten Sie sich und unsere Kinder. Das ist das einzige, was wir noch besitzen. Wir haben heute alles verloren. Gott sei bei Ihnen. Mit mir geht's dem Rheine zu.«

Die folgenden Jahre wurden schwer. Max Emanuel war ein Fürst ohne Land, ohne Einkünfte, eine ständige Belastung für Frankreich, ein unentwegter Nörgler und Bittsteller. Man mußte ihn unterhalten, so gut es ging. Je mehr seine Macht schwand und seine Stellung fraglich war, desto höher schraubte er seine Ansprüche, seine Pläne, seine Hoffnungen. Es begann die Zeit der großen Krise.[1002]

Die Zeit der großen Krise
(1704-1714)

Die Flucht

Der Kurfürst eilte, so schnell er konnte, in die Niederlande. Schließlich war er immer noch mit dem Titel eines Statthalters geschmückt,[1003] obgleich er sich seit Jahren nicht mehr um die Geschicke dieses Landes gekümmert hatte. Mit dem Kurfürsten floh ein Teil des Hofstaates, die führenden Militärs und Beamten, ein Teil des Adels, besonders jene erst jüngst nach Bayern gekommenen ausländischen Adeligen, die die Rache der Kaiserlichen wegen ihrer Anhänglichkeit an den Kurfürsten fürchteten. Versprengte Truppenteile, die sich nicht ergeben hatten, schlossen sich dem großen Exodus an.[1004]

Die Grafen D'ALBERT und MONASTEROL eilten aus Paris nach Straßburg, um dort den Kurfürsten zu empfangen. Von hier aus reisten sie zusammen in die Niederlande. Die Franzosen machten gute Miene zum bösen Spiel. Sie wünschten Max Emanuel für seinen künftigen Aufenthalt in Brüssel viel Glück »pour la gloire et l'amour«. Der Kurfürst begab sich in solchem Eiltempo nach Norden, daß die Franzosen kaum Gelegenheit hatten, die notwendigen Schutzmaßnahmen für seine persönliche Sicherheit zu treffen. Es stand zu befürchten, daß er durch sein Ungestüm den Kaiserlichen zu guter Letzt noch in die Hände fiele. Die Behörden wurden schleunigst angewiesen, Begleitmannschaften bereitzustellen und den Kurfürsten mit den gleichen Ehren zu empfangen, wie man sie der Person des französischen Königs entgegenbrachte.[1005]

LUDWIG XIV. wiederholte seine Zusicherungen, seine Hand schützend über den Kurfürsten zu halten,[1006] ein wichtiges Zugeständnis angesichts der veränderten Lage. Max Emanuel besaß praktisch kein Territorium, keine Herrschaft, keine »natürlichen« Einkünfte mehr. Er war ein »Maximilian ohne Land«. Denn in den Niederlanden gehörte ihm keine Handbreit Boden. Seine Truppen waren geschlagen oder in den Garnisonen zurückgeblieben, nur ein Teil folgte ihm nach. Der Kurfürst war in Brüssel kein gern gesehener Gast. Sein Unterhalt kam teuer. Außer Juwelen und Wertgegenständen, die seine Getreuen vor ihrer Flucht ins Ausland noch schnell zusammengerafft hatten, besaß der Kurfürst nichts.

In Sedan traf Max Emanuel mit Joseph Clemens, seinem aus Köln vertriebenen Bruder, zusammen. Beide stellten traurige Betrachtungen über ihr Unglück und den bösen Lauf der Welt an. Sie klagten über das anscheinend vom Himmel über sie verhängte Schicksal und betrachteten sich als jeder persönlichen Verantwortung entzogen. Besonders Joseph Clemens war äußerst deprimiert und jammerte, er habe alles verloren, er erwarte keine andere Entschädigung als die ewige Belohnung. Das Unglück hätte ihm die Augen geöffnet und lasse ihn von Tag zu Tag deutlicher den falschen Glanz der Welt sehen.[1007] Würde der französische König weiterhin Beistand leisten und den Mut der Feinde dämpfen? War er dazu überhaupt imstande? In ihren zahlreichen Briefen schütteten sich die Brüder gegenseitig ihr Herz aus. Beide fühlten, daß ihr Exil nicht so vorteilhaft aussah, wie man es ihnen vormals geschildert hatte. Nach außen hin selbstbewußt auftretend, fordernd, Unterwerfung erheischend, auf großem Fuße lebend, jede Ehrbezeigung erwartend, alle Titel führend, hielt Max Emanuel die Fiktion eines Herrschertums aufrecht,[1008] das er nicht mehr besaß. Je weniger er über reale Macht verfügte, um so größer waren seine Ansprüche, um so mehr flüchtete er sich in Illusionen, eine typische Art der Kompensation, wie sie von Menschen des Barock überliefert ist. Die Franzosen dachten nüchtern. Sie hatten ein Schlachtfeld außerhalb der eigenen Grenzen preisgegeben. Sollten sie ihren Verbündeten halten? Das war die große Frage. Es begann die Zeit einer ernsten Krise, für Europa insgesamt und für das Volk in Bayern im besonderen, eine Zeit, in der die Geschicke des Kurfürsten und Bayerns weitgehend voneinander getrennt waren.[1009]

Frankreichs Interesse

Die bayerischen Räte, die nach Brüssel gekommen waren, bemühten sich intensiv, das Interesse der französischen Regierung am Kurfürsten nach dem Verlust Bayerns wachzuhalten. Sie legten daher zahlreiche, wirkliche und fiktive Rechte des Kurhauses Bayern dem französischen Kabinett zur Einsichtnahme vor. Der Kurfürst hatte zwar kein Land, keine Einkünfte, fast keine militärische Macht mehr, aber viele Ansprüche, die die Nachfolge Bayerns in den österreichischen Erblanden gemäß den Heiratsverträgen seit dem 16. Jahrhundert betrafen. Hoffnungen auf die Kaiserkrone bestanden immer, so daß der »Wert« des Kurfürsten in den Augen der französischen Diplomaten sich wieder erhöhen mußte.[1010]

LUDWIG XIV. rechnete mit einer Rückkehr des Kurfürsten nach Bayern zu gegebener Zeit, um wiederum einen Verbündeten im Reich gegen Habsburg, direkt oder indirekt, zur Verfügung zu haben. Die Investitionen der Gegenwart würden sich künftig lohnen. Max Emanuel sollte unter allen Umständen mit Bayern verbunden bleiben. Nur deshalb hielten und ernährten die Franzosen ihn. Ein Wankelmütiger und Sanguiniker wie Max Emanuel war gleichsam ein Garant für die Richtigkeit dieser Politik. Ein energischer Fürst mit eigenen realistischen Zielsetzungen, die das politische Kräftegewicht hätten verändern können, wäre eine Gefahr gewesen. Doch der Kurfürst war der richtige Mann. Er war zu lenken.

Es war eine weitausschauende Politik, die der französische König betrieb. Diese Überlegungen aber besagen zugleich, daß Frankreich keinerlei Interesse daran haben konnte, den Kurfürsten außerhalb Bayerns anzusiedeln oder Bayern gegen ein anderes Land auszutauschen. Das entsprach nicht den französischen Vorstellungen. Die Möglichkeit, Bayern künftig gegen Habsburg ins diplomatische Feld zu schicken, wäre dann für immer verloren. Der Appetit des Kurfürsten nach einer Rückkehr in sein angestammtes Land mußte unter allen Umständen angestachelt und gefördert werden. Das war am besten zu erreichen, wenn man ihm Souveränitätsrechte in den Niederlanden verweigerte, die er seinerseits so sehr wünschte, um sich als unabhängiger Fürst zu etablieren.[1011]

Spanien selbst war nicht erfreut über die Rückkehr des Kurfürsten nach Brüssel.[1012] Souveränitätsansprüche auf die Niederlande als Ausgleich für den Verlust Bayerns waren zu befürchten. Ihm die Niederlande abzutreten, hätte bedeutet, das Prinzip der Teilung, gegen das sich Spanien seit Jahrzehnten mit Entschiedenheit wehrte, in die europäische Politik dieser Jahre einzuführen, ein Präzedenzfall, der alle anderen Prätendenten auf das spanische Erbe ermuntert hätte, ihre Teilungsforderungen verstärkt anzumelden. Um diese negativen Folgen abzuwenden, unterstützten die französischen und spanischen Diplomaten und Militärs mit Entschiedenheit alle Ansprüche des Kurfürsten, seine Herrschaft auf Kosten Habsburgs oder des Reiches zu vergrößern oder eine entsprechende Entschädigung zu erhalten. Man sprach laut und deutlich von der widerrechtlichen Aneignung bayerischer Territorien durch das Haus Österreich seit den letzten 400 Jahren, die nun rückgängig gemacht werden müßte. Wichtig schien auch die Erinnerung, daß Kurfürst Maximilian I. die Oberpfalz während des Dreißigjährigen Krieges erhalten hatte, indem er auf die Rückzahlung von 13 Millionen Gulden an Kriegsschulden und auf das oberösterreichische Pfand verzichtete. Darauf konnte man Ansprüche aufbauen.[1013]

Ricous, der von den französischen Militärs beschuldigt wurde, durch seine ungestüme Politik und die Verkennung der Realitäten die Katastrophe von Höchstädt mit herbeigeführt zu haben, wurde seines Postens enthoben.[1014] An seine Stelle trat Präsident Rouille, um Max Emanuel in Brüssel nach den französischen Wünschen zu überwachen, zu lenken und zu leiten. Er war Jurist, in Fragen der Verwaltung und des Rechts ebenso wie der Diplomatie erfahren, ein kühler Rechner, intellektuell und scharfsinnig, ohne Pathos und Emotion. Sein Charakter unterschied sich also von dem des Kurfürsten grundsätzlich. Mit Engagement versuchte er, Max Emanuel von unüberlegten Schritten abzuhalten. Denn dieser war in Brüssel wieder den holländischen und englischen Diplomaten, seinen alten Verbündeten, sehr nahe. Seine »Bündnistreue« kannte man. Vorsicht war geboten. Ausschlaggebend blieb für den Kurfürsten nur der Vorteil. Würde er die Niederlande den Alliierten ausliefern, wenn er sich davon einen Nutzen versprach?[1015]

Zwangsweise mußte Rouille den Kurfürsten mit einer Schar

von Agenten umgeben, die angewiesen waren, rechtzeitig die Absichten Max Emanuels und seiner Vertrauten zu eruieren, die selbstverständlich in erster Linie auf ihr eigenes und nicht auf das französische Interesse bedacht waren. Zugleich war größte Zurückhaltung erforderlich, um Max Emanuel dieses berechtigte Mißtrauen nicht spüren zu lassen. Bestand doch die Gefahr, daß in diesem Fall auch Joseph Clemens angestachelt würde, sich nach neuen Partnern umzusehen.[1016]

Vorläufig und vordergründig war es ein Zwangsbündnis, das die Franzosen verpflichtete, über die tatsächliche Machtlosigkeit der Exulanten Max Emanuel und Joseph Clemens großzügig hinwegzusehen und sie zu ernähren, zu kleiden, zu versorgen, ihnen Vergnügungen zu bereiten, sie bei Laune zu halten, ihnen Residenzen, Landschlösser und Lusthäuser zur Verfügung zu stellen, ihnen Opern und Festlichkeiten zu bieten, ihren Hofstaat zu verköstigen, ihre Minister zufriedenzustellen, ihre Leidenschaften zu ertragen, ihre Hoffnungen zu nähren, ihre Niedergeschlagenheit zu vertreiben und ihren diplomatischen Aktionen den notwendigen Rückhalt zu geben, ihre Selbständigkeitsbestrebungen zu überwachen, einen vorzeitigen Bündniswechsel zum Schaden Frankreichs und Spaniens zu verhindern und sie gleichzeitig alle diese Prinzipien nicht fühlen zu lassen. Im Hinblick auf die sich zuspitzende Lage im Inneren Frankreichs und die militärischen Fehlschläge der französischen und spanischen Truppen in Europa und Übersee bildeten beide Kurfürsten weder ein bedeutendes noch ein entscheidendes Problem. Sie spielten keine Rolle mehr, die Zuschauer angelockt hätte.

Auch der Tod Kaiser Leopolds I. (5. Mai 1705) änderte nichts an der Gesamtlage. Eine Neuwahl ergab sich nicht, da die Nachfolge seit langem geregelt war. Max Emanuel nahm diesen Thronwechsel zum Anlaß, weitausgreifende Zukunftspläne zu entwickeln: Der neue Kaiser Joseph I. habe keine Söhne und könne auch nicht hoffen, Söhne zu bekommen, was damals nur eine Vermutung war. Um das Kaisertum beim Haus Habsburg zu halten, komme nur der Bruder des nun regierenden Kaisers, Erzherzog Karl, in Frage, der Spanien für sich beanspruche. Für seine Wahl zum Römischen König benötige er zu gegebener Zeit auch die Zustimmung der Kurfürsten von Köln und Bayern. Joseph I.[1017] müsse folglich an einer Restitution beider Fürsten interessiert sein. Nach der Aussöhnung mit Habsburg wäre eine Heirat der ältesten Kaisertochter mit dem Kurprinzen von Bayern von Vorteil. Schließlich sei kein anderer katholischer Reichsfürst für eine solche Ehe geeigneter. Durch entsprechende Heiratsverträge käme eines Tages Österreich an das Haus Bayern, würde Wittelsbach die Habsburger auf dem Kaiserthron ablösen. Denn die Konstitution des Erzherzogs KARL schien sehr schwach. Auch er besaß keine Söhne. Die Nachfolgefrage sei also aktuell. Verhandlungen über die Annäherung beider Häuser könnten unter Vermittlung des Papstes eingeleitet werden. Die katholische Kirche habe allen Grund einzugreifen, um zu verhindern, daß das Kaisertum in Zukunft zwischen einem katholischen und protestantischen Reichsfürsten wechsle.

Auf Vorschlag und in Anwesenheit ROUILLES veranlaßte Max Emanuel Konferenzen mit dem Baron VON PRIELMAYR und dem Sekretär REICHARDT, die einschlägige Zukunftspläne ausarbeiteten. LUDWIG XIV. hielt diese Überlegungen für völlig unrealistisch. Er ließ Max Emanuel wissen, er könne nicht hoffen, in dieser Angelegenheit jemals einen Erfolg für sich verbuchen zu können. Der Kurfürst dagegen schätzte die Lage anders ein. Das Interesse der Religion müsse auch beim Kaiser obenanstehen. Das allein gebe ihm, Max Emanuel, eine reelle Chance der Mitsprache. Der Kaiser müsse sich arrangieren.[1018]

Es war eine typische Situation: Max Emanuel jonglierte mit Machtkonstellationen, auf die er keinen Einfluß hatte. Und trotzdem waren diese Überlegungen und Pläne so unrealistisch nicht. Eine Heirat zwischen Habsburg und Wittelsbach kam zustande, aber erst nach über einem Jahrzehnt. Paris dagegen mußte zu jenem Zeitpunkt erkennen, daß Max Emanuel stets zu einem Arrangement mit dem Kaiser bereit war, wenn ihm dieser genug bot. Er warf sich dem Meistbietenden an den Hals. Gleichzeitig schielte er auf dessen Rivalen, um seinen Wert als Bündnispartner zu erhöhen. Es war ein Spiel, das er furchtbar aufregend, interessant und erfolgversprechend fand. Von beiden Seiten, Habsburg und Bourbon, war Max Emanuel, solange er in Bayern anwesend war, umworben. Beide wollten verhindern, daß er sich völlig dem anderen anschloß. Ein in Maßen selbständiges Bayern zu erhalten, war das Ziel der großen Gegenspieler. Max Emanuel hatte nun selbst dieses Prinzip durchbrochen und Bayern verspielt. Frankreich erstrebte deshalb zum gegenwärtigen Zeitpunkt, den Status quo ante wieder herbeizuführen.[1019]

Die Organisation der Versprengten

Beide vertriebenen Kurfürsten bezogen keine Einnahmen mehr aus ihren eigenen Ländern. Alle niederländischen Steuereinkünfte waren fast ausschließlich für die Verteidigung des Landes und den Unterhalt der spanisch-französischen Truppen nötig. Deshalb wurden die französischen Subsidien, die »Hilfsgelder«, zur einzigen Einnahmequelle beider Kurfürsten.[1020] Um eine kraftvolle Außen- und gediegene Innenpolitik betreiben zu können, war nach dem Prinzip allgemeiner und im besonderen absolutistischer Staatsweisheit eine entsprechende finanzielle und wirtschaftliche Basis unabdingbar. Beide Kurfürsten sind der negative Beweis für diese These. Sie konnten weder eine kraftvolle Außen- noch eine gediegene Innenpolitik betreiben, da sie aufgrund ihrer Situation in politischer, wirtschaftlicher und finanzieller Hinsicht keinerlei Rückhalt hatten und lediglich auf die allerdings reichlichen Gnadengaben Frankreichs angewiesen waren. Dem Weitblick und dem Prestigedenken des französischen Königs sowie seinem unbeugsamen Willen, nicht zuletzt auch den umfangreichen Subsidienzahlungen verdankten beide Kurfürsten ihr Überleben.

Die bayerischen Soldaten, die ins Elsaß fluteten,[1021] wurden zunächst in französische Verbände eingegliedert. Dies machte böses Blut. Die Soldaten wollten nach Brüssel, um sich dem Kurfürsten anzuschließen. Da die meisten von ihnen die französische Sprache nicht beherrschen, fühlten sie sich in der französischen Armee völlig hilflos und konnten ihre Bedürfnisse gegenüber ihren Vorgesetzten, die keinen bayerischen Dialekt verstanden, kaum artikulieren. Der Kurfürst erwirkte vom französischen König die Erlaubnis, die in die französischen Kompagnien gezwungenen bayerischen Soldaten in die Niederlande abziehen zu dürfen. Dieser Umstand zeigt die »Machtfülle« des Kurfürsten am besten. Er konnte nur noch Vorschläge unterbreiten und Bitten vortragen.

Der junge Graf VICTOR AMADEUS VON MONASTEROL, der Bruder des bayerischen Gesandten in Paris, entwickelte in Venedig gemeinsam mit Abbé POMPONNE einen Plan, bayerische Deserteure, die die kaiserliche Armee verlassen hatten, in Italien zu sammeln und daraus ein eigenes Regiment unter dem Chevalier DE BAVIÉRE zu bilden. LUDWIG XIV. gab seine Zustimmung, wies Geld an und verlieh Orden.[1022] Auch in den Niederlanden wurden die neuen bayerischen Verbände organisiert. Sie unterstanden dem Kommando des Feldmarschalls Graf ARCO.[1023]

ARCO, Baron SIMEONI, die Sekretäre REICHARDT und WILHELM, später auch LIER waren wesentlich an der politischen Meinungsbildung des Kurfürsten – nicht aber am politischen Entscheidungsprozeß, denn es gab nicht mehr viel zu entscheiden – während dieser Zeit beteiligt. Ihre erste Aufgabe war die Etablierung des Kurfürsten. Weder DON QUIROS, der intrigenreiche spanische Botschafter, noch Graf BERGEYCK, dem Max Emanuels phantastische Pläne zuerst Rätsel aufgaben, schließlich seinen energischen Widerstand hervorriefen,[1024] waren besonders begeistert, den Kurfürsten wieder in ihren Reihen zu sehen und mit ihm alle jene anfallenden Angelegenheiten besprechen zu müssen, an denen er Interesse bekundete.

Max Emanuel verlangte vom französischen König ein neues Patent, das seine Rechte als Generalgouverneur der Niederlande bestätigte, wie sie ehemals der Kardinalinfant und der Erzherzog ERNST besessen hatten. SIMEONI begab sich eilends nach Madrid, um an Ort und Stelle die Wünsche des Kurfürsten durchzusetzen. Max Emanuel war nicht zufrieden, als im Dezember 1704 das Patent nicht an ihn, sondern an LUDWIG XIV. abgesandt wurde.[1025] Da der Kurfürst eindeutig nach einer souveränen Herrschaft strebte,[1026] war alle Überredungskunst der französischen, spanischen und niederländischen Diplomaten notwendig, ihm die Nachteile klarzumachen, die eine solche frühzeitige Abtretung der Niederlande für Spanien wie auch für ihn heraufbeschwören würde. Ein konzentrierter Angriff der Gegner würde ihn sofort aus den Niederlanden vertreiben. Bei der äußersten Anstrengung der militärischen, finanziellen und wirtschaftlichen Lage in den Niederlanden wäre ein Widerstand, der sich auf die eigenen Kräfte allein stützen müßte, auf die Dauer völlig aussichtslos. Man vertröstete den Kurfürsten auf eine spätere günstige Gelegenheit.[1027]

Zugleich mußte verhindert werden, daß Max Emanuel durch sein Ungestüm und seinen Ehrgeiz in den Niederlanden neuerdings einen Aufstand herbeiführte und den Adel des Landes zum Anschluß an den Erzherzog trieb, der eine Alternative bot. Der geringste Argwohn, Madrid würde die Niederlande dem Kurfürsten abtreten, hätte genügt, im Lande große Unruhe hervorzurufen. Ohne Wissen des Kurfürsten versicherten die französischen und spanischen Diplomaten den niederländischen Adeligen immer wieder, sie dächten niemals an eine Veränderung der bestehenden Herrschaftsstruktur. Sie wollten die Niederlande lieber »dem Teufel oder Habsburg« als dem Kurfürsten überlassen![1028] Sein Prestige war beinahe auf dem Nullpunkt angekommen. Man erhielt es nur noch künstlich aufrecht, indem man nach außen tat, als sei nichts geschehen.

Furcht und Ablehnung beherrschten jene niederländischen Adeligen, die Ehrenstellen und Güter in Spanien besaßen. Sie bangten um den Verlust ihrer Positionen, wenn sie der Herrschaft Max Emanuels unterstellt würden, was einer persönlichen Erniedrigung gleichkäme und wahrscheinlich auch eine wirtschaftliche Einbuße durch die Abtrennung ihrer spanischen Güter zur Folge hätte. Durch Erfahrungen aus den vergangenen Jahren gewarnt, befürchteten die Zünfte ernstlich, die Unfähigkeit des Kurfürsten würde Land und Geschäfte weiter ruinieren. Er sei nicht in der Lage, die verworrenen Verhältnisse zu ordnen und zu konsolidieren. In allen Gesellschaftskreisen wurde seine Anwesenheit in Brüssel mit großer Sorge beobachtet.[1029]

Paris beauftragte seine Agenten, den Vertrauten des Kurfürsten einige finanzielle Zuwendungen und größere Pensionen zukommen zu lassen, damit sie außer den Interessen Max Emanuels die französischen nicht vollständig vernachlässigten. Die Angehörigen des bayerischen und Kölner Hofstaates gelangten auf diese Weise zu mäßigen Pensionen oder sie erhielten Ämter in den Niederlanden und in Frankreich, die sie nie antraten, aber deren Einkünfte sie genießen konnten. So wurde Abbé SIMEONI mit einer Abtei in Frankreich betraut, die er seiner Lebtag nie besuchte.[1030] Max Emanuel richtete sich unterdessen auf ein, wie er glaubte, dauerhaftes Provisorium in den Niederlanden ein.[1031] Nach Bayern wollte er nicht zurückkehren, ein trostloses Land, das die Kaiserlichen auf jede denkbare Weise zu vernichten trachteten. Bitter beklagte er sich über die »Treulosigkeit« des bayerischen Adels und besonders jener Personen, die ihm hätten am meisten verbunden sein müssen. Er suchte alle Schuld an der gegenwärtigen Misere bei anderen.

Rouille entwarf 1705 folgendes Charakterbild des Kurfürsten: »Max Emanuel besitzt Geist, begreift leicht, antwortet richtig und erklärt sich verständlich. Er ist des Mißtrauens fähig, vertraut sich indessen jedermann leichtgläubig an. Er sucht gewisse Dinge und Kenntnisse, die er besitzt, zu verhehlen, hält dies aber nur kurze Zeit durch, denn er besitzt eine große Neigung zu reden. Dieses Bedürfnis, sich anderen mitzuteilen und mit allen zu sprechen, vermag oftmals seine Ansichten zu ändern. Die Leichtigkeit seines Gesinnungswandels verlangt, daß der Gesprächspartner keine Wege und Mittel versäumt, um mit ihm in ständiger Verbindung zu bleiben, sich in seiner Nähe zu halten, um mit ihm oft reden zu können oder ihm Grund zum Gespräch zu geben infolge der zahlreichen Unterredungen, die er öffentlich und im geheimen führt. Er liebt den Krieg mehr als alle anderen Dinge und wünscht immer eine Gelegenheit, in irgendwelche Aktionen eintreten zu können. Diese Neigung hindert ihn keineswegs, lebhaft alle nur möglichen Vergnügungen mitzumachen. Er liebt die Jagd, das Spiel, die Musik und stürzt sich in diese Belustigungen, als ob sie nichts wären. Er ist gegenwärtig in Brüssel mit anderen Dingen intensiver beschäftigt. Er redet oft von der Zwangslage, in der er sich befindet, und verbirgt nicht die Begierde, die er hegt, den Krieg beendet zu sehen und durch den Frieden in den natürlichen Stand seiner Würden, Hoheiten und Länder wieder eingesetzt zu werden. Im wesentlichen ist er ein Freund des Wortes und glaubt beleidigt zu werden, wenn man ihn für fähig hält, etwas zu versäumen. Man muß vermeiden, ihn erkennen zu lassen, daß man argwöhnisch ist. Infolgedessen muß man, um ihm nicht Zeit zu einem schlechten Rat und Entschluß zu geben, in die Güte seines Herzens einbrechen. Seine natürlichen Neigungen sind zugunsten Frankreichs ausgerichtet. Wenn man ihn auf die Tatsache hin anspricht, daß er sich früher von Frankreich entfernt habe, so sagt er, dies sei gegen seine Neigung gewesen und infolge der allgemeinen Notsituation geschehen.«[1032]

Die französischen Diplomaten nützten, soweit es ihnen möglich war, ihre Kenntnisse über den Charakter des Sanguinikers Max Emanuel.

Das Prinzip der Verhandlungen[1033]

Dies war die erste Einsicht in den Niederlanden: Die Souveränität ist zumindest vorerst für Max Emanuel nicht zu erlangen. Die zweite Einsicht folgte aus der Entwicklung der europäischen Lage: Nicht im Krieg, sondern nur im Frieden ist eine Restitution und eine Entschädigung möglich. Frankreich kann beides nicht allein erzwingen und garantieren. Die übrigen europäischen Mächte müssen jeder Veränderung der Machtverhältnisse zustimmen. Demzufolge muß der Kurfürst mit den Alliierten Verbindungen aufnehmen, um überhaupt als Gesprächspartner anerkannt zu werden und seine Ansprüche vortragen zu können. Die bayerischen Räte machten sich die diplomatischen Kanäle zunutze, die Frankreich mit Holland unterhielt. Der Sekretär REICHARDT, der gewandte Vertraute des Kurfürsten, der stets jede Meinungsänderung Max Emanuels mit Abstand am schnellsten nachvollzog, begann schon Ende 1704 in Holland zu sondieren. Nach ihm kam Baron WIDMANN, ein bayerischer Diplomat mit Fleiß und Ausdauer.[1034] Er unterhielt in Den Haag enge Beziehungen zu holländischen Politikern jeder Couleur. Sieur D'AUVERQUERQUE, der unermüdliche und bei allen diplomatischen Aktionen im Hintergrund wirkende und zähe Verhandlungspartner, stand in ununterbrochener Verbindung mit dem Grafen VON BERGEYCK, der die niederländischen, französischen und spanischen Interessen ohne Kollision zu vereinigen und meisterlich zu vertreten wußte. Den bayerischen Interessen gab er jedoch immer weniger Raum.[1035] Er wandelte sich schließlich zum absoluten Gegner einer Abtretung der Niederlande an den Kurfürsten.

Da WIDMANN im Auftrag Max Emanuels den Holländern allzu große Angebote auch im Namen Frankreichs überbrachte, ohne dessen Zustimmung eingeholt zu haben, verlangte LUDWIG XIV. bereits Anfang April 1705 seine Abberufung.[1036] Max Emanuels Streben nach Aufteilung des spanischen Erbes könnte auch gleichgerichtete holländische Wünsche zu sehr anstacheln und der bayerische Agent eine nicht erwünschte Entwicklung provozieren, deren Auswirkung nicht abzusehen wäre. Der Ratspensionär HEINSIUS schien überdies Bayerns Interesse für völlig belanglos zu halten und die unrealistischen Forderungen des Kurfürsten nicht zu akzeptieren. Holland wollte Max Emanuel nicht zum Nachbarn. Er war als Verbündeter Frankreichs abgestempelt, so sehr er sich auch drehen und wenden, in schönstem Glanz und voller Tugendhaftigkeit, reumütig und einsichtig zeigen mochte. Von dieser klaren Position, Max Emanuel niemals die Souveränität über die Niederlande zuzugestehen, ging Holland auch in den folgenden Jahren nicht ab. Die zähen und geduldigen Verhandlungen zwischen BERGEYCK, VAN DER DUSSEN, HEINSIUS und D'AUVERQUERQUE über einen Ausgleich und eine holländische Vermittlerrolle zugunsten Frankreichs und Bayerns [1037] gelangten weder im Jahre 1705 noch in den kommenden Jahren zu einem erfolgreichen Abschluß.

Immer mehr wurde jedoch die Vermutung zur Gewißheit, daß künftig eine Teilung des spanischen Erbes kaum zu umgehen war. Die ersten Teilungspläne berücksichtigten sogar Max Emanuels Interessen. Sie sahen ein Tauschgeschäft vor, dem der Kurfürst zustimmte.[1038] Das Königreich Neapel-Sizilien zum Beispiel wäre recht passabel gewesen. Bayern käme an Österreich. Eine derartige Machtverschiebung im süddeutschen Raum zugunsten Habsburgs stieß auf den energischen Widerstand der Reichsfürsten, voran Preußens. Der Kaiser würde nicht nur Territorien gewinnen und eine Gebietsabrundung erreichen, sondern er würde möglicherweise sogar die bayerische Kurstimme für sich in Anspruch nehmen. Deshalb wurde eine andere Lösung diskutiert, nämlich Lothringen an Frankreich anzugliedern, den Herzog von Lothringen mit Bayern und der Kurwürde zu entschädigen, Max Emanuel die Niederlande zu verschaffen, und zwar nicht als souveräne Herrschaft, sondern als Reichsterritorium, nämlich als Glied des burgundischen Kreises mit einer neuen Kurwürde. Die Erweiterung des Kurkollegiums war grundsätzlich kein Ding der Unmöglichkeit. Zuletzt hatte dies Hannover bewiesen. Eine weitere Möglichkeit war, dem Pfälzer Kurfürsten die Oberpfalz zu überlassen und Max Emanuel mit Pfalz-Neuburg zu entschädigen. Die Holländer waren von all diesen Plänen nicht allzusehr angetan.[1039] Auch wenn es Max Emanuel und seine Räte nicht wahrhaben wollten, sie waren aus dem politischen Geschehen der Zeit fast völlig ausgeschaltet. Die Funktion des Kurfürsten in den Niederlanden beschränkte sich in der Tat auf Repräsentationsaufgaben. Entscheidungen wurden anderswo gefällt, in Paris und Madrid, in Wien, Den Haag oder London, in Hannover und Berlin, Dresden und Warschau, Stockholm, Moskau beziehungsweise Petersburg.

Die allgemeine Lage verschlechterte sich für Frankreich und PHILIPP VON ANJOU und damit auch für den Kurfürsten wesentlich: Anfang 1705 ging die Herrschaft über das Mittelmeer an die Engländer über. Erzherzog KARL landete in Spanien. Ganz Katalonien fiel ihm zu, da Kastilien sich für PHILIPP erklärte.[1040] Der reichste Teil Spaniens ging verloren. Max Emanuel bot sich an, persönlich nach Spanien zu eilen, für PHILIPP zu kämpfen und Barcelona zurückzuerobern. LUDWIG XIV. und PHILIPP V. hatten genug Sorgen, so daß sie sich keine weitere aufladen wollten. Sie lehnten dieses Angebot mit der Begründung ab, der Kurfürst könne in den Niederlanden nützlichere Dienste als in Spanien leisten.[1041]

Die bayerischen Räte sahen sich nach geeigneten Partnern um, die den bayerischen Angelegenheiten dienlich sein konnten. Baron VON SEEFELD, aus kaiserlicher Gefangenschaft in Tirol entlassen, hatte am Regensburger Reichstag mit dem schwedischen Gesandten Verbindung aufgenommen. Man erinnerte sich nach langen Jahren wieder einmal daran, daß Max Emanuel und der schwedische König KARL XII.[1042] – beide in ihrem ungestümen Wesen einander ähnlich, KARL jedoch an Intelligenz dem Bayern weit überlegen, ein Feldherr von Rang obendrein – miteinander verwandt waren, wenn auch sehr, sehr weitschichtig. Der französische Gesandte BONNAC bot seine guten Dienste an, KARL XII. für die französische und vielleicht auch die bayerische Sache zu gewinnen.[1043] Man sprach von Rache gegenüber Österreich, von der Aufrechterhaltung des Westfälischen Friedens, dessen Garant Schweden war, von der Eindämmung der kaiserlichen Macht, die auch Schweden gefährlich werden könne, von der Unterdrückung der Protestanten in den Erblanden, die Schweden nicht dulden könne. Der Bruder des Grafen MONASTEROL reiste nach Danzig. Von dort fuhr er wiederholt ins schwedische Militärlager, um KARL XII. aufzuwarten und ihn an seinen armen Verwandten im Exil zu erinnern. Beide Seiten waren sehr freundlich zueinander, und der Kurfürst glaubte sich schon halb gerettet.[1044]

Die Stephanskrone

Ein zweiter Partner bot sich mit eindeutigen und verlockenden Absichten an: Fürst RÁKÓCZY, der Führer der aufständischen Ungarn gegen das absolutistische und zentralistische Regiment der Kaiserlichen.[1045] Ungarn lag zwar geographisch noch weiter von Brüssel entfernt als Schweden, doch schienen die Angebote vielversprechend. Sieur DE FORIOL, der französische Botschafter an der Hohen Pforte, hatte schon seit längerer Zeit den Auftrag, die ungarischen Magnaten mit guten Worten und ein wenig Geld zu unterstützen. Die französischen Militärs wußten um die Bedeutung einer »Diversion«, einer Ablenkung des Kaisers durch Ungarn. Habsburg wäre gezwungen, Truppen nach Ungarn zu senden. Die Kampfkraft der Alliierten würde geschwächt. Der Aufstand verminderte gleichzeitig die Einkünfte des Kaisers und dieser mußte einen Teil seiner Streitkräfte zur Verteidigung des eigenen Landes zurückhalten.[1046]

Aus wohl berechneten Gründen leistete Frankreich seit kurzer Zeit den Ungarn »mittelmäßigen Beistand«.[1047] Schon während der letzten Kämpfe in Bayern hatte auch Max Emanuel versucht, mit RÁKÓCZY in Verbindung zu treten. Beide Seiten sandten Offiziere zu Sondierungsgesprächen ab. Allzu verheißungsvoll stellte sich die Lage nicht dar, wenn man die Realitäten betrachtete und die Hoffnungen der verantwortlichen bayerischen Minister nicht überbewertete.[1048]

Ungarn, einst als besonders reiches Land angesehen, war zu Beginn des 18. Jahrhunderts wirtschaftlich und finanziell ruiniert.[1049] Das Land lag durch die Türkenkriege beziehungsweise die österreichischen Eroberungszüge zum größten Teil verwüstet. Die ungarische Bevölkerung wurde über die Maßen zu Abgaben und Leistungen gezwungen. Der Verlust an Menschen war außerordentlich hoch. Die Kaiserlichen behandelten Ungarn als erobertes Land, das wie Bayern zur finanziellen und wirtschaftlichen Ausbeutung diente. Die kaiserliche Verwaltung zeigte mit ihren bürokratischen Maßnahmen wenig Einfühlungsvermögen und Kenntnis von Land und Leuten. Der Adel, mächtig zwar als Korporation, mußte um seine Stellung fürchten. Allzu viele Anwärter auf ungarische Güter gab es. Sie suchten eine Entschädigung für ihre dem Kaiser geleisteten Dienste. Besonders begehrt waren ausgedehnte Ländereien, die unbotmäßigen Magnaten entzogen wurden. Neusiedler, die ins Land zogen, wurden allenthalben bevorzugt. Zu den politischen und wirtschaftlichen Schwierigkeiten der Bevölkerung kam der Druck der Gegenreformation. Denken, Fühlen und Handeln der Menschen wurden von den Obrigkeiten in neue Richtungen gelenkt, rekatholisiert. Scharwerksleistungen, Steuerabgaben, Sonderauflagen, Kriegskontributionen wurden erhöht. Zu dem beständigen Ringen zwischen ungarischen Adeligen und ungarischen Bürgern, zwischen Katholiken und Protestanten[1050] traten die Differenzen zwischen Einheimischen und deutschen Neusiedlern. Obgleich die Fremdherrschaft gewohnt und in der Kunst des Überlebens geübt, war die einheimische Bevölkerung in diesen Zeiten, in denen sich die neue Herrschaft etablierte, besonders gefährdet und bedrängt.[1051]

Allein zwischen 1683 und 1690 hatten die ungarischen Untertanen, meist Leibeigene, 30 Millionen Gulden für den Unterhalt der kaiserlichen Truppen aufgebracht und außerdem die Plünderungen, Einquartierungen und Quälereien der Soldateska ertragen. Obgleich die Kaiserlichen den Kuruzzen und Anhängern TÖKÖLYS eine Amnestie versprochen hatten, dauerten die Verfolgungen an. 1687 war eine angebliche Verschwörung aufgedeckt worden. General CARAFFA hatte im Blutbad von Eperjes zahlreiche Unschuldige hinrichten lassen. Auf dem ungarischen Reichstag von Sopron zwangen die Kaiserlichen die ungarischen Delegierten zu einer Verfassungsänderung. Sie mußten auf die freie Königswahl verzichten und die Stephanskrone dem Haus Habsburg erblich antragen. Auch das Widerstandsrecht, das im berühmten Privileg von König ANDREAS festgelegt worden war,[1052] wurde widerrufen. Inwieweit diese Verfassungsänderungen in die Verfassungswirklichkeit eingingen, mußte die künftige Entwicklung zeigen. Was in den Erblanden nur in Ansätzen gegen eine selbstbewußte Ständekorporation gelang, was in Böhmen trotz der »Verneuerten Landesordnung« in praxi nicht durchgeführt werden konnte, sollte in Ungarn versucht werden: die Etablierung des absolutistischen Regiments unter weitgehender Ausschaltung der Ständemacht.[1053] Die Bewußtseinslage der führenden Schichten in Gesellschaft, Wirtschaft und Politik konnte jedoch nicht in kurzer Zeit umgeformt werden, selbst wenn sich mancher nach außen dem Zwang der Verhältnisse beugte.

Die Unzufriedenheit war bei allen Bevölkerungsschichten groß und tiefgreifend. 1697 brach im Bezirk Tokaj eine Bauernrevolte aus, die die kaiserliche Armee mit Feuer und Schwert erstickte. Bald darauf übernahm FRANZ II. RÁKÓCZY die Führung der Aufständischen. Er war einer der reichsten ungarischen Magnaten. Er besaß zwanzig Domänen, 38 stark befestigte Schlösser, 681 Dörfer und 1 900 000 Morgen Land.[1054] Im November 1698 war RÁKÓCZY nach Ungarn zurückgekehrt[1055] und begann die allgemeine Erhebung zu organisieren. Er nahm Verbindungen mit den Türken und mit Frankreich auf. Beide waren als natürliche Gegner Habsburgs zu betrachten.[1056] Die Türken waren seit 1683 zurückgeworfen worden. Die Hohe Pforte sann immer noch auf Revanche. Habsburg und Bourbon stritten um ihre Position im europäischen Kräftefeld. Dabei war es LEOPOLD gelungen, die Handelsmächte England und Holland für seine Interessen zu gewinnen, die ihrerseits über das Gleichgewicht in Europa wachten, um ihre Geschäftsinteressen in der ganzen Welt zu schützen. Von Max Emanuel und seinen bayerischen Ministern völlig übersehen, hatte auch das zaristische Rußland begonnen, den europäischen Schauplatz entscheidend mitzugestalten, Zugang zum baltischen Meer zu finden und dem schwedischen Anspruch auf die Ostsee entgegenzutreten. Schweden hatte seinerseits lockere Beziehungen mit Frankreich aufrechterhalten und war als Freund der protestantischen Mächte Deutschlands noch immer ein gewichtiger Faktor. Allerdings gelang es Paris nicht, den spanischen Erbfolgekrieg mit dem Nordischen Krieg zu verbinden.

Aufgrund dieser Konstellation war für Ungarn die Möglichkeit gegeben, sich gegen Österreich zu wenden.[1057] Der spanische Erbfolgekrieg belastete Habsburg und band es im Westen. Ein schwedischer Angriff von Norden war gleichzeitig zu erwarten. Frankreich blieb an jeder Entlastung interessiert. Das hatte Bayern in den Jahren 1702 bis 1704 bewiesen. Eine ähnliche »Diversion« konnte nach dem Verlust Bayerns auch Ungarn bewirken. Die ungarischen Magnaten waren sich bewußt, daß Frankreich, sobald es dieser Ablenkung nicht mehr bedurfte, sofort seine schützende Hand von den »ungarischen Revolten« abziehen würde. Doch solange es diese Diversion gebrauchen konnte, waren die ungarischen Verbündeten von Nutzen. Beide Seiten erhofften sich aus dieser Verbindung Vorteile. Allerdings war Paris nicht in der Lage, militärische Unterstützung anzubieten. Das Debakel in Bayern hatte die Grenzen seiner Macht deutlich aufgezeigt. Ein Bündnis zwischen Max Emanuel und Rákóczy kam deshalb im Jahre 1704 nicht mehr zustande.[1058]

Rákóczy[1059] war zu sehr Realist, um sich in irgendwelche undefinierbaren oder schädlichen Abhängigkeiten zu begeben. Die Verbindungen mit den Türken fußten auf einer langen Tradition. Die Beziehungen zu Schweden waren von religiösen und machtpolitischen Erwägungen gekennzeichnet. Den russischen Zaren entscheidend ins Spiel zu bringen, gelang nicht, da die französische Diplomatie[1060] keine Machtverstärkung Rußlands zuungunsten Schwedens, seines traditionellen Verbündeten, zulassen wollte.

Ungarische Adelige, Bürger und Bauern nahmen an der Erhebung gegen die Kaiserlichen teil; damit wurden gesellschaftliche Spannungen vermieden, wie sie beim Aufstand der Bauern und Handwerker in Bayern auftraten, an dem der Adel und der größte Teil der Bürger keinen Anteil hatten. Der ungarische Adelige, der um seine Privilegien fürchtete und kämpfte, konnte auf die Gefolgschaft seiner Untertanen bauen und diese brachten den gesellschaftlich führenden Schichten in gewissem Maße Vertrauen entgegen, was in Bayern während des Aufstands von 1705/06 nicht der Fall war. In Ungarn trat der Adel als Führer im Befreiungskampf und als Sprecher der Interessen des gesamten Landes auf.

Rákóczy kämpfte nicht, um sich die ungarische Krone aufs Haupt zu setzen. Er versuchte, einen Mann für den ungarischen Königsthron zu gewinnen, der einerseits in Ungarn bekannt, der andererseits durch seine Aktionen gegen den Kaiser prädestiniert war, die Einheit des Aufstandes zu gewährleisten und in steter Abwehrbereitschaft gegen Habsburg zu verharren: Max Emanuel, ehemals Kurfürst von Bayern, nunmehr im Exil lebend und sich nach einem neuen Wirkungskreis sehnend, der Ruhm versprach.[1061] Trotz seiner langjährigen Kriegführung gegen die Hohe Pforte hatte dieser Fürst keine persönlichen Haßgefühle gegen die Türken gezeigt. Er pflegte stets konzilianten Kontakt und Umgang mit Freunden und ehemaligen Feinden. Seine Haltung wurde auch vom Gegner gewürdigt. Im Fall seiner Wahl zum ungarischen König konnte er die bestehenden Verbindungen mit Frankreich,[1062] mit Schweden und mit der Türkei aufrechterhalten und weiter entwickeln. Ein von Habsburg unabhängiges Ungarn würde seine bisherige unheilvolle Lage als beständiges Aufmarschgebiet der Kaiserlichen und Türken verlieren, in dem Habsburg seine Gebietserweiterung nach Osten und die Hohe Pforte die Zurückgewinnung verlorener Positionen gegen Habsburg erkämpfen wollten. Eine mehr oder minder neutrale Pufferzone zwischen beiden Machtbereichen könnte die Spannungen in diesem Raum abbauen. Voraussetzung war allerdings die Garantie dieses Status durch die europäischen Großmächte.

Diese Überlegungen zeigen, welch großes Prestige Max Emanuel in der ungarischen Adelswelt dieser Zeit immer noch genoß. An seine Person knüpften sich Hoffnungen, die er aber nimmermehr erfüllen konnte, als ein Herrscher ohne Macht und ohne Geld, der sich stets auf der Suche nach irgendeinem Vorschuß oder einer kleinen Zuwendung und Anerkennung befand. Propaganda und Fama hatten ein Bild von ihm entstehen lassen, das die Komplexität seiner Person im Hintergrund verbarg, die strahlenden Seiten des Ruhms, des Prunks und des Erfolgs jedoch vordergründig hervorhob.

KÖKÉNYESDYI DE VETES hielt sich als persönlicher Vertreter RÁKÓCZYS jahrelang am Brüsseler und Versailler Hof auf.[1063] Er verhandelte über eine französisch-ungarische Allianz unter Hinzuziehung des bayerischen Kurfürsten sowie über französische Subsidienzahlungen an Ungarn. LUDWIG XIV. ließ seine Minister mit VETES verhandeln, dem man mißtraute. Wichtige Mitteilungen wurden ihm vorenthalten, Entscheidungen dem französischen Gesandten in Ungarn, DESALLEURS, und nicht ihm zur Kenntnis gebracht. Man trieb ein undurchsichtiges Spiel mit ihm, gebrauchte ihn als Mittelsmann, um über die neuesten Entwicklungen in Osteuropa informiert zu sein. Der bayerische Vertreter in Ungarn, COULON, ein aufbrausender, ungestümer Mann, der hinter dem Rücken RÁKÓCZYS zu intrigieren versuchte, diente den Interessen des Kurfürsten mehr schlecht als recht, so daß RÁKÓCZY bald seine Abberufung verlangte.[1064]

Zwar standen LUDWIG XIV. und Max Emanuel mit dem ungarischen Magnaten über Jahre in Verbindung, aber eine Entscheidung fiel nicht. Das Angebot an Max Emanuel, sich der Königswahl durch den ungarischen Reichstag zu stellen,[1065] wurde ausweichend beantwortet. Der Antrag der ungarischen Königskrone stellte für den Kurfürsten eine große Versuchung dar. Wie wir wissen, war die dynastische Erhöhung seines Hauses höchstes und fast einziges Ziel, dem er lebte. So verlockend das Angebot auch war, ihm standen schwerwiegende Bedenken gegenüber: Gleich der polnischen war auch die ungarische Krone eine Wahlkrone. Max Emanuel allein würde sie tragen, aber kaum seine Nachkommen. In der Rangfolge und im Ansehen der europäischen Hierarchie stand ein von Ständen gewählter König unter der einer erblichen Monarchie. Außerdem verbaue die Annahme der ungarischen Krone aller Wahrscheinlichkeit nach für die vorausschaubare Zukunft eine Aussöhnung mit Habsburg. Seine Ansprüche auf Restitution oder Ländertausch würden nicht mehr berücksichtigt. Man würde ihn neuerdings des Hochverrates beschuldigen, wenn er sich an die Spitze von Aufständischen stelle.

Zwar bewunderte Max Emanuel die ungarischen Magnaten. Sie waren in seinen Augen Herren, die er in gewissem Sinn als gleichberechtigte Partner anerkannte, während er die bayerischen Stände in ihrer Unterwürfigkeit ebenso verachtete wie LUDWIG XIV. Parlament und Adel seines Landes. Positiv vermerkte Max Emanuel, daß Magnaten und nicht bäuerliche Untertanen den Aufstand anführten, daß die Ungarn für ihr legitimes Recht kämpften genauso wie er selbst für seine legitimen Rechte und Ansprüche stritt. Doch zugleich war Max Emanuel ein absolutistischer Fürst, dessen Politik darauf ausgerichtet blieb, die Stände auszuschalten und die Alleinherrschaft über alle Untertanen auszuüben. Die ungarische Krone wäre eine Krone von der Stände Gnaden. Sie absolut zu beherrschen, wäre schwierig. Schließlich gingen die Überlegungen der Ungarn gerade dahin, daß Max Emanuel ohne große Hausmacht den ungarischen Magnaten nicht gefährlich werden konnte. Unter seiner Herrschaft mußten sie den Verlust ihrer Privilegien nicht befürchten. Die Stände brauchten einen König, der willfährig und nicht allzu mächtig war.

Das Angebot RÁKÓCZYS war verlockend und gefährlich zugleich. Würde es Max Emanuel ergehen wie dem Winterkönig FRIED-

RICH V. von der Pfalz, der sich in Böhmen nicht halten konnte, oder dem niederbayerischen Herzog OTTO, den die Ungarn nach kurzer Herrschaft (1305–07) unehrenhaft wieder aus dem Land geschickt hatten?[1066]

Lange, allzulange überlegte Max Emanuel das Für und Wider, sich der Königswahl zu stellen. Im Jahre 1708 traten die Verhandlungen in ein entscheidendes Stadium. Doch die französischen Diplomaten vertraten einhellig die Meinung: Wenn der Kurfürst die angebotene Krone annähme, würde er sich mit der schwersten Last beladen, die er jemals auf sich genommen hatte. Es wäre eine Krone voller Dornen.[1067] Max Emanuel verzögerte weiterhin seine Entscheidung.

Immer wieder tauchten Pläne auf, die schnell verworfen wurden, neue Fragen, die nur schwer zu beantworten waren. Wie würde sich die Protektion der Türken oder Schweden auswirken? Wären die Ungarn auf die Dauer dem Ansturm der Kaiserlichen gewachsen? Wie wären die Nachkommen Max Emanuels aus ungarischen Territorien zu entschädigen? Welche Einkünfte sollten dem König zustehen? Während man diskutierte,[1068] zogen die Kaiserlichen die militärische Lösung vor.[1069]

1714, zur Zeit der Friedensverhandlungen, lieferte KÖKÉNYESDYI DE VETES aus Enttäuschung darüber, daß Max Emanuel sich stets geweigert hatte, eine definitive Entscheidung zu treffen, die gesamte Korrespondenz zwischen RÁKÓCZY einerseits und Max Emanuel und LUDWIG XIV. andererseits an die Hofburg aus. Vorher hatte KÖKÉNYESDYI DE VETES einige Änderungen und Fälschungen vorgenommen, um sich selbst zu entlasten und Max Emanuel sowie RÁKÓCZY, der nach dem Scheitern des Aufstandes ins Exil ging, zu belasten.

Am Rande des Bankrotts[1070]

Das Streben Max Emanuels nach souveräner Herrschaft über die Niederlande war allzu offensichtlich. In Holland wurden schon 1704 und 1705 Friedensprojekte veröffentlicht, die eine Zergliederung der spanischen Monarchie zugunsten des Kurfürsten beinhalteten.[1071] Die französischen Diplomaten mußten stets die spanische Partei beruhigen und Madrid besänftigen, eine Abtretung der Niederlande an den Kurfürsten sei nicht vorgesehen. Sie wäre im Hinblick auf die zu erwartenden Widerstände im eigenen Land völlig unmöglich gewesen. Graf BERGEYCK wollte seine Bemühungen um die Zentralisation der Macht, die Vereinfachung der Verwaltung und Justiz, die Sanierung der Finanzen, kurz, seine Bemühungen um durchgreifende Reformen durch Max Emanuel nicht in Frage stellen lassen.[1072]

Nach französischem Vorbild überließ BERGEYCK die Steuereinziehung sogenannten Steuerpächtern, die mit ihrem Vermögen für das Steueraufkommen hafteten, aber über das geforderte Steueraufkommen hinaus von den Einwohnern Abgaben in beliebiger Höhe erpressen durften.[1073] Nur vorübergehend konnten auf diese Weise die Steuereinnahmen gesteigert werden. Die Agenten der Steuerpächter waren wegen ihrer Habgier und ihrer brutalen Steuereintreibung verschrien. Ein System von Erpressungen, Drohungen und Gewalttaten wurde durch diese Reformen legalisiert. Die Untertanen waren erbittert. Mißstimmung machte sich breit. Die ebenfalls nach französischem Vorbild eingeführten Intendanten,[1074] die den Schutz des Untertanen vor der Willkür der lokalen Gewalten gewährleisten sollten, beunruhigten die etablierten Mächte, die Stände und Zünfte, die nur auf eine Gelegenheit warteten, um sich neu orientieren zu können. Die Joyeuse Entrée und manche Bestimmungen in der Charta der verschiedenen Provinzen waren in Gefahr. Die Brabanter Stände weigerten sich überhaupt, das neue Steuerpachtsystem anzuerkennen.[1075]

Die gewaltsame Rekrutierung rief großen Widerstand in der Bevölkerung hervor. Die Differenzen verschärften sich zwischen der Regierung, die sich an den Bedürfnissen der spanischen und französischen Politik orientierte, und dem Volk, das die Lasten zu tragen hatte und keinen Sinn in diesem Krieg sah. Religiöse Spannungen kamen hinzu. Ludwig XIV. glaubte, die schon seit Jahren praktizierten Jansenistenverfolgungen in den Niederlanden vollenden zu können.[1076] Toleranz schrieb man ganz klein. Kirchen, Klöster und Universitäten wurden wieder einmal von Anhängern der Jansenisten, angeblichen und wirklichen, gesäubert. Und Max Emanuel verharrte in Untätigkeit und erfreute sich an großen Plänen und Festen königlicher Art.

Schon im Jahre 1706 war der Generalschatzmeister Bombarda nicht mehr in der Lage, die Wechselbriefe, die er vom französischen Schatzamt erhielt, gemäß ihrem Nominalwert in den Niederlanden einzulösen. Seine Finanzpolitik war nur mehr eine Farce. Im Oktober 1706 blieb er den bayerischen Truppen bereits den Sold für drei Monate schuldig. Max Emanuel bat den französischen König dringend, weitere Subsidien an Bergeyck anzuweisen. Doch die französische Kasse hatte kein flüssiges Geld zur Verfügung. Es blieb nichts anderes übrig, als 40000 Ecus, die für die monatliche Soldauszahlung benötigt wurden, nicht gerechnet die Kosten für Brot und Futtermittel, auf Umwegen zu beschaffen oder aus dem Land zu stehlen. Die Reiterei mußte neu ausgerüstet werden. Dafür fehlten Uniformen, Bewaffnung, Munition, Pferde. Schließlich gelang es im November, zwei Geldtransporte mit insgesamt 120000 Francs von Paris nach Flandern zusammenzustellen, um die bayerischen Soldaten auszuzahlen und weitere Desertionen zu verhindern.[1077]

Das Versorgungssystem krankte vor allem daran, daß die Subsidien an die Kurfürsten von Köln und Bayern direkt überwiesen wurden, anstatt die Geldsummen bevorzugt den Truppen zukommen zu lassen. So erhielt der bayerische Kurfürst im Jahre 1706 insgesamt 1 906 622 Livres, der Kölner Kurfürst allein von Juli bis Oktober 1706 Subsidien in Höhe von 627 000 Livres, wovon aber die Soldaten nur geringen Nutzen hatten.[1078] In einer melancholischen Stunde beschloß Max Emanuel, angesichts der bedrohlichen finanziellen Situation die Ausgaben für die großen Feste einzuschränken.[1079] Aber diese Einsicht dauerte nicht lange an. Ohne Liebe und Prunk konnte er nicht leben. Er wäre kein Fürst mehr gewesen. Die sorgfältig ausgewählten Belustigungen des Brüsseler Karnevals, der bei Max Emanuel das ganze Jahr andauerte, trösteten ihn, während seine Soldaten in den verschmutzten Feldlagern jämmerlich krepierten.

Mit den hohen französischen und spanischen Offizieren beriet Max Emanuel nicht über Schlachtpläne, über Verteidigungsmaßnahmen, über Reformen in Gesellschaft und Staat, sondern er forderte ihre Teilnahme an Spiel, Tanz und Lustbarkeiten an seinem Hof. Die Offiziere besuchten ihn sehr oft, um sich seine Gunst zu erhalten. Man spielte um große Einsätze. Der Kurfürst verlor meistens, die Spielschulden wurden mit französischen Subsidien beglichen. Die Soldaten konnten geduldig auf ihre Soldzahlung warten.

Es kursierte das Gerücht, der Kurfürst halte die Offiziere von ihren Pflichten ab. Max Emanuel war gekränkt, als er davon hörte. Was könne er in seiner Situation anders tun als sich zu zerstreuen? Nicht einmal dies gönne man ihm. Er wurde beschuldigt, der Urheber allen Unglücks und aller Übel in den Niederlanden zu sein, die in jüngster Zeit eingetreten waren. BERGEYCK hielt seine Verärgerung nicht zurück. Er sagte laut, was andere dachten und ROUILLE immer wieder feststellte: Jedermann, der nach Brüssel komme, sei überrascht, wie wenig Geschäftigkeit der Kurfürst entwickle und wie sehr er das persönliche Vergnügen der gemeinsamen Arbeit vorzöge. Vergeblich versuchte BERGEYCK, Max Emanuels Lebenswandel zu ändern. ROUILLE tröstete ihn, der französische König wolle ihn nicht tadeln, sondern ihm stets neue Beweise seiner Güte und Freundschaft zuteil werden lassen. Der Gesandte hoffte, der Kurfürst werde nicht bemerken, daß er die laute Kritik des Grafen BERGEYCK inspiriert hatte.[1080]

Militärische Niederlagen sind in der Regel kein Ergebnis eines unglücklichen Augenblicks und eines unabwendbaren Schicksals, sie gründen in einer lange vorhergegangenen Entwicklung, in der Mißstände sich auf Mißstände häufen, Lösungen und Reformen höchstens diskutiert, aber nicht verwirklicht werden. Das hatten die Jahre vor Höchstädt gezeigt und das beweisen die Jahre vor Ramillies und Oudenaarde.

Fehlschläge

Seitdem die Alliierten das Problem Bayern gelöst hatten und der von MARLBOROUGH gewünschte Einfall nach Lothringen abgesagt worden war, wurde Flandern zum Kriegsschauplatz.[1081] Hier traten die militärischen Operationen in ihre entscheidende Phase. Die französischen Linien wurden bereits Mitte des Jahres 1705 gesprengt. Im folgenden Jahre kam der Zusammenbruch. Nur mühsam war das Einvernehmen zwischen Marschall VILLEROY und dem Kurfürsten aufrechterhalten worden.[1082] Max Emanuel drängte auf Angriff, wie eh und je. VILLEROY wußte, daß auch LUDWIG XIV. einen Sieg in Flandern als Ausgleich für die Verluste in Spanien und Italien erhoffte. Von allen Seiten bedrängt, wartete er die Hilfeleistung MARSINS nicht ab und beschloß, die anscheinend günstige Situation auszunützen. In der Schlacht von Ramillies (23. Mai 1706)[1083] verlor er den größten Teil der spanischen Niederlande an MARLBOROUGH, der sehr geschickt jeden Fehler seiner Gegner auszunützen verstand. Die Franzosen und Max Emanuel hatten keine Zeit mehr, ihren Rückzug vorzubereiten. Sie konnten sich nicht mehr halten, weder hinter Löwen, noch hinter der Schelde, noch hinter der Lys, nur noch unter den Mauern von Lille. Der vollständige Zusammenbruch folgte auf dem Fuße. Brüssel, die Hauptstadt, von Max Emanuel so sehr geliebt, Mittelpunkt seiner Freuden, wurde aufgegeben.[1084]

Die Festungen der Niederlande fielen in schöner Reihenfolge den Gegnern in die Hände: Antwerpen, Ostende, Menin, Termonde, Ath. Nur noch der Hennegau, die Grafschaft Namur und Luxemburg verblieben den Franzosen, den Bayern und den Anhängern PHILIPPS V. Die übrigen Niederlande waren verloren.[1085] Die Bevölkerung feierte die Befreiung von der Last der Franzosen und Bayern, vom strengen Regiment des Grafen BERGEYCK weit mehr als von der Herrschaft der Spanier. Die flandrischen Stände erkannten KARL III. als spanischen und damit als ihren König an.[1086] VENDÔME, der VILLEROY ersetzte, übernahm in aller Eile die Verteidigung der Nordgrenze Frankreichs, die einer Invasion der Alliierten offenstand.

Die bayerischen Truppen, oder was davon noch übrig war, wurden im kleinen Luxemburg einquartiert. Der Kurfürst richtete sich mit seinen Ratgebern und seinem Hofstaat vorübergehend in Mons ein; auch diese Niederlage war sehr bald vergessen. Was immer auf ihn zukam, in seiner Reaktion, seinem Denken und Verhalten zeigte er sich als typischer Mensch des Barock, jedes Unglück schnell verdrängend, wenig Einsicht in die Zusammenhänge beweisend, rasch über die Verluste sich hinwegtröstend, in neuen großen Hoffnungen und phantastischen Gedankengebäuden befangen. In Mons lebte und liebte es sich recht gut, auch wenn man noch weniger Einkünfte als vorher besaß, auch wenn die Auszahlung der französischen Subsidien immer längere Zeit in Anspruch nahm, auch wenn die Versorgung der bayerischen Truppen sich noch schwieriger gestaltete. Nach wie vor offen allen Schmeicheleien; kaum wählerisch, wenn er nach immer neuen Erfolgen bei Frauen, vom Dienstmädchen bis zur Gräfin, strebte; prunkend bei Paraden seiner restlichen Truppe, bei Zeremonien, bei Konzerten, bei Festaufführungen; unermüdlich und verwegen bei den Freuden der Jagd; so ging das Leben des Kurfürsten seinen gewohnten Gang, nur an einem anderen Ort, ein wenig bescheidener und völlig neben der Realität. Er stand sehr isoliert und nahm alles als Fügung des Schicksals hin. Nach der Niederlage von Ramillies hatte der Kurfürst selbst geschrieben: »Gott, der über die Heere verfügt und das Schicksal der Kriege entscheidet, hat gewollt, daß unsere Feinde triumphieren; es läßt sich nichts entstellen; wir sind gänzlich geschlagen.« Selbst LUDWIG XIV. tat nach dem Zeugnis des Herzogs VON BRANCAS den Ausspruch: »Sollte Gott vergessen haben, was ich für ihn geleistet habe?«

Der vergebliche Griff nach dem Frieden

Alle Verhandlungen über eine friedliche Lösung der europäischen Konflikte unter Wahrung der bayerischen Interessen hatten sich unterdessen in die Länge gezogen. Aussichtsreich gestalteten sich nur die Gespräche, die Baron ANTOINE SESSANDRE DE LUNA[1087] während des Herbstes 1706 im Auftrag MARLBOROUGHS mit Max Emanuel führte, um Geheimverhandlungen in die Wege zu leiten. SESSANDRE fuhr lange Zeit zwischen den gegnerischen Feldlagern hin und her, um die jeweiligen Vorschläge zu übermitteln.

In der Literatur ist zu lesen, der Kurfürst hätte versucht, die französische Diplomatie zu übergehen; er wäre bereit gewesen, seine bisherigen Freunde und Partner zu verraten und einen Bündniswechsel vorzunehmen.[1088] Dem ist nicht so. Max Emanuel hatte dazu weder die psychische Kraft noch das nötige politische Standvermögen. Nicht einmal die Tinte, mit der er einen Geheimvertrag ohne Wissen der Franzosen hätte unterschreiben können, besaß er. Alles gaben ihm die Franzosen, Tinte und Papier sowie die notwendige Rückendeckung bei allen Verhandlungen. LUDWIG XIV. war vom ersten Tag der Unterredungen an in alle Pläne eingeweiht.[1089] Alle Gespräche, Vorschläge und Gegenvorschläge waren gemeinsam vorbereitet. Schwierig war es, die wahren Hintergründe und Absichten MARLBOROUGHS herauszufinden. Denn die Holländer schienen zum Frieden mehr geneigt als die Engländer, und dennoch hatten diese bisher so wenig Entgegenkommen gezeigt. Oder wollten sich die Engländer als Meister in den Verhandlungen erweisen, befürchtend, die Belohnung und die Ehre zu verlieren, die mit dem Abschluß des Friedens verbunden waren?[1090]

Es ging vornehmlich um Teilungspläne. Konnte man sie akzeptieren? Die feste Haltung der spanischen Bevölkerung, ihre Treue zum Haus Anjou ließ es nicht geraten erscheinen, ohne Wissen Madrids Detailvorschläge zu erarbeiten. Trotzdem wollte man die Wege nutzen, die SESSANDRE dem bayerischen Kurfürsten bot. Er hatte ihm schon früher in Brüssel gute Dienste geleistet. Gleichzeitig wurden die Verhandlungen zwischen BERGEYCK und VAN DER DUSSEN aktiviert. Mehrere Alternativen für die Teilung der spanischen Monarchie wurden vorbereitet, bei denen auch der Kurfürst nicht unberücksichtigt blieb. Die Hauptmasse des spanischen Erbes mußte PHILIPP V. erhalten bleiben. Max Emanuel sollte die Niederlande oder wenigstens das fortwährende Gouvernement bekommen. Auch eine Vergrößerung seiner bayerischen Länder durch Reichsterritorien war in Aussicht gestellt. Daneben sprach man über eine mögliche Aufhebung des vom Kaiser inzwischen über Max Emanuel verhängten Reichsbannes und über seine Restitution, schließlich über einen Bündniswechsel. Der Kurfürst gewann die Überzeugung, daß seine Residenz in Zukunft nicht mehr in Bayern, sondern in den Niederlanden liegen werde.[1091]

Paris mißtraute allerdings bald den Angeboten SESSANDRES.[1092] Zu offensichtlich versuchte MARLBOROUGH, auf diesem Wege Max Emanuel aus seiner Reserve zu locken. Als er auf diese Weise keinen Erfolg erzielte und kein Bündniswechsel in Aussicht stand, ließ MARLBOROUGH alle einschlägigen Briefe des Kurfürsten in Holland drucken.[1093] Dadurch wurden die Teilungspläne, die Max Emanuel entwickelt hatte, sowie dessen Streben nach einer souveränen Herrschaft über die Niederlande allgemein publik. Brüssel und Paris waren verärgert und hatten einige Mühe, Madrid zu beruhigen. Einem Bündniswechsel Max Emanuels hätte LUDWIG XIV. jedoch grundsätzlich zugestimmt. Damit war die begründete Hoffnung verbunden, sich vom Kurfürsten zu trennen und Subsidien einzusparen. Frankreich selbst würde nicht allzuviel verlieren. Die bayerischen Truppen waren schwach.

Graf SINZENDORF arbeitete im Auftrag Wiens den Vermittlungsgesprächen SESSANDRES entgegen. Der Kaiserhof rechnete mit einer militärischen Entscheidung. Die Fronten verhärteten sich. Max Emanuel hatte das Nachsehen. SESSANDRES Briefe trafen immer seltener ein.[1094]

Aufgrund der militärisch gespannten Lage versuchte der französische König Ende 1706 neuerdings, überall Verhandlungen anzuknüpfen. Er rief Papst CLEMENS XI. und König KARL XII. von Schweden als Vermittler an und forderte auf vier verschiedenen Wegen gleichzeitig die Holländer zu Verhandlungen auf. Er hoffte, die Engländer zu gewinnen und den Herzog von Savoyen zur Umkehr zu bewegen. Diese Gesprächsrunde nahm Max Emanuel zum Anlaß, seine Ansprüche wieder ins Uferlose zu steigern. Er hatte zwar weniger als je zuvor in der Hand, nichtsdestotrotz spielte er mit Königskronen und Souveränitätsansprüchen, Restitutions- und Entschädigungsforderungen, er sprach von Gebietserweiterung, Gebietsabtretung, Austausch und Umtausch. Außer sich selbst nahm ihn wohl niemand ernst. Frankreich hatte andere Sorgen. Die bayerischen Ansprüche wurden pro forma vertreten, um Max Emanuel zu beruhigen. Er erhielt nur die notwendigsten Informationen.[1095] Denn es war zur Genüge bekannt, daß Max Emanuel alles ausplaudern würde. Offizielle und inoffizielle Gesandte, Minister und Räte, Mönche und Abenteurer, Händler und Bankiers, Zivilisten und Militärs schalteten sich in diese Aktionen ein. LUDWIG XIV. war zu dieser Zeit ernsthaft zum Frieden und zur Teilung der spanischen Monarchie bereit.

ROUILLE versuchte vergebens, Max Emanuel zur Geheimhaltung seiner Kenntnisse zu bewegen. Vergeblich waren alle Warnungen der französischen Diplomaten und Offiziere vor allzu vertrauensseliger Gesprächigkeit. Es bedeutete ein Risiko, mit ihm die nächsten Feldzugspläne durchzugehen, waren doch in kürzester Zeit die Gegner davon unterrichtet. Das Spionagesystem funktionierte auf beiden Seiten sehr gut, weniger die Spionageabwehr, die besonders dann erschwert war, wenn ein Fürst wie Max Emanuel alle seine Gedanken stets auf den Lippen trug.[1096]

Die siegreichen und dadurch unersättlich gewordenen Alliierten lehnten alle Vermittlungsversuche ab. Die Geheimgespräche brachten nichts ein.

Auf dem Weg ins französische Exil

Seit der bayerische und der Kölner Kurfürst zu Kostgängern Frankreichs geworden waren, erkalteten die gegenseitigen Beziehungen ernstlich. Mit der Verschlechterung der Aussichten auf einen günstigen Friedensschluß empfand man den Aufenthalt der anspruchsvollen Fürsten und ihres Anhanges zunehmend als Last. Alle Pläne, sie wieder anderweitig zu beschäftigen oder nach Hause zu schicken, scheiterten zunächst.[1097] Max Emanuel suchte in dieser Zeit krampfhaft nach Mitteln und Wegen, an den europäischen Höfen wenigstens im Gespräch zu bleiben. Die französischen Diplomaten unterstützten ihn; nur durch sie fand er überhaupt Gehör.

Während des Jahres 1707 vermochte VILLEROY seinen sieggewohnten Gegner MARLBOROUGH in Schranken zu halten. VILLARS stieß mit seinen Streitkräften ins Reich vor, mußte aber bald umkehren und die Provence vor Österreichern und Piemontesen retten.[1098] Max Emanuels Forderungen an den französischen König, ihm 50 000 Mann zu geben, um das Reich zu unterwerfen, wurden kommentarlos zur Kenntnis genommen.[1099] Es gab keine Armee für ihn. Seine wiederholten Angebote, nach Bayern mit militärischer Macht einzudringen, waren nicht akzeptabel.

PHILIPP V. konnte sich in Spanien gut behaupten. Neue Hoffnungen tauchten auf, das Kriegsglück würde sich zugunsten Frankreichs und Spaniens wenden. Das Jahr 1708 strafte alle Hoffnungen Lügen. Der Herzog VON ORLÉANS, der die Stelle BERWICKS in Spanien eingenommen hatte, kam nicht voran. Die Invasion in Schottland scheiterte. Die Katastrophe trat an der französisch-niederländischen Grenze ein, wo VENDÔME und der junge Herzog VON BURGUND gemeinsam den Oberbefehl führten. Max Emanuel mit seinem angeschlagenen Prestige hatte man schon lange ausgeschaltet. Man glaubte, auf seine Kriegsdienste verzichten zu können.[1100] Verlangte er doch immer wieder den Oberbefehl und eigenständige Operationen. Jetzt aber ging es um die Rettung Frankreichs vor einer Invasion der Alliierten, die kein Risiko zuließ. Einem Fremden das Kommando zu übertragen, kam nicht in Frage. Doch in VENDÔME und dem Herzog VON BURGUND trafen Feuer und Wasser aufeinander, der eine ein Mann des Krieges, der andere im Grunde ein

Verächter von Krieg und Armee, ein Reformer und Mann des Ausgleichs.[1101]

Es herrschte keine einmütige Meinung über das militärische Vorgehen. Der Herzog VON MARLBOROUGH und Prinz EUGEN vereinigten ungehindert ihre Truppen. Gemeinsam überraschten sie VENDÔME. Es kam zur Schlacht bei Oudenaarde (am 11. Juli 1708). Der Herzog VON BURGUND weigerte sich, am Kampf teilzunehmen. MARLBOROUGH und Prinz EUGEN warfen VENDÔME hinter den Kanal von Gent in Richtung Ostende zurück. VENDÔME ordnete den Rückzug an, der sich in einer allgemeinen Fluchtbewegung auflöste. Eine Armee von 80000 Mann war geschlagen.[1102] Die Gegner umzingelten Lille. Am 22. Oktober ergab sich die Stadt zu einer Stunde, da der Herzog von Burgund sich hingebungsvoll dem Federballspiel widmete. Das französische Heer war besiegt, die französische Finanzkraft vom Verfall bedroht, Frankreich dem Untergang nahe.[1103]

Max Emanuel versuchte eine Diversion, indem er mit schwachen Kräften gegen Brüssel vorstieß. Agenten hatten ihm berichtet, die Einwohner würden ihn mit Freude begrüßen, sie hätten die Herrschaft der Alliierten satt, sie sehnten sich nach ihm.[1104] Er hatte das mit großem Vergnügen zur Kenntnis genommen. Er hörte Worte, die ihm wie Honigseim eingingen; denn stets glaubte er alles, was ihm schmeichelte. Er bräuchte nur mit wenigen Truppen kommen, die Tore der Stadt würden sich ihm öffnen! Als er kam[1105] – die Gegner hatten ihn erwartet und die nötigen Vorbereitungen getroffen –, öffnete niemand den Zugang zur Stadt. Max Emanuel befahl, Brüssel zu beschießen, ein völlig unnützes Unternehmen, das die Bevölkerung nur erneut gegen ihn aufbrachte. Als der Entsatz der Alliierten nahte, mußte Max Emanuel schleunigst sein Heil in der Flucht suchen.[1106]

Als weitere Festungen in die Hände der Alliierten fielen, lag Frankreich jeder Invasion offen. Das Königreich selbst befand sich am Rande des Abgrunds. Ohne Geld war keine Kriegführung möglich, ohne Soldaten ebensowenig. Desertion und Flucht, Verwirrung und Verzweiflung, Hunger und Mißmut gab es allenthalben, in Frankreich ebenso wie in den noch von Max Emanuel verwalteten restlichen Niederlanden, von Bayern ganz zu schweigen. Überall litt das Volk. Es schien kein Heilmittel zu geben.

Während der Zeit des spanischen Erbfolgekrieges brachte eine langjährige Klimaverschlechterung Dürre und Mißernten, Überschwemmungen und Mißernten in schöner Abwechslung. Der außergewöhnlich harte Winter des Jahres 1709 ließ Saatgut, Obstbäume, Vieh, Bettler, Landstreicher und Arme erfrieren.[1107] Nur in den Landstrichen, in denen Sommergetreide angebaut wurde, konnte eine Hungersnot verhindert werden. Überall sonst war die Ernte vernichtet. Die Importe stiegen im folgenden Jahr, mit ihnen die Preise. In den meisten Teilen Frankreichs und den restlichen spanischen Niederlanden konnte die Hungersnot nicht abgewendet werden. Die Menschen bettelten um Almosen, sie kamen an die Türen der Wohlhabenden und liefen zu den Residenzen der Herrscher. Die bei Mundraub und Diebstahl Erschlagenen, die wegen dieser Verbrechen Hingerichteten, die Verhungerten, die an Unterernährung Erkrankten und Erschöpften, die von Seuchen Dahingerafften, die Toten waren nicht zu zählen.

Krankheiten dezimierten auch die französische Armee und den Rest der bayerischen Truppen, soweit sie Max Emanuel nicht schon entlassen hatte.

Der Zustand der französischen Finanzen war hoffnungslos. CHAMILLART kam nicht mehr zurecht, und DESMARETS, ein Neffe COLBERTS, vermochte daran ebensowenig zu ändern. Ins Gewicht fallende niederländische Einkünfte gab es nicht mehr, da sich der größte Teil des Landes in fremder Hand befand. Die Kreditwürdigkeit des Kurfürsten sank immer mehr. Seine Schulden und die Zinsen für Darlehen stiegen in erschreckendem Maße. Die Subsidienzahlungen an Max Emanuel und JOSEPH CLEMENS entsprachen zwar den Vereinbarungen, sie reichten aber in keiner Weise hin, die Wünsche beider Exulanten zu befriedigen.[1108]

Das weite Land, Städte und Märkte, Dörfer und Weiler wurden durch die Feldzüge verwüstet; die Masse der Bevölkerung war durch die Kontributionen, die Quartierlasten, die übermäßigen Steuern ausgepowert, durch Lebensmittelmangel und Teuerung unterernährt, an Krankheiten und Seuchen leidend. Scharen von Bettlern und Menschen, die durch die Kriegsläufte ihre Unterkunft, ihre Habe, ihre Arbeit verloren hatten, durchzogen das Land. Schon 1705 wurden die Büsche und Gehölze an allen wichtigen Straßen des Landes abgeschnitten, umgeschlagen oder verbrannt, da sie

Zufluchtsstätte für Arme, Bettler und Straßenräuber geworden waren.[1109] Diese Menschen lebten von dem, was sie stehlen oder rauben konnten.

Immer noch stolz auf den Titel des Generalvikars, mit dem er seit 1704 geschmückt war, setzte Max Emanuel in Gedanken seine Herrschaft über die Niederlande fort, die schon längst nicht mehr bestand. Nur die drei südlichen Provinzen konnten noch seine Verwaltungsmaßnahmen genießen. Mit der verfahrenen Situation kam er nicht zurecht. Er beschäftigte sich vornehmlich mit all dem, was nicht mit Regierungsgeschäften zusammenhing. Seinem Ehrgeiz gab er nach, indem er Pläne über eine künftige Königsherrschaft schmiedete.[1110]

Das Kommando über die französische Rheinarmee, das Max Emanuel vorübergehend im Jahr 1708 innehatte, brachte ihm keinen Lorbeerkranz ein. Mit dem Mißerfolg vor Brüssel im November des gleichen Jahres endete die kriegerische Tätigkeit des Kurfürsten im Felde, obgleich er sich auch weiterhin um ein neues Kommando bemühte. Nach zweiundzwanzig Feldzügen – sechs gegen die Türken, acht mit dem Kaiser gegen Frankreich, acht mit Frankreich gegen Kaiser und Reich, England und Holland – gab es für ihn nichts mehr Ruhmvolles zu tun. In Mons blieben ihm, so Marschall VILLARS, keine anderen Interessen mehr als seine Mätressen, das Spiel und eine Drehbank. Den DAUPHIN und den Herzog VON BURGUND, die die französischen Heere befehligen sollten, nannte er sarkastisch »eine Scheuche, die man in Bayern auf die Felder setzt, um das Wild zu erschrecken«. Doch auf Frankreich blieb er angewiesen. Denn bereits fünf Wochen nach der Schlacht von Malplaquet (11. September 1709) mußte auch Mons kapitulieren. Max Emanuel war schon vorher nach Frankreich übersiedelt. Die bayerischen Truppen zogen nach Namur ab. Das Exil war bitter; die Aussichten auf eine Restitution und eine Königskrone blieben gering. Die Verhandlungen in Den Haag (1709) und Gertruydenburg (1710) zeitigten keine konkreten Ergebnisse zugunsten der Exulanten.

Im gleichen Zeitabschnitt hatten sich auch die Verhältnisse in Bayern katastrophal entwickelt.

Bayern unter kaiserlicher Verwaltung [1111]

Nachdem »die Progressen unserer gerechtisten mit göttlichem Seegen allzeith begleitteten Kriegswaffen wieder die stets gegen Uns feindlich agirende Cron Frankreich, und die an sich gezogene Churbayrische adhaerenz in der ... so klücklich hingelegten Campagne extendirt haben«, wie Kaiser LEOPOLD I. verlauten ließ,[1112] waren im Herbst des Jahres 1704 die Oberpfalz und weite Teile Bayerns von kaiserlichen Truppen besetzt worden. Der kaiserliche Generalstab übernahm in der Tat zunächst die volle Verfügungsgewalt über das Land. THERESE KUNIGUNDE, die Max Emanuel während seiner Flucht am 17. August 1704 zur Regentin Bayerns ernannt hatte,[1113] um sich selbst jeglicher Verantwortung zu entziehen, besaß keinerlei Autorität, um eine eigene Politik gegenüber den Kaiserlichen durchzusetzen. Sie schien gänzlich hilflos. Die kurfürstlichen Räte waren uneins. Die Landschaft schrie nach Frieden. Das Volk lebte in Angst und Schrecken. Die Zukunft war völlig ungewiß. Einheimische und fremde Soldateska zog plündernd, raubend und mordend durch das Land. Niemand konnte ihr Einhalt gebieten. Die wenigen Ordnungskräfte reichten nicht aus oder wagten nicht einzuschreiten. Es war praktisch unmöglich, das Land zu verteidigen.[1114]

Die Landschaftsverordneten forderten einen Waffenstillstand um jeden Preis. Nur dadurch könne man den Zorn der Sieger dämpfen. Die Stände flehten Kaiser LEOPOLD, König JOSEPH und die gegnerischen Heerführer um Gnade an. Pater SMAKERS, der Beichtvater und Vertraute der Kurfürstin, versuchte vergeblich zu vermitteln. Max Emanuel entwickelte einen Plan, der wie so viele andere undurchführbar war. Seine Schwiegermutter, die Königinwitwe MARIA CASIMIRA von Polen – sie lebte zu dieser Zeit in Rom in königlichem Glanze, besaß aber keinen politischen Einfluß – sollte die Regentschaft in Bayern und die Erziehung der kurfürstlichen Kinder übernehmen, THERESE KUNIGUNDE nach Brüssel übersiedeln. Doch von diesem Vorhaben rückte er bald wieder ab, besonders was den letzten Punkt betraf.[1115]

Prinz LUDWIG VON BADEN, Prinz EUGEN VON SAVOYEN, der Herzog VON MARLBOROUGH und vor allem Graf WRATISLAW entwarfen im

Feldlager von Ilbesheim einen Vertrag, den THERESE KUNIGUNDE zu unterzeichnen gezwungen war, um den Krieg formal zu beenden. Dieser Vertrag[1116] bedeutete die vollständige Kapitulation Bayerns und setzte einen Schlußstrich unter die Entwicklung, die 1701 mit der bayerisch-französischen Allianz begonnen hatte: Der Einsatz Bayerns im Spiel um das spanische Erbe war verloren. Die Oberpfalz und drei bayerische Rentämter kamen unter kaiserliche Verwaltung.[1117] Der Kurfürstin verblieben nur die Einkünfte und die Verwaltung des Rentamtes München mit der Haupt- und Residenzstadt. Die Kaiserlichen sahen ein bald ein, daß sie mit dieser Bestimmung einen schweren Fehler begangen hatten. Sie trachteten danach, diesen letzten Unruheherd möglichst bald auszuschalten und ihre Herrschaft auch auf den Münchener Bereich auszudehnen, den letzten Zufluchtsort allzu vieler, die vor den Drangsalen der Kaiserlichen Haus und Hof verließen.

Die Münchener Räte und die Kurfürstin korrespondierten weiterhin mit Max Emanuel in Brüssel, obwohl die Kaiserlichen die Verbindung mit ihm untersagten.[1118] Die Kaiserlichen erkannten rasch die latente passive Resistenz eines Teiles der bayerischen Bevölkerung, aus der sich notwendigerweise Konflikte ergaben mit unabsehbaren Folgen. Vielen erschien es opportun, in der gegenwärtigen prekären Lage den Vertrag nicht genau einzuhalten. Damit reizten sie die Kaiserlichen. Man beeilte sich zum Beispiel keineswegs, die erst jüngst errichteten Festungsanlagen wieder zu schleifen, wie es der Vertrag verlangte.[1119]

Eine Reise nach Venedig

THERESE KUNIGUNDE war verzweifelt. Sie fand sich in ihrer neuen Rolle als Regentin nicht zurecht. Sie suchte eine Gelegenheit, mit ihrem Gemahl zusammenzutreffen, um sich mit ihm auszusprechen. Überdies hatte sie in einem Versteck in der Residenz einen Koffer gefunden, der angefüllt war mit an Max Emanuel gerichteten Liebesbriefen. Dadurch erfuhr sie von zusätzlichen Liebschaften, die ihr bisher verborgen geblieben waren – und das will etwas heißen.[1120] Am liebsten wäre sie sofort nach Brüssel aufgebrochen, um ihren treulosen Gemahl zur Rechenschaft zu ziehen.

Max Emanuel wollte einer Zusammenkunft mit seiner Gemahlin um jeden Preis entgehen. Persönliche wie politische Gründe sprachen dagegen. In Brüssel fühlte er sich frei von allen ehelichen Verpflichtungen und genoß seine Freiheit in vollen Zügen, was allerdings am Münchener Hof schnell bekannt wurde.

Die französische Diplomatie vertrat den Standpunkt, THERESE KUNIGUNDE sei der letzte Garant für den Anspruch des Kurfürsten auf Bayern. Die Einnahme Münchens durch die Kaiserlichen müsse unbedingt verhindert werden. Es handelte sich um Prestige, Vollmachten, Rechte und künftige Ansprüche auf Restitution und Entschädigung. Würde auch die Kurfürstin München verlassen, könnten sich die Aussichten auf eine Rückkehr Max Emanuels nach Bayern wesentlich verschlechtern. Der Kaiser würde die Abreise THERESE KUNIGUNDES zum Vorwand nehmen, um den Ilbesheimer Vertrag aufzukündigen und sich in den Besitz ganz Bayerns zu bringen. Die französischen Diplomaten rieten Max Emanuel, um jeden Preis die Reise seiner Gemahlin nach Brüssel zu verhindern.[1121]

Für ROUILLE und Max Emanuel völlig unerwartet, traf im Januar 1705 der Beichtvater der Kurfürstin, der Jesuitenpater SMAKERS, in Brüssel ein. Die französischen Diplomaten witterten Geheimnisse und eitle Machenschaften der Kaiserlichen. Warum konnte Pater SMAKERS ungehindert reisen, während die Briefe der Kurfürstin aufgefangen und ihre Kuriere zurückgeschickt wurden? War SMAKERS kaiserlicher Agent?

Der Pater konferierte stundenlang mit Max Emanuel über die gegenwärtige Lage Bayerns. Er forderte vom Kurfürsten genaue Angaben über seine künftige Politik, Instruktionen für THERESE KUNIGUNDE und Aufklärung über seinen persönlichen Lebenswandel in Brüssel, besonders über die Gräfin ARCO und die in dem Koffer vorgefundenen Liebesbriefe.[1122]

VILLEROY, ROUILLE, Baron VON ZÜNDT, der Sekretär REICHARDT, die französischen Staatssekretäre TORCY und CHAMILLART sowie der französische König berieten diesen komplizierten Problemkreis mit Eifer. Der Graf VON MONASTEROL erhielt in Paris entsprechende Instruktionen. LUDWIG XIV. mahnte zur Vernunft. Der Kurfürst müsse seiner Gemahlin jene staatspolitischen Gründe offen darlegen, die ihr Verbleiben in Bayern zwingend erforderlich machen.

Graf von Bergeyck und Reichardt verhandelten mit Smakers in diesem Sinne. Er sollte nicht bemerken, daß Versailles diese Ermahnungen inspiriert hatte.[1123]

Der Pater reiste nach München zurück. Der Kurfürst hatte ihm einen Brief ausgehändigt, der vielfache Vertröstungen für Therese Kunigunde enthielt. Bindende Zusagen hatte der Pater nicht erhalten. Smakers war enttäuscht, die Kurfürstin noch mehr. Nur Max Emanuel atmete erleichtert auf, als der Pater Brüssel verlassen hatte.[1124]

Die Kurfürstin wußte sich keinen Rat. Das war nur natürlich. Ihr Gemahl hatte sie nie in politische Angelegenheiten eingeweiht. Jetzt stellte er ihr Entscheidungen in allen Fragen frei. In ihrer Bedrängnis lud Therese Kunigunde ihre Mutter, die in Rom im Exil lebte, nach München ein, um sich mit ihr zu besprechen. Die Königin wollte und konnte nicht nach Bayern kommen, jedoch war sie mit einer Zusammenkunft in Italien einverstanden.[1125] Deshalb verließ die Kurfürstin am 15. Februar 1705 inkognito mit einem kleinen Gefolge die bayerische Residenzstadt in Richtung Venedig. Max Emanuel war wütend, als er die Nachricht von ihrer Abreise erhielt, konnte aber nichts mehr ändern. Auch die Königin wußte keinen Ausweg. Anstelle der Übereinstimmung wuchs die Entfremdung beider Frauen.[1126]

Im Mai kehrte die Königin nach Rom zurück, die Kurfürstin begab sich auf die Heimreise nach Bayern. An der österreichischen Grenze wurde sie aufgehalten. Sie konnte sich zwar durch kaiserliche Geleitbriefe ausweisen, aber sie berechtigten nur zur Ausreise aus Bayern, nicht ausdrücklich zur Rückreise. Vergeblich versuchte ihr Reiseleiter, Baron Lützeldorf, die Kaiserlichen zum Einlenken zu bewegen.[1127] Unter fadenscheinigen Vorwänden verweigerten sie die Weiterfahrt nach Bayern. Denn sie hatten dort vollendete Tatsachen geschaffen. Die Kurfürstin mußte notgedrungen nach Venedig zurückkehren. Die Jahre ihres Exils begannen.[1128]

Die Operation München[1129]

Am 14. Mai 1705 rückten kaiserliche und pfälzische Truppen unter dem Vorwand, nach Italien zu marschieren, vor die bayerische

Haupt- und Residenzstadt und blockierten alle Zufahrtswege. Generalfeldmarschall Graf von Gronsfeld forderte von einer Delegation der Münchener Regierung und des Magistrats die Öffnung der Stadttore und die Aufnahme kaiserlicher Besatzungstruppen in die Stadt. Der inzwischen verstorbene Kaiser Leopold I. hatte die entsprechenden Befehle bereits unterschrieben, Kaiser Joseph I. sie erneuert. Entweder Übergabe oder Bombardement und Belagerung, so lautete die Alternative. Größte Bestürzung ergriff die Delegierten. Sie hatten niemanden, mit dem sie sich hätten beraten können. Der Kurfürst befand sich weitab in Brüssel, die Kurfürstin irgendwo auf dem Weg zwischen Norditalien und Österreich. Was war zu tun? Konnte die Stadt einer Belagerung standhalten? Es fehlten Soldaten, Munition, Vorräte. Selbst wenn man die Bombardierung überstand, auf die Dauer konnte man keinen Widerstand leisten. Man verhandelte und beriet den ganzen Tag, die ganze Nacht und den folgenden Tag. Die Abgeordneten suchten die Zustimmung des Magistrats und aller kurfürstlichen Räte einzuholen. Sie waren zur Übergabe bereit. Doch der zuständige Vizekommandant Oberstleutnant Schielle wollte die Verantwortung für die Öffnung der Tore nicht übernehmen, absentierte sich, bat um seine Entlassung. Sie wurde ihm verweigert.[1130]

Unterdessen entstand bei Hofe und in der Stadt erhebliche Unruhe. Die Bürger strömten zusammen. Die Forderungen der Kaiserlichen hatten sich herumgesprochen. Es kam zu Tumulten und Aufruhr. Man rief, die Kaiserlichen wollten keinen Akkord einhalten, die Bürger mit Quartierlasten beschweren. Man solle sich lieber wehren als sich ergeben. Verschiedene Stimmen wurden laut, die Kaiserlichen würden den einen oder anderen Prinzen wegführen. In der Tat hatte der Wiener Ministerrat noch unter Leopold dieses Vorhaben beschlossen. Derartige Reden erweckten bei einigen »unruehigen Köpfen von der Populace« einen derartigen Eindruck, daß es beinahe zum Aufstand gegen die Obrigkeit gekommen wäre. Diese war völlig hilflos, absolutistisches Kommando gewohnt und nur Befehlsempfänger. Eigene Entscheidungen zu fällen, fiel ihr unendlich schwer. Die Kaiserlichen drohten bereits, die zurückgehaltenen Geiseln hinzurichten. Um die Bevölkerung zu beschwichtigen, gaben Gronsfeld und Graf Löwenstein schriftliche Zusicherungen ab. Daraufhin wurden die Stadttore geöffnet.[1131]

Am 16. Mai 1705 abends gegen 6 Uhr marschierten 2780 kaiserliche Soldaten, der Generalstab und die Administration, insgesamt rund 3200 Personen, in München ein. Die Bürger hatten alle Hände voll zu tun, in aller Eile die notwendigen Quartiere herzurichten. Die Garde der Kurfürstin wurde entlassen. Kaiserliche Soldaten übernahmen fortan die Begleitung der Prinzen.[1132] Am nächsten Morgen sahen sich die bayerischen Räte vor die Wahl gestellt, entweder in kaiserliche Dienste zu treten oder nach Hause zu gehen. Bedenkzeit gab es nicht. Der Obersthofmeister Graf von PREYSING als ranghöchster Beamter war nicht zu erreichen. Er befand sich wegen einer Verletzung zu Haidhausen in seinem Landhaus. Ihn dort um Rat anzugehen, erlaubten die Kaiserlichen nicht. Man fügte sich in das Unvermeidliche. Das eigene Wohl gab den Ausschlag. Der Oberstkämmerer Baron von NEUHAUS meinte, er wolle die angebotene kaiserliche Gnade nicht zurückweisen. Ihm obliege die Sorge für die Prinzen während der Abwesenheit des Kurfürsten, er könne seinen Posten nicht verlassen. Er werde den Eid auf den Kaiser ablegen. Der Graf von HAIMHAUSEN war kaiserlicher Vasall, so daß er gegen die Eidesleistung keinerlei Bedenken trug. Nur der Graf von TATTENBACH weigerte sich. Er betonte, daß er allein auf Wunsch des Kurfürsten den Geheimen Rat frequentiere. Er sehe keinen Anlaß, dies unter den jetzigen Umständen weiterhin zu tun. Er begab sich auf seine Güter, um die künftige Entwicklung abzuwarten. Baron von MAYR dagegen blieb, ebenso Baron von JONNER. Dieser war der Ansicht, der Kurfürst werde es nicht übelnehmen, daß sich seine treuesten Diener, deren gute Neigung gegenüber dem Fürstenhaus und gegenüber dem Gemeinwesen bekannt sei, zu stabilisieren gedächten.[1133] Er habe eine große Familie und nicht die nötigen Mittel, um ohne Einkommen leben zu können. Damit hatte er das Hauptargument jener Bediensteten ausgesprochen, die in ihren Ämtern blieben.

Die kaiserliche Administration übernahm die volle Regierungsgewalt über ganz Bayern. Herrschaft und Verwaltung waren in Bayern und Österreich [1134] ähnlich strukturiert, so daß sich keinerlei unüberwindliche Schwierigkeiten ergaben und die Verwaltung des Landes weiterhin funktionierte. Die Administration, die sich sehr rasch in ihren neuen Geschäftsbereich einarbeitete, unterlag ihrerseits einer strengen Überprüfung durch die Wiener Minister.

Freiherr von Tastungen wurde Statthalter der Oberpfalz, Reichsgraf Max Karl von Löwenstein und Wertheim stand an der Spitze der Münchener Administration.[1135] Er war ein Mann, der sich im diplomatischen Dienst große Kenntnisse erworben hatte, ein kluger Taktiker und Organisator mit einem guten Blick für Möglichkeiten und Realitäten.

Mit den kaiserlichen Administratoren kam ein relativ kleiner Mitarbeiterstab nach Bayern. Nur die oberste Verwaltungsspitze wurde mit neuen Männern besetzt.[1136] Fast alle bayerischen Beamten blieben in ihren Ämtern, ausgenommen jene, die sich als besonders eifrige und engagierte Anhänger Frankreichs hervorgetan hatten. Das waren nicht mehr viele. Denn die meisten von ihnen hatten bereits die Flucht ergriffen. Die Kaiserlichen brauchten nur wenige ihres Postens entheben. Alle übrigen bayerischen Beamten, die sich bereit erklärten, weiterhin ihren Dienst zu versehen, wurden auf den Kaiser vereidigt.[1137] Aus wirtschaftlichen und gesellschaftspolitischen Gründen hatte sich die Mehrzahl zu diesem Schritt entschlossen. Der Verlust des Amtes wäre dem Verlust ihrer gesellschaftlichen und politischen Stellung gleichgekommen und hätte die völlige Einbuße ihres Einkommens bedeutet. Sie steckten ohnedies meist tief in Schulden. In den letzten beiden Jahren der Regierung Max Emanuels hatten sie keinen einzigen Heller Besoldung mehr bekommen. Jetzt hofften sie, daß die kaiserliche Administration endlich der bestehenden Finanzmisere energisch begegnen und einen geordneten Geschäftsgang ermöglichen werde. Man stand der Administration durchaus nicht ablehnend gegenüber, sondern man erwartete allgemein eine Besserung der Gesamtlage.

Um jeden Widerstand unmöglich zu machen, mußten die Münchener Bürger ihre Waffen abliefern. Der Kammerdirektor Neusönner, der mit dem Kurfürsten in Brüssel korrespondiert hatte, wurde wegen Hochverrats verhaftet.[1138] Unter der Folter gestand er. Fieberhaft suchten die Kaiserlichen nach Beweisen, der Kurfürst und die bayerische Regierung hätten den Vertrag von Ilbesheim gebrochen, so daß der Einmarsch in München gerechtfertigt wäre. Man durchsuchte alle geheimen Kammern und Verstecke. Der Kabinettssekretär Unertl hatte einen Teil des Archives, der die Korrespondenz mit Frankreich enthielt, noch rechtzeitig in Sicherheit gebracht. Die Kaiserlichen inventarisierten alles, was sie vorfanden, nicht zuletzt die Bestände der Schatzkammer und der Geheimen Kammer, in der noch beste Münzen vorhanden waren, die der Kurfürst selbst in der bedrängten Lage von 1704 nicht angegriffen hatte.[1139]

Bestandsaufnahme

Es war das oberste Ziel der kaiserlichen Administration, Bayern voll und ganz der habsburgischen Kriegspolitik dienstbar zu machen. Die Inventur von allem, was man vorfand – Land und Leute an sich interessierten weniger als Steueraufkommen und Abgabenpflicht der Untertanen –, ergab folgende Einsichten: Die Politik des Kurfürsten, die im Bunde mit Frankreich zur Katastrophe geführt hatte, war allenthalben verhaßt. Es bedurfte keiner langwierigen Beweisführung, um Stände und Untertanen zu überzeugen, daß der Kurfürst den Krieg gegen Kaiser und Reich in die Wege geleitet hatte. Auch ein Umerziehungsprozeß war nicht nötig. Der bayerische Adel war mit dem österreichischen Adel aufs engste verwandt und durch gesellschaftliche, kulturelle und wirtschaftliche Beziehungen verbunden, so daß er zu gemeinsamen Aktionen im Interesse des Reiches und des Kaisers prädestiniert erschien. Der Kaiser gewann die bayerischen Stände, indem er ihre Privilegien bestätigte. Sie hatten fast einhellig die Aggressionspolitik des Kurfürsten abgelehnt und hofften nun, daß der Kaiser diese Haltung honorieren werde. Um so größer war die Enttäuschung, als die österreichische Administration zu erkennen gab, daß sie Bayern als erobertes Land und alle seine Bewohner als Unterworfene zu behandeln gedachte.[1140]

Alle höheren Beamten mußten, genauso wie es ihre Berufskollegen in den Erblanden taten, eine beträchtliche Kaution hinterlegen.[1141] Diese war verloren, wenn sich der Beamte etwas zuschulden kommen ließ. Die Beamten waren daher bestrebt, sich an ihren Untertanen schadlos zu halten. Da die Administration die Tauglichkeit eines jeden Beamten überprüfte und Beziehungen und gute Worte allein nicht mehr genügten, um ein Amt zu erwerben, wurde die Effektivität des Beamtenapparates gesteigert, obgleich eine zahlenmäßige Verringerung des Personals angestrebt wurde, um Gehälter zu sparen. Über Neubesetzung oder Vakanz eines Amtes entschied nur die Wiener Regierung. Die Administration in München besaß das Vorschlagsrecht.[1142]

Die Beamten der unteren Dienstgrade trieben, wie gewohnt, die Abgaben der Untertanen ein. Die Rentmeister konnten auf ihren Umritten, soweit sie überhaupt noch stattfanden, die Willkür der lokalen Behörden kaum einschränken. Der Administration kam es vor allem darauf an, die von ihr verlangten Steuern in die Hand zu bekommen. Jedes Mittel war dabei recht. Welche Summen die kleinen und mittleren Beamten für sich selbst abzweigten, interessierte wenigstens vor dem Aufstand von 1705/06 keine übergeordnete Dienststelle. Darum wuchs die Ermessensfreiheit des einzelnen Beamten und mit ihr der Spielraum, ein Aequivalent für seine seit Jahren rückständige Besoldung von den Untertanen zu erhalten. Max Emanuel hatte im Jahre 1703 versprochen, gewisse Kriegskontributionen bei künftigen Steuerterminen anzurechnen beziehungsweise den Unterschiedsbetrag zurückzuzahlen. Dazu aber kam es nicht mehr. Die Beamten gaben das Geld nicht frei, weder 1704 noch 1705, und im Jahre 1708 weigerten sie sich immer noch, diese Beträge auf die Steuerschuld anzurechnen. Durch derartige Finanzmanipulationen[1143] wurde die Kluft zwischen Untertanen und lokalen Gewalten laufend größer. Auch die Administration überprüfte nur die offizielle Rechnungsführung, die wiederum von der Wiener Hofkammer überwacht wurde.[1144]

Die zweite Stütze des absolutistischen Staates, die Offiziere und Soldaten, hatten durch den Wandel der politischen Geschehnisse ihre eigentliche Aufgabe verloren. In Höchstädt waren die bayerischen Truppen geschlagen und zerstreut worden. Die Garnisonen im Land mußten kapitulieren. Einige Truppenteile waren ins Elsaß und in die Niederlande geflüchtet. Durch den Ilbesheimer Vertrag hatte die Kurfürstin alle Kampftruppen und Garnisonssoldaten bis auf eine Garde von etwa 400 Mann entlassen müssen. Bayern bestand nur mehr als Verwaltungseinheit, nicht mehr als politische Größe, die ein eigenes Heer benötigt hätte. Viele Soldaten schlossen sich den Bettlerheeren an, die Bayern durchstreiften. Sie bildeten einen beträchtlichen Unsicherheitsfaktor. Jedem Einsichtigen war klar, daß es keine vernünftige Lösung war, Soldaten beschäftigungslos umherziehen zu lassen. Deshalb machten die Behörden alle ehemaligen Offiziere und Soldaten ausfindig und überprüften sie, ob sie eine Gefahr für die kaiserliche Administration darstellten. War dies der Fall, wurden sie des Landes verwiesen, Diensttaugliche aber zwangsverpflichtet und zu den kaiserlichen Truppenkorps nach Italien und Ungarn in Marsch gesetzt. Die Heere hatten stets Bedarf an neuen Rekruten, so daß die »Einberufung« der ehemaligen bayerischen Soldaten bald nicht mehr genügte, die Fehlbestände aufzufüllen. Die kaiserliche Militärverwaltung – sie unterstand nicht der zivilen Administration unter LÖWENSTEIN, was bald zu ernsten Auseinandersetzungen führte – griff auf Landeskinder zurück.[1145]

Den dritten Schwerpunkt der staatlichen Organisation bildete das Finanzwesen. Hier galt es, die herrschende Konfusion zu beseitigen. Zwei Möglichkeiten gab es: Entweder die vorhandenen Schulden zu tilgen und dadurch die Finanzen zu sanieren oder einen Währungsschnitt durchzuführen, die Rückzahlung aller Schulden und Zinsen abzulehnen – denn schließlich hatte nicht der Kaiser, sondern Max Emanuel diese Schulden auf sich genommen, so daß Wien für die Rückzahlung nicht verantwortlich war – und alle Einkünfte des Landes nach eigenem Gutdünken zu verwenden. Letzteres geschah. Die kaiserliche Administration weigerte sich grundsätzlich, irgendeine Schuld des Kurfürsten anzuerkennen. Nur aus politischen Rücksichten gegenüber Holländern wurden einige Ausnahmen gemacht. Die bayerischen Händler mußten jahrelang auf die Bezahlung ihrer dem Kurfürsten gelieferten Waren warten. Manche Münchener Bankiers und Kaufleute kamen dadurch in große Bedrängnis, die noch verstärkt wurde durch den Umstand, daß die Kaufkraft der Hofbediensteten schwand. Deren Gehälter wurden gekürzt und der Personalbestand in einer »Reformation« verringert.[1146]

Besonders positiv wirkte sich hingegen die kaiserliche Anordnung aus, die schlechten Münzsorten, die Max Emanuel hatte prägen lassen, dem Geldumlauf zu entziehen und die Währungen und Wechselkurse den offiziell geltenden Normen in Österreich beziehungsweise dem Reich anzugleichen. Die Ausmünzung neuer Geldsorten verlief unter kaiserlicher Aufsicht, so daß auf zehn Jahre hinaus die Währungskonfusion – ein Symbol für die Politik des Kurfürsten allgemein – behoben wurde.[1147]

Den bayerischen Untertanen war keine Entlastung vergönnt. Sie mußten alle bisher gezahlten übermäßigen Kontributionen, Kriegsanlagen, Sondersteuern weiterhin aufbringen,[1148] obgleich der Krieg für Bayern beendet schien. Die Anforderungen der kaiserlichen Administration und Militärverwaltung stiegen im Gegenteil immer höher. Die kaiserlichen Soldaten erhielten ihre Uniformen aus bayerischen Armeebeständen. Munition kam aus den bayerischen Depots. Der Salzhandel lief fortan unter kaiserlicher Regie. Das alte Ziel der Wiener Politik, Böhmen von der bayerischen Salzeinfuhr unabhängig zu machen, konnte jetzt endlich erreicht werden: 1706 wurde die Ausfuhr bayerischen Salzes in dieses Königreich für alle Zukunft verboten. Durch diese Maßnahme konnte der österreichische Salzhandel einen entscheidenden Durchbruch erzielen. Für die bayerischen Salze mußten neue Absatzmärkte im Westen des Reiches und in der Schweiz erschlossen werden. Alle Salzverträge, die zwischen Bayern, Salzburg, Passau und Regensburg vereinbart worden waren, behielten jedoch weiterhin ihre Gültigkeit.[1149] Die Transportkosten wurden nach dem üblichen Modus aufgeteilt oder gänzlich von der bayerischen Hofkammer übernommen. Alle Erträge aus den Salzaufschlägen, die bald für die bayerischen und oberpfälzischen Untertanen beträchtlich erhöht wurden, so daß der Salzverschleiß bis zur Hälfte des früheren Konsums zurückging,[1150] flossen fortan in die kaiserlichen Kassen. Vor allem die Oberpfälzer weigerten sich zum großen Teil, das von der kaiserlichen Administration verteuerte Salz zu kaufen. Sie boykottierten es. Der Salzschmuggel erlebte eine neue Blütezeit. Man brachte Salz aus Schwaben, Franken, Sachsen, Thüringen, aus den benachbarten Reichsstädten und Hochstiften in die Oberpfalz. Salztransporte aus Tirol kamen im geheimen nach Süddeutschland. Wurde der Schmuggel aufgedeckt, dann erfolgte die Beschlagnahme der Wagen, Pferde und Waren. Sogar die Wiener Minister forderten ihre Administration in München auf, den Salzaufschlag wieder zu senken, um der Absatzkrise zu steuern. Die Münchner Administration aber blieb stur. Sie rechnete, daß in den friedlichen Zeiten des Rechnungsjahres 1700/01[1151] der Salzverschleiß einen Gewinn von 1 083 375 Gulden abgeworfen hatte. Durch die kaiserlichen Maßnahmen wurden zwar im Rechnungsjahr 1704/05 genau 797 Pfund 5 Schilling 2 Scheiben Salz weniger verkauft, durch die enorme Preiserhöhung aber 1 176 391 Gulden erwirtschaftet, somit ein Überschuß von 93 016 Gulden. Auf diesen Mehrerlös wollte man nicht verzichten.[1152]

Die Erträgnisse aus der Weizenakzise, dem Weißbier- und teilweise auch dem Braunbieraufschlag flossen ebenfalls unmittelbar in die kaiserliche Kasse. Der Ertrag aus der Eisenverarbeitung[1153] im Fichtelgebirge, in der Oberpfalz und in Südbayern war für die Kaiserlichen doppelt von Nutzen: Einerseits ließ sich der Erlös aus dem Verkauf der Eisenwaren direkt der kaiserlichen Finanzverwaltung zuführen, andererseits konnten die Produkte unmittelbar an die kaiserliche Armee geliefert werden, die Rechnung beglich der bayerische Steuerzahler.

Die Administration forderte alle Untertanen auf, die die Rentämter Landshut, Straubing und Burghausen während des vorangegangenen Krieges verlassen und sich nach München geflüchtet hatten, in ihre Wohnungen und Höfe zurückzukehren, die Arbeit aufzunehmen und die nächst fälligen Steuern zu bezahlen. Widrigenfalls drohten die Kaiserlichen mit der Konfiskation der Güter. Eine gut funktionierende Spionage hatte festgestellt, daß Pulver, Proviant, Munition und sonstiges Kriegsmaterial nicht abgeliefert, sondern veräußert oder vergraben worden war. Die Administration verpflichtete ihre bayerischen Helfer, diese Verstecke ausfindig zu machen.[1154]

Die Mitarbeit Bayerns im bayerischen Kreis, die während der letzten Jahre eingestellt worden war, wurde neu aktiviert, das heißt, die hierzu notwendige Mannschaft war zu stellen und die geforderten Geldbeträge zu zahlen. Da man den bayerischen Soldaten mißtraute und ihre baldige Flucht aus dem Reichsheer befürchtete, beschloß man, anstelle eines gemeinen Soldaten 40 Gulden und anstelle eines Reiters 90 Taler von den Untertanen zu verlangen, nicht gerechnet die Verpflegungskosten.[1155]

Alle von Max Emanuel eroberten Territorien, Städte und die von Bayern usurpierten Lehen wurden ihren früheren Besitzern zurückgegeben. Regensburg, Passau, Augsburg verhandelten über Entschädigungen für die Kriegsverluste.[1156] Die ehemalige freie Reichsstadt Donauwörth bekam vorübergehend ihren alten Status zurück. Aus »Dankbarkeit« übermittelte sie dem Kaiser einen Vorschuß von 20 000 Gulden in guter Münze, rückzahlbar durch bayerische Salzgefälle. Ein Sonderabkommen regelte Salzverkauf und Gewinn.[1157]

Eine Grenzkommission, an der kaiserliche und bayerische Verordnete teilnahmen, arbeitete neue Grenzlinien zwischen der Oberpfalz und Böhmen aus. Die kaiserlichen Behörden führten die Grenzbegehung zu ihren Gunsten durch, so daß den bayerischen Beamten nur noch zu protestieren übrigblieb, so schwer es ihnen auch fiel und so sehr sie die Ungnade des Kaisers fürchteten.[1158]

Kunstschätze, Juwelen und Wertgegenstände, die der Kurfürst, die bayerischen Beamten und Soldaten während ihrer Invasion in Tirol geraubt hatten, mußten jetzt zurückgegeben, was nicht mehr vorhanden war, ersetzt werden.[1159] In Parallele dazu hielten sich kaiserliche Beamte und Offiziere an bayerischen Werten schadlos.

Die Administration arbeitete wirtschaftlich und sparsam,[1160] soweit dies in Anbetracht der Umstände möglich war. Das Prinzip war gut gemeint, aber die Auswirkungen auf die armen Bevölkerungsschichten waren verheerend. Denn alle Sparsamkeit zielte nur darauf, möglichst große Geldbeträge außer Landes zu schaffen, um den Bedürfnissen der kaiserlichen Politik gerecht zu werden. Das nämliche System wurde sowohl in Italien wie in Ungarn praktiziert: Durch überhöhte Steuern, Abgaben und Leistungen von den Untertanen eines eroberten Landes möglichst hohe Gewinne abzuschöpfen, das Geld nicht im Land anzulegen, die Geldzirkulation weitgehend zu behindern und die Erträge der menschlichen Arbeitsleistung, der Wirtschafts- und Finanzkraft des unterworfenen Territoriums völlig unabhängig vom Herkunftsland einem Dritten zugänglich zu machen, der keine Gegenleistung dafür bot. Dieses System mußte zwangsläufig zu einer Notsituation führen, die Widerstände hervorrief, besonders in Anbetracht der vorausgegangenen Ereignisse. Bayern war kein wirtschaftlich blühendes Land, das erst durch die Niederlage von Höchstädt ins Unglück gestürzt worden wäre. Eine lange Depression war vorausgegangen. Sie führte zu großen Verlusten an Menschen, Material und Kaufkraft. Die Finanzmisere war unaufhaltsam fortgeschritten. Seit 1680/83 gab es praktisch keine Bemühungen mehr von Seiten der Münchener Regierung, die Wirtschafts- und Kaufkraft der Bevölkerung zu verbessern. Auch die Administration arbeitete nicht auf dieses Ziel hin. Vielmehr unternahm sie alles, um den Geldumlauf in Bayern möglichst einzuschränken und statt dessen die bayerischen Finanzen der habsburgischen Politik verfügbar zu machen. 30 000 Gulden flossen monatlich in die Privatschatulle des Kaisers, 6000 Gulden in jene des Erzherzogs KARL,[1161] um seine Prätentionen auf den spanischen Thron zu unterstützen.

Alles, was die Wiener Behörden nicht bezahlen wollten, wurde der Münchener Hofkammer auferlegt: die Bezahlung der Gehälter für zahlreiche kaiserliche Offiziere und Beamte, die Bezahlung von Munitionstransporten, von Nahrungsmittellieferungen für die kaiserliche Armee, von Saatgetreide und vieles andere mehr. Die Ausgaben für die bayerischen Belange jedoch wurden gekürzt. Es begann mit der Verminderung der Almosen für Arme, Krüppel und bresthafte Personen, nämlich von jährlich 10 232 Gulden 41 Kreuzer auf die Hälfte. Die Münchener Administration holte dazu die Genehmigung der Wiener Minister ein. Sogar diesen schienen die beabsichtigten Kürzungen zu rigoros: Es sollte diese Spende, da sie »lauther presshafft- und bluettarmen mueheseligen leithen zuekombet, ... auf ein wenigeres nicht restringirt = sondern die behörige ratification darüber erthaillet werden ..., anerwogen das allmosen inter caetera, summa species bonorum operum ist, wordurch gott die mehrere beseegnung, und das centuplum widergeben, und verleyhen thuett«, hieß es in Wien. Trotzdem setzte die Münchener Administration ihren Willen durch. Betroffen waren die Personen, die Wochengeld, das freitägliche Almosen, erhielten, ferner das Leprosenhaus, die Armen Schulschwestern und Näherinnen, die Waisenkinder, die in der Wollfabrik vor dem Sendlinger Tor täglich bis zu 14 Stunden unentgeltlich arbeiteten und denen ein Pater am Sonntag zu ihrem Trost auf dem Friedhof eine Messe las, das Kosthaus, die »Ordinari-Beter« in St. Michael, die Fastenbeter, die »Apostel«, Kostgänger, Kranke und der Pflege bedürftige Patienten.[1162]

Der Hofstaat wurde verkleinert,[1163] »überflüssiges« Personal[1164] wie welsche und französische Komödianten, Musiker, Sänger und Tänzer entlassen. Waren sie einst mit Empfehlungen aus Wien, Madrid oder von anderen Fürstenhöfen nach München gekommen, so wurden sie jetzt trotz ihrer künstlerischen Leistungen ohne Dank verabschiedet.[1165] Wohin sollten sie sich wenden? Die Tatsache, einst dem Kurfürsten Max Emanuel gedient zu haben, galt jetzt nicht mehr als Empfehlung. Manche versuchten deshalb, sich nach Brüssel durchzuschlagen, obgleich sie keine Pässe besaßen.

1024 Personen gehörten bis 1704 dem Münchener Hofstaat an.[1166] Die Zahl der Wäscherinnen, Kämmerer, Hof- und Küchenbediensteten wurde jetzt verkleinert. Jeder hatte Angst, seinen Arbeitsplatz und somit sein Einkommen zu verlieren. Man verlegte sich aufs Betteln und Flehen, berief sich auf seine Treue gegenüber Kaiser und Reich und verdammte den Kurfürsten, der es soweit hatte kommen lassen. Wie sollte man seine Schulden tilgen und die Zinsen begleichen, wenn Stellung und Ehre so sehr beschnitten wurden? Es begann ein Rennen um die Gunst der Besatzungsmacht. Selbst die Nebeneinkommen standen in Frage: die Zuwendung für Holz, Licht, Speise und Trank, Kleidung und Dienerschaft.[1167] »Unnötige Besoldungen« für Beamte und Bediente wurden gekürzt und der Korruption Tür und Tor weit geöffnet.

Während des vorangegangenen Krieges war die Belastung der Landstädte und der Gemeinden unterschiedlich groß gewesen. Besonders schwer betroffen waren jene Städte, die von den Kaiserlichen bombardiert worden waren, und jene Bezirke, wie Straubing, in denen die Soldaten, gleichgültig ob Freund oder Feind, fouragiert und geplündert hatten. Die Abgaben für Spitäler, Armen-, Waisen-, Gotteshäuser und milde Stiftungen, die zum größten Teil aus dem Verkauf des Getreides resultierten oder aus Zehnten und Verzinsungen stammten, gingen erheblich zurück. Die Armen erhielten nicht mehr die ihnen ehemals zugeteilten Brotrationen. Dabei vermehrte sich die Zahl der Mittel- und Arbeitslosen ständig, besonders durch die jüngsten Kriegseinwirkungen. Bürger und Bauern hatten Hab und Gut verloren durch Brandschatzung, Bombardements, Verwüstung und Plünderung.[1168] Niemand ersetzte die Schäden. Die Gemeinden waren aufgrund der übermäßig hohen Steuern nicht in der Lage, Zuschüsse für den Wiederaufbau zu gewähren. Die Nachbarschaftshilfe konnte nicht wie früher aktiv werden. Die Schwierigkeiten, die es zu bewältigen galt, waren einfach zu groß. Es fehlte an Investitionen. Sogar Gottesdienste wurden nicht mehr abgehalten, wenn die Stiftungen keine Zuwendungen mehr erhielten. Kriegswaisen, Flüchtlinge, Krüppel, Verletzte und Vertriebene suchten vielfach in den Städten ihre Zuflucht. Man glaubte, am Ende seiner Kräfte zu sein. In Wirklichkeit war dies nur der Anfang weiterer Leiden. Vergeblich hofften die Untertanen, daß mit der Beendigung des Krieges um Bayern die Auflagen ermäßigt, die Steuern auf den früheren Stand gebracht, die Sonderabgaben abgeschafft, der Handel gefördert und eine Zeit der Ruhe eintreten würden.

Was tat die bayerische Landschaft in dieser Situation? Mit Worten sehr viel. Sie jammerte und opponierte lautstark, besonders als sie bemerkte, daß der Kaiser keine allzu großen Rücksichten auf ihre Privilegien nahm. Sie setzte sich, um ihre Einkünfte zu retten, auch für die Untertanen ein.[1169] Sie schilderte den »betrüblichen und deplorablen Zustand« des Landes, eine Folge der leidigen und entsetzlichen Kriegswirren,[1170] an denen die bayerischen Landstände keine Schuld trügen. Sie unternahmen aber nichts, um ihre Position zu festigen und ihre Machtbefugnisse zu erweitern. Die Abwesenheit des Kurfürsten hätte eine ausgezeichnete und praktisch einmalige Gelegenheit geboten, ihre frühere politische und gesellschaftliche Machtstellung wieder zu erlangen. Dazu fehlte ihnen der wirtschaftliche Rückhalt und das politische Rückgrat. Sie waren bereits fest in den absolutistischen Staat und den Untertanenverband eingegliedert. Sie fühlten sich nicht mehr als gleichberechtigte Glieder neben dem Herrscher, wie immer er heißen möge. Ihre Herrschaftsfunktion betrachteten sie selbst bereits als delegiert und nicht mehr wie im Mittelalter als autonom. Der politischen Mitsprache waren sie völlig entwöhnt. Ihre Funktion beschränkte sich auf die Ausübung einiger, wenn auch bedeutender korporativer Rechte, auf Finanzhoheit und Niedergerichtsbarkeit. Politische Gleichberechtigung und Mitsprache vermochten sie jetzt nicht zu fordern. Sie waren zu treuen Untertanen des Kaisers geworden, wie sie vorher treue Untertanen des Kurfürsten gewesen waren. Sie übten ihre Verwaltungs- und Gerichtstätigkeit wie ehedem aus. Darum konnten die kaiserlichen Minister mit einer kleinen aktiven Elite das gesamte Land ohne Schwierigkeiten verwalten. Es gab keine innenpolitischen Machtverschiebungen. Nur die Führungsspitze war personell ausgewechselt, das Land einem anderen Monarchen dienstbar gemacht.

Obgleich die bayerischen und französischen Truppen in den Jahren von 1702 bis 1704 bereits die bisher höchste Steuerquote dem

Land Bayern abverlangt hatten, begann die kaiserliche Administration unmittelbar nach ihrer Etablierung in Bayern, von den drei Rentämtern Landshut, Straubing, Burghausen eine Hybernallast von vier Millionen Gulden zu fordern.[1171] Im Frühsommer 1705 wurden dann ähnliche Ausschreibungen auch auf das Rentamt München ausgedehnt. Stände und Untertanen waren schockiert und beriefen sich darauf, der gleichen Religion wie die Kaiserlichen anzugehören: Sie seien daher nicht als Unterworfene zu betrachten. Alle Hoffnungen, die sich auf eine politische Veränderung konzentriert hatten, waren schnell verflogen. Die Landschaft mußte bereits 800 000 Gulden an Zinsrückständen der letzten Jahre begleichen, so daß unter den jetzigen Umständen eine Neuverschuldung nicht zu umgehen war. Neben Steuern und Quartierlasten verlangten die Kaiserlichen noch umfangreiche Verpflegsrationen für Mensch und Tier. Daraufhin versammelten sich im Januar 1705 die Landstände der Rentämter Straubing, Landshut und Burghausen, um über die kaiserlichen Forderungen zu beraten. Die Hofburg wies alle Bittgesuche der Landstände um Steuernachlaß zurück. Auch das Argument wirkte nicht, der Handel zwischen Bayern und Österreich werde völlig ruiniert, wenn bayerische Untertanen nicht mehr in der Lage wären, infolge überhöhter Steuern österreichische Waren zu kaufen.[1172]

Alle fußfällige Unterwürfigkeit half nichts. Die bayerischen Adeligen, die stets gute Beziehungen zu Wien gepflegt hatten, waren über die harte kaiserliche Haltung deprimiert. Jene Grundbesitzer, deren in den Erblanden gelegenen Güter während des Krieges beschlagnahmt worden waren, versuchten wenigstens ihre Rückgabe zu erreichen. Es bedurfte der Fürsprache einflußreicher Männer am Wiener Hof, um ihre Rechtsansprüche durchzusetzen. Im widrigen Fall behielten die Kaiserlichen diese Güter und deren Erträge. Selbst der Graf von Haimhausen, der als erster sich den Kaiserlichen unterworfen hatte, bekam seine in Böhmen beschlagnahmten Güter erst auf Intervention des Prinzen Eugen von Savoyen zurück.[1173] Er konnte zufrieden sein, nicht jedoch die bayerischen Prälaten. Sie gelangten niemals mehr in den Besitz ihrer in Österreich konfiszierten Ländereien und Einkünfte. Sie büßten damit für ihre »freiwilligen Gaben«, die sie infolge des Staatskirchentums dem bayerischen Kurfürsten hatten zur Verfügung stellen müssen.

Um die Verwaltungsgeschäfte reibungslos durchführen zu können und die Steuerabgaben der Oberpfalz neu zu regeln, fand sich der Kaiser bereit, die von MAXIMILIAN I. aufgelöste Ständekorporation der Oberpfalz »auf vielfältigen Wunsch« der Adeligen und Prälaten wiederum ins Leben zu rufen. Dadurch hoffte Wien zugleich, bei den Oberpfälzer Untertanen eine größere Distanz zu den Münchener Zentralbehörden zu schaffen und gegebenenfalls eine Restitution an den Pfälzer Kurfürsten in die Wege zu leiten. Die Oberpfalz würde wieder ein eigenes politisches Gewicht erhalten, Bayern dadurch für die Zukunft geschwächt. Dies war um so leichter zu erreichen, als die bayerischen Beamten das Oberpfälzer Territorium bisher als erobertes Land betrachtet hatten, so daß keine besonders innige Verbundenheit zwischen beiden Landesteilen erwachsen war. Die Renaissance der oberpfälzischen Landschaft[1174] während der österreichischen Besatzungszeit aber zeigte, daß die Landstände auch hier nicht mehr in der Lage waren, ihre früheren politischen Funktionen zurückzugewinnen. Der Kaiser und später der pfälzische Kurfürst, der das Land vorübergehend erhielt, hatten kein Interesse, sich eine mächtige Opposition heranzuziehen. Sie hielten die oberpfälzischen Landstände in wohldurchdachter Abhängigkeit. Wenig halfen ihre Beschwerden über die permanenten Einquartierungen der Soldateska, die gestiegenen Abgaben. Es sei der Landmann von Geld, von Getreide, von Vieh und von aller Nahrung so sehr abgefallen, »daß ihme kaum das liebe truckene Brot mehr übrig geblieben, er auch endlich gar dieses verlieren müsse, wan nicht ehestens die überbürdete Last wird erleichtert und abgenommen werden«. Die Zuwachsrate der Steuerquote bei gleichzeitigem wirtschaftlichen Niedergang und sinkendem Realeinkommen der Untertanen war unerschwinglich hoch. Außerdem ließen die Kaiserlichen verschiedene oberpfälzische Gebiete abtrennen zugunsten des Königreiches Böhmen, zugunsten der Reichsstadt Nürnberg[1175] und der benachbarten Reichskreise.[1176]

Bayern und die Oberpfalz dienten als billige Winterquartiere für die Reichstruppen und die kaiserliche Soldateska. Ihre Übergriffe, Erpressungen und Gewalttaten riefen erste Gegenaktionen in der Bevölkerung hervor. Eine besondere Konfliktsituation entstand, als die preußischen Truppen nach Belieben sich Quartiere und Verpflegung suchten. Ihre Religionszugehörigkeit gab Anlaß zu großer Erregung. Die Kasernen reichten in keiner Weise für die Unterbringung der Soldaten aus. Um die Versorgung der Truppen sicherzustellen, verbot die Administration die ungehinderte Ausfuhr von Getreide und Vieh. Niemand kümmerte sich um die Einhaltung der Verpflegungsnormen. Willkür regierte. Schon 1705 war mancher Ort bereits sechs- bis siebenmal geplündert worden.[1177]

Die Abneigung gegen die kaiserliche Administration wuchs in der Bevölkerung von Monat zu Monat. Sie lag in der totalen Ausbeutung der Untertanen durch die jetzige Verwaltungspraxis begründet. Sie begann mit erhöhten Anforderungen an die menschliche Arbeitskraft, deren Erträgnisse aber nicht dem arbeitenden Menschen zugute kamen, sondern durch die ständig steigenden Steuerlasten abgeschöpft wurden, und gipfelte in Zwangsrekrutierungen, die die hohen Verluste der kaiserlichen Truppen auf allen Kriegsschauplätzen ausgleichen sollten.

Im Spätsommer und Herbst 1705 war die wirtschaftliche Situation für die breite Bevölkerung fast hoffnungslos geworden. Der kleine Mann sah sich vor die Alternative gestellt, wie bisher pflichtgemäß seiner Obrigkeit in allem zu gehorchen und damit seinen eigenen Untergang voranzutreiben oder auf eigene Faust um seine Existenz zu ringen, um zu leben und zu überleben.

Der Aufstand der Bauern und Handwerker[1178]

Über den sogenannten Bauernaufstand des Jahres 1705/06 ist viel geschrieben worden. Wir wollen nicht nur den äußeren Ablauf der Ereignisse in Umrissen rekonstruieren, sondern auch die inneren Zusammenhänge aufzeigen.

Notsituation der Bevölkerung

Die Revolte der bayerischen Kleinbauern und Handwerker im Herbst 1705 war weder das Resultat einer überörtlichen Planungsorganisation, noch die Realisierung theoretischer Forderungen, noch elementarer Ausbruch einer patriotischen Gesinnung. Sie war in erster Linie die Reaktion auf eine reale und akute Notwehrsituation; Ausdruck existenzieller Lebensangst; Ausdruck der Verzweiflung über die gesellschaftlichen und wirtschaftlichen Mißstände; Ausdruck des Hasses gegen unerträgliche Unterdrückung.

Wie alle Bauernaufstände dieses Zeitraumes[1179] war diese Revolte von vornherein zum Scheitern verurteilt: Sie hatte keinen anerkannten Führer, keine gemeinsame Planung. Die einzelnen Bauernhaufen gingen getrennt vor, unorganisiert, schlecht bewaffnet; das Solidaritätsbewußtsein war wenig entwickelt. Als Gegner in geschlossener Phalanx stand den Bauern eine absolutistische Staatsmacht, eine gut ausgerüstete Soldateska und die ideologisch und gesellschaftspolitisch motivierte Ablehnung der meisten Beamten, der Bürger- und Oberschicht des eigenen Volkes gegenüber.

Durch den Dreißigjährigen Krieg war das Bauerntum schwer getroffen worden. In entbehrungsreicher Aufbauarbeit, zäh festhaltend an überkommenen Traditionen ihrer Umwelt, gelang es den bayerischen Bauern unter der Regierungszeit FERDINAND MARIAS, also in einer Generation, ihre wirtschaftliche Lage zu behaupten und langsam zu verbessern im Rahmen einer in sich gefestigten Grundherrschaft und Rentenwirtschaft.

Ein bescheidener Wohlstand war in diesen drei Jahrzehnten auf dem Lande eingekehrt, der auch der übrigen Landbevölkerung, den Söldnern, Tagelöhnern, Handwerkern zugute kam. Die Stellung des Bauern im Zusammenhang seines Abhängigkeitsverhältnisses zur Grundherrschaft hatte sich zwar nicht verbessert, aber auch nicht wesentlich verschlechtert. Sie wurde als ein Teil der göttlichen Gesamtordnung angesehen und als unabänderlich hingenommen. Die große Bedeutung der Landbevölkerung als tragendes Element der Gesellschaft, als deren Ernährungsbasis, wurde von Einsichtigen zunehmend erkannt, wenn auch nicht ausreichend anerkannt.

Die katholische Kirche hatte nach dem Dreißigjährigen Krieg ihr Andachtswesen mehr und mehr auch auf die bäuerlichen Glaubensgemeinschaften ausgerichtet und viele ländliche Wallfahrten und Bruderschaften aktiv gefördert. Das Wallfahrtsmotiv färbte sich stark marianisch und wandte sich den verschiedenen Kultbildern zu, deren Herkunft gewöhnlich mirakulöse Züge trug. Viele neue Kirchen in Stadt und Land wurden gebaut, die Pfarrstellen mit ausgebildeten Priestern besetzt. Bauernprediger verkündeten in überzeugender Bildersprache die Christenlehre. Als Bauernschutzpatrone wurden beispielsweise die Heiligen Isidor, Leonhard und Notburga besonders herausgestellt. Pfarrer und Klöster kultivierten das geistliche Volksschauspiel in Stadt und Land. Volksbrauchtum und Volkskunst religiöser Prägung wurden in der Absicht gefördert, das Landvolk materiell, kulturell und moralisch zu stärken.[1180] Nachdem das zerstörte Land wieder urbar gemacht war, schuf man sich sein kleines Glück und umgab das Leben mit jener festlichen, barocken Heiterkeit, die spätere Betrachter über die realen Tatbestände hinwegtäuschte. Man lebte wieder im Frieden, und das war das Wichtigste für die Menschen dieser Zeit.

Die relativ beachtliche Besserung der ländlichen Lebensmöglichkeiten wurde praktisch in wenigen Jahren nach dem Regierungsantritt Max Emanuels jäh beendet. 1704 – nach 25 Jahren seiner Herrschaft – hatten seine militärischen und diplomatischen Niederlagen, die Unfähigkeit und Korruption seiner Verwaltung Bayern in eine Gesamtsituation geführt, die dem Chaos am Ende des Dreißigjährigen Krieges glich, aber noch verschärft wurde durch die fremde Besatzung. Der kleine Mann auf dem Lande hatte die Hauptlast der Leiden und der Not zu tragen.[1181]

Die bayerische Landbevölkerung war – wie übrigens der Bauer im ganzen Römischen Reich – von den weltlichen und geistlichen

Hoheitsträgern nach langer Tradition zur demutsvollen Gehorsamshaltung gegenüber der Obrigkeit erzogen worden bei systematischer Unterdrückung jeglicher persönlicher oder gesellschaftlicher Freiheitsregung. Diese Erziehung durch gesellschaftliche Zwänge ergänzte sich im individuellen bäuerlichen Fatalismus, einer Grundhaltung seiner Lebensführung. Der ländliche Mensch nahm Not und Tod im familiären Bereich, Hagelschlag und Dürre, Mißernte und Viehseuche in seiner Wirtschaft, Krieg und Frieden im politischen Raum gleichermaßen als von überirdischen Mächten verhängt und als unabänderlich hin und ertrug sie wie den Wechsel der Jahreszeiten. Diese Leidensbereitschaft und die erworbene Leidensfähigkeit gab den Unterschichten in jenen Jahren die einzige Überlebenschance gegenüber den übermächtigen Gegenkräften in Natur und Gesellschaft. Nur angesichts dieser Grundeinstellung des Untertanen kann man das Ausmaß und die Eskalation des Terrors von Seiten der Okkupanten ermessen, der im Oktober 1705 eine Gegenreaktion dieses geschundenen, unterdrückten, wörtlich bis aufs Blut gepeinigten Standes der Kleinbauern und Handwerker auslöste und sie vor die existentielle, teils bewußte, teils unbewußte Alternative stellte: die Fesseln der Unterdrückung auf irgendeine Weise zu zerbrechen oder selbst zerbrochen zu werden. Es entstand eine Notwehrsituation, die zwangsläufig zu Reaktionen in der Öffentlichkeit führen mußte, um dem Terror wirksam zu begegnen.

Der Kurfürst war nach der Niederlage bei Höchstädt geflohen und hatte sein Land sich selbst überlassen. Die Münchener Regierung war abgelöst und durch die österreichische Administration ersetzt worden. Dieser gelang es zwar, die verwaltungstechnische Ordnung zu erhalten, nicht zuletzt mit Hilfe der bayerischen Beamtenschaft, deren größter Teil bereitwillig dem Kaiser den Treueid schwor. Zu einem Ausgleich im Inneren, zu einem friedensähnlichen Zustand, zum Gleichgewicht von Recht und Ordnung, zu Verhältnissen also, die man nicht zuletzt in den Jahren 1702 bis 1704 so sehr ersehnt hatte, kam es jedoch nicht. Erpressung, Raub, Plünderung, Verwüstung, Gewalttat, Totschlag, Mord verübten die Fremden, voran die Soldaten: Das Land befand sich im Chaos und praktisch in einem gesetzlosen Zustand.[1182]

Das niedere Volk war völlig isoliert und führungslos. Ein Teil der Ritter, der adeligen Grundherren, der obersten Beamtenschaft war mit dem Kurfürsten geflohen oder setzte sich ins Ausland ab, um dort ruhigere Zeiten abzuwarten. Ein anderer Teil hatte sich – meist mit Verwandtenhilfe aus den nahen österreichischen Erblanden – mit den Okkupanten salviert. Die Stände hatten sich mit den Kaiserlichen offiziell arrangiert. Die Geistlichkeit mußte sich aus Gründen der Nützlichkeit und Selbsterhaltung mit den Besatzern irgendwie einigen, genoß im übrigen Immunität. Fast alle in Bayern verbliebenen Beamten hatten sich willig in die Abhängigkeit der neuen Obrigkeit begeben und führten eifrig die Befehle der neuen Herren aus, wie stets nach oben unterwürfig, nach unten tretend, ohne dabei – versteht sich – den eigenen Vorteil zu vernachlässigen. Sie bereicherten sich zum Teil schamlos auf Kosten der Untertanen.[1183] Sie nahmen die Steuerverteilung selbst vor und, da weder der Steuerpflichtige noch die kaiserliche Steuerbehörde eine Kontrolle ausüben konnten, zweigten sie bei diesen manipulierten Steuerveranlagungen beträchtliche Summen auf ihr Privatkonto ab.[1184] Übrigens kam es den kaiserlichen Beamten nur auf die pünktliche Ablieferung der veranschlagten Gesamtsteuersumme an die Finanzkasse an. Einzelheiten der Veranlagung und Eintreibung der Steuerschuld beim Untertanen interessierten sie vorläufig nicht.

Nicht daß sich die Beamten in den Dienst der kaiserlichen Verwaltung stellten, kann man ihnen verübeln – was blieb ihnen aufgrund ihrer gesellschaftlichen und finanziellen Situation schon anderes übrig? –, wohl aber die rücksichtslose Ausnützung ihrer bevorrechtigten Stellung zur privaten Bereicherung. Nur ein verschwindend kleiner Teil der Beamten versuchte – ebenso wie die Landstände – angesichts der trostlosen Lage der Bevölkerung, wenigstens durch Briefe, Eingaben, Mahnungen, Beschwörungen, ja durch Beschwerden und Proteste bei der Administration Erleichterungen für die am schwersten betroffenen Bevölkerungskreise zu erreichen: völlig ergebnislos. Es waren und blieben papierene Wortgeplänkel; sie wurden mit Worten auf Papier oder gar nicht beantwortet.

Nicht nur bei den Steuereintreibungen leisteten die bayerischen Beamten und Verwalter der Land- und Pflegegerichte getreulich »Amtshilfe«; auch bei den ständigen Rekrutierungen des Militärs[1185] beteiligten sie sich energisch, obwohl ihnen Auswirkung und

Durchführung dieser Maßnahmen durch täglichen Augenschein wohl bekannt waren. Sie schrieben die Rekrutierungstage aus, an denen sich die ledige männliche Bevölkerung jeweils zur »Musterung« einzufinden hatte.[1186] Kamen zu wenig junge Leute zusammen, dann drangen kaiserliche Soldaten und bayerische Beamte, die zu den Regierungskommandos gehörten, selbst in die Wohnungen ein und führten sie ab, Bauern und Handwerker, Tagelöhner und Söldner, selbst Kinder und Halbwüchsige. Die kaiserliche Armee hatte Riesenbedarf an Kanonenfutter.[1187] Waren die in Frage kommenden Rekruten nicht anwesend, waren sie geflohen oder krank, wurde ohne Federlesen ein anderer als »Stellvertreter« mitgenommen. Gleichsam Tag und Nacht waren kaiserliche Soldaten mit ihren Helfern auf Menschenjagd unterwegs.[1188] Dazu waren Verhaftungen ohne Angabe von Gründen, Verschleppungen, monatelanger Arrest ohne Prozeß keine Seltenheit. Die von den Behörden praktizierten Gewalttätigkeiten waren in diesem Umfang wohl beispiellos. Immer mehr richteten sich Haß und Abscheu der Bevölkerung auf die bayerischen Beamten, die »willfährigen korrupten Büttel« und »einheimischen Schergen« der Okkupanten und fremden Soldateska, ein typisches sozialpsychologisches Phänomen.

Auf dem Land galt jetzt das Leben wenig, weniger als je zuvor. Die Soldaten traten als Herren im eroberten Land auf, plünderten, brandschatzten, verwüsteten, wie es Gewohnheit der Soldaten zu dieser Zeit war, der bayerischen einst in Oberösterreich und in Tirol wie jetzt der Österreicher im bayerischen Land. Übergriffe der Soldaten wurden nur manchmal geahndet. Körperverletzungen, Drangsale, Beschädigungen an Hab und Gut konnte der Betroffene kaum nachweisen; denn der beschuldigte Soldat leugnete einfach alles ab und damit war der Fall erledigt: Das Bäuerlein hatte eben gelogen und es konnte froh sein, nicht wegen Ehrbeleidigung der kaiserlichen Armee mit Rutenhieben büßen zu müssen. Sogar wenn der Täter namentlich bekannt war, lehnten die Offiziere seine Bestrafung in der Regel ab. Zwar waren Verwaltung und Gerichtswesen nicht getrennt, doch besaßen die Zivilgerichte keine Rechtsmittel. Die Militärgerichtsbarkeit war autonom, und die bayerischen Beamten besaßen auch nicht genügend Zivilcourage, kaiserliche Soldaten zur Verantwortung zu ziehen. Die vorhandenen Kasernen reichten nicht aus, allen Soldaten feste Unterkünfte zu verschaffen. Die Kasernenneubauten waren noch nicht fertiggestellt. Deshalb mußten zahllose Soldaten in Privatquartiere verlegt werden; der Quartiergeber hatte für ihn aufzukommen, ihn zu bedienen und seine Launen zu ertragen.

Die Soldaten verlangten weit mehr, als die Verpflegungsnorm vorschrieb. Besondere Verehrungen und freiwillige Geschenke an Mannschaften und Offiziere waren üblich, wollte sich der Quartiergeber das Wohlwollen seiner »Gäste« zu seinem eigenen Schutz erhalten. Hatte der Bauer oder Handwerker nicht ausreichend Speise und Trank vorrätig und nicht genügend Geld im Hause, so mußte er Schulden aufnehmen, um seinen Pflichten als »Hausvater« gerecht zu werden.[1189] Bayern wurde zum Erholungsquartier für die in Italien, Ungarn oder am Rhein kämpfenden Truppen, die ins Winterquartier verlegt werden sollten, und zum beständigen Durchmarschgebiet kaiserlicher und Reichstruppen. Denn die Wiener Behörden änderten die Marschroute zurückkehrender Truppen von den Erblanden stets auf bayerisches Territorium ab, um die eigene Bevölkerung zu schonen. Die durchziehenden Soldaten führten sich meist noch schlechter auf als die Dauergäste. Sie raubten, plünderten, stahlen, erpreßten; wenn der kleine Bauer und Handwerker nichts geben konnte, folterte und quälte man ihn und seine Familienangehörigen, manchmal schlug man sie tot.

Das Leben in Bayern war zweigeteilt, mehr als je zuvor: Auf der einen Seite fanden sich die Herrscher und die Mächtigen aus einem fremden Land und ihre heimischen Helfershelfer und Nutznießer, denen alle Ressourcen des Landes zuflossen; auf der anderen Seite standen hilflos die Beherrschten und Unterdrückten, die breiten Schichten der Bevölkerung, die alle Lasten zu tragen hatten[1190] und keine Möglichkeit besaßen, sich dem unmenschlichen Terror mit friedlichen Mitteln zu widersetzen. Nach den dreißig Friedensjahren unter FERDINAND MARIA hatte die Politik Max Emanuels unleugbar einen großen Rückschritt für Leben und Sicherheit der bayerischen Untertanen gebracht.

So augenscheinlich waren die Folgen der angewandten Terrormaßnahmen, daß sogar die kaiserliche Administration in München die Wiener Behörden und die kaiserlichen Offiziere warnte, dieses rücksichtslose Treiben noch länger fortzusetzen. Aber zu einer

Steuersenkung oder Befreiung von Quartierlasten und Rekrutenstellung waren sie nicht bereit und damit blieb praktisch alles beim alten.[1191]

Im Herbst und Winter des Jahres 1705 hatte die Administration eine verstärkte Rekrutenaushebung und eine energische Eintreibung der fälligen Wintersteuer in den Rentämtern des Landes anbefohlen. Die Rekrutierungen wurden mit brutaler Gewalt durchgeführt, die sogar die bisher angewandten, wahrlich nicht zimperlichen Methoden in den Schatten stellte. Behausungen mancher Bezirke wurden, als die Aufrufe zur freiwilligen Stellung von Rekruten sich als vergeblich erwiesen hatten, von Soldaten umstellt und alle Bewohner, die noch irgendwie kriegsverwendungsfähig schienen, abgeführt und zum Militärdienst gepreßt, gleichgültig ob jung oder alt, ledig oder verheiratet, kinderlos oder kinderreich. Immer mehr wurden diese Aktionen bei Nacht und Nebel durchgeführt, konnte man doch hoffen, auch solche Männer aus den Betten holen zu können, die am Tage vielleicht in die Wälder entwichen wären. Zwar war es noch immer möglich, sich vom Militärdienst loszukaufen; das wurde von den Offizieren, in deren Tasche meist die Ablösesumme wanderte, gar nicht ungern gesehen. Dem Mann selbst half es aber wenig. Möglicherweise wurde er in wenigen Tagen von einer neuen »Werbergruppe« abgeholt, allen Protesten zum Trotz. Man schleppte die Männer aus den Bauernhäusern, den Söldnerhütten, den Handwerker- und Tagelöhnerstuben, aus Verstecken in Scheunen und Ställen, wo immer man ihrer habhaft werden konnte. Frauen, die kniefällig um Schonung des Ernährers der Familie oder um ihre Söhne flehten, wurden mit Fußtritten malträtiert, wenn ihnen nichts Schlimmeres passierte. In Ketten gelegt, an Wagen geschmiedet, mit Stricken an das Sattelzeug der Pferde gebunden, führte man die armseligen Opfer dieser Menschenjagden zu Sammelstellen in den Pfleggerichten.[1192] Dann verschwanden sie auf Nimmerwiedersehen in der kaiserlichen Militärmaschinerie und kämpften auf den europäischen Schlachtfeldern, sofern ihnen vorher nicht irgendwie die Desertion gelang.

Mit gleicher Brutalität führten die Fouragetrupps der kaiserlichen Armee die Versorgung der Truppe mit Lebensmitteln und Futtermitteln für ihre Pferde durch. Zwangsweise requirierten sie die gesamten Vorräte der Bauern. Befand sich noch Vieh im Stall, das nach Meinung der Obrigkeit unter diesen Umständen sowieso hätte verhungern müssen, nahmen es die Soldaten ebenfalls mit. Wenn ein Armer etwas stahl, wurde er schwer bestraft, im Wiederholungsfall gehängt. Während der Okkupation galten für die Soldateska andere »Gesetze«. Die geraubten Tiere wanderten in die Kochtöpfe der Truppenküche als billige Zukost der nicht allzu üppigen offiziellen Truppenverpflegung oder sie gelangten zum Verkauf auf den Markt über gewissenlose Händler, die den Erlös mit den Soldaten teilten, was wiederum eine erfreuliche Aufbesserung des nicht allzu reichlichen Soldes zur Folge hatte. Der Soldat und die Offiziere waren zufriedengestellt; der Bauer mußte eben sehen, wie er ohne Existenzmittel über den Winter kam.[1193]

Gleichzeitig mit den skandalösen Exzessen der Rekrutierungs- und Fouragekampagne der Armee setzten verschärfte Maßnahmen zur Eintreibung der Wintersteuer ein. Kaum einer der Steuerpflichtigen konnte noch aus seinem laufenden Einkommen oder durch Rückgriff auf Ersparnisse seine neue »Steuerschuld« begleichen.[1194] Waren die letzten Spargroschen dem Steuermoloch zum Opfer gefallen, die letzten Habseligkeiten verpfändet und veräußert, gab der Spekulant keinen Kredit mehr, weil der Besitz über- und überverschuldet war, dann wanderte der Steuerpflichtige in den Steuerarrest, bis die Schuld beglichen war oder – das weitaus Schlimmere – es wurde eine militärische Steuerexekution über das Anwesen verhängt. Dann kam der Steuerbeamte mit einer kleinen Gruppe von Soldaten, die in einer ausgedehnten Praxis umfangreiche Kenntnisse über die Taktiken und Praktiken des Schuldners sich angeeignet hatten, Hab und Gut und Geldeswert zu verstecken. Da wurden jene Hausrats- und Arbeitsgeräte, die nur irgendeinen Wert hatten, zusammengetragen, um versteigert zu werden – die Kosten der Exekution hatte der Schuldner obendrein noch zu tragen. Dann wurde das ganze Haus in allen Winkeln und Gängen, vom Keller bis zum Dachboden durchstöbert, alles vom Untersten zum Obersten gekehrt, jede Versteckmöglichkeit durchsucht, die Fußböden aufgerissen, die Herdstellen zerstört, das Strohdach abgedeckt – der Soldat kannte viele Möglichkeiten, wo eine eigenwillige »Bauerncanaille«[1195] sein Geld verborgen halten konnte. Fand man nichts, dann blieb noch immer die

Folter, die diesem unvernünftigen Menschen, der sein Geld mehr liebte als Gesundheit und Leben, das Geheimnis der versteckten Wertgegenstände entlocken konnte. In den langen Kriegsjahren hatte man schließlich gelernt, nicht mehr auf Schmerzensschreie eines Gemarterten zu hören. – Auf diese und ähnliche Weise gingen die Steuerexekutionen durch das Militär vor sich, geführt und angeleitet von dienstbeflissenen bayerischen Beamten.[1196]

Der kleine Mann auf dem Lande sah sich infolge dieser Gesamtsituation schutz- und rechtlos vielfältigen Gewalttaten ausgesetzt, die ihn zur Verzweiflung in dieser hoffnungslosen Lage trieben: Der Winter stand vor der Tür, das Vieh war weggetrieben, die Heimstatt demoliert, die Lebensmittel geraubt und verbraucht. Manche verließen ihren Besitz und reihten sich ein in die Schar der Heimat- und Besitzlosen, der Bettler und Vaganten, der am Rande der Gesellschaft Stehenden. Sie gehörten fortan zu jenen, die von allen geschmäht und verfolgt, ruhelos durch das Land zogen, jetzt selbst stehlend und plündernd, um sich notdürftig am Leben zu erhalten, stets in Angst, von den Schergen und lokalen Gewalten gefaßt und vor Gericht gestellt zu werden.

Die Folge war: Die Masse der unterprivilegierten Landbevölkerung, der Kleinbauern, Söldner, Häusler, Taglöhner, Handwerker und Gewerbetreibenden sah sich in den Herbsttagen des Jahres 1705 vor folgende Zukunftsperspektive gestellt: Opfer der Zwangsrekrutierung zu werden mit der Aussicht, früher oder später in der Schlacht oder an Erkrankung und Erschöpfung fern der Heimat elend umzukommen; Opfer der Steuerexekution oder der Zwangsfouragierung zu werden oder sogar Heim und Eigentum, die Existenzgrundlage zu verlieren.

Die Bürger in den Märkten und Städten litten materiell nicht weniger unter den Kontributionen, Steuererhöhungen, Quartierlasten und Rekrutierungen. Die Massierung der Bevölkerung auf engem Raum und die Anwesenheit von höheren Offiziersstäben verhinderten jedoch Ausschreitungen gegen Leib und Leben des Stadtvolkes in jenem Umfang, wie sie auf dem flachen Land gegen die meist in kleinen Gemeinschaften lebenden Untertanen erfolgten.

Die Folgen für die Wirtschaft des Landes traten bald zutage: Die allgemeine Unsicherheit brachte den Fernhandel zum Erliegen, sofern er nicht der kaiserlichen Truppenversorgung diente; auch der Kleinhandel ging weitgehend zurück, zum Teil erlosch er ganz.[1197] Die wechselseitige Kommunikation zwischen Stadt und Land erlosch, das Handwerk bekam keine größeren Aufträge mehr, die Arbeitslosenzahl wuchs, die Lebensmittelpreise stiegen, Not und Hunger waren die Folge. Das Gemeinwesen war gestört. Rezession und Depression kennzeichneten die Wirtschaft, und Hoffnungslosigkeit die Gesellschaft.[1198]

Die Kunde von der Eskalation harter Verwaltungsmethoden zum unmenschlichen Terror, den die Anordnungen der Administration für Rekrutierung und Steuereintreibung ausgelöst hatten, verbreitete sich im ganzen Land mit Windeseile. Lähmendes Entsetzen, tiefe Verzweiflung, ohnmächtige Wut erfüllten die Menschen. Zahlreiche Bewohner auf dem Lande verließen trotz des drohenden Winters ihre Wohnstätten und flüchteten sich in die Wälder, in geheime Verstecke und Höhlen wie im Dreißigjährigen Krieg. Der passive Widerstand, der Beginn der Abwehrreaktion, der der Bewußtseinsstufe des in Gehorsam und Leidensfähigkeit geformten Bewohners adaequat war, verstärkte sich ohne Absprache der Betroffenen. Kamen die Steuerkommandos der Behörden, die Werber ins Dorf, fanden sie menschenleere Häuser. Sie konnten zwar die Wohnungen zerstören, Geld oder Rekruten bekamen sie nicht mehr.[1199]

Als die Kaiserlichen die Anzeichen dieses rasch zunehmenden passiven Widerstandes bemerkten, reagierten sie, wie die herrschenden Kreise seit eh und je bei Bauernaufständen auf die Auflehnung der Unterdrückten zu reagieren pflegten: Statt die Ursachen des Aufbegehrens der Bevölkerung zu beseitigen, verstärkten sie den Terror. Das Volk mußte mit allen Mitteln zur Räson, zum blinden Gehorsam gebracht werden. Der nachgeordneten Beamtenschaft wurde befohlen, mit Hilfe des Militärs die Anordnungen der Administration kompromißlos durchzusetzen.[1200] Erst jetzt, als für den Kleinbauern, den Söldner, den Tagelöhner, den Handwerker und Gewerbetreibenden praktisch keine Aussicht mehr auf eine Besserung der allgemeinen Verhältnisse bestand, setzte der kreatürliche Abwehrmechanismus einer akuten Notwehrsituation ein: Erst einzeln, dann zu mehreren, schließlich in Gruppen wehrte man sich: Man befreite die in Steuerhaft sitzenden Bauern aus den

Gefängnissen, wobei es zu den ersten Schlägereien und Tumulten kam, griff kleinere Steuerkommandos mit Steinwürfen und Prügeln an; zwang örtliche Beamte zur Rückzahlung überhöhter Steuerabgaben, die ihre mehr als anfechtbare subjektive Steuerverteilung zum Beispiel mit folgender Begründung zu verteidigen suchten, die Abgaben könnten »niemahlen so nett und so zu reden auf einem Creuzer ausgetheilet werdten«, weshalb eine gerechte Steuerverteilung grundsätzlich undurchführbar sei.[1201] Doch die aufgebrachten Bauern ließen sich durch solche Ausflüchte nicht beeindrucken. Die Beamten mußten die zuviel gezahlten Steuern zurückerstatten, in vielen Fällen aus ihrem Privatvermögen ersetzen.[1202]

Die erst klein und sporadisch aufflackernden Funken und Flämmchen des individuellen Widerstandes drohten sich bald zu einem kollektiven Flächenbrand auszudehnen. Man überfiel Pfleger, Pflegsverwalter, Kommissäre, Schergen und alle jene bayerischen Beamten, die als korrupt, als besonders streng und grausam in ihrer Amtsführung galten. Sie wurden zuerst mit derben Worten zurechtgewiesen, mit Schlägen traktiert,[1203] getötet wurden sie nicht vorsätzlich, von wenigen Ausnahmen abgesehen, deren Tod meist auf ungeschicktes und ungewohntes Hantieren mit Waffen und auf Handgemenge und Tumulte zurückzuführen ist. Vorsätzliche Morde sind nicht nachzuweisen. Als man beispielsweise gegen das Schloß von Reichenberg vorging, schrie die Menge dem Pflegskommissar entgegen: »Du Schelmb, du Dieb, hast auch offt mannich armen Teuffel geschunden, der die Schuech mit Widen zusammen bindten muessen.«[1204]

Es sei an dieser Stelle ausdrücklich hervorgehoben, daß sich die ersten Aktionen der »Aufständischen« gegen die verhaßten bayerischen Beamten richteten. Die Aktionen begannen im Herbst 1705 im Unterland. Fast völlig unabhängig davon entwickelten sich erst im Dezember desselben Jahres Aktionen im Oberland und in der Oberpfalz.

Der angestaute Zorn, die Wut, der Kummer, die Enttäuschung über die unmenschliche Behandlung entlud sich über den Köpfen der Beamten. Die Hoffnungslosigkeit, die Verzweiflung, die Ausweglosigkeit ihrer persönlichen und wirtschaftlichen Situation, die Angst vor dem Verlust von Haus und Hof, ihrer Ernährungsgrundlagen, machten sich bei diesen Kleinbauern und Handwerkern Luft, und der Ausbruch des Volkszorns traf verständlicherweise den Beamten, den unmittelbaren Vertreter der Obrigkeit, den vollziehenden Arm der Regierung. Seine Arroganz, seine Willkür, seine Grausamkeit hatten die harten Anordnungen der Kaiserlichen noch um ein Vielfaches unerträglicher gemacht. Als ihn jetzt die Vergeltung traf, kam ihm niemand zu Hilfe. Selbst die Bürgerschaft schaute müßig und »fast frolockent« zu, als die Beamten jetzt zur Rechenschaft gezogen wurden und »der Pöfel sehr offt über die Fenster herauf mit geladenen Rohren auf uns [die Beamten] angeschlagen«.[1205]

Von Vergeltungsaktionen blieben aber diejenigen Beamten verschont, die sich für die Bevölkerung eingesetzt hatten und ihr Vertrauen besaßen. Nicht betroffen wurden auch jene Kreise, die zwar in den Geld-, Beamten- und Verdienstadel aufgestiegen waren, aber ihre bürgerliche Herkunft nicht vergessen und einen menschlichen Kontakt zu ihren Untertanen gepflegt hatten. Auch den Geistlichen geschah kein Leid, von wenigen Ausnahmen abgesehen, die Scheltworte hinnehmen mußten, wenn sie Beamte verteidigten.

Der zweite Zielpunkt des Bauern- und Handwerkeraufstandes waren jene Werbekommandos, die Zwangsrekrutierungen durchführten. Hatte man sich anfänglich, in der Zeit des passiven Widerstandes, der Rekrutierung durch Flucht in die Wälder und Geheimverstecke entzogen, so griff man jetzt zu den Waffen, um sich seine kleine persönliche Freiheit kämpfend zu erhalten. Man wollte »lieber im Landt sterben« als in der Fremde verderben.[1206] Die Amtshäuser, in denen die Rekruten bis zu ihrem Abtransport zur Truppe eingesperrt waren, wurden nachts überfallen, geplündert, die Rekruten und alle übrigen Gefangenen, die Geiseln und die wegen Steuerschulden arrestierten Bauern in Freiheit gesetzt. Die Amtleute wurden als Helfershelfer der kaiserlichen Besatzung verprügelt und mißhandelt. Rekrutentransporte wurden gestellt, die Begleitmannschaften vertrieben. Den Befreiten verhalf man zur Flucht. Kleinere Gruppen von Soldaten, die fouragierten, sich Quartier verschaffen wollten, Speise und Trank forderten, Vieh und Pferde stahlen, Geflügel töteten – aus Hunger oder zum Vergnügen –, Felder verwüsteten, den Hausrat zertrümmerten oder Hütten abbrannten, wurden angehalten, verprügelt oder verjagt.[1207] Am hellichten Tag, in Wäldern, auf einsamen Wegen, aber auch in Gasthäusern wurden kaiserliche Soldaten überfallen, geschlagen, ihrer Monturen sowie ihrer mitgeführten Waffen und ihres Besitzes beraubt. Bald wagten sie sich allein oder in kleineren Gruppen nicht mehr aufs Land. Denn nur größere Konvois waren vor Angriffen sicher. Es entwickelte sich eine Art Partisanenkampf. Die Eskalation des Terrors zeitigte die unheilvollen Früchte der Gegenwehr und des Gegenterrors. Festzuhalten aber ist, daß die meisten kaiserlichen Soldaten zwar entwaffnet, aber nicht willentlich getötet wurden. Man führte sie sogar unter Geleitschutz außer Landes,[1208] nur das Versprechen verlangend, innerhalb des nächsten Jahres nicht gegen die Aufständischen zu kämpfen.

Eine besonders vordringliche Aufgabe war die Versorgung der Aufständischen mit Waffen. Denn die Kaiserlichen hatten unmittelbar nach ihrem Einmarsch in Bayern die in Privatbesitz befindlichen Gewehre einziehen lassen. Die Aufständischen überfielen daher Amtshäuser und Schlösser, um sich Waffen anzueignen.

Die bisherigen Gegenaktionen des Landvolkes gegenüber den Besatzungstruppen und den bayerischen Beamten waren örtliche Einzelaktionen gewesen, aus der Spontaneität einer Notwehrreaktion geboren, emotional motiviert, ohne Organisation ins Werk gesetzt, ohne planende Zielsetzung einer Augenblickssituation angepaßt und fortgeführt, ohne Führer, ohne allgemeine Solidarisierung der verschiedenen Gesellschaftsschichten. Als Ziele der Aufständischen kristallisierten sich schließlich heraus: Rückbesinnung und Rückkehr zum guten alten Zustand, zum guten alten Herkommen, in dem alles seinen Sinn und seine Ordnung hatte; Verwendung der Steuerabgaben als Mittel zur Änderung einer Landesnot und zur Erhaltung des Gemeinwohls, nicht zur Finanzierung fremder Kriege; Befreiung von der »unchristlichen« Okkupantenherrschaft; Wiederherstellung von Ruhe und Frieden im Land,[1209] um wieder ungestört seiner Arbeit nachgehen und für seine Familie, die Hauswirtschaft und das tägliche Brot sorgen zu können.

Der kleine Mann strebte keine hochtrabenden politischen Ziele an, er wollte keine grundlegenden gesellschaftspolitischen Veränderungen, sondern die Wiederherstellung einer durch Gewalt verletzten Tradition. Umwälzende Ideen blieben ihm fremd. Er war im harten Daseinskampf stets auf kleine Gemeinschaften, jene seiner nächsten Umgebung hingeordnet. Diese Umgebung mußte wieder so eingerichtet werden, wie sie es vordem gewesen war. Man strebte nach Restauration, nicht nach Revolution.

Das Blickfeld des Untertanen reichte nicht sehr weit über den unmittelbaren Herrschaftsbereich hinaus, in dem er lebte. Er war in Gehorsam vor Gott und der Obrigkeit sein Lebtag lang gehalten worden. Allein die Obrigkeit interpretierte, was Gott vom Untertanen verlangte. Man hatte ihm immer wieder eingeprägt: »Das Volk hat ein Herz von Wax und Laimb.« Es handle nicht selbständig, sondern werde auf die Obrigkeit verwiesen, auf die lokalen Herrschaftsträger in Stadt und Land. »Das Volk ist wie das Evey, das auf der Erde umherkriecht und Halt sucht.«[1210] Eine fundierte Organisation des Volkes ohne obrigkeitliche Absegnung schien nicht möglich. Es gab keine allein vom Volk getragene Institution, die die Zusammengehörigkeit aller Untertanen in die politische Praxis hätte umsetzen können. Es fehlte das Solidaritätsbewußtsein innerhalb des Untertanenverbandes. Dieses Bewußtsein zu entwickeln und zu verankern, war aufgrund der bestehenden gesellschaftlichen Strukturen in so kurzer Zeit, wie sie den Aufständischen zur Verfügung stand, unmöglich. Die Abstufungen und Rangordnungen innerhalb der Stände und der Untertanen waren zu vielschichtig, als daß eine gemeinsame Basis für einen Meinungsbildungsprozeß hätte gefunden werden können, der die gesamte Bevölkerung umfaßt hätte.

Während die aufständischen Bauern und Handwerker relativ große Anfangserfolge erzielten, wurden in Sympathisantenkreisen, die sich allerdings nicht aktiv am Aufstand beteiligten, verschiedene Zielsetzungen und Möglichkeiten hinsichtlich einer Ausweitung des Aufstandes erörtert. Insbesondere stand die Neuorganisation der bayerischen Landesdefension, die durch ihre Schwäche in der Praxis bisher fast wirkungslos gewesen war, nach dem Vorbild der Tiroler Landstände zur Debatte. Die Tiroler Bauern hatten als Landstand Übung in der Verwaltung ihrer Angelegenheiten, sie kannten ihre Rechte und Pflichten. Die bayerischen Bauern kannten dagegen nur Pflichten. Neben Tirol waren auch die Strukturen von Gesellschaft und Herrschaft der Schweiz ein Vorbild für eine mögliche künftige Gestaltung der bayerischen

Verhältnisse. Doch eine reale Übertragung der Schweizer Demokratie auf das absolutistisch regierte Bayern der damaligen Zeit und den Verhaltens- und Bewußtseinsstrukturen seiner Bevölkerung anzustreben, gelang nicht und blieb eine Illusion, obgleich Ansätze für eine Neuorientierung, für ein gesteigertes Verantwortungsbewußtsein der Untertanen, die eigenen Geschicke in die eigene Hand zu nehmen, unübersehbar vorhanden waren.[1211]

Ein Metzger aus Vilshofen umschrieb die Lage des bayerischen Volkes einzig treffend: »Der Kurfürst habe das Landt verspillt, die Landschafft habe es vergeben, anjetzo aber muessen's sye, id est die Rebellen widerumben gewinnen«.[1212]

Die Bauernerhebung im Oktober 1705 traf die kaiserliche Administration nicht unerwartet, auch nicht unvorbereitet. Sie war durch zahlreiche Berichte ihrer bayerischen Außenbeamten rechtzeitig ins Bild gesetzt worden. Man kann Graf LÖWENSTEIN und seinen Mitarbeitern keineswegs Böswilligkeit gegenüber Bayern und seinen Untertanen nachsagen. Im Gegenteil, sie versuchten weitgehend auch die Erfordernisse des von ihnen verwalteten Landes zu berücksichtigen. Sie unterstanden aber den Zwängen der kaiserlichen und habsburgischen Politik, die die Lasten des jahrelangen Krieges um das spanische Erbe möglichst von den eigenen Erblanden nach den eroberten Gebieten, nach Ungarn, Bayern und Italien verlagerte und notwendigerweise auf fremde Ressourcen, auf fremde Rekruten, fremdes Geld, fremde Steuern, fremde Wirtschaftskraft zurückgriff. In Bayern wie in Ungarn waren infolge unmenschlicher Ausbeutungsmethoden zum gleichen Zeitpunkt Aufstände im Gang, die in beiden Ländern mit den gleichen militärischen Methoden gebrochen wurden. In Ungarn war jedoch eine relativ feste Einheit fast aller Gesellschaftsschichten vorhanden, so daß dieser Aufstand sich unter Führung RÁKÓCZYS jahrelang behaupten konnte. Nicht so in Bayern. Zwar hatten die »Tumultuanten«, das »haillose Gesindel«, die »Canaille« immer wieder erklärt, es ginge nicht in erster Linie um den Kampf gegen den Kaiser, sondern um den Kampf gegen jene Kräfte im Land, die den Untertanen bis aufs Blut aussaugten. Man wollte nicht den Kaiser als Oberhaupt des Reiches treffen, sondern JOSEPH I. als Regenten Bayerns, der durch seine Beamten diese Übelstände in die Wege geleitet beziehungsweise die unerträglichen Zustände verstärkt hatte. Diese Unterscheidung wurde von den Behörden verständlicherweise nicht akzeptiert. Für den absolutistischen Fürsten und seine Administration ist gemäß ihrem Selbstverständnis ein Aufstand ein Majestätsverbrechen, das die schärfsten Gegenmaßnahmen erfordert und rechtfertigt.[1213]

Beamte und Schergen fürchteten um ihr Leben.[1214] Sie riefen die Münchener Administration und die kaiserliche Militärmacht zu Hilfe. Sie berichteten über die Schande, die sie erlitten, über die Plünderung ihrer Wohnungen und Landhäuser, ihres Besitzes und ihrer Wertgegenstände. Lange blieb ihnen unvergeßlich, »wie unglimpflich« sie von »denen revoltierenden Pauren tractieret, auch wie zum öfftern, und empfindtlich [sie] von denenselbigen damnificieret wordten« waren.[1215] Die kaiserliche Administration beschuldigte sie schließlich, durch ihr Verhalten den Aufstand verursacht zu haben. Sie verteidigten sich mit Vehemenz gegen den Vorwurf, daß »die unglichsellige Revolta ... aus verschuldten der Gerichtsbeamten sich erhebet, und in ain helles feur ausgebrochen« sei.[1216] Um so eifriger forderten sie die kaiserliche Regierung auf, ihnen militärische Unterstützung zuteil werden zu lassen und schnellstens den Aufstand niederzuschlagen.[1217] Vorerst wagten die Amtsdiener nicht mehr, auf die Dörfer und Bauernhöfe hinauszuziehen und die Steuern einzubringen. Das ganze Steuerwesen brach im Spätherbst 1705 vorübergehend völlig zusammen.[1218]

In der Herrschaft Wildenwart ließen die Untertanen verlauten, »die Weissagung Sibille müsse erfült, und alle herrschafft und obrigkeit todt geschlagen werden«.[1219] Das waren aus der Sicht der Beamten »unsinnige von Gott verlassene leith, diejenige, welche noch unschuldig und yber dise erbärmliche procedur die haisse Zächer vergossen haben, ausgenommen«. Nachdem die Beamten aus Wildenwart vertrieben waren, konnten sie sich nicht mehr vorstellen, wie das Leben »ohne herrschafft und obrigkeit« überhaupt weitergehen könne.[1220] Diese Entwicklung hatten sie sich selbst zuzuschreiben. Sie hatten sich jahrelang schamlos bereichert, die Untertanen bestohlen, selbst Kirchenstiftungen und die Almosenkasse nicht verschont und die für das Kloster Frauenchiemsee bestimmten Gelder und Abgaben in ihre eigene Tasche fließen lassen.

Der Wasserburger Gerichtspfleger schrieb nach München: »Gott gebe balt bessere Zeiten, sonst ist das ganze Landt totaliter ruiniert. Wür Beambte aber haben den besten Trost, laidter wider unseren willen, mit negsten lebendtige Martierer zu werden.« Die Bauern vermeinten »dermahlen selbst Herr zu sein und khein regenten zu erkhennen«.[1221]

Reaktionen

Ein kaiserliches Mandat vom 14. November 1705 kündigte den Einsatz kaiserlicher Truppen an, falls die Einwohner des Landes nicht friedlich in ihre Häuser und an ihre Arbeit zurückkehren und ihr Tagewerk wieder aufnehmen sollten. Ruhe und Ordnung – beziehungsweise das, was die Obrigkeit darunter verstand – war die oberste Devise. Die Einsicht, daß soziale, wirtschaftliche und finanzielle Mißstände die Unruhen verursacht hatten, war bei den Verantwortlichen zwar vorhanden, was einige Geschichtsschreiber nicht glauben wollten, doch es wurden keine Konsequenzen aus dieser Erkenntnis gezogen. Man nahm seine Zuflucht zu weiterem Terror, zu Unterdrückungsmaßnahmen oder wenigstens zu Drohungen: Man werde jeden Aufständischen unnachsichtig mit Feuer und Schwert verfolgen.

Der Aufstand ging von Bauern und Handwerkern aus, die um ihre Existenz bangten. Ferner waren junge Menschen aus dem kleinen und mittleren Bürgertum, aus der Handwerkerschaft beteiligt sowie Bauern, Tagelöhner, Söldner und Häusler, denen die Zwangsrekrutierung drohte und die deshalb besonders gefährdet waren. Auch sie schlossen sich zusammen.

Diese Gruppen wurden von einzelnen Großbauern und Adeligen ermutigt. Sie sahen die Gelegenheit, durch den Aufstand dem gewachsenen Steuerdruck zu entgehen. Einige Adelige, meist erst vor kurzem in diesen Stand erhoben, befürchteten den Verlust ihrer neuen Stellung. Denn die kaiserliche Administration begann, sämtliche Adelspatente zu überprüfen. Sie stellte dabei fest, daß ein großer Teil von ihnen nicht vom Kaiser in den Adelsstand erhoben worden war, sondern von den Kurfürsten FERDINAND MARIA und Max Emanuel, die reichsrechtlich dazu nicht befugt waren.[1222] Demnach wurden Privilegien, Amtsstellung, Einkünfte und die neu vergebenen Besitzungen und Hofmarken in Frage gestellt. Max Emanuel hatte, um zu Geld zu kommen, sogar das Recht der Niedergerichtsbarkeit verkauft, das eigentlich nur den vor dem Jahre 1557 in Bayern ansässigen adeligen Familien vorbehalten war. Dieser Personenkreis unterstützte die Aufständischen indirekt durch Worte und Ratschläge. Eine aktive Rolle zu spielen, scheuten sie sich in der Regel.

Auch eine zahlenmäßig kleine Gruppe von Beamten des Oberlandes förderte die Aufständischen. Sie verharrten in treuer Anhänglichkeit an den Kurfürsten, einige hatten ihre Stellungen verloren, andere auch nur ihren Einfluß.[1223] Jene, die die Kaiserlichen umschmeichelten, hatten sie verdrängt oder kaltgestellt. Sie hofften, ihre alten Positionen wieder zu gewinnen und versuchten nun, dem Aufstand den Anschein der Legitimität zu geben.

Dieser Vorgang ist wichtig und entscheidend. Jeder Aufstand, selbst gegen eine als ungerecht empfundene Obrigkeit, unterlag nach der herrschenden scholastischen Lehre, nach der römischen Rechtsauffassung und nach dem Gewohnheitsrecht einer höchst kritischen Betrachtung und war theoretisch auf wenige Ausnahmesituationen beschränkt. Alle diesbezüglichen Lehren waren mit so vielen Klauseln versehen, daß in der Praxis ein Aufstand de jure unmöglich wurde. Es sollten zuerst alle anderen friedlichen Mittel zur Beseitigung bestehender Übel angewandt werden, ehe nach diesen Lehren zur Gewalt gegriffen werden durfte.[1224] Nach der Rechtsauffassung des Absolutismus war jeder Aufstand gegen eine legitime Herrschaft – die kaiserliche Administration war infolge des Kriegsrechts, der Niederlage des Kurfürsten, seiner Flucht und des Ilbesheimer Vertrages, den die bayerischen Behörden nach Ansicht Wiens gebrochen und damit selbst gegenstandslos gemacht hatten, als legitime Obrigkeit zu betrachten – ein Verbrechen, also illegal. Der legitime Herrschaftsträger ist Stellvertreter Gottes auf Erden. Wenn er die Untertanen bestraft, so verspürt das Volk die rächende Hand Gottes. Kein Beamter konnte sich demnach für den Aufstand engagieren.

Deshalb stellten die Legitimisten folgende Überlegungen an: Nicht Bayern, sondern der Kaiser habe den Vertrag von Ilbesheim gebrochen. Seine Maßnahmen widersprechen dem herrschenden Recht, dem guten alten Herkommen, was Verwaltung, Steuern,

Abgaben, Einquartierung, Rekrutierung betrifft.[1225] Der Kaiser behandelt Bayern als unterworfenes Land, obgleich die gemeinsame katholische Religion eine solche unmenschliche Ausbeutung verbietet. Die Beamten wurden gezwungen, den Eid auf den Kaiser abzulegen. Dieser Zwang macht die Eidesleistung ungültig. Aus all diesen Gründen ist die kaiserliche Herrschaft eine Gewaltherrschaft und nicht legitim. Rechtlich ist allein die Herrschaft des Wittelsbachers. Deshalb liegt es in seinem Interesse, wenn die bayerischen Untertanen in ihrer Eigenschaft als Untertanen des Kurfürsten sich gegen die fremde Gewaltherrschaft auflehnen und dazu beitragen, die Rückkehr des Kurfürsten in sein angestammtes Land zu ermöglichen. Die Kaiserlichen wollen dies verhindern und die bayerischen Prinzen nach Österreich entführen, um jede Erinnerung an die frühere legitime Herrschaft auszulöschen. Das Gerücht von dieser bevorstehenden »Gewalttat« gab weiteren berechtigten Anlaß zu entsprechenden energischen Gegenmaßnahmen. Jeder Aufstand gegen die neue kaiserliche Obrigkeit mußte sich automatisch zugunsten des früheren Herrschers auswirken. Diesen Umstand verwendeten die Legitimisten zur Rechtfertigung ihrer Aktionen.[1226]

Eine direkte Verbindung zum Kurfürsten war aus zeitlichen und geographischen Gründen nicht möglich. Die Legitimisten aber nahmen an, es sei im Sinne Max Emanuels, wenn die Kaiserlichen aus Bayern vertrieben und seine Rückkehr ermöglicht würden. Man setzte gefälschte Patente in Umlauf, um jeden Zweifel an der Legitimität des Aufstandes zu beseitigen. Diese Manipulationen begannen aber erst im Dezember 1705. Sie kamen somit relativ spät und erst, als der Aufstand schon in vollem Gang war – er hatte bereits Anfang Oktober 1705 begonnen. Diese Patente bildeten den nachträglichen Versuch, die Aufstandsbewegung zu rechtfertigen und zu legitimieren. Zugleich beruhigten diese Patente das Gewissen einiger Beamter, die ansonsten eine Bestrafung wegen Eidbruchs und Hochverrats befürchteten.

Jene Gruppe, die den Kurfürsten in ihre Überlegungen miteinbezog, war sehr klein. Im Volk spielten diese Erwägungen keine entscheidende Rolle. Tausende von Seiten an Untersuchungsprotokollen über diesen Aufstand sind vorhanden. Darin wird der Kurfürst nicht viel öfter als ein dutzendmal erwähnt. Aus diesen wenigen Aussagen konstruierten einige Autoren des 19. Jahrhunderts die These, das bayerische Volk habe für seinen vertriebenen Kurfürsten die Waffen ergriffen. Sie nahmen eine spätere Phase des Aufstandes und die Argumente einer kleinen Gruppe von Legitimisten zum Anlaß der gesamten Bewegung.[1227]

Eine weitere Gruppe unterstützte die Aufständischen. Es waren die Orden,[1228] vornehmlich die Bettelorden. Die Mönche stammten zum großen Teil aus Bürgertum, Handwerkerschaft und Bauernstand. Die Klöster und Konvente waren eng mit ihren Untertanen, mit dem umliegenden landwirtschaftlichen Bereich verbunden. Sie wußten mehr als alle anderen um die Not des Volkes. Sie sahen im Aufstand eine Möglichkeit, der überhöhten Steuerbelastung zu entgehen, da die Münchener Administration auch von allen bayerischen Klöstern und Stiften wiederholt ein »donum gratuitum« verlangte, wie es dem Staatskirchentum der Zeit entsprach. Sie nützten den Aufständischen durch ihre Verbindungen zu anderen Klöstern und Herrschaftszentren und stellten Geld, Ausrüstung und Verpflegung zur Verfügung. Die Klöster und Kirchen, die Immunität besaßen, obgleich sich die Kaiserlichen nicht immer daran hielten, wurden zum Zufluchtsort für manchen Aufständischen, auch wenn sie dies klugerweise in den folgenden Untersuchungen leugneten.[1229]

Die kaiserliche Administration blieb nicht untätig. Sie sah sich nach militärischer Unterstützung um. Es war ein Prinzip kaiserlicher Politik, Verbündete für die eigenen Ziele zu verpflichten. Der Bischof von Passau stellte Kanonen, Munition, Soldaten und Verpflegung bereit, die Freie Reichsstadt Regensburg 300 Musketen, 12 Zentner Kugeln und 10 Zentner Pulver,[1230] die fränkischen und schwäbischen Kreise einige Hilfstruppen, »katholische« und »unkatholische«. Letztere aber versuchte Graf LÖWENSTEIN bald wieder aus dem Land zu komplimentieren, um den Unwillen der Untertanen nicht noch mehr zu steigern.[1231]

Mit Ausnahme weniger Beamter leisteten die genannten Bevölkerungskreise nur indirekte oder materielle Hilfe, griffen jedoch nicht aktiv in die Auseinandersetzungen ein. Das Land war in dieser Frage gespalten. Die führenden Schichten, die bayerische Landschaft, der größte Teil der Beamtenschaft, die dünne Schicht des begüterten Bürgertums verurteilten den Aufstand. Die Kluft zwischen Ständen und Untertanen war unüberbrückbar; hier Herren, dort Diener; hier ein Leben in Muße, dort ein Leben in Arbeit; hier Bildung, Wissenschaft und Festlichkeit, Politik als barockes Welttheater, dort Analphabetentum, Unwissenheit, Gehorsam, Pflichten und Dulden. Eine Solidarisierung mit den Forderungen der Aufständischen war von dieser Seite her nicht möglich, obgleich sie eine gewisse Berechtigung dieser Forderungen anerkannte. Selbst die kaiserliche Administration verwarf sie nicht völlig.

Die bayerische Beamtenschaft als Hauptbetroffene des Aufstandes unternahm selbstverständlich alles, um der Bewegung ein rasches Ende zu bereiten. Sie meldete der kaiserlichen Administration und den kaiserlichen Offizieren sämtliche Ansammlungen der Aufständischen, alle ihre Ziele, die Stärke ihrer Bewaffnung. Sie bereiteten den Untergang der Aufständischen mit Eifer und Erfolg vor. Nicht nur der Pflegsverwalter von Starnberg, wie es in der Literatur heißt, verriet die Aufständischen. Es waren zahllose Menschen, die sich von Anfang an dem Aufstand entgegenstellten, der die Position der Beamtenschaft insgesamt gefährdete. Viele Beamte verließen fluchtartig ihre Häuser, ihre Amtsstuben, ihre Landsitze und eilten in die Städte, in denen sich kaiserliche Garnisonen befanden, oder sie verbargen sich bei Verwandten und Freunden. Nur die Niederschlagung des Aufstandes vermochte ihren Besitz und ihre Amtsbefugnisse zu retten. Den Autoritätsverlust, den sie erlitten, konnten sie lange nicht mehr wettmachen; nur kraft ihres Amtes vermochten sie ihre Stellungen wieder zu festigen und dank des Rückhaltes, den die Kaiserlichen boten.[1232]

Das Bildungsbürgertum, die Juristen und Doktrinäre lehnten den Aufstand aus verständlichen Gründen ab. Für sie waren Handwerker und Bauern »Pövel« ohne Verstand,[1233] ein wenig mehr als Tiere, die man aber als solche behandeln mußte, um sie zur Räson zu bringen. Das gesellschaftliche Leitbild war für sie der Adel. In diese Gesellschaftsschicht suchten sie integriert zu werden. Man orientierte sich nach oben und nicht nach unten. Eine relative Unabhängigkeit des Handwerkers und Bauern, eine selbständige Lebensäußerung und politische Willensbildung dieser verachteten Schichten war in ihren Augen Blasphemie. Der Bauer hatte keinen eigenen Willen zu bekunden, sondern zu arbeiten, zu schaffen, Steuern und Abgaben aufzubringen, den Mund zu halten und in Demut allen Anordnungen der Obrigkeit nachzukommen.

Auch das konservative Bürgertum verhielt sich in der Regel still.[1234] Die Zünfte, die städtischen Mittelschichten, die Händler und Kaufleute schlotterten vor Angst. Sie hatten von keiner Seite etwas Gutes zu erwarten. Die Administration verdächtigte sie der Mittäterschaft.[1235] Behielt die Okkupationsmacht die Herrschaft, würde sie die Rache der Sieger rücksichtslos treffen. Kämen die Bauern an die Macht, wäre ihre Existenz, ihr Besitz, ihre soziale Stellung gefährdet; die Bauern würden sie als Gleichgestellte, nicht mehr als Sozialhöherrangige behandeln. Sie würden in der »Unterschicht« verschwinden. Somit fürchtete der Bürger die kaiserliche Macht ebensosehr wie die möglichen Auswirkungen eines Sieges der Aufständischen. Künftig den Handwerkern und Bauern parieren zu müssen, war ein Gedanke, der nur Entsetzen hervorrufen konnte. Darum versuchte PLINGANSER, einer der tatkräftigsten Männer unter den Aufständischen, »rechtzeitig« Bürgerliche und Adelige zu gewinnen. Die traditionelle Führungsschicht in Politik und Verwaltung sollte auch in der jetzigen Situation den ihr gebührenden Rang erhalten, jede Umstrukturierung der Herrschaftsverhältnisse etwa nach Schweizer Vorbild vermieden werden.

Sympathisanten und die wenigen Aktivisten fanden sich unter den Wirten,[1236] den wichtigsten Kommunikationsträgern dieser Zeit, ferner unter ehemaligen Angehörigen des Hofstaates, des bayerischen Heeres und den verschiedenen Anhängern des Kurfürsten.

Die Administration demonstrierte unübersehbar ihre militärische Stärke, mit der sie diese Kreise einschüchtern und ein Überlaufen der Einwohner Münchens zu den Aufständischen verhindern konnte.

Die benachbarten geistlichen Fürsten, die für das Seelenheil ihrer Diözesanen verantwortlich waren, lehnten durchweg den Aufstand ab. Er war wider das Herkommen, gegen die Obrigkeit gerichtet und daher verdammenswert. Der Salzburger Erzbischof JOHANN ERNST Graf VON THUN suchte auf Bitten der Aufständischen zu vermitteln. Seine Situation war prekär. Hatte er vormals die Expansionspolitik des Kurfürsten Max Emanuel verurteilt und die Kaiserlichen um Hilfe gebeten, so war er jetzt an allen Seiten von kaiserlicher Macht umgeben. Er spürte den Druck auf sein Land. Die Kaiserlichen forderten Quartiere, Einlaß in die Feste Salzburg; sie kontrollierten den gesamten Handel zwischen Bayern und dem Erzstift; sie schalteten im Salzburger Territorium ziemlich eigenmächtig. Würde sich der Aufstand in Bayern lange hinziehen, müßten die Kaiserlichen ihre Streitkräfte verstärken, der Druck auf Salzburger Gebiet würde sich neuerdings verschärfen. Daher war der Bischof zur Vermittlung bereit.[1237]

Ähnlich erging es dem Freisinger Bischof JOHANN ECKHER. Hatte er ehedem unter Max Emanuels Kriegspolitik zu leiden, so mußte er jetzt den Bedrängnissen, die kaiserliche und alliierte Truppen über seine Diözese brachten, entgegenwirken und die Unabhängigkeit seines Hochstifts mit Geschick und Bangen bewahren. In seinem Diözesangebiet lagen die Hauptquartiere der oberbayerischen Aufständischen, der »Isarwinkler«. Wie schnell konnte der Aufstand auf Freising übergreifen! Wie leicht konnte eine solche Erhebung, aus welch begründeten Motiven sie immer entstanden sein mochte, zu einer unkontrollierbaren, ziellosen Revolte ausarten, die jede Herrschaft ablehnte oder gefährdete! Als Reichsfürst und Bischof, auch aufgrund seiner Erziehung und Überzeugung war er gezwungen, die Aufständischen von ihrem Vorhaben abzumahnen. Für sein Hochstift und seine Bischofsstadt erwirkte er einen kaiserlichen Schutzbrief. Mehr konnte er nicht erreichen.[1238]

Auch der Passauer Bischof und Kardinal JOHANN PHILIPP VON LAMBERG,[1239] in dessen Nachbarschaft das Hauptquartier der niederbayerischen Aufständischen lag, lehnte diese Bewegung ab, die er einerseits für aussichtslos, andererseits für verderblich hielt. Wie leicht könnten sich auch seine Untertanen daran ein Beispiel nehmen. Der Passauer Magistrat suchte ohnedies seit langem Unabhängigkeit und Reichsunmittelbarkeit zu erreichen.

Als Fazit dieser den Aufstand kennzeichnenden Strukturelemente ergab sich: Die Aufständischen konnten auf keinerlei Hilfe von außen hoffen; sie hatten im eigenen Land keine oder nur geringe Unterstützung von Seiten anderer Gesellschaftsschichten zu erwarten. Der Aufstand war keine einheitliche Bewegung. Adel und Führungsschichten vertraten andere Interessen. Sie konnten eine Machtverschiebung zugunsten des Untertanen weder wünschen noch befürworten. Hinzu kam die Schwäche der Aufständischen: Es fehlte an Waffen, an Munition, an Ausrüstung, an Uniformen, an Verpflegung. Es fehlten tüchtige Offiziere. Es fehlte ein überzeugendes gemeinsames militärisches Konzept. Die einzelnen Gruppen agierten weitgehend selbständig ohne Kenntnis über die Zielsetzungen der übrigen.

Die Situation war für die aufständische Bevölkerung völlig ungewohnt. Was bisher befohlen und durchgeführt wurde, mußte jetzt von ihnen in Diskussionen mühsam erarbeitet, um gemeinsame Aktionen mußte gerungen werden. Mehrheitsabstimmungen entschieden, nicht das vielleicht bessere Argument. Es war eine Ausnahmesituation, die Umsicht, Weitblick und zahlreiche Ressourcen benötigt hätte. Feinde gab es im Inneren und außerhalb. Wechselnde Mehrheiten erschwerten die Konsolidierung des Aufstandes. Es gab keine übergeordnete Leitstelle. Die Kommunikationsmittel und -möglichkeiten waren dürftig. Eine wichtige Rolle spielten dabei nur die Orden, Wirte, Krämer und Hausierer. Letztere zogen von Ort zu Ort und von Haus zu Haus. Sie hatten die Entwicklung in den verschiedenen Landesteilen bewußt gemacht. In den Wirtsstuben wurde disputiert und über die verschiedenen Ereignisse gesprochen. Ebenso kam man an Sonn- und Feiertagen in den Kirchen zusammen. Man kannte die Bauern der näheren und weiteren Umgebung, man wußte um ihre Not, ihre Sorgen, ihre Gedanken.

Aktionen der Untertanen[1240]

Der Ablauf des Aufstandes entsprach dem Typ jener Bauernaufstände des 17./18. Jahrhunderts, die aufgrund gesellschaftlicher und politischer Spannungen sowie wirtschaftlicher Depression entstanden: Es war die Steuerverweigerung, der Überfall auf Beamte und Militärs, die Vertreibung der lokalen Herrschaftsträger im zivilen und militärischen Bereich. Die Gegenbewegung wurde durch Truppengewalt und durch Strafaktionen eingeleitet; es folgten weitere Unterdrückungsmaßnahmen, Einquartierungen, Musterungen und Kontributionen.

Die drei Aufstandsbewegungen im Unterland, in der Oberpfalz und schließlich im Oberland brachen nacheinander los, und zwar unabhängig voneinander. Am erfolgreichsten verlief der Aufstand im Unterland.[1241] Hier wurde die klassische Strategie durchgeführt: Sammlung auf dem Land, Einschließung der Städte, Zwang zur Übergabe notfalls mit Gewalt und durch Bombardement, Sicherung der neuen Plätze und Erweiterung des Aktionsradius. Die Angst vor Rekrutierung und das Unvermögen, die fälligen Steuern zu bezahlen, führten zahlreiche Handwerker, Tagelöhner, Holzarbeiter, Knechte, Bauern und Söldner dem Aufstand zu. SEBASTIAN PLINGANSER, ein damals 25 jähriger Jurist und Mitterschreiber am Pfleggericht zu Pfarrkirchen, gelang es, die Bewegung zu organisieren, zu ordnen und eine politische Konzeption zu entwickeln mit dem Ziel, alle Kaiserlichen aus Bayern zu vertreiben und die Regierungsgewalt zumindest vorläufig zu übernehmen.[1242] Braunau, Schärding, Burghausen wurden belagert und zur Übergabe gezwungen. Die Bürger schlossen sich den Aufständischen an, nicht aus Überzeugung, sondern infolge der Zwangslage, in der sie sich befanden. Burghausen wurde der Sitz der neuen und zugleich der alten Regierung, da die leitenden Verwaltungsbeamten die Amtsgeschäfte weiterführten, soweit dies unter den gegebenen Umständen möglich war.

Die Mitglieder dieser Landesregierung stellten sich freiwillig zur Verfügung oder wurden dazu gezwungen. Die alte Landesdefensionsordnung, zuletzt 1692 und 1702/03 erneuert, diente als Vorbild für die weitere Organisation. BERNHARD VON PRIELMAIR, der Kastner des Rentamtes, wurde zum Kriegskommissar bestellt.[1243]

Als wichtigste Aufgabe ergab sich, der Bewegung die notwendige Massenbasis zu verschaffen. Nur auf diese Weise konnte man einen frühzeitigen Zusammenbruch verhindern. Nach der bisherigen Landesverfassung wurden die Ämter aufgefordert, Steuerabgaben zu leisten, Quartiere bereitzustellen, Verpflegung abzuliefern, Pferde abzugeben, Mannschaften zu stellen. Im Weigerungsfall wurden Strafaktionen angekündigt. Es waren die nämlichen Drohungen, die die Kaiserlichen und die bayerischen Beamten gebrauchten. Dies war keine gute Propaganda. Die Menschen waren durch Gewalt und Drohung so sehr korrumpiert, daß sie die Gewalt mit Gewalt bekämpften und dort ansetzten, wo die schwächste Stelle war, bei ihren eigenen Nachbarn.[1244]

Die Einigkeit auf dem Landesdefensionskongreß von Braunau ließ sehr zu wünschen übrig. PLINGANSER versuchte, die Leitung des Aufstandes Adeligen zuzuspielen, also die alte Führungsschicht wiederum zu etablieren. Das Vorhaben, beim Reichstag eine Beschwerdeschrift gegen die kaiserliche Administration anzubringen, scheiterte. Die Vermittlung des Erzbischofs von Salzburg und der bayerischen Landschaft, von den Kaiserlichen mit großem Unbehagen betrachtet, brachte wenig ein.[1245] Der zu Anzing vereinbarte Waffenstillstand zwischen Kaiserlichen und Aufständischen diente beiden Seiten nur als vorübergehende Atempause. Der Unmut der Aufständischen gegen die verworrene Führung lähmte zahlreiche Aktionen. Viele Bauern und Handwerker zogen sich zurück. Am Rande der Gesellschaft Stehende, Bettler, Landstreicher und Tagediebe versuchten, aus der jetzigen Situation Nutzen zu ziehen; dagegen wehrten sich die Aufständischen entschieden. Sie kämpften somit nach drei Fronten, gegen einen Teil der bayerischen Beamten, gegen die kaiserliche Besatzungsmacht und nunmehr auch gegen Arme und Erwerbslose. Außerdem trafen alle Forderungen, die Geschicke fortan in die eigene Hand zu nehmen, auf den energischen Widerstand der beteiligten Beamten und Legitimisten.

Die militärische Lage wurde bald aussichtslos. Die innere Schwäche der aufständischen Gruppen konnte nicht beseitigt werden.[1246] Die Aufgebote kamen zum großen Teil nicht in der gewünschten Form zustande. Bauern schickten ihre Knechte oder Söhne, Tagelöhner und Handwerker ihre Kinder. Zwölf-, Dreizehn-, Vierzehnjährige nahmen am Aufstand nicht deshalb teil, weil sie ihn als Abenteuer und interessantes Spiel ansahen, sondern weil sie von den Eltern, Dienstherren oder Vorgesetzten dazu abgeordnet wurden. Um der Bewegung größere Schlagkraft zu verleihen, blieb nichts anderes übrig, als zahlreiche Untertanen zur Teilnahme zu zwingen.[1247] Genauso wie die von den Kaiserlichen zum Militärdienst gepreßten Rekruten entliefen auch diese oder sie wurden unter Bewachung zum Einsatz geschleppt. Die Bürger suchten ihr Heil in der Flucht oder beeilten sich, den Aufständischen in den Rücken zu fallen.[1248] Der vom Pfarrer MILLER von Oberviechtach geführte Oberpfälzer Aufstand konnte keine Verbindung zum Unterland gewinnen. Nur einige reguläre Soldaten und wenige französische Kriegsgefangene, die befreit wurden oder ihren Bewachern entweichen konnten, waren erprobt im Umgang mit Waffen. Zerlumpte Kinder, meist elternlos, einfache Handwerker ohne Kriegserfahrung, kleine Korps waren nicht fähig, kriegserfahrenen Truppen lange Widerstand zu leisten und kamen daher über Anfangserfolge nicht hinaus.

Der Oberländer Aufstand wurde erst Mitte Dezember 1705 organisiert,[1249] nachdem der Unterländer Aufstand bereits wesentliche Erfolge verzeichnen konnte. Hier versammelte sich das Landesdefensionsaufgebot auf Befehl eines Teiles der Beamtenschaft und der lokalen Gewalten, der Großbauern und Rechtsträger. Am 22. Dezember 1705, nur drei Tage nach dem Aufgebot, vereinigten sich 2769 Freiwillige und Aufgebotene in Schäftlarn.[1250] Nur rund ein Drittel war mit Gewehren bewaffnet. Die übrigen trugen Haken, Stangen, Stecken und Kolben bei sich. Sie waren weder militärisch ausgebildet noch militärisch organisiert. Am 24. Dezember trafen sie vor München ein, nachdem sich noch andere Gruppen der Bewegung angeschlossen hatten. Man schätzt ihre Zahl auf 4500. Doch die Bauern des Unterlandes fehlten. Sie waren erst bis Zorneding gekommen.

Die Kaiserlichen hatten ihre Streitkräfte in der Zwischenzeit verstärkt und einige Erfolge gegen einzelne aufständische Gruppen erzielt.[1251] Die zuversichtliche Stimmung der Aufständischen hielt deshalb nicht lange an. Man zweifelte am Erfolg der eigenen Unternehmungen. Infolge mangelnder Planung und Versorgung absentierten sich zahlreiche Aufständische und versteckten sich in den Wäldern oder liefen wieder nach Hause. Die übrigen zogen in der Christnacht 1705 vor die Hauptstadt München. Die Tore wurden nicht, wie verabredet, geöffnet. Die Kaiserlichen hatten strenge Sicherheitsvorkehrungen getroffen, und die Bürgerschaft wagte sich nicht zu rühren. Zwar konnten die Tölzer Schützen in der Nacht den Roten Turm besetzen, doch der Sturm auf das Isartor wurde von den Kaiserlichen zurückgeschlagen. Am nächsten Morgen begann der kaiserliche General KRIECHBAUM, der von seinen blutigen Befriedungsaktionen auf dem Land nach München zurückkehrte, mit seiner Kavallerie in die Flanke und den Rücken der Angreifer vorzustoßen. Die Aufständischen wurden von zwei Seiten beschossen. Panik ergriff die Menschen. Eine wilde Flucht begann. Die meisten Führer der Aufständischen und alle jene, die Pferde zur Verfügung hatten, konnten sich rechtzeitig in Sicherheit bringen. Die übrigen liefen zu Fuß in Richtung Sendling. Die Kaiserlichen setzten ihnen nach und säbelten etliche hundert Bauern nieder. Der Rest der Aufständischen wurde im Dorf Sendling umzingelt und von mehreren Seiten unter Feuer genommen.[1252]

Der bayerische Hauptmann MAYR bot die Kapitulation an. Die kaiserlichen Offiziere gaben Pardon und verlangten die Ablieferung der Waffen. Die Aufständischen warfen ihre wenigen Gewehre und Prügel weg, knieten sich nieder, zogen den Rosenkranz aus der Tasche, begannen zu beten und um Gnade zu flehen. Die Kaiserlichen schossen und metzelten die Wehrlosen nieder. Dann hielten sie inne. Die Überlebenden wurden aufgefordert, sich zu ergeben und neuerdings um Pardon zu bitten. Die Lebenden erhoben sich. Sie wurden niedergemacht. Noch ein drittes Mal das gleiche Schauspiel. Wieder wurde Pardon versprochen und wieder fielen die Kaiserlichen über die Wehrlosen her.[1253] Nur wenige überlebten das Massaker. Etwa 750 Gefangene schleppte man in die Stadt. Um den Bürgern ein »abscheuliches Exempel« zu statuieren, ließ man die Verwundeten vorerst auf den Straßen liegen, wo manche von ihnen verbluteten oder in der Winternacht erfroren. Kaum einer der Bürger fand sich bereit zu helfen. Sie verkrochen sich und verriegelten ihre Türen aus Angst vor den Kaiserlichen. Die Zahl der Erschlagenen, Verletzten und Gefangenen schätzte man auf 3000.[1254]

Wenige Tage später, am 8. Januar 1706, wurden die niederbayerischen Aufständischen bei Aidenbach ebenfalls fast ohne Gegenwehr niedergemacht. Man spricht von 5000 Toten auf bayerischer Seite,[1255] von etwa zwei Dutzend Toten auf kaiserlicher Seite.

Weiterer Widerstand war aussichtslos. Die Bürger von Schärding verjagten die Bauern oder zwangen sie zur Unterwerfung. Braunau und Burghausen ergaben sich. Die kaiserliche Administration setzte die gesamte Regierung des Rentamtes ab.[1256] Die Oberpfalz wurde »befreit«.[1257]

Der Aufstand war völlig zusammengebrochen, die Rache des Siegers folgte auf dem Fuße. Zwar hatte der Kaiser auf Vermittlung des Erzbischofs von Salzburg allen Aufständischen, mit Ausnahme der Rädelsführer, eine Generalamnestie versprochen. Da dieser Terminus äußerst dehnbar war und nach Belieben ausgelegt werden konnte, setzte eine unbarmherzige Verfolgungswelle ein, die das ganze Land mit Terror überzog. Kaiserliche Soldaten machten alles nieder, was ihnen in den Weg kam, Kinder und Greise nicht ausgenommen.[1258] Erpressungen, Kontributionen, Raub, Plünderung, Mord und Totschlag aller Orten und alles im Namen einer Generalamnestie, die den Frieden für das gequälte Volk bringen sollte. Kein Weg war mehr sicher, keine Straße, kein Haus, keine Hütte. Viele flüchteten in Klöster und Gotteshäuser oder verbargen sich in dichten Wäldern und unzugänglichen Schlupfwinkeln vor ihren Verfolgern. Andere flohen nach Straßburg, wo die Franzosen ein Sammellager für die Versprengten einrichteten.

Denunzianten, Verleumder, Intriganten hatten ihre großen Tage. Angst und Verzweiflung herrschten in vielen Familien.[1259] Sogenannte Rädelsführer wurden aufgespürt, bei Nacht verhaftet, auf die Folter gespannt, verurteilt, öffentlich hingerichtet,[1260] ihr Besitz beschlagnahmt.

Nicht nur die unmittelbar am Aufstand Beteiligten wurden verfolgt und vernichtet, sondern auch ihre Angehörigen bedroht. Die Verfolgungen und Konfiskationen erstreckten sich auf alle Gesellschaftsschichten. Die Klöster mußten Strafen zahlen, die Städte und Märkte Sondersteuern;[1261] dazu wurden ihnen umfangreiche Einquartierungen auferlegt. Die am Aufstand beteiligten Pfleggerichte hatten Futtermittel, Verpflegungsrationen, Heu und Stroh, Weizen und Mehl, verschiedenste Naturalien und Geld abzuliefern.[1262]

Die Bevölkerung mußte alle Schäden, die durch den Aufstand entstanden waren, restlos ersetzen. Die Schadensschätzungen gingen weit über den realen Wert hinaus, denn die Beamten rechneten ihre eigenen Verluste großzügig auf und den Sachschaden hinzu.

Eine umfangreiche Säuberungswelle erfaßte die Behörden. Beamte, denen eine Beteiligung am Aufstand nachgewiesen werden konnte, wurden bestraft und verloren selbstverständlich ihr Amt. Beamte, die im Verdacht standen, den Aufständischen wohlwollend gegenübergestanden zu sein, wurden fristlos entlassen. Auch andere mißliebige Beamte wurden zum Teil ohne Angabe von Gründen ihres Dienstes enthoben wie der Hofkanzler JOHANN GEORG LUEGGER.[1263] Selbst bei den Behörden spielten Denunziationen eine große Rolle.

Das Versprechen der Administration, keine Zwangsrekrutierungen mehr vorzunehmen, die Ausschreitungen der Soldaten künftig zu unterbinden, zu viel gezahlte Steuern anzurechnen, blieb leeres Gerede. In Niederbayern flackerte der Aufstand im Sommer 1707 noch einmal kurz auf, aber kaiserliche Dragonaden erstickten diese Bewegung sofort im Keim.[1264]

Die Revolte war von Anfang an aussichtslos gewesen. Die kleine Gruppe der Aufständischen war auf sich selbst gestellt und ohne Verbündete im Ausland und in der Heimat. Nicht die Führungsschicht, nicht die Stände und das Bürgertum, sondern die aufrührerischen Handwerker und Bauern waren gesellschaftlich isoliert. Neben einer übergreifenden Organisation fehlte ihnen jede militärische Übung und Erfahrung. Wie sollte innerhalb von drei Tagen, auf dem Marsch zwischen Tölz, Schäftlarn und München eine militärische Ausbildung erfolgen? Die Bewaffnung war völlig unzureichend, und zudem wußte ein Teil der Aufständischen nicht die Waffen zu handhaben. Als sie regulären Truppen gegenüberstanden, waren sie völlig schockiert. Sie leisteten keinen Widerstand. Das zeigt das Ergebnis der »Kämpfe«: Tausende von Toten auf aufständischer Seite, ungefähr zwei Dutzend Tote auf Seite der Kaiserlichen, und darunter befanden sich Soldaten, die durch Querschläger, durch unvorsichtiges Hantieren mit den eigenen Waffen tödlich verwundet worden waren, kaum aber durch Gegenwehr der Aufständischen. Spontaneität konnte nicht fehlende Organisation, Disziplin, militärische Fachkenntnis, Ballistik, Logistik und mangelndes Solidaritätsbewußtsein ersetzen.

Spätere Kritiker glaubten feststellen zu müssen, daß viele Bauern nach dem Zusammenbruch des Aufstandes ihren Kopf durch die Behauptung zu retten versucht hätten, sie seien zur Beteiligung gezwungen worden.[1265] Diese und ähnliche, nach Vorwurf klingende Feststellungen sind nicht gerechtfertigt. Seit Beginn des Aufstandes liefen hunderte von Berichten in München ein, die besagten, daß zahlreiche Untertanen von den eigenen Familienangehörigen, von Nachbarn und Vorgesetzten mit Gewalt, durch Drohungen mit Feuer und Schwert, Leib- und Lebensstrafe zur Teilnahme gezwungen wurden. Man nahm keine Rücksicht darauf, ob der Betreffende verheiratet war oder nicht, Eltern oder Kinder zu versorgen hatte; selbst heftige Gegenwehr half nichts.[1266] Die Aufständischen führten ihre Zwangsrekrutierungen in der gleichen Weise durch wie seit eh und je die Beamten und Militärs.

Es ist leicht vorstellbar, mit welchem »Heldenmut« diese Personen gegen den Feind vorgingen. Nichts verdeutlicht mehr die Ambivalenz der Interessenlagen innerhalb der vom Aufstand betroffenen Gesellschaftsschichten in Bayern.

So waren von zwanzig Aufständischen im Alter zwischen 13 und 40 Jahren, die in der Hauptwache beim Schwabinger Tor gefangenlagen,[1267] vierzehn zur Teilnahme am Aufstand gezwungen worden durch andere Bauern, durch Hauptleute, Verwandte oder Vorgesetzte. Der 13jährige CHRISTOPH PERGER kam anstelle seines Vaters. Man hatte seinen Angehörigen gedroht, den Hof in Brand zu stecken.[1268] Ein Bauer schickte seinen 15jährigen Dienstknecht, da er selbst keine Lust verspürte, sein Leben zu riskieren.[1269] Ein anderer Bauer, den die Obrigkeit mit der Drohung, Haus und Hof zu beschlagnahmen oder einem Pächter zu überlassen, zur Teilnahme gezwungen hatte, war infolge Alter und Krankheit nicht in der Lage, sich den Aufständischen anzuschließen. Als Ersatzmann kam sein 14jähriger Sohn. Ein 37jähriger Mann aus Rosenheim, der eine Frau und sieben Kinder zu versorgen hatte, wurde während des Gottesdienstes aus der Kirche geholt und trotz heftigen Widerstrebens in die Reihen der Aufständischen gepreßt. Manche versuchten vergeblich, sich mit Geld freizukaufen.[1270]

Statistische Gliederung der Aufständischen

Einen Teil der Verwundeten, die die Sendlinger Mordweihnacht überlebt hatten, brachte man in die Spitäler Münchens. Dort wurden sie notdürftig einquartiert: beim Heilig-Geist-Spital 36 Aufständische, bei den Augustinern 15, bei den Jesuiten 21, im St. Elisabeth Spital 264, im St. Josephs Spital 232, im Bruderhaus 17, im Krankenhaus auf dem Anger 24 Verletzte und Gefangene. Sie wurden registriert und vernommen.[1271] Deshalb sind Angaben über Alter, Beruf und Familienstand vorhanden. Diese Personalunterlagen können als repräsentativ gewertet werden, insbesondere da Vergleichsmaterial ähnliche Ergebnisse zeitigt, wie die Angaben über insgesamt 107 im Tegernseer Hof einquartierte Gefangene beweisen.[1272]

Eindeutig steht fest: Angehörige verschiedener bäuerlicher und handwerklicher Berufsgruppen nahmen am Aufstand teil; sie stammten aus verschiedenen bayerischen Amtsbezirken. Die Auswertung aller Angaben über 637 Personen, die namentlich überliefert sind, ergibt, daß 78,65 Prozent aller Beteiligten bäuerliche Berufe ausübten, 20,56 Prozent handwerklichen Berufen zugerechnet werden müssen. Andere Berufsgruppen waren nur mit 0,79 Prozent vertreten. Der Anteil der Verheirateten betrug insgesamt 37,67 Prozent, der Anteil der Ledigen 62,33 Prozent. Den Aufstand als Revolte lediger Bauernburschen zu bezeichnen, wie es Zeitgenossen taten, ist nicht gerechtfertigt. Es war auch nicht nur ein Aufstand der Bauern, sondern auch der Handwerker.

Weitere Differenzierungen ergeben: Der Anteil der ledigen Personen mit bäuerlichen Berufen betrug 63,47 Prozent, der Anteil der verheirateten Personen mit bäuerlichen Berufen betrug 36,53 Prozent. Bei den Handwerkern belief sich der Anteil der Verheirateten auf 47,33 Prozent, der Anteil der Ledigen auf 52,67 Prozent.

Nun zu den Altersangaben: Von den insgesamt 161 Personen zwischen zwölf und 20 Jahren, die am Aufstand teilgenommen hatten und wegen ihrer Verwundungen oder als Gefangene registriert worden sind, übten 142 bäuerliche Berufe aus. 22 Prozent aller Beteiligten waren also unter 21 Jahre alt. 17 Personen waren Handwerker und zwei Personen sind ohne Berufsangabe übermittelt.[1273]

Unter den insgesamt 208 Personen im Alter zwischen 21 und 30 Jahren befanden sich 162 mit bäuerlichen Berufen, also ein Anteil von 25,43 Prozent aller am Aufstand Beteiligten, 43 Personen mit handwerklichen Berufen, also ein prozentualer Anteil von 6,75 Prozent, ferner drei Personen mit anderen Berufen, ein Anteil von 0,47 Prozent. Von den insgesamt 174 Personen zwischen 31 und 40 Jahren übten 119 bäuerliche Berufe aus, also ein Anteil von 19 Prozent, sowie 50 handwerkliche Berufe, ein Anteil von 7,84 Prozent und fünf Personen mit anderen Berufen, ein Anteil von 0,8 Prozent, nämlich ein Bierbrauer, ein Bierzapfer, ein abgedankter bayerischer Soldat, dessen erlernter Beruf das Schmiedehandwerk war, ein Amtsknecht sowie ein Bettler. Von den insgesamt 69 Personen zwischen 41 und 50 Jahren übten 58 bäuerliche Berufe, zehn handwerkliche Berufe aus, ferner war eine Person ohne Beruf beteiligt. Von den insgesamt 17 Personen zwischen 51 und 60 Jahren hatten 15 bäuerliche Berufe, ein Mann war Handwerker und ein Mann war Bettler. Von den insgesamt sechs Personen zwischen 61 und 70 Jahren übten alle sechs bäuerliche Berufe aus. Von den beiden über 71 Jahre alten Personen war eine im bäuerlichen Beruf tätig, eine im handwerklichen Beruf. Aus dieser Statistik ergibt sich, daß 501 Personen aus dem bäuerlichen Milieu stammten; davon waren 183 verheiratet und 318 ledig. 131 Personen übten Handwerksberufe aus, davon waren 62 verheiratet und 69 ledig. Fünf Personen gehörten anderen Berufen an. Sie waren alle verheiratet. Als Altersstatistik ergibt sich folgendes Gesamtbild:

Gefangene Aufständische	prozentualer Anteil
161 Personen im Alter von 10 – 20 Jahren	25,27
208 Personen im Alter von 21 – 30 Jahren	32,66
174 Personen im Alter von 31 – 40 Jahren	27,32
69 Personen im Alter von 41 – 50 Jahren	10,83
17 Personen im Alter von 51 – 60 Jahren	2,67
6 Personen im Alter von 61 – 70 Jahren	0,94
2 Personen im Alter von 77 u. 80 Jahren	0,31
637 insgesamt	100,00

Anteil der Altersgruppen am Aufstand

Alter	Zahl der Teilnehmer		Prozentualer Anteil
12	2		0,31
13	6		0,94
14	4		0,62
15	16		2,51
16	18	> 161	2,82
17	11		1,73
18	34		5,33
19	13		2,04
20	57		8,94

Alter	Zahl der Teilnehmer		Prozentualer Anteil
21	6		0,94
22	18		2,82
23	16		2,51
24	26		4,08
25	23	208	3,61
26	22		3,45
27	12		1,88
28	21		3,29
29	6		0,94
30	58		9,11
31	5		0,78
32	18		2,82
33	11		1,73
34	12		1,88
35	30	174	4,71
36	12		1,88
37	9		1,41
38	17		2,67
39	12		1,88
40	48		7,53
41	5		0,78
42	14		2,19
43	3		0,47
44	5		0,78
45	10	69	1,56
46	3		0,47
47	3		0,47
48	2		0,31
49	1		0,16
50	23		3,61

Alter	Zahl der Teilnehmer		Prozentualer Anteil
51	1		0,16
52	1		0,16
53	4		0,62
54	1		0,16
55	—		—
56	1	17	0,16
57	—		—
58	1		0,16
59	—		—
60	8		1,25
61	—		—
62	2		0,31
63	—		—
64	—		—
65	3	6	0,47
66	1		0,16
67	—		—
68	—		—
69	—		—
70	—		—
71	—		—
72	—		—
73	—		—
74	—		—
75	—	2	—
76	—		—
77	1		0,16
78	—		—
79	—		—
80	1		0,16

Der jüngste Teilnehmer am Aufstand war zwölf Jahre alt, der älteste 80 Jahre. Als relativer Zentralwert ergibt sich ein Durchschnittsalter von 25,22 Jahren. Es war ein Aufstand junger Menschen. Zu beachten bei den Altersangaben des Originals ist, daß manche Untertanen ihr Lebensalter nicht genau angeben konnten, da dieses im bäuerlichen Bereich und im gesellschaftlichen Leben des Bauern dieser Zeit keine oder nur eine geringe Rolle spielte. Daher wurden bisweilen nur ungefähre Altersangaben gemacht, so daß jeweils die Altersgruppen von 20, 30, 40 und 50 Jahren gegenüber den Zwischenbereichen unverhältnismäßig stark vertreten sind. Zur Bewertung der Statistik ist demnach zu beachten, daß die jeweiligen Altersangaben einen relativen Wert besitzen, zum Beispiel eine Beteiligung von ungefähr 8,94 Prozent jener Personen, die etwa 20 Jahre alt sind. Zugleich beweist die Statistik, daß sich am Aufstand fast ausschließlich kleine Leute beteiligten, die ihren geringen Besitz persönlich verteidigten, während die Besitzer größerer Vermögen nur ausnahmsweise persönlich am Aufstand teilnahmen und statt dessen Bedienstete oder Vertreter entsandten.[1274] Von 501 Personen mit landwirtschaftlichen Berufen waren nur 43 Bauern mit jeweils einem ganzen, einem halben, einem drittel, einem viertel, einem fünftel und einem sechstel Hof (also 6,75 %). Von diesen Bauern waren 35 verheiratet, acht ledig.[1275]

Der – wie bei allen Statistiken – relative Wert dieser Angaben berechtigt zu der Feststellung, daß Bauern und Handwerker Träger des Aufstandes waren. Nur etwa 1 Prozent aller am Aufstand beteiligten Personen gehörten anderen Berufs- oder gesellschaftlichen Gruppen an, selbst dann, wenn man alle anderen Überlieferungen und Namensangaben in den übrigen Quellen miteinbezieht. Freilich braucht nicht geleugnet zu werden, daß etwa ein Mann wie der Mitterschreiber PLINGANSER oder der Jägerwirt einen wesentlichen Anteil an der Führung und Leitung des Aufstandes hatten. Statistisch gesehen waren jedoch bürgerliche Gruppen, die im 19. Jahrhundert den Aufstand besonders feierten, weder dessen Initiatoren noch beteiligten sie sich an ihm aktiv, aus eigenem Antrieb und aufgrund eigener Überzeugung. Nur die bedrängenden Umstände zwangen sie zur Teilnahme. Sie steuerten weder zukunftsweisende Ideen bei – sieht man von den gefälschten Patenten ab – noch formulierten sie neue Zielsetzungen noch propagierten sie eine neue Harmonie, eine neue ausgewogene Ordnung der gesellschaftlichen Verhältnisse. In diesem Aufstand entluden sich die gesellschaftlichen und wirtschaftlichen Spannungen, in denen die bayerischen Untertanen damals leben mußten. Diese Spannungen waren Folgen der verfehlten Politik des Kurfürsten, die zuerst Bayern in die Isolierung, dann in die Katastrophe geführt hatte. Während der Urheber dieser Tragödie ins Exil geeilt war und sich durch großartige politische Pläne persönlich zu salvieren gedachte, mußten die bayerischen Untertanen als die Opfer dieser Politik die Auswirkungen des von ihrem Landesfürsten angerichteten Unheils tragen. Alle Menschen, die in der Weihnachtsnacht 1705 vor Sendling und am 8. Januar 1706 bei Aidenbach erschlagen wurden, und alle, die unter der absolutistischen Herrschaft dieser Zeit litten, zählten zu den Opfern dieser unseligen Politik. Dieser Zusammenhänge zu gedenken, wäre eines Denkmals – aere perennius – würdiger, als es jene Produkte aus Stein und Erz und pathetische Worte tun, die eine Tragödie des bayerischen Menschen und der bayerischen Geschichte zum Heldenepos umfunktioniert haben. Denn die Geschichte und der Reifegrad des historischen Bewußtseins des Volkes und eines Landes besteht nicht nur aus der Tradition jener oft mit zweifelhaften Mitteln errungenen Siege großer Heerführer oder Fürsten, sondern auch aus einer Vielzahl von bitteren Niederlagen und den Leiden und Opfern der Zeitgenossen, die tagtäglich um ihr Leben kämpfen und vitale Naturrechte verteidigen mußten gegen die Omnipotenz von Mächten, die um ihrer eigenen Interessen willen ihren Absolutheitsanspruch mit allen Mitteln durchzusetzen suchten.

Die Haltung Max Emanuels zum Aufstand[1276]

Die Reaktionen Max Emanuels in Brüssel auf die Ereignisse in Bayern werden in der Literatur verschieden beurteilt, je nach Standpunkt und Absicht des Verfassers. Die eine Gruppe bescheinigt ihm Verständnis gegenüber den Bestrebungen der Aufständischen im Rahmen seiner Möglichkeiten; die andere beklagt seine Verständnislosigkeit, ja seine Mißbilligung der Aufstandsbewegung und seine völlige Abstinenz in diplomatischer oder gar sachlicher, militärischer Hilfeleistung. Kein Autor behauptet jedoch eine Initiierung des Aufstandes durch Max Emanuel.

Der Kurfürst in Brüssel war durch seine vielfältigen Aktivitäten auf dem militärischen und diplomatischen Feld, nicht weniger durch sein strapaziöses Privatleben voll in Anspruch genommen. Um Bayern kümmerte er sich nicht, es diente nur als Objekt für die Verwirklichung politischer Zukunftsplanungen, als Einsatz im Roulettspiel um eine Königskrone. Max Emanuel war deshalb außerordentlich überrascht, als ihm Anfang Dezember 1705 ein Offizier der Ingolstädter Garnison die Nachricht überbrachte, daß ein Aufstand der Unterländer-Bauern gegen die Kaiserlichen ausgebrochen sei. Diese Meldung entsprach etwa der Lage von Mitte November. Mindestens zwölf bis 14 Tage dauerte damals eine Reise von München nach Brüssel.

Auch die offiziellen Verkehrsverbindungen und Kommunikationsmöglichkeiten ließen kaum eine schnellere Nachrichtenübermittlung zu. Offizielle Nachrichtenverbindungen zwischen Bayern und den Niederlanden gab es seit dem Einmarsch der Kaiserlichen in München ohnedies nicht mehr.

Intensive Beratungen erfolgten in Brüssel gemeinsam mit den französischen Diplomaten. Da gleichzeitig der Aufstand in Ungarn heftig aufflammte, rechnete man in Paris mit einer größeren Ablenkung in Bayern und Ungarn und erhoffte sich eine Entlastung der französischen Armee. Der Kaiser wäre gezwungen, seine Truppen von Frankreichs Grenzen abzuziehen, gegen Bayern und Ungarn einzusetzen und seine eigenen Länder vor einem Angriff zu schützen. Er wäre außerstande, diese Korps nach Italien, den Niederlanden oder an den Oberrhein zu schicken.[1277]

Max Emanuel versprach sich vorübergehend sehr viel von dieser Ablenkung.[1278] Voraussetzung allerdings war, daß sich die Unruhen über einen längeren Zeitraum erstreckten. In der ersten Aufwallung dachte er daran, mit 10 oder 12 000 Mann nach Bayern vorzustoßen und die derzeitige Situation auszunützen. Doch die allgemeine militärische Lage Frankreichs ließ eine Verwirklichung dieses Planes nicht zu. Frankreich konnte keine Truppen entbehren. Die Vorbereitungen würden Monate in Anspruch nehmen. Es war fraglich, wie lange die Aufständischen in Bayern durchhalten würden. Paris vermutete, daß spätestens im Frühjahr 1706 Bayern dem völligen Untergang ausgesetzt wäre.[1279]

Am 26. Dezember kam in Brüssel eine »Frau aus dem Volk« an, die aus Bayern stammte. Sechs Wochen hatte sie gebraucht, um in die Niederlande zu gelangen. Sie brachte mehr als 300 Briefe aus Bayern mit, die in einem Wäschepaket, das sie unter dem Arm trug, eingewickelt waren. Die Briefe waren an bayerische Offiziere und Soldaten adressiert, die in den Niederlanden dienten. Der Kurfürst nahm Einsicht in diese Schreiben und zeigte sie auch ROUILLE. Es ging die Rede, daß mehr als 25 000 Mann in Bayern unter Waffen stünden, von mehreren Offizieren kommandiert, von regulären Truppen verstärkt. Auch mehr als 1200 französische Soldaten würden sich am Aufstand beteiligen, sogar jene französischen Offiziere, die bei Höchstädt gefangengenommen worden waren. Auch ungefähr 600 Dänen hätten sich angeschlossen. Die Disziplin in den Feldlagern würde genau eingehalten. Die ausländischen Soldaten würden entlöhnt. Erfahrene Edelleute kümmerten sich um die Versorgung, den Truppen fehle es an nichts.[1280] Der Inhalt dieser Briefe lautete sehr optimistisch: Die Bayern kämpften und siegten ohne nennenswerte eigene Verluste.

Max Emanuel war überrascht über diese Meldungen. Jedem absolutistischen Fürsten schien ein Aufstand, gleichgültig von wem, suspekt. Warum, so fragte er sich, habe er von keinem bayerischen Offizier aus den Reihen der Aufständischen eine Nachricht erhalten, warum habe kein Bediensteter und kein Soldat in Brüssel ähnliche Mitteilungen aus Bayern bekommen, obwohl sie in Briefkontakt mit der Heimat standen? Der Kurfürst beschloß, einen eigenen Kundschafter nach Bayern abzuordnen. Ehe dieser aufbrach, traf ein Reisender mit ungewöhnlichen Meldungen ein. Aus Passau gebürtig, von »ziemlich niederer Herkunft«, gab er vor, direkt von der bayerischen Armee zu kommen. Er sei Cousin eines Offiziers, der die Aufständischen kommandiere. Er sei beauftragt worden, in Brüssel über die Ereignisse in Bayern persönlich zu berichten und beim Kurfürsten schriftliche Instruktionen hinsichtlich der künftigen Operationen einzuholen. Die bayerischen Offiziere wollten wissen, welche Hilfeleistung sie vom Kurfürsten erwarten könnten. Der Fremde verlangte ein eigenhändiges Schreiben des Kurfürsten an die Aufständischen und an RÁKÓCZY des Inhalts, der Fürst möge mit den bayerischen Aufständischen in Verbindung treten.[1281]

Diese Äußerungen riefen Max Emanuels und ROUILLES Argwohn hervor. Der Fremde wurde ins Kreuzverhör genommen. Dabei gestand er, früher einmal als Geheimagent für den Kaiser und den Mainzer Kurfürsten tätig gewesen zu sein. Nach Erledigung seiner Aufträge in Portugal und Katalonien sei er nach Bayern gegangen. Dort hätte ihn sein Vater genötigt, bei den bayerischen Aufständischen zu dienen. Er habe sich sehr nützlich gemacht. Er beanspruchte die Ehre, die Belagerung und Einnahme von Braunau geleitet zu haben. Auf seiner Reise nach Brüssel habe er in Mainz Station gemacht und den Reichserzkanzler gesprochen. Dieser habe die Kaiserlichen heftig kritisiert und in Aussicht gestellt, zugunsten der Aufständischen ein Abkommen zu vermitteln und den Marsch kaiserlicher Truppen nach Bayern aufzuhalten.[1282]

Max Emanuel hörte sich diese Darlegungen eine Stunde lang an. Der französische Gesandte hielt den unbekannten Mann für einen Abenteurer und Spion und vermutete, der Wiener Hof wolle Beweise in die Hand bekommen, daß Max Emanuel die Revolte in Bayern befohlen habe. Die Hofburg wäre dadurch imstande, dem Kurfürsten und seinem Haus noch mehr zu schaden. Sie könnte ihn des Hochverrats beschuldigen und hätte einen weiteren Grund, ihn mit dem Reichsbann zu belegen.[1283] Selbst wenn die Meldungen des Agenten der Wahrheit entsprächen, müsse man ihn ohne Aufträge nach Bayern zurückschicken. Die bayerischen Untertanen hätten keine Hilfe zu erwarten.[1284]

Max Emanuel befahl MALKNECHT und REICHARDT, die Frau und den Agenten gegenüberzustellen und ihre Aussagen zu überprüfen. Die ersten Nachrichten von den Niederlagen der Aufständischen trafen bereits in Brüssel ein. Aus Augsburg und Regensburg kamen weitere Meldungen, die zu Pessimismus Anlaß gaben. Paris vermutete, der Agent sei im Auftrag des Kaisers gekommen, um einen neuen Vorwand zu finden, Bayern niederzudrücken und dem Kurfürsten die Schuld am Aufstand zuzuschieben, als ob er die Zerstörung des Landes beschlossen und befohlen habe. LUDWIG XIV. empfahl, eine Rückkehr des Agenten nach Deutschland zu verhindern, weitere Beweise einzuholen, ihn aber sonst milde zu behandeln.[1285]

Der Agent wurde über die Entwicklung in Bayern, die Truppenbewegungen, die Namen der Befehlshaber, die Marschrichtung, die Festungen und die Erfolge der Aufständischen befragt. Man kam zu dem Ergebnis, daß er Bayern nicht gut genug kannte, daß er nicht unter den Aufständischen gedient hatte und nichts von dem wußte, was wirklich geschehen war. Zwei Tage lang wurde er verhört. Er verwickelte sich in immer neue Widersprüche. Man ließ ihn Tag und Nacht bewachen. Schließlich gestand er und bat um Verzeihung wegen der üblen Nachrichten, die er verbreitet hatte. Er zitterte um sein Leben und berichtete, er habe nur gesprächsweise erfahren, daß ein großer Teil der bayerischen Untertanen das Joch des Kaisers abschütteln wollte. Seine Kenntnisse habe er aufgrund von Briefen erhalten, die die Kaiserlichen abgefangen hatten. Die Münchener Administration möchte diese Mitteilungen verwerten und den Reichsgliedern glaubhaft machen, der Kurfürst habe den Aufstand in Bayern angezettelt. Die Briefe allein waren kein ausreichendes Beweismittel. Der Mainzer Kurfürst wählte deshalb einen seiner Agenten aus, um den Kurfürsten in Brüssel zu informieren. Man war überzeugt, Max Emanuel würde aus Freude darüber, daß ihn ein Mann aus Bayern unmittelbar unterrichtete, sofort entsprechende Befehle geben.[1286]

Paris und Brüssel waren befriedigt, auf diese Weise einen Spion entlarvt zu haben. Max Emanuel zog es vor, in dieser Angelegenheit keine schriftlichen Anweisungen zu geben. Trotzdem versuchten er und seine französischen Partner, auf verschiedenen Wegen eine Korrespondenz einzurichten und über Venedig einen Nachrichtendienst aufzubauen. Weitere Pläne Max Emanuels, geeignete Offiziere zur Unterstützung der Aufständischen nach Bayern abzuordnen, wurden nicht verwirklicht,[1287] da die kaiserlichen Truppen ein rasches Ende des Aufstandes herbeiführten.[1288]

Der Edelknabe DE BELMONT, dem die Münchener Administration die Ausreise nach Brüssel gestattete, berichtete, das Land sei so sehr ruiniert, daß man daraus künftig keine große Unterstützung mehr zu erwarten habe. Diese und ähnliche Nachrichten verstärkten den Wunsch des Kurfürsten, Bayern völlig abzuschreiben und irgendwo ein Aequivalent zu suchen.[1289] Den Aufstand hatte er nicht angeordnet, niemand konnte ihn für die Folgen verantwortlich machen. Das beste war, die Sache schnell zu vergessen.

Eine Legende entsteht

Das ganze Land war nach der totalen Niederlage der Aufständischen bei München, Sendling und Aidenbach von Entsetzen ergriffen und erwartete ohne Gegenwehr die Rache der kaiserlichen Soldaten. Man war sich allgemein der gänzlichen Niederlage voll bewußt. Die Überlieferung während des 18. Jahrhunderts war realistisch, ohne Pathos und ideologische Verbrämung.[1290] Kühl, nüchtern und sachlich wurden die Ereignisse den Generationen weitervermittelt. Im Jahre 1785 hob beispielsweise LORENZ WESTENRIEDER, einer der führenden bayerischen Aufklärer, in seiner »Geschichte von Baiern« hervor, daß die bayerischen Bauern am Weihnachtstag des Jahres 1705 von Kaiserlichen bei Sendling erschlagen wurden.[1291] Diese Aussage zeigt, daß man im 18. Jahrhundert keineswegs von einem heldenhaften Kampf, sondern nur von der Tatsache sprach, daß die Aufständischen ohne Gegenwehr niedergemetzelt wurden.

Erst durch die komplexen Ereignisse, die mit der französischen Revolution und der napoleonischen Ära zusammenhingen, erhielt auch die Betrachtung des bayerischen Bauernaufstandes von 1705/1706 einen wesentlich veränderten Aussagewert und eine neue Sinngebung. Die französische Revolution stürzte die Monarchie und tötete den Monarchen. Aufklärung und Revolution begannen, die Theorie der Volkssouveränität im gesellschaftlichen und politischen Leben zu verwirklichen. Die bayerischen Hofhistoriographen, die diese Theorie ablehnten, suchten nach Argumenten, die das Gegenteil zu beweisen hatten. Ihrer Ansicht nach wünschte das Volk nicht, Herr seiner selbst zu sein. Es sei seit Jahrhunderten aufs engste mit dem Herrscherhaus verbunden. Diese Tradition sei heilig und unbestreitbar. Sie könne bewiesen werden. Auf der Suche nach Beweisstücken kam man auf die Ereignisse des Aufstandes von 1705/06 zu sprechen. Man fragte sich, welches Ziel die Aufständischen vor Augen hatten. War es nicht die treue Anhänglichkeit an Fürst und Vaterland, die die Bürger des Landes zu den Waffen greifen ließ? Die bayerischen Bauern wollten die kaiserliche Administration, die kaiserlichen Soldaten aus dem Land jagen, den Kurfürsten aus den Niederlanden zurückholen und das angestammte Fürstenhaus als Führer in allen Stürmen wiederum etablieren. Diese Darstellung schien gerade deswegen so einleuchtend, als unter den obwaltenden Umständen und Herrschaftsverhältnissen jeder Kampf gegen die kaiserliche Besatzungsmacht zumindest eine indirekte Wirkung zugunsten des Kurfürsten haben mußte. Das ist unbestreitbar. Doch wurde die Wirkung mit der Ursache des Aufstandes vertauscht.

Ein zweiter Umstand kam hinzu. Durch NAPOLEON hatte Bayern das Ziel erreicht, das sich die bayerischen Wittelsbacher bereits ein Jahrhundert zuvor gestellt hatten, die Erhebung Bayerns zum Königreich. Franzosen und Bayern standen wieder gemeinsam im Kampf gegen Österreich. Der Tiroler Volksaufstand des Jahres 1809 unter Führung ANDREAS HOFERS machte einen ungeheuren Eindruck in ganz Europa, besonders im betroffenen und benachbarten Bayern. Die patriotische und heldenhafte Gesinnung der Tiroler Aufständischen und ihres Führers wurden über die Maßen gerühmt. Im übrigen hatten die Tiroler nicht ganz ohne Erfolg gegen die Bayern und Franzosen gekämpft. Diese Tatsache erweckte bei den zeitgenössischen Betrachtern der politischen Szene zwiespältige Gefühle. Man überdachte das gegenseitige Verhältnis. Hatten nicht schon ein Jahrhundert zuvor Bayern gegen Kaiserliche zu den Waffen gegriffen? Gab es nicht ein Jahrhundert vor ANDREAS HOFER in Bayern eine gleichwertige Bewegung, die aus Treue zum eigenen Vaterland die Fremden, die Okkupanten zu vertreiben suchte?[1292]

Der Aufstand der Tiroler bot somit den aktuellen Anlaß, aus neuer Sicht den bayerischen Bauernaufstand zu bewerten. Der kurze dramatische Ablauf des bayerischen Bauernaufstandes, der in nichts der Volkserhebung der Tiroler unter ANDREAS HOFER nachstand, der Kampf der Unterländer gegen die kaiserlichen Besatzungstruppen, der Zug der Oberländer nach München in der Hoffnung, die Hauptstadt zu gewinnen, die kaiserliche Administration abzusetzen und außer Landes zu schicken, schließlich noch der Umstand, daß die Aufständischen die in der Münchener Residenz lebenden Kinder des geflohenen Kurfürsten davor bewahren wollten, ins Exil, in kaiserliche Gefangenschaft geführt zu werden, alle diese Komponenten machten den bayerischen Bauernaufstand der Tiroler Erhebung gleichrangig. Die nämliche Abneigung, die die Tiroler den Bayern entgegenbrachten, war psychologisch auch im umgekehrten Verhältnis sehr wohl begreifbar. Hatten die Kaiserlichen die bayerischen Bauern nicht auf brutale Art unterworfen – kein besonderes Ruhmesblatt für die österreichische Militärgeschichte? Mußte die Bevölkerung von München nicht die Leiden der Gefangenen und Verwundeten ansehen? Mußte sie nicht der Hinrichtung der Rädelsführer beiwohnen? Schließlich war noch zu bedenken, daß die Schlacht bei Sendling am Weihnachtstag stattfand, dem höchsten Fest der katholischen Christenheit, dem Tag der Menschwerdung Gottes.[1293]

Alle diese Umstände ließen den bayerischen Bauernaufstand in einem neuen, glänzenden Licht erscheinen und umgaben ihn mit legendären Zügen. Die nationale Erhebung der Bayern gegen die Kaiserlichen war gleichwertig der nationalen Sammlung der Tiroler gegen Bayern und Franzosen. Der Schmied BALTHES von Kochel, der die Aufständischen geführt haben soll, bekam dieselbe Symbolkraft wie ANDREAS HOFER. Die tatsächlichen Ereignisse wurden verklärt, der Aufstand wurde zur Legende.[1294]

Die Revolution von 1848, die gegen die Monarchie und ihre neoabsolutistischen Bestrebungen gerichtet war, versetzte den Monarchisten einen Schock. Nachdem sie ihn überwunden hatten, sahen sie sich veranlaßt, das Treueverhältnis besonders zu betonen, das den Untertanen an den Monarchen band, und die Vaterlandsliebe mit der Liebe zum angestammten Herrscherhaus gleichzusetzen. Was nicht mehr selbstverständlich war, mußte durch Erziehung und Indoktrination glaubhaft gemacht werden. Der Aufstand von 1705 bot eine der Möglichkeiten, dieses Gefühl der Bewunderung und zugleich die Verpflichtung, zum Fürsten als dem von Gott eingesetzten Oberhaupt des Staates treu und unverbrüchlich zu stehen,[1295] in einem historischen Exempel begreiflich zu machen. Denn die bayerischen Bauern wollten nicht die Revolution gegen das Fürstenhaus, sondern sie erhoben sich für ihren Fürsten, aus Liebe zu ihm. Der Aufstand war nur dadurch gerechtfertigt, daß er für die Rechte des Fürstenhauses und des Landes Bayern geschah. Allein durch diese höchsten Werte erhielt der Aufstand seine Legitimation. Seine Geschichte wurde teils bewußt, teils unbewußt manipuliert und dem Zweck der politischen Erziehung und der Bejahung der bestehenden politischen und gesellschaftlichen Verhältnisse des 19. Jahrhunderts dienstbar und verfügbar gemacht. Aus den Quellen las man nur das, was man herauslesen wollte. Hinter allen zeitgenössischen Aussagen glaubte man die patriotische Gesinnung der Untertanen, ihre Loyalität gegenüber den Herrschaftsverhältnissen und dem angestammten Fürstenhaus zu entdecken. Die Tatsache, daß sich der Aufstand auch gegen bayerische Beamte richtete, wurde beiseite geschoben. Denn gerade die Beamten des 19. Jahrhunderts feierten den Aufstand als Heldentat.[1296] In diesem Sinn schrieben auch die Verfasser von Schulbüchern entsprechende Texte,[1297] und bald fiel es selbst kritischen Historikern schwer, die zahlreichen Legenden, die sich um den Bauernaufstand rankten, zu verifizieren, von den tatsächlichen Ereignissen zu unterscheiden und die Komplexität des Aufstandes gebührend darzustellen. Man wollte vielmehr eine einzige Grundkomponente, eine klare Linie sehen. Diese Beweisführung gelang, auch wenn man sich manchmal etwas schwer tat.

Nationalbewußtsein und nationales Denken des 19. Jahrhunderts verboten es überdies, von einem Aufstand als einer Folge der wirtschaftlichen und gesellschaftlichen Notlage zu sprechen. Dies war völlig undenkbar. Wirtschaft und Gesellschaft schienen keinen oder nur einen äußerst geringen Einfluß auf das historische, das politische Geschehen auszuüben. SIEGMUND VON RIEZLER war einer der ersten, der auf die Komplexität der ganzen Bewegung einging. Gemeinsam mit Oberst VON WALLMENICH gab er »Akten zur Geschichte des baierischen Bauernaufstandes« heraus.[1298] Sie wurden zur Grundlage für die folgenden Teilwiedergaben.[1299]

Entscheidend ist der Umstand, daß sich Entwicklung, Ablauf und Ende dieses Aufstandes in den wesentlichen Elementen nicht von zahlreichen anderen Aufständen im Europa des 17. und 18. Jahrhunderts unterschieden. Denn die Ursachen dieser Aufstände waren dieselben.

Der Bann[1300]

Dem bayerischen Kurfürsten war nicht nachzuweisen, daß er den Aufstand in Bayern befohlen oder wesentlich unterstützt und sich damit neuerdings gegen den Kaiser aufgelehnt hatte. Auch fand die kaiserliche Administration in den Münchener Archiven nicht die erhofften Dokumente, um den Kurfürsten lückenlos einer reichsfeindlichen Politik überführen zu können. Dies war auch nicht notwendig. Die Tatsachen, die seine Politik in den Jahren 1702 bis 1704 geschaffen hatten, genügten vollauf, um ihn mit dem Reichsbann zu belegen. Max Emanuel hatte diese Entwicklung von Anfang an selbst vorausgesehen, wenn sein Spiel verloren ginge. Er hatte die Reichsgesetze gebrochen, seine Vasallenpflicht verletzt, den Frieden aufgekündigt und gegen Kaiser und Reich Krieg geführt. Seine Niederlage bei Höchstädt und seine Flucht waren das Ergebnis dieser Politik.

Trotzdem täuschte sich Max Emanuel wieder einmal über seine reale Position hinweg. Er hatte sich alle Sympathien im Reich verscherzt, so daß er nun im Brüsseler Exil vergeblich hoffte,[1301] die Mehrheit der Reichsglieder würde sich den kaiserlichen Bestrebungen entgegenstellen, über ihn die Reichsacht zu verhängen. Die Leidenschaft und der Geist der Rache, so meinte er, nach denen Habsburg seine Aktionen ausrichte, müsse den Reichsfürsten die Augen öffnen über die Gewaltpolitik des Kaisers.[1302]

Die bayerischen Minister sahen sich nach Unterstützung um und wandten sich an den schwedischen König.[1303] Er sollte sich in seiner Eigenschaft als Herzog von Bremen und Verden für die Restitution des Kurfürsten einsetzen. Außerdem suchten sie den brandenburgischen Kurfürsten zu gewinnen. Max Emanuel ließ FRIEDRICH WILHELM über seinen Sondergesandten HEIDENFELD mitteilen, er werde ihn als König von Preußen anerkennen, wenn er sich für seine Restitution und die Rückkehr der Kurfürstin nach Bayern einsetze. Der Brandenburger erklärte sich bereit, eine Vermittlerrolle zu übernehmen und bot sogar an, in Verhandlungen mit Paris einzutreten. Als Gegenleistung verlangte Berlin die Anerkennung brandenburgischer Erbansprüche auf das Fürstentum Oranien; die Souveränität von Neuchâtel stand ebenfalls zur Debatte. Der Versailler Ministerrat lehnte diese beiden Forderungen ab, unterstützte aber die bayerischen Belange und forderte Max Emanuel auf, endlich die preußische Königswürde offiziell anzuerkennen. Die Beziehungen Max Emanuels zum Brandenburger Kurfürsten bzw. preußischen König gestalteten sich hoffnungsvoll. Dieser wünschte ebensowenig wie der sächsische Kurfürst eine Machtverschiebung im Reich zugunsten des Hauses Habsburg. Ihre Interessenlage verlangte die Aufrechterhaltung des Status quo ante des Jahres 1704. MARLBOROUGH aber verweigerte jeden Kompromiß,[1304] bewog den Brandenburger zum Abbruch der geheimen Beziehungen mit Brüssel und setzte am Wiener Hof ein rasches und entschiedenes Vorgehen gegen die Gesetzesbrecher – neben Max Emanuel seinen Bruder JOSEPH CLEMENS von Köln – durch.

Am 29. April 1706 wurde in Wien der Reichsbann über die Kurfürsten von Bayern und Köln verkündet. Die Zeremonie fand in der Ritterstube der Hofburg nachmittags um zwei Uhr statt. Der Kaiser saß unter einem Baldachin, Minister und Hofstaat waren anwesend. Man trug Trauerkleider. Die früheren Investituren wurden verlesen und dem Kaiser überreicht, der sie zerriß, auf den Boden warf und die Papierfetzen mit dem Fuß von sich stieß. Dann durchbohrte sie der Reichsherold mit der Spitze seines Stockkes, zerriß sie noch einmal in kleinere Stücke, die er aus dem Fenster in den Schloßhof warf. Dort standen zwei Abteilungen mit je sechs Trompetern, die abwechselnd ausgewählte Musikstücke spielten. Anschließend marschierten sie durch die ganze Stadt und verkündeten die Achterklärung öffentlich. Man bezeichnete die ehemaligen Kurfürsten nur mehr als CLEMENS und EMANUEL aus Bayern. Max Emanuel wurde für vogelfrei erklärt. Das bedeutete, jedem war es erlaubt, auf ihn wie auf einen Zugvogel zu schießen und ihn ungestraft zu töten. Bei JOSEPH CLEMENS mußte man sich diese Modalität versagen, da er dem geistlichen Stand angehörte und somit persönliche Immunität genoß.[1305]

Diese Zeremonie war der rechtliche Schlußpunkt unter eine Affäre, die mit den bayerisch-französischen Verträgen von 1701 begonnen hatte. Beide Kurfürsten – wir gebrauchen diese Titulatur der Einfachheit halber auch weiterhin – gehörten jetzt nicht mehr dem Reichsverband an. Ihre Machtlosigkeit war spätestens seit 1704 erwiesen. Rechtsansprüche auf ihre Territorien waren hinfällig. Ihre Restitution war eine Frage der europäischen Politik, keine Frage des Rechtes.

Max Emanuel und Joseph Clemens zeigten sich einige Tage lang schockiert. Max Emanuel raffte sich schneller als sein Bruder wieder auf. Die bayerischen und Kölner Räte diskutierten mit großem Eifer die Vorgänge der letzten Wochen und die Begleitumstände und Bedingungen, unter denen die Reichsacht ausgesprochen worden war. Sie suchten alle verfügbaren kaiserlichen Wahlkapitulationen, die einschlägigen Reichsgesetze, die Sammlung Lundorps, die früheren Reichsachterklärungen gegen andere Reichsfürsten hervor und studierten sie mit Hingabe. Zündt und Karg überboten sich gegenseitig an Eifer. Man kam zu dem Schluß, daß Artikel 27 der Wahlkapitulation Kaiser Leopolds I. nicht eingehalten, die notwendigen Formalitäten außer acht gelassen und verschiedene Reichsgesetze mißachtet worden waren. Max Emanuel und Joseph Clemens waren nicht vorgeladen worden, um sich zu rechtfertigen. Der Kaiser hatte nicht die erforderliche Zustimmung der Reichsfürsten eingeholt. Deshalb kam man in Brüssel zu dem beruhigenden Ergebnis, der Kaiser habe die Reichsgesetze nicht beachtet und willkürlich gehandelt. Das ganze Verfahren sei ohne Bedeutung. Max Emanuel und Joseph Clemens ließen ein weitschweifiges, nicht unkluges, mit juristischen Finessen reichlich verziertes, aber wirkungsloses Manifest verbreiten, womit sie gegen die Reichsacht protestierten.[1306]

Die Reaktionen auf die Achterklärung waren verschieden.[1307] Der größte Teil der Reichsfürsten stimmte aus politischen Überlegungen dem kaiserlichen Vorgehen zu. Schließlich hatten sich beide Kurfürsten die Konsequenzen aus ihren Handlungen selbst zuzuschreiben. Brandenburg und Sachsen sahen eine künftige Restitution des Kurfürsten erschwert. Die Fürsten von Württemberg, Mecklenburg, Thüringen, besonders der schwedische König Karl XII. erhoben Anfang 1707 beim Kaiser Vorstellungen wegen formaler Mängel des Verfahrens.[1308] Der holländische Ratspensionär Heinsius vertrat die Ansicht, die Veröffentlichung des Bannes sei zu ungelegener Zeit erfolgt, da gerade Friedensgespräche mit Frankreich stattfanden, bei denen Brüssel eine Vermittlerrolle spielte. Marlborough dagegen war sehr zufrieden, ebenso Johann Wilhelm von der Pfalz. Er rechnete damit, die Oberpfalz und die erste weltliche Kurfürstenwürde mit dem Erztruchsessenamt zu erhalten, eine späte Wiedergutmachung für das Ungemach, das MAXIMILIAN I. seinem Verwandten FRIEDRICH V. von der Pfalz zu Beginn des Dreißigjährigen Krieges zugefügt hatte. Kaiser JOSEPH I. beabsichtigte, die bayerischen Wittelsbacher in Zukunft aus der Reichspolitik völlig auszuschalten, Bayern den österreichischen Erblanden anzugliedern oder zumindest möglichst lange dessen Einkünfte zu genießen.

JOSEPH CLEMENS verspürte, nachdem er seiner Besitzungen verlustig erklärt worden war, weniger denn je Lust, sich zum Bischof weihen zu lassen. Am liebsten hätte er auf die Bischofsstühle von Köln und Lüttich ganz verzichtet. Das hätte den kaiserlichen Ministern die Möglichkeit geboten, einen ihnen genehmen Kandidaten zu küren. Für die bayerischen Wittelsbacher wäre der Kölner Stuhl zumindest für längere Zeit verloren gewesen. Max Emanuel und seine französischen Freunde waren nicht begeistert, als JOSEPH CLEMENS auf seinem Standpunkt beharrte, partout im Laienstand verbleiben, sich von allen politischen Geschäften, die ihm nichts als Verdruß und Aufregungen eingebracht hatten, zurückziehen und künftig ein Leben in Beschaulichkeit führen zu wollen.[1309]

Max Emanuel konnte den Überlegungen seines Bruders nicht folgen. Würde JOSEPH CLEMENS seine Bistümer jetzt aufgeben, dann müsse er sich selbst um seinen Unterhalt kümmern. Von ihm erhalte er keinen Heller. Im übrigen vertraue er darauf, daß sein Bruder wieder zur Besinnung käme. Er habe stets, so meinte er, dessen geringe Berufung zum kirchlichen Stand gekannt, habe aber angenommen, daß das zunehmende Alter, die Weichheit und Sanftmut seines Charakters eine geregelte Lebensweise ermöglichen, ihn kräftigen und vervollkommnen würden.[1310] Das war anscheinend noch nicht der Fall.

JOSEPH CLEMENS war der beständigen Auseinandersetzungen mit dem Domkapitel müde, das sein absolutistisches Regiment ablehnte. Und schließlich hatte ihm der Erzbischof von Cambrai, FÉNELON, ein Mann, von fast jansenistischer Glaubensstrenge geprägt, die Aufgaben und Pflichten des Bischofsamtes mit solcher Eindringlichkeit vor Augen gestellt, daß er seine Gewissenszweifel nicht mehr zu besänftigen vermochte. Daraufhin zog JOSEPH CLEMENS niederländische Patres verschiedener Orden, Kanoniker und

Theologieprofessoren zu Rate. Diese versuchten im Bunde mit
Max Emanuel und ROUILLE – die an die machtpolitischen Veränderungen im Reich und die Kurstimme dachten, die auf dem Spiel
stand –, die rigorosen Forderungen der Kanonisten als Idealvorstellungen abzutun und JOSEPH CLEMENS zu beschwichtigen.[1311]

Auf Anraten des Erzbischofs von Cambrai besuchte JOSEPH
CLEMENS keine Festlichkeiten mehr, die sein Bruder veranstaltete,
mied Musik und Tanz, Oper, Ballett und alle Lustbarkeiten so
lange, bis ihm andere Geistliche die Vereinbarkeit von Fröhlichkeit und Askese, jedes zu seiner Zeit, überzeugend dargelegt hatten. Ein weiteres Mißgeschick kam noch hinzu. Der Beichtvater
des Kölners war von ähnlichen Gewissenszweifeln geplagt, floh
nach Holland, trat zum Protestantismus über und heiratete ein
Fräulein aus Lüttich. JOSEPH CLEMENS befürchtete, der Abtrünnige
könnte einige Geheimnisse ausplaudern, die er ihm einst anvertraut hatte. Der Kölner war darob peinlich berührt.[1312]

Aus all diesen Gründen war es verständlich, daß Max Emanuel,
ROUILLE und Gesandte des Papstes die größte Mühe hatten, JO-
SEPH CLEMENS zum Empfang der Priester- und Bischofsweihe zu
bewegen. Obgleich Papst CLEMENS XI. einen weiteren Aufschub
gewährt hätte, fand sich JOSEPH CLEMENS endgültig bereit, in den
geistlichen Stand einzutreten. Am 15. August 1706 weihte ihn FÉ-
NELON in Lille zum Subdiakon,[1313] tags darauf erhielt er in Gegenwart seines Bruders die Diakonats- und Priesterweihe. Am Neu-
jahrstag 1707 feierte er seine erste heilige Messe. Man betete für
den französischen König und in den Kirchen von Mons für die
Wiederherstellung des Friedens in Europa.

Die Bischofsweihe gedachte JOSEPH CLEMENS in Rom zu empfangen. Auf seiner Reise, die ihn nach Versailles führte, besann
er sich eines anderen – denn die Fortschritte der kaiserlichen Waffen ließen eine Fahrt durch Italien nicht ratsam erscheinen –, kehrte
in die Niederlande zurück und empfing im Mai 1707 die Bischofsweihe in Mons. Die Bischöfe von Ypern und Namur, Äbte aus den
Niederlanden und Lüttich waren anwesend. Die Stadt Mons veranstaltete Feuerwerke und nächtliche Beleuchtungen. Max Emanuel ließ Belustigungen vorführen, die so teuer waren, daß man
nicht wußte, womit man sie bezahlen sollte. Der französische König mußte wieder einmal um Hilfe angegangen werden.[1314]

Die Prinzen[1315]

Nachdem der Kurfürst nach Brüssel geflohen und die Kurfürstin nach Venedig enteilt war, blieben ihre einzige Tochter und ihre Söhne in München zurück. Ihre Lebensweise und ihre Erziehung veränderten sich durch die Abwesenheit der Eltern vorerst kaum. Wie bisher waren sie von Erziehern, Präzeptoren, Instruktoren und Kammerdienern umgeben. Das Eltern-Kind-Verhältnis entwickelte sich ohnehin mehr auf der Grundlage zeremonieller Begegnungen als durch intensiven persönlichen Umgang, so daß sich unter den jetzigen Umständen keine negativen Auswirkungen ergaben. Schließlich hatte Max Emanuel in den letzten Jahren gewiß kaum Zeit für seine Familie gehabt, da er stets auf den Pfaden von Mars und Venus wandelte.

Die kaiserliche Administration protegierte verständlicherweise ihre Anhänger in Bayern. Von der »Reformation« waren in erster Linie die eifrigsten Diener des Kurfürsten betroffen. Als Max Emanuel und JOSEPH CLEMENS mit dem Reichsbann belegt waren, mußten auch am Münchener Hof die formalen Konsequenzen gezogen werden. Der Briefverkehr mit Brüssel und Venedig wurde untersagt, auch wenn einige Hofdamen und Bedienstete noch im geheimen die Verbindungen aufrechtzuerhalten suchten.[1316] Anhänger des Kaisers, voran FRANZ MARIA Freiherr VON GUIDOBOM als Oberstkofmeister[1317] und ANNA THERESIA VON WEICHS als Erzieherin der einzigen Prinzessin MARIA ANNA konnten ihre Positionen ausbauen. Die Konkurrenz hatte sich wesentlich verringert. Der Jesuit STINGLHEIM behielt sein Amt als Beichtvater des Erbprinzen KARL ALBRECHT. THERESE KUNIGUNDE hatte ihm diese Stelle angetragen gegen den Willen ihres Gemahls, der einen Theatinerpater bevorzugt hätte.[1318]

Bereits vor dem Einmarsch nach München und insbesondere im Herbst 1705 diskutierte die kaiserliche Regierung über die Möglichkeit, die ältesten bayerischen Prinzen nach Österreich zu bringen und dort zu erziehen. Politische wie finanzielle Gründe sprachen für diesen Schritt. Die erstrebte Angliederung Bayerns an Österreich konnte um so leichter vollzogen werden, wenn die Erinnerung der Untertanen an das frühere Herrscherhaus gänzlich verloren ging. Überdies konnte der Hofstaat in München noch mehr eingeschränkt werden. Er war bereits auf ein Zehntel seines ursprünglichen Umfangs reduziert worden. Doch waren immer noch einige Möglichkeiten offen, um Geld zugunsten der kaiserlichen Kriegskasse einzusparen. Der Aufstand verzögerte allerdings die Durchführung dieser Pläne. Man wartete bis zum Frühjahr 1706.[1319]

Im Mai dieses Jahres wurden die vier Prinzen KARL ALBRECHT, PHILIPP MORITZ, FERDINAND MARIA und CLEMENS AUGUST – sie waren zwischen fünf und zwölf Jahre alt – unter starker militärischer Bewachung nach Klagenfurt gebracht. Die neunjährige Prinzessin MARIA ANNA, der eineinhalbjährige MAX EMANUEL und der dreieinhalbjährige JOHANN THEODOR blieben in München.

Die »Gefangenschaft der Söhne« des Kurfürsten in Österreich[1320] war nicht allzu schlimm. Es änderte sich nicht viel in ihrem Leben – nur die Lokalitäten und die Umgebung. Die Prinzen mußten dem Zeremoniell in Klagenfurt genauso gehorchen wie vordem in München. Sie genossen eine ihrem Alter und ihrem Stand entsprechende Erziehung. Ein kleiner ausgewählter Kreis von Dienern stand zu ihrer Verfügung. Spazierfahrten, Ausritt und Jagd dienten der Abwechslung. Man ging zum Vogelfang, zum Tanz, zum Karneval. Graf ROSENBERG, der Burggraf von Klagenfurt, und der Landeshauptmann von Kärnten übten die Oberaufsicht über die Prinzen aus, während in München die Gräfin VON WEICHS und ab 1707 das Ehepaar Graf FUGGER alle Anordnungen trafen.[1321]

Nach dem Tod Kaiser JOSEPHS I. (17. 4. 1711) änderte sich die politische Lage. Es war abzusehen, daß sein Bruder, Erzherzog KARL, auf dem Kaiserthron nachfolgen würde, daß eine Vereinigung des österreichischen und spanischen Territoriums von den europäischen Mächten nicht geduldet würde, daß ein Friedensschluß auch die Restitution des ehemaligen Kurfürsten Max Emanuel in den Bereich des Möglichen rückte. Schon die verwitwete Kaiserin, die die Regentschaft in den österreichischen Erblanden übernommen hatte, während KARL sich noch in Spanien aufhielt, ließ das Zeremoniell, das die Prinzen in Klagenfurt verpflichtete, etwas lockern. Durch den Tod des Freiherrn von GUIDOBOM im Jahre 1711 wurde die Oberthofmeisterstelle frei. Dies gab den

Anlaß, den gesamten Hofstaat der Prinzen neu zu organisieren. Graf VON THÜRHEIM wurde Obersthofmeister und FRANZ CHRISTOPH Graf VON URSENBECK-MARSIMI Oberststallmeister. Seit Anfang 1712 wurden in Anwesenheit des Kaisers wiederholt Konferenzen in der Hofburg über die Frage abgehalten, wie die Erziehung der Prinzen ihrem Stande gemäß zu vertiefen wäre, um für die Zukunft einen gedeihlichen Erfolg zu erzielen.

Der innerösterreichische Hofkammerpräsident Graf BREUNER organisierte den neuen, vergrößerten Hofstaat, der im Jahr 1712 in Graz eingerichtet wurde. Bayerische wie österreichische Bedienstete, Adelige und Edelknaben, Beichtväter und Erzieher, Leibärzte, Köche, Heizer und Büchsenspanner wurden sorgfältig ausgewählt, ein kleiner Marstall angelegt.[1322] Da der inzwischen 9jährige Prinz JOHANN THEODOR in München »ohne deme nicht länger daselbst unter dem Weiber Volckh verbleiben oder auch in Bayren wohnen könne, zumahlen wan an dem Rhein sich nur das geringste ergeben thette, die bayrischen Unterthanen durch anwesenheit des Prinzen animirt, leichtlich in ein unbesunnenes unternehmen, als worzu Ihnen die zunembende armuth mehrere gelegenheit geben wurde, verfallen möchten«, wurde er nach Graz zu seinen Brüdern gebracht. Der jüngste Prinz MAX EMANUEL war inzwischen gestorben, so daß nur noch die Prinzessin MARIA ANNA in München verblieb.

In Graz befand sich eine große Anzahl Adeliger, Lehr- und Exerzitienmeister sowie hoher Regierungsstellen. Entsprechender gesellschaftlicher Umgang war damit gewährleistet. Außerdem konnten die Prinzen in Verwaltungsgeschäfte Einsicht nehmen.[1323] Für Wien entstanden aus dieser Veränderung des Domizils keine größeren Unkosten, da diese stets aus bayerischen Steuergeldern gedeckt wurden. Die Grazer Adeligen überboten sich an Aufmerksamkeiten. Die Erziehung der Prinzen ließ nichts zu wünschen übrig[1324] und entsprach voll den Anforderungen der Zeit. Schwierigkeiten ergaben sich nur hinsichtlich des Verhaltens einiger Edelknaben. Ihrer »liderlichkeit und incorrigibilitet halber«, die auf die Prinzen eine schlechte Wirkung ausüben könnten,[1325] wurden einige wieder nach Hause geschickt. Erziehungsziele waren die Übung in adeligen Sitten, die Vermittlung verschiedenster Kenntnisse und Fertigkeiten in Tanz, Musik und vornehmen Exerzitien.[1326]

Resümee der Okkupationszeit[1327]

Zehn Jahre, von 1704 bis 1714, währte die Administration. Bayern war in dieser Zeit ein unentbehrliches Hilfsmittel der kaiserlichen Finanz- und Kriegspolitik. Die Arbeitskraft und das Geld der bayerischen Untertanen trugen wesentlich dazu bei, daß das Haus Habsburg den spanischen Erbfolgekrieg relativ erfolgreich überstehen konnte. Bayern war eine dauernde Einnahmequelle. Denn nur vorübergehend während der »Rebellionstroublen« war im Winter 1705/06 die Steuereintreibung fast gänzlich zusammengebrochen.

Bald danach konsolidierte sich die Lage in Bayern wieder.[1328] Die Gewalt hatte einen totalen Sieg errungen. Kaiserliche Soldaten konnten teilweise abgezogen und zum Einsatz im Ausland freigestellt werden. Die letzten Aufständischen fristeten ein kümmerliches Dasein in Wäldern, verborgenen Höhlen und sonstigen Verstecken. Nur manchmal kam es noch zu Zusammenrottungen, zum offenen Ausbruch der Angst und des Zornes über die Mißhandlungen durch die Mächtigen. Sammelte sich allzuviel »Gesindel« in einer Gegend oder in bestimmten Wäldern an, dann kam das Militär, umstellte den Forst und säuberte die ganze Gegend mit Blut und Eisen.

Auch jene Gruppen, von denen keine Einnahmen zu erwarten waren, konnten nicht geduldet werden. Zigeuner und Landstreicher, Bettler und umherirrende Waisen wurden nach Möglichkeit verhaftet und, sofern man ihnen weder Zauberei noch Hexerei nachweisen konnte und sie verbrennen mußte, außer Landes verwiesen.[1329] Schergen und Henker hatten nicht über Arbeitslosigkeit zu klagen. Selbst Reisende, die heimlich versuchten, die Briefe bayerischer Exulanten aus den Niederlanden oder aus Frankreich nach Bayern zu schmuggeln und von kaiserlichen sowie bayerischen Beamten bei diesem »Verbrechen« ertappt wurden, mußten mit schwerer Bestrafung rechnen.[1330] Mitunter wurden sie wegen angeblicher Spionage hingerichtet.

Die Untertanen mußten sich mit der kaiserlichen Administration abfinden. Die einen verloren Haus und Hof oder sogar ihr Leben, wenn sie aus Angst vor militärischer Exekution Selbstmord verübten. Andere arrangierten sich, so gut es ging. Um Sonderauflagen bezahlen zu können, griff man zusätzlich Kirchgelder und fromme Stiftungen an und zweckentfremdete die Kirchenschätze. Daraufhin mußte der zuständige Bischof über die schuldige Stadt und Gemeinde gemäß dem kanonischen Recht die Exkommunikation verhängen. Aber dies war immer noch leichter als die militärische Exekution zu ertragen. Die Stadt Erding veranstaltete einmal sogar eine Prozession, wobei die Untertanen Gott baten, er möge sie lieber von der Erde hinwegnehmen, bevor die nächste militärische Exekution über sie hereinbräche.[1331] Wie der betroffene Untertan weiterleben sollte, daran dachte die Obrigkeit nicht. Ein Wohlfahrtsstaat existierte damals nirgends.[1332]

Nicht allen ging es schlecht. Man muß differenzieren. Die Stände versuchten, ihre Privilegien zu bewahren, soweit es möglich war. Die Kaiserlichen respektierten sie nur, solange sie sich davon Nutzen versprachen. Ansonsten kümmerten sie sich wenig um diese Privilegien. Um so mehr traten die Stände mit Worten für ihre Untertanen ein. Schließlich lebten sie von deren Arbeitsertrag. Deshalb beklagten sie immer wieder in langen Denkschriften den betrüblichen Zustand des Landes, die unerschwinglichen Anlagen, die Exzesse der Soldaten, die nicht einmal vor Gotteshäusern haltmachten und die Kirchenschätze plünderten. Millionen Gulden flossen ins Ausland, nicht der dreißigste Teil gelangte wieder ins Land zurück. Sogar der Ausbau oder Neubau von Kirchen kam ins Stocken, da die Untertanen nicht mehr soviel wie früher spendeten und opferten und die Administration nichts unversucht ließ, neue Kirchenbauten und Umbauten zu verhindern. Das zu diesem Zweck erforderliche Geld könnte nützlicher, nämlich zugunsten der kaiserlichen Machtpolitik verwendet werden. Bei Visitationen stellte die geistliche Obrigkeit mit Entsetzen fest, daß die Einkünfte der Geistlichen zurückgegangen waren. Die Untertanen konnten nicht abliefern, was sie nicht mehr besaßen. An manchen Orten wurden keine Messen mehr gelesen, es fehlten kirchliche Gerätschaften.[1333]

Anfänglich sprachen die Berichte der Beamten nur allgemein über den »erarmbten Zustandt« des Landes. Im Laufe der Zeit wurden sie immer konkreter und differenzierter. Häufig trafen in München Spezifikationen des Inhaltes ein, »wie zahlreich die underthanen mit weib und Kindern hauß und hoff verlassen« hatten und bettelnd durch das Land zogen. Im Sommer hausten sie in Wäldern, im Winter suchten sie Schutz in einsamen oder leerstehenden Bauerngehöften.[1334] Gaben die Bauern ihnen nicht freiwillig Unterhalt oder Wegzehrung, dann kam es häufig zu Gewalttätigkeiten.

Graf LÖWENSTEIN und seine Administration taten gewiß ihr Bestes auch zum Wohl des Landes, aber sie gehorchten fast absolut den Anforderungen, die Wien an sie stellte. So konnten sie trotz guten Willens den bayerischen Untertanen keine Erleichterungen verschaffen.

Gewalttätigkeiten verübten nicht nur Bettler und Vagabunden, sondern vor allem auch die Soldaten. In Bayern wurden nach wie vor nicht nur gemeine Soldaten Sommer wie Winter einquartiert, der gesamte Offiziersstab kam zur Erholung ins Land. Die Untertanen trugen die aufwendigen Kosten. Für Offiziere mußten sie in der Regel zwei- bis dreimal mehr bezahlen, als in den offiziellen Verpflegungsnormen vorgesehen war.[1335] So überschritt das Hybernale des Jahres 1706 die Verpflegungsnorm allein um eine Mehrbelastung von 538 550 Gulden. Die Hausmannskost sollte täglich 12 Kreuzer betragen, der Wert der Futtermittel für ein Pferd wurde auf 9 Kreuzer festgesetzt. Durch die Lebensmittel- und Futtermittelknappheit waren die Preise rapid in die Höhe geschnellt. Für zwölf bzw. neun Kreuzer erhielt kein Bürger, der einen Kavalleristen und dessen Pferd zu verpflegen hatte, die erforderlichen Lebens- und Futtermittel. Er mußte also tiefer in die eigene Tasche greifen. Trotzdem rechnete die Administration diese Mehrausgaben nicht auf das Hybernale des folgenden Jahres an. In Wirklichkeit mußten die Untertanen daher nicht nur 1,4 Millionen »gewöhnliche« Steuern aufbringen, sondern darüber hinaus umfangreiche Naturalleistungen im Wert von über 600 000 Gulden, so daß die Steuerbelastung für die Volkswirtschaft und den kleinen Mann tatsächlich auf über zwei Millionen anstieg.[1336]

Diese Geldsummen auch im kommenden Jahr wieder flüssig zu machen, schien selbst der kaiserlichen Administration völlig unmöglich, »weillen der bauer nit mehr, als er hat, geben, und was er hat, nur an einem orth erlegen kann«. Um sich über den Ernst der Lage zu vergewissern, schickte sie etliche Vertrauensleute aus – es waren

keine Bayern –, um anfangs heimlich, später öffentlich nachzuforschen, ob die Armut und der Notstand beim Landmann so groß seien, wie er von den Beamten in den täglichen Berichten geschildert wurde.[1337] Diese Berichte bestätigten die allgemeine schlechte wirtschaftliche Lage der Bauern. Exekutionen blieben der einzige Ausweg, um, so die Worte der Administration, »den lezten heller... herauß zu pressen«.[1338] Dies ging meist nicht ohne beträchtliche Ausschreitungen ab. Ein Reiter, der mit der Steuerexekution beauftragt war, wandte bei einem Steuerschuldner folgende Prozedur an: Er band ihm die Hände auf dem Rücken zusammen, warf das Seil über einen Balken und zog ihn, wie bei den sonst üblichen Folterungen, immer wieder in die Höhe, bis er gestand, ob er noch Geld verfügbar hatte oder sonst irgendetwas verkaufen oder verpfänden konnte, um damit seine Steuern zu bezahlen. Doch der arme Bauer konnte trotz aller Marter nichts bekennen, da er kein Geld und nichts mehr besaß, das er hätte verkaufen können, um den Soldaten zufriedenzustellen. Diese Art der Steuerexekution war zwar der allgemeinen Norm, die die Behörden aufgestellt hatten, nicht konform, doch war sie keine Seltenheit. Eine Seltenheit war nur, wenn ein Soldat, der einen Steuerschuldner folterte, mit Ruten gestraft wurde wie in dem beschriebenen Fall.[1339]
Der Notstand und die Armut des Untertanen waren so augenscheinlich, daß selbst skeptische Zeitgenossen dies eingestehen[1340] mußten. Zwar gab es noch Gerichtsbezirke, in denen die wirtschaftlichen und finanziellen Zustände etwas besser waren als in anderen. Die kaiserliche Administration kam deshalb auf die Idee, die betreffenden Gerichte mit höheren Steuern als die übrigen zu belasten, um die Fehlbeträge aus jenen Gegenden, die ihre Schuldigkeiten nicht aufbringen konnten, auszugleichen. Doch schaltete sich rechtzeitig die Landschaft ein und setzte das Prinzip durch, daß alle Gerichte gleichmäßig zu besteuern waren. Auch sollte niemandem das letzte Zugvieh, der letzte Samenvorrat oder das letzte Brotgetreide verpfändet werden. Aber auch dieses Prinzip wurde in der Praxis nicht eingehalten. So kam es in Bayern wie in der Oberpfalz vor, daß der Bauer aus Mangel an Zugtieren mit seiner Frau und seinen Kindern selbst den Pflug zog.[1341] Im Jahre 1707 konnten die Abgaben an Peter und Paul gerade noch bezahlt werden, die Steuern an Johannes und Jakob blieben bereits weit-

gehend aus. Die Obrigkeit versuchte es wieder mit Gewalt. Neue Steuerinquisitionskommissäre wurden aufgestellt. Doch hatte man nicht genügend Beamte zur Verfügung, um das ganze Land mit diesen Inquisitionen zu »beglücken«.[1342]

Eine weitere Möglichkeit ergab sich dadurch, anstelle der bereits ausgeschriebenen viereinhalb Steuern fünf, sechs und mehr Steuern anzusetzen, um soviel als möglich herauszupressen. Einerseits wußte man, daß die Untertanen, die bereits viereinhalb Steuern nicht zahlen konnten, noch weniger fünf oder sechs Steuern zu entrichten vermochten. Andererseits rechnete man mit der psychologischen Wirkung dieser Forderungen. Würden sechs Steuern ausgeschrieben, dann würden die Untertanen gezwungen sein, wirklich ihr Letztes herzugeben und somit kämen wenigstens annähernd viereinhalb Steuern in die kaiserliche Kasse.[1343]

Die ursprünglich für 1707 veranschlagte Ausgabenbilanz von 1,4 Millionen Gulden 30 Kreuzer wurde bereits, noch bevor die Steuern eingetrieben waren, um 9499 Gulden durch Vorschüsse und Verpflichtungen zugunsten des kaiserlichen Heeres überschritten. Nicht eingerechnet waren dabei die Ausgaben für 2000 Zentner Pulver, die nach Italien geliefert, für 12000 Zentner Mehl und Hafer, die nach Tirol verfrachtet wurden, und für Blei und Kriegsmaterial, um die Festung Ingolstadt und andere haltbare Plätze in Bayern in Verteidigungszustand zu setzen. Man befürchtete zu dieser Zeit einen Angriff der Franzosen und Max Emanuels. Hinzu kamen die Ausgaben für die täglichen Mundportionen und für die Belieferung der Magazine, die monatlichen Raten für die Privatschatullen der Hofburg, die Bezahlung der Zinsen, der milden Stiftungen, der Antizipationen des Vorjahres, der Schulden für bereits erfolgte Heereslieferungen. Zu diesem Zweck hatte die Administration entsprechende Kredite aufgenommen, auch Kammergefälle, deren Erträge man in den kommenden Jahren erwartete, zur Zinstilgung eingeplant. Ferner waren der Hofstaat der Prinzen in Österreich bzw. der Prinzessin in München zu finanzieren, die bayerischen Dikasterien zu besolden, die Liefergelder für die Angestellten der Administration sowie die Kosten für andere vorhergesehene und unvorhergesehene Dinge aufzubringen. Diese Ausgaben wollte man ursprünglich aus den Kameralgefällen bestreiten, doch diese genügten bei weitem nicht.[1344]

Infolge der Armut der Untertanen kamen immer weniger Kasten- und Scharwerksgelder in die vorgesehenen Kassen. Sogar die Einnahmen aus den Salzgefällen erbrachten keinen Überschuß mehr, sondern einen Verlust von 150000 Gulden. Die Administration lieferte den Schweizer Kantonen kostenlos Salz als Entgelt für die dem Kaiser überlassenen Regimenter. Der ursprüngliche Überschuß aus dem Salzverkauf in die Schweiz in Höhe von 76089 Gulden entfiel nunmehr. Im Gegenteil, für den Salztransport in die Schweiz mußten noch die Transportkosten bezahlt werden,[1345] so daß die Salzausfuhr ein Verlustgeschäft bedeutete.

Außerhalb der regulären Steuern in Höhe von 1,4 Millionen Gulden mußten die Untertanen für das Jahr 1707 die Kosten für die Verpflegung des Offizierskorps in Höhe von 86256 Gulden bestreiten, weitere Geldbeträge in Höhe von 40455 Gulden wurden aus dem Bierpfennig abgezweigt. Für die Hausmannskost rechnete man dem Landmann nur drei Kreuzer an, tatsächlich mußte er über zwölf Kreuzer bezahlen, so daß der Bauer de facto über 290304 Gulden Mehrleistungen aufzubringen hatte. Für die durchmarschierenden Soldaten waren 15000 Mundportionen, das hieß mindestens 45000 Gulden, für Naturalabgaben an die Stabsoffiziere, für Fourage und Magazinlieferungen weitere 94535 Gulden abzugeben. So ergab sich eine neuerliche Steuererhöhung um mindestens 538550 Gulden.[1346]

Das sind nur einige Beispiele für die stets gleichbleibende Situation während dieser 10 Jahre: Immer wieder Forderung von Geld und Abgaben.[1347] Die Kaiserlichen waren verhaßt. Die Stimmung blieb stets gereizt. Man lebte zwischen Hoffnung, Angst und Terror. Nicht nur die Bevölkerung Bayerns, sondern auch die der angrenzenden Reichsstände lebte in beständiger Furcht vor den kaiserlichen Soldaten. Es kam immer wieder zu Zusammenstößen. Der Zorn der Untertanen, selbst der nicht unmittelbar betroffenen Nachbarn richtete sich gegen die Methoden der Werbeoffiziere, die mit Überredung, Bedrohung, Bestechung oder Betrug, teils durch rohe Gewalt Einwohner und Passanten zum Kriegsdienst zwangen. Ein Beispiel kann genügen: Am Jakobsfest, dem 25. Juli 1709, veranstaltete die Jesuitenkongregation der freien Reichsstadt Augsburg eine Wallfahrt nach Friedberg. Als der Gottesdienst beendet war, begaben sich die Wallfahrer auf den Rückweg. In der

Nähe der Lechbrücke begegneten ihnen ein kaiserlicher Korporal, ein Oberstleutnant, ein Gefreiter und vier Musketiere. Sie führten zwei Rekruten, Maurergesellen, gefesselt mit sich, die sie mitten auf der Straße rechtswidrig festgenommen und zum Kriegsdienst gezwungen hatten. Um der Prozession auszuweichen, wollte der Korporal die kleine Gruppe von der Straße weg in den angrenzenden Wald kommandieren. Die Maurergesellen erkannten ihre Chance und riefen um Hilfe. Die Wallfahrer sahen es und riefen »Allons, lasset uns diesen Straßenräubern diese Leut wegnehmen und die kaiserlichen hundt todt schlagen«. Sie liefen in Haufen von der Straße weg und stürzten sich auf die kaiserlichen Soldaten. Es kam zu Handgreiflichkeiten, die Soldaten wurden niedergeschlagen, verletzt und mit Steinen traktiert. Ein Jesuitenpater soll sie dazu noch animiert und ihnen beständig zugesprochen haben, man solle »diese kaiserliche hundt gar todt schlagen«. Der Korporal, der vorausgeritten war, kehrte zurück, als er den Tumult hörte. Er wurde genauso erbärmlich zusammengeschlagen wie seine Untergebenen. Man nahm ihm seine Waffen ab. Die zwei Maurergesellen wurden befreit. Man verhalf ihnen zur Flucht. Nicht genug damit. Die Wallfahrer verfolgten den Korporal mit seinen Untergebenen, als sie ihrerseits zu fliehen suchten, mit Steinen und Schlägen bis an die Stadtmauer der Reichsstadt Augsburg. Der Korporal eilte in das Haus eines Leutnants. Die Wallfahrer drangen nach und verlangten die Bestrafung der »Menschenräuber«, was auch geschah zum größten Verdruß der Münchener Administration.[1348]

Diese und unzählige ähnliche Vorfälle zeigten die Stimmung im Volk. Es gab keine Sicherheit für Leben und Eigentum. So kam es auch zu kollektivem Widerstand. Ab Mai 1709 verweigerten die Untertanen des Pfleggerichts Schwarzach im Rentamt Straubing unter Hinweis auf das gute alte Recht und Herkommen, das die Kaiserlichen negierten, jeglichen Gehorsam, hielten »verbotene Conventicula« ab und beschlossen, weder Steuern noch Anlagen noch das Mindeste abzuführen, die von den Obrigkeiten angeordneten Zwangseintreibungen zu verhindern und gegebenenfalls sich mit den böhmischen Nachbarn zu verbünden. Letzteres kam nicht zustande. Doch sandten die »widersässigen Untertanen« eine Kommission an den Kaiserhof, um ihre Beschwerden zu Gehör zu bringen. Sie wurden nicht vorgelassen und nach ihrer Rückkehr in Bayern verhaftet. Sobald Steuereintreiber im Gerichtsbezirk auftauchten, flohen die Bewohner in die Wälder. Gerichtliche Vorladungen wurden nicht akzeptiert.[1349]

Die Kaiserlichen setzten eine Untersuchungskommission ein. Man beschloß, 48 Anführer zur Schanzarbeit nach Ingolstadt zu schicken und den minder Schuldigen »mit der Stock- und Schraistraf« jeglichen üblen Gedanken ein für allemal auszutreiben. Nachts wurden die »Rädelsführer« verhaftet. Aber die Nachbarn befreiten sie wieder. Daraufhin wurden die ohne Gerichtsverfahren verfügten »Urteile« vollzogen. Diejenigen, die an der Befreiungsaktion beteiligt waren, sowie alte Leute wurden des Landes verwiesen, die jüngeren Untertanen zur Schanzarbeit nach Ingolstadt gebracht,[1350] wo sie in Ketten Schwerarbeit verrichten mußten.

Es herrschten ständig Differenzen zwischen der Münchener Administration und ihren Helfern auf der einen sowie dem bayerischen Volk auf der anderen Seite. Die Steuerrückstände wurden immer größer, die Forderungen der Kaiserlichen nicht geringer.

Auch der neue Kaiser KARL VI. hatte kein Verständnis für die Lage der Stände und der Bevölkerung in Bayern. Vergeblich versuchten die Landstände, ihn zu gewinnen und eine mildere Handhabung der Steuerpolitik herbeizuführen. War es verwunderlich, daß die Untertanen »in die Leidenschaft« verfielen, wenn ihnen gleichsam »das Mark aus den Beinen« gezogen wurde?[1351]

1709, 1712 und 1714 waren Katastrophenjahre. Die Klimaverschlechterung wirkte sich in ganz Europa verheerend aus. Auch tausende von bayerischen Bauern verloren infolge beständiger Schauer, Wolkenbrüche und Gewitter, durch langdauernden Winter und fortwährende Feuchtigkeit im Sommer die Erträgnisse ihrer Felder.[1352] Das Sommergetreide war total ruiniert. Im Herbst kam noch der »Viehfall« hinzu. Diese Seuche griff auf die meisten bayerischen Gerichtsbezirke über. Zu Beginn des nächsten Winters fehlte es an Nahrung für Mensch und Tier. Woher sollte man neues Vieh bekommen? Womit sollte man sich ernähren? Es schien unmöglich, alle bisherigen Steuerverpflichtungen einzuhalten und die geforderten Abgaben abzuführen, um so mehr, als auch die Steuerlasten jener Bewohner, die jetzt in vom bayerischen Territorium abgetrennten Gebieten lebten, den übrigen bayerischen

Untertanen aufgebürdet wurden. Wie sollte man Haus und Hof erhalten, Frau und Kinder ernähren? Während des Interregnums hatten sich die bayerischen Landstände an den Pfälzer Kurfürsten als Reichsvikar gewandt. Selbst er, ein überzeugter Anhänger des Hauses Habsburg, hatte Abhilfe und Erleichterung versprochen. Kaiser KARL VI. aber fühlte sich an die Zusagen des Vikars nicht gebunden. Vergeblich baten die Landstände, der Kaiser möge angesichts der bisherigen Leistungen Bayerns die Lasten neu verteilen und »in Ansehung der eingerissenen Armut, des Geld-, Brot-, Viehmangels« das »obschwebende Totalverderben« abwenden. Vergeblich baten sie auch, sie »gleichsam aufs neue wieder leben« zu lassen. Im Land herrschten Hunger, Seuchen und Krankheiten. Die Untertanen »bei heuslichen Würdten« zu erhalten,[1353] war angesichts dieser Situation sehr schwierig. Erschienen unter diesen Umständen die ersten Regierungsjahre Max Emanuels nicht als eine gute, glückliche Zeit?

Rien ne va plus[1354]

Da Max Emanuel keinen anderen Partner fand, der ihm etwas geboten hätte, was seinen Vorstellungen von Ehre und Ruhm entsprach, blieb er dem französischen und spanischen König treu und richtete sich im Exil häuslich ein. Mit Holländern und Engländern hielten seine Geheimagenten im Einvernehmen mit Paris eine stetige Korrespondenz aufrecht. Der Kurfürst hatte wenig zu bieten, und die Alliierten sahen keinen Anlaß, Max Emanuel ein Königreich zu verschaffen. Deshalb beschäftigte er sich mit kleineren Unternehmungen. Der Schlag gegen Brüssel brachte – wie erwähnt – nur eine vorübergehende Abwechslung. Manchmal hielt er mit dem Rest seiner bayerischen Truppen eine Parade ab. Er war stets höflich und lebhaft wie ehedem, ließ sich nach außen seine Zukunftsangst nicht anmerken und gab sich liebenswürdig gegen jedermann. Rangunterschiede überging er jetzt oft. Bei den Adeligen war er nicht mehr so beliebt wie vormals, um so häufiger verkehrte er mit den Angehörigen der mittleren und unteren Stände. Traf man sich in geselligem Kreis zum Spiel, durften auch Bedienstete daran teilnehmen, ein ähnlicher Vorgang wie bei Ludwig XIV. Da der Krieg nur Unangenehmes einbrachte, machte Max Emanuel keinen Hehl mehr aus seiner Friedensliebe. Den Kriegsruhm hatten die Gegner gepachtet. Nichtsdestoweniger blieb der Kurfürst von seinen gerechten Absichten überzeugt.

Als die alliierten Truppen allzuweit vordrangen, eilte Max Emanuel nach Compiègne, um seinem einzigen und treuesten Gönner, Ludwig XIV., nahe zu sein. Ihm verdankte er alles, seinen Lebensunterhalt, seine Equipagen, sein Schloß. Der König stellte ihm seine Minister und Diplomaten zur Verfügung und ließ die bayerischen Ansprüche auf internationaler Ebene vertreten. Tage der Freude, des Spieles, der Liebe wechselten mit Tagen tiefster Niedergeschlagenheit und Depression. Bayern lag in unerreichbar weiter Ferne. Der Kaiser verteilte einige Gerichte an seine Getreuen. Diese Zergliederung »unseres armen Landts«, schrieb Max Emanuel seinem Bruder Joseph Clemens, gehe ihm sehr zu Herzen.[1355] Alles müsse man Gott und seiner Hilfe anbefehlen, doch waren »derartige Straiche« sehr hart. Was er selbst nicht mehr glauben konnte, mußte er sich immer wieder vorsagen, um es recht glaubwürdig vertreten zu können: Ich zweifle nicht an meiner künftigen Restitution. Ansonsten müßte ich »vor Unlust sterben«!¹³⁵⁶

Der Aufenthalt in Compiègne verlängerte sich mehr und mehr. Von Tag zu Tag, ja von Stunde zu Stunde erwartete er einen Kurier, der die Nachricht brächte, die Situation habe sich grundlegend zu seinen Gunsten verändert. Doch darauf wartete er lange.

Obwohl er kein Geld zur Verfügung hatte, verlor er beim Spiel höhere Einsätze als jemals zuvor. Das machte nichts aus. Die Spielpartner wußten, daß sie um fiktiven Einsatz spielten. Die bayerischen Truppen erhielten selten ihren Sold, der Hofstaat lebte mehr schlecht als recht. Alle hatten Schulden, mußten um Geld betteln. Die Bankiers und Händler gaben nur solange Anleihen und Vorschüsse, als sie mit der Restitution des Kurfürsten und der damit verbundenen Rückzahlung der Schulden rechneten. Je hoffnungsloser sich die Situation entwickelte, um so zurückhaltender wurden sie, ganz abgesehen von der allgemeinen Finanzmisere, in der sich Frankreich befand. Der bayerische Kassenkontrolleur FABRI brauchte über 8 Tage, um in Paris neue Gelder aufzutreiben, und sogar BOMBARDA, seines Zeichens »niederländischer Generalschatzmeister«, der schon lange keinen Schatz mehr zu bewachen hatte, »lief« wiederholt die »ganze Stadt Paris aus« und konnte dennoch keine neuen Kreditgeber mehr ausfindig machen. Die Anhänger des Kurfürsten, seine Leibgarde und die in Namur stationierten Truppen mußten auf ihren Sold warten. Selbst der Generalfeldmarschall Graf ARCO erhielt 8 Jahre lang keinen einzigen Heller des ihm versprochenen Gehaltes. Er lebte nur von Schulden genau wie der Kurfürst. »Ich khan Euer Liebden«, schrieb Max Emanuel seinem Bruder, »nicht genuegsamb khlagen, wie gross meine Noth hier ist«.¹³⁵⁷

Schon im April 1709 hatte sich ein völliges Fiasko abgezeichnet. Seither war Max Emanuel nicht mehr in der Lage, die Bediensteten des Hofstaates wenigstens alle paar Monate zu bezahlen. Der Unmut der Betroffenen, ihre Existenzangst war nicht zu übersehen. Auch die »Reformation« des Hofstaates und der Truppen nützte nichts. Wiederholt drohten die Bediensteten des Marstalls, dem Kurfürsten einfach davonzulaufen. Doch wohin? Es kam zum Tumult, sobald sich die Vorräte dem Ende zuneigten und keine Aussicht mehr bestand, Lebens- und Futtermittel für die Versorgung von Mensch und Tier zu erhalten. Es kam soweit, daß sich die Händler und Marktfrauen weigerten, Angehörigen des bayerischen Hofstaates irgendwelche Waren zu verkaufen. Weder Butter noch Kräuter wollten sie auf Kredit abgeben, bevor die alten Schulden bezahlt waren.[1358]

So tief war noch kein bayerischer Fürst gesunken. Beide Brüder sprachen sich Trost zu. Und trotz allem gelang es wieder, Geld aufzutreiben. Max Emanuel lieh es sich bei Freund und Feind gegen Versprechungen, Verschreibungen und Verpfändung von Juwelen, Perlen und Edelsteinen. Von Lissabon und Madrid über Paris und Rom, Bayonne und Palermo, Wien und Berlin, London und Den Haag, Köln und Trier, bis Stockholm, Danzig und Riga hatte er Schulden bei Händlern und Kaufleuten, bei Armeelieferanten, bei Zivilisten und Militärpersonen, bei hoch und niedrig.[1359] Besonderen Erfolg erzielte er, wenn er sich bei den Damen der mittleren und höheren Gesellschaftsschichten Geld lieh für große und kleine Dinge. Damen fanden ihn stets unwiderstehlich. Sie schenkten ihm ihr Herz und öffneten ihm ihr Portemonnaie. Auch die muntere Schar seiner illegitimen Kinder wuchs, wenn man den Aussagen der LISELOTTE von der Pfalz trauen darf, die ihn nicht leiden konnte.

Laufend erinnerte Max Emanuel den französischen König daran, daß eigentlich er die Schuld an der jetzigen aussichtslosen Situation trage, daß Bayern zugunsten Frankreichs geopfert worden sei. Solche Vorstellungen förderten nicht gerade seine Beliebtheit am Versailler Hof. Frankreich ersehnte den Frieden mehr als je zuvor, Frieden um jeden Preis. Im Jahre 1709 war LUDWIG XIV. bereit, in seinen Friedensangeboten sehr weit zu gehen, bis an die Grenzen zur Schmach.[1360]

Zeit der Verhandlungen

Die militärische Lage, die drückenden Schulden, die Finanzmisere des Königreiches, der Hunger und das Elend im Volk hatten Ludwig XIV. zu Verhandlungen gezwungen. Seine Zugeständnisse waren einmalig. Er verzichtete auf den spanischen Thron für Philipp; er war bereit, den Feinden Subsidien anzubieten, um seinen Enkel aus Spanien zu vertreiben. Die Alliierten konnten triumphieren. Die Holländer und erst recht Marlborough und der Kaiser verlangten daraufhin sogar das bewaffnete Eingreifen Frankreichs, um Philipp zu verjagen und den Erzherzog auf dem spanischen Thron zu installieren. In klarem Bewußtsein der Grenzen des Möglichen und dessen, was der Ruhm des Königreiches erforderte, brach Ludwig XIV. diese Verhandlungen ab. Da die ausgehungerten, dezimierten, armseligen französischen Armeen auf dem heimischen Boden dem Feind standhielten, das Blutbad von Malplaquet (September 1709) nur eine halbe Niederlage bedeutete, die Widerstandskraft, der Mut und der Einfallsreichtum der französischen Bevölkerung, seiner Beamten, Soldaten und Marschälle neue Hoffnungen aufkeimen ließen, verbesserte sich die Verhandlungsposition Frankreichs allmählich wieder.[1361]

Trotzdem schien Max Emanuels Situation fast aussichtslos. Würde er jemals wieder restituiert werden und eine Herrschaft erhalten? Würde er Bayern gegen ein anderes Land tauschen können? Seine Forderungen wurden von niemandem ernst genommen. Wenn Ludwig XIV. sogar bereit schien, seinen Enkel im Stiche zu lassen, wie würde dann Max Emanuels Zukunft aussehen?[1362]

Schon seit Jahren versuchte er, durch seine Geheimdiplomatie wenigstens im Gespräch zu bleiben, vielleicht noch vor dem Abschluß eines allgemeinen Friedensvertrages seine Angelegenheiten zu regeln. Ludwig XIV. und seine Minister waren hiermit einverstanden und wurden von allen Schritten genau unterrichtet. Es kann keine Rede davon sein, der Kurfürst wollte den französischen König verraten.[1363] Frankreich war am Ende seiner Leistungsfähigkeit angelangt. Die Exulanten von Bayern und Köln bildeten nur eine Belastung, deren man sich gerne entledigt hätte. Selbst einen Bündniswechsel der machtlosen Kurfürsten konnte Frankreich hinnehmen. Davon ging keine Gefahr aus. Diese wenigen bayerischen und kölnischen Soldaten, halb verhungert, ohne Kampfmoral, zerlumpt, ohne Uniformen, ohne Munition, konnten das militärische Potential der Gegner nicht verstärken.[1364] Frankreich allein war nicht fähig, die Restitution der beiden Kurfürsten zu erreichen. Das war nur den Alliierten möglich. Wären aber beide Kurfürsten in ihre Territorien zurückgekehrt, dann würde bald wieder eine neue Grundlage für die Regelung der künftigen Beziehungen gefunden werden.

Die holländischen Diplomaten diskutierten zwar die Probleme, die die beiden Kurfürsten von Köln und Bayern betrafen. Sie lehnten es aber ab, irgendwelche Klauseln zu ihren Gunsten bereits in den Vorverhandlungen festzulegen. Denn nicht nur die Entschädigung Max Emanuels und die Vergrößerung Bayerns waren fraglich, sondern seine Restitution überhaupt. Diese Unsicherheit vermehrte die Spannungen innerhalb der bayerischen Partei.[1365] Gegenseitige Vorwürfe wurden laut. Es kam zum endgültigen Bruch mit BERGEYCK, der jetzt als Minister in Spanien tätig war und die Lage realistisch einschätzte. Die permanenten Vorhaltungen und die unangemessenen Forderungen Max Emanuels steigerten den Verdruß, obwohl die französischen Diplomaten Höflichkeit und Taktgefühl nie vergaßen. Schließlich glaubte Max Emanuel, die französischen Vertreter D'HUXELLES und POLIGNAC, der eine Marschall, der andere Abbé, würden seine Interessen nicht genügend berücksichtigen. Anstatt seine Restitution in den Vordergrund der Verhandlungen zu schieben, wie er es wünschte, wurde sie nur am Rande angeschnitten.[1366] Einfluß auf die Ausarbeitung der französischen Instruktion zu nehmen, gelang ihm nicht. Max Emanuel stellte in Compiègne deshalb seine Forderungen zusammen:

1) Die Wiederherstellung aller seiner Staaten, seiner Kurfürstenwürde und eine völlige Entschädigung für alle Verluste.

2) Wenn Truchsessenamt und die Oberpfalz nicht wieder zu erlangen sind, ist das Königreich Sardinien als Entschädigung angemessen, ferner eine neue Kurwürde, Sitz und Stimme im Reichstag und bei der kurfürstlichen Wahlversammlung.

3) Anstelle Sardiniens kann das Herzogtum Mantua als Aequivalent in Verbindung mit der neunten Kurwürde, mit Sitz und Stimme im Reichstag gelten.

4) Die völlige Restitution Bayerns.[1367]

Sollten diese Forderungen nicht erfüllt werden, würde er gegen den Frieden protestieren und seine Rechte niemals aufgeben. LUDWIG XIV. müsse ihn dann mit französischem Territorium entschädigen. Bei der ersten Gelegenheit, sei es »durch Krieg oder Revolution (!)«, werde er seine Rechte geltend machen, gleichgültig ob noch zu seinen Lebzeiten oder durch seine Nachkommen. Als Ausweg aus dieser Situation kam Max Emanuel wieder auf seinen alten Tauschplan zurück, Bayern an Österreich zu geben und statt dessen Mailand in Besitz zu nehmen.[1368]

Wie seit Jahren jonglierten Max Emanuel und seine Räte mit Territorien, Königskronen und Tauschobjekten. Begierig griffen sie jede Möglichkeit auf, mit Holland in Verbindung zu treten und als Verhandlungspartner anerkannt zu werden.

Die größten Hoffnungen setzte der Kurfürst auf einen Neutralitätsvertrag mit Holland und England. Er erträumte sich den Besitz der Niederlande, einen Austausch Bayerns gegen italienische Territorien und selbst eine Heirat des Kurprinzen mit einer Kaisertochter. Diese Pläne waren mit Marquis DE TORCY abgestimmt. Die Verhandlungen sollten dem Kurfürsten Zeit geben, eine eigene, von Frankreich unabhängige Position aufzubauen.[1369]

Um international anerkannt zu werden, war es allerdings wichtig, daß der Kurfürst über einen souveränen Besitz verfügte. Deshalb verhandelte er den ganzen Winter 1710/11 mit Versailles und Madrid über die formelle Abtretung der Niederlande. BERGEYCK wandte sich entschieden dagegen, während LUDWIG XIV. und TORCY die Abtretung befürworteten. Sie waren auch grundsätzlich mit dem Neutralitätsvertrag und den daraus resultierenden Folgen einverstanden. Die größte Gefahr allerdings bestand darin, daß der Kurfürst trotz gegenteiliger Zusicherungen den Alliierten die Provinzen Namur und Luxemburg sowie die letzten niederländischen Festungen überlassen könnte. Dies mußte verhindert werden. Die Alliierten aber bestanden auf der Abtretung der Festungen. Sie lehnten die Unterzeichnung des Vertrages ab, bevor in Geheimabsprachen dieser Punkt geklärt war. Als Gegenleistung wollten die Königin von England und die Generalstaaten garantieren, in einem allgemeinen Friedensvertrag die Restitution Bayerns und Kölns sowie Entschädigungen für die erlittenen Verluste herbeizuführen.

Die französischen Minister hofften, durch eine zähe Verhandlungstaktik bessere Bedingungen zu erreichen. Max Emanuel ermahnten sie zur Geduld. Er begann zu resignieren. Die beiderseitigen Standpunkte konnten nicht angenähert werden.[1370]
Die Wendung brachten nicht Max Emanuels diplomatische Bemühungen, sondern äußere Ereignisse, besonders in England. MARLBOROUGH war schon 1710 entmachtet worden. Die Tories, die Partei des Friedens und der Grundbesitzer, kamen an die Macht, die Meinung vertretend, der Krieg koste zuviel Geld. Parlament und Regierung wurden erneuert. Anfang 1711 leiteten die Engländer Sonderverhandlungen mit Versailles in die Wege trotz aller Gegenbemühungen des Wiener Hofes, die Allianz zusammenzuhalten. Würde England aus dem Krieg ausscheiden, könnten auch die Holländer nicht allzulang mehr durchhalten. Ein Neutralitätsvertrag mit dem bayerischen Kurfürsten war angesichts dieser Situation nicht mehr vordringlich.[1371]
Am 17. April 1711 starb Kaiser JOSEPH I.[1372] und hinterließ die Erblande seinem Bruder KARL, der sich König von Spanien titulierte. Kein römischer König war gewählt, der die Nachfolge im Reich hätte sofort antreten können. Einziger Kandidat für den Kaiserthron war KARL. Max Emanuel bedachte seine Lage mit seinen Räten: Die vertriebenen Kurfürsten müßten an der Kaiserwahl teilnehmen; der Kaiser brauche alle Kurstimmen. Den über ihn verhängten Bann nahm er nicht allzu ernst. Deshalb könnte er jetzt ohne jede Gefahr glorreich nach Bayern zurückkehren. Euphorie überkam Max Emanuel. Die bayerischen und Kölner Minister berieten: Wie war das spanische Erbe aufzuteilen, wenn der Erzherzog zum Kaiser gewählt würde? Konnte PHILIPP VON ANJOU Spanien, Südamerika, die Niederlande, Mailand und Sardinien oder nur einen Teil davon behalten? Was würde Erzherzog KARL bekommen, der Herzog von Savoyen, der bayerische Kurfürst, der Pfälzer Kurfürst? War eine Universalmonarchie wie zur Zeit Kaiser KARLS V. zu verhindern? Wie könnte Max Emanuel sich neu arrangieren? Am besten durch eine Heirat des Kurprinzen mit einer Erzherzogin. Schon dachte Max Emanuel daran, Erzherzog KARL solle unmittelbar nach seiner Kaiserkrönung die Wahl des Kurprinzen zum römischen König in die Wege leiten. Das österreichische Erbe müsse zu Bayerns Gunsten geregelt werden.

Doch bald sah der Kurfürst ein, daß solche Projekte verfrüht waren und eines realen Hintergrundes entbehrten. Nur in Gedanken marschierte er an der Spitze eines bedeutenden Heeres, das es in Wirklichkeit nicht gab, triumphierend über Straßburg in das Reich und nach Bayern. Auch über den Bodensee zu setzen, war eine herrliche Möglichkeit, um die Grenzen zu überwinden.[1373]

Max Emanuel forderte den Mainzer Reichserzkanzler auf, ihn und seinen Bruder zur Kaiserwahl einzuladen.[1374] Er verlangte die Aufhebung des Bannes. Der Mainzer enthielt sich jeder direkten Stellungnahme, die ihn in Konflikt mit Wien hätte bringen können. Auch die Hoffnungen der bayerischen Räte, die Kurfürsten von Sachsen, Brandenburg und Hannover würden Max Emanuel und JOSEPH CLEMENS ins Reich zurückrufen,[1375] erfüllten sich nicht. Weder Intrigen, noch Forderungen, noch Bitten konnten die Kaiserwahl verzögern. Beide Kurfürsten waren aus dem Reichsverband ausgeschlossen. Das war eine unbestreitbare Tatsache. Sie hatten keine Ansprüche anzumelden. Vergeblich setzte sich der Papst, dessen Kirchenstaat die Kaiserlichen jahrelang bedrängt hatten und der den Exulanten warmes Mitgefühl entgegenbrachte, für die beiden Kurfürsten ein. Erzherzog KARL wurde ohne die Zustimmung der beiden Wittelsbacher zum Kaiser gewählt. Sie protestierten.[1376] Niemand hörte sie an.

Viele Schwierigkeiten waren zu überwinden, bis der spanische König im Jahre 1711 dem bayerischen Kurfürsten die Souveränität über die Niederlande abtrat. Praktisch bedeutete sie nur die Herrschaft über die letzten noch nicht von den Alliierten besetzten Gebiete der Niederlande. Die Teilung des spanischen Erbes war unvermeidbar, so daß Madrid trotz heftigen Widerstands BERGEYCKS dem Wunsch des Kurfürsten willfahren konnte.[1377] Es war vorauszusehen, daß er dieses Gebiet nicht für alle Zukunft würde behalten können. Immerhin eröffnete sich die Möglichkeit, daß die Alliierten ihn fortan als Verhandlungspartner akzeptierten. Max Emanuel konnte den Souverän spielen. Feierlich war sein Einzug in Luxemburg, ebenso feierlich in Namur. Das Volk hatte der Kuriosität halber einen neuen Souverän zu bestaunen. Zum Zeichen seiner Würde ließ Max Emanuel schöne Münzen prägen, errichtete einen Staatsrat, einen Finanzrat und eine Regierung, die nicht viel zu tun hatten, da es nicht viel zu beherrschen gab. Die eigentlichen Herren des

Landes waren immer noch die französischen Militärs. Das bayerische Kontingent war durch Krieg, Hunger, Krankheiten, Seuchen und Überalterung dezimiert. Max Emanuels Minister rechneten zusammen, wieviel Gehalt ihr Souverän aus den Niederlanden bekommen müßte, um bei künftigen Verhandlungen entsprechende Entschädigungsansprüche stellen zu können. Ein Teil der Einkünfte, nämlich in Höhe von 30 000 Ecus, mußte Max Emanuel auf Anweisung des spanischen Königs ohnedies mit der Prinzessin DES URSINS teilen als Entschädigung für ihre Verdienste um die spanische Krone.[1378]

Ansonsten änderte sich nicht viel in der Lebensweise des Fürsten. Er ließ Turniere veranstalten, Konzerte am Abend, Komödien und manchmal eine Oper. Aus Platzmangel war das Theater in der Sonntagsschule untergebracht. Spiel und Tanz, Amouren mit den Damen der leichten und mittleren Gesellschaft, Schiffsfahrten bei Tag und Nacht auf Sambre und Maas, alle Attribute herrscherlicher Vollkommenheit waren zu bemerken.[1379] Was die Wirklichkeit an Entbehrungen brachte, wurde durch Fiktionen kompensiert. Im August 1712 übersiedelte er jedoch von Namur wieder nach Frankreich, wo er abwechselnd in Compiègne, Mouchy, Suresnes, St. Cloud und Paris, seit Februar 1714 wieder in St. Cloud lebte und, wie LISELOTTE von der Pfalz sagte, ein »Luderleben« führte.

Im November 1711 zog die englische Armee trotz des Einspruchs des Prinzen EUGEN ab. Vergeblich versuchten die Kaiserlichen, ihre auf den Schlachtfeldern errungenen militärischen Erfolge in politische umzumünzen. Max Emanuel und seine Räte entwickelten unterdessen neue Friedenspläne unter Berücksichtigung ihrer eigenen Interessen. Neapel und Sizilien waren diesmal als schöne Beuteobjekte ausersehen. Max Emanuel erklärte sich großzügig bereit, die Königskrone anzunehmen und den Engländern auf Wunsch einige Häfen und Handelsplätze zu überlassen. Er stellte sich vor, ganz Italien würde es begrüßen, wenn Bayern gegen das Königreich beider Sizilien ausgetauscht würde. Bayern selbst wollte er nicht mehr haben. Es würde ständig von Österreich bedrückt werden. Von einem ruinierten Land erwartete er sich keinen Vorteil. Die Festungen waren zerstört, die Grenzen an allen Seiten offen, es war nicht zu verteidigen. Das hatten die Jahre von 1702 bis 1704 bewiesen. Österreich dagegen besaß alle Hilfsmittel, um Bayern zu umklammern und es zu unterdrücken. Der bayerische Adel war nach Ansicht Max Emanuels dem Wiener Hof ergeben. Sollte er für immer mit solchen treulosen Leuten verbunden bleiben? Auch auf die Niederlande wollte er verzichten, wenn ihm das Königreich beider Sizilien angeboten würde. Denn, so fragte er sich, konnte er die niederländischen Provinzen als souveräne Herrschaft auf die Dauer behalten? Kaum. Sie würden stets zum Kriegsschauplatz werden, wann immer internationale Spannungen in militärische Aktionen umschlügen. Die Vergangenheit hatte dies überreichlich gezeigt. Jeder Souverän müsse, wenn er über keine weiteren Hilfsmittel verfüge, der Gewalt weichen. Ein König beider Sizilien dagegen sei ein wahrer Monarch und könne sich aus eigener Kraft gegen fremde Gewalt wehren und über Krieg und Frieden entscheiden. Er könne sich neutral verhalten oder jener Seite zuneigen, die er sich ohne Zwang aussuche. Doch, so die ernsten Bedenken der bayerischen Räte und des einstigen bayerischen Hofkanzlers LUEGGER, der mit dem Kurfürsten unter Aufsicht der kaiserlichen Administration korrespondierte – was Max Emanuel allerdings nicht wußte –, wäre er als König beider Sizilien in der Lage, seine Herrschaft zu bewahren angesichts des zu erwartenden inneren Widerstandes der Bevölkerung?[1380] Hier lag eine Gefahr, die den Glanz dieser Krone minderte und jedem Ehrgeiz Schranken auferlegte.

Die Neapolitaner und Sizilianer waren nach seiner Ansicht ein unruhiges Volk. Sie wollten niemals von der spanischen Krone getrennt werden. Aufruhr wäre die Folge. Nur derjenige vermöchte beide Sizilien zu behaupten, der auch die spanische Krone trüge. Das hatten Marquis DE TORCY und viele andere wiederholt bestätigt. Wie also könnte Max Emanuel diese Untertanen zur Räson bringen, wenn er keine andere Hilfe zu erwarten habe? Ein Souverän, der keine eigene Hausmacht besaß, schien verloren. Die Domänen des Landes waren größtenteils an den einheimischen Adel und an Großgrundbesitzer veräußert. Würde ein neuer Herrscher diese Ländereien zurückfordern, brächte er den gesamten Adel gegen sich auf. Eine Revolte wäre die Folge. Deshalb, so überlegte Max Emanuel, wolle er sich bescheiden und das Gewisse dem Ungewissen vorziehen, nämlich Bayern behalten und über die Niederlande herrschen, wie ein Souverän es nur wünschen könne. Hier bestand wenigstens relative Sicherheit, daß die Untertanen nicht gegen ihn revoltieren würden. Die Bayern hatten dazu keine Lust, und die Niederländer hatten sich schon an ihn gewöhnt. Aus diesen Gründen wollte er die Tugend der Bescheidenheit und Mäßigung seinen gerechten Ansprüchen vorziehen und Weniges auf die Dauer als Großes für kurze Zeit besitzen. Überdies würde ihn in Bayern und den Niederlanden ein mächtiger Nachbar, Frankreich, beschützen.[1381]

Sollte es aber, so beendete der Kurfürst seine Denkschrift an LUDWIG XIV. listig, dem spanischen und französischen König gelingen, Max Emanuels innere und äußere Sicherheit in Neapel und Sizilien zu gewährleisten, würde er selbstverständlich auf diesen Tausch eingehen. Als weitere Sicherheit verlangte er in diesem Fall Mailand, um sich zurückziehen zu können, falls ihn aufrührerische Untertanen aus Süditalien vertreiben würden. Dieses Tauschsystem böte relative Sicherheit: »Ich wiederhole Ihnen noch«, schrieb er dem König, »daß der Austausch der beiden Königreiche mit meinen Ansichten übereinstimmt und daß man mir ein außerordentlich großes Vergnügen machen wird, mir meine Gewissenszweifel in dieser Angelegenheit hinwegzuräumen, indem man mir jene Gründe zu erkennen gibt, die für die Sicherheit und Dauerhaftigkeit dieses Besitzes sprechen, die ich aber selbst nicht finden kann.«[1382] Die erforderliche Zustimmung des Papstes zu erreichen, der die Oberlehensherrschaft über Sizilien zumindest theoretisch noch besaß, schien Max Emanuel nicht schwierig.

Frankreich hatte kein Interesse daran, Max Emanuel außerhalb Bayerns zu installieren. Er sollte seiner Ansicht nach in seine angestammten Lande zurückkehren und Bayern wiederum als kleine Pufferzone gegen Habsburg einrichten. Versailles konnte und wollte daher die oben von Max Emanuel angeführten Gründe nicht entkräften.

Trotz optimistischer Prognosen, die sich Max Emanuel selbst gestellt hatte, war die Zeit seines Zweifelns, seines Schwankens, seiner Hoffnungen und Enttäuschungen, die Zeit des Leidens für seine Gefolgschaft, besonders für seine Soldaten noch nicht zu Ende. Auf den Druck der französischen Diplomatie hin mußten Max Emanuel und JOSEPH CLEMENS darauf verzichten, zu den Friedensverhandlungen von Utrecht Bevollmächtigte zu senden. Eigenmächtigkeiten wurden dadurch von vornherein verhindert. Auch besaß die französische Diplomatie ein wesentlich stärkeres Gewicht und internationales Ansehen, woran Bayern und Köln sogar in besseren Zeiten Mangel litten. Die Seemächte schienen am Frieden interessiert, ein Ausgleich im Bereich des Möglichen. Die Koalition zerfiel zusehends. Während Max Emanuel gern ein französisch-brandenburgisches Bündnis arrangiert hätte, war LUDWIG XIV. nicht bereit, einen neuen Verbündeten gegen hohe Subsidien einzukaufen. Die Verhandlungen mit Berlin wurden in die Länge gezogen und in der Schwebe gehalten.[1383]

Die aus Utrecht kommenden Nachrichten, die selbstverständlich alles andere als die bayerischen und Kölner Ansprüche beinhalteten, alarmierten Max Emanuel. Er flehte beständig um den großmütigen und mächtigen Schutz des französischen Königs. Verschlimmert wurde die Situation durch die Gefahr, Spanien könnte mit England, Holland und Habsburg einen Separatfrieden schließen, der den Verzicht Max Emanuels auf die Niederlande vorsehe. Die »unglücklichen Erfolge des Krieges« ließen keine andere Alternative mehr zu als den Frieden.[1384] Sich mit Gewalt den bayerischen Landen wieder zu nähern, war aussichtslos.

LUDWIG XIV. ging konsequent den Weg der Mäßigung weiter. Seine Diplomaten erörterten sogar die Möglichkeit, Max Emanuel in Zukunft völlig aus dem politischen Geschehen auszuschalten und Bayern dem Kurprinzen zu überlassen. Max Emanuel war in Verzweiflung. Wie vorteilhaft waren die einstigen Angebote des Grafen VON STADION, des Grafen SCHLICK und des Grafen WRATISLAW in den Jahren 1702 bis 1704 gewesen! Welch einen Lohn hatte er jetzt zu erwarten?[1385]

Der Kaiser war einem Ausgleich nicht grundsätzlich abgeneigt und schickte den Grafen VON LÖWENSTEIN im Mai 1712 nach Namur zu Geheimgesprächen mit Max Emanuel. Dadurch erhielt der Kurfürst wieder einen neuen Auftrieb, seine Forderungen ins Maßlose zu steigern. Er bewies, daß er keinen Blick mehr für die Realitäten und die tatsächlichen Machtverhältnisse in Europa besaß. LÖWENSTEIN verteidigte die Ansicht Wiens, Bayern ohne die Oberpfalz und ohne die Kurwürde dem Erbprinzen KARL ALBRECHT zu überlassen, den Kurfürsten aber aus dem politischen Leben zu verbannen. Max Emanuel wollte die Möglichkeit, sich mit Wien auszusöhnen, nicht vorübergehen lassen. Als Verfechter seiner dynastischen Interessen bestand er sofort auf einer Heirat des Kurprinzen mit der Erzherzogin, der ältesten Tochter des verstorbenen Kaisers JOSEPH. Zugleich müsse die Erzherzogin zur Universalerbin erklärt, die Nachfolge Bayerns in den österreichischen Erblanden gesichert werden, und zwar durch eine Doppelheirat, nämlich des bayerischen Herzogs PHILIPP mit der zweiten Tochter des Kaisers JOSEPH. Die Erbverträge müßten auf die bayerische Linie Wittelsbach lauten. Nur unter dieser Bedingung war Max Emanuel bereit, persönlich auf Bayern zu verzichten und abzudanken. Als Entschädigung forderte er für sich den souveränen Besitz der Niederlande. Nachfolger könnte hier das Haus Österreich werden. Daneben verlangte er, der spanische König müsse ihm das Königreich Sizilien abtreten und Österreich ihn als König anerkennen. Die Nachfolge sollte in Sizilien nicht der Kurprinz, sondern Herzog PHILIPP antreten. Kaiser KARL VI. müsse sich außerdem verpflichten, einem der Söhne Max Emanuels die Koadjutorie von Köln und Lüttich zu verschaffen und keine Hindernisse in den Weg zu legen, wenn Max Emanuel für einen seiner Söhne die Nachfolge des kinderlosen Großherzogs von Toskana beanspruche.[1386]

Max Emanuel verließ auch bei diesen Verhandlungen den Boden der Realität. Eine Einigung mit LÖWENSTEIN war nicht möglich. Nicht der Kurfürst, sondern fremde Diplomaten bestimmten in Zukunft über sein Geschick. Trotzdem beharrte er auf seiner Rückkehr nach Bayern und forderte als Entschädigung für seine Verluste wenigstens das Königreich Sardinien, obgleich diese Insel nicht sehr vorteilhaft gelegen schien. Besaß doch Max Emanuel kein einziges Schiff, um über das Meer zu setzen. JOSEPH CLEMENS war entzückt. Er würde sich freuen, so schrieb er, wenn er als erster seinen Bruder mit »Euere Majestät« anreden dürfte.[1387] JOSEPH CLEMENS war überzeugt, daß Bayern nicht aufgegeben werden mußte, wenn Max Emanuel eine Königskrone gewönne. Erst als Max Emanuel bereit war, auf Bayern völlig zu verzichten, wandte er sich entschieden gegen diese Pläne und verbarg seine Meinung auch dem französischen Hof nicht,[1388] was Max Emanuel sehr verärgerte. Eine dritte Möglichkeit bestand darin, Bayern und gleichzeitig die Niederlande dem Kurfürsten zu überlassen. JOSEPH CLEMENS hätte diese Lösung bevorzugt.

Zugleich tauchte die Überlegung auf, sich mit dem Pfälzer Kurfürsten zu einigen und die gemeinsamen Interessen des Hauses durchzusetzen.[1389] Würde es gelingen, einen Pfälzer Prinzen zum Koadjutor von Mainz wählen zu lassen, stünden eines Tages vier Kurstimmen dem Haus Wittelsbach zur Verfügung: Bayern und Köln, Pfalz und Mainz. Die Territorialmacht dieser Fürsten konnte das Gleichgewicht im Reich aufrechterhalten und die befürchtete Ausdehnung der protestantischen Fürsten verhindern sowie die Besetzung des kaiserlichen Thrones nach dem Tode des jetzigen Kaisers entscheiden. Diese Gedanken erlangten in der Zukunft einige Bedeutung und führten nach jahrelangen Verhandlungen zur Einigung des Hauses Wittelsbach.[1390]

Alle Vorschläge, die MONASTEROL im Auftrag des Kurfürsten mit Versailles absprach, stießen bei den Alliierten und besonders beim Kaiser auf heftigen Widerstand. Schließlich gestand Kaiser KARL VI. dem bayerischen Kurfürsten Sardinien zu, aber nicht die Königswürde. Max Emanuel und Frankreich bestanden auf der Königswürde, Max Emanuel zusätzlich auf dem Besitz von vier niederländischen Provinzen. Auch das Königreich Sizilien wurde wieder zur Disposition gestellt. Max Emanuel fühlte mit Unbehagen, daß LUDWIG XIV. durch ihn während der Verhandlungen in immer neue Schwierigkeiten geriet.[1391]

Am 30. August 1712 war Max Emanuel persönlich nach Fontainebleau geeilt. Eineinhalb Stunden dauerte seine Audienz beim französischen König. Max Emanuel legte ihm seine derzeitige Situation dar, flehte den großmütigen Schutz des Monarchen an, versicherte ihm seine immerwährende Ergebenheit und Freundschaft. LUDWIG XIV. erwies ihm alle Höflichkeit, doch vermißte Max Emanuel jede konkrete Zusicherung. In Petitbourg, wo der Kurfürst wohnte, fanden weitere Unterredungen mit Vertretern des französischen Königs statt. Max Emanuel beschwerte sich heftig über die beschlossene Abtretung Siziliens an Herzog VICTOR AMADEUS II. von Savoyen. Er erinnerte an seine Vertragstreue, seine Mühen, seine Opfer und forderte Entschädigung. Wie könne Frankreich mit England und Savoyen, die Frankreich nur geschadet hätten, Frieden schließen, ohne zuvor seiner zu gedenken?[1392] Max Emanuel konnte seine Erregung nicht verbergen. Diplomatischer Takt war nicht seine Stärke.

Während die Verhandlungen über die bayerischen Ansprüche und eine Entschädigung des Pfälzers noch andauerten, wurde der

Friede von Utrecht am 11. April 1713 geschlossen.[1393] Im Vergleich zu den Bedingungen der Alliierten in den Jahren 1709 und 1710 wies dieser Vertrag für Frankreich wesentliche Gewinne auf: PHILIPP V. blieb endgültig König von Spanien, er konnte die Kolonien behalten. Frankreichs Integrität war gesichert. Die europäischen Nebenländer des spanischen Reiches wurden für Savoyen und Habsburg ausersehen. Die Seemächte setzten ihre Handels- und Wirtschaftsinteressen erfolgreich durch.

Der Kaiser und auf seinen Druck hin auch das Reich erkannten diesen Frieden nicht an. Die bayerische Frage war nicht gelöst. Die Rangerhöhung des Herzogs von Savoyen wollte Max Emanuel anfänglich nicht akzeptieren. »Sizilien war ein allzu guter Bissen für ihn«, urteilten die französischen Diplomaten.[1394] Max Emanuel, der noch seine Souveränitätsrechte über die Niederlande besaß, bot den Holländern weiteres Entgegenkommen in der Barriere-Frage an,[1395] das über die Bestimmungen des Vertrages von 1709 hinausging. Die Unterredungen wurden fortgeführt. Erst während der Verhandlungen zu Rastatt und Baden im Jahre 1714 kam eine Einigung zustande. Was Bayern betraf, setzte sich allgemein die Überzeugung durch, daß der Status quo ante wiederhergestellt werden müsse. Selbst die Hoffnungen Max Emanuels, gemeinsam mit dem Pfälzer JOHANN WILHELM die Niederlande zu beherrschen – ein Plan, dessen Verwirklichung nur neue Differenzen ergeben hätte –, erfüllten sich nicht. So setzte der Friede von Rastatt (6. März 1714) und von Baden (7. Sept. 1714)[1396] de facto einen Schlußstrich unter all diese Projekte.

Restitution
(1714-1726)

Die Rückkehr nach Bayern[1397]

Der Kurfürst mußte in Etappen alle seine weitgespannten Ansprüche aufgeben. Er erhielt kein Königreich, er konnte Bayern nicht vertauschen. Weder die französischen und kaiserlichen Diplomaten, noch weniger JOSEPH CLEMENS zeigten an den Tauschprojekten Interesse![1398] Paris brauchte den bayerischen Kurfürsten in Bayern und nicht am Rande Europas, um ihn gegen Habsburg agieren zu lassen. Auch Brandenburg-Preußen übte Druck auf Habsburg aus, um den Kurfürsten zu restituieren. FRIEDRICH WILHELM I. war ein Gegner aller Tauschpläne. Habsburg durfte nicht zu mächtig werden und sollte kein Reichsterritorium seinem Herrschaftsbereich einverleiben können.

Jegliche Ansprüche Max Emanuels auf Schadenersatz blieben unrealisierbar, obwohl der Fürst auf sie nicht verzichten wollte. England vermittelte, Frankreich vermittelte, die Holländer vermittelten. Marschall VILLARS blieb hart gegenüber den Forderungen seines kaiserlichen Verhandlungspartners, des Prinzen EUGEN von Savoyen, aber auch gegenüber jenen des Kurfürsten.[1399] Verschiedene Alternativen wurden erörtert: Sardinien, die Niederlande, eine Vergrößerung Bayerns, Erhebung zur Königswürde. Schließlich einigten sich die Gegner auf die völlige Restitution des Kurfürsten in Bayern einschließlich der Oberpfalz und der Kurwürde. Der Status quo ante des Jahres 1700 war wiederhergestellt. Eine Rangerhöhung wurde ausgeschlossen, nicht jedoch die spätere Möglichkeit eines Tausches.

Max Emanuels Zustimmung war nur durch die Zusage des französischen Königs auf beträchtliche Subsidien für die Zukunft erreicht worden (Vertrag von Fontainebleau vom 20. Februar 1714). Er sollte damit seine Schulden begleichen und dem ruinierten Bayernland eine Erholungspause gönnen.[1400] Denn es war zu offensichtlich, daß aus ihm in nächster Zeit keine großen Gewinne mehr zu erwarten waren. Noch nach Abschluß des Friedens trieben die Kaiserlichen die Herbststeuer ein. Diese Tatsache nahm Max Emanuel zum Anlaß neuer Forderungen.[1401] Wie immer vergeblich.

Gemäß den Verträgen ließ der französische König die Räumung

der Festungen Freiburg, Breisach, Kehl usw., die Frankreich an Kaiser und Reich zurückgab, mit der gleichzeitigen Evakuierung Bayerns koppeln. Der Pfälzer Kurfürst machte erhebliche Schwierigkeiten, die Oberpfalz zu restituieren, so daß sich Verzögerungen ergaben. MALKNECHT wandte sich persönlich an Prinz EUGEN und Marschall VILLARS verzögerte im Auftrag von Versailles den Rückzug der französischen Truppen aus dem Reich.[1402]

Die bayerische Gefolgschaft bereitete sich auf die Rückkehr nach München vor. Man machte Inventur, zählte die Schulden zusammen.[1403] Lange Zeit war man sich nicht einig, was tatsächlich für Hof und Heer geliefert worden war.[1404] Einig war man sich aber bei hoch und niedrig, daß man im Ausland keine Reichtümer gewonnen hatte. Nichts ist bezeichnender für die Misere Max Emanuels als der Umstand, daß sich seine bayerische Gefolgschaft an den französischen König um ein Zehrgeld für die Heimreise wenden mußte. TORCY bewilligte es, um endlich diese lästigen Gäste loszuwerden.[1405]

Max Emanuel war von der Aussicht, nach Bayern zurückkehren zu müssen, nicht begeistert. Weder eine Königskrone noch Reichtümer noch Kriegsruhm konnte er bei der Ankunft in München vorweisen. Zudem war seine Gemahlin bereits von Venedig aufgebrochen und dem Wiedersehen mit ihr sah er mit gemischten Gefühlen entgegen. Er suchte Vorwand über Vorwand, um seine Heimreise monatelang hinauszuschieben. Er erhoffte immer noch irgendeine günstige Wendung, ein Tauschangebot von Seiten der Kaiserlichen, eine Rangerhöhung. Besonders die Niederlande hatten es ihm angetan. Doch hier ernannte der Kaiser Prinz EUGEN VON SAVOYEN, Max Emanuels großen Gegenspieler, zum Statthalter.

Die Franzosen versuchten, dem Kurfürsten mit Schmeicheleien und Geldversprechungen die Rückkehr so schmackhaft wie möglich zu machen. Max Emanuel zögerte und zögerte. Schließlich, nach einem halben Jahr des Zuwartens, waren alle Gegengründe und Ausreden ausgeschöpft, er mußte nach München zurück. Am 23. März 1715 verabschiedete er sich in Versailles von LUDWIG XIV. und von LISELOTTE, die sich über seine verweinten Augen wunderte. Dann übersiedelte er in das ungeliebte Bayern, wo er im April 1715 im Jagdschloß Lichtenberg am Lech mit seiner Familie zusammentraf.[1406]

Die wichtigste Aufgabe der bayerischen Politik bestand nunmehr darin, einen Ausgleich mit Österreich zu schaffen. Der Kurfürst ließ dem Kaiser danken »für alle Mühe, die er während der Administration auf sich genommen habe«. Max Emanuel war nicht nachtragend. Es fanden nur unwesentliche Umbesetzungen im bayerischen Beamtenapparat statt.[1407] Der Kurfürst übernahm sogar die meisten Erzieher, die der Kaiser seinen Kindern bestimmt hatte und die bereit waren, nach Bayern zu kommen.[1408] Max Emanuel verkündete gleichsam eine allgemeine Amnestie. Diejenigen, die unter den Kaiserlichen gelitten hatten, waren enttäuscht. Sie hatten auf eine Bestrafung der »Kollaborateure« gehofft. Nichts dergleichen geschah.

Im Juni kam der französische Botschafter Marquis DE SAUMÉRY[1409] nach München. Die Tatsache, daß Paris einen Anfänger schickte, der sich erst seine Sporen verdienen mußte, zeigt, wie gering man jetzt die Münchener Politik bewertete. LUDWIG XIV. hatte einer Aussöhnung Bayerns mit dem Haus Österreich im Prinzip zugestimmt. Die französischen Diplomaten registrierten aber jeden Schritt des Kurfürsten in dieser Richtung mit großer Aufmerksamkeit und ohne Begeisterung. Stand doch zu befürchten, daß diejenigen, die Frankreich übelgesinnt waren, bald die Oberhand gewinnen würden. Diese gaben Frankreich die Schuld am Unglück Bayerns. Die Beziehungen zu Paris kühlten sich bald merklich ab, besonders nach dem Tod LUDWIGS XIV. (1. September 1715). Die Regentschaft zeigte kein Interesse an einem politischen Zusammengehen mit Bayern. Marquis DE SAUMÉRY überwachte alle Schritte der Münchener Politiker und hatte ein wachsames Auge auf das Privatleben des Kurfürsten, der zum Verdruß seiner Gemahlin noch immer die Abwechslung liebte. Die Gräfin D'ALBERT war derzeit die Favoritin seines Herzens.[1410]

Konsolidierung

Den Abzug der kaiserlichen Besatzungstruppen aus Bayern, das sie über zehn Jahre besetzt, kujoniert und ausgesaugt hatten, nahm die Bevölkerung mit Befriedigung zur Kenntnis. Wie nicht anders zu erwarten war, restituierten die kaiserliche Administration und ihre Organe nichts von dem, was sie dem Land entnommen hatten, weder die Steuern und Abgaben noch die Einkünfte aus den Salinen und Bergwerken. Sie leisteten keinen Ausgleich für die ins Ausland gebrachten Armeelieferungen, Getreide- und Salztransporte.[1411] Manche Wertgegenstände blieben verschwunden, die verschleppten bayerischen Rekruten in der kaiserlichen Armee. Die Administration vertrat konsequent ihren Standpunkt, bei der seinerzeitigen Besetzung sei nichts vorhanden gewesen an Munition, militärischer Ausrüstung, Proviant usw., die Steuern und Abgaben seien für das Wohl Bayerns verwandt und aufgebraucht worden, die Armeelieferungen seien den bayerischen Soldaten zugute gekommen, die Rekruten hätten sich freiwillig in des Kaisers Dienst begeben, Wertgegenstände seien nicht gefunden worden, sondern verlorengegangen. Nichts müsse man daher zurückgeben. Es sei ein normaler Lastenausgleich erfolgt. Nach der Ansicht Wiens war dieses Problem endgültig gelöst,[1412] zehn Jahre Zwangsbewirtschaftung ausgelöscht.

Die Ankunft der kurfürstlichen Familie in Bayern wurde zwiespältig aufgenommen. Eine Gruppe zeigte sich überaus zufrieden, jubelte und entzündete Freudenfeuer, die andere hatte nicht vergessen, wem sie all das Elend der vergangenen Jahrzehnte, vor allem die zehnjährige Okkupation zu verdanken hatte. Böse Worte wurden laut, wahre Worte.[1413]

Die Münchener Residenz erhielt ihren alten Glanz zurück,[1414] Feste und teuere Repräsentation[1415] bestimmten den Ablauf der Tage wie in längst vergangenen Zeiten. Nichts änderte sich am Lebensstil des Kurfürsten. Er hatte nichts vergessen und nichts dazu gelernt. Die Händler und Kaufleute freuten sich, den Hof wieder beliefern zu können. Die Hofschneider und Hofköche, die Lakaien und Diener hofften, nun wieder regelmäßig ihre Gehälter zu bekommen. Doch darin sahen sie sich bald getäuscht. Außer Schulden hatte Max Emanuel nichts mitgebracht. Die französischen Subsidien reichten nicht aus, um auch nur die Zinsen abzutragen. Von 1717 bis 1721 erhielten beispielsweise die Domestiken der Kurfürstin keinerlei Bezahlung. Die Dienstleute versuchten sich durchzuschlagen und lebten von dem, was man aus der Hofküche ergattern konnte.[1416] Die meisten Bediensteten besaßen keine andere »Einnahmequelle« als ihre Gage, und diese wurde nicht ausbezahlt. Überall fehlte es an barem Geld. Auch die Münzverschlechterung, die Max Emanuel sofort nach seiner Rückkehr nach Bayern wieder einführte,[1417] konnte diesem chronischen Mangelzustand nicht abhelfen. Schließlich mußte sich die Landschaft bereitfinden, das Schuldenabtilgungswerk auf sich zu nehmen, eine Schuld von 22 Millionen Gulden zu verzinsen und zu amortisieren.[1418] Man hatte noch jahrzehntelang bis in die MONTGELAS-Zeit damit zu tun.

In Paris versuchte Graf MONASTEROL die in Frankreich hinterlassenen Schulden abzutragen, die Subsidien für Bayern lockerzumachen und der Verwirrung in den Abrechnungen Herr zu werden, die BOMBARDAS Tod verursacht hatte. Im Grund war dieses Problem unlösbar. Privatgeschäfte des Verstorbenen und Transaktionen in des Kurfürsten Namen waren zu einem unentwirrbaren und undurchschaubaren Knäuel verquickt, dessen Trennung radikale Methoden benötigt hätte; Prozesse vor Gericht brachten keine eindeutige Entscheidung, noch Klärung der völligen Konfusion. Graf MONASTEROL wirtschaftete im »bewährten« Stil BOMBARDAS weiter und vermischte ungestört die Interessen des Kurfürsten mit seinen eigenen. Man zitierte ihn nach Jahren nach München und verlangte Rechenschaft. Er fand sich in seinen Manipulationen nicht mehr zurecht. Man setzte ihm derart zu, daß er sich eines Tages eine Kugel in den Kopf schoß.[1419] Graf D'ALBERT wurde zu seinem Nachfolger ernannt. Auch er wurde dabei nicht glücklich.

Als die Kaiserlichen aus Bayern abzogen, ließen sie es am Rande seiner Leistungsfähigkeit, ausgepowert, dem Staatsbankrott nahe zurück. Armut und Not des breiten Volkes waren beängstigend. Handel und Gewerbe lagen darnieder, die Arbeitslosigkeit war unerträglich. Die Hungersnot war noch nicht überwunden. 1714 hatten Seuchen, der schwarze Tod, viele Opfer gefordert. Mit der Rückkehr des Kurfürsten erhofften sich viele eine Besserung der Verhältnisse, insbesondere eine langsame Erholung des Landes aus den schwersten Nöten.[1420] Groß war die Enttäuschung aller. Kaum hatte sich der Kurfürst in seiner Residenz installiert, forderte er wieder Geld, Geld und nochmals Geld für seinen persönlichen Aufwand.

Die vom Hof geforderten Summen waren von den Steuerzahlern unmöglich aufzubringen. Die Beamten, nach dem politischen Kurswechsel zwar die gleichen, aber jetzt wieder in löblichen kurbayerischen Diensten, griffen zum bewährten Mittel der Steuereintreibung durch militärische Exekution, wie sie auch die Kaiserlichen während der Okkupationszeit angewandt hatten. Die Dragonaden in Frankreich waren ebenso berüchtigt. Für die Jahre 1715 und 1716 betrugen die Steuerrückstände 551 226 Gulden.[1421] Deshalb überschwemmten mit Beginn des Jahres 1717 bayerische Exekutionstruppen das ganze Land. Sie quartierten sich bei den Steuerschuldnern solange ein, bis diese alle Rückstände, die Kosten für die Exekution und die neuen Steuern bezahlt hatten. »Die Bauern mochten sich sagen, daß sie mit der Rückkehr zur angestammten Herrschaft nur aus dem Regen in die Traufe gekommen waren« (S. RIEZLER).[1422] Die Stimmung im Volk war Max Emanuel seit eh und je gleichgültig. Wieder war die Zuflucht zur Gewalt der einzige Ausweg aus dem immerwährenden Dilemma. Es war ein Kreislauf ohne Ende: Fürstliche Ansprüche, die die Finanzkraft des Landes überstiegen und die dennoch befriedigt werden mußten. – Steuerrückstände – militärische Exekutionen – Elend – neue fürstliche Ansprüche.[1423]

Max Emanuel brachte seinem Volk keine Erleichterungen. Eine durchgreifende Hebung des Lebensstandards lag in weiter Ferne. Tausende von Bettlern, Landstreichern, Waisenkindern, Krüppeln zogen durch das Land. Niemand kümmerte sich um sie. Die caritativen Einrichtungen reichten nicht aus, sie zu versorgen. Merkantilistische Unternehmungen, die neue Arbeitsplätze geschaffen hätten, konnten wegen der Finanzmisere nicht eingerichtet werden. Die vorausgegangenen jahrelangen Roheitsdelikte der Besatzungstruppen und der eigenen Soldaten bewirkten einen Tiefstand in den Verhaltensweisen der Bevölkerung, die Brutalität mit Brutalität gegen wehrlose Mitmenschen beantwortete. Landstreicher und Waisenkinder wurden der Zauberei und Hexerei angeklagt. Die Hexenprozesse dieser Jahre[1424] zeigen eine eindeutige soziale Komponente. Man konnte der Armut nicht Herr werden und überlieferte die Ärmsten der Armen der Inquisition und dem Scheiterhaufen. Irgendjemand mußte Schuld tragen an all dem Unglück. Warum nicht jene, die von Haus zu Haus zogen und bettelten und Unglück mit sich führten? Sie brachten den bösen Blick mit, verzauberten Mensch und Tier. Die kollektive Not suchte ihre Schuldigen. Da man die Mächtigen nicht zur Verantwortung ziehen konnte, rächte man sich an den Schwachen. »Rien n'a pas changé, tout, tout a continué« begann ein französisches Lied.

Erst langsam konsolidierten sich die Verhältnisse wieder.

Politische Taktik

Im Vertrag von Fontainebleau hatte Ludwig XIV. dem bayerischen Kurfürsten alle Möglichkeiten offengelassen, wieder aktiv ins europäische Geschehen einzugreifen. Selbst die Zusage nach einem Aequivalent war enthalten, falls Max Emanuel Bayern aufgrund dieser Politik wiederum verlieren würde.[1425] Mit manischer Verbissenheit verblieb der Kurfürst im Kreislauf seiner Gedanken: Die Erhöhung seines Hauses um jeden Preis, selbst mit dem Einsatz Bayerns. Für dieses Ziel hätte er noch einmal alles gewagt. Aber er erhielt keine Gelegenheit mehr dazu. Seine Rolle in Europa war längst, spätestens mit dem Tag von Höchstädt, ausgespielt. Deshalb mußte er sich auf seine eigentlichen Aufgaben als Kurfürst von Bayern beschränken.[1426]

Mit großer Mühe und nur allmählich gelang es den bayerischen Räten,[1427] den allgemeinen Geschäftsgang zu ordnen und vorsichtig kleine Reformen durchzuführen. Besonders Unertl erwies sich als geschickter Taktiker. Er war ein Mann mit Geschmack, Anpassungsfähigkeit und großem Können, aber ein Wetterfähnlein par excellence. Er hatte in die Familie des ehemaligen Kanzlers Schmid eingeheiratet, sich dessen Schloß Schönbrunn erworben und ließ dort eine barocke Kirche bauen.

Für Unertl wie für alle anderen Räte des Kurfürsten war der Verlust des spanischen Erbes für immer eine offensichtliche Realität. Jetzt galt es, das österreichische Erbe zu sichern. Der letzte männliche Habsburger hatte keine Söhne. Wer würde das Erbe antreten? Schon im Vertrag von Fontainebleau war dieser Umstand berücksichtigt worden. Seit den Zeiten Ferdinand Marias und seines Kanzlers Caspar von Schmid versuchte die traditionelle dynastische Interessenpolitik am bayerischen Hof sich auf jede nur denkbare Weise dieses Erbes zu vergewissern. Paris unterstützte anfänglich die bayerischen Ansprüche auf die österreichischen Erbländer und auf die Kaiserkrone, als Gegenleistung förderte Bayern die französische Politik auf dem Regensburger Reichstag. Die Zerschlagung der österreichischen Hausmacht schien im Interesse Frankreichs gelegen, nicht aber eine übermäßige Vergrößerung des Wittelsbachers.

Die Annäherung und die Politik des Ausgleichs zwischen Paris und Wien ließen jedoch die bayerischen Interessen wieder völlig in den Hintergrund treten. Max Emanuel war ein lästiger Bittsteller, der stets Subsidien brauchte, große Ansprüche erhob, die kaum oder nur schwer realisierbar waren, ohne selbst Wesentliches für die französische Politik zu leisten. War es nicht günstiger, auf die »Pragmatische Sanktion«, die die weibliche Erbfolge in den österreichischen Erblanden vorsah,[1428] einzugehen, um damit das europäische Gleichgewicht aufrechtzuerhalten?

Bevor Bayern irgendwelche diplomatische Unternehmungen beginnen konnte, mußte es sein Verhältnis zum Reich und dessen Oberhaupt, dem Kaiser, abklären.[1429] Die bayerischen Räte vertraten die Politik einer konsequenten, jedoch vorsichtigen Annäherung an alle Nachbarn. Man mußte sie von der eigenen Redlichkeit überzeugen. Die schwierigste Aufgabe bestand darin, die Beziehungen zum Kaiserhof auf eine neue Basis zu stellen, da sie durch die kriegerischen Auseinandersetzungen der Vergangenheit immer noch aufs schwerste belastet waren. Max Emanuel sah die Gelegenheit gekommen, als der Türkenkrieg von neuem aufflammte. Mußte nicht jeder christliche Fürst Hilfe leisten? Max Emanuel bot seine Truppen und einige seiner Söhne als Befehlshaber dieser Kontingente an. Lange Zeit wollte die Hofburg von diesem Angebot nichts wissen. Schließlich durften nach langen zähen Verhandlungen 5000 Mann nach Ungarn marschieren. Kurprinz KARL ALBRECHT und Prinz FERDINAND begleiteten sie und wurden in Wien mit allen Ehren empfangen. Die kostbare Ausstattung ihrer Equipage brachte das neue Selbstbewußtsein des bayerischen Wittelsbachers zum Ausdruck. Er durfte wieder gegen die Türken agieren, war wieder den anderen Reichsfürsten gleichgestellt, und bayerische Truppen waren im August 1717 bei der neuerlichen Belagerung und Einnahme Belgrads, die Prinz EUGEN befehligte, erfolgreich beteiligt.[1430]

Der Versailler Hof brachte der Annäherung Bayerns an Österreich großes Mißtrauen entgegen. Wozu sollte man weiterhin Subsidien zahlen, wenn mit diesen Geldern bayerische Truppen finanziert wurden, die für den Kaiser kämpften? Im Jahre 1718 kehrte der französische Gesandte SAUMÉRY nach Frankreich zurück. Trotz dringender Vorstellungen des Kurfürsten wartete München jahrelang auf einen Nachfolger.[1431] Die Subsidienzahlungen wurden eingestellt. Die Entwicklung der internationalen Politik und der europäischen Staaten untereinander, schließlich die Quadrupelallianz zwischen England, Frankreich, Holland und Österreich des Jahres 1718 gegen die Versuche Spaniens, durch Landungen in Sizilien und Sardinien die Bestimmungen des Friedens von Utrecht zu modifizieren, zeigten, daß Bayern aus der europäischen Politik ausgeschaltet war. Max Emanuel hatte weder ein besonders enges Verhältnis zu Frankreich, noch zu Habsburg, noch zu einer anderen europäischen Macht. Man rechnete nicht mehr mit ihm, so sehr er sich auch bemühte, im Gespräch zu bleiben. Überall begegnete man seinen Annäherungsversuchen mit Mißtrauen. Immer bestand die Gefahr, er würde neue Unruhe in Europa stiften. Deshalb überging man ihn.

Erst das Bündnis des Kaisers mit Spanien, das der Ostende-Kompagnie die Möglichkeit gab, den spanischen Handel wesentlich zu beeinflussen, eröffnete neue Perspektiven. Die Seemächte sahen ihren Handel bedroht, – und dies war stets die Voraussetzung für ihre politische und militärische Intervention. Am 3. September 1725 verbündeten sich in Herrenhausen England-Hannover, Frankreich und Preußen. Ihr erklärtes Ziel war es, eine Machtausdehnung des Hauses Habsburg und eine Störung des europäischen Gleichgewichts zu verhindern. Da Bayern stets als potentieller Gegner Österreichs betrachtet wurde, war die Allianz bestrebt, auch Max Emanuel zum Beitritt zu bewegen. Im Kriegsfall wäre Bayern ein ausgezeichnetes Aufmarschgebiet gewesen. Max Emanuel konnte sich nicht entscheiden, obwohl Preußen, England und Frankreich sich ernsthaft um seine Mitwirkung bemühten. Dem englischen Gesandten St. Saphorin gegenüber stellte Max Emanuel außerordentlich hohe Forderungen, die seine Rechte auf die Nachfolge seines Hauses in Österreich, Ansprüche auf das Kaisertum und ungeheuere Subsidienzahlungen betrafen.[1432] Niemand fand sich bereit, alle diese Forderungen zu erfüllen. Gleichzeitig bedrängte der Kaiser den bayerischen Kurfürsten, dem Wiener Bündnis mit Spanien beizutreten. Von allen Seiten wurde Max Emanuel jetzt wieder umworben, doch die Gefahren, die jede Allianz mit sich brachte, waren groß. Alle Parteien schienen die bayerischen Interessen zu wenig berücksichtigen zu wollen. Max Emanuel konnte und wollte sich nicht entschließen und zögerte die Verhandlungen hinaus.[1433]

Erfolgreich entwickelte sich dagegen die Annäherung an das wittelsbachische Haus der Pfalz. Schon 1713/14, als sich abzeichnete, daß beide Wittelsbacher Linien ohne Vorteile aus dem spanischen Erbfolgekrieg herausgehen würden, unternahmen beide Seiten erste Versuche, eine gemeinsame Allianz vorzubereiten. Der Pfälzer fürchtete um seine niederrheinischen Besitzungen, da Preußen die Erbfolge in Jülich und Berg beanspruchte. JOHANN WILHELM suchte deshalb nach Bündnispartnern. Schon FERDINAND MARIA hatte eine Hausunion erstrebt, die aber nur geringe Auswirkungen gezeitigt hatte. Seit 1721 wurden immer wieder neue Vorstöße unternommen, die schließlich von Erfolg gekrönt waren. Bayern und die Pfalz, die Bischöfe von Trier und Köln schlossen am 15. Mai 1724 die wittelsbachische Hausunion.[1434] Vier Kurstimmen standen ihr für eine gemeinsame Reichspolitik zur Verfügung, das politische Ansehen des Hauses wuchs, eine mögliche militärische Zusammenarbeit war in Aussicht gestellt. Doch aufgrund der geopolitischen Lage der Mitgliederstaaten konnten die Einzelinteressen der Vertragspartner nicht aufeinander abgestimmt werden, so daß sich stets neue Schwierigkeiten ergaben. Von Harmonie und Eintracht war man in der Regel weit entfernt. Diese Hausunion darf deshalb nicht überschätzt werden, auch wenn die Territorien, die Bevölkerungszahl, die wirtschaftliche, politische und militärische Stärke dieser Gemeinschaft innerhalb des Reiches bedeutend waren.[1435] Erst 1777/78 wurden diese Hausverträge zu einem entscheidenden Faktor, als das Haus der Pfalz das Erbe des letzten bayerischen Wittelsbachers antrat.

Hausmachtinteressen

Erfolgreich entwickelte sich auch die Reichspolitik des Kurfürsten. Es war eine langwierige, schwierige und kostspielige Aufgabe, wichtige Bischofssitze im Heiligen Römischen Reich mit Kandidaten des eigenen Hauses zu besetzen. Genauso wie Max Emanuel einst seinen jüngeren Bruder JOSEPH CLEMENS aus Gründen der wittelsbachischen Hausmachtpolitik zum Eintritt in den geistlichen Stand überredet und ihm das Erzbistum Köln sowie die Bistümer Lüttich und Hildesheim verschafft hatte, so lenkte er auch die Schritte seines Sohnes CLEMENS AUGUST (1700-1761) auf diesen Weg. Erst fünfzehnjährig, erhielt der Prinz die Propstei des Stiftes Altötting, die Koadjutorie des Bistums Regensburg und der Stiftspropstei Berchtesgaden.[1436] Ein zweijähriger Bildungsaufenthalt in Rom während der Jahre 1717 bis 1719 sollte den jungen Mann auf seine künftige Laufbahn vorbereiten.[1437] Er kehrte zurück als Bischof von Münster und Paderborn. Beide Bistümer waren ursprünglich seinem Bruder PHILIPP MORITZ zugedacht. Er aber war Anfang des Jahres 1719 in Rom plötzlich verstorben.[1438] CLEMENS AUGUST verzichtete zwar auf Regensburg. Doch die Hoffnung auf die ihm vordem zugedachten Fürstbistümer seines Onkels JOSEPH CLEMENS (Köln, Lüttich und Hildesheim) gab er trotz dieser Ernennung nicht auf. 1722 wurde CLEMENS AUGUST Koadjutor des Erzbistums Köln und ein Jahr später trat er die Nachfolge seines Onkels an. 1724 bestieg er den Bischofsstuhl von Hildesheim, 1728 jenen von Osnabrück. »L'evêque de cinque églises«, nannte man ihn.[1439]

Sein Bruder JOHANN THEODOR (1703-1763) erlangte die Bistümer von Regensburg, Freising und Lüttich und wurde zum Kardinal ernannt.[1440] Nur mit dem Einsatz beträchtlicher finanzieller Mittel, mit großem diplomatischen Geschick beim päpstlichen Hof, in Wien und bei den zuständigen Domkapiteln konnten diese Ziele erreicht und die Söhne des Kurfürsten »standesgemäß« versorgt werden,[1441] obgleich sie den Verpflichtungen des geistlichen Standes lieber entronnen wären.

Um die Thronfolge zu sichern und das österreichische Erbe in die Hand zu bekommen, beschloß die Münchener Regierung, den Kurprinzen KARL ALBRECHT mit der ältesten Tochter des verstorbenen

Kaisers JOSEPH zu verheiraten. Dazu war Wien nicht bereit.[1442] Die Kaiserlichen kannten die Aspirationen des bayerischen Kurfürsten allzu gut. Statt dessen boten sie eine Heirat mit der jüngeren Kaisertochter MARIA AMALIE an. Nach langwierigen Verhandlungen und mit Hilfe ungeheurer Bestechungen und Verehrungen kam der Ehevertrag schließlich zustande.[1443] Er erfüllte nicht alle Hoffnungen. Denn ein Erbverzicht auf die österreichischen Lande war darin enthalten. Max Emanuel gedachte, diesen Verzicht genausowenig wie einst den Erbverzicht seiner ersten Gemahlin MARIA ANTONIE einzuhalten. Um die Kosten der Hochzeit zu begleichen, nahm der Kurfürst allein bei Wiener Kaufleuten und Wechslern einen Kredit von 336 000 Gulden rheinischer Währung auf. Die Landschaft verbürgte sich für die Zinszahlung von 6% und die Abtragung der Schuld. Max Emanuel aber war zahlungsunfähig, und die Landschaft weigerte sich, die Bürgschaft einzulösen. So wuchs die Schuldsumme im Jahre 1743 schließlich auf 423 665 Gulden an; das Bankhaus WENZELL & Co. sowie JOHANN ANTON BOURMASTINI gerieten in größte Liquiditätsschwierigkeiten.[1444]

Der Kaiser gab seiner Nichte eine Mitgift von 100 000 Gulden, die innerhalb von zwei Jahren ausgezahlt wurden. Die Landstände der österreichischen Territorien mußten anläßlich der Hochzeit Sondersteuern bewilligen. Die Steiermark bot 15 000 Gulden, obgleich der Kaiser das Doppelte verlangte. Die Untertanen waren nicht in der Lage, zum festgesetzten Termin diese Summe abzuliefern. Auch Schlesien konnte sein Hochzeitsgeschenk in Höhe von 33 000 Gulden nicht rechtzeitig aufbringen. Man war bereits mit den regulären Steuern im Rückstand. Deshalb wurde ein »geschärfftes kaiserliches Rescript« veröffentlicht, das zur sofortigen Bezahlung der Steuern unter Strafandrohung aufrief. Böhmen mußte 50 000 Gulden beisteuern, obgleich es zur selben Zeit noch 84 000 Gulden von insgesamt 100 000 Gulden Kameralabgaben schuldete. Auch Mähren kam mit den neuen Forderungen nicht zurecht.[1445]

Der Kurfürst ließ sich diese Heirat ebenfalls einiges kosten. Das Porträt des Kurprinzen, das der Brautwerber Graf TÖRRING der Braut überreichte, war mit Brillanten im Wert von 275 000 Gulden geziert. Der Gesamtwert des Schmuckes belief sich auf 986 500 Gulden. Die Hochzeitsgäste erhielten Schmuck im Wert von 613 500

Gulden geschenkt. Da sich Max Emanuel, wie üblich, in Zahlungsschwierigkeiten befand, griff man auf die Schmuckkästchen der Residenz zurück; OPPENHEIMER konnte die besten Stücke auswählen.[1446] Als alle Unkosten, die diese Heirat verursachte, zusammengerechnet wurden, kam man auf eine Summe von 4 Millionen Gulden, das bayerische Steueraufkommen eines ganzen Jahres einschließlich der Scharwerke, Mauten und Zölle. – Ende Oktober 1722 wurde im Schloß Schleißheim die Hochzeit mit großer Pracht gefeiert. Den Zweck der Eheverbindung KARL ALBRECHTS mit der Kaisertochter MARIA AMALIE läßt der Inhalt eines Briefes erkennen, den Max Emanuel drei Jahre später, 1725, dem Erbprinzen schrieb. Darin hieß es:

»Es läßt sich nicht leugnen, daß sich eine große Umwälzung in Europa, vor allem aber im Reiche vorbereitet. Angesichts dieser bestimmten Tatsache muß man Partei ergreifen, so oder so, denn zwischen zwei Wassern schwimmen wollen, hieße sich dem Untergang weihen, ohne Hoffnung, ohne Rettung und ohne Ehre. Und doch haben ich und meine Nachkommen für den Fall des Aussterbens der männlichen Linie des österreichischen Hauses das beste Recht, in den ersten und höchsten Rang vorzurücken und den ansehnlichsten Teil der Erbschaft zu erlangen. Ich habe mich neuerdings über unsere Erbfolgerechte auf die österreichischen Länder nach Abgang des Mannesstammes unterrichtet, und ich kann dir mit vollem Fug die Versicherung geben, daß wir in den hiesigen Archiven bündige Originaldokumente besitzen, die über den Anspruch unsres Hauses auf Ober- und Niederösterreich, Kärnten und Steiermark keinen Zweifel bestehen lassen, von meinem Anrecht auf die Niederlande und auf Tirol gar nicht zu reden. Sobald es sich darum handeln wird, zur Behauptung dieser Erbansprüche die Unterstützung der Mächte anzurufen, werden wir ihnen den Beweis liefern können, daß sie auf solche Weise nur vollziehen, was die Gerechtigkeit erheischt.«

Die kleine Finanzreform

Um die Finanzen halbwegs in Ordnung zu bringen, war es die wichtigste Aufgabe der bayerischen Beamtenschaft, neue Möglichkeiten zu Steuereinnahmen zu eröffnen. Im Jahre 1612 war in Ober- und Niederbayern zum letztenmal eine Steuerveranlagung durchgeführt worden.[1447] Über ein Jahrhundert war vergangen, ohne daß diese Kataster überprüft und geändert worden wären. Die Stände aber weigerten sich beharrlich, eine neue Steuereinschätzung ausarbeiten zu lassen. Sie befürchteten, übervorteilt zu werden. Sie wollten den landesherrlichen Beamten keinen Einblick in ihre tatsächlichen Vermögensverhältnisse geben.[1448]

Eine Möglichkeit, die Steuereinnahmen zu steigern, ergab sich durch eine Umstrukturierung der Steueraufschläge. Der Tabakappalto war stets schwer zu überwachen. Er brachte jährlich etwa 12 000 Gulden ein. Wenn man diesen Aufschlag abschaffte und statt dessen von jedem Hausvater jährlich »in 2 Zihlen« eine Feuerstattanlage von 15 Kreuzern verlangte, so konnte diese Einnahme wesentlich erhöht werden.[1449] Ausgangspunkt aller Berechnungen war die Steuerveranlagung von 1612. Damals hatte man 30 147 $^{7}/_{8}$ Höfe gezählt.[1450] Eingedenk der Tatsache, daß seit dem Dreißigjährigen Krieg bis hin zum spanischen Erbfolgekrieg zahlreiche Häuser und Höfe verlassen oder zerstört worden waren, konnte man von dieser Zahl nicht mehr ausgehen. 16 leere Häuser wurden jetzt für einen Hof gerechnet und von der Gesamtzahl abgezogen, so daß man einen Mittelwert von 249 183 Feuerstätten in den bayerischen Landen errechnete. Diese zu 15 Kreuzern besteuert, ergab einen Ertrag von 61 530 Gulden 45 Kreuzern, also wesentlich mehr als der Tabakappalto, auf den man verzichtete. Der Unterschied war nur, daß auch diejenigen, die nicht dem Tabakgenuß huldigten, zu zahlen hatten.

Hinzu kamen die Feuerstätten in den fünf »Hauptstädten« München, Landshut, Straubing, Burghausen und Ingolstadt sowie in den Städten und Märkten von Ober- und Niederbayern. Niemand sollte von dieser neuen Steuerauflage befreit werden, kein Hofbedienter, kein »Ober- und Unterbeamter«, kein Kirchenbedienter, kein Jäger und Förster, auch keine Adeligen, Geistlichen und privilegierten Magistrate. Mit Einschluß der Grafschaft Haag besaß dieser Personenkreis rund 105 000 Feuerstätten, somit war eine Steuereinnahme von 26 250 Gulden zu erwarten. Anstelle des Tabakaufschlags von 12 000 Gulden versprach man sich insgesamt eine Mehreinnahme von 137 311 Gulden 30 Kreuzern.[1451]

Juristische Gutachten von bayerischen Räten und theologische Gutachten von Augustinern und Franziskanern mußten die Berechtigung dieser Steuer nachweisen. Neben dem Bierpfennig und dem Salzaufschlag bildete diese neue Einnahmequelle einen bedeutenden Posten im Etat. Im Jahre 1717 ergaben sich erhebliche Schwierigkeiten bei der Steuerveranlagung. Schon im nächsten Jahre erbrachte dieses Steueraufkommen etwa 60 000 Gulden. Im Jahre 1719 wurde die Steuer von 15 auf 30 Kreuzer erhöht.[1452] Nicht nur Hauseigentümer, sondern auch Mieter mußten sie bezahlen, sie war eine haushaltungsweise veranlagte Personalsteuer.

Die privilegierten Stände leisteten erheblichen Widerstand gegen diese neue Art der Besteuerung;[1453] sie sahen ihre Vorrechte verletzt. Wieder einmal war der absolutistische Staat dabei, die Stände als gehorsame Untertanen zu betrachten und sie genauso wie alle übrigen Bewohner des Landes zu besteuern.

Die Verpflichtung, bei offiziellen Schreiben nur Stempelpapier zu verwenden,[1454] wurde den Untertanen mit Nachdruck ins Gedächtnis zurückgerufen. In ihrer ständigen Geldverlegenheit verfiel die Regierung Max Emanuels sogar auf die Lustbarkeitssteuer. Die Wirte, die ihre Räume für Tanzveranstaltungen zur Verfügung stellten, mußten eine gewisse Abgabe entrichten, ein Wirt auf dem Land 45 Kreuzer, in den Haupt- und Regierungsstädten 2 Gulden. Der Ertrag belief sich jährlich auf etwa 6–7000 Gulden.[1455]

Alle mehr oder minder streng durchgeführten Reform- und Einsparungsversuche änderten nichts an der Tatsache, daß sich die Staatsschulden in Millionenhöhe kaum verringern ließen, wenn die Staatsspitze, der Kurfürst, nach wie vor das Geld mit vollen Händen ausgab und wieder neue Schulden machte.

Diese Tatsache war allen Verantwortung tragenden Stellen am Münchener Hof klar. Aber wer sollte sie dem Kurfürsten nahebringen? So mogelte man sich von Jahr zu Jahr am Staatsbankrott vorbei. Man nahm neue Schulden auf, um den dringlichsten Verpflichtungen nachkommen zu können; man verschlechterte den Münzgehalt, soweit dies möglich war; man erhöhte, erfand und erhob in fiskalischer Willkür Steuern über Steuern. Das war die offizielle Finanzpolitik. Vertrauensschwund in die Währung, Angst vor Falschgeld, vor unseriösen Schuldverschreibungen jeglicher Art, Terminschwierigkeiten bei der Bezahlung von Hypotheken und Zinsen schufen psychologisch einen Raum der allgemeinen Unsicherheit und des Unbehagens, der durch die Fragwürdigkeit der politischen Verhältnisse, der Behördenwillkür und die ungewissen Zukunftsaussichten in eine pessimistische Kollektivhaltung der Bevölkerung mündete.

Im Jahre 1721 gelang es schließlich, eine neue Steuerveranlagung im Land durchzuführen. Sie galt bis Anfang des 19. Jahrhunderts. Landesherr und Landstände wirkten notgedrungen zusammen, um die Schuldentilgung zu versuchen. Millionen Gulden hatten die Schulden aus den Türkenkriegen der Jahre 1683 bis 1688 betragen. Auf Millionen beliefen sich die Schulden, mit denen Max Emanuel aus dem Exil zurückgekehrt war. Trotz aller Bemühungen, den Staatshaushalt zu sanieren, verblieb im Jahre 1726 eine Gesamtschuld von über 26 Millionen Gulden.[1456]

Das Ende eines Lebens

Im September 1725 trat wieder einmal ein Magenübel mit Erbrechen und Schluckbeschwerden auf, wie Max Emanuel es schon öfters erduldet hatte, diesmal nur länger und dauerhafter. Seit dem Ende seines Frankreichaufenthaltes hatte sein Gesundheitszustand den Ärzten ernstliche Sorgen bereitet. Vorbei war der Elan der früheren Jahre, die große Geschäftigkeit. Nur die Pläne blieben ihm, Erinnerungen an große Träume, vergangene Möglichkeiten. Im Land selbst sprach man nicht von der Zeit des Exils, es galt als Tabu. Manchmal begab sich Max Emanuel noch auf die Jagd mit großem Gefolge wie früher.

Zu Beginn des neuen Jahres 1726 verschlimmerte sich sein Befinden zusehends. Hatte wohl der französische Geschäftsträger recht mit seiner Behauptung, der schlechte Zustand des Staates wirke sich auf die Gesundheit des Kurfürsten aus? Max Emanuel hatte seinen eigenen Ruhm bereits überlebt. Seine Lebensfreude schien keinen Auftrieb mehr zu gewinnen. Manchmal dachte er daran, sich nach Nymphenburg in eine Klause zurückzuziehen und so zu leben wie einst Kaiser KARL V. nach seiner Abdankung.[1457]

Nach zehnwöchigem Krankenlager fürchtete man am 25. Februar zum erstenmal um sein Leben. Alle Leibärzte versammelten sich täglich an seinem Krankenbett. Der Kurfürst von der Pfalz schickte seinen Leibarzt nach München, aus Frankreich reiste DR. SYLVA an.[1458] Die Ärzte verordneten Kuren, die Beichtväter geistliche Übungen. Man holte das Allerheiligste in das Krankenzimmer, verfaßte ein besonderes Gebet für den Kurfürsten. In den Kirchen der Stadt begannen bezahlte Beter ihre Fürbitten zu verrichten; die Bevölkerung wurde zu Andachten aufgerufen. Die Seelsorger eilten im Schloß aus und ein. Neben dem bestallten Beichtvater kamen noch der Jesuitenpater NIKOLAUS SIMERLE und der Augustinerpater PRETAGNI, Doktor der Sorbonne.[1459] Sie verstanden es am besten, die Ängste des Kurfürsten zu zerstreuen und ihn auf die Ewigkeit vorzubereiten.

Der letzte Akt des Sterbens, der Übergang vom Leben zum Tode, begann gleichsam in aller Öffentlichkeit. Der Thronfolger KARL ALBRECHT fand sich ein, der Herzog FERDINAND, der Bischof von

Regensburg JOHANN THEODOR, die Minister und Kämmerer. THERESE KUNIGUNDE eilte hinzu, ihre Schwiegertochter MARIA AMALIA und die Gemahlin des Herzogs FERDINAND. Nach Abschluß der kirchlichen Zeremonien verließen alle bis auf THERESE KUNIGUNDE das Zimmer. Die Ehepartner söhnten sich noch einmal aus, der Kurfürst bat seine Gemahlin um Verzeihung für alle Kränkungen, die er ihr zugefügt hatte. Später sprach Max Emanuel mit dem Kurprinzen über die Zustände in Bayern, über die Regierung und empfahl ihm das Land und besonders seine treuen Bedienten, »die mich so ungern verlieren«. Sie fürchteten natürlich um ihre Stellung am Hofe. Die Minister kamen abermals und blieben bis in die späte Nacht bei ihm.[1460]

Der Zustand des Patienten verschlimmerte sich von Stunde zu Stunde. Am 26. Februar 1726 lähmte gegen 5 Uhr morgens ein Schlaganfall die linke Seite des Kurfürsten. Zwei Stunden später kam der Kurfürst von Köln in der Münchener Residenz an und eilte zu seinem Vater, der kaum noch sprechen konnte und seinen Sohn nur mit Mühe erkannte. Der junge Fürst fiel in Ohnmacht.[1461]

Am 26. Februar 1726 kurz vor 7 Uhr abends entschlief Max Emanuel im Alter von 63 Jahren 7 Monaten, nach der damaligen Zählung der 45. Regent Bayerns, der 45 Jahre und sieben Monate regiert hatte.[1462] Da er während seiner Krankheit wiederholt bat, nach seinem Tode die übliche Leichenöffnung und Einbalsamierung zu unterlassen, entsprach der neue Kurfürst KARL ALBRECHT nach Beratung mit dem gesamten Kabinett diesem Wunsch.[1463]

Die große Trauerfeier fand in der Theatiner-Kirche statt. Ein prächtiges Castrum Doloris mit 1000 gelben Wachskerzen und Fackeln war aufgebaut. Den Sarg schmückten das Kruzifix, die Insignien seiner Kurfürstenwürde und viele Kerzen. Der gesamte Hofstaat nahm an den Trauerfeierlichkeiten teil. Anschließend wurde der Sarg in die Gruft getragen, wo bereits Max Emanuels Eltern, FERDINAND MARIA und ADELHEID, ruhten. In den Trauergottesdiensten wiesen Theatiner, Jesuiten und Augustiner noch einmal auf die Vergangenheit hin, die mit dem Namen des Kurfürsten aufs engste verbunden war. Man beschwor die Zeit der Türkenkriege, in denen sich Max Emanuel als glänzender Kriegsheld und Sieger gegen die Ungläubigen bewährt hatte. Man rühmte Herz und Mut dieses Fürsten. Großmütig waren sein Leben und sein Ende, groß waren seine Taten in Krieg und Frieden, bei der Bekehrung der Jansenisten. Man überging die Jahre der Feindschaft mit dem Kaiser, die Jahre seines Exils, nur seine Rückkehr nach Bayern wurde einmal nebenbei erwähnt. Man lobte seinen Eifer im Gebet, seine Frömmigkeit, seine Teilnahme an Wallfahrten und Prozessionen. Man beschwor ein Bild,[1464] das man sich von ihm gemacht hatte und das man liebte, um die tatsächlichen Verhältnisse ertragen zu können. Geblieben sind seine kulturellen Leistungen und Anregungen.

Der neue Kurfürst KARL ALBRECHT nahm Umbesetzungen im Kabinett vor. Alle Hoffnungen konzentrierten sich auf ihn. Würde er ein besserer Verwalter des wittelsbachischen Erbes sein? Er gab sich anfänglich redliche Mühe. Der Hofstaat wurde verringert, die Parforce-Jagden »bis auf was weniges gar abgeschafft«.[1465] 500 edle Reitpferde und 2000 Jagdhunde ließen ihr Leben, der plötzlichen Sparsamkeit willen, die nicht lange anhielt. Die Kurfürstinwitwe THERESE KUNIGUNDE, die sich nicht gut mit ihrem ältesten Sohn verstand, erhielt nach einigen Auseinandersetzungen ihre Apanage zugewiesen[1466] und begab sich nach Venedig, das sie während ihrer Exilzeit liebgewonnen hatte. Die französischen Komödianten und französische Bedienstete wurden verabschiedet, der Schloßbau zu Schleißheim sofort eingestellt. Schleißheim war als Königsschloß konzipiert.[1467] Damit vermochte der Nachfolger zumindest gegenwärtig nichts anzufangen.

Max Emanuel hatte seinem Sohn den Wunsch nach Erhöhung des Hauses und zahlreiche unerfüllte Hoffnungen, Ansprüche und Träume auf das österreichische Erbe und die Kaiserkrone hinterlassen, daneben aber auch unendlich viele unbezahlte Rechnungen, Hypotheken, Schulden,[1468] einen innerlich und äußerlich geschwächten Territorialstaat, der des Friedens bedurfte.

Zahlreiche Gemälde, Porträts, Stiche, Medaillons und Gemmen in Schlössern und Kunstkabinetten vermitteln das äußere Erscheinungsbild Max Emanuels in all seiner Pracht und Herrlichkeit, in der Pose und dem Habitus des »Churfürsten aus Bayern«, wie eine seiner Titulaturen lautete, des ruhmreichen Kriegsmannes mit dem Marschallstab in der Hand, des Diplomaten und Staatsmannes, des liebenden Familienvaters. Außerordentlich zahlreiche Briefe, Berichte und Dokumente von fürstlichen, adeligen und bürgerlichen

Personen, Diplomaten, Gesandten und Reisenden sind überliefert, die ihre Eindrücke über den Charakter Max Emanuels schriftlich fixierten. Alle diese Überlieferungen sind ursprünglich subjektive Urteile, teilweise zweckhaft manipuliert, teils eigennützig, teils bewundernd, teils distanziert, teils auch verachtend. In ihrer Gesamtheit und in Relation zu den übrigen vielfältigen Quellen und Überlieferungen aber ergeben sie ein eindrucksvolles Gesamtbild von Persönlichkeit und Wirken des Kurfürsten, wie es im Detail bei den vorangegangenen Kapiteln aufgezeigt wurde.

Bisher galt Max Emanuel für das Haus Wittelsbach als ein glanzvoller Repräsentant der Barockzeit; für die Bewunderer von Schlachtenlärm und Pulverdampf als ruhmreicher Eroberer von Belgrad; für den Historiker als Protagonist absolutistischer Herrschaft in Bayern; für den Kunstfreund als tatkräftiger Mäzen; für das bayerische Volk als ein zumindest halbwegs treuer Vater des Vaterlandes, das seine Liebe zu seinem Fürsten in einem blutigen Aufstand gegen die österreichische Administration bekundete.

Max Emanuel wurde nicht aufgrund von besonderen Verdiensten oder Fähigkeiten, sondern aufgrund seiner Geburt, der Ahnenreihe seines Hauses und seiner ererbten Herrschaftsrechte auf die höchste Ebene der damaligen europäischen Gesellschaftsschicht, in die Reihe der regierenden Fürsten erhoben. Nur Könige und Kaiser standen noch über ihm. Zu ihnen aufzusteigen und eine souveräne, keine vom Kaiser als dem Oberhaupt des Heiligen Römischen Reiches Deutscher Nation, dessen Glied Bayern war, abhängige Herrschaft ausüben zu können, war das Streben und der Traum seines Lebens. Das äußere Erscheinungsbild dieses Mannes, der vom Schlachtengetümmel mitgerissen wurde und sich ebenso uneingeschränkt den Klängen der Barockmusik hingeben konnte, ist bekannt. Max Emanuel war als Erwachsener von mittlerer Statur. Sein Körperbau war wohl proportioniert, seine Leibesfülle selbst im Alter nicht übermäßig stark, seine Gestalt eher schlank und schmal. Sein Gang, seine Bewegungen waren aufrecht, lebhaft, kraftvoll. Seine schlanken, langfingrigen Hände ließen nur wenig von der Kraft ahnen, mit der sie Degen, Schwert oder Spieß im Kampf und auf der Jagd zu führen wußten. Außerdem war Max Emanuel ein ausgezeichneter und ausdauernder Reiter. Selbst im Alter blieb er noch vital und außerordentlich beweglich.

Ein Adonis war er sicher nicht, aber wahrscheinlich auch nicht so unansehnlich, wie Liselotte von der Pfalz den Fünfzigjährigen beschrieb, seine Nase sei mit dem Kinn zusammengestoßen. Sicherlich, dem Schönheitsideal der Zeit widersprachen allein schon die Habsburgischen Erbstücke, die lange, schmalrückige Nase, der vorstehende Unterkiefer, die ausgeprägte Unterlippe. Sein schmaler Kopf besaß eine hohe Stirn, lebhaft blitzende Augen. Im Alter waren sein Gesicht und seine Gebärden von vielen Enttäuschungen gekennzeichnet, Folgen seiner Politik. In jüngeren Jahren trug er einen Spitzbart, in späteren war er der Mode entsprechend bartlos. Seine kastanienbraunen Haare wurden seit 1687 nach dem Vorbild Ludwigs XIV. von einer französischen Allongeperücke bedeckt. Seine Kleidung war aus kostbarsten Stoffen gefertigt und entsprach stets der aktuellsten französischen Mode. Dadurch wurde er zum arbiter elegantiarum, zum Schiedsrichter in Modefragen der gesamten Hofgesellschaft und damit der führenden Gesellschaftsschicht des Landes. Wie Ludwig XIV. liebte und verordnete er zahlreiche Rüschchen; hohe Schuhabsätze erhöhten künstlich seine Körpergröße und dienten einem möglichst würdevollen, also unnatürlichen Auftreten bei offiziellen Anlässen.

Die Natur, das physische und psychische Erbe, die Einflüsse des höfischen Milieus und die Maximen der fürstlichen Erziehung versahen Max Emanuel mit jenen Eigenschaften, die es ihm erlaubten, sich gegenüber allen Widerwärtigkeiten zu behaupten: eine kräftige Gesundheit, ausgeprägte Eigensucht, ein starker Geltungstrieb, fürstliche Eitelkeit, eine beträchtliche Portion Rücksichtslosigkeit und Uneinsichtigkeit, hemmungslose Genußsucht, lebhafte Betriebsamkeit, einen gewissen Charme und eine Intelligenz, die den Alltagsanforderungen gewachsen war, einem Standvermögen, das weder guter Rat noch Rückschläge verändern konnten, Starrköpfigkeit, die selbst politische Krisen größten Ausmaßes nicht zu erschüttern vermochte, absolute Selbstgerechtigkeit und eine Phantasie, die die Sterne vom Himmel zu holen suchte. Der egozentrische Kern dieser Persönlichkeit war gegen jede längerwährende Beunruhigung von außen und von innen gefeit. Max Emanuel blieb sich im Grunde immer gleich. Er vermochte nie den Kreis seiner Neigungen und Leidenschaften zu durchbrechen, er vermochte nie sich selbst zu besiegen und zu einer höheren Menschlichkeit seiner selbst vorzudringen. Oft – aber nur für kurze Stunden – melancholisch, zu Tode betrübt, dann rasch vergessend und jauchzend gelangte er nicht zur Einsicht (obgleich ihn Ahnungen plagten), daß seine übermenschlichen Attitüden, die ihm die antik-barocke Sagen-, Götter- und Heroenwelt zuschrieb, in Wahrheit Ausdruck von Ideologie, Phantasie und Schein sein könnten, an deren Oberfläche sich sein Leben abspielte und zugleich erschöpfte. Jede Art kritischer Vernunft war ihm fremd. Zur Kritik war er nicht erzogen worden. Und wer hätte an einem absolutistischen Hof wie München, der in Selbstgefälligkeit glänzte, entscheidende, zukunftweisende Kritik zu formulieren gewagt? Niemand stellte die gegenwärtigen Verhältnisse in Territorialstaat und Gesellschaft grundlegend in Frage. Max Emanuel war von seiner Würde vollkommen überzeugt, so daß seine gebieterische, herrscherliche Haltung natürlich und gleichsam angeboren erschien und eine Autorität auf seine Umgebung, den Hof, die Räte, die Generäle, Offiziere und Soldaten ausstrahlte, die sie zur Änderung ihrer »persönlichen Meinung« angesichts der objektiv erscheinenden Weisung ihres von Gott zur Herrschaft bestimmten Fürsten zwang. Die vollendete Beherrschung höfischer Lebensweise und des Zeremoniells vervollkommnete diese Wirkung. Die höfische Umgebung strahlte die stilisierte Großartigkeit seiner Person wieder, reflektierte und rezipierte sie. Das Gottesgnadentum mit seinem Absolutheitsanspruch forderte eine prunkvolle Repräsentation fürstlicher Vollkommenheit. Auf sie zu verzichten, hätte bedeutet, symbolisch auch auf die ererbte Herrschaft zu verzichten. Deshalb hielt Max Emanuel zeit seines Lebens, auch in den schlechtesten Perioden des Exils, an seinen »gerechten Ansprüchen« ebenso fest wie an der fürstlichen Repräsentation und dem offiziellen Zeremoniell, gleichgültig was es kostete und wovon diese Ausgaben bezahlt werden mußten.

Gemäß der ihm anerzogenen Selbsteinschätzung fühlte sich der Kurfürst nicht an positive Gesetze gebunden. Er stand wie jeder andere absolutistische Fürst seiner Zeit über den Gesetzen, wenn auch nicht über dem Recht an sich. Seine Freiheit war dennoch nicht unbeschränkt. Gebunden fühlte er sich an altes Herkommen, an Traditionen des Hauses, der höfischen Lebensweise, politischer und gesellschaftlicher Strukturen und der Religion. Er war in diesen Bereichen keineswegs schöpferisch tätig. Er übernahm sie und suchte sie seinen Bestrebungen dienstbar, verfügbar und nutzbar zu machen. Was seine persönliche Lebensführung betrifft, so erschienen Verstöße gegen die Etikette als unverzeihlich; er achtete nur den äußeren Schein. Ansonsten lebte er dem Grundsatz »Erlaubt ist, was gefällt«. Er wurde dadurch zum Epikureer, zum Genußmenschen und damit zwangsläufig zum Amoralisten. Diese Tendenz entsprach dem moralischen Gefüge der führenden Gesellschaftsschicht, und Max Emanuel unterschied sich darin nicht von seinen fürstlichen Kollegen. Die Zeit des sittenstrengen und sparsamen Absolutisten MAXIMILIAN I., der ebenso energischer Hausvater wie ausdauernder Machtpolitiker gewesen war, oder die Zeit des biederen FERDINAND MARIA, der seine Grenzen wohl erkannte, waren endgültig vorbei. Max Emanuel wollte alle seine Möglichkeiten ausschöpfen und an die Grenzen vorstoßen, und zwar in allen Bereichen, ja wenn möglich, diese Grenzen sogar überschreiten. Er vergeudete Unsummen und hielt seine Umgebung ebenfalls zu extensiver Lebensführung an. Abenteuer und Affären hatte er stets im Sinn. Während LUDWIG XIV. politische Geschäfte streng von Affären jeder Art trennte, ging bei Max Emanuel alles ineinander über, Politik und Vergnügen, Phantasie und Wirklichkeit.

Infolge seiner gesellschaftlichen und politischen Stellung, seiner persönlichen Ausstrahlungskraft und seiner Vitalität war er der umschwärmte Mittelpunkt des Hofes und der erklärte Liebling der Frauen, ob hoch, ob niedrig. Zweimal war er verheiratet. Keine der beiden Ehen war glücklich. Schuld daran trug der Kurfürst allein. Die Zahl seiner Ehebrüche und seiner Liebschaften war »Legion«. Die Trennung erfolgte fast immer komplikationslos, meist so schnell wie die Verbindung begann. Geschenke und Pensionen erleichterten den raschen Abschied. Eine größere Zahl natürlicher Nachkommen entsprangen diesen Begegnungen. Sie wurden entweder gemäß der gesellschaftlichen Stellung der Mutter versorgt oder vergessen und ihrem Schicksal überlassen wie jene »Rasse« – ein Wort der LISELOTTE von der Pfalz –, die Max Emanuel in Frankreich zurückließ. Außerdem entsprangen seinen Ehen elf Kinder. Drei starben früh, PHILIPP MORITZ als junger Mann in Rom, sieben blieben am Leben. Um seine Kinder sorgte er sich mehr, als andere Fürsten seiner Zeit es taten. Seine einzige Tochter trat ins Anger-Kloster ein.

Max Emanuel war höflich und liebenswürdig gegen jedermann.

Manche Adelige warfen ihm sogar allzu große Leutseligkeit vor. Er war ein Freund des Wortes. Er brauchte immer jemanden, mit dem er seine Pläne diskutieren konnte. Darum war er auch leicht, allzu leicht beeinflußbar. JOSEPH CLEMENS klagte einmal über ihn, sein Bruder gebe immer demjenigen Recht, der zuletzt sein Appartement verlassen habe. Trotz seiner herrscherlichen Vollkommenheit war Max Emanuel kein Despot und Tyrann. Er verkaufte nicht wie andere Fürsten seiner Zeit Landeskinder zum Militärdienst ins Ausland. Zu diesem Zweck hätte er auch nur wenige erübrigen können. Denn er verwendete sie lieber selbst und führte sie persönlich auf die Schlachtfelder Europas. Er übte auch keine Schreckensherrschaft aus; die schrecklichen Folgen seiner Politik verbreiteten Unheil genug. Möglichkeiten zu willkürlicher Herrschaftsausübung aber waren durchaus vorhanden, wie das von ihm angeordnete oder zumindest initiierte Todesurteil gegen den Obristwachtmeister Baron VON HEYDON im Jahr 1703 zeigt. Bestand doch dessen »todeswürdiges Verbrechen« darin, daß er gemäß dem zu dieser Zeit überall üblichen und praktizierten Kriegsbrauch einen auf die Dauer völlig unhaltbaren Vorposten aufgab, das Leben zahlreicher Soldaten und Offiziere vor einem sinnlosen Gemetzel und einem keineswegs kriegsentscheidenden Kampf bewahrte – der Feldzug war bereits gescheitert –, gegen freien Abzug der Truppe mit allem Gerät, mit allen Ehren und ohne Verluste kapitulierte wie so viele Festungskommandanten in diesen Jahren auch – wie jene von Augsburg, Passau, Neuburg, um nur einige zu nennen, vor dem bayerischen Ansturm. Im übrigen hatte Max Emanuel einen Angriffskrieg gegen seinen Lehensherrn, den Kaiser, vom Zaun gebrochen und Tirol überfallen. Die Verteidigung der Ehrenberger Klause war militärisch aussichtslos, politisch nicht notwendig und gemäß dem Völkerrecht handelte es sich nicht um eine Defensivoperation, sondern eine Aggression Bayerns gegenüber Tirol.

Überblickt man die zeitgenössischen Berichte, so ist festzustellen, daß die bayerischen Untertanen keineswegs von den kriegerischen Unternehmungen ihres Fürsten allzu begeistert waren. Die Armee kostete unverhältnismäßig viel Geld. Die Soldaten plünderten oft genug im eigenen Land. Kriegsruhm zu erwerben, war fürstliches Privileg, Anteil daran zu haben Sache der Mitstreiter, die Folgen aber zu tragen blieb den Untertanen.

Die Stützen absolutistischer Macht, das Heer, das Beamtentum, die Finanzen und das Staatskirchentum – letzteres als Herrschaftsinstrument über das Denken und Verhalten der Menschen – dienten vor allem und in erster Linie dazu, die Machtposition des Fürsten zu stärken, nicht aber dazu, die Lebensinteressen des Volkes zu fördern. Die teils virtuos konzipierte, teils dilettantisch durchgeführte Kabinettspolitik vermochte aus den gegebenen Verhältnissen nur das beste für sich zu erreichen, aber keine zukunftsweisenden Perspektiven für die Mittel- und Unterschichten zu eröffnen und ihrem Tun und ihrer Arbeit keine Impulse zu geben. Max Emanuel und seine Minister haben es nicht verstanden, die Herrschaftsverhältnisse, die Gesellschaft, die Wirtschaft, die Finanzen des Landes zu erneuern oder auch nur das Bestehende grundlegend zu reformieren und es gesunden zu lassen. Dazu waren sie auch nicht in der Lage. Ihr Denken war zu sehr auf die glänzende Fassade der Gegenwart, auf die Traditionen der Vergangenheit, nicht aber auf die notwendigen Erfordernisse der Zukunft gerichtet. Die Konsequenzen ihres Handelns durchschauten sie nicht und leisteten damit den ihnen möglichen Beitrag, um das Land an den Rand des Ruins und das System des Absolutismus selbst ad absurdum zu führen.

Bilanzen

Zieht man also das Resümee der 45 Regierungsjahre des bayerischen Kurfürsten Max Emanuel, das heißt 45 Jahre der bayerischen Geschichte, so wird schwerlich jemand behaupten können, daß es in den Bereichen der bayerischen Wirtschaft und Politik einen wie immer gearteten wesentlichen Fortschritt gegeben hat. Vergleicht man die Situation Bayerns im Jahr 1726 mit dem Ausgangspunkt des Jahres 1679/80, so ist objektiv festzustellen, daß Max Emanuel bei seinem Regierungsantritt ein wenn nicht blühendes, so doch schuldenfreies, in sich ruhendes, altväterliches Staatsgebilde übernommen und 1726 einen wirtschaftlich und finanziell zerrütteten Territorialstaat seinem Sohn und Nachfolger KARL ALBRECHT hinterlassen hat. Die Hypothek wog um so schwerer, als sie von einer großen Zahl unerfüllter Träume und Ansprüche auf Erhöhung des Hauses begleitet war. Daher bedeutete Max Emanuels Tod keinen Einschnitt in der bayerischen Geschichte. Sein Nachfolger übernahm nicht nur die Schuldenlast, die katastrophalen Staats- und Finanzverhältnisse, sondern auch die Ansprüche seines Vaters auf das österreichische Erbe und die Kaiserkrone. Die Realisierung dieser Ansprüche mußte zwangsläufig zu neuen internationalen Verwicklungen führen. In KARL ALBRECHT und seinem unglücklichen Kaisertum (1742–1745) erfüllte sich letztlich das Schicksal Max Emanuels.

Alle wesentlichen Pläne des Kurfürsten waren gescheitert. Keinen einzigen Anspruch hatte er verwirklichen können. Was er in den letzten zehn bis elf Jahren seit seiner Rückkehr aus dem Exil getan hatte – eine gediegene Reichspolitik zu führen, die eigenen Interessen innerhalb des begrenzten Freiheitsraumes, den das Reich bot, zu verwirklichen –, entsprach nicht seinem Wesen. Es war eine durch die Umstände erzwungene Politik. Alle ihm wesensgemäßen und charakteristischen Ziele hatte Max Emanuel nicht erreicht.

Das Scheitern des Menschen und Politikers Max Emanuel lag

nicht ausschließlich in seiner Persönlichkeit begründet, sondern auch in den begrenzten Mitteln, die ihm zur Verfügung standen. In demographischer, wirtschaftlicher und gesellschaftlicher Hinsicht war Bayern keine Grundlage für eine europäische, eine Weltmachtpolitik. Max Emanuels Freiheitsspielraum, die Freiheit eines absolutistischen Fürsten, war wesentlich geringer, als sich der Kurfürst selbst zugestand. Je größer die Schwierigkeiten wurden, die er nicht überwinden konnte, um so mehr begann die Welt der Phantasie zu dominieren. Die notwendige Einsicht in die Realitäten, in die vorhandenen Möglichkeiten einerseits und die gesteigerten Hoffnungen auf den Aufstieg seines Hauses andererseits waren in keiner Weise mehr in Einklang zu bringen. Max Emanuel lebte schließlich mehr in einer Welt der Utopie, des schönen Scheins als in der Realität. Er entwarf Pläne für Königsschlösser, für Königskronen und Reiche, die er bei nüchterner Überlegung niemals verwirklichen konnte. Er führte Armeen in die Schlacht, die de facto nicht existierten. Ihm fehlten Maß und Regulativ. Er blieb immer Hausmachtpolitiker. Das zeigen seine Regierungsmaßnahmen vom ersten bis zum letzten Tag; das beweisen die Aussagen aller Diplomaten der verschiedensten Richtungen; das zeigen seine Briefe an seine Verwandten, nicht zuletzt an seinen Sohn und Erbprinzen KARL ALBRECHT.[1469]

Briefe Max Emanuels aus dem Jahre 1725 hat man als politisches Testament bezeichnet.[1470] Sie sprachen nicht von den Realitäten in Gesellschaft, Wirtschaft, Kultur, sondern nur von politischen Strömungen und Tendenzen, von großen Hoffnungen auf den Aufstieg seines Hauses und auf das österreichische Erbe, das bereits durch die Pragmatische Sanktion zu entschwinden drohte. Der Kurfürst hoffte trotzdem, die Parteiungen zwischen Spanien–Österreich und England–Hannover, Frankreich und Preußen zugunsten seines Hauses ausnützen zu können. Er äußerte sich nicht darüber, wie man die inneren Verhältnisse des Landes verändern müsse, um eine gediegene Finanz- und Wirtschaftspolitik betreiben zu können, sondern er setzte alle seine Hoffnungen auf die Subsidien fremder Mächte. Er sprach von einem unüberbrückbaren Gegensatz zwischen Bayern und Habsburg. Die Anerkennung dieses Gegensatzes »Bayern und Österreich stets conträr« führte während des ganzen Jahrhunderts zu einer Politik, die gegen den Nachbarn gerichtet war.[1471] Nicht Überwindung des Gegensatzes und Aussöhnung erschienen erstrebenswert, sondern die krampfhafte Suche nach Partnern, die gewillt waren, die Ansprüche Bayerns gegen Habsburg zu unterstützen. Es war ein System, das bereits in den politischen Überlegungen MAXIMILIANS I. zum Ausdruck kam, ebenso in CASPAR VON SCHMIDS »Historia« und das in gleicher Weise in Max Emanuels persönlichen Briefen und politischen Maßnahmen zu finden ist.

Trotz aller scheinbaren Sprunghaftigkeit in der politischen Entwicklung, in dem jeweiligen Bündniswechsel durchzieht eine klare Linie Max Emanuels Politik: Die Wiederherstellung des alten Glanzes seines Hauses, die Wiedergewinnung einer vollgültigen und außenpolitischen Souveränität, die nur durch ein Königreich oder Erhebung zum Kaiser seine Erfüllung finden konnte. Die Mittel und Wege zu diesem Ziel waren verschieden und wechselten wie Oper, Schauspiel und Feste. Das Ziel war immer das gleiche. Max Emanuels Blick ging teils nach vorwärts: Er konzipierte Zukunftspläne gigantischen Ausmaßes. Zum Teil ging sein Blick nach rückwärts. Denn die Rechtfertigung für seine Zukunftspläne fand er in der Vergangenheit. Die Wiederherstellung des sogenannten bayerischen Königtums, wie es in archaischer Zeit bestanden haben soll, war seine große Hoffnung: die Wiederherstellung des guten alten Zustandes, der alten Rechte. In diesem Sinn dachte er noch mittelalterlich genauso wie seine Umgebung. Denn der Barock fand die ihm wesensgemäßen Darstellungsformen im Rückgriff auf Traditionen, nämlich Traditionen der durch die Brille der Renaissance gesehenen Antike, der Götter- und Heroengestalten der griechischen und römischen Sagen, der Helden des Alten Testaments, der Heiligen und Könige des frühen Mittelalters. In der bildenden Kunst wurden sie dargestellt, jedoch im neuen Gewand des Barock. Die gebändigte Kraft und Spannung auszuhalten, war schwer, ebenso den Extremen standzuhalten. Deshalb fiel man von einem Extrem ins andere. Der französische Historiker ROBERT MANDROU nannte das Zeitalter des Barock aufgrund seiner wirtschaftlichen, gesellschaftlichen und politischen Spannungen ein »tragisches Zeitalter«.[1472] Max Emanuels Tragik bestand in der Verstrickung in die absolutistische Ideologie der Zeit, der er nicht gewachsen war und die er letztlich nicht zu bewältigen vermochte.

Politik bedeutete für ihn nicht Verwirklichung des Möglichen und Notwendigen, sondern Einsatz aller Mittel zugunsten einer nicht genau definierbaren, unbekannten Zukunft, des Traumes vom Königtum.

Das Zeitalter des Barock und Rokoko hat in Bayern großartige Bauleistungen hervorgebracht, bedeutende Kunstschöpfungen und Musikwerke[1473] sowie eine vor allem im 18. Jahrhundert mit der Frühaufklärung[1474] beginnende rege Wissenschaftspflege. Doch wenn man, vom äußeren Goldglanz der Kunst, der Schlösser, dem Pathos absolutistischer Staatsideologie absieht und auf die tieferen Schichten und Kräfte vorstößt, ist das Scheitern der Politik Max Emanuels sehr wohl zu verstehen.

Max Emanuel lebte in einer Zeit der Krise, des beginnenden Umbruchs in Gesellschaft, Wirtschaft, Kultur und Politik. Allerdings waren noch viele Formen von Wirtschaft und Gesellschaft mittelalterlich in ihren Grundstrukturen. Der Merkantilismus kam erst in Ansätzen zum Durchbruch. Die Situation des breiten Volkes war vom Autoritäts- und Obrigkeitsdenken, von passiver und mangelnder politischer Eigeninitiative gekennzeichnet. Jede Eigenverantwortlichkeit wurde ja bewußt gehindert. Der Untertan sollte nicht allzuviel denken und nachdenken über die Zustände im Land. Er war Zuschauer bei den großen Festen, die die führenden Gesellschaftsschichten in Szene setzten. Neue Impulse für Wirtschaft und Gesellschaft verfügbar zu machen, war schwierig. Denn das zerrüttete Staats- und Finanzwesen hätte nur durch außerordentliche Initiativen verbessert werden können. Die Beamten waren nicht in erster Linie auf die Hebung des Volkseinkommens bedacht, sondern sie beschränkten sich darauf, das Land zu verwalten und Steuern einzutreiben.

Jede gesellschaftliche Gruppe, der Adel, die Prälaten, die privilegierten Bürger in Städten und Märkten, die Gebildeten, die Handwerker, die Bauern und Tagelöhner lebten in einem Ständestaat, der noch nicht in Frage gestellt wurde. Man war überzeugt, daß das bestehende System unauflöslich sei, transzendental legitimiert. Jede Gruppe lebte aus eigenen Traditionen, lebte mit ihren besonderen Bräuchen, ihrer der bodenständigen Kultur verhafteten Denk-, Verhaltens- und Arbeitsweise. Wer Privilegien besaß wie die Stände, versuchte diese Privilegien gegenüber dem die Omnipotenz beanspruchenden Staat zu retten. Opposition war möglich, aber sie war nicht schlagkräftig organisiert. Den einzelnen Gesellschaftsschichten wie der Gesellschaft insgesamt fehlte es an Solidaritätsbewußtsein. Neuerungen waren oftmals von vornherein suspekt, es sei denn, man konnte sie auf das gute alte Herkommen zurückführen. Der Bauer wehrte sich gegen neue Anbaumethoden wie etwa einer Intensivierung des Kartoffelanbaues, um des Hungers Herr zu werden; er lehnte auch eine Intensivierung des Feldfruchtbaues und der Wiesenkultur ab. Der städtische Handwerker wandte sich gegen die Auflösung der Zünfte, obgleich sie den gegebenen Ansprüchen und Umständen nicht mehr voll entsprachen; aber etwas Besseres wußte man noch nicht an ihre Stelle zu setzen. Entscheidend war das Auskommen, die eigene Existenzsicherung. Man bevorzugte traditionelle Gewohnheiten gegenüber Experimenten jeglicher Art. Gesellschaft und Staat bildeten noch eine Einheit, wer immer an seiner Spitze stehen mochte, der Kurfürst oder der Kaiser. Entscheidend waren die inneren Spannungen zwischen und innerhalb der einzelnen gesellschaftlichen Gruppen, nicht der Dualismus: absolutistisches Fürstentum auf der einen und Stände auf der anderen Seite. Denn die bayerischen Stände waren bereits zu sehr in den Untertanenverband eingegliedert, als daß sie dem jeweils herrschenden Fürsten hätten gefährlich werden und seine herrscherliche Vollgewalt beschneiden können. Spannungen traten vielmehr auf zwischen dem mittelalterlichen Gesellschaftssystem als ganzem und dem nach größtmöglicher Effektivität strebenden absolutistischen Fürstentum. Beide waren einander zugeordnet, und der Fürst behauptete von sich, er allein vertrete das Gemeinwohl, nicht mehr die Stände.[1475] Als der bayerische Kurfürst über zehn Jahre außer Landes im Exil weilte, brach das Staatswesen keineswegs zusammen, es funktionierte wie eh und je. Die lokalen Gewalten – die Stände beherrschten ebenso wie die landesherrlichen Beamten ihre Untertanen – vermochten sich zu halten. Die Gewohnheiten, die Traditionen, die Interessen der einzelnen Gruppen waren noch so stark, daß die oberste Verwaltungsspitze ausgetauscht werden konnte, ohne daß sich in Gesellschaft und Staat irgendetwas geändert hätte. Durch seine Tauschpläne und durch sein Exil bewies Max Emanuel seine Entbehrlichkeit.

Die wenigsten bayerischen Untertanen kannten den Fürsten.

Sie wußten nicht, wie er aussah, welche Pläne er hatte, welche Hoffnungen er hegte, wie er Bayern in seinem Spiel um Ehre, Ruhm und Macht einzusetzen bereit war. In den entlegenen Dörfern waren Pfarrer, Amtleute, Kleinhändler, Wirte die einzigen Kommunikationsträger. Die Gerichte waren, abgesehen vom Halsgericht, nicht unmittelbar vom Landesherrn abhängig, sondern von den lokalen Herrschaftsträgern. Der Untertan patrimonialer Gewalten lieferte seine Abgaben in Naturalien und Geld natürlich nicht an den Fürsten, sondern an den jeweiligen Amtmann. Der Rentmeister, der durch seine jährlichen Umritte die Untertanen vor der Willkür lokaler Herrschaftsträger hätte schützen und damit im Auftrag des Fürsten die Verbindung von Untertan und Fürst verbürgen sollen, konnte nur selten Verbesserungen einführen, die auf die Dauer Erfolg gehabt hätten. War der Rentmeister – vorausgesetzt er war überhaupt gekommen – wieder abgereist, dann kümmerte sich niemand darum, ob seine Empfehlungen, Wünsche oder gegebenenfalls Anordnungen tatsächlich befolgt wurden. Auch sorgte sich niemand darum, ob die neuesten Erlasse der Münchener Zentrale in die Tat umgesetzt wurden. Wer konnte überprüfen, ob die Beamten diese Erlasse mißachteten, vernachlässigten oder überhaupt vergaßen, wenn sie sich davon keinen Nutzen versprachen? Maßgebend war immer der nahe lokale Herrschaftsträger, der Adelige, Ritter, Geistliche, Prälat, Magistrat, Grundbesitzer, Beamte, nicht der ferne Landesherr.

Schon aus diesen Umständen ist ein spontaner Aufstand der bayerischen Untertanen zugunsten des Fürsten völlig unerklärlich, obwohl man dies bisher zu erklären versuchte. Der Untertan konnte nur innerhalb festgefügter Bindungen zu größeren Aktionen kommen. Diese mußten mit dem Hinweis auf das gute alte Recht und das gute alte Herkommen begründet werden. Schließlich konnte nur eine allgemeine Krisensituation, die Bedrohung der eigenen Existenz zu dieser extremen Bewegung, wie sie ein Aufstand immer darstellt, führen. Nur wenn die Grundlagen des Lebens und des Menschseins in Frage gestellt sind, dann ist ein Aufstand wie jener des Jahres 1705/06 gegen die totale Ausbeutung durch die kaiserliche Besatzungsmacht möglich und in sich gerechtfertigt. Der Aufstand von 1705/06 war daher nicht in erster Linie ein Aufstand gegen den Kaiser zugunsten der wittelsbachischen

Dynastie, sondern ein Aufstand aufgrund einer gesellschaftlichen und wirtschaftlichen Notsituation. Den Aufstand trugen jene, deren Existenz gefährdet war, nicht jene, die für eine wie immer geartete Legitimität der ehemaligen Herrschaftsverhältnisse stimmten. Die Aufständischen wandten sich gegen jene, die ihre Existenz bedrohten: die kaiserlichen Soldaten ebenso wie die bayerischen Beamten und die Münchener Administration.

Die Regierungszeit Max Emanuels ist daher von einer allgemeinen schweren Krisensituation gekennzeichnet. Der Aufstand ist ein Symbol dafür. Auf wirtschaftlichem Gebiet setzte eine Stagnation nicht zuletzt infolge der verfehlten fürstlichen Politik ein. Die wirtschaftlichen Schwierigkeiten aber wurden noch durch die finanziellen übertroffen. Bereits seit Ende der achtziger Jahre mogelte sich die Regierung beständig am Staatsbankrott vorbei. Die vorhandenen Mittel und die Steueraufkommen reichten bei weitem nicht aus, die notwendigen Gelder für eine expansive Außenpolitik aufzubringen. Die Krisensituation war um so schwerer zu meistern, als weder Max Emanuel noch seine Räte von Nationalökonomie das Geringste verstanden. Man lebte von der Hand in den Mund und häufte Schulden auf Schulden. Die demographischen Faktoren und die geringe Wirtschaftskraft, die nicht exportorientiert, sondern vor allem auf die eigene Versorgung ausgerichtet war, wurden von der Regierung nicht beachtet. Die Bevölkerungszahl stieg nur in geringem Maß an, jedoch wurden dem Volk Steuern, Abgaben und Rekruten in unvergleichlich höherem Maße als zur Zeit FERDINAND MARIAS abverlangt. Die Ressourcen des Landes genügten nur, um den Status quo des Jahres 1679/80 aufrechtzuerhalten. Für jede expansive Politik fehlten Menschen, Material, Ressourcen, Geld, Geld und nochmals Geld. Das zeigten die Türkenkriege, die das Leben von 30000 Bayern, zahlreiches Material und insgesamt 22 Millionen Gulden kosteten und dem Land und seinen Bewohnern faktisch keinen Nutzen brachten mit Ausnahme der Befreiung Wiens des Jahres 1683, wodurch auch die Gefahr eines türkischen Vordringens nach Deutschland abgewehrt wurde. Dies war auch der Hauptgrund für die sog. Schwenkung der bayerischen Politik von der Orientierung nach Frankreich auf Österreich gewesen, nicht persönliche Überzeugungen und Meinungen des Fürsten.

Max Emanuel und seine Regierung – dies gilt für beide in gleichem Maße – stellten die Realitäten zu wenig in Rechnung. Sie waren überzeugt, daß sie mit dem Land alles tun konnten, was dem Prestige des Hauses und des Fürsten nützte. Die Eigengesetzlichkeiten von Wirtschaft und Gesellschaft kannten sie nicht oder mißachteten sie. Auf diese Weise förderten sie die innere Unsicherheit. Das Volksvermögen war nicht allzu groß, und das Volkseinkommen beruhte vornehmlich auf der Arbeit des Bauern und Handwerkers. Land und Leute wurden für Ziele eingesetzt, die nicht die ihren waren. Die Menschen konnten diese Politik nicht verstehen. Die Leistungen der Untertanen für das persönliche Wohl des Kurfürsten, für seine Unternehmungen in Ungarn, Italien, am Rhein, in den Niederlanden überforderten die Kräfte des bayerischen Volkes bei weitem.

Der Einsatz Bayerns in den Jahren 1702–1704 war von vornherein aussichtslos. Obwohl Max Emanuel diese Aussichtslosigkeit voraussah, setzte er Leben, Gut und Opferbereitschaft seiner Untertanen bewußt aufs Spiel, um ein fernes Königreich zu gewinnen. Die Leistungsfähigkeit von 1 100 000 Bewohnern Bayerns und der Oberpfalz reichte nicht aus, um gegen Habsburg (19,5 Millionen Einwohner), das Reich (ohne Bayern 23 Millionen Einwohner), Holland (2 Millionen Einwohner), England (7 Millionen Einwohner) antreten zu können. Die Machtentfaltung war künstlich, beruhte auf fremden Subsiden, die nicht genügten, nicht immer rechtzeitig eintrafen und nur zum Teil für den vorgesehenen Zweck verwendet wurden. Die Hilfe Frankreichs war aufgrund der allgemeinen wirtschaftlichen, finanziellen, militärischen und politischen Möglichkeiten des Königreiches nicht unbegrenzt. Die Gegner konnten Bayern wirtschaftlich schädigen, politisch isolieren und militärisch einkesseln. Sein Zusammenbruch war nur eine Frage der Zeit. Es ist kein Zufall, daß Max Emanuel und seine Räte als Besiegte starben. Sie bauten auf eine Machtfülle, über die sie bei realer Einschätzung der Lage nicht verfügten. Sie waren Gefangene des absolutistischen Systems, das nach Unabhängigkeit im Inneren und nach außen drängte, nach Souveränität, nach Vergrößerung und Expansion. Das Reich aber war noch festgefügt, das europäische Staatensystem vorgegeben, auch wenn das spanische Erbe Modifikationen in begrenztem Maße zuließ.

Die einzige Chance für die Übernahme des spanischen Erbes

bestand darin, daß die Holländer und Engländer, die um die Unabhängigkeit ihrer Länder fürchteten, wenn Spanien an eine Großmacht wie Habsburg oder Bourbon kam, einem schwachen Prätendenten dieses Erbe zugestanden. Mit dem Tod des Kurprinzen JOSEPH FERDINAND aber war diese Interessenkonstellation zerstört. Die vielfältigen Versuche Max Emanuels, trotzdem noch an der Aufteilung des spanischen Erbes beteiligt zu werden, mußten scheitern, da im Grund niemand ein Interesse haben konnte, den bayerischen Kurfürsten außerhalb Bayerns zu installieren. Paris und Wien betrachteten Bayern als Pufferstaat, den sie infolge seiner geopolitischen Lage gegeneinander einsetzen konnten. Als Vasall des Reiches konnte Max Emanuel die Streitkräfte des Reiches und des Kaisers im Krieg gegen Frankreich verstärken, und im umgekehrten Fall konnte Bayern aufgrund seiner Verbindungen mit Paris der kaiserlichen Politik einige Hindernisse in den Weg legen.

Nur diese Interessenlage bewirkte, daß Bayern überhaupt von relativer Bedeutung war. Sie entfiel in dem Augenblick, als der bayerische Kurfürst eine Herrschaft außerhalb seines angestammten Landes erstrebte. Die Rückkehr aus seinem Exil verdankte Max Emanuel nicht seinem diplomatischen Geschick und seiner persönlichen Wendigkeit, sondern allein dem Interesse Frankreichs, das in weitreichender Voraussicht Bayern wiederum zu gegebener Zeit gegen Habsburg agieren lassen wollte. Außerdem waren weder Paris noch irgendein Reichsstand an einer Vergrößerung Habsburgs durch die Angliederung Bayerns interessiert.

Beide, Paris und Wien wünschten keine übermäßige Machtvergrößerung Bayerns. Max Emanuel sah dies nicht ein; er fragte auch niemals, ob seine Interessen im Einklang mit jenen des Partners stünden. Er versuchte nur, sich den Partner dienstbar zu machen und ihn auf seine Linie zu verpflichten. Er bedachte nicht, welchen Nutzen Frankreich davon haben könnte, wenn er sich etwa nach Neapel, Sizilien oder Sardinien begäbe, um dort königlich zu residieren. Im Interesse des französischen Königs lag nur der Status quo des Jahres 1679/80 oder im Höchstfall eine beschränkte territoriale Vergrößerung Bayerns.

Max Emanuel war im tiefsten Innern unzufrieden mit dem, was er ererbt hatte. Er strebte nach Höherem. Seine Eltern, die Traditionen seines Hauses, die bayerischen Politiker, Staatstheoretiker und Juristen vor allem, Hofhistoriographen nicht zuletzt, hatten ihm die Ziele seines Lebens vorgezeichnet, genauso wie es bei vielen anderen Fürsten auch der Fall war. Aber jede Expansionspolitik stößt an die Grenzen der Nachbarn und ruft deren Widerstand hervor. In Gedanken schon ein König und Souverän, blieb Max Emanuel stets den Gesetzen des Römischen Reiches unterworfen. Ruhm, Ehre, Größe konnten zwar erstrebt, aber nur in beschränktem Maße erreicht werden. Feldherrngröße errang Max Emanuel nicht. Dagegen wurde ihm der Schlachtenruhm eines mitreißenden Truppenführers und tapferen Soldaten in reichstem Maße zuteil. Seine Erfolge gegen die Türken beruhten auf der Offensive, auf Attacke, Sturm und Angriff. Die Strategie der Defensive war ihm im militärischen Bereich ebenso wie im zivilen fremd. Er zählte nicht zu jenen Feldherrn wie PRINZ EUGEN, LUDWIG VON BADEN, der HERZOG VON MARLBOROUGH oder Marschall VILLARS, die die Strategie der Offensive und Defensive gleichwertig beherrschten. Denn zu Max Emanuels Zeiten führte man Kriegszüge nur einmal im Jahr offensiv, um, wenn möglich, eine Entscheidungsschlacht zu erzwingen. Die übrigen Monate waren durch Märsche und Gegenmärsche, durch taktische Manöver ausgefüllt mit dem Ziel, den Gegner zu zermürben, zu ermüden, die feindlichen Kräfte zu zerstreuen. Diese Taktik haßte Max Emanuel; auch dies ist ein Symbol seiner ungestümen und ungebändigten Kraft. In gleicher Weise, wie er die Realität der Wirtschaft und der Finanzpolitik in den Hintergrund drängte, so unterschätzte er die Gesetze der Logistik bei seinen kriegerischen Unternehmungen. Das Ideal eines kämpfenden Ritters zu verwirklichen, persönlichen Einsatz zu wagen, diese Ziele waren ihm wesensgemäß.

Max Emanuel hatte ein besser verwaltetes, wohlhabenderes und in sich befriedetes Bayern übernommen, als er seinem Sohn hinterließ. Was er selbst nicht erreicht hatte, wünschte er seinem Nachfolger. Entscheidend war nicht, daß seine Regierung ebensowenig wie alle vorhergegangenen keinerlei Bevölkerungspolitik betrieb, sondern daß sie die Kräfte des Volkes überbeanspruchte. Es konnte seinen Illusionen nicht folgen und seinen Ansprüchen nicht gerecht werden. Beide waren letztlich voneinander enttäuscht. Max Emanuel arbeitete mit Geld, das er nicht besaß, schickte Truppen ins Feld, die nicht der Sollstärke entsprachen, er jonglierte mit Territorien, die ihm nicht gehörten, und Königskronen, die er sich erträumte. Das Elend der breiten Masse übersah er wie alle Fürsten seiner Zeit. Die Unterschichten wurden stets vergessen. Für das Volk interessierte man sich nur insoweit, als man Steuern und Abgaben von ihm verlangte. Die Not des größten Teiles der bayerischen Bevölkerung war, an den zur Verfügung stehenden Mitteln gemessen, zu groß. Der Krieg, der Hunger, die Teuerungen, die Epidemien, die Krankheiten, die Überbeanspruchung der Arbeitskraft, mangelnde technische Hilfsmittel trugen das Ihrige zur allgemeinen Depression bei.

Daher kennzeichnet ein permanenter Abstieg die gesamte Epoche Max Emanuels. Er übernahm bei seinem Regierungsantritt volle Staatskassen und ließ bei seinem Tode nicht nur leere Staatskassen, sondern darüber hinaus zahllose Schulden in Millionenhöhe zurück. Die Mißwirtschaft begann mit den Türkenkriegen, setzte sich fort anläßlich des niederländischen Abenteuers und des spanischen Erbfolgekrieges und erreichte ihren Höhepunkt während der Zeit der österreichischen Besatzung. Die Ansprüche von Seiten der Regierung und der Herrschenden gegenüber den Untertanen wurden laufend gesteigert. Man verlangte Naturalien, Geld, reguläre und Sondersteuern, die Stellung von Rekruten und Kriegsmaterial zum Einsatz. Das Land diente einzig als Ausbeutungsobjekt. Nichts wurde investiert. Nur wenige Neuerungen wurden eingeführt, und diese nur mit halbem Herzen. Die Epoche Max Emanuels war für den größten Teil der bayerischen Bevölkerung eine Zeit des Leidens, der Kriege, der Existenznot, eine Zeit allgemeinen Elends. Um so mehr suchte der Fürst sein Glück in Illusionen und Träumen.

Die wirtschaftlichen, finanziellen und gesellschaftlichen Spannungen in dieser Zeit fanden ihren adaequaten Ausdruck in den politischen Spannungen, den Verhältnissen am Hof und der Persönlichkeitsstruktur des bayerischen Kurfürsten. Sein Horizont umfaßte nur eine politische Vorstellungswelt, die West- und Mitteleuropa betraf. Das Reich der Moskowiter, Asien, Nord- und Südamerika existierten in dieser Welt nicht. Auch das Volk existierte nicht als eigene politische Größe, sondern nur als eine vom Fürsten abhängige relative Größe. Die Entwicklungstendenzen und die eigengesetzlichen Kräfte der Wirtschaft und Gesellschaft, wie sie besonders in England und Holland deutlich wurden, erkannte

Max Emanuel nicht. Mögliche Gegenkräfte und die Opposition in den Niederlanden vermochte er letztlich nur durch den Einsatz militärischer Macht zum Schweigen zu bringen. Die Niederlande liebte er, weil ihre wirtschaftlichen und gesellschaftlichen Strukturen in manchen Bereichen anders als im bayerischen Territorium ausgeprägt waren: beweglicher, offener, weltmännisch. Doch daraus lernte er nicht. Nach seiner Rückkehr nach Bayern im Jahr 1701 bzw. 1715 brachte er keine der Errungenschaften mit, wie sie die Niederlande, besonders aber Holland und England auszeichneten. Hätte er wirklich die Gegebenheiten durchschaut, so wäre er mit einer Fülle von Reformvorschlägen nach Bayern zurückgekehrt.[1476] Doch Bayern interessierte ihn nur wenig. Er blieb ein Fürst des Absolutismus. Daher war stets LUDWIG XIV. und nicht WILHELM VON ORANIEN sein Vorbild. Er lebte in einer Welt des barocken Glanzes und war überzeugt, das Volk würde ihm in allem folgen und allen seinen Taten applaudieren, wie es seinen Siegen über die Türken applaudiert hatte. Das Bild des Türkensiegers ist geblieben. Alles andere versuchte man zu vergessen.

Die psychologische Situation war eindeutig. Mit siebzehn bzw. achtzehn Jahren zur Alleinregierung gelangt, nahm der junge Kurfürst sofort die Zügel der Regierung in die Hand und begann sogleich sein eigenes Regiment. Der bisher leitende Staatsmann CASPAR VON SCHMID war aufgrund seiner frankreichfreundlichen Politik und seines – absoluten – Regierungsstils am ganzen Münchener Hof in Ungnade gefallen. Allgemein wurde deshalb begrüßt, daß anstelle des Premierministers nunmehr der Fürst regierte. Diese Emanzipation des jungen Max Emanuel schien zugleich eine Änderung der Regierungsgrundsätze zu bedeuten. Jedermann hoffte, daß fortan den politischen Kräften am Hof eine größere Freiheit der Mitsprache eingeräumt werde. Entscheidungen sollten nicht mehr von einem Minister abhängig sein. Doch bald begann Max Emanuel, seine Räte zu ignorieren und selbst alle Angelegenheiten zu regeln. Man mußte sich direkt an den Fürsten wenden, nicht mehr an seine Räte, um irgendetwas zu erreichen. Es war der nämliche Vorgang, den Frankreich nach dem Tode MAZARINS erlebte.

Für Max Emanuel war es ein berauschendes Gefühl der Macht, plötzlich und überraschend an erster Stelle im Staatswesen und in der Gesellschaft zu stehen, endlich etwas Großes zu wirken und Geschichte zu machen, auf jede Weise zu glänzen. Es gab genug Schmeichler, die seine Fähigkeiten lobten, und überzeugte Anhänger, die von ihm überragende Leistungen erwarteten. Die Triebfeder seiner Handlungen war nicht der Wunsch, die bestehenden Mißstände zu beseitigen und statt dessen Reformen durchzuführen, sondern sein Ehrgeiz ging dahin, bewundert zu werden um seiner selbst und seines Hauses willen, um als großer Herrscher von der Mit- und Nachwelt gerühmt zu werden.

Max Emanuel war den von seiner Umgebung an ihn gestellten Forderungen nicht gewachsen. Statt Überlegenheit auszustrahlen, überwältigte ihn eine nervöse Hast, mit der er eine Aufgabe nach der anderen in Angriff nahm. Dabei gelang es ihm nur selten, seine Vorhaben erfolgreich zu verwirklichen und alle vorhandenen Widerstände zu überwinden; vielmehr suchte er immer nach neuen Wegen, um zu seinem Ziel zu gelangen. Genauso wie er in der Kindheit von den verschiedensten Bezugspersonen beeinflußt wurde, so war er auch als Erwachsener stets den verschiedensten Einflüssen zugänglich. Dies erklärt die scheinbare Sprunghaftigkeit in seinen Entschlüssen und Handlungen, den Widerspruch zwischen Absicht und Wirklichkeit und sein Bestreben, alles selbst auszuführen. Denn man hatte ihm beigebracht, daß er die Dinge besser wisse als alle anderen. Im Grunde konnte er keine eigenständige, sich selbst genügende Kraft neben sich dulden. Daher brauchte und wollte er keinen Premierminister. Er war stets Oberhaupt des Landes, Herrscher, Minister und erster Ratgeber zugleich. Er war erste und letzte Instanz. Nur GRAF BERGEYCK konnte in den Niederlanden eine Zeitlang neben ihm bestehen. Das Zerwürfnis zwischen beiden Männern aber konnte nicht ausbleiben.

Es gab kein Gebiet, in das Max Emanuel nicht selbständig eingriff. Doch um wirklich erfolgreich zu sein, fehlten ihm, ebenso wie vielen seiner Räte, Kenntnisse, Talente, Überblick, Ruhe und Überlegenheit. Kurz, er war wie jeder Fürst seiner Zeit de facto kein Übermensch, kein Heros, kein Gott, auch wenn Allegorien und Symbole ihm diese Eigenschaften zulegten. Denn die vorhandenen Probleme waren zu vielschichtig, als daß ein einzelner sie alle zu lösen vermocht hätte. Bayern war in das europäische Kräftefeld eingebettet, so daß der Fürst und seine Ratgeber nicht in der

Lage waren, die Geschicke der Politik allein zu bestimmen. Sie mußten sich einfügen in das vorhandene Polypol. Dies aber wollten sie nicht oder taten es nur widerstrebend und gezwungenermaßen.

Infolge des Gottesgnadentums[1477], das am Münchener Hof wie anderswo viel gepriesen wurde, war eine Einsicht in die Beschränktheit des menschlichen Handelns nicht zu erwarten. Erst schwere Fehlschläge konnten, was übermäßige Ansprüche betraf, eine vorübergehende Bescheidenheit hervorrufen. Dies war um so schwieriger, als die Formen höfischen Dekors, der höfischen Etikette und vor allem die unterwürfige Verehrung aller, die sich um den Herrscher drängten, jedem absolutistischen Fürsten die Vorstellung und die Überzeugung beibrachten, über alle Menschen und über die Natur erhaben zu sein. Das Volk und die Diener näherten sich in demütiger Haltung, sie kamen gebückt und gingen gebückt und zeigten keinerlei Selbstbewußtsein. Außerdem hatte die einzig mögliche Opposition, die Stände, keine entscheidende Macht mehr, um als Regulativ in Gesellschaft und Politik zu wirken und Auswüchse zu bekämpfen. Wenn sich die Opposition in Bayern dennoch bei starker Bedrohung von außen hervorwagte, dann hielt sie ängstlich den Schein aufrecht, keineswegs die Person des allwissenden Herrschers, seine Anschauungen und seine Politik bekämpfen oder auch nur behindern, sondern nur ihre »unmaßgeblichen« Gedanken äußern zu wollen, damit niemand sagen könne, wenn das voraussehbare Unglück eintrete, man hätte versäumt, rechtzeitig zu warnen. Der den wirklichen Verhältnissen unangemessene Prunk und auch die Verschwendung, die jeder absolutistische Fürst gleichsam als eine Verpflichtung ansah, schließlich die Welt des schönen Scheins verunmöglichten jedes natürliche Urteil über die Grenzen der eigenen Macht und Stellung. Der Fürst glaubte alles erreichen zu können, selbst mit fragwürdigen Mitteln. So ist es nicht verwunderlich, daß in kürzester Zeit alle Gelder, die FERDINAND MARIA als patriarchalischer Verwalter des Wittelsbachischen Erbgutes angehäuft hatte, aufgebraucht waren. Darüber hinaus mußten Verwaltung und Regierung zu Gewaltmaßnahmen gegenüber dem Volk greifen, um laufend neue Einnahmen zu eröffnen und die Zinsen für die ungeheuren Schuldenlasten aufzubringen.

Die schillernde Herrschergestalt Max Emanuels, der an seine heroische Bestimmung glaubte, selbst noch in der Zeit des Exils ohne Macht und ohne Geld, ist der Typus eines absolutistischen Fürsten, der sich LUDWIG XIV. zum Vorbild nahm. Gemäß dem geheimen Gesetz, das dem Menschen keine Nachahmung erlaubt, ohne sie mit einer Übertreibung zu verknüpfen, führte die Übersteigerung des absolutistischen Herrschergedankens an den Höfen der deutschen Fürsten zuweilen zu Künstlichkeit und sogar zu Überheblichkeit, die die Realität mißachtete und den Schein über die Wirklichkeit stellte.

Nicht nur die in den zahlreichen Quellen überlieferten politischen Zielsetzungen, auch die riesigen Bauten und Bauprojekte Max Emanuels dokumentieren die Herrschervorstellung dieses absolutistischen Fürsten. Während er seine politischen Ziele im wesentlichen nicht verwirklichen konnte, war sein fürstliches Eintreten für Kunst und Künstler, sein Mäzenatentum von großem und dauerhaftem Erfolg gekrönt. Dieses Engagement stand im Dienste herrscherlicher Repräsentation.

Gebunden durch ein Gelöbnis der Kurfürstin HENRIETTE ADELHEID und um die Ankunft des Erbprinzen auf Erden gebührend zu feiern, hatten seine Eltern mit dem Bau der Theatinerkirche in München begonnen (1663). Sie ist ein Werk, das aus fürstlicher Willensentscheidung errichtet wurde, ein Programmbau, der den Hochbarock in Bayern inaugurieren sollte. Die Ausstattung des Baues mutet oberitalienisch an. »Die Bedeutung der Theatinerkirche liegt darin, daß sie in Süddeutschland das katholische Kirchenschema der Neuzeit in exakter, schulmäßiger, italienischer Durchführung vor Augen stellt« (HAUTTMANN). Die Fassade, ursprünglich ohne Türme und nur im Rohbau erstellt, erhielt erst unter Max Emanuel die beiden Doppeltürme (im Jahre 1690). Vollender des Werks, das von AGOSTINO BARELLI entworfen und von ENRICO ZUCCALLI ab 1676 fortgeführt wurde, war FRANCOIS CUVILLIÉS.[1478]

Durch seine savoyische Mutter HENRIETTE ADELHEID der italienischen Kunst verpflichtet, dominierte in den ersten Regierungsjahren Max Emanuels der Einfluß italienischer Künstler am Münchener Hof. So inszenierten zum Beispiel AGOSTINO STEFFANI und zahlreiche seiner Mitarbeiter 1686 die Oper »Servio Tullio«, musikalisch ein Hauptereignis barocker Opernkunst. Nachdem eine Reihe von Intrigen STEFFANI vom Münchener Hof vertrieben hatte, erhielt PIETRO TORRI Auftrag über Auftrag.[1479] Zu den Vermählungsfeierlichkeiten KARL ALBRECHTS mit der Kaisertochter MARIA AMALIE schuf TORRI die Oper »Adelaide«. Sie wurde am 18. Oktober 1722 aufgeführt. Am 21. Oktober folgte die Oper »I veri amici« von ALBIONI. Beide Stücke wurden mit riesigem Aufwand inszeniert und kosteten 200 000 Gulden.[1480]

Der Kurfürst selbst liebte und pflegte die Musik. Er blies die Flöte, ließ sich die Gambe überall hin nachtragen, spielte mit seinen Söhnen in der Kirche öffentlich Musik und verpflichtete FELICE DALL' ABACO, den zweiten großen italienischen Kammermusikmeister neben ARCANGELO CORELLI.[1481]

Während die Münchener Oper noch lange italienisch ausgerichtet blieb, hatte Max Emanuel schon längst begonnen, in Architektur und Malerei die französische Kunstrichtung vorzuziehen. Schon FERDINAND MARIA und ADELHEID hatten Verbindungen mit Paris gepflogen. So wurde 1668 der Münchener Kupferstecher C. GUSTAV AMLING zur Vervollkommnung seiner Technik nach Lüttich und nach Paris zu NICOLAS POILLY, dem geistreichen Bildnisstecher der damaligen Hofgesellschaft, geschickt. Ein Franzose, JEAN DE LA MONCE, arbeitete von 1670 bis 1696 in der Münchener Residenz. Ein Teil seiner Arbeiten wurde beim Residenzbrand des Jahres 1674 vernichtet. Er erneuerte sie später wieder.[1482]

Insbesondere zur Zeit seiner niederländischen Statthalterschaft kam Max Emanuel, der sich zu einem leidenschaftlichen Kunstsammler entwickelte, in engste Verbindung mit der holländischen und französischen Kunst. Allein der Ankauf der Sammlung GISBERT VAN CEULEN am 17. September 1698 in Antwerpen brachte 105 wertvolle Gemälde in seinen Besitz, davon zwölf Werke von PETER PAUL RUBENS, dreizehn von ANTHONIS VAN DYCK, vier von CLAUDE LORRAIN und acht von ADRIAEN BROUWER.[1483]

Im Jahre 1694 ließ Max Emanuel anläßlich seiner bevorstehenden Hochzeit mit der polnischen Königstochter THERESE KUNIGUNDE in der Brüsseler Residenz die neuen Zimmer der Kurfürstin nach französischer Manier mit Groteskenmalereien und hohen Spiegeln ausstatten, die ROBERT DE COTTE, ein Schüler von HARDOUIN-MANSARD, in Mode gebracht hatte. Den Umbau des in der

Nähe von Soignies gelegenen Jagdschlosses Marimont in den Jahren 1698/99 übertrug er zwar noch seinem aus Graubünden stammenden und lange Jahre in München tätigen Hofbaumeister ENRICO ZUCCALLI; doch war nicht zu übersehen, daß der französische Einfluß immer mehr zu dominieren begann. Der 1642 in Roveredo geborene ZUCCALLI gehörte einer weitverzweigten Künstlerfamilie aus Graubünden an, die als Architekten, Maler und Stukkateure in der zweiten Hälfte des 17. Jahrhunderts den italienischen Hochbarock in Süddeutschland wesentlich förderten und verbreiteten.[1484]

Für die Ausstattung des Schlosses Tervueren, das Max Emanuel von der Gräfin OLYMPIA DES SOISSONS, der in den Niederlanden im Exil lebenden Mutter des Prinzen EUGEN VON SAVOYEN, für 2000 Gulden jährlicher Pacht mietete, wurde der Maler GERMAIN BOFFRAND maßgebend. Er gestaltete auch die Innenräume der Brüsseler Residenz, in denen zuvor ENRICO ZUCCALLI gearbeitet hatte, weiter aus.[1485]

Max Emanuels große Liebe, AGNES FRANZISKA Gräfin ARCO, trat in den neunziger Jahren des 17. Jahrhunderts in engste Beziehungen zu den Pariser Künstlerkreisen. Sie empfahl Max Emanuel einen Meister wie den LE-BRUN-Schüler JOSEPH VIVIEN (1657–1735), der einer der berühmtesten Pastellmaler seiner Zeit war, ein Altersgenosse der FISCHER VON ERLACH, SCHLÜTER und JULES HARDOUIN-MANSARD. Seit etwa 1698 arbeitete VIVIEN ständig für den Kurfürsten. Auch JOSEPH CLEMENS von Köln band ihn für Jahre an seinen Hof. VIVIEN hinterließ das repräsentative Herrscherporträt des »Blauen Kurfürsten« im Küraß mit der großen Feldherrngeste und prägte schließlich auch das faszinierende Altersbild des im Unglück bewunderten Türkenhelden.[1486]

Auch MARTIN MAINGAUD wurde dem Kurfürsten von der Gräfin ARCO empfohlen. Er war in Brüssel und in München tätig. Bekannt sind seine Porträts, die Max Emanuels Kinder darstellen.[1487]

Das politische Streben Max Emanuels nach Ehre, Ruhm und Macht fand seinen adaequaten Ausdruck in seinen gewaltigen Schloß- und Residenzprojekten, die er neben dem Ausbau von Innenräumen der Münchener Residenz in Angriff nahm. Das früheste dieser Bauvorhaben war das im Jahr 1684 begonnene Jagd-

und Gartenschloß Lustheim im Park von Schleißheim. Architekt war ENRICO ZUCCALLI, den Max Emanuel allerdings kurz nach Baubeginn, am 18. Juli 1684, nach Paris zu Architekturstudien schickte; im März 1685 kehrte ZUCCALLI wieder nach Bayern zurück. Die Bauführung in Lustheim scheint unterdessen PHILIPP ZWERGER innegehabt zu haben. Im Jahre 1690 war das Schloß auch im Inneren soweit vollendet, daß der Kurfürst hier am 6. Februar eine große Galatafel für seinen Schwiegervater Kaiser LEOPOLD I. geben konnte. Doch wurde noch längere Zeit an diesem Schloß weitergebaut; auch Veränderungen gegenüber dem ursprünglichen Plan wurden vorgenommen.[1488]

Zu den wichtigsten Bauten Max Emanuels zählt das Neue Schloß von Schleißheim. Bereits nach den siegreichen Türkenkriegen, auf denen sich Max Emanuels Ruhm und internationales Ansehen gründeten, entstand der Plan, in Schleißheim ein neues, großartiges, nach dem Vorbild des Louvre im Viereck konzipiertes Schloß zu bauen, das sich an Pracht mit Versailles messen sollte. In ENRICO ZUCCALLI fand Max Emanuel den Meister, der befähigt schien, dieses monumentale Bauwerk zu realisieren. Die Achse für die gesamte Anlage war gegeben durch das Alte Schloß (errichtet durch Herzog WILHELM V. zwischen 1598 und 1600) und durch das Schloß Lustheim inmitten eines inzwischen angelegten weitverzweigten Kanalsystems, das nicht nur Lustfahrten auf schmucken Gondeln, sondern auch Materialtransporten diente und das Nymphenburg, München und Schleißheim miteinander nach holländischem und venezianischem Vorbild verbinden sollte.

Nach langwierigen und umfangreichen Vorbereitungen wurde im Jahr 1701 unter ZUCCALLIS Leitung mit dem Neubau in Schleißheim begonnen. Max Emanuel, der nach neunjähriger Abwesenheit in den spanischen Niederlanden wieder nach Bayern zurückgekehrt war, nahm die Grundsteinlegung vor. Er ließ die Arbeiten so sehr beschleunigen, daß bereits 1704 der Dachstuhl aufgesetzt werden konnte. Nach dem Einsturz der Ostwand des Vestibüls im Jahr 1702 mußte man sich allerdings bereits zu einer Planänderung entschließen. Ferner wurde statt den ursprünglich vorgesehenen zwei monumentalen Treppenanlagen nur eine ausgeführt. Der spanische Erbfolgekrieg beendete jäh die erste von ZUCCALLI geprägte Bauperiode. ZUCCALLI mußte 1704 den Bauhüttenschlüssel an die österreichische Administration abgeben. Der Rohbau stand verlassen da; die Künstler und Handwerker verloren Aufträge und Arbeit. Als der exilierte Kurfürst im Verlauf der Friedensverhandlungen von Rastatt und Baden einsehen mußte, daß er Bayern nicht gegen ein anderes Land austauschen konnte, reifte sein Entschluß, diese als Königsschloß konzipierte Anlage unverzüglich weiterzuführen. Noch im Exil ließ er 1714 von ROBERT DE COTTE, dem ersten Architekten LUDWIGS XIV., neue Bauprojekte ausarbeiten. Doch infolge der finanziellen Misere der bayerischen Lande mußte man auf die Verwirklichung dieser großzügigen Pläne ebenso verzichten wie auf die ursprünglichen Konzeptionen ZUCCALLIS. Nicht ZUCCALLI, sondern der in Paris geschulte Hofarchitekt JOSEPH EFFNER nahm im Jahr 1719 die Arbeiten wieder auf. Ein Heer von Künstlern, Handwerkern, Malern und Stukkateuren bevölkerte nun die lange Zeit verwaisten Räume.

EFFNER dirigierte das Vorhandene aus der italienischen in die französische Richtung, fügte dem im Rohbau bis auf das Dachgeschoß vollendeten Hauptbau zwei Pavillons mit verbindenden Galerien an. Die monumentale Zielsetzung der Gesamtanlage mußte eingeschränkt werden; um so mehr verwandte man alle Kraft auf die Innenausstattung. Für die Ausgestaltung der Innenräume standen JOSEPH EFFNER hervorragende Künstler zur Seite wie CHARLES DUBUT, JOHANN BAPTIST ZIMMERMANN, NIKOLAUS GOTTFRIED STUBER, JOHANN ADAM PICHLER, A. CHANEVESE. Das Treppenhausfresko schuf COSMAS DAMIAN ASAM, die Deckengemälde der Venezianer JACOBO AMIGONI. Zum Park hin liegen die Große Galerie und die Paradezimmer. »Die Grandezza eines späten bayerischen LOUIS XIV. weicht der Eleganz des frühen Rokokos«, stellt der Kunsthistoriker HERBERT SCHINDLER fest. Der inzwischen prächtig herangewachsene Park wurde ganz nach französischem Vorbild ausgerichtet, eingedenk der Lehren der modernen französischen Gartenarchitekten, wonach der Garten eine ins Freie fortgesetzte Architektur und einen unentbehrlichen Bestandteil der architektonischen Gesamtkomposition bildete.[1489] Im Jahre 1722 war das Schloß soweit ausgebaut, daß Max Emanuel die Vermählungsfeierlichkeiten seines Sohnes KARL ALBRECHT mit der Kaisertochter MARIA AMALIE hier abhalten konnte. Den Aufwand und Prunk dieser Tage bezeugen zeitgenössische Schilderungen.[1490]

Als nach dem Tode Max Emanuels der politische und finanzielle Ruin Bayerns nicht mehr zu übersehen und die Hoffnungen auf ein Königtum sich als vergeblich erwiesen hatten, ruhte der gewaltige, noch nicht vollständig eingerichtete Bau auf Jahrzehnte hin – ein Symbol unerfüllter Hoffnungen. Denn Max Emanuel hatte begonnen, Schleißheim zu einem Königsschloß auszubauen, ohne König zu sein, aber unbeirrt dem Traum anhangend, bald eine Krone tragen zu können. Schleißheim war somit als eine machtpolitische Demonstration entworfen.

Nicht zufällig gab Max Emanuel gleich zu Baubeginn auch die riesigen Schlachtengemälde in Auftrag. Im März 1702, also zu einer Zeit, als der Kurfürst gegen Habsburg rüstete, begann der 1665 in Ravensburg geborene und seit 1674 in München ansässige FRANZ JOACHIM BEICH[1491] seine Arbeit an diesen Gemälden. Sie kamen an den repräsentativsten Ort des Neuen Schlosses Schleißheim, in den Weißen Saal. Mit ihren ungewöhnlichen Ausmaßen von 515 cm Höhe und 970 cm Breite füllen sie die Flächen über den Durchgängen der beiden Schmalseiten fast gänzlich aus und tragen damit entscheidend zur Raumgestaltung bei. Als Max Emanuel in den Jahren 1702 bis 1704 seine militärischen Fähigkeiten auf die äußerste Probe stellte, wollte er seinen Ruhm als Kriegsherr, den er einst in den Türkenkriegen erworben hatte, von neuem verherrlicht sehen und seine Unüberwindlichkeit dokumentieren. Nicht die Schrecken des Kampfes, nicht die Kriegsfurie werden in diesen Bildern hervorgehoben, sondern die Stärke der siegreichen Armee und das Genie des Feldherrn demonstriert. Die lateinische Aufschrift auf dem Gemälde von der Befreiung Wiens am 12. September 1683 weist auf die traditionelle Rolle des Feldherrn als Miles christianus hin. Das Gegenstück zu diesem Gemälde schildert die Schlacht bei Mohács im Jahr 1687, in der Max Emanuel im Zusammenwirken mit LUDWIG VON BADEN einen entscheidenden Erfolg errang. Gezeigt wird die Wendung des Kampfes, als Max Emanuel den hart bedrängten Verbündeten zur rechten Zeit Rettung brachte, die Höhe des Berges Harsán einnahm und die Türken sich zur Flucht wandten. In diesem Gemälde werden der Mut und die Tapferkeit Max Emanuels verherrlicht, der als einer der letzten regierenden Fürsten persönlich am Kampfe teilnahm.[1492]

Nach der Niederlage des bayerisch-französischen Heeres bei

Höchstädt (1704) und der Flucht des Kurfürsten aus Bayern begab sich der Schöpfer dieser Gemälde, FRANZ JOACHIM BEICH, nach Italien, um die Kunst der italienischen Landschaftsmalerei und der großen Meister zu studieren. 1715 kehrte er wieder nach Bayern zurück.[1493] Er erhielt neuerdings von Max Emanuel wichtige Aufträge. So malte er in den Jahren 1718 bis 1723 die Lustschlösser des Kurfürsten für die Galerien des Schlosses Nymphenburg. Außerdem schuf er etwa von 1720 bis 1725 weitere Schlachtenbilder aus den Türkenkriegen für den Speisesaal, der unmittelbar an den Großen Saal anschließt und der nach diesen Gemälden den Namen Viktoriensaal erhielt. Dieser Bilderzyklus wurde zu einem wichtigen integrierenden Faktor des Viktoriensaales und steht unter den Gesetzen der Dekoration und zugleich der Repräsentation fürstlichen Selbstverständnisses. Die Ausstattung des Viktoriensaales, der als »einer der schönsten Innenräume des Barock« (LUISE HAGER) gilt,[1494] geht wie jene der übrigen Gemächer auf EFFNER zurück. Mit dem Tode Max Emanuels 1726 endeten die großen Aufträge des Hofes an BEICH. Bis zu seinem Tod im Jahr 1748 arbeitete er fortan vor allem im Auftrag von Adel und Bürgertum.

Auch die wesentliche und noch heute erhaltene Gestaltung des Schlosses Nymphenburg geht auf Max Emanuels Einfluß zurück. Den Kern des Schlosses bildete ursprünglich ein Sommerhaus, ein »Casino« im italienischen Sinn des Wortes, das sich ADELHEID ab 1664 von AGOSTINO BARELLI erbauen ließ. Max Emanuel beauftragte 1702 ANTONIO VISCARDI, beiderseits quadratische Pavillons anzufügen. Arkaden mit Galerien stellen die Verbindung her. Der LENÔTRE-Schüler CHARLES CARBONET gestaltete gleichzeitig den Park zu einer der bedeutendsten Gartenanlagen in Deutschland um. Jahre später, 1715, erhielt dieser Garten wiederum ein neues Gesicht, diesmal durch DOMINIQUE GIRARD. Seit 1716 gab JOSEPH EFFNER dem Mittelbau den großen Festsaal und das neue Fassadenkleid mit durchgehenden Pilastern, Dreiecksgiebeln und reicherem Fensterschmuck. Langgestreckte, niedere, um Höfe geordnete Flügelbauten schlossen sich an. Um den Ehrenhof entstand eine weiträumige Platzanlage mit Kavaliershäusern und Handwerkerwohnungen, die den Kern der »Karlstadt« bilden sollten.[1495] Großzügig geplante Kanäle erinnerten an Venedig und an die Niederlande.

Im Park von Nymphenburg ließ Max Emanuel drei kleinere Schlösser errichten. Der geistvolle Grundriß der Pagodenburg ging auf eine persönliche Idee des Kurfürsten zurück. Ihm schwebte, da er in Frankreich die Liebhaberei für ostasiatische Motive kennengelernt hatte, die Gestaltung einer Pagode vor. Von 1716 bis 1719 ließ er dann die Pagodenburg als eine Art chinesisches Teehaus errichten. Fast gleichzeitig, von 1718 bis 1721, wurde die Badenburg als Badeschloß erbaut. Und in seiner Spätzeit, ab 1725, errichtete Max Emanuel die äußerlich als künstliche Ruine und im Inneren als Grotte mit vier anschließenden zellenartig einfachen Wohnräumen gestaltete Magdalenenklause oder Eremitage. Hier fand die Idee, aus den Zwängen des höfischen Zeremoniells in die Einsamkeit zu flüchten und dort zu religiöser und philosophischer Besinnung, zu Einfachheit und zu stillem Naturgenuß zu kommen, ihren Ausdruck unter dem Vorwand des Eremitenlebens. Max Emanuel wollte hier seine letzten Lebensjahre zurückgezogen verbringen, aber der Tod kam ihm zuvor. Erst 1728 wurde diese Eremitage vollendet,[1496] die als eine der ersten »sentimentalen« Bauten auf deutschem Boden zu betrachten ist und im Verlauf des 18. Jahrhunderts eine Reihe von Nachfolgebauten gefunden hat.

Die Parkschlößchen von Nymphenburg – die Pagodenburg, die Badenburg und die Magdalenenklause – entstanden nach Plänen von JOSEPH EFFNER. Er war wohl der bedeutendste Architekt und Innendekorateur Max Emanuels. Am 4. Februar 1687 war er als Sohn eines Hofgärtners in Dachau geboren. Im Herbst 1706 schickte der Kurfürst den Neunzehnjährigen nach Paris zur weiteren Ausbildung in der Gartenbaukunst. Seit 1708 studierte EFFNER bei GERMAIN BOFFRAND Architektur. Zusammen mit seinem Lehrer richtete er 1713 dem exilierten Kurfürsten ein Palais in St. Cloud ein. 1715 kehrte er mit Max Emanuel nach München zurück und leitete von da an als Hofbaumeister die künstlerischen Unternehmungen des Kurfürsten. Eine kurze italienische Reise, die von Januar bis März 1718 währte, wurde für seine weitere künstlerische Entwicklung wichtig. Im Jahr 1724, nach dem Tode ZUCCALLIS, wurde EFFNER zum Oberbaumeister, 1738 unter KARL ALBRECHT noch zum Gartenbaudirektor ernannt. Doch trat EFFNER bereits nach dem Tode Max Emanuels in den Hintergrund, da KARL ALBRECHT ihm eine jüngere Kraft, FRANCOIS CUVILLIÉS, vorzog.

Die wichtigsten Arbeiten EFFNERS fielen daher in die Regierungszeit Max Emanuels. 1715/17 modernisierte er in Dachau das alte Schloß und legte den Hofgarten neu an. In den nämlichen Jahren baute er die von Max Emanuel erworbene Schwaige Fürstenried zu einem Jagdschloß um. In Nymphenburg gab er, wie erwähnt, dem Mittelpavillon eine neue Dekoration und errichtete die Nebengebäude zu beiden Seiten des Ehrenhofs, die allerdings erst nach seinem Tode zu ihrem heutigen Umfang ausgebaut wurden. Auch Schleißheim hat er wesentlich gestaltet. (Von seinen Arbeiten für den Adel ist das Palais Preysing in München noch erhalten; es wurde von 1723 bis 1728 errichtet. Die bedeutendste Neuerung bestand darin, daß bei diesem Palais die reichen Schmuckformen barocker Innendekoration auch auf die Fassaden übertragen wurden. Diese Fassaden haben dem Münchener Privatbau starke Impulse gegeben.[1497])

Zu den wichtigen Hofmarkskirchen dieser Zeit zählt jene von Schönbrunn bei Dachau. Bauherr war FRANZ JOSEPH VON UNERTL, der Finanzminister Max Emanuels. Diese 1722 bis 1724 errichtete Kirche mit ihrer eleganten Verschmelzung von Lang- und Zentralbau unter einer ovalen Pendentifkuppel dürfte eine Leistung von JOHANN BAPTIST GUNETZRHAINER unter Beteiligung JOSEPH EFFNERS sein.[1498]

Unter den zahlreichen Namen von Künstlern, die in Max Emanuels Diensten standen, sei auch WILHELM DE GROFF († 1742) genannt. Er war in Antwerpen geboren, war für LUDWIG XIV. tätig und schuf als Hofbildhauer Max Emanuels die große Bleigruppe der Flora für die Hauptfontäne im Park von Schloß Nymphenburg (1770 zerstört), ferner die bronzene Reitergruppe, die Max Emanuel als Türkenbezwinger darstellt. Dieses Werk geht wohl auf BERNINIS Reiterdenkmal für den Sonnenkönig zurück und ist ein Modell geblieben.[1499] Max Emanuel unterstützte auch seinen Ritterstubenportier MICHAEL WENING, den er beauftragte, eine Topographie der vier Rentämter Bayerns in Kupfer zu stechen.[1500] Dieses Werk gehört zu den bedeutendsten seiner Zeit.

In den Niederlanden entdeckte Max Emanuel wohl im Jahre 1706[1501] FRANCOIS CUVILLIÉS. Er war in Soignies im Hennegau am 23. Oktober 1695 geboren. Max Emanuel nahm vermutlich in Mons den im Wachstum etwas zurückgebliebenen Knaben als Kammerzwerg in sein Gefolge auf und ließ ihn mit den Edelknaben erziehen. In den Abrechnungen für die Hofhaltung in Namur von 1711 bis 1713, in Compiègne 1713 und St. Cloud 1714 ist sein Name nachzuweisen. Nach dem Friedensschluß, der den spanischen Erbfolgekrieg beendete, kam der nun zwanzigjährige CUVILLIÉS im Jahr 1715 mit dem übrigen Hofstaat nach München. Als Desinnateur des Generalbaudirektors EFFNER konnte CUVILLIÉS seine Fähigkeiten zunächst entfalten. Trotz seines körperlichen Mangels wurde er zum Zweck seiner vorläufigen Versorgung zum Fortifikationsoffizier bestimmt und 1717 als Fähnrich im kurfürstlichen Leibregiment eingestellt. Er meldete sich nach einem besonders gut bestandenen Examen in der Mathematik und der Befestigungslehre für den ungarischen Feldzug von 1717/18, an dem Max Emanuels Söhne KARL ALBRECHT und FERDINAND als zurückhaltende Beobachter teilnahmen. CUVILLIÉS Gesuch wurde allerdings abgeschlagen. Max Emanuel ließ statt dessen seine künstlerische Begabung weiter fördern und seine Fähigkeiten ausbilden. Er schickte ihn zu diesem Zweck im Jahr 1720 nach Paris. Hier studierte CUVILLIÉS – in den Rechnungen nachweisbar vom 1. Juni 1720 bis 30. März 1724 – unter der Leitung von FRANCOIS BLONDEL Architektur. Einige Zeit nach seiner Rückkehr wurde CUVILLIÉS mit Dekret vom 15. September 1725 neben JOSEPH EFFNER zum Hofbaumeister ernannt. Seine großen Aufträge erhielt CUVILLIÉS nicht mehr unter Max Emanuel, sondern unter seinem Sohn und Nachfolger KARL ALBRECHT. Doch gebührt Max Emanuel das Verdienst, die Fähigkeiten des jungen Mannes erkannt und die Ausbildung dieses großen Künstlers ermöglicht zu haben. Teile der Inneneinrichtung im Schloß Brühl für den Kölner Fürsterzbischof und Kurfürsten CLEMENS AUGUST, einem Sohn Max Emanuels, die »Reichen Zimmer« in der Münchener Residenz, das Jagdschloß Amalienburg im Nymphenburger Park und das Münchener Residenztheater sind einige der großen Leistungen CUVILLIÉS. Auch die bedeutenden Münchener Privatbauten wie das Palais Piosasque de Non, das Palais Holnstein und das Palais Portia sind seine Schöpfungen, die er während der Regierungszeit KARL ALBRECHTS verwirklichte.[1502]

Ein rundes Jahrhundert nach der Auflösung der ersten Münchener Gobelinmanufaktur wurde 1718 erneut eine Wirkerei ins

Leben gerufen, die den modernen, am Hof LUDWIGS XIV. gepflegten Gobelinstil nach Bayern brachte. Für die Leitung des Unternehmens holte sich Kurfürst Max Emanuel von der Pariser »Manufactur des Gobelins« LOUIS ARNOULD D'ARONDEU und zahlreiche französische Wirker. Die Produktion in München währte acht Jahre, doch fiel das meiste dem Residenzbrand von 1729 zum Opfer, so daß nur noch einige Portieren mit dekorativen Darstellungen des kurbayerischen Wappens aus dieser Periode der Münchener Gobelinmanufaktur erhalten blieben.[1503]

Zusammenfassend ist festzustellen: In der Epoche Max Emanuels hielt das europäische Rokoko seinen Einzug in Bayern. Den Anstoß für die profane, höfische Sphäre ebenso wie für die Kirchenkunst gab, wie HERBERT SCHINDLER betont, ein politisches Faktum von großer Tragweite, der von Max Emanuel betriebene enge Anschluß Bayerns an Frankreich und die damit verbundene westliche Orientierung der gesamten Kunstpolitik. Paris wurde der neue Blickpunkt, und die italienischen Hofkünstler in Bayern wurden durch neue, aus Frankreich oder den Niederlanden stammende oder in Paris geschulte einheimische Kräfte abgelöst.[1504] Während wesentliche politische Ambitionen Max Emanuels zerfielen, bleiben seine kulturellen Verdienste unumstritten von bleibendem Wert und sichern Bayern vor allem auf dem Gebiet der Architektur und der bildenden Künste eine bedeutsame Stellung in der europäischen Kunstgeschichte.

Epilog

Dies waren das Land, seine Menschen und sein Fürst, die wir ganz aus ihrer Zeit heraus zu verstehen suchten, ohne über sie zu urteilen und ohne sich vom äußeren Glanz blenden zu lassen. Im Bewußtsein der Nachwelt, gegründet auf Geschichtsschreibung und Legende, ist diese Zeit eine Ära höchsten kriegerischen Ruhmes, höfischen Prunkes und barocken Kunstsinnes eines bewunderten Herrschers; in der Realität ist sie aber auch eine Periode tiefer Not und Bedrückung des Volkes, die allerdings längst aus dem Gedächtnis der Nachkommen verschwunden, verdrängt und vergessen ist.

Diesen Teilverlust des Geschichtsbewußtseins aufzuhellen, Relation und Relevanz der Beziehungen »Fürst und Volk« in realistischer Weise im Zeitalter von Absolutismus und Barock in Bayern darzustellen, war mit ein Ziel dieser Arbeit. Wir halten uns somit an LUCIEN FEBVRE, einen der Väter der modernen Geschichtsschreibung. Er sagte einmal, der Historiker habe »kein Urteil zu fällen..., sich nicht zum Ersatzrichter im Tal Josaphat aufzuwerfen«, vielmehr gehe es darum, den Menschen der Vergangenheit zu verstehen, um die Gegenwart zu begreifen.[1505]

Anhang

Abkürzungsverzeichnis

Abtg.	Abteilung	MHSTA	München Hauptstaatsarchiv, Abteilung I: Allgemeines Staatsarchiv
Alt. Best.	Alter Bestand		
Annales E.S.C.	Annales Economies – Sociétés – Civilisations		
BAR	Brüssel Algemeen Rijksarchief	MKA	München Kriegsarchiv
		MOA	München Ordinariatsarchiv
Bd.	Band		
Cod. gall.	Codex gallicus	Nr.	Nummer
Cgm	Codex germanicus Monacensis	OA	Oberbayerisches Archiv
Cod. it.	Codex italicus	p.	page
Cod. lat.	Codex latinus	PAE	Paris Archives du Ministère des Affaires Etrangères
Corr. pol.	Correspondance politique		
ebd.	ebenda	PAHG	Paris Archives Historiques de Guerre, Château de Vincennes
Fasz.	Faszikel		
f.	folio		
FGB	Forschungen zur Geschichte Bayerns	PAN	Paris Archives Nationales
FS	Fürstensachen	PBN	Paris Bibliotheque Nationale
Ges. Wien	Gesandtschaft Wien		
GR	Generalregistratur	Qu	Quellen
HJb	Historisches Jahrbuch	RASV	Rom Archivio Segreto Vaticano
HR	Hofamtsregistratur		
HZ	Historische Zeitschrift	Rep.	Repertorium
Jg.	Jahrgang	S.	Seite
Kap.	Kapitel	s.	siehe
K blau	Kasten blau	St.	Sankt bzw. Saint
K schw	Kasten schwarz	StMBO	Studien und Mitteilungen des Benediktinerordens
Korr.	Korrespondenz		
Lit.	Literalien		
LPRO	London Public Record Office	v	verso
		v.	von
MAHN	Madrid Archivo Histórico Nacional	vgl.	vergleiche
		vol.	volume
MAM	München Archiv für München	WHHSTA	Wien Haus-, Hof- und Staatsarchiv
MBM	Miscellanea Bavarica Monacensia	WHKA	Wien Finanz- und Hofkammerarchiv
MGHA	München Geheimes Hausarchiv	WKA	Wien Kriegsarchiv
		ZBLG	Zeitschrift für Bayerische Landesgeschichte
MGSTA	München Geheimes Staatsarchiv		
MHS	München Handschriftenabteilung der bayerischen Staatsbibliothek	Zschr.	Zeitschrift

Anmerkungen

1 H.-O. Burger, S. 365–379.
2 Dies gilt besonders für das Problem des Bauernaufstandes von 1705/06.
3 Über das Grundproblem »Juger et comprendre« siehe M. Bloch: Apologie, p. 69–72; A. L. und J. L. George: Psychoanalyse der historischen Biographie, in: H.-U. Wehler (hg.): Geschichte, S. 78–100, bes. S. 84. Die moderne französische Forschung hat deshalb besonders auf den Gesamtzusammenhang menschlichen Lebens hingewiesen: P. Goubert: Ludwig XIV.; R. Mandrou: Tragique XVIIe siècle, p. 305–313; ders.: Magistrats; ders.: La France; ders.: Louis XIV.
4 MGHA Korrespondenz 671/III, f. 1–2.
5 Darüber berichtet Marquis DE BEAUVAU: Mémoires von 1688, p. 423, 424; Theatrum Europaeum, Bd. XI, S. 762.
6 Das besagt nicht, daß der Hof seine bisherigen Gepflogenheiten geändert und die Feste eingeschränkt hätte. E. Straub (Repraesentatio, S. 243) hebt in diesem Zusammenhang hervor: »Die großen Feste waren immer auch Staatsfeste und deren Veranstaltung wurde unabhängig davon vorgenommen, ob der Fürst eine Neigung zum Feiern besaß oder nicht. Feste wurden veranstaltet, wenn es dem Fürsten notwendig erschien, daß sich der Hof wieder einmal glänzend darstellen mußte.«
7 MGHA Korrespondenz 671/3, f. 2–2 v.
8 L. Hüttl: Schmid (1971).
9 PAE Corr. pol. Bavière vol. 28 (1679), De la Haye an Ludwig XIV., München 27. 5. 1679.
10 MHS Cgm 1822, f. 37–42 und Cgm 3009, f. 222–241.
11 M. Strich: Kurhaus, Bd. 1: Herzog Maximilian Philipp von Bayern (1638 bis 1705) sowie Bd. 2: Bayern und die Mächte, bes. S. 19–235.
12 R. Reiser: Stadtleben.
13 J. van Klaveren nennt die Epoche des Ancien Régime eine »durch und durch korrumpierte Zeit«. Die Bestechung sei »gleichsam verfassungsmäßig bedingt« gewesen. Diese Aussage gilt für alle Bereiche der Herrschaft, Gesellschaft und Wirtschaft. J. v. Klaveren: Manufakturen, S. 145; ders.: Erscheinung; ders.: Fiskalismus.
14 L. Westenrieder: Erdbeschreibung, S. 212. Die geographischen Angaben Westenrieders beruhen auf den Verhältnissen der zweiten Hälfte des 18. Jahrhunderts. Da sich aber an der Gebietsfläche Bayerns seit dem Ende des Dreißigjährigen Krieges nur unwesentliche Modifikationen ergeben haben – auf diese wird später noch eingegangen werden –, ist es möglich, diese Angaben zumindest als Anhaltspunkte für einen Vergleich der Größenordnungen heranzuziehen.
15 R. Gradmann: Süddeutschland; O. Kuhn: Geologie; K. Troll: Landschaften.
16 Da das Problem Klima und Landwirtschaft für den bayerischen Bereich im 17./18. Jahrhundert noch nicht erforscht ist, sei als Vergleichsbasis hingewiesen auf: E. Le Roy Ladurie: Climat, p. 434–465; ders.: Histoire.
17 Vgl. W. Störmer: Landesherrschaft, S. 90–104.
18 Weltatlas, 3. Teil, S. 144; L. Westenrieder: Erdbeschreibung, S. 225–227, 249, 251, 304–312; D. J. D. A. Hoeck: Handbuch, S. 188–195; PAE Corr. pol. Bavière vol. 72, f. 168–169, »Instruction generale«.
19 P. Chaunu: Kultur, S. 100–102.
20 In Durchschnittsjahren wurde das Dreifache auf schlechten Böden, das Vier-

fache auf mittelmäßigen Böden, das Fünffache auf guten Böden geerntet. Diese Vergleichswerte für Frankreich dürften auch für Bayern gelten, obwohl in den einzelnen Gebieten Europas Unterschiede bestehen. Das Verhältnis in den nördlichen und südlichen Niederlanden im Zeitraum von 1580–1602 betrug 1:10,9. P. Chaunu: Kultur, S. 414, 415.

[21] MGSTA K schw 9485 Wirtschaftsgutachten; J. Pezzl: Reise, S. 136–140.
[22] H. Hassinger: Becher, S. 27, 28.
[23] G. Franz: Krieg, S. 50.
[24] MGSTA K schw 9485.
[25] Nach den Angaben in MOA Totenbücher und Heiratsmatrikel; H. Schmelzle: Staatshaushalt, S. 18–36, 76–99; G. Hanke: Sozialstruktur, S. 219–269.
[26] Über diese Personengruppe siehe K. Staudinger: Geschichte, Bd. II, 1 und 2.
[27] H. Hassinger: Becher, S. 37, 38, 42–44.
[28] Erst ab 1740 beginnt die eigentliche Manufakturperiode. G. Slawinger: Manufaktur.
[29] A. W. Ertl: Praxis, C. 1.
[30] F. Lütge: Grundherrschaft, S. 113–161.
[31] Noch immer grundlegend ist das Werk von H. Schmelzle: Staatshaushalt, S. 251–387 Einkünfte und Steuern. Über Schmelzle: F. Menges: Schmelzle; ferner L. Hoffmann: Geschichte; H. Hitzlberger: Steuerbewilligungsrecht; V. Wittmütz: Gravamina.
[32] WHKA Reichsakten Fasz. 87 h.
[33] K. Staudinger: Geschichte, Bd. I (unter Ferdinand Maria 1651–1679), Bd. II, 1 und 2 (unter Max Emanuel 1679–1726), S. 90–91, 610–614, 777–802, 846–852, 857–859.
[34] MHS Cgm 304 (Bayerisches Landrecht, f. 1–49).
[35] MHSTA Landschaft Nr. 692, f. 80 v: Schreiben der Landschaft an Ferdinand Maria, Jan. 1669.
[36] J. Pezzl: Reise, S. 172; MHS Cgm 1821 (Grundriß der Güter eines Viertelhofbauern).
[37] MHSTA Hohenaschauer Archiv Nr. 2339 (Zusammenstellung der Höfe, Huben, Lehen, Sölden, Leerhäusl); E. Schremmer: Wirtschaft, S. 351–356; H. Schmelzle: Staatshaushalt, S. 64, 288, 289; G. Hanke: Sozialstruktur, S. 226 bis 235; vgl. auch MHSTA Hohenaschauer Archiv Nr. 2337 (Verzeichnis der Dienstboten und Ehehalten in Wildenwart).
[38] Siehe die Verpflegungsordonnanzen von 1682/83, die bayerischen Truppen und die Hilfstruppen im Türkenkrieg betreffend. MGSTA K schw 5155/1; eine Liste aus dem Jahre 1706 über die Preise von Gebrauchsgegenständen siehe:

WHHSTA Bavarica Fasz. 19 B: Es kosteten:

1 Paar neue Schuhe	1 fl. 27 kr.
1 Paar rote Strümpfe	57 kr.
1 Faß Wein	5 fl. –
1 Faß ungarischer Wein	12 fl. –
1 Sack Hafer	2 fl. –
1 Faß Pökelfleisch (Surfleisch)	10 fl. –
1 rotes Baumwollhalstuch	– 26 kr. bis 1 fl.
1 creponenes Halstuch	– 36 kr.
1 Paar Handschuhe	– 24 kr.
1 Hemd	– 54 kr. bis 2 fl. 30 kr.
1 Bajonett	1 fl. –

1 Kommißbrot	–	57 kr.
6 zinnerne Schüsseln und 2 Teller	17 fl.	– kr.
6 frischgewaschene »Hemeter« mit niederländischen Spitzen à 12 fl.	72 fl.	–
6 neue Seidenschnupftücher à 1 fl. 30 kr.	9 fl.	–
2 weiße Tischtücher und 14 Tischservietten	12 fl.	–
1 langes neues Halstuch	3 fl.	3 kr.
1 Perücke	4 fl.	–
1 weißer Kompagnierock mit roten Aufschlägen	7 fl.	–
1 Schlafrock	8 fl.	–
1 türkischer Säbel	8 fl.	–
1 Paar Schuhe	1 fl.	5 kr. bis 1 fl. 30 kr.
1 Hose aus weißem Tuch	2 fl.	–
5 Paar Unterstrümpfe und 3 baumwollene Schlafhauben	2 fl.	–
1 schwarze Feder	5 fl.	–
1 Paar schwarze Seidenstrümpfe	5 fl.	–
6 Paar Baumwollstrümpfe	4 fl.	–
1 Herrnhemd mit Spitzen	5 fl.	–
1 Herrnhemd ohne Spitzen	2 fl.	–
1 Frauenhemd	2 fl.	–
1 halbes Dutzend französischer Schermesser	5 fl.	–
1 venezianischer Spiegel	–	45 kr.
1 Zelt	7 fl.	30 kr.
1 Pferdegeschirr-Riemen	–	6 kr.
1 Frauenhaube mit silbernen Borten	3 fl.	–
1 Flinte	6 fl.	–
1 Hut	–	30 kr.
1 Spitzentuch	–	45 kr.

(f. 310–314 v)

39 MHSTA Hohenaschauer Archiv Nr. 2628 (Landsteuer, außerordentliche Steuer, Kriegssteuer, Rittersteuer 1709–1735); Nr. 2629 (die vom Gerichtsverwalter in Wildenwart erhobenen Steuern 1717–1726).
40 dagegen wandte sich die Rentmeisterinstruktion von 1669: MHS Cgm 5217, besonders § 14, 39–49, 90, 103, 113. Eine Anweisung (§ 54) lautete: Der Rentmeister habe nachzuprüfen, ob ein Gut nicht zwei- oder dreimal versteuert werde, »zumahlen aber die Beambte die Steur hiervon nur ainmahl erlegen und das ybrige in ihren söckhl verbleibt; so unseren Underthanen zu schaden geraichet, und nit billich ist«.
41 J. Pezzl: Reise, S. 173.
42 J. Pezzl: Reise, S. 175, 176.
43 MHSTA Hohenaschauer Archiv Nr. 943: Beschreibung, welche Untertanen bestimmte Dienste ausüben müssen, 1630–1667.
44 J. Pezzl, Reise, S. 177/178.
45 MHSTA Hohenaschauer Archiv Nr. 909 (Güterbeschreibung) und Nr. 910 bis 911 (Beschreibung der Untertanen 1677/84).
46 A. Cohen: Kredit, S. 705–715.

⁴⁷ MHSTA Hohenaschauer Archiv Nr. 912 (Not wegen Schauerjahre und Getreidepreissteigerung), Nr. 2086 (Steuernachlässe).
⁴⁸ MHS Cgm 1822 a, S. 193.
⁴⁹ Über die Bedeutung der Demographie für die Geschichtsbetrachtung: F. Braudel: La démographie et les dimensions des sciences de l'homme, in: ders.: Ecrits, p. 193–235; J. Delumeau: Démographie, p. 1389–1399.
⁵⁰ G. Franz, Krieg, S. 50 ff. Durchschnittlich liegt der Bevölkerungsverlust in Deutschland allerdings bei 40 % auf dem Land und bei 33 % in den Städten. Die Aussagen bei S. H. Steinberg (Der 30jährige Krieg), die negativen Folgen des Krieges seien bisher zu sehr in den Vordergrund gestellt worden, treffen sicher für den bayerischen Bereich nicht zu. Hier bedeutete der Krieg wirklich einen Einschnitt in der Bevölkerungs-, der Wirtschafts- und Gesellschaftsentwicklung.
⁵¹ Der Schätzungswert von 1,1 Millionen Einwohnern ergibt sich als Mittelwert, den folgende Komponenten konstituieren: 1. Die Bevölkerungszahl vor dem Dreißigjährigen Krieg (vgl. H. Schmelzle: Staatshaushalt, S. 2–4). 2. Durch die Kriegsereignisse ging die Bevölkerung auf rund die Hälfte zurück (G. Franz, Krieg, S. 50 ff.). 3. Erst um das Jahr 1760 wurde die Bevölkerungszahl, die vor dem Dreißigjährigen Krieg bestanden hatte, wieder erreicht, und zwar in dem Gesamtraum, der durch die Oberpfalz vergrößert worden war. Es wohnten im Jahr 1770 rund 1,2 Millionen Menschen in diesem Gebiet (J. Pezzl: Reise, S. 146, 147. A. L. Schlözer: Briefwechsel, Bd. VIII, S. 175 bringt ähnliche Angaben). Da bei den offiziellen Zählungen die Bettler, Landstreicher und alle Nichtseßhaften nicht erfaßt sind, dürfte die tatsächliche Zahl der im Lande lebenden Menschen noch etwas differieren.
⁵² Die Detailstudien von O. Puchner (Seelenbeschreibungen, S. 222–249) treffen wohl auch für Bayern zu. Ausführlich über diese und folgende Probleme vgl. P. Chaunu: Kultur, S. 227–318: »Der Raum und die Menschen«.
⁵³ MHS Cgm 2272 (Auszüge aus den Tauf- und Totenbüchern sowie den Heiratsmatrikeln von Unserer Lieben Frau zu München (1650–1715); MOA Totenbücher: Heiligkreuz Bd. 2 (1675–1741), f. 119–154; Fürstenried Bd. 2 (Defunctorum, 1675–1741); Totenbuch St. Peter, Bd. 2–10 (1611–1732); Unserer Lieben Frau Totenbuch Kinder Bd. 1–4 (1687–1738). Nur bei den Kindern ist stets das Lebensalter angegeben. Unserer Lieben Frau Totenbuch Erwachsene Bd. 1, 1a, 2, 3 (1639–1732); St. Michael Lochhausen Bd. 2 (Sterbefälle 1682–1806); Bogenhausen und Haidhausen Bd. 4 (1666–1693) und Bd. 5 (Begräbnisse 1694–1740); Oberföhring: Begräbnisse (1655–1882); St. Michael in Perlach (Totenbuch 1693 bis 1764); St. Quirin in Aubing Bd. 1 (1624–1686); Mariahilf Sterbebuch Bd. 1 (1696–1793).
⁵⁴ MOA: Taufbuch St. Peter Bd. 7–14 (1644–1730); Unserer Lieben Frau Taufbuch Bd. 6–11 (1674–1735); St. Margarethe in München: Taufbuch Bd. 2a Register (1633–1744), Bd. 4 (1680–1690), Bd. 5 (1691–1710); Heiligkreuz-Forstenried, Taufbuch Bd. 1 (1603–1674), Bd. 2 (bes. 1704–1712); St. Quirin-Aubing Bd. 2 (Taufbuch 1686–1714, 2 Bde.), Bd. 3 (1715–1801); St. Michael-Lochhausen Bd. 2 (Taufen 1682–1806); Heilig Geist Spital in München Taufen Bd. 2 (1670–1736), Bd. 3 (1737–1776); Bogenhausen und Haidhausen Bd. 4 (Taufen 1666–1693), Bd. 5 (Taufen 1694–1736); St. Michael in Perlach Bd. 1 (Taufen 1692–1764); Feldmoching Bd. 5a (Taufen, Register 1700–1792); Mariahilf: Taufbuch Bd. 2 (1657–1703), Bd. 3 (1704–1732); Feldmoching: Nr. 2–5 (1650–1741).
⁵⁵ MOA: Unserer Lieben Frau: Totenbuch Kinder Bd. 1 (29. 11. 1687–31. 10. 1704), Bd. 2 (2. 11. 1704–30. 12. 1717), Bd. 3 (6. 1. 1718–5. 11. 1730); ferner St. Peter: Totenbuch Bd. 2–10 (1611–1732), hier sind auch Kinder vermerkt.

56 L. Westenrieder/Fr. Nicolai: In München, S. 76/77; MHS Cgm 3062 (Geschichte des Waisenhauses in der Münchener Au).
57 MGSTA K schw 9485: Bettelordnung.
58 MAM GR 317/15, 317/18 und 321/6: Deskriptionen von Diebes- und Räuberbanden, über Zigeuner, Straßenraub, Diebereien und die Abhaltung des Kriminalprozesses; H. Schorer (Bettlertum, S. 176–207) erfaßt nur die amtlich festgestellten Zahlen. In Wirklichkeit ist eine weit höhere Quote anzusetzen.
59 MGSTA K schw 9485 Gutachten über Bettelordnung, f. 1–37 v. Vgl. über die Situation noch in der zweiten Hälfte des 18. Jhdts. die entsprechenden Aussagen bei J. Pezzl: Reise, S. 154–159.
60 G. Hanke stellt für den von ihm untersuchten Raum in der Zeit von 1675 bis 1700 fest: Der Anteil an Unbehausten betrug etwas mehr als ein Drittel. Besonders z. Zt. des Spanischen Erbfolgekrieges und wieder während des österreichischen Erbfolgekrieges erhöhte sich diese Zahl noch beträchtlich. Die Zahl der Behausten sank zwischen 1700 und 1724 auf 56% der Gesamtbevölkerung herab (G. Hanke: Sozialstruktur, S. 240). Die steigenden Zahlen der von Haus und Hof Vertriebenen während der Regierungszeit Max Emanuels dokumentieren wohl die »Erfolge« des Kurfürsten eindeutig.
61 MGSTA K schw 9485: Gutachten über Studenten.
62 Vgl. P. Chaunu: Kultur, S. 239–240; P. Lahnstein: Report, bes. S. 251–262.
63 MGSTA K schw 9485, Bettelordnung, f. 25–27. Waisenkinder wurden oft wie Bettelkinder als Leibeigene angesehen. Eine Möglichkeit, Waisen unterzubringen, ergab sich bei Festungsbau und Schanzarbeit.
64 WHHSTA Bavarica Fasz. 21 B (1705), f. 230.
65 Vgl. über den Einfluß der Jahreszeiten auf die Sterblichkeit: P. Chaunu: Kultur, S. 268–269.
66 Nach den Angaben in den Totenbüchern, soweit das Alter der Verstorbenen angegeben wurde. MOA: Forstenried-Heiligkreuz Bd. 2 (1675–1741, Defunctorum, f. 119–154); Totenbuch St. Peter Bd. 2–10 (1611–1732); Unserer Lieben Frau: Totenbuch Erwachsene Bd. 1 und 1a (1639–1675), Bd. 2 (10. 6. 1685–1706), Bd. 3 (1687–1732); Unserer Lieben Frau: Totenbuch Kinder Bd. 1–4 (1687–1738); St. Michael-Lochhausen Bd. 2 (Sterbefälle 1682–1806); Bogenhausen und Haidhausen Bd. 4 (Begräbnisse 1666–1693), Bd. 5 (1694–1740); Mariahilf: Sterbebuch Bd. 1 (1696–1793, Februar). Vgl. auch P. Chaunu: Kultur, S. 278–303.
67 MOA Liber matrimoniorum in Parochiali Ecclesia St. Petri Monachii, Bd. 5–8 (1670–1743); Heiligkreuz-Forstenried: Tauf- und Heiratsbuch Bd. 1 (1603–1674), Bd. 2 (Conjunctorum 1675–1724); Unserer Lieben Frau: Trauungen Bd. 1–7 (1624–1730); St. Michael-Lochhausen, Bd. 2 (Trauungen 1685–1806); Bogenhausen-Haidhausen, Bd. 4 (Trauungen 1666–1693), Bd. 5 (Trauungen 1694 bis 1740); St. Quirin-Aubing, Bd. 3 (Trauungen 1715–1763–1832); Oberföhring (Trauungen 1655–1882); St. Michael in Perlach, Bd. 1 (Trauungen 1693–1764); Mariahilf: Trauungsbuch Nr. 1 und 2 (1629–1786); Feldmoching, Bd. 2 (Trauungen 1654–1670).
68 Nach der Untersuchung von G. Hanke (Sozialstruktur, S. 264) vollzogen sich 57% der Heiraten jeweils innerhalb derselben Schicht. In 17% der Fälle bedeutete die Heirat einen sozialen Aufstieg, bei 26% jedoch einen Abstieg, da Frauen weit mehr als Männer gezwungen waren, in eine sozial tiefere Stufe einzuheiraten. Dies traf in der Zeit von 1675 bis 1740 zu. Siehe ferner S. 255–266.
69 Vgl. MHSTA Hohenaschauer Archiv Nr. 2336, Verzeichnis der Verheirateten und ihrer Kinder sowie der Knechte und Mägde in Wildenwart; Nr. 2337 Verzeichnis der Dienstboten und Ehehalten.

70 Im Jahre 1726 setzte die bayerische Regierung fest, daß Bediente, landwirtschaftliche Hilfskräfte und Gesellen vor der Eheschließung einen Bürgen benennen mußten, der sich verpflichtete, im Notfall für die Eheleute und ihre Kinder aufzukommen und sie zu ernähren. Da sich dieser Pflicht kaum jemand unterzog, wirkte diese Bestimmung als Ehebeschränkung. Jede Eheschließung eines Taglöhners bedurfte somit der behördlichen Genehmigung, der Zustimmung des Gerichtsherrn und kostete Taxen. Die Furcht der Obrigkeit vor einer wachsenden besitzlosen Schicht ließ die überkommenen Beschränkungen aufrechterhalten. F. Haenert: Preispolitik, S. 258.

71 Abraham: Ein verliebter Narr, in: Wunderlicher Traum, S. 10; ders.: Judas, S. 28; ders.: Etwas, S. 115; R. Kann: Kanzel, S. 188; F. Hoedl: Kulturbild, S. 165.

72 Ausführlich über dieses Problem: M. Doeberl: Ursprung, S. 186–262; ders.: Regierung, S. 32–108; A. Cohen: Verfall, in: Beilage der Allgemeinen Zeitung, Jg. 1902, Nr. 15, S. 113–115; ders.: Kampf, S. 1–52; ders.: Verschuldung.

73 Auf dem letzten Landtag der bayerischen Stände während des Alten Reiches im Jahre 1669 gab es heftige Auseinandersetzungen zwischen Altadeligen und Neuadeligen, die sich über die Exklusivität der alten Familien beschwerten. MHS Cgm 1822, S. 220–235; F. L. Carsten: Princes, p. 411, 412; L. Hüttl: Schmid, S. 162–165.

74 P. Gerbore: Formen, S. 212–219.

75 Im Bayerischen Landrecht von 1616 wurde ausdrücklich festgehalten: »Begibt sich ein Ehebruch beim Bauernvolk oder bei anderen geringen Leuten, so soll der Verbrecher alsbald zur harten Gefängnisstrafe gebracht werden. Mindestens einen Monat lang ist er mit Wasser und Brot oder sonstiger geringer Atzung zu speisen. Vermögende haben eine Geldbuße von 100 Pfund Pfennigen zu entrichten; Personen ohne Vermögen sind nach der Gefängnisstrafe in Eisen bei der nächsten Pfarrkirche an drei Sonntagen im Brecher vorzustellen. Mit entblößten Armen haben sie eine Kerze und eine Rute in Händen zu halten.« Dieses Gesetz wurde wiederholt verschärft. Für Wiederholungstäter galt: »... Gehet ihme an das Leben, und ist mit dem Schwert zu strafen.«

76 J. Neudegger: Geschichte; G. Ferchl: Behörden; E. Rosenthal: Geschichte; A. Danner: Kommerzienrat; A. Fischer: Verwaltungsorganisation; MHS Cgm 1692 (Instruktion für Hofbeamte); Cgm 1625 (Hofrat).

77 K. Bosl: München; M. Schattenhofer: Kirchen; L. Hollweck: München.

78 Vgl. MHS Cgm 1945, 1946 (Tagebuch des Münchener Bürgermeisters M. J. v. Vachiery 1710–21).

79 Siehe Libell des bayerischen Hofstaates vom Jahr 1704/5: WHHSTA Bavarica 21 B.

80 Zur Problematik der Stände: K. Bosl: Repräsentation.

81 MHS Cgm 2543–2545, 2552.

82 G. Heyl: Der Geistliche Rat; R. Bauer: Leitung. Über die Gravamina der bayerischen Bischöfe im 18. Jhdt.: G. Pfeilschifter-Baumeister: Salzburger Kongreß, besonders S. 248–381.

83 MHS Cgm 4696 (Verzeichnis der Vicedomini in Burghausen).

84 MHS Cgm 5217 (Rentmeisterinstruktion von 1669); G. Hornung: Beiträge, S. 27–56 (Kirche), S. 56–61 (Schule), S. 62–84 (Bauer), S. 85–90 (Dienstboten), S. 91–97 (Handel und Gewerbe), S. 127–134 (Beamte und Behörden), S. 135 bis 142 (Heerwesen). MGSTA K schw 7969 (Rentmeisterumritt in Leuchtenberg 1660).

85 MHS Cgm 5217, § 112.

86 J. Pezzl: Reise, S. 161; MHSTA Hohenaschauer Archiv Nr. 673 und 674 (Pflege Rosenheim).

87 MHS Cgm 5217.
88 WHHSTA Bavarica 19 B, f. 13–16.
89 MHS Cgm 1801 (Bayerische Landtafel).
90 Sie zahlten selbst aber keine oder nur geringe Steuern. MHS Cgm 3009, f. 306–328 »Von dem Privilegio der Steurbefreyung« (FRANZ VON SCHMID), ähnlich MHS Cgm 1822a, S. 174–211 »Von der Steur-Befreyung«. Die Landstände hätten keinen Anspruch auf Steuerbefreiung im allgemeinen, sondern nur in Sonderfällen. Die Ottonische Handveste handle »nit von dergleichen Steuren, so daß gemainen lieben Vatterlands Notturfft, und Wolfahrt, auch der Ständt und gesambten Underthanen Conservation erfordert, sondern allein von denen zu verstehen ist, so der Landts-Fürst ... ausser deß Landts Nutzen und Nothwendigkeit, allein seiner aignen Persohn und Anligenheit wegen erfordern wolte« (ebd., S. 177).
91 MHS Cgm 3009.
92 MOA Amortisation: Gutachten Pater MICHELS vom Jahr 1698.
93 MGSTA K schw 9485 Kammer-, Bund- und Landschaftsgelder, bes. f. 9–18.
94 »Schul- und Zuchtordnung für deutsche und lateinische Schulmeister und Kinder«, Instruktion FERDINAND MARIAS aus dem Jahre 1659, in: Lutz-Kehrbach, Dokumente, Bd. II, S. 152.
95 MGSTA K schw 9485 Gutachten Studiorum, f. 1–5.
96 Zu diesem Problemkreis: L. Boehm: Hochschulwesen, in: Handbuch der bay. Geschichte, Bd. 2, S. 815–838; L. Boehm–J. Spörl: Ludwig-Maximilians-Universität.
97 MHS Cgm 5217 von 1669, § 92 mit den Anweisungen: »Schuellmaister sollen fähig: und auferpaulich sein, wegen der Jugend discretion brauchen, zu Gottsforcht anweisen und im schreiben, lesen und rechnen underweisen. Liderliche, versoffene und untugenthaffte faullenzer (hat der Rentmeister an die Regierung) behörig zuyberschreiben.«
98 Die bayerischen Räte wehrten sich wiederholt dagegen, daß man in Bayern »so gar alles studirn lasset« (MGSTA K schw 9485: Studiorum, f. 1). Es genügte nach ihrer Ansicht, wenn die Kinder gemeiner Leute, besonders das junge »Baurngsündl« (f. 1 v), vom Pfarrherrn oder von den Eltern in den wichtigsten Glaubensdingen unterwiesen und in guter Zucht erzogen würden. Ein Unterricht von 1 Stunde am Tag schien dazu völlig auszureichen. Ansonsten sollten die Kinder zum Nutzen des Commercienwesens und zur Wohlfahrt ihrer Seele und ihres Leibes mit Arbeiten beschäftigt werden.
99 Über Definition und Wortgeschichte: V.-L. Tapié: Le Baroque (^{3}1968), p. 5–16.
V.-L. Tapié spricht der Barockkunst im Rahmen der Gegenreformation eine betont subtile Funktion zu: »Non pas un style inventé pour frapper les imaginations, troubler les sens, submerger la raison, capter les adhésions religieuses par un appareil de séduction, mais un style sans doute triomphal, parce qu'il s'accordait à l'expérience du temps et que, sous cette forme, il demeurait une expression de la prière.« Tapié: Le Baroque (^{3}1968), p. 38.
100 V.-L. Tapié (»Le Baroque, expression d'une société«, in: XVIIe siècle, no 20 [1953] 293–305) betont (p. 303–304): »Les paysans, chez qui l'on encourageait les manifestations du culte, pour les détourner définitivement du protestantisme, multiplièrent les chapelles de pèlerinage, les calvaires au coin des routes, les grandes processions avec croix rutilantes et bannières, des spectacles où s'éffacaient dans la prière et dans l'espoir, les tristesses de leur vie difficile.«
Über das nämliche Verhältnis Gesellschaft und Wirtschaft zur barocken Kultur

ausführlich: Actes des Journées internationales d'étude du Baroque; ferner: E. Nölle: Das barocke Fest, in: Barockes Fest, S. 24; R. Alewyn: Barockforschung.

[101] W. Weisbach (Der Barock als Kunst der Gegenreformation) sieht im Barock »eine Kunst, die sich als Ausdruckssymbol des Reformkatholizismus erweist« (S. 5). Allerdings will er damit »kein kausales Abhängigkeitsverhältnis konstruieren, sondern eine Sinnbedeutung erschließen« (W. Weisbach: Gegenreformation – Manierismus – Barock, in: ders.: Stilbegriffe, S. 74). Es geht daher keineswegs um eine Gleichsetzung religiöser Elemente, sondern nur um die bestehenden Verbindungen. Denn die Glaubenslehren sollten glaubhaft, nicht rational einsichtig gemacht werden.

G. Schreiber: Der Barock und das Tridentinum, in: ders. (Hg.): Weltkonzil, Bd. 1, S. 381–425; A. Dörrer: Volkskulturelle Auswirkungen des Trienter Konzils auf die Alpenländer, ebd., Bd. 1, 427–446; über das erste tridentinische Seminar im süddeutschen Bereich: A. Bauch: Das Collegium Willibaldinum im Wandel der Jahrhunderte, in: »400 Jahre Collegium Willibaldinum Eichstätt«, S. 22–117; L. Hüttl: Geistlicher Fürst, S. 3–49.

[102] Zum Problem des Absolutismus: W. Hubatsch: Zeitalter; ders. (Hg.): Absolutismus (1973); F. Wagner: Europa (1959); ders.: Europa, in: Handbuch der europ. Geschichte, Bd. 4, S. 1–163; E. Weis: Frankreich, ebd., S. 166–303.

[103] Vgl. K. O. v. Aretin: Heiliges Röm. Reich; Fr. Merzbacher: Einheit, S. 324 bis 332.

[104] Dies wird fälschlich in der zeitgenössischen Abhandlung über »Die Republik deren Souverainen oder die Teutsche Freiheit...« behauptet. MHS Cgm 3383.

[105] K. Müller (hg.): Instrumenta, in: Quellen zur neueren Geschichte, Heft 12/13 (1949); M. Braubach: Der Westfälische Friede.

[106] Fr. Berber: Staatsideal, S. 333.

[107] Vgl. die interessanten Ergebnisse von N. Gockerell: Das Bayernbild in der literarischen und »wissenschaftlichen« Wertung durch fünf Jahrhunderte.

[108] L. Westenrieder: Erdbeschreibung, S. 127; A. F. Büsching: Erdbeschreibung, Bd. VI, S. 17; D. V. Glass: Population and Population Movements in England and Wales 1700 to 1850, in: D. V. Glass and D. E. C. Eversley: Population, p. 240; ebd.: P. Goubert: Recent Theories and Research in French Population between 1500 and 1700, p. 459; ebd.: L. Henry: The population of France in the Eighteenth Century, p. 440; J. Dupaquir: Sur la population francaise, p. 43–80; K. Kretschmer: Geographie, S. 613–615; R. Koser: Bevölkerungsstatistik, S. 239 bis 245.

[109] L. Westenrieder: Erdbeschreibung, S. 104; A. F. Büsching: Erdbeschreibung, Bd. 1, S. 98.

[110] Nach den Monita paterna war der Friede das Ziel jeden Krieges: »Bella pacis studio gerenda sunt; quocirca, quoties pacis componendae spes affulserit, eam sic amplectere, ut bello nihil aliud quam pax quaesita esse videatur.« Diese Aussage bezieht sich auf Ciceros »De officiis« I, 23. Fr. Schmidt: Geschichte der Erziehung: Monita paterna, § 51. Vgl. G. Bouthoul: Les guerres.

[111] Da die Zahl der Kurfürsten Ende des 17. Jhdts. durch Hannover auf neun wuchs (einschließlich Böhmens), ergeben sich in Europa 91 Variablen. Diese Tatsache zeigt die »Macht« Bayerns im europäischen Kräftefeld eindeutig auf und verweist jegliche bayerische Großmachtpolitik in den Bereich der Utopie. Die mathematische Formel dieser Konstellation lautet:

$$x = \frac{m \cdot (m-1)}{2}$$

112 Über dieses Problem z. B.: W. Hahlweg: Barriere, S. 54–89; L. Dehio: Gleichgewicht; G. Zeller: Le principe, p. 25–37; R. Mandrou: La France, p. 234 bis 240.
113 MHS Cgm 2163: »Beschreibung, wie das Haus Bayern vor alters ein Königreich gewesen.«
114 Zum ganzen: MGHA, Hof-Haushalt-Akten 1712 G I Nr. 2–4, 6–8, 16, 17, 19–27, 29, 30, 32–40, 45, 46, 48; ebd. 1712 G II Nr. 1, 2, 4–18, 24–26, 29–31; ebd. 1712 H Nr. 1, 36, 37, 40–43, 51, 52; 1712 M Fasz. I Nr. 1, 6–10, 29; 1712 P 5 Nr. 1–4, 6; ebd. Korr. Nr. 639, 644–645, 647–653, 666, 666a, 667–671/I–IV, 699, 704–712; Obersthofmeisterstab 2076/1 und 2.
L. Chapuzeau: Relation, 1673 (über München Kap. XV); L. Graf v. Königsegg: Relation vom kurbayerischen Hof, Okt. 1672 und Aug. 1673, ausführliche Berichte, in: WHHSTA: Österr. Staatsreg., Rep. N, Karton 21; auszugsweise gedruckt bei: M. Doeberl: Bayern, Bd. 2, Nr. 1, S. 1–16; H. Marquis de Beauvau: Mémoires (1688); einige Erziehungsinstruktionen sind gedruckt und besprochen bei: Fr. Schmidt: Geschichte der Erziehung, S. XCI–CXIV und S. 103–211; eine sehr kritische Darstellung gibt: E. Straub: Repraesentatio, passim und besonders S. 174–243 und ders.: Herrscherideal, S. 193–221.
115 MGHA Korr. 644, 644/I, 644/II.
116 MGHA, Korr. Nr. 645.
117 M. Petzet: Entwürfe, S. 202–212; L. Hager: Nymphenburg.
118 O. Auer: Theatinerkirche.
119 MGHA, Korr. Nr. 645 (die entsprechenden Schreiben, 1662).
120 Zur Frage der Kaiserwahl: M. Göhring: Kaiserwahl, S. 65–79; G. F. Preuß: Mazarin, S. 488–518. MAZARIN hatte einen großangelegten Werbefeldzug zugunsten FERDINAND MARIAS inszeniert und 3 Millionen Livres für den »Wahlkampf« investiert. Der Herzog VON GRAMONT und der Staatssekretär des Auswärtigen Marquis DE LIONNE waren als Wahlbotschafter für den bayerischen Kurfürsten aufgetreten. Frankreich wollte damit Habsburg vom Kaiserthron ausschließen. Da FERDINAND MARIA jedoch die französischen Angebote abgelehnt hatte, waren die Beziehungen Frankreich–Bayern bald erkaltet. Die Geburt Max Emanuels nahmen Marquis DE LIONNE und LUDWIG XIV. allerdings zum Anlaß, durch ein Glückwunschschreiben an die Kurfürstin ADELHEID neue Verbindungen zu knüpfen. G. E. Preuß: Kurfürstin Adelheid, S. 324–360; M. Strich: Kurfürstin Adelheid, S. 63–96; Merkel: Adelaide, p. 286, 287.
121 MGHA Korr. 645 (verschiedene Schreiben Juli/August 1662), ähnlich bereits im Jahr 1660 (MGHA Korr. 644/II, f. 92–97).
122 MGHA Korr. 645 bzw. 644/II (Liste der Lehensträger und ihrer Verpflichtungen).
123 MGHA Korr. 645 (Beschreibung der Taufzeremonie von einem Augenzeugen, Sept. 1662).
124 MGHA Korr. 645 ebd.
125 Das »Churfürstlich Bayrische Frewden-Fest« dauerte drei Tage. Es wurde mit einer Oper, einem Turnierdrama und einem Feuerwerk begangen. Es gilt allgemein noch vor dem berühmten Fest LUDWIGS XIV. in Versailles im Jahr 1664 als die erste große Veranstaltung des Barock in Deutschland durch die Vereinigung sämtlicher theatralischer Künste der Zeit. Am 24. Sept. 1662 wurde die Oper »Fedra incoronata« von PIETRO PAOLO BISSARI und JOHANN KASPAR KERLL aufgeführt im Münchener Opernhaus am Salvatorplatz; am 26. Sept. folgte das Turnierdrama »Antiopa giustificata« von PIETRO PAOLO BISSARI mit Musik von JOHANN KASPAR KERLL im Turnierhaus am Hofgarten, wo zwei einander gegen-

überliegende Bühnen errichtet wurden. Von dort aus zogen die Turnierteilnehmer in die Kampfbahn. Am 1. Okt. kam das Feuerwerksdrama »Medea vendicativa« auf einer schwimmenden Bühne auf der Isar »underhalb der Stattmühl« zur Aufführung, von den gleichen Autoren in Szene gesetzt. Vgl. E. Straub: Repraesentatio, S. 217–234. Anläßlich der Geburt des Prinzen LUDWIG AMADEUS CAJETAN (6. 4. 1665, MGHA Korr. Nr. 649) wurde ebenfalls eine Oper aufgeführt: »Amor della Patria« von FRANCESCO SBARRA und JOHANN KASPAR KERLL. Entsprechende Kupferstiche sind erhalten. Einige Abbildungen finden sich in: Barockes Fest, barockes Spiel, S. 31, 32, 51–53.

[126] Diese Tatsache geben die Erziehungsinstruktionen dieser Zeit eindeutig zu erkennen, MGHA Hof-Haushalt 1712 G I Nr. 4, 8, 17, 19, 20, 22–26, 33, 34; ebd. 1712 G II Nr. 5–13, 15–17.

[127] MGHA Hof-Haushalt 1712 G I Nr. 19: Memorial FERDINAND MARIAS und ADELHEIDS für die Obersthofmeisterin Gäfin VON WOLKENSTEIN, im Original ohne Jahresangabe, jedoch 1667, § 10: »Yber alles aber solle man sorg tragen, daß er (Max Emanuel) seine vorhabende studia, als da seind die christliche Lehr, des HEROLDENS Lectiones, schreiben, lesen und übung der Italienischen sprach, niemalens unterlasse; möchte unß auch zu absonderlichen gefallen geraichen, wo man den Anfang der Lateinischen und Französischen machen solle« (nämlich grammatikalische Übungen und Sprachlehre, der Wortschatz war bereits im wesentlichen eingeübt).

[128] Über Ideal und Wirklichkeit des Hofes unter gesellschaftsgeschichtlichen Aspekten: E. Straub: Repraesentatio, S. 92–116; vom soziologischen Aspekt her gesehen: Kruedener: Rolle, passim. Kruedener versucht, dieses Problem durch eine intensive MAX WEBER-Rezeption vom historischen und soziologischen Aspekt her anzugehen und zu einer Typologie zu gelangen.

[129] Ende des Dreißigjährigen Krieges waren rund 450 Bedienstete am Münchener Hof tätig, im Jahr 1705 zählten rund 1028 Personen zum Hofstaat (WHHSTA Bavarica 21 B, Libellum Hofstaat). Diese setzten sich folgendermaßen zusammen:

Dienststellung	Zahl	Besoldung
Oberthofmeister, Oberstkämmerer und Minister	4	13 768 fl.
Geheime Räte	4	6 291 fl. 10 kr.
Sekretäre, Kanzlisten, Bediente	14	11 465 fl. 10 kr.
Kämmerer	22	13 209 fl.
Revisionsräte	11	8 292 fl.
Hofräte (Ritterbank)	13	9 384 fl.
Hofräte (Gelehrte Bank)	13	8 392 fl.
Sekretäre, Registratoren, Kanzlisten	36	9 310 fl.
Hofkammerräte	27	16 808 fl. 19 kr.
deren Sekretäre, Registratoren, Kanzlisten	55	14 660 fl. 30 kr.
Rechnungskommissare	8	2 860 fl.
Bestallte Obristen	5	5 304 fl.
»Auswendige« Räte und Diener	15	11 007 fl. 30 kr.
Leibmedici u. Doctores d. Arznei	7	7 049 fl. 12 kr.
Der Kurfürstin Frauenzimmer (1 ohne Besoldung)	15	3 946 fl.
Frauenzimmermenscher	13 à 32 fl.	416 fl.
Mundköchinnen	9	2 111 fl. 51 kr.
Kammerdiener, Kammerportier	10	4 811 fl. 18 kr.

Frauenzimmer der kurf. Kinder	29	10 520 fl.
Aufwärterinnen	6	192 fl.
Mundköchin und Zimmerwäscherin	2	150 fl.
Praeceptor und Bediente	4	1 861 fl. 20 kr.
Hofapotheker und Laborant	5	2 288 fl. 30 kr.
Hofwäscherinnen	7	2 044 fl. 30 kr.
Truchsessen	2	1 700 fl.
Hofzahlamtsbediente	4	2 055 fl.
Hofkapläne, Kapelldiener, Ministranten	15	3 307 fl. 44 kr.
Hofmusikanten und Vokalisten (15 Deutsche, 6 Italiener, 1 Franzose)	22	13 128 fl.
Instrumentalisten (16 Deutsche, 3 Italiener, 2 Franzosen)	21	9 110 fl.
Kammerdiener des Kurfürsten (davon 5 Franzosen u. 5 Italiener)	18	6 440 fl.
Künstler, Ballmeister und Diener (davon 11 Ausländer)	43	15 632 fl. 11 kr.
Für Exercitien in Ingolstadt	4	3 183 fl. 45 kr.
Hartschieroffizier	1	792 fl.
Leibgardetrabanten	91	13 629 fl. 41 kr.
Hofprofoß	1	241 fl. 41 kr.
Hofmarschall Graf SANFRÉ (bei Höchstädt gefallen)	–	–
Kuriere und Postmeister	5	1 344 fl.
Eisenmeister, Steckenknecht, Videnten	11	736 fl.
Stallmeister, Edelknabenpräzeptor	14	10 385 fl. 48 kr.
Stallpartei	10	1 363 fl. 17 kr.
Reisige und Reitknechte	23	3 664 fl. 17 kr.
Kutscher	19	3 132 fl. 29 kr.
Kutscher-Vorreiter und Mittljungen	32	4 272 fl. 40 kr.
Senftenknechte	5	833 fl. 55 kr.
Fuhrknechte	5	364 fl. 15 kr.
Kärner	5	364 fl. 15 kr.
Wagenheber und Geschirrmeister	9	1 207 fl. 20 kr.
Hof- und Feldtrompeter	13	5 248 fl. 8 kr.
Hoflakaien	27	5 862 fl. –
Jägermeisteramt	10	2 032 fl. 6 kr.
Reitende Jäger und Knechte	11	2 032 fl. 6 kr.
Jägerjungen	15	1 559 fl. 32 kr.
Netz- und Tücherknechte	10	722 fl. 8 kr.
Falknerei	13	3 376 fl. –
Angehörige des Jagd- und Falknermeisteramts	5	310 fl. –
Französische Piqueurs	6	3 169 fl. –
Jägerei des Herzogs MAX PHILIPP	5	630 fl. –
Überreiter und Knechte	77	5 540 fl. 34 kr.
desgl. im Rentamt Straubing	15	58 fl. 50 kr.
desgl. im Rentamt Burghausen	10	535 fl. 30 kr.
Hofküchenamt	15	6 119 fl. 24 kr.
Köche »und dergleichen Persohnen«	37	10 625 fl. 51 kr.
Hofkellerei	12	3 139 fl. 51 kr.
Silberkammerpersonen	9	1 278 fl. 42 kr.

Hofbauamt (davon 3 Italiener)	10	4 735 fl. 54 kr.
Hofschneiderei und Hauskämmerei	9	1 581 fl. 30 kr.
Wächter und Einheizer	13	1 142 fl. 44 kr.
Gartenpersonen	7	1 759 fl. –
Französische Komödianten (keine Zahl angegeben)	etwa 5	13 054 fl. –
(Summe lt. Original)	1 028	321 160 fl. 52 kr.

Im Jahre 1705 gab es 13 Hofräte auf der Ritterbank, nämlich: FERDINAND Graf VON UND ZU HAIMBHAUSEN, Geheimer Rat, Kämmerer und Hofratspräsident; SIGMUND MARQUARDT Frhr. VON PLETTEN, Vizepräsident; FRANZ WOLFGANG Frhr. VON THOER, Kämmerer und Grenz- und »Speyrischer Raths Director«; JOH. RUDOLF Frhr. VON WÄMPL, Hofrat, Truchseß und Hofoberrichter; FERDINAND JOSEPH Graf VON HÖRWARTH; ANTON Frhr. VON BERCHEM, Hofrat und Truchseß; JOHANN FRANZ JOSEPH VON MÄNDL Frhr. v. Deuttenhofen, Hofrat und Truchseß; FELIX Frhr. VON SCHARFSEE; FRANZ JOSEPH ANTON Frhr. VON LIGSALZ, Hofrat und Truchseß; PHILIPP WILHELM SILBERMANN; Joseph MATTHIAS FRANZ VON OSWALDT, Hofrat und Truchseß; JOHANN EMMERAM VON PRIELMAYR; GEORG BENNO VON IMBSLANDT.

Die Gelehrte Bank nahmen ein: SEBASTIAN VON GIGENBACH (emerito, Geheimer Rat und Hofratspräsident); JOHANN GEORG LUEGGER, bayer. Hofkanzler; JOHANN ADRIAN KRAY; HANNS BENNO VON WOLFSWISEN; JOHANN SEBASTIAN JOBST; JOSEPH MAX PISTORINI; JOSEPH ANTON RONPÖCKH; FRANZ JOSEPH UNERTL, Hofrat und Geh. Sekretarius; LEOPOLD ANDREE VON RIGL; FRANZ IGNATIUS GOSSTEIGER; JOHANN BENNO UNERTL; MATTHIAS VON HAYDENFELD; JOHANN ASKANIUS TRIVA.

Zum Vergleich: Der Kaiser hatte 48 Geheimräte einschließlich der Obersthofmeister, Stallmeister, Kammerpräsidenten, Hofmarschälle, ferner 23 Reichshofräte, 14 Hofkammerräte, 21 Regimentsräte, 58 Generäle und Obristen an seinem Hof, z. B. den Herzog von Lothringen, den Markgrafen von Baden (MGHA Hof-Haushalt 1712 H Nr. 48).

Über den Hofstaat FERDINAND MARIAS siehe: MGHA Hof-Haushalt 1712 G I, Nr. 16 (1665), desgleichen Nr. 10 (Anmerkungen und Korrektur zu dem Bericht des CONDÉ GUALDO von der Hand CARLOS BEGNUDELLIS 1668); 1712 H Nr. 27 (Beschreibung des Hofstaates durch GALEAZZO GUALDO, Leyden 1668, gedruckt). Symptomatisch für die Steigerung des Personals in folgenden Zahlen:

Die Leibgarde von Hartschieren bestand unter Kurfürst MAXIMILIAN I. aus 24 Offizieren und Soldaten (MGHA Hof-Haushalt 1712 P V Nr. 25). Sie waren zwischen 42 und 70 Jahre alt. Im Jahr 1739 bestand die Leibgarde bereits aus 100 Personen (1712 P 5/5). Von diesen waren 77 verheiratet, 18 ledig, 5 Witwer. Von diesen 100 Leibgardisten waren 14 unberitten, 86 beritten, wobei jedoch nur 79 zum Einsatz kamen, da 7 Pferde zum Dienst untauglich waren (ebd.). Von den 100 Leibgardisten stammten 58 aus Bayern, 15 aus der Oberpfalz, 13 aus Reichslanden, 2 aus Österreich, 1 aus Böhmen, 9 aus der Schweiz, Luxemburg, Savoyen, Geldern, Elsaß, Schwedisch-Pommern und Frankreich.

Max Emanuel erweiterte schließlich die Instruktion FERDINAND MARIAS für die Hartschiere (ebd. 1712 P 5/26). Danach mußten die Gardisten sich »ganz beherzhafft, dapfer, ernsthafft und nit schläferig, noch unvertrossen erzaigen« (f. 3 v). Da der Sold eines Gardisten meist nicht ausreiche für den Lebensunterhalt der Familie, mußte auch die Frau Dienste annehmen (1712 P 5/28 f. 1). Die Traban-

ten waren bekannt wegen ihrer »polderischen und ungeduldigen« Art (1712 P 5/27 f. 3').
130 MGHA Korr. 638/1: Consultatio et Conclusio, 18. Sept. 1655.
131 JOHANN MÄNDL Freiherr von Deutenhofen, der diese Kritik formulierte (MGHA Korr. 638/1), war Hofkammerpräsident und Geheimer Rat, überdies seit den Tagen der Regierung MAXIMILIANS I. auch Leiter des Finanzwesens. Aufgrund dieser und ähnlicher Kritik wurde er nach eigener Aussage (MHS Cgm 3082 und 3321) aus den Diensten entlassen. Bisher war es nicht geklärt, ob diese Kritik die Ursache seiner Entlassung war, oder ob MÄNDL wegen Mißbräuchen und Unordnung in seinem Geschäftsbereich seiner Ämter enthoben wurde (M. Doeberl: Regierung, S. 49, 50). Sicherlich wirkte beides zusammen. Die Kritik war ausschlaggebend, einen Grund für seine Entlassung zu suchen. Man fand ihn in seiner Geschäftsführung, die angeblich in Unordnung war. MÄNDL wurde zur Rückerstattung einer größeren Geldsumme verpflichtet, nämlich 26 408 fl. Zum Vergleich, das Jahresgehalt des Vizekanzlers betrug in den 60er bis 80er Jahren des 17. Jhdts. in Bayern 1000 fl.
132 Relation KÖNIGSEGGS: Doeberl: Bayern, Bd. 2, S. 7: »Allain will die education im ybrigen nit gelobt werden; dan dise beschicht merer nach dem willen der frauen churfirstin als des obristen hofmaisters und zwar mit mörklicher freiheit, und wan schon der hofmaister actiones, die ihme nit gefallen, sichet, darf selber doch den churprinzen vilmals nit davon abmohnen.« Dies zeigt eine ausgeprägte selbstbewußte Charakterentwicklung.
133 Über die Münchener Verhältnisse siehe: Recueil des instructions, vol. 7, Bavière, p. 42–51: Instruktion für DE LA HAYE (1675) auf der Grundlage der Berichte des Duc DE VITRY; von der Gegenposition her: Relation KÖNIGSEGGS, Doeberl: Bayern, Bd. 2, S. 3–6, 12–14. Auch für FERDINAND MARIA galt das Prinzip CASPAR VON SCHMIDS: »Der Krieg ist ie das rechte mitel zum friden nit.« Zweifelhaft sind die »alea belli« (MGSTA K blau 79/4: Schmid an den pfalzneuburgischen Kanzler YRSCH, 27. 3. 1676, f. 598, 599). Als Gegenposition die Meinung von YRSCH: Derartige Aussagen seien verwunderlich und »leeres Geschwätz« angesichts des Kampfes gegen Frankreich während des holländischen Krieges (ebd. YRSCH an Herzog PHILIPP WILHELM, 2. 4. 1676, f. 595 v).
134 K. Th. Heigel: Vermählung, S. 1–47; ders.: Die Beziehungen zwischen Bayern und Savoyen, S. 118–172; M. Strich: Kurfürstin, S. 63–96.
135 Dieser Gesichtspunkt wird meist übersehen.
136 In einem Vertrag des Jahres 1638 mit Kaiser FERDINAND III. hatte der bayerische Kurfürst MAXIMILIAN I. eine Anwartschaft auf Mirandola und Concordia beim Aussterben der männlichen Linie erhalten. Im Jahr 1660 erneuerte FERDINAND MARIA diese Ansprüche (MGSTA K schw 7611, 7608, 7609, Mirandola in den Jahren 1638/39/48 und K schw 1748 Verhandlungen CASPAR VON SCHMIDS in Wien, März bis Mai 1660).
137 Straub: Repraesentatio, S. 181–184. Graf KÖNIGSEGG stellte fest: »Wan der herr churfirst bisweilen nit geschwind thuen will, was sie (ADELHEID) hoch verlanget, thuet nit allain die frau churfirstin demselben kein guetes gesicht und wort verleihen, sondern auch es miessen ihre leit ein gleiches thuen, ja entlichen gestölt sie sich gar krankch, also das letztlichen der herr churfirst nit allain das verlangete, sondern noch ein merers bewilliget, damit selber nur widerumb den friden erlangen kine.« Relation bei M. Doeberl: Bayern, Bd. 2, S. 6.
138 Es folgten LUDOVICA MARGARETHA im Jahr 1663 (Korr. 647). Sie starb 1665 (Korr. 648). Ferner LUDWIG AMADEUS CAJETAN 1665 (Korr. 649). Er starb

nach wenigen Wochen. Dann CAJETAN MARIA 1670 (Korr. 650). Er starb im gleichen Jahr (Korr. 651). Schließlich JOSEPH CLEMENS 1671 (Korr. 652) und VIOLANTE BEATRIX 1673 (Korr. 653).

139 Fr. Schmidt: Geschichte, S. XC.

140 Die entsprechenden Instruktionen: MGHA Hof-Haushalt 1712 G I Nr. 8, 19, 20, 24–26, 33–35, hier besonders Nr. 33 (Stundenplan für MARIA ANNA CHRISTINA 1673); ferner Fr. Schmidt: Erziehung, S. 185–188, Nr. 27.

141 »... C'est pourquoy comme suyvant le devoir d'un bon Pere nous avons les yeux incessament sur Elle et veillant sur sa conduite«, Fr. Schmidt, Erziehung, S. 188.

142 F. Schmidt: Erziehung, S. 189 § 3.

143 MGHA Hof-Haushalt 1712 G II Nr. 15; Briefe der Gräfin WOLKENSTEIN (ebd. Korr. 666a); über den Hofstaat des Kurprinzen ebd. 1712 G II Nr. 10–12.

144 Über die Stimmung am Münchener Hof siehe Königseggs Relation, Doeberl: Bayern, Bd. 2, S. 5–12.

145 G. Claretta: Adelaide, p. 150; C. Merkel: Adelaide, p. 114–118; MEICHELBECK erwähnt diese Badereise ebenfalls in: Chron. Benedictobur. vol. 1, p. 318. Aufgesucht wurden Trient, Verona, Padua, Venedig. Die längste Zeit verbrachten FERDINAND MARIA und ADELHEID im Schloß Cattajo bei Padua in den Euganeischen Bergen. Die Reise dauerte vom 18. April bis 29. Juli 1667.

146 MGHA Hof-Haushalt 1712 G I Nr. 19, desgleichen 1712 G II Nr. 15.

147 ebd. und Fr. Schmidt: Erziehung, S. 189 § 1. (Friedrich Schmidt gibt in seiner Arbeit keine Nummern der Originalquellen an, die er benützt hat).

148 ebd.; Fr. Schmidt: Erziehung, S. 189 § 2.

149 ebd.; Fr. Schmidt: Erziehung, S. 189–190.

150 ADELHEID hatte die Theatiner 1662 aus Italien nach Bayern geholt. (MGHA Korr. 666$^{1/2}$). Ihr Ordenshaus bestand in München bis 1801.

151 Vgl. die entsprechenden Sätze mit Befehl und Wunsch von JOSEPH FERDINAND, dem Sohn Max Emanuels, in: MGHA Korr. 692 (ad 7. 12. 1697).

152 Nach WHHSTA Bavarica 21 B (Libell Hofstaat).

153 Fr. Schmidt: Erziehung, S. 190, Nr. 9; MGHA Hof-Haushalt 1712 G II Nr. 15. Graf KÖNIGSEGG sagte über den 10jährigen Prinzen: »Der churprinz hete von gott schöne dona naturalia und gueten indolen, wie selber dan die spiritualia, was man ihne lehrt, wol fasset, machet ein schöne schreiberische handschrüft, studieret zimblich wol, thuet die Wellische und Französische sprach wol ergreifen, haltet sich in danzen und dergleichen Exercitiis zu seinem alter verwunderlich wol, hat auch vorhero zaigen wollen, das er, herr churprinz, zu dem gueten geneigt seye.« M. Doeberl: Bayern, Bd. 2, S. 6.

154 MGHA Hof-Haushalt 1712 G II Nr. 5–12. Beauvau diente bis zum Jahr 1679 (ebd. 1712 H Nr. 40); vgl. Riezler: Geschichte, Bd. 7, S. 253; Fr. Schmidt: Erziehung, S. XCIII; aufschlußreich sind Beauvau's »Mémoires« vom Jahr 1688.

155 Fr. Schmidt: Erziehung, S. 191, Nr. 13.

156 P. Chaunu: Kultur, S. 242–251, 275–283, 301–303; P. Diepgen: Geschichte, Bd. 1.

157 Fr. Schmidt: Erziehung, S. XCI.

158 MHS Cgm 1822a, S. 305 (Aufzeichnungen von C. v. Schmid über den Landtag von 1669).

159 MHS Cod. ital. Mon. 411. In diesem Stück wird versucht, eine transzendentale Legitimation durch Einordnung in eine Herrscherreihe zu erreichen. Es geht nicht um die Ausbildung der Individualität im Sinne des 19. Jhdts., sondern um Einfügung in die Tradition.

160 Die »Monita Paterna« blieben die Grundlage für alle Erziehungsinstruktionen des bayerischen Hofes während des 17. und beginnenden 18. Jhdts. Das zeigt sich in der fast wörtlichen Übernahme und den vielen Wiederholungen. Diese Erziehungsinstruktionen sind noch im Original erhalten. Es gab nur einige Modalitäten, keine Neuerungen. Man war keinesfalls originell und suchte nicht nach neuen pädagogischen Erkenntnissen. Über den holländischen Einfluß auf Gesellschaft und Kultur des deutschen Raumes siehe: H. Dollinger: Kurfürst Maximilian I., S. 227–308; G. Oestreich: Neustoicismus, in: Absolutismus, hg. von W. Hubatsch, S. 361–435. Über den Einfluß des Jesuiten Adam Contzen: E.-A. Seils: Staatslehre.

161 Die praktischen Erfahrungen überwogen im Alltag stets die Idealvorstellungen. Würde man allein die Erziehungsinstruktionen als Ausdruck der Wirklichkeit nehmen, so wären nur Heroen und Übermenschen aus dieser Schule hervorgegangen. St. Skalweit stellt fest: »Ein Ringen zwischen alten und neuen Bildungskräften läßt sich auch an zwei Idealtypen ablesen, die in der fürstlichen Erziehungsliteratur der Zeit immer schärfer auseinandertreten: des durch Studium und Lektüre erleuchteten, im humanistischen Sinn gelehrten Fürsten und des praktisch erfahrenen, politisch klugen Monarchen, der nicht aus toten Büchern, sondern in der Schule des Lebens lernt.« (St. Skalweit: Herrscherbild, in: Absolutismus, hg. von W. Hubatsch, S. 248–267, hier S. 256).

162 Königseggs Relation, M. Doeberl: Bayern, Bd. 2, S. 6.

163 D. Herzog: Kurfürstin; M. Strich: Kurfürstin, S. 63–96.

164 König JOHANN SOBIESKI stellte dies im Jahr 1683 in einem Brief an seine Gemahlin fest: F. Fr. Oechsle (Hg.): Briefe, S. 41, 42.

165 ADELHEID war dieserhalb über den Sänger ATTO in Verbindung mit LUDWIG XIV. getreten. Straub: Repraesentatio, S. 182.

166 Nach dem Bericht des Grafen KÖNIGSEGG »sichet die frau churfürstin gern, das er, prinz, bei denen hoffrauenzimmer sich erlustige, wie dan die freyele von Wartenberg sein favorita ist, und weilen selber zu seinen iahren klein, gestölt er sich bisweilen, als wolte er ihro etwas in das ohr sagen, wan sie aber das gesicht widerhebt, thuet er sie kissen, höret gar gern, wan man etwas von der kaiserlichen princessin rödet und ihne damit vexieret, weliches die frau churfürstin selbsten bisweilen thuet.« M. Doeberl: Bayern, Bd. 2, S. 7.

167 Die österreichische Erbfolgefrage galt als wesentliches Prinzip der bayerischen Politik seit der Mitte der 60er Jahre des 17. Jhdts. Der bayerisch-französische Vertrag von 1670 sah die Unterstützung Frankreichs hinsichtlich der Erbfolge Bayerns in Österreich und ebenfalls in der Kaiserwahlfrage vor: Zeitschrift für Bayern, Bd. 4 (1816), S. 182–190 (Vertrag vom 17. 2. 1670, ratifiziert am 21. 3. 1670); Abschriften in MGSTA K schw 9565, dort ebenfalls die entsprechenden Verhandlungen. Vgl. M. Doeberl, Bayern, Bd. 1, S. 457–485.

168 A. de Saint Leger und Ph. Sagnac: La Prépondérance. Die Hegemoniepolitik Frankreichs richtete sich in dieser Zeit auf 3 Ziele aus: Erneuerung des karolingischen Reiches, die Vormachtstellung in Europa durch Landgewinn und Bündnissystem, Koloniebildung in Übersee. Diese Zielrichtung wurde seit den Kardinälen RICHELIEU und MAZARIN vertreten. Die Glorreiche Revolution von 1688 in England schuf dagegen die Grundlage für die antihegemoniale Gleichgewichtspolitik WILHELMS VON ORANIEN. König, Parlament, Nation und verschiedene europäische Mächte arbeiteten in dieser Frage zusammen. – Auch Schweden erstrebte im 17. und beginnenden 18. Jhdt. die Hegemonie über den Ostseeraum. Dieser Politik stellten sich die Anliegerstaaten, vor allem Rußland und Dänemark entgegen.

¹⁶⁹ Gegenüber dem französischen Gesandten GRAVEL nannte C. v. SCHMID die Steiermark, Kärnten, Krain, Görz und Tirol als den bayerischen Kurfürsten gemäß den früheren Heiratsverträgen zustehende Allodial-Länder. Überdies hätten sie in alter Zeit zum »Regnum Bavaricum« gehört (MGSTA K schw 9565, 30. 4. und 1. 5. 1670). Desgleichen war Böhmen mit seinen Nebenländern Mähren und Schlesien als künftiger Besitz Bayerns ausersehen (ebd. 30. 4. 1670).

¹⁷⁰ E. Straub: »Der Hof war der Orientierungspunkt im schwankenden Weltgetümmel, die einzige Wirklichkeit über den verworrenen Traum des Lebens.« E. Straub: Repräsentatio, S. 94.

¹⁷¹ P. Chaunu: Kultur, S. 13, 14.

¹⁷² CHRISTOBAL DE ROYAS Y SPINOLA, Bischof von Tinin/Knin (1668), Stephanien und Wiener Neustadt (1686), bezeichnete im Jahre 1676 in einem Disput mit bayerischen Räten den Kurfürsten FERDINAND MARIA als Vasallen des Kaisers, dessen Pflicht es sei, mit dem Kaiser in den Krieg zu ziehen. Dadurch war das »Souveränitätsgefühl« FERDINAND MARIAS aufs äußerste verletzt. Er weigerte sich zwei Jahre später, als der Bischof wieder in München erschien, ihn zu empfangen. Schließlich könne er »von einem so schlechten Vasallen, wie er mich tituliret«, nicht verlangen, zur Audienz vorgelassen zu werden (MGSTA K schw 9129, Ferdinand Maria an Schmid eigenhändig am 20. 9. 1678).

¹⁷³ C. v. Schmid: Historia, MHS Cgm 1822a, desgleichen Mundus-Christiano-Bavaro-Politicus, MHS Cgm 3009; Fr. Schmidt: Erziehung: Vorwort.

¹⁷⁴ S. v. Riezler: Geschichte, Bd. 7, S. 7.

¹⁷⁵ M. Doeberl: Hilfskorps, S. 18–44.

¹⁷⁶ MGSTA K schw 8135 (1672).

¹⁷⁷ MGHA Hof-Haushalt 1712 G I Nr. 3; Fr. Schmidt: Erziehung, S. XCII. Am Münchener Hof wurde fein säuberlich unterschieden zwischen dem Reichs- und dem bayerischen Landrecht. Als ein Beamter sich auf das Reichsrecht berufen wollte, um getroffene Entscheidungen zu modifizieren, sagte FERDINAND MARIA, er wüßte im Lande von keinen anderen Gesetzen als den von ihm und seinen löblichen Voreltern herrührenden, welche so gut wären, daß es unnötig sei, auswärtige Gesetze anzuführen. (Doeberl: Bayern, Bd. I, S. 42, 43.) In Bayern galten der Codex Maximilianeus vom Jahr 1616, für die Oberpfalz das oberpfälzische Landrecht, von CASPAR VON SCHMID redigiert, gedruckt München 1657.

¹⁷⁸ Über PRIELMAYR liegt eine klare und übersichtliche Arbeit vor von H. R. Huber: C. v. Prielmair.

¹⁷⁹ Nämlich ERHARD, GEORG CAMERER und MABILLON, Fr. Schmidt: Erziehung, S. XCV.

¹⁸⁰ ebd. S. XCVI.

¹⁸¹ MGHA Hof-Haushalt 1712 G II Nr. 31 (Einnahmen und Ausgaben des Kurprinzen Max Emanuel 1668–1674).

¹⁸² ebd. Im Jahr 1671 betrugen die Einnahmen 219 fl., die Ausgaben 524 fl. 14 kr.; im Jahr 1673 betrugen die Einnahmen nur 175 fl., die Ausgaben 309 fl. 1 kr. Graf KÖNIGSEGG meinte zu diesem Erziehungsproblem: »Weilen der churprinz das schöne gelt, so ihme verehrt worden, behalten wollen, als hat frau churfirstin ihme zu verstehen geben, einem firsten gebüre die freigebigkeit und nit das gelt in die cästen zu legen, deme der prinz anjezo volget.« M. Doeberl: Bayern, Bd. 2, S. 7.

¹⁸³ MGHA Hof-Haushalt 1712 G II Nr. 31.

¹⁸⁴ ebd. f. 25 v. (eigene Zählung, da diese Blätter nicht numeriert sind).

¹⁸⁵ ebd. f. 56.

¹⁸⁶ ebd. passim. Über den zehnjährigen Prinzen schrieb der Reiseschriftsteller

CHAPUZEAU, als er 1672 im Dienste Frankreichs den Münchener Hof besuchte, sehr vorteilhaft und ausführlich, wie es einem Besucher geziemt, der die Freundschaft zweier Höfe, die seit 1670 vertraglich verbunden waren, zu preisen hat: »Né l'an 1662 du matin á deux heures est un Prince parfaitement beau, grand pour son âge et tres-bien proportionné, d'une excellente constitution, naturellement sobre; ce qui le rend propre á tous les exercises du corps conformes á sa naissance, dans lesquels il reussit parfaitement. Il danse avec une grace, un degagement et une justesse, dont ses maîtres ne peuvent so louer assez; il fait des armes de mème, pour lesquelles il a une belle disposition, et il est déja ferme à cheval et dans l'assiete que l'Ecuyer le plus difficile pourroit souhaitter. Des qualitez du corps je passe à celles de l'ame, qui est telle qu'on la juge à son heureuse physionomie, toute belle, toute bonne, toute genereuse, toute portée à la vertu et à la science, dans lesquelles il fait chaque jour de tres-notable progrez. On ne luy void aucun emportement de jeunesse, il est toujours posé et toujours sage, civil á tout le monde, obeissant á ses conducteurs, pour lesquelles il témoigne un grand respect. La Langue Latine luy est déja familiere, il a de belles lumieres et dans l'histoire et dans la geographie, et il ne donne nulle peine á ses precepteurs, qui admirent á tout heure son heureux genie et sa grande vivacité.« Chapuzeau: Relation, erschienen Paris 1673.

187 Fr. Schmidt: Erziehung, S. XCV.
188 Fr. Schmidt: Erziehung, S. XCV.
189 Eine ausführliche Schilderung des Residenzbrandes hat Marquis DE BEAUVAU gegeben in seinen »Mémoires« (1688), p. 423, 424.
190 ADELHEID starb am 18. 3. 1676 (MGHA Korr. Nr. 667); über ihre Verlassenschaft ebd. Korr. Nr. 668 und die Testamentsvollstreckung ebd. Nr. 675.
191 PAE Corr. pol. Bavière vol. 29 und 30 passim.
192 MGHA Korr. 671/-IV, besonders MGHA 671/III, f. 1–2 v.
193 Die strenge ständische Gliederung umschrieb der Kapuzinerpater JORDAN VON WASSERBURG folgendermaßen: »Gleichwie der Mensch ist erschaffen worden nit mit gleichen Gliedmaßen, sondern mit kleineren und größeren, vornehmeren und schlechtern, also hat auch Gott verschaffet, daß der geistliche Leib seiner Kirchen und auch der politische Leib des gemeinen Wesens hier auf Erden viel Glieder habe. Jene seynd wie das Hertz, und das ist der geistliche Stand; andere als Häupter, welche die andere regieren, als Vorsteher und Obrigkeiten, andere als Augen, die anderen vorgehen mit Lehr- und Unterweisung, welches seynd die Doctores und Lehrer; einige seynd als Arm und Händ, das seynd die Künstler und Handwerker; endlich einige als wie die Füss, welche müssen in dem Koth umstampfen, und diese seind die arme Bauers- und Bettlleuth.« F. J. Hoedl: Kulturbild.
194 Man muß sich vorstellen, welchen Eindruck folgende Überlegung auf einen jungen Menschen macht, wenn man ihm beibringt: »Der Herrscher erscheint in seiner Tugendburg als göttliche Sonne der Vollkommenheit, um ihn kreisen die exemplarischen Magneten der Tugenden, die Adligen.« E. Straub: Repraesentatio, S. 68.
195 St. Skalweit hebt hervor, daß die Gestalt des Heros in der politischen Wirklichkeit des werdenden Absolutismus und auf den Herrscher selbst bezogen einen neuen spezifischen Sinn erhielt. Sie wurde zum kämpferischen Gegenbild der bloßen Würde herrscherlichen Seins, zum Inbegriff von Energie, Tatkraft, Selbstentfaltung, von kriegerischem Ruhm und staatsmännischem Erfolg des Herrschers. St. Skalweit: Herrscherbild, S. 256, 257.
196 A. Kraus: Bayern, in: M. Spindler: Handbuch, Bd. 2, S. 425.

¹⁹⁷ Dazu zählen: WIGULAEUS HUNDT, bayerischer Staatsmann und Historiograph (1514–1588); CHRISTOPH GEWOLD, Jurist und Historiker (1556–1621); MATTHIAS RADER (1561–1634), Verfasser der 4bändigen Bavaria Sancta; CHRISTOPH BESOLD, Polyhistor und Jurist († 1638); ANDREAS BRUNNER, Geschichtsschreiber (1589–1650); JOHANNES VERVAUX, S. J. († 1661), Beichtvater MAXIMILIANS I. und Geschichtsschreiber.

¹⁹⁸ C. v. SCHMID schrieb: Bayern habe trotz territorialer Einbußen im Laufe seiner Geschichte, trotz der vielfältigen österreichischen Anmaßungen, nichts von seiner Bedeutung und seiner Hoheit verloren. Die Erhöhung Bayerns zum Königreich betrachtete er als Wiederherstellung des ursprünglichen Zustandes der archaischen Zeit (MHS Cgm 1822 u. 1822a: »Historische Beschreibung des durchleuchtigsten Hauses von Bayern: Ursprung, Hoheiten, Abteilung, Glück- und Unglücksfälle aus dem bayerischen Archiv und darinnen befindlichen Documentis und Manuscriptis zusammengetragen ...«). Die Verarbeitung archivalischer Quellen, eine ausgewogene gelehrte Abfassung waren selbstverständliche Voraussetzung bei der Behandlung historischer Fragen.

¹⁹⁹ MHS Cgm 1822, f. 1–10, 69–88; vgl. ähnlich MGSTA K schw 9508 (MÄNDLS historische Deduction über Ursprung und Herkommen der Häuser Bayern und Österreich nach AUGUSTIN SÖLLNER).

²⁰⁰ Selbst der »timide« Kurfürst FERDINAND MARIA wurde vom österreichischen Gesandten KÖNIGSEGG im Jahr 1672/73 folgendermaßen beurteilt: »Thuen sein, herrn churfirstens, gedankchen hoch gehen und, wie aus einem discurs zu mörkchen gewesen, sein haus bösser als das hochlöblichiste haus Österreich oder Borbon schezen; dises seye ihme noch in der jugend, weilen es deme gefallen, eingossen worden; dahero ervolge, das selber sich in seinen consiliis also reguliere, das er, herr churfirst, gern keinem tail sich absonderlich unterwirfig erzaige.« M. Doeberl: Bayern, Bd. 2, S. 1.

²⁰¹ Siehe: Briefe und Akten zur Geschichte des Dreißigjährigen Krieges, NF 1. Teil, II (1621/22), Nr. 123 (Die geheime Verleihung der Kurwürde an MAXIMILIAN I.); 2. Teil, I, Nr. 5 u. 8 (Verhandlungen auf dem Regensburger Deputationstag, Januar bis März 1623); schließlich K. Müller (Hg.): Instrumenta pacis Westphalicae, Art. IV, § 3–18 (über Bayern und die Oberpfalz).

²⁰² MHS Cgm 1822 f. 2–8, 69–88; vgl. A. Wandruszka: Haus Habsburg, S. 66 bis 71. Marquis DE VILLARS legte Ende 1687 ein Mémoire über die französisch-bayerischen Beziehungen von Kurfürst MAXIMILIAN I. bis zur Gegenwart vor (PAE Corr. pol. Bav. vol. 41, f. 185–191). Darin hieß es: Die Versprechungen Österreichs seien nichtig. Wien wolle den Untergang Bayerns. Die Lehren MAXIMILIANS I. verpflichteten seine Nachfolger, ihre Länder zu sichern und sorgfältigst die Freundschaft Frankreichs zu bewahren. ADELHEID habe öffentlich den Vorwurf erhoben, daß ihre Schwiegermutter MARIA ANNA die Interessen ihres Hauses – sie war eine geborene Erzherzogin – denjenigen ihres Sohnes FERDINAND MARIA vorgezogen habe (gemeint ist insbesondere ihre Stellungnahme in der Kaiserwahlfrage 1657/58). MAXIMILIAN I. und FERDINAND MARIA wußten die Freundschaft Frankreichs zu schätzen. Bayern erfreute sich einer ruhigen Regierung, das Land blühte. Max Emanuel müsse diese Politik zum Wohl seines Hauses und seines Landes fortführen.

²⁰³ MHS Cgm 3009 Mundus-Christiano-Bavaro-Politicus, f. 581 u. 665. Und zum ganzen: E. Straub: Herrscherideal, S. 193–221.

²⁰⁴ MHS Cgm 3009, f. 582.

²⁰⁵ ebd. f. 665.

²⁰⁶ ebd. FRANZ VON SCHMID, der diese Ausführungen verfaßt hat, vertrat

sogar die Meinung, daß ein Fürst nicht getadelt werden könne, wenn er sich
fürchten mache, daß er aber getadelt werden müsse, wenn er sich nicht fürchten
mache, denn er müsse auf jede Weise die Untertanen zum Gehorsam gegenüber
den Gesetzen bewegen.

207 Diese Aussage ist zu verstehen nicht als Wendung von einer politischen
Parteigruppierung zu einer anderen, nämlich von der französischen zur österreichischen, sondern vor allem als Übergangszeit und Einübungszeit des jungen
Kurfürsten. Zum ganzen: K. Th. Heigel: Umschwung, S. 48–181. Heigel hebt
diesen Umschwung sehr stark hervor und damit etwas überspitzt. Ebenso A.
Dürrwaechter: Geschichte, S. 543–590, 753–780; M. Strich: Kurhaus, 2 Bde. M.
Strich hat sich in dieser umfangreichen Arbeit vorgenommen, die ersten Regierungsjahre des Kurfürsten Max Emanuel besonders unter dem Gesichtspunkt zu
betrachten, daß Max Emanuel sich von Frankreich abgewandt und gemeinsam
mit dem Kaiserhof eine nationale Politik gegen LUDWIG XIV. geführt habe.
M. Strich hat außerordentlich zahlreiches Quellenmaterial herangezogen, doch
sind seine Zitate oft allzu einseitig ausgewählt unter dem Blickwinkel,
Max Emanuel zu einem Nationalhelden zu machen. Da der französische Gesandte DE LA HAYE von der distanzierten Politik des jungen Kurfürsten gegenüber Frankreich nicht sehr begeistert war, finden sich in der Korrespondenz dieses Gesandten tatsächlich entsprechende Aussagen, die in jenem Sinn gedeutet
werden könnten. Doch ist festzuhalten, daß sich Max Emanuel als Angehöriger
der europäischen Adelsschicht fühlte und er keineswegs antifranzösisch erzogen
und eingestellt war. Deshalb ist diese Arbeit mit einiger kritischer Distanz anzusehen. Auch M. Doeberl (Bayern, Bd. 1, S. 512–539) und S. v. Riezler (Geschichte, Bd. 7, S. 247–328) betonen die Wendung der bayerischen Politik von
Frankreich zum Kaiser sehr stark. Sie ist jedoch weniger Ausdruck einer persönlichen Überzeugung oder einer antifranzösischen Haltung als vielmehr eine
Folge der gesamten europäischen Situation. Am Beispiel dieser Jahre zeigt sich
außerordentlich deutlich, wie sehr Bayern in den gesamteuropäischen Zusammenhang integriert war. Als Quellen sind wichtig PAE Bavière vol. 28–37 (1679 bis
1683); Cologne vol. 14–25 (1679–1683); WHHStA österreichische Staatsregistratur Rep. N Karton 37 (1678/79); Karton 45 (1678/79), Karton 50 (1679–1681),
Karton 76, Pars 2 (1678–1681), Karton 88, Pars 4 (1678–1683), Karton 105, Pars 1
und 2 (1682–1684); ferner Vorträge Karton 6 (1682–1686).

208 Zum Wohl der kurfürstlichen Familie wurden in München täglich heilige
Messen gelesen, und zwar in der Residenz, bei den Klosterfrauen auf der Stiege,
im Bitterich Regelhaus, bei den Franziskanern, den Servitinnen, im Alten Hof,
zum Heiligen Geist, bei St. Peter, bei St. Sebastian, in der Kirche auf dem Anger,
auf dem Gottesacker zu St. Peter und zu Unserer Lieben Frau, im St. Josephs
Spital und im Herzogs Spital, bei den »Welschen Nonnen«, bei den Englischen
Fräulein, in der Herzogsgruft, bei den Augustinern, bei den Jesuiten, im Kosthaus, in der Residenz des Herzogs MAX PHILIPP, bei den Karmelitern, bei den
Karmeliterinnen, auf dem Rochus Berg und bei den Theatinern. Die Wallfahrten des Kurfürsten waren religiöse und politische Demonstration zugleich,
Ausdruck einer vorhandenen und geliebten Lebensform. Für die Palmweihe am
Palmsonntag ließ man Palmen und Olivenzweige aus Ägypten bzw. aus einem
Land kommen, das man für Ägypten hielt. Mit großen Feierlichkeiten wurde die
Karwoche begangen. Alle kirchlichen Feste wurden mit großer Pracht in Anwesenheit der fürstlichen Familie, des Hofstaates einschließlich der Regierung
und des Volkes gefeiert. Hofkapläne wetteiferten miteinander im Dienst und um
die Gunst des Kurfürsten. (MGHA Hof-Haushalt 1712 M Fasz. I, Nr. 1, 6–15).

581

209 JOSEPH CLEMENS (geb. am 5. Dez. 1671) gewann im Nov. 1685 die Bistümer Freising und Regensburg, 1688 das Erzbistum Köln.
210 MGHA Hof-Haushalt 1712 H Nr. 34, desgl. Nr. 42 f. 3' und 4. Instruktion 1679.
211 ebd. f. 1; PERKHOVER starb 1685. An seine Stelle trat mit Dekret vom 5. Mai 1686 MATHIAS JONNER, der bereits als Präzeptor Max Emanuels tätig gewesen war. Fr. Schmidt: Erziehung, S. XCVII.
212 Kämmerer, Präzeptoren, Ärzte und Kammerdiener durften z. B. nur mit Erlaubnis des Hofmeisters die Stadt verlassen (MGHA Hof-Haushalt 1712 H Nr. 34 f. 3). Niemand durfte in die Residenz eintreten oder sie verlassen ohne die Erlaubnis des Hofmarschalls oder dessen Beauftragten (MGHA 1712 H Nr. 25). Der Geheime Rat, Kämmerer, Oberststallmeister und Generalleutnant Graf D'ALBERT erhielt 1715 den Auftrag, darüber zu wachen, daß der Hofmeister und die Präzeptoren der Edelknaben ihre Instruktionen auch einhielten (ebd. 1712 H 50 f. 1).
213 Nämlich die Geheimräte ANTON Freiherr VON BERCHEM, JOHANN BAPTIST VON LEYDEL (bzw. LEYDEN) und der Oberthofmarschall MAX Graf VON TÖRRING. Entlassen wurde vorerst niemand. FERDINAND Graf TATTENBACH blieb Oberststallmeister, GEORG CHRISTOPH VON HASLANG Oberstkämmerer, EWALD VON KLEIST Vizepräsident des Hofrates, ANTON Graf VON MONTFORT Generalwachtmeister. Sie alle waren »gut kaiserlich gesinnt«. MONTFORT sagte einmal, es werde ihm solange nicht recht wohl sein, bis er wiederum in den Dienst des Kaisers trete (M. Doeberl: Bayern, Bd. 2, S. 11). Auch FRANZ PANKRATZ VON LEIBLFING gehörte diesem Kreis an, ebenso der Kämmerer und Revisionsrat JOSEPH ALBRECHT VON FREYBERG. Über die politische Einstellung dieser Personen siehe M. Strich: Kurhaus, Bd. 2, S. 25–74.
214 Dies warf man ihm vor, besonders von österreichischer Seite.
215 L. Hüttl: Schmid, S. 283–297.
216 Das Bündnis vom 17. 2. 1670 war für 10 Jahre geschlossen worden, so daß der Vertrag nunmehr auslief. Der Ergänzungsvertrag vom 14. 1. 1673 hatte keine neuen Bestimmungen enthalten, was die Vertragsdauer betraf. Jedoch war grundsätzlich eine Verlängerung möglich. Die Verträge sind gedruckt: Zeitschrift für Bayern IV (1816) 182–190 bzw. 210–215.
217 P. O. Höynck: Frankreich, S. 165–167. FERDINAND MARIA hatte Sonderverhandlungen zwischen dem Kaiser und Frankreich angeregt.
218 Die französische Diplomatie hatte um diese Klausel in Nimwegen lange und vergeblich gekämpft, ebd. S. 194, Anm. 144; Der Friedensvertrag: J. Dumont: Corps universel, vol. 7, pars I, p. 398; L. Bittner: Chronolog. Verzeichnis, Bd. I Nr. 446; MGSTA K schw 13427 (1679).
219 M. de Roux: Louis XIV.; G. Livet: L'intendance; J. Wysocki: Kurmainz.
220 P. Goubert: Ludwig XIV., S. 155, 156.
221 Neben CASPAR VON SCHMID galten auch der alte BERNHARD BERO Graf VON RECHBERG, Oberthofmarschall und Kämmerer, FRANZ VON MAYR, der bayerische Gesandte in Regensburg und Frankfurt, CASPAR MARQUARDT ZÜNDT und mit Einschränkung der Sekretär KORBINIAN VON PRIELMAYR als Anhänger der frankreichfreundlichen Richtung.
222 Max Emanuel sprach am 4. Oktober 1680 gegenüber dem österreichischen Gesandten Graf LOBKOWITZ von den »gefährlichen Anschlägen des Allerchristlichsten Königs«. Er sehe einen Gewaltstreich gegen Straßburg voraus. M. Strich: Kurhaus, Bd. 2, S. 378.
223 Über HAYE's Verhalten: M. Strich: Beiträge, S. 328–369. Allgemein wird

der Einfluß des französischen Gesandten am Münchener Hof etwas überschätzt. Voraussetzung für ein Gegengewicht gegen den Expansionsdrang Frankreichs war die Stärkung des Reichsheeres. Deshalb unterstützte München die Reform der Reichskriegsverfassung. H. Angermeier: Reichskriegsverfassung, S. 190–222.

224 Der spätere Kaiser Joseph I., geb. am 26. 7. 1678.

225 Paris zahlte von 1671 bis Dez. 1681 insgesamt 2030 000 fl. Subsidien aus. Nach den Verträgen fehlten noch 442 000 fl. Davon sind jedoch abzuziehen 100 000 fl., die Frankreich schließlich als Heiratsgut für MARIA ANNA CHRISTINA einbehielt (MGSTA K schw 17806).

226 CASPAR VON SCHMID korrespondierte mit dem französischen Außenminister POMPONNE und dem französischen Residenten in Solothurn ABBÉ GRAVEL von März 1675 bis November 1676 über diese Heirat (MGSTA K schw 9535).

227 Die Verhandlungen dauerten von Oktober bis Ende Dezember 1679. Die Instruktion für CROISSY ist gedruckt in: Recueil des Instructions, vol. 7, Bavière, p. 53–69. Ausführlich behandelt M. Strich (Kurhaus, Bd. 2, S. 124–235) diese Heiratsverhandlungen. Originalquellen in: MGHA Korr. 676 (Heiratsverhandlungen 1679) sowie MGSTA K schw 1028 und 1029 (Korr. Bayern und Köln über die Heiratsfrage); PAE Corr. pol. Bavière, vol. 30 (Okt. bis Dez. 1679) und vol. 31 (Suppl.).

228 P. Goubert: Ludwig XIV., S. 155. Die Münchener Räte erkannten diesen Umstand nicht.

229 FERDINAND AUGUST Graf LOBKOWITZ war Besitzer eines gewaltigen Fideikommisses, gebildet aus den Herrschaften Sternheim, Chlumetz, dem Herzogtum Sagan und böhmischen Gütern. Somit war er einer der reichsten Adeligen der kaiserlichen Erblande. A. Wolff: Lobkowitz, S. 442, 443.

230 M. Strich: Kurhaus, Bd. 2, S. 144, 145 bzw. PAE Corr. pol. Bavière, vol. 30 (8. 11. 1679, Croissy an Pomponne).

231 MGHA Korr. 676 »Heiratspuncta«, unterzeichnet am 30. 12. 1679, ferner Korr. 677 und Hausurkunden Nr. 1678–1682, 8029 (Verhandlungen und Konferenzprotokolle sowie Vertrag).

232 CROISSY erwähnte bei seiner Antrittsrede das Bündnis. Einen formellen Antrag stellte er nicht, wie Strich, Kurhaus, Bd. 2, S. 139, meint. Denn selbst CASPAR VON SCHMID sah im Augenblick keine Möglichkeit, darüber zu verhandeln. M. Strich: Kurhaus, Bd. 2, S. 139, 378, 379 bzw. PAE Corr. pol. Bavière, vol. 32–33 (1680): Wiederholte Versuche des Gesandten, dieses Problem zu erörtern, stießen jedoch stets auf Ablehnung, zuletzt 9. 10. 1680.

233 G. Ziegler (Hof Ludwigs XIV.) bringt Augenzeugenberichte über die Stellung MARIA ANNA CHRISTINAS in Versailles (S. 259): Sie hatte wenig Einfluß auf ihren Mann. PRIMI VISCONTI behauptete, daß sie Geist hatte, aber kurz nach ihrer Heirat anfing, »nur mehr von Kleidern zu sprechen. Man hatte ihr gesagt, daß sie von nichts anderem reden solle und daß das Interesse, das der König ihr gezeigt habe, geringer geworden sei, weil sie im Anfang sich habe über die (Staats-)Geschäfte unterrichten wollen«.

LISELOTTE VON DER PFALZ entrüstete sich: »Die Dauphine ist unglücklich, und obgleich sie alles tut, um dem König zu gefallen, wird sie täglich, auf Anstiften der Alten, schlecht behandelt. Sie lassen sie ihr Leben damit hinbringen, sich zu langweilen und schwanger zu sein. Ihr Herr Dauphin kümmert sich um nichts auf der Welt. Er sucht sein Vergnügen, wo er kann, und ist fürchterlich ausschweifend.«

Madame DE CAYLUS erzählt, wie MARIA ANNA CHRISTINA im Jahre 1690 starb: »Sie verbrachte ihr Leben eingeschlossen in einem kleinen Kabinett auf der Rückseite ihres Appartements, welches ohne Aussicht und ohne Luft war, was, in Verbindung mit ihrer natürlichen Melancholie, sie trübsinnig werden ließ. Diese Gemütskrankheit, die man für eine wirkliche Krankheit ansah, behandelte man mit heftig wirkenden Mitteln, und schließlich führten diese Mittel, weit mehr als ihre Krankheit, ihren Tod herbei, nachdem sie uns drei Prinzen geschenkt hatte. Sie starb in der Überzeugung, daß ihre letzte Niederkunft ihr den Tod gebracht habe, und sagte, indem sie dem Herzog von BERRY ihren Segen gab: ›Ach, mein Sohn, dein Leben kommt deiner Mutter teuer zu stehen!‹« Ebd. S. 259, ferner: P. C. Hartmann: Dauphine, S. 16–25.

234 P. Wentzcke: Straßburg, S. 298–350.

235 M. Strich: Kurhaus, Bd. 2, S. 413, 414; HAYE berichtet über ein Gespräch mit CASPAR VON SCHMID (ebd. S. 411): »Er war es, der davon zuerst zu sprechen begann, indem er den Kopf schüttelte und wie wenn er in starkem Zorn wäre; alsdann sagte er, daß die Franzosen alle Eintracht zerstörten, daß sie durch Gewalt und ohne Recht und Billigkeit Straßburgs, einer Stadt des Reiches, sich bemächtigt hätten, daß die Dinge nicht dabei stehen bleiben würden, daß ganz Deutschland sich zusammenschließen würde. Man müsse die Welt in Ruhe lassen und sie nicht einschläfern, um sie dann jählings zu überraschen; daß Eure Majestät nichts von Ansprüchen auf das Elsaß geltend machen könnten...« und ähnliches mehr. Er schloß: »das heißt nicht den Frieden bewahren, sondern den Krieg wieder erneuern«. »Ich entgegnete ihm darauf«, fuhr DE LA HAYE fort, »in einem ebenso anmaßenden Tone, wie es der seine gewesen, daß seit dem Tode des verstorbenen Herrn Kurfürsten von Bayern ich getäuscht worden sei und daß ich zu erkennen anfinge, was ein bayerischer Minister vor kurzem gesagt habe... und wovon ich durch einen Brief unterrichtet wäre, ... daß der geheime Rat in Bayern unter allen derartigen Stellen von ganz Deutschland der gegen Frankreich feindseligste sei«.

236 F. Goubert: Ludwig XIV., S. 157.

237 Die Versuche des Kaisers zur Etablierung des absolutistischen Regiments in Böhmen stießen auf den Widerstand der Stände. Vgl. zu diesem Gesamtproblem K. Richter: »Die böhmischen Länder von 1471–1740«, in: K. Bosl (Hg.): Handbuch, Bd. 2, S. 99–412.

238 Im Pyrenäenfrieden von 1659 war der Abstieg Spaniens deutlich geworden und das Zeitalter der spanischen Vorherrschaft in Europa zu Ende gegangen. Im Frieden von Aachen (1668) und von Nimwegen (1678) büßte Spanien verschiedene Plätze in Flandern sowie die Franche-Comté ein. J. Ortega Galindo: España.

239 Die »Exclusion und Crisis« der Jahre seit 1679 enthüllten die angestauten Probleme in der englischen Gesellschaft und im Staat und waren, nach ihren Antrieben und Zielen zu schließen, das Vorspiel zur Revolution von 1688: F. S. Ronalds: Whig Revolution; J. R. Jones: Whigs; ders.: The Revolution; J. H. Plumb: Growth.

240 PAE, Corr. pol. Bavière, vol. 29 und 30 passim.

241 Über die wirtschaftliche Situation in Ungarn vgl.: J. Sinkovics: Le servage; L. Molnar: Les fondements.

242 G. Wagner: Montecuccoli, S. 201–221; R. Neck: Österreich, S. 434–468. Dieser Waffenstillstand stellte für die osmanische Herrschaft einen politischen Erfolg dar, der ihr die größte territoriale Ausdehnung brachte, die sie jemals in Ungarn erreichte: Großwardein und Neuhäusl blieben osmanisch. Siebenbürgen wurde zwar von beiden Parteien geräumt, doch mußte der Kaiser den osmanischen Schützling MICHAEL APÁFI anerkennen. Nach seinem Tode sollte wieder

eine freie Fürstenwahl stattfinden. Damit galt Siebenbürgen als eine Pufferzone zwischen beiden Machtbereichen. L. Makkai: Histoire.

²⁴³ Zum Ganzen grundlegend B. Köpeczi: La France et la Hongrie, p. 17–32, hier p. 19.

²⁴⁴ ebd. p. 20, 21.

²⁴⁵ L. Rácz: L'inspiration. Vor allem gab es zahlreiche Anhänger des Calvinismus: J. E. Choisy: Les relations, p. 94–98. Das Problem, inwieweit bereits eine »ungarische Nation« gebildet war trotz der verschiedenen ethnischen Zugehörigkeit: E. Molnár: Vestiges (1963).

²⁴⁶ J. Szabó: L'assimilisation; A. R. Várkonyi: Hapsburg absolutism.

²⁴⁷ P. Köpeczi: La France, p. 23.

²⁴⁸ Zum ganzen: PAE Corr. pol. Bavière vol. 35–37 (1681–1683); Cologne vol. 18–25 (1681–1683); WHHSTA: Reichskanzlei, Berichte aus München Fasz. 1b; österreichische Staatsregistratur Rep. N Karton 105, Pars 1 (1682/83); Bavarica Fasz. 6 (1680–1683); Vorträge Karton 6 (1682–1686); MGSTA K schw 5155/1; MGSTA K schw 1034–1036 (Bayern und Köln 1682–1683); K schw 246–251 (Stoiberer und Leydel am Kaiserhof 1679–1683 und Rüstung gegen die Türken); S. v. Riezler: Geschichte, Bd. 7, S. 271–279; K. Staudinger: Geschichte, Bd. 2, Teil 1, S. 152; F. Stöller (Hg.): Quellen; J. Stoye: Wien; R. Lorenz: »Türkenjahr 1683«, eine etwas pathetische Arbeit; ders.: Kaiser; E. Woldan: Darstellung, S. 148–154; M. Braubach: Prinz Eugen von Savoyen. Eine Biographie, 5 Bde., hier Bd. 1; R. F. Kreutel (Hg.): Kara Mustapha; O. Klopp (Hg.): Corrispondenza; W. Sturminger (Hg.): Türken; F. Menčík (Hg.): Ein Tagebuch während der Belagerung von Wien im Jahre 1683 (von Graf Ferdinand Bonaventura Harrach, dem Oberststallmeister Kaiser Leopolds I.), S. 205–252.

²⁴⁹ CASPAR VON SCHMID ging z. B. scharf mit dem Mythos des Erzhauses ins Gericht (MHS Cgm 1822 bzw. 1822a, f. 2–8, 69–88). Den Anspruch Habsburgs auf eine über die Privilegien der Kurfürsten hinausreichende Sonderstellung im Reich lehnte er kategorisch ab. Das Problem des sog. Erzherzogtums, das bei der Gestaltung des kurfürstlichen Kollegiums durch die Goldene Bulle KARLS IV. im Jahr 1354 übergangen worden war, spielte hierbei eine wesentliche Rolle. Gerade RUDOLF VON ÖSTERREICH versuchte sich gegenüber der Reichsgewalt abzusichern und die Auserwähltheit seines Hauses zu dokumentieren. Die gefälschten Freiheitsbriefe von 1358/59 waren die Grundlage für diese Sonderstellung: A. Wandruszka: Habsburg, S. 66–71; E. K. Winter: Rudolf IV., in: Wiener soziologische Studien 2, S. 340–354, 364–382; A. Lhotsky: »Haus Österreich«, S. 155 bis 174; derselbe: Privilegium.

²⁵⁰ so S. v. Riezler: Geschichte, Bd. 7, S. 267, 270, 271; die Allianz von Laxenburg (10. 6. 1682) war sicherlich ein Symbol für diese Entwicklung.

²⁵¹ PAE Corr. pol. Bavière, vol. 36, Haye an Ludwig XIV., München 1. 1. 1682; M. Strich: Kurhaus, Bd. 2, S. 430, 431; MGSTA K schw 7701–7707 (Franz von Mair in Frankfurt), desgleichen K schw 12 762.

²⁵² Die gegenteilige Behauptung wird allgemein in der Literatur vertreten. Doch am Münchener Hof war es gleichsam üblich – zumindest soweit es die französischen Quellen über FERDINAND MARIA und Max Emanuel ausweisen –, dem Gesandten eines befreundeten Landes Einblick in die diplomatische Korrespondenz zu geben, wenn Fragen von gegenseitigem Interesse angesprochen wurden. Das Verlangen DE LA HAYE's war z. Zt. FERDINAND MARIAS üblich gewesen, jedoch angesichts der jetzt veränderten Situation untunlich. LUDWIG XIV. wies deshalb HAYE an, »den Eindruck, welchen Ihre Antwort gemacht hat«, zu zerstören (Ludwig XIV. an Haye, PAE corr. pol. Bavière vol. 36, 16. 1. 1682).

²⁵³ Er drang mit seiner Forderung aber nicht durch. M. Strich: Kurhaus, Bd. 2, S. 431.

²⁵⁴ Der Kaiser hatte, bevor er nach Altötting reiste, an seinen Vertrauten MARCO D'AVIANO geschrieben, er hoffe, daß diese Begegnung zum Ruhme Gottes und zum großen Vorteil der katholischen Religion ausschlagen werde (O. Klopp: Corrispondenza, p. 5; über diese Zusammenkunft: Theatrum Europaeum XII, p. 287, 288).

²⁵⁵ S. v. Riezler: Geschichte, Bd. 7, S. 258.

²⁵⁶ Der Kurfürst hatte ursprünglich 300 000 fl. im Frieden und 500 000 fl. im Kriegsfall verlangt.

²⁵⁷ MGSTA K schw 251 (Leydels Negotiation am Kaiserhof, 1683); K blau 79/6, I u. II (1683), Berichte des pfalz-neuburgischen Kanzlers YRSCH aus München, der diese Verhandlungen sehr intensiv unterstützte. Ein großer Teil dieser Berichte ist in Geheimschrift abgefaßt.

²⁵⁸ Vertrag: Dumont VII, Pars 2, page 54; C. M. Aretin: Verzeichnis, S. 49; Bittner I, 89 Nr. 469.

²⁵⁹ Einen Monat später, nicht einen Tag, wie Riezler annimmt (Bd. 7, S. 273), wurde CASPAR VON SCHMID auf Drängen der kaiserlichen Gesandten aus seinem Amt entlassen bzw. auf seinen Wunsch hin emeritiert (27. 2. 1683), vgl. PAE corr. pol. Bavière, vol. 37 (Berichte de la Hayes Jan. u. Febr. 1683).

²⁶⁰ K. Staudinger: Geschichte, Bd. 2, Teil 1, S. 24 und 28–41.

²⁶¹ Berühmt sind die Predigten des Paters ABRAHAM A SANTA CLARA aus dieser Zeit. Er sah in der vorangegangenen Pest und der nunmehrigen Türkengefahr ein Strafgericht Gottes. Abraham: Merks Wien; ders.: Auf, auf ihr Christen, in: Auswahl, hg. v. R. v. Kralik.

²⁶² WHHSTA Reichskanzlei, Berichte aus München, Fasz. 1b, f. 335–450.

²⁶³ GEORG FRIEDRICH Graf WALDECK (1620–1692) wurde 1682 vom Kaiser in den Reichsfürstenstand erhoben.

²⁶⁴ WHHSTA RK. Berichte aus München, Fasz. 1b, f. 382 v, 383, Kreisschluß.

²⁶⁵ ebd. insgesamt f. 384–414; desgl. MGSTA K schw 5155/1 (Ordonnanzen 1682).

²⁶⁶ WHHSTA RK. Berichte aus München, Fasz. 1b, f. 413–414. Ein Obrist erhielt monatlich 75 fl. Er hatte dafür 12 Pferde zu stellen. Dem Obristwachtmeister wurden 25 fl. ausbezahlt. Er hatte 3 Pferde zu stellen; der Regimentsquartiermeister 20 fl. / 4 Pferde; der Kaplan 18 fl. / 2 Pferde; der Sekretär 10 fl. / 2 Pferde; der Adjunkt 20 fl. / 3 Pferde; der Wagmeister 9 fl. / 2 Pferde; der Profoß 18 fl. / 4 Pferde (ebd. S. 413); der Regimentsjägermeister 20 fl. / 2 Pferde; der Schultes, der zugleich Sekretär war, 30 fl. / 3 Pferde; der Kornet 20 fl. / 3 Pferde; der Wachtmeister 7 fl. / 30 kr. / 2 Pferde; ein Korporal 7 fl. 30 kr. / 2 Pferde; der Quartiermeister 7 fl. 30 kr. / 2 Pferde; der Musterschreiber 7 fl. 30 kr. / 1 Pferd; der Feldscher 7 fl. 30 kr. / 1 Pferd; der Trompeter 7 fl. 30 kr. / 1 Pferd; der Schmied 6 fl. 30 kr. / 1 Pferd; der Sattler 6 fl. 30 kr. / 1 Pferd; 1 gemeiner Reiter 6½ fl. / 1 Pferd. Ein Pferd sollte täglich 4 Pfund Hafer bekommen. Monatlich wurden für 1 Pferd insgesamt Futtermittel für 2 fl. 30 kr. berechnet (ebd. f. 414). Die Gefreiten und Spielleute, die zur Fußtruppe gehörten, erhielten monatlich 4½ fl.; jeder gemeine Knecht 4 fl.

²⁶⁷ MGSTA K schw 5155/1 Verpflegungsordonnanz, gedruckt.

²⁶⁸ ebd., desgl. WHHSTA RK. Berichte aus München, Fasz. 1b, f. 413–414.

²⁶⁹ MGSTA K schw 5155/1, f. 213, 214; K. Staudinger: Geschichte, Bd. II, 1, S. 155.

²⁷⁰ W. Sturminger (hg.): Türken, S. 18.

271 ebd., S. 18.
272 R. Kreutel (Hg.): Kara Mustafa, passim.
273 Über die Flucht des Kaisers ausführlich: W. Sturminger (Hg.): Türken, S. 41–50, 74–86. In Wien selbst breitete sich eine Panik aus, als der Hofstaat und die Vermögenden die Stadt verließen. Ausgezeichnete Schilderungen über die Stimmung finden sich bei: H. Watzl (Hg.): Flucht und Zuflucht. Das Tagebuch des Priesters BALTHASAR KLEINSCHROTH aus dem Türkenjahr 1683, passim. KLEINSCHROTH war 1683 Präfekt der Sängerknabenschule des Zisterzienserklosters Heiligenkreuz südwestlich von Wien. Er floh mit seinen Schützlingen nach Oberösterreich (ebd. S. 44): »Da wir fortgingen, kam in der ersten Wiese ein langer Bauer zu uns mit einer Holzaxt oder einem Holzbeil auf der Achsel. Dieser hat mit mir angefangen zu reden von den Zeitungen, welche jetzt von dem Feind ausgesprengt werden. Als er aber von uns vernommen (denn der lose Mensch ist nur auf Kundschaft ausgegangen), daß der Feind schon auf dem Land senge und brenne, daß schon alles drunter und drüber ginge, hat er sich besser ausgelassen und angefangen zu reden, daß nämlich nicht allein die Jesuiten, sondern wohl alle Pfaffen an diesem Krieg schuldig wären – deswegen sollte man sie alle erschlagen. Ich aber betete und ließ den weltlichen Herrn mit ihm reden. Dieser lockte je länger je mehr aus dem Bauern. Er fragte ihn, wem er untertänig sei. Dieser antwortete, daß er unter dem gnädigen Herrn Prälaten von Lilienfeld seßhaft sei, setzte aber hinzu: ›Jetzt, da dieser Pfaff (und was der losen Titel mehr sind, die ich ehrenhalber auslasse) uns Bauern genug geschunden und sattsam Geld zusammengemacht hat, ist er mitsamt seinen Mönchen (als sie die Gefahr des Feindes vernommen) davongeflohen... Steht es ihm denn nicht zu, daß er jetzt im Kloster bleiben und uns Bauern helfen sollte, sich zu wehren? Ach‹, schrie der Schalk, ›was haben diese Bauern getan, wo er durchgereist ist, daß sie ihn nicht wieder zurückgejagt oder als wenigstes mitsamt seinen Mönchen erschlagen haben?‹ Ja, dieser Bauer redete solche Sachen wider den guten Herrn Prälaten, seinen eigenen Herrn, daß es kein ehrliches Ohr ohne Verdruß hätte anhören können, wenn es zu einer anderen Zeit gewesen wäre.«
274 M. Heyret: P. Marcus, S. 286, 287.
275 MGSTA K schw 5155/1, f. 214.
276 ebd., f. 215.
277 W. Kreutel (Hg.): Kara Mustafa, S. 99.
278 MGSTA K schw 5155/1, f. 277–279.
279 ebd., f. 279 u. 279 v.
280 ebd., f. 216 v; K. Staudinger: Geschichte, Bd. II, 1, S. 159–161.
281 MGSTA K schw 5155/1, f. 239–242 (28. u. 29. 8. 1683).
282 ebd., f. 242, 28. 8. 1683.
283 ebd., f. 242 v.
284 ebd., f. 242 v (26. 8. 1683). BEAUVAU war Generalwachtmeister der Kavallerie, K. Staudinger: Geschichte, Bd. II, 1, S. 161.
285 MGSTA K schw 5155/1, f. 341 v, 342 v.
286 ebd., f. 342, 343.
287 ebd., f. 365.
288 MGSTA K schw 5155/1, f. 366–369.
289 ebd., f. 369 und 376.
290 ebd., f. 401.
291 ebd., f. 440.
292 F. Mencik (Hg.): Tagebuch, S. 43 (7. Sept. 1683).
293 ebd., S. 45–47.

²⁹⁴ F. F. Oechsle (Hg.): Briefe, S. 41. Selbstverständlich hatte Max Emanuel Pagen und Bediente bei sich. Sie waren nur während des Treffens mit dem polnischen König nicht anwesend.
²⁹⁵ W. Sturminger: Türken, S. 346, 347.
²⁹⁶ ebd., S. 350 = nach dem Bericht des kaiserlichen Hofrats, Generalfeldkriegsauditors und Historiographen Johann Peter von Vaelckeren: Wienn von Türcken belägert; vgl. ferner über die Ereignisse vom 12. Sept. 1683: E. Woldan: Darstellung, S. 148–154; aus türkischer Sicht: R. Kreutel (Hg.): Kara Mustafa, S. 75–79.
²⁹⁷ W. Sturminger: Türken, S. 350 nach dem Bericht Vaelckerens, desgl. S. 374 nach dem Bericht des Stadtsyndikus Dr. Nikolaus Hocke vom 13. Sept. 1683.
²⁹⁸ Lahnstein: Leben, S. 303.
²⁹⁹ W. Sturminger: Türken, S. 353, 354, 374, 376, 377.
³⁰⁰ ebd., S. 359.
³⁰¹ Über die Kosten des bayerischen Feldzugs ist überliefert: »Les secours que S. A. E. prêta l'année 1683, y compris l'augmentation et la remonte de ses troupes, qu'elle fit dès l'année 1682 pour le service de S. M. J., de même que l'artillerie et les munitions et autres dépenses faites de ses propres moyens, se montèrent, ainsi qu'on pourrait le prouver par les descomptes, à 2 238 283 florins.« (K. Staudinger: Geschichte, Bd. II, 1, S. 183).
³⁰² H. Hantsch: Entwicklung, S. 1–163. O. Redlich: Großmachtbildung; ders.: Werden; ders.: Weltmacht.
³⁰³ P. Goubert: Ludwig XIV., S. 159.
³⁰⁴ Davon sollten 13 000 Mann nach Ungarn gesandt werden. K. Staudinger: Geschichte, Bd. II, 1, S. 184.
³⁰⁵ Über die Liga von Augsburg, die erste Etappe einer neuen allgemeinen Koalition gegen Ludwig XIV. und ihre Folgen: R. Mandrou: Louis XIV., p. 290, 427, 484–498.
³⁰⁶ MGSTA K schw 5155/1, f. 567–568.
³⁰⁷ ebd. K schw 5155/1 (1684), f. 571–574 Statistik.
³⁰⁸ MGSTA K schw 5155/1, f. 19, 20; desgl. K. Staudinger: Geschichte, Bd. II, 2, S. 181–183 (Winterquartiere 1683/84), S. 192, 205, 226, 244 (Winterquartiere 1684–1687).
³⁰⁹ MGSTA K schw 5155/1, f. 103 v.
³¹⁰ ebd., f. 122.
³¹¹ ebd., f. 128.
³¹² Lahnstein: Leben, S. 303–316.
³¹³ MGSTA K blau 79/6, f. 200. Yrsch an Herzog Philipp Wilhelm von Pfalz-Neuburg, München 14. 3. 1680. Über die Versuche, Max Emanuel mit einer französischen Prinzessin zu verheiraten: PAE corr. pol. Bavière, vol. 30 (Nov. bis Dez. 1679); die Gegenposition der österreichischen Partei, die auch der pfalzneuburgische Kanzler und Gesandte YRSCH am Münchener Hof vertrat: MGSTA K blau 79/6 (Dez. 1679), meist in Geheimschrift. COLBERT gelang es in einer Unterredung, Max Emanuel zu der Zusage gegenüber dem französischen König zu bewegen, niemals eine Ehe zu schließen, die LUDWIG XIV. unangenehm sein könnte (PAE corr. pol. Bavière, vol. 30, 15. 11. 1679, Colbert an Ludwig XIV.), ausführlich darüber M. Strich: Kurhaus, Bd. 2, S. 144–167. Max Emanuel gab schließlich noch eine entsprechende schriftliche Zusicherung ab (4. 2. 1680). Eine abweisende Reaktion auf all diese Versuche, ihn zu bevormunden, konnte deshalb nicht ausbleiben. Ein Gespräch zwischen dem bayerischen Geheimrat MAYR (Ille) und dem Kanzler YRSCH (Ego) gibt die Situation treffend wieder: »Ille,

ob man dann nit sagen könnte, der bayerische Kurfürst sei noch jung, und ihme dahero sein libertet zue lassen: Frankreich aber habe sich zu versichern, das khein Heurath geschehen solle, die Frankreich unannehmlich sein werde; Ego dieses sei meines erachtens weith gefählet, und gefährlich, dan ich hab vor gewiß vernommen, das Frankreichs ministri allhier des Kaisers und Pfalzneuburgs Prinzessinen exclusivam gegeben und annoch laborieren, das der bayerische Churfürst solche exclusivam auch Resoluiren solle; falls nun der bayerische Churfürst eine aus diesen beiden Prinzessinen praetendierte, könnte Frankreich billig sagen, solche Heurath seie ihme nit annemblich, und also nit Wort gehalten worden, sinthemahlen Frankreich durch seine Ministros schon vorher anzeigen lassen, das kheine aus obgedachten beiden Prinzessinnen geheurathet werden solle, worauf Er MAYR, roth worden, und ganz still geschwiegen, vermuethlich darumben, weillen er vielleicht nit vermeinet, das ich solches albereith wissen werde.« MGSTA K blau 79/6. Yrsch an Herzog Philipp Wilhelm, München 18. 12. 1679, f. 38; ähnlich am 14. 3. 1680, ebd., f. 200 v: Mit der Erzherzogin MARIA ANTONIE sei eine vergebliche Sache, meinte die Gräfin VON PORTIA, die ehemalige Erzieherin der Prinzessin MARIA ANNA CHRISTINA.

314 MGHA Korr. 679. Verschiedene Überlegungen über das Erbrecht Maria Antonies; desgl. zahlreiche Pläne MGSTA K schw 6767 (bayerische Ansprüche auf Spanien und die spanischen Niederlande 1665–1692).

315 WHHSTA Vorträge Karton 6, 1682–1686: Verschiedene Diskussionen über das Problem der Heirat. Diese Angelegenheit war vorläufig nicht vorrangig, da die Erzherzogin noch sehr jung war. Sie war 1669 geboren, also im Jahre 1680 erst 11 Jahre alt, während Max Emanuel gerade das Volljährigkeitsalter von 18 Jahren erreicht hatte. In der bisherigen Literatur ist übrigens umstritten, ob bereits im Jahr 1679/80 über diese Heirat gesprochen wurde. Als Beweis für diese Tatsache sei noch folgende Unterredung zwischen dem pfalz-neuburgischen Kanzler YRSCH und dem kaiserlichen Gesandten Graf LOBKOWITZ angeführt (MGSTA K blau 79/6, f. 38 und 38 v, München 18. 12. 1679, Geheimschrift): »Will ich dem graven LOBKHOWIZ um so viel mehr gar leicht beibringen, als ich Ihme im Beisein des RASSLERS (des kaiserlichen Residenten in München) erst gestern gesagt, da fern mit der MARIA ANTONIE, auf welche Partie der Herzog von Pfalz-Neuburg dem Max Emanuel allzeit eingerathen, auch ich annoch darauf instruiert seie, alle Hoffnung verlohren seie, und es hingegen wegen Pfalz-Neuburgs Prinzessin eine apparenz haben sollte, so müßte es durch Ihre Kays. Mays. Hände geschehen; darauf er geantwortet, dieses versteht sich von selbsten; ich habe obige Erinnerung darumben gethan, weillen mich der RASSLER einen Brief von dem NOSTIZ sehen lassen, darinnen gestanden, die Heirat mit pfalz-neuburgischer Prinzessin stehet dahin, wann es nur durch Kaiser Hände geschieht; mit der MARIA ANTONIE ist es in Wahrheit eine verlorene Sach, und wan Kaiser für pfalz-neuburgische Prinzessin nicht bald vigiliert, so därften beide dahinter hingehen, und ein kaiserliches unbeliebiges matrimonium herauskommen. Allein muß es gar glimpflich und circumspecte geschehen.« Eine andere Unterredung endete mit den Worten (ebd. f. 63): »dahero sehr vil daran gelegen, es dahin einzurichten, im Fahl, der Heurath mit der Erzherzögin nit folgen solte, das Kaiser für die pfalz-neuburgische Princessin unverzüglich intervenieren per litteras, und von nun an den KHAUNITZ (den neuen kaiserlichen Gesandten in München) darauf eventualiter instruieren.« Dagegen am 18. Jan. 1680 (ebd. f. 139): »So habe ... bei den ältesten Princessinen kleine Contrafait empfangen, und werde mich befleissen, selbige mit gelegenheit behuetsamb zubedienen; Allein verspühre ich wohl, das man sich am Kaiserhof mit der MARIA

ANTONIE noch Hoffnung macht, warzue ich allhier wohl kheine apparenz siehe.« YRSCH hoffte, es komme keine dritte Partei ins Spiel, da »mir DELLMUCKH gesagt, schon bei die acht Ehen katholische und lutherische Prinzessinnen sind benannt worden«.

316 Der pfalz-neuburgische Kanzler YRSCH: »Dann der jung Max Emanuel will gar nit gezwungen oder praeceptoriert sein, sondern profitirt, Er wolle nach seiner libertet heiraten, und ehe er sich obligire, dieselbe zuevor sehen. Man sagt auch von einer zue Florenz, und zue Sachsen-Eisenach.« MGSTA K blau 79/6 f. 38 Geheimschrift.

317 MGHA Korr. 677, f. 2.

318 Im Februar 1681; zum ganzen: S. v. Riezler: Geschichte, Bd. 7, S. 258–263; M. Strich: Kurhaus, Bd. 2, S. 366, 367, 370–372.

319 MGHA Korr. 677.

320 G. Christ: Fürst, S. 367–388.

321 MGHA Korr. 677, f. 29.

322 Berichte des französischen Gesandten de la Haye: PAE vol. 36–38 (1682 bis 1685 passim). Yrsch notierte am 17. 2. 1680 (MGSTA K blau 79/6, f. 156 v): »Anraichend des Herrn Churfürsten Hairath mueß man zwar der Zeit abwarten, wo er sich mit seiner affection hinwenden werde; allein möchte gleichwohl überaus guth sein, wan der Fräwlein von Preisingh befreundten (= Verwandte) durch confidente Persohnen zugesprochen würde, damit sie sorge trügen, das nicht etwa hernegst ein Ungeschick vorgehen, und ihrer famili kheine sache ankhlebendt verbleiben möghe; dan wan es schon endtlich auf dem allerehrlichsten weg mit dieser sach ausschlüge, so ist doch notorisch, das die Khinder der Succession unfähig, sie bey männiglich, wan schon der euserliche respect eine zeitlang dauerte, vorbey, verathn, vom Churfürsten selbsten, der primus fervor amoris vorbey, verlassen, auch mit ihrer gantzen Familie von des Chur- und fürstlichen Hauses Glieder und Agnaten verfolget sein würde.« Diese Befürchtung des gestrengen Kanzlers YRSCH bewahrheitete sich nicht. Max Emanuel zeigte sich zeit seines Lebens gegenüber den jeweils verflossenen Geliebten großzügig. Er hatte ja praktisch alle paar Wochen eine neue Geliebte. Es gab nie einen Menschen, zu dem er dauerhafte seelische Bindungen verspürt hätte. Nicht im Eros, sondern allein im raschen und vielfältigen Erfolgserlebnis Frauen gegenüber suchte er seine Selbstbestätigung, Versuche, seine innere Unausgeglichenheit zu kompensieren.

323 Seit 1680 hatte sich die Situation nicht geändert. Damals hatte YRSCH an den pfalz-neuburgischen Herzog PHILIPP WILHELM in Geheimschrift berichtet (MGSTA K blau 79/6, f. 199, 14. 3. 1680 PS): »Max Emanuel lebt annoch in völliger libertet mit allerhandt excessen, so seiner Reputation, und Gesundheit schaden, iedermann doliert, ist betruebt, und Herzog MAX (MAXIMILIAN PHILIPP) seufzet, es khans aber niemandt abstellen, oder enderen; dan wan man ihme etwas abrathet, so ihme nit gefalt, antworthet er khein Worth darauf, sondern schweigt still, und machts hernach ärger als vorhero, er lasst nit wissen woh er hinreiten wolle, bis er schier aufsizt...« Am 25. 3. 1680 heißt es: »Max Emanuels Heurath betrefend, desperieret fasst maeniglich an dises Herren langer Gesundtheit und Leben, es lasset sich nit alles schreiben. Ich bin wider bey der Grävin VON PORTIA gewesen, welche die Portrait von beiden pfalzneuburgischen Prinzessinnen zue behalten begehrt; die guette frau ist wohl treu für pfalzneuburgisches Haus, ist aber auch sehr betrüebt über Max Emanuels thuen und lassen. Insgemein von hoch und nider standt wirdt gejamert, das man schier khein stund gesichert seie, wohe Max Emanuel nit einstmals gleich gar durch ein un-

glücklichen Ritt ums Leben gekhommen, doch wegen seines unerhörten Lebens in eine tödtliche Khrankheit falle.« (ebd., f. 228 v, München den 25. 3. 1680, Yrsch an Philipp Wilhelm).
324 Über die Heiratsverhandlungen MGHA Korr. 679. Die Münchener Räte analysierten und diskutierten alle internationalen Verträge, aus denen sich Vorteile für Bayern ableiten ließen (MGSTA K schw 6767). Die meisten Überlegungen bezogen sich darauf, wenigstens einen Teil Spaniens zu bekommen.
325 MGHA Korr. 679, f. 1–2.
326 MGHA Korr. 679, f. 2–4 v.
327 Am 30. 8. 1684 hatte HAYE dem französischen König LUDWIG XIV. berichtet: »Monsieur l'Electeur de Bavière est fort susceptible d'impression et particulièrement quand on luy fait envisager pour luy de la Gloire et des Couronnes quoyque chimériques«. M. Strich: Kurhaus, Bd. 2, S. 599; im Original PAE corr. pol. Bavière vol. 38.
328 MGHA Korr. 679, f. 4 v.
329 ebd., f. 7. Die »Zimmerl« (f. 7 v) auf dem Schiff wurden wegen der Winterkälte mit »Öfelen« ausgestattet (f. 8). Holz, Hafer, Heu und Stroh wurden in Engelhardszell und in Stein angekauft und auf die Schiffe verladen (f. 9).
330 MGHA Korr. 679, f. 10–46; ferner WHHSTA Reichskanzlei, Berichte aus München, Fasz. 1 C: Bereits im August 1684 hatte DOMINIKUS ANDREAS Graf KAUNITZ-RITTBERG mit dem Vizekanzler LEYDEL über diese Heirat und dabei u. a. über das österreichische und spanische Erbe verhandelt. Der Kurfürst beriet mit seinen Geheimräten darüber und legte seine Ansprüche dar. Besonders richtete sich sein Blick auf Neapel und Sizilien, Mailand und die Niederlande. Er verlangte eine entsprechende Zusage des Kaisers. KAUNITZ entgegnete, daß weder der Kurfürst noch seine Räte sich einbilden könnten, all dies vom Kaiser zu erhalten. Solche Forderungen würden den Kaiser eher abschrecken als ihm Lust machen, in diese Heirat einzuwilligen. Daraufhin machte Max Emanuel einen Rückzieher und bat den Gesandten, diese Forderungen nicht nach Wien zu berichten. KAUNITZ glaubte damals, daß nun endlich das Eis gebrochen sei und die größte Schwierigkeit überwunden, nämlich die Verzichtserklärung gebilligt sei (f. 454 v). Damit hatte er grundsätzlich recht behalten.
331 ebd., f. 46–55.
332 ebd., f. 59.
333 ebd., f. 11 v. Für die Ausstaffierung der Erzherzogin mußten die böhmischen Untertanen 100 000 fl., die schlesischen 70 000 fl., die Untertanen Mährens 30 000 fl. aufbringen. Die gleichen Beträge hatte im Jahr 1670 die verwitwete Königin von Polen MARIA ELEONORA erhalten, als sie den Herzog von Lothringen heiratete (WHHSTA Reichsakten Fasz. 100b, f. 1827). Die Wiener Hofhandelsleute BARTHOLOTTI und BELLINI lieferten zur »hochzeitlichen Ausstaffierung der Erzherzogin« kostbare Waren im Wert von 22 700 fl. (f. 1828). Die neue Livrée des Hofstaates kostete 24 715 fl. 38 kr. Alle Angehörigen des Hofstaates erhielten neue Kleider (f. 1829). Der Juwelier PETER ROSSAU lieferte weitere Kleinodien im Wert von 7000 fl. Sie wurden bezahlt aus den 34 000 fl., die die schlesischen Bauern für die Hochzeit aufbrachten (f. 1829).
334 MGHA Korr. 679, f. 60–62. Infolge der allzu engen Verbindung Max Emanuels mit dem Kaiser hatte LUDWIG XIV. im Januar 1685 seinen Gesandten DENIS DE LA HAYE-VANTELET aus München abberufen und nach Venedig versetzt. Ein neuer Gesandter kam vorerst nicht mehr nach München. PAE corr. pol. Bavière, vol. 38 (Jan. 1685); Schlußrelation Hayes, gedruckt bei M. Strich: Der junge Max II. Emanuel, S. 58–73.

335 MGHA Korr. 679, Verzeichnis des bayerischen Hofstaates, der sich nach Wien begab.
336 MGHA Hof-Haushalt 1712 H Nr. 51.
337 Ein kleiner Hofstaat aus den Reihen ihrer Getreuen folgte ihr einschließlich eines Läufers, der die Verbindung mit Wien aufrechterhielt und aus beruflichen Gründen alle 14 Tage neue Laufschuhe bekam. MGHA Hof-Haushalt H Nr. 51 (f. 6).
338 MGHA Korr. 680, f. 3–8.
339 MGHA Hof-Haushalt 1712 H 47, f. 1–9 v.
340 Dies zeigen die Abrechnungen, die Schuldentilgung und die Verlassenschaft: MGHA Korr. 695, I und II, 696, 697, 698 (1692–1699).
341 MGHA Korr. 687 (Korr. über Geburt und baldigen Tod des Prinzen LEOPOLD FERDINAND, 1689).
342 Max Emanuel war seit 1692 Statthalter der Niederlande; vgl. die Berichte des Internuntius GIOVANNI PIAZZA aus Brüssel an den Staatssekretär in Rom: RASV Nr. 83–87 (1692–1696 passim).
343 P. Gerbore: Formen, S. 212.
344 MGHA Korr. 688 (1692).
345 MGHA Korr. 694 und 695/1 (Testament, Wien 12. 12. 1692).
346 Der dynastische Stolz, dem Haus Habsburg anzugehören, gebot ihr diese Bestimmung. Ihre Heirat hatte keinen gesellschaftlichen Aufstieg für sie bedeuten können. Sie befürchtete, daß Max Emanuel das spanische Erbe zugrunde richten würde, deshalb schloß sie ihn davon aus. Er hatte sich nie um sie bemüht, sodaß ein Gefühl einer wie immer gearteten Verpflichtung gegenüber dem bayerischen Haus Wittelsbach oder ein Gefühl von Dankbarkeit über erhaltene Wohltaten nicht aufkommen konnte. Dafür sorgte schon Max Emanuel mit Nachdruck.
347 Über die »Finanzpolitik« Max Emanuels seit den 90er Jahren bis zu seinem Lebensende, darunter allenthalben die in Holland versetzten Wertgegenstände: PAN T 153/24, 29–60, T 153/83, 93, 95, 99, 103, 105, 106.
348 MGHA Korr. 695/1, f. 24. Soweit es die Überlieferungen mitteilen, ist festzustellen, daß ihre Ehe, in die sie allzu jung von Kaiser LEOPOLD aufgrund diplomatischer Erwägungen gegeben wurde, nur von Enttäuschungen gekennzeichnet war. Ihre psychologische Situation wurde ausschließlich von negativen Empfindungen bestimmt. Sie mußte sich als Mittel zum Zweck fühlen gegenüber einem Mann, der sich ihr als völlig überlegen gab, der kaum auf die sonst an den Höfen übliche Etikette gegenüber der regierenden Fürstin Rücksicht nahm. Die Enterbung ihres Mannes war somit eine natürliche psychologische Reaktion auf die sieben Jahre ihrer Ehe und der einzige Triumph ihres Lebens.
349 MGHA Korr. 695/1. Bericht über die Trauerfeierlichkeiten, 26. 12. 1692.
350 MGHA 695/1, f. 7.
351 MGHA Korr. 696, desgl. 697. Zusammenstellung der Hinterlassenschaft: Schmuck, Wäsche etc. und Schulden.
352 MGHA Korr. 695/1, f. 99 v.
353 MGHA Korr. 697, f. 21 v. Nur manchmal erinnerte LEOPOLD Graf VON TÖRRING an MARIA ANTONIE. (MGHA Korr. 690, 12. 1. und 9. 2. 1695).
354 WHHSTA Österr. Staatsreg., Rep. N., Karton 106 passim.
355 ebd. Karton 106, f. 49, 50.
356 WHHSTA Österr. Staatsreg., Rep. N., Karton 106, S. 49.
357 ebd., S. 49 v – 57.
358 WHHSTA Reichskanzlei, Berichte aus München, Fasz. 1 C Pars 2: Als

es im Mai 1685 wegen Auszahlung der Subsidien große Schwierigkeiten gab, drohte Max Emanuel, die 1681 geschlossene Allianz zu anullieren und seine Truppen abzudanken; ebd. f. 462 und 462 v; STARHEMBERG riet, einen Teil der versprochenen Beihilfen auszuzahlen.

359 WHHSTA Österr. Staatsreg., Rep. N., Karton 106, f. 57. RABATTA war am einsichtsvollsten: Wenn der Kurfürst seine Soldaten nicht bezahlen könne, da die Subsidien zurückgehalten werden, dann können die bayerischen Soldaten in Ungarn nicht leben. Es entstehe ein großer Schaden durch die vielen Exzesse, da die Soldaten sich auf eigene Faust versorgen müßten (ebd. f. 57).

360 WHHSTA Österr. Staatsreg., Karton 106: Im Jahr 1685 brachte die Stadt Großglogau Verpflegung im Wert von insgesamt 331 fl. 18 kr. auf, das Fürstentum Oppeln und Ratibor 1831 fl. 22 kr. ⅓ h., die Stadt Grünberg 34 fl. 9 kr., die Stadt Buntzlaw 30 fl. 48 kr., die Landgüter der Stadt Breslau hatten 1227 fl. 37 kr. 4½ h. zu zahlen, die Herrschaft Reichwaldau 536 fl. 55 kr. 1½ h., die Stadt Schweigniz 130 fl. 19 kr. 3 h., die Herrschaft Freydenthal 145 fl. 36 kr., der obere Kreis des Bistums Breslau 645 fl. 14 kr., das Weichbild Ohlau 205 fl. 25 kr. 3 h., das königliche Burglehen Malkwiz 151 fl. 43 kr. 3 h., das Fürstentum Wohlau 1245 fl. 10 kr. 4½ h., das Fürstentum Münsterberg und Weichbild Frankstain 1691 fl. 9 kr., das Gut Oldersdorf 171 fl. 14 kr., das bischöfliche Gut Hälde und das Weichbild Cauth 425 fl. 37 kr., das Weichbild Nimbtsch 1043 fl. 52 kr. 4½ h., Fürstentum und Stadt Sagan 356 fl. 6 kr. 1 h. Die Gesamtsumme belief sich demnach auf 10 205 fl. 8 kr. ⅓ h. (ebd. f. 71).

Hinzu kamen Abgaben der Kammergüter und der Stadt Teschen in Höhe von 13 788 fl. 19 kr. 3 h.; das Fürstentum Troppau mußte 636 fl. 18 kr. 4½ h., die Stadt Troppau 46 fl. 15 kr., das Fürstentum Schweidnitz 295 fl. 2 kr., das Fürstentum Liegnitz 1899 fl. 31 kr. 4½ h., das Fürstentum Brieg 2166 fl. 45 kr. 3 h., die Dorfschaften des Domstifts Breslau 280 fl. 4 kr. 3 h. sowie das Fürstentum Jägerndorf 2222 fl. 29 kr. 3 h. aufbringen.

Die Gesamtsumme der Durchmarschkosten der bayerischen Truppen belief sich somit auf 21 334 fl. 56 kr. 3 h. (ebd. f. 121, Wiedergabe des Originals).

Für die Winterquartiere der bayerischen Hilfstruppen in der Markgrafschaft Mähren hatte der Ollmützer Kreis insgesamt 45 185 fl. 47 kr. 2²/₄ h. aufgebracht, ferner für den Durchmarsch durch den nämlichen Kreis 18 461 fl. 25 kr. 3 h. Der Wert des Proviants, der den bayerischen Truppen im Zneimber Kreis geliefert wurde, belief sich auf 797 fl. 38 kr. 2 h. (ebd. f. 138, 139).

361 WHHSTA Österr. Staatsreg., Rep. N, Karton 106, f. 149. Von dieser Summe in Höhe von 515 000 fl. wurden schließlich in den Jahren 1685 und 1686 aus den Tiroler Steuerabgaben 100 000 fl. an die bayerischen Truppen gezahlt. Ausständig blieben im Jahr 1686 noch 268 123 fl., praktisch 50 %. Die Kaiserlichen zogen alle Unkosten für die bayerischen Truppen, für Durchmarsch und Quartier ab.

362 ebd. Karton 106: Weitere Marschkosten der bayerischen Truppen nach Ungarn für die Jahre 1684 und 1685 betrugen für die Untertanen von Schlesien zusätzlich 67 022 fl., von Niederösterreich 198 182 fl., von Oberösterreich 61 666 fl. Dann kam der Rückmarsch und die Untertanen bezahlten wiederum, jene von Niederösterreich weitere 14 614 fl., von Oberösterreich 16 481 fl. (ebd. f. 149, 149 v).

363 Da die kaiserliche Hofkammer nicht in der Lage war, ihren Subsidienverpflichtungen nachzukommen, wurden in der Zeit des niederländischen Gouvernements Max Emanuels die Schulden auf die verbündeten Holländer umgelegt (PAN T 153/40–41, Nr. 248). Allein 200 000 fl. Wiener Currentmünze zahlten

593

die Holländer im Jahre 1695/96. Schwierigkeiten gab es auch stets mit den verschiedenen Währungseinheiten. Aus den zugesagten italienischen Kontributionsgeldern sollte im April 1699 der Wechsler TINTEI 50 000 fl. nach Brüssel überweisen und es kamen tatsächlich 40 886 fl. an. Am 4. April und 3. Mai 1699 wurden 100 000 fl. aus Florenz angewiesen. BOMBARDA erhielt Wechselspesen für seine Tätigkeit: In Holland im Jahre 1691 insgesamt 14 570 fl. 39 kr., in Mailand 15 852 fl., in Venedig 10 903 fl. 24 kr. (bei einem Betrag von 9517 venetianischen Pfunden). 1694 erhielt BOMBARDA für einen Wechsel von 12 000 fl. Spesen in Höhe von 4260 fl. (PAN T 153/40–41 Nr. 281/9, 10, 11 sowie Nr. 124).

364 Offiziell wurden zwei Hauptarmeen gebildet, um beide Heerführer zufriedenzustellen: WKA Feldakten 1686/13/23. Der Lothringer erhielt darüberhinaus den Auftrag, seine Truppen nicht weiter aufzuteilen, sondern zusammenzuhalten und sie nach Möglichkeit ebenso wie die bayerischen Truppen zu schonen und Angriffen aus dem Wege zu gehen (ebd. 1686/6 ad 5), ferner WKA Hofkriegsrat Nr. 373, f. 154.

365 Am 6. Juni 1686 gelangte Max Emanuel im Lager von Komorn in Ungarn an, eine Meile von Gran entfernt. Hier übernahm er den Oberbefehl über die bayerischen Soldaten sowie die Truppen von Sachsen, Brandenburg und die kaiserlichen Regimenter. WKA Feldakten 1686/13/37, f. 618–625, ferner über diesen Feldzug: WKA Hofkriegsrat Nr. 372 (1686); Feldakten 1686/7/8; Johann Dietz: Lebenslauf, S. 42–62.

366 WKA Feldakten 1686/13/26.
367 ebd. 1686/5/8 und 1686/6/5.
368 ebd. 1686/13/27.
369 ebd. 1686/13/39, f. 628 v.
370 WKA Hofkriegsrat Nr. 372, f. 269–341. Außerdem gab es große Verluste bei den Kriegshandlungen, ebd. Nr. 373, f. 154 und 263 v.; Johann Dietz, S. 38 bis 41, zum folgenden, ebd. S. 42–49. WKA Feldakten 1686/13/44, f. 704–711.
371 ebd., S. 48, 283; K. Staudinger: Geschichte, Bd. II, 1, S. 215–224.
372 Johann Dietz, S. 54. Ansonsten nahm man Menschenfleisch von jenen Missetätern, die frisch vom Galgen kamen; ebd., S. 284.
373 P. Lahnstein: Leben, S. 305, 306.
374 K. Staudinger: Geschichte, Bd. II, 2, S. 216–219; zum folgenden: J. Dietz: Lebenslauf, S. 54, 55.
375 J. Dietz: Lebenslauf, S. 57. Über die militärischen Verhältnisse dieser Tage: K. Staudinger: Geschichte, Bd. II, 1, S. 222–224.
376 Staudinger: Geschichte, Bd. II, 1, S. 223–224 setzt den Beginn der Schlacht erst um 3 Uhr an und ihr Ende gegen 5 Uhr nachmittags. Doch nach den Kriegsberichten wurde von 1 bis 5 Uhr gekämpft, von dem weiteren Vorgehen der raubenden, plündernden und mordenden Soldateska ganz zu schweigen.
377 J. Dietz: Lebenslauf, S. 60, 61, 63; K. Staudinger: Geschichte, Bd. II, 1, S. 224. Wieder gab es ein entsetzliches Blutbad, bis Max Emanuel Einhalt gebot und den Überlebenden Gnade zusicherte.
378 WKA Hofkriegsrat Nr. 373.
379 Allein nach der Eroberung von Ofen wurden 345 Türken nach Bayern gebracht. K. Staudinger: Geschichte, Bd. II, 1, S. 224. Im Jahr 1688 kamen über 400 Türken nach Bayern; ebd., S. 706. Desgleichen wurden praktisch in alle anderen Hauptstädte und an Fürstenhöfe, deren Truppen in Ungarn beteiligt waren, vornehme Türken und reiche Juden gebracht (J. Dietz: Lebenslauf, S. 63). Eine der gefangenen Türkinnen erregte später das Wohlgefallen des sächsischen Kurfürsten und poln. Königs AUGUST des Starken. Ihrer beider Sohn machte er

zum Grafen RUTOWSKY und verheiratete die Türkin mit einem Oberstleutnant VON SPIEGEL (J. Dietz: Lebenslauf, S. 264).
380 Ebenso Kanäle in Schleißheim und Dachau. Auch am Bau von Lustheim waren sie beteiligt und an Rodungen im Forstenrieder Wald: K. Staudinger: Geschichte, Bd. II, 2, S. 706, 707.
381 MOA Taufbuch zu Unserer Lieben Frau Nr. 8 (1684–1698) passim bzw. Unserer Lieben Frau Totenbuch Kinder Nr. 1 (1687 ff.) passim; Unserer Lieben Frau Totenbuch Erwachsene Nr. 2 (1685 ff.) und Nr. 3 (1687 ff.) passim. Ein Beispiel: Unserer Lieben Frau Taufbuch Nr. 8, f. 62 (24. 10. 1686): Ein geborener Türke, ungefähr 20 Jahre alt, bei der Eroberung Ofens gefangengenommen, beim Kanalbau eingesetzt, ließ sich taufen. Doch, so der Kommentar im Taufbuch, ist diesem Türken »ein schlechte lieb von uns katholischen« widerfahren, denn er lag unter anderen kranken Türken, wurde von ihnen nicht abgesondert, sodaß er ebenfalls erkrankte und starb.
382 Eines der Prunkzelte, die Max Emanuel aus Ungarn mitbrachte, ist heute noch im Ingolstädter Armeemuseum erhalten. Nach der Überlieferung soll es sich um eine Kriegsbeute bei Mohács (1687) handeln, ursprünglich dem Großwesir SULEIMAN gehörig.
383 MOA: Unserer Lieben Frau Taufbuch Nr. 7, besonders in den Jahren 1687–1696, und Nr. 8, f. 34 (14. 10. 1685), f. 70 (18. 1. 1687), f. 71 (23. 1. 1687), f. 78 (29. 3. 1687), f. 131 (16. 11. 1688), f. 255 (25. 11. 1691), f. 359 (25. 6. 1694), f. 404 (11. 9. 1695), f. 415 (1. 1. 1696), f. 456 (1. 1. 1697), f. 501 (23. 2. 1698) et passim.
384 MOA: Unserer Lieben Frau Taufbuch Nr. 7, f. 131 (16. 11. 1688).
385 MOA: Unserer Lieben Frau Taufbuch Nr. 8, f. 63 (8. 11. 1686).
386 Gemeint war Mohammed, ebd., f. 79 (16. 4. 1687).
387 MOA: Unserer Lieben Frau Taufbuch Nr. 7, f. 278 (7. 7. 1692).
388 z. B. MOA: Unserer Lieben Frau Taufbuch Nr. 8, f. 62 (24. 10. 1686) und f. 456 (1. 1. 1697).
389 S. Riezler: Geschichte, Bd. VII, S. 301; K. Staudinger: Geschichte, Bd. II, 1, S. 685–686.
390 S. Riezler: Geschichte, Bd. VII, S. 301. Die Abrechnungen befinden sich in: MGSTA K schw 5155/1 und 2.
391 K. Staudinger: Geschichte, Bd. II, 1, S. 685. Zum ganzen: MGSTA K schw 258–260 (Verhandlungen Bayerns mit Wien über Türkenkrieg 1687).
392 MHS Cgm 3167 (Aufnahme Max Emanuels unter die Götter, ein Singspiel 1687).
393 Recueil des instructions, vol. VII, Bavière, p. 81–95; L. H. de Villars: Mémoires, vol. I, p. 61–124, 391–421; M. de Vogué: Villars diplomate, p. 757 bis 793; H. Carré: Maréchal, p. 21–36.
394 PAE Corr. pol. Bavière, vol. 38 (Jan. 1685); M. Strich: Beiträge, S. 329 bis 369.
395 S. Riezler: Geschichte Baierns, Bd. VII, S. 303. Zum folgenden PAE Corr. pol. Allemagne, vol. 316 (z. B. Verjus de Crécy an Ludwig XIV., Regensburg 13. 2. 1685).
396 PAE Corr. pol. Bavière Supplément, vol. 2, 1687/88, f. 4–6 (16. 1. 1687).
397 ebd. Mémoire für Abbé Pallavicini: Mémoire touchant la Cour de Bavière Ende 1686.
398 Villars erhielt im Dezember 1687 die entsprechenden Aufträge, ebd., f. 63–68 v (4. 12. 1687).
399 Recueil des Instructions, vol. VII, Bavière, p. 82–95.

⁴⁰⁰ ebd., S. 83, 84.
⁴⁰¹ PAE Corr. pol. Bavière tom. 39, f. 12 ff. (Febr. 1687).
⁴⁰² PAE Corr. pol. Bavière vol. 39, f. 20 (16. 3. 1687).
⁴⁰³ ebd., f. 23. (Villars an Croissy, 23. 3. 1687).
⁴⁰⁴ ebd., f. 23, zum folgenden f. 24.
⁴⁰⁵ ebd., f. 43; desgleichen war auch die Gräfin MARIE ELEONORE KAUNITZ bestürzt, zu der Max Emanuel seit Jahren eine besondere Zuneigung hegte. Sie wird nach übereinstimmendem Urteil der Zeitgenossen als sehr schön und geistvoll geschildert, hatte sieben Kinder und vermochte den jungen Kurfürsten, der sich noch immer als Playboy gebärdete, wenigstens einigermaßen zu zügeln.
⁴⁰⁶ PAE Corr. pol. Bavière vol. 39, f. 39 v, 40, 41, 48.
⁴⁰⁷ ebd., f. 47 und 66 v; S. Riezler: Geschichte, Bd. VII, S. 305. VILLARS war ein ausgezeichneter und auch sehr kritischer Beobachter der Münchener Szene. Seine Berichte sind wichtige Quellen über die tatsächlichen Verhältnisse und die allgemeine Stimmung. Sie sind den erst wesentlich später geschriebenen Mémoiren selbstverständlich an Genauigkeit überlegen, was das Detail betrifft. Dagegen haben die Mémoiren den Vorzug, daß sie aus der zeitlichen Distanz heraus bereits eine kritische Reflexion über das Geschehen des Jahres 1687/88 darstellen. Villars: Mémoires, vol. I, p. 61–124, 391–421.
⁴⁰⁸ PAE Bavière vol. 39, f. 51, Bavière Suppl. vol. 2, f. 68, Bavière vol. 40, f. 324 v.
⁴⁰⁹ Da VILLARS das Geld ausging, um mithalten zu können – denn er hatte nur 2000 Ecus für seine Reise nach Wien erhalten, die bereits verbraucht waren – ein Beweis, daß kein längerer Aufenthalt vorgesehen war –, bat er Versailles um weitere Geldüberweisung; ebd., f. 52, 53. Schließlich erhielt er vom französischen König ein laufendes Gehalt, P. Gerbore: Formen, S. 214.
⁴¹⁰ PAE Corr. pol. Bavière vol. 41: Mémoire Villars f. 185–191, hier 188.
⁴¹¹ ebd. Max Emanuel beklagte seinerseits die geringen Hilfsmittel, die er zur Verfügung habe, und den Bevölkerungsmangel in seinem Land. Der Adel lasse sich zu nichts verwenden, außer daß einige in den Krieg ziehen; ebd. f. 67 v und Bavière Suppl. vol. 2, f. 66–68.
⁴¹² WHHSTA Kriegsakten Fasz. 215 (1687); WKA: Hofkriegsrat Nr. 374, 375; K. Staudinger: Geschichte, Bd. II, 1, S. 227–244.
⁴¹³ PAE Corr. pol. Bavière vol. 39, f. 59 v–61 (30. 4. 1687).
⁴¹⁴ Es wurden ihm etwa 20 000 Mann unterstellt. K. Staudinger: Geschichte, Bd. II, 1, S. 228; PAE Corr. pol. Bavière vol. 39, f. 60 v.
⁴¹⁵ WKA: Hofkriegsrat Nr. 374, 375. Dann war Max Emanuel aber um so eifriger. Er überraschte die Armeeführung immer wieder mit neuen Vorschlägen, was Angriff und Bewegungskrieg, aber praktisch niemals den Verteidigungskrieg betraf. Davon hielt er nichts.
⁴¹⁶ Bis zur Abreise verbrachte Max Emanuel die Zeit in einem Pavillon in Schleißheim bei Spiel und Musik. Zwischendurch gab es italienische Lustspiele (PAE Corr. pol. Bavière vol. 39, f. 66). Wiederholt verteidigte Max Emanuel seine Politik. Er habe nach dem Tode seines Vaters die führenden Minister, den Oberstkämmerer, den Obersthofmeister und den Kanzler SCHMID entlassen, da sie absolute Autorität über ihn haben wollten. Auch DE LA HAYE wurde kritisiert, er habe ihm Furcht einjagen wollen (ebd. f. 67 v.). Der französische König befahl VILLARS angesichts der jetzigen Lage, Max Emanuel nach Ungarn zu folgen, obgleich VILLARS lieber nach Frankreich zurückgekehrt wäre (ebd. f. 93–143).
⁴¹⁷ Um der eigenen Armee eine relative Sicherheit zu verschaffen, riet Max Emanuel im Juni 1687, Erlau nicht nur zu blockieren, sondern alle Früchte, Obst-

gärten und Felder ringsum zu ruinieren und die Ländereien zu verwüsten, damit die Türken keinerlei Verpflegung vorfänden und von weiteren Attacken abgehalten würden. Es war das Prinzip der verbrannten Erde, das allgemein angewendet wurde, nicht von den Franzosen im vielgeschmähten Raubkrieg gegen die Pfalz (1688), sondern genauso in Ungarn (WKA Hofkriegsrat Nr. 375, f. 333). Trotz aller organisatorischen Maßnahmen von seiten der Kaiserlichen fehlte es immer wieder am täglichen Brot. Es herrschte großer Mangel an Flößen, um Brücken über die Theiß zu bauen und jenseits des Flusses Brückenköpfe zu bilden. Die ursprünglich den bayerischen gemeinen Soldaten zugesagten 7 kr. täglichen Solds reichten seit langem nicht mehr aus. Deshalb mußte der Sold auf 12–13 kr. erhöht werden. Da Ungarn aber bereits durch die jahrelangen Einquartierungen und Kriegskontributionen praktisch völlig ausgesaugt war, gelangten diese neuen Steuerauflagen auch nur sehr zögernd in die kaiserlichen Kassen. Deshalb mußte die Wiener Hofkammer für die bayerischen Truppen eine Antizipation zugestehen, die wiederum von den zugesagten Subsidien abgezogen wurde (ebd.).

418 WKA Hofkriegsrat Nr. 374, besonders f. 499$^{1/2}$, 540, 541.
419 PAE Corr. pol. Bavière, vol. 39, f. 125–126 (22. 7. 1687).
420 Zur vorangegangenen Belagerung von Pest siehe PAE Corr. pol. Bavière vol. 39, f. 100–121.
421 ebd., vol. 39, f. 142, 143.
422 PAE Bavière, vol. 39, f. 143 v.
423 Der ungarische Reichstag mußte auch auf das Widerstandsrecht verzichten, das im Privileg der Goldenen Bulle des Königs ANDREAS vom Jahre 1222, dem berühmten Artikel 31 festgelegt war. B. Köpeczi: La France, p. 24. Nicht ohne Grund fragte VILLARS den Kurfürsten, warum er die Macht eines Fürsten vermehre, der seinen eigenen Erblanden so nahe sei. Max Emanuel sei schließlich der einzige, der die Wahl des Königs von Ungarn zum Römischen Kaiser verhindern könne. PAE Corr. pol. Bavière, Suppl. vol. 2 (1687/88), f. 65. VILLARS ermahnte Max Emanuel immer wieder, er solle die Macht des Kaisers zurückweisen, der ihm eine Sklaverei auferlege, die zu brechen schwierig sein werde (ebd. f. 65). Den Niederlagen der Türken in Ungarn folgten Machtverschiebungen in Konstantinopel.
424 S. v. Riezler: Geschichte, Bd. VII, S. 308: In den Briefen der Marquise DE SÉVIGNÉ in St. Réals »Discours sur la valeur« (1688); MGSTA K schw 8207/1, 2 (Gratulationsschreiben für Türkensiege 1687/88).
425 Ursprünglich wollte Max Emanuel weiterkämpfen und die Belagerung von Erlau übernehmen (PAE Corr. pol. Bavière vol. 39, f. 148 und 152). Diese aber führte General CARAFFA im November 1687 erfolgreich zu Ende (S. v. Riezler: Geschichte, Bd. VII, S. 308). VILLARS erhoffte nun endlich einen Friedensschluß zwischen Österreich und den Türken (PAE Bavière vol. 39, f. 148).
426 300 000 fl. waren für die Versorgung der bayerischen, schwäbischen und fränkischen Hilfstruppen allein im November 1687 von den ungarischen Untertanen aufzubringen. Dazu waren sie jedoch nicht in der Lage (WKA Hofkriegsrat Nr. 374, f. 669 v). Deshalb kam es zu diesen außerordentlichen Ausschreitungen der Soldaten. Die kaiserliche Hofkammer zog im April 1688 alle Gelder von den bayerischen Subsidien ab, die bayerische Truppen aus den Städten an der Zips über den Service-Kreuzer hinaus eingetrieben hatten, außerdem jene Einnahmen, die 6 fl. überstiegen, die den bayerischen Soldaten für Verpflegung und Ausrüstung ursprünglich zugestanden worden waren. Max Emanuel war mit dieser Verrechnungsart keineswegs einverstanden (WKA Hofkriegsrat Nr. 376/1 und 2, f. 348, 376, 399, 456 v).

Im Juni 1688 ließ der Kurfürst eine namhafte Summe bayerischen Geldes für seine Truppen nach Ungarn absenden. Der Feldzahlamtsgegenschreiber METZBERGER organisierte die Übersendung des Geldes. Ein Convoy bewachte den Geldtransport (ebd. f. 455 v). Zahlreiche bayerische Schiffsleute, vor allem aus dem Isartal und von der oberen Donau waren eifrig bemüht, die Munitions- und Provianttransporte von Bayern nach Wien und von dort nach Ungarn zu tätigen. Für sie warfen die Türkenkriege einige Gewinne ab (ebd. f. 556). Da die bayerischen Soldaten monatelang keinen Sold bekamen, wurden alle Geldlieferungen, wenn sie endlich eintrafen, in wenigen Tagen unter die Soldaten verteilt, welche ihre Schulden zu zahlen hatten. Da ihr Sold aufgebraucht war, mußten sie wieder neue Schulden machen. Blieben die Geldsendungen aber längere Zeit aus, erhielten die Soldaten keinen Kredit mehr. Dann versorgten sie sich auf eigene Faust (ebd. Nr. 376/1 und 2, f. 455 v, 348).

427 PAE Corr. pol. Bavière vol. 39, f. 152–188 v (12. 10. 1687).
428 ebd., f. 229 v (Villars an Ludwig XIV., München 3. 11. 1687).
429 ebd. vol. 40, f. 100. Während Damen von Stand eine entsprechende Abfindung bekamen, war Max Emanuel nicht immer so großzügig, wenn es Mädchen und Frauen von niederem Stand betraf. Ihre Entschädigungsansprüche verwies er stets zur Beratung an den Hofrat. Daraufhin antwortete ihm eine erboste Frau, er müsse Alimente bezahlen, denn er habe »den Hofrat auch nit befraget, als Er meinen Max Emanuel gemachet«.
430 P. Gerbore: Formen, S. 213. Inwieweit man um 1687/88 bereits vom Rokoko sprechen kann, sei dahingestellt.
431 PAE Corr. pol. Bavière vol. 39, 40, Korrespondenzen 1687/88.
432 PAE Corr. pol. Cologne, vol. 14–43 (1679–1688): Die Beziehungen Kölns zu Frankreich; ferner MGSTA K schw 1029–1048: Die Beziehungen Bayerns zu Köln einschließlich der Kölner Koadjutor- und Nachfolgefragen.
433 PAE Corr. pol. Bavière, vol. 39, f. 322 v. Villars an Ludwig XIV., München 17. 12. 1687.
434 M. Braubach: Kurköln, S. 43–80; über Fürstenberg: H. Böhmer: Forschungen, S. 225–258; K. Spiegel: Gefangenschaft.
435 Über Joseph Clemens, den 55. Bischof von Freising (1685–1694): MOA Heckenstalleriana, Fris. 54 (3648) Vita von Joseph Clemens, f. 175–203; Heck. Fris. 62 (3656) Varia Statuta (1686 ff.); Heck. B 25 (3619) Joseph Clemens (1685 bis 1694); MGSTA K schw 2052, 2072–2074 (München und Freising 1677–1694).
436 PAE Corr. pol. Bavière vol. 41, f. 208 (25. 12. 1688).
437 ebd. und Bavière Suppl. vol. 2, f. 69.
438 So auch die offizielle Diktion von Versailles: Recueil des instructions, vol. VII, Bavière, p. 93, 94; dementsprechend PAE Corr. pol. Bavière vol. 39 (1687), 40 (Jan. bis Juli 1688) und 41 (Sept. 1688 bis Jan. 1689) und Bavière Suppl. vol. 2, f. 139–155.
439 PAE Corr. pol. Bavière vol. 39, f. 286 v.
440 ebd., f. 295 v und 296.
441 ebd., f. 298. Bedingung war Neutralität gegenüber dem Kaiser in Fragen der Reichspolitik.
442 PAE Corr. pol. Bavière vol. 39, 40 passim; MGHA Korr. 681 (Verhandlungen über die Vermählung von Violante Beatrix mit Großherzog Ferdinand von Florenz 1688). Korr. 682 (Korrespondenz über die Vermählung der Prinzessin Violante Beatrix 1688, Notifikation und Glückwunschschreiben).
443 Dieser Gesichtspunkt wird in der Regel übersehen. PAE Corr. pol. Bavière vol. 40, f. 24–26 (15. 1. 1688).

444 Österreich machte dagegen den Vorschlag, VIOLANTE BEATRIX mit Erzherzog JOSEPH, dem König von Ungarn und, wie die Kaiserlichen hofften, künftigen Römischen König und Kaiser, zu vermählen. Da JOSEPH jedoch erst neun Jahre alt war, hätte die bayerische Prinzessin noch etwas warten müssen; VILLARS meinte deshalb, die Heirat werde um Jahre verschoben und, wie man die Versprechungen der Kaiserlichen kenne, niemals stattfinden. VIOLANTE BEATRIX werde somit nie einen Mann bekommen. Ganz Europa werde sich darüber amüsieren. Die Kaiserlichen waren ihrerseits bereit, Sicherheiten zu geben, offiziell bereits die Verlobung zu feiern und VIOLANTE BEATRIX zur Königin von Ungarn zu krönen (PAE Corr. pol. Bavière vol. 40, f. 172). VIOLANTE BEATRIX war damals 17 Jahre alt.

445 MGSTA K schw 1805–1807, 1817, 1818 (Florentiner Angelegenheit 1634 bis 1685).

446 MGHA Korr. 681; desgl. Korr. mit Wien MGSTA K schw 258–260 (1687).

447 PAE Corr. pol. Bavière vol. 40. Max Emanuel verlangte 40 000 fl. mit einer Verzinsung von 5 %. Über diese Verhandlungen: L. H. Villars: Mémoires, vol. I, p. 389–397.

448 MGHA Korr. 681, f. 2–2 v; PAE Corr. pol. Bavière vol. 41, f. 65 v. Am 19. Juni 1688 wurde der Ehevertrag unterzeichnet, doch weitere Verhandlungen schlossen sich an.

449 MGHA Korr. 681, f. 4; PAE Corr. pol. Bavière vol. 41, f. 106.

450 G. Pfeiffer: Mediatisierungsplan, S. 245–258; Recueil des instructions, vol. VII, Bavière, p. 82–92, bes. p. 88, 89, 91; PAE Corr. pol. Bavière, vol. 40, p. 25–26: Marquis DE VILLARS gab ein Gespräch mit Max Emanuel wieder vom 15. 1. 1688: »... touchant les villes de Ratisbone, Nuremberg et Augsbourg et ce qui peut et doit apartenir au d^t. Electeur entre l'In et le Danube, luy Electeur m'a dit que les terres qui sont du costé de Passau appartiennent toutes aud^t. Evesche qui est une fondation de sa maison ou a celuy de Freysing a quoy il ne veut pas toucher non plus qu'ainsi, il n'a aucune pretention considerable de ces costes la. Pour les trois villes ces devant nommees il est certain quelle en a de legitimes et mesme sur plusieurs toutes en Suabe mais son altesse demande comment elle pourroit s'en rendre le maistre sans commencer une grande guerre dans l'allemagne.«

451 G. Pfeifer betont hinsichtlich der geistlichen Staaten (Mediatisierungsplan, S. 254/5), Bayern wollte keinen Anstoß geben, der den schützenden Damm für die geistlichen Staaten durchbrochen hätte, und im Interesse der jüngeren Söhne des Kurhauses an den bestehenden rechtlichen Verhältnissen nicht rühren.

452 Max Emanuel erklärte in einem Brief vom 2. 7. 1712 an seinen Bruder JOSEPH CLEMENS, daß ihm jene Impressionen über die Politik FERDINAND MARIAS, die ihm der Kanzler SCHMID (im Jahr 1687/88) dargelegt habe, allezeit im Gedächtnis geblieben seien. (Dieser Brief ist gedruckt bei: K. Th. Heigel, in: Quellen und Abh. Bd. I, S. 242.) Als Dank für die dem Kurhaus geleisteten Dienste erhob Max Emanuel, jedoch nicht der Kaiser, den seit 1683 von seinem Amt emeritierten Kanzler SCHMID in den erblichen Freiherrnstand: (MHSTA Heroldenamt Bd. 13, f. 441 und Bd. 17, f. 168, Anlage 3 [Dekret vom 11. 3. 1688] bis Anlage 15, Familie von Schmid; M. Gritzner: Adelsrepertorium, S. 49).

453 Dies ein stets wiederkehrender Ausdruck in den Quellen: PAE Corr. pol. Bavière vol. 37 (1683) ebenso wie vol. 39 (1687) und vol. 40 (1688).

454 PAE Bavière vol. 40, f. 336.

455 S. v. Riezler: Geschichte Bd. 7, S. 315; L. H. Villars: Mémoires, vol. I, p. 405, 406.

456 Als LEYDEL eines seiner Kinder verheiratete, machte ihm der Kaiser reiche Geschenke und erhob ihn in den Reichsfreiherrnstand (PAE Corr. pol. Bavière vol. 40, f. 320). Folglich wetterte VILLARS gegen ihn als Anhänger der kaiserlichen Partei (ebd., f. 321).
457 PAE Bavière vol. 40, f. 13 ff.; MGSTA K schw 258 u. 261 (Berichte Stoiberers aus Wien 1687/88).
458 PAE Bavière vol. 40, f. 16, 297, 341 v.
459 P. Gerbore: Formen, S. 213–215.
460 PAE Corr. pol. Bavière, vol. 40, f. 18–19. Anschließend schenkte Max Emanuel dem Fräulein VON SINZENDORF wieder größere Aufmerksamkeit, ebd., f. 37, 38.
461 PAE Bavière, vol. 40, f. 56. Folgende Reaktion ist bezeichnend: Max Emanuel sagte zu Villars, er hoffe auf einen neuen Papst, der ihm weniger mißgesinnt sei, damit er selbst nach Rom kommen und ihn bitten könne, seine Ehe mit MARIA ANTONIE aufzulösen, ebd. f. 82.
462 ebd., f. 80.
463 ebd., f. 128 v.
464 ebd., f. 287 v.
465 ebd., f. 80.
466 Bereits im April und Mai 1688 hatte Graf KAUNITZ in München über die Bereitstellung von Hilfstruppen verhandelt (WKA Hofkriegsrat 377, f. 201). Im Frühjahr hatten zahlreiche Schiffe Hilfstruppen aus Bayern und dem Reich und neue Rekruten nach Ungarn gebracht (ebd., f. 165 v); desgl. PAE Corr. pol. Bavière vol. 40, f. 291.
467 PAE Corr. pol. Bavière, vol. 40, f. 341.
468 PAE Corr. pol. Bavière, vol. 40, f. 341.
469 Denn Max Emanuel war seit einem Jagdunfall über 4 Wochen bettlägerig, ebd., f. 152, 158, 352–356.
470 ebd., f. 356. Am 13. Juli 1688 erhielt der kaiserliche Hofkriegsrat die Mitteilung, daß der bayerische Kurfürst wegen »andauernder Unpäßlichkeit« des Herzogs KARL VON LOTHRINGEN das Kommando über die kaiserlichen Truppen erhalten habe (WKA Hofkriegsrat 377, f. 329). Auch ein Page des Grafen KAUNITZ bestätigte dem Kurfürsten noch einmal persönlich die Erkrankung des Lothringers (PAE, Bavière vol. 40, f. 388).
471 PAE Bavière, vol. 40, f. 356. Der Oberhofkanzler Graf STRATMANN war persönlich nach München gekommen, um Max Emanuel im Namen des Kaisers, der für seinen Schwiegersohn eine außerordentlich »väterliche Liebe« (ebd., f. 356) hege, darum zu bitten (ebd. f. 388 und Bav. Suppl. vol. 2, f. 139).
472 PAE Bavière, vol. 40, f. 387.
473 WKA Hofkriegsrat: Kartographische Abteilung H IIIc, 141; Feldakten 1688/13/9: Tagebuch über die Ereignisse von der Ankunft des bayerischen Kurfürsten in Wien am 1. Juli 1688 bis zur Einnahme von Belgrad und der Rückkehr des Kurfürsten (1. Juli bis 9. Sept. 1688, f. 643–677); ebd. Hofkriegsrat Nr. 376/1 und 2; WHHSTA Kriegsakten Fasz. 215 (1688), MGSTA K schw 261 und 262 (Stoiberers und Leydels Verhandlungen in Wien 1688), K schw 5156a (Übernahme der Armeeleitung durch Max Emanuel und Einnahme Belgrads 1688).
474 WKA Hofkriegsrat, Kartographische Abteilung H IIIc 141.
475 JENGHIEN BASSA wandte sich schriftlich an den Kurfürsten (auch Jegen Pascha geschrieben, WKA Hofkriegsrat, Nr. 376/1 und 2, f. 576), um ihn zur Einstellung seiner Angriffe auf Belgrad zu bewegen. Die Kaiserlichen waren darüber höchst empört. Sofort unterstellten sie Max Emanuel, er habe Geheimver-

handlungen mit den Türken begonnen. Falsche und tendenziöse Übersetzungen der Briefe zwischen dem Kurfürsten und dem Pascha kursierten in Ungarn, und man verdächtigte den Kurfürsten, so gut es ging. Deswegen kam es zu Spannungen zwischen den Kaiserlichen und Max Emanuel (ebd. f. 576 und 576 v). Während der Belagerung wandte sich OSMAN BASSA von Alepo wiederum an den Kurfürsten. Ein türkischer Gesandter mit einer Leibgarde von 100 Mann überbrachte ihm einen Brief vom türkischen Sultan (ebd. 639 v.). Die Kaiserlichen machten sich sofort über die Schriftstücke her, so daß Max Emanuel um die Rückgabe der Originalschreiben bitten mußte (ebd., 645). Vgl. H. G. Majer: Brief, S. 130–145; aus türkischer Sicht: Silihdâr Tarihi, vol. II, S. 371, 372.

476 WKA Kartographische Abteilung H IIIc 141.

477 WKA Hofkriegsrat Nr. 376/1 und 2, f. 576. Er hoffe, schrieb Max Emanuel dem Kaiser, daß das von ihm angefangene Werk nicht Herzog KARL VON LOTHRINGEN fortführen werde, »welches Ihm woll schmerzen würde« (ebd. 576), zumal da bereits alle Schwierigkeiten überwunden seien. KARL VON LOTHRINGEN schrieb seinerseits dem Kaiser, welch große Eifersucht seine Anwesenheit im Feldlager vor Belgrad dem bayerischen Kurfürsten bereite. Wien tröstete den Herzog damit, daß er nach Beendigung der Belagerung wiederum das Kommando über die Armee erhalten werde oder zumindest einige eigene Operationen durchführen könne (Hofkriegsrat Nr. 377, f. 398).

478 KARL VON LOTHRINGEN operierte an der Save in Richtung Brodt (WKA Hofkriegsrat Nr. 377, f. 398). Max Emanuel war zufrieden, als sich der Herzog wieder entfernt hatte (ebd., f. 411).

479 WKA Kartographische Abteilung H IIIc 141; ferner WKA Hofkriegsrat Nr. 376/1 und 2, f. 576 v: Die meisten Angehörigen der Oberschicht und Händler waren bereits nach Semendria geflüchtet. Als die Kaiserlichen sich nahten, sahen sie gerade noch die letzten 500 Schiffe von Belgrad abfahren.

480 Das Landvolk wurde dazu zwangsverpflichtet. (WKA Hofkriegsrat 376/1 und 2, f. 576 v.)

481 Zum ganzen: K. Staudinger: Geschichte, Bd. II, 1, S. 245–264.

482 WKA Kartographische Abteilung H IIIc 141.

483 MGSTA K schw 8030, f. 78–79.

484 WKA Kartographische Abteilung H IIIc 141.

485 Eine größere Zahl von Einwohnern kam den Kaiserlichen unter Lebensgefahr entgegen und bat um Schonung (WKA Hofkriegsrat 376/1 und 2, f. 581).

486 WKA Kartographische Abteilung H IIIc 141, Sp. 3.

487 ebd.; über die Verletzungen des Kurfürsten PAE Corr. pol. Bavière vol. 40, f. 288.

488 WKA Kartographische Abteilung H IIIc 141, Sp. 3. Für das Landvolk gab es nur die Möglichkeit zu überleben, wenn es sich noch vor der Schlacht »freiwillig« in den Dienst der Kaiserlichen stellte. Es wurde zur Aushebung der Gräben und Wälle herangezogen. Dies war mit größter Lebensgefahr verbunden. Dafür erhielt es die Zusicherung, nach Einnahme der Stadt nicht wie die Verteidiger niedergemacht zu werden (WKA Hofkriegsrat Nr. 376/1 und 2, f. 656). Max Emanuel setzte sich jetzt dafür ein, daß etwa 300 Türken, die sich in eine Ecke der Festung geflüchtet hatten, geschont wurden. (PAE Corr. pol. Bavière, vol. 40, f. 289)

489 H. G. Majer: Der blaue »König«, S. 730–738. Majer setzt sich mit den Überlieferungen über den blauen »König« auseinander und weist die richtige Übersetzung als »blauer Kurfürst« nach. Das Attribut »blau« wurde Max Emanuel aufgrund der Farbe seines Waffenrockes zugesprochen.

490 MGHA 1712 O Fasz. III/3 lateinische Entwürfe für die Schlachtengemälde in Schleißheim; desgl. 1712 O VII/13.
491 S. v. Riezler: Geschichte Bd. VII, S. 323. Die bayerischen Kriegskosten beliefen sich auf 14 913 000 fl., die kaiserlichen Subsidien dagegen auf rund 2 150 000 fl. Da die Kaiserlichen jedoch alle Exzesse und Erpressungen der bayerischen Truppen als ausbezahlte Subsidien anrechneten, ist de facto eine weit höhere Entschädigung anzusetzen, die sich nach den Abrechnungen auf rund 10 Millionen fl. beliefen. Die effektiven Unkosten für die bayerischen Truppen in Ungarn und anschließend am Rhein in den Jahren 1683 bis 1692 betrugen deshalb rund 27–28 Millionen fl. Zum Vergleich: Eine Steuerperiode erbrachte in Bayern rund 1 Million bis 1 400 000 fl. in Normaljahren ein.
492 H. G. Majer: Brief, S. 130–145; MGSTA K schw 8216 (Brief des Jeghen bzw. Jenghien Pascha). Max Emanuel gab nach der Einnahme Belgrads dem türkischen Gesandten einen ehrenvollen Empfang, was den Kaiserlichen sehr mißfiel (WKA Hofkriegsrat Nr. 376/1 und 2, f. 663 v), lud ihn zu Gast (PAE Corr. pol. Bavière Suppl. vol. 2, f. 145), gab ihm eine Ehreneskorte nach Semblin und Neskemet (WKA Hofkriegsrat Nr. 376/1 und 2, f. 663 v und f. 672).
493 bzw. Johannes Vervaux, S. J.: »Annales Boicae Gentis« (1662).
494 MHS Cgm 1822 und 1822a (Historia).
495 ebd. Cgm 1822, f. 57–69; vgl. H. P. H. Jansen: Jacoba van Beieren.
496 MGSTA K schw 6767.
497 MGSTA K schw 6565.
498 VILLARS war über Venedig und inkognito über Tirol nach München gereist und am selben Tag eingetroffen, als dort Max Emanuel seinen triumphalen Einzug hielt (PAE Corr. pol. Bavière, vol. 41, f. 3–8).
499 S. v. Riezler: Geschichte, Bd. VII, S. 330; PAE Corr. pol. Bavière vol. 41, f. 164.
500 Trotzdem versuchten Max Emanuel und seine Räte zu diesem Zeitpunkt noch zugunsten des Friedens zu wirken. VILLARS verteidigte die Absichten LUDWIGS XIV., auf seine Weise den Frieden zu erzwingen (PAE Corr. pol. Bavière, vol. 41, f. 37). Die Dauphine MARIA ANNA CHRISTINA versuchte vergeblich, Max Emanuel über das französische Vorgehen zu beruhigen (ebd., f. 45 v, 72).
501 ebd., f. 110, 120.
502 Zu diesem Problem allgemein: R. Wiebe: Hilfeleistung.
503 PAE Corr. pol. Bavière vol. 41, f. 237–245. MGSTA K schw 6464 (VILLARS Abberufung am 15. 1. 1689). Max Emanuel berief seinerseits MARTIN MAIR von Oberschellang von seinem Posten als Resident in Paris auf sehr ungnädige Weise ab. Er entließ ihn und schlug ihm sogar ab, wieder in bayerische Dienste zu treten, da angeblich keine Stelle in Bayern frei war. Nicht einmal die Fürsprache der Dauphine MARIA ANNA CHRISTINA nützte etwas (PAE Corr. pol. Bavière vol. 42, f. 7–9). LUDWIG XIV. forderte seinerseits MAIR auf, Frankreich mit seiner Familie zu verlassen. Doch MAIRS Gemahlin war Französin, und seine Kinder sprachen nur französisch. Er bat den König, daß wenigstens seine Frau und seine Kinder in Frankreich ansässig bleiben dürfen. Über MAIRS Tätigkeit in Paris, wo er sich nicht nur als Agent, sondern auch als feinsinniger Kunstsammler erwies: MGSTA K schw 9562/63, 12591.
504 Die Motivationen Max Emanuels, warum er so begierig war, Statthalter der Niederlande zu werden, wurden bisher nicht eindeutig geklärt. Dieses Problem soll deshalb im folgenden ausführlich angegangen werden.
Quellen: PAE Corr. pol. Bavière vol. 42 (1689–1700); Corr. pol. Pays-Bas Espagnols vol. 53, 54 (1693–1700); Corr. pol. Cologne vol. 45–48 (1690–1700);

PBN Fonds français nouvelles acquisitions vol. 486 und 1501 (Schriftwechsel Max Emanuels u. a. 1690–1700); PBN Collection de Lorraine (Vaudemont: Corr. d'Allemagne III), vol. 782, 784, 785, 821, 826 (1694–1696); WHHSTA RK Berichte aus München Fasz. 1^b (u. a. 1690–1699); ebd. Gesandschaftsarchiv Stadion Nachlaß Bd. 2 (1696); ebd. Bavarica, Fasz. 7^b (1690–1700); ebd. Belgische Korr. Karton 25 (1660–1700); ebd. Belgien Rep. DD: Abtg. B Fasz. 14a und 242; ebd. Vorträge Karton 8 (1692–1694).
BAR Spaanse Ambassade Nr. 9; ebd. Sekretarie van Staat en Oorlog Nr. 290, 291, 308; ebd. Raad van State Nr. 89 und 1787 (1692–1700); ebd. Manuskriptenverzameling Nr. 1528 (Korr. Max Emanuels, Bergeycks etc. 1694–1699) und Nr. 1967; MAHN Legajo besonders Nr. 2451, 2554, 2761, 2780, 2791, 2907 (Verhandlungen über die spanischen Niederlande 1692–1699); RASV Nr. 82–89 (Korrespondenz der Internuntien in Brüssel mit Rom 1690–1698).
Literatur: G. F. Preuss: Verfassungsgeschichte, S. 207–227; A. Sprunck: Maximilien Emanuel, p. 362–366; sehr positiv: K. v. Landmann: Wilhelm III.; Adalbert de Bavièra und G. M. Gamazo (Hg.): Documentos, 5 vol. (Diese Bände enthalten Dokumente, Korrespondenzen und Verhandlungen über die spanische Erbfolgefrage und ihre Vorgeschichte, eine sehr reichhaltige Sammlung); Adalbert von Bayern: Ende, 2 Bde. Eine sehr ausführliche diplomatiegeschichtliche Arbeit liegt ebenfalls vor von: R. de Schryver: Bergeyck. Diese Arbeit wurde in der deutschen Literatur noch kaum verwertet, obwohl sie grundlegend ist für BERGEYCKS Wirken in den Niederlanden. Er war der beste Minister, den Max Emanuel jemals zur Verfügung hatte. Ferner: R. de Schryver: Vorgeschichte, S. 67–77.

505 PAE Corr. pol. Bavière, vol. 41 (Sept. 1688 bis Jan. 1689).

506 N. Machiavelli: Fürst, Kap. XVIII: Inwieweit die Fürsten ihr Wort halten sollen. MACHIAVELLI betonte: »Jeder sieht, was der Fürst zu sein scheint, nur wenige können mit Händen greifen, was er ist, und diese wenigen wagen nicht, der Meinung der Menge entgegenzutreten, die obendrein die Majestät des Staates auf ihrer Seite hat. Zudem beurteilt man die Taten der meisten Menschen, und insbesondere der Fürsten, die keinen Richter über sich haben, nach dem Erfolg. Ein Fürst braucht nur zu siegen und seine Herrschaft zu behaupten, so werden die Mittel dazu stets für ehrenvoll gelten und von jedem gepriesen werden. Ein Fürst unserer Zeit, den ich lieber nicht nennen will, predigt stets Friedfertigkeit und führt nichts als Treue im Munde und ist dabei ein geschworener Feind beider Tugenden – und beide hätten ihm oft genug sein Ansehen oder sein Reich gekostet, wenn er sie befolgt hätte.« (S. 106) Doch zugleich ist zu beachten, was NICCOLO MACHIAVELLI in seinen »Politischen Betrachtungen über die alte und italienische Geschichte«, Kap. 59, S. 130 feststellte: »Ich glaube, erzwungene Verträge wird weder ein Fürst noch eine Republik halten, und wenn sie die Furcht vor dem Verlust des Staates befällt, werden beide ihr Wort brechen und undankbar sein.«

507 J. Dumont: Corps, vol. VII, 2, p. 227; L. Bittner: Verzeichnis Bd. 1, S. 100, Nr. 525.

508 Die Überlegungen Wiens siehe WHHSTA Vorträge Karton 7 u. 8 und Stoiberers Bericht aus Wien 1689, 1691–1692 (MGSTA K schw 263, 268, 269).

509 Der Kriegseintritt Bayerns war aufgrund der Bestimmungen der Augsburger Allianz gefordert, wurde aber erst nach reiflichen Überlegungen tatsächlich vollzogen. Ein ähnliches Vorgehen ist bei allen Alliierten festzustellen. Über Bayerns Teilnahme am pfälzischen Erbfolgekrieg und die militärischen Ereignisse ausführlich: K. Staudinger: Geschichte, Bd. II, 1, S. 303–552.

510 Prinz EUGEN schrieb über die italienischen Unternehmungen Max Emanuels: »L'electeur a beaucoup perdu cette campagne de l'opinion qu'on avait de lui.« M. Braubach: Prinz Eugen von Savoyen und Kurfürst Max Emanuel, S. 482.
511 MGSTA K schw 3737–3739: Wahlakten Josephs I. (1689/90).
512 J. Dumont: Corps, vol. VII, 2, p. 229; L. Bittner: Verzeichnis, Bd. I, S. 100 Nr. 526; Zeitschrift für Bayern, Bd. IV, S. 255–260. England ratifizierte den Vertrag am 12. 4. 1691.
513 Über die Zielsetzungen der englischen Politik in dieser Zeit: G. Clark: Character, p. 168–182; aus bayerischer Sicht: S. v. Riezler: Geschichte, Bd. VII, S. 357, 358.
514 S. v. Riezler meinte z. B., die Ernennungsurkunde sprach Max Emanuel »als Vertreter des Königs unbeschränkte Vollmacht zur Ausübung aller Regierungsrechte« zu (Geschichte, Bd. VII, S. 371), ferner K. Th. Heigel: Kurprinz, S. 98.
515 MGHA Korr. 748, f. 51 (Beilage ad 14. 3. 1692, § 6).
516 MGHA Korr. 748, f. 92 (26. 12. 1691). Im Dezember 1691 waren entsprechende Geheimverhandlungen vorausgegangen. Es handelte sich also nur um den Vorsitz in den jeweiligen Gremien, nicht um die tatsächliche Machtausübung. Max Emanuel konnte nicht im absolutistischen und autoritativen Sinn über alle diese Angelegenheiten persönlich und unangefochten entscheiden. Die Verhandlungen, in: MGSTA K schw 6737, 6751, 9668.
517 MGHA Korr. 748, f. 94 (20. 8. 1692).
518 BAR Sekretarie van Staat en Oorlog Nr. 291 u. 308; Raad van State Nr. 89, 1787; Manuskriptenverzameling Nr. 1528; Sekretarie van Staat en Oorlog Nr. 290 (Korrespondenz Max Emanuels mit König Karl II. von Spanien).
519 MGHA Korr. 748; H. R. Huber: Prielmair.
520 Zum ganzen: L. Gachard: Lettres; M. Geffroy: Lettres; W. Knuttel: Catalogus; J. Mérode-Westerloo: Mémoires; N. Briavoinne: Mémoire; L. Galesloot: Troubles; J. Gilissen: Le régime; G. Jouret: Histoire; R. Ledoux: La suppression; P. v. Mitrofanov: Joseph II.; R. R. Palmer: Zeitalter, S. 366–370; eine zeitgenössische Hymne: Fidelis Belga (1696).
521 V. Fries: Histoire de Gand; J. Lefevre: Le Gouvernement.
522 R. Palmer: Zeitalter, S. 367.
523 ebd., S. 368.
524 L. Hüttl: Schmid, S. 142–173.
525 Mitrofanov: Joseph II., S. 574–575; R. R. Palmer: Zeitalter, S. 373.
526 MGHA Korr. 748, Berichte Prielmairs passim.
527 ebd., f. 2 (Prielmayr an Max Emanuel, Brüssel 25. 2. 1692).
528 Gleichzeitig war BERGEYCK für die Verteidigung zuständig. R. de Schryver: Bergeyck, p. 66–219.
529 MGHA Korr. 748, f. 2 (25. 2. 1692).
530 So war der Eindruck Prielmayrs, MGHA Korr. 748, f. 1–8.
531 Über VAUDÉMONTS sehr intensive Beziehungen zu Max Emanuel in den kommenden Jahren siehe PBN, Collection de Lorraine (Vaudemont) vol. 782, 784, 785, 821, 826 (Korrespondenzen von 1694–1696).
532 MGHA Korr. 748, f. 4 (25. 2. 1692).
533 ebd., f. 5, 6, 33, 42. Da die von Madrid zugesagten Gelder nicht eintrafen, mußten die Kriegsauflagen auf die einzelnen Provinzen umgelegt werden. Allein Geldern hatte in diesem Jahr ein Kapital von 540 000 fl. abzutragen. Durch die Verschreibung der Einnahmen aus der Provinz Geldern war für Max Emanuel schon eine Einnahmequelle versiegt, ehe er in den Niederlanden eingetroffen

war. Der Brandenburger Kurfürst FRIEDRICH WILHELM III. nahm 100 000 Reichstaler für seine Truppen bei Privatbankiers auf. Die Tilgung dieser Summe war wiederum der Provinz Geldern übertragen (ebd. f. 41).
534 MGHA Korr. 748, f. 20–39 (Berichte v. 29. 2. und 3. 3. 1962).
535 ebd., f. 25 (29. 2. 1692).
536 ebd., f. 34 v (Prielmayr an Max Emanuel, Brüssel 3. 3. 1692).
537 ebd., f. 25 (Prielmayr an Max Emanuel, Brüssel 29. 2. 1692).
538 ebd., f. 21; ähnlich BAR Manuskriptenverzameling, Nr. 1528 passim, desgleichen wiederholt in Raad van Staat Nr. 1787.
539 MGHA Korr. 748, f. 22 (29. 2. 1692). Zugleich waren diese Aussagen deutliche Hinweise an Max Emanuel, diese Verhältnisse zu ändern und nicht in derselben Weise wie sein Vorgänger zu verfahren. MGHA Korr. 748, f. 21–27.
540 ebd., f. 23 (Prielmayr an Max Emanuel, Brüssel 25. 2. 1692).
541 H. Pirenne: Histoire de Belgique, vol. 3, p. 30; MGHA Hof-Haushalt 1712 H Nr. 8.
542 MGHA Korr. 748, f. 49 (Prielmayr an Max Emanuel, 14. 3. 1692).
543 So Prielmayr, ebd., f. 33 (3. 3. 1692).
544 H. Pirenne: Histoire, vol. 3, p. 30; MGHA Hof-Haushalt 1712 H Nr. 9 (Die Hofhaltung des Erzherzogs Albrecht und der Infantin Isabella).
545 RASV Nr. 84–92 (Korrespondenz der Internuntien G. Piazza, H. F. Spada und G. F. Bussi 1692–1700 passim).
546 MGHA Hof-Haushalt 1712 H Nr. 24. Die bayerische Hofkammer mußte die Reisenden mit verschiedensten Währungen versehen, damit sie auf ihrem Weg durch die zahlreichen Territorien des Reiches ihre Spesen bezahlen konnten (ebd., f. 2); über die Münzrelationen: ebd. Nr. 11; MGSTA K schw 8144 (Reisekosten nach Brüssel 1695).
547 S. v. Riezler: Geschichte, Bd. VII, S. 372, 373; über die Ständepolitik dieser Jahre siehe: MHSTA Altbayerische Landschaft Lit. Nr. 466–468 (Postulatsverhandlungen 1692–1702); ebd., Nr. 709–712 (landesfürstliche Verhandlungen 1692–1700); ebd., Nr. 885–891 (Postulate 1692–1700); ebd., Nr. 1590–1592 (Ratsprotokolle über Aufschlag und Vorrat 1691–1700).
548 MGHA Korr. 748, Schreiben der Landschaft Frühjahr 1692.
549 Für die Jahre 1692–1700 siehe: MGHA Hof-Haushalt 1712 H Nr. 4–7.
550 MGHA Hof-Haushalt 1712 H Nr. 6, f. 1–5.
551 ebd., f. 5 v. BOMBARDA überwies die entsprechenden Gelder aus München. Eine andere Frage war, ob die Gehälter auch tatsächlich ausbezahlt wurden. Die späteren Bittschriften zeigen das Gegenteil, oft wurde nur die Hälfte oder ein Viertel des zugesagten Solds ausbezahlt (MGHA Hof-Haushalt 1712 H Nr. 5).
552 H. Pirenne: Histoire, vol. 3, p. 30; MGHA Korr. 748 (die entsprechenden zahlreichen Anweisungen). Die Wertgegenstände, die Max Emanuel nach Brüssel bringen ließ, sind verzeichnet in: MGHA Korr. Schatzakten 1713/II Nr. 1–7.
553 Die Abrechnungen befinden sich in: PAN T 153/30–33, 37, 38.
554 Für das Wirken BOMBARDAS in den Jahren seit Ausbruch des spanischen Erbfolgekrieges siehe: P. C. Hartmann: Finanz- und Subsidienpolitik; ders.: Anleihen, S. 152–157; ders.: Subsidien- und Finanzpolitik, S. 238–289.
555 PAE Corr. pol. Bavière, vol. 42 passim.
556 BAR Raad van State 1787, Manuskr. 1528 und Spaanse Ambassade in Den Haag Nr. 9, passim Anweisungen und Mémoires über die wirtschaftliche Situation.
557 MGSTA K schw 9144 (Korrespondenz C. v. Schmids mit Prielmayr über ausstehende Lehenspropstangelegenheiten, 1692). SCHMID war bis zu seinem Le-

bensende (1693) Oberstlehenspropst (vgl. die von ihm verfaßte Oberstlehenspropstinstruktion von 1666, MHS Cgm 2190).

⁵⁵⁸ MGHA Hof-Haushalt 1712 H Nr. 24, f. 1, Nov. 1694.

⁵⁵⁹ MGHA Hof-Haushalt 1712 H 24, f. 1. Es handelte sich um die »Annales Boicae Gentis«, 1653 handschriftlich vollendet, 1662 veröffentlicht, ein Jahr nach dem Tode des eigentlichen Verfassers, des lothringischen Jesuiten P. JOHANNES VERVAUX, jedoch unter dem Namen des bayerischen Kanzlers JOHANN ADLZREITER von Tettenweis. Der erste Band ist eine Überarbeitung des Werkes von ANDREAS BRUNNER »Annales virtutis et fortunae Boiorum« (1626/37), der zweite Band handelt über die Zeit von 1314 bis zu MAXIMILIAN I., der dritte Band ist dem Kurfürsten MAXIMILIAN I. gewidmet. 1710 legte FERDINAND LUDWIG VON BRESLER die Werke von BRUNNER und ADLZREITER-VERVAUX neu auf. Das Vorwort schrieb LEIBNIZ.

⁵⁶⁰ MHS Cgm 1822 und 1822a. (In MHS zu spät datiert!).

⁵⁶¹ Geld bedeutete in dieser Zeit die Grundlage der Macht. Denn mit Geld konnte sich der Fürst oder der Staat Söldner mieten, die seine Geschäfte besorgten. Damit die bayerische Finanzkammer zu Geld kam, wurden z. B. im Jahr 1694 die bayerischen Städte mit Sonderauflagen beschwert. Damals waren die Auflagen vergleichsweise noch erträglich. Es hatten aufzubringen: die Städte Wasserburg 200 fl., Ötting 114 fl. 17 kr. 1 h., Burghausen 150 fl., der Markt Altham 40 fl., der Markt Ried 150 fl.; die Städte Schärding 300 fl., Braunau 100 fl. und Landshut 300 fl., das Landshuter Stadtoberrichteramt 500 fl., der Markt Rosenheim 350 fl. Diese Sonderauflage, die in die kurfürstliche Kasse floß, wurde mit 5 % verzinst (MGHA Korr. 748, f. 86). Im Januar 1694 verpflichtete sich Max Emanuel in einem Vertrag mit FRANCISCO BERNARDO DE QUIROS, der damals außerordentlicher kaiserlicher Gesandter war, von den bayerischen Truppen 3500 Mann Infanterie, 1600 Mann Kavallerie und 960 Dragoner dem Kaiser in den Niederlanden zur Verfügung zu stellen, und zwar bis zum Jahre 1696. Die Unkosten für diese Truppen wurden auf 187 734 fl. 18¾ kr. berechnet. Der Kurfürst hatte davon ein Drittel zu übernehmen, der Kaiser zwei Drittel (MGHA Hof-Haushalt 1712 H Nr. 14, f. 4). Um weitere Relationen aufzuzeigen, sei noch auf folgende Kosten hingewiesen: Im August 1695 ging Max Emanuel im Feldlager von Namur die Verpflichtung ein, 120 000 fl. für die spanischen Truppen aufzubringen, und zwar aus den bayerischen Einkünften, ohne die laufenden Zahlungsanweisungen nach Brüssel zu beeinträchtigen (MGHA Korr. 748, f. 85).

Allein die Kosten für die Militärfahrzeuge, die für jeden Feldzug bereitgestellt werden mußten, betrugen bis Ende des Jahres 1695 über 6 Millionen. BAR Spaanse Ambassade in Den Haag Nr. 9: Information pour Mr. le Comte de Caunits, f. 84 v. Dazu mußte bezahlt werden der Sold für 10 000 Mann hannoverischer Hilfstruppen sowie für 20 000 Mann brandenburgischer Hilfstruppen, die zwischen Rhein und Maas stationiert waren. Anfangs betrugen diese Kosten 40 000 Ecus monatlich, später wurden sie um die Hälfte reduziert. 500 000 fl waren im Herbst 1695 an die Generalstaaten zu überweisen als Entgelt für einige Truppen des Herzogs von Celle. 40 000 fl. mußten die niederländischen Untertanen für den Unterhalt der bayerischen Truppen beitragen. Die Bevölkerung war nicht in der Lage, diese Gelder aufzubringen und dazu noch die Kontributionen und die übliche Fourage. Da die Soldaten de facto keine oder kaum Löhnung erhielten, verübten sie Repressalien. Die Behörden wurden, um den Untertanen einigermaßen Sicherheit zu verschaffen, gezwungen, den Militärs ein Drittel der Einkünfte Flanderns und die Hälfte jener von Namur direkt zu überschreiben. Da aber Mons und Namur während des Krieges zum größten Teil an Frankreich verloren gingen, sollte der restliche Teil der Niederlande auch diese Geldsummen aufbringen, die vorher diese beiden Provinzen bezahlt hatten. Das war nur selten möglich, so daß es zu Ausschreitungen der hungernden Soldaten kam. Auf dem flachen Land wurde wiederholt protestiert. Um die Kriegskosten zu begleichen, mußte die Brüsseler Regierung 540 000 fl. in der Provinz Geldern mit Verzinsung aufnehmen. Da aber das Geld nicht flüssig war, wurden Anleihen in Holland getätigt, das wiederum als Hypothek das Fort von St. Marie forderte. So wurden dessen Einkünfte auf 20 Jahre hinaus verpfändet. Eine weitere Hypothek in Höhe von mehr als 400 000 fl. wurde auf die Kontore von Namur aufgenommen. Die Untertanen mußten entsprechend hohe Zinsen zahlen. Selbst die Landbewohner waren gezwungen, ihre Güter mit Hypotheken zu belasten, um die Kontributionen aufzubringen. Widrigenfalls drohten die Soldaten und Offiziere, die Häuser zu verbrennen oder die Bewohner zu vertreiben. Auch die Güter der Adligen und Rentiers wurden nicht verschont (ebd. Information § 1–6). Die Untertanen bezahlten die Rechnung des Krieges, und ihre Abhängigkeit gegenüber Holland wuchs. Spanien nahm für die Verteidigung der Niederlande allein im Februar 1695 bei den Holländern eine Kriegsanleihe von 2 100 000 Livres auf (ebd. Mémoire, Jeudi 17 Fevrier 1695, f. 46). Der Kurfürst und sein Bevollmächtigter QUIROS verhandelten mit den Holländern über die notwendigen Ausgaben für die Einschiffung der spanischen Truppen. Hiefür waren neuerdings 150 000 Patacons erforderlich, nämlich für Wiederausrüstung und Kleidung. Als Sicherheit für das Darlehen überließ die Brüsseler Regierung den Holländern die Hafengebühren für die Einfahrt und Ausfahrt der Festung Saint Marie. QUIROS, der Graf VON ST. PIERRE und Graf BERGEYCK handelten dieses neue Abkommen aus (ebd. Den Haag 11. 3. 1695).

Auf der anderen Seite gab es ständig Diskussionen über die Auszahlung der Subsidien. Auch über die bayerischen Truppen, die sich gemäß den bayerisch-österreichischen Rezessen von 1689 und 1692 in Ungarn befanden, verhandelte die Münchener Regierung im Jahr 1695 von neuem (WHKA Reichsakten Fasz. 87). Während sich bei der Abrechnung der bayerischen und österreichischen Kommissare in dieser Angelegenheit Differenzen nur in einer Höhe von 112 fl. ergaben (f. 887 v), waren die Differenzen bei der Abrechnung über die in Italien stationierten bayerischen Truppen wesentlich höher. Sie ergaben einen Unterschied von 239 436 fl. (f. 886). Verschiedene Vertragsinterpretationen machten eine Einigung schwierig, was die bayerischen Hilfstruppen für das Reichsheer und die kaiserlichen Truppen gegen Frankreich betrafen. Hiefür wollten die Kaiserlichen nur die Hälfte der Subsidien ausbezahlen, wogegen die bayerischen Kommissare auf völlige Rückerstattung der Ausgaben in Höhe von 181 903 fl. bestanden (ebd., f. 890 und 890 v).

562 Max Emanuel persönlich war ein monatliches »Gehalt« von 15 000 Talern zugesagt, der höchste Betrag, der jemals einem fürstlichen Gouverneur bis dahin bewilligt worden war (S. v. Riezler: Geschichte, Bd. VII, S. 371). Es wurde jedoch nicht in dieser Höhe ausbezahlt. Max Emanuel hoffte sich deshalb durch die bayerischen Zuschüsse die Zuneigung des spanischen Königs und des niederländischen Volkes zu erringen (MGHA Korr. 748, f. 81).

563 MGHA Korr. 695 (Testament vom 12. 12. 1692).

564 A. Cohen: Verschuldung; A. Cohen: Kredit, S. 705–715.

565 BAR Manuskriptenverzameling Nr. 1528, f. 165–167 zeigt diesen Vorgang eindeutig, Brügge, 5. 2. 1696.

566 Sie betrugen zwischen 10 % und 33 % der jeweiligen Gesamtsumme.

567 Privatvermögen anzuhäufen war um so leichter, als Max Emanuel seinen Financiers stets Blankovollmachten erteilte.
568 Zum Bankwesen dieser Zeit und seinen internationalen Verbindungen siehe: H. Lüthy: La Banque, vol. 1; H. Schnee: Hoffinanz, 6 Bde. Am Hof Max Emanuels spielten BOMBARDA, später Graf MONASTEROL und Graf D'ALBERT, Fürst VON GRIMBERGHEN, in den zwanziger Jahren des 18. Jhdts. auch der Oberhoffaktor NOE SAMUEL ISAAK eine wesentliche Rolle. P. Sundheimer: Hochfinanz; St. Schwarz: Juden.
569 MGHA Korr. Schatzakten 1713 II, Nr. 1–7, f. 7–8.
570 ebd. Nr. 1–7, f. 5–6, 9–10 und ebd. Nr. 8–34, f. 1.
571 MGSTA Gesandtschaft Wien Nr. 360 (Abrechnungen mit Graf Sinzendorf), 361 (Abrechnung mit Samuel Oppenheimer über die kaiserlichen Subsidien 1693–1700), ferner Nr. 362–369 (Abrechnungen 1692–1702).
572 MGHA Hof-Haushalt 1712 H Nr. 5. Der Kapellmeister PIETRO TORRI diente von 1692 bis März 1701. 1000 brabantische Gulden waren an Gage jährlich zugesagt, für Notenpapier weitere 100 fl. Anstatt 9900 fl. hatte er in diesen Jahren, ohne daß eine offizielle Reduktion angesetzt war, nur 2246 fl. bekommen. GIACOMO RICCARDINI erhielt von 1698 bis März 1701 anstelle von 1300 fl. nur 350 fl. Anderen Musikern erging es ähnlich. Vier Musikanten bekamen statt 812 fl. 10 kr. nur 218 fl. 15 kr. Insgesamt gesehen ergab sich daraus: Anstatt der versprochenen Gesamtsumme von 18 050 fl. für die Musikanten waren nur 4871 fl. ausbezahlt worden, so daß der Kurfürst praktisch seinen Musikanten 13 179 fl. schuldete, als er Brüssel im Jahre 1701 verließ.
573 H. Pirenne: Histoire, vol. 3, p. 30.
574 S. v. Riezler: Geschichte, Bd. VII, S. 372, 373; vgl. W. Abel: Massenarmut, S. 158–169.
575 P. Goubert: Ludwig XIV., S. 207–214.
576 H. Pirenne: Histoire, vol. 3, p. 32; E. Lagrange: Souvenirs.
577 BAR Spaanse Ambassade in Den Haag Nr. 9, Mémoire der Brüsseler Bürger, 29. Sept. 1695. Die Lütticher hatten bereits früher eine ähnliche Vergünstigung nach dem Bombardement ihrer Stadt erhalten.
578 BAR Spaanse Ambassade Nr. 9, 1. Sept. 1692 und Manuskript. Nr. 1528, Brüssel 22. 4. 1694. Die Berichte des Jahres 1694 und 1695 schildern immer wieder dieselbe Situation. Spaanse Ambassade Nr. 9, Information pour Mr. le Comte de Caunits (Kaunitz): »Tout nôtre plat pays est fouragé et ravagé tous les ans, et une grande partie rongé pendant l'hyver par le logement de leurs trouppes. Les garnisons de leurs Trouppes dans nos villes nous coutent près de deux milions par an.«
579 BAR Raad van Staat Nr. 1528.
580 ebd. 24. 1. 1694. Der Winter des Jahres 1693/94 war sehr kalt, so daß die Beheizungskosten sehr rasch in die Höhe schnellten.
581 ebd., 19. 7. 1694, ferner ebd., Nr. 1787 und 1967; Spaanse Ambassade in Den Haag Nr. 9 (zahlreiche Berichte über diese Sachlage). BAR Manuskriptenverzameling Nr. 820: »Dialogue ou entrien sur l'état présent des Pays-bas espagnols et les moiens de les retablir, entre un amateur de commerce..., un négociant flamand, un comte attaché à la Cour, un ministre du Roy d'Espagne et un bourgois de la ville de Bruges...« (1699).
582 BAR Raad van Staat Nr. 1528, Gand 25. 7. 1696.
583 ebd. und Spaanse Ambassade in Den Haag Nr. 9 passim und besonders Information pour Mr. le Comte de Caunits, § 1–4; MGSTA K schw 1057 und 1058 (Beratungen Bayerns und Kölns über Kriegsangelegenheiten); K schw 5157,

5157a–5160/2 (Kriegsberichte aus verschiedenen Gebieten und Abrechnungen 1690–1699).
584 Die bayerisch-österreichischen Beratungen über die Fragen von Krieg und Frieden siehe: MGSTA K schw Nr. 274, 285–287, 291, 296, 299 (Berichte des neuen bayerischen Residenten Mörmann aus Wien 1693–1697. MÖRMANN war Nachfolger STOIBERERS, der am 3. 3. 1693 verstorben war); K schw 1061 (Beratungen Bayerns und Kölns über den Ryswicker Frieden 1697); K schw 6042 bis 6047 (Berichte der bayerischen Gesandten Baumgarten und Prielmair, 1690–1697); WHHSTA Mainzer Erzkanzlerarchiv: Friedensakten Fasz. 71 (1696–1702) bzw. Fasz. 81 (1697); die bayerische Beteiligung am Krieg von 1692–1697: K. Staudinger: Geschichte, Bd. II, 2, S. 359–552.
585 MGSTA K schw 6046, 6047 (Prielmairs Berichte aus Gravenhaag 1697).
586 A. Rodenburg: De vrede.
587 J. Dumont: Corps universel, vol. VII, 2, p. 470; H. Pirenne: Histoire, vol. 3, p. 32, 33; R. de Schryver: De eerste Staatse Barrière, p. 65–90.
588 BAR Raad van Staat Nr. 1967, Berichte des Jahres 1697/98, desgl. Spaanse Ambassade in Den Haag Nr. 9.
589 BAR Raad van Staat Nr. 1787, Mémoire 19. 6. 1699.
590 BAR Spaanse Ambassade Nr. 9, Molines an Max Emanuel, Madrid 30. 1. 1698 und MGHA Hof-Haushalt 1712 H Nr. 4, Beschluß über die Reformation des Hofstaates, Okt. 1698; MGHA Hof-Haushalt 1712 H Nr. 2, f. 5: Reformation von 1699.
591 Vgl. R. de Schryver: Inflatie, p. 214–220.
592 MGHA Hof-Haushalt 1712 H Nr. 4. Jedermann hatte, seitdem der Kurfürst in den Niederlanden angekommen war, für sich in Anspruch genommen, »aus dem grossen hafen (umsonst) zu speisen« (f. 7 v). Jede Person von Stand hatte z. B. ihre eigene Tafel auf Kosten des Hofes bzw. des Steuerzahlers. Diese Tafel wurde jetzt aufgehoben. Weitere 179 Personen erhielten Naturalverpflegung oder Verpflegungsgeld. Auch hier wurde eingespart (ebd., f. 9–15). Ein weiteres Beispiel für die Reduktion: 13 Vokalisten und 14 Instrumentalisten samt dem dazugehörigen Adjunkten erhielten fortan statt 8551 fl. nur mehr 4275 fl. 30 kr., wobei dahingestellt ist, ob sie diese Summe auch wirklich ausbezahlt bekamen (MGHA Hof-Haushalt 1712 H Nr. 12, f. 1–2). Entlassen wurden auch die spanischen, italienischen, wallonischen Truppen auf Vorschlag des Marquis DE BEDMAR und im Einvernehmen mit Max Emanuel (BAR Spaanse Ambassade Nr. 9, 30. 1. 1698 und Depesche des spanischen Königs Karl II. vom 5. 12. 1698). Die entsprechenden Ämter und Stellen blieben erhalten, wurden jedoch nicht mehr besetzt. Offiziell standen nunmehr 21 Regimenter mit 201 Kompagnien und eine Sollstärke von 7553 Mann, ferner 11 Regimenter Infanterie mit 257 Kompagnien und 1604 Soldaten, 3 Regimenter mit 934 Mann zur Verfügung sowie 6 freie, außerhalb der Regimenter organisierte Kompagnien mit 582 Mann. Für das Jahr 1699 erhielten diese Soldaten 4 Löhnungen, im folgenden Jahr nur mehr 3 Zahlungen. Diese wenigen Truppen waren nicht in der Lage, die Niederlande gegen einen Angreifer zu sichern (ebd., f. 182–184, Beschluß 5. Dez. 1698, ausgeführt im Jahr 1699).
593 BAR Spaanse Ambassade Nr. 9, 7. und 27. Dez. 1698.
594 MGHA K schw 5464, f. 1–17, hier f. 12 v. Über alle gesellschaftlichen, wirtschaftlichen und politischen Beratungsgegenstände, die an den jeweiligen Tagen besprochen wurden, siehe BAR Raad van Staat (Conseil d'Etat) Nr. 89 (4. Nov. 1695 bis 19. Dez. 1699): Aufzeichnung der Beschlüsse.
595 Allerdings lag die Entscheidungsbefugnis für alle Maßnahmen bei der

Madrider Regierung, vgl. MAHN Legajo Nr. 163, 671, 1014, 1307, 1658, 1694, 1849 (Dokumente über die Situation der Niederlande 1690 und ff.).
596 MGHA Hof-Haushalt 1712 H Nr. 31, insgesamt f. 1–23.
597 MGHA Korr. 700, 701, 702. MGSTA K schw 5299 (Verzeichnis der Kleinodien, die THERESE KUNIGUNDE anläßlich ihrer Hochzeit mit Max Emanuel durch den polnischen Staat erhielt). MHS Cgm 1808 (Zaluski's Geschichte über die Heiratsunterhandlungen Max Emanuels mit Therese Kunigunde); A. Ch. Zaluski episcopi epistolarum, tom 1, pars 2 (1711); H. Th. Heigel: Beziehungen zu Polen, S. 51–90; ders.: Korrespondenz, S. 169–196; C. Höfler: Abhandlungen, S. 263 bis 398; K. Czarkovski-Golejewski, Kurfürstin, S. 845–870.
598 MGHA Korr. 700.
599 H. Th. Heigel: Beziehungen zu Polen, S. 57.
600 PBN: Département des manuscrits, Collection de Lorraine, vol. 784 (Korrespondenz Max Emanuels mit Vaudémont über diese Probleme, 1694). An eine evtl. spätere Bewerbung um den polnischen Königsthron war zu dieser Zeit noch nicht gedacht; das spanische Erbe wollte man auf keinen Fall gefährden.
601 S. v. Riezler: Geschichte, Bd. VII, S. 397.
602 A. Ch. Zaluski episcopi epistolarum, p. 72, 145, 148, 149.
603 Über Mayrs Aufenthalt in der königlichen Residenz Zolkiew hat ein polnischer Höfling ein Tagebuch verfaßt: K. Sarnecki: Pamietniki.
604 Graf Leonhard von Törring war als außerordentlicher Gesandter Max Emanuels in Polen anwesend. S. v. Riezler: Geschichte, Bd. VII, S. 398; Heiratsvereinbarung vom 19. 6. 1694 in: MGHA Hausurkunde Nr. 1743.
605 K. Th. Heigel: Beziehungen zu Polen, S. 66; S. v. Riezler: Geschichte Bd. VII, S. 399.
606 Beschreibung der Reise der Kurfürstin und des Zusammentreffens mit ihrem Gemahl: A. Ch. Zaluski: Epistolae, p. 1390; eine kürzere Beschreibung vom Leibarzt des Königs JOHANN III. SOBIESKY, dem Engländer Dr. BERNARD CONNOR: Beschreibung (dt. 1800), S. 240; desgl. neue Ausgabe: B. Connor: The history (1968).
607 MGHA Korr. 748, f. 82.
608 Im Original in: MGHA Korr. 752 / 1–12; teilweise gedruckt bei: K. Th. Heigel: Korrespondenz, S. 169–196.
609 Max Emanuel legitimierte seinen Sohn MAX EMANUEL FRANZ JOSEPH am 20. 11. 1695 als »Eques Bavariae« (MGHA Hausurkunden Nr. 1783/3). Trotzdem war die allgemeine Anerkennung und Gleichberechtigung im Kreis der Standespersonen schwer zu erreichen. Selbst LUDWIG XIV. hatte große Schwierigkeiten, daß seinen »Bastarden«, wie man sie nannte, entsprechende Achtung entgegengebracht wurde. Er versuchte sogar, ihnen das Thronfolgerecht einzuräumen. Soweit ging Max Emanuel nicht, da er selbst genügend Söhne bekam, doch versorgte er den Chevalier gut. Er ernannte ihm zum Comte de Bavière und verschrieb ihm am 1. 3. 1715 anstelle des Lehens Wertingen eine Summe von 400 000 Livres, die durch die Einkünfte der Grafschaft Haag gedeckt wurden (MGHA Hausurkunden Nr. 1783/4). Am 4. April 1725 vermachte er ihm das bayerische Wappen und das Recht, »sich als Franzosen naturalisieren« zu lassen (MGHA Hausurkunde 1783/9); vgl. P. C. Hartmann: Chevalier, S. 286–297.
610 Die bayerischen Räte dachten sich sogleich Erbschaftsansprüche auf polnische Besitzungen aus. MGHA Korr. 701 und 703.
611 Diese Rivalität dauerte über Jahre. MGSTA K schw 8289–8291: Max Emanuel an »Lelouchier«, wie die Gräfin Arco am Hof genannt wurde (1701 bis 1713).

612 MGHA 1712 H 53, f. 1–3.
613 Am 21. April 1701 schrieb Max Emanuel aus Schleißheim an MALKNECHT: »Ihr wißt, daß ich der Frau Gräfin erlaubte nach Paris zu gehen. Es ist mein Wille und Entschluß, daß sie dort verbleibe und nicht nach Baiern komme. Ich assigniere ihr von den Subsidien auf Lebenszeit ein Einkommen von 10 000 Talern. Der König ist damit einverstanden und die Maßnahmen sind getroffen, daß sie dort bleibe.« (S. v. Riezler: Geschichte, Bd. VII, S. 471).
614 MGHA Korr. 752/1–12 und 753/12–13; in einem Brief an die Gräfin ARCO heißt es: »Ich opfere Dich niemandem, ich bin das einzige Opfer und der Gedanke allein, daß Du mich als einen Undankbaren und Treulosen betrachtest, wird meinen Tod herbeiführen. Meine Leidenschaft für Dich, mein teures Kind, ist beispiellos und wird nie erlöschen.« S. v. Riezler: Geschichte, Bd. VII, S. 472; zum ganzen ausführlich K. Czarkovski-Golejewski: Kurfürstin, S. 845–870.
615 Die spanische Erbfolgefrage: MHAN Legajo Nr. 2451, 2554, 2761, 2780, 2791, 2907, 3259 (Verhandlungen 1692–1699); RASV Nr. 84–91 (Korrespondenz zwischen den Internuntien G. Piazza, H. F. Spada und G. F. Bussi mit den Staatssekretären des Vatikan 1692–1699); Adalberto de Baviera und G. M. Gamazo (Hg.): Documentos, 5 vol.; desgl. in: Boletin de la Academia 91–100; F. M. Mignet (Hg.): Négociations, 4 vol.; Recueil des instructions, vol. 11, 1 u. 2: Espagne; F. B. Graf von Harrach: Tagebuch; A. Legrelle: La diplomatie, 4 vol.; Adalbert von Bayern: Ende, 2 Bde.; L. Pfandl: Karl II.; J. Langdon-Davies: Carlos; J. Deleito y Pinuela: El declinar.
616 P. Goubert: Ludwig XIV., S. 223.
617 MHS Cgm 3009 (Mundus Christiano-Bavaro-Politicus), f. 582.
618 Die Bedeutung dieser Revolution wurde weder von den bayerischen Ministern noch vom Kurfürsten in ihrer Tragweite erkannt. Es sind keine Diskussionen und Unterredungen überliefert, die auf die gegenteilige Ansicht schließen ließen; vgl. die Korrespondenz Bayern und England MGSTA K schw 7570, ferner K schw 7572 (Negotiation des Baron VON STEINAU am englischen Hof 1692).
619 Der politische und wirtschaftliche Verfall des spanischen Weltreiches war auch von einem geistigen Niedergang begleitet. Starke Interessengegensätze bestanden zwischen dem Provinzadel und der Führungsschicht in Madrid. Vgl.: J. Inderías: Estado; A. Girard: L'Espagne; Ch. Weiß: Des causes; J. Hamilton: The Decline, p. 168–179.
620 P. Goubert: Ludwig XIV., S. 223.
621 Adalbert von Bayern: Ende, Bd. 2, ausführlich S. 156–197.
622 Das erste Testament, das PORTOCARRERO im Sept. 1696 dem kranken König KARL II. abgerungen hatte (S. v. Riezler: Geschichte, Bd. VII, S. 434), erkannte zum erstenmal ausdrücklich die Rechte des bayerischen Kurprinzen an, doch verschwand dieses Testament bald wieder in den Aktenbergen der Madrider Regierungsstellen, ohne daß man noch einmal darauf zurückgekommen wäre. Die Königin erreichte schließlich die Vernichtung des Testamentes.
623 Ihre Bestechungsversuche kosteten zwar einiges, doch brachten sie wenig ein. Tätig waren am Madrider Hof Baron VON BAUMGARTEN, dann Baron LANCIER und schließlich Baron VON BERTIER, der zum Minister und außerordentlichen Gesandten in Spanien ernannt und im Jahr 1697 zum Geheimen Rat befördert wurde. Ihre Berichte siehe: PAN T 153/42; ferner MGSTA K schw 6751 (Designatio über die spanische Korrespondenz 1692–1694); 6755 (beabsichtige Absendung des Abbate SCARLATTI nach Madrid 1694 und Abberufung des außerordentlichen Gesandten JOHANN JOSEPH FRANZ VON BAUMGARTEN 1694);

6767 und 6776/1 und 2 (bayerische Ansprüche auf Spanien und die spanischen Niederlande 1665–1692); 6770 (spanische Korrespondenz 1692); 6772 (Korrespondenz mit dem spanischen König 1692–1695); 6773–6775 (Berichte Lancier's 1686–1693); K schw 6792, 6796 (Bertiers Aufgaben in Madrid 1695–1700); vorübergehend kam auch Baron SIMEONI nach Spanien, um dem Gang der Dinge soweit als möglich nachzuhelfen: K schw 6793.

624 R. de Schryver: Bergeyck, p. 95–126.
625 PAN T 153/42, Nr. 111/2: Information über Diamanten (1,5 Mill.).
626 KARL ALBRECHT, der spätere Kurprinz, ist 1697 geboren (MGHA Korr. 705), PHILIPP MORITZ 1698 (ebd. 706); es folgten FERDINAND MARIA 1699 (ebd. 707), KLEMENS AUGUST 1700 (ebd. 708), WILHELM 1701 (ebd. 709), JOHANN ALOIS 1702 (ebd. 710), JOHANN THEODOR 1703 (ebd. 710$^{1}/_{2}$), MAX EMANUEL 1704 (ebd. 711); er starb 1705. Die einzige Tochter MARIA ANNA KAROLINA war 1696 geboren (ebd. 704).
627 L. Pfandl: Karl II., S. 365 äußert sich sehr negativ über sie und meint, sie sei zurechnungsunfähig gewesen, was aber nicht der Wirklichkeit entsprach. Im Gegenteil: K. Th. Heigel: Maria Anna, S. 182–204; Adalbert von Bayern: Mariana, p. 28–30, 107–122; ders.: Maria Anna; ders.: Maria de Neoburgo; ders.: Ende, Bd. II, S. 1–49.
628 Die bayerischen Räte suchten alle denkbaren rechtlichen und politischen Argumente zusammen, um nach Möglichkeit diese Abtretung wieder rückgängig zu machen, vgl. MHS Cgm 1822a, f. 109 v–114: »Wie das Herzogtum Neuburg von Bayrn ausgebrochen worden.«
629 Der jüngere HARRACH überbrachte dieses Schreiben nach Wien, S. v. Riezler: Geschichte, Bd. VII, S. 436; Vgl. A. Gaedecke (Hg.): Tagebuch des Grafen Harrach, S. 163–302.
630 Adalberto de Baviera und G. M. Gamazo (Hg.): Documentos ineditos, Bd. 1–4 passim und MAHN Legajo 2451, 2554, 2761, 2780, 2791.
631 Adalbert von Bayern: Ende, Bd. 1, S. 18–47; L. Pfandl: Karl II., S. 317 bis 347.
632 P. Goubert: Ludwig XIV., S. 218–224.
633 R. de Schryver: Bergeyck, p. 126.
634 J. Béren ger: Une tentative, p. 291–314.
635 J. Dumont: Corps, vol. VII, 2, p. 442. Die Generalstaaten schlossen sich diesem Vertrag an. Max Emanuel versuchte gleichzeitig während des Jahres 1698, sich mit Holland abzustimmen und auch durch einen Geheimvertrag abzusichern. Th. Bussemaker: De onechtheid van het zoogenaamd verdrag tusschen de Republiek en den Keurvorst van Beieren van augustus 1698, p. 147–168. Im Okt. 1699 machten in Brüssel verschiedene Exemplare dieses Vertrages die Runde. Vgl. dagegen die Bestätigung vom Abschluß des Vertrages: RASV Nr. 91, f. 246–249 (G. B. Bussi an Staatssekretär Spada); desgl. MAHN Legajo 3894, 2. 6. 1699: QUIROS spricht von einem Vertrag zwischen Max Emanuel und Holland, den SIMEONI ausgehandelt hat.
636 H. Pirenne: Histoire, vol. 3, p. 32.
637 ebd., p. 41–44; R. de Schryver: Bergeyck, p. 125–131.
638 Das Testament ist auf den 11. Nov. 1698 datiert; gedruckt bei: Adalberto de Baviera und G. M. Gamazo (Hg.): Documentos, vol. IV (1698–1699), Madrid 1931, p. 130–133; im Original: MAHN Estado legajo 2451 (Madrid, 11. 11. 1698): »Declaro por mi legitimo sucesor en todos mis Reinos, Estados y Señorios al Principe Electoral JOSEPH MAXIMILIANO, hijo único de la Archiduquesa MARIA ANTONIA, mi sobrina, y del Elector duque de Baviera, hija también

única que fué de la Emperatriz MARGARITA, mi hermana, que caso con el Emperador mit tio primera llamada a la sucesión de todos mis Reinos por el testamento del Rey mi señor y mi padre, por las leyes de ellos; supuesta, como dicho es, la exclusión de la Reina de Francia mi hermana; por lo cual el dicho Principe Electoral JOSEPH MAXIMILIANO como único heredero de este derecho, varón más propincuo a mi y de la más inmediata linea, es mi legitimo sucesor en todos ellos, asi los pertenecientes a la Corona de Castilla, como de la de Aragón y Navarra y todos los que tengo dentro y fuera de España, senaladamente en cuanto a la Corona de Castilla, en los de Castilla, León, Toledo, de Galicia, de Sevilla, de Granada, de Córdoba, de Murcia, de Jaén, de los Algarbes, de Argeciras, de Gibraltar, de las Islas de Canaria, Indias y Tierra Firme del Mar Océano, del del Norte y del del Sur, de las Filipinas y ortras cualesquiera Islas y Tierras descubiertas y que se descubrieren de aqui adelante, y todo lo demás en cualquiera manera tocante a la Corona de Castilla; y por lo que toca a la de Aragón en mis Reinos y Estados de Aragón, Valencia, Cataluna, Nápoles, Sicilia, Mallorca, Menorca, Cerdena y todos los otros señioros y derechos, como quiera que sean pertenecientes a la Corona Real de Aragón, y también en el reino de Navarra y a cualesquier otros Estados pertenecientes a la Corona Real de él, y asimismo en mi Estado de Milán, Ducados de Brabante, Limburgo, Luxemburgo, Geldres, Flandes y todas las demás Provincias, Estados, Dominios y Señioros que me pertenezcan y puedan pertenecer en los Paises Bajos, derechos y demás acciones que por la sucesión de ellos en Mi ha recaido.«

639 S. v. Riezler: Geschichte, Bd. VII, S. 450.
640 R. de Schryver: Bergeyck, p. 131. K. Th. Heigel: Kurprinz, S. 91–196; Adalbert von Bayern: Ende, Bd. 2, S. 156–197.
641 MGHA Korr. 688, Maria Antonie an die Landschaft, Wien 26. 7. 1692.
642 MGHA Korr. 688, Johann Baptist von Schmid, Wien 4. 10. 1692.
643 MGHA Korr. 688 passim und Korr. 689: »Memorial was bey der bevorstehenden glickhlichen endtbündung Irer Chf. Drl. Unser gdisten Frauen... zu beobachten sein möchte, und zwar vornemblich so der liebe Gott einen Erb Prinzen geben solle.«
644 MGHA Korr. 688, JOHANN BAPTIST VON SCHMID an die Geheimen Räte in München, Wien 28. 10. 1692 und Extrakt aus dem Diarium der kurfürstlichen geheimen Kanzlei in Wien, 28. 10. 1692. Der Kaiser schenkte anschließend der Kurfürstin sein mit Rubinen und Diamanten versehenes Contrafait, dem Prinzen einen Kreuzpartikel, der in kostbare Edelsteine eingefaßt war. Die Kaiserin schenkte ihm eine Haube, mit einer goldenen Feder und 6 Diamanten geziert, wie sie die ungarischen Magnaten trugen.
645 MGHA Korr. 688, »Lista der Notifikation und Relazione delle Feste fatte a Roma per la Nascita del Serenissimo Principe Elettorale di Baviera, Romae die VI Decembris 1692.«
646 ebd. Schreiben der Gräfin von Perousa an Max Emanuel, Wien 11. 2. 1693; desgl. Schreiben des Grafen Sanfré, der behandelnden Ärzte und der Gräfin Perousa, passim Okt. bis Dez. 1692.
647 ebd. Liste der Personen, die zur Bedienung des Kurprinzen verordnet, desgl. verschiedene Berichte, vgl. auch Schreiben der Landschaft vom 16. 2. 1693.
648 MGHA Korr. 694 und 695 (Ableben der Kurfürstin und Testamentsvollstreckung, Testament vom 12. 12. 1692).
649 MGHA Korr. 689 Memorial: »Was bei abfiehrung des Chur Prinz von Wien bis nacher Minchen in einem und anderen zubeobachten«, Brüssel 20. 3. 1693, § 1–15.

650 MGHA Korr. 689, 29. 4. 1693. Die Reise von Wien nach München dauerte drei Wochen. Die Führung hatte Hofmarschall von Weichs. Am 23. Mai 1693 traf die Reisegesellschaft am Ziel ein. S. v. Riezler: Geschichte, Bd. VII, S. 432.

651 MGHA Korr. 689, Bericht des Grafen Fugger, 2. 6. 1693. Insgesamt 261 Mitglieder des Hofstaates begaben sich mit zahlreichen Dienern und einem großen Troß an die bayerisch-österreichische Grenze nach Ried, um den Prinzen ihrerseits feierlich zu empfangen. S. v. Riezler: Geschichte, Bd. VII, S. 432.

652 MGHA Korr. 689, 2. 6. 1693.

653 ebd. Schreiben der Landschaft vom 4. 6. 1693 und der Gräfin Perousa vom 10. 6. 1693. Der Magistrat ließ eine Gedenkmünze mit dem Bild des Prinzen und der Umschrift prägen: »Ex parvo mundo Deo auspice spes maxima mundi.« Fr. Schmidt: Erziehung, S. XCVIII.

654 MGHA Korr. 690, Gräfin Perousa an Max Emanuel, München 26. 6. 1693.

655 Berichte über den Gesundheitszustand des Prinzen: MGHA Korr. 690, 691, 692 (1693–1698).

656 MGHA Korr. 690: Gräfin Perousa an Max Emanuel, München 19. 8. 1693.

657 MGHA Korr. 690, Gräfin Perousa, München 30. Sept. 1693.

658 MGHA Korr. 690, Gräfin Perousa an Max Emanuel, München 30. Sept. 1693.

659 Desgleichen, München 14. 4. 1694.

660 Desgleichen, München 17. 4. 1694.

661 Desgleichen, München 6. Okt. 1694.

662 Dieser Pater hatte bereits einen wesentlichen Einfluß auf die Erziehung des damaligen Kurprinzen Max Emanuel gehabt und behielt seine einflußreiche Stellung am Münchner Hof bis zu seinem Lebensende (1706). Im Jahr 1690 war er zum Geheimen Wirklichen Geistlichen Rat ernannt worden (S. v. Riezler: Geschichte, Bd. VII, S. 253, 254); MGHA Korr. 690, hier Schreiben der Gräfin Perousa an Max Emanuel, München 20. 11. 1694.

663 MGHA Korr. 690, Gräfin Perousa an Max Emanuel, München 20. 11. 1694.

664 MGHA Korr. 691, Perousa an Max Emanuel, München 3. 1. 1695.

665 Desgleichen 12. 1. 1695 und 9. 2. 1695.

666 Desgleichen 23. 2. 1695.

667 Desgleichen 23. 3. 1695.

668 Desgleichen 9. 5. 1695.

669 Desgleichen 3. Aug. 1695, beiliegend das Gedicht: »Genius Bavariae«.

670 Desgleichen 18. und 25. 2. 1696 sowie 7. 3. 1696.

671 Desgleichen 1. 10. 1695.

672 Desgleichen 29. 10. 1695 und 30. 11. 1695.

673 Desgleichen 7. 12. 1695.

674 Desgleichen 13. 8. 1695. Noch kaum fünf Jahre alt, ließ sich JOSEPH FERDINAND von einem Pater die Hand führen und schrieb an seinen Vater nach Brüssel um Gnade für einen armen Soldaten, den Max Emanuel fristlos entlassen hatte (Fr. Schmidt: Erziehung, S. XCVIII und S. 305, 306). Darauf antwortete Max Emanuel: »Herzliebster Sohn. Das du dir die Handt hast fieren lassen, umb Schrifftlichen bey mir eine Erste bitt vor die von mir zu woll verdienter Straff abgedanckhte Compag. hartschier anzuwendten, hat mir umb desto mehr eine recht Inerliche Verguikung gemacht, indem ich darauf die guete neigung deines gemiets, so dich zum mitleiden und Sanfftmietigkheit bewegt, habe verspieren khönen. Derohalben deine Vorbitt allein bei mir vermögt, den Patron, umb welchen du mich gebetten, ersagter compag. zuertheilen. Ewen dein guetes Gemieth und andere Gaben, so zu deinen alter genuegsamb erscheinen, unnd

welchen dich Gott der allmechtige zu deiner hegsten consulation begnadet, machen, das ich mich billich versechen khan, du werdest auch meine Erste vetterliche Ermanungen also beherzigen unnd in dein gemieth unnd gedechtnus eintruckhen, daß du allezeit selbe vor augen haben unnd solchen nachkhomen werdest, welche bestehen, das du alzeit

1) Die forcht gottes vor allen sachen in herzen haben unnd gedenckhen sollest, das aller anfang deines zeitlichen und ewigen Glickhs von dem selben herrieren unnd khomen.

2) Den gehorsam gegen mir unnd denen Jenigen, so zu deiner Education, ohne einzige Widerspenzdigkheit zu beobachten unnd gedenckhen, daß, wan man dir etwas unntersagt oder ermant, wan es dich auch schon hart ankhombt, alles zu deinen besten angesechen seye.

3) Wan du von tugenten deiner voreltern oder andern grossen Firsten hörest, dich nach proportion deines alters selbe zu imidiren befleissest, herentgögen abscheuchen von allen Lastern haben sollest.

4) Gleich wie nichts schöneres an einen grossen Fürsten als alle seine wissenschaften zu haben, also mach dir ein begiert alles zu lernen unnd zu wissen, was einen Fürsten woll anstehet. Deßwegen sey nit verdrießlich, bei deinen iezigen Jungen Jahren dich in solchen anfang unnderweisen zu lassen unnd alles von deinen meistern, die dir werden zugegeben, billich anzunemben.

5) Ermane ich dich absonderlich, den zorn unnd gehe zu meistern unnd dich zu überwündten; auch thuest desto mehr, mich (dich) darzue anwendten, weillen es scheint, das dein natur dahin incliniert.

6) Lestlichen seye niemals undanckhbar gegen allen denen Jenigen, die vor dich arweithen unnd sorgen, auch denen, die dir threu dienen; gedenckhe, das eine von denen gresten glickhseligkheiten eines Fürsten, denen leithen khönen guetes thuen; nun billich dir deine Erste bitt nit abschlagen, also hoffe ich billich, du wirst mir auch dise meine Erste begehren geweren unnd mithin alles glickh unnd Seegen von himel über dich ziehen, welches ich dir von threuisten Vetterlichen herzen wünsche, auch aus Ewen diesen von grundt derselben meinen Vetterlichen Seegen hiermit ertheille unnd bestendig verbleibe dein gueter und threuer Vatter.«

Prüssl den 22. novemb. 1697. Max Emanuel Churfirst. Dieser Brief in Abschrift MHSTA Törring Archiv C 54.

675 MGHA Korr. 691 Gräfin Perousa an Max Emanuel, München 7. Sept. 1695; vgl. MGHA Korr. 689 Bewerbung des Johann Göz Kammerheizerjung, der um eine Expektanz auf eine freigewordene Hoflakaienstelle bat, ohne Datum. Ebd. Bittgesuch des Simon Bärtl: »Und weill ich dan bereit yber ein ganzes Jahr: und bei derselben nunmehr in Gott ruehenten gnisten gemahlin in Wien: auch dermallen noch alda bei dero Chur Prinzen, ohne Soldt dien, in die lenge aber bei diesem wissentlich schwer: und theuren Zeithen weib: und kind unmöglich erhalten kundte, sondern in das grösste Ellendt fallen wurde...« Aus diesem Grunde bat er um Auszahlung seines Solds.

676 Als Résumé aus den vielen Berichten über den Gesundheitszustand des Kurprinzen JOSEPH FERDINAND MGHA Korr. 690, 691, 692 (1693–98). Ein Beispiel dieser Krankheitsberichte sei in seiner ganzen Länge hier angeführt: MGHA Korr. 691, Gräfin Perousa an Max Emanuel nach Brüssel, München den 10. Oktober 1696: »Durchleuchtigster Churfirst, gnedigster herr herr. Berichte Eur Ch. Drl, daß Gott lob Ir Drl. der Chur Prinz sich aniezo umb 9 Uhr zu nachts guet befünden; die heuntige Nacht seindt Sie nie ganz erwacht, aber unruehig geschlaffen, auch darin geweinet; in der fruehe umb 9 Uhr völlig munter worden,

auch ganz blaich, bis ins Maull, sagte, das Er krankh seye, fangeten sich an zu brechen, gall, und schleimb, iuest wie im früehling so der Obrist Stallmaister Graf Sanfré und Graf v. Arco gesehen, glaub daß es 15 mahl nit geklöckhet, dan es hatt bis auf halbe vier Uhr abents getauret; Sie haben 2 brüehen under der zeith allemahl wider gebrochen. Umb 3½ Uhr aber etliche Löffl voll Mandlsuppen geessen, und gleich darauf ein stundt geschlaffen, hernach sie gar muntter worden, umb 6½ Uhr hat man ihnen etliche Löffl voll Suppen, und hasen hiendl käckh gegeben, daß ich hoffe, Ir Drl. werden eine guette nacht haben. Dörffen sich Eur Churf. Drl. also keine ängsten machen, weill dem hechsten zudanken nit die geringste hüz da, wiewollen das brechen vill müehe gekosstet, das es offt durch die Naasen und Maull zugleich gangen; hoffe Sie werden wider ein weill ruehe haben, dann mann ihnen doch, nachdeme Sie morgen ausrassten werden, übermorgen alles völlig auszuführen, etwas wirdt geben miessen, so ich noch der meinung da solches wie ich gemeint, nit übel gewesen were, und halte das brechen were etwan verhindert bliben, allein ist nit alles zurathen; Der Depar ist heunt willens gewesen abzuraisen, ich aber habe ihme gesagt, Er solt diese 2 täg noch wartten, damit Eur Ch. Drl. das völlig guet befünden, so ich durch die gnadt Gottes gar nit zweifel, umb was fruehers, so doch nit vill ehender als die Posst bringet, hören werden können. Ir Drl. spillen aniezt im pett, seind aber eine weill auf gewesen, selbst gangen, und sich ein weill tragen lassen; weill kein hiz da, bin ich schon getresst. München den 10. Oct. 1696.«
677 MGHA Korr. 691, Gräfin Perousa an Max Emanuel, München 20. 12. 1694.
678 Dieser Umstand ist besonders hervorzuheben, weil A. v. Ow-Piesing (Der bayerische Kurprinz Joseph Ferdinand und das Problem seines Todes, S. 553 bis 570, 610–629) mit kriminalistischem Scharfsinn den Nachweis zu erbringen suchte, daß die Gräfin Perousa die Schuld am Tode des Kurprinzen im Jahre 1699 trage und sie ihm auf französische Einflüsterungen hin Gift eingeflößt habe. Für diese Behauptung fehlt nicht nur jeder Beweis, sondern sie ist insgesamt gesehen irrelevant.
679 MGHA Korr. 691: Gräfin Perousa an Max Emanuel, München 8. 12. 1696.
680 MGHA Korr. 692, ad 7. Dez. 1697. Einige Beispiele: »Ich wil Gott bitten. Ich wil essen. Ich will trinkhen. Ich wil singen. Ich wil danzen. Ich wil spazieren gehen im gartten. Ich wil in die Möss gehen. Ich wil pall spillen. Ich wil Volan spillen. Ich wil geigen. Ich wil paukhen schlagen. Ich wil thrumel schlagen. Ich wil auf den Instrument schlagen. Ich wil auf der Fletten pfeiffen, ich wil Wein trinckhen. Ich wil pier trinckhen. Ich wil zu pferdt reitten in meinem Zimmer. Ich wil in der Gutschen fahren. Ich wil die französische sprach lehrnen. Ich wil lehren die latteinische sprach. Ich wil spazieren gehen in meines herrn päpä zimer ... Ich wil heit mein gelbes kleidt. Nä nä ich wil mein schönes kleidt und mein schönen Degen. Ich wil das mann mich küese und das mann mich buder, und ich wil gehen zu sehen meinen lieben päpä der heit khomen ist. Ich wil zusechen und empfangen und zu lieben mein lebtag. –
Ich liebe Gott. Ich liebe Unser liebe Frau. Ich liebe meinen lieben Päpä. Ich liebe meine Mämä. Ich liebe mein brueder und mein Schwösster. Ich liebe mein guete Eya. Ich liebe alle meine Underthanen. Ich liebe den Wein. Ich liebe das Wasser und das Pier. Ich liebe zu spillen alle Instrumentn. Ich liebe die Jacht. Ich liebe spazieren gehen. Ich liebe hören sagen, das mein päpä wirdt khommen diesen Winter. Ich wil lieben und liechen als hören. Ich liebe die schöne Zeit. Ich liebe den Krieg. Ich liebe die Music. Ich liebe zu hören. –
Gebt mir mein schlafrock. Gebt mir mein schlafhauben. Gebt mir meine Pantofel. Gebt mir mein rockh. Gebt mir mein huett. Gebt mir meinen Degen ...

Gebt mir mein Rosenkhranz. Gebt mir meine piecher zu betten. Gebt mir die französisch Gramatica. Gebt mir mein Faßnacht Khleidt. Gebt mir mein Faßnachtlarfen. Gebt mir meine pistollen.«

681 MGHA Korr. 692 ad 14. Dez. 1697.
682 ebd. »Relatio de Morbo ... Serenissimi Principis Electoralis ab die 10ma Januari usque ad 29um Anno 1698«, f. 8–21 v. Behandelnder Arzt und Verfasser dieser Krankengeschichte war Dr. FERDINAND VACHIERI.
683 MGHA Korr. 692, Gräfin Perousa an Max Emanuel, 15. 1. 1698.
684 Desgleichen 15. 1. 1698.
685 R. de Schryver: Bergeyck, p. 115–130. Max Emanuel versuchte durch einen Geheimvertrag mit der spanischen Königin MARIA ANNA von Neuburg, der auf den Januar 1698 zu datieren ist, auch diese Gegnerin für seine Pläne zu gewinnen. Adalbert von Bayern: Ende, Bd. 2, S. 194, 195. Die Königin selbst versuchte sich in das unvermeindlich Scheinende zu schicken und sich auf diese Weise vertraglich einige Vorteile für die Zukunft zu sichern.
686 MGHA Korr. 692, Max Emanuel an die bayerische Landschaft, Courtray, 5. April 1698, f. 118–121 (Entwürfe).
687 ebd. f. 108–115 z. B. unter dem Titel »Abgehender Morgen-Stern auß dem schönen Löwen-Hauß in das grosse Nider-Hauß der Sonnen. Mit Erwartung eines anderen Auffgehenden: oder gnädigst angeordnete Abführung nach Brüssel des Durchleuchtigsten Chur: Printzen JOSEPHI FERDINANDI LEOPOLDI...«, gedruckt München 1698. Dabei heißt es:

»Liebes München thu bekennen
Sag wie ist dir umb das Hertz
Soll ich dich ein Wittib nennen
So da sitzt in Leyd und Schmertz
Hast zwar schön und liebe Kinder
In dem Ob- und Underland
Ohne Vatter ist nit minder
Diß ist nun dein Wittib-Stand.

Du Pallast der Schönst auß allen
Ja in gantzer Teutsch-Revier,
Sage mir wie wird dir gfallen
Wann in dir nit mehr Logier
Noch der Jung noch alte Löwen
O du schönes Löwen Hauß!
Laß sie nach Gefallen leben
Da sie gehen ein : und auß.

Lasse gehen in Nider-Landen
Weil der Löw auch dorten Herr
Hats Guberno in sein Handen
Und regiert mit gröster Ehr
Darumb Spanien Ihn preyset
Daß mit Schwerdt und seiner Witz
Er zu Brüssel stäts erweiset
Eben dort ein Löwen sitzt.«

Ein anderes Gedicht schließt mit den Worten:
»Weil wir in unser Hertz Dich sambt dem Vattern fassen,
Der zwar entfernt, uns doch nicht gar vergessen kan.

> Drumb wohl! wir wünschen Glück auff alle Weg und Weise,
> Dir kleinem Hercules, fahr hin! Gott laß geschen:
> Wann du einst widerkombst von deiner langen Reise,
> Daß wir dich königlich in Kron und Zepter sehn.«

(ebd. Korr. 692).

688 MGHA Korr. 692, Bericht des Obersthofmarschalls Graf Sanfré, München 12. 4. 1698.

689 ebd. Auszug aus einem Schreiben des Wiener Residenten Mörmann, 26. 4. 1698.

690 ebd. Reiseberichte vom Mai 1698. Die Reise führte von München nach Wertheim, von dort auf dem Schiff über Offenbach nach Bonn an den dortigen kurfürstlichen Hof und von hier aus weiter in die Niederlande.

691 Baron von Mörmann tat sein Bestes, um die Beziehungen nicht gänzlich erkalten zu lassen. MGSTA Gesandtschaft Wien Nr. 113–118 (1698–1700). Da auch bayerische Truppen in Ungarn im Kampf gegen die Türken bis zum Jahr 1699 beteiligt waren, gab es immer wieder Gelegenheit, miteinander in Kontakt zu treten, andererseits aber auch Anlaß zu Differenzen hinsichtlich der Subsidien und der Unterbringung der Soldaten. Vgl. K. Staudinger: Geschichte, Bd. II, 1, S. 267–302 (bayerische Beteiligung in Ungarn 1691 bis zum Frieden von Karlowitz im Jahr 1699).

692 PAN T 153/39 Morbus et Mors ..., 6. 2. 1699.

693 Zum Verdacht, der Tod des Kurprinzen sei bewußt herbeigeführt worden: K. Th. Heigel: Kurprinz Joseph Ferdinand, S. 156–167; S. v. Riezler: Geschichte, Bd. VII, S. 452–454. Während im allgemeinen dem Kaiserhof die Schuld zugeschoben wurde, versucht A. von Ow-Piesing (Der bayerische Kurprinz, S. 553 bis 570, 610–629) der Gräfin Perousa, dem Versailler Hof und speziell Ludwig XIV. ein Verschulden nachzuweisen.

694 Dies und zum folgenden PAN T 153/39, f. 1–11 v.

695 PAN T 153/39, f. 5.

696 ebd., f. 9 und 9 v.

697 J. P. Mérode-Westerloo: Mémoires, vol. 1, p. 163–165.

698 PAN T 153/39, f. 10–11 v.

699 1677–1680 war es zum größten Skandal in der Regierungszeit Ludwigs XIV. wegen Giftmordes gekommen; G. Ziegler: Hof, S. 156–171. Die Nachwirkungen waren noch lange zu spüren. Jeder plötzliche Todesfall, den man sich nicht erklären konnte, insbesondere bei hochgestellten Persönlichkeiten, war von derartigen Verdachtsmomenten begleitet. Das »kurbayerische Manifest« von 1706, in dem Max Emanuel seine Politik gegenüber Habsburg verteidigte, beweist, daß Max Emanuel an eine Vergiftung glaubte. Denn den Prinzen habe nur eine leichte Krankheit befallen, welche ihn »zuvor, ehe er der spanischen Succession gewidmet, zu verschiedenen malen ohne einzige Gefahr vorgestossen«. (PAE Corr. pol. Bavière vol. 52, Manifest von 1706), Riezler meint, dieses Manifest sei nach einer Aussage des Kurfürsten nicht echt. Max Emanuel leugnete zwar später seine Mitwisserschaft, doch war er, wie die Quellen zeigen, der Auftraggeber und mit dem Inhalt einverstanden. Dieses Manifest entwarfen Baron Zündt und Baron Karg von Bebenburg gemeinsam (PAE Corr. pol. Bavière vol. 52, f. 217–243 v).

700 S. v. Riezler: Geschichte, Bd. VII, S. 451, 452. Riezler beruft sich auf die Aussagen von K. Th. Heigel: Kurprinz, S. 156, 157.

701 MGHA Korr. 693 (Korrespondenz über das Ableben des Kurprinzen im Jahre 1699), hier f. 1.

702 Fr. Schmidt (Erziehung, S. XCVIII) berichtet von 20 Schiffen; L. Schrott (Herrscher, S. 135) von 24.
703 Adalbert von Bayern: Ende, Bd. 2, S. 197.
704 MGHA Korr. 693, f. 2–3.
705 ebd. Bericht Törrings vom 22. 4. 1699, der als Sondergesandter nach Wien gegangen war, f. 367. Kaiser LEOPOLD beanspruchte gemäß dem Erbverzicht MARIA ANTONIES das Vermögen, das der Kurprinz in Spanien besaß. Es handelte sich um die Zinsen eines Kapitals von 500 000 Goldeskudos (WHKA Reichsakten Fasz. 100 b, f. 1904 und Reichsakten Fasz. 178, f. 843–848 v.), ferner MGHA Korr. 693, Mörmann, Wien 18. 2. 1699.
706 MGHA Korr. 693, Lothar Franz an Kurbayern, Mainz 20. 2. 1699.
707 MGHA Korr. 693, Bericht Prielmairs vom 10. 3. 1699, f. 202. Das Theatrum Europaeum, vol. 15, p. 548 kommentierte den Tod des Kurprinzen JOSEPH FERDINAND: »Er starb zu vieler Verständigen grossen Bekümmernissen, welche dergestalt nichts als einen traurigen Erfolg von vielen Unruhen bei künftigem Todesfall des Königs von Spanien vorhersehen.«
708 MGHA Korr. 693, Prielmair, Brüssel, 10. 3. 1699, f. 202.
709 R. de Schryver: Bergeyck, p. 133: »Max Emanuel neemt aan deze besprekingen deel, in de hoop vorr zich te krijgen, wat vroeger aan zijn zoontje was toebedacht. Van dit alles weet Madrid weer niets af, tot de goed ingelichte QUIROS eens te meer op de hoogte raakt van de anti-Spaanse drijverijen en de zaak aan zijn regering meedeelt. Max Emanuels positie wordt bovendien door verwarde binnenlandse toestanden aan het wankelen gebracht. Ook verliest hij door een regeringswijziging te Madrid de steun van hem goedgezinde ministers.«
710 MGHA Korr. 693, Beschreibung der Juwelen und Pretiosen, des Bargeldes, der Silbergeschmeide, der Leinwand, der Kleider, Mobilien und der übrigen Verlassenschaft des Kurprinzen, 9. Mai 1699 und mehrere andere Aufzeichnungen.
711 F. Fénelon: Œuvres, vol. 3, p. 749.
712 R. de Schryver: Bergeyck, p. 133, 134. Der Kurfürst bezeichnete QUIROS, BEDMAR und andere als die »niederländischen Cabale«, die BERGEYCK verfolgten und damit auch ihn treffen wollten. (So AUERSPERG an Kaiser LEOPOLD I., ebd. p. 134).
713 H. Pirenne: Histoire, vol. 3, p. 33, S. v. Riezler: Geschichte, Bd. VII, S. 427.
714 H. Pirenne: Histoire, vol. 3, p. 41.
715 Über die wirtschaftliche Situation von 1699: BAR Raad van Staat Nr. 1787, Mémoire vom 19. 6. 1699; H. Pirenne: Histoire, vol. 3, p. 41–44; R. de Schryver: Bergeyck, p. 166–215.
716 BAR Raad van Staat Nr. 1787 Placcart du Roy par forme d'Edict Perpetuel, gedruckt, Bruxelles, le premier d'Avril 1699, § 1–50.
717 ebd., Mémoire vom 19. 6. 1699.
718 R. de Schryver: Bergeyck, p. 166–182; H. Pirenne: Histoire, vol. 3, p. 43.
719 BAR Raad van Staat 1787: Mémoires über die wirtschaftliche Situation vom 19. 2. 1699, 2. 5. und 5. 5. 1699; 19. 6. und 29. 6. 1699; V. A. Coremans: Miscellanees, p. 11, 80, 199, 200.
720 R. de Schryver: Bergeyck, p. 166–182.
721 H. Pirenne: Histoire, vol. 3, p. 43, 44. BERGEYCK konnte sogar seine Position als »starker Mann« der Niederlande ausbauen, R. de Schryver: Bergeyck, p. 199–215 »Het ontslag van de Tesaurier-Generaal en zijn onaangetaste machtspositie«; über die Brüsseler Unruhen: L. Galesloot, p. 5–154; A. Levae: Episode.
722 S. v. Riezler: Geschichte, Bd. VII, S. 424, 425; W. Knuttel: Catalogus.

723 R. de Schryver: Bergeyck, p. 210, 211. Max Emanuel schrieb an Kaiser LEOPOLD am 19. Dez. 1699: »Les nouvelles d'icy sont que, comme depuis quelque tems, et même avant que je suis venu gouverneur icy, les peuples de cet ville se sont montrez fort mutins, et avec prétexte de privilège, extorqué beaucoup de chose, contre le servisse et autorité de S. M. C., et secoué l'obéissance et respect qui devoyent me porter, j'ay pris résolution de faire justice, et ay fait entrer un nombre de trouppes pour soutenir la justice. On ce sésit des chefs mutins, et ensuite je laisseray le soin á la justice ordinaire d'agir selon les loix. C'est une chose qui fera du bruit dans le monde: mais je croy estre de ma gloyre de voir, en mon tems, par mes ordres, la confusion redressée et l'autorité du roy restablie, et cela sans la moindre confusion, désordre, ni émaution. Ce n'est pas un petit service que je croy rendre á l'Espagne: car sans cela les choses avoyent la minne d'aller loing, et il n'y auroit pas eu de remède sans mes trouppes, desquelles j'ay introduit 11 Bataillons en cette ville. Un gouverneur particulier n'auroit pas peu rendre se servisse á la monarchie.« L. P. Gachard: Une visite, p. 38–39.

724 S. v. Riezler: Geschichte, Bd. VII, S. 426.

725 H. Pirenne: Histoire vol. 3, p. 44; BAR Raad van Staat 1787: Proteste von England, Holland und Lüttich.

726 J. Laporte: La doctrine, 2 vol.; L. Christiani: L'hérésie; J.-A. G. Tans: Pasquier Quesnel; P. Chaunu: Jansénisme, p. 115–138; A. Cauchie: Apercu, p. 250–255; L. Ceyssens: Jansénisme, p. 143–185; ders.: Jansenistica, 2 vol.; ders.: Les papiers; ders.: Sources; E. Hubert: Les Pays-Bas.

727 H. Pirenne: Histoire, vol. 3, p. 46–51; R. de Schryver: Bergeyck, p. 212 bis 214, 323; über Précipiano: J. Lefèvre: Précepiano, p. 83–103; L. Rochette: Précipiano, p. 81–90, 125–132; ders.: Precipiano (1626–1711) et le formulaire; ders.: Les luttes, p. 394–402.

728 MGHA Korr. 759/I, f. 8: Über die Bekehrung der Jansenisten während der Zeit »seiner glorwürdigen Verwaltung der niederländischen Provinzen«.

729 H. Pirenne: Histoire, vol. 3, p. 51.

730 Für die Politik der Jahre 1700–1704 vgl.: Vault-Pelet (Hg.): Mémoires, 11 vol.; G. M. Trevelyan (Hg.): Selected Documents; A. du Casse (Hg.): Mémoires, 10 vol.; F. Heller (Hg.): Militärische Korrespondenz 2 Bde.; R. v. Diersburg (Hg.): Kriegs- und Staatsschriften, 2 Bde.; W. Coxe: Memoirs, 3 vol.; Campagne de Monsieur le Maréchal de Villars, 2 vol.; L. H. Villars: Mémoires, 5 vol. (1884–92); Mémoires de Duc de Villars, 6 vol. (1758); M. de Vogué (Hg.): Villars, 2 vol.; F. S. Maffei (Hg.): Mémoire; Die Feldzüge des Prinzen Eugen, Bd. V und VI (1878/81); ferner K. v. Landmann: Kriegführung; A. Hilsenbeck: Johann Wilhelm, S. 137–165, 272–287; G. W. Sante: Die kurpfälzische Politik, S. 19–64; M. Braubach: Johann Wilhelm, S. 83–101.

731 A. Kraus (Bayern, S. 439/440) betont: »In einem zukünftigen Krieg war es für Bayern nicht mehr möglich, neutral zu bleiben; der Kurfürst hatte jedoch auch nicht die Absicht, wieder ohne Lohn zu kämpfen wie bisher. Zahlen konnte jedoch nur der Sieger; auf der Seite des Siegers zu sein, darauf kam alles an. Nach den bisherigen Erfahrungen konnte das nur der französische König sein.« Der eigentliche Grund für die Parteinahme des Kurfürsten sei der wieder mit unverhüllter Schärfe hervorgetretene bayerisch-österreichische Dualismus.

732 Ausführlich: B. Wunder: Die bayerische »Diversion«, S. 416–478.

733 MGSTA K schw 17007–17055 Korr. von und mit Ferdinand Solar Comte Monasterol (1700–1717).

734 W. Hubatsch: Zeitalter, S. 125–129.

735 E. Hubala: Zuccalis Schloßbau, S. 161–200.

736 P. Goubert: Ludwig XIV., S. 226.
737 Vgl. WHHSTA Vorträge Karton 8–12 (1692–1705). Die Zurückhaltung, mit der bayerische Belange diskutiert und verhandelt wurden, zeigt diese Position ganz eindeutig auf.
738 PAN T 153/30, 31–33, 37, 38, 105–106.
739 Im August 1702 löste Baron MALKNECHT einen großen kostbaren Brillanten mit Subsidiengeldern aus, die ihm BERGEYCK überwiesen hatte. M. Braubach: Die Politik des Kurfürsten Max Emanuel, S. 53–92, hier S. 81.
740 Am 26. 2. 1702 schrieb Max Emanuel seinem Gesandten MONASTEROL nach Paris: »... il est constant que la couronne Impériale dans la maison d'Autriche augmente sa puissance au double ce qu'elle ne seroit sans cette couronne ... L'on en voit les effets à présent et si l'Empereur n'avoit pas le secours et l'authorité que luy donne le caractère d'Empereur, il n'auroit jamais pu disputer la succession de la monarchie d'Espagne. Tous les Princes de l'Empire et les Cercles qui luy forment des armées ne se sont rangé de son costé qu'en le considérant comme Empereur et l'on voit que c'est de cette authorité, dont il se sert pour traitter les Electeurs, Princes et Etats de l'Empire de la manière qu'il fait. La chose est venu à un point qu'a la Diète de Ratisbonne personne n'ose plus parler contre ses intérêts et ceux qui parlent autrement sont regardé comme ennemis de la patrie.« MGSTA K schw 17012, 26. 2. 1702.
741 Bezeichnend für die Stimmung am Versailler Hof ist folgende Aussage von Madame DUNOYER, die den Überdruß am Prestigedenken der Politiker zum Ausdruck brachte: »Man erwartet hier, daß sich im Frühjahr ein furchtbarer Krieg entzünden wird, und man macht schon ziemliche Vorbereitungen hierzu. Das ist wieder etwas, um das Königreich zu verderben, bevor es noch Zeit gehabt hat, sich von den Schäden des vergangenen Krieges zu erholen, und offen gesagt, ich glaube, daß wir die spanische Krone teuer bezahlen werden müssen, die der König seinem Enkel auf unsere Kosten gekauft hat. Es wird uns ziemlich viel kosten, zu verhindern, daß man sie ihm nicht entreißt. Und ehrlich: wir sind große Narren, die wir uns für die Größe anderer ruinieren, für Leute, die, weit entfernt davon, uns dafür Dank zu wissen, uns wie den säumigen Knecht im Evangelium betrachten, der nicht das tut, was er zu tun hat, aber ich schweige, aus Angst, zuviel zu sagen.« In: G. Ziegler (Hg.): Hof, S. 314/315.
742 P. Goubert: Ludwig XIV., S. 226, 227, 230, 231.
743 ebd., S. 229.
744 So die allgemeine Tendenz der französischen Politik dieser Jahre gegenüber Bayern und Köln: PAE Corr. pol. Bavière vol. 42–44 (1698–1701); Corr. pol. Cologne vol. 46–51 (1698–1701).
745 P. Goubert: Ludwig XIV., S. 230.
746 P. Gerbore: Formen, S. 215.
747 PAE Corr. pol. Bavière vol. 42, f. 22: Mémoire du Roy pour servir d'jnstruction au Sieur DE LA HAYE Ambassadeur de Sa Majesté a Venise sur les ouvertures qui luy ont esté faites d'un traité de Neutralité entre Sa Majesté et Maximilien Emanuel de Bavière, Versailles 28. 6. 1691, f. 22–29 v. Es ging darum, die Position des Kaisers im Reich zu schwächen und Bayern zu neutralisieren nach dem Vorbild FERDINAND MARIAS. In diesem Fall war LUDWIG XIV. bereit, Subsidien zu zahlen, wie sie der Vertrag von 1673 zwischen Bayern und Frankreich vorgesehen hatte. Bericht DE LA HAYES über seine Münchener Unterredungen, ebd., vol. 42, München 28. 7. 1691, f. 30, 31.
748 Instruktionen für Rébenac vom 13. und 20. 9. 1691, in: Recueil des instructions vol. 14, éd. par Comte Horric de Baucaire, p. 145–161.

⁷⁴⁹ S. v. Riezler: Geschichte, Bd. VII, S. 366, PAE Corr. pol. Bavière vol. 42, Grégy an Rébenac, Venedig 5. 1. 1692, f. 35–37 v (Kopie). Max Emanuel beteuerte, er habe nur gezwungenermaßen eine dem französischen König nicht genehme Partei genommen.

⁷⁵⁰ PAE Corr. pol. Bavière vol. 42, Relation Grégys vom 5. 1. 1692, f. 38–41.

⁷⁵¹ PAE Corr. pol. Bavière vol. 42: Mémoire des points qu'on pourroit toucher dans un ecrit pour ramener Mr. de Bavière, donné par l'Abbé Scarlati, übersandt mit einer Depesche des Kardinals Janson, 29. 3. 1692, f. 49–55 v. Darin werden sehr geschickt alle Ressentiments Max Emanuels gegenüber Habsburg und seinen Verbündeten, besonders Pfalz-Neuburg, angesprochen, ebenso die Verluste, die Bayern im Laufe seiner Geschichte durch Österreich erlitten hat. Aussagen, die übereinstimmen mit den von CASPAR VON SCHMID vertretenen Ansichten (in seiner »Historia« MHS Cgm 1822 und 1822a). Vgl. auch PAE Corr. pol. Bavière vol. 42, Max Emanuel an Scarlatti, 7. 5. 1693, ebd., f. 114–116 v.

⁷⁵² PAE Corr. pol. Bavière vol. 42 »Mémoire pour Mr. l'Electeur de Bavière«, dicté au Sieur BOMBARDA, April 1692, f. 58–78. Darin heißt es, der Kaiser habe seine Verpflichtungen bereits tausendmal gebrochen (f. 71), Max Emanuel sei also ihm gegenüber zu nichts verpflichtet. »Tous les engagemens qu'un Prince peut prendre contre l'interest de ses peuples sont criminels devant Dieu et devant les hommes et par consequent ils se detruissent d'eux mesmes« (f. 67 v–68). Der Kurfürst habe sein Land und seine Untertanen im Dienste Habsburgs dem Untergang ausgesetzt. Es sei unverantwortlich, dies weiterhin zu tun und Menschen und Geld für ein Haus zu opfern, das die Protestanten unterstütze (f. 69); der Briefwechsel Bombardas mit Versailles ebd., f. 77–86, 87–95, f. 100–113, 31. Maggio 1692–1. Maggio 1693 et passim. Diese Briefe aus München gelangten jeweils mit den Depeschen DE LA HAYES über Venedig nach Frankreich. Ab Dezember 1693 kamen die Briefe abwechselnd aus Brüssel und München; ebd., f. 130–155; eine weitere französische Denkschrift für Bombarda vom April 1694, f. 156 bis 161 v.

⁷⁵³ PAE Corr. pol. Bavière vol. 42, Zaluski an Torcy, 4. 2. 1695, f. 231–234 v.

⁷⁵⁴ z. B. »J'ay du respect et de l'amitié naturelle pour le Roy de France, car je ne scaurois que l'estimer et l'aymer, mais je mis sy envelopé, sy entouré, sy engagé dans ce party (der kaiserlichen Partei), qu'avec tout vostre esprit sy vous regardéz bien mes interests vous ne trouverez pas le chemin l'honneur et mon avantage convenable d'en sortir.« Ebd. vol. 42, f. 231 und 231 v.

⁷⁵⁵ ebd., vol. 42, f. 231 (4. 2. 1695), f. 296 (18. 4. 1695).

⁷⁵⁶ ebd., 3. 3. 1695, f. 257 v und f. 260 v. Offiziell ging es um die Frage der böhmischen Kur, um die Stellung Hannovers im Reich und um die 9. Kurwürde. Paris dagegen propagierte eine Liga katholischer Fürsten (ebd., f. 270, Brüssel 11. 3. 1695 und 21. 3. 1695, f. 280 v).

⁷⁵⁷ ZALUSKI schrieb aus Amsterdam am 18. April 1695 (ebd., f. 296–300 v) u. a.: »J'ay laissé Mr. l'Electeur de Bavière dans la meilleure disposition du monde, les mal intentionnes m'avoient un peu brouillé avec luy pour les affaires de femmes, car jl faut scavoir qe je ne crois pas qu'il puisse jamais bien vivre avec la Princesse (THERESE KUNIGUNDE). Jl y avoit beaucoup de choses a dire sur cela. Mais a la fin nous nous sommes separé tres bien ... C'est un Prince de beaucoup d'esprit et de Cœur, Mais qu'il faut garder a veue car jl est en toute de Canaille et n'a personne pour le bien conseiller.« (f. 296–296 v).

⁷⁵⁸ So lautete der Auftrag von Versailles, Ludwig XIV. an Scarlatti, Versailles 1. 6. 1695, f. 310–310 v (Entwurf); Bericht Scarlattis an Torcy, Brüssel 27. 6. 1695, f. 317–321 v und folgende.

⁷⁵⁹ Vgl. K. Th. v. Heigel: Korrespondenz, S. 169–196; C. Höfler: Abhandlungen, S. 263–398.
⁷⁶⁰ z. B. PAE Corr. pol. Allemagne vol. 329 (1693–1696), Gesandtschaftsberichte aus Regensburg, die auch auf die bayerischen Verhältnisse eingehen.
⁷⁶¹ Der bayerische Resident Baron MÖRMANN hatte deshalb einen sehr schweren Stand in Wien. MGSTA Gesandtschaft Wien, Nr. 99–118 (1693–1700).
⁷⁶² MGSTA K schw 1062–1068 (Bayern und Köln 1698–1701) und PAE Cologne vol. 46 (1698), vol. 47 (1699 Januar–Juni), 48 (1699 Juni–15. Januar 1700), 50 (1701 Januar–September), 51 (September 1701–Januar 1702).
⁷⁶³ PAE Corr. pol. Cologne vol. 46. Der französische Gesandte PHELYPEAUX umschrieb am 29. 5. 1698 die Situation am Hof zu Bonn mit diesen Worten: »Mr. l'Electeur (JOSEPH CLEMENS) me traitte avec beaucoup de politesse et de civilité et dans tous ses discours marque tousjours un grand respect pour la personne de V. M. et de l'admiration pour ses vertus, les ministres et les courtisans ont pour moy tous les egards imaginables et je ne passe point devant les corps de garde qu'on ne prenne les armes et qu'on ne batte aux champs.« (f. 52).
⁷⁶⁴ MGSTA K schw 2176.
⁷⁶⁵ PAE Corr. pol. Cologne vol. 49, Instruktion für Des Alleurs, Versailles 16. 1. 1701, f. 15–23. DES ALLEURS sollte JOSEPH CLEMENS alle Furcht vor den Kaiserlichen nehmen und ihn von der gerechten Sache des französischen und spanischen Königs überzeugen. Dies konnte nicht allzu schwer fallen, wußte man doch um die leichte Beeinflußbarkeit des Fürsten. Darüber: Phelypeaux an Ludwig XIV. am 29. 5. 1698, Cologne vol. 46, f. 51 v. Auch der Bischof ZALUSKI hatte am 26. 2. 1695 nach Versailles berichtet (PAE Corr. pol. Bavière vol. 42, f. 256): »Mr. l'Electeur de Cologne est porté pour la Neutralité je luy ay dit bien des raisons, on peut negocier avec luy, c'est un bon enfant, on le peut avoir avec des bijoux.«
⁷⁶⁶ M. Braubach: Die Politik des Kurfürsten Joseph Clemens. »Le Grand Doyen« von Lüttich MEAN (bzw. MEHAN), Bischof von Raab, war einer der schärfsten Widersacher der frankreichfreundlichen Politik des Kölner Kurfürsten (PAE Corr. pol. Cologne, Versailles 16. 1. 1701, f. 21 v).
⁷⁶⁷ MGSTA K schw 1068 (Auseinandersetzungen um Köln 1701), 1068a (Beschwerden Kölns gegen Wien 1702), 1069 (Kriegsangelegenheiten); PAE Cologne vol. 54, März 1702–Januar 1703 (Auseinandersetzungen um die Kölner Politik), bes.: Manifeste en forme de lettre pour S. A. S. E. de Cologne dont les moyens sont tire de la lettre latine qu'elle a ecrite a l'Empereur le 19ᵉ Mars 1702, f. 160 bis 198 v, eine Verteidigungsschrift. Der kaiserliche Hofrat eröffnete den Prozeß gegen JOSEPH CLEMENS und klagte ihn im März 1702 folgender Vergehen an (ebd., f. 173–173 v):
1) seinen Eid gegen Kaiser und Reich verletzt zu haben,
2) einen Vertrag mit den Feinden des Reiches geschlossen zu haben,
3) französische und spanische Truppen zum Nachteil des Reiches in die Kölner Festungen aufgenommen zu haben,
4) der Korporation der Reichsfürsten und den Reichsgesetzen zuwidergehandelt zu haben,
5) den Baron MEAN, Dechant des Domkapitels von Lüttich, rechtswidrig in ein französisches Schloß als Gefangenen gebracht zu haben,
6) sich mit Waffengewalt den kaiserlichen Mandaten widersetzt zu haben.
Gegen diese Vorwürfe verteidigte sich Joseph Clemens energisch, aber vergeblich.

⁷⁶⁸ PAE Corr. pol. Bavière vol. 42 (1689–1700), 43 (April–Dezember 1701), 44 (1701 Supplément).
⁷⁶⁹ PAE Corr. pol. Bavière vol. 44, Instruktion für Puysegur, Versailles 19. 1. 1701, f. 13–27.
⁷⁷⁰ ebd., vol. 44, f. 16 v; MGSTA K schw 6800 (Bestätigung Max Emanuels als Gouverneur der Niederlande).
⁷⁷¹ PAE Corr. pol. Bavière vol. 44, f. 22 und 22 v. Der Kommentar der französischen Minister lautete: »Cette proposition est certainement captieux, et ... les intentions de ce Prince (sont) tres suspects sur ce sujet.« (ebd., f. 22 v).
⁷⁷² ebd., vol. 44, f. 19 v, 20.
⁷⁷³ ebd., vol. 44, f. 20 v, 21.
⁷⁷⁴ In der bisherigen Literatur wurden nur diesbezügliche Vermutungen ausgesprochen, was eine Zusammenarbeit Max Emanuels mit den Franzosen in dieser Angelegenheit betraf. Die Verhandlungen ausführlich in: PAE Corr. pol. Bavière vol. 44.
⁷⁷⁵ MGSTA K schw 17008 (Korrespondenz mit Monasterol 1701).
⁷⁷⁶ PAE Corr. pol. Bavière, vol. 44, f. 24 v.
⁷⁷⁷ ebd., vol. 44, f. 24–25. Um Max Emanuel die letzten Gewissenszweifel zu nehmen, entwarf QUIROS eine Rechtfertigungsschrift.
⁷⁷⁸ ebd., vol. 44, f. 26 v.
⁷⁷⁹ ebd., vol. 44, Puysegur an Monseigneur (Torcy), Brüssel 24. und 29. 1. 1701, f. 30 v und 37 v.
⁷⁸⁰ PAE Corr. pol. Bavière vgl. 44, Puysegur an Monseigneur, Brüssel 24. 1. 1701, 31 v–32.
⁷⁸¹ ebd., vol. 44, Puysegur an Monseigneur, Brüssel 24. 1. 1701, f. 32–32 v.
⁷⁸² ebd., vol. 44, f. 33.
⁷⁸³ R. de Schryver: Bergeyck, p. 216–337.
⁷⁸⁴ PAE Corr. pol. Bavière vol. 44, Puysegur an Monseigneur, Brüssel 29. 1. 1701, f. 37.
⁷⁸⁵ ebd., vol. 44, f. 37 v. Umgerechnet waren es etwa 6 Millionen Gulden.
⁷⁸⁶ ebd., vol. 44, f. 37–38.
⁷⁸⁷ ebd., vol. 44, f. 37 v; über den Rückzug der bayerischen Truppen nach Geldern und von dort über Köln nach Bayern: K. Staudinger: Geschichte, Bd. II, 2, S. 768–769. Ein Teil der bayerischen Kavallerie war bereits in den Jahren 1696 und 1697 aus den Niederlanden abgezogen worden. MGSTA K schw 8248.
⁷⁸⁸ ebd., vol. 44, f. 38.
⁷⁸⁹ ebd., vol. 44, f. 30 v.
⁷⁹⁰ PAE Corr. pol. Bavière vol. 44, Ludwig XIV. an Puysegur, Versailles 30. 1. 1701, f. 41–45, desgl. vom 3. 2. 1701, f. 47–51.
⁷⁹¹ Die Forderungen Max Emanuels schienen dem französischen König völlig übertrieben angesichts der wenigen Truppen, die er aufzustellen gedachte. Ebd., vol. 44, f. 42 v.
⁷⁹² ebd., vol. 44, f. 43 v. Es handelt sich um 3–400 000 Livres.
⁷⁹³ ebd., vol. 44, f. 42–45.
⁷⁹⁴ PAE Corr. pol. Cologne, vol. 49, Puysegur an Monseigneur, Brüssel 12. 2. 1701: »Le Roy a tous les sujets du monde d'etre content des deux freres« (f. 79), ebd., Vertrag vom 13. 2. 1701 und die entsprechenden Korrespondenzen: Puysegur an Monseigneur, Brüssel 12. 2. 1701, f. 79–80 und Vertragsentwurf, f. 81–86 v.
⁷⁹⁵ PAE Corr. pol. Bavière vol. 44, f. 81–86 v: Projet de Traitté a faire le Roy et Mr. l'Electeur de Bavière 12. 2. 1701. Die wesentlichen Punkte einschließlich der geheimen Artikel wurden in den Vertrag vom 9. März übernommen, ebd.,

f. 155–162 (9. 3. 1701) sowie die geheimen Vereinbarungen f. 151–154. Dieser Vertrag ist gedruckt bei: G. F. v. Martens (Hg.): Recueil, Suppl. I (1802) p. CXVI und Collection de los tratados, vol. I (Madrid 1796), p. 31. Die Zusatzartikel der Nachfolgeverträge vom 17. 6. 1702 und 7. 11. 1702 sind gedruckt bei C. M. v. Aretin: Staatsverträge, S. 320–330.

796 Im bayerisch-französischen Vertrag vom 17. 6. 1702 wurden diese Bestimmungen noch einmal bekräftigt, desgleichen die Zusage für einen Ersatz beim Verlust Bayerns in Artikel 17. PAE Corr. pol. Bavière vol. 44, f. 155–162, § 17, f. 161. Die Bedeutung dieses Nachfolgevertrags vom 17. 6. 1702 liegt darin, daß die vorangegangenen Verhandlungsergebnisse noch einmal bekräftigt wurden und Max Emanuel sich verpflichtete, den seit 1701 eingeschlagenen Weg fortzuführen.

797 Diese Situation ist eindeutiger Beweis für das politische Polypol dieser Zeit. War das Gleichgewicht gestört, so fanden sich jene, die von einer Veränderung des Status quo Nachteile erwarteten, trotz aller sonstigen Differenzen im gesellschaftlichen, wirtschaftlichen, religiösen und politischen Bereich zusammen. Die Große Allianz, in Den Haag am 7. Sept. 1701 geschlossen, und ihre Folgen für die Politik in Mitteleuropa zeigen diese Kräftekonstellation sehr genau auf. Der nordische Krieg verlief völlig eigenständig, es gab keine gemeinsamen Aktionen.

798 LUDWIG XIV. sprach schon am 30. 1. 1701 von »beaucoup d'agitation« der auswärtigen Gesandten gegenüber Frankreich, Bayern und Köln. PAE Corr. pol. Bavière vol. 44, Ludwig XIV. an Puysegur, Versailles 30. 1. 1701, f. 45 v.

799 Max Emanuel machte seinerseits das Angebot, dem Kaiser 10 000 Mann zur Aufrechterhaltung des Friedens zur Verfügung zu stellen. Doch wenn der Kaiser den Krieg erkläre, müßten die Reichsfürsten die französischen Truppen zu Hilfe rufen. Max Emanuel teilte alle Anträge des Grafen SCHLICK dem französischen König mit, der dies als Vertrauensbeweis wertete. Gleichzeitig nahm Max Emanuel diese Unterredungen mit SCHLICK zum Anlaß, Druck auf die französischen Diplomaten auszuüben und sie zum Entgegenkommen besonders in der Subsidienfrage zu zwingen. PAE Corr. pol. Bavière vol. 44, Puysegur an Ludwig XIV., Brüssel 22. 2. und 22. 3. 1701, f. 112 v und 234–234 v.

800 PAE Corr. pol. Bavière vol. 44, Puysegur an Torcy, Brüssel 18. 2. 1701, f. 100 v und Anfang März (nicht datiert), f. 191 v.

801 ebd., vol. 44, Puysegur an Torcy, Brüssel 22. 3. 1701, f. 230–230 v.

802 ebd., vol. 44, Puysegur an Torcy, Brüssel Anfang März (undatiert), f. 191 v.

803 MGHA Korr. 748/1 und 2, Übersiedlung des Hofstaates nach München. Die Rückkehr der kurfürstlichen Familie fand mit großem Gepränge statt. Spanische Truppen begleiteten den Hofstaat bis an die niederländische Grenze. Große Empfänge gab es in allen größeren Städten und Residenzen. Der Kurfürst von Köln und andere rheinische Fürsten stellten eine Flotte zur Verfügung. Siehe auch: Bericht Puysegurs PAE Corr. pol. Bavière vol. 44, Brüssel 22. 3. 1701, f. 230–236.

804 S. v. Riezler: Geschichte, Bd. VII, S. 492.

805 M. Doeberl: Ursprung, S. 186–262, bes. S. 204 und MOA Fasz. Amortisation, Gutachten Pater MICHELS von 1698. MICHEL wandte sich gegen alle Bestrebungen, den kirchlichen Grundbesitz einzuschränken und den Erwerb weiteren Grundbesitzes durch die Kirche zu verhindern. Nicht die geistlichen Stände würden dem Gemeinwohl schaden, sondern die weltlichen Stände, die ihr Geld durch Luxus und »Panquetieren« verschwenden. Im Jahre 1698 sprach Pater MICHEL bereits die Befürchtung aus, wenn dieser Bewegung gegen die Klöster

und ihren Grundbesitz nicht Einhalt geboten werden könne, möchte sie weit um sich greifen.

806 In den Jahren 1683–1698 gelangten Geldbeträge in Höhe von insgesamt rund 38 Millionen Gulden aus Bayern ins Ausland. Über die bayerischen Subsidien für die Niederlande siehe MGSTA K schw 16313, 16314, 16317 (1693 bis 1698).

807 Im Jahre 1680, als Max Emanuel die Regierung übernommen hatte, begann in Deutschland die dritte große Geldkrise. Vorausgegangen waren große Verschiebungen und Stockungen im Edelmetallhandel Ende des 15. Jhdts., ferner in der Kipper- und Wipperzeit in den zwanziger Jahren des 17 Jhdts. Die jetzige Krise dauerte von 1680 bis 1750.

Max Emanuel kümmerte sich nicht gerade intensiv um das Münzwesen. Schwierigkeiten ergaben sich bei der Beschaffung der nötigen Edelmetalle für Neuprägungen. Da im Türkenkrieg die wenigen neu geprägten Goldmünzen verbraucht waren, stützte sich die bayerische Regierung fortan auf Taler, Goldgulden, Dukaten und Portugalöser (= 10fache Dukaten), die noch aus den Zeiten MAXIMILIANS I. und FERDINAND MARIAS vorhanden waren. Somit wurde Bayern zum idealen Absatzmarkt für Heckenmünzen (Fr. v. Schrötter: Heckenmünzenwesen, S. 81). Der Versuch, durch eine Münzsocietät (Januar 1691) die bestehende Kalamität zu beheben, schlug fehl, da sowohl die eingesetzten Beamten wie der Kurfürst nur an ihren Gewinn dachten und BOMBARDA keine Konkurrenz neben sich dulden wollte. (J. V. Kull: Goldmünzen, S. 120). In einem Dekret von 1691 erhielt BOMBARDA das Privileg, an der kurfürstlichen Münzstätte 50 000 Mark Silber zu Halbgulden auszuprägen. Er nützte dieses Privileg weidlich aus.

808 Über die Tätigkeit des Hofrates z. Zt. Max Emanuels: MHSTA Hofratsprotokolle Nr. 1750–1949 (1679–1726), ferner der Hofkammer: Hofkammerprotokolle Nr. 383–608 (1679–1726); ferner MHSTA K schw 8230, 8231.

809 Die Gravamina der bayerischen Stände von März 1701 bei S. v. Riezler: Geschichte, Bd. VII, S. 492–493.

810 ebd., S. 493.

811 MHS Cgm 5217 (Rentmeisterinstruktion), § 42: »Verbottene Aigennuzigkeiten bey Schmalz eindienung: Wan die Underthanen das schmalz eindienen, soll Anfangs das Schmalz und Geschir zugleich, volgents das Geschir allein gewogen und von dem schmalz abgezogen, hernach den Underthannen und nit den Ambtleuthen zum Ausscharen zugestölt werden, es ist auch einicher Vortheil sowohl in Mannier des Abweegens als dem Gwicht selber nit zugestatten, und wofern etwas weniges an dem gewicht abgehet, ist nit gleich ein ganzes pfundt dafür: sondern was abgangen zuforderrn.«

812 S. v. Riezler: Geschichte, Bd. VII, S. 494.

813 MGHA Korr. 752/1–12 (Briefe Max Emanuels an seine Gemahlin von 1694–1704).

814 K. Staudinger: Geschichte, Bd. II, 2, S. 763–795, 846–872.

815 S. v. Riezler: Geschichte, Bd. VII, S. 498.

816 MHSTA Hohenaschauer Archiv, Nr. 1679 (Rosenheimer Landfahnen, Kriegs- und Musterungsangelegenheiten, 1702).

817 Der Hofkriegsrat und Oberkriegskommissar Freiherr VON GEMMEL stellte im Jahre 1704 fest, daß der Sold bereits seit 4–5 Monaten nicht mehr ausbezahlt worden war. S. v. Riezler: Geschichte, Bd. VII, S. 499; K. Staudinger: Geschichte, Bd. II, 2, S. 846–852.

818 PAE Corr. pol. Bavière vol. 45–47 passim. Kritik und Berichte des französischen Gesandten RICOUS von 1701–1704.

819 S. v. Riezler: Geschichte, Bd. VII, S. 501. Die Tatsache, daß selbst Schergen zum Kriegsdienst verpflichtet wurden, zeigt, wie groß Max Emanuels Notlage bereits zu Beginn des Jahres 1703 war. Er wußte offenbar keinen anderen Ausweg mehr, als die letzten Reserven zu mobilisieren. Von einer Überlegenheit bayerischer Kriegführung von 1702–1704, wie sie K. v. Landmann (Die Kriegführung) feststellen zu können glaubte, kann keine Rede sein.
820 Vgl. die Instruktion vom 20. April 1702: K. Staudinger: Geschichte, Bd. II, 2, Anhang, S. 9.
821 Vgl. Verzeichnis der bayerischen Generale und Obristen von Max Emanuel bei K. Staudinger: Geschichte, Bd. II, 2, Anhang, S. 40–44.
822 Namentlich bei: K. Staudinger: Geschichte, Bd. II, 2, S. 783–785.
823 J. M. de la Colonie: Mémoires, vol. 1, p. 221. COLONIE berichtet sehr ausführlich, wenn auch zuweilen sehr einseitig, über die Vorgänge der Jahre 1702 bis 1704.
824 K. Staudinger: Geschichte, Bd. II, 2, Anhang, S. 40.
825 MGStA K schw 16816 (Korrespondenz über Kriegsangelegenheiten 1703).
826 S. v. Riezler: Geschichte, Bd. VII, S. 505.
827 MGStA K schw 17009–17011 (1702/4).
828 Der gesamte bayer. »Staatshaushalt« belief sich auf ca. 4 Mill. fl.
829 M. Braubach: Prinz Eugen, 5 Bde., bes. Bd. 5, S. 343–354; E. Ritter: Politik.
830 W. S. Churchill: Marlborough, 2 Bde. (dt. 1968); F. Taylor: The Wars, 2 vol.
831 R. v. Diersburg (Hg.): Kriegs- und Staatsschriften, 2 Bde.
832 Umgekehrt schickte Max Emanuel im Jahre 1702 noch Kriegsmaterial, insbesondere größere Mengen Pulver, nach Tirol und Italien zur kaiserlichen Armee, um Devisen zu bekommen. WKA Hofkriegsrat Nr. 414, f. 246, f. 383.
833 Würdinger: Bestrebungen, S. 355–356.
834 R. de Schryver: Bergeyck, p. 230–246. BERGEYCKS Aufgabe in diesen Jahren war es, einen Teil der spanischen und französischen Subsidien für Max Emanuel flüssig zu machen und nach Bayern zu überweisen.
835 Seine umfangreiche politische Korrespondenz mit Max Emanuel: MGStA K schw 17007–17055 (1700–1717).
836 VILLARS, der seinen Gesandtschaftsposten in Wien im Jahre 1701 aufgab, da die Differenzen zwischen Bourbon und Habsburg unüberwindlich erschienen, machte bei seiner Rückreise in München Station. Dort feierte Max Emanuel mit ihm drei Tage lang in Saus und Braus trotz der angespannten internationalen Lage, nur kurz unterbrochen von der Diskussion militärischer Pläne. Max Emanuel erklärte VILLARS, der seine schmähliche Entlassung im Jahre 1689 zwar nicht vergessen hatte, jedoch darüber schwieg, er träume täglich von einem Waffengang an der Seite Frankreichs. Das Manuskript seiner Feldzugsprojekte sei zwei Finger dick. M. de Vogüé: Villars, vol. I, p. 135.
837 P. C. Hartmann: Finanz- und Subsidienpolitik.
838 WKA Hofkriegsrat Nr. 418–419 und 423–425.
839 PAE Corr, pol. Bavière vol. 46–48 (1702–1704) passim über die Schwierigkeiten, die Korrespondenz zwischen Bayern und Frankreich aufrechtzuerhalten. Es kam zu wochenlangen Verspätungen. Jeder Brief wurde vervielfältigt und oft auf sechs und mehr verschiedenen Wegen nach Frankreich gesandt.
840 P. Goubert: Ludwig XIV., S. 218–222.
841 PAE Corr. pol. Cologne, vol. 46, Bericht des Gesandten Phelypeaux an Ludwig XIV., Bonn, 10. August 1698, f. 119–119v.
842 PAN T 153/32, November 1700, f. 2 C bis 3 C. An dieser Haltung Max

Emanuels änderte sich nie etwas. Nachdem BOMBARDA in Ungnade gefallen war, erhielt Graf MONASTEROL sämtliche Blankovollmachten. Auch er machte damit äußerst diffizile und delikate Finanzmanipulationen. (T 153/32, f. 8 C bis 9 C). Im Jahr 1717 wurde er wegen seiner undurchsichtigen privaten Geldgeschäfte zur Rechenschaft gezogen. Graf D'ALBERT erhielt wiederum Vollmachten und Blankoschecks, um als neuer Vertrauter des Kurfürsten das zerrüttete Finanzwesen neu zu ordnen. Wichtigste Aufgabe D'ALBERTS war, alle geheimen Schriftstücke, die der Kurfürst sowohl BOMBARDA wie MONASTEROL anvertraut hatte, zurückzubekommen. Wieder einmal war ein Eklat zu befürchten. Es ist nicht nachzuweisen, daß Max Emanuel aus vorangegangenen Fehlern jemals Konsequenzen gezogen hätte.

[843] MGSTA Gesandtschaft Wien Nr. 99–110, 114–121 (Korrespondenz MÖRMANNS 1693 bis zu seiner Abberufung im Jahr 1702) und Nr. 122–126, 128, 134 bis 137, 145–155, 160 nach Wiederaufnahme seiner Tätigkeit 1716–1726.

[844] MGSTA K schw 5255 (1699/1703). CAVALCHINO wurde nach dem Bündniswechsel Savoyens im Jahr 1703 abberufen.

[845] Nach der Besetzung Bayerns durch die Kaiserlichen wurde CAVALCHINO Erzieher der bayerischen Prinzen. Der französische Gesandte in Brüssel Président ROUILLE schrieb daraufhin an LUDWIG XIV., CAVALCHINO habe die Interessen seines Meisters verraten (PAE Corr. pol. Bavière vol. 54, Brüssel 19. 11. 1705, f. 79 v–80).

[846] PAE Corr. pol. Bavière vol. 52, Rouille an Ludwig XIV., Brüssel 9. 3. 1705, f. 114 v.

[847] JOHANN BAPTIST VON SCARLATTI trat die Nachfolge seines Bruders POMPEO Abbate SCARLATTI an. Er erhielt eine Besoldung von 1000 fl. jährlich zugestanden, welche jedoch in der Zeit von Januar 1690 bis Juni 1697 überhaupt nicht ausbezahlt wurde. Von Juli 1697 bis Februar 1701 bekam er 2000 fl., für deren Umwechslung BOMBARDA eine Gebühr von 360 fl. abzog (T 153/40–41, Nr. 2100, f. 5, 10). Korrespondenzen in: MGSTA K schw 7464 (1676–1680), 7468–7486 (1688 bis 1711), 7490–7501 (1712–1723).

[848] Über die bayerische Gesandtschaft in Regensburg: MGSTA K schw 4179 (Gesandtschaftspersonal am Reichstag 1663–1783); 4543–4613 (Reichstagsakten von 1679–1700), 4657–4658 (1701), 4660–4664 (1701–1703), 4667–4668 (1704), ferner W. Fürnrohr: Reichstag, S. 165–255; ders.: Gesandte; R. Reiser: Stadtleben.

[849] Über Baron Zündt: W. Fürnrohr: Gesandte, S. 69–73.

[850] JOHANN BAPTIST LANCIER war vorübergehend bayerischer Gesandter in Madrid, MGSTA K schw 4171 (1691, 1696), Baron BAUMGARTEN ebenso (PAN T 153/42) in Spanien, England und Holland (MGSTA K schw 6737). Nach ihm kam Baron BERTIER nach Madrid und nach dessen Tod folgte ihm im Juni 1703 Baron SIMEONI nach (PAE Corr. pol. Bavière vol. 47, Max Emanuel an Ludwig XIV., München 9. 6. 1703, f. 331).

[851] PAE Corr. pol. Bavière vol. 44, Puysegur an Torcy, Brüssel 11. 2. 1701, f. 72–75, hier f. 72 v.

[852] Frankreich versprach, alles zu tun, um die Expansionsabsichten Max Emanuels zu unterstützen, ganz gleich wohin seine Pläne zielten. Die Bestrebungen Max Emanuels, ein Großbayern zu erobern, wurden bisher in der Regel überschätzt. Ihm ging es nicht um Bayern, sondern um eine neue souveräne Herrschaft außerhalb Bayerns. Bayern war ihm nur Mittel zum Zweck. LUDWIG XIV. dagegen beabsichtigte, den Kurfürsten in Bayern agieren zu lassen: Instruktion für den französischen Residenten RICOUS, in: Recueil des instructions, vol. VII.

Bavière, p. 102–106; vgl. PAE Corr. pol. Bavière vol. 45, LUDWIG XIV. an ROUILLE, Versailles 8. Mai 1702, f. 355: »L'armée de l'Empereur est foible en Italie, ses troupes en Allemagne passent le Rhin, l'Electeur de Bavière ne peut desirer une conjuncture plus favorable pour agir ou dans l'Autriche ou dans le Tirol, ou pour s'emparer du Duché de Neubourg ou des villes impériales le plus a sa biensuance.«

853 Im Mai 1702 stimmte LUDWIG XIV. neuerdings diesem Verlangen des Kurfürsten zu. PAE Corr. pol. Bavière vol. 45, Ludwig XIV. an Rouille, Versailles 8. 5. 1702, f. 350–355 v.

854 Über Frankreich in den Jahren 1697–1701: P. Goubert: Ludwig XIV., S. 214–230.

855 Auf diese Tatsache wies Max Emanuel stets in seinen Verhandlungen mit den französischen Diplomaten und Militärs hin. Die Lageberichte der französischen Militärs in den folgenden Jahren klangen entsprechend nüchtern, teilweise hoffnungslos. Wie sollte man den gestellten Aufgaben gerecht werden?. z. B. PAHG, Château de Vincennes A¹ Nr. 1746, Memoire sur les affaires de Baviere, 51/1: »Les Etats de l'Electeur de Bavière sont d'une fort grande estendue et sans aucune place forte, de maniere que s'ils estoient ataquer par une grande puissance, jl ne seroit pas possible de les conserver avec une seule armé, et la famille de l'Electeur n'ayant pas un lieu seur a se retirer.«

856 Die französische Schatzkammer wies diese Subsidien an. Als Garantie wurden Einkünfte aus den Niederlanden zugesagt. PAE Corr. pol. Bavière vol. 44, Separatartikel vom 18. März 1701, f. 209 v, 210 sowie vom 17. 6. 1702, f. 210, 210 v. 120 000 Livres erhielt Max Emanuel sofort, weitere 20 000 wurden angewiesen. Da Frankreich sich auch für die spanischen Subsidien verbürgte (monatlich 91 000 Livres), mußte Paris insgesamt monatlich 231 000 Livres nach Bayern überweisen. Als Gegenleistung hatte sich Max Emanuel verpflichtet, die französische und spanische Politik zu unterstützen, einer Reichskriegserklärung gegen Frankreich und Spanien niemals zuzustimmen und sich im Kriegsfall an Frankreich anzuschließen. Bavière vol. 44, Separatartikel vom 14. 3. 1701, f. 212–229 v in mehrfacher Ausfertigung.

857 M. Braubach: Politik des Kurfürsten Max Emanuel, S. 78: Am 21. April 1701 überließ Max Emanuel 10 000 Taler aus den französischen Subsidien der Gräfin ARCO.

858 E. Hubala: Zuccalis Schloßbau, S. 161–200.

859 G. A. Süß: Geschichte; R. Gebauer: Außenpolitik; Ch. Hutt: Löwenstein, sowie B. Wunder: »Diversion«, S. 416–478.

860 PAE Corr. pol. Bavière vol. 45, Bericht des Gesandten Ricous an Torcy, München 10. 1. 1702, f. 34 v.

861 Ausgenommen waren Truppendurchmärsche gemäß der Reichsverfassung, nämlich bis zu 3000 Mann gleichzeitig.

862 Die ausführlichen Berichte von RICOUS gehen sehr detailliert auf die Stimmung in München und besonders auf den Charakter des Kurfürsten ein. PAE Corr. pol. Bavière vol. 45–49 (1702–1704).

863 ebd., vol. 45, Ricous an Torcy, München 10. 1. 1702, f. 38 bis; K. Wild: Lothar Franz; T. v. Borodajkewycz: Kaiser, S. 117–150; O. Meyer: Lothar Franz.

864 PAE Corr. pol. Bavière vol. 45, Ricous an Torcy, München 10. 1. 1702, f. 38–39.

865 PAE Corr. pol. Bavière vol. 45, Rouille an Ludwig XIV., München 12. 3. 1702, f. 162–174 v, besonders f. 164.

⁸⁶⁶ ebd., vol. 45, Ludwig XIV. an Rouille, Versailles 9. 3. 1702, f. 131–134.
⁸⁶⁷ ebd., vol. 45, Ludwig XIV. an Ricous, Marly 25. 1. 1702, f. 49–53: Billigung der Vorschläge RICOUS, die Kreise zu bedrohen und gegebenenfalls anzugreifen, besonders f. 49 v. Dies bedeutete zugleich das Eingeständnis, daß die Kreispolitik und die Neutralisierung von Franken und Schwaben mißlungen waren. Infolgedessen war es nicht mehr möglich, einen politischen und militärischen Keil zwischen Kaiser und Reichsstände zu treiben und einen Freiraum für die bayerischen Expansionswünsche zu schaffen. Max Emanuel hatte die erste, eine diplomatische Schlacht verloren.

⁸⁶⁸ ebd., vol. 45, Ricous an Ludwig XIV., München 28. 1. 1702, f. 72–73.

⁸⁶⁹ Da sich Sachsen–Polen gegen Schweden absichern mußte, rückte eine Verbindung zwischen Frankreich, Bayern und Sachsen–Polen in weite Ferne; ebd., vol. 45, Ludwig XIV. an Ricous, Versailles 15. 2. 1702, f. 94–98 v.

⁸⁷⁰ R. Fåhraeus: Karl XII. – Der große Nordische Krieg (1700–1721) begann als Koalitionskrieg durch den vergeblichen Angriff AUGUSTS DES STARKEN auf die schwedische Festung Riga, den dänisch-schwedischen Kampf um Holstein und durch den Angriff des Zaren PETER I. auf Narwa. Im Vertrag von Travendal (18. 8. 1700) zwang KARL XII. GUSTAV Dänemark zum Frieden, schlug die Russen bei Narwa und machte sich zum Herrn von Polen. Im Frieden von Altranstädt (24. 9. 1706) mußte AUGUST DER STARKE von Sachsen-Polen zugunsten des Gegenkönigs STANISLAUS LESZCZYŃSKI auf die polnische Krone verzichten. Max Emanuel erkannte STANISLAUS auf Drängen LUDWIGS XIV. als neuen polnischen König an. In der Entscheidungsschlacht von Poltawa (8. 7. 1709) erlag das Heer des verwundeten KARL XII. den in der Zwischenzeit modernisierten Truppenverbänden des Zaren. Das russische Heer eroberte 1710 Riga und Reval. Die Stände Livlands und Estlands schlossen mit dem Zaren Unterwerfungsverträge. Die Türkei, die KARL XII. vorübergehend Asyl gewährte, griff in den Krieg ein, doch erkaufte der 1711 am Pruth eingeschlossene Zar PETER I. durch Verzicht auf Asow den Frieden. 1713/14 besetzten die Russen Finnland. Nach Beendigung des spanischen Erbfolgekrieges (1713/14) traten Preußen und Hannover der Koalition bei und verdrängten im Bunde mit den Dänen die schwedische Macht vom Festland. KARL XII., aus der Türkei auf abenteuerlichen Wegen wieder in seine Heimat zurückgekehrt, fiel am 30. November 1718 bei der Belagerung von Frederikshald in Süd-Norwegen. Schweden mußte 1719/20 in Friedensschlüssen mit Hannover auf Bremen und Verden, mit Preußen auf Stettin und Vorpommern bis zur Peene, mit Dänemark auf Holstein, im Frieden von Nystad (10. 9. 1721) mit dem Zaren auf Livland und Estland, Ingermanland und Karelien mit Wiborg verzichten. O. Haintz: Karl XII., 3 Bde.; R. Wittram: Peter I., 2 Bde.

⁸⁷¹ PAE Corr. pol. Bavière vol. 45, Ricous an Ludwig XIV., München 12. 3. 1702, f. 164–174 v.: »Je l'ay flatté de gloire d'agrandissement durable et auquil il pourroit donner tel nom qui luy conviendroit. Jl (Max Emanuel) m'a fait repeter ces mots, le que i' ay fait et il en a esté touché. J'ay ajouté que ce n'etoient point la des chimeres ny des chateaux en Espagne.« (f. 165). Der Kaiser übe eine Tyrannei gegen souveräne Fürsten aus, meinte RICOUS, er bedrohe sie öffentlich. Dem müsse Einhalt geboten werden (f. 167).

⁸⁷² ebd., f. 167–169. Paris war gleichzeitig äußerst ungehalten, daß Max Emanuel den kaiserlichen Truppen immer noch Durchmarsch gewährte sowohl nach Italien wie an den Rhein (ebd. Ludwig XIV. an Ricous, Versailles 15. 1. 1702, f. 98 v); vgl. Die Anträge der Wiener Minister auf freien Durchmarsch (WKA Hofkriegsrat Nr. 414–415). Wie unschlüssig die bayerische Regierung war, zeigt, daß sie einmal den Durchmarsch erlaubte (Nr. 414, f. 377), einmal

verweigerte (f. 469). Der bayerische Resident in Wien Baron MÖRMANN verhandelte nunmehr mit MAX LUDWIG Graf BREUNER über einen Assoziationsvertrag zwischen München und Wien zugunsten der kaiserlichen Truppen (f. 384 v). Im Juni 1702 gelangten beide Seiten sogar zu einem Vergleich (441 v), eine Alibihandlung Max Emanuels, ein vergeblicher Versuch, die Kaiserlichen über seine wahren Absichten hinwegzutäuschen oder zumindest seine abwartende Haltung zu dokumentieren. Schließlich gelang es RICOUS, sich bei Max Emanuel durchzusetzen, worauf die Truppendurchmärsche verboten wurden.

873 PAE Corr. pol. Bavière vol. 55, Ricous an Ludwig XIV., München den 27. 4. 1702, f. 310–331, hier f. 311–313.

874 Zuletzt beeinflußte RICOUS den Kurfürsten so stark, daß diesem nichts anderes mehr übrigblieb, als die Flucht nach vorne anzutreten und sich »in die Arme des französischen Königs« zu werfen, ein Meisterstück psychologischer Menschenführung Ricous' gegenüber einem völlig unschlüssigen und zaudernden Fürsten, der zwischen den Forderungen seines Ehrgeizes und der Angst vor den möglichen und voraussehbaren Folgen hin und her schwankte. PAE Corr. pol. Bavière vol. 45, Ricous an Ludwig XIV., München 1. 4. 1702, f. 238–251, besonders f. 246 v.

875 ebd. vol. 45, Ricous an Ludwig XIV., München 27. 4. 1702, f. 310–331, hier f. 326 v.

876 ebd., vol. 45, Ricous an Ludwig XIV., München 1. 5. 1702, f. 339–349 v, besonders f. 341, 344.

877 ebd., vol. 45, Ludwig XIV. an Ricous, Versailles 8. 5. 1702, f. 350–354.

878 M. Strich: Kurhaus, Bd. 2, S. 599.

879 WHHSTA Gesandtschaftsarchiv: Stadion, Nachlaß Bd. 2 (1702 und 1704), PAE Corr. pol. Bavière vol. 45, Ricous an Ludwig XIV., München 22. 5. 1705, f. 430–447, hier f. 434 v.

880 Auch der Graf SCHULENBURG, der einst im Dienst des Savoyers gewesen war, bemühte sich in München vergeblich, Max Emanuel für die Sache des Kaisers zu gewinnen. PAE Corr. pol. Bavière vol. 45, Ricous an Ludwig XIV., München 27. April 1705, f. 328–329. Über Johann Philipp: F. Niedermayer.

881 WKA Hofkriegsrat Nr. 414, f. 305. Offiziell standen nur Gespräche über den Durchmarsch kaiserlicher und Reichstruppen durch bayerisches Territorium auf dem Programm. Doch wurde diese Frage zu einem Problem unter anderen. Vgl. MGSTA K schw 8535 und 9694 (Verhandlungen Schlicks in München 1701 und 1702).

882 PAE Corr. pol. Bavière vol. 45, Ludwig XIV. an Rouille, Marly 4. 7. 1702, f. 540–543.

883 M. Braubach: Politik des Kurfürsten Max Emanuel, S. 74–81. Max Emanuel äußerte sich gegenüber RICOUS über die Sendung des Grafen SCHLICK (PAE Corr. pol. Bavière vol. 45, f. 511–516 v) sehr vorsichtig und zurückhaltend.

884 MGSTA K schw 17009 (Mai–August 1702).

885 M. Braubach: Politik des Kurfürsten Max Emanuel, S. 77, 81.

886 Bereits im Juni erklärte LUDWIG XIV., daß sich sein Enkel, der Herzog von Burgund, dieses Titels nicht bedienen werde. PAE Corr. pol. Bavière vol. 45, Ludwig XIV. an Ricous, Versailles 5. 6. 1702, f. 463–469; am 17. Juli 1702 versprach er, das Patent zurückzuschicken, vol. 46, Ludwig XIV. an Ricous, Versailles 17. 7. 1702, f. 60–70. Um die Spanier und Niederländer nicht in Konflikte zu stürzen, die ihre Loyalität in Frage stellen würden, traten die französischen Diplomaten allen Gerüchten energisch entgegen, daß die spanischen Niederlande an Max Emanuel übergeben werden sollten. PAE Bavière vol. 46, Rouille an

Ludwig XIV., Anfang August 1702, f. 126: »... mais qu'on en pouvoit aussy penser autrement, autant plus qu'en Espagne tout le monde contoit les Pays bas deja separer de la Monarchie...«, desgleichen in: PAE Mémoires et Documents, Fonds divers, Espagne, vol. 114 (1703) passim.

887 M. Braubach: Politik des Kurfürsten Max Emanuel, S. 87; S. v. Riezler: Geschichte, Bd. VII, S. 534–536.

888 Am 20. August 1702 teilte LUDWIG XIV. RICOUS mit, daß die Ratifikation erfolgt sei, PAE Corr. pol. Bavière vol. 46, f. 206–210. Marschpläne, französische Truppen nach Bayern zu bringen, lagen bereits ausgearbeitet vor, nämlich die Routen über Landsberg, Stockach, zwischen Donau und Bodensee und die Route über Memmingen, ebd., f. 36–44 v. Die Kaiserlichen hatten ihrerseits Max Emanuel zu erkennen gegeben, sie würden sich als Meister im Land Bayern erweisen, sobald der Kurfürst aus dem Land verjagt wäre. PAE Corr. pol. Bavière vol. 45, Ricous an Ludwig XIV., München 22. Mai 1702, f. 440 v. Graf BERGEYCK wurde angewiesen, 200 000 fl. flüssig zu machen und nach Bayern zu überweisen, damit Max Emanuel die Zahl seiner Truppen vermehren könnte. PAE Corr. pol. Bavière vol. 46, Ludwig XIV. an Ricous, Versailles 17. 7. 1702, f. 63 v.

889 Bereits z. Zt. FERDINAND MARIAS war die Festung Braunau ausgebaut worden als Bollwerk gegen Österreich. WHHSTA Staatskanzlei Bavarica Fasz. 22, kaiserliche Administration in München 1706, »Anzaig (vom 20. 1. 1706), was auf den Vösstungspau zu Braunau ergangen«, nämlich 408 545 fl. allein in den Jahren 1672–1681. Hinzu kam ein Vorschuß des Hofkriegszahlamts von 6000 fl. Die Zinsen für die von den Bürgern abgetretenen Grundstücke betrugen 5645 fl.

890 P. Goubert: Ludwig XIV., S. 238–240; ders.: Recent Theories and Research in French Population between 1500 and 1700, in: D. V. Glass and D. E. C. Eversley: Population, p. 459; J. Dupaquier: Sur la population, p. 43–80.

891 A. F. Büsching: Erdbeschreibung, vol. VI, S. 17; L. Westenrieder: Erdbeschreibung, S. 127; D. V. Glass: Population and Population Movements in England and Wales, 1700 to 1850, in: D. V. Glass und D. E. C. Eversley: Population, p. 240; K. Kretschmer: Geographie, S. 613–615.

892 P. Goubert: Ludwig XIV., S. 239.

893 Das war die wirkliche Situation in Bayern. Es fehlte jede Überlegenheit, wie sie noch K. v. Landmann (Die Kriegführung) feststellen wollte. Auch die Behauptung, Max Emanuels Technik der offensiven Kriegführung sei zukunftsweisend gewesen (ebd., S. 84), ist nicht zu verifizieren.

894 K. Staudinger: Geschichte, Bd. II, 2, S. 874–883.

895 PAE Corr. pol. Bavière vol. 46, Villars an Max Emanuel, 1. 11. 1702, f. 335 v–336; PBN, Département des manuscrits, Fonds fr. nouv. acqu. vol. 493, 495, 496 (Korrespondenz Max Emanuels mit den französischen Marschällen, u. a. mit Villars 1702–1703).

896 PAE Corr. pol. Bavière vol. 46: Villars an Max Emanuel, 1. 11. 1702 (Kopie), f. 333–341. Darin kritisiert der Marschall das Verhalten des Kurfürsten sehr heftig.

897 M. Braubach: Politik des Kurfürsten Max Emanuel, S. 91. Diese Worte Braubachs über die Verhandlungen von 1702 gelten auch für die Folgezeit. RICOUS spricht immer wieder von »l'jnquietude de ce prince«, z. B. PAE Corr. pol. Bavière vol. 46, 16. 10. 1702, f. 306.

898 PAE Corr. pol. Bavière vol. 46, Ludwig XIV. an Ricous, Versailles 2. 11. 1702, f. 307–308 v; Vogüé: Villars, vol. 2, p. 225–237: »Negociations secrètes de l'Electeur Max Emanuel avec l'Empereur Léopold par l'intermédiaire du cardinal Lamberg.«

899 C. M. v. Aretin: Verzeichnis, S. 328, 329.
900 Die Gravamina der Landschaft vom 19. 10. 1702 sind gedruckt: Theatrum Europaeum vol. VI, p. 718, die Antwort des Kurfürsten vom 30. 10. 1702, ebd., p. 719, die zweite Vorstellung der Landschaftsverordneten vom 22. 11. 1702, ebd. p. 729; ferner MGHA 1712 H Nr. 2. Die Zahlungsfähigkeit der bayerischen Regierung ging in den Jahren nach Beginn des spanischen Erbfolgekrieges laufend zurück. In den Feldzügen 1702–1704 blieb allein der Verwalter des Futtermeisteramtes 36 621 fl. an Fuhrlohn, Kost und Botengeld schuldig, obwohl er bereits vom Hofzahlamt 73 427 fl. erhalten hatte. Die Salz-, Bräu- und Rentamtsgefälle wurden überall zur Bezahlung der Militärausgaben verwendet. Der Salzabsatz stockte sowohl auf der Donaustrecke wie auf dem Landweg über Friedberg und Regensburg in Richtung Schwaben und in die Schweiz. Dadurch wurde das Hofzahlamt praktisch zahlungsunfähig (ebd., f. 8 und 11–14). Im März 1704 waren Rückstände zu begleichen, darunter allein 16 000 fl. für Handelsleute und für Handwerker, 41 924 fl. für den Futtermeister, 15 700 fl. für das Hofküchenamt, 4219 fl. für den Hofpfister, 2036 fl. für das Bauamt, 3760 fl. für das Falkenmeisteramt und 5250 fl. für die Schwaige Schleißheim.

Die Auszahlung der Besoldungen kam völlig zum Erliegen. Für das Jahr 1703 erfolgte keinerlei Zahlung, auch die Kosten für Livreen in Höhe von 209 529 fl. blieb man schuldig. Die Stiftungen in Höhe von 20 000 fl. und die Zinsen im Gesamtbetrag von 192 442 fl. wurden nicht bezahlt. Zwar erwartete man für das Jahr 1704 die erste Quartalszahlung der Landschaftskasse in Höhe von 50 000 fl.; davon aber waren für den Unterhalt der Kurfürstin 21 000 fl. vorgesehen, 25 000 fl. für die Pension des Herzogs MAX PHILIPP und 4375 fl. für die Gräfin von Wartenberg. Wein mußte für die Hofküche herbeigeschafft werden. Diese und andere Ausgaben schienen vordringlich. Die Hofbedienten hatten also wenig Aussicht auf Auszahlung ihrer Gehälter. Den Kavalieren und Regierungsräten schuldete man ebenfalls das Gehalt seit einem bzw. eineinhalb Jahren. Nur die Unvermögenden und gering Besoldeten konnten schließlich mit einer Vergütung für ein halbes Jahr rechnen.

901 Gerade die Versorgung war entscheidend, da eine dauernde Verbindung mit Frankreich nicht möglich war und von dieser Seite also kein Nachschub erwartet werden konnte. CLAUSEWITZ äußerte sich über ein Jahrhundert später über das Problem der Operationsbasis: »Wenn ein Heer zu einer Unternehmung vorschreitet, sei es, um den Feind anzugreifen oder sich an den Grenzen aufzustellen, so bleibt es von den Quellen seiner Verpflegung und Ergänzung in einer notwendigen Abhängigkeit und muß die Verbindung mit ihnen unterhalten, denn sie sind die Bedingungen seines Daseins und Bestehens. Diese Abhängigkeit wächst intensiv und extensiv mit der Größe des Heeres.« J. Krumpelt (Hg.): Meister, S. 63–64. Max Emanuel dagegen fehlte es an den notwendigen Vorräten; der Nachschub war beschränkt.

902 WKA Hofkriegsrat Nr. 418, f. 165, 363, 609, 613, 619, 701, 1078, 1098. Unter den aufgefangenen Briefen befanden sich auch Schreiben des Kabinettssekretärs REICHARD, desgleichen Nr. 420 (1703) passim. RICOUS fertigte mehrfache Kopien seiner Briefe an und schickte sie auf verschiedenen Wegen nach Paris in der Hoffnung, daß wenigstens ein Schreiben ankommen würde, PAE Corr. pol. Bavière vol. 46–51 passim (1702–1704); z. B. vol. 46, Ricous an Ludwig XIV., 16. 10. 1702, f. 299.

903 PAE Corr. pol. Bavière vol. 46, Ricous an Ludwig XIV., 16. 10. 1702, Camp de Baffenhausen, f. 299–306 v; Villars an Max Emanuel, 1. 11. 1702, f. 333 bis 341; Max Emanuel an Villars, Ehingen, 8. 11. 1702, f. 346–355, Kopie;

Chamillart an Villars, Versailles 26. 10. 1702, f. 419-420 v; Paris war verärgert über die Untätigkeit Max Emanuels. LUDWIG XIV. kritisierte in einem Brief an VENDÔME den Kurfürsten, Versailles 11. 12. 1702, f. 384-385.
904 PAE Corr. pol. Bavière vol. 46, Projet pour la Jonction, f. 255-257 und Instruction pour le Sieur de Mercy, f. 258-261.
905 ebd., vol. 45, Rouille an Ludwig XIV., München 22. 5. 1702, f. 445-447 und vol. 46, Rouille an Ludwig XIV., Juli 1702, f. 131-132; Ludwig XIV. an Rouille, Versailles 31. 1. 1702, f. 114-118 v: »Jl est jnutile de le (Max Emanuel) presser davantage de songer a des magazins pour la subsistance de mes Trouppes, si elles passoient le Rhin. L'jncertitude est trop grande encore pour prendre de justes mesures sur ce sujet. Je songeraj a d'autres mojens d'y pourvoir. On voit cependant en toutes occasions les prejudices que l'jndiscretion de l'Electeur de Bavière apporte au bien des affaires.« (f. 116 v).
906 PAE Corr. pol. Bavière vol. 45, Rouille an Ludwig XIV., Juni 1702, f. 512 v-513 v.
907 So die französische Position, die Max Emanuel übernahm: PAE Corr. pol. Bavière vol. 45, Ludwig XIV. an Rouille, Marly, 4. 7. 1702, f. 540-543, besonders f. 541.
908 Berüchtigt war der französische Kommandant Marquis DE BLAINVILLE. Er verlangte derart hohe Kontributionen, daß die Ulmer Bürger 1703/04 ihr ganzes Gold und Silber dem Magistrat übereignen mußten, um den Forderungen nachkommen zu können. Der Reichsstadt Augsburg erging es im Jahre 1704 nicht anders. Hier wetteiferten französische und bayerische Offiziere mit- und gegeneinander, möglichst hohe Gewinne in die eigenen Taschen zu stecken.
909 PAE Corr. pol. Bavière vol. 46, f. 405-405 v (Dezember 1702).
910 ebd., vol. 46, Ricous an Ludwig XIV., 16. 10. 1702, f. 299-306 v.
911 WKA Hofkriegsrat Nr. 414, f. 36 v, 38 v, Nr. 418, f. 227, 229.
912 WKA Hofkriegsrat Nr. 418 (1703), f. 124, 144, 155, 158, 237, 392, 403.
913 PAE Corr. pol. Bavière vol. 46, Ricous an Rouille, 19. 10. 1702, f. 310 v; desgleichen vol. 48, Rouille an Torcy, München 11. 6. 1703, f. 270. Als es schließlich BERGEYCK gelang, einen Wechselbrief in Höhe von 52 000 Ecus nach München zu bringen, nützte dies nichts, denn der Bankier GUGLER hatte eine so große Summe nicht flüssig und konnte sie daher nicht auszahlen.
914 Um einen einzigen Kurier halbwegs sicher an die Schweizer Grenze zu geleiten, war eine Eskorte von 300 Hartschieren und 500 Reitern notwendig. Als diese nicht genügten, wurden 1000 Mann abkommandiert, um ein Schriftstück über die Grenze zu befördern. Auch wurden fingierte Briefe an französische Äbte, Adelige und Kaufleute gesandt. Sie waren entsprechend informiert und hatten die Weiterleitung dieser Korrespondenzen zu besorgen. Auf diese Weise konnte das Eintreffen der bayerischen Briefe in Versailles halbwegs gewährleistet werden. Das Schreibpapier war 24 Stunden lang mit Vitriol durchtränkt worden. Die ursprüngliche Schrift war dadurch ausgelöscht, und man schrieb irgendwelche Neuigkeiten über das bayerische Theaterleben und über andere unverdächtige Dinge darüber. Durch ein neues 24stündiges Bad im Saft des Gallapfels, der den Zusatz eines bestimmten Pulvers erhielt, wurde die erste Schrift wieder sichtbar. PAE Corr. pol. Bavière vol. 48, f. 54-55 v.
915 WKA Hofkriegsrat Nr. 418, f. 77, 227, 229, 246, 483.
916 WKA Hofkriegsrat Nr. 421, f. 1142.
917 PAE Corr. pol. Bavière vol. 46, Monasterol, Winterthur, 22. 12. 1702, f. 406-407 v.
918 PAE Corr. pol. Bavière vol. 46, Max Emanuel an Villars, Ehingen, 8. 11.

1702, f. 346–355, hier f. 349 v (Kopie), auch sämtliche bayerischen Räte vertraten nach einer Aussage MONASTEROLS die kaiserliche Partei; ebd., Ludwig XIV. an Rouille, 17. 7. 1702, f. 71 v.

919 Als Gegenposition versuchten die französischen Diplomaten vergeblich, über ihren Gesandten BONNAC den schwedischen König KARL XII. GUSTAV für die bayerischen Belange zu interessieren. PAE Corr. pol. Bavière vol. 46, Ludwig XIV. an Rouille, Marly 30. 10. 1702, f. 211–220.

920 Den Neutralitätsbestrebungen blieb jede Wirkung versagt. B. Wunder: »Diversion«, bes. S. 457–469. Sehr ausführlich: Des H. R. Reichs Reichs-Staatsacta vom jetzigen 18. Saeculo sich anfangend, hg. von C. Thucelius (Ch. L. Leucht), 5 vol. (1715/22), bes. vol. IV, f. 4–30 über die »Chur-Beyerische Unruhe«.

921 PAE Corr. pol. Bavière vol. 46, Max Emanuel an Monasterol, Kopie, 8. 12. 1702, f. 416–418 und Schreiben Monasterols, Winterthur, 22. 12. 1702, f. 406 bis 407 v.

922 PAE Corr. pol. Bavière vol. 49: MONASTEROL (ebd., Winterthur, 22. 12. 1702, f. 406–406 v) zitiert einen Brief Max Emanuels, in dem es heißt: »la situation dans laquelle je me trouve est tres fascheux.« Trotz der Strenge der Jahreszeit sei er Angriffen ausgesetzt. Es bestehe das Projekt, ihn von vier Seiten her anzugreifen, während der Prinz von Baden eine Ablenkung der französischen Truppen versuche. Wenn VILLARS nicht helfe, dann »je me vois exposé a mille dangers«.

923 PAE Corr. pol. Bavière vol. 47, f. 175–177, Vertragsartikel vom 7. 11. 1702.

924 Die darauf bezugnehmende Verlautbarung des Kaisers ist auf den 6. Oktober datiert. Die Kriegserklärung ist gedruckt in: Die Feldzüge des Prinzen Eugen I, Bd. 4, S. 607, 606.

925 Gravamina der Stände vom 22. 11. 1702 in: PAE Bavière vol. 47, f. 186 bis 189 v.

926 ebd., f. 188; vgl. Bericht Malknechts, Brüssel 26. 12. 1702, f. 209–209 v.

927 ebd., vol. 47, f. 188–189 v.

928 Graf FELS z. B. quittierte seinen Dienst beim Kurfürsten auf dringendes Ansuchen seiner Mutter. Graf AXTHAUSEN bat um seine Entlassung aus Furcht, die Kaiserlichen würden seine Güter in der Wetterau beschlagnahmen.

929 WKA Hofkriegsrat Nr. 426, f. 701, 712, 726, 726 v, 786, 815, 822, 839. Der Salzburger Erzbischof mußte sich verpflichten, den freien Pferdehandel mit Bayern zu unterbinden, ebd., f. 285.

930 WKA Hofkriegsrat Nr. 418, f. 246 und folgende. LEOPOLD Graf SCHLICK lehnte es im April 1704 ab, eine Abrechnung über die aus Bayern gewonnenen Kontributionen der Jahre 1702 und 1703 zu erstellen. Es war unmöglich, diese Beträge genau zu errechnen. WKA Hofkriegsrat Nr. 423, f. 331.

931 C. v. Vallade: Belagerung.

932 K. Staudinger: Geschichte, Bd. II, 2, S. 903–908; PAE Corr. pol. Bavière vol. 47, f. 277–280.

933 PAE Corr. pol. Bavière vol. 47, f. 296: Am 28. 3. 1703 schrieb Max Emanuel an LUDWIG XIV.: »De ma vie je n'ay tant travaillé.« Üblicherweise wird gerühmt, Max Emanuel habe es verstanden, die Vorteile der inneren Linie auszunützen. Dagegen ist einzuwenden:
Erstens: Es war nicht das Ziel Max Emanuels, Bayern zum Kriegsschauplatz zu machen und die innere Linie zu halten, sondern die militärischen Aktionen in die benachbarten Gebiete, die Reichskreise und nach Österreich bzw. Tirol zu

tragen. Dies gelang nicht; alle diesbezüglichen Versuche scheiterten. Daher mußte er sich notgedrungen auf die innere Linie, also auf Bayern, zurückziehen.

Zweitens: Die bayerischen Truppen reichten nicht aus, um eine Igelstellung nach allen Seiten hin auf die Dauer zu verteidigen. Die eigenen Kräfte waren dafür zu schwach, so daß Max Emanuel durch einzelne Vorstöße den Gegner beunruhigen mußte, um den bayerischen Verbänden jeweils vorübergehend eine Atempause zu verschaffen.

934 K. Staudinger: Geschichte, Bd. II, 2, S. 912, 913. PAE Corr. pol. Bavière vol. 47/48 passim. Diskussion über die Regensburger Frage. Vgl.: A. Berney: Reichstag S. 389–442; G. Granier: Reichstag.

935 PAE Corr. pol. Bavière vol. 48. Die niedergedrückte Stimmung erschien als größerer Nachteil als der Verlust eines Bataillons, und nach Ansicht von Ricous gab es gegen diese Krankheit kein Heilmittel (ebd., f. 154/157).

936 ebd., vol. 48, f. 145/151. Wien war informiert über diese Angelegenheit, wußte aber nichts über die wahre Bedeutung des Augenwassers, WKA Hofkriegsrat Nr. 418, f. 323 v (April 1703).

937 L. H. Villars: Mémoires, vol. II, p. 85, 86; M. Vogué: Villars, vol. I, p. 213, 214.

938 Diese Aussage gilt entgegen der bisherigen Annahme und den Rechtfertigungsversuchen VILLARS in seinen erst einige Zeit später geschriebenen »Mémoires«, nämlich er sei die treibende Kraft gewesen, nach Wien zu marschieren; Max Emanuel dagegen habe nur ein Großreich Bayern erobern wollen. In Wirklichkeit war Graf MONASTEROL die treibende Kraft. Er entwarf stets neue Pläne gegen Österreich, Württemberg, die Reichskreise; PAE Corr. pol. Bavière vol. 48, f. 232–233.

939 Bericht von VILLARS an LUDWIG XIV.: »Je luy (Max Emanuel) proposay de rassembler touttes ses trouppes dispersés, et de les joindre a l'armée du Roy, mais cette proposition n'a jamais esté de son goust, parceque ses frontieres seroient exposées.« PAE Corr. pol. Bavière vol. 48, f. 562.

940 PAE Corr. pol. Bavière vol. 48, f. 232–233.

941 Korrespondenz Max Emanuels mit Villars und Comte du Bourg, in: PBN Département des manuscrits, Fonds Fr. nouv acqu. vol. 493 und 495.

942 MHS Cgm 2621 (Bayerns Ansprüche auf Tirol, verfaßt von FRANZ CASPAR VON SCHMID 1703), desgleichen Cgm 3078 und 3078a: Relatio historico-juridica über churbayerische Ansprüche auf Tirol von FRANZ CASPAR VON SCHMID, ähnlich die Ausführungen des Kanzlers CASPAR VON SCHMID, in: Cgm 1822, f. 69–88: Kaiser LUDWIG DER BAYER habe im Jahre 1342 »die schöne dem Land Bayern wohl anständige gefürste (= gefürstete) Grafschaft Tiroll« gewonnen. Nachdem MARGARETE MAULTASCH ihren Mann, LUDWIG DEN BRANDENBURGER (1347 bis 1361) und ihren Sohn MEINRAD († 13. 1. 1363) vergiftet habe, habe sie sich vermessen, dem Haus Bayern das Erbe zu entwinden. Dies sei ihr mit Hilfe der österreichischen Herzöge gelungen. Zu allem Überfluß habe sie sich noch mit Herzog RUDOLF verheiratet. Durch solche und ähnliche »Untaten« sei das Haus Habsburg groß geworden, was jedoch nichts an den bayerischen Ansprüchen ändere.

943 S. v. Riezler: Geschichte, Bd. VII, S. 569–579; K. Staudinger: Geschichte, Bd. II, 2, S. 931–955.

944 PAE Corr. pol. Bavière vol. 47, f. 338 (Bericht von Ricous, Innsbruck 14. 7. 1703).

945 PAE Corr. pol. Bavière vol. 48, f. 488.

946 S. v. Riezler: Geschichte, Bd. VII, S. 573.

[947] PAE Corr. pol. Bavière vol. 47, f. 340–360.
[948] PAE Corr. pol. Bavière vol. 47, f. 346.
[949] P. Blickle: Landschaften; über Tirol, besonders S. 159–254.
[950] WKA Hofkriegsrat Nr. 419, 421, 423; S. v. Riezler: Geschichte, Bd. VII, S. 575–583.
[951] WKA Hofkriegsrat Nr. 418, f. 610, 615; Nr. 419, f. 687. PAE Corr. pol. Bavière vol. 47, f. 356, 357.
[952] PAE Corr. pol. Bavière vol. 47, Ricous an Ludwig XIV., Innsbruck 4. 7. 1703, f. 338–340.
[953] ebd., Bericht, f. 356–360. Die französische Armeeführung war sich bewußt: »Cecy est la Crise de la Campagne« (f. 357 v); über die Auswirkungen der bayerischen Aggression auf das Land Tirol und seine Bevölkerung siehe ausführlich: F. Mathis: Auswirkungen.
[954] S. v. Riezler: Geschichte, Bd. VII, S. 580.
[955] Das gleiche taten die böhmischen Bauern, WKA Hofkriegsrat Nr. 418, f. 321, 410; PAE Corr. pol. Bavière vol. 48, f. 551: »... entrerent ensuitte au milieu de la Bavière mettant le feu et pillant par tout avec tous les exces imaginables.«
[956] WKA Hofkriegsrat Nr. 421, f. 730, 731.
[957] WKA Hofkriegsrat Nr. 421, f. 731; Nr. 423, f. 167; Nr. 426, f. 704. Herzog Max Philipp mußte im Dezember 1703 insgesamt 12 000 fl. an Kontributionen aufbringen, um vor Plünderungen verschont zu werden, WKA Hofkriegsrat Nr. 421, f. 1142.
[958] PAE Corr. pol. Bavière vol. 48, Ricous an Ludwig XIV., 10. Sept. 1703, f. 316–324. Vgl. die Berichte über die militärische Lage in Bayern des Jahres 1703: PAHG A¹ 1746 und 1747, ebd., A¹ 1746: Villars, Nr. 90, ähnlich kritische Berichte Nr. 23, 34, 49, 50, 62, 90.
[959] PAE Corr. pol. Bavière vol. 48, f. 338–354, zum folgenden besonders. f. 327–335 (Sept. 1703).
[960] P. Goubert: Ludwig XIV., S. 232.
[961] PAE Corr. pol. Bavière vol. 48, f. 315 v, Kopie Sept. 1703, f. 370–380 und 382–384.
[962] ebd., f. 352–354.
[963] ebd., f. 382–384. Ludwig XIV. forderte jene Schreiben zurück, die dem Kurfürsten einen Bündniswechsel nahelegten. Graf Monasterol kam persönlich nach Bayern, um das Vorgehen von Paris zu erläutern und die Beunruhigung Max Emanuels wieder zu dämpfen. Ebd., f. 393–395, Versailles 31. 10. 1703.
[964] P. Goubert: Ludwig XIV., S. 239.
[965] PAE Corr. pol. Bavière vol. 48.
[966] K. Staudinger: Geschichte, Bd. II, 2, S. 986–989; PAE Corr. pol. Bavière vol. 49, f. 10–11 v sowie f. 19–19 v, Erlaß Max Emanuels über den Augsburger Handel, München 16. 2. 1704.
[967] PAE Corr. pol. Bavière vol. 48, f. 462–465; vol. 50, f. 6–8; K. Staudinger: Geschichte, Bd. II, 2, S. 990–992.
[968] WKA Hofkriegsrat Nr. 426 (Jan. 1704), f. 70, 131 v. Die Verordneten des Landes wurden zusammengerufen, um über die Kontributionen zu verhandeln. PAE Corr. pol. Bavière vol. 48, f. 462–463. Als Max Emanuel gegen Österreich vorstieß, konnte auch Marsin dem Eroberungsgeist des Kurfürsten nicht widerstehen und seine Truppen in Untätigkeit, d. h. im Winterquartier lassen. Sie mußten ausrücken und sich der Quartiere bemächtigen, die die Kaiserlichen zwischen Donau und Altmühl besetzt hielten. Eine andere Abteilung marschierte

gegen Franken, das Geiseln stellen mußte und Steuern abzuliefern hatte. PAE Corr. pol. Bavière vol. 48, p. 463.
969 PAE Corr. pol. Bavière vol. 48, f. 530.
970 Marschall MARSIN versammelte dieserhalb einen Kriegsrat. Man kam überein, daß das französische Heer geschickt sei, dem Kurfürsten zu gehorchen, ein Entschluß, der nicht ganz leicht fiel. PAE Corr. pol. Bavière vol. 48, f. 552 bis 554; Kriegsberichte, meist sehr kritischen Inhalts, über die künftigen Möglichkeiten, Bayern zu halten: PAHG 1747, Nr. 51, 54, 74, 93.
971 Der savoyische Gesandte Graf BRIANCON durfte einerseits aus Sicherheitsgründen nicht mehr länger beim bayerisch-französischen Heer verbleiben. Andererseits konnte man ihn zum jetzigen Zeitpunkt nicht nach Hause reisen lassen. Er wußte zuviel von den Plänen des Kurfürsten. Deshalb verzögerte man seine Abreise aus Bayern. PAE Corr. pol. Bavière vol. 48, Ludwig XIV. an Ricous, Marly 29. 11. 1703, f. 416. Max Emanuel seinerseits rief seinen Gesandten GUIDOBON DE CAVALCHINO aus Turin zurück. MGSTA K schw 5255.
972 W. S. Churchill: Marlborough, Bd. 1, S. 537–586.
973 PAE Corr. pol. Bavière vol. 59, f. 525–525 v.
974 PAE Corr. pol. Bavière vol. 48, f. 531 und 564.
975 Darüber unterrichtete Ludwig XIV. seinen Münchener Gesandten: PAE Corr. pol. Bavière vol. 48, Versailles 6. 3. 1704, f. 471.
976 ebd., f. 471–486; auch Graf STADION kam noch einmal nach München, um zu vermitteln. WHHSTA Gesandtschaftsarchiv: Graf Stadion, Nachlaß, Bd. 2 (1704).
977 PAE Corr. pol. Bavière vol. 49, f. 526 v; WKA Hofkriegsrat Nr. 424, f. 555, 851.
978 WKA Hofkriegsrat Nr. 426, f. 712 und 726 v: Beratung der Wiener Regierung, das Land Bayern dem Kurfürsten »unnütz« zu machen und gleichzeitig die Versorgung der kaiserlichen Truppen zu erzwingen.
979 PAE Corr. pol. Bavière vol. 49, f. 541; ebd., vol. 48, f. 330.
980 PAE Corr. pol. Bavière vol. 49, f. 536–537; ebd., vol. 48, f. 562.
981 In Deutschland verbreitete sich bereits das Gerücht, daß die bayerische und französische Armee verloren seien. PAE Corr. pol. Bavière vol. 48, f. 539 v.
982 Dies und zum folgenden: R. Bauerreiss: Kirchengeschichte, Bd. VII, S. 362. F. J. Nock: Leben, S. 306–315, 322, 323. B. Hubensteiner: Geistliche Stadt, S. 67 bis 72; ders.: Geist, S. 97, 195–198.
983 RICOUS tröstete Max Emanuel und meinte, er sei ein Fürst mit einer edlen Seele und müsse deshalb stets aufrichtig handeln. PAE Corr. pol. Bavière vol. 58, f. 551–552.
984 R. Bauerreiss: Kirchengeschichte, Bd. VII, S. 389–390.
985 Die Alliierten gaben Max Emanuel 80 Stunden Zeit, um einen Vertrag auszuarbeiten. Der Kurfürst aber behandelte den englischen Gesandten sehr hochmütig. Dieser war sehr gereizt, da er sich bereits Hoffnungen gemacht hatte, einen wichtigen Vertrag zustande bringen und eine Schlacht vermeiden zu können. Auch Markgraf LUDWIG VON BADEN unternahm einen Versuch, Max Emanuel von seiner Verbindung mit Frankreich zu lösen. PAE Corr. pol. Bavière vol. 48, f. 553–554. – LUDWIG WILHELM I., genannt der Türkenlouis, Markgraf von Baden-Baden (1677–1707), zeichnete sich seit 1683 in den Türkenkriegen und seit 1693 als Oberbefehlshaber der Reichsarmee gegen die Franzosen aus. Er ließ Stadt und Schloß Rastatt erbauen. – E. Petrasch und E. Zimmermann: Der Türkenlouis.
986 ebd., vol. 49, f. 544 v.

987 ebd., vol. 49, f. 544v–545.
988 PAE Corr. pol. Bavière vol. 49, f. 545.
989 ebd., vol. 48, f. 554–555.
990 WKA Hofkriegsrat Nr. 427.
991 MGHA Hof-Haushalt 1712 H Nr. 19 (1704). Eine Reform der Verwaltung im März 1704 hatte nicht viel Nutzen gebracht. Das Einkaufsprogramm für den Hofstaat sollte fortan einer besseren Überwachung unterliegen, damit nicht soviel »Unnötiges« angekauft würde (ebd.).
992 MOA Totenbuch zu Unserer Lieben Frau und Totenbuch von St. Peter der Jahre 1704–1705.
993 Es nützte wenig, daß Max Emanuel einen Offizier zu RÁKÓCZI abordnete, um eine Verbindung einzurichten, PAE Corr. pol. Bavière vol. 48, f. 392.
994 D. Chandler: Höchstädt, in: Landschlachten, hg. von C. Falls, S. 31.
995 ebd., S. 31.
996 Dieses Ziel ergibt sich eindeutig aus der französischen Korrespondenz: PAE Corr. pol. Bavière vol. 48.
997 W. S. Churchill: Marlborough, Bd. 1, S. 592–599. Bezeichnend für die Stimmung der bayerisch-französischen Truppen, die keinen Angriff erwarteten, ist das Verhalten des Grafen MÉRODE-WESTERLOO. Er war zu dieser Zeit äußerst vergnügt und dachte an keine Wendung des Geschehens. Vgl. W. S. Churchill: Marlborough, Bd. 1, S. 599, 600.
998 D. Chandler: Höchstädt, in: Landschlachten, hg. von C. Falls (1964), S. 31 bis 41; W. S. Churchill: Marlborough, Bd. 1, S. 600–628; K. Staudinger: Geschichte, Bd. II, 2, S. 1035–1053; M. Braubach: Prinz Eugen, Bd. 2, S. 54–83, über die Ereignisse vor und in Höchstädt. PAHG, Château de Vincennes A[1] 1746, Nr. 29 (Bericht von Quincy 18. 7. 1704); Nr. 215 (Relation über die Schlacht von Blindheim), desgleichen PAE Corr. pol. Bavière vol. 49, f. 76–82.
999 D. Chandler: Höchstädt, in: C. Falls: Landschlachten, S. 37–40. Der größte Fehler Max Emanuels lag darin, daß er nicht sämtliche bayerische Streitkräfte zusammenzog. Sie hielten die festen Plätze besetzt. Franzosen und Bayern waren sich einig, daß nach dem Verlust der Schlacht auch diese Plätze praktisch verloren waren. Ebenso klar war, daß Bayern aufgegeben werden mußte und die restlichen französischen Truppen nicht mehr in der Lage waren, sich zu einem neuen Kampf zu sammeln.
1000 D. Chandler: Höchstädt, in: C. Falls (Hg.): Landschlachten, S. 41: Die französische Armee verlor durch diese Niederlage den Ruf der Unbesiegbarkeit. MARLBOROUGH und PRINZ EUGEN nützten den Vorteil, *nach einem genauen Plan* ihre Angriffe vorzutragen, während die französischen und bayerischen Truppen infolge der Überraschungstaktik der Alliierten keine Zeit mehr hatten, Schlachtpläne zu entwickeln. Sie formierten ihren Angriff allein aus der *Defensive*. Bemerkenswert war, daß sich die Taktik der Verbündeten auf den Einsatz von Gewehr und Bajonett, Geschütz und Kavalleriesäbel stützte, also traditionelle Elemente der Kriegführung bevorzugte und sich auf diese Weise den Franzosen überlegen zeigte. Das gut geleitete zugweise Feuer der Infanterie hatte eine bessere Wirkung als die Bataillonssalven der Franzosen. Der Wechsel zwischen Feuer und Bewegung verwirrte die Starrheit der französischen Infanterie. Die französische Kavallerie dagegen verwendete Karabiner und Pistolen. Diese Taktik war erfolgreich, wenn eine ausreichende Vorbereitungszeit für den Angriff gegeben und die Kavallerie ordnungsgemäß gestaffelt war. Um Karabiner und Pistolen neu zu laden, war eine gewisse Zeit erforderlich, die jeweils durch Vorstöße der zweiten rückwärtigen Staffel überbrückt wurde. Da diese ordnungs-

gemäße Aufstellung dieses Mal fehlte, hatte die englische Art der Kriegführung den Vorteil auf ihrer Seite, um die Kavallerieattacke mit kaltem Stahl vorzutragen. Die taktischen Konzeptionen des Prinzen EUGEN und MARLBOROUGHS überwanden die methodische Kriegführung der französischen Marschälle (ebd., S. 41). Der Tag von Höchstädt war einer der großen Höhepunkte in der Laufbahn des Prinzen EUGEN und des Herzog VON MARLBOROUGH. Prinz EUGEN, der jüngste Sohn des Prinzen VON SAVOYEN-CARIGNAN und der OLYMPIA MANCINI, einer Nichte des Kardinals MAZARIN, trat 1683, aus Frankreich geflohen, in das kaiserliche Heer ein. Er focht beim Entsatz Wiens, bei der Einnahme Ofens und 1687 bei Mohács. Seit 1689 kämpfte er in Italien gegen die Franzosen und wurde 1693 zum Feldmarschall ernannt. 1696 wurde er Oberbefehlshaber im Türkenkrieg und errang den entscheidenden Sieg bei Zenta (11. 9. 1697). Während des spanischen Erbfolgekriegs schlug EUGEN nach einem kühnen Alpenübergang die französische Armee bei Carpi und Chiari (1701) und behauptete sich 1702 vor Luzzera gegen VONDÔME. Nicht zuletzt unter dem Eindruck der bayerisch-französischen Kriegspolitik wurde er 1703 Präsident des kaiserlichen Hofkriegsrats. Gemeinsam mit MARLBOROUGH schlug er die bayrisch-französischen Truppen bei Höchstädt (13. 8. 1704). In Italien erfocht er den glänzenden Sieg von Turin (7. 9. 1706). Die polnische Krone, die ihm PETER DER GROSSE anbot, schlug er aus. In den Niederlanden siegte er zusammen mit MARLBOROUGH bei Oudenaarde (11. 7. 1708) und Malplaquet (11. 9. 1709). 1714 führte EUGEN die Friedensverhandlungen von Rastatt und Baden (in der Schweiz) erfolgreich. Im folgenden Türkenkrieg (1716–1718) errang er den Sieg bei Peterwardein (5. 8. 1716) und eroberte die 1690 wieder an die Türken übergegangene Festung Belgrad nach der Schlacht vom 16. 8. 1717. Dieser Sieg lebt im Volkslied »Prinz EUGENIUS, der edle Ritter«. Bis 1724 war er Staathalter der nunmehr österreichischen Niederlande. 1734 trat er im polnischen Erbfolgekrieg noch einmal an die Spitze der kaiserlichen Armee. EUGEN war der größte Feldherr seiner Zeit und bewies als erster Ratgeber und Vertrauter seiner Kaiser einen politischen Weitblick, der ihn zu einem der hervorragendsten Staatsmänner Österreichs macht. Als Freund der Kunst und Wissenschaft sammelte er eine auserlesene Bibliothek und ließ das Stadtpalais durch FISCHER VON ERLACH und das Belvedere durch LUKAS VON HILDEBRANDT in Wien erbauen. Er stand in Verbindung mit LEIBNIZ. – M. Braubach: Prinz Eugen, 5 Bde.

JOHN CHURCHILL, Herzog VON MARLBOROUGH (seit 1702), war ein bedeutender englischer Feldherr und Staatsmann. Der englische König JAKOB II. erhob ihn zum General und Lord. Jedoch spielte er beim Übergang der Armee zu WILHELM III. VON ORANIEN im Jahre 1688 eine entscheidende Rolle. Da MARLBOROUGH seine Verbindung zum vertriebenen Stuartkönig JAKOB II. wieder aufnahm, wurde er 1692 abgesetzt. Dennoch betraute ihn WILHELM III. im Jahr 1701 mit der Führung seiner Truppen in Flandern gegen LUDWIG XIV. Nach dem Tode WILHELMS III. (19. 3. 1702) und dem Regierungsantritt der Königin ANNA wurde MARLBOROUGH zusammen mit seiner Gemahlin SARAH JENNINGS (1660 bis 1744) und seinem Freund GODOLPHIN zur treibenden Kraft und zugleich zum Führer der Koalition im spanischen Erbfolgekrieg. Seine bedeutendsten Siege waren Höchstädt, Ramillies, Oudenaarde, Malplaquet. Auf MARLBOROUGHS Betreiben traten 1706 die Whigs in das Ministerium GODOLPHIN ein. Nach der Entfremdung zwischen der Königin und der streitsüchtigen Herzogin VON MARLBOROUGH erreichten 1710 die jüngeren Torries HARLEY und BOLINGBROKE die Entlassung GODOLPHINS, den Sturz der Herzogin und im Jahr 1711 auch die Entlassung MARLBOROUGHS. Dieser ging außer Landes. Nach seiner Rückkehr im Jahr 1714 gewann er keinen Einfluß mehr. Trotz mancher Schwächen war er einer der bedeutendsten englischen Feldherren. Als Führer einer oft uneinigen Koalition bewies er hohes diplomatisches Geschick. – W. S. Churchill: Marlborough, his life and times, 4 Bde., London ²1958, dt. 2 Bde. (1968/69).

1001 P. Goubert: Ludwig XIV., S. 240–241.

1002 Der Geheimsekretär IGNATZ VON WILHELM prägte diesen Begriff und wendete ihn sogar für die gesamte Zeit von 1700 bis 1726 an. WILHELMS Ausführungen sollten KARL ALBRECHT als Warnung dienen, nicht in die nämlichen Fehler wie sein Vater zu fallen. MHS Cod. lat. 1583. Ignatii de Wilhelm »Crisis historico politica de rebus gestis Maximiliani Emanuelis inde ab initio saec. XVIII usque ad eius obitum«. Vgl. auch seine Ausführungen in MHS Cod. lat. 1573 bis 1575 (Miscellanea) und Cod. lat. 1576 »Florus boicus«. Zum folgenden Kapitel: PAE Corr. pol. Bavière, vol. 48–65 (1704–1715); Corr. pol. Pays-Bas Espagnols, vol. 64–67 (1705–1714); Corr. pol. Cologne vol. 57–62 (1705–1715); PBN Département des manuscrits, Fonds français nouvelles acquisitions vol. 495–498 (1705 bis 1715); PAHG Château de Vincennes A¹ No 1833 u. 2084 (Flandern 1705 u. 1708); WHHSTA Reichskanzlei, Berichte aus München Fasz. 1c–1r (1704–1715); ebd. Große Korrespondenz Nr. 64, 70, 145 (1704–1713); ebd. Mainzer Erzkanzler Archiv Friedensakten 86 u. 87a (1713–1714); ebd. Mainzer Erzkanzler Archiv: Reichstagsakten Fasz. 334 u. 337 (1707–1710); ebd. Vorträge Karton 12–20 (1704 bis 1715). Ferner: J. W. Wjin (Hg.): Het Staatsche Leger, vol. 2: De veldtochten van 1706–1710; J. G. Stork-Penning: Het Grote Werk; W. Reese: Ringen; M. Braubach: Friedensunterhandlungen; ders.: »Reichsbarriere«, S. 481–530; ders.: Prinz Eugen, Bd. 2 u. 3 (1964); S. v. Riezler: Geschichte, Bd. VIII, S. 3–327.

1003 Das entsprechende Patent ist datiert auf den 10. Sept. 1702 (Abschrift MGSTA K schw 6793, f. 163).

1004 WKA Hofkriegsrat Nr. 430, f. 65: Im Januar 1705 erinnerte Markgraf LUDWIG VON BADEN an eine Anordnung, die auf dem Weg über den Schwarzwald nach Frankreich oder Brabant marschierende bayerische Miliz anzuhalten. In Straßburg sammelten sich die Versprengten. PAE Corr. pol. Bavière vol. 52, St. Marie an Feldmarschall Arco, 14. 1. 1705, f. 31–31 v. Auch irische Offiziere und Soldaten, die aus ihrer Heimat emigriert waren, hatten in Bayern gedient. Sie suchten jetzt ebenfalls in die Niederlande zu gelangen. Ebd. Rouille an Ludwig XIV., Brüssel 10. 2. 1705, f. 74.

1005 PBN Département des manuscrits, Fonds français nouvelles acquisitions vol. 496.

1006 PAE Corr. pol. Bavière vol. 49 passim.

1007 PAE Corr. pol. Bavière vol. 56, f. 52; Max Emanuels Korrespondenz mit seinem Bruder: vgl. MGHA Korr. 753/39–42a.

1008 In einem Manifest verteidigte Max Emanuel seine bisherige Politik. PAE Corr. pol. Bavière vol. 52, f. 217–243 v.

1009 Anfang des Jahres 1705 stellten die Kaiserlichen fest, daß »sich die herren bayrn noch alle Zeit flattriren«, ihr Kurfürst werde mit einer starken Macht zurückkommen und die Kaiserlichen vertreiben. Überdies seien, so ging die Rede, noch einige bayerische Truppen – man schätzte ihre Stärke auf 12 000 Mann, was sehr übertrieben war – vorhanden, um die Kaiserlichen anzugreifen. WKA Hofkriegsrat Nr. 430 (1705), f. 103 v.

1010 Typisch ist eine Anweisung LUDWIGS XIV. an ROUILLE (PAE Corr. pol. Bavière vol. 53, Marly 16. 7. 1705, f. 172), in der er meinte, man solle lieber Max Emanuel das Vergnügen lassen, sich mit großen Plänen zu beschäftigen, als sie fruchtlos zu bekämpfen.

1011 R. de Schryver: Bergeyck, p. 338–444.
1012 BEDMAR beschloß infolge der Rückkehr Max Emanuels in die Niederlande sogar, seinen Posten aufzugeben, ebd. 339. Er war 1692 Feldmarschall in den Niederlanden geworden, 1698 Oberbefehlshaber der spanischen Truppen, 1701 Kommandant der Niederlande, 1704 Vizekönig von Sizilien. So wurden die Differenzen zwischen ihm und Max Emanuel gegenstandslos.
1013 Denn Max Emanuel rechnete damit, beim künftigen Friedensschluß die Oberpfalz zu verlieren; z. B. PAE Corr. pol. Bavière vol. 62, f. 83–85 (Mons Mai 1709). JOHANN WILHELM von der Pfalz bemühte sich seit Beginn der Auseinandersetzungen mit Bayern verstärkt um die Belehnung mit der Oberpfalz und die Übertragung der fünften Kurwürde mit dem Erztruchsessenamt.
1014 Max Emanuel versuchte noch vergeblich, ROUILLE, der bei Höchstädt schwer verletzt worden war, ein gutes Zeugnis auszustellen, um ihn zu halten. PAE Corr. pol. Bavière vol. 52.
1015 PAE Corr. pol. Bavière vol. 52, f. 7–8 und ff., Ricous an Ludwig XIV., Brüssel 2. 1. 1705.
1016 Die französisch-kölnischen Beziehungen: PAE Corr. pol. Cologne vol. 55–57 (1704–1706).
1017 Kaiser JOSEPH I. bezeichnete man allgemein als »eine der anziehendsten Persönlichkeiten in der Geschichte des Habsburger Geschlechtes, als einen guten, ja reich veranlagten Menschen, geistig ungemein lebhaft, von rascher Auffassung, von sympathischer Frische und Liebenswürdigkeit, ungezwungenem Benehmen, rasch und energisch, stolz und feurig«. M. Braubach: Prinz Eugen, Bd. 2, S. 130.
1018 PAE Corr. pol. Bavière vol. 53, Rouille an Ludwig XIV., Brüssel 23. und 28. 5. 1705, f. 43v–45 und vol. 55, Ludwig XIV. an Rouille, Versailles, 28. 5. 1705, f. 52 v.
1019 Alle französischen Versprechungen über eine Ausdehnung des bayerischen Einflusses im Süden des Reiches zielten mehr darauf, Max Emanuel zu beruhigen und ihn auf diese Weise mit Zukunftsplänen zu beschäftigen, als ihm eine wirkliche Machtposition in Europa zu verschaffen. Er war ein Duodezfürst, mehr nicht. Die Vorschläge LUDWIGS XIV. gegenüber den Holländern, Bayern gegen Neapel–Sizilien auszutauschen, widersprechen dieser Feststellung nicht, da sich die französischen Diplomaten bewußt waren, daß Den Haag eine Rangerhöhung Max Emanuels mißbilligte. PAE Corr. pol. Bavière vol. 54, Rouille an Ludwig XIV., Lille 13. Aug. 1705, f. 69 v. Wie wenig aussichtsreich Max Emanuel selbst seine Lage einschätzte, zeigen seine resignierenden Worte über dieses Angebot LUDWIGS XIV.; er meinte, alle anderen Mächte Europas möchten sich wohl diesem Plan entgegenstellen (ebd. f. 69 v).
1020 Max Emanuel erhielt seit 1701 und besonders während seines Exils in Brüssel, Mons, Compiegne, Namur und St. Cloud bis Ende 1714 von Frankreich rund 48 059 696 Livres, d. h. circa 27,3 Millionen Gulden. P. C. Hartmann: Finanz- und Subsidienpolitik, S. 82–87, 89–92, 94, 95, 120–128, 166–170. Die Max Emanuel versprochene Rente aus spanischen Einkünften in Höhe von 28 000 Ecus traf jedoch nicht immer rechtzeitig ein. PAE Corr. pol. Bavière vol. 55, Rouille an Ludwig XIV., Brüssel 12. 2. 1706, f. 88. Da Max Emanuel fast alle Subsidien für seine eigenen Bedürfnisse aufbrauchte, mußte Rouille einen Großteil der bayerischen Emigranten mehr oder minder unterstützen, um ihr Wohlwollen zu gewinnen. PAE Corr. pol. Bavière vol. 54, Rouille an Ludwig XIV., Brüssel 28. 10. 1705, f. 52. Der Obersthofmeister Graf TÖRRING erhielt von LUDWIG XIV. eine Pension. PAE Corr. pol. Bavière vol. 55, Rouille an Ludwig XIV., Brüssel 6. 1. 1706, f. 13–14.

[1021] Sammelplätze waren Straßburg, Breisach und Hüningen. PAE Corr. pol. Bavière vol. 52, f. 31–31 v (14. 1. 1705).
[1022] PAE Corr. pol. Bavière vol. 52, f. 31 v, vol. 54, Rouille an Ludwig XIV., Brüssel 19. 12. 1705, f. 145. In Mailand sammelten Agenten die bayerischen Deserteure. Corr. pol. Bavière vol. 58, Rouille an Chamillart, Brüssel 27. 2. 1706, f. 54. Der Chevalier de Bavière erhielt ein Kommando über diese Abteilungen (ebd. f. 54 v, ferner Weisung an Abbé Pomponne, den französischen Vertreter in Venedig, Versailles 4. 3. 1706, f. 55–56 v). Statuten für die Aushebung: vol. 58, f. 79–86 (12. 4. 1706).
[1023] K. Staudinger: Geschichte, Bd. II, 2, S. 802–819, 866–872, sowie die Feldzüge in den Niederlanden und am Rhein, an denen auch bayerische Truppen beteiligt waren, während der Jahre 1705–1713, ebd. S. 1086–1225; PAE Corr. pol. Bavière vol. 52–55.
[1024] R. de Schryver: Bergeyck, bes. p. 412–435. Der Herzog von SAINT-SIMON urteilte in seinen Mémoires (hg. par A. de Boislisle, vol. XXIV., p. 245–247) über BERGEYCK folgendermaßen: »C'étoit un homme infiniment modeste, affable, doux, équitable, et parfaitement désintéressé avec beaucoup d'esprit, mais sage et régle... c'etoit l'homme du monde le plus hardi à dire la vérité, qui aimoit et cherchoit le plus le bien pour le bien, et qui étoit le plus attachéaux intérêts du roi d'Espagne.«
[1025] PAE Corr. pol. Bavière vol. 52, Ludwig XIV. an Rouille, Meudon 27. 11. 1704, f. 121 und Rouille an Ludwig XIV., Brüssel 17. 12. 1704, f. 181–186 v. Eine Lösung wurde schließlich dadurch gefunden, daß der Kurfürst versprach, keinen unpassenden Gebrauch von diesem Patent zu machen. LUDWIG XIV. an ROUILLE: »L'Electeur de Bavière vous ayant asseuré qu'il ne vouloit faire de cette patente aucun usage capable de faire connoistre qu'elle luy eust esté donnée, il luy doit estre esgal de scavoir qu'elle est entre mes mains, ou de l'avoir luy mesme. Je seray bien aise qu'il ne me preste pas de la luy faire remettre et vous scavez les menagements qu'il est absolument necessaire de garder du costé de l'Espagne.« Vol. 52, Meudon, 27. 11. 1704, f. 121 v. Geheime Instruktionen, die mit dem Patent verbunden waren, beschränkten die Bewegungsfreiheit Max Emanuels notwendigerweise.
[1026] PAE Corr. pol. Bavière vol. 52, Rouille an Ludwig XIV., Brüssel 16. 12. 1704, f. 178 v und 179. Max Emanuel ließ den Holländern bereits Ende 1704 und besonders in den Jahren 1705 und 1706 wiederholt Zusicherungen zukommen hinsichtlich einer Barriere, um ihnen die Anerkennung seiner künftigen souveränen Herrschaft über die Niederlande ein wenig schmackhaft zu machen. Doch der Ratspensionär und die holländischen Politiker kannten Max Emanuel zu gut, als daß sie auf diese Zusagen ihre Politik aufbauen wollten. PAE Corr. pol. Bavière vol. 52, f. 186 v; ferner f. 115–116 (9. 3. 1705); vol. 56, f. 12 v (3. 6. 1706).
[1027] PAE Corr. pol. Bavière vol. 52. LUDWIG XIV. wies ROUILLE an, Max Emanuel besonders behutsam auf die Realitäten einzustimmen. Meudon 27. 11. 1704, f. 121.
[1028] Diese »Versicherung« war bereits 1703 abgegeben worden, als Max Emanuels Zukunft in Bayern in Frage gestanden war, und daran änderte sich nie mehr etwas. PAE Mémoires et Documents Fonds divers: Espagne, vol. 114 und 115, hier vol. 114. Vgl. Corr. pol. Pays-Bas Espagnols vol. 64–67 (1705–1714): Anweisungen.
[1029] PAE Corr. pol. Bavière vol. 52, Rouille an Ludwig XIV., Brüssel Nov. 1704, f. 126 v–127; DON QUIROS wurde schließlich nach Madrid zurückberufen, um Auseinandersetzungen zwischen ihm und Max Emanuel zu vermeiden. Ferner

versuchte LUDWIG XIV., den flandrischen Adel durch entsprechende Zusagen zu beruhigen, ebd. Ludwig XIV. an Rouille, Nov. 1704, f. 132 v–133.

1030 PAE Corr. pol. Bavière vol. 58, f. 291, Max Emanuel 13. 1. 1706 und vol. 59, 6. 4. 1707; vol. 60, f. 45, 16. 4. 1707.

1031 PAE Corr. pol. Bavière vol. 52: Im Frühjahr 1705 plante Max Emanuel einen Schloßbau in der Nähe von Brüssel. Doch die Franzosen vertrösteten ihn auf später und meinten, erst nach Beendigung des Krieges könne dieser in Angriff genommen werden. Rouille an Ludwig XIV., Brüssel 5. 3. 1705, f. 101 v–102.

1032 ebd., Rouille an Ludwig XIV., Brüssel Nov. 1704, f. 124 v–125.

1033 PAE Corr. pol. Bavière vol. 49–55 (1704–1706).

1034 PAE Corr. pol. Bavière vol. 52, Rouille an Ludwig XIV., Brüssel 9. 3. 1705, Brüssel 9. 3. 1705, f. 114 v.

1035 PAE Corr. pol. Bavière vol. 56 passim, bes. vol. 56, f. 97, Rouille an Ludwig XIV., Mons 11. 7. 1706.

1036 PAE Corr. pol. Bavière vol. 52, Rouille an Ludwig XIV., Brüssel 8. 4. 1705, f. 180 v–181. Erste Bedenken waren bereits im Januar aufgetaucht, ebd., 24. 1. 1705, f. 46 v–47.

1037 PAE Corr. pol. Bavière vol. 52, 53, 54 ausführliche Korrespondenzen über diese Probleme.

1038 PAE Corr. pol. Bavière vol. 52, Rouille an Ludwig XIV., Brüssel 11. 3. 1705, f. 120 v–121. Es ist im folgenden nicht möglich, alle Tauschpläne detailliert aufzuführen, da sie sich in ihren Grundelementen immer wiederholen und in stets neuen Variationen das gleiche Thema zur Darstellung bringen, und dies von Ende 1704 bis 1715. Vier verschiedene Möglichkeiten, das spanische Erbe zu teilen, wurden diskutiert: vol. 55, Rouille an Ludwig XIV., Brüssel 30. 1. 1706, f. 63–65 und 12. 3. 1706, f. 137 v–142 v; Marly 21. 4. 1706, f. 193; vol. 58, 29. 1. 1706, f. 39–48 v. Eine Aussage sei stellvertretend hier angeführt (ebd., f. 119 v): »La substance est, que ce Prince qui a plus perdu qu'un autre dans la presente guerre, voyant que d'un coste V. Maj^{té} et le Roy d'Espagne sont dans le dessin et en Estat de la soutenir encore plusieurs années, Et que l'Empereur qui la fait aux depens de ses alliés, n'est pas disposé a se rendre sitost et fascheux Estat ou S. A. E. se trouve l'oblige de chercher les moyens d'avancer la Paix et d'employer pour cela ses offices près des Estats gnaux est qui Elle a toujours eu beaucoup de confiance, et qu'Elle n'avoit pas oublié les Services qu'Ils luy ont rendues qu'Elle s'adresse a Eux plustost qu'a toutte autre puissance, parce qu'Ils sont les plus jnteressées a finir une guerre qui leur est si a charge et dont la durée ne leur peut aposter aucun avantage.«

1039 PAE Corr. pol. Bavière vol. 52, Rouille an Ludwig XIV., Brüssel 31. 3. 1705, f. 158: Bericht über Widmanns Gespräche mit dem Ratspensionär; desgl. Brügge 28. 3. 1705, f. 151–152; Ludwig XIV. an Rouille, Marly 4. 4. 1705, f. 162 bis 163; Rouille an Ludwig XIV., Brüssel 15. 4. 1705, f. 195–197 v. Max Emanuel versuchte sogar, den Sekretär des Ratspensionärs namens FAGEL oder einen Mann seiner Umgebung für die bayerischen Interessen zu gewinnen oder zumindest Geheimberichte über die Pläne der Holländer in die Hand zu bekommen. (Rouille an Ludwig XIV., Brüssel 11. 4. 1705.) Man überlegte, wie hoch die Bestechungssumme sein müßte (ebd., f. 187 v). Ein wichtiges Element, das die Zurückhaltung der Holländer gegenüber Max Emanuel hervorrief, war der Umstand, daß der Kurfürst allzu enge Verbindungen mit Frankreich aufrechterhielt. Dies war auch für die Zukunft zu erwarten. PAE Corr. pol. Bavière vol. 55, Rouille an Ludwig XIV., Brüssel 26. 1. 1706, f. 54 v.

1040 P. Goubert: Ludwig XIV., S. 241.

1041 PAE Corr. pol. Bavière vol. 54. Rouille an Ludwig XIV., August 1705, f. 82 v und 27. 11. 1705, f. 88 v–90 v, und Ludwig XIV. an Rouille, Versailles 23. 11. 1705, f. 84.
1042 O. Haintz: König Karl XII., 3 Bde.; G. v. Rauch: Zur Geschichte, S. 132 bis 144; E. Tengberg: Från Poltava.
1043 PAE Corr. pol. Suede vol. 99 (1704) und 104 (1705) passim sowie PAE Corr. pol. Bavière vol. 54, Rouille an Ludwig XIV., Brüssel 10. 12. 1705, f. 118 v bis 119 v und folgende, vol. 55, Rouille an Ludwig XIV., Brüssel 13. 4. 1706, f. 179–180.
1044 PAE Corr. pol. Bavière vol. 55, Rouille an Ludwig XIV., Brüssel 27. 1. 1706, f. 58; 7. 3. 1706, f. 128 v–129; PAE Corr. pol. Bavière vol. 56, Rouille an Ludwig XIV., Mons 27. 7. 1706, f. 138–138 v; MGSTA K schw 17661 (Beglaubigungsschreiben für VICTOR AMADEUS SOLAR DE MONASTEROL und dessen Berichte aus Wittenberg und Leipzig 1706) sowie 17662–17689 (dessen Gesandtschaftsberichte meist aus Leipzig und Danzig 1707–1722).
1045 PAE Corr. pol. Hongrie tom 9–15 (1703–1710); Corr. pol. Bavière vol. 55–62 passim. B. Köpeczi: A Rákóczi-Szabadságharc és Franciaország, bes. S. 50–58, 104–110, 160–185, 233–248, 263–271; ders.: A. Rákóczi-Szabadságharc; B. Köpeczi – J. Sötér: Eszmei; B. Köpeczi: La France, passim.
1046 PAE Corr. pol. Bavière vol. 52, Ludwig XIV. an Rouille, Meudon 27. 11. 1704, f. 119–121; B. Köpeczi: La France, p. 33.
1047 PAE Corr. pol. Bavière vol. 52, Ludwig XIV. an Rouille, Meudon 27. 11. 1704, f. 119–120. DES ALLEURS hatte als persönlicher Beauftragter Ludwigs XIV. herauszufinden, ob eine größere Unterstützung dieser »Diversion« der französischen Politik dienlich sein konnte. Die französischen Geldsendungen nach Ungarn erfolgten entweder auf dem Weg über Konstantinopel oder über Danzig. PAE Corr. pol. Bavière vol. 58, f. 305.
1048 PAE Corr. pol. Bavière vol. 52, f. 119–121 v. Das Projekt einer Vereinigung der französisch-bayerischen und der ungarischen Armee scheiterte aufgrund der allgemeinen politischen und militärischen Situation in Mitteleuropa. Nur auf dem Papier gediehen derartige Pläne; in Wirklichkeit war die Lage in Bayern während der Jahre 1703 bis 1704 verzweifelt. Vgl. über diesen Vereinigungsplan: B. Köpeczi: La France, p. 58–76 und PAE Corr. pol. Hongrie vol. 9 (1703) passim.
1049 B. Köpeczi: La France, p. 17–26.
1050 ebd., f. 21. Die Rekatholisierungsbestrebungen nach dem Prinzip »cuius regio eius et religio« verschärften die Auseinandersetzungen. Denn der niedere Adel, ein Teil des mittleren Adels sowie die Städte im nördlichen und östlichen Teil Ungarns blieben protestantisch im bewußten Gegensatz zu den von Habsburg unterstützten katholischen Einwohnern Ungarns. Über die Geschichte der katholischen Kirche in Ungarn: K. Lányi: Magyar egyháztörténelem, 2 Bde.
1051 Die Eskalation des Terrors (B. Köpeczi: La France, p. 26) bewirkte genau das Gegenteil dessen, was Wien beabsichtigte: nicht Einschüchterung und Unterwürfigkeit, sondern passiven und aktiven Widerstand. A. Várkonyi: Hapsburg absolutism. (1965).
1052 Der vielgerühmte Artikel 31 des Privilegs von 1222.
1053 Über die Reformen in Ungarn und die Zielsetzung der Wiener Politik: L. Sommer: Kameralisten, 2 Bde.; Th. Mayer: Verwaltungsreform; E. Molnár: Les fondements.
1054 B. Köpeczi: La France, p. 25.
1055 RÁKÓCZY war bei den Jesuiten von Neuhaus erzogen worden (B. Köpeczi: La France, p. 34), hatte sich längere Zeit in Wien aufgehalten, war ein intimer

Kenner der habsburgischen Politik und exakter Beobachter des europäischen Geschehens. Neben seiner Muttersprache Ungarisch beherrschte er ausgezeichnet Französisch. Mit seiner Gemahlin korrespondierte er in deutscher Sprache.
1056 So die politische Kennzeichnung, in: »Mémoire presenté a S. A. E. de Bavière par le Baron de Wettes«, PAE Corr. pol. Bavière vol. 62, f. 29–40. Gleichzeitig versuchte RÁKÓCZY, Polen für die ungarische Sache zu gewinnen.
1057 Ausführlich P. Köpeczi: La France, p. 17–57.
1058 Es blieb bei Plänen, denen jede Möglichkeit zur Durchführung fehlte. Wiederum sehr detailliert: B. Köpeczi: La France, p. 58–76.
1059 RÁKÓCZY schrieb später eine »confessio peccatoris«. Sie wurde veröffentlicht in Budapest im Jahre 1876. Sie enthält die Geschichte seiner Jugend bis 1703 und jene seiner Emigration bis 1716. Vgl. J. Fiedler: Actenstücke, in: FRA 9 und 17 (1 und 2), Wien 1855; ders.: Actenstücke, in: AÖG (1871).
1060 G. G. Picavet: La diplomatie.
1061 RÁKÓCZY erhoffte sich infolgedessen vornehmlich eine Intervention Max Emanuels beim französischen König zu seinen Gunsten (PAE Corr. pol. Bavière vol. 53, f. 292, Rouillé an Ludwig XIV., Camp de Bethlehem 30. August 1705). Besonders seitdem sich Max Emanuel nach Mons hatte zurückziehen müssen, war er bestrebt, sich einen neuen Wirkungskreis zu schaffen (PAE Corr. pol. Bavière vol. 56, Rouille an Ludwig XIV., Mons 25. 6. 1706, f. 65–66).
1062 RÁKÓCZY wünschte deshalb im August 1705 eine Offensiv- und Defensivallianz mit Frankreich und gleichzeitig ein entschiedenes Engagement Max Emanuels (PAE Corr. pol. Bavière vol. 53, f 292 v). Die politische Situation aus der Sicht der ungarischen Magnaten ist genauestens dargelegt in: PAE Corr. pol. Bavière vol. 62: Mémoire presenté a SAE de Bavière par le Baron de Wettes, f. 29–40, Kopie, März 1709. Da die ungarische Krone wieder zu einer Wahlkrone werden sollte, war nur an eine Königsherrschaft für Max Emanuel zu seinen Lebzeiten gedacht. Seine Familie sollte nach seinem Tod mit größeren Gütern abgefunden werden.
1063 VETES kam im April 1705 zu Max Emanuel nach Brüssel, PAE Corr. pol. Bavière vol. 52, Rouille an Ludwig XIV., Brüssel 11. 4. 1705, f. 187 v–188. B. Köpeczi: La France, p. 128–132, 143–162, 222–256 et passim; PAE Corr. pol. Hongrie vol. 10–15 (1705–1710) passim, desgl. Corr. pol. Bavière vol. 52–62 (1705–1708) wiederholt Berichte über die ungarische Frage und die entsprechenden Diskussionen Max Emanuels mit seiner Umgebung.
1064 Über Coulons Tätigkeit in Ungarn: PAE Corr. pol. Bavière vol. 53, Rouille an Luwig XIV., Camp de Fesche, 23. 6. 1705, f. 136; vol. 55, Brüssel 6. 5. 1706, f. 227. Ende März 1707 traf COULON wieder in Brüssel ein, vol. 59, f. 160 v.
1065 PAE Corr. pol. Bavière vol. 53, Rouille an Ludwig XIV., Camp de Jolz, 17. 7. 1705, f. 184. Das erste Angebot, sich der Königswahl zu stellen, war im Juni 1705 in Brüssel eingetroffen. LUDWIG XIV. war von Anfang an in dieser Angelegenheit äußerst skeptisch: PAE Corr. pol. Bavière vol. 53, Ludwig XIV. an Rouille, Versailles 11. 6. 1705, f. 100–102. Der König sprach von einer »Couronne assez difficile a maintenir«, ebd. f. 101. Das Angebot der Krone wurde vielfach wiederholt, z. B. vol. 54, Rouille an Ludwig XIV. über ein Gespräch mit Vetes, Brüssel 13. 10. 1705, f. 33 et passim.
1066 OTTO III. Herzog von Niederbayern (1290–1312) war von 1305–1307 König von Ungarn. Im Parteienstreit den Anhängern von Anjou unterlegen und vom Woiwoden von Siebenbürgen LADISLAUS KÁN gefangengenommen, mußte sich OTTO eidlich und urkundlich zur Zahlung einer hohen Geldsumme verpflichten,

ehe er nach Bayern zurückkehren durfte. Dies geschah. Im Februar 1308 traf OTTO wieder in Bayern ein. Den Königstitel behielt er bei. J. Widemann: König Otto, in: FGB 13 (1905) 20–40 und 15 (1907) 72–78; vgl. die Ausführungen CASPAR VON SCHMIDS in seiner Historia MHS Cgm 1822, f. 45–47 »Wie das Königreich Ungern an die Hörzogen in Bayrn, und wieder davon kommen« und Cgm 1822a, S. 83–100.

1067 Zugleich vertrat man die Ansicht, es gebe keinen einzigen König in den Annalen der Geschichte, der ähnlich gehandelt hätte und unter den obwaltenden Umständen sich mit einer solchen Last beladen würde. Die tatsächliche Lage schildert ein Brief RÁKÓCZIS an LUDWIG XIV. vom 6. August 1708 (PAE Corr. pol. Hongrie vol. 13 (1708), f. 115–121 v), in dem der Magnat über die Niederlage von Trencsén berichtet: »J'ai vu avec une douleur extrême toute ma cavalerie quitter l'infanterie et en se débandant entièrement, laisser cella-là à la proie des ennemis et après qu'elle s'était défendue autant que la confusion, dans laquelle elle avait été mise, étant abandonnée par la cavalerie, lui avait permis, elle se retirait dans les montagnes voisines.« 8000 kaiserliche Soldaten hatten 9000 ungarische Infanteristen und 5000 Kavalleristen besiegt. Auf Max Emanuel setzte man alle Hoffnung, die Situation noch zum Guten zu wenden. Sobald ihn LUDWIG XIV. nach Ungarn geschickt habe, so RÁKÓCZI, werde auch der Krieg in Ungarn von neuem aufflammen und erfolgreich weitergehen, wie auch die Lage in Transdanubien (Dunántul, das heute noch reich an Kulturdenkmälern ist, da es während der Türkenkriege nicht so sehr leiden mußte wie das Alföld) zeige. B. Köpeczi: La France, p. 258, 259; vgl. K. Th. Heigel: Kurfürst Emanuel von Bayern und Franz Rákóczi, S. 90, 91; ders.: Die Beziehungen des Kurfürsten Max Emanuels zu Franz Rakoczy, S. 117–146.

1068 z. B. über den Vertragsentwurf vom Juli/August 1708 »Projet d'un traité entre Sa Majesté Trés Cretienne et ses successeurs d'une part, le Duc et les Etats et Ordres de la Conféderation du Royaume d'Hongrie d'autre part.« Gedruckt bei: B. Köpeczi: La France, p. 260–262. Über Diskussionen kam man de facto auch in den folgenden Jahren nicht hinaus.

1069 Nach dem Friedensschluß von Szatmár (1711) mußte RÁKÓCZI Ungarn verlassen und ins Exil gehen. Auch hier war er noch sehr rege politisch tätig, zunächst in Verbindung mit dem schwedischen König KARL XII. GUSTAV, schließlich in Frankreich (B. Köpeczi: La France, p. 301–320).

1070 PAE Corr. pol. Bavière, vol. 55–62.
1071 ebd. vol. 52, f. 186.
1072 Diese Reformen wurden von 1701 bis 1706 durchgeführt.
1073 H. Pirenne: Histoire, vol. 3, p. 60, 61; R. de Schryver: Bergeyck, p. 268 bis 337.
1074 Vgl. für Frankreich G. Livet: L'intendance.
1075 H. Pirenne: Histoire, vol. 3, p. 62.
1076 ebd., p. 63, 64. Die schwerwiegendsten Eingriffe waren bereits vorausgegangen. So wurde QUESNEL, nach dem Tode ARNAULDS Führer der Jansenisten, im Jahre 1703 gefangengenommen. Es kam zu zahllosen willkürlichen Verhaftungen. L. P. Gachard: Histoire, p. 94–107.
1077 PAE Corr. pol. Bavière vol. 58, Mémoire Mons 28. 10. 1706, f. 271–272.
1078 ebd. f. 285, 286 (Juli bis Oktober 1706).
1079 vol. 57, Rouille an Ludwig XIV., Mons 5. 12. 1706, f. 163–165.
1080 ebd.; über Max Emanuels Spielschulden ebd., f. 33, Mons 19. 10. 1706.
1081 P. Goubert: Ludwig XIV., S. 240; W. S. Churchill: Marlborough, Bd. 1, S. 629–699.

1082 PAE Corr. pol. Bavière vol. 55, 56.
1083 Über die bayerische Beteiligung: K. Staudinger: Geschichte, Bd. II, 2, S. 1105–1114; vgl. W. S. Churchill: Marlborough, Bd. 2, S. 69–82.
1084 PAE Corr. pol. Bavière vol. 55. Unmittelbar nach dem Verlust der Schlacht schrieb ROUILLE an LUDWIG XIV. (f. 281 v, ohne Datum): »Tous les Pays-bas perdus en un jnstant, l'armée du Roy a moitie detruite, et Mr L'Electeur de Bavière n'ayant plus de retraite. Le Corps de Troupes de Flandre perdu pour nous dez que nous abandonnons le pays. La France se chargée de tout ce que ce pays y donnoit a S. A. E., toutes les jdées de negociations evanouies. Tout cela est une abime de malheur qui acable quiconque prend la chose publique aussy a cour que je sais.« Am 30. Mai 1706 zog MARLBOROUGH in Brüssel ein.
1085 BERGEYCK richtete nach der Katastrophe von Ramillies eine neue Verwaltung für die restlichen Niederlande in Namur ein. R. de Schryver: Bergeyck, p. 349–356.
1086 H. Pirenne: Histoire, vol. 3, f. 67. Schon im Mai 1706 waren Schmähschriften gegen die Franzosen und Spanier zirkuliert. Dabei forderte man die Untertanen auf, ähnlich wie die Katalanen von PHILIPP V. abzufallen. PAE Corr. pol. Bavière vol. 55, f. 256. LUDWIG XIV. schrieb an ROUILLE (ebd., f. 291), wenn der Erzherzog sich in den Besitz der Niederlande und Spaniens setze, werde der Krieg ewig dauern (Versailles 31. 5. 1706).
1087 PAE Corr. pol. Bavière vol. 56, Rouille an Ludwig XIV., Mons 27. 7. 1706 f. 140 und folgende bis Ende des Jahres – In den französischen Quellen SESSANDRE, sonst SERSANDERS. W. S. CHURCHILL (Marlborough, Bd. 2, S. 99) spricht von einem gewissen SERSANDERS, eines ausgezeichneten belgischen Beamten. Der spanische König PHILIPP V. hatte SESSANDRE im Jahre 1703 den Adelstitel verliehen.
1088 W. S. CHURCHILL urteilt (Marlborough, Bd. 2, S. 100): »Sein (Max Emanuels) von Ehrgeiz veranlaßter Verrat am Kaiserreich sollte nun durch eine neuerliche Desertion ausgelöscht werden.« Und an anderer Stelle: »Niemandem war der Große König (LUDWIG XIV.) nach ritterlichen Ehrbegriffen mehr verpflichtet als diesem unseligen Exilierten, der sich selbst in seinem Glauben an die Waffen Frankreichs befleckt und ruiniert hatte. Aber es gab auch niemanden, dessen er weniger sicher war. Er wußte um die Versuchung und kannte den Mann, an den sie herangetragen wurde.«
1089 Dies besagt nicht, daß Paris nicht äußerst mißtrauisch und vorsichtig gewesen wäre, was Max Emanuels Zukunftspläne betraf. PAE Corr. pol. Bavière vol. 56, f. 37 und 37 v, über die Verhandlungen mit Sessandre: vol. 56 passim Denkschriften und Korrespondenzen über diese Vorgespräche, f. 213 v–214, Rouille an Ludwig XIV., Camp d'Houpelinne, 23. 10. 1706, über eine gemeinsame Konferenz zwischen Max Emanuel, VENDÔME und ROUILLE hinsichtlich der Angebote SESSANDRES bzw. MARLBOROUGHS, ferner vol. 58, Versailles 19. Aug. 1706, f. 192 bis 193 und 20. Aug. 1706, f. 203–208; Teilungspläne: Ludwig XIV. an Rouille, Versailles 14. Aug. 1706, f. 199–202.
1090 PAE Corr. pol. Bavière vol. 56, Ludwig XIV. an Rouille, Marly 11. 6. 1706, f. 25.
1091 ebd., Rouille an Ludwig XIV., Mons 3. und 4. 8. 1706, f. 155–165; ferner f. 218–218 v Pläne über einen Friedensvertrag, 23. 8. 1705 sowie Korrespondenz zwischen Bergeyck und van der Dussen im Sept. 1706, besonders f. 248–250.
1092 ebd., Ludwig XIV. an Rouille, Versailles 5. 8. 1706, f. 151 bzw. 26. 8. 1706, f. 219–221; vol. 57, Ludwig XIV. an Rouille, Versailles 27. 10. 1706, f 51–53.

1093 PAE Corr. pol. Bavière vol. 57: Max Emanuel hatte MARLBOROUGH und die holländischen Politiker zu Friedensverhandlungen eingeladen, Mons 23. 10. 1706, f. 45–47, desgl. Kopie eines Schreibens an Marlborough, Mons 23. 10. 1706, f. 49–50; Ludwig XIV. an Rouille, Marly 5. 11. 1706, f. 84–86; Rouille an Ludwig XIV., Mons 5. 11. 1706, f. 89 v sowie 2. und 5. 12. 1706, f. 158 und 162.

1094 PAE Corr. pol. Bavière vol. 56, Rouille an Ludwig XIV., Sept. 1706, f. 257–262 und vol. 57 vereinzelte Meldungen über Sessandre.

1095 ebd., vol. 58, Mémoire für Rouille, Versailles 16. 9. 1706, f. 234–237.

1096 PAE Corr. pol. Bavière vol. 55, Rouille an Ludwig XIV., Brüssel 26. 1. 1706, f. 55; desgl. vol. 57, Rouille an Ludwig XIV., Mons 6. 3. 1707, f. 384–384 v und vol. 58, f. 90 v, Mons 24. 2. 1707; über Spionagefälle im französischen Lager: Versailles, 16. 3. 1706, f. 144; Mons 31. 3. 1706, f. 157, vol. 60, Mons 7. 4. 1707, f. 9 v und 8. April 1707, f. 12–15. In Brüssel, Lüttich und Valenciennes waren undichte Stellen, ebd. 10. 4. 1706, f. 21–22 v und f. 25.

1097 LUDWIG XIV. hatte noch im Juni 1706 den Standpunkt vertreten, daß Max Emanuel so lange wie möglich in den Niederlanden zu beschäftigen sei. Dies sei besser als ein Exil in Frankreich, wie Max Emanuel es wünschte. PAE Corr. pol. Bavière vol. 56, Marly 21. 6. 1706, f. 42 v–43; ROUILLE mußte persönlich für die »Belustigungen« Max Emanuels aufkommen; Rouille an Ludwig XIV., Mons 17. 6. 1706, f. 67; vol. 57, Mémoire Frischmanns, 6. 12. 1707, ausführliche Darlegungen, Max Emanuel außerhalb Frankreichs zu beschäftigen, f. 483–489; vol. 58, Rouille an Ludwig XIV., Mons 20. 1. 1707. Auch in diesem Brief wird deutlich, wie sehr Max Emanuel als Last empfunden wurde, f. 47–49.

1098 M. Braubach: Prinz Eugen, Bd. 2, S. 185–203.

1099 PAE Corr. pol. Bavière vol. 59, Versailles an Rouille, 4. 2. 1707, f. 60–61. LUDWIG XIV. wünschte die Defensive und keine Offensive; Rouille an Ludwig XIV., Mons 8. 2. 1707, f. 72 v; Ludwig XIV. an Rouille, Versailles 15. 2. 1707, f. 76.

1100 Obwohl bayerische Truppen noch längere Zeit an militärischen Unternehmungen in den Niederlanden und am Rhein beteiligt waren, spielte Max Emanuel keine aktive und entscheidende Rolle mehr.

1101 P. Goubert: Ludwig XIV., S. 243, 244.

1102 H. Pirenne: Histoire, vol. 3, p. 67; W. Braubach: Prinz Eugen, Bd. 2, S. 233–237; W. S. Churchill: Marlborough, Bd. 2, S. 217–237; CHURCHILL kritisiert das Verhalten VENDÔMES, der sich persönlich an den Kämpfen beteiligte, anstatt, wie es einem Feldherrn gemäß ist, die Schlacht zu leiten: »Sein Fehler war, sich in die örtlichen Auseinandersetzungen um Groenewald einzumischen und dabei jedes vernünftige Maß zu überschreiten, wodurch er die notwendige Kontrolle über seine große Armee verlor. Eine halbe Stunde später wurde offenbar, daß der linke Flügel noch immer völlig bewegungslos war. Doch da kämpfte VENDÔME bereits mehr wie ein gemeiner Soldat mit der Pike denn als Marschall Frankreichs, dem das Oberkommando über 90 000 Mann anvertraut war.« (S. 224). Nimmt man diese Kriterien CHURCHILLS als Maßstab für eine allgemeine Beurteilung, so ist auch über Max Emanuels Feldherrntalent das Urteil gesprochen. Denn Max Emanuel engagierte sich stets in den Kämpfen und besaß somit nie einen Überblick über das Gesamtgeschehen. Das macht verständlich, warum ihm früher die Kaiserlichen und jetzt die Franzosen nach Möglichkeit den Oberbefehl über ein Armeekorps zu verweigern suchten.

1103 P. Goubert: Ludwig XIV., S. 244–251: »Das Königreich am Rande des Abgrunds (1709–1710)«.

1104 PAHG Château de Vincennes, A¹ No 2084.

1105 Am 22. 11. 1708 erschien Max Emanuel vor Brüssel.
1106 K. Staudinger: Geschichte, Bd. II, 2, S. 1149–1151. Max Emanuel mußte den gesamten Troß und die Kanonen zurücklassen, so sehr eilte der Rückzug.
1107 P. Goubert: Ludwig XIV., S. 249.
1108 Schon während des Oktobers 1706 plünderten die bayerischen Soldaten, da sie keinen Sold mehr bekamen, PAE Corr. pol. Bavière vol. 57, f. 33 v, f. 147 (29. 11. 1706: Überteuerung im Land). Die Zahlungsanweisungen, die in Effekten und Schatzanweisungen auf künftige Staatseinnahmen bestanden, verloren wesentlich an Wert, wenn sie sofort eingelöst wurden, so daß es zu Verlusten bis zu 50 % des Nennwertes kam. PAN T 153/30, 60.
1109 H. Pirenne: Histoire, vol. 3, p. 72.
1110 PAE Corr. pol. Bavière vol. 57.
1111 Zum folgenden: WHHSTA Reichskanzlei Berichte aus München Fasz. 1c (1704–1705), 1d (1706, Jan.–Juni); 1e (1706, Juli–Dez.), 1f (1705, Juni–Dez., 1706, Jan.–Dez.), 1g (1707, Jan.–Mai), 1h (1707, Juni–Dez.), 1i (1707), 1k (1708), 1l (1709), 1m (1710), 1n (1711), 1o (1712), 1p (1713), 1qu (1714), 1r (1715); ferner ebd., Bavarica Fasz. 7c (Korr. 1705–1715); ferner ebd., Bavarica Bauernaufstand (1705/06 und nachfolgende Untersuchungen 1706 bis 1714): Fasz. 16, 16a/I und II; Fasz. 16b/I; Fasz. 16b/II Fasz. 16c/I; Fasz. 16c/II; Fasz. 17a/I; 17a/II; Fasz. 17a/III; Fasz. 17b/I; Fasz. 17b/II; Fasz. 18/I–III; Fasz. 19a; Fasz. 19b; ferner ebd., Bavarica Kaiserliche Administration in Bayern Fasz. 20a (1704 bis 1705); Fasz. 20b (1705, Juli–Dez.); Fasz. 21a (1705, Jan.–Dez.); Fasz. 21b (1705, Okt.–Dez.); Fasz. 22 (1706, Jan.–Juni); Fasz. 23 (1706, Juli–Dez.); Fasz. 24a (1706, März–Mai); Fasz. 25b (1706, Mai); Fasz. 25c (1706, Nov.–Dez., und 1707, Jan.); Fasz. 26 (1707, Jan.–Juni); 26b (1705, Okt.–1706, Dez.); Fasz. 26c (1707, Juli–Dez.); Fasz. 27 (1707, Jan.–Mai); Fasz. 28 (1707, Juni–Dez.); Fasz. 28b (1706–1714); Fasz. 29a (1707, Jan.); Fasz. 29b (1707, Febr.); Fasz. 29c (1707, März); Fasz. 30a (1707, April–Sept.); Fasz. 30b (1707, Okt.–Dez.); Fasz. 31 (1708, Jan.–Mai, und 1706–1708); Fasz. 32 (1708, Juni–Dez.); Fasz. 33a (1708); Fasz. 33b (1707–1708); Fasz. 40 (1713, Dez.–1714, Aug.); Fasz. 41a (1708–1712); Fasz. 41b (1708–1712); Fasz. 41c (1708–1712); Fasz. 41d (1706–1715); Fasz. 42 (1709 bis 1712); Fasz. 43a (1709–1714); Fasz. 43b (1709–1714); Fasz. 43c (1709–1714); Fasz. 44 (1704–1708).
1112 WHHSTA Bavarica Fasz. 16a/I, f. 1–9: Instruktion Kaiser Leopolds I. vom 20. 4. 1705.
1113 Theatrum Europaeum vol. XVII (1704), S. 102.
1114 Die Kaiserlichen schätzten die in Bayern verbliebenen und nun vagierenden Soldaten auf 11 Bataillone (WKA Hofkriegsrat Nr. 430, 1705, f. 31, 88, 103).
1115 PAE Corr. pol. Bavière vol. 52 (Diskussion Max Emanuels mit ROUILLE über die Frage, ob THERESE KUNIGUNDE Bayern verlassen könne, z. B. Rouille an Ludwig XIV., Brüssel 7. 1. und 12. 1. 1705, f. 15–16 und 19).
1116 Der Ilbesheimer Vertrag vom 7. 11. 1704: L. Bittner: Chronologisches Verzeichnis, Bd. 1, S. 124 nr 649; J. Dumont: Corps universel, vol. VIII, 1, p. 164; J. J. Zinck: Ruhe des jetzt lebenden Europa II (1727), Suppl. 187.
1117 Eine Konferenz der Wiener Minister vom 5. 3. 1705 hatte die grundlegenden Positionen über die Verwaltung des unterworfenen Landes abgesteckt und dem Grafen VON LÖWENSTEIN die Verwaltung übertragen: WHHSTA Bavarica 21a (1705), f. 39–44. Über die Reaktion Max Emanuels auf die Nachrichten aus Bayern äußerte sich ROUILLE (PAE Corr. pol. Bavière vol. 53, f. 263, Rouille an Ludwig XIV., Camp de Corbeeck, 13. 8. 1705) mit den Worten: »De quoy je suis toujours plus surpris, est de la facilité avec laquelle ce Prince oublie les choses

les plus importantes et les plus desagreables qui luy reviennent de ce pays la... Il n'est veritablement occuppé que de l'envie de se trouver en repos et d'en jouir.«

1118 Die Kaiserlichen verdächtigten vor allem NEUSÖNNER, der mit Brüssel in Verbindung stand, sowie die Gräfin VON HARTENFELS, geb. Mancini, und den Grafen JOSEPH VON TÖRRING. Anweisungen an ihn fielen den Kaiserlichen in die Hände. Verschiedene »Carta bianca«, Blankovollmachten, ließen den Verdacht aufkommen, daß auf diese Weise geheime Nachrichten übermittelt wurden. Man vermutete, daß durch eine besondere chemische Behandlung die Geheimschrift sichtbar würde. Eine »taugliche Person« am Kaiserhof versuchte, diese Briefe zu »entziffern« (WHHSTA Bavarica Fasz. 21a, f. 58, 61 und 61 v).

1119 WKA Hofkriegsrat Nr. 430, f. 451 (März 1705). Mitte des Jahres 1705 erfuhren die Kaiserlichen, daß 66 Kanonen, ferner Munition und Gewehre in der Reitbahn von München und in Wasserburg vergraben und nicht abgeliefert worden waren. (WHHSTA Reichskanzlei, Berichte aus München Fasz. 1c, Paket 3).

1120 So fand THERESE KUNIGUNDE die Bestätigung, daß Max Emanuel der Gräfin DE MELUN eine Mitgift von 100 000 fl. gegeben hatte. Auch die Beziehungen des Kurfürsten zur Gräfin RECHBERG wurden entdeckt und die Pensionszahlungen an verschiedene Damen, abgestuft nach ihrem gesellschaftlichen Rang, was sich in der Höhe der Abfindung bemerkbar machte. Die Liebesbriefe der Gräfin ARCO waren ebenfalls in diesem Koffer aufbewahrt. Wie lustig es Max Emanuel in Brüssel trieb, war auch in München bekannt geworden. THERESE KUNIGUNDE ließ deshalb als kleines Aequivalent zu den Brüsseler Freuden ihres Gemahls im Karneval des Jahres 1705 in München wenigstens Feste und Belustigungen veranstalten. PAE Corr. pol. Bavière vol. 52, Rouille an Ludwig XIV., Brüssel 12. 1. 1705, f. 22–29, hier f. 27 und 26. 2. 1705, f. 80.

1121 PAE Corr. pol. Bavière vol. 52, f. 28 v, desgl. f. 15 und 16 (7. 1. 1705), f. 19 (Rouille an Ludwig XIV., Brüssel 12. 1. 1705).

1122 ebd., vol. 52 Rouille an Ludwig XIV., Brüssel 12. 1. 1705, f. 22–29.

1123 Denn THERESE KUNIGUNDE dürfe sich angesichts der bedrohten Lage Bayerns nicht von Leidenschaften und »ungerechtem Widerwillen« fortreißen lassen, auch wenn es ihr schwer falle, meinte man in Versailles. Zugleich müsse man ihr Hoffnung geben, zu gegebener Zeit nach Brüssel reisen zu können. Auch ein Treffen in der Schweiz war in Aussicht genommen. PAE Corr. pol. Bavière vol. 52, Ludwig XIV. an Rouille, Versailles 12. 1. 1705, f. 19; desgl. Marly 19. 1. und 29. 1. 1705, f. 32–34 bzw. f. 51–52 (Entwürfe).

1124 Zugleich suchte Max Emanuel irgendwelche Gründe, auch seiner Gemahlin grollen zu können. Einen Vorwand fand er in der Tatsache, daß THERESE KUNIGUNDE dem jetzt siebenjährigen Kurprinzen KARL ALBRECHT einen Jesuiten zum Beichtvater und nicht einen Theatiner gegeben hatte. Politische Verhaltensmaßregeln von einigem Wert erteilte Max Emanuel nicht, so daß THERESE KUNIGUNDE nach der Mission des Paters SMAKERS ebenso klug war wie zuvor (PAE Corr. pol. Bavière vol. 52, Rouille an Ludwig XIV., Brüssel 24. 1. 1705, f. 43 v bis 44). ROUILLE schilderte Max Emanuels Situation treffend mit folgenden Worten: »Il y (in Brüssel) mene une vie libre et comode qu'il gouste fort, et dont la presence de Madame l'Electrice le priveroit absolument.« PAE Corr. pol. Bavière vol. 52, Rouille an Ludwig XIV., Brüssel 3. 2. 1705, f. 600–661.

1125 Ursprünglich war ein Treffen in der Steiermark vorgesehen gewesen, dieser Plan aber zerschlug sich. WKA Hofkriegsrat Nr. 430, f. 206 und 451.

1126 MGHA Korr. 753/XIV (Bruchstücke eines Briefwechsels zwischen Max

Emanuel und THERESE KUNIGUNDE wegen der Mißhelligkeiten aus der eigenmächtigen Abreise der Kurfürstin nach Venedig 1705); desgl. PAE Corr. pol. Bavière vol. 52, Rouille an Ludwig XIV., Brüssel 2. 3. 1705, f. 93; 5. 3. 1705, f. 96 v und 97; 6. 3. 1705, f. 103; 7. 3. 1705, f. 107; 15. 3. 1705, f. 129 v, 130. Max Emanuel gab sich sehr betrübt, als er erfuhr, daß seine Gemahlin in Venedig war; ebd. Brüssel 22. 3. 1705, f. 141; PAE Corr. pol. Bavière vol. 53 Rouille an König, Brüssel 23. 5. 1705, f. 46.

1127 PAE Corr. pol. Bavière vol. 55, Rouille an Ludwig XIV., Brüssel 8. 1. 1706, f. 21 v. MGSTA K schw 5465/1 (Kaiserliches Verbot). Auch Pater SMAKERS versuchte 1705 beständig zwischen der Kurfürstin in Venedig, dem Wiener und dem Brüsseler Hof zu vermitteln, um die Rückkehr THERESE KUNIGUNDES nach München zu ermöglichen. WHHSTA Bavarica Fasz. 21 A (1705), f. 53–54.

1128 PAE Corr. pol. Bavière vol. 52, Rouille an Ludwig XIV., Brüssel 23. 4. 1705, f. 206 v–207; THERESE KUNIGUNDE lebte in Venedig zwar nicht in »ärmlichen Verhältnissen«, doch waren ihre Möglichkeiten, ein standesgemäßes Leben zu führen, beschränkt. Aus München schickte man ihr die notwendigen Gebrauchsgegenstände nach (MGHA Hof-Haushalt 1712 H Nr. 15); anderes mußte sie in Venedig neu ankaufen lassen. Sie wurde nicht nur von bayerischen Gesandten (z. B. dem Fürsten von Thurn und Taxis) überwacht (MGHA Korr. 753/79, 1706), sondern auch von kaiserlichen und französischen Agenten. Abbé POMPONNE, der französische Gesandte in Venedig, berichtete wiederholt über sie (PAE Corr. pol. Bavière vol. 52, f. 206, 207 und folgende). Die Geldüberweisungen aus Spanien und aus Brüssel ließen meist lange auf sich warten, so daß sich auch hier die Schulden häuften. THERESE KUNIGUNDE besuchte des öfteren die Klöster der Umgebung, zeigte besonderes Interesse am musikalischen Leben Venedigs. Max Emanuel schickte schließlich Baron WIDMANN nach Venedig, der der Kurfürstin in Geldangelegenheiten zur Seite stand (PAE Corr. pol. Bavière vol. 56, f. 119, 19. 7. 1706). Da THERESE KUNIGUNDE nach einiger Zeit Venedig zu verlassen wünschte, schlug Max Emanuel vor, ihr in Frankreich ein Exil zuzuweisen. LUDWIG XIV. ließ dementsprechende Vorschläge übermitteln. Dijon, Grenoble und Lyon waren im Gespräch. Doch hatte Max Emanuel fast überall Einwände. Grenoble war ihm zu weit entlegen, Lyon ein zu geschäftiger Ort (PAE Corr. pol. Bavière vol. 56, 19. 7. 1706, f. 117 v–118). Vielleicht Avignon? Es wäre recht hübsch gewesen (vol. 57, Rouille an Ludwig XIV., Mons 9. und 13. 11. 1706, f. 96, 104 v–105). Max Emanuel war auch damit nicht einverstanden. So kam es, daß THERESE KUNIGUNDE 10 Jahre lang in Venedig blieb, abgesehen von kleineren Reisen wie etwa nach Ravenna.

1129 Einige Tage vorher hatte der kaiserliche Oberst DE WENDT das Münchener Zeughaus besichtigt und sich über die Demolierung der Festungsanlagen erkundigt. Dabei hatte er die Situation der Stadt ausgekundschaftet (MGSTA K schw 5465/1). Über den Vorgang der Einnahme Münchens ebenfalls WHHSTA Bavarica Fasz. 21 A (1705), f. 2–3. Als die Münchener Geheimräte und der Magistrat die Truppenbewegungen in der nächsten Umgebung der Stadt bemerkten, richteten sie eine Beschwerde an den Kaiser. Man vermutete zu Recht, es »müsse ein gewisses verborgenes dessein obhanden sein«. MGSTA K schw 5465/1, f. 3.

1130 MGSTA K schw 5465/1, f. 4–8. M. Schattenhofer, S. 253–259.

1131 MGSTA K schw 5465-1, f. 8–9. Ende Mai traf die Nachricht von der Einnahme Münchens in Brüssel ein. PAE Corr. pol. Bavière vol. 53, Rouille an Ludwig XIV., 28. 5. 1705, f. 60 v–62 v.

1132 MGSTA K schw 5465/1, f. 9 v, desgl. PAE Corr. pol. Bavière vol. 53, Rouille an Ludwig XIV., Brüssel 28. 5. 1705, f. 63 v und vol. 53, f. 142–144.

1133 MGSTA K schw 5465/1, f. 11 v–13 v.
1134 Vgl. Th. Fellner u. H. Kretschmayer: Die österreichische Zentralverwaltung, 3 Bde.; A. Wolf: Hofkammer; O. Regele: Hofkriegsrat; über die Stände: P. Blickle: Landschaften.
1135 Ch. Hutt: Löwenstein. Über die Zeit seiner Administration in Bayern und anschließend seiner Tätigkeit als kaiserlicher Prinzipalkommissar und Gouverneur von Mailand, ebd., S. 211–239.
1136 Über die Zeit der kaiserlichen Verwaltung: A. Fricek: Die Administration, Diss. Masch. Wien 1953. Leider ist diese Arbeit auf Apologetik angelegt. Der Verfasser will die kaiserliche Administration verteidigen. Deshalb unterscheidet er alle Historiker, die sich mit diesem Problem befaßt haben, in »gute« und »böse«. Gute Historiker sind jene, die die kaiserliche Administration in Bayern loben oder zumindest nicht tadeln, schlechte Historiker sind jene, die die Tätigkeit der kaiserlichen Administration allzu kritisch beleuchten. Sigmund von Riezler fällt bei dieser Bewertung gerade noch unter die guten Historiker, da er sich bemüht habe, auch der kaiserlichen Seite gerecht zu werden. De facto aber geht es nicht darum, Werturteile über die kaiserliche Administration auszusprechen, sondern die Bedingungen ihres Wirkens, ihr Verhalten und ihre Arbeit aufzuzeigen und zu verstehen.
1137 Dabei wurde der Zusatz nicht vergessen, die bayerischen Beamten dürften künftig dem Kurfürsten nicht mehr »anhängen«. WHHSTA Bavarica Fasz. 21 A (1705), Beschluß vom 29. April 1705. Die Bürgermeister und die Mitglieder des inneren und äußeren Rates sowie deren Bedienstete erschienen am 6. und 8. Juni 1705 in Landshut und wurden hier vereidigt; ebd. f. 21–23, 29–33). Nach der Einnahme Münchens wurden auch die letzten bayerischen Beamten auf den Kaiser verpflichtet.
1138 Graf von GRONSFELD hatte den Kammerdirektor unter einem Vorwand in die Wohnung des Grafen FUGGER, eines treuen Anhängers der Kaiserlichen, bestellt und hielt ihn dort eine Zeitlang hin. Unterdessen drangen kaiserliche Agenten und Soldaten in seine Wohnung ein und beschlagnahmten alle auffindbaren Schriftstücke. In einer verschlossenen Kutsche wurde NEUSÖNNER, von Husaren eskortiert, aus der Stadt in Richtung Starnberg gebracht. MGSTA K schw 5465/1, f. 15–15 v.
1139 Der Schatz bestand aus Juwelen im Wert von rund 1 Million fl. und 300 000 Golddukaten (PAE Corr. pol. Bavière vol. 53, Rouille an Ludwig XIV., Camp de Corbeeck, Aug. 1705, f. 244 v).
1140 Berühmt ist der Ausspruch Kaiser JOSEPHS I., Bayern so zu gebrauchen, daß es künftig dem Kurfürsten zu nichts mehr nütze sein solle. In einer Konferenz zu Wien am 5. 3. 1705 war die Politik der kaiserlichen Administration festgelegt worden. (WHHSTA Bavarica Fasz. 21 A, 5. 3. 1705, f. 39–44).
1141 WHHSTA Reichskanzlei, Berichte aus München, Fasz. 1 F, folio 137–140. Die Höhe der Kautionen war verschieden: Der Pfleger von Dingolfing mußte 3000 fl. hinterlegen, die Pfleger von Rosenheim, Aibling und Schwaben je 1500 fl., die Pfleger von Erding, Neumarkt, Waldmünchen sowie der Landrichter zu Schärding jeweils 3000 fl., der Pfleger zu Kirchberg 1000 fl., der Kastner zu Landshut 1500 fl., der Verwalter des Weißbierbrauamts zu München 3000 fl., der Pfleger zu Moosburg 2000 fl., der Oberststallmeister 2000 fl., der Rentmeister zu Landshut 1500 fl., der Hofoberrichter zu München 2000 fl., der Salzbeamte zu München 1500 fl., der Verwalter des Braunbierbrauamts zu München 1500 fl., der Pfleger von Mindelheim 1000 fl. (Mindelheim wurde bald abgetrennt und dem Herzog von MARLBOROUGH übereignet, der in den Reichsfürstenstand erhoben

wurde, W. S. Churchill: Marlborough, Bd. 2, S. 26–35), die Pfleger zu Wolfratshausen und Kranzberg je 2000 fl., der Verwalter von Schleißheim, der Hofzahlmeister zu München, der Pfleger von Traunstein, der Rentmeister zu München je 2000 fl., der Vormund der Grafen Preysing und der Pfleger von Vohburg je 3000 fl., der Pfleger zu Donauwörth 2000 fl., der Kastner zu Landsberg 600 fl., der Mautner zu Wasserburg 2000 fl. Alle anderen einflußreichen und bedeutenden Beamten mußten zwischen 500 und 3000 fl. hinterlegen. 148 hohe Beamte bezahlten somit insgesamt 203 850 fl. (f. 137–140). Neben diesem Amtsdarlehen, mit dem sie hafteten, hatten die bayerischen Beamten noch einen »gutwilligen Beitrag« zu den »gegenwärtigen ungemeinen Necessitaeten« zu leisten. Es wurde versprochen, diese Antizipation wieder zurückzuerstatten aus den künftigen Einnahmen der Kammergefälle (Bavarica Fasz. 16 A/I, f. 8).

1142 WHHSTA Reichskanzlei, Berichte aus München Fasz. 16 A/I, f. 3.
1143 WHHSTA Staatskanzlei Bavarica Fasz. 19 B.
1144 ebd., Bavarica Fasz. 16 A/I, f. 4 v.
1145 Auch Prinz EUGEN befahl die Zwangsrekrutierungen im Herbst 1705, siehe: Die Feldzüge des Prinzen Eugen, Bd. VII, S. 362–410 und Bd. VIII, S. 87 bis 95.
1146 WHHSTA Reichskanzlei, Berichte aus München, Fasz. 1 B. Anderen Bankiers dagegen, wie dem Wechsler RUFFINI, gelang es rechtzeitig, sich mit den Kaiserlichen zu arrangieren. Im Jahr 1709 mußte ihm die Administration z. B. Vorschüsse in Höhe von 234 717 fl. zurückerstatten, mit denen er den Kaiserlichen unter die Arme gegriffen hatte.
1147 Am 6. 6. 1705 hatte die Administration die Münchener Münze besetzt und in den dortigen Kassen Gold und Silber im Wert von 140 000 fl. vorgefunden sowie gemünztes Geld in Höhe von 15 000 fl. In München wurde nun eine »kaiserliche Münzstätte« errichtet. (J. Newald: Beitrag, S. 59). Man prägte Taler, Dukaten, Groschen, Kreuzer und Pfennige mit dem Bildnis Kaiser Josephs I. Da die erste Ausmünzung nicht die Zustimmung auf dem Regensburger Münz-Probations-Convent der drei Reichskreise Franken, Schwaben und Bayern fand (J. V. Kull: Studien, in: Mitteilungen B. W. G. 3, 1884, S. 55), andererseits Bayern nicht wieder mit fremden, geringhaltigen Münzen überschwemmt werden sollte, befahl die kaiserliche Regierung im Juli 1706, künftig vor allem Kreuzer, Groschen und Pfennige auszumünzen (J. Newald, Beitrag, S. 36). So wurden vom 1. 1. bis 31. 10. 1706 insgesamt 2149 Dukaten zu 4 fl. 8 kr. gefertigt. Die Auspprägung der Groschen wurde auf 2895 Mark, die der Kreuzer auf 2775 Mark, die der Pfennige auf 2089 Mark festgelegt (J. V. Kull, Studien, S. 56). Es kamen zwischen 1707 und 1710 folgende Münzen zur Ausprägung:

	Dukaten	Taler	Groschen	Kreuzer	Pfennige
anno					
1707	5005 fl. 20	–	32015 fl. 18	10454 fl.	4562 fl. 24
1708	4084 fl. 33	–	32053 fl. 57	3363 fl. 35	4278 fl. 32
1709	3769 fl. 36	–	32955 fl. 15	8019 fl. 22	4010 fl. 25
1710	1521 fl. 4	–	34474 fl. 42	5699 fl. 15	4456 fl. 24
hiezu					
1705	8000 fl. –	37142 fl.	5722 fl. 5	3353 fl. 22	946 fl. 54
1706	8882 fl. 32	–	20708 fl. 36	11632 fl. 45	4939 fl. 47
	31263 fl. 05	37142 fl.	157929 fl. 53	42523 fl. 01	23202 fl. 26
	TOTALSUMME 292 062 fl. 17 kr.				

Während der Zeit der kaiserlichen Okkupation wurden noch zusätzlich in Augsburg zahlreiche Münzen geprägt. So erfolgte im November 1713 eine Silbersendung aus Mailand nach Augsburg, die 81 663 Philippi, 200 000 Genuinen und 1970 Pistolen enthielt. Da die Münchener Münze seit 1705 nicht mehr auf Talerprägung eingerichtet war, verpflichtete sich der Augsburger städtische Münzmeister CHRISTIAN HOLEYSEN, wöchentlich 30 bis 35 000 Taler zu liefern. (J. Newald, Beitrag, S. 61). Er begann am 25. 11. 1713 mit der Prägung und hatte noch bis 1714 damit zu tun.

1148 WKA Hofkriegsrat Nr. 480 (1705) z. B. f. 451, 1102.
1149 WHHSTA Bavarica Fasz. 16 A/I, f. 5.
1150 ebd. Reichskanzlei Berichte aus München, Fasz. 1 E, f. 37–48; ebd. Bavarica Fasz. 23 (1706), f. 2–6: Die Stadt Amberg bat die Administration, den erhöhten Salzpreis wieder auf den früheren Stand zu ermäßigen.
1151 Es wurde jeweils im Juni abgerechnet.
1152 WHHSTA Reichskanzlei, Berichte aus München, Fasz. 1 G, f. 611.
1153 WHHSTA Bavarica 16 A/I, f. 6. Ursprünglich sollten die Eisenhämmer vernichtet werden. (WKA Hofkriegsrat Nr. 410, 1705). Ehe man zur Tat schritt, kam die Einsicht, sich dieser Erzeugnisse zum eigenen Nutzen zu bedienen.
1154 WHHSTA Bavarica Fasz. 16/I, f. 7.
1155 ebd., f. 7 v.
1156 WHHSTA Bavarica Fasz. 16 B (1705). Regensburg erhielt Vergünstigungen im Salzhandel (f. 2–4). Kardinal JOHANN PHILIPP VON LAMBERG und das Hochstift Passau wurden mit verschiedenen Gütern entschädigt: WHHSTA Reichskanzlei Berichte aus München, Fasz. 1 L, f. 293–296 v. Über Augsburg vgl. A. Faulmüller: Reichsstadt.
1157 WHKA Reichsakten Fasz. 87, f. 842–843. Die Lieferkosten für das Salz übernahm die Administration, d. h. der bayerische Steuerzahler. Die Stadt erhielt ein bestimmtes Absatzgebiet zugesichert, deren Belieferung den übrigen bayerischen Salzvertriebsstätten verboten war. Auch durfte keine neue Legstätte mehr zwischen Ingolstadt und Donauwörth errichtet werden. Allein der Stadt Donauwörth war es vorbehalten, in Zukunft Salz in die Reichsstadt Ulm abzuführen. Die Kaiserlichen verpflichteten sich, das versprochene Salzquantum stets rechtzeitig abzuliefern »auch in Gottes gewaltigen zufählen, als da seind feindlicher Einfahl, Landesruin, Feyer- und Wasserschäden« (ebd. f. 843 v). Eventuelle Verluste mußte die Administration ersetzen.
1158 WHHSTA Reichskanzlei Berichte aus München Fasz. 1e, f. 96–118. Die Weigerung der bayerischen Beamten, die neue Grenzziehung anzuerkennen, wurde »allerdings sehr ybel genomben, und (es wurde) nit unklar zuerkhennen gegeben..., daß Eur Kaysl. May. dieses als eine gleichsamb gesuechte aufziglichkheit und ausflucht ungnädist vermerkhen dörfften« (f. 116). Da die Beamten um ihre Zukunft besorgt waren, gerieten sie wegen ihres Protestes und der darauf folgenden kaiserlichen Drohungen »in die eusseriste desolation«. Unfaßbar schien die Situation, da sie »ohne mündiste schuldt der gefahr exponirt sein sollen, in Eur Kay. May. ungnad /: so unns Schmerz empfündlicher, dan alles in der Welt, zugemüeth tringen müsste :/ zuverfallen, da Wir doch beständig nichts mehrers verlangen, dan gegen derosselben Unser allerunderthenigste threu und devotion bey jeder begebenheit auf das allereufrigste pflichtenmessig allergehorsambst bezaigen zukhönnen«. (f. 116 v). Sie fürchteten, »es möchten daryber bey dero hoff zu Wienn nachthaillige censuren und ohnauslöschliche impressiones erweckhet, auch Unns dardurch an Unnserer zeitlichen wohlfahrt ein ewig und irreparables: sich auch auf die nachkhomben extendirenten schaden

zuegezogen werdten« (117). Denn man wußte nicht, ob der Kaiser Bayern für immer behalten, es einem anderen Herrscher überlassen oder an Max Emanuel zurückgeben würde. Man mußte auf alle Fälle sehr vorsichtig agieren und schickte sofort Eilstaffeten nach Wien, um neue Instruktionen vom Kaiser einzuholen. Dieser wußte seinen Vorteil gut zu wahren. Zwei Drittel des umstrittenen Grenzgebietes sollte der Krone Böhmen, ein Drittel Bayern zugesprochen werden (f. 118). Diese Gebiete wurden auch nach der Restitution von 1714 nicht zurückgegeben. Es kam, wie bereits bisher üblich, zu weitgehenden Differenzen zwischen beiden Seiten (MGSTA K schw 1271 und 1274, Grenzdifferenzen 1717-1727).

[1159] Beschluß der Wiener Konferenz vom 5. 3. 1705, WHHSTA Bavarica Fasz. 21 A, f. 40.

[1160] Diese Aussage trifft zu mit Ausnahme der Gehälter für die Administratoren. LÖWENSTEIN bekam *monatlich* 1000 fl. sowie weitere 500 fl. für außerordentliche Ausgaben (WHHSTA Bavarica Fasz. 16 A/I, f. 9). Das Gehalt eines bayerischen Kanzlers hatte unter FERDINAND MARIA *jährlich* nur 1200 fl. betragen, während LÖWENSTEIN jetzt auf 18 000 fl. kam. Graf VON SEEAU, der für die Finanzen zuständig war, erhielt 500 fl. monatlich, der Kommissionssekretär SCHNICKHL 200 fl., ein Buchhalter 180 fl., ein Kameralkommissär mit mehreren Bedienten zusammen 90 fl. oder jeder täglich 1 fl. 30 kr. (ebd., f. 9). Zum Vergleich: Der kleine Soldat bekam durchschnittlich 6-12 kr. täglich.

[1161] WHKA Reichsakten Fasz. 100b, f. 1831. Ursprünglich waren insgesamt nur 10 000 fl. vorgesehen gewesen, und zwar »in natura«, abzuzweigen aus den bayerischen Salzgefällen (WHKA Reichsakten Fasz. 100c, f. 106). Die Gelder konnten zunächst nicht aufgebracht werden, da alle kurfürstlichen Kassen leer waren (f. 108). Schließlich übernahmen Kaufleute von Donauwörth, Regensburg und verschiedene Salzämter entsprechende Verpflichtungen und den Transport der Gelder.

[1162] WHHSTA Bavarica Fasz. 21 B (1705), f. 230.

[1163] WHHSTA Bavarica Fasz. 21 A (1705), f. 168-178.

[1164] ebd. f. 75-79.

[1165] ebd. f. 106 und 106 v. Vergeblich baten manche um Wiedereinstellung und wiesen kurfürstliche Dekrete vor, nach denen sie »ad dies vitae« die zugesagten Einkünfte genießen sollten (ebd. f. 103).

[1166] WHHSTA Bavarica Fasz. 21 B (Libell Hofstaat).

[1167] WHHSTA Bavarica Fasz. 21 A (1705), f. 17-18, 75-75 v. Im November 1705 war die »Reformation« am Münchener Hof abgeschlossen. Übrig blieb nur rund ein Zehntel der ursprünglichen Bediensteten. Baron GUIDOBON DE CAVALCHINO wurde Obersthofmeister und Oberstkämmerer, der Graf VON THÜRHEIM Kämmerer und Gardehauptmann, der Graf VON FUGGER Kämmerer und Oberstküchenmeister, die Freiherren VON HENNEBERG und LÖSCH wurden zu Kammerherren ernannt. Der siebenjährige Kurprinz KARL ALBRECHT mußte die Veränderung des Hofstaates hinnehmen. Er bat nur, ihm den Grafen JOSEPH VON TÖRRING zu belassen. Offiziell sagte man dazu weder ja noch nein und hielt die Beantwortung dieser Frage in Schwebe, so daß der Graf jederzeit seine Entlassung befürchten mußte. Er wurde nach dem Bauernaufstand, von dem er wußte, verhaftet, eingesperrt und schließlich begnadigt unter der Bedingung, nach Salzburg ins Exil zu gehen. - Der Präzeptor WILHELM erhielt 1705 die Probstei in Mattighofen mit dem deutlichen Hinweis, sich künftig gut kaiserlich zu zeigen. Eine Veränderung bei den Kammerdienern und besonders die Entlassung des DULAC wurden vorläufig zurückgestellt, um keine allzu große Unruhe in der Umgebung des Prinzen hervorzurufen. Nach dem Aufstand wurde DULAC entlassen. Er ging nach Brüssel. Die Administration überlegte längere Zeit auch, ob sie einen neuen Beichtvater für den Kurprinzen einsetzen solle, um ihn im rechten Gehorsam gegenüber dem Kaiser zu erziehen. WHHSTA Reichskanzlei Berichte aus München, Fasz. 1c, Paket 5, f. 4–6.

[1168] WHHSTA Bavarica Fasc. 21 A (1705), f. 19–20.

[1169] WHHSTA Bavarica Fasz. 16 B/II, f. 19, 20; Fasz. 21 B, f. 50, 51; Fasz. 23, f. 18, 19. Darin hieß es: Die Stände hatten vorher niemals ihre Einwilligung für mehr als drei Steuern gegeben, während jetzt bis zu acht Steuern verlangt wurden. Die Einkünfte aus den Kameralgefällen, dem Weißbier, dem Salz, den Mauten, Zöllen, Renten, Gilten, Getreidediensten, Laudemien waren ehedem im Land ausgegeben worden, während jetzt diese Gelder fast ausschließlich ins Ausland flossen (ebd., Fasz. 21 A, f. 41: Beschwerde der Landschaft). Etwa 30 Millionen Gulden (f. 66 v) waren vordem in die Niederlande geschickt worden. Auch jetzt wurden diese Geldüberweisungen ins Ausland beibehalten.

[1170] WHHSTA Bavarica Fasz. 21 A (1705), f. 21.

[1171] Eine solche Belastung war bisher noch niemals in einer einzigen Steuerabgabenerhöhung auferlegt worden (ebd. f. 22). Die Kaiserlichen ermäßigten ihre Ansprüche schließlich auf 70 000 Mundportionen zu 7½ fl., also eine Kontribution von 3 150 000 fl. Auch diese enorme Summe überstieg alles, was jemals an Steuerleistung verlangt worden war. Dieser Betrag wurde fast vollständig eingetrieben. Darüber hinaus forderte man eine tägliche Naturalverpflegung für die Soldaten: pro Mann 1 Pfund Fleisch, 2 Pfund Brot, 1 Maß Bier oder ½ Maß Wein, für jeden Offizier 3 Reichstaler täglich (S. v. Riezler: Geschichte, Bd. VIII, S. 10). Die Stände glaubten, daß das Land auf diese Weise »den letzten herzstos« erhalten hatte (WHHSTA Bavarica Fasz. 21 A, f. 22).

[1172] WHHSTA Bavarica Fasz. 21 A (1705), f. 21–31.

[1173] ebd., f. 33–36.

[1174] Beschluß des Kaisers vom 5. 3. 1705 über die Wiederherstellung der Oberpfälzer Landschaft: WHHSTA Bavarica Fasz. 21 A, f. 47–52.

[1175] J. Wiercimok: Territorialerwerbungen.

[1176] In den folgenden Jahren wurden noch abgetrennt: Die Grafschaft Hals, die Abtei St. Nikola bei Passau, Stadt und Gericht Schärding, Braunau, das Gericht Mauerkirchen, die Burg Altham, das Kloster Ranshofen, das Gericht Vilshofen und Ried, die Herrschaft Mattighofen, die Gerichtsbezirke Friedberg, Uttendorf, die Maut von Straßwalchen, das Gericht Riedenburg, das Gericht Dietfurt, die Herrschaft Oberreichlingen und Wertingen, die Herrschaft Donaustauf, die der Domkirche von Regensburg inkorporiert war, ferner mehrere Untertanen, die die Abtei Obermünster von Regensburg erhalten hatte, die Herrschaften Wiesensteig und Wertheim in Schwaben, die Grafschaft Mindelheim (die MARLBOROUGH bis zum Friedensschluß erhielt), das Gericht Schongau (f. 334), die Herrschaft Hohenschwangau, die Grafschaft Schwabeck, die Dörfer und Ländereien, die zwischen Lech und Wertach lagen, das Dorf Lechhausen, die Stadt Donauwörth, die wiederum zur Reichsstadt erhoben worden war, ferner die Grafschaften Abensberg und Haag, die Festung Rothenberg. (PAE Corr. pol. Bavière vol. 65, f. 334–339). Ferner wurden zahlreiche Hofmarken und Besitzungen von Anhängern des Kurfürsten zu »ergibigen nuzen für Ihro Römisch Kaiserliche Majestät« eingezogen (WHHSTA Reichskanzlei Berichte aus München Fasz. 1 F, f. 127), so z. B. die Hofmark Nännhofen. Die dazugehörenden Wälder wurden abgeholzt. Aus den Äckern und Wiesen nebst dem verstifteten Schloß wurden zwei Bauernhöfe gebildet und diesen neue Stiften, Gilten und Zehnten auferlegt (f. 127). Das Wirtshaus, das sich in schlechtem baulichen Zustand befand, wurde renoviert und einem neuen Wirt zu einem höheren Pachtzins überlassen, daneben eine Branntweinbrennerei und eine Viehmastzucht eingerichtet. Der Ertrag der Fischteiche und des Mühlbachs stand fortan nicht mehr den Untertanen, sondern der kaiserlichen Verwaltung zu, die die Fische nun verkaufen ließ. Reisig und Holzabfälle durften die Untertanen auch nicht mehr einsammeln, sondern mußten dafür bezahlen (f. 127 v).

1177 WHHSTA Bavarica Fasz. 21 A, 1705, f. 91. Etwa 160 Bürger von Schärding mußten in den Jahren von 1704–1708 an die 50 000 fl. für die Einquartierung und die durchmarschierenden Soldaten aufbringen. Auf jeden Bürger kamen durchschnittlich 70 fl. (Bavarica Fasz. 19 A, f. 270). Wer nicht freiwillig gab, wurde gezwungen. Sogar Frauen und Kinder wurden geschlagen, »daß sye alle plau sein« (Bavarica Fasz. 21 B, 1705, f. 15). Vgl. J. Keim (Hg.): Stadtsteuerbuch, S. 49–88 sowie J. Keim: Kriegssteuerbuch, S. 67–107.

1178 WHHSTA Bavarica Bauernaufstand 1705/6 und nachfolgende Untersuchungen bis 1714, Fasz. 16–19b. Ein Teil dieser und anderer Quellen ist gedruckt – jedoch mit gewissen Veränderungen – bei: Riezler – Wallmenich (Hg.): Akten zur Geschichte des baierischen Bauernaufstandes 1705/6, 3 Teile; Eine kleine Auswahl legt A. Roth vor: Lieber bayrisch sterben. A. Hartmann: Historische Gedichte, S. 23–61; eine kritische Analyse, die offensichtlich bisher zu wenig beachtet wurde, legte G. Baumann vor: Der Bauernaufstand vom Jahre 1705 im bayerischen Unterland; eine differenzierte Darstellung bietet S. v. Riezler: Geschichte, Bd. VIII, S. 3–213; vgl. ferner: M. Spindler: Bauernaufstand, S. 175–191; B. Hubensteiner: Aufstand, S. 87–106.

1179 Vgl.: B. P. Poršnev: Volksaufstände; dazu: R. Mandrou: Le baroque européen, p. 898–914; R. Mousnier: Fureurs paysannes.

1180 Zu diesem Problem: R. Bauerreiss: Kirchengeschichte, Bd. VII.

1181 ABRAHAM A SANCTA CLARA faßte die Situation des Untertanen in folgende Worte:

> »Man frisst und saufft sich voll und toll,
> Dem Bauren scheert ab man die Woll,
> Durch Anlag und durch Gabn,
> Bis letzt der arme Unterthan,
> Samt Baurn und den Edelmann,
> Kein Kreutzer Geld mehr haben.«

F. Loidl: Menschen im Barock, S. 221. Unterdrücken, Schinden, Erpressen, »Zwifflen«, Aussagen bis aufs Blut waren bei ABRAHAM A SANCTA CLARA ständige Bezeichnungen für die Behandlung der Bauern durch ihre Grundherren. Selbstverständlich hätten die Bauern auch ihre Fehler, »aber sie müssen zuweilen Leiden auf sich nehmen, die über das Maß des Erträglichen hinausgehen. Die Verwalter, mit denen es das Landvolk zu tun hat, treiben es gar schlimm. Sie scheren die armen Pächter, bis diese sozusagen kein Haar mehr auf dem Kopf haben, kurz: Es sind unmenschliche Gesellen, die jeden, der von ihnen abhängig ist, gleichsam verschlingen, wie ein hungriger Bettler ein Stück Brot«. (Abraham: Etwas für Alle, hg. v. R. Eger, S. 134.) An eine Umwälzung der gesellschaftlichen Verhältnisse aber war nicht gedacht. So machten sich zwar ABRAHAM A SANCTA CLARA und Pater JORDAN VON WASSERBURG zu Anwälten der kleinen Leute, doch betonten sie die Rechtmäßigkeit der gegenwärtigen Herrschaftsverhältnisse: Genau wie der menschliche Leib viele Glieder habe, kleinere und größere, vornehmere und »schlechtere«, so müsse auch der politische Leib viele Glieder haben, von denen einige wie das Herz (die geistlichen Stände), andere als Häupter (die Regierenden), andere als Augen (die Lehrer und Doktoren), wieder andere als

Arme und Hände (die Künstler und Handwerker), schließlich einige als Füße zu betrachten sind, letztere, »die in dem Kot umstampfen«, seien die armen Bauern und Bettelleute (vgl. K. Böck: S. 47, 48). Bauern waren nicht angesehen, sie waren unedel, arm, mußten eine harte und »saure« Arbeit verrichten. Die Städter verachteten sie und gebrauchten folgenden Vergleich: »Die Rätig (Rettiche) machen einen übelschmeckenden Athem.« Wer sie ißt, riecht »häßlich aus dem Mund: Also hat auch das arme Bauern-Volck bei manchen Stadt-Leuthen einen bösen Geruch und Nahmen, können dieselbe weder schmecken noch leyden.« (F. Hoedl: Kulturbild, S. 160). Der Begriff »arm« wird hier in zweifachem Sinn verstanden, nämlich als wenig begütert oder mittellos, zweitens – gemäß der Tradition seit dem Mittelalter – als nicht herrschaftsbefugt.

1182 Diese Situation wurde trotz aller Bemühungen der Administration, die Ordnung wiederherzustellen, nicht verändert. Da sie keine Befehlsgewalt über die Soldateska ausübte, gab es praktisch zwei Gewalten, eine zivile und eine militärische, im Land. Beide hatten ihre spezifischen Aufgaben zu erfüllen, so daß es nicht nur zu Überschneidungen, sondern zu erheblichen Differenzen kommen mußte.

1183 Der Pflegsverwalter von Biburg JOSEPH KOLBINGER gehörte zu jenen Beamten, die den politischen Umschwung zu ihren eigenen Gunsten auszunützen versuchten. KOLBINGER trieb alle Kontributionsgelder mit großer Schärfe ein. Die Untertanen waren »verbittert«. Seine Unterschlagungen waren so offensichtlich, daß selbst die Administration handeln mußte und den Beamten ins unterirdische Verlies des Münchener Falkenturms einliefern ließ. Der Beamte beschuldigte die von ihm ausgesaugten Untertanen der Verleumdung. Seine Unterschlagungen von 1705 bis 1708 an Mautgefällen, Scharwerksgefällen, Hybernalien, übermäßigen Straf- und Malefizgeldern, Erpressungen an Stempelpapiersteuer etc. beliefen sich auf 21 096 fl. 12 kr. 1 h. (WHHSTA Reichskanzlei Berichte aus München Fasz. 10, f. 296–314 v). Ein Vergleichswert: Beim Tode des Prinzen EUGEN VON SAVOYEN wurde das obere und untere Belvedere in Wien mit den dazugehörigen Gärten und allem Inventar einschließlich der Bibliothek auf 100 000 fl. geschätzt.

1184 Nicht umsonst verteidigten sich die Beamten unmittelbar nach Niederschlagung des bayerischen Aufstandes mit großem Nachdruck gegen den allgemein gegen sie erhobenen Vorwurf, »samb sye das residuum in ihre aigen Säkhl ... stöckhen« würden. WHHSTA Staatskanzlei Bavarica Fasz. 19 B, f. 14 v.

1185 WKA Hofkriegsrat Nr. 430 (1705), f. 198. Die Kaiserlichen brauchten Rekruten für Ungarn, Böhmen, Schlesien und Italien. Auch alle bayerischen Feuerwerker und Büchsenmacher wurden in kaiserliche Dienste (freiwillig oder unfreiwillig) übernommen; ebd. f. 208, 255.

1186 Einige Beispiele: Im Markt Grafing riefen die Gerichtsbeamten im August 1705 eine Musterung für alle wehrfähigen Männer aus. Ein kaiserlicher Werbehauptmann brachte fünf Rekruten mit, die jedoch von ehemaligen bayerischen Soldaten befreit wurden (WHHSTA Bavarica Fasc. 16 A/I, f. 16). Im Gericht Reichenberg wurden wiederholt Musterungen anbefohlen. Die Untertanen fanden sich ein, doch waren sie nicht bereit, sich freiwillig zum Militärdienst zur Verfügung zu stellen. Sie fragten den Pflegskommissar, auf welchen Befehl er diese Musterungen anstelle. Er antwortete, daß diese auf allergnädigsten kaiserlichen Befehl geschehe. Daraufhin sagte PETER KÄGERL, der bereits 3 Jahre im bayerischen Heer als Dragoner gedient hatte und jetzt die Interessen der Versammelten vertrat, »der Kaiser sei gestorben, sie wissen um keinen Kaiser nichts«. (WHHSTA Reichskanzlei Bavarica Fasz. 19 B, f. 52 v.). Allgemein war

die Stimmung niedergedrückt. Es hieß: »Man wolle lieber im Landt sterben« als im Ausland verderben. Das komme auf dasselbe hinaus (ebd. f. 48 v).
In diesem Zusammenhang erklärt sich auch die Aufschrift auf der heute noch im Heimatmuseum Miesbach erhaltenen Trommel von Gotzing: »Lieber bayrisch sterben als in des Kaisers Unfug verderben.«

1187 Infolgedessen sahen sich Bauernsöhne, Taglöhner, Söldner und Handwerkersöhne veranlaßt, sich dem Aufstand anzuschließen, unterstützt von abgedankten ehemaligen und jetzt gartenden und »unansässigen« Soldaten (Staatskanzlei Bavarica Fasz. 19 B, f. 13 v).

1188 G. Baumann: Bauernaufstand, 1. Teil, S. 29: »Mit Gewalt wurden die Burschen aus den Häusern und von der Feldarbeit weggeholt; Kirchen wurden zur Zeit des sonntäglichen Gottesdienstes umstellt und die Stellungspflichtigen gefesselt abgeführt, Einödhöfe nächtlicherweise umzingelt und die Burschen aus den Betten gerissen. Da die meisten Burschen und Knechte sich rechtzeitig in die Wälder geflüchtet hatten, wurden förmliche Treibjagden veranstaltet; die eingefangenen erfuhren die übelste Behandlung; viele wurden auf der Flucht niedergehauen. An manchen Orten vermochten sich die schwachen Kommandos nicht durchzusetzen und konnten sich nur mit Mühe der Wut der ergrimmten Bauern entziehen. Das Ansehen der militärischen Macht und der Behörden hatte damit eine gefährliche Einbuße erlitten. Und all das mit dem Erfolg, daß am 28. Oktober 750 Mann aufgebracht waren.«

1189 WHHSTA Bavarica Fasz. 16a/II: Die Situation mancher Städte und Märkte wie Moosburg war derartig angespannt, daß selbst die Kriegskommissare, die einiges gewohnt waren, einsahen, daß die neu angekommenen Truppen unter den gegenwärtigen Umständen nicht versorgt werden konnten. Man versuchte deshalb, die Neuankömmlinge in verschiedenen umliegenden Ortschaften einzuquartieren. So wurde Erding beauftragt, 300 Portionen zu übernehmen, ferner Wartenberg 69 und Dorfen 80. In Moosburg sollten die fehlenden 220 Portionen aufgetrieben werden. Die genannten Orte konnten Einquartierung und etappenmäßige Verpflegung jedoch allein nicht leisten (f. 114). Die Gerichts- und Hofmarksuntertanen mußten helfend einspringen. Die Obrigkeit befürchtete, daß die Untertanen durch diese Neueinquartierung erst recht dazu angestachelt werden, zur Landesdefension, zu den Aufständischen überzugehen. Denn die undisziplinierten Soldaten brachten mehr Schaden als Nutzen. 5–8 Personen hatte ein einziger Bürger zu versorgen, »deren theils selbsten wenig zu nagen und zu beissen und also die etappenmäßige verpflegung nit praestiern khan« (f. 114 v). Selbst Klöster und die Geistlichkeit mußten Einquartierungen hinnehmen. Bei ihnen logierten jeweils 10–14 Personen, »weillen vill Soldaten verheyrath, deren thails mit villen Kindern versechen« (ebd., f. 114 v). Die Offiziere hatten viele Bedienstete und Knechte bei sich, weshalb es nicht verwunderlich war, daß die Bürgerschaft in großer Not und Drangsal stand, für alle ihre Wünsche aufzukommen.

1190 Die Erfordernisse für den Generalstab, dessen Ausrüstung sowie das Winterquartier der kaiserlichen Soldaten kosteten den bayerischen Untertanen allein im Rechnungsjahr 1705 insgesamt 1 677 266 fl. 57 kr. (WHHSTA Reichskanzlei Berichte aus München Fasz. 1c, Pars 3).

1191 Graf LÖWENSTEIN schrieb am 25. 10. 1705: »Diejenigen sind übel informiert, die der Administration beimessen wollen, sie habe nicht rechtzeitig genug oder nicht mit genugsamem Eifer die Rekrutierung angegriffen; es schmerzt mich nicht wenig, daß ich hören muß, daß in Wien allerhand Ausstellungen über mein Tun und Lassen gemacht werden, während ich hier Tag und Nacht arbeite; und

ich glaube, mehr die Bezeigung der Zufriedenheit als Beschuldigung verdient zu haben.« (G. Baumann: Bauernaufstand, Teil I, S. 26).
1192 So wurden z. B. 90 Rekruten, die sich auf dem Durchmarsch befanden, im Schloß Salmanskirchen in einem einzigen Raum über Nacht untergebracht und bewacht, um ein Entweichen zu verhindern (WHHSTA Bavarica Fasz. 21 A, 1705, f. 88–90).
1193 WHHSTA Bavarica Fasz. 23, f. 129–145: Die »Gemein«, die Organisation der bayerischen Aufständischen, legte dem Regensburger Reichstag schließlich eine Beschwerdeschrift vor, in der sie sich gegen das »sclavische Unhail« (ebd., f. 145) aussprach und sich auf die Gesetze der Menschlichkeit und auf die Forderungen der christlichen Barmherzigkeit berief (f. 145 v).
1194 Die allgemeine Lage war derart niederschmetternd, daß zu Beginn des Jahres 1706 selbst eine Spezialanlage nur geringe Erträgnisse brachte und »mittels Auspfändung und militarischer execution« die Schuldigkeit »herausgepresset werdten miesste« (WHHSTA Bavarica Fasz. 19 B, f. 19).
1195 WHHSTA Reichskanzlei Berichte aus München Fasz. 1 C, Pars 5, f. 9, Pars 1, f. 3.
1196 Nicht umsonst verteidigten sich die bayerischen Beamten nach der Niederschlagung des Aufstandes, sie seien unschuldig am Ausbruch der Revolte gewesen. (WHHSTA Staatskanzlei, Bavarica Fasz. 19 B, f. 13).
1197 Die ungehinderte Ausfuhr von Getreide aus Bayern und aus den dazugehörigen Herrschaften wie Mindelheim war bereits unmittelbar nach Übernahme der Regierungsgewalt durch die Kaiserlichen eingeschränkt worden. (WHHSTA Bavarica Fasz. 21 A, 1705, f. 80).
1198 S. v. Riezler betonte (Geschichte, Bd. VIII, S. 34): »Über die Natur dieser Bewegung kann kein Zweifel herrschen: sie war in erster Reihe der Rückschlag gegen jahrelang fortgesetzte, empörende und zuletzt unerträgliche Mißhandlung seitens der Staatsgewalt, die das Volk an den Bettelstab zu bringen drohte, gegen Kriegssteuern, Einquartierung, Truppenexzesse, Einäscherung, und dazu gegen die brutale Zwangsrekrutierung, die das Volk zu Sklaven herabwürdigte. Wer diese gehäuften Leiden als Passionslegende abtun zu können glaubt, kennt die Tatsachen nicht. Der bedrängte Landmann, heißt es in der Bittschrift der Landschaftsverordneten an den Kaiser vom 2. März 1706, ist in Verzweiflung geraten, hat endlich die Geduld verloren und ist in den allerdings einer Raserei gleichenden Aufruhr verfallen. Das Schlagwort sei gewesen: lieber losschlagen und bald sterben als so langsam in Hunger und Elend. Mit entblößter Brust baten die Weiber die Exekutionstruppen, wenn man ihnen alle Unterhaltsmittel nehme, lieber sie und ihre Kinder zu töten und so ihren Leiden ein kurzes Ende zu bereiten. Die volle Ausdehnung und den Höhepunkt erreichte diese Mißhandlung erst, als der Staatsgewalt eine feindliche geworden war. Um so größer war nun der Haß gegen sie.«
1199 Die Kaiserlichen schickten im Gericht Haag nachts einen Trupp von 120 Mann aus, um »verdächtiges Gsündl« aufzugreifen. Da die Aktion bereits vorher bekannt geworden war, traf man niemanden zur fraglichen Zeit auf offener Straße an (WHHSTA Bavarica Fasz. 16 A/I, f. 31 und 31 v).
1200 Ein kaiserliches Mandat vom 14. November 1705 kündigte den Einsatz der kaiserlichen Truppen unter DE WENDT an, wenn die zusammengerotteten Bauern und »anders loses Gesindl« nicht sofort nach Hause sich begäben und Ruhe und Ordnung wieder hergestellt werde. Im widrigen Fall wurde Rache und Verheerung mit Feuer und Schwert angekündigt (WHHSTA Bavarica Fasz. 16 A/I, f. 83).

1201 WHHSTA Bavarica Fasz. 19 B, f. 20.
1202 So wurden Beamte gezwungen, alles herauszugeben, was sie an Bargeld in Händen hatten. Selbst der Sparstrumpf ward nicht verschont, um die Untertanen zu beruhigen (Bavarica Fasz. 19 B, f. 16 v). Trotzdem versammelten sich immer wieder vor den Häusern der Beamten kleinere Gruppen, die Drohungen gegen die Obrigkeit ausstießen. Da selbst in der Nacht diese Versammlungen nicht aufhörten, wurde manchen Beamten angst und bang und sie suchten ihr Heil in der Flucht. Ihre Bediensteten brachten alle Habseligkeiten, soweit sie sie nicht mitnehmen konnten, wie Zinngeschirr, Kupfergefäße, Betten und Bücher, in sichere Verstecke, das Vermögen in die Sakristei (ebd., f. 17 und 17 v).
1203 z. B. wurden der Richter, der Amtmann und der Amtsschreiber von Seefeld »mit Schlägen tractiert«. Die Administration befahl daraufhin dem Bannrichter, die Schuldigen sofort ausfindig zu machen und zu bestrafen (WHHSTA Bavarica Fasz. 16 A/I, f. 23 und 24). In Eggenfelden überfielen Bauernburschen den dortigen Pfleger und befreiten 12 Mann, die als freiwillige Soldaten im Amtshaus eingesperrt waren (ebd., f. 35). Nachdem die Kaiserlichen die Bürger von Landshut entwaffnet hatten, zwangen die Bauern den Verwalter, die Waffen wieder herauszugeben. Daraufhin wurde der Verwalter von den Kaiserlichen auf der Trausnitz gefangengesetzt (ebd., f. 36). Auch in Biburg befreiten Bauern im Amtshaus 12 »freiwillige« Soldaten (ebd., f. 37). Die Untertanen gaben überdies dem Baron Schurff, dem obersten Beamten des Bezirks, »ain so andern wohl empfündtlichen straich«, sie hätten »wie die pestien getobet«.
1204 WHHSTA Bavarica Fasz. 19 B, f. 51 v.
1205 ebd., f. 16, 17.
1206 ebd., f. 48 v.
1207 z. B. gingen 200 Mann aus den Gerichtsbezirken Griesbach, Münster und Kötzlarn gegen die kaiserlichen Husaren vor, die in Rotthalmünster stationiert waren (ebd., f. 49 v.).
1208 z. B. nach der Einnahme von Burghausen am 17. Nov. 1705 (G. Baumann: Bauernaufstand, 1. Teil, S. 45).
1209 In einem Mandat vom 22. Nov. 1705 umriß der Kriegskommisar PLINGANSER das Ziel dieser Bewegung, nämlich die »Feinde aus dem Lande zu vertreiben und die alte kurbayerische Libertät wieder emporzuheben« (G. Baumann I, 46).
1210 MHS Cgm 3009 (Mundus Christiano-Bavaro-Politicus), S. 582.
1211 Offen wurde verkündet, »die Kaiserlichen aus den Quartieren zu stauben, Adelige und Geistliche umzubringen und das Land wieder in souveränen Stand zu setzen«. Der Pfeifer Jackl von Birnbach, die zwei Kagerlsöhne aus dem Reichenberger Gericht und andere waren Sprecher dieser Gruppe (G. Baumann: Bauernaufstand, 1. Teil, S. 31). Ein Mandat PLINGANSERS vom 13. Dezember wandte sich gegen das »Gesindl« in den eigenen Reihen und drohte: »Jeder, der von dieser Räubersroth angegriffen, geängstigt und um gelt oder anderes angestrengt wird, soll befugt sein, ohne Anfrag und genehmigung diese Bösewicht und excrementa aller hayllosen Pauernpursch allsogleich niderzuschißen, todt zu schlagen, oder auf andere Weis den verdienten Rest zu erteilen.« (ebd., S. 59).
S. v. Riezler betont die Angst vor Anarchie beim größten Teil der Aufständischen wie bei den Beamten (Geschichte, Bd. VIII, S. 57): »Für die Gesinnung der Behörden gegenüber dem Aufstande war die Angst vor Anarchie entscheidend. Wenn sie gleichwohl an einem Punkte und gerade an dem wichtigsten die Leitung der Bewegung in die Hand nahmen, geschah es teils unter unwiderstehlichem Druck, teils in der Absicht, der Anarchie zu steuern und durch Durchsetzung der berechtigten Forderungen der Bauern einen gütlichen Ausgleich zu

erzielen. Bei den Bauern selbst kam binnen kurzer Zeit das niederschlagende Bewußtsein ihrer Hilflosigkeit und das Verlangen zum Durchbruch, daß die Behörde ihnen eine Ordnung setzen müsse. Es war ein Moment von entscheidender Wichtigkeit, als am 20. November »die ganze Gemeinde des Rentamtes Burghausen« im schmerzlichen Gefühl ihrer Ohnmacht an die Regierung daselbst das dringende Begehren stellte, daß »eine rechte Veranstaltung gemacht«, daß ihr von der Regierung ein Kommandant und Offiziere bestellt würden«.

1212 WHHSTA Bavarica Fasz. 16 A/I, f. 109 v. Der Metzger wurde gefangengenommen, als er versuchte, zusammen mit weiteren 19 Personen über die Donau zu setzen (f. 111) und Kehlheim einzunehmen. Unter ihnen befanden sich auch ein Metzgersohn, ein Schreiner, ein Überreiter, ein Söldner, »1 verdorbener Wirth«, der in Zahlungsunfähigkeit geraten war, ein Wirtssohn, ein bayerischer Fähnrich, der Sohn eines Schuhmachers, der mit Gewalt mitgeschleppt worden war, ein »verdorbener Ziegler« sowie zwei Kinder, 10 und 14 Jahre alt, wovon das eine die Trommel schlug und damit nach Ansicht der Untersuchungsbehörden in sträflicher Weise den Aufständischen den Weg gewiesen hatte (f. 110).

1213 WHHSTA Reichskanzlei Berichte aus München, Fasz. I C, Paket 5, f. 9.

1214 Im November 1705 wagte kein Amtmann oder Amtsdiener mehr, im Gericht Braunau die Bauern aufzusuchen und Steuern zu verlangen. WHHSTA Bavarica Fasz. 16 A/I, f. 44.

1215 WHHSTA Bavarica Fasz. 19 B, f. 13.

1216 ebd.

1217 ebd.

1218 WHHSTA Bavarica Fasz. 21 A, 1705, f. 13. Auch der Handel wurde infolge der allgemeinen Unsicherheit in Mitleidenschaft gezogen (ebd., f. 14–16).

1219 WHHSTA Bavarica Fasz. 16 B/I, f. 40 und 40 v.

1220 ebd.

1221 WHHSTA Bavarica Fasz. 16 A/II, f. 18 v und f. 48.

1222 Im Jahre 1709 wurden von den Kaiserlichen schließlich offizielle Ermittlungen darüber eingeleitet (WHHSTA Reichskanzlei Berichte aus München, Fasz. 1 0, f. 345–386); vgl.: Verhandlungen des Historischen Vereins für Niederbayern 8 (1862) 181–199. Da aber die bayerischen Beamten und Adeligen, gleich ob alt oder neu, eine tatkräftige Stütze der kaiserlichen Herrschaft waren, ließ man diese Untersuchungen wieder im Sand verlaufen und zog nicht die ursprünglich beabsichtigten Konsequenzen, ihnen ihre Güter und Titel wieder abzuerkennen. Immerhin wurde einige Unruhe erweckt. Es waren:

		Personen
Vom Kaiser in den Grafenstand erhoben und von Max Emanuel anerkannt:	1680–1704	16
Vom Kaiser in den Freiherrnstand erhoben und von Max Emanuel anerkannt:	1680–1704	20
Vom Kaiser und Max Emanuel in bayerischen Adelsstand erhoben (»von«):	1680–1704	44
	insgesamt	80
Nur bayerischer Freiherrnstand unter FERDINAND MARIA:	1654–1679	4
unter Max Emanuel:	1681–1704	58
Nur bayerischer Adelsstand mit dem Titel »von« unter FERDINAND MARIA:	1654–1679	43
unter Max Emanuel:	1681–1704	43
	insgesamt	148

Somit wurden die Titel von 148 Familien in Frage gestellt, da sie vom Kaiser nicht anerkannt waren.

[1223] z. B. der junge Graf JOSEPH VON TÖRRING. Er war damals 25 Jahre alt, Erzieher der »kurfürstlichen Jugendt«. Zwar besaß er keine liegenden Güter, aber einige Kapitalien (WHHSTA Bavarica Fasz. 1 D, f. 19 v).

[1224] Vgl. die scholastische Lehre (B. Kälin: Lehrbuch, Bd. 2, S. 319): »Das Recht bzw. die Pflicht zum Widerstand gegen die Staatsgewalt ist abzuleiten aus der Verpflichtung zum Sittengesetz und zum Allgemeinwohl.

Wenn die Staatsgewalt durch den Mißbrauch ihrer Gewalt das Gemeinwohl der Bürger schwer verletzt (z. B. schwere Schädigung infolge Vernachlässigung der Staatsaufgaben, ungerechte Übergriffe, Bedrückung, Verfolgung), ohne jedoch von den Untergebenen etwas in sich Schlechtes zu fordern, so ist für die Bürger der Widerstand (passive, bzw. aktive) unter folgenden Bedingungen erlaubt:

1. Das Allgemeinwohl muß durch den Mißbrauch der Staatsgewalt sehr schwer geschädigt sein. Nur vereinzelte Übergriffe genügen nicht.

2. Die gegen die Staatsgewalt anzuwendenden Mittel müssen dem abzuwehrenden Mißbrauch entsprechen, d. h.

a) Es müssen zuvor die gesetzlichen Mittel versucht worden sein.

b) Die anzuwendenden Mittel dürfen nicht in sich schlecht sein (z. B. Lüge, Verleumdung, Mord).

c) Sie müssen für das Allgemeinwohl notwendig sein. Vor Anwendung des aktiven Widerstandes muß zuerst der passive, und vor der physischen Gewalt der aktive moralische Widerstand versucht worden sein oder sich als erfolglos oder unanwendbar erwiesen haben.

3. Der Widerstand darf nicht größere Übel für das Allgemeinwohl zur Folge haben, sondern soll irgendwelchen Nutzen zeitigen.

4. Die Mitwirkenden müssen die lautere Absicht haben, nur dem Gemeinwohl zu dienen.«

THOMAS VON AQUIN vertrat folgende Position (in: De regimine principum I. c. 6.): »Es wäre zum Unglück der Völker und ihrer Obrigkeit, wenn jedermann nach seiner persönlichen Meinung einen zum Tyrannen gewordenen Herrscher töten dürfte. Gewöhnlich neigen die Schlechten eher zu einem solchen Unterfangen als die Guten. Wo gegen einen Tyrannen anders keine menschliche Hilfe angerufen werden kann, da muß man seine Zuflucht zu Gott, dem König der Könige, nehmen. Damit aber ein Volk eine solche Wohltat verdiene, muß es selber von der Sünde ablassen; denn die Gottlosen erhalten durch Gottes Zulassung die Gewalt, um die Menschen für ihre Sünden zu züchtigen.«

Nach dem Mundus Christiano-Bavaro-Politicus, dessen Verfasser FRANZ VON SCHMID selbst die Tölzer Aufständischen musterte, ist der unbedingte Gehorsam gegenüber der Obrigkeit eine unaufhebbare Verpflichtung, selbst wenn der Fürst sich als Tyrann aufführt. Dabei unterscheidet er allerdings zwei Arten von Tyrannen. Herrscher, die rechtmäßig ihre Herrschaft besitzen, »mögen keineswegs weder von underthanen noch von frembden umgebracht werden« (MHS Cgm 3009, S. 525); auf der anderen Seite jene, »welche mit Ihrer Macht ohne allen Titul u. Recht, ohne allen fueg, und wider alle bekantlich und offentliche billichkeit, eine Rem publicam Statt oder Landt yberziehen, yberfallen ... verwüsten ... das volck erschlagen ... und auf das ybelste Haus halten«. In diesem Fall ist die Befreiung des Vaterlandes von fremder Gewaltherrschaft erlaubt nach einem Ausspruch des Aquinaten, »Qui ad liberationem patriae tyrannum occidit, laudatur et praemium accipit«. Vgl. E. Straub: Herrscherideal, S. 204–206.

1225 WHHSTA Bavarica Fasz. 23, f. 145: Der Stadtphysikus von Vilshofen Dr. MAYR soll ausgerufen haben, als er den Aufstand auf den bayerischen Wald ausdehnen wollte, »Gotts taussent Sacrament, waß sizt ihr ... also da und lasset den Walt also leiden« (Bavarica Fasz. 17 A/I, f. 74 v.).
1226 z. B. wurde am 21. 12. 1705 der Kurfürst in einem Patent der Aufständischen erwähnt (WHHSTA Bavarica Fasz. 16 B/II, f. 109 und 109v). Darin hieß es, die treuen Landespatrioten konnten es nicht zulassen, daß die Kinder des Kurfürsten ins Ausland geschafft werden. Sie seien noch junge und zarte Herren, die kaum eine schwere Krankheit ausstehen könnten, ja sie könnten das Leben verlieren, wenn sie in der Winterszeit eine so beschwerliche Reise auf sich nehmen müßten. Wenn der Kurfürst eines Tages wieder zurückkehre, würden sich alle Landespatrioten dessen große Ungnade zuziehen, wenn sie zugelassen hätten, daß die kaiserliche Miliz die drei ältesten Prinzen aus dem Lande führe (ebd., f. 109 und 109v). Auch in einem Patent vom 19. 12. 1705 (ebd., f. 147 und 148) wurden die drei ältesten Prinzen erwähnt.
1227 z. B. Untersuchungen gegen den Kanzlisten und Registratoradjunkten HAYD: Er habe versucht, die Aktion der Bauern zu legitimieren, um »die Printzen zu salviren und die Kaiserlichen aus dem Land zu vertreiben« (Bavarica Fasz. 1 d, f. 19). Ein gefälschtes Schreiben des Kurfürsten lautete:
»Wir von Gottes Gnaden Maximilian Emanuel, Churfürst von Bayern, etc. etc. Nachdem Wir mit Schmertzen vernommen, daß Ihr, meine Liebe, Getreue, seit unser Abwesenheit mehr und mehr beschweret werdet, und man euch eine Million nach der andern abpresset, benebenst den Teutschen Krieg aus euren Mitteln fortsetzen wolle, wodurch dann die Armut bei euch dermaßen zugenommen, daß ihr die unerträglichen Lasten, sowohl in Geld, als Mannschaft, freie Einquartierung, und hin- und wieder-Marches, nicht länger ertragen könnet, daß ihr auch nur Vieh und Haus-Zierathe zu Gelde gemacht, und nicht mehr als die leere Wohnung übrig habt, so haben wir nach der allzeit gegen euch erwiesenen und noch habenden Güt und Vorsorge ratsam und gut befunden, euch solches vorzustellen und zu ermahnen, daß ihr solche unchristliche Beschwerungen nicht länger dultet, sondern hingegen gesamter Hand einander beistehet, mit Gewehr euch versorget und auf alle Art und Weise das Land selbst zu beschirmen trachtet, und solches um soviel mehr, da man noch über dem die bequeme Mannschafft zu dem Kriegsdienst mit Gewalt zwingen und wegführen will. Zu dem Ende wollen wir auch nicht unterlassen, euch, soviel möglich ist, beizustehen, und unser Winter-Lager nahe bei euch zu nehmen, biß ihr einen festen Fuß ins Land haben werdet. Womit wir, wie vor diesem, euch in Gnaden und Gunst gewogen verbleiben.« (A. Roth: Lieber bayrisch sterben, S. 19/20).
1228 Schon im Nov. 1705 erhielt der Prälatenstand von der kaiserlichen Administration eine Strafe von 15 000 fl. zudiktiert, da sein Verhalten während der Zeit des Aufstandes ihr mißfiel. Vergeblich setzten sich die beiden anderen Stände für ihre Kollegen ein (WHHSTA Bavarica Fasz. 16 A/I).
1229 R. Bauerreiss: Kirchengeschichte, Bd. VII, S. 362–366; Bericht Meichelbecks, in: Riezler-Wallmenich (Hg.): Akten I, S. 114; Ä. Kolb: Meichelbecks Autobiographie, S. 49.
1230 WHHSTA Bavarica Fasz. 16 A/I, f. 84.
1231 LÖWENSTEIN befürchtete, daß »die Herren Franckhen« (WHHSTA Bavarica Fasz. 16 B/II, f. 16 v) die günstige Gelegenheit wahrnehmen und sich endgültig in der Oberpfalz festsetzen könnten.
1232 WHHSTA Bavarica Fasz. 16 B/II, f. 88 et passim.
1233 WHHSTA Bavarica Fasc. 19 A, f. 137: »Der tobende Pövel«.

¹²³⁴ Nur zuweilen wehrten sich die Bürger auch gegen das »rebellische Gesindl« (WHHSTA Bavarica Fasz. 16 B/II, f. 34). Wurden die Bauern von den Kaiserlichen vertrieben, so vergaßen die Bürger nicht, ihre Meinung zum Ausdruck zu bringen, wie froh sie seien, daß sie diese Last endlich wieder losgeworden seien.

¹²³⁵ Als sich der Verdacht erhob, die Stadt Erding begünstige die Aufständischen, befahl ihr die Administration, innerhalb von 48 Stunden Strafgelder in Höhe von 4000 fl. in München abzuliefern, ansonsten würde ein Straffeldzug mit Feuer und Schwert über die Stadt hereinbrechen (WHHSTA Bavarica Fasz. 16 A/I, f. 11). Die Erdinger baten den dort im Quartier stehenden hannoverschen Generaladjunkten um Hilfe. Er könne der Administration bestätigen, daß sich die Erdinger loyal gegenüber der Regierung verhalten hätten. Doch der Adjunkt verließ die Stadt schnell und heimlich. Aus München kam der Befehl, alle jene, die Patente der Aufständischen überbracht hätten, zu verhaften und in Eisen geschlossen nach München zu bringen. Diesen Befehl durchzuführen, wagte der Magistrat nicht aus Angst vor der Rache der Aufständischen. Kämmerer, der Rat der Stadt und die Hofmarksrichter der Umgebung kamen zu Beratungen über die Lage der Stadt zusammen. Aber niemand wußte weder einen Rat noch einen Ausweg (ebd., f. 11–12 v).

¹²³⁶ S. v. Riezler: Geschichte, Bd. VIII, S. 95.

¹²³⁷ Das Verhältnis der Aufständischen gegenüber dem Metropoliten Johann Ernst von Thun war zwiespältig. Einerseits war er Verbündeter des Kaisers, andererseits war er geistlicher Oberhirt. S. v. Riezler: Geschichte, Bd. VIII, S. 70.

¹²³⁸ R. Bauerreiss: Kirchengeschichte, Bd. VII, S. 362; B. Hubensteiner: Geist, S. 195–198.

¹²³⁹ F. Niedermayer: Johann Philipp, S. 52, 53.

¹²⁴⁰ Ausführlich: S. v. Riezler: Geschichte, Bd. VIII, S. 28–176. Max Emanuel erhielt Nachricht davon aus Regensburg, ferner Briefe vom Baron von Neuhaus und vom Baron Guidobon de Cavalchino, zuletzt von Flüchtlingen. PAE Corr. pol. Bavière vol. 55, f. 26–27, 47–49 et passim, vol. 58, 20. 1. 1706, f. 13 (Baron von Neuhaus, München 20. 1. 1706); Truppenaufstellung ebd., f. 14–16 v et passim.

¹²⁴¹ G. Baumann: Bauernaufstand.

¹²⁴² WHHSTA Bavarica Fasz. 16 A/II, f. 87–95. Plinganser sprach von der »gerechten Sach« (f. 90 v) und davon, die »alte kurbayerische Tranquillität, und Rhue wiederumben einzufiehren« (f. 95).

¹²⁴³ WHHSTA Bavarica Fasz. 16 A/II, f. 17 und folgende.

¹²⁴⁴ Die Aufständischen zwangen diejenigen, die nicht mitmachen wollten, zur Teilnahme und führten sie selbst in Handschellen mit. WHHSTA Bavarica Fasz. 19 B/III, f. 282.

¹²⁴⁵ S. v. Riezler: Geschichte, Bd. VIII, S. 70–75.

¹²⁴⁶ Auch der Hilferuf an den Reichstag wurde nicht gehört. Siehe die nachträglichen Untersuchungen, in: WHHSTA Bavarica Fasz. 1 d.

¹²⁴⁷ Dies war eine folgerichtige Entwicklung. Denn die meisten, die etwas zu verlieren fürchteten, wollten zuerst einmal abwarten, wer sich als Meister in diesen Auseinandersetzungen erweisen würde (WHHSTA Bavarica Fasz. 16 B/II, f. 42). Die Untertanen hörten, um sie zur Teilnahme am Aufstand zu bringen, von ihren eigenen Leuten dieselben Drohungen, die ansonsten die Bauern von ihren Beamten und Obrigkeiten zu hören bekamen, nämlich sie im widrigen Fall mit Feuer und Schwert zu traktieren (ebd., f. 82 v).

¹²⁴⁸ Voran natürlich die bayerischen Beamten, die um ihre Stellung zitterten

und von denen gar mancher daran dachte, seine »armuethey« nach München in Sicherheit zu bringen (WHHSTA Bavarica Fasz. 16 B/II, f. 42 v).

1249 Der Aufstand der Unterländer war in gewissem Sinn Vorbild für die Untertanen des Oberlandes. Sie hatten allerdings bereits unmittelbar nach der Besetzung des Landes durch die Kaiserlichen begonnen, sich gegen die gesteigerten Ansprüche der Obrigkeit zur Wehr zu setzen. Da diese Versuche scheiterten, brauchten sie jetzt längere Zeit, bis sie sich dem Aufstand anschlossen, eine sehr verständliche psychologische Reaktion (WHHSTA Bavarica Fasz. 16 B/II, f. 97 und 97 v).

1250 S. v. Riezler: Geschichte, Bd. VIII, S. 107.

1251 So hatten die Bauern bei Wasserburg eine Niederlage erlitten. Die Bauern waren nach dieser »sehr erbährmlich ausgestandtner Mözgerey voller schröckhen und zittern«. (WHHSTA Bavarica Fasz. 16 B/II, f. 42).

1252 WHHSTA Bavarica Fasz. 16 B/II, f. 97–98.

1253 ebd. f. 98; vgl. MHS Cgm 3009, 3. Teil, Kap. 15.

1254 S. v. Riezler: Geschichte, Bd. VIII, S. 213; vor allem WHHSTA Bavarica Fasz. 16 B/II sowie MOA: z. B. Heiligkreuz, Bd. 2 (1675–1741) Defunctorum, S. 119–154, hier S. 139: Die 25 Decembris à Caesareanis militibus prope Talkirchen et Sentlingen audeliter occisi sunt 6: Joseph Köferloher, Johannes Reindel, Johannes Humpel, Martin Hueber, Johannes Talmayr, Simon Schölderl sepulti sunt 26 Dec in Caereterio Forstenridensi. Vgl.: Totenbuch St. Peter Nr. 8 (1698–1705), S. 629: Beerdigungen des Jahres 1704: gestorben 842, davon im Zuchthaus 61 Gefangene, im Prechhaus 241, den Kasernen 6, im Bruderhaus 25, im Spital St. Elisabeth 15, im Spital St. Joseph 20, im Krankenhaus 77, in zwei Waisenhäusern 3, im Zeidtenhaus 6, im Wollhaus 14. Dagegen S. 710: im Jahr 1705 waren es insgesamt 1265 Todesfälle. Hiervon waren erschlagene Bauern, die in nostra Parochia beerdigt wurden, 682, ferner 90 zu Unserer Lieben Frau und 204 in Sendling; das Totenbuch St. Peter Nr. 8 (1698–1705) verzeichnet vom 26. bis 31. Dezember 1705 insgesamt 682 Beerdigungen erschlagener Bauern, zu Unserer Lieben Frau 90 und bei Sendling 204. Insgesamt wurden im Jahre 1705 bei St. Peter 1265 Verstorbene beerdigt (f. 710 v). Im Januar 1706 kamen noch 49 Aufständische hinzu, die ihren Verwundungen erlagen. Das Totenbuch zu Unserer Lieben Frau (Erwachsene Nr. 3) verzeichnet im Jahr 1705 die von den Kaiserlichen schuldlos und grausam Ermordeten (26. 12. 1705). Der Hofrat MARIA PISTORINI erhielt 4 Tage nach der Sendlinger Mordweihnacht den Auftrag, die Bestattung der übrigen Toten zu organisieren, die noch zwischen München und Sendling lagen, und darauf zu achten, ob man noch Verwundete fände. Die Klöster und Spitäler mußten Fahrzeuge und Pferde bereitstellen. Die gefangenen Bauern, die sich von ihren Verwundungen bereits erholt hatten, mußten ihre erschlagenen Kameraden begraben (WHHSTA Bavarica Fasz. 16 B/II, f. 138).

1255 Riezler – Wallmenich: Akten, Bd. 2, Nr. 114 nach den Angaben des Grenadierhauptmanns Caruga. Damit hatten die Kaiserlichen nach ihren Worten »abermahl diesem losen gesindel einen empfindlichen streich« zugefügt (WHHSTA Bavarica Fasz. 17 B/II, f. 2): desgl. Bavarica Fasz. 16 c/II. Bei den Kaiserlichen sprach man davon, daß bei der Schlacht von Sendling und Aidenbach insgesamt an die 10 000 Bauern getötet wurden (WHHSTA Reichskanzlei Berichte aus München Fasz. 1 D (1706) f. 89 v). Nach der Schlacht von Sendling bestärkte Prinz EUGEN die Administration darin, daß »weiter gegen diese Rebellanten mit der gleichen Rigor zu verfahren und gegen sie ein- für allemal keine Barmherzigkeit zu haben wäre, indem ich meinesorts finde, daß dieses Gesindel einesteils eines

Glimpfs oder Gnade nicht wert sei, andernteils aber, je größeren Ernst daß es sieht, um so eher würde gestillt werden«. (Die Feldzüge des Prinzen Eugen, Bd. VIII, S. 13, 14. Brief aus Carzagona vom 9. 1. 1706). In einem anderen Schreiben vom 9. 5. 1706 hielt er es für nötig, gegen das vagierende Zigeunergesindel keine Barmherzigkeit zu zeigen, sondern es totzuschlagen und aufzuhängen. Auch sprach er sich dafür aus, die in Bayern verbliebenen Söhne des Kurfürsten Max Emanuel einschließlich der beiden jüngsten aus Bayern fortzuführen und in Klagenfurt zu internieren. Prinz EUGEN forderte hartes Durchgreifen in allen Belangen, um den Italienfeldzug vorzubereiten und die üblichen ärgerlichen Verzögerungen zu vermeiden. M. Braubach: Prinz Eugen, Bd. 2, S. 128 und 427.

1256 WHHSTA Bavarica Fasz. 17 B/I, f. 1. Die Burghausener Räte wußten nicht, wie ihnen geschah. Sie taten sehr überrascht.

1257 Pfarrer FLORIAN SIGMUND MILLER von Oberviechtach, der Führer der dortigen Aufständischen, wurde verhaftet und im Schloß von Wörth gefangengesetzt. Der Vizedom von Straubing Graf AUFSESS erhielt den Auftrag, den Prozeß vorzubereiten (WHHSTA Bavarica Fasz. 17 B/I, f. 86). Das Ordinariat Regensburg verlangte dagegen die Auslieferung des Pfarrers, dennoch wurde der Prozeß im Mai 1706 von den weltlichen Behörden vorbereitet und durchgeführt (f. 93). Nach zwei Jahren Haft war MILLER physisch und psychisch gebrochen, er gab seinen Widerstand gegen die Kaiserlichen auf und bat die Administration um Begnadigung. Er war bereit, das Land zu verlassen und in ein Kloster in Italien ins Exil zu gehen (WHHSTA Bavarica Fasz. 19 A, f. 1–3 v).

1258 MOA Totenbuch St. Peter Nr. 8, f. 712 v–717 (Januar 1706), darunter ein Siebzigjähriger und dessen Tochter. Totenbuch von Unserer Lieben Frau (Erwachsene), Nr. 3 (26. 12. 1705): Ein siebzigjähriger Mann wollte zum Weihnachtsgottesdienst in die Stadt reiten; er fiel unter die Kaiserlichen und wurde erschlagen.

1259 WHHSTA Bavarica Fasz. 16 c/II, f. 138–144 (Razzien). Alle geflohenen Aufständischen, deren man habhaft werden konnte, alle Emissäre und Überbringer von Patenten wurden in Eisenketten nach München gebracht (WHHSTA Bavarica Fasz. 16 B/II, f. 114), desgleichen Beamte, die den Aufständischen wohlgesonnen gewesen waren, Gerichtsschreiber und Prokuratoren (ebd., f. 124 v). Man fragte nicht allzuviel nach Schuld oder Unschuld. Unter den Gefangenen, die man von Landau nach München einlieferte, befanden sich ein Arzt, ein Ingenieur, ein Stadtschreiber und zwei Bauern, deren Namen die »Untersuchungsbehörden« nicht einmal wußten, weil sie nicht danach gefragt hatten. Man unterschied sie nur nach ihrem Aussehen. Der eine hatte einen schwarzen und der andere einen roten Bart (ebd., f. 168). Der Bauer Andreas Zipfer, der in der Nähe von Tüßling wohnte, Untertan des Grafen Wartenberg, wurde ins Burghausener Burgverlies gebracht. Dort saß er über ein Vierteljahr und niemand wußte warum (WHHSTA Bavarica Fasz. 17 B I, f. 61). Er hatte eine kranke Frau zu Hause und sieben unmündige Kinder, von denen das älteste erst $10^{1}/_{2}$ Jahre alt war. Die Felder blieben unbestellt. Der Verhaftete nahm Zuflucht zu einem Sekretär, der ihm gegen 30 kr. Entgelt ein Bittgesuch an die Obrigkeit aufsetzte, in dem er an die angeborene rühmlichste und allergnädigste Clemenz des Kaisers »fußfallend gehorsambst und demütigist« appellierte und bat, ihn aus der Gefangenschaft zu entlassen (f. 158). Die Regierung Burghausen schlug daraufhin dem Kaiser vor, den Bauern zwar nicht zu entlassen, jedoch nicht mehr so hart wie bisher in seinem Verlies angeschmiedet zu lassen, sondern ihm die gütigste Erlaubnis zu geben, wie andere im Gefängnis herumgehen zu dürfen.

Der Bauer mußte sich selbst verköstigen und dem Schloßamtmann, der ihn bewachte, für seine »vielfältigen« Dienstleistungen noch täglich 3 kr. bezahlen (f. 59). Am schlimmsten war übrigens der Aufenthalt in der Fronfeste von Burghausen. Die Bauern beklagten sich über die dortigen Drangsale, denn es gingen Gespenster um. Auch die Gefangenenwärter bestätigten, daß es dort nicht ganz geheuer und kaum auszuhalten sei vor lauter »grausamen Getöse und Poltern«. (WHHSTA Bavarica Fasz. 16 B/I, f. 149).

1260 KITTLER, SENSER, KLANZE und ABERLE wurden am 29. Januar, der Jägerwirt am 17. März 1706 in München hingerichtet (S. Riezler: Geschichte, Bd. VIII, S. 130, 131). Der Metzger MATHIAS KRAUS, der die Stadt Kehlheim mit seinen Getreuen eingenommen hatte, wurde verhaftet, nach Ingolstadt ins Gefängnis eingeliefert und zum Tode verurteilt. Die Administration befahl dem Kelheimer Magistrat, das Haus des MATHIAS KRAUS abzureißen und darauf den Galgen zu errichten. Da aber die Pfarrkirche, der Pfarrhof und die Erasmus-Kapelle gleich nebenan standen, bat die Bürgerschaft die Administration, dieses allzu »grausamb Spectacul« zu unterlassen. Auch würden Kirchenkapitalien, die mit dem Haus in Verbindung waren, dadurch verlustig gehen (WHHSTA Bavarica Fasz. 17 B/I, f. 19). Für das Leben des Metzgers setzte sich niemand ein. So verblieb es bei der üblichen Hinrichtung außerhalb der Stadt (ebd., f. 124). Die Vierteilung des Unglücklichen ist genau aufgezeichnet (ebd. f. 124 und 124 v). Der Bauernoberst HOFFMANN wurde enthauptet, PLINGANSER zur Haft verurteilt und nach drei Jahren begnadigt. MEINDL gelang es, nach Jahren der Flucht wieder ansässig zu werden. Im Mai 1708 fand der Inquisitionsprozeß einen vorläufigen Abschluß (S. v. Riezler: Geschichte, Bd. VIII, S. 176–183), wenngleich die Untersuchungen noch fortgesetzt wurden. Baron FRANZ VON SCHMID lag 2½ Jahre in Ingolstadt im Arrest. Dann durfte er nach München übersiedeln, jedoch sein Haus nicht verlassen. Nach Abschluß seines Prozesses wurde er dazu verurteilt, innerhalb von 8 Tagen 6000 fl. Strafgelder aufzubringen. Er mußte sich diese Summe von seinen Freunden ausleihen (WHHSTA Bavarica Fasz. 19a, f. 132–133).

1261 Benediktbeuern wurde beschuldigt, den Aufstand unterstützt zu haben. Dadurch fiel der zuständige Prälat nicht nur in die allerhöchste Ungnade des Kaisers, sondern mußte auch noch 20 000 fl. Strafgelder an die kaiserliche Kriegskasse zahlen. Ansonsten drohte die Administration, das Kloster zu zerstören (WHHSTA Bavarica Fasz. 16 B II, f. 19). Benediktbeuern wandte alle Mühe auf, sich zu verteidigen (f. 201–202 v). Da die Kaiserlichen bereits die Strafgelder von 50 000 auf 20 000 fl. ermäßigt hatten, beharrten sie auf ihren Forderungen. Das Kloster Tegernsee erhielt den Befehl, innerhalb von 8 Tagen 12 000 fl. Strafe zu entrichten, widrigenfalls sollte es mit Feuer und Schwert ruiniert werden (ebd., f. 146). Die Klöster mußten jene Pferde abliefern, die ihre Untertanen während des Aufstands gegen die Kaiserlichen verwendet hatten (ebd., f. 192). Die Stadt Aibling erhielt am 28. Dezember eine Strafe von 4000 fl. zudiktiert, widrigenfalls sollte der Markt abgebrannt werden (ebd., f. 152). Die Aiblinger baten um Erlaß der auferlegten Geldstrafe. Sie mußten trotzdem bezahlen. Doch wagte niemand, sich auf den Weg nach München zu machen und das Geld zu überbringen, da jeder um sein Leben wegen der herumstreifenden Reiterei fürchtete (f. 166 v). Am 30. Dezember 1705 brachten die Tölzer Bürger von den geforderten 8000 fl. Strafgeldern die Hälfte auf. Mehr bekamen sie nicht zusammen. Denn tags zuvor hatte die kaiserliche Miliz die Tölzer Bürger beglückt bei ihrer Suche nach Rebellen. 25 Bürger wurden ihrer Sorge enthoben, sich künftig um ihr Geld und um ihre Wertgegenstände kümmern zu müssen. Allein diese Streife nahm Wertgegenstände in Höhe von 3000 fl. mit (ebd., f. 186). Erding mußte 4000 fl., der

Markt Schwaben 3000 fl. Strafe entrichten (f. 195). Dies war eine besondere Gnade, denn eigentlich war die Verbrennung oder Verwüstung der Häuser und Wohnungen vorgesehen (f. 195).
1262 WHHSTA Bavarica Fasz. 18/I/II/III und 17 B/III Berichte.
1263 Bavarica WHHSTA Fasz. 21 B (1705), f. 89, 91.
1264 S. v. Riezler: Geschichte, Bd. VIII, S. 167, 168.
1265 S. v. Riezler: Geschichte, Bd. VIII, S. 171/2: »Alles drängte sich nun, das sinkende Schiff zu verlassen. Die wenigen, die standhielten – wer will sagen, ob sie im Trotz ihrer ehrlichen Überzeugung handelten oder nur, weil ihnen der Ausschluß von der Amnestie doch keine Rettung verhieß? Die Archive sind voll von Schriften, in denen Landesverteidiger, Hoch wie Nieder, ihr Verhalten vor der Administration, den Inquisitionskommission oder anderen Behörden zu rechtfertigen suchen. Beamte und Bürger wollen jetzt nur unter dem Zwang der Bauern, diese nur unter dem Zwang einzelner Agitatoren und Rädelsführer gehandelt haben, alle wollen gut kaiserlich gesinnt sein.«
1266 Über die Getöteten bei Aidenbach heißt es: »warunder auch vil unschultige burger, so aus puren Nothzwang und gwalthettiger wais vortgenommen worden, begriffen« (WHHSTA Bavarica, Fasz. 16 C/III, f. 85 v). In Mauerkirchen und in den umliegenden Gerichtsbezirken hatten die Aufständischen die Bauernsöhne und Knechte aufgefordert, sich dem Aufstand anzuschließen. Sie holten sie nachts aus den Betten (WHHSTA Bavarica Fasz. 16 A/I, f. 43 v und Fasz. 16 B/II, f. 108 und 108 v). Achtzehn bei Wolfratshausen ansässige Bauern, die gezwungenermaßen am Aufstand teilgenommen hatten und bei Sendling getötet worden waren, hinterließen an die siebzig Kinder (ebd., f. 112 v). In einem amtlichen Bericht des Gerichts Wolfratshausen hieß es: »Wie nun thails Underthanen mit Gwalt gezwungen worden, einiche leith zu stöllen, warvon leider vill auf dem Plaz geblieben« (WHHSTA Bavarica Fasz. 16 B II, f. 180 v). Die Administration befahl den zuständigen Behörden, ausfindig zu machen, welche Untertanen an der Schlacht von Aidenbach freiwillig beteiligt und welche gezwungenermaßen mitgegangen waren (Fasz. 17 A I, f. 21).
1267 WHHSTA Bavarica Fasz. 19 B/II, f. 169–171.
1268 ebd., f. 169 v.
1269 ebd., f. 170.
1270 ebd., f. 169, 170.
1271 WHHSTA Staatskanzlei, Berichte aus München Fasz. 19 B, f. 242–276. Ferner befanden sich im Hofspital und im Josephshaus in München Ende Dezember 1705 weitere 133 Untertanen aus dem Landgericht Wolfratshausen, die verwundet waren. 78 von ihnen waren ledig, 55 verheiratet (WHHSTA Bavarica Fasz. 16 B/II, f. 159–161). Aus der Grafschaft Valley wurden 94 Personen gefangen (ebd. 173–175).
1272 WHHSTA Staatskanzlei Bavarica Fasz. 19 B, f. 306–307.
1273 ebd., f. 144–147, 242–276 und 306–307.
1274 Gutsituierte Bürger und Handwerker, Schreiber und Händler, Gerichtsbeamte und Staatsdiener hatten kein Interesse, sich zu exponieren. Sie nahmen nur durch die Umstände gezwungen am Aufstand teil (WHHSTA Staatskanzlei Bavarica Fasz. 19 B, f. 281–284 v). Ein Mann, der verheiratet war, 5 Kinder besaß und 2 alte Personen im Austrag zu versorgen und über 800 fl. Schulden abzutragen hatte (ebd., f. 281), mußte alles daran setzen, um Geld zu verdienen. Er weigerte sich, am Aufstand teilzunehmen. Er wurde trotzdem gezwungen mitzugehen.
1275 Die Differenzierung der einzelnen Berufsgruppen ergibt Folgendes:

Bäuerliche Berufe

Beruf	verheiratet	ledig	Gesamtsumme
Bauer	12	6	18
1/2 Bauer	16	20	36
1/3 Bauer	–	1	1
1/4 Bauer	4	1	5
1/5 Bauer	1	–	1
1/6 Bauer	2	–	2
Bauernsohn	–	75	75
1/2 Bauernsohn	–	4	4
Bauernknecht	3	128	131
Bauernjung	–	7	7
Tagwerker	32	8	40
Tagwerkersohn	–	1	1
Söldner	39	19	58
2 Lehen	1	2	3
Lehner	50	27	77
Lehnersohn	–	1	1
1/2 Lehner	10	9	19
1/2 Lehnersohn	–	1	1
Häusler	7	2	9
Hueben	5	3	8
Kuhhirte	–	1	1
Eierträger	1	2	3
Insgesamt:	183	318	501

(Die obigen Bezeichnungen sind dem Original entnommen. Gemeint sind Bauern mit einem halben Hof etc.)

Handwerkliche Berufe

Beruf	verheiratet	ledig	Gesamtsumme
Weber	10	5	15
Webersohn	–	1	1
Weberlehrjunge	–	2	2
Zimmermann	4	2	6
Holzhacker	–	1	1
Schreiner	1	1	2
Sägeknecht	–	1	1
Floßmann	1	–	1
Floßmannsohn	–	1	1
Kistler	1	1	2
Glasergeselle	–	2	2
Saliterer	1	–	1
Saliterersohn	–	1	1
Sattler	1	–	1
Sattlergeselle	–	1	1
Küfer	1	–	1
Schmied	4	–	4
Schmiedknecht	1	–	1
Schmiedlehrjunge	–	1	1
Scheffmann	1	–	1
Zimmermann	3	6	9
Zimmermannssohn	–	1	1
Zimmermannsgeselle	–	1	1
Zimmermannsknecht	–	1	1
Schuhmacher	2	–	2
Müller	2	2	4
Müllersohn	–	2	2
Müllnerjunge	–	1	1
Müllnerknecht	–	3	3
Schuhmacher	4	2	6
Schuhknecht	–	2	2
Schuhmacherlehrjunge	–	1	1
Bäckerlehrjunge	–	1	1
Peckenknecht	–	1	1
Pulvermühlknecht	1	–	1
Maurer	12	8	20
Maurerlehrling	–	2	2
Fischer	2	–	2
Schneider	3	1	4
Schneidersohn	–	2	2
Wagner	3	–	3
Wagnersohn	–	1	1
Ferner	4	11	15
Insgesamt	62	69	131

Verschiedene:
1 bayerischer Soldat, 1 Amtsknecht,
1 Schreiber, 2 Bettler
Die Gesamtzahl der vorgenannten Gefangenen beläuft sich somit auf
637 Personen.

[1276] Um die bisherigen uneinheitlichen Aussagen in dieser Frage zu klären, sind die schriftlichen Zeugnisse wichtig, die überliefert sind in: PAE Corr. pol. Bavière vol. 52 und 54.

[1277] PAE Corr. pol. Bavière vol. 52, Rouille an Ludwig XIV., Brüssel 13. 12. 1704, f. 175 v–176; desgl. vol. 54, Brüssel 2. 12. 1705, f. 102–103. Gleichzeitig tauchten Hoffnungen auf einen Aufstand in Böhmen auf. Einige Geheimagenten hatten derartige Mitteilungen überbracht, vol. 52, Ludwig XIV. an Rouille, Versailles, 16. 2. 1705, f. 75–76 und Rouille an Ludwig XIV., 26. 2. 1705, f. 79 v. Diese Neuigkeit von einem Aufstand in Böhmen machte Max Emanuel »ein außerordentliches Vergnügen«, Rouille an Ludwig XIV., Brüssel 13. 2. 1705, f. 78 v, desgl. vol. 54, Ludwig XIV. an Rouille, Versailles 10. 12. 1705, f. 167 v, ebenso vol. 55, Rouille an Ludwig XIV., Brüssel 24. 1. 1706, f. 46 v: Schottische Offiziere hätten in Prag einen Aufstand entfesselt.

[1278] PAE Corr. pol. Bavière vol. 54, Rouille an Ludwig XIV., Brüssel 26. 12. 1705, f. 155 v–157.

[1279] ebd., Ludwig XIV. an Rouille, Versailles 30. 12. 1705, f. 164–165 v.

[1280] ebd., Rouille an Ludwig XIV., Brüssel 26. 12. 1705, f. 155 v–157.

[1281] ebd., Rouille an Ludwig XIV., Brüssel 26. 12. 1705, f. 161–163 und Antwort Ludwig XIV., Versailles 30. 12. 1705, f. 164–165 v.

[1282] ebd., Rouille an Ludwig XIV., Brüssel 27. 12. 1705, f. 166–172.

[1283] ebd.

[1284] ebd.

[1285] ebd., Ludwig XIV. an Rouille, Versailles 4. 1. 1706, f. 175–176.

[1286] ebd., Rouille an Ludwig XIV., Brüssel 27. 12. 1705, f. 166–172.

[1287] PAE Corr. pol. Bavière vol. 55, Rouille an Ludwig XIV., Brüssel 8. 1. 1706, f. 22–23, desgl. 17. 1. 1706, f. 39 v.

[1288] ebd., Nachrichten aus Regensburg, Rouille an Ludwig XIV., Brüssel 9. 1. 1706, f. 25–27. Am 12. 2. 1706 äußerte sich Max Emanuel über die Aufständischen: »Der Aufstand der Mißvergnügten ist, wie Sie wissen, gänzlich bezwungen; ich konnte ihren Patriotismus nicht mißbilligen, aber das Herz blutet mir, wenn ich das Ende sehe, blutige Greuel und den Ruin des Landes, die grausamen Scenen und die Verurtheilungen zu Kerker und zum Tode nehmen gar kein Ende. O Gott! wie viel unschuldiges Blut ist vergossen worden! Wenn ich mich verbergen kann, lasse ich den Thränen freien Lauf! Wenn ich nun wirklich mich in die Sache eingemischt hätte, würde ich nichtsdestoweniger die Armen auf die Schlachtbank geführt haben, ohne ihnen helfen zu können!« K. Th. Heigel: Die Korrespondenz des Kurfürsten Max Emanuel mit seiner zweiten Gemahlin, S. 186.

[1289] PAE Corr. pol. Bavière vol. 55, Rouille an Ludwig XIV., Brüssel 31. 1. 1706, f. 67, ähnlich Rouille an Ludwig XIV., Brüssel 24. 1. 1706, f. 47–49. Auch der Kammerdiener DULAC, den die Administration entlassen hatte, brachte die schlechtesten Nachrichten aus München mit, vol. 55, Brüssel 27. 1. 1706 und 7. 2. 1706, f. 57–58 bzw. f. 82 v. Bereits im Juli 1705 hatte sich Max Emanuel sehr deprimiert über Bayerns Zukunft geäußert (PAE Bavière vol. 53, Rouille an Ludwig XIV., Camp de Jolz, 13. 7. 1705, f. 178 v): »Il est veritablement Cas de la guerre et desire infinitment le repos, Il ne laisse pas d'estre toujours frappé du desagrément qu'Il trouvera dans ses Estates, lorsqu'Il y rentrera, tant par la desolation du Pays, que les Imperiaus ruinent de toutes manieres, que par l'Experience qu'Il fait du peu de fidelité de presque toute la Noblesse et des gens mesme qui devroient estre le plus attaché a luy et Il se fait une fort grande peine d'avoir a vivre avec Eux. Dans l'Extreme envie qu'a ce Prince de voir finir la guerre et persuadé que les ordres qui V. M^{te} donne pour faire en ce Pays cy une deffensive honorable et sans rien hazarder, est le plus seur moyen d'y parvenir.«

1290 J. Pezzl sprach im Jahr 1784 von einem »misverstandenen Patriotismus« der Bauern (Reise durch den Baierischen Kreis, S. 148, vgl. S. 48).

1291 L. Westenrieder: Geschichte von Baiern (1785), S. 634.

1292 Im »Lesebuch für gewerbliche Fortbildungsschulen«, hg. von G. N. Marschall, München 1879, S. 294 heißt es: »So endete diese Erhebung, welche den glorreichen Aufständen der Tiroler an die Seite gestellt werden darf ... in edler Begeisterung, Vaterlandsliebe und treuer Anhänglichkeit an den Fürsten.« Auch im »Lesebuch für gewerbliche Fortbildungsschulen und verwandte Anstalten«, hg. von V. Lößl – J. Möller – Zwerger, München ca. 1905, S. 466 (6. Auflage ?) wird die »Begeisterung für den Landesherrn« betont.

1293 Das Fresko der Sendlinger Kirche sollte die Mentalität des Volkes in einer bestimmten Richtung beeinflussen. So schrieb der Innenminister an König MAX II. von Bayern am 16. 12. 1849 betreff »Hebung des bayerischen Nationalgefühls« u. a.: »Das Gemälde an der Sendlinger Kirche pflegt die Volkstreue und den nationalen Sinn der dortigen Bewohner mehr, als gelehrte Vorträge.« (MHSTA MInn 45787). Das Fresko war am 9. 10. 1831 enthüllt worden. Anwesend waren höchste Beamte, zahlreiche Abgeordnete des Landtags und eine große Volksmenge. (W. Lempfried: Landtag, S. 77.)

1294 Vgl.: Lesebuch für die Mittelklassen der Volksschulen des Regierungsbezirkes Oberbayern München (30. Auflage ? ca. 1910), S. 274/5: »Weihnachten 1705« (von Franz Bonn).

»Zu Sendling war's, in der Heiligen Nacht
da fielen der Bauern achthundert,
bis zum letzten sich wehrend der Übermacht –
und was da die bayerische Treue vollbracht,
laut sei es gelobt und bewundert!

Es färbte vom Herzblut sich rot der Schnee;
da war kein Wanken und Weichen.
Sie starben alle in stummem Weh –
zuletzt der Schmied vom Kochelsee –
auf den Gräbern ruhten die Leichen!

Und wenn die Geschichte von Helden spricht,
die herrlichsten Taten zu melden,
vergißt sie sicher auch *Sendling* nicht,
Von euch doch meldet noch kein Bericht,
ihr Frauen und Mütter der Helden!

Ihr habt sie ermutigt zum heiligen Streit;
ihr habt sie geküßt, als sie gingen;
ihr gabt bis zur Grenze des Dorfs das Geleit
und eure Liebe war ihnen zur Seit',
da die Schatten des Tods sie umfingen.«

Diese Aussagen zeigen, daß die Ereignisse des Aufstandes systematisch umfunktioniert und manipuliert wurden.

1295 Im Münchener Vorstadttheater in der Au wurde z. B. am 22. Juni 1851 das Theaterstück aufgeführt: »Der Pfeifer von Schliersee, oder: Die Bauernschlacht zu Sendling.« Ein vaterländisches Charakterbild mit Gesang und Tableaux in drei Akten von M. Schenk. Das Publikum dieses Theaters setzte sich in der Regel aus Angehörigen des kleinen Bürgertums zusammen.

Als Sozialisationsmittel in der Armee des 19. Jahrhunderts dienten die Ereignisse von 1705/06 ebenfalls: Frhr. v. Schacht: Abendunterhaltungen eines Veteranen mit seinen Kameraden über teutsche und vaterländische Geschichte, München ²1854, S. 424, 425:

»Welchem Bayer ist nicht die Schlacht oder das Treffen bei Sendling bekannt? Das Grabmal auf dem Münchner Kirchhofe, das Gemälde an der Kirche zu Sendling selbst, erhalten das Andenken an diese treuen Söhne des Vaterlandes immer rege, und erheben den Sinn und das Herz der Enkel zu gleichen Thaten in ähnlichen Lagen ... So endete der große Aufstand des bayerischen Volkes, der, wenn auch mißlungen, für alle Zeiten ein Beispiel treuen Sinnes, männlicher Kraft und Anhänglichkeit an Fürst und Vaterland bleiben wird.«

1296 Das Denkmal bei Aidenbach (gußeisernes Kreuz mit vergoldetem Christus) wurde am 2. 10. 1866 eingeweiht (STA Landshut BA Vilshofen Fasz. 75 Nr. 8). Über die Festrede des Bezirksamtmanns von Vilshofen schrieb die ›Donau-Zeitung‹ am 5. 10. 1866: »Man konnte sich eines Gefühls der Wehmuth und Rührung nicht erwehren, als der Redner mit gehobener Stimme der treuen Anhänglichkeit an Fürst und Vaterland gedachte, welche an dieser Stätte mit dem Blute vieler tausend braver Landessöhne besiegelt ward. Gewiß stimmte Jeder freudig in den Wunsch ein, womit der Redner schloß, daß wir, den Nachkommen jener patriotischen Männer, in den Stunden der Gefahr mit gleicher Liebe und Treue zu Fürst und Vaterland stehen mögen, wozu dieses, allen Stürmen trotzende Kreuz fort und fort auffordert.«

In diesem Sinn wurden auch das Denkmal Schmied von Kochel im Jahre 1900 in Kochel und das Oberländer-Denkmal in Waakirchen errichtet. Dessen Enthüllung fand am 20. 8. 1905 statt. Anwesend waren Prinz LUDWIG und der Protektor des Oberländer-Denkmal-Vereins. Die Inschrift lautet: »Dem Gedenken der treuen Söhne des Oberlandes mit ihrem Heldenmüthigen Schmiedbalthes von Kochel. 1705–1905. ›Wir wollen den, der Treue hält, vor allen Anderen preisen.‹« (MHSTA AR Fasz. 2800 Nr. 926). Ein weiteres Denkmal des Schmieds von Kochel wurde in München im Jahre 1911 errichtet.

1297 Johann Michael Fick (Bayerische Geschichte für Schulen und Familien zur Erweckung der Liebe zum Könige und Vaterlande, Augsburg 1853, S. 36) betont: »Auch im spanischen Erbfolgekrieg bewies sich des bayerischen Volkes Treue. Vaterländische Obrigkeit war ohne Macht und fremde Botmäßigkeit schwer drückend. Es lösten sich die Bande der Geduld und Langmuth. Da brach der große Aufstand des bayerischen Volkes in den Jahren 1705 und 1706 aus; und das Vaterland zu retten, trat der Jüngling PLINGANSER an derselben Spitze. Es galt für Fürst und Vaterland, darum stand das baycrische Volk entschlossen im Kampfe. Sein Aufstand ist gerechtfertigt, da er für die Rechte des Fürstenhauses, und des Landes Bayern geschah.«

Johann Baptist Fürg: Leitfaden zum Unterricht in der Geschichte von Bayern für die deutschen Werk- und Feiertagsschulen, München ²1850, S. 85: Der Verfasser bezichtigt Österreich schändlicher Treulosigkeit, da es die Opfer Bayerns und Max Emanuels in den Türkenkriegen so rasch vergessen habe und der Koalition gegen Bayern beigetreten sei und zudem Bayern hart unterdrückte, statt es seinem angestammten Herrn zurückzugeben. Folge: »Ein Schrei des Unwillens drang durch Bayerns Gauen«. Betreff Max Emanuel und bayerisches Volk: »Nach zehnjähriger Trennung ... sah er seine treuen unerschütterlichen Bayern wieder.«

Georg Friedrich Heinisch: Das Wissenswürdigste aus der Geographie und Geschichte Bayerns, Bamberg ²1851, S. 25: Es wurde »... das bayerische Volk von Österreichern auf empörende Weise gemißhandelt. Da erhob sich aber das ganze bayerische Volk, um das Vaterland zu retten«.

Lehr- und Lesebuch für die männlichen deutschen Feiertags- oder Fortbildungsschulen, München ⁴1868, S. 189: 1705 ist ein Beispiel neben anderen für die bayerische Treue: »Manches Herz, manches Glück ist gebrochen in verhängnißvoller schwerer Zeit, aber nie des Bayern Liebe und Anhänglichkeit an sein Herrscherhaus.«

[1298] Riezler – Wallmenich: Akten, 3 Teile.

[1299] z. B. A. Roth: Lieber bayerisch sterben.

[1300] PAE Corr. pol. Bavière vol. 55 und 58 (1706); E. Feldmeier: Ächtung, S. 145–269.

[1301] PAE Corr. pol. Bavière vol. 55, Rouille an Ludwig XIV., Brüssel 13. 4. 1706, f. 179–182 sowie am 6. 5. 1706, f. 222–224; Ludwig XIV. an Rouille, Marly 23. 4. 1706, f. 189–190; vol. 58 Mémoire 11. 4. 1706, f. 78.

[1302] PAE Corr. pol. Bavière vol. 55, Ludwig XIV. an Rouille, Versailles 26. 5. 1706, f. 263–263 v, ferner vol. 58, Mémoire vom April 1706, f. 86.

[1303] Besonders vol. 58, April–Juli 1706, f. 94–178 v, vor allem f. 94–109 v, 165 bis 178 v; Überlegungen über die Beziehungen zu Berlin; ferner vol. 55, f. 57 (Brüssel 27. 1. 1706), f. 147 (22. 3. 1706), f. 217–218 (1. 5. 1706), f. 241 v–245 v (Mai 1706).

[1304] Auf einer Rundreise durch das Reich schmiedete MARLBOROUGH die Koalition, die unter einem Schwächeanfall litt, wieder zusammen; ebd., vol. 55, f. 165–166 Copie de Mémoire a Mr. le Président Rouille le 14 Juillet 1708 avec la depesche du Roy.

[1305] PAE Corr. pol. Bavière vol. 58, f. 122–124 und das Problem der Rechtmäßigkeit, f. 124–132.

[1306] PAE Corr. pol. Bavière vol. 55, Rouille an Ludwig XIV., Brüssel 20. und 26. 5. 1706, f. 256 v und 263 v; vol. 58, f. 122–132, f. 326–329: »On demande si l'Empereur peut soûmettre au ban de l'Empire quelqu'un des Electeurs, ou Princes d'Allemagne, du consentement du College Electoral seul, sans la participation des autres Princes et Etats du St. Empire?« Druck.

[1307] Die Reaktion LUDWIGS XIV. und seiner Minister kommt in einer Weisung an ROUILLE zum Ausdruck (PAE Corr. pol. Bavière vol. 55, Marly, 20. 5. 1706, f. 250 und 253). Darin heißt es, der Bann sei ohne Rücksprache mit den zuständigen Reichsgremien verhängt worden, also rechtlich nicht verbindlich.

[1308] S. v. Riezler: Geschichte, Bd. VIII, S. 224. Die Haltung von Heinsius: PAE Corr. pol. Bavière vol. 58, Ludwig XIV. an Rouille, Versailles 14. 7. 1706, f. 166.

[1309] PAE Corr. pol. Bavière vol. 52, Rouille an Ludwig XIV., Bruges März 1705, f. 152–157 v.

[1310] ebd., vol. 52, Rouille an Ludwig XIV., Brüssel 23. 3. 1705, f. 142 v–143.

[1311] ebd., vol. 52, Rouille an Ludwig XIV., Brüssel 11. und 21. 4. 1705, f. 186 v bis 187 bzw. f. 202 v–203 v und vol. 55, Rouille an Ludwig XIV., Brüssel 3. 2. 1706, f. 72 v–73.

[1312] ebd., vol. 57, Rouille an Ludwig XIV., Mons 13. 11. 1706, f. 103 v–104.

Man sprach nur noch von »diesem verdorbenen Mann«, ebd., Ludwig XIV. an Rouille, Versailles 18. 11. 1706, f. 107.

1313 PAE Corr. pol. Bavière vol. 56, f. 188: Um sich zu üben, hatte JOSEPH CLEMENS am 14. August eine Predigt für seine Diözesanen gehalten über das Wort des hl. PAULUS: »Si quis autem domui praeesse nescit quomodo Ecclesiae Dei diligentiam habebit« (Korinther 3), Bavière vol. 59, Rouille an Ludwig XIV., 28. 12. 1706 und 1. 1. 1707, f. 5–8 und 14–15 (über die erste Messe).

1314 PAE Corr. pol. Bavière vol. 52, Rouille an Ludwig XIV., Brüssel 30. 4. 1705, f. 218 v–219 und vol. 55, Brüssel 3. und 10. 2. 1706, f. 73–75 v, 77–77 v; Brüssel 2. 3. 1706, f. 213 v–214 v; vol. 57, Mons 10. 12. 1706, f. 175–176 und 21. 12. 1706, f. 188 (über die geplante Romreise von Joseph Clemens).

1315 Fr. Schmidt: Erziehung, S. CI, CII; K. Th. Heigel: Gefangenschaft, S. 250; WHKA Reichsakten Fasz. 125; WHHSTA Bavarica Fasz. 21 B.

1316 MGHA Korr. 753/I (Nachrichten über Erziehung der Prinzen in Österreich 1707–1713).

1317 GUIDOBON DE CAVALCHINO hatte die Prinzen »in tugenden sowohl als schuldigen devotion gegen Ihre von Gott vorgesezte obrigkeit, und liebe des Vatterlands« zu erziehen. (WHHSTA Bavarica Fasz. 21 B, f. 52).

1318 PAE Corr. pol. Bavière vol. 52, Rouille an Ludwig XIV., Brüssel 24. 1. 1705, f. 43 v–44.

1319 WHHSTA Bavarica Fasz. 21 B.

1320 K. Th. Heigel: Gefangenschaft, S. 250.

1321 Fr. Schmidt: Erziehung, S. CIII.

1322 WHKA Reichsakten Fasz. 125, f. 1–4.

1323 ebd., f. 27–52, 74. Der neue Hofstaat und die Erziehungsinstruktion waren somit nach dem am kaiserlichen Hof üblichen Muster ausgerichtet (ebd., f. 80–96).

1324 Was die Frömmigkeit der Prinzen betraf, waren die Kaiserlichen ganz zufrieden. Nur ein Problem ergab sich. Die Prinzen wollten keinen Fasttag halten. Sie beriefen sich darauf, daß das ganze Haus Wittelsbach eine päpstliche Bulle besitze, die sie davon befreie. Die Österreicher aber meinten, es würde ihrer Gesundheit nicht schaden, wenn sie sich trotzdem der Fleischspeisen enthielten. (WHKA Reichsakten, Fasz. 125, f. 113–113 v). Der einheimische Adel suchte die Prinzen öfters auf, als es den Erziehern lieb war. Doch wollte man keine Einschränkungen verfügen, »in bedenckhen Jezuweillen forderist von Damesen ohne deme nicht so vil sich sechen lassen, daß der älteste Prinz CARL (KARL ALBRECHT) sein gewöhnliches Spill die Cinquillia zusamben bringen kan, und weillen Ich (Graf FUGGER) mich fast allezeit auch darbey einfinde, so habe Ich doch bis anhero nichts Unrechtes, oder Ungebührliches vermerckhen können, sondern bezeugen kan, daß die Prinzen, forderist der Prinz CARL mit grösster modestie, und lobwürdigen Conduite sich jederzeit verhalten thue, und ob zwar der andert gebohrne Prinz PHILIPP eine mehrere Inclination zu denen Damesen als die andere zeiget, so habe Ich doch nichts Unmanierliches wahrnemben können«. (f. 113 v–114) Graf FUGGER fand es gleichsam notwendig und der hohen Geburt der Prinzen, von der man jetzt wieder sprechen konnte, zukommend, daß sie »mit adelichen Persohnen zum öfftern umbgehen solten, mithin eine guete manier, adeliche Sitten und ein rüembliches Comportement zu erlehrnen« (f. 114).

1325 WHKA Reichsakten Fasz. 125, f. 99.

1326 Die Erziehung trug gute Früchte. Nur der jüngste Prinz THEODOR schien eine Ausnahme zu bilden, da er »bisweilen aus alzu grosser Vivacitet und kindischer weis ein, und andere Unmanier in der Gesellschaft begehet, deme aber der Oberhofmeister (Graf THÜRHEIM) die gezimmende Correction gibet« (ebd., f. 112 v).

[1327] WHHSTA Bavarica Fasz. 25 B–44 (1706–1714); Reichskanzlei Berichte aus München Fasz. 1d–1r (1706–1714).

[1328] WHHSTA Bavarica 16 C/II: Bericht des Amtskommissärs von Schwaben an die Administration vom 19. 1. 1706 über die Methoden, die Untertanen einzuschüchtern und zum Gehorsam zu bringen (f. 65–65 v und 72): »Auf mein verwichenen Sambstag beschehenes allerunderthenigistes mündliches referiern, und darauf empfangene resolution habe ich die anstalt gemacht, das nachfolgente 7 hiesige Grichtsunderthanen als Georg Hueber in Niclasreith und Balthasar Mayr alda, Item Thomas Ländern und Melchior Wagner von Strausdorf, weitters des Michaeln Schwäbels von Dall Sohnne, bis sich der Vatter selbsten stölt, weillen Er dermahlen öftershalber nit khommen khönnen, dann leztlichen der Balthasar Starr, und Hanns Diechtl zu Pörstorf: zumahlen der achte als der Paur von Strausdorf, dermahlen nit zu haus/: sondern zu Wasserburg umb Salz gewesen:/ Wegen ein und anderen bei einbringung der vom Gricht Wasserburg zuverproviantierung der aldorth aus Italien ankhommen 1500 Mann, aufm Hof per 1 fl. 30 kr. ausgeschribnen anlag, ausgegossnen gefehrlichen Reden, auch erzeigeten widersessigkheiten, durch deme alhiesigen Eisen: und Jrem selbstigen Ambtmann zu Gräfing, Undern praetext, das mann mit selben sonsten bei Gricht was abzuhandlen habe, ... alhero gebracht worden; ... Alleinig aber Sye delinquenten wollen... alles durchaus widersprechen, und haben weitter vorgeben, das nur ainer: und der ander damahls das gelt zu bezahlung der anlag nit gehebt, und derentwillen nit gleich erlegen khünen, hingegen aber die Haubtleith... wollen ihr aussag alzeit mit einem Aydt, auch der Amtmann also bei seinen pflichten becröfftigen, und ist fraglich nur gar zu wohl einzubilden, daß Ihnen Haubtleithen, und dem Ambtmann bei seiner pflicht, mehrers, als Jhnen widersprechenten dermahlen zu glauben sein wirdt; Was nun hierauf verners wegen ihres Laugnen ain weittern process /: wie es sonsten erforderte :/ formiert werden solle, oder vihlmehrers in dieser sach dermahlen aus seinen ursachen vorgegriffen: und abgebrochen werden wolle, wie ichs zu disem Endte ohne dermahlige gressere Weittschichtigkheit allergehorsambist berichten: habe alles allerunderthenigist erwartten: und dabei auch diss anfiegen wollen, das interim in ermanglung eines alhiesigen Ambthaus /: welches Jungsthin abgeprendt worden :/ auch anderer gelegenheit, diese Underthonen in dem alhiesigen Schloßthurm, wo sonst die Haubtmalficanten zuligen pflegen, arrestiert worden. Anbey zu hechstkeyserlichen Hulden und Gnaden mich wie alzeit allerunderthenigist gehorsambist befelchent,
Schwaben den 19t Jenner A° 1706
Eur Kayserl. Majestett   Allerunderthenigist : gehorsambister
                          Guldenkoph : dermahliger
                          Ambts Commissarius alda.«

Die eigentliche Schuld der Verhafteten bestand nur darin, nicht sofort den Befehlen des Steuerexekutionskommandos nachgekommen zu sein. Einige Unmutsäußerungen über die neuerliche willkürliche Steuerauflage ließen die Obrigkeit an der Loyalität dieser Untertanen zweifeln. Balthasar Starr und Hans Diechtl – der erste besaß einen ganzen Hof und vier Kinder, der zweite eine Huebe und ein Kind – erklärten, »Sye haben die anlag bezahlt, Sye wissen sich des Vorgehaltnen, samb sye durchaus widerspänstige Köpf und rechte Rädlfiehrer sein sollten, nit schuldig. Allein... seye es halt auch offt schon darnach hergangen, und offt die arme vor den reichen vorgezogen worden«. (ebd., f. 69–70).

1329 WHHSTA Bavarica Fasz. 17 B/II: Da die Zigeuner nach Ansicht der Obrigkeiten ein »Erzübel« darstellten, mußten die Untertanen vor ihnen verschont werden. Von bürgerlichen und bäuerlichen Berufen ausgeschlossen, verlegten sie sich auf Handel, Hausieren, unterhielten die Untertanen mit Musik, Tanz und kleinen Belustigungen. Da die Untertanen aber nicht »feiern«, sondern arbeiten sollten, wurden die Zigeunerfamilien verhaftet, wo immer man ihrer habhaft werden konnte. Das Oberhaupt einer Zigeunergruppe namens Franz Döber, den die Soldaten samt Frau und Kindern auf die Schloßfronfeste von Burghausen arrestiert hatten, bat vergebens um Haftverschonung und um freie Gewerbeausübung. Er war sogar bereit, sich in kaiserliche Kriegsdienste zu begeben. Da jedoch »mäniglich bekandt, was grosses Unhaill dises gesündl hin und wider« anstiftet, beauftragte die Administration die Burghauser Regierung, die Zigeuner nach geschworener Urfehde auf ewig aus Bayern auszuweisen, verbunden mit der Drohung, bei künftigem Betreten des Landes gelte es unmittelbar das Leben mit dem Strang (f. 87–89). Eine weitere Gruppe mit 23 Personen, darunter 19 Frauen und Kinder, wurde ebenfalls des Landes verwiesen (f. 95).

1330 Der Agent WOLF SCHMID wurde mit spanischen Stiefeln und Spitzgerten gefoltert. Er saß sieben Jahre im Gefängnis. S. v. Riezler: Geschichte, Bd. VIII, S. 182–186.

1331 Bereits im Jahre 1703 war eine Exkommunikation der Bürger aus ähnlichen Gründen ausgesprochen worden. MGSTA K schw 2086/2 (1703), vgl. MGSTA Ges. Wien Nr. 419.

1332 WHHSTA Bavarica Fasz. 25 B: Baron JOHANN FRANZ JOSEPH VON MÄNDL auf Deutenbach sprach im September 1706 von »unerschwünglichen erpressungen« (f. 3 v), denen seine Untertanen ausgesetzt sind. Er bat die kaiserliche Administration, seine armen Untertanen noch in ihren leeren Hütten zu erhalten (f. 4) und nicht davon zu jagen (f. 25); denn sie sind zahlungsunfähig wegen erlittener Schauer (f. 26). Die Ernte war so schlecht, daß man das ganze Jahr über Brotgetreide von auswärts kaufen mußte (f. 26 v). Vgl. ferner WHHSTA Bavarica Fasz. 22 (1706): Manche Witwen und Waisen, die durch den Aufstand ihre Ernährer verloren hatten, suchten in Wäldern Zuflucht oder fristeten durch Betteln ihr Leben (f. 62 v und f. 63).

1333 WHHSTA Bavarica Fasz. 25 B, f. 149–159.

1334 Dies und zum folgenden vgl. WHHSTA Bavarica Fasz. 1 G, f. 457; desgl. Fasz. 16 B/I, f. 6.

1335 WHHSTA Bavarica Fasz. 25 B: »Officiers Erpressungen« (f. 25).

1336 WHHSTA Bavarica Reichskanzlei Berichte aus München Fasz. 1 G, f. 148 bis 152, f. 457 v, 458; desgl. Fasz. 1 E, f. 149–164. Mancher Offizier verlangte von einem Bauern 15, 16 und mehr Gulden, ohne daß diese Sonderabgaben irgendwie angerechnet worden wären. Die Offiziere forderten Konfekt, Zuckerwerk und andere Spezialitäten, die die Bauern nicht besaßen und die sie aus Angst vor Feuer und Schwert für ihre Gäste kaufen mußten. Waren die Bauern bisher gewohnt, Untertanen zu sein, so fühlten sie sich jetzt als »Sklaven«. Marschierten die Soldaten ab, nahmen sie an Kleidung und Proviant mit, was immer sie brauchen konnten. WHHSTA Bavarica Fasz. 23 (1706) f. 130 und 131.

1337 WHHSTA Reichskanzlei Berichte aus München Fasz. 1 G, f. 457, 461, 462 und 469 sowie Bavarica Fasz. 16 B/I, f. 6.

1338 WHHSTA Reichskanzlei Berichte aus München Fasz. 1 G, f. 461 v.

1339 ebd., f. 462.

1340 WHHSTA Bavarica Fasz. 24 A: Die Untertanen verloren ihre »le-

bendtige Vahrnus« (f. 2 v). Sie mußten Schulden aufnehmen. Bavarica Fasz.
24 H (1706): Die Untertanen des Pfleggerichts Biburg konnten die geforderten
Steuern nicht aufbringen, »daryber samentlich in ein solche Zagheit und Consternation gerathen, daß wür unsers laids und iamers khein end wissen« (f. 6 v).
An anderer Stelle sprach man, der bis »aufs bluet ausgemergelte underthan«
(f. 47 v) habe keine Hoffnung mehr.

[1341] WHHSTA Reichskanzlei Berichte aus München Fasz. 1 G, f. 463.
[1342] ebd., f. 463, 464.
[1343] ebd.
[1344] ebd., f. 465.
[1345] ebd.
[1346] ebd.
[1347] WHHSTA Bavarica Fasz. 24 A, 25 B. Die Untertanen konnten ihre Abgaben nicht mehr abführen. Die Steuerrückstände häuften sich bereits seit dem Jahr 1705/6 (Bavarica Fasz. 25 A, f. 2). Sogar Dienstpferde, die für Scharwerksarbeiten eingesetzt worden waren, wurden weggeführt. Ein solches Pferd kostete um die 40 fl. (Bavarica Fasz. 24 H, 1706, f. 35).
[1348] WHHSTA Reichskanzlei Berichte aus München Fasz. 1 L, f. 297 v, 398 bis 407. Die Maßnahmen der Werbeoffiziere änderten sich nicht. Ein Zimmerergeselle, der zum zweitenmal Werbern im Rentamt Landshut in die Hände fiel, wurde unter dem Vorwand verhaftet, er sei ein Deserteur. Er wurde entlassen, nachdem er nachgewiesen hatte, daß er sich bereits mit 15 fl. 40 kr. losgekauft hatte (f. 297 v). Ein Schneidergeselle, der sich vor den Werbern in einem Schweinestall versteckte, wurde von zwei Werbern an den Haaren herausgezogen und »mit straichen erschröckhlich tractiert«. Als die Werber zur Feier ihres Fanges in ein Wirtshaus von Neuhausen gingen, befreite der Wirt den Gefangenen und verhalf ihm zur Flucht. Ein Bauernknecht ließ sich von Werbern zum Kriegsdienst überreden. Als ihn aber seine Bekannten fragten, ob er gerne Soldat sei, antwortete er: Er sei zwar nicht gezwungen worden, sondern habe es versprochen mitzukommen, obgleich er es nicht gern tue, worauf ihn die anderen befreiten. Während des entstandenen Tumults entsprang der Rekrut (f. 398). Bei Niederabbach versuchten die erregten Bauern einen angeblich freiwillig geworbenen Müllersknecht zu befreien. Dies gelang. Daraufhin verlangten die Militärs einen Ersatz (f. 399). Immer wieder kam es zu Tumulten. Da Regensburger Schiffsleute und Nürnberger Boten oftmals in Straubing angehalten, aus den Schiffen geholt und zum Soldatenleben gezwungen wurden (f. 400), begannen sie, diese Strecke nun zu vermeiden. Die Soldaten traktierten die Lehrjungen eines Hutmachers mit Schlägen, um sie auf diese Weise zum Militär zu »überreden« (f. 400 v). Die Knechte konnten sich den Werbern nur durch Flucht in eine Kapuzinerkirche entziehen. Ein Handwerksbursche wurde am Tor der Straubinger Stadtmauer abgefangen, wo die Werber schon warteten. Ein Fischerjunge wurde von Grenadieren übel geschlagen und an den Haaren fortgeschleppt, schließlich auf sein jämmerliches Schreien hin wieder entlassen. Verschiedene Straubinger Bürger fing man auf der Gasse ab und führte sie in die Kaserne. Durch Bockspannen wurde ihre Bereitschaft zum Soldatendienst gefördert (f. 401). Zwei Knopfmacher und einen Bäcker holte man aus einem in Straubing ankernden Schiff, führte sie in die Kaserne und preßte sie zum Militärdienst (f. 403). Ein Lehrjunge wurde nachts aus dem Bett geholt, erbärmlich geschlagen, in die Kaserne gebracht und drei Wochen lang eingesperrt. Er erhielt als Verpflegung nur ein wenig Kommißbrot – so lange, bis er sich freiwillig zum Militär meldete (insgesamt f. 397–407). Derartige Werbemethoden im Straubinger Raum sind genau

verzeichnet. Hinzu kamen Übergriffe der Soldaten. Sie erpreßten Abgaben und Viktualien von den Untertanen.

1349 WHHSTA Reichskanzlei Berichte aus München Fasz. 1 M, f. 347.

1350 ebd., f. 344–346. Insgesamt hatten sich 353 Untertanen des Bezirks gegen die Obrigkeit aufgelehnt. Es waren 131 Höfe betroffen, darunter 27 ganze Höfe, 41 halbe Höfe, zwei ¾ Höfe, 58 Sölden, 3 Häusler (f. 348–352, insgesamt f. 348 bis 370 v).

1351 WHHSTA Reichskanzlei Berichte aus München Fasz. 1 M (1710), f. 302 und 302 v.

1352 Trotzdem gestanden die Kaiserlichen keine Erleichterung zu. Nach Ungarn wurden im Jahr 1710 insgesamt 120 000 Ztr. Mehl, ebensoviele Metzen Hafer im Wert von 400 000 fl. verfrachtet. Brotlieferungen gingen ins Reich, Getreidelieferungen nach Tirol und Italien (WHHSTA Reichskanzlei Berichte aus München Fasz. 1 M, f. 66–66 v).

1353 WHHSTA Reichskanzlei Berichte aus München Fasz. 1 E, f. 161.

1354 PAE Corr. pol. Bavière vol. 62–65 (1708–1714); Cologne vol. 58–61 (1707 bis 1714); WHHSTA Mainzer Erzkanzler Archiv: Friedensakten Fasz. 86 und 87a (1713–1714); Große Korrespondenz 64 und 145 (1704–1711 bzw. 1711–1713).

1355 MGHA Korr. 753/39, f. 1: Max Emanuel an Joseph Clemens, Compiègne 6. 1. 1710.

1356 MGHA Korr. 753/39: 6. 1. 1710, f. 2.

1357 ebd., Compiègne, 11. 1. 1710, f. 4.

1358 ebd., f. 4. Schon in einem Brief, Mons, den 22. April 1709 (PAE Corr. pol. Bavière vol. 62, f. 64–65), hatte Max Emanuel ganz verzweifelt geschrieben, er werde fortgehen und den französischen König aufsuchen, um ihn persönlich um Lebensmittel zu bitten, da es an allem mangle.

1359 PAN T 153/42, 45, 46, 47, 49, 105/106.

1360 P. Goubert: Ludwig XIV., S. 245.

1361 ebd., S. 253.

1362 Max Emanuel baute vor allem auf die Hoffnung, der französische König könne es sich nicht leisten, ihn im Stiche zu lassen. Oder würde er alle Versprechungen vergessen? Am 30. Mai 1709 schrieb er an LUDWIG XIV.: »Sire. Monsieur le Marquis DE TORCY, qui a passe par cette Ville cett' apré Midy, pour se rendre auprè de Vostre Majesté, M'est venu voir et a bien voulu m'informer de la presente situation des affaires, et des miennes en particulier, concernant la Paix, mon afliction par tout ce qu'il m'a dit infinie, et je n'ay plus rien a esperer pour ma Gloyre que celle est, si V. M. ne me protege et me Soutient en grand Roy come elle est.« PAE Corr. pol. Bavière vol. 62, f. 67–68.

1363 Die französischen Diplomaten wußten einer solchen Gefahr sehr wohl zu begegnen. So ließ LUDWIG XIV. den Leutnant DE BEAUVAL aus der Umgebung des Kurfürsten verjagen und des Landes verweisen, weil er allzu enge Kontakte mit den Gegnern unterhielt.

1364 Schon im Oktober 1706 hatten bayerische Truppen zu rauben und zu plündern begonnen, weil ihnen kein Sold ausgezahlt wurde. Und daran änderte sich auch in den nächsten Jahren nichts (PAE Corr. pol. Bavière vol. 57, Rouille an Ludwig XIV., Mons 19. 10. 1706, f. 33 v). Über die Subsidienzahlungen von Oktober 1705 bis August 1709: PAE Corr. pol. Bavière vol. 62, f. 103–104 v, nämlich insgesamt 48mal 120 000 Livres »au porteur«, meist zum Monatsanfang ausbezahlt, ferner als »Supplement« 23mal 20 000 Livres und »change« 9mal 59 998 Livres sowie 16mal 34 000 Livres. Graf MONASTEROL erhielt 3mal je 30 000 Livres Pension. Es folgten 4 Wechsel zu je 14 000 Livres sowie ein Vor-

schuß von 300 000 Livres für Max Emanuel, abzuziehen von den Subsidienzahlungen der ersten 6 Monate nach dem Frieden.
Im Oktober 1706 hatten einige Spielschulden Max Emanuels 4000 Pistolen betragen. Seit Beginn dieses Feldzuges hatte er über 10 000 Pistolen verloren, so daß BOMBARDA eine Anweisung von 14 800 Pistolen erhielt, um die Spielschulden der letzten 6 Monate zu begleichen (PAE Corr. pol. Bavière vol. 57, Rouille an Ludwig XIV., Mons 19. 10. 1706, f. 33).

1365 PAE Corr. pol. Bavière vol. 62. Auch innerhalb der flandrischen Räte kam es zu erheblichen Differenzen, was die Zukunft des Landes betraf. Welche Parteien würden den größten Gewinn bringen? Es war eine »traurige Szenerie«. PAE Corr. pol. Bavière vol. 62, Compiègne 11. und 12. 1. 1710, f. 109–117, Schreiben Max Emanuels an Monasterol in Abschrift.

1366 Max Emanuel dagegen wollte seine Angelegenheiten noch vor dem Friedenskongreß regeln. PAE Corr. pol. Bavière vol. 62, Mons 10. 4. 1709, f. 55 und Compiègne 3. 2. 1710, f. 121–124, ähnlich am 20. 7. 1710, f. 159 Max Emanuel an Monasterol.

1367 PAE Corr. pol. Bavière vol. 62, Compiègne 19. 2. 1710, Mémoire für Monasterol, f. 130–133 v.

1368 ebd., vol. 62, Compiègne 19. 2. 1710, f. 130–133 v. Die Diskussionen während der Konferenzen von Gertruidenburg stellten Max Emanuel in keiner Weise zufrieden, was diese Pläne anbelangte.

1369 ebd., vol. 62, f. 172–181 v.

1370 PAE Corr. pol. Bavière vol. 62, f. 184–185 und Friedensprojekte f. 190 bis 191 v (Kopie der Vorschläge der Alliierten); Mémoire über das Projekt des Geheimvertrages, f. 195–196 v; PAE Corr. pol. Bavière vol. 63, Max Emanuel, Compiègne 1. 1. 1711, f. 6–11 v, Projekt über sechsmonatige Neutralität und (10. 1. 1711, f. 21) die Vermittlung von Courtois betreffend.

1371 Die bayerischen Minister hatten im Januar 1711 diesen Neutralitätsvertrag noch ausgeweitet und dem französischen König zur Genehmigung vorgelegt. Er sollte 6 Monate gelten. LUDWIG XIV. und TORCY wollten dagegen keine zeitliche Beschränkung, da dieser Vertrag ansonsten inmitten des Sommerfeldzuges ablaufen und die Grenze Frankreichs dadurch bedroht sein würde. Mit allen anderen Vorschlägen, die Max Emanuel persönlich diktiert hatte, war LUDWIG XIV. einverstanden. Um den König zufriedenzustellen, entwarf Max Emanuel neue Vertragsartikel. Danach sollten die bayerischen Truppen die restlichen Niederlande besetzen und sich neutral verhalten. Den französischen Truppen sollte freier Abzug zugesichert werden, die Schiffe sollten auf Sambre und Maas ungehindert passieren können. Beratungen über diese Probleme vol. 63, f. 30–34, Max Emanuel an Monasterol, Compiègne 3. 2. 1711, desgleichen 26. 3. 1711, f. 45–46, 31. 3. 1711, f. 49–49 v, 7. 4. 1711, f. 50–53 v. Hier spricht man von »unwürdigen Vorschlägen« der Alliierten, die für Max Emanuel unannehmbar seien, nämlich einen Bündniswechsel vorzunehmen. Hierbei bestand die Gefahr, daß Max Emanuel seinen letzten Gönner verlieren würde. Somit entschied er sich zum Durchhalten.

1372 Max Emanuel erfuhr die entsprechende Nachricht am 26. 4. 1711. PAE Corr. pol. Bavière vol. 63, Max Emanuel an Torcy, 27. 4. 1711, f. 60.

1373 ebd., vol. 63, f. 62–71, bes. 69 v.

1374 Baron KARG und Baron ZÜNDT entwarfen gemeinsam diese Schriftstücke. PAE Corr. pol. Bavière vol. 63, f. 72–74.

1375 ebd., vol. 63 passim.

1376 Baron KARG bereitete das Manifest vor, in dem die Kurfürsten gegen ihren Ausschluß von der Kaiserwahl protestierten. PAE Corr. pol. Bavière vol. 63, f. 62-71. A. Rosenlehner: Stellung; J. Ziekursch: Kaiserwahl.

1377 Graf D'ALBERT verhandelte mit dem spanischen König über diese Angelegenheit in Madrid, auch Baron FERDINAND VON SIMEONI war in diese Verhandlungen eingeschaltet. PAN T 153/32, 5c: Mai 1712. Ausführlich behandelt dieses Problem R. de Schryver: Bergeyck, p. 412-424: »Bergeyck lid van de Spaanse ministerraad en saboteur van de cessie der Nederlanden aan Max Emanuel.«

1378 PAE Corr. pol. Bavière vol. 63, f. 197, 23. 7. 1711 und f. 203-240 v et passim. Überdies war die Freude über den souveränen Besitz der Niederlande durch die Tatsache getrübt, daß die Alliierten neun Zehntel und damit praktisch fast das gesamte Land in ihrem Besitz hatten.

1379 MGSTA K schw 10437. Max Emanuel versäumte kein Souper und keine Komödie. JOSEPH CLEMENS seinerseits versuchte in dieser Zeit vergeblich, den »scandalosum Clerum« seiner Diözese Lüttich (oder was davon noch übriggeblieben war) »zu reformieren und die geistliche discipline« einzuführen. Doch bald fühlte er, daß er weiterhin »fruchtloß leben« müsse, »weilen (er) nimmer mehr herr zu hauß« war (MGHA Korr. 753/41). Da die Auszahlung der französischen Subsidien um 1,5 Millionen Livres im Rückstand war, wurde der Geldmangel als sehr drückend empfunden.

1380 Schreiben Max Emanuels, 4. Nov. 1711; PAE Corr. pol. Bavière vol. 63, f. 348-351, Kopie.

1381 ebd., f. 350.

1382 ebd., f. 351. Die Zurückhaltung Max Emanuels wurde nicht zuletzt durch die Briefe des ehemaligen bayerischen Hofkanzlers LUEGGER beeinflußt. Max Emanuel trat mit ihm in Verbindung, um Nachrichten über die genaue Zahl der Verluste, die die Österreicher während ihrer Okkupationszeit verursacht hatten, zu erhalten. Die Administration entdeckte diese Korrespondenz LUEGGERS. Sie unterbrach sie aber nicht, sondern LUEGGER mußte im Sinne der Kaiserlichen entsprechende Briefe an Max Emanuel schreiben. Darin äußerte sich LUEGGER sehr negativ über alle Tauschpläne des Kurfürsten, Bayern gegen ein anderes Territorium abzugeben (PAN T 153/42: Korr. Lueggers, vgl. A. Rosenlehner: Stimme, S. 378-404).

1383 PAE Corr. pol. Bavière vol. 63 und 64. Die Verhandlungen des Grafen VON DER MARK über eine künftige Union deutscher Fürsten mit dem französischen König gediehen ebenfalls nicht. Vorgesehen war eine Vereinigung von Köln, Bayern, Brandenburg und einigen norddeutschen Fürsten; ebd. vol. 63: Comte de la Mark an Ludwig XIV., 29. 12. 1711, f. 409-418. Über die Verständigungsbemühungen des Grafen VON DER MARK gegen Ende des spanischen Erbfolgekrieges: M. Braubach: Versailles, S. 36-43.

1384 PAE Corr. pol. Bavière vol. 64. Max Emanuel an Ludwig XIV., undatiert (1711), f. 419-422 v.

1385 ebd., f. 169-171 v. Max Emanuel schrieb einen verzweifelten Brief an MONASTEROL (ebd., Namur, 14. Mai 1712), er wolle gegen den Frieden protestieren, wenn er nicht restituiert werde.

1386 ebd., vol. 64, 23. 5. 1712, f. 177-183.

1387 MGHA Korr. 753/41.

1388 K. Th. v. Heigel: Kurfürst Joseph Clemens von Köln und das Projekt einer Abtretung, S. 197-258; vgl. auch die Stellung Joseph Clemens im Reich: M. Braubach: Kurfürst Joseph Clemens als Vermittler, S. 228-238; K. Becker: Politik des Kurfürsten Joseph Clemens.

1389 PAE Corr. pol. Bavière vol. 63 und 64 passim, z. B. vol. 64, Namur 14. 7.

1712, f. 193–197 v, Berichte de la Marks. Vgl. G. W. Sante: Die kurpfälzische Politik, S. 1–51.

1390 Nämlich zur Wittelsbachischen Hausunion vom 15. Mai 1724: K. Th. v. Heigel: Wittelsbachische Hausunion, S. 255–310; H. Schmidt: Kurfürst Karl Philipp, S. 150.

1391 Die französischen Bevollmächtigten beim Utrechter Kongreß bestanden vor allem auf einer Entschädigung für die Nichteinhaltung des Ilbesheimer Vertrages, nämlich das Herzogtum Mantua. Diese und andere Forderungen hielten die Kaiserlichen für ungerecht, unzumutbar und unverschämt. KARL VI. war bereit, auf Spanien zu verzichten, schließlich auch auf Sizilien und Sardinien. Doch mit einer Aufgabe Mantuas zugunsten Max Emanuels erklärte er sich nicht einverstanden. Vgl. M. Braubach: Prinz Eugen, Bd. 3, S. 140–141.

1392 PAE Corr. pol. Bavière vol. 64, Max Emanuel, Fontainebleau, 30. 8. 1712, f. 232–237.

1393 J. Dumont: Corps universel, vol. VIII, 1, p. 339; F. W. Ghillany: Handbuch I, S. 135; H. Vast: La succession d'Espagne: traités d'Utrecht, de Rastatt, et de Bade 1713–1714, vol. III, p. 120; O. Weber: Friede von Utrecht; W. Platzhoff: England und der Friede von Utrecht, S. 497–510.

1394 PAE Corr. pol. Bavière vol. 64. Immer wieder schickte Max Emanuel den Grafen MONASTEROL an den Hof LUDWIGS XIV., um neue Alternativen anzubieten, vol. 64; Compiègne 7. 12. 1713, f. 418–420.

1395 I. A. Montgomery: Dutch barriere.

1396 F. W. Ghillany: Handbuch I, S. 140; H. Vast: La succession d'Espagne: traités, III, p. 162; Feldzüge des Prinzen Eugen von Savoyen, Bd. XV (1888) 568–583; O. Weber: Friede von Rastatt, S. 273–310.
Mit dem Frieden von Utrecht (11. 4. 1713), dem Kaiser Karl VI. im Vertrag von Rastatt (7. 3. 1714) und das deutsche Reich im Vertrag von Baden (in der Schweiz) am 7. 9. 1714 beitraten, waren die jahrelangen Unterhandlungen erfolgreich abgeschlossen worden. Als Ergebnisse sind zu nennen: PHILIPP V. wurde als König von Spanien anerkannt. Österreich erhielt die spanischen Nebenländer, nämlich die Niederlande, Mailand, Neapel, Mantua, Sardinien. Großbritannien bekam von Frankreich Neufundland, Neuschottland und die Hudsonbai-Länder, von Spanien Gibraltar und Menorca. Den holländischen Generalstaaten wurde im Barriereteraktat das Besatzungsrecht für einige Grenzfestungen der bisher spanischen und nunmehr österreichischen Niederlande zugesprochen. Preußen erhielt einen großen Teil des (spanisch-niederländischen) Obergelderns. Sizilien kam 1713 an Savoyen-Piemont und im Tausch gegen Sardinien im Jahr 1720 an die österreichischen Habsburger. Die Einnahme Barcelonas (11. 9. 1714) durch das spanisch-französische Belagerungsheer unter dem Herzog VON BERWICK beendete den spanischen Erbfolgekrieg.

1397 Zur Gesamtsituation, in die sich der Kurfürst resignierend fügen mußte, vgl. S. v. Riezler: Geschichte, Bd. VIII, S. 327–414: »Max Emanuels zweite Regierung in Baiern 1715–1726«; K. Th. v. Heigel: Briefwechsel zwischen Kurfürst Max Emanuel von Bayern, Kurprinz Karl Albert (Albrecht) von Bayern und Prinz Eugen von Savoyen 1717–1724, S. 267–284; M. Braubach: Prinz Eugen, Bd. 3, S. 180–379; N. Naumann: Österreich, England und das Reich; A. Biederbick: Reichstag; P. Muret: La prépondérance anglaise; G. P. Gooch: Louis XV.; G. Masi: Il sistema d'equilibrio; M. Braubach: Versailles; F. Wagner: Die Toepferschen Abschriften, S. 471–476; M. Bloch-Wittels: Anfänge; H. Hantsch: Die drei großen Relationen St. Saphorins; E. F. S. Hanfstaengl (Amerika und Europa von Marlborough bis Mirabeau. Die weltpolitische Bedeutung des belgisch-bairischen Tauschprojekts, München 1930) bringt zwar interessante Details, doch dürfte die Bedeutung Bayerns für die Europa- und Weltpolitik doch zu sehr überschätzt sein (S. 15-35). Hanfstaengl meint überdies, daß die Annahme nicht unwahrscheinlich sei, daß der Tod des Kurprinzen durch österreichische Agenten verursacht worden sei, so daß Max Emanuels »Verrat« am Kaiser ohne weiteres verständlich sei.»In diesem Fall hätte die Geschichtsschreibung billigerweise die Pflicht, eine Ehrenrettung Max Emanuels vorzunehmen.« (S. 20)

1398 K. Th. v. Heigel: Kurfürst Joseph Clemens und das Projekt einer Abtretung Bayerns, S. 197-258; über die Vermittlertätigkeit des Kölner Kurfürsten siehe: M. Braubach: Kurfürst Joseph Clemens von Köln als Vermittler, S. 228 bis 238; K. Becker: Politik. – Dabei darf nicht übersehen werden, daß die Möglichkeiten des Kölners, aktiv die Friedensverhandlungen zu beeinflussen, nicht allzu groß waren. Max Emanuel gab seinen Plan auch nach 1715 nicht auf, Bayern gegen ein anderes Land auszutauschen. JOSEPH CLEMENS arbeitete ihm stets entgegen, so daß Max Emanuel seinem Bruder verbot, mit dem Kurprinzen KARL ALBRECHT weiterhin zu korrespondieren. Deshalb wandte sich JOSEPH CLEMENS im Jahre 1718 an den Münchener Postmeister FRANZ VON HIEBER, um auf diese ungewöhnliche Weise seinen Protest gegen einen geplanten Austausch Bayerns gegen Neapel-Sizilien zum Ausdruck zu bringen (MGSTA K schw 14 448, desgl. K schw 1081). – Max Emanuel erhielt 1714 auch die Kurwürde zurück.

1399 M. Braubach: Prinz Eugen, Bd. 3, S. 147-230. Max Emanuel verlangte von Versailles, Marschall VILLARS solle die Verhandlungen mit dem Prinzen EUGEN eher abbrechen als von den Bedingungen des Vertrages von Utrecht abzugehen, PAE Corr. pol. Bavière, vol. 65, f. 7-12, 8. 2. 1714.

1400 Der Vertrag von Fontainebleau wurde am 20. Februar 1714 geschlossen. Gedruckt bei C. M. Frhr. v. Aretin: Verzeichnis, S. 338-344. Original in: MGHA Korr. 754 1/19; vgl. dazu: PAE Corr. pol. Bavière vol. 65, f. 13. Die französischen Zahlungen begannen ab 1. 3. 1715 (ebd. f. 32). Da die Subsidien in Effekten ausbezahlt wurden, traten große Verluste ein, bis zur Hälfte des Nennwertes.

1401 Die neuen Verluste, die durch die Kaiserlichen dem Land Bayern verursacht wurden, beliefen sich von März bis Oktober 1714 auf rund 500 000 fl. PAE Corr. pol. Bavière, vol. 65, f. 48-50, 56-57 (Mémoire ohne Datum).

1402 ebd. f. 70-71 (Anweisung an Villars, Marly 30. 11. 1714).

1403 Obwohl Max Emanuel von Frankreich und Spanien während des spanischen Erbfolgekrieges etwa 33 Millionen fl. erhalten hatte (P. C. Hartmann: Finanz- und Subsidienpolitik, S. 239, 240, 248, 249, 261, 288), hinterließ er in Frankreich und den katholischen Niederlanden Schulden in Höhe von 8 Millionen Livres (P. C. Hartmann: Die französischen Subsidienzahlungen, S. 372). Diese Schulden wurden durch die französischen Subsidienzahlungen allmählich abgetragen. 1718 aber waren immer noch 4 Millionen Livres Schulden zu begleichen (PAN T 153/38, 1-4 »Estat«). Endlich im Jahr 1725 wurden die Schulden auf 1,5 Millionen Livres vermindert (PAN T 153/38 »Eclaircissement demandé«). Max Emanuel verlangte seinerseits von Spanien die Auszahlung rückständiger Geldbeträge. Er erhob Ansprüche in Höhe von 980 000 Escudos (MHSTA MF 19 594 »Observations«); vgl. MF 4 Nr. 19 589, 19 590, 19 592, 19 595-19 597. Seit 1713 war Baron VON SIMEONI Chef der bayerischen Finanzverwaltung. Er verhandelte mit Bankiers und Lieferanten, um den Unterhalt des bayerischen Hofstaates und der letzten bayerischen Truppenkontingente zu gewährleisten. Die Geheimräte Baron VON LIER und KNEPPER, die in Paris lebten, besorgten dort die Geschäfte des Kurfürsten und überwachten die Lieferung der Lebensmittel, der Fourage, der Munition und der Luxusartikel (PAN T 153/36).

[1404] PAN T 153/38, 1-4; PAE Corr. pol. Bavière vol. 65, f. 73.
[1405] So erhielt z. B. der Graf DE SAINT MAURICE ein Zehrgeld. PAN Corr. pol. Bavière vol. 65, f. 75–76 und 83 (31. 3. 1715).
[1406] Im Land und am Münchener Hof sprach man nicht mehr von den vorangegangenen Ereignissen. Das Exil war gleichsam zum Tabu erklärt. Diese Haltung galt für das ganze 18. Jhdt. In der Leichenpredigt auf Max Emanuel im Jahre 1726 (MGHA Korr. 759/III Predigt) werden ebenfalls die Jahre, in denen der bayerische Kurfürst mit Frankreich verbündet war, und die Zeit des Exils völlig übergangen. Nur ein einziges Mal wird die »Rückkehr« erwähnt. Jeder Zuhörer wußte sehr wohl, was mit dieser Andeutung gemeint war. Man empfand es allgemein als Schande, daß sich Max Emanuel gegen Kaiser und Reich »empört« und jahrelang als Flüchtling im Ausland gelebt hatte. Nach 1715 aber arrangierte man sich, in dem man diese Zeit mit Stillschweigen überging. Die Hofhistoriographen sprachen nur von einer 10jährigen Abwesenheit Max Emanuels und rühmten ansonsten seine Leutseligkeit. Interessant sind die Darlegungen von LORENZ WESTENRIEDER in seiner »Geschichte von Baiern, für die Jugend und das Volk, auf höchsten Befehl Seiner kurfürstl. Durchlaucht verfaßt«, 4. Teil, zweiter Band, München 1785, S. 640: »So erhaben seine Gestalt, und sein ganzes Wesen war: so gütig und herablassend war sein Betragen, womit er den Hohen, und den Niedrigen liebgewann. Er wußte seine Unterthanen mit einer Art von Vertraulichkeit zu behandeln, wo sie lebendig glaubten, und in ihren Herzen fühlten, daß er ihnen angehöre, daß sie ihm angehören. Sie schienen die schrecklichen Drangsalen, und Erschöpfungen, die bey den schweren und manigfaltigen Kriegen unvermeidlich waren, wenig zu erfahren, und die Freude, mit welcher das ganze Land ihm entgegen rief, als er, nach der letzten zehnjährigen Abwesenheit den 15. April 1715 wieder nach Baiern zurück kam, wieder zurückkehrte in die Arme seiner Gemahlin und seiner Kinder, in den Schoos seiner Unterthanen, kann nur empfunden, und durch keine Beschreibung dargestellt werden.« Dies waren Worte, die mit der offiziellen Version der Hofhistoriographen übereinstimmten. Was WESTENRIEDER wirklich dachte, klingt jedoch in den Ausführungen an, mit denen er den Beginn der Ära Max Emanuel schilderte (ebd. S. 603/4): »Der Friede, welcher dem Land Baiern unter FERDINAND MARIA gegönnt worden ist, war nur eine kurze Frist, wo sich dasselbe von den bisherigen Mühseligkeiten erholen sollte, um sich bald wieder desto mehr anstrengen zu können. Als Maximilian Emanuel den 11. Jul. 1680, als in welchem Jahr er eben die Volljährigkeit erlangte, die Regierung antrat, fand er ein Land mit jugendlicher Kraft und Blüthe, und eine Schatzkammer voll Reichthum. Dieß war für einen Fürsten von dem emporstrebenden Geist Maximilian Emanuels um so mehr eine Aufmunterung, nach der Fülle seiner Kräfte zu handeln, und im Reich der Geschäfte eine wichtige Rolle auf sich zu nehmen; aber, leider, die Wahl derselben war schwer, und falls sie unglücklich war, so mußte sie dieß doppelt für einen Fürsten seyn, dessen unerschrockne und nach kühnern Thaten ungestüme Gemüthsart nicht fähig war, etwas mit mittelmäßigem Eifer zu behandeln. Und je offenbarer man diese Eigenschaften an dem jungen Kurfürsten entdeckte: desto inständiger bemühte man sich von Seiten der Höfe, welche nie mehr, als damals, ihre anwachsende Größe mit wechselseitiger Eifersucht beobachteten, um die Freundschaft eines Fürsten, dessen Beystand in vielen Fällen entscheidend seyn konnte.«
[1407] So wurden einige dem Kurfürsten auch während der Administrationszeit treugebliebene Beamte wieder eingesetzt: FRANZ BERNHARD VON PRIELMAIR erhielt das Kastenamt Burghausen, JOHANN JOSEPH FRANZ Graf VON AHAMB ZU

NEUHAUS seine Position im Landgericht Mauerkirchen zurück. Übel erging es dagegen JOSEPH Graf VON TÖRRING, der nach dem Bauernaufstand von den Kaiserlichen gefangengesetzt und außer Landes verwiesen wurde. Ihm warf die Münchener Regierung vor, den Hausschatz nicht sorgfältig genug verwahrt bzw. den Kaiserlichen das Versteck verraten zu haben (er tat es, da die Kaiserlichen ihm drohten und er selbst in einem Schreiben, das die Kaiserlichen abgefangen hatten, bekannt hatte, daß er von diesem Versteck wußte), siehe S. v. Riezler: Geschichte, Bd. VIII, S. 320. UNERTL dagegen behauptete sich gegen alle Angriffe zu dieser und zu späterer Zeit. Da er während der nächsten Okkupation Bayerns durch die Österreicher (während des österreichischen Erbfolgekrieges) wiederum Gelegenheit erhielt, sich im Dienst beider Seiten auszuzeichnen, war er gezwungen, im Jahre 1747 eine Verteidigung über seine Amtsführung zu verfassen (MHS Cgm 1947).

1408 MGHA Hof-Haushalt 1712 H 33, f. 3: Der Graf THÜRHEIM z. B. behielt seine Stelle als Obersthofmeister. Über die weitere Erziehung der Prinzen siehe Fr. Schmidt: Erziehung, S. CIX–CX; vgl. MHS Cgm 1288 E .v. Schollberg: Geographische Fragen und Antworten zum Gebrauch des Kurprinzen KARL ALBRECHT von Bayern, 733 Seiten.

1409 PAE Corr. pol. Bavière vol. 65, seine Instruktion vom 18. 1. 1715 ist auch gedruckt in: Recueil des Instructions, vol. VII, Bavière, p. 151–158.

1410 PAE Corr. pol. Bavière vol. 65, f. 98/9. Die jetzige Gräfin D'ALBERT, geb. VON MONTIGNY, war in St. Cloud Max Emanuels Favoritin gewesen. Vor seiner Abreise hatte er sie mit dem Grafen D'ALBERT verheiratet. S. v. Riezler: Geschichte, Bd. VIII, S. 330; über den Grafen d'Albert: P. C. Hartmann: Finanz- und Subsidienpolitik.

1411 Vom 6. Juni 1705 bis Ende November 1714 wurden von der kaiserlichen Administration folgende Erträgnisse aus den bayerischen Bräu-, Rent-, Salz- und anderen Gefällen nach Abzug aller Unkosten an das kaiserliche Hofzahlamt abgeführt (S. v. Riezler: Geschichte, Bd. VIII, S. 494):

Reichenhallische Salzerträgnisse	1 638 223 fl.
Hallische oder Salzburgische Salzerträgnisse	1 569 360 fl.
Gmundnerische Salzerträgnisse	92 572 fl.
Bräugefälle im Rentamt München	1 496 549 fl.
Bräugefälle in den drei anderen Rentämtern und in der Grafschaft Haag	1 215 164 fl.
Bieraufschlag, vom Faß 1 fl.	972 565 fl.
Rentgefälle (von den Kastenuntertanen, bis 1708 auch von Amberg und der Landgrafschaft Leuchtenberg)	857 119 fl.
Scharwerkgelder	236 248 fl.
Münzgefälle	–
Getreide = Accis	117 611 fl.
Leinwand-Aufschlag	40 173 fl.
Siegelpapier = Cassa	130 405 fl.
Tabak = Appalto	162 898 fl.
Bergwerksausbeute	32 246 fl.
Freigelder und Nachsteuern	2 913 fl.
Confiskationscassa	14 385 fl.
Summa:	8 578 431 fl.

Hinzu kommen noch die Steuern und Kontributionen der letzten 10 Jahre. (Zu den Münzgefällen, die Riezler nicht anführt, siehe Anmk. 1147).

1412 WHHSTA Vorträge Karton 19 u. 20 (1714–1716).
1413 Die Stadt veranstaltete eine Illumination. Aus diesem Anlaß verbot der Hofrat, »übel deutende Laternen« auszuhängen. S. v. Riezler: Geschichte, Bd. VIII, S. 336.
1414 Am 11. Juli 1715 feierte Max Emanuel zum erstenmal seinen Geburtstag wieder in München. Er wollte allzu große Feierlichkeiten vermeiden, um seinen Untertanen Unkosten zu ersparen. Dies war die offizielle Diktion. Nichtsdestoweniger wurde dieses Fest mit der üblichen Prachtentfaltung veranstaltet. Abends gegen 9 Uhr kehrte der Kurfürst aus Schleißheim nach München zurück. Außerhalb der Stadtmauern war für ihn ein Empfangsgebäude errichtet worden. Ein prächtiges Portal hatte der Magistrat der Stadt aufrichten lassen. Ein Feuerwerk wurde abgehalten, das ¾ Stunden dauerte. Danach ritt der Kurfürst in die Stadt. Beleuchtungen und Dekorationen waren an mehreren Stellen vorbereitet. Die schönste Beleuchtung hatten die Jesuiten inszeniert. Ein Theaterstück wurde aufgeführt, Musik war zu hören. Den Platz vor dem Rathaus verzierten Dekorationen, Lobsprüche und Sinnbilder. Die Stadt blieb die ganze Nacht hindurch festlich beleuchtet. Auch der französische Gesandte illuminierte sein Haus mit Fackeln und Lampions, was eine große Menge Zuschauer anlockte. Die Kurfürstin THERESE KUNIGUNDE mit ihren Ehrendamen hatte dem Feuerwerk beigewohnt. Max Emanuels bevorzugte Ehrendame, die Gräfin D'ALBERT, war wegen angeblicher Unpäßlichkeit nicht anwesend, um eine öffentliche Szene zu vermeiden (PAE Corr. pol. Bavière, vol. 65, f. 116–117, 13. 6. 1715).
1415 E. Straub: Repraesentatio, S. 296–313. Im Jahre 1722 verpflichtete sich der Finanzier BRIFAL, die Kosten für zwei Opernaufführungen, die für die Monate Oktober und November geplant waren, zu übernehmen einschließlich der Bezahlung der Poeten, Maler und Maschinisten, der Kleider, der Schauspieler, des Chores, der Komparserie und der Pagen. Außerdem beglich er die Ausgaben für Wachsfackeln, Kerzen, Leuchter, Öl, Leinwand, Farben, Leinen und Pinsel, für Bäume, ebenso für Schlosser, Spengler, Schmiede, Bildhauer, Sailer, Schuster, Zimmerleute, Maler, Tagwerker und Kaminkehrer. Desgleichen übernahm BRIFAL die Entlohnung jener Personen, die zusätzlich und auch nachts eingesetzt wurden. Denn Max Emanuel ordnete die Termine für neue Opernaufführungen allzu kurzfristig an, so daß Künstler und Handwerker Nachtschichten einlegen mußten, um rechtzeitig ihre Arbeiten beenden zu können (MGHA Hof-Haushalt 1712 P 6 III). Diese beiden Opernaufführungen kosteten insgesamt 200 000 fl.; J. Rudhart: Geschichte der Oper I, S. 105.
1416 Das nämliche Jahr 1722, in dem für zwei Opernaufführungen 200 000 fl. ausgegeben wurden, war für die Kammerdienerinnen am kurbayerischen Hof bereits das fünfte Jahr, seitdem sie keine Besoldung mehr empfangen hatten und sich auch keine neue Kleidung mehr anschaffen konnten. Gemeinsam setzten sie eine Bittschrift an Baron FRANZ JOSEF VON UNERTL auf und baten um die Auszahlung zumindest der Klagegelder und der Nikolausverehrungen (MGHA Hof-Haushalt 1712 H 19, f. 5).
1417 Es wurden Münzen von geringerem Wert geprägt. Neue Halbgulden und Fünfzehner sollten ausgegeben, die auf 12 bzw. 24 kr. herabgesetzten 15er und 30er eingelöst werden. Diese Münzen waren so schlecht, daß bereits am 12. Dezember 1715 die Wiener Regierung beschloß, die in Bayern geprägten Halben- und Viertelgulden von geringem Feingehalt »mit der indorsátion Lantmünz« in den kaiserlichen Erblanden zu verbieten (J. Newald: Beitrag, S. 60). Anstelle des Goldgulden trat in Bayern der Max d'or, der zwei Goldgulden gelten sollte. Dies war aber nicht der Fall. Der alte Goldgulden hatte einen Feingehalt von

2,51 gr, der halbe Max d'or aber nur von 2,47 gr. Diese Währungsmanipulation hatte zur Folge, daß die drei korrespondierenden Kreise am 7. 3. 1725 die Devalvation forderten. (J. Kull: Studien, S. 66). Durch die Stimmenthaltung einiger Kreise konnte die Münzherabsetzung nicht durchgeführt werden. – In München wurden außerdem noch halbe Gulden mit Brustbild und Wappen geprägt (nämlich in den Jahren 1715, 1716, 1718, 1719–1721, 1724, 1726), ferner in den Jahren 1715, 1717 und 1718 Viertelgulden und in den Jahren von 1715 bis 1726 Landgroschen ausgemünzt.

1418 Über die Landschaftsverhandlungen ab 1715: MHSTA altbayerische Landschaft, Literalien Nr. 480–493 (Postulatsverhandlungen und Schuldentilgung 1715–1729), Nr. 722–726 (Verhandlungen 1715–1726), Nr. 930–940 (Postulate 1715–1726); Nr. 1598–1603 (Ratsprotokolle über Aufschlag und Vorrat 1716 bis 1726).

1419 Vergessen waren alle Leistungen MONASTEROLS im Dienste Max Emanuels (MGSTA K schw 17008–17055). Tatsächlich hatte MONASTEROL in Paris auf allzu großem Fuß gelebt (Philippe de Dangeau: Journal, vol. 18, p. 276). Anfang 1718 verurteilte die Münchener Finanzkammer den Grafen wegen Veruntreuung von 1 356 420 Livres, d. h. circa 678 210 fl. (PAN T 153/38 »Estat des fournitures«, T 153/30 »Vue par la Chambre des Finances«; T 153/35 Max Emanuel an d'Albert, München 15. 5. 1718; Bericht SAUMERYS vom Tod des Grafen MONASTEROL PAE Corr. pol. Bavière, vol. 67, f. 129, 130, München 26. 3. 1718; Saint-Simon: Mémoires, éd. par G. Truc, vol. 5, p. 961). Fortan stand Graf D'ALBERT in großer Gunst (MGSTA K schw 17070–17088).

1420 Selbst die aus Frankreich zurückgekehrten Adeligen standen vor den Trümmern ihrer ruinierten Ländereien. Besonders der Oberstthofmeister Graf VON TÖRRING-SEEFELD klagte über den trostlosen Zustand seiner Besitzungen. Seine Wälder waren zerstört, seine Häuser demoliert, seine Schwaigen vernichtet, die Obstbäume umgehauen, die Gärten verwüstet. Es kostete große Mühe, die Ländereien wieder aufzubauen und die Bauern in die Lage zu versetzen, das Land zu kultivieren. Der Graf bat den französischen König um eine Pension oder eine Gratifikation, um die traurige Lage, in der er sich befand, zu »versüßen« (PAE Corr. pol. Bavière vol. 65, f. 106). SAUMERY riet dem französischen König, den Grafen VON TÖRRING-SEEFELD mit einer Pension zu beehren, denn seine Familie zähle zu den ersten des Landes. Seine Mutter war Oberstthofmeisterin und seine Frau ehemals Ehrendame der verstorbenen Kurfürstin MARIA ANTONIE. Der Kurfürst hatte sie sehr geliebt, bevor er sie mit dem Grafen TÖRRING-SEEFELD verheiratet hatte. Ihn zu gewinnen, bedeutete auch Einfluß auf den Kurfürsten zu haben (PAE Corr. pol. Bavière, vol. 65, f. 105–106, 137–139, 17. 8. 1715).

1421 S. v. Riezler: Geschichte, Bd. VIII, S. 336.

1422 ebd., S. 337.

1423 Der Kurfürst tätigte z. B. in Frankreich größere Einkäufe, als ihm an Subsidien zugestanden wurde. P. C. Hartmann: Luxuskäufe, S. 350–360. Die Ausgaben überstiegen die französischen Subsidienzahlungen um 2 197 200 Livres (ebd., S. 360).

1424 S. v. Riezler: Geschichte, Bd. VIII, S. 583, 584; ders.: Geschichte der Hexenprozesse, S. 270–297. Die Ursache lag jedoch vielmehr in den allgemeinen wirtschaftlichen und politischen Verhältnissen begründet und nicht im Religionsunterricht, wie Riezler meinte (Geschichte, Bd. VIII, S. 583); vgl. auch das Verhältnis des Staates zu Zigeunern u. a. (MGSTA K schw 17209, ferner MAM GR Fasz. 317/18).

¹⁴²⁵ PAE Corr. pol. Bavière, vol. 65, f. 13–22, hier § 5, f. 15 v.

¹⁴²⁶ Besonderes Mißtrauen brachte Max Emanuel dem Haus Hannover entgegen, dessen Aufstieg zum englischen Königtum er nicht billigen wollte. Er betrachtete den neuen englischen König GEORG I. als »seinen persönlichen Feind«. Lebhaftes Interesse zeigte Max Emanuel dagegen für die Situation des schwedischen Königs KARL XII. GUSTAV, eines Leidensgefährten (PAE Corr. pol. Bavière, vol. 65, f. 121).

¹⁴²⁷ MALKNECHT war mit der Führung der auswärtigen Angelegenheiten beauftragt. Der Graf VON RECHBERG bemühte sich als Präsident des Kriegsrates um die Reorganisation der bayerischen Truppen. Die übrigen Räte hatten kein besonderes Portefeuille. Da sich Max Emanuel am liebsten in den umliegenden Schlössern und Gärten aufhielt, ernannte er den Grafen VON WAHL zum Intendanten über Gärten und Gebäude, eine Funktion, die er schon in St. Cloud ausgeübt hatte. Graf VON NEUHAUS war Oberstkämmerer, Graf VON RECHBERG Generalleutnant. Geheimräte waren Baron VON MALKNECHT, VON HAIMHAUSEN, VON MAYR und VON UNERTL. Letzterer konnte sich über sein Verhalten während der Administration rechtfertigen, so daß Max Emanuel mit seiner Verwaltung während seiner »Abwesenheit« zufrieden war. Auch der Kaiser hielt seine Hand schützend über UNERTL. Max Emanuel beschäftigte ihn mit allen Angelegenheiten, so daß er bald zum Premier aufstieg (PAE Corr. pol. Bavière, vol. 65, f. 100 bis 101). Daneben konnte Baron VON MALKNECHT seinen Einfluß aufrechterhalten. Er gestaltete im wesentlichen die Beziehungen mit Frankreich (ebd. Bavière, vol. 70, 1724, f. 19 v et passim).

¹⁴²⁸ Über Entstehung und Wirkung der Pragmatischen Sanktion vom 19. 4. 1713: G. Turba: Grundlagen; W. Michael: Original; ders.: Entstehung; E. Schönbauer: Geschichte, S. 179–183; T. Thelen: Der publizistische Kampf. Die bayerische Haltung zu diesem Problem: MGHA Korr. 768/14-24 (Das bayerische Erbrecht gegenüber Österreich, außerordentlich umfangreiche Abhandlungen).

¹⁴²⁹ Baron MÖRMANN, der 1716 seine Amtsgeschäfte als bayerischer Resident in Wien wieder übernahm, hatte einiges zu tun, um die Vorurteile, mit der sich beide Seiten begegneten, abzubauen; MGSTA Gesandtschaft Wien Nr. 122–128, 134–138, 145–156 (1715–1726).

¹⁴³⁰ Über die Beteiligung bayerischer Truppen am Feldzug von 1717 und 1718: K. Staudinger: Geschichte, Bd. II, 2, S. 1230–1275; MGHA Korr. 718, 719/1-2, 720/1-2: Reise der Prinzen KARL ALBRECHT und FERDINAND nach Wien und Ungarn 1717–1718; Korr. 721 (Diarium darüber); Korr. 722 (Schreiben der Grafen TÖRRING und PREYSING über diese Reise 1718/19).

¹⁴³¹ Der französische Geschäftsträger DE VAUX war nach Ansicht Max Emanuels nicht der geeignete Gesprächspartner, der seinen Vorstellungen entsprochen hätte. PAE Corr. pol. Bavière, vol. 67, 68; G. Zeller: Les temps modernes, vol. II: De Louis XIV. à 1789 (Histoire des Relations Internationales, éd. par P. Renouvin, vol. III), p. 173–177.

¹⁴³² PAE Corr. pol. Bavière vol. 70, Aug. 1725, f. 83/98; LPRO Foreign Office Papers, State Papers Nr. 80/55–80/58 (ausführliche Korrespondenz ST. SAPHORINS 1725/26). ST. SAPHORIN war ein ausgezeichneter Beobachter der internationalen Lage wie der einzelnen Höfe. Vgl. H. Hantsch: Die drei großen Relationen; ferner MGSTA K schw 17433 (Korr. des Grafen TÖRRING mit ST. SAPHORIN, 1726).

¹⁴³³ Graf D'ALBERT arbeitete auf ein neues Separatbündnis mit Frankreich hin, um die ehemals zugesagten Subsidien flüssig zu machen. DE VAUX unterstützte die Vorschläge ST. SAPHORINS. Max Emanuel dagegen befürchtete bei

einem Beitritt zur Herrenhauser Allianz Nachteile bei einer künftigen Kaiserwahl. Graf VON PREYSING verhandelte über die Höhe eventueller Subsidien und verlangte, daß Frankreich sofort eine Million Gulden für früher nicht geleistete Subsidien ausbezahle. Max Emanuel dachte bereits wieder an eine Armee von 30 000 Mann. Tatsächlich hatte er zu dieser Zeit nur rund 4–5000 Mann unter Waffen. Sofort war er bereit, sein Heer zu vergrößern. Er versprach, innerhalb von zwei Wochen 4000 Mann Kavallerie auszuheben und innerhalb von 14 Wochen eine beträchtliche Armee zu bilden. Doch fehlten dazu alle Mittel (LPRO State Papers Nr. 80/56, St. Saphorin an Tawnshend, 15. 10. 1725). Eine Entscheidung führte erst Kurfürst KARL ALBRECHT herbei. Er trat am 1. Sept. 1726 der Wiener Allianz bei (C. Aretin: Verzeichnis, S. 350–363), stand aber – typisch wie sein Vater Max Emanuel – gleichzeitig in geheimen Verhandlungen mit Kardinal FLEURY über eine Allianz und schloß einen Geheimvertrag mit Frankreich noch im Jahre 1726, der auf das folgende Jahr datiert wurde, um nicht in Konflikt mit den Vertragsbestimmungen der Wiener Allianz zu geraten (gedruckt: C. M. v. Aretin: Chronolog. Verzeichnis, S. 363–370). Über die Verhandlungen: PAE Corr. pol. Bavière, vol. 70–73 (1725–1727).

1434 Gedruckt bei A. Faber (Ch. L. Leucht): Europäische Staats-Cantzley, Bd. 80, S. 690; K. Th. v. Heigel: Wittelsbachische Hausunion vom 15. Mai 1724, S. 255–310; aus pfälzischer Sicht: A. Rosenlehner: Kurfürst Karl Philipp; H. Schmidt: Kurfürst Karl Philipp, S. 150 ff.

1435 Max Emanuel legte sehr großen Wert auf diese Union, doch hielt er die Minister der Pfalz sehr den österreichischen Intentionen zugeneigt. Der Herzog VON RICHELIEU, der Ende Juni 1725 nach München kam zwecks Bekanntgabe der Heirat des französischen Königs LUDWIG XV. mit der Tochter des polnischen Königs STANISLAUS, gelangte zur Auffassung, daß die vier verbündeten Kurfürsten zwar eine größere Bedeutung im Reich erlangen könnten, der bayerische Kurfürst jedoch zu schwach wäre, wenngleich er noch stolz und mutig auftrete. Der französische Resident DE VAUX meinte dagegen, der Kurfürst wäre alt, gebrochen und seine Gemütsart hätte sich außerordentlich verändert. Der Herzog VON RICHELIEU beharrte auf seinem Standpunkt, Max Emanuel sei noch so gesund wie z. Zt. seines Frankreichsaufenthaltes, seine Gemütsart sei noch dieselbe, er sei zäh und sehe jünger aus als er wirklich sei. Doch war beiden klar, daß Max Emanuel außerstande war, sich beim Kaiser »fürchten zu machen« (PAE Corr. pol. Bavière, vol. 70, f. 43–50, 14. 7. 1725).

1436 Über Klemens August: M. Braubach: Die vier letzten Kurfürsten, S. 41–48.

1437 MGHA Korr. 725 (Reise der Prinzen PILIPP MORITZ und KLEMENS AUGUST nach Rom 1716–1719).

1438 MGHA Korr. 726 (Korrespondenz über den Tod des Prinzen PHILIPP MORITZ zu Rom, erwählten Bischof von Münster und Paderborn 1719).

1439 MGSTA K schw 1088, 1095–1098, 1102, 1103 (Korr. Max Emanuel, Joseph Clemens bzw. Klemens August 1718–1724); K. Sommer: Die Wahl. KLEMENS AUGUST selbst war nicht begeistert, in den geistlichen Stand eintreten zu müssen. Er war sogar bereit, zugunsten seines jüngeren Bruders JOHANN THEODOR auf seine Bistümer zu verzichten. Doch Max Emanuel ließ sich darauf nicht ein. Seine Antwort vom 3. 8. 1724 bei: M. Braubach: Ein Brief, S. 210–213; vgl. auch: Kurfürst Klemens August, Ausstellungskatalog.

1440 M. Weitlauff: Kardinal Johann Theodor.

1441 L. Hüttl: Geistlicher Fürst, S. 3–48.

1442 Nur Prinz EUGEN setzte sich im Jahr 1717 für diese Heirat ein. Er hoffte auf diese Weise seinem Ziel nahe zu kommen, einst Österreich durch Bayern

abzurunden und dadurch die Position Habsburgs im Reich neu zu stärken. Vgl. K. Th. v. Heigel: Briefwechsel zwischen Kurfürst Max Emanuel von Bayern, Kurprinz Karl Albert (Albrecht) von Bayern und Prinz Eugen von Savoyen, S. 267–284; desgl. M. Braubach: Prinz Eugen von Savoyen und Kurfürst Max Emanuel, S. 473–486, hier 485.
    1443 MGHA Hausurkunde Nr. 1758: Max Emanuel erlaubt KARL ALBRECHT gemäß päpstlicher Dispens, sich mit MARIA AMALIA zu verehelichen (16. Aug. 1722); ebd. Korr. 736–741 (Korrespondenz über diese Vermählung).
    1444 WHKA Reichsakten Fasz. 100b, f. 675–694 v. Die Gläubiger, auf die sich die Compagnie stützte, verlangten die Rückzahlung der vereinbarten Provisionen und Vorschüsse. Trotzdem war »aller:wehemüthigst zu klagen, daß, anstatt der Chur- und fürstl: obligation und denen darin enthaltenen vor der ehrbahren welt bey hohen und nidrigen, so considerablen: in Rechten so kräfftigen: und bey denen hohe Reichs-Dicasteriis auch bey hohen fürstl- gemüthern so mächtig würkenden versicherungen zu folge, bereits zu ende des 1726. jahrs für Capital und interesse, schaden und unkosten hätte vergnüget seyn sollen, das Chur- und fürstl: so heilig gegebene wortt und der Churfürstl: Landschafft fides publica gar nicht gehalten worden ist.« (f. 678).
    1445 WHKA Reichsakten Fasz. 183, f. 107–124.
    1446 MGHA 1712 H Nr. 59, f. 1–5.
    1447 WHKA Reichsakten Fasz. 87 h, f. 1.
    1448 MHS Cgm 1822.
    1449 WHKA Reichsakten Fasz. 87 h, f. 1.
    1450 ebd., f. 3. Eine ganze Steuer betrug 392 224 fl. 10 kr. Der Prälatenstand der vier Rentämter gab eine Steuer von 50 879 fl. 58 kr. Die auswärtigen Stifte, die in Bayern Besitzungen hatten, zahlten 3379 fl. Steuern. Die Städte und Märkte der vier Rentämter einschließlich des Ingolstädter Bezirks führten an Steuern ab 40 360 fl. 4 kr. 14 h. Die Gesamtsteuer belief sich somit auf 486 893 fl. 44 kr. 4 h. (f. 3).
    1451 ebd., f. 1–3, 5–7.
    1452 S. v. Riezler: Geschichte, Bd. VIII, S. 483.
    1453 WHKA Reichsakten, Fasz. 87 h, f. 16–17.
    1454 ebd. Mandat vom 10. 7. 1717.
    1455 S. v. Riezler: Geschichte, Bd. VIII, S. 484; W. A. Kreittmayr: Sammlungen, S. 203; H. Schmelzle: Staatshaushalt, S. 304.
    1456 S. v. Riezler: Geschichte, Bd. VIII, S. 496–504. Die Schulden betrugen 26 886 938 fl., eine normale Steuer brachte rund 500 000 fl. ein, so daß eine fünfzigfache Verschuldung vorlag, gemessen an den Einnahmen jeweils einer einfachen Steuerperiode.
    1457 MGHA Korr. 759 III, Diarium und ebd. Leichenpredigt, S. 20 der Predigt.
    1458 S. v. Riezler: Geschichte, Bd. VIII, S. 395.
    1459 Petrus de Bretagne genannt, MGHA Korr. 759/II, f. 1.
    1460 MGHA Korr. 759/II, f. 33.
    1461 S. v. Riezler: Geschichte, Bd. VIII, S. 396.
    1462 MGHA Korr. 759/II: Die Ärzte bezeichneten Max Emanuels Krankheit als »Cardialgia hypocondriaca-spasmodica«.
    1463 MGHA Korr. 759/II, Beschluß vom 28. 2. 1726.
    1464 MGHA Korr. 759/III Leichenpredigt, gedruckt sowie 759/II Augenzeugenberichte, verfaßt von Martin Fischer, Hoffourier, und Antoni Hülz, Feldkriegskonzipist, f. 25–51; ebd. kurzer Bericht über das Trauergepränge. Auch in Wien

fanden Trauerfeierlichkeiten in Anwesenheit des Kaisers statt, ebd. 759/I, f. 17–21; ein Preispoem auf Max Emanuel, in: Korr. 753/48.

1465 MGHA Korr. 759/II, Beschluß vom 27. 2. 1726; PAE Corr. pol. Bavière, vol. 66 (28. 2. 1726).

1466 MGHA Korr. 760, ad 760. Therese Kunigunde starb im Jahre 1730 in Venedig, wohin sie sich zurückgezogen hatte, ebd. Korr. 770/1.

1467 Max Emanuel als Türkensieger und die bewegte Geschichte des Stammvaters Äneas waren als Programm für die Prunkräume gewählt worden. Nach dem Tode Max Emanuels wurden nur mehr kleinere Umgestaltungen vorgenommen. Schleißheim und sein politisches Programm, das es verkörpern sollte, hatten sich mit Max Emanuel oder spätestens nach dem Scheitern seines Sohnes KARL ALBRECHT überlebt.

1468 Zuletzt hatte Max Emanuel noch Schulden aufgenommen, für die er eine Verzinsung von 15 % zugestanden hatte. Diese Schulden wurden nach einem Kabinettsbeschluß vorrangig zurückbezahlt. MGHA Korr. Schatzakten 1713/II, 27. 2. 1726.

1469 MGHA Korr. 753⅛; 753¹/₀ (Korrespondenz Max Emanuels mit Karl Albrecht und Ferdinand Maria); vgl. ferner 753/39–42a (Max Emanuel und Joseph Clemens).

1470 K. Th. v. Heigel: Testament, S. 259–264a.

1471 Vgl. Mundus Christiano-Bavaro-Politicus MHS Cgm 3009, f. 487–518; desgl. Quintessenz der Historia C. v. Schmids, MHS Cgm 1822, f. 1–114. Max Emanuel schrieb an seinen Sohn KARL ALBRECHT: »Es läßt sich nicht leugnen, daß sich eine große Umwälzung in Europa, vor Allem aber im Reiche vorbereitet. Angesichts dieser bestimmten Thatsache muß man Partei ergreifen, so oder so, denn zwischen zwei Wassern schwimmen wollen, hieße sich dem Untergang weihen, ohne Hoffnung, ohne Rettung und ohne Ehre. Und doch habe ich und meine Nachkommen für den Fall des Aussterbens der männlichen Linie des österreichischen Hauses das beste Recht, in den ersten und höchsten Rang vorzurücken und den ansehnlichsten Theil der Erbschaft zu erlangen. Ich habe mich neuerdings über unsre Erbfolgerechte auf die österreichischen Länder nach Abgang des Mannesstammes unterrichtet, und ich kann dir mit vollem Fug die Versicherung geben, daß wir in den hiesigen Archiven bündige Originaldokumente besitzen, die über den Anspruch unseres Hauses auf Ober- und Niederösterreich, Kärnthen und Steiermark keinen Zweifel bestehen lassen, von meinem Anrecht auf die Niederlande und auf Tirol gar nicht zu reden. Sobald es sich darum handeln wird, zur Behauptung dieser Erbansprüche die Unterstützung der Mächte anzurufen, werden wir ihnen den Beweis liefern können, daß sie auf solche Weise nur vollziehen, was die Gerechtigkeit erheischt.« K. Th. v. Heigel, Das pol. Testament, S. 261–262.

1472 R. Mandrou: Tragique XVIIe siècle, p. 305–313; vgl. R. Mandrou: Le baroque européen: Mentalité pathétique, p. 898–914.

1473 H. Schindler (Hg.): Bayerns goldenes Zeitalter, S. 8.

1474 R. van Dülmen: Anfänge, S. 493–559; ders.: Antijesuitismus, S. 52–80; ders.: Propst Franciskus Töpsl. Im Jahr 1702 trat in München die »Nutz- und Lust erweckende Gesellschaft der Vertrauten Nachbarn am Isarstrome« zusammen. Mitglieder waren u. a. der Geheimsekretär URBAN HECKENSTALLER, der Hofbibliothekar und Registrator des Geheimen Rates JOHANN KANDLER, der Jurist GEORG LITTICH, später kurpfälzischer Rat zu Mannheim. Da die kaiserliche Administration diese Zeitschrift wegen ihrer allzu loyalen Haltung gegenüber dem Kurfürsten konfiszierte, wurde Jahre später eine neue Zeitschrift gegründet:

»Der Parnassus Boicus oder Neueröffneter Musen-Berg, worauff verschiedene Denck- und Lesswürdigkeiten auß der gelehrten Welt, zumahlen aber auß denen Landen zu Bayern abgehandelt werden.« Der erste Band erschien 1722. Mitarbeiter dieser Publikation waren im Lauf der Zeit u. a. der Augustinerchorherr EUSEBIUS AMORT vom Kloster Polling, der Augustiner-Eremit ANGELLUS KANDLER sowie GELASIUS HIEBER. Durch geistliche und bürgerliche Mitarbeiter wurde ein vielfältiges, aus Frankreich kommendes aufgeklärtes Gedankengut verbreitet. Initiator dieser Bewegung war, was bezeichnend ist, nicht der Hof, sondern Bürgertum und Geistlichkeit.

1475 Die Ständevertretung wurde nicht abgeschafft, aber ihr Einfluß noch weiter zurückgedrängt. Nach Ansicht CASPAR VON SCHMIDS (MHS Cgm 1822a, S. 231) besäßen die Stände kein Recht auf die Steuereinnahme, denn es sei »per rationem nimis manifestam, weill ja solches nit ihr eignes, sondern fremdes Guett und ... ein Landts-Fürstliches Geföll ist, welches sie nur administrario nomine einnemmen, verwalten, und zu dem Gemeinen Nutzen anwenden, oder anwenden sollen, dahero wann ein scheinbarer Verdacht entstehet, daß sie solches nit thuen, die Gefäll unnutzlich anwenden, oder selbst darvon ungebührlich participieren, und eben darumben die arme Underthanen zu hart halten, und ein mehrers einfordern, als daß gemainen Weesens Nottdurfft erfordert, so ist ja das einige Mittl übrig, daß der Landts-Fürst, dem die Sorg seiner Underthanen von Gott anvertraut ist, zu den Sachen sehe, Rechenschafft begehre, und dergleichen ungebührlichen Mißbrauch abstölle«.

1467 Die wenigen Manufakturprojekte Max Emanuels wurden nicht in die Tat umgesetzt, da es an Kapital mangelte. PAN T 153/35; P. C. Hartmann: Manufakturgründungsprojekte, S. 162–177.

1477 FRANZ VON SCHMID im Mundus Christiano-Bavaro-Politicus (MHS, Cgm 3009, S. 581): »Gott hat die fürsten auf die obriste Staffel der hochheit gesezt, und lasset sye zu allererst das guette und das böse wetter erfahren: Gott hat die fürsten mit selbstaigener handt als Planeten an den Himmel der Ehren gesezet, an Ihren Influenzen oder Wirckungen hanget die beschaffenheit der ganzen underen Welt, wan diese guett ist, so bringt sye gesundt und fröhlichkeit, und daß Leben in die ganze Welt; ist sye aber bös, so fillet sie alle Elemente mit Pest und Gifft an.«

1478 H. Schindler: Große bayerische Kunstgeschichte, Bd. 2 (²1966), S. 144, 146; O. Auer: Theatinerkirche (o. J.); D. Riedl: Theatinerkirche St. Kajetan, in: W. Lieb – H. J. Sauermost (Hg.): Münchens Kirchen (1973), S. 133 ff; vgl. zu folgendem Abschnitt insgesamt: H. Lipp: Kurfürst Max II. Emanuel und die Künstler (1944); E. J. Luin: Das künstlerische Erbe der Kurfürstin Adelaide in ihren Kindern, Enkeln und Urenkeln, Festgabe für Kronprinz Rupprecht von Bayern (1953) 152–179; R. Paulus: Max Emanuel und die französische Kunst, S. 130–145.

1479 L. Schrott: Herrscher, S. 138.

1480 MGHA Hof-Haushalt 1712 P 6 Nr. 3.

1481 L. Schrott: Herrscher, S. 139.

1482 R. Paulus: Max Emanuel und die französische Kunst, S. 130, 131.

1483 H. Ernst: Hofmaler, S. 90.

1484 R. Paulus: Max Emanuel, S. 133; R. Paulus: Der Baumeister Henrico Zuccalli (1912).

1485 R. Paulus: Max Emanuel, S. 133.

1486 R. Paulus: Max Emanuel, S. 134; H. Ernst: Hofmaler, S. 86; H. Börsch-Supan: Vivien, S. 129 ff.

1487 H. Ernst: Hofmaler, S. 86–91.
1488 G. Hojer: Baugeschichte, in: Schloß Lustheim. Meißener Porzellan-Sammlung, Stiftung Ernst Schneider, Führer durch die Schausammlungen des Bayerischen Nationalmuseums München, Filialmuseum Lustheim (1972), S. 3–6.
1489 H. Schindler: Kunstgeschichte, Bd. 2, S. 167, 168. M. Petzet: Unbekannte Entwürfe Zuccallis für die Schleißheimer Schloßbauten, S. 179–204; J. Mayerhofer: Schleißheim (1890); L. Hager – G. Hojer: Schleißheim (1970); E. Hubala: Zuccallis Schloßbau, S. 161–200.
1490 P. de Brétagne: Réjouissances et fêtes magnifiques qui se sont faites en Bavière l'an 1722 (München 1723).
1491 H. Bürklin: Beich, S. 8–20.
1492 H. Bürklin: Beich, S. 40–50.
1493 H. Bürklin: Beich, S. 10–16, 50–73.
1494 L. Hager: Schleißheim (1965), S. 36; zum Bilderzyklus des Viktoriensaales: H. Bürklin: Beich, S. 83–94.
1495 L. Hager: Nymphenburg (1956); H. Schindler: Kunstgeschichte, Bd. 2, S. 167.
1496 L. Hager: Nymphenburg (1956), S. 21–26.
1497 U. Thieme – F. Becker: Effner, in: Allgemeines Lexikon, Bd. 10 (1914), S. 362–363; M. Hauttmann: Effner (1913); G. Vits (Joseph Effners Palais Preysing) betont den Einfluß der Wiener höfischen Architektur hildebrandtscher Prägung auf Effner.
1498 H. Schindler: Kunstgeschichte, Bd. 2, S. 276.
1499 H. Schindler: Kunstgeschichte, Bd. 2, S. 308, 309.
1500 M. Wening: Historico-Topographica Descriptio. Das ist: Beschreibung deß Churfürsten- und Herzogthums Ober- und Nidern Bayrn. Das »Rentamt München« ist im Jahr 1701 erschienen. Nach Wenings Tod (1718) erschienen noch das »Rentamt Burghausen« 1721, das »Rentamt Landshut« 1723 und das »Rentamt Straubing« 1726, Faksimile-Ausgabe München 1975 ff.
1501 U. Thieme – F. Becker (Cuvilliés, Francois [Jean Francois] de, in: Allgemeines Lexikon, Bd. 8 [1913], S. 222–224) nennen das Jahr 1706, ebenso Fr. Wolf: Cuvilliés (1967), S. 11 und 12; W. Braunfels (Cuvilliés [1938], S. 3 und S. 96, Anm. 2) nennt das Jahr 1708.
1502 U. Thieme – F. Becker: Cuvilliés, in: Allgemeines Lexikon, Bd. 8, S. 222 bis 224, bes. S. 223; W. Braunfels: Cuvilliés; Fr. Wolff: Cuvilliés.
1503 H. Schindler: Kunstgeschichte, Bd. 2, S. 341.
1504 H. Schindler: Kunstgeschichte, Bd. 2, S. 222 und 239.
1505 »Contre les juges suppléants de la vallée de Josaphat«, in: L. Febvre: Combats, p. 107–113; vgl. M. Bloch: Apologie, p. 11–13: »Comprendre le présent par le passé« und p. 13–16: »Comprendre le passé par le présent«. F. Braudel: Ecrits, p. 239–314: Cap III: »Histoire et temps présent«.
Das Zitat von S. 157 über die türkischen Sesselträger siehe MKA Abtg. IV Alt. Best. B 8 b Nr. 44.
Das Zitat von S. 522 siehe: K. Th. v. Heigel: Das politische Testament Max Emanuels von Bayern 1725, S. 261–262.

Quellen

I. Ungedruckte Quellen

Da bisher noch keine Zusammenstellung der für die Zeit Max Emanuels wichtigen Quellen vorhanden ist, sind im folgenden nicht nur die Archivnummern angegeben, sondern auch in Stichworten eine knappe Inhaltsangabe der einzelnen Materialien.

PARIS
Archives du Ministère des Affaires Etrangères (PAE):
Correspondance politique: Allemagne, vol. 316 (1685), vol. 329 (1693–1696), vol. 343 (1701 Supplément): Varia, Gesandtschaftsberichte und Schriftwechsel
Correspondance politique: Bavière, vol. 28–72 (Januar 1679 bis Dezember 1726): Gesandtschaftsberichte und Schriftwechsel zwischen Bayern und Frankreich
- Bavière Supplément, vol. 1–5 (1156–1725): Schriftwechsel
- Mémoires et Documents: Fonds divers: Bavière, vol. 1–4 (1579–1754), vol. 7 (1680–1828), vol. 8–9 (1152–1800)
- Mémoires et Documents: Fonds France et divers Etats, vol. 361 (Verträge 1315 bis 1753)
- Mémoires et Documents: Fonds divers: Espagne, vol. 114–115 (1703): Gesandtschaftsberichte und Schriftwechsel
- Pays-Bas Espagnols, vol. 53–67 (1693–1714)
- Cologne, vol. 14–69 (1679–1728): Gesandtschaftsberichte und Schriftwechsel zwischen Frankreich und Köln
- Hongrie, vol. 9–15 (1703–1710)
- Suede, vol. 99 (1704), vol. 104 (1705)

Archives Nationales (PAN)
Section Ancienne, Ancien Régime, Fonds: T-Séquestres: carton T 153[24], 153[29] bis 153[60], 153[83], 153[93], 153[95], 153[99], 153[103], 153[105-106]: Varia, besonders finanzielle Angelegenheiten des Kurfürsten in Bayern, in den Niederlanden, in Spanien und Frankreich, Gesandtschaftsberichte 17./18. Jhdt.
Fonds G/7: Contrôle général des finances, No. 260–262: Dokumente über verschiedene wirtschaftliche und finanzielle Angelegenheiten der Niederlande 1700–1706; No. 1092–1095: Finanzielle Angelegenheiten 1700–1715

Archives Historiques de Guerre, Château de Vincennes (PAHG):
A[1] No. 1746–1758 (1703–1704): Militärische Korrespondenz No. 1833 (Flandern 1705), No. 2084 (1708)

Bibliotheque Nationale (PBN):
Département des manuscrits, Fonds Français nouvelles acquisitions, vol. 486 (1680–1714), 493 (1701–1702), 495–498 (1703–1715), 1501 (Brüssel 1694–1695)
Collection de Lorraine (Vaudemont: Correspondance d'Allemagne III), vol. 782 (1695), 784–785 (1694–1695), 821, 826 (1694–1696)

WIEN
Haus-, Hof- und Staatsarchiv (WHHSTA):
Reichskanzlei, Berichte aus München Fasz. 1b-1r (1657-1715)
Gesandtschaftsarchiv: Stadion, Nachlaß Bd. 2 (1696-1716)
Österreichische Staatsregistratur, Rep. N, Karton 21-26, 37, 40, 45, 50, 75, 76, 88, 105-107 (1650-1730): Varia, insbes. politische und administrative Angelegenheiten betreffend
Bavarica Fasz. 5-7c (1676-1720): Diplomatische Korrespondenz
Bavarica Fasz. 9-10 (1683-1689): Weisungen; Fasz. 11a-11b (1678-1734): Bayerische Kreissachen
Bavarica Bauernaufstand Fasz. 16-19b (1705-1706 und nachfolgende Untersuchungen bis 1714)
Bavarica kaiserliche Administration in Bayern Fasz. 20a-44 (1704-1714): Verwaltungsangelegenheiten und politische Korrespondenz
Große Korrespondenz Fasz. 64-70, 145 (1704-1713): Politische Probleme
Mainzer Erzkanzlerarchiv: Friedensakten Fasz. 71-87a (1696-1736): Politische Fragen
Mainzer Erzkanzlerarchiv: Reichstagsakten Fasz. 334, 337 (1707-1710)
Haus-Archiv: Familienkorrespondenz A, Karton 22 (1705-1711)
Haus-Archiv: Belgische Korrespondenz Karton 25 (1660-1700)
Belgien Repert. DD: Abtg. B Fasz. 14a (1651-1716), 242 (1598-1698)
Archiv Porcia (1649-1716): Politische und persönliche Angelegenheiten
Lothringisches Hausarchiv: Karton 8 (1649-1731)
Kriegsakten Fasz. 214-215 (1686-1688), 247 (1704-1715)
Vorträge Karton 6-28 (1682-1728): Politische, militärische, finanzielle und wirtschaftliche Fragen

Kriegsarchiv (WKA)
Feldakten, Fasz. 1686/5/8; 1686/ad 6; 1686/6/5; 1686/7/8; 1686/13/22; 1686/23; 1686/13/26; 1686/13/27; 1686/13/37; 1686/13/39; 1686/13/44; 1686/13/45 (Türkenkrieg 1686, militärische Korrespondenz)
Feldakten Fasz. 1688/13/9
Hofkriegsrat Nr. 372-434, Prot. Exp. und Reg. Prot. (1686-1705): Militärische Angelegenheiten
Kartographische Abteilung H IIIc, 141: Belgrad (1688)

Finanz- und Hofkammer-Archiv (WHKA)
Reichsarchiv, Reichsakten, Fasz. 74, 87, 87a, 87h, 100b, 100c, 125, 131, 135, 156, 170, 178, 183, 202, 204 (1680-1726): Varia, besonders finanzielle und politische Fragen
Hoffinanz, rote Nummer 893 (1726)

MADRID
Archivo Histórico Nacional (MAHN)
Fonds Estado, Legajo Nr. 163, 671, 1014, 1307, 1658, 1694, 1849 (1690-1710): Varia, besonders Dokumente über die wirtschaftliche und finanzielle Situation der Niederlande, die Wirtschaftskonferenz von 1699 und die Planungen für Kolonienerwerb und Außenhandel;
Nr. 1278, 1291, 1616, 2815, 3374, 3383: Dokumente, Max Emanuel betreffend, u. a. sein Bündnis mit Ludwig XIV. von 1701/2 und sein Souveränitätsvertrag über die Niederlande 1711-1712/16;

Nr. 2530, 3367, 3376: Friedenskonferenz von Utrecht 1711-1715;
Nr. 2451, 2554, 2761, 2780, 2791, 2907, 3259, 3894: Verhandlungen und Briefwechsel über die spanischen Niederlande und die spanische Erbfolge 1692 bis 1699

BRÜSSEL
Algemeen Rijksarchief (BAR)
Fonds Spaanse Ambassade in Den Haag Nr. 9: Gesandtschaftsberichte
Fonds Raad van Staat Nr. 89, 1787: Verwaltung
Fonds Sekretarie van Staat en Oorlog, Nr. 290, 291, 308: Kriegs- und Verwaltungsangelegenheiten
Fonds Manuskriptenverzameling Nr. 820: Dialogue ou Entrien sur l'état présent des Pays-bas espagnols et les moiens de les retablir (1699); Nr. 1528: Korrespondenz mit Max Emanuel, Graf von Bergeyck u. a. (1694-1699): Politik, Militär, Verwaltung, desgl. Nr. 1967 (1696)

VATIKAN/ROM
Archivio Segreto Vaticano (RASV)
Nr. 82-87: Korrespondenz zwischen dem Internuntius G. Piazza in Brüssel und dem Staatssekretär in Rom (1690-1696), besonders über die niederländische und spanische Frage
Nr. 87-89: Korrespondenz zwischen dem Internuntius in Brüssel Horatio Filippo Spada und den römischen Staatssekretären (1696-1698)
Nr. 90-97: Korr. zwischen dem Internuntius G. F. Bussi und den Staatssekretären (1698-1706)

LONDON
Public Record Office (LPRO)
Foreign Office Papers, State Papers Nr. 80/55-80/58: Korr. St. Saphorin mit London (1725/26)

MÜNCHEN
Handschriftenabteilung der bayerischen Staatsbibliothek (MHS)
Alte Autographen: Bayern: Kurfürst Max II. Emanuel: Varia
Cod. gall.:
Poetica 50   Maximilian Emanuel, in: Spol (Curé de Sailly, diocèse de Metz): Lettres et œuvres diverses, tant en vers qu'en prose (par un villageois amateur)
Cod. it.:
411   Theater, 17. Jhdt.
673   Kurfürstin Adelheid von Bayern proposita und fürsätz
Cod. lat.:
1573-1575   Ignatii Xaverii de Wilhelm Miscellaneorum tomi III
1576   Ignatii Xaverii de Wilhelm: »Florus boicus«. Est calendarium historicum
1577-1578   Eiusdem »Florus Boicus sive incrementa et decrementa Bavariae«, Reflexion und politische Fragen, meist Max Emanuel betreffend
1579   Eiusdem: Ephemerides Boiariae inde a die 8 mensis Sept. a° 1702 bis 20 Julii a° 1703
1580   Eiusdem: »Archivum sine archivo« de epochis celeberrimis domus Boicae in singulos dies annis, Pars I., Jan. enthaltend
1581, 1582   Eiusdem: Vindiciae arboris genealogicae domus Bojcae

1583	Ignatii de Wilhelm »Crisis historico – politica« de rebus gestis Maximiliani Emanuelis inde ab initio saec. XVIII usque ad eius obitum
1810	Agnelli Candleri Notitia autogr. de morte Maximiliani Emanuelis elect. Bav. 1726
23728	Maximiliani Henrici archiep. Colon. testamentum, 1688
27226	Incrementa et Decrementa antiquissimae ducum Boiorum stirpis a Theodone usque ad nostra tempora. Summaria vitae Maximiliani Emanuelis

Cgm:

304	Bayerisches Landrecht (f. 1–49) und Stadtrechtbuch zu München (f. 50–70)
319	Alphabetisches Verzeichnis der Jahrmärkte in Bayern
320	Alphabetisches Verzeichnis der Jahrmärkte jedes Kreises in Bayern
321	Alphabetisches Verzeichnis über ausländische Jahrmärkte und Messen
411	Lexikon der ständischen Klöster mit chronologischem Katalog ihrer Vorsteher
412	Lexikon der nichtständischen Klöster (Augustiner, Karmeliter, Paulaner)
414	Lexikon der Kollegiatsstifte, Domstifte, Jesuitenkollegien u. a.
912	Neu herausgegebene Fortifikationsanweisungen des bayerischen Ingenieurs Christoph Heidemann, 1680
915	Varia für und wider das preußische Königtum, 1701
1001	Lateinische Predigten des Augustinerpaters Marianus Lehner und Jakob Balde's deutsch-gereimte Paraphrase seines Agathyrsis, ferner geistliche Betrachtungen für die 7 Tage der Woche in Reimen, weltliche, geistliche und historische Lieder und Betrachtungen über Maria's Leben und Werke, 1656
1030	Gründliche Beschreibung des Kunst- und Lustfeuerwerks, 18. Jh.
1036	Manual über Lust- und Wasserfeuerwerk, 17./18. Jh.
1037	Feuerwerkskunst, 17./18. Jh.
1182	Wolf Eglauer, Zeugwart zu Wien: Überschlag, was zur Verteidigung dieser Stadt wider die Türken an Geschütz notwendig, vorhanden und wie jenes anzuschaffen ist
1190, 1191	Status des Einkommens und der Ausgaben am Hof Kaiser Leopolds I., 1674
1279	Beschreibung von Konstantinopel 1716, Gefangenschaft des kaiserlichen Residenten Anselm Franz von Fleischmann zu Semendria und Belgrad
1288	E. v. Schollberg: Geographische Fragen und Antworten zum Gebrauch des Kurprinzen Karl Albrecht von Bayern, 733 S.
1497	Staatsschriften über deutsche Reichsangelegenheiten, namentlich Bayern und Österreich 1702–1754
1501	Gedichte auf die Vermählung Karl Albrechts, 1725
1503	Wappenbrief für den Gerichtsschreiber zu Aibling Jakob Christ. Nindl, 1700
1504	Wappenbrief für den Gerichtsschreiber zu Aibling Andreas Michael Raith, 1727
1505	Verordnung, die Creirung der Ritter des Ordens vom heiligen Hubert betreffend, 1708
1523	Wappenbrief von Franz Benedikt Obermüller, Hofgerichtsadvokat,

	päpstlicher und kaiserlicher Notar in München, für seinen Oberschreiber Johann Felix Schuech, 17. 3. 1710
1605	Bayerische Fürsten und bayerischer Adel, 17. Jh.
1623	Bayerische historisch-politische Miscellen, 17./18. Jh.
1625	Verzeichnis der Präsidenten und Kanzler des kurfürstlichen Hofratskollegiums, 1579–1787
1627	Auszüge, die Vizestatthalterei zu Amberg betreffend, 1723–1742
1691	Inventar über den Schmuck Maria Amalias
1692	Instruktion für bayerische Hofbeamte, 1463–1729
1721	Freisingische Schulordnung von 1662
1740	Berichte über die Irrungen zwischen der Stadt und den Bischöfen von Passau, verfaßt von Ph. W. Frhr. von Hornick, 1692
1801	Bayerische Landtafel, 16./17. Jh.
1808	Andr. Chrysost. in Zaluskie Zaluski Geheimgeschichte der Unterhandlungen über die Heirat des Kurfürsten Max Emanuel mit der polnischen Prinzessin Therese Kunigunde, aus: Zaluski's Epistolarum tom 1, p II, Brunsbergae 1710, p. 1381–1409, dt. v. Christoph Frhr. v. Aretin, 19. Jh.
1821	Grundriß der Güter eines Viertelhofbauern durch den Geometer Math. Paur, 1706
1822, 1822a	Historische Beschreibung des durchlauchtigsten Hauses Bayern, von Caspar von Schmid
1940	Journal des Kriegskanzleidirektors Korbinian von Prielmayr, 1701 bis 1703
1941, 1942	Georg Sebastian Plinganser: Eigenhändiger Bericht über die Landesdefension, 1705 und Abschrift von 1805
1943	Diarium über die Ereignisse des Bauernaufstandes zu Burghausen von 1705/06, 18. Jh.
1945, 1946	Tagebuch des Münchener Bürgermeisters Max Johann von Vacchiery, 1710–16 und von 1717–1721
1947	Verteidigung des Kanzlers Frhr. v. Unertl über seine Amtsführung während der österreichischen Okkupation, 1747 an Kardinal Johann Theodor übergeben
1959	Landschaftsschreiben von 1702, Inventar über den für 150 000 fl. der Landschaft überlassenen kurbayerischen Hausschatz, 1707, und den Schmuck Maria Amalias
1964	Instruktion für das Hofmarschallamt, 1657
1973–1976	Deutsche, spanische und niederländische Reise des Herzogs Max Philipp, 1663
1977	Italienische Reise des Herzogs Max Philipp, 1665
1978	Urban Heckenstaller über die Reise der Prinzen Philipp Moritz und Clemens August nach Italien, 1716–19
2163/2164	Beschreibung, wie das Land Bayern vor alters ein Königreich gewesen etc., angeblich von Joh. Adlzreiter, 17. Jh.
2182	Schriften circa legem amortizationis vom bayerischen Prälatenstand übergeben, 1686–1698
2183	Briefe bayerischer Klöster betreffend Amortisationsgesetzgebung, 1686–87
2185	Gutachten der zu den geistlichen Besteuerungssachen verordneten Räte, 1655
2190	Schmids Oberstlehenspropstinstruktion, 1666

2229	Steuerbeschreibung der Hofmark Sinningen, von Georg Nicolaus Gietl, 1695
2232	Gutsanschläge von 24 Hofmarken und Edelsitzen
2272	Auszüge aus den Tauf-, Toten- und Hochzeitsbüchern bei Unserer Lieben Frauen Stift- und Pfarrkirche, München 1650 bis 1711, bzw. 1639 bis 1675, 1624 bis 1715
2533	Notariatsprotokolle des Martin Prielmayr zu München von 1677 bis 1680, des Jos. Carl von Erathsburg, 1692 bis 1715
2543	Bayerische Verordnungen, 1629–72
2544–2545	Bayerische Verordnungen, 2 Bde., bis 1700 bzw. ähnlich, 1700
2552	Bayerische Generalia von 1589–1775, 2 Bde., u. a. Wirtschaftsgutachten Schmids
2619	Aktensammlung der Steuereingleichungskommission zu Erding, 1719, über Steuern, Bergwesen, Schuldentilgung
2621	Bayerns Ansprüche auf Tirol, von Franz v. Schmid, 1703
2622	Sammlung von Geheimratsresolutionen, 1671–86
2636	Gemälde in sieben auf Leinwand gezogene Blätter mit den Namen der maskierten Fürsten und Adeligen, bayerisches Turnier, eigentlich Maskenzug, im Jahre 1662 im Turnierhaus zur Feier der Geburt des Kurprinzen Max Emanuel veranstaltet
2697	Aktenstücke über die geplante Vermählung Max Emanuels mit einer protestantischen Prinzessin (Eleonore von Sachsen-Eisenach)
2698	Depesche über die Eroberung der Reichsstadt Memmingen durch Max Emanuel, 1702
2699	Manifest des kaiserlichen Generals Grafen von Heister gegen Max Emanuel, publiziert in Tirol, 14. 8. 1703
2761	Max Emanuels Schenkungsbrief über den Urbarshof Schalnkoven in der Hofmark Grünwald an seinen Kammerdiener Hier. Kidler, 1684
2806	Titularbuch für die Kanzlei des Herzogs Max Philipp von Bayern († 1706), 1679–1706
2830	Geschichte von Bayern bis Ferdinand Maria, 18. Jh.
2831	(M. Raderi) Bavaria sancta et pia, dt. u. Supplement von F. R. M. W. Capuciner
2832	Christian Nicolaus Naumann: Geschichte Max Emanuels und seines Bruders Joseph Clemens, Kurfürst von Köln, 1730
2836	Fragen über die bayerische Geschichte; zu beantworten von Maximilian III. im 8. Jahr seines Alters, 1727
2837	Obige Fragen beantwortet und defendiert von Max III., 1727
2838	Fragen über die Genealogie des bayerischen Hauses, zu beantworten von Max III. im 9. Jahr seines Alters, 1728
2839, 2840	155 Fragen und Antworten über die politische Universalhistorie bis 1437 sowie die ersten 63 dieser Fragen
2945	Von den Jahren 1704–1798: Totenbücher oder chronologisches Verzeichnis der bei den Münchener Augustinern von 1600–1798 Begrabenen
2985	Ordnung für die Jesuitenkirche zu München, 1664
2988, 2989	Churbayerisches Manifest über Max Emanuels Verhalten im spanischen Erbfolgekrieg, 1704, sowie desgleichen, am Ende abweichend
2990	Theophilus Gal's 21 Diskurse über die Ursachen des so betaurlichen Standts des Bayrlands, 1705

2991	Hofstaat und Beschreibung der Offiziere und Diener des Herzogs Max I., 1615, Abschrift im 18. Jh.
3009	Mundus-Christiano-Bavaro-Politicus des Baron de Roses et d'Epines (= Franz Frhr. v. Schmid), Anfang des 18. Jh.
3062	Geschichte des Waisenhauses in der Au, 18. Jh.
3078 und 3078a	Relatio historico-juridica über churbayerische Ansprüche auf Tirol von Franz Caspar von Schmid
3082	Leben des Freiherrn Johann Mändl zu Deutenhofen
3167	Max Emanuels Aufnahme unter die Götter nach der Schlacht von Mohács, ein Singspiel, 1687
3168	Der durch Leid beglückte rechtmäßige und der durch Glück betrogene falsche Prinz von Arkadien, zwei Komödien zum Teil im bayerischen Dialekt, 1701
3169	P. Scherer's S. J. Austria armata, Komödie in Reimen, 1685, nach dem Entsatz von Wien vor Max Emanuel aufgeführt, 1685
3321	Autobiographie Johann Mändls und Memorabilia Johann Adlzreiters
3383	Die Republic deren Souverainen oder die Teutsche Freiheit, in einigen (6) vertrauten Briefen von einem Lombardischen Cavalier, einem florentinischen Abbate erkläret und dem Kurfürsten Max Emanuel zugeeignet, erster tomus, Köln bei Peter Marto aº 1712 (eine Apologie auf den im Exil lebenden Max Emanuel)
3615	Berichte über die Verhandlungen auf dem Kongreß von Rijswijk von dem Abgeordneten des Konstanzer Bischofs, Friedrich von Dürheim, und vom Abgeordneten des Herzogs von Württemberg, Johann Georg von Kulpius, an ihre Fürsten und den schwäbischen Kreis vom 28. Juni bis 15. Nov. 1697
3616	Tagebuch des Hof- und Legationsrates Mathias von Heidenfeld über die vom kurmainzischen Gesandten Friedrich von Schönborn zu den Friedensverhandlungen in Den Haag und Rijswijk abgestatteten und empfangenen Besuche, ferner über Verhandlungen, 1697
4695	Liste der kurbayerischen Kammerherren unter Ferdinand Maria und Max Emanuel, 1651–1717
4695a	Liste der kurfürstlichen Kämmerer, 1669–1720
4696	Verzeichnis der Hofmeister, Hauptleute und Vizedome des Rentamtes Burghausen im 16. bis 18. Jh., 1758
4816	Entwurf des am 6. Mai 1683 abgehaltenen Rendez-vous der kaiserlichen Truppen
4815	Des römischen Reiches Urlaub von der Tochter, der nunmehr französischen Stadt Straßburg nebst Antwort der Stadt Straßburg in Reimen
4963	Relatio auf die Schlacht von Blindheim-Höchstädt, 13. 8. 1704
4980	Der 60. bayerische Freiheitsbrief vom 22. 12. 1557 und Deklaration über diesen vom 1. 3. 1648, Verzeichnis der bayerischen Landstände, die die Niedergerichtsbarkeit von einschichtigen Gütern besitzen, sowie verschiedene Verordnungen über das Jagdwesen in Bayern, 1667–1715
5016	Itinerarium für die Reise der vier Prinzen Max Emanuels durch Italien vom 3. 12. 1716 bis 24. 8. 1717
5217	Schmids Rentmeisterinstruktion, 1669

MÜNCHEN
Bayerisches Hauptstaatsarchiv: Allgemeines Staatsarchiv (MHSTA)

Kriegsakten Fasz Nr. 91–111: Bayern im spanischen Erbfolgekrieg 1703–1714

176   Kopie des zwischen Kurbayern und Kurpfalz errichteten Haus-Union-Traktats, 1724

Staatsverwaltung Nr.
1586 und 1588 Verbesserung der Kameraleinkünfte in Bayern, 1716

Hohenaschauer Archiv
(Repertorium Bd. 2): Akten
Hof- und Staatsdienst derer von Freyberg und von Preysing Nr.

650   Tagebuch über die Anwesenheit des Kurfürsten Ferdinand Maria und seiner Gemahlin auf dem Reichstag zu Regensburg, 1664
659   Anschriften, an welche bezüglich des Ablebens des Herzogs Ferdinand Maria von Bayern Benachrichtigungen ergangen, 1679
662   Gesuche des Kollegiatstiftes U. L. Frau in München an den Kurfürsten um Bezahlung von 50 fl. für den Jahrtag des Kurfürsten Ferdinand Maria und seiner Gemahlin Henriette Adelheid, 1681 bis 1682
663   Dekrete über Ernennungen am kurfürstlichen Hof und Titelverleihungen, 1680–1715
664   Wallfahrt des Kaisers nach Altötting, Instruktion Max Emanuels, 1681
665   Die Hofhaltung unter Max Emanuel; Ausgabe für die »junge Herrschaft«, Kammer, Garderobe, Komödien, Dekrete des Kurfürsten, Verpflegung der Gesandtschaften, 1681–82
641   Erhebung der Prälatensteuer 1657/58
671   Zeitungen und sonstige auf den französisch-deutschen Krieg bezügliche Nachrichten, Verluststücke, Truppenaufstellung bei Speyer, Diarium aus dem kurbayerischen Feldlager, Piquetspiel u. a.
672   Amtsgelder beim Pflegsverwalter zu Natternberg, 1690
673   Die Pflege Rosenheim, 1690–1726
674   Übertragung der Pflege Rosenheim an den Obristkämmerer Johann Max II. Graf von Preysing (mit Spezifikation betr. die Hoch- und Niederjagd in den Wäldern und Bergen des Rosenheimer Pflegers Wolf Dietrich Hundt von 1593), 1696
675   Reichsakten betr. Münzwesen, 1692
676   Reichstag zu Regensburg: Verhandlungen etc., 1693–1704
677   Briefwechsel Prielmayrs mit Oberstkämmerer Graf Preysing über die Abholung der polnischen Prinzessin Therese Kunigunde und ihre Prokura-Vermählung, 28. Juni–16. Juli 1694
678   Listen über Errichtung eines Hofstaates (Personal, lebendes und totes Inventar) unter Maria Antonia und Herzog Ferdinand, vor 1700
679   Überschreibung von 39 Untertanen des Gerichts Rosenheim an das Kloster Rott, 1697
680   König Sobieski an Max Emanuel, Warschau, 28. 2. 1697
682   Kapital von 4000 fl. der Heiligen Kapelle zu Altötting an die Konvertitenkasse zur Verpflegung der Presthaften, Witwen und Konvertiten, 1699–1728

684	Instruction du père à son fils pour les voiages dans les pays étrangers, 18. Jh.
685	Zeremoniell für Gesandte am bayerischen Hof, 18. Jh.
686	Verschiedene Beichtzettel, ausgestellt in Rom und Einsiedeln, 1701
687	Erlaß Max Emanuels an die Regierung: Flüchtung des Hofes und der Beamten; Fourirzettel der mit der Kurfürstin und den Prinzen geflüchteten Personen, gegeben Hauptquartier Nordendorf, 14. 9. 1703
688	Kurfürstin an Max Emanuel über Staatsangelegenheiten, München, 17. 10. 1704, Abschrift
689	Abgabe von Archivalien an die kaiserlich-österreichische Hofkanzlei betr. die Gerichte Ried, Schärding und Friedberg, 1710
690	Besichtigung der Schlösser Aibling und Rosenheim zwecks Kasernenerrichtung durch die kaiserliche Administration, 1710
691	Ernennung des Johann Max III. Graf von Preysing zum Obersthofmeister der Kurfürstin, 1715
692	Zusammenstellung über Einnahmen und Ausgaben der kurfürstlichen Mautämter mit Verzeichnis sämtlicher kurfürstlicher Zoll- und Mautämter, 1715–1724
993	Ernennung des Johann Maximilian III. von Preysing zum wirklichen kaiserlichen Kämmerer, 1681, und zum kurf. Geheimen Rat durch Max Emanuel, 1716/17
697	Schuldenablediungswerk der bayerischen Landschaft, Berichte über Schuldenwesen und Tilgung, 1719–27
699	Jährlicher Zins von 2000 fl. Kapital der Bleibinhausischen Stiftung, verwendet zur Kleidung und Ausheiratung armer Bürgerkinder der Stadt Rain, 1721–68
701	Die Schulden des Kurprinzen Karl Albrecht und deren Erledigung, 1722
702	Liste der Hofbedienten, welche mit der Erzherzogin Maria Amalia (Gemahlin Karl Albrechts) nach Bayern abgingen, 1722, ferner ihr Hofstaat
706	u. a. Briefe von Max Emanuel, 1722, Karl Albrecht als Kurprinz und Bräutigam, 1722–23 und 1726
708	Fourirzettel und Notizen über die Reise des Kurprinzen nach Wien, 1722
709	Originalinstruktion über die Haltung der Edelknaben, 1. 1. 1723
712	Briefe zwischen Max Emanuel und seinem Sohn Karl Albrecht und Relation über den Hannoverischen oder Herrenhausener Drei-Mächte-Bund, 1725–26
713	Spezifikation der Gelder, welche Graf Max Preysing für den Kurprinzen zur französischen und holländischen Reise nach Paris übersandte
714	Briefwechsel der verwitweten Kurfürstin Therese Kunigunde mit Kurfürst Karl Albrecht wegen der von ihr beanspruchten Immission, 1726
715	Denkschrift über den Finanzzustand Bayerns und die Gründe, wie er sich allmählich durch Mißbräuche so gestaltete, 17. 12. 1726
716	Abschrift eines Aufrufes des Kurfürsten Karl Albrecht an seine Beamten, Stände und alle Untertanen (vermutlich bei Regierungsantritt 1726)

717	Das Beerdigungszeremoniell beim Leichenbegängnis des Kurfürsten Max Emanuel 1726 und Jahrtag 1727
718	Pläne zur Abzahlung der kurfürstlichen Schulden, um 1727
724	Kopie einer Quittung der Kurfürstin-Witwe Therese Kunigunde über 14 895 fl. vom Jahr 1728 und Verteilung der Verlassenschaft der verst. Kurfürstin Therese Kunigunde, gest. am 10. 3. 1730 in Venedig
730	Briefwechsel Max von Preysing mit dem Agenten Gansinot in Den Haag wegen Schulden und versetzter Juwelen, 1701, 1729–34
731	Kostenvoranschlag zu einer Beleuchtung der Stadt München zur Nachtzeit (730 Laternen bei ca. 900 Häusern)
736	Die Anleihe Max Emanuels in Holland und die dafür verpfändeten Juwelen, samt einem Projekt, diese Pfandschaft zu lösen, 1732
754	Reisediarium über die vierte welsche Reise des Kurprinzen 1724–25, Notizen über die Reise des Kurfürsten Karl Albrecht nach Italien, 1737
866	Korrespondenzen der Landschaft wegen Rittersteuer und Landsteuer u. a., 1643–1772
867	Zeremoniell bei den Erbhuldigungen für den Landesherrn, 1705–47
870	Kurfürstliche Generalien, Mandate, 16. und 17. Jh.
871	Desgleichen, 1701–29
909	Summarische Güterbeschreibung der Herrschaft Hohenaschau und des Gerichts Wildenwart, 1676–79
910, 911	Untertanenverzeichnis der Herrschaft Hohenaschau, 1677 und 1684
912	Not wegen Schauerjahre und Getreidepreissteigerung, 1701
942	Instruktion und Bestallung für die Aschauischen Beamten, u. a., 1601–1750
943	Beschreibung, welche Untertanen der Herrschaft Hohenaschau zu den Hauptmannschaften, als Brot-, Wein- und Fleischbeschauer und ähnliche Ehehaften bestellt worden sind, ferner als Prienmeister, Weber-Ellengelter, Müller-Mäßlgelter, Wegmacher, Brunnmeister, Weg- und Stegmeister, 1630–67
1648	Berichte und gedruckte Mandate über Pest, Viehseuchen, Tollwut, 1669–1735, 1791
1649	»Hitzige Krankheit« in der Herrschaft Hohenaschau, 1702
1677	Berichte über den Türkenkrieg, u. a. über die Eroberung von Belgrad, 1685–89
1678	Pferde zur Landesdefension (Türkenkrieg), 1693
1679	Rosenheimer Landfahnen, Kriegs- und Musterungssachen, 1702
1680	Memorabilien aus dem spanischen Erbfolgekrieg, Berichte und Korrespondenzen, Landesdefensionswesen; Brandschatzung und Plünderungen in der Herrschaft Hohenaschau, Übergabe des Schlosses Hohenaschau, 1704, insgesamt 1702–6
1681	Kosten der Grenzverteidigung gegen Tirol, 1704
1682	Kaiserliche Besatzung in den Hofmarken, Durchmärsche, Erpressungen, Plünderungen, Bauernaufstand, Desertionen, Rekrutenstellung u. a. (mit kaiserlichen Mandaten und einer Marschroute für kaiserliche Truppen durch Bayern von 1711) 1705–11
1683	Quartierkostenverzeichnis der Herrschaft Hohenaschau und Beschreibung der von den Untertanen 1705 durch die kaiserlichen Soldaten erlittenen Plünderungen und Schäden, 1705–07

1684	Durchmarsch kaiserlicher Truppen, 1705
1685	Die vom Kaiser angeordnete Entwaffnung aller Untertanen in den Herrschaften Hohenaschau und Wildenwart, 1706
1686	Exekutionsordnung wegen Steuerrückstände, Exzesse von Soldaten, 1706–07
1687	Kriegssteuern der Herrschaft Hohenaschau, 1710–14
1988	Kriegssteuern in Hofmarken, 1706–14
1989	Rückgabe Aschauer Geschütze, die nach Kufstein gebracht worden waren, 1714–15
1990	Die von den Untertanen rückständig gebliebenen Gelder, 1702–03
1991	Kaiserliche Hybernalia, 1704–14
2085	Ablieferung von Wein-, Bier-, Fleisch- und anderen Aufschlägen in der Herrschaft Hohenaschau, 1625–85, Schweinezoll, 1688–89
2086	Steuernachlässe für Untertanen, 1651, desgleichen wegen Schauer, 1668
2087	Rittersteuer, 1671–77
2088	Sammlung für den Türkenkrieg
2089	Landesdefension, Hof- und Häuseranlage in Hohenaschau, 1689–93
2090	Die ordentliche Herbst- und außerordentliche Bartlmästeuer, Kriegsanlagen, 1694
2091	Ständesteuer und Aufschläge, 1710/11
2336	Verzeichnis der verheirateten Leute in der Herrschaft Wildenwart und deren Kinder, sowie Knechte und Mägde, 1679
2337	Verzeichnis aller Dienstboten, Ehehalten und über 18 Jahre alten Personen in Wildenwart, Kriegssteueranlage, 1664, desgleichen aller Untertanen, Tagwerker, Handwerksleute und Ehehalten zur Beihilfe an der Landesdefensionssteuer, 1668, 1687
2338	Beschreibung aller Untertanen mit Güterbesitz, ferner der Tagwerks- und Herbergsleute in Wildenwart, 1692
2339	Zusammenstellung der Gesamtzahl der Höfe, Huben, Lehen, Sölden, Leerhäusl, Ende 17. Jh.
2340	Schauerschäden in Wildenwart, 1730
2376	Scharwerksstreit zwischen Untertanen, 1684–89
2391–2406	Herrschaftsgüter und Abgaben der Untertanen, 16./17. Jh.
2407–2441	Fischerei, Jagd, Straßenbau, Bausachen, Mühlen, Jahrmärkte, Gewerbe, 16.–18. Jh.
2608	Pest, Maßnahmen dagegen, Pestfriedhöfe u. a., 1634–1739
2614	Landesdefensionssteuerregister über die Güter und Häusl der Herrschaft Wildenwart, 1692
2615	Die Kriegsanlagen der Herrschaft Wildenwart, 1705/6, kaiserliche Besatzung 1707/10, Kriegsanlagebeitrag der Dienstboten, 1703
2626	Auszüge aus dem Steuerbuch der Herrschaft Wildenwart, 1692
2627	Außerordentliche Kriegssteuer der Dienstboten in der Herrschaft Wildenwart (namentliches Verzeichnis sämtlicher Dienstboten), 1703
2628	Landsteuer, außerordentliche Steuer, Kriegssteuer, Rittersteuer, 1709–35
2629	Rechnung über die vom Gerichtsverwalter in Wildenwart erhobenen Steuern und Anlagen, gestellt den Ehehaftbeisitzern, 1717–26

Finanzministerium MF 1

10861	Vorspannkosten bei der Rückreise der kurfürstlichen Prinzen aus Österreich, 1715/16
10863	Obersthofmeister und -hofmeisterin
10893	Ordnung, wer in die Residenz einfahren darf, 1717–1748
10924	Kurfürstlicher Hoffischermeister und Hoffischer, 1670–1770
10932	Die Fischerei in Bayern, Fischverbrauch bei Hof und Verkauf der Hoffische an Partikuliers, 1670–1796
10957	Status des kurfürstlichen Oberstkämmererstabes, 1674–1779
11425	Bleibergwerk zu Elbert bei Freyung, 1690/91
11459	Perlenbäche, 1644–1808
11512	Oberpfalz: Steuerausschreibungen, 1661–1741
11513	Steuerbeschreibung und Neuordnung, 1724–1788
12234	Gesundheitswesen

Finanzministerium MF 4

19576	Korr. zwischen Bergeyck und Baron Malknecht, 1711
19580	Schuldenberg, Bombarda
19581	Verzeichnis der Bombardischen Ausgaben, 1709
19582	Ein Register hierzu (Malknecht), 1710
19583	Französische Korrespondenz (Simeoni, Heidenfeld, Monasterol), 1712
19584	Holländische Angelegenheiten
19589	Das Bombardische Abrechnungswesen, Anfang 18. Jh.
19590	Verifikation zum Bombardischen Protokoll
19592	Mémoires über die Bombardischen Geschäfte
19593	Fragmente zu Malknechts Berichten aus Brüssel, 1702
19594	Spanische Dotalrenten, 1714
19595	Abrechnung mit Bombarda
19596	Nachtrag dazu
19597	Korrespondenz in Angelegenheit Bombarda, 1713
19598	Briefe des Grafen Bergeyck aus Paris, Madrid, 1712
19599	Briefe von Frl. Romèr an Malknecht, 1712–1722
19600	Angelegenheiten Bombardas
19601	500 000 Livres, die Lier in Händen hatte
19602	Verschiedene französische Korrespondenzen
19603–4	Grimberghen und Nachlaß Bombarda, 1718–1763
19605	Prätension des Hofkammerrates Joh. Heinrich Lier (d'Albert, Monasterol, Max Emanuel)
19606–19609	Korr. mit Malknecht, 1715–1720
19610	Schuldenabtilgung, Grimberghen, 1739
19611	Kornmann et Co., Schuldenwesen, 1734
19615	Schuldentilgung, 1709–1753
19616	Schulden, Marcet u. a., 1714–1738
19617	Marcet und d'Albert, Requete et pièces
19618	Marcet, 1714/21, Geldprobleme
19619	Monasterol, d'Albert, Schuldentilgung, 1719/26
19620	Ansprüche des Malers Berton an Max Emanuel, Nymphenburg betreffend
19621	Brunier et Pacthod
19622	Testament von Jean de la Lande, 1720

19623	Schuldenforderungen an Max Emanuel, Karl Albrecht, Max III. Joseph, 1722 ff.
19624	Schuldenangelegenheiten, Grimberghen
19625	Simeoni, Max Emanuel, Törring etc., Schulden, 1711/68
19626	Bouret a Paris, seine Forderungen, 1716 ff. (Max Emanuel, Fleury, Monasterol, de Montigny)
19627	Bombarda und Grimberghen, Zusammenstellung der Schuldenangelegenheiten
19628, 19629	Schuldenprobleme (d'Albert), 1721/25 und 1728/29
19630	Schuldenangelegenheiten, 1715/17
19631–19642	Finanzprobleme, vornehmlich wegen Nachlaß Bombarda, Ansprüche von verschiedenen Seiten, Kapitalabrechnungen
19644	Kommission des Hofkammerrates Rupprecht über Finanzangelegenheiten
19645	Prätension des Hofkammerrates Lier
19646	Promemoria, die Prätension des Hofrates Jean Paul Audoul betreffend (Bombardisches Sukzessionswesen), 1767
19648	Einzelne Blätter über Bombarda
19649	Fürst Grimberghische Abrechnung, 1718–1729
19651	Jagddifferenzen zwischen Baron Sandizell und Baron Castell, 1699
19652	Verifikationen zum Bombardischen Protokoll, 1709–1710
19653	Gageschein vom Hofkammerrat Lier
19654	Abschriften über das Bombardische Rechnungswesen, die in Holland versetzten Juwelen
19655	Abschickung des Obersten von Bibra und Rates Habermann nach Wien in Subsidienangelegenheiten, 1720–1725

Altbayerische Landschaft Lit. Nr.

257	Verzeichnis der Verordneten, Rechnungsführer, Land- und Rittersteuern, Kanzleimandate, Vorrats- und Aufschlagsbediensteten im Oberland, 1692
463–493	Postulatshandlungen und Schuldentilgung von 1679–1729
692	Landschaftsverhandlungen 1669
707–712	Landesfürstliche Verhandlungen zu München, 1672–1700
713–726	Landschaftsverhandlungen zu München, 1701–1726
876/7–940	Postulate und Gravamina, 1669–1726

Ratsprotokolle über Aufschlag und Vorrat

1587	Vorrat 1678–1687
1588	Aufschlag 1688–1690
1589–1603	Vorrat 1683–1726

Hofkammerprotokolle

383–608	Varia 1679–1726

Hofratsprotokolle

1750–1949	Varia 1679–1726

Protokolle des Geheimen Rates

620–663	Varia 1679–1726

Heroldenamt
Bd. 13 u. 17 Genealogien (17./18. Jhdt.)

Haus- und Familiensachen Urkunden
Fasz. 120: Entwurf der Administrationspflicht Max Philipps als Vormund Max Emanuels, 1679
Fasz. 122: Dekret des spanischen Königs Karl II. für Max Emanuel: Ernennung zum Gouverneur der spanischen Niederlande 12. 12. 1691

Fürstensachen (FS)
FS 111: Comte de Bavière und seine Heirat mit Josepha Gräfin von Hohenfels, 31. 5. 1736
FS 147c: Briefe Max Emanuels und seiner Generale während der Feldzüge 1703; Briefe Karl Albrechts an seinen Vater, Italienreise betreffend 1724; Brief Eugen von Savoyens 1724, Eheschließung Karl Albrechts mit Herzogin Amalia; Entwürfe für den Epitaph Max Emanuels
FS 147d: Rechnungswesen 1703–26, u. a. Aufruf (Mons 4. 8. 1713), daß die Gläubiger Max Emanuels innerhalb einer bestimmten Frist ihre Ansprüche geltend machen sollen (f. 72)
FS 645c: Gesundheitswesen
FS 673: Festlichkeiten anläßlich der Geburt Max Emanuels, 1662
FS 673a: Mandat über die Erbhuldigung, 3. 8. 1680
FS 673¹/₂: Einsetzung der Regentschaft 29./30. 5. 1679
FS 674: Varia: Schreiben Max Emanuels an seinen Beichtvater anläßlich des Todes Ferdinand Marias 1679; Kriegskosten in Ungarn (1687); Dankkompliment Max Emanuels an die Landschaft nach deren Friedensgratulation, Paris 27. 5. 1714 (f. 152); Rückkehr Max Emanuels nach Bayern
FS 683¹/₂: Gratulation Ludwigs XIV. anläßlich der Eroberung Belgrads durch Max Emanuel, 10. und 23. 9. 1688; Quittungen Therese Kunigundes über empfangene Gelder; Schreiben des polnischen Königs, 16. 1. 1715
FS 687: Ächtung Max Emanuels 1706 und seine Rechtsverwahrung (Fragment); Steuerverweigerung der Untertanen des Gerichts Rauhenlechberg vom 30. 12. 1704 (f. 46); Patent der bayerischen Landesdefension betreff Sammlung der Landesverteidiger, 21. 12. 1705 (Abschrift, f. 90)
FS 688: Verzeichnis des dem Haus Wittelsbach gehörigen Schmucks, 1702–1708
FS 688¹/₂: Anweisung Kaiser Josephs an Graf Ötting, dem Herzog von Marlborough Bilder aus der Münchener Gemäldesammlung auszuhändigen (f. 3) und Schreiben Marlboroughs an den Grafen von Löwenstein vom 4. 11. 1706 (f. 15)
FS 698: Rückkehr Max Emanuels nach Bayern und entsprechende behördliche Maßnahmen 1714/15; Explikation des Gemäldes von Vivien über diese Rückkehr (f. 159)
FS 703: Funeralien für Max Emanuel, 1726
FS 704: Maria Antonia, Heirat u. a. 1685 ff.
FS 705/II: Tod Maria Antonias, 1692
FS 706: Entwurf einer Stammtafel Maria Antonias (f. 21)
FS 714: Brevis et succinta repraesentatio iurium Serenissimi Josephi Electoralis Principis Bavariae etc. in Hispaniarum regna, ditiones et principatus, s. a.

Varia
AR Fasz. 2800 Nr. 926 (1905)
MInn 45 787 (1849)

Törring Archiv
(Archiv des Grafen Carl Theodor zu Törring-Jettenbach)
C 54: Max Emanuel, Varia 1696–1722
S (Kriegswesen),
S 2 Bayerisches und französisches Kriegswesen, 1680–1700
S 3 – S 10 Truppenaufstellungen, Kriegsereignisse, spanischer Erbfolgekrieg und Folgen: 1701–1715
S 11 Korrespondenz Max Emanuels mit französischen Marschällen, 1702–1704
S 12 Korrespondenz mit französischen Marschällen und mit Fürst Rákóczy, 1702–1717
S 13 Korrespondenz Graf Arco (1701–1713), Mercy (1706/7), Broglie (1710/11)
S 14 Korrespondenz des Kriegskommissars Hofmiller, 1709–1713
S 15 Bayerisches Militärwesen, 1715–1740

MÜNCHEN
Geheimes Hausarchiv (MGHA)
Hof-Haushalt-Akten

1712 G I Nr.

2 Instruktion der Kurfürstin Henriette Adelheid für ihre Hofmeisterin Maria Anna Freifrau von Fraunhofen, 27. 3. 1675
3 Anweisung für Tafelgeld und Hauszins für den Präzeptor des Kurprinzen Max Emanuel, 7. 4. 1671
4 Instruktion Ferdinand Marias für den Präzeptor von Joseph Clemens, 8. 4. 1678
6 Dekret Ferdinand Marias über die Hofhaltung, 1. 8. 1676, u. a. Beauvau, Hofmeister des Kurprinzen
7 Hofstaat Ferdinand Marias, 1668
8 Instruktion Henriette Adelheids für die Unterhofmeisterin der Prinzen und Prinzessinnen, deren Erziehung betreffend, 9. 4. 1670
10 Hofstaat, Anmerkungen und Korrektur von C. Begnudelli, 1668
16 Der neu gegliederte Hofstaat, Zentralbehörden und Hofämter, 1665
17 Instruktion Adelheids für Obersthofmeisterin von Wolkenstein, 5. 6. 1655
19 Memorial Ferdinand Marias und Adelheids für Gräfin von Wolkenstein betr. Versorgung und Bedienung des Kurprinzen Max Emanuel während der Zeit ihrer Abwesenheit, o. J. (1667)
20 Instruktion Adelheids für Obersthofmeisterin Gräfin Franziska von Törring, 19. 12. 1675, ferner mehrere Abschriften
22 Instruktion für den Präzeptor von Joseph Clemens, o. J.
23 Instruktion der Kurfürstin Maria Anna für den Hofmeister von Max Philipp, o. J.
24 Instruktion Ferdinand Marias für Baronin Simeoni, Hofmeisterin von Violante Beatrix, Erziehung betreffend
25 Instruktion und Kammerordnung für Bedienstete der Prinzessin

26	Stundenplan für Violante Beatrix, 31. 12. 1678
27	Hofstaat Ferdinand Marias, beschrieben von Galeazzo Gualdo Priorato, Leyden, 1668, Druck
29	Memorial für den kurfürstlichen Beichtvater, 1673, Konzept
30	Instruktion und Kammerordnung für Bedienstete von Joseph Clemens, 8. 4. 1678
32	Instruktion Adelheids für Obersthofmeisterin, 27. 3. 1675
33	Instruktion Ferdinand Marias für Gräfin von Portia betr. Stundenplan seiner Tochter Maria Anna Christina, 2. 5. 1673, umgeschrieben auf Violante Beatrix, 17. 3. 1685
34 und 35	Instruktion Adelheids für Obersthofmeisterin der Prinzen und Prinzessinnen, 4. 12. 1671
36	Dekret des Obersthofmeisters betr. Reform des Hofstaates, 24. 6. 1656
37	Bericht des Obersthofmeisters Maximilian Kurz betr. die Spesen der Hofhaltung, 6. 5. 1656
38	Besoldung der Bedienten z. Zt. Ferdinand Marias
39	Bücherverzeichnis (aus der Bibliothek der Kurfürstin Adelheid?)
40	Rangordnung für die weiblichen Mitglieder des Hofstaates, 16. 9. 1661
45	Ordnung für das Kübelstechen in der Residenz vom 12. 2. 1657
46	Instruktion für Viktoria von Spaur als Kammerfräulein der Prinzessin Maria Anna Christina, 7. 5. 1673
48	Instruktion für den Turnierhauspfleger, 12. 1. 1661

1712 G II Nr.

1	Kammerordnung der Kurfürstin-Witwe für ihren Sohn Ferdinand Maria, 6. 4. 1652
2	Instruktion für den Arzt, die Kammerdiener und Kammerdienerinnen, Garderobier, Türhüter und Kammerknecht bei der Prinzessin Adelheid, o. J.
4	Instruktion für Kammerherren und ersten Kämmerer, o. J.
5	Instruktion Ferdinand Marias für Marquis de Beauvau, Hofmeister des Kurprinzen Max Emanuel, 20. 6. 1669
6	Ergänzung zu dieser Instruktion, 14. 1. 1671
7 und 8	Instruktion für Beauvau zur Stundeneinteilung des Kurprinzen Max Emanuel, 2. 5. 1673 sowie vom 29. 4. 1676
9	Drei Gliederungen für diese Instruktion
10–12	Instruktion und Kammerordnung Ferdinand Marias für Hofmeister, Kämmerer, Präzeptor und andere Bedienstete des Kurprinzen Max Emanuel, 29. 6. 1668 sowie vom 20. 6. 1669 und 29. 4. 1676
13	Nebenpunkte für die Stundeneinteilung des Kurprinzen, o. J.
14	Dekrete über Besoldung, Pensionierung, Bekleidung, Hoftrauer etc., 1655–1741
15	Dekret und Instruktion Ferdinand Marias und Adelheids für Gräfin Wolkenstein betr. Dienst beim Kurprinzen Max Emanuel während ihrer Abwesenheit, 16. 4. 1667
16 und 17	Instruktion Adelheids für das Personal der Prinzessin Maria Anna Christina, 20. 6. 1661, sowie für das Personal der jungen Herrschaften, 20. 6. 1661, ferner 1662, 1665

18	Einnahmen und Ausgaben des Hofzahlamtes, Ende 17. Jh.
24	Kavaliere und Damen, die 1653 am letzten Fastnachtstag an den Hof kamen
25	Instruktion für Hofratskanzlei, 28. 1. 1678
26	Zwei Verzeichnisse der welschen Musikanten, ihre Besoldung, ihre Naturalienbezüge, Bier und Brot bei Hof, 10. 2. 1675
29	Ritterspiele, Kopfrennen, Maskeraden bei Hof, die Teilnehmer und ihre Rollen, 1662
30	Materialverbrauch für Aufzüge, Turniere und »Comedi«, 17. Jh.
31	Einnahmen und Ausgaben für den Kurprinzen Max Emanuel, 1668 bis 1674
33	Schreiben Ferdinand Marias an die Stände von Österreich ob der Enns wegen »Freipassierung« von 1000 Eimern Osterwein und 100 Ochsen für den kurfürstlichen Hofstaat, 28. 6. 1655

1712 H Nr.

1	Hofstaat der Kurfürstin Therese Kunigunde, 1719–21
2	Hofstaat: Besoldung, Bedienstete, 1702/04
3	Besoldung der Bediensteten der Kurfürstin Therese Kunigunde, o. J. (1715)
4	Hofstaat Max Emanuels in Brüssel, 1692
5	Besoldungsforderungen der Musikanten in der Kapelle zu Brüssel, 1701
6	Hofstaat in Brüssel, 1697
7	Zahlungsanweisungen Bombardas und Max Emanuels für Mitglieder des Hofstaates, 1693–1696
8	Gastañaga an Max Emanuel, 13. 3. 1692
9	Die Hofhaltung von Albrecht und Isabella in Brüssel, o. J.
10	Auszug, den Hofstaat der Kurfürstin Maria Antonie betreffend, 1693
11	Münzrelationen betreffend, Brüssel 9. 10. 1693
12	Kurfürstliche Hof- und Kammermusiker, o. J.
14	Die Armee Max Emanuels in den Niederlanden, 1694
15	Leinen und Spitzen in der Garderobe der Kurfürstin Therese Kunigunde, 1704–1714
16	Zahlungen an Therese Kunigunde nach Italien, 1708–1713
17	Urkunden, ausgestellt von Therese Kunigunde, 1704–1707
18	Reisepässe für Bedienstete der Kurfürstin, Venedig, o. J.
19	Hofverwaltung, Abstellung von Mißständen, Einstellung von Bediensteten, 1681–1725
20	Kostenvoranschläge für silbernes Tafelservice, meist von Augsburger Goldschmiedemeistern, 1726
21	Rechnungen für Therese Kunigunde in Venedig, 1708–1709
22	Rangordnung der Revisions-, Hof- und Kammerräte, 1719–1721
24	Zahlungsanweisungen Max Emanuels für das Brüsseler Personal
25	Instruktion Max Emanuels für den Einlasser Seb. Regele, 8. 8. 1699
26	Ernennung Tattenbachs zum Obersthofmeister, 12. 3. 1722
27	Die Gärten vom Turnierhaus bis zum Sendlinger Tor, die auf Antrag des Generalwachtmeisters Baron von Lüzelburg abgebrochen werden sollen, 12. 6. 1703

29	Gutachten über Bauwesen in Schleißheim und Nymphenburg, 1. 10. 1704
30	Kriegsrüstungen und dazu notwendige Verwendung des Hofpersonals, 1703
31	Kammerausgaben des Kammerdieners Franz Harrath, 1693
32	Rechnungen von Handwerkern, 1708–1721, Listen von Gemälden, 1701 (Candid, Tintoretto etc.)
33	Instruktion Max Emanuels für den Obersthofmeister der Prinzen, 19. 8. 1715
34	Instruktion Max Emanuels für Hofstaat seines Bruders Joseph Clemens, o. J. (1679)
35	Ernennung der Baronin Violante von Simeoni zur Aya der kurfürstlichen Kinder, 1. 7. 1698.
36	Besoldung des Hofstaates, 1680–1719
37	Kopfrennen an Heilig Drei König, 1686
38	Instruktion Max Emanuels für Obersthofmeister Max von Preysing, 18.3. 1702
39	Instruktion Max Emanuels für Obersthofmeister der Kurfürstin Maria Antonie, 15. 5. 1686, Engänzung für Therese Kunigunde, 18. 3. 1702
40	Entlassung des Marquis de Beauvau als Hofmeister des Kurprinzen Max Emanuel, 1679
41	Instruktion Max Emanuels für Obersthofmeister des Prinzen Joseph Clemens, o. J. (1679)
42	Desgleichen für den Präzeptor Max Perkhover, o. J. (1678)
43	Die Kämmerer, 30. 12. 1686
44	Häuserverkauf um 1500 fl. an den Hofkaplan Hechenthaler, 5. 5. 1693
45	Ladislaus Graf von Törring, Hofmeister der Kurfürstin, 15. 12. 1694
46	Anstellung des Sekretärs Barth. Bequer, 1696, 1701
47	Instruktion Max Emanuels für Obersthofmeister der Kurfürstin Maria Antonie, o. J., später umgeschrieben: Instruktion des Kurfürsten Karl Albrecht für den Obersthofmeister seiner Gemahlin, o. J.
49	Juwelen, 1722
50	Instruktion Max Emanuels für Oberststallmeister und Generalleutnant Graf d'Albert als Hofmeister und Präzeptor der Edelknaben, 3. 1. 1717
51	Teilverzeichnis des Hofstaates, 1685
52	Instruktion Maria Antonias für Hofmeisterin Anna von Hundt, 6. 2. 1689
53	Ordnung für die Hofdamen am Brüsseler Hof, 25. 8. 1698
54 und 55	Instruktion Therese Kunigundes für Hofmeisterin Gräfin Hundt, 28. 6. 1718, sowie für Maria Anna Gräfin Arco, 5. 1. 1725
56	Instruktion für die Hofmeisterin. o. J.

1712 J Nr.

33	Liste der Hofämter, die der Kurfürst Karl Albrecht neu besetzen wird, 3. 3. 1726

1712 M Fasz. I. Nr.

1	Hofkapläne, 1604, 1652–1678
6	Bernardiono Pancherio, 1670–1682
7	Paul Rheinthaler, 1678
8	Johannes Rhem und Mathäus Haindl, 1680
9	Konrad Pock, 1682
10	Friedrich Endres, 1682
11	Joseph Ignaz L'epsée, 1698
12	Chrysostomus de Monpleinchamps, 1700
13	Joseph Andre Ziegler, 1715
14	Franz Mathias Cajetan Delaman, 1715
15	Franz Joseph Klein, 1715–1723
16	Philipp Portenbacher, 1717
25	Ernennung und Besoldung der Kapelldiener, 1658–1738
27	Akt über die Feiern in der Karwoche bei Hof, 1720–1759
29	Vollzug des Tischgebetes durch die Hofkapläne, 1682

1712 O Fasz. III Nr.

3	Lateinische Entwürfe für Schlachtengemälde in Schleißheim

1712 O Fasz. VII Nr.

13	Entwürfe zur Beschriftung der Bilder über die Heldentaten des Kurfürsten Max Emanuel, 1683

1712 P 5 Nr.

1	Liste der Leibgarde der Hartschiere, 1676
1a	Die Leibgarde, 1682–1725
2	Gesuche um Unterstützung und Besoldung
3	Disziplinar- und Strafsachen, 1692–1702
4	Jurisdiktionsangelegenheiten, 1682–1725
6	Besoldungen
22	Instruktion für die Hauptleute der Hartschiere
25	Leibgarde unter Kurfürst Maximilian I., 1596
26	Artikelbriefe der Leibgarde unter Max I., 26. 1. 1641
27	Jurisdiktions- und Disziplinarangelegenheiten, 1696–1705
28	Trabanten oder Leibgarde: Aufnahmegesuche, Gnadengesuche, 1705–1717

1712 P 6 Nr.

3	Finanzierung der beiden Opernaufführungen von 1722

Korrespondenzakten Nr.

638/1	Gutachten über eine Reform der Ausgaben des kurfürstlichen Hofes vom Geheimen Rat v. Mändl, 1655
639	Treuherzige väterliche Lehrstücke, Erinnerungen und Ermahnun-

	gen des Kurfürsten Maximilian I. an seinen Sohn Ferdinand Maria, 1639, 1650
644, 644/I, 644/II	Korrespondenzen über die Geburt der Prinzessin Maria Anna Christina, 1660
645	Desgleichen über die Geburt des Kurprinzen Max Emanuel, 1662
647	Desgleichen über die Geburt der Prinzessin Ludovica Margaretha, 1663
648	Bruchstücke über Korrespondenz betr. das Ableben der Prinzessin Ludovica Margaretha, 1665
649	Korr. über die Geburt des Prinzen Ludwig Amadeus Cajetan, 1670
651	Korr. über dessen Ableben, 1670
652	Korr. über die Geburt des Prinzen Joseph Clemens, 1671
652½	Berichte über dessen Gesundheitszustand, 1684
653	Korr. über die Geburt der Prinzessin Violanta Beatrix, 1673
654	Reise des Herzogs Max Philipp in die spanischen Niederlande, 1663, 1666
655–657	Heiratsvorschläge für Max Philipp und seine Vermählung mit Mauritia Febronia, 1661–1662
657/1	Testament Max Philipps, 23. 6. 1687; Testament seiner Gemahlin, 20. 9. 1706
666	Ferdinand Marias und Adelheids Reise nach Padua, 1667
666a	Briefe von der Obersthofmeisterin Felizitas von Wolkenstein (1644, 1651–1672) und Briefe der Kurfürstin Adelheid an ihren Sohn Max Emanuel, 1667
666½	Introduktion der Theatiner in München, 1662–1765
667	Ableben Adelheids, 1676
668	Verlassenschaft Adelheids, 1676
668a	Korrespondenz-Akt.: Adelheid, von Claretta verfaßt
669	Verlassenschaft der Kurfürstin, Disposition über Schulden und Vermächtnisse, 1676
670	Stiftung eines ewigen Jahrtages am 18. März und einer täglichen Messe in der Theatinerkirche zu München für Adelheid, 1676
671/I–IV	Ableben des Kurfürsten Ferdinand Maria, 1679
675	Ausführung des Testaments der Kurfürstin Adelheid, 1679
676	Vermählung Maria Anna Christinas mit dem Dauphin und folgende Korrespondenz, 1675–1712
677	Korr. über die geplante Vermählung Max Emanuels mit der Prinzessin Eleonore Erdmuthe von Sachsen-Eisenach, 1681
678	Korr. über die Bistümer Freising und Regensburg für Joseph Clemens, 1694
679	Vermählung Max Emanuels mit Erzherzogin Maria Antonie, 1685
680	Korr. über ihre Vermählung zu Wien, 1685
681–682	Vermählung von Violanta Beatrix mit dem Großherzog Ferdinand von Florenz, 1688, und Korrespondenz darüber, 1688–1689
683 und 686	Verlassenschaft des Kurfürsten Max Heinrich von Köln, 1691–1697
684	Fragmente über die Bischofswahl von Joseph Clemens, 1688
687	Korr. über Geburt und baldigen Tod des Prinzen Leopold Ferdinand, Max Emanuels Sohn, 1689
688	Korr. über Geburt des Kurprinzen Joseph Ferdinand, 1692
689	Desgleichen und Berichte über seinen Gesundheitszustand und seine Erziehung, 1692–1693

690–692	Berichte der Gräfin Perousa und der Ärzte Dr. Walther und Dr. Vachiery über den Gesundheitszustand des Kurprinzen, 1693–1698
693	Korr. über das Ableben des Kurprinzen Joseph Ferdinand, 1699
694	Korr. über den Tod der Kurfürstin Maria Antonia, 1692
695/I und II	Verhandlungen über Testamentsvollstreckung und Verlassenschaft der Kurfürstin, 1692–1693
696	Legate und Schulden der Kurfürstin, 1694–1695
697	Desgleichen, Verlassenschaft und Kleinodien, 1696–1697
698	Desgleichen, 1698–1699. Nach dem Tod des Kurprinzen nahm der Kaiser die Verlassenschaft in Anspruch
699	Ansprüche von Joseph Clemens auf das Erbe seiner Mutter Adelheid, 1693–1699
700	Verhandlungen über die Vermählung Max Emanuels mit Therese Kunigunde Sobieska, 1693–1694
701	Vermählungsverhandlungen, 1694–1695
702	Notifikations- und Gratulationsschreiben, 1694–1695
703	Erbschaftsverteilung der verstorbenen Königin Maria Casimira von Polen, 1717–1718
704	Korr. über Geburt von Maria Anna Karolina, 1696
705	Desgleichen über die Geburt des Kurprinzen Karl Albrecht, 1697
706	Korr. über Geburt von Philipp Moritz, 1698
706/1	Korr. Max Emanuels mit Philipp Moritz, 1705–1718
707	Korr. über Geburt des Prinzen Ferdinand Maria, 1699
708	Desgleichen über Prinz Klemens August, 1700
709	Desgleichen über Prinz Wilhelm, 1701
710	Desgleichen über Prinz Johann Alois, 1702
710$^{1}/_{2}$	Desgleichen über Prinz Johann Theodor, 1703
711	Desgleichen über Max Emanuel, 1704
712	Beileidsschreiben über Ableben des Prinzen Wilhelm, 1704
713/I	Nachrichten über Erziehung der Prinzen in Österreich, 1707–1713, Schreiben Max Emanuels an seine Söhne, 1705–1725, Zweikämpfe zwischen Graf Alois von Rechberg und Graf von Herberstein, 1713
714/1–2	Verlassenschaft des Herzogs Max Philipp und seiner Gemahlin Mauritia Febronia, 1706–1709
715/1–2	Desgleichen, besonders Stiftung für das Kloster Ettal (Seelenmesse, Jahrtag, Unterhalt von sechs Edelknaben), 1710–1714
716	Rechtsgutachten über die Testamente von Herzog Max Philipp und seiner Gemahlin
717	Testamentsvollstreckung, 1714–1724
718 und 719/1–2	Korr. über die Reise des Kurprinzen Karl Albrecht nach Aibling, 1715–1716
720/1–2 und 721	Reise Karl Albrechts und Ferdinands nach Wien und Ungarn, 1717–1718 sowie Diarium
722	Schreiben der Grafen Törring und Preysing über diese Reise, 1718 bis 1719
725	Reise der Prinzen Philipp und Klemens nach Rom, 1716–1719
726	Korr. über den Tod des Prinzen Philipp Moritz zu Rom, erwählten Bischof zu Münster und Paderborn, 1719
728	Korr. über die Vermählung des Prinzen Ferdinand Maria mit der pfalzneuburgischen Prinzessin Anna Karolina, 1717–1719
729/I	Einkleidung und Profeß der Prinzessin Maria Anna Karolina im

	Kloster St. Clara am Anger in München unter dem Klosternamen Emanuela Theresia Carolina de Corde Jesu, 1719 u. 1720
729/II	Beichtvater der Prinzessin betreffend, 1720
729/III	Fundation von 100 000 fl. für das genannte Kloster, 1719 ff.
729¹/₃	Gewährung eines eigenen Beichtvaters für die Prinzessin, 1719
729¹/₄	Dispens vom Verbot des Fleischgenusses für die Prinzessin, 1723 bis 1724
729¹/₅	Aussteuer der Prinzessin und Ausgaben bei ihrer Einkleidung, 1719–1724
729¹/₆	Bier aus dem Hofbräuamt für die »Prinzessin auf dem Anger«, 1750
730	Versorgung des Herzogs Klemens August, 1715–1725
ad 730	Primiz des Herzogs Klemens August, 1725
731	Korr. über dessen Studien zu Ingolstadt und seine Reise nach Rom, 1719–1723
732	Herzog Ferdinand in kaiserlichen Kriegsdiensten, Verleihung des Goldenen Vlieses, 1719–1727
736	Vermählung des Kurprinzen Karl Albrecht mit der Erzherzogin Maria Amalia, Tochter Kaiser Josephs I., 1714–1718
737–738	Briefwechsel über diese Vermählung, 1718–1725
739	Befehle des Kurfürsten an seine Gesandten in Wien über Fortgang und Abschluß der Verhandlungen, 1717–1723
740/1–6	Korr. über diese Vermählung, 1722
741	Korr. über das Heiratsgut der Kurprinzessin Maria Amalia, 1725 bis 1726
744	Korr. über Tod des Kurfürsten von Köln Joseph Clemens, 1723
745 und 745a	Dessen Verlassenschaft und Testament, 1723–1733
745a	Dessen Testament
747	Korr. über Johann Theodors Versuch, die Bistümer Augsburg und Eichstätt zu bekommen, 1725–1740, sowie seine Bewerbung um Ellwangen, 1723–1727
748	Niederländische Korrespondenz
748/I	Rückreise der kurfürstlichen Familie von Brüssel nach München, 1701
748/II	Diarium des Grafen Preysing über die Rückreise der Kurfürstin und ihrer Kinder aus den Niederlanden nach Bayern, 1701
748/III	Glückwünsche zur Rückkehr, 1701
750	Abtretung der Herrschaft Mindelheim von Herzog Max Philipp an Max Emanuel, 1694
750¹/₂	Fragmente eines Tagebuchs über den Feldzug Max Emanuels gegen die Türken, 1687
751	Truppenversorgung und Schuldforderungen, 1703–1706, 1726–1739
752/1–12	Briefe Max Emanuels an seine Gemahlin vom Brautstand 1694 bis zu seiner Flucht nach Brüssel, 1704/5
753/I	Erziehung der Prinzen, 1707–13
753¹/₂	Max Emanuel an Kaiserin Eleonore, 1684
753¹/₃	Violante Beatrix an Max Emanuel, 1693–1702
753¹/₄	Therese Kunigunde, 1719
753¹/₈	Max Emanuel an Kurprinz Karl Albrecht, 1714–1725
753¹/₉	Derselbe an Ferdinand Maria, 1717
753/12–13	Max Emanuel an Therese Kunigunde, 1718/19

753/15–36	Max Emanuel an die Königin Maria Casimira von Polen, 1694 bis 1715
753/39–42a	Max Emanuel an Joseph Clemens, 1710–1714
753/48	Kurfürst Max Emanuel (1679–1726): Sein Horoskop zu seinem Geburtstag am 11. 7. 1662, Instruktion Ferdinand Marias für Hofmeister, Lehrer und Dienerschaft des Kurprinzen, Berichte über Augenerkrankung des Kurfürsten, 1704, 1705, verschiedene Schreiben an und von Max Emanuel, 1698–1722; Leichenbegängnis des Kurfürsten, 1726, Preispoem auf ihn von Joh. Adam Brantan, 1714
753/XIV	Bruchstücke eines Briefwechsels zwischen Max Emanuel und Therese Kundigunde wegen der Mißhelligkeiten aus der eigenmächtigen Abreise der Kurfürstin nach Venedig, 1705–1715
753/49	Kabinettsschriftwechsel Max Emanuels, 1714
753/50	Desgleichen aus St. Cloud, 1714
753/51	Desgleichen bei seiner Rückkehr nach Bayern, 1714/15
753/52	Desgleichen mit verschiedenen Persönlichkeiten in München, 1714/15
753/53	Protest des Kurfürsten gegen seinen Ausschluß von der Kaiserwahl, Entwurf Juli 1711
753/54–75	Schriftwechsel Max Emanuels mit verschiedenen Persönlichkeiten im In- und Ausland, 1690–1726
753/76	Korr. über und mit Modena, Sizilien, Sardinien, 1724/26
753/79	Thurn und Taxis an Max Emanuel aus Italien, besonders Venedig, 1706
754/I	Therese Kunigunde: Briefe des Comte Bertomelli, 1713–1724
754¹/6	Briefwechsel Pater Smakers, 1703–1716
754¹/12	Flucht von Clementine Sobieski aus Innsbruck, 1719
754¹/17	Briefwechsel Kaiser Leopolds mit Max Emanuel, 1682–1702
754¹/18	Verträge des bayerischen Kurfürsten, 1701/2: Bayern – Frankreich
754¹/19	Verträge des bayerischen Kurfürsten, 1711–1725, besonders Bayern und Frankreich
754¹/20	Briefe verschiedener Personen aus dem Gefolge des Kurfürsten, 1706/7
754¹/21	Briefe an die Kurfürstin Therese Kunigunde, 1704–1715
754/II	Briefwechsel Max Emanuels mit seiner Schwester Violanta Beatrix und mit seiner Gemahlin Therese Kunigunde
755	Korrespondenz mit Papst und Kardinälen
757 und ad 757	Verhandlungen Max Emanuels über Legitimierung seines Sohnes, des Comte de Bavière, 1695–1725
758	Verschiedene Zuschriften an Max Emanuel über Geburten, Heiraten, Todesfälle, 1681–1697
758½	Proces verbal über die geplante Seligsprechung der Tochter Kaiser Ludwigs des Bayern, Agnes, ferner über die Tochter des Herzogs Albrecht III., Barbara, unter Kurfürst Max Emanuel, 1701–1703
759/I–III	Das Ableben Max Emanuels, Diarium über die Krankheit, Protokolle über die Beisetzungs- und Trauerfeierlichkeiten, u. a.
760	Korrespondenz über die Forderung der verwitweten Kurfürstin Therese Kunigunde wegen des Witwensitzes und des eingebrachten Heiratsgutes, 1726–1727
ad 760	Korrespondenz über die zum Hausschatz gehörenden Perlen, die die verwitwete Kurfürstin Therese Kunigunde in ihrer Verwahrung hielt, 1727–1728

761/1	Originalbriefe des Comte de Bavière aus Frankreich an Törring, 1726–1745
768/10–19	Recht des bayerischen Kurhauses auf die österreichischen Erblande, um 1740
768/20–24	Druckschriften darüber, 1740/41
770/1	Kurfürstin Therese Kunigunde, ihr Tod in Venedig, 1730

Schatzakten
1713/I und II, Nr. 1–15 Varia, Finanzangelegenheiten

Obersthofmeisterstab
2076/1 und 2 Krankenberichte über die kurfürstliche Familie von verschiedenen Leibärzten, in Latein, Französisch und Italienisch, etwa 1675–1725, ferner Fragen des Gesundheitswesens.

Hausurkunden
1678–1682	(Heirat Maria Anna Christinas, 1679)
1720	(Heiratsbrief Max Emanuels und Erzherzogin Maria Antonie, Wien 15. 5. 1685)
1743	(Heiratsvereinbarung Max Emanuel und Therese Kunigunde, Brüssel 19. 6. 1694)
1758	(Heiratserlaubnis Max Emanuels für seinen Sohn Karl Albrecht, 16. 8. 1722)
1772	(Max Emanuel und Karl Albrecht als Testamentsvollstrecker der Verlassenschaft von Joseph Clemens, 28. 11. 1723)
1783/3	(Max Emanuel legitimiert seinen Sohn Max Emanuel Franz Joseph, Brüssel 20. 11. 1695)
1783/4	(Max Emanuel verschreibt seinem Sohn Comte de Bavière 400 000 Livres auf die Grafschaft Haag, 1. 3. 1715)
1783/9	(Max Emanuel erlaubt dem Comte de Bavière, sich als Franzose naturalisieren zu lassen, 4. 4. 1725).
8029	(Konferenzprotokolle über diese Heirat 23. 12. 1679)

MÜNCHEN: GEHEIMES STAATSARCHIV (MGSTA)

Kasten blau
79/4	Pfalzneuburgische Korrespondenz (1676)
79/6, I u. II	desgleichen (1679–1683)

Gesandtschaft Wien Nr.
3	Berichte Mörmanns aus Wien: Bayerische Anwartschaft auf Parma und Toskana, 1719/20
5	Bayerische Ansprüche auf Mirandola und Concordia, 1748–1750
8	Erbansprüche der verstorbenen Kurfürstin Maria Antonie, 1698 bis 1701
9	Nachlaß und Mitgift von Maria Antonie, 1701–1736
11	Ableben des Kurfürsten Max Emanuel, 1726
49	Wiener Gesandtschaftsdiarium: Visiten u. a., 1715/16
58	Vergleich zwischen Bayern und der Pfalz über das Reichsvikariat, 1724/25
69	Pässe Kaiser Leopolds I. für Franz Hannibal von Mörmann, 1702
97	Allianz- und Subsidienrezeß mit Österreich, 1692/98

98	Schreiben Baumgartens aus Madrid an Mörmann, 1692–1695, 1699
99	Berichte Stoibers und Mörmanns, 1693
100	Korrespondenzen, 1693–1697
101, 102	Berichte Mörmanns, 1694 und 1695
103	Korrespondenz in verschiedenen Angelegenheiten, 1695
104, 105	Berichte Mörmanns, 1696
106	Schreiben Bertiers aus Madrid, 1696/97
107	Korrespondenz mit Max Emanuel über den Frieden von Ryswijk, 1696–1697
108, 109	Berichte Mörmanns, 1697
110	Berichte und Abschriften von Berichten Mörmanns, 1697
111	Der Friede von Ryswijk, 1697/98
112	Schreiben Tattenbachs aus Regensburg über den Frieden von Ryswijk, 1698
113, 114	Berichte Mörmanns, 1698 und 1699
115	Korrespondenz Mörmanns aus Wien mit Madrid, Brüssel, Lüttich und Bonn, 1698–1699
116	Korrespondenz Mörmanns in verschiedenen Angelegenheiten, 1698 bis 1702
117, 118	Berichte Mörmanns aus Wien, 1699, 1700
119	Korrespondenzen und Papiere Mörmanns (u. a. mit Malknecht) 1700–1703
120	Berichte Mörmanns, 1701 (Konzepte)
121	Berichte Mörmanns: Kurkölner Angelegenheiten, 1702
122	Korrespondenz Mörmanns, 1716, u. a. Türkenkrieg
123	Berichte Graf Seinsheims und Mörmanns aus Wien, Januar bis August 1717
124	Korrespondenz Mörmanns in verschiedenen Angelegenheiten, 1717
125	Desgleichen 1717–1718, u. a. Vergleich mit Türkensteuer und den österreichischen Rekrutierungsgeldern
126	Schreiben Scarlattis aus Rom an Mörmann, 1717–1718
127	Friedensverhandlungen Österreichs mit der Pforte, 1717–1719, sowie Handelsfragen
128	Korrespondenz Mörmanns, 1718
129	Korrespondenz Törrings mit Kurfürst Max Emanuel und Wilhelm, Januar bis Mai 1718
130–133	Korrespondenz Törrings mit Kurfürst Max Emanuel und Wilhelm, 1718–1719
134	Korrespondenz Mörmanns: Beitritt der Generalstaaten zur Quadrupelallianz u. a., 1719
135	Schreiben Scarlattis an Mörmann, 1719–1720
137	Korrespondenz Mörmanns in verschiedenen Angelegenheiten, 1720
138	Die Billigung der Nachfolge Maria Theresias durch die niederösterreichischen Stände, Berichte Mörmanns aus Wien, 1720
139	Korrespondenz Törrings mit Kurfürst Max Emanuel und Wilhelm, Januar bis Oktober 1720
140	Korr. Törrings mit Kurfürst Max Emanuel und Wilhelm, 1721
141	Korr. mit Mörmann und Malknecht, 1721–1722
142	Schreiben Essigs aus Wien an Mörmann, 1721–1722
143	Korr. Törrings mit Max Emanuel und Wilhelm, 1722
144	Desgleichen mit Max Emanuel, Königsfeld, Wämpl u. a., 1722–1723

145	Korr. Mörmanns, 1722–1723
146	Schreiben Törrings an Mörmann, 1723–1725
147, 149	Berichte und Korrespondenzen Mörmanns, 1724
150	Schreiben Malknechts an Mörmann, 1724
151–154	Korrespondenz Mörmanns, 1724–1725
155	Schreiben Malknechts an Mörmann, 1725 bis Februar 1726
156	Schreiben Törrings, Unertls u. a. an Mörmann, St. Saphorin etc. 1725/26
157	Schreiben Scarlattis und Preysings, 1725–1726
158	Der Wiener Vertrag mit Spanien und das Verhältnis Bayerns zu Hannover, 1725/26
159	Beitritt Bayerns und Kurkölns zum Wiener Vertrag von 1725, geschrieben 1726 (Mörmanns Manualakt).
160	Schriftwechsel Mörmanns, Januar bis März 1726
281	Grenzstreitigkeiten mit Böhmen, 1715–1719
315	Verhandlungen Sinzheims und Mörmanns über die Belehnung Bayerns, 1715
316–320	Belehnung Bayerns mit Reichs- und böhmischen Lehen, Mai 1715 bis Dezember 1717
322	Belehnung Bayerns, 1720
323	Ausfertigung der Briefe für die bayerischen Reichslehen (Oberpfalz, Bayern, Leuchtenberg, Kur- und Erztruchsessenwürde), 1720
353	Berichte Mörmanns über Wiener Fabriken, Handel und Banken, 1718–1720
360	Finanzen: Abrechnung mit dem Grafen Sinzendorf (Truppenlieferung, Bergbau u. a.), 1693–1700
361	Abrechnung mit Samuel Oppenheimer über die kaiserlichen Subsidien, 1693–1700
362	Abrechnung über die bayerischen Forderungen an die kaiserliche Hofkammer, 1696
363–366	Abrechnung über die österreichischen Subsidien, 1696–1701
367	Durchzug kaiserlicher Truppen aus Ungarn und Böhmen an den Rhein und die Verrechnung der dabei entstandenen bayerischen Lieferungen, 1697–1701
368	Ausstehende Subsidien und Verpflegungsgelder, 1699–1700
369	Abrechnung über Lieferungen und Leistungen für die kaiserlichen Truppen, 1700–1702
370	Bayerische Forderungen an die Hofburg und deren Begleichung, 1715–1716
371	Bayerische Forderungen an die Stände von Namur, 1716
373	Englische Subsidien und Darlehen für Österreich bzw. Bayern, 1720
381	Korrespondenzen über Zollfreiheit 1717–1718
392	Münzsachen (u. a. gefälschte kaiserliche Taler) 1693–1701
393	Münzsachen, 1725
419	Verschiedene geistliche Angelegenheiten (Bruch des Asylrechts in der Filialkirche St. Ruppert in Cilli; die Exkommunikationspraxis der bayerischen Ordinarien; Niederlassung der Malteser in Bayern und Bestätigung der Englischen Fräulein), 1696
458–461	Die bayerischen Truppenkontingente beim Türkenkrieg in Ungarn, Sept. 1717 bis Dez. 1718
462	Exzesse der bayerischen Truppen in Ungarn, 1718

463–464	Die bayerischen Truppen im ungarischen Türkenkrieg, 1719–1720
465/1	Schreiben Maffeis aus Ungarn, 1717–20
465/2	Desertionen aus dem bayerischen Regiment Maffei, 1726
477	Durchzug der kaiserlichen Truppen zum Rhein und nach Tirol, 1700–1701
933	Maßnahmen gegen die in Frankreich herrschende Seuche und Beschwerden von Handelsleuten, 1720–1721
934/1	Beschränkung des Handels mit Frankreich
959/2	Vorschlag des von Uchtritz zur Einführung der Seidenraupenzucht, 1723–1724
974/2	Getreideausfuhr nach Österreich, 1719 und 1796–1804
1238/1	Durchzug und Stellung von Truppen für die Niederlande bzw. Italien, 1718–1724

Kasten schwarz Nr.

1	Libellus titulorium latino-italo-gallicus, im Gebrauch unter Max Emanuel, Karl Albrecht und Maximilian III. Joseph, 1692–1756
214	Korrespondenz Kaiser Leopolds I. mit Bayern, Gratulationen etc. 1652–1685
235	Negotiation von Rassler und Lobkowitz in München, 1673–1685
245	Leydel in Wien, 1679, Jan.–März
246–248	Stoiberers Berichte aus Wien, 1679–1681
249–250	Desgleichen, Rüstung zum Türkenkrieg, 1682–1683
251	Leydels Negotiation am Kaiserhof betreff Defensivbündnis, 1683
252	Berchems Negotiation in Linz, Türkenkrieg und Subsidien, 1684
253–254	Stoiberers Berichte aus Wien, Türkenkrieg, 1685, 1686
255	Instruktion für Stoiberer, betreff Nachlaß eines bayer. Kriegskommissars, 1687/89
256	Sereni, Berchem, Mayr in Wien, 1686/89
257	Tod der verwitweten Kaiserin Eleonore, 1686
258	Stoiberers Berichte aus Wien, 1687
259	Korrespondenz über Türkenkrieg, 1687
260	Berchems Negotiation in Wien, Dez. 1686–März 1687
261	Stoiberer in Wien, 1688
262	Leydels Negotiation in Wien, 1688
263, 265–269	Stoiberers Berichte aus Wien und Korrespondenzen 1689–1692
270	Mayrs Negotiation, 1692, Winterverpflegung bayerischer Truppen und rückständige Subsidien
271	Korr. Mayrs und Prielmayrs mit Grafen von Bergeyck in Brüssel, Verpflegung bayerischer Truppen und Finanzangelegenheiten, 1692, 1693, 1712, 1726
272–273	Stoiberer, 1692/93 († 3. 3. 1693)
274	Mörmanns Berichte aus Wien, 1693
285–287	Desgleichen, 1694/96: Subsidien, Allianz
291, 296, 299, 302, 303, 306, 307, 309, 310, 315, 315a, 317a, 317b, 318/319	Berichte Mörmanns, 1696–1702
320, 325–327	Berichte Mörmanns, 1715, 1716
328	Kaiserliche Korrespondenz, 1716
335	Kommerzienwesen in Österreich betreffend, Berichte, 1717–24
337	Mörmanns Negotiation in Wien, Erberklärung des Kaisers, sein Land betreffend, 1717–1724

359	Korr. des Grafen Törring-Jettenbach betr. die Vermählung des Kurprinzen Karl Albrecht, 1722, 1723
404	Regelung des Nachlasses der Kurfürstin Maria Antonie († 1692), 1730
737	Die kaiserlicherseits verlangte Rückerstattung der bei der feindlichen bayerischen Invasion aus der Schatzkammer zu Innsbruck und sonst aus Tirol abgeführten Pretiosen und anderer Dinge, 1704
740	Status über die Erträgnisse der gefürsteten Grafschaft Tirol
741	Relatio historico-juridica über die gefürstete Grafschaft Tirol (etwa 1703)
1028–1036	Schriftwechsel mit Köln, 1678–1685
1038, 1039	Köln und Bayern, 1684, 1686
1041–1048	Wahlverhandlungen in Köln und Berichte hierzu, 1688–1691
1049–1058	Köln und Bayern 1689–1696
1059	Abordnung des bayer. Geheimen Rates Prielmayr nach Köln zur Beilegung von Differenzen, 1695/96
1061	an und von Köln, 1697, Ryswicker Frieden betreffend, Berufung der Landstände
1062, 1064–1067	Desgleichen, 1698–1701
1068	Auseinandersetzungen um Köln, 1701
1068a	Beschwerden Kölns gegen Wien, 1702
1069/1070	Kölner Korrespondenz, 1702, 1703, Traktate Kölns mit Burgund, Kriegsangelegenheiten
1071	Der Kaiser lehnt die Neutralität Kölns ab, 1704
1072, 1073	Korr. des Kölner Kurfürsten mit Malknecht, 1706, 1707, Kriegs- und politische Angelegenheiten
1074	Joseph Clemens und Max Emanuel, 1707, Kriegs- und Hausangelegenheiten
1075	Joseph Clemens und Malknecht, 1708
1076	Joseph Clemens und Max Emanuel, Souveränität der Niederlande, Tod des Kaisers, 1711–1714
1077	Desgleichen, Restitution betreffend, 1715
1081	Handschreiben des Kölner Kurfürsten, 1715–1723, darunter ein Schreiben an den Poststallmeister des Kurprinzen Franz von Hieber, 23. 8. 1718, über den Austausch Bayerns gegen Neapel-Sizilien
1085	Max Emanuel und Joseph Clemens, 1718
1088	Kölner Coadjutorie, 1718–1721
1089, 1092, 1094	Joseph Clemens und Max Emanuel, Empfehlungen 1719–1721
1095	Korr. Karl Albrechts mit Joseph Clemens und Klemens August, 1721
1096	Max Emanuel und Joseph Clemens, 1722
1097/98	Coadjutorie in Köln, 1722
1101	Trauer- und Lobgedichte auf Joseph Clemens, 1724
1102, 1103	Korr. Max Emanuels mit seinem Sohn, dem Kurfürsten Klemens August von Köln, 1724
1184, 1185	Kölner Miscellanea, 1688–1705 bzw. 1715–1751
1267	Befürchtungen wegen einer »Bauernrebellion« in Böhmen, Berichte der Regierung in Amberg, 1680
1268	Freizügigkeit zwischen Böhmen und Bayern, Zollerhöhung auf Tuch und Grenzstreitigkeiten, 1696–1702
1271, 1274	Böhmische Grenzdifferenzen mit Bayern, 1717–1722, 1723–1727

1308	Briefe Maffeis aus Ungarn, 1717–1718, Kriegsangelegenheiten
1330	v. Zündts Negotiation in Dresden, 1678–1679
1331	Kursächsische Korrespondenz, 1679–1691
1406, 1407	Korr. mit Brandenburg, 1680–1691, 1713–1716
1408	Traktat mit Brandenburg wegen Truppenüberlassung in spanische Dienste, 1692
1409	Brandenburgische Korr., 1691, 1692, 1695–1699, 1700
1411	Korr. mit dem k.preußischen Hof, 1715–1774
1461–1466	Braunschweigische Kurwürde, 1692–1695
1467	Kollegialtag zu Augsburg, 1689
1469	Das 9. Elektorat, 1693–1701
1470	Braunschweigische bzw. hannoverische Nachfolge in England, 1701, 1702, 1715
1584	Durchmarsch braunschweigischer Truppen durch Bayern nach Italien, 1685
1746	Korrespondenz mit Portia, 1661–1719
1748	Verhandlungen Schmids in Wien, 1660
1805	Negotiation Khüttner v. Khünitz beim Großherzog von Florenz im Namen Maximilians I., 300 000 Dukaten zu hinterlegen, 1634
1806	Desgleichen, Verhandlungen darüber, 1648–1651, 1665
1807	Bayerische Prätension an Florenz, 1634–1685
1817	Desgleichen Dr. Pistorini in Florenz, 1673–1695
1818	Desgleichen: Marx v. Mayr in Florenz, 1685
1819	Sekretär Triva in Florenz, 1716, und Korrespondenz mit Sekretär Wilhelm über Witwengabe der Großherzogin, 1716
1825	Prätension hinsichtlich des Heiratsgutes von Violante Beatrix, 1719/1720
1827	Zwei Promemoria der Großherzogin, 1728
2052	Freisinger Korrespondenz, 1677–1687
2072	Freisinger Coadjutorie, 1684
2073	Verlassenschaft des Freisinger Bischofs, 1685–1686
2074	Belehnung von Freising und Regensburg, 1686–1694
2077	Die mit dem Kölner Kurfürsten als Bischof von Freising und dem dortigen Domkapitel entstandenen und beigelegten Differenzen, 1693
2078–2084	Freisinger Wahl, 1694–1699
2086/2	Befehl des Kurfürsten an den Geistlichen Rat, die Exkommunikation der Untertanen von Dorfen und Erding durch den Freisinger Bischof betreffend, 1703
2169	Korrespondenz mit dem Bischof von Lüttich, 1693
2170–2172	Lütticher Wahl, 1694
2176	Abordnung Prielmayrs nach Lüttich zur Beilegung der Streitigkeiten zwischen den drei Ständen, 1697
2506	Verhandlungen Max Emanuels mit Regensburg wegen Wahl bayerischer Prinzen, 1700
2519	Einspruch des Domkapitels Regensburg gegen die von der kaiserlichen Besatzungsregierung in München dem Landklerus befohlenen Ablieferung der Pferde, 1705
3275	Geworbene Mannschaften in Bayern, 1704–1741
3302	Abgabe von Salz und Bier aus Kurbayern, 1660–1798
3303	Holzabgabe aus bayerischen Forsten, 1695–1751

3395	Die Befestigung von Ingolstadt, 1666, 1667, 1692, 1694; kaiserliche Werbungen in Bayern und in der Oberpfalz, 1668, 1671–1674; Durchmarsch von Hilfstruppen gegen die Türken, 1664
3442/43	Reichsvikariat, 1711
3613/1–3624	Reichsvikariatsangelegenheiten, 1711/13
3737–3739	Wahlakten Josephs I., 1689/90
3740	Wahl Kaiser Karls VI., 1711
3752	Dessen Wahlkapitulation und Einzug in Prag
3755	Motive und Ursachen über die Wahl eines römischen Königs
3756	Erörterung über die Frage, ob die Krone des Reiches besser an Österreich oder an Frankreich kommen solle
3836, 3837	Zündts Negotiation am fränkischen Reichstag zu Nürnberg, 1701, 1702
3838	Fragmente über fränkische Kreisangelegenheiten, 1703, spanischen Erbfolgekrieg betreffend
4135	Militärberichte des Generals von Thüngen an Max Emanuel, 1696/1697
4171	Bayerische Gesandtschaft am spanischen Hof, u. a. Johann Baptist Lancier, 1691, 1696
4179	Bayerisches Gesandtschaftspersonal am Regensburger Reichstag, Rechnungen etc., 1663–1783
4185	Rangordnung, Rechtsstellung der bayerischen Gesandten in Wien, 1694–1728
4543–4613	Reichstagsakten, verschiedene Gesandtschaften, 1679–1700
4656	Befehle und Berichte, das 9. Elektorat betreffend, 1700
4657–4658	Regensburger Reichstagsakten, 1701
4659	Die preußische Königswürde des Brandenburger Kurfürsten, 1700/1701
4660–4664	Regensburger Gesandtschaftsberichte, 1701–1703
4665	Kardinal Lamberg, Kriegsunruhen, 1703
4667–4668	Regensburger Reichstagsakten, 1704
4669	Schreiben des Kardinals Lamberg aus Passau an Max Emanuel, 1704
4670–4679	Reichstagsakten, 1705/6 bzw. 1715–1719
4680	Briefe von Lelius aus Mons an Malknecht, Neuigkeiten aus Regensburg und Wien, 1706–1708
4681	Kaiserliche Insignien von Aachen nach Frankfurt gebracht, 1711/12
4687–4705	Reichstagsakten, 1719–1725
5151/1	Truppenversorgung, 1677
5151/2	Kriegsangelegenheiten, 1677
5155/1 und 2, 5156	Kriegsangelegenheiten, bes. Türkenkrieg, 1682–1687
5156a	Übernahme der Armeeleitung durch Max Emanuel und Einnahme Belgrads, Dankfeste, 1688
5157/1	Kriegsberichte vom Oberrhein 1692/93
5157/2	Gesuche, 1692/93
5157a	Diaria aus Savoyen, 1691 und aus den Niederlanden, 1692–94
5158	Bayerische Truppen in Savoyen und Piemont, 1691–1693
5159	Kriegsberichte des Generals von Thüngen, 1692
5159a	Rückständige Zahlungen für Bagagefuhren, 1692
5160a	Hofkriegszahlamtsrechnungen über Einnahmen und Ausgaben, 1692 bis 1696

5160/1	Hofzahlamtsberichte und -auszüge 1692–1694
5160/2	Hofzahlamtseinnahmen und -ausgaben, 1694–1696
5241	Kaiser Karl VI. an Karl Albrecht: Verleihung des Goldenen Vlieses, Februar 1715
5244	Korr. Lelius de Lilienfeld mit Brüssel, 1712
5247	Schuldenwesen in Luxemburg, 1712–1723
5248	Schreiben an Therese Kunigunde, 1704–1723
5252	Subsidien aus England und Spanien, 1695–1701
5255	Berichte des bayerischen Gesandten Franz Maria Guidobon de Cavalchino aus Turin, 1699–1703
5259	Kaiser Karl VI. an Max Emanuel, 1715, 1724, 1725
5261	Neujahrswünsche zwischen dem spanischen Hof und der Kurfürstin Maria Antonie, 1689/90
5262	Inventar der Hinterlassenschaft Herzog Max Philipps und Nachlaß von Mauritia Febronia, 1705/6
5273	Übermäßiger Salzaufschlag in Böhmen, 17 Jh.
5275	Korr. von Auverquerque mit Max Emanuel, 1706
5277	Rechnungen, die Kurfürstin in Brüssel betreffend, 1698/99
5279	Reise Karls VI. von Mailand nach Frankfurt und Wien, 1711/12
5286	Max Heinrich und Joseph Clemens, 17. Jh.
5287a und b	Lamy aus Brüssel an Malknecht, 1723–1727
5298	Reise des kaiserlichen Hofstaates nach Augsburg und Nürnberg, 1689
5299	Verzeichnis der kurfürstlichen Kleinodien in der Silberkammer, Ausstattung Therese Kunigundes für ihre Hochzeit mit Max Emanuel durch den polnischen Staat, 17./18. Jh.
5337	Fortifikationen in der Oberpfalz, 1702
5338	Schutzbriefe für Güter in Oberösterreich, 1704
5339	Korr. Malknechts u. a. 1710/11
5341	Luxemburgische Angelegenheiten, 1710/11
5342	Konvention mit Holland über 15 000 fl., 1711
5343	Korr., Max Emanuel und Rastatt betreffend, 1713–1715, Gesundheitszustand des Kurfürsten et varia
5344	Korr. Maffeis, des Gouverneurs von Namur, 1713, Beschwerden, Subsidien
5345	Korr. über eine geplante Reise des Kurfürsten nach Italien, 1715
5461	Max Emanuel in den Niederlanden, 1692/95
5464	Protokolle in den Niederlanden, 1695
5465/1	Die Österreicher in München, 1705
5465/2	Kaiserliches Verbot der Rückkehr Therese Kunigundes, 1705
5466	Korr. Grudendorffs, München, 1707
5467	Geheime Korr. zwischen Malknecht und Mlle de Romerkirchen über den spanischen Erbfolgekrieg, ferner von Lilienfeld, 1709/10
5469	Verschiedene Schreiben aus Den Haag an Max Emanuel, 1705/6, Wilhelm an den Agenten Molenaer, 1713
5470	Verschiedene Schreiben an Malknecht, 1713
5471	Schriftwechsel Wilhelms in St. Cloud, 1714
5473	Eingaben des Adels an die Landschaft und an den Kurfürsten wegen des Darlehens zur Schuldentilgung, 1721
5591	Notifikation über die Geburt von Leopold Ferdinand, Sohn Max Emanuels und Maria Antonies, 1689

5602	Französische Korrespondenz, 1713
5629	Korr. Max Emanuels mit dem spanischen König, Abtretung der Festung Dinant an Frankreich, 1689
5640	Strafrechtliche Untersuchung gegen den angeblichen Grafen E. v. Ruggiero, 1699–1702
5641	Ehedispense, 1694
6032	Geheime Ratsprotokolle und Berichte aus Brüssel, 1689–1697
6033, 6034	Geheime Ratsberichte, Dekrete etc., 1698/99
6035	Desgleichen, 1700/1; Landschafts-Gravamina, 1700–1705
6036/1	Kurfürstlicher Geheimrat, Ernennungsdekrete, 1703–1728
6040, 6041	Kongreß zu Grafenhaag, November 1683 bis Dez. 1685
6042–6047	Desgleichen, Berichte Baumgartens und Prielmayrs, 1690–1697
6048	Geheime Korr. Heidenfelds über Frieden und Restitution, 1714
6049	Berichte aus Den Haag, 1713, 1716
6050	Partikularverhandlungen zu Den Haag, 1690
6156–6162	Venetia, 1619–1700
6170	Kapitulation zwischen Bayern und Venedig über ein Regiment bayerischer Truppen, 1690
6171	Korr. mit Widmann, betr. die Kommission mit der Republik Venedig, 1711
6200	Schreiben an Max Emanuel und an einzelne Minister, die Niederlande betreffend, 1692–1694
6201	Briefe an Malknecht, 1701–1732
6217	Anschaffungen und Ausgaben für den bayerischen Hof, Franz Gugler der Ältere, Hofbankier, 1702/3
6219	Spanische und französische Schreiben, politische Vorgänge, 1700 bis 1703
6231	Kurfürstin Adelheid an Ferdinand Maria und der Kinder Maria Anna Christina und Max Emanuel an den Vater, 1666–1671
6234	Schriftwechsel zwischen Vater und Sohn Altery, Bankier in München, 1690/96
6243	Briefe von Gefangenen aus Innsbruck, Trient und Baden, 1703/4
6260	Kriegsberichte aus Piemont an Max Emanuel in Brüssel, 1693
6464	Mayrs Abberufung aus Paris und Abreise des französischen Gesandten Villars aus München, 1689
6465	Die Einnahme Straßburgs
6466	Gesandtschaften von Törring, Baumgarten, St. Maurice an den französischen Hof
6470/71	Martin von Mayrs Negotiation in Paris, 1680–1683/85
6477	Einnahme Straßburgs durch französische Truppen, 1681
6479/80	Martin Mayr aus Paris, 1684–1686
6482	Korr. Max Emanuels mit französischen Ministern, 1704
6484–6487	Französische Korr., 1706, 1707–1709
6488	Mémoire, den Zustand Frankreichs betreffend, 1710
6490	Französische Korr., 1715
6644	Korr. Max Emanuels und Therese Kunigundes mit der verwitweten Königin von Polen, 1703
6645	Tod der Königin von Polen Maria Casimira, 1716
6688–6692	Savoyische Korr., 1660–1710
6693–6698	Schalk's Berichte aus Turin, 1677–1690
6710	Schwedische Korr., 1673–1710

6737	Berichte Franz von Baumgartens aus England, Holland, Spanien, München an Prielmayr in Brüssel, Februar 1692 bis Dez. 1693
6751	Designatio über die spanische Korr., 1692–1694
6755	Beabsichtigte Absendung des Abbate Scarlatti nach Madrid, 1694, und Abberufung des außerordentlichen Gesandten in Madrid Johann Joseph Franz von Baumgarten, 1694
6766	Korr. mit Spanien, 1662–1677
6767	Bayerische Ansprüche auf das Königreich Spanien und die spanischen Niederlande, 1665–1692
6770	Spanische Korr., 1692
6772	Schreiben an und vom König in Spanien, 1692–1695
6773–6775	Lancier's Berichte aus Madrid, 1686–1697
6776/1, 2	Bayerische Rechtsansprüche auf Spanien und die Niederlande, 1693 bis 1701
6792	Baron Bertier's Negotiation in Madrid, 1695–1700
6793	Negotiation des Baron Simeoni in Madrid, 1690–1705
6796	Schreiben an die bayerischen Gesandten Bertier, Prielmayr, Lancier und Wilhelm, 1696–1698, die Sukzession des bayerischen Kurprinzen in Spanien betreffend
6800	Tod des spanischen Königs Karl II., Thronbesteigung des Herzogs von Anjou, Bestätigung Max Emanuels als Gouverneur der Niederlande, 1700/1
6805	Graf d'Albert in Madrid, 1712, 1714
6806	Negotiation Simeonis in Madrid, 1715
6862	Schreiben des Reichsvizekanzlers Graf Königseggs aus Wien, 1683
7012–7014	Geheimer Rat Schellerer, pfalz-neuburgischer Gesandter am Wiener Hof, 1684, 1685, 1688
7016	Reichstagsangelegenheiten: Achterklärung gegen Köln und Bayern, 1705/6
7065, 7067	Kurpfälzische Korrespondenz, 1715–1727
7096	Engere Vereinigung zwischen Bayern und der Pfalz, 1722
7176	Belagerung der Stadt Augsburg und Kriegsereignisse, 1701–4
7460–7462	Scarlatti Negotiationi in Rom, 1685–1687
7463	Corrispondenza del Marchese Pallavicini, 1666–1670, 1676–1680, 1683–1685
7464	Corr. Scarlattis, 1676–1680
7468–7486, 7490–7501	Desgleichen, 1688–1723, geistliche Angelegenheiten, politische Nachrichten
7502–7506	de la Santini, Corr. von Rom, 1717–1721
7570	Korr. Bayern u. England
7572	Negotiation des Baron von Steinau am englischen Hof, 1692
7608, 7609, 7611	Mirandola-Concordia, 1638/39/48
7615	Herzog von Mantua, der Majestätsbeleidigung beschuldigt, 1701
7701–7707	Franz v. Mayr in Frankfurt (1682)
7737	Reichstagsangelegenheiten, Friede zu Utrecht, 1713
7738	Desgleichen, Friede zu Baden, 1714
7740	Korr. Malknecht und Heidenfeld, Friede von Utrecht, 1713
7741	Punkte, die beim Friedensschluß von Baden in Anregung zu bringen sind, 1713, 1714, 1715
7831	Restitution der Oberpfalz und der Grafschaft Cham, 1714
7832	Schreiben an den Kaiser, ein Aequivalent für die Oberpfalz, 1714

7969	Rentmeisterumritt in Leuchtenberg, 1660
8027–8030	Max Emanuels Feldzug in Ungarn, 1683, 1686–1688
8031–8035/1, 2 und 8036–8039	Max Emanuels Feldzug am Rhein, 1688–1690
8043	Einrichtung der bayerischen Landfahnen, 1691
8068	Spanischer Erbfolgekrieg, 1702
8069	Extrakt: Hofkriegszahlamt, Kriegskosten 1701–1704
8070	Rechnungen der Feldkriegskasse, 1703
8071	Berichte und Reskripte, Feldregistratur, 1703
8072	Verschiedene Briefe über den bayerischen Krieg, 1703
8073	Berichte, Proviant, Magazine, 1703
8074	Berichte über einen Obristen zu Furth und dessen Kommando, 1703
8075	Magazine in genere betreffend, 1703
8076	Berichte und Resolutionen über Plünderungen in Bayern 1703, 1704
8078–8080	Feldregistratur, 1688–1702, 1704
8082–8085	Spanischer Erbfolgekrieg, 1703–1704
8086	Spanische Erbfolgefrage, Heilbronner Kreisversammlung, 1701
8087–8090	Militaria, 1702–1705
8091	Kriegsoperationen in Bayern, 1701–1705
8135	Schreiben der Obristen von Rabenhaupt und von Tucher an den Kurprinzen Max Emanuel, die Belagerung der Stadt Groningen betreffend, 1672
8144	Reisekosten nach Brüssel, 1695
8146	Kapitulation hinsichtlich der Aufgabe der Festung Rothenburg, 1703
8147	Abschrift eines Schreibens des Prinzen Eugen von Savoyen an die Kurfürstin von Bayern, die Verletzung des Landauer Akkords betreffend
8150	Karl Albrecht an den Kaiser, seine philosophischen Studien betreffend, 1714
8189, 8190	M. S. Storia di Germania dal 1617 fin 1683
8191	Storia di Massimiliano Emanuele Elettore et Duca di Baviera vita et gesta, 1662 ff.
8192–8198, 8200–8202	Framenti et Notizie alla Storia di Massimiliano Emanuele Elettore, 1680–1686 bzw. 1687–1689
8204	Gratulationsschreiben Max Emanuels wegen Türkenfeldzug, 1686
8205/1–14	Diaria de annis 1686–1697
8207/1, 2	Gratulationsschreiben für Türkensiege, 1687/88
8209, 8210	Historische Beschreibung des Hauses Bayern und seiner Regenten in italienischer Sprache, Max I. bis Max II., 189 pages, sowie desgleichen, 385 pages
8216	Schreiben des türkischen Festungskommandanten Osman Haleb an Max Emanuel, 1688, in türkischer Sprache und deutscher Übersetzung
8226	Monasterols Sendung an den Herzog von Braunschweig-Zell, 1693
8230	Hofstaatsangelegenheiten, 1694–1699
8231	Eine Art Geschäftstagebuch, 1694–1696
8233	Rechnung über die Reise Max Emanuels von Brüssel nach Aachen, 1695
8239	Winterquartier bayerischer Truppen im Reich, 1696
8245	Kommission für den Rechnungskommissar Johann Leber wegen schlechten Salzverschleißes, 1697
8248	Rückkehr der Kavallerie aus den Niederlanden, 1696, 1697

8257	Korr. mit Holland wegen spanischer Erbfolge, 1701
8258	Korr. verschiedener Fürsten mit Max Emanuel, 1698–1704
8259	Krieg in Schwaben, 1702–1704
8260	Regierung Burghausen, die Defension gegen Passau, 1702–1704
8261	Berichte Neusönners in Kriegsangelegenheiten, 1703, 1704
8262	Einfall sächsischer und kaiserlicher Truppen in Bayern, 1703
8263	Kriegsangelegenheiten 1693 ff., Belagerung von Neuburg, Besetzung Ulms, 1703/1704
8264	Oberpfälzische Kriegsangelegenheiten, 1701–1704
8265	Ordres an General Johann Bapt. Arco, 1702
8266	Verschiedene Berichte über die kaiserliche Kriegsverfassung gegen Bayern, 1702
8267	Postierung gegen Tirol und Salzburg, 1702–1704, Getreidesperre gegen Tirol
8274	Kriegsangelegenheiten 1702–4
8276	Bayerisches Manifest gegen die kaiserlichen Avocatoria und Kriegsdeklaration, 1703, 1. Juni
8280	Über die Referenda coram Serenissimo, aufgesetzt von Prielmayr, 1704 sowie Personalia, 1703/4
8283	Korr. Neusönner und Reichardt, den Vertrag zu Ilbesheim betreffend, 1704/1705
8284	Kaiserliche Administration befiehlt Bau von Kasernen, 1705
8285	Verschiedene Briefe an Max Emanuel, 1705
8287	Korr. Malknechts und Sessandres, 1706–1708
8289–8291	Max Emanuel an Lelouchier, »Handbriefln«, 1701–1713
8292–8298	Briefe, 1707–1715, Feldzüge und Varia
8299	Koadjutorie von Lüttich und Verheiratung von Max Emanuels Sohn Ferdinand, 1716
8301	Regierung der Niederlande, 1710
8303	Briefe Malknechts, 1708–25, verschiedene Korrespondenzen und Brüsseler Miscellanea
8305	Abgelieferte Gelder an das Hofzahlamt München, 1712
8306	Ausbezahlte Gelder während der Administration, 1708–1714
8316	Möbel von Brüssel nach München gebracht, 1715, Münzstätte von Namur betreffend
8318	Rückreise der Prinzen aus Graz, 1715, und Rückkehr des kurfürstlichen Ehepaares nach Bayern
8319	Evacuation der Oberpfalz, 1715
8329	Contagionswesen, 1720–1722
8341	Druck: Die Durchleuchtigste Fürstensonne Max Emanuel, 1727
8463	Schenkung der Urbarsmühle zu Thalkirchen an den Kammermusiker Peter Lemoles, 1687
8535	Graf Schlick in München, 1701
8536	Berichte des Grafen von Watt an Max Emanuel, Vorfälle am Reichstag, 1701
8537	Marsch kaiserlicher Truppen durch Reichenhall, 1702
8539	Patente an die Bewohner der Grafschaft Tirol mit der Aufforderung zur Rückkehr in ihre Wohnungen, 1703
8622	Verzeichnis der vorhandenen Mannschaft in Bayern, Land- und Stadtfähnlein in Bayern und der Oberpfalz, Mannschaftsstärke, 1663/64

8759	Gastañaga an Max Emanuel, Kriegserklärung Spaniens an Frankreich, 1689
8787	Traktat von Ilbesheim, 1704/5, und Regierungsübernahme Therese Kunigundes
8800	Bayerische Landschaft: Gesuch an Kaiser Joseph I., 1709, 1710
8801	Landschaft an Kaiser Karl VI., 1711
9079	Marx von Mayr und Oppenheimer, Subsidien, 1692, 1693
9087	Baron von Closen, Schuldenwesen, 1699–1714
9117	Schuldenwesen der Freiin von Lindenfels, 1727–1731
9119	Exkommunikation des Baron von Leyden, 1729
9129	Korr. Schmids und Ferdinand Marias, 1678
9144	Korr. Caspar von Schmid mit Prielmayr in Brüssel, 1693
9149	Baron von Weichs, Vizedom zu Burghausen, und dessen Schmähreden gegen den Geheimen Rat Baron von Mayr, 1700
9152	Heirat F. v. Thürheim mit Graf Emanuel Arco, Verhältnisse des illegitimen Sohnes Max Emanuels Ludwig Maria Palatin
9212	Schreiben des spanischen Gesandten Quiros zu s'Gravenhaage an Max Emanuel, 1692
9246	Subsidienvertrag mit Venedig, 18. 4. 1690
9253	Englische Korrespondenz, 1678, 1680–1683
9360	Prinzessin des Ursins und die Abtretung der Niederlande, 1705, 1711–1714
9362	Briefe des Fürsten von Transilvanien an Max Emanuel, o. J.
9370/2	Gräfin von Föls an Prielmayr, das Ableben der Kurfürstin in Wien betreffend, 1693
9420	Das zwischen Wien und München geschlossene Abrechnungswesen hinsichtlich der Kriegsanlagen, 1689, 1705–1708
9423	Subsidienabrechnungen mit Wien, Schreiben Max Emanuels an Neusönner, 1700
9424	Lieferungen der schwäbischen Stände an bayerische Magazine, 1703, 1704
9425	Stadt Wasserburg an kaiserliche Administration in Steuerangelegenheiten, 1708, 1711
9430	Kloster Indersdorf wegen ausständiger Steuern, 1711
9480	Deduktionen über das System des römischen Reiches (ca. 1658)
9481	Gutachten von 1669 über Bayerns Anwartschaft auf Österreich
9485	Politische und ökonomische Gutachten, siebziger Jahre des 17. Jhs.
9487	Englands »Einmischung in teutsche Sachen«, 1692
9508	Mändls historische Deduktion über Ursprung und Herkommen der Häuser Bayern und Österreich nach Augustin Söllner
9535	Korr. Schmids mit Abbé Gravel in Solothurn, u. a. über Vermählung Maria Anna Christinas mit dem Dauphin (1675, 1676)
9562/9563	Martin Mair in Paris
9565	Bayerisch-französische Korrespondenz, 1670
9599	Schreiben an Kaiser, an Caraffa, betr. Subsidien, 1691
9607	Verpflegung bayerischer Regimenter in Piemont, 1692
9619	Befehl Max Emanuels an Zündt, Evakuierung der Stadt Regensburg und Bedrückung der Oberpfalz durch brandenburgische Regimenter, 1704
9625	Barfüßer Carmeliter zu Namur an Max Emanuel wegen Aushändigung einiger Kleinodien, o. J.

9626	Inventar über Gerätschaften in der Münzstätte zu Namur, 1713
9668	Gouvernement der Niederlande, 1691, 1692
9671	Bayerische und pfälzische Kur, 1707, Achterklärung Max Emanuels, 1706
9694	Verhandlungen des Grafen Schlick mit Max Emanuel, 1702
9716	Exekutionsordnung, 1706, Hybernale
9825	Erklärung des Kaisers über die Erbfolge in den österreichischen Erblanden, 1713
9943	Der kurbayerische Hofstaat aus den Niederlanden nach Bayern, 1714
9944	Unertls Berichte an Max Emanuel, 1714, 1715
9945	Restitution Bayerns, 1715, und Übergabe der Arsenale
9974/IV	Max Emanuel, verschiedene Schreiben und spanischer Erbfolgekrieg, 1692–1726
9975	Bayern und Frankreich, 1639–1761
10104	Churverein, 1681–1759
10263	Korrespondenzen aus Spanien, 1699/1700
10381	Listen der der Kurfürstin gehörenden Tableaux, 1704–1710
10432	Salztransport von St. Nikola nach Donauwörth, 1701, Salzverschleiß, 1694
10436	Achterklärung Max Emanuels, 29. 4. 1706 (gedruckt)
10437	Abtretung der Provinz Luxemburg betreffend, 1711, zwei Schreiben an Max Emanuel
10486	Sekreta über den Bauernaufstand, 1705
10487	Bauernaufstand, insbesondere Begnadigung Meindls betreffend, 1707/1710
11769	Baron Ferdinand Simeoni am Hof von London, 1692–1698, Zeremoniell
11927	Übertragung des Gouvernements der Niederlande, 1692 und Verleihung des Goldenen Vlieses, 1690–92
12486	Diarium Prielmayrs über seine Kommission in Wien, 1684
12489	Reflexions du bon Autrichien et du bon Bavarois
12591	Korr. Martin Mairs (Paris)
12534	Statthalterschaft der Niederlande, 1691
12536	Korr. Max Emanuels mit Wien, 1701
12583	Spezifikation der Diamanten für Hochzeitsschmuck der Maria Anna Christina, 1680
12678	Sendung des Grafen Riviera nach Paris, 1686–1687
12762	Reichsdeputation zu Frankfurt. Diarium der bay. Gesandtschaft, 1682
12788	Gratulation der Stadt Augsburg an die Kurfürstin zwecks Übernahme der Regierung, 1704
12879/1	Ministerial- und Particularkorrespondenz Unertls, 1704–41
12879/2	Anonyme Beschwerde gegen Unertl, 1711
12884	Alchimistische Korr. Malknechts mit Joseph Longhi in Padua, 1724 bis 1726
12919	Schreiben des bayerischen Gesandten v. Mayr aus Regensburg wegen seiner Verehelichung mit der Tochter des eichstättischen Oberzahlmeisters, 1673
13007	Allianzwechsel Savoyens, 1703/1704
13131	Nymphenburger Schloßbau, Rechnungen, 1680

13134	Das nach Brüssel gesandte Silber, 1694, betr. zweite Vermählung Max Emanuels.
13135	Unpäßlichkeit Max Emanuels zu Brüssel, 1696, Schreiben von Dr. Pistorini
13139	Ludwig XIV. an Therese Kunigunde, 1711
13141	Besoldungsausgaben der Kurfürstin in Venedig, 1705–1715
13142	Therese Kunigunde in Venedig, 1705
13214	Dokumente, Bayern betreffend, u. a. Abtretungen während der kaiserlichen Administration
13427	Diplomatische Korrespondenz (1679)
13430	Berichte Schalcks aus Turin, 1690–1693
14062	Ausschreibung des Kreistages zu Wasserburg, 1701
14268	Schwäbischer Kreiskonvent zu Memmingen, 1700
14269	Schwäbische Kreisangelegenheiten, 1701, Juni–Dez.
14270	Kreiskonvent zu Ulm, 1701, Febr.–Mai
14271, 14282	Schwäbische Kreisangelegenheiten, 1702, 1703
14448	Schreiben Joseph Clemens von Köln an den Postmeister zu München Franz v. Hieber resp. den Kurprinzen Karl Albrecht: Protest gegen den geplanten Tausch Bayerns gegen Neapel–Sizilien, Bonn 1718
15066/1	Französische Korr. Max Emanuels, 1700–1724
15066/2	Max Emanuels Korr. mit Ludwig XIV., 1711
15175	Mandat der kaiserlichen Administration in München, Verbot der Ausfuhr von Silber und Gold aus Bayern, 8. 2. 1707
15260 und 15261/1–9	Korr. mit Frankreich, 1703–1721
15286	Hofbibliothek 1664, 1668, 1669, 1705
15791	Korrespondenz der Prinzessin Grimberghen (Montigny) mit Max Emanuel, ca. 1709 u. 1713
15804	Einnahme des Schlosses Rattenberg und Ehrenberg in Tirol, 1703
15808	Reichardt und der spanische Gesandte Neuveforge, Verhaltensmaßregeln, 1702
15956	Pfalz-neuburgische Korr., 1673
15962	Besetzung der Stadt Neuburg a. D., 1703/1704, ferner Leyden betreffend.
15997	Korr. des Comte de Bavière, der Gräfin Arco, des P. Smaker, der Gräfin Raymond etc. 1712–19
15999/1	Instruktion Therese Kunigundes für Pater Smakers zur Reise von München nach Brüssel (1704)
15999/2	Desgleichen für seine Reise von Venedig nach Brüssel, 1705
15999/3	Vollmacht Therese Kunigundes für Pater Smakers, Verhandlungen mit dem Markgrafen Ludwig von Baden, 1704
15999/4	Instruktion Therese Kunigundes für Abbé Scarlatti zu Verhandlungen mit dem Herzogshaus von Modena und dem von Toskana
15999/5	Teile der Korrespondenz Smakers, 1706
15999/6	Korrespondenz Max Emanuels mit seiner Gemahlin, 1706
15999/7	Verdacht, daß der bayerische Agent Widmann in einen Attentatsversuch auf einen venetianischen Adeligen verwickelt sei, 1707
16036	Korr. Heidenfelds von Namur, 1711
16037, 16038	Korr. mit Malknecht, 1712 bzw. 1701, 1714, 1715
16040	Malknecht, Simeoni, Schriftwechsel Max Emanuels mit dem Conseil des Finances de Namur, 1713

16041	Max Emanuel, Malknecht, Wilhelm, 1714, 1725
16042	Malknecht und Reichardt, 1702, 1703
16043	Graf Bergeyck an Prielmayr, 1692
16044, 16045	Derselbe in Brüssel, 1700, 1702
16046	Desgleichen an Leef und Malknecht, 1705
16047–16053	Korr. Bergeycks, 1705–1713
16054, 16055	Niederländische Gouvernementsangelegenheiten, 1713, 1714
16056–16062	Briefe Lamy's von Brüssel und Namur, 1711–1715 u. 1717
16067	Ordres depechés au Conseil d'Etat, an den Comte d'Autel und den Marquis de Maffei, den Gouverneur, 1713
16070–16075	Niederländische Angelegenheiten und verschiedene Briefe, 1705 bis 1715
16286	Die Errichtung eines Staatsrates des Kurfürsten zu Namur und andere Angelegenheiten, 1712–1715
16313	Bayerische »Subsidien« nach Brüssel, 1693
16314	Finanzprobleme, 1693–1698
16317	Bayerische »Subsidien« nach Brüssel, 1697/98, über Bombarda
16324	Französische Subsidien und Rechnungen, 1710–1713
16326	Staatsrat zu Namur, 1711–1712 u. Schriftwechsel mit Max Emanuel 1709/10
16327	Ausmünzung neuer Liards zu Namur, 1713
16328	Korr. mit den Gouverneurs zu Namur, Charleroy und Nieuport, 1713
16329–16331	Niederländische Angelegenheiten, 1713–1714
16656	Handelsverbot mit Frankreich, 1689
16657	Publikation kaiserlicher Avokatorien gegen Franzosen, 1689
16816	Korr. Graf Arco, Reichardt, Neusönner, Kriegsangelegenheiten, 1703
17007	Bericht des Grafen Ferdinand Solar de Monasterol aus Brüssel, 1700
17008	Korr. mit Monasterol, 1701
17009–17041	Korr. von und mit Monasterol in Paris, 1702–1717
17043–17055	Schreiben Max Emanuels an Monasterol, 1701–1717
17056–17066	Berichte Taffins aus Paris, 1718–1726
17070–17088	Schreiben von und an Graf d'Albert, Fürst Grimberghen, 1718 bis 1726
17209	Korr. mit den Bistümern Salzburg, Freising, Eichstätt, Regensburg, Augsburg, 17./18. Jh., über Ehebrecher, Zigeuner, Akatholiken
17257–17267	Schreiben von und an Heydenfeld, die bayerischen Beziehungen mit Holland betreffend, 1709–1714
17268–17298	Berichte aus Den Haag, meist vom Agenten Gansinot, 1715–1726
17433	Korr. des Grafen Törring mit dem englischen Gesandten in Wien F. L. de St. Saphorin, 1726
17661	Beglaubigungsschreiben für Victor Amadeus Solar de Monasterol an den schwedischen König und dessen Berichte aus Wittenberg und Leipzig, 1706
17662–17689	Dessen Gesandtschaftsberichte, meist aus Leipzig und Danzig, 1707 bis 1722
17690–17694	Berichte Bertiers aus Madrid und Schreiben an ihn, 1695–1701
17695	Berichte des Grafen d'Albert aus Spanien bzw. vereinzelt aus Paris, 1702–12

17696-17700 Berichte d'Alberts aus Madrid, 1712-1714
17806 Allianzvertrag zwischen Ludwig XIV. und Ferdinand Maria, 17. 2. 1670, und Abrechnung über französische Subsidien, 1671-1680
17809 Finanzangelegenheiten Max Emanuels und Karl Albrechts, 1702-38
17811 Verzeichnisse über das Gestüt in Schleißheim, Gutachten Henrico Zuccallis und Desgots über die Errichtung einer neuen Residenz in Schleißheim, verschiedene Anschaffungen, 1695-1738

Staatsarchiv Landhut
BA Vilshofen, Fasz. 75 (1866)

MÜNCHEN
Ordinariatsarchiv (MOA)
Akt Amortisation (17./18. Jhdt.)
Taufbuch St. Peter: Nr. 7-14 (1644-1730)
Liber Matrimoniorum in Parochiali Ecclesia St. Petri Monachii: Nr. 5-8 (1670 bis 1743)
Totenbuch St. Peter: Nr. 2-10 (1611-1732)
Taufbuch zu Unserer Lieben Frau: Nr. 6-11 (1674-1735)
Unsere Liebe Frau: Trauungen Nr. 1-7 (1624-1730)
Unsere Liebe Frau: Totenbuch Kinder Nr. 1-4 (29. 11. 1687-30. 12. 1738)
Unsere Liebe Frau in München: Sakristeitafeln (1671-1679)
Unsere Liebe Frau: Totenbuch Erwachsene Nr. 1 und 1a (1639-1675), Nr. 2 (1685-1706), Nr. 3 (1687-1732)
St. Quirin, Aubing: Taufen, Trauungen und Begräbnisse Nr. 1 (1624-1686); Taufbuch Nr. 2 (1686-1715), 2 Bde.; Trauungen Nr. 3 (1715-1763-1832)
St. Michael, Lochhausen Nr. 2: Geburten (1682-1806), Trauungen (1685-1806), Sterbefälle (1682-1806)
St. Margarethe in München: Taufbuch Nr. 2a (1633-1744, Register), Nr. 4-5 (1680-1710)
Heilig Geist Spital: Taufbuch Nr. 2 (1670-1736) und 3 (1737-1776)
Bogenhausen-Haidhausen Bd. 4: (Taufen, Trauungen u. Begräbnisse 1666-1693), Bd. 4a: Registerband, Bd. 5: Taufen (1694-1736), Trauungen (1694-1740), Begräbnisse (1694-1740)
Oberföhring: Taufen, Trauungen, Verstorbene (1655-1682)
St. Michael in Perlach Bd. 1: Taufen (1692-1764), Trauungen und Begräbnisse (1693-1764)
Mariahilf: Taufbuch Bd. 2 (1657-1703) und 3 (1704-1732); Sterbebuch Bd. 1 (1696 bis Februar 1793), Trauungen Bd. 1 und 2 (1629-1786)
Feldmoching Bd. 2: Taufen (1650-31.5.1675), Trauungen (1654-1670), Bd. 3: Taufen (1. 6. 1675-1. 6. 1688), Bd. 4: Taufen (1673-8. 5. 1700), Bd. 5: Taufen (1700-24. 10. 1741), Bd. 5a: Taufen (1700-1792, Register)
Heiligkreuz/Forstenried Nr. 1: Tauf- und Heiratsbuch (1603-1674), Nr. 2: Taufmatrikel (1675-1712), Heiratsmatrikel (1675-1724), Totenmatrikel (1675-1741)
Heckenstaller's Frisingensia, Chronik: Nr. 198 (1618-1700), Nr. 199 (1705-1803), Nr. 297 (1670-1695), Nr. 298 (1695-1704)
Heckenstalleriana B 25 (3619): Joseph Clemens (1685-1694), B 26 (3620): Bischof Johann Franz von Eckher, B 27 (3621): Freising (1705-1738), B 28 (3622): Eckher (1695-1727), B 29 (3623): Desgleichen, Korrespondenz (1717 bis 1718), B 30 (3624): Römische und kaiserliche Korrespondenz (1719-1739), 31 (3625): Eckher's Stammbaum, 32 (3626)-34: Johann Theodor von Bayern

1727–1763), 54 (3648) Viten von Joseph Clemens (f. 175–203), und Joh. Frz. v. Eckher (f. 209–218), 62 (3656) Varia, Statuta (1686–1738), 64 (3658) Domherren, 137 (3731) Fugger'sche Almosenstiftung, Rechnungen 1680/81–1696, 141 u. 142: Austriaca
Frisingensia Nr. 103–104 (1665–1690) Korrespondenzen, 182–183 (1690–1734), 190–192 (1684–1725), 198 (1618–1700), 296 (1652–1680, Chronik und Schriftwechsel), 297/1 und 2 (Korrespondenzen, u. a. 1692), 373 (Werdenfels und Ettal 1673–1718), 374 (Desgleichen 1719–1757), 802 (Visitation beim Kollegiatsstift St. Andreas in Freising 1685), 829 (Liber investiturum 1674–1730), 861 (Liber investiturum 1628–1641), 862 (Desgleichen 1642–1673), 886 (Bruderschaftsbuch des hl. Antonius von Padua 1665–1745/95), 887 (Bruderschaftsbuch des hl. Franziskus 1652–1793)

Archiv für München (MAM)

Generalregistratur (GR) Fasz.:

272/1–3	Commercienwesen, 1595–1799
275/18	ausländische Commercien, 1717–1720
277/22	Projekte über Commercien und Fabriken, 1700–1806
277/23	Wollhandel in Bayern, 1567–1808
282/79	Errichtung einer Seidenfabrik, 1665–1680
303/1–3	Seuchen und Krankheiten, 1576–1669/1669–1714/1715–1717
305/10	Gesundheitsfragen
317/15	Diebe, Räuber, Vaganten, 1652–1807 (7 Bde.)
317/17	ausländische Vaganten, Bettler, Diebe, 1663–1793
317/18	Zigeuner, 1594–1726
321/5½	Zucht- und Arbeitshäuser in München, 1678–1806
321/6	Kriminalmandate gegen Straßenraub und Diebstahl, 1650–1807
321/7	Strafakten wegen »Leichtfertigkeit«
324/26	Militärgerichtsbarkeit in München, 1695–1718
628/328	Freisingische Dekrete, u. a. Kaiserwahl 1711, Rückkehr Max Emanuels, 1715
815/32	Getreide und Medizin, 1691–1804
989/1	kaiserliche und kurfürstliche Erlasse, Schuldentilgungspläne, 1703 bis 1774
1307/26	Schuldentilgungsprojekte, 1700–1800
1308/27–29	Wirtschaftsangelegenheiten, Anleihen, 1727/28
1350/97	Schuldenwesen Max Emanuels, 1699, Anleihen vom Kloster Ettal
1350/120	Wechselgeschäfte Augsburger Händler mit München
1351/122	Geldforderungen, 1722–1737

Hofamtsregistratur (HR) Fasz.:

95/5	Hofbaumeister Josef Effner
106–115	Künstler und Handwerker am Hofe, 1704/14
282/94–95	Kammerdiener, 1694 bzw. 1689, 1699, 1702
407	Hofräte
434–437	Regierungsvisitation der unter Max Emanuel errichteten Deputation zur Reformierung der Landesökonomie und Hofhaltung 1687 bis 1696

München Kriegsarchiv (MKA)
Abtg. IV Alt. Best.
B 8a Nr. 37 Türkenkrieg, 1683.
B 8a Nr. 44 Spezifikation der gefangenen Türken, auch jener, die nach München gebracht wurden, mit einem türkischen Schreiben als Beilage.
Abtg. IV Alt. Best.
B 8b Nr. 43 Relation von der Victoria der Christen beim Entsatz der Stadt Wien, 1683.
B 8b Nr. 44 Befragung zweier ins Münchener Zuchthaus eingelieferten Türken, 1684; Kosten für die Auslösung eines bayerischen Gefangenen aus türkischer Gefangenschaft, 1683; Spezifikation der türkischen Soldaten, die sich in der Gefangenschaft befinden und in der bayerischen Fabrica in München arbeiten, 1699; Spezifikation über die zwischen 1686–1687 nach München geschickten Türken, ihre Verpflegungskosten; Antrag auf Austausch bayerischer und türkischer Gefangener, vom Geheimen Rat im Jahre 1699 nach Brüssel gesandt mit Rücksignatur: »Ihro C. D. wollen diese gefangenen Türken zu hierin vermelten Ende gnädigst loslassen, jedoch ist dahin zu sehen, daß dadurch das Sesseltragen nit gar in Abgang komme.« Vgl. hierzu Wenings Stich vom Marienplatz; ferner: Listen der noch vorhandenen türkischen Sklaven mit 36 Namen, München 1700.
B 8b Nr. 45 Patent über die Dezimation der Geistlichkeit wegen des Türkenkriegs, 28. 2. 1684.
B 8b Nr. 46 Kuriose Calumnienklage gegen einen preußischen Reiter in Regensburg, der behauptete, die bayerische Armee sei von den Türken aufs Haupt geschlagen worden und es sei »Ihro C. D. wie ein Spanfärkel davon geloffen« 1685.
B 8b Nr. 49 Abrechnung über die Kosten im ungarischen Winterquartier, 1685 bis 1686.
B 8b Nr. 52 Signatur des Geheimen Rats, daß die Werbung bei den Beamten einzustellen sei, 6. 3. 1686.

II. Gedruckte Quellen

ABRAHAM A SANCTA CLARA: Judas der Ertz-Schelm (Auswahl). Reprografischer Nachdruck der ersten Auflage, hg. v. F. Bobertag (1884, Neudruck ²1968).
– Auswahl aus seinen Schriften, hg. v. R. v. Kralik (1915) = Auszug aus: Auf, auf, ihr Christen.
– Merks Wien! Neu bearbeitet und hg. von K. Bertsche (1926).
– Fabeln und Parabeln, hg. von K. Bertsche (1954).
– Etwas für Alle, kurze Beschreibung allerlei Stands-, Amts- und Gewerbspersonen, ausgewählt und eingeleitet von R. Eger (1960).
– Hui und Pfui der Welt und andere Schriften, ausgewählt und eingeleitet von J. v. Hollander (1963).
– Wunderlicher Traum von einem großen Narrennest, hg. v. A. Haas (1969).
ADALBERTO PRINCIPE DE BAVIERA – GAMAZO, G. M. (Hg.): Documentos ineditos referentes a la postrimerías de la Casa de Austria en España, 5 vol. (1927 bis 1935); desgleichen in: Boletin de la Real Academia de la Historia 91 (1927) 20–86; 94 (1929) 239–354; 95 (1929) 638–739; 96 (1930) 909–1036; 97 (1930) 830–962; 98 (1931) 895–992; 99 (1931) 284–344; 100 (1932) 359–400.

ADLZREITER, J. (Hg.) – VERVAUX, J.: Annales Boicae Gentis, 3 vol. (1662), zweite Auflage Cum Praefatione Godefridi Guilielmi Leibnitii (1710).
ANTAL, G. v. – PATER, J. C. H. DE (Hg.): Weensche Gezandschapsberichten van 1670 tot 1720, 2 vol., in: Publicatien Rijks geschiedkundige 67 (1929/34).
ARETIN, C. M. FRHR. v.: Chronologisches Verzeichnis der bayerischen Staatsverträge 1503–1819 (1838).
ARNETH, A. (Hg.): Eigenhändige Korrespondenz des Königs Karl III. von Spanien (nachmals Kaiser Karl VI.) mit dem obersten Kanzler des Königreiches Böhmen Grafen Johann Wenzel Wratislaw, in: Archiv für Kunde Österreichischer Geschichtsquellen 16 (1856) 3–224.

BEAUVAU, H. MARQUIS DE: Mémoires pour servir a l'histoire de Charles IV duc de Lorraine et Bar (1688).
BITTNER, L.: Chronologisches Verzeichnis der österreichischen Staatsverträge (1526–1914), 4 Bde. (1903–1917).
BITTNER, L. – GROSS, L.: Repertorium der diplomatischen Vertreter aller Länder seit dem Westfälischen Frieden (1648), Bd. 1: 1648–1715 (1936), Bd. 2 (1716 bis 1763), hg. von F. Hausmann (1950).
BOLINGBROKE, H. ST. JOHN MYLORD OF: Mémoires secrets de Mylord Bolingbroke sur les affaires d'Angleterre depuis 1710 jusqu'en 1716 et plusieurs intrigues à la Cour de France, éd. par J. C. Fischer (1754).
BRÉtagne, P. DE: Réjouissances et fêtes magnifiques qui se sont faites en Bavière l'an 1722 (1723).
Briefe und Akten zur Geschichte des Dreißigjährigen Krieges, NF: Die Politik Maximilians I. von Bayern und seiner Verbündeten 1618–1651, 1. Teil, Bd. 1, bearb. v. G. Franz (1966), Bd. 2, bearb. v. A. Duch (1970); 2. Teil, Bd. 1–5, bearb. von W. Goetz und D. Albrecht (1907–1964).
BÜSCHING, A. F.: Neue Erdbeschreibung, Bd. 1–6 (1767–1769).

Campagne de Monsieur le Maréchal de Villars en Allemagne l'an 1703, 2 vol. (1762).
CAMESINA, A. v.: Wiens Bedrängnisse im Jahre 1683. Wien und seine Bewohner während der 2. Türkenbelagerung, in: Berichte und Mitteilungen des Alterthums-Vereines zu Wien, Bd. 8 (1865).
CASSE, A. DU (Hg.): Mémoires et correspondance politique et militaire du Prince Eugen, 10 vol. (1858/60).
CHAPUZEAU, L. SIEUR DE: Relation de l'état présent de la cour de Bavière (1673).
CHARLOTTE-ELISABETH, DUCHESSE D'ORLÉANS: Correspondance, éd. par G. Brunet (1904).
COLONIE, J. M. DE LA: Mémoires, 3 vol. (1738).
Collection de los tratados, vol. 1 (1796).
CONNOR, B.: Beschreibung des Königreichs Polen (dt. 1800).
– The history of Poland in several letters to persons of quality (1968).
COXE, W. (Hg.): Memoirs of John Duke of Marlborough, 3 vol. (1818/19).
CUPER, G.: Het Dagboek van Gispert Cuper, gedeputeerde te velde, gehouden in de Zuidelijke Nederlanden in 1706, éd. par A. J. Veenendaal (1950).

DANGEAU, P. DE COURCILLON, MARQUIS DE: Journal, avec les additions du Duc de Saint-Simon, éd. par M. Feuillet de Conches (1854/60).
DIERSBURG, R. v. (Hg.): Kriegs- und Staatsschriften des Markgrafen Ludwig von Baden, 2 Bde. (1850).

DIETZ: Meister Johann Dietz, des Großen Kurfürsten Feldscher, Mein Lebenslauf, hg. von Fr. Kemp, in: Lebensläufe Bd. 6 (1966).
Donau-Zeitung (1866).
DUMONT, J.: Corps universel diplomatique du droit des gens, 8 vol. (1726–1731).
— und ROUSSET, J.: Supplément au corps universel diplomatique, 2 vol. (1739).
ERTL, A. W.: Chur-Bairischer Atlas (1687 und 1705).
— Praxis aurea von Anschlag der hochgültigen Landgüter (1682).

FABER, A. (LEUCHT, CH. L.) u. a.: Europäische Staats-Cantzley, 115 Bde., 9 Bde. Register (1697/1759).
Die Feldzüge des Prinzen Eugen von Savoyen, hg. von der kriegsgeschichtlichen Abteilung des Wiener Kriegsarchivs, 21 Bde. (1876–1893).
FÉNELON, F.: Œuvres, vol. 3 (1787).
— Correspondance de Fénelon, archevêque de Cambrai, publié par la première fois sur les manuscrits originaux et la plupart inédits I (1827).
FERCHL, G.: Bayerische Behörden und Beamte (1505–1804), 2 Bde., in: OA 53 (1908/12) und 64 (1925).
FICK, J. M.: Bayerische Geschichte für Schulen und Familien zur Erweckung der Liebe zum Könige und Vaterland (1853).
Fidelis Belga seu Hispano-Belgium Restauratum sub regimine Maximiliani Emanuelis D. G. utriusque Bavariae ducis invictiss. sac. Rom. Imp. Electoris etc. (1696).
FIEDLER, J.: Actenstücke zur Geschichte Franz Rakoczys und seiner Verbindungen mit dem Auslande, in: Fontes Rerum Austriacarum (FRA) 9 und 17 / 1 und 2 (1855).
— Aktenstücke zur Geschichte Franz Rakoczys und seiner Verbindungen mit dem Auslande 1706, 1709, 1710, in: Archiv für österreichische Geschichte (= AÖG) (1871).
— und ARNETH, A. v.: Die Relationen der Botschafter Venedigs über Deutschland und Österreich im 17. Jhdt., in: FRA II, 26–27 (1866–1867).
FÜRG, J. B.: Leitfaden zum Unterricht in der Geschichte von Baiern für die deutschen Werk -und Feiertagsschulen (1850).

GACHARD, L. P.: Lettres écrites par les souverains des Pays-Bas aux états de ces provinces depuis Philippe II jusqu'à Francois II (1599–1794), in: Compte rendu des séances de la Commission Royale d'Histoire, 2ᵉ Série, I (1851) 282 bis 574.
— Une visite aux archives et á la bibliothèque royale de Munich, in: Compte rendu des séances de la Commission Royale d'Histoire, 3. Série VI (1864) 25–218.
GAEDEKE, A. (Hg.): Das Tagebuch des Grafen Ferdinand Bonaventura von Harrach während seines Aufenthaltes am spanischen Hofe in den Jahren 1697 und 1698, nebst zwei Instruktionen, in: AÖG 48 (1872) 163–302.
GEFFROY, M. A.: Lettres inédites de la princesse des Ursins et publiées avec une introduction et des notes (1859).
GHILLANY, F. W.: Diplomatisches Handbuch I (1855).
GRIMBLOT, P.: Letters of William III and Louis XIV and of their ministers, illustrative of the domestic and foreign Politics of England from the Peace of Ryswick to the Accession of Philipp V of Spain, 1697–1700, 2 vol. (1848).
GRITZNER, M.: Bayerisches Adelsrepertorium der letzten drei Jahrhunderte, nach amtlichen Quellen gesammelt und zusammengestellt (1880).

HARRACH, F. B. v. – MENČIK, F. (Hg.): Ein Tagebuch während der Belagerung von Wien im Jahre 1683, in: Archiv für österreichische Geschichte Bd. 36, 1. Hälfte (1898) 205–252.
HARTMANN, A.: Historische Volkslieder und Zeitgedichte vom 16.–19. Jhdt., 2 Bde. (1907–1910).
HEINISCH, G. FR.: Das Wissenswürdigste aus der Geographie und Geschichte Bayerns (^{2}1851).
HELLER, FR. (Hg.): Militärische Korrespondenz des Prinzen Eugen von Savoyen, 2 Bde. (1848).
HOECK, D. J. D. A.: Handbuch der neuesten Erdbeschreibung und Statistik, Bd. 1 (1803).
HÖFLER, C.: Abhandlungen zur Geschichte Österreichs unter den Kaisern Leopold I., Joseph I. und Karl VI., II.: Habsburg-Wittelsbach. Einleitung zu den vertrauten Briefen des Churfürsten Max II. von Baiern mit seiner Gemahlin Therese Sobieska von 1695, 1696, 1697, 1704, in: Archiv für österreichische Geschichte 44 (1871) 263–398.

JESSEN, H. (Hg.): Der Dreißigjährige Krieg in Augenzeugenberichten (1971).

KHUEN, J. C.: Magnus in Ortu ... semperque Serenissimus Principum Sol Maximilianeus Emanuel ... seu Apparatus Funebris Litterarius ... Monachii 1727.
KLOPP, O. (Hg.): Corrispondenza epistorale tra Leopoldo I. imperatore ed il P. Marco d'Aviano Cappucino (1888).
KNUTTEL, W. P. C.: Catalogus van de Pamflettenverzameling berustende in de Koninklijke Bibliotheek van Den Haag, Deel III, 1689–1713 (1900).
KOBOLT, A. M. – GANDERSHOFER: Lexikon bayerischer Gelehrter und Schriftsteller, 2 Bde. (1795/1824).
Konferenzen und Verträge: Vertrags-Ploetz, Bd. II, 3, bearb. von H. K. G. Rönnefarth (^{2}1958).
KREITTMAYR, A. W. FRHR. v.: Sammlungen der neuest- und merckwürdigsten Churbaierischen Generalien und Landesverordnungen (1771).
(KRENNER, F. v.:) Der Landtag im Churfürstenthum Baiern vom Jahre 1669 (1802).
KREUTEL, R. F. (Hg.): Kara Mustafa vor Wien. Das türkische Tagebuch der Belagerung Wiens 1683, verfaßt vom Zeremonienmeister der Hohen Pforte, in: Osmanische Geschichtsschreiber, Bd. 1 (1955, als Taschenbuch 1967).
KRUMPELT, I. (Hg.): Die großen Meister der Kriegskunst. Clausewitz, Moltke, Schlieffen (1960).

LAHNSTEIN, P.: Report einer »guten alten Zeit«. Zeugnisse und Berichte 1750 bis 1805 (1970).
– Das Leben im Barock. Zeugnisse und Berichte 1640–1740 (1974).
Leben und Ereignisse des Peter Prosch, eines Tyrolers von Ried im Zillerthal, oder Das wunderbare Schicksal, Geschrieben in den Zeiten der Aufklärung, hg. von K. Pörnbacher, in: Lebensläufe, Bd. 2 (1964).
Lehr- und Lesebuch für die männlichen deutschen Feiertags- und Fortbildungsschulen (^{4}1868).
Lesebuch für die Mittelklassen der Volksschulen des Regierungsbezirkes Oberbayern (ca. 30. Aufl., o. J. ca. 1910).
LÖSSL (V.) – MÖLLER – ZWERGER, J. (Hg.): Lesebuch für gewerbliche Fortbildungsschulen und verwandte Anstalten (ca. 6. Auflage, 1905).

LONCHAY, H.: Correspondance de la Cour d'Espagne sur les affaires des Pays-Bas au XVIIe siècle, recueil commencé par Henri Lonchay (+) et continué par Joseph Cuvelier avec la collaboration de Joseph Lefèvre (Publik. der Commission Royale d'Histoire). – Tome V: Précis de la correspondance de Charles II (1665–1700), 1935. – Tome VI: supplément (1698–1700), par Joseph Cuvelier et Joseph Lefèvre, 1937.
LURZ, G.: Mittelschulgeschichtliche Dokumente Altbayerns einschließlich Regensburgs, in: Mon. Germ. Paedagogica, hg. v. K. Kehrbach, Bd. 41/42 (1907/8).

MACHIAVELLI, N.: Der Fürst, dt. von E. Merian-Genast (1961).
– Politische Betrachtungen über die alte und die italienische Geschichte, dt. v. Fr. von Oppeln-Bronikowski, in: Klassiker der Politik, Bd. 2, zweite Auflage hg. v. E. Faul (1965).
MAFFEI, F. S. (Hg.): Memoire del General Maffei (1737, französ. Ausgabe 1740).
MARSCHALL, G. N. (Hg.): Lesebuch für gewerbliche Fortbildungsschulen (1879).
MARTENS, G. F. v. (Hg.): Recueil des principaux Traités, Suppl. I. (1802).
MAYER, M.: Quellen zur Behördengeschichte Bayerns. Die Neuorganisation Herzog Albrechts V. (1890).
MENČÍK, F. (Hg.): Ein Tagebuch während der Belagerung von Wien im Jahre 1683, in: Archiv für österreichische Geschichte, Bd. 36, 1. Hälfte (1898) 205 bis 252.
MÉRODE-WESTERLOO, J. P.: Mémoires du Feld-Maréchal comte de –, publiées par M. le Comte de Mérode-Westerloo, son arrière-petit-fils, 2 vol., Brussel 1840.
MEYR, G. K.: Sammlung der Kurpfalz-Baierischen und besonderen Landesverordnungen, 6 Bde. (1784–1799).
MIGNET, F. M. (Hg.): Négociations relatives à la succession d'Espagne sous Louis XIV, 4 vol. (1835/42).
MÜLLER, K. (Hg.): Instrumenta Pacis Westphalicae. Die Westfälischen Friedensverträge, in: Quellen zur neueren Geschichte Bd. 12/13 (1949).

OECHSLE, F. FR.: Briefe des Königs von Polen Johann Sobieski an die Königin Marie Kasimira während des Feldzuges von Wien (1827).
OW, A. FRHR. V.: Beiträge zur Geschichte Max Emanuels, aus den Mörmann'schen Papieren mitgeteilt, in: Altbayerische Monatsschrift Jgg. 3 (1901–2) 86–105, 141–152, 161–179; Jgg. 4 (1903–4) 101–114, 127–142, 165–172; Jgg. 5 (1905) 25–36, 129–136, 175–176.

Der Parnassus Boicus oder Neueröffneter Musen-Berg (1722)
PEZZL, J.: Reise durch den Baierischen Kreis (1784, unveränderter Neudruck, hg. v. J. Pfennigmann, 1973).
PUFENDORF, S. (SEVERINUS DE MONZAMBANO): De statu Imperii Germanici, Genf 1667, dt. von H. Bresslau: Über die Verfassung des deutschen Reiches (1870), desgleichen in: Klassiker der Politik Bd. 3 (1922).

RÁKÓCZY, F.: Confessio peccatoris (1876).
RECUEIL DES INSTRUCTIONS données aux ambassadeurs et ministres de France depuis les traités de Westphalie jusqu'à la Révolution francaise,
vol. VII: Bavière, Palatinat, Deux Ponts, ed. par A. Lébon (1889)
vol XI, 1: Espagne (1649–1700), éd. par A. Morel-Fatio avec la collaboration de M. H. Léonardon (1894)

vol. XI, 2: Espagne (1701–1722), éd. par A. Morel-Fatio et M. H. Léonardon (1898)
vol. XIV et XV: Savoie- Sardaigne et Mantoue, éd. par Le Comte Horric de Beaucaire (1899)
vol. XXI, I u. II: Hollande (1648–1730), éd. L. André et E. Bourgeois (1922/23)
vol. XXVIII: Etats allemands, tom 1: L'Electorat de Mayence (1962), tom 2: L'Electorat de Cologne (1963), tom 3: L'Electorat de Trèves, éd. par G. Livet (1966).
RIEZLER, S. – WALLMENICH, K. v. (Hg.): Akten zur Geschichte des baierischen Bauernaufstandes 1705/06, 3 Teile, in: Abhandlungen der Bayer. Akademie der Wissenschaften Bd. 26, 28, 29 (1912/15).
ROTH, A. (Hg.): Lieber bayrisch sterben. Eine Quellenauswahl über den bayerischen Bauernaufstand von 1705/6 (1955).

SAINT-SIMON, L. DE ROUVROY, DUC DE: Mémoires (Nouvelle édition augmentée des additions de Saint-Simon au Journal de Dangeau et de notes et appendices par A. de Boislisle), 24 vol. et 2 vol. tafels (1879–1918).
– Mémoires, Texte établi et annoté par G. Truc, in: Bibliothèque de la Pléiade vol. 5 (1959).
SARNECKI, K.: Pamietniki z czasów Jana Sobieskiego Dariusz í Relacje z lat 1691–1696. Opracowal ì przygotowal do druku Janusz Woliński (1958).
SCHACHT, FRHR. v.: Abendunterhaltungen eines Veteranen mit seinen Kameraden über teutsche und vaterländische Geschichte (²1854).
SCHLÖZER, A. L.: Briefwechsel meist historischen und politischen Inhalts, Bd. 1–8 (1780–1782).
(SCHMID, C. V.:) Oberpfälzisches Landrecht (1657).
SCHMID, C. v..: Commentarius amplissimus in ius provinciale Bavaricum (=T. 1); Commentarii ad jus municipale Bavaricum (= T. 2 und 3), Monachii 1695.
SILIHDÂR Fındıklılı Mehmed Ağa: Tarihi, Bd. 2 (1928).
STÖLLER, F. (Hg.): Neue Quellen zur Geschichte des Türkenkrieges 1683 aus dem lothringischen Hausarchiv, in: MIÖG Erg. – Bd. 13 (1933).
STURMINGER, W. (Hg.): Die Türken vor Wien in Augenzeugenberichten (1968).

Theatrum Europaeum, Bd. 1–21 (1618–1718).
THUCELIUS, C. (= CH. L. LEUCHT) (Hg.): Des H. R. Reichs Reichs-Staatsacta vom jetzigen 18. Saeculo sich anfangend, 5 Bde. (1715/22).
TREVELYAN, G. M. (Hg.): Selected Documents for Queen Anne's Reign down to the Union with Scotland 1702–1707 (1929).

VAST, H.: Les grands traités du règne de Louis XIV (Collection des textes pour servir à l'étude et à l'enseignement de l'histoire), 2 vol. (1893/98).
– La succession d'Espagne: traités d'Utrecht, de Rastadt et de Bade 1713–1714 (1899).
DE VAULT-PELET (Hg.): Mémoires militaires relatifs à la Succession d'Espagne, 11 vol. (1835/64).
VILLARS, L. H. MARÉCHAL DE: Mémoires, éd. par M. le Marquis de Vogué, 5 vol. (1884–1892).

WATZL, H. (Hg.): Flucht und Zuflucht. Das Tagebuch des Priesters Balthasar Kleinschroth aus dem Türkenjahr 1683, in: Forschungen zur Landeskunde von Niederösterreich Bd. 8 (1956).

WELTATLAS: Großer historischer Weltatlas, hg. vom Bayerischen Schulbuch Verlag, 3. Teil, red. von J. Engel (^{3}1967).
WENING, M.: Historico-Topographica Descriptio. Das ist: Beschreibung des Churfürsten- und Herzogthums Ober- und Nidern Bayrn. Rentamt München (1701), Rentamt Burghausen (1721), Rentamt Landshut (1723), Rentamt Straubing (1726), Neuausgabe München 1975 ff.
WESTENRIEDER, L.: Beschreibung der Haupt- und Residenzstadt München im gegenwärtigen Zustande (1782, unverändert ^{2}1783).
– Erdbeschreibung der bairisch-pfälzischen Staaten (1784).
– Geschichte von Baiern, für die Jugend und das Volk, auf höchsten Befehl seiner kurfürstlichen Durchlaucht verfaßt, 4. Teil, 2. Bd. (1785).
– Beyträge zur vaterländischen Historie, Geographie, Statistik und Landwirthschaft (1788).
– und NICOLAI, FR.: In München Anno 1782, hg. von L. Hollweck (1970).
WIJN, J. W. (Hg.): Het Staatsche Leger VIII. Het tijdperk van de Spaanse successie – oorlog 1702–1715, Bd. II.: De veldtochten van 1706–1710 (1961).

ZALUSKI, A. CHR.: Zaluski episcopi epistolarum historico-familiarum tom 1, pars 2 (1711).
Zeitschrift für Bayern IV (1816).
ZIEGLER, G. (Hg.): Der Hof Ludwigs XIV. in Augenzeugenberichten, dt. von E. Hort (^{3}1964).
ZINCK, J. J.: Ruhe des jetzt lebenden Europa II (1727).
Zur Leichenfeier des Kurfürsten Max Emanuel in Ingolstadt, in: Sammelblatt des Hist. Vereins von Ingolstadt 45 (1926) 107–110.

III. Literatur

ABEL, W.: Agrarkrisen und Agrarkonjunktur in Mitteleuropa vom 13. bis zum 19. Jahrhundert (1935, zweite neubearbeitete Auflage 1966).
– Massenarmut und Hungerkrisen im vorindustriellen Europa. Versuch einer Synopsis (1974).
– Geschichte der deutschen Landwirtschaft vom frühen Mittelalter bis zum 19. Jh., in: Deutsche Agrargeschichte Bd. 2 (1967).
Actes des Journées internationales d'étude de Baroque, de Montauban, Faculté des lettres et sciences humaines, Toulouse 1965.
ADALBERT PRINZ VON BAYERN: Der Erbe der Krone Spaniens – Joseph Ferdinand, Kurprinz von Bayern, Prinz von Asturien, in: Der Zwiebelturm 7 (1952) 229–232.
ADALBERT VON BAYERN: Maria Anna von Pfalz-Neuburg und die bayerischen Ansprüche in der spanischen Erbfolge, Diss. Masch. München 1922.
– Mariana de Neoburgo y las pretensiones bávaras a la sucesión española, in: Boletín de la Real Academia de la Historia 80 (1922) 28–30, 107–122.
– Das Ende der Habsburger in Spanien, Bd. 1: Karl II., Bd. 2: Maria Anna von Neuburg (1929).
ADALBERTO PRINCIPE DE BAVIERA: Mariana de Neoburgo, Reina de España, Traducción del original alemán por la Infanta Paz, Prólogo de Duque de Maura, in: Vidas Memorables vol. 2 (1938).

ADALBERT VON BAYERN: Als die Residenz noch Residenz war (1967).
ALEWYN, R.: Aus der Welt des Barock (1957).
- und SÄLZLE, K.: Das große Welttheater. Die Epoche der höfischen Feste in Dokument und Deutung (1959).
- (Hg.): Deutsche Barockforschung. Dokumentation einer Epoche, in: Neue wissenschaftliche Bibliothek, Bd. 7 (^{2}1966).
ANGERMEIER, H.: Die Reichskriegsverfassung in der Politik der Jahre 1679-1681, in: ZRG Germ. Abtg. 82 (1965) 190-222.
ARETIN, K. O. FRHR. V.: Heiliges Römisches Reich 1776-1806. Reichsverfassung und Staatssouveränität, 2 Teile, in: Veröffentlichungen des Instituts für europäische Geschichte Mainz Bd. 38, 1 und 2 (1967).
- Die bayerische Landschaftsverordnung 1714-1777, in: Gerhard, D. (hg.): Ständische Vertretungen im 17. und 18. Jh., Veröffentlichungen des Max-Planck-Instituts für Geschichte, Bd. 27 (1969) 208-246.
ARIÈS, PH.: L'enfant et la vie familiale sous l'Ancien Régime (1960).
- Le Mariage, engagement pour la vie, in: Recherches et débats du Centre catholique des intellectuels francais, NS 74 (1971).
ARNETH, A. V.: Prinz Eugen von Savoyen, Bd. 3 (1858, ^{2}1864).
ARNOLD, K.: Geschichte des niederrheinisch-westfälischen Kreises in der Zeit des spanischen Erbfolgekrieges 1698-1714, Diss. Bonn 1937.
ASHLEY, M. P.: Louis XIV. and the Greatness of France (^{2}1948).
ATLAS: Historischer Atlas von Bayern, hg. von der Bayerischen Akademie der Wissenschaften, Bd. 1-40 (1950-1975).
AUER, F. L.: Geschichte der Seidenindustrie und der Seidenzucht in Bayern (1954).
AUER, O.: Die Theatinerkirche St. Cajetan in München (o. J.).
BADALO–DULONG, C.: Trente ans de diplomatie francaise en Allemagne, Louis XIV. et l'Electeur de Mayence, 1648-1678 (1956).
BARNER, W.: Der literarische Barockbegriff, in: Wege der Forschung, Bd. 358 (1975).
Barockes Fest – barockes Spiel, Ausstellungskatalog (1973).
»Les bases économiques et sociales de l'absolutisme«, in: XIIe Congrès International des Sciences Historiques, Vienne, 29 Août – 5 Septembre 1965, vol. V, Actes (1967), p. 675-703.
BAUCH, A.: Das Collegium Willibaldinum im Wandel der Jahrhunderte, in: 400 Jahre Collegium Willibaldinum Eichstätt (1964) 22-117.
BAUER, R.: Leitung und Organisation des kurfürstlichen geistlichen Rats 1768 bis 1802 im Zusammenhang mit der bayerischen Kirchenpolitik in den letzten Jahrzehnten vor der Säkularisation, in: MBM Bd. 32 (1971).
BAUERREISS, R.: Kirchengeschichte Bayerns, Bd. VI und VII (1965/1970).
BAUMANN, G.: Der Bauernaufstand vom Jahre 1705 im bayerischen Unterland, 2 Teile, in: Verhandlungen des hist. Vereins für Niederbayern 69/70 (1936/1937).
BAUR-HEINHOLD, M.: Theater des Barock. Festliches Bühnenspiel im 17. und 18. Jh. (1966).
BECKER, K.: Die Politik des Kurfürsten Joseph Klemens von Köln bei Abschluß des Spanischen Erbfolgekriegs (1711-1715), Diss. Masch. Bonn 1949.
BERBER, FR.: Das Staatsideal im Wandel der Weltgeschichte (1973).
BÉRENGER, J.: Une tentative de rapprochement entre la France et l'empereur: La traité de partage secret de la Succession d'Espagne du 19 janvier 1668, in: Revue d'histoire diplomatique 79 (1965) 291-314.
BERNEY, A.: König Friedrich I. und das Haus Habsburg 1701-1707 (1929).

– Der Reichstag zu Regensburg 1702–1704, in: HVjschr 24 (1929) 389–442.
BIEDERBICK, A.: Der deutsche Reichstag zu Regensburg im Jahrzehnt nach dem spanischen Erbfolgekrieg 1714–1724. Der Verlauf der Religionsstreitigkeiten und ihre Bedeutung für den Reichstag, Diss. Bonn 1937.
BLESSING, K. W.: Zur Analyse politischer Mentalität und Ideologie der Unterschichten im 19. Jh., in: ZBLG 34 (1971) 768–816.
BLICKLE, P.: Landschaften im Alten Reich. Die staatliche Funktion des gemeinen Mannes in Oberdeutschland (1973).
BLOCH, M.: Apologie pour l'Histoire ou Métier d'Historien, in: Cahiers des Annales 3 (^{6}1967).
BLOCH-WITTELS, M.: Die Anfänge der österreichischen Arrondierungspolitik, Diss. Berlin 1933.
BÖCK, K.: Das Bauernleben in den Werken bayerischer Barockprediger (1953).
BOEHM, L.: Das Hochschulwesen in seiner organisatorischen Entwicklung, in: Handbuch der bayer. Geschichte, hg. v. M. Spindler, Bd. 2 (1969) 815–838.
– und SPÖRL, J.: Ludwig-Maximilians-Universität. Ingolstadt, Landshut, München 1472–1972 (1972).
BOEHM, L.: Die alte Poststraße München–Braunau–Wien, in: Archiv für Postgeschichte in Bayern 15 (1939).
BÖHMER, H.: Forschungen zur französischen Bündnispolitik im 17. Jh., Wilhelm Egon von Fürstenberg und die französische Diplomatie in Deutschland 1668 bis 1672, in: Rheinische Vierteljahresblätter 4 (1934) 225–258.
BÖRSCH-SUPAN, H.: Joseph Vivien als Hofmaler der Wittelsbacher, in: Münchner Jahrbuch der bildenden Kunst, 3. Folge, 14. Bd. (1963) 129 ff.
BOG, I.: Christoph de Royas y Spinola und die deutschen Reichsstände. Forschungen zu den Reichseinigungsplänen Kaiser Leopolds I., in: Jahrb. für fränkische Landesforschung Bd. 14. Festgabe für E. Ernstberger (1954) 191–234.
– Der Reichsmerkantilismus: Studien zur Wirtschaftspolitik des Heiligen Römischen Reiches im 17. und 18. Jh., in: Forschungen zur Sozial- und Wirtschaftsgeschichte 1 (1959).
– Türkenkrieg und Agrarwirtschaft, in: Die wirtschaftlichen Auswirkungen der Türkenkriege. Die Vorträge des 1. Internationalen Grazer Symposions zur Wirtschafts- und Sozialgeschichte Südosteuropas, hg. von O. Pirckl = Grazer Forschungen zur Wirtschafts- und Sozialgeschichte 1 (1971) 13–26.
BORMANS, ST.: Maximilien-Emmanuel de Bavière, comte de Namur (1875).
BORODAJKEWYCZ, T. v.: Kaiser und Reichserzkanzler bei Beginn des Spanischen Erbfolgekrieges, in: Historische Blätter 7 (1937) 117–150.
BOSL, K.: Bayern und Italien. Zwölfhundert Jahre kulturelle und menschliche Begegnung, in: Gemeinsames Erbe 3 (1959) 55–87.
– Das kurpfälzische Territorium »Obere Pfalz«, in: ZBLG 26 (1963) 3–28.
– München. Bürgerstadt – Residenz – heimliche Hauptstadt Deutschlands (1971).
– Bayerische Geschichte (1971).
– Die Grundlagen der modernen Gesellschaft im Mittelalter. Eine deutsche Gesellschaftsgeschichte des Mittelalters, 2 Teile, in: Monographien zur Geschichte des Mittelalters, Bd. IV, 1 und 2 (1972).
– Die Geschichte der Repräsentation in Bayern. Landständische Bewegung, landständische Verfassung, Landesausschuß und altständische Gesellschaft, in: Repräsentation und Parlamentarismus in Bayern vom 13. bis zum 20. Jahrhundert. Eine politische Geschichte des Volkes in Bayern, Bd. 1 (1974).
– (hg.): Handbuch der Geschichte der böhmischen Länder, Bd. 2 (1974).
BOUTHOUL, G.: Les Mentalités (^{5}1971).

- Les Guerres. Eléments de polémologie (1951).
BRAUBACH, M.: Die Bedeutung der Subsidien für die Politik im Spanischen Erbfolgekrieg, in: Bücherei der Kultur und Geschichte 29 (1923).
- Die Politik des Kurfürsten Max Emanuel von Bayern im Jahre 1702, in: HJb. 43 (1923) 53-92.
- Die Politik des Kurfürsten Joseph Clemens bei Ausbruch des spanischen Erbfolgkrieges und die Vertreibung der Franzosen vom Niederrhein (1701-1703), in: Rheinisches Archiv 6 (1925).
- Ein Brief des Kurfürsten Max Emanuel von Bayern an seinen Sohn, den Kurfürsten Clemens August von Köln, in: Annalen des Hist. Vereins für den Niederrhein 110 (1927) 210-213.
- Die vier letzten Kurfürsten von Köln. Ein Bild rheinischer Geschichte im 18. Jh. (1931).
- Um die »Reichsbarriere« am Oberrhein. Die Frage der Rückgewinnung des Elsaß und der Wiederherstellung Lothringens während des Spanischen Erbfolgekrieges, in: Zeitschr. f. Gesch. des Oberrheins NF 50 (1937) 481-530.
- Geheime Friedensunterhandlungen am Niederrhein 1711/12, in: Düsseldorfer Jahrbuch 44 (1947) 189-209.
- Kurfürst Joseph Clemens von Köln als Vermittler zwischen Versailles und Wien, in: Annalen des Hist. Vereins für den Niederrhein 146/147 (1948) 228-238.
- Der westfälische Friede (1948).
- Kurköln. Gestalten und Ereignisse aus zwei Jahrhunderten rheinischer Geschichte (1949).
- Versailles und Wien von Ludwig XIV. bis Kaunitz. Die Vorstadien der diplomatischen Revolution im 18. Jh., in: Bonner hist. Forschungen 2 (1952).
- Prinz Eugen und das 18. Jahrhundert, in: HZ 179 (1955) 273-296.
- Prinz Eugen im Kampf um die Macht 1701-1705, in: HJb. 74 (1955) 294-318.
- Prinz Eugen von Savoyen. Eine Biographie, 5 Bde. (1963-1965).
- Prinz Eugen von Savoyen und Max Emanuel von Bayern, in: Festschrift M. Spindler (1969) 473-486.
- Johann Wilhelm, Kurfürst von der Pfalz, Herzog von Jülich und Berg (1658 bis 1716), in: Rheinische Lebensbilder, Bd. 1 (1971) 83-101.
- Wilhelm von Fürstenberg (1629-1704) und die französische Politik im Zeitalter Ludwigs XIV., in: Bonner historische Forschungen 36 (1972).
BRAUDEL, F.: La Méditerranée et le Monde Méditerranéen à l'époque de Philippe II (1949, 2 Bde. zweite Auflage 1966).
- La démographie et les dimensions des sciences de l'homme, in: Annales E.S.C. 15 (1960) 493-523, desgleichen in: derselbe: Ecrits sur l'histoire (1969) 193-235.
- Histoire et sciences sociales: La longue durée, in: derselbe: Ecrits sur l'histoire (1969) 41-83.
- SPOONER, F. C., PORTAL, R., ASHTON, TH. S., LEUILLOT, P. und VIDALENC, J.: Commerce et Industrie en Europe du XVIe au XVIIIe siècle, in: X Congresso Internazionale di Science Storiche, Roma 1955, vol. IV.
BRAUNFELS, W.: Francois de Cuvilliés. Ein Beitrag zur Geschichte der künstlerischen Beziehungen zwischen Deutschland und Frankreich im 18. Jh. (1938).
BRIAVOINNE, N.: Mémoire sur l'état de la population, des fabriques, des manufactures et du commerce dans les Provinces des Pays-Bas, depuis Albert et Isabelle jusqu'à la fin du siècle dernier (Mémoires couronnes par l'Académie royale des sciences et belles-lettres de Bruxelles, reeks in – 4°, XIV/II), Brussel 1840, 1-217.

BRUNNER, J.: Das Postwesen in Bayern ... (1900).
BRUNNER, O.: Adeliges Landleben und europäischer Geist. Leben und Werk Wolf Helmhards von Hohberg 1612–1688 (1949).
– Vom Gottesgnadentum zum monarchischen Prinzip. Der Weg der europäischen Monarchie seit dem Hohen Mittelalter, in: Vorträge und Forschungen, hg. vom Institut für geschichtliche Landesforschung des Bodenseegebietes in Konstanz, gel. von Th. Mayer, Bd. 3 (1956) 279–305, desgleichen in: H. H. Hofmann (Hg.): Die Entstehung des modernen souveränen Staates (1967) 115–136.
– Land und Herrschaft. Grundfragen der territorialen Verfassungsgeschichte Österreichs im Mittelalter (^{5}1965, Neudruck 1973).
BUCHNER, A.: »Der Letzte Landtag der altbayerischen Landstände im Jahr 1669«, in: Abhandlung der Hist. Classe der Bayer. Akademie der Wissenschaften Bd. 6 (1851) 311–354.
BÜRKLIN, H.: Franz Joachim Beich (1665–1748). Ein Landschafts- und Schlachtenmaler am Hofe Max Emanuels, in: MBM Bd. 39 (1971).
BURGER, H.-O.: Dasein heißt eine Rolle spielen. Barockes Menschentum im Spiegel von Bidermannns »Philemon Martyr« und Weises »Masaniello«, in: Germanisch-romanische Monatsschrift 11 (1961) 365–379.
BURGLECHNER, J.: Der höfische Absolutismus in Bayern, vornehmlich im Lichte des »Mundus Christiano-Bavaro-Politicus«, Diss. München 1920.
BUSSEMAKER, TH.: De onechtheid van het zoogenamd vertrag tusschen de Republiek en den Keurvorst van Baieren, van augustus 1698, in: Handelingen en Mededeelingen van de Maatschappij der Nederlandsche Letterkunde te Leiden over het Jaar 1909-1910 (1910) 147–168.
The New Cambridge Modern History: vol. V: The Ascendancy of France 1648 bis 1688, ed. of F. L. Carsten (1961); vol VI: The rise of Great Britain and Russia 1688–1715/25, ed. by J. S. Bromley (1970); vol. VII: The old Regime 1713–63, ed. by J. O. Lindsay (1957).
CARRÉ, H.: Le Maréchal de Villars, homme de guerre et diplomate (1936).
CARSTEN, F. L.: Princes and Parliaments in Germany from the Fifteenth to the Eighteenth Century (1959, Repr. 1963).
– Die Ursachen des Niedergangs der deutschen Landstände, in: HZ 192 (1961) 273–281.
CAUCHIE, A.: Apercu sur l'Histoire du Jansénisme en Belgique, in: Annuaire du XIIIe Congrès de la Féderation archéol. et histor. de Belgique a Gand, vol. II (Gant 1913) 250–255.
CEYSSENS, L.: Jansenistica. Studien in verband met de geschiedenis van het Jansenisme, 2 vol. (Mechelen 1950–1953).
– Les papiers de Quesnel saisis à Bruxelles et transportés à Paris en 1703 et 1704, in: Jansenistica Minora I (1950).
– Jansénisme et anti-jansénisme en Belgique au XVIIe siècle. A propos d'un livre récent, in: Revue d'histoire écclesiastique 51 (1956) 143–185.
– Sources relatives aux débuts du jansénisme et de l'antijansénisme, 1640–1643, in: Bibliothèque de la Revue d'histoire ecclesiastique 31 (1957).
– La séconde période du Jansenisme, in: Bibliothèque de l'Institute hist. belge de Rome 17 (1968).
CHAUNU, P.: Jansénisme et frontière de catholicité XVIIe et XVIIIe siècles. A propos du jansénisme lorrain, in: Revue d'histoire 227 (1962) 115–138.
– Europäische Kultur im Zeitalter des Barock, dt. von A. P. Zeller (1968).
CHOISY, J. E.: Les relations spirituelles entre Genève et la Hongrie protestante, in: Nouvelle Revue de Hongrie 63 (1940) 94–98.

CHRIST, G.: Die Würzburger Bischofswahl des Jahres 1724. Verlauf und Folgen, zugleich ein Beitrag zum Selbstverständnis der Reichskirchenpolitik Karls VI., in: ZBLG 29 (1966) 454–501, 689–726.
- Das Hochstift Würzburg und das Reich im Lichte der Bischofswahlen von 1673 bis 1795, in: Würzburger Diözesangeschichtsblätter 29 (1967) 184–206.
- Fürst, Dynastie, Territorium und Konfession. Beobachtungen zu Fürstenkonversionen des ausgehenden 17. und beginnenden 18. Jahrhunderts, in: Saeculum XXIV, H. 4 (1973) 367–387.

CHRISTIANI, L.: L'hérésie de Port Royal, in: Bibliothèque Ecclesia 11 (1955).
CHURCHILL, W. S.: Marlborough. His Life and Times, 4 vol. (1933–1938, dt. von E. Müller in 2 Bänden, 1968/69).
CLARETTA, G.: Adelaide di Savoia duchessa di Baviera e i suoi tempi (1883).
CLARK, G.: The Character of the Nine Years War, 1688–1697, in: Cambridge Hist. Jour. 11 (1953) Nr. 1, p. 168–182.
- War and Society in the seventeenth Century (1958).

COHEN, A.: Der Verfall des Adels und die ersten Amortisationsgesetze in Bayern, in: Beilage der Allgemeinen Zeitung, Jgg. 1902, Nr. 15 (20. 1. 1902), S. 113 bis 115.
- Der Kampf um die adeligen Güter in Bayern nach dem Dreißigjährigen Kriege und die ersten bayerischen Amortisationsgesetze, in: Zeitschr. für die gesamte Staatswissenschaft 59 (1903) 1–52.
- Die Verschuldung des bäuerlichen Grundbesitzes in Bayern, von der Entstehung der Hypothek bis zum Beginn der Aufklärungsperiode (1598–1745), 1906.
- Kredit und Verschuldung des bäuerlichen Grundbesitzes in Bayern im 17. und 18. Jh., in: Jahrbuch für Nationalökonomie und Statistik 139 (1933) 705–715.

COORNAERT, E.: Le mercantilisme, in: Rev. Hist. Mod. 8 (1933) 272–276.
COPPLESTONE, T. and MYERS, B. S. (Hg.): The Age of Baroque, in: Landmarks of the world's Art (1966).
COREMANS, A. V.: Miscellanées de l'Epoque de Maximilien-Emmanuel (1692 bis 1709). Notice sur les éphémérides de Herman de Voeller, secrétaire d'Allemagne et du Nord (1846).
CORETH, Anna: Pietas Austriaca. Ursprung und Entwicklung barocker Frömmigkeit in Österreich (1959).
CZARKOWSKI-GOLEJEWSKI, K. GRAF VON: Genealogisch-heraldische, polnisch-bayerische Beziehungen im 17./18. Jh., in: ZBLG 34 (1971) 696–700.
- Kurfürstin Therese Kunigunde, in: ZBLG 37 (1974) 845–870.

DANNER, A.: Der Kommerzienrat (Kommerzkollegium) in Bayern im 17. Jh., in: OA 55 (1910).
DECKER, W.: Die wirtschaftliche und soziale Lage des oberpfälzischen Landsassenadels, insbesondere der Nothafft nach dem 30jährigen Krieg, Diss. München 1932.
DEHIO, L.: Gleichgewicht oder Hegemonie. Betrachtungen über ein Grundproblem der neueren Staatengeschichte (^{2}1961).
DELEITO Y PINUELA, J.: El declinar de la monarquía española (^{3}1955).
DELUMEAU, J.: Démographie et mentalités: la mort en Anjou (XVIIe–XVIIIe siècles), in: Annales E.S.C. 27 (1972) 1389–1399.
DEMETER, K.: Das deutsche Offizierskorps in Gesellschaft und Staat 1650–1945, vierte überarb. und erweiterte Auflage, 1965.
DEMLEITNER, J.: Bäuerliche Bevölkerungsbewegung in Oberbayern. Abwanderungen aus dem Klostergericht Benediktbeuern nach dem Dreißigjährigen Krieg, in: Volk und Volkstum 2 (1937) 59–76.

DIEPGEN, P.: Geschichte der Medizin: Die historische Entwicklung der Heilkunde und des ärztlichen Lebens, Bd. 1: Von den Anfängen der Medizin bis zur Mitte des 18. Jh. (1949).
DOEBERL, M.: Das Projekt einer Einigung Deutschlands auf wirtschaftlicher Grundlage aus dem Jahre 1665 und die sich daran anschließenden wirtschaftspolitischen Verhandlungen zwischen Bayern und Österreich, in: FGB 6 (1898) 163–205.
– Das bayerische Hilfskorps in Kölner Diensten zur Zeit des zweiten Raubkriegs, in: FGB 6 (1898) 18–44.
– Bayern und Frankreich vornehmlich unter Kurfürst Ferdinand Maria, 2 Bde., 1900 und 1903.
– Der Ursprung der Amortisationsgesetzgebung in Bayern, ein Beitrag zur Kulturgeschichte des 17. und 18. Jh., in: FGB 10 (1902) 186–262.
– Innere Regierung Bayerns nach dem Dreißigjährigen Kriege, in: FGB 12 (1904) 32–108.
– Entwicklungsgeschichte Bayerns, Bd. 2 (^{3}1928).
DOLLINGER, H.: Kurfürst Maximilian I. von Bayern und Justus Lipsius. Eine Studie zur Staatstheorie eines frühabsolutistischen Fürsten, in: Archiv für Kulturgeschichte 46 (1964) 227–308.
– Studien zur Finanzreform Maximilians I. von Bayern 1598–1618. Ein Beitrag zur Geschichte des Frühabsolutismus, in: Schriftenreihe der Hist. Kommission bei der Bayer. Akademie der Wissenschaften Bd. 8 (1968).
DREYER, A.: Ein Huldigungsgedicht auf die Rückkehr Max Emanuels nach Bayern, in: Altbayerische Monatsschrift Jg. 5 (1905) 148–154.
DÜLMEN, R. VAN: Anfänge einer geistigen Neuorientierung in Bayern zu Beginn des 18. Jh. Eusebius Amorts Briefwechsel mit Pierre-Francois Le Courayer in Paris, in: ZBLG 26 (1963) 493–559.
– Antijesuitismus und katholische Aufklärung in Deutschland, in: HJb. 89 (1969) 52–80.
– Probst Franziskus Töpsl (1711–1796) und das Augustinerchorherrenstift Polling. Ein Beitrag zur Geschichte der katholischen Aufklärung in Bayern (1967).
DÜRRWAECHTER, A.: Zur bayerischen Geschichte unter Ferdinand Maria und Max Emanuel, in: HJb. 35 (1914) 543–590, 753–780.
DUHR, B.: Geschichte der Jesuiten in den Ländern deutscher Zunge im 16.–18. Jh., 4 Bde. in 6 Teilen (1907–28).
DUPAQUIER, J.: Sur la population francaise au XVIIe et au XVIIIe siècle, in: RH (1968) 43–80.
EISENBERG, N.: Studien zur Historiographie Kaiser Leopolds I., in: MIÖG 51 (1937).
ELIAS, N.: Die höfische Gesellschaft. Untersuchungen zur Soziologie des Königtums und der höfischen Aristokratie mit einer Einleitung: Soziologie und Geschichtswissenschaft, in: Soziologische Texte Bd. 54 (^{2}1975).
ELSAS, M. J.: Umriß einer Geschichte der Preise und Löhne in Deutschland vom ausgehenden Mittelalter bis zum Beginn des 19. Jh., 2 Bde. (1936/1949).
ERBSTEIN, J. und A.: Die von der kaiserlichen Administration in Bayern während der Jahre 1705–1714 zu München und Augsburg geschlagenen Münzen, in: Blätter für Münzfragen 18 (1882) Nr. 100.
ERNST, H.: Ein Hofmaler Max Emanuels. Zu Martin Maingauds Kinderbildern im Schloß Schleißheim, in: Die Kunst und das schöne Heim, Sonderdruck (1954), S. 86–91.
Die Eroberung von Ofen und der Feldzug gegen die Türken in Ungarn im

Jahre 1686, dargestellt nach den Acten der Wiener Archive und anderen authentischen Quellen, in: Mitteilungen des K.K. Kriegs-Archivs, Jgg. 1886 II (1886).
ESEBECK, F. v.: Die Begründung der hannoverschen Kurwürde. Ein Beitrag zur Geschichte des Heiligen Römischen Reichs im 17. Jh., in: Quellen und Darstellungen zur Geschichte Niedersachsens 43 (1935).
FÅHRAEUS, R.: Karl XI och Karl XII, in: Sveriges historia till våra dagar, vol. 8 (1921).
FALLS, C. (Hg.): Große Landschlachten, dt. v. K. Frhr. v. Liebenstein (o. J. / ca. 1964).
FAULMÜLLER, A.: Die Reichsstadt Augsburg im Spanischen Erbfolgekrieg, in: Abhandlungen zur Geschichte der Stadt Augsburg 5 (1933).
FEBVRE, L.: Combats pour l'Histoire, in: Collection Economies – Sociétés – Civilisations (1953/²1965).
– Sorcellerie, sottise ou révolution mentale, in: Annales E. S. C. 3 (1948) 9–15.
– La Terre et l'évolution humaine. Introduction géographique à l'histoire, in: L'évolution de l'humanité, vol. 23 (1970).
FELDMEIER, F.: Die Ächtung des Kurfürsten Max Emanuel von Bayern und die Übertragung der Oberpfalz mit der fünften Kur an Kurpfalz (1702–1708), in: OA 58 (1914) 145–269.
FELLER, H. R.: Die Bedeutung des Reiches und seiner Verfassung für die mittelbaren Untertanen und die Landstände nach 1648. Diss. Masch. Marburg 1953.
FELLNER, TH. – KRETZSCHMAYER, H.: Die österreichische Zentralverwaltung, 1. Abteilung: Von Maximilian I. bis 1749, Bd. 1 Darstellung, Bd. 2 und 3 Akten (1907).
FISCHER, A.: Die Verwaltungsorganisation Münchens im 16. und 17. Jh., Diss. Masch. München 1951.
FLEMMING, W.: Der Mensch des Deutschen Barocks, in: Der Unterricht 7, H. 6 (1955) 29–42.
FÖRSTER, K.: Die Donau als Schiffahrts- und Handelsweg, in: Südosteuropa Jahrbuch 2 (1958).
FOUCAULT, M.: Wahnsinn und Gesellschaft. Eine Geschichte des Wahns im Zeitalter der Vernunft, dt. von U. Köppen (1973).
FRANCASTEL, P.: Baroque et Classique: une civilisation, in: Annales E.S.C. 12 (1957) 207–222.
FRANZ, G.: Der Dreißigjährige Krieg und das deutsche Volk. Untersuchungen zur Bevölkerungs- und Agrargeschichte, in: Quellen und Forschungen zur Agrargeschichte Bd. 7 (³1961).
FREYBERG, M. FRHR. v.: Pragmatische Geschichte der bayerischen Gesetzgebung und Staatsverwaltung seit den Zeiten Maximilians I., 4 Bde. (1836–1839).
FRICEK, A.: Die Administration in Bayern von 1704–1714, Diss. Masch. Wien 1953.
FRIS, V.: Histoire de Gand (1913).
Führer durch das Königlich Bayerische Armeemuseum, bearbeitet von H. Fahrmbacher (1907).
FÜRNROHR, W.: Das Patriziat der Freien Reichsstadt Regensburg zur Zeit des Immerwährenden Reichstags, in: VHOR 93 (1952) 153–308.
– Der Immerwährende Reichstag zu Regensburg. Das Parlament des Alten Reiches, in: VHOR 103 (1964) 165–255.
– Kurbaierns Gesandte auf dem Immerwährenden Reichstag. Zur baierischen Außenpolitik 1663–1806 (1971).

GACHARD, L. P.: Histoire de la Belgique au commencement du XVIIIe siècle (Den Haag und Brüssel 1880).
GAEDEKE, A.: Die Mission des Grafen Aloys Louis von Harrach am spanischen Hof und seine Finalrelation an Kaiser Leopold I. 1696 und 1697, in: HZ 29 (1873) 68–110.
– Die Politik Österreichs in der spanischen Erbfolgefrage aufgrund des Wiener Staats- und Harrach'schen Familienarchivs nebst Akten und Urkunden (1877).
GAILLARD, A.: Le Conseil de Brabant. Histoire, Organisation, Procédure, 3 vol. (1898–1902).
GALESLOOT, L.: Troubles de Bruxelles de 1698 et 1699. L'avocat Vander Meulen et les doyens des métiers traduits devant le Conseil de Brabant, in: Annales de l'Académie d'archéologique de Belgique 26, 2e Série, tome VI (1870) 5–154.
GEBAUER, R.: Die Außenpolitik des schwäbischen Reichskreises vor Ausbruch des Spanischen Erbfolgekrieges (1697–1702), Diss. Heidelberg 1966.
GEBHARD, B.: Handbuch der deutschen Geschichte, Bd. 2: Von der Reformation bis zum Ende des Absolutismus, 16. bis 18. Jh., hg. von H. Grundmann (^{9}1970).
GEORGE, A. L. und J. L.: Psychoanalyse und historische Biographie, in: H.-U. Wehler (Hg.): Geschichte und Psychoanalyse (1971) 78–100.
GERBL, O.: Die Kontrolle der Steuerverwendung durch die Landstände in Bayern, Diss. Jur. Würzburg 1911.
GERBORE, P.: Formen und Stile der Diplomatie (1964).
GERHARD, D.: Regionalismus und ständisches Wesen als ein Grundthema europäischer Geschichte, in: HZ 174 (1952) 307–337, desgleichen in: H. Kämpf (Hg.): Herrschaft und Staat (1956, Neudruck 1972) 332–364.
– Ständische Vertretungen in Europa im 17. und 18. Jh., in: Veröffentlichungen des Max-Planck-Instituts für Geschichte, Bd. 27 = Etudes présentées à la Commission Internationale pour l'histoire des Assemblées d'Etats, vol. 37 (1969).
– Probleme ständischer Vertretungen im frühen 18. Jh. und ihre Behandlung in der gegenwärtigen internationalen Forschung, in: D. Gerhard (Hg.): Ständische Vertretungen in Europa im 17. und 18. Jh. (1969) 9–31.
GILISSEN, J.: Le régime représentatif avant 1790 en Belgique (1952).
GIRARD, A.: L'Espagne à la fin du XVIIe siècle, à propos d'ouvrages récents, in: Revue de synthèse historique 26 (1913) 99–115.
GLASS, D. V. and EVERSLEY, D. E. C.: Population in History ... (1965).
GOCKERELL, N.: Das Bayernbild in der literarischen und »wissenschaftlichen« Wertung durch fünf Jahrhunderte. Volkskundliche Überlegungen über die Konstanten und Varianten des Auto- und Heterostereotyps eines deutschen Stammes, in: MBM Bd. 51 (1974).
GÖHRING, M.: Kaiserwahl und Rheinbund von 1658. Ein Höhepunkt des Kampfes zwischen Habsburg und Bourbon um die Beherrschung des Reiches, in: Geschichtliche Kräfte und Entscheidungen, Festgabe für O. Becker (1954) 65–83.
GÖRGMAIER, D.: Gartenfeste Versailler Prägung am kurbayerischen Hof unter Max Emanuel und Karl Albrecht – ein Beitrag zur Kultur- und Gesellschaftsgeschichte in Bayern, Diss. München 1973.
GOOCH, G. P.: Louis XV. The Monarchy in Decline (1956).
GORALSKI, ZB.: Zur Kandidatur des bayerischen Kurfürsten Max Emanuel für die polnische Krone (1696–1697), in: ZBLG 34 (1971) 390–396.
GOUBERT, P.: En Beauvaisis: problèmes démographiques du XVIIe siècle, in: Annales E.S.C. 7 (1952) 453–468.
– Beauvais et le Beauvaisis de 1600 à 1730. Contribution à l'histoire sociale de la France au XVIIe siècle, 1 vol. et 1 atlas (1960/^{2}1968).

- Ludwig XIV. und zwanzig Millionen Franzosen, dt. v. E. Rechel (1973).
GRADMANN, R.: Süddeutschland, 2 Bde. (1931, Neudruck 1956).
GRANIER, G.: Der deutsche Reichstag während des Spanischen Erbfolgekrieges, 1700–1714 (1954).
GREGOROVIUS, F.: Die beiden Crivelli, bayerische Gesandte in Rom im 17. Jh., in: Kleine Schriften zur Geschichte und Kultur 2 (1888) 33–90.
HAAKE, P.: August der Starke im Urteil seiner Zeit und Nachwelt (1922).
- August der Starke. Ein Fürstenleben aus der Zeit des Barock, 2 Bde. (1924).
HAENERT, F.: Preispolitik im Handwerk vom 16.–18. Jh. unter besonderer Berücksichtigung der Münchner Verhältnisse, Diss. München 1956.
HAEUTLE, CHR.: Genealogie des erlauchten Stammhauses Wittelsbach von dessen Wiedereinsetzung in das Herzogtum Bayern (11. Sept. 1180) bis auf unsere Tage (1870).
HAGER, L.: Schloß Schleißheim bei München (1945 bzw. 1965).
- Nymphenburg. Schloß, Park und Burgen. Amtlicher Führer (1956).
HAGER, L. - HOJER, G.: Schleißheim. Neues Schloß und Gärten. Amtlicher Führer 1970.
HAHLWEG, W.: Barrière – Gleichgewicht – Sicherheit. Eine Studie über die Gleichgewichtspolitik und die Strukturveränderung des Staatensystems in Europa 1646–1715, in: HZ 187 (1959) 54–89.
- Untersuchungen zur Barrierepolitik Wilhelms III. von Oranien und der Generalstaaten im 17. und 18. Jh. Eine geheime Militärkonvention von 1697 (8) als Grundlage des Barrieretraktates vom 15. 11. 1715 und des Reglements für die Unterbringung der Barrieregarnisonen vom 30. 1. 1716, in: Westfälische Zeitschrift 14 (1961) 42–81.
HAINTZ, O.: König Karl XII. von Schweden, 3 Bde. (1936–1958).
HAMILTON, J. EARL: The Decline of Spain, in: Economic History Review 8 (1937–1938) 168–179.
HAMMERMAYER, L.: Gründungs- und Frühgeschichte der Bayer. Akademie der Wissenschaften, in: Münchner historische Studien, Abtg. Bayerische Geschichte, Bd. 4 (1959).
- Die Benediktiner und die Akademiebewegung im katholischen Deutschland 1720–1770, in: STMBO 70 (1960) 45–146.
HANFSTAENGL, E.: Amerika und Europa von Marlborough bis Mirabeau. Die weltpolitische Bedeutung des belgisch-bairischen Tauschprojekts (1930).
HANKE, G.: Zur Sozialstruktur der ländlichen Siedlungen Altbayerns im 17. und 18. Jh., in: Gesellschaft und Herrschaft, Festschrift K. Bosl zum 60. Geburtstag (1969) 219–269.
HANTSCH, H.: Die Entwicklung Österreich-Ungarns zur Großmacht, in: Geschichte der führenden Völker 15 (1933) 1–163.
- Die Geschichte Österreichs, Bd. 2: 1648–1918 (^{4}1968).
- Die drei großen Relationen St. Saphorins über die inneren Verhältnisse am Wiener Hof zur Zeit Karls VI., in: MIÖG 58 (1950).
HARTMANN, A.: Historische Gedichte aus der Zeit der bayerischen Landeserhebung 1705 und der Rückkehr Max Emanuels nach Bayern, in: Altbayerische Monatshefte 1 (1899) 23–61.
- Zwei Gedächtnisbilder aus der Zeit der bayerischen Volkserhebung, in: Altbayer. Monatsschrift Jgg. 5 (1905) 174.
HARTMANN, P. C.: Die Finanz- und Subsidienpolitik des Kurfürsten Max Emanuel von Bayern und der kurbayerische Gesandte in Paris Comte D'Albert – Fürst Grimberghen, Diss. München 1967.

- Der Chevalier de Bavière, in: ZBLG 31 (1968) 286-297.
- Anleihen und Verpfändungen des kurbayerischen Hauptschatzmeisters Bombarda in den Niederlanden für seinen Kurfürsten Max Emanuel von Bayern am Anfang des 18. Jh.s, in: OA 90 (1968) 152-157.
- De la musique à la finance pendant la guerre de Succession d'Espagne, in: Annales E.S.C. 24 (1969) 322-336.
- Merkantilistische Manufakturgründungsprojekte unter Kurfürst Max Emanuel von Bayern in den Jahren 1718-1721, in: VSWG 56 (1969) 162-177.
- Die Subsidien- und Finanzpolitik Kurfürst Max Emanuels von Bayern im Spanischen Erbfolgekrieg, in: ZBLG 32 (1969) 238-289.
- Die Dauphine Maria Anna Christina von Bayern (1660-1690) und ihr Hofstaat, in: OA 93 (1971) 16-25.
- Die französischen Subsidienzahlungen an den Kurfürsten von Köln, Fürstbischof von Lüttich, Hildesheim und Regensburg, Joseph Clemens, im Spanischen Erbfolgekrieg (1701-1714), in: HJb. 92 (1972) 358-372.
- Luxuskäufe des Münchner Hofes in Paris (1718-1727), in: Francia 1 (1973) 350-360.

HARTUNG, F.: Die Epochen der absoluten Monarchie in der neueren Geschichte, in: HZ 145 (1932) 46-52; desgleichen in: W. Hubatsch (Hg.): Absolutismus (1973) 57-64.
- Neuzeit von der Mitte des 17. Jh. bis zur französischen Revolution, in: Handbuch für den Geschichtslehrer, Bd. 5 (1932).
- Staatsbildende Kräfte der Neuzeit, gesammelte Aufsätze (1961).

HASSINGER, H.: Johann Joachim Becher 1635-1682. Ein Beitrag zur Geschichte des Merkantilismus, in: Veröffentlichungen der Kommission für neuere Geschichte Österreichs Bd. 38 (1951).
- Johann Joachim Bechers Bedeutung für die Entwicklung der Seidenindustrie in Deutschland, in: VSWG 38 (1951) 209-246.

HAUTTMANN, M.: Die Entwürfe Robert de Cottes für Schloß Schleißheim, in: Münchner Jahrbuch der bildenden Kunst VI (1911) 256-276.
- Der kurbayerische Hofbaumeister Joseph Effner. Ein Beitrag zur Geschichte der höfischen Kunstpflege, der Architektur und Ornamentik in Deutschland zu Anfang des 18. Jh., in: Studien zur deutschen Kunstgeschichte 164 (1913).

HAZZI, J.: Betrachtungen über Theuerung und Noth der Vergangenheit und Gegenwart (1818).

HECKSCHER, E. F.: Der Merkantilismus, dt. von G. Mackenroth, 2 Bde. (1932).

HEIGEL, K. TH. V.: Die Beziehungen des Kurfürsten Max Emanuel von Bayern zu Polen 1694-1697, in: Quellen und Abhandlungen zur neueren Geschichte Bayerns Bd. I (1884) 51-90.
- Kurprinz Joseph Ferdinand von Bayern und die Spanische Erbfolge 1692 bis 1699, in: Qu. u. Abh. I (1884) 91-168.
- Die Beziehungen des Kurfürsten Max Emanuel zu Franz Rakoczy 1703-1715, in: Sitzungsbericht der Bay. Akademie der Wissenschaften, Phil.-Hist. Kl. (1885) 117-146.
- Die Korrespondenz des Kurfürsten Max Emanuel mit seiner zweiten Gemahlin Therese Kunegunde und ihren Eltern 1695-1718, in: Qu. u. Abh. I (1884) 169-196.
- Kurfürst Joseph Clemens von Köln und das Projekt einer Abtretung Bayerns an Österreich 1712-1715, in: Qu. u. Abh. I (1884) 197-258.
- Das politische Testament Max Emanuels von Bayern 1725, in: Qu. u. Abh. I (1884) 259-264a.

- Kurfürst Max Emanuel von Bayern und Franz Rakoczy, in: Historische Vorträge und Studien, dritte Folge (1887).
- Die Beziehungen zwischen Bayern und Savoyen 1648–1653, in: Sitzungsbericht der Bayer. Akademie der Wissenschaften 1887 II (1888) 118–172.
- Die Vermählung des Kurfürsten Ferdinand Maria mit Adelaide von Savoyen und die Beziehungen zwischen Bayern und Savoyen von 1648–1653, in: Qu. u. Abh. II (1890) 1–47.
- Der Umschwung der bayerischen Politik in den Jahren 1679–1683, in: Qu. u. Abh. II (1890) 48–181.
- Maria Anna von Neuburg, Königin von Spanien, in: Qu. u. Abh. II (1890) 182–204.
- Die Gefangenschaft der Söhne des Kurfürsten Max Emanuel, in: Sitzungsbericht der Bayer. Akademie der Wissenschaften München (1888) S. 1–78 bzw. in: Qu. u. Abh. II (1890) 205–266.
- Briefwechsel zwischen Kurfürst Max Emanuel von Bayern, Kurprinz Karl Albert von Bayern und Prinz Eugen von Savoyen 1717–1724, in: Qu. u. Abh. II (1890) 267–284.
- Aktenstücke zur Geschichte des französisch-bayerischen Bündnisses 1725–1727, in: Qu. u. Abh. II (1890) 285–320.
- Die wittelsbachische Hausunion vom 15. Mai 1724, in: Sitzungsbericht der Bayer. Akademie der Wissenschaften 1891 (1892) 255–310.
- Über den Plan des Kurfürsten Johann Wilhelm von der Pfalz, die armenische Königskrone zu gewinnen, in: Sitzungsberichte der Bayer. Akademie der Wissenschaften, Hist. Kl. München 1893, Bd. II, H. 3, S. 273–452.
- Die Wahl des Prinzen Philipp Moritz von Bayern zum Bischof von Paderborn und Münster, in: Sitzungsbericht der Bayer. Akademie der Wissenschaften (1899) 347–409.

HEIM, H. J. VAN DER: De traktaten tot verdeeling der Spaansche Monarchie (1698–1700), in: De Gids (Amsterdam) XLVIII (1884) III, p. 42–91, 269–297.

HERZOG, D.: Kurfürstin Adelheid von Bayern. Ein Beitrag zur Geschichte des höfischen Absolutismus, Diss. Masch. München 1943.

HEUBAUM, A.: Geschichte des deutschen Bildungswesens seit der Mitte des 17. Jh.s I (1905).

HEUSER-ŞEVKET: Türkisch-deutsches Wörterbuch (^{5}1962).

HEYL, G.: Der Geistliche Rat in Bayern unter Kurfürst Maximilian I. 1598–1651, mit Ausblick auf die Zeit bis 1745, Diss. Masch. München 1956.

HÉYRET, M.: P. Marcus von Aviano O. M. Cap. Apostolischer Missionär und päpstlicher Legat beim christlichen Heere (1931).

HILSENBECK, A.: Johann Wilhelm, Kurfürst von der Pfalz, vom Ryswicker Frieden bis zum Spanischen Erbfolgekrieg, in: FGB 13 (1905) 137–165, 272–287.

HINTZE, O.: Typologie der ständischen Verfassungen des Abendlandes, in: HZ 141 (1930) 229–248, desgleichen in: derselbe: Gesammelte Abhandlungen zur allgemeinen Verfassungsgeschichte, hg. von G. Oestreich (^{2}1962) 120–139.

HITZLBERGER, H.: Das Steuerbewilligungsrecht der Landstände in Bayern im Zeitalter des Absolutismus und seine Auswirkungen auf die Verfassung von 1818, Jur. Diss. Masch. Erlangen 1949.

HOBSBAWM, E. J.: The general crisis of european economy in the 17th Century, in: Past and Present (1954) 33–74.
- Die Banditen (1972).

HOEDL, F. J.: Das Kulturbild Altbayerns in den Predigten des P. Jordan von Wasserburg O.F.M. Cap. (1670–1739), Diss. München 1939.

HÖGL, M.: Die Bekehrung der Oberpfalz durch Maximilian I., 2 Bde. (1903).
HÖRGER, H.: Die oberbayerischen Benediktinerabteien in der Herrschaftswelt, Gesellschaft und geistig-religiösen Bewegung des 17. Jh.s, in: STMBO 82 (1971) 7–270.
- Der Spanische Erbfolgekrieg und die Jahre der Volkserhebung 1705/1706 nach den Pfarrmatrikeln der Hofmarken Antdorf und Habach, in: Jahrbuch des Vereins für Augsburger Bistumsgeschichte 6 (1972) 94–115.
HÖYNCK, P. O.: Frankreich und seine Gegner auf dem Nymwegener Friedenskongreß, in: Bonner hist. Forschungen 16 (1960).
HOFFMANN, L.: Geschichte der direkten Steuern in Baiern vom Ende des 13. bis zum Beginn des 19. Jh.s (1883).
HOFMANN, H. H.: Adelige Herrschaft und souveräner Staat. Studien über Staat und Gesellschaft in Franken und Bayern im 18. und 19. Jh., in: Studien zur bayerischen Verfassungs- und Sozialgeschichte, hg. von der Kommission für bayer. Landesgeschichte Bd. 2 (1962).
HOLLWECK, L.: München. Von der Besiedlung bis 1967 (o. J./1968).
HORNUNG, G.: Beitrag zur inneren Geschichte Bayerns vom 16.–18. Jh. aus den Umrittsprotokollen der Rentmeister des Rentamtes Burghausen, Diss. München 1915.
HUBALA, E.: Enrico Zuccalis Schloßbau in Schleißheim, Planung und Baugeschichte 1700–1704, in: Münchner Jahrbuch der bildenden Kunst, dritte Folge, Bd. XVII (1966) 161–200.
HUBATSCH, W.: »Barock« als Epochenbezeichnung? Zu neuerem geschichtswissenschaftlichem Schrifttum über das 17. und 18. Jh., in: Archiv für Kulturgeschichte 40 (1958) 122–137; desgleichen in: W. Hubatsch (Hg.): Absolutismus (1973) 268–287.
- Das Zeitalter des Absolutismus 1600–1789, in: Geschichte der Neuzeit, hg. von G. Ritter, Bd. 2 (^{3}1962).
- (Hg.): Absolutismus, in: Wege der Forschung, Bd. CCCXIV (1973).
HUBENSTEINER, B.: Die Geistliche Stadt. Welt und Leben des Johann Franz Eckher von Kapfing und Liechteneck, Fürstbischof von Freising (1954).
- Vom Geist des Barock. Kultur und Frömmigkeit im alten Bayern (1967).
- Der Oberländer Aufstand und die Sendlinger Schlacht, in: ders.: Land vor den Bergen, Essays (1970) 87–106.
HUBER, H. R.: Corbinian von Prielmair (1643–1707), ein bayerischer Staatsmann der Barockzeit, Diss. Masch. München 1944.
HUBERT, E.: Les Pays-Bas espagnols et la République des Provinces-Unies depuis la paix de Munster jusqu'au traité d'Utrecht (1648–1713). La question religieuse et les relations diplomatiques, in: Académie Royale de Belgique, Mémoires, Classe des lettres, 2.e Séries, II (1907).
HÜTTL, L.: Caspar von Schmid (1622–1693), ein kurbayerischer Staatsmann aus dem Zeitalter Ludwigs XIV., in: MBM Bd. 29 (1971).
- Geistlicher Fürst und geistliche Fürstentümer im Barock und Rokoko. Ein Beitrag zur Strukturanalyse von Gesellschaft, Herrschaft, Politik und Kultur des alten Reiches, in: ZBLG 37 (1974) 3–48.
HUTT, CH.: Maximilian Carl Graf zu Löwenstein-Wertheim-Rochefort und der fränkische Kreis 1700–1702, eine Studie zur Reichs- und Kreispolitik, Diss. Würzburg 1969.
INDERÍAS, J.: Estado político-militar de España a fines del siglo XVII, in: Revue Técnica de Infantería y Caballería (Aug.–Sept. 1911).
JADIN, L.: Une visite aux archives de Munich. Les papiers de la chancellerie de

Maximilien-Emmanuel de Bavière, souverain des Pays-Bas, 1711–1714, in: Annuaire du Cercle Pédagogique des professeurs de l'enseignement moyen sortis de l'Université de Louvain 30, nr. 16 (1932).
JANSEN, H. P. H.: Jacoba van Beieren (1967).
JONES, J. R.: The First Whigs. The Politics of the Exclusian Crisis 1678–1683 (1961).
– The Revolution of 1688 in England (1972).
JOURET, G.: Histoire de Mons et du pays de Mons (1928).
– Histoire économique de la Belgique, 2 vol. (1939).
JUSTE, TH.: Le gouverneur général des Pays-Bas Espagnols, Maximilien-Emmanuel de Bavière, in: Revue nationale de Belgique 13 (1845).
– Histoire des Etats-généraux des Pays-Bas, 1465–1790, 2 vol. (1864).
KÄLIN, B.: Lehrbuch der Philosophie, Bd. 2 (^{3}1962).
KALKEN, FR. VAN: La fin du régime espagnol aux Pays-Bas. Etude d'histoire politique, économique et sociale (1907).
– La souveraineté de Maximilien-Emanuel de Bavière à Namur, 1711–1714, in: Annales de la Fédération archéologique et historique de Belgique, Congrès de Namur 1938 (1939).
KANN, R. A.: Kanzel und Katheder. Studien zur österreichischen Geistesgeschichte vom Spätbarock zur Frühromantik, dt. v. I. Lehne (1962).
KEIM, J.: Das Straubinger Kriegssteuerbuch von 1705, in: Jahres-Bericht des Historischen Vereins für Straubing und Umgebung 59 (1956) 67–107.
– Das Straubinger Stadtsteuerbuch von 1651, ebd., 62 (1959) 49–88.
KELLERMANN, H.: Der Merkantilismus in Bayern, Diss. Masch. Würzburg 1924.
KISS, J. N.: Gesellschaft und Heer in Ungarn im Zeitalter der Türkenkriege (das Soldatenbauerntum), in: Grazer Forschungen zur Wirtschafts- und Sozialgeschichte 1 (1971) 273–296.
KLAVEREN, J. J. VAN: Die historische Erscheinung der Korruption, 4 Abhandlungen, in: VSWG 44, 45, 46 (1957–1959).
– Fiskalismus – Merkantilismus – Korruption. Drei Aspekte der Finanz- und Wirtschaftspolitik während des Ancien Régime, in: VSWG 47 (1960) 333–353.
– Die Manufakturen des Ancien Régime, in: VSWG 51 (1964) 145–191.
KLEBEL, E.: Kirchliche und weltliche Grenzen in Bayern, in: ders.: Gesammelte Aufsätze. Probleme der bayerischen Verfassungsgeschichte, Schriftenreihe zur bayerischen Landesgeschichte 57 (1957) 184–256.
KLOPP, O.: Das Jahr 1683 und der folgende große Türkenkrieg (1882).
KÖPECZI, B.: A Rákóczi-Szabadsághar és Franciaország (1966).
– A Rákóczi-Szabadságharc és Európa, Szerkesztette Es Válogatta, A Magyarázatokat Es Jegyzetek Irta Köpeczi Bela (1970).
– und Söter, I. (Hg.): Eszmei és irodalmi találkozások. Tanalmányok a magyarfrancia irodalmi kapcsolatok történetébol (1970).
– La France et la Hongrie au début du XVIIIe siècle, Etude d'Histoire des Relations Diplomatiques et d'Histoire des Idées (1971).
KOLB, A. F. M.: Johann Joachim Becher in Bayern, Diss. Masch. München 1941.
KOLB, Ä.: Karl Meichelbecks Autobiographie. Das eigenhändig verfaßte Compendium Gestorum, in: STMBO 80 (1969) 41–60.
KORZENDORFER, A.: Die ersten hundert Jahre Taxispost in Deutschland, in: Archiv für Postgeschichte in Bayern 1 (1930) Nr. 1, S. 38–53.
KOSER, R.: Zur Bevölkerungsstatistik des preußischen Staates von 1756–1786, in: Forschungen zur brandenburgischen und preußischen Geschichte 16 (1903) zweite Hälfte, S. 239–245.

KRAUS, A.: Bayern im Zeitalter des Absolutismus (1651–1745). Die Kurfürsten Ferdinand Maria, Max II. Emanuel und Karl Albrecht, in: Handbuch der bayerischen Geschichte, hg. v. M. Spindler, Bd. 2 (1966) 410–472.
KRAUSEN, E.: Die Herkunft der bayerischen Prälaten des 17. und 18. Jh.s, in: ZBLG 27 (1964) 259–285.
– Die soziale Struktur der altbayerischen Benediktinerinnen-Konvente im 17. und 18. Jh., in: STMBO 76 (1966) 135–157.
KREBS, F.: Das deutsche Schulwesen Ambergs von den Anfängen im 15. Jh. bis zum Ausgang des 17. Jh.s, Diss. München 1931.
KRETSCHMER, K.: Historische Geographie von Mitteleuropa (1904, Neudruck 1964).
KREUTEL, R. F.: Osmanische Berichte über Kara Mustafas Feldzug gegen Wien, in: Die Welt des Islams N.S. 12 (1969) 206–211.
KRUEDENER, J. FRHR. V.: Die Rolle des Hofes im Absolutismus, in: Forschungen zur Sozial- und Wirtschaftsgeschichte 19 (1973).
KUHN, O.: Geologie von Bayern (1949).
KULL, J. V.: Studien zur Geschichte der Münzen und Medaillen der Churfürsten von Bayern im 17. (bzw. im 18. Jh.), in: Mitteilungen der Bayerischen Numismatischen Gesellschaft 2 (1883) 51–80 und 3 (1884) 52–113.
– Die Münzstätte in München vor 200 Jahren, in: Altbayerische Monatsschrift Jgg. 5 (1905) H. 6.
– Die kurfürstliche »Münzsocietät« in München 1691–93, in: Altbayer. Monatsschrift Jgg. 4, H. 4 (1903/4) 118–120.
– Goldmünzen mit Bezug auf Bayern, in: Altbayer. Monatsschrift Jgg. 5 (1905) 119–120.
Kurfürst Klemens August. Landesherr und Mäzen des 18. Jh.s, Ausstellungskatalog Köln 1961.
LABER, H. O.: Ausländische Künstler in Bayern vom Anfang des 16. bis Ende des 18. Jh.s, Diss. München 1936.
LAGRANGE, E.: Souvenirs d'une famille bruxelloise. Le bombardement de 1695, in: Collection nationale, reeks in 12º, Nr. 31, Bruxelles o. J.
LAMMERT, G.: Volksmedizin und medizinischer Aberglaube in Bayern und den angrenzenden Bezirken (1869, Neudruck München 1969).
LANDMANN, K. V.: Die Kriegführung des Kurfürsten Max Emanuel von Bayern 1703 und 1704 (1898).
– Wilhelm III. von England und Max Emanuel von Bayern im niederländischen Krieg 1692–1697, in: Darstellungen aus der bayerischen Kriegs- und Heeresgeschichte, Bd. 8 und 9 (1899–1900).
LANGDON-DAVIES, J.: Carlos. The King who Would not Die (1963).
LÁNYI, K.: Magyar egyháztörténelem, 2 Bde. (1896).
LAPORTE, J.: La doctrine de Port Royal, 2 vol. (1951/52) = Bibliothèque d'histoire de la philosophie 59, 1 u. 2.
LEBRUN, F.: Les hommes et la mort en Anjou aux XVIIe et XVIIIe siècles, in: Collection »Civilisations et Sociétés« 25 (1971).
LEDOUX, R.: La suppression du régime corporatif dans le Pays-Bas autrichiens en 1784, in: Mémoires de l'Académie royale de Belgique, 2. Série, X (1912).
LEFÈVRE, J.: La secrétairerie d'état et de guerre sous le régime espagnol, 1594 bis 1711 (1934).
– Humbert Guillaume de Precepiano, Archevêque de Malines, in: Handelingen Koninglijke Kring voor Oudh., Letteren en Kunst van Mechelen, LV (1951) 83–103.

- Le gouvernement du comté de Hainaut au XVIIIe siècle, in: Anciens Pays et Assemblées d'Etats V (1953) 21–47.
LEGRELLE, A.: La diplomatie francaise et la succession d'Espagne, 4 vol. (1888/1892).
LEMPFRIED, W.: Der bayerische Landtag 1831 und die öffentliche Meinung, in: ZBLG 24 (1961) 1–101.
LE ROY LADURIE, E.: Climat et récoltes aux XVIIe et XVIIIe siècles, in: Annales E.S.C. 15 (1960) 434–465.
- Histoire du Climat dépuis l'an mil (1967).
LEVAE, A.: Episode de l'histoire des Nations de Bruxelles: Troubles de 1698 bis 1700, in: Trésor national, Recueil historique, littéraire, scientifique, artistique, commercial et industriel, 2e Séries, II (1843).
LHOTSKY, A.: »Was heißt Haus Österreich?«, in: Anzeiger der österreichischen Akademie der Wissenschaften (1956) 155–174.
- Privilegium maius. Die Geschichte einer Urkunde (1957).
LIEB, N. – SAUERMOST, H. J. (Hg.): Münchens Kirchen (1973).
LIPOWSKY, F. J.: Des Churfürstens von Baiern Max Emanuels Statthalterschaft in den spanischen Niederlanden und dessen Feldzüge (1820).
LIPP, H.: Kurfürst Max II. Emanuel von Bayern und die Künstler, Diss. (1944).
LIVET, G.: L'intendance d'Alsace sous Louis XIV (1648–1715), 1956.
LOIDL, F.: Menschen im Barock. Abraham a Sancta Clara über das religiös-sittliche Leben in Österreich in der Zeit von 1670–1710 (1938).
LORENZ, R.: Kaiser Leopold I. und Kurfürst Max Emanuel von Bayern im Türkenjahr 1683, in: Drei Jahrhunderte Volk, Staat und Reich (1942).
- »Türkenjahr 1683«. Das Reich im Kampf um den Ostraum (^{3}1944).
- Ofens Befreiung in der deutschen Geschichte, in: Schriften zur Volkswissenschaft 5 (1936) 1–32.
LÜTGE, F.: Die bayerische Grundherrschaft. Untersuchungen über die Agrarverfassung Altbayerns im 16.–18. Jh. (1949).
- Deutsche Sozial- und Wirtschaftsgeschichte (^{3}1966).
LÜTHY, H.: La Banque Protestante en France de la Révocation de l'Edit de Nantes à la Révolution, 2 vol. (1959/61).
LUIN, E. J.: Das künstlerische Erbe der Kurfürstin Adelaide in ihren Kindern, Enkeln und Urenkeln, in: Festgabe für Kronprinz Rupprecht von Bayern (1953) 152–179.
MCLACHLAN, J. O.: Trade and Peace with Old Spain (1667–1750). A study of the influence of commerce on Anglo-Spanish diplomacy in the first half of the eighteenth century, Foreword by H. Temperley (1940).
MAIER, H.: Die ältere deutsche Staats- und Verwaltungslehre ›Polizeiwissenschaft‹, in: Politica 13 (1966).
MAJER, H. G.: Ein Brief des Serdar Yeğen Osman Pascha an den Kurfürsten Max Emanuel von Bayern vom Jahre 1688 und seine Übersetzungen, in: Islamkundliche Abhandlungen aus dem Institut für Geschichte und Kultur des Nahen Orients an der Universität München. Hans Joachim Kissling zum 60. Geburtstag (1974) 130–145.
- Der blaue »König«, in: ZBLG 38 (1975) 730–738.
MAKKAI, L.: Histoire de Transylvanie, in: Bibliothèque de la Revue d'histoire comparé 5 (1946).
MANDROU, R.: Tragique XVIIe siècle, in: Annales E.S.C. 12 (1957) 305–313.
- Le baroque européen: mentalité pathetique et révolution sociale, in: Annales E. S. C. 15 (1960) 898–914.

- Introduction à la France moderne (1500–1640). Essai de Psychologie historique, in: L'évolution de l'humanité, vol. 52 (1961).
- Magistrats et sorciers en France au XVIIe siècle. Une analyse de psychologie historique, in: Collection Civilisations et Mentalités (1968).
- La France aux XVIIe et XVIIIe siècles, in: Nouvelle Clio, vol. 33 (1970).
- Histoire de la pensée européenne, No 3: Des humanistes aux hommes de science (XVIe et XVIIe siècles), Edition du Seuil (1973).
- Louis XIV en son temps 1661–1715, in: Peuples et Civilisations X (1973).

MARAVALL, J. A.: Estado moderno y mentalidad social (siglos XV a XVII), T. I, II (1972).

MARMOL, E. DEL: Les anciens gouverneurs de Namur, in: Annales de la Société archéologique de Namur X (1868–1869) 317–352.

MARTIN, F.: Salzburgs Fürsten in der Barockzeit (²1952).

MASI, G.: Il sistema d'equilibrio e la politica britannica della pace di Utrecht alla crisi del 1725 (1947).

MATHIS, F.: Die Auswirkungen des bayerisch-französischen Einfalls von 1703 auf Bevölkerung und Wirtschaft Nordtirols, in: Innsbrucker Beiträge zur Kulturwissenschaft, Sonderheft 37 (1975).

MAULL, O.: Geographie der Kulturlandschaft (1932).

MAYER, M.: Bayerns Handel im Mittelalter und in der Neuzeit (1892).

MAYER, TH.: Verwaltungsreform in Ungarn nach der Türkenzeit (1911).

MAYERHOFER, J.: Schleißheim. Eine geschichtliche Federzeichnung aus der bayerischen Hochebene, in: Bayerische Bibliothek, hg. von K. v. Reinhardstoettner und K. Trautmann, Bd. 8 (1890).

MENGES, F.: Hans Schmelzle, bayerischer Staatsrat im Ministerium des Äußeren und Finanzminister, in: ZBLG Beiheft 1, Reihe B (1972).

MERKEL, C.: Adelaide di Savoia (1892).

MERZBACHER, E.: Zur kaiserlichen Münzprägung in München während der Okkupation in den Jahren 1705–1714, in: Mitteilungen B.N.G. 1 (1882).

MERZBACHER, FR.: Die Einheit des Teutschen Reiches nach dem Westfälischen Frieden, in: Geschichte in der Gesellschaft. Festschrift für K. Bosl zum 65. Geburtstag – 11. XI. 1973 – (1974) 324–332.

MEUVRET, J.: Les mouvements des prix de 1661 à 1715 et leurs répercussions, in: Bulletin de la Société de Statistique de Paris (1944) 1–9.

MEYER, O.: Kurfürst Lothar Franz von Schönborn inmitten der Geschichte seiner Zeit und seines Hauses (1957).

MICHAEL, W.: Das Original der Pragmatischen Sanktion Karls VI., in: Abhandlungen der preußischen Akademie der Wiss. Phil.-Hist. Kl. 94 (1929).
- Zur Entstehung der pragmatischen Sanktion Karls VI. (1939).

MICHELER, J.: Das Tabakwesen in Bayern von dem Bekanntwerden des Tabakes bis zur Einführung eines Herdstättgeldes 1717, Diss. Jena 1887.

MITROFANOV, P. v.: Joseph II. Seine politische und kulturelle Tätigkeit, dt. v. V. v. Demelic (1910).

MITTERWIESER, A.: Eine kurbayerische Volkszählung im Jahre 1679, in: Bayerland 22 (1911) 93–95.
- Bayerische Prunkschiffe aus fünf Jahrhunderten, in: Beiträge zur Bayer. Geschichte 1 (1931).

MOLNÁR, E.: Vestiges nationalistes dans notre conception de l'histoire, in: AUSB, Sectio Philosophica 2 (1963).
- Les fondements économiques et sociaux de l'absolutisme, in: Nouvelles études historiques (1965).

MOMMSEN, W.: Zur Beurteilung des Absolutismus, in: HZ 158 (1938) 52–76.
MONTGOMERY, J. A.: The dutch barriere 1705–1719 (1930).
MORAZÉ, CH.: L'histoire et l'unité des sciences de l'homme, in: Annales 23 (1968) 233–240.
MOUSNIER, R.: Les XVIe et XVIIe siècles, in: Histoire Générale des Civilisations, publié par M. Crouzet, tome 4 (1967).
– Fureurs paysannes. Les paysans dans les révoltes du XVIIe siècle: France, Russie, Chine (1967).
MÜLLER, J.: Das Jesuitendrama in den Ländern deutscher Zunge vom Anfang bis zum Hochbarock, in: Schriften zur deutschen Literatur 7 (1930).
MURET, P.: La prépondérance anglaise, 1715–1763 (^{3}1949).
NÄF, W.: Die Epochen der neueren Geschichte. Staat und Staatengemeinschaft vom Ausgang des Mittelalters bis zur Gegenwart, 2 Bde. (1945/46, ^{2}1959).
NAUMANN, N.: Österreich, England und das Reich 1719–1732, in: Neue deutsche Forschungen, Abteilung neuere Geschichte 88 (1936).
NECK, R.: Österreich und die Osmanen, in: Mitteilungen des österreichischen Staatsarchivs 10 (1957) 434–468.
NEUDEGGER, M. J.: Geschichte des Geheimen Rats und Ministeriums in Bayern vom Mittelalter bis zur neueren Zeit, in: Beiträge zur Behördenorganisation des Rats- und Beamtenwesens 5 (1921).
NEWALD, J.: Beitrag zur Geschichte des österreichischen Münzwesens im ersten Viertel des 18. Jh.s (1881).
NEWEKLOWSKY, E.: Die Schiffahrt und Flößerei im Raume der oberen Donau 1–3 (1952–1964).
NIEDERMAYER, F.: Johann Philipp von Lamberg, Fürstbischof von Passau (1651 bis 1712). Reich, Landesfürstentum und Kirche im Zeitalter des Barock, in: Veröffentlichungen des Instituts für ostbairische Heimatforschung 16 (1938).
NIPPERDEY, TH.: Bemerkungen zum Problem einer historischen Anthropologie, in: Die Philosophie und die Wissenschaften, Festschrift S. Moser (1968) 350 bis 370.
NIESSEN, J.: Prinz Eugen von Savoyen als Statthalter in den südlichen Niederlanden 1716–1724, in: Rhein. Vierteljahresblätter 6 (1936) 152–165.
NOCK, F. J.: Leben und Wirken der gottseligen Maria Anna Josefa a Jesu Lindmayr (^{2}1887).
NOHL, J.: Der schwarze Tod. Eine Chronik der Pest, 1348–1720 (1924).
OBERGASSNER, M.: Die Landsassen und Landsassengüter im Fürstentum der Obern Pfalz von 1628–1700, Diss. Masch. München 1922.
OCKEL, H.: Die Entstehung des landesherrlichen Salzmonopols in Bayern und seine Verwaltung im 17. Jh., in: FGB 7 (1899) 1–35.
OESTREICH, G.: Justus Lipsius als Theoretiker des neuzeitlichen Machtstaates, in: HZ 181 (1956) 31–78, desgleichen in: ders.: Geist und Gestalt des frühmodernen Staates, ausgewählte Aufsätze (1969) 35–79.
– Strukturprobleme des europäischen Absolutismus, in: Vierteljahrsschrift für Sozial- und Wirtschaftsgeschichte 55 (1968) = Otto Brunner zum 70. Geburtstag gewidmet, S. 329–347, desgleichen in: G. Oestreich: Geist und Gestalt des frühmodernen Staates (1969) 179–197.
– Politischer Neustoizismus und niederländische Bewegung, in: W. Hubatsch (Hg.): Absolutismus (1973) 361–435.
ORTEGA GALINDO, J.: España en Europa al Advenimiento de Carlos II (1949).
OSWALD, J.: Die baierischen Landesbistumsbestrebungen im 16. und 17. Jh., in: ZRG, Kan. Abtg. 33 (1944) 224–264.

OTRULA, G.: Die Bedeutung englischer Subsidien und Antizipationen für die Finanzen Österreichs 1701–1748, in: VSWG 51 (1964) 192–234.
Ow, A. FRHR. v.: Die Familie Mörmann im Dienste des bayerischen Fürstenhauses, in: Altbayerische Monatsschrift Jg. 3 (1901–2) 15–23.
Ow-PIESING, A. v.: Der bayerische Kurprinz Joseph Ferdinand und das Problem seines Todes, in: Gelbe Hefte 13 (1937) 553–570, 610–629.
PALMER, R. R.: Das Zeitalter der demokratischen Revolution. Eine vergleichende Geschichte Europas und Amerikas von 1760 bis zur Französischen Revolution, dt. v. H. Lazarus (1970).
PAULUS, R.: Max Emanuel und die französische Kunst, in: Altbayerische Monatsschrift 11 (1912) 130–145.
– Der Bildnismaler Georg De Marées (1913).
– Der Baumeister Henrico Zuccalli am kurbayerischen Hofe zu München (1912).
PEST, M.: Die Finanzierung des süddeutschen Kirchen- und Klosterbaues in der Barockzeit. Bauwirtschaftliche und finanzielle Probleme des kirchlichen Barocks im deutschen Süden von ca. 1650 bis ca. 1780 (1937).
PETRASCH, E. – ZIMMERMANN, E.: Der Türkenlouis. Festgabe seiner Residenzstadt Rastatt (1955).
PETZET, M.: Unbekannte Entwürfe Zuccallis für die Schleißheimer Schloßbauten, in: Münchener Jahrbuch der bildenden Kunst, III. Folge, Bd. 22 (1971) 119 bis 204.
– Entwürfe für Schloß Nymphenburg, in: ZBLG 35 (1972) 202–212.
PFANDL, L.: Karl II. Das Ende der spanischen Machtstellung in Europa (1940).
PFEIFFER, G.: Ein französisch-bayerischer Mediatisierungsplan 1687/88, in: ZBLG 27 (1964) 245–258.
PFEILSCHIFTER-BAUMEISTER, G.: Der Salzburger Kongreß und seine Auswirkung 1770–1777. Der Kampf des bayerischen Episkopats gegen die staatskirchenrechtliche Aufklärung unter Max III. Joseph (1745–1777), Verhandlungen zu einem ersten bayerischen Einheitskonkordat (1929).
PHILIPP, W.: Das Bild der Menschheit im 17. Jh. des Barock, in: Studium generale 14 (1961) 721–742.
PICAVET, C.-G.: La diplomatie francaise au temps de Louis XIV (1661–1715). Institutions, Moeurs et Coutumes (1930).
PIOT, CH.: Maximilian-Emanuel, électeur de Bavière, in: Biographie nationale vol. 14 (1897) 162–170.
PIRENNE, H.: Histoire de Belgique, vol. 3 (ca. 1952).
PLATZHOFF, W.: England und der Friede von Utrecht, in: HZ 167 (1943) 497 bis 510.
PLUMB, J. H.: The Growth of Political Stability in England 1675–1725 (1967).
PÖNICKE, H.: August der Starke. Ein Fürst des Barock, in: Persönlichkeit und Geschichte 71 (1972).
PORŠNEV, B. F.: Die Volksaufstände in Frankreich vor der Fronde, 1623–1648, dt. von M. Brandt, red. C. H. Ludewig (1954), französ. Ausgabe: Les soulèvements populaires en France de 1623 à 1648 (1963).
PRANTL, K. v.: Geschichte der Ludwig-Maximilians-Universität in Ingolstadt, Landshut, München, 2 Bde. (1872, Neudruck 1968).
PREUSS, G. F.: Verfassungsgeschichte der spanischen Niederlande unter dem Kurfürsten – Statthalter Max Emanuel von Bayern, in: FGB 7 (1900) 207–227.
– Österreich, Frankreich und Bayern in der spanischen Erbfolgefrage 1685 bis 1689, in: HVjschr. 12, NF 4 (1901) 309–333, 481–503.
– Die Handels- und Wirtschaftspolitik Max Emanuels von Bayern in den spa-

nischen Niederlanden, in: Beilage zur Allgemeinen Zeitung Nr. 77 und 78 (1900) und Nr. 265 (1901).
- Kurfürstin Adelheid von Bayern, Ludwig XIV. und Lionne, Festgabe für K. Th. v. Heigel (1903) 324–360.
- Kurfürst Joseph Clemens von Köln, in: FGB 11 (1903) 219–246.
- Mazarin und die »Bewerbung« Ludwigs XIV. um die deutsche Kaiserkrone 1657, in: HVjschr. 7 (1904) 488–518.
- König Wilhelm III., Bayern und die Große Allianz 1701, in: HZ 43 (1904) 193–229.
- Wilhelm III. von England und das Haus Wittelsbach im Zeitalter der spanischen Erbfolgefrage, 1. Halbband (1904).

PUCHNER, O.: Seelenbeschreibungen im Hochstift Eichstätt aus den Jahren 1741 und 1742 als bevölkerungsstatistische Quellen, in: Archive und Geschichtsforschung, Festschrift Fridolin Solleder (1966) 222–251.

RAAB, H.: Kirche und Staat. Von der Mitte des 15. Jh.s bis zur Gegenwart (1966).

RÁCZ, L.: L'inspiration francaise dans le protestantisme hongrois, in: Revue des Etudes Hongroises (1925–1927).

RALL, H.: Zeittafeln zur Geschichte Bayerns (1974).

RAUCH, G. v.: Zur Geschichte des schwedischen dominium maris Baltici, in: WaG 12 (1952) 132–144.

RAUMER, K. v.: Absoluter Staat, korporative Libertät, persönliche Freiheit, in: HZ 183 (1958) 55–96; desgleichen in: H. H. Hofmann (Hg.): Die Entstehung des modernen souveränen Staates (1967) 173–199.

REDLBACHER, F.: Die Schiffahrt auf der bayerischen Donau im Ausgang des Mittelalters und zu Beginn der Neuzeit, Diss. Masch. Erlangen 1923.

REDLICH, O.: Österreichs Großmachtbildung in der Zeit Kaiser Leopolds I., in: Geschichte Österreichs 6 (1921).
- Das Werden einer Großmacht, Österreich von 1700–1740, in: Geschichte Österreichs Bd. 7 (³1942).
- Weltmacht des Barock (⁴1961).

REESE, W.: Das Ringen um Frieden und Sicherheit in den Entscheidungsjahren des Spanischen Erbfolgekrieges 1708 bis 1709, in: Münchner historische Abhandlungen, erste Reihe, Heft 4 (1933).

REGELE, O.: Der österreichische Hofkriegsrat 1556–1848, in: Mitteilungen des österr. Staatsarchivs Erg.-Bd. 1, H 1 (1949).

REISER, R.: Adeliges Stadtleben im Barockzeitalter. Internationales Gesandtenleben auf dem Immerwährenden Reichstag zu Regensburg, in: MBM Bd. 17 (1969).

REITZENSTEIN, K. v.: Kurze Lebensabrisse der bayerischen Generäle und Obersten unter Kurfürst Max II. Emanuel, in: Darstellungen aus der Bayerischen Kriegs- und Heeresgeschichte 13 (1904) 1–59.

RENAUDET, A.: Les Pays-Bas Espagnols et les Provinces-Unies de 1598 à 1714 (1944).

RENNER, C. O.: Der »Blaue Kurfürst«. Max Emanuels Feldzüge in Ungarn, in: Unbekanntes Bayern 10 (1965) 125–140.

RÉVÉSZ, L.: Der osteuropäische Bauer. Seine Rechtslage im 17. und 18. Jh. unter besonderer Berücksichtigung Ungarns (1964).

RIEZLER, S. v.: Geschichte der Hexenprozesse in Baiern (1896).
- Der Aufstand der bayerischen Bauern im Winter 1633 auf 1634, in: Sitzungsbericht der Bayer. Akademie der Wissenschaften 1900 (1901) 33–95.
- Geschichte Baierns, 8 Bde. (1878/1914, Neudruck 1964).

RITTER, E.: Politik und Kriegführung. Ihre Beherrschung durch Prinz Eugen 1704 (1934).
ROCHETTE, L.: Humbert Guillaume de Precipiano en het Jansenisme (1690 bis 1711), in: La vie diocésaine. Bulletin du diocèse de Malines VI (1912) 81–90, 125–132.
- Les luttes jansénistes en Belgique, principalement dans le diocèse de Malines, 1654–1711 (Rapport sur les travaux du Sém. histor. pendant l'année académique 1911–1912), in: Annuaire de l'Université Cathol. de Louvain, LXXVII (1913) 394–402.
- Humbert Guillaume de Précipiano (1626–1711) et le formulaire sur le jansénisme, in: Mélanges Charles Moeller, II (Recueil de travaux publ. par les membres des conférences d'histoire et de philologie de l'Université de Louvain, 41) Leuven 1914.
RODENBERG, A.: De vrede van Rijswijk (1947).
RONALDS, F. S.: The Attempted Whig Revolution of 1678–1681 (1937).
ROSÉN, J.: Den svenska utrikes-politikens historia, Teil II, 1, 1697–1721 (1952).
ROSENLEHNER, A.: Die Stellung der Kurfürsten Max Emanuel von Bayern und Joseph Clemens von Köln zur Kaiserwahl Karls VI. 1711 (1899) bzw. in: Historische Abhandlungen, hg. von K. Th. v. Heigel und H. Grauert, Bd. 13 (1900).
- Zur Restitutionspolitik Kurfürst Max Emanuels von Bayern, in: FGB 9–11 (1901–1903).
- Stimme eines bayerischen Patrioten über die Praetensionen Kurfürst Max Emanuels bei den Friedensverhandlungen zu Utrecht und Rastatt 1713, in: Festgabe K. Th. v. Heigel (1903) 378–404.
- München und Wien 1725–1726, in: FGB 14 (1906).
- Kurfürst Karl Philipp von der Pfalz und die Jülische Frage 1725–1729 (1906).
ROSENTHAL, E.: Geschichte des Gerichtswesens und der Verwaltungsorganisation in Baiern vom Ende des 12. bis zur Mitte des 18. Jh.s, 2 Bde. (1889/1906).
ROST, H.: Bevölkerungs- und Gewerbestatistik Münchens im 17. Jh., Diss. München 1902.
ROUX, M. DE: Louis XIV et les provinces conquises. Artois, Alsace, Flandres, Roussillon, Franche-Comté (1938).
RUDHART, F. M.: Geschichte der Oper am Hofe zu München (1865).
RUITH, M.: Kurfürst Max Emanuel von Bayern und die Donaustädte (1889).
SAINT-GERMAIN, J.: Samuel Bernard, le banquier des rois (1960).
SAINT LEGER, A. DE – SAGNAC, PH.: La Préponderance francaise. Louis XIV, 1661–1715, in: Peuples et civilisations 10 (³1949).
SAINT-RENÉ-TAILLANDIER, M. M. L. G.: La princesse des Ursins. Une grande dame francaise á la Cour d'Espagne sous Louis XIV (1926).
SANDBERGER, A.: Entwicklungsstufen der Leibeigenschaft in Altbayern seit dem 13. Jh., in: ZBLG 25 (1962) 71–92.
SANTE, G. W.: Die kurpfälzische Politik Johann Wilhelms und die Friedensschlüsse zu Utrecht, Rastatt und Baden 1711–1716, in: Zeitschrift des Bergischen Geschichtsvereins 54 (1923/24) 1–51.
- Die kurpfälzische Politik des Kurfürsten Johann Wilhelm vornehmlich im Spanischen Erbfolgekrieg, 1690–1716, in: HJb. 44 (1924) 19–64.
SASS, CH.: The Election Campaign in Poland in the Years 1696–1697, in: Journal of Central European Affairs (1952).
SCHAEBLE, M.: Geldwert in der zweiten Hälfte des 17. Jh.s, in: Jahrbuch Dillingen 12 (1899).

SCHATTENHOFER, M.: Von Kirchen, Kurfürsten & Kaffeesiedern etcetera. Aus Münchens Vergangenheit (1974).
SCHIEDER, TH.: Die preußische Königskrone von 1701 und die politische Ideengeschichte, in: Altpreußische Forschungen 12 (1935).
– (Hg.): Handbuch der europäischen Geschichte, Bd. 4: Europa im Zeitalter des Absolutismus und der Aufklärung, hg. von F. Wagner (1968).
SCHINDLER, H.: Große bayerische Kunstgeschichte, 2 Bde. (^{2}1966).
SCHINDLER, H. (Hg.): Bayerns Goldenes Zeitalter. Bilder aus dem Barock und Rokoko (1968).
Schloß Lustheim. Meißener Porzellan-Sammlung. Stiftung Ernst Schneider. Führer durch die Schausammlungen des Bayerischen Nationalmuseums München, Filialmuseum Lustheim, hg. in Zusammenarbeit mit der Bayerischen Verwaltung der staatlichen Schlösser, Gärten und Seen, München. Baugeschichte und Fresken, beschrieben von G. Hojer (1972).
SCHLUGLEIT, D.: Don Francisco Bernardo de Quiros, gezant in den Haag († 1709), in: Bijdragen tot de Geschiedenis bijzonderlijk van het oud Hertogdom Brabant, Reihe III/I (1949) 278–298.
SCHMELZLE, H.: Der Staatshaushalt des Herzogtums Bayern im 18. Jh., in: Münchner volkswirtschaftliche Studien 41 (1900).
SCHMIDT, FR.: Geschichte der Erziehung der bayerischen Wittelsbacher von den frühesten Zeiten bis 1750, in: Mon. Germ. Paedagogica 14 (1892).
SCHMIDT, H.: Kurfürst Karl Philipp von der Pfalz als Reichsfürst, in: Forschungen zur Geschichte Mannheims und der Pfalz NF 2 (1963).
SCHNATH, G.: Geschichte Hannovers im Zeitalter der neunten Kur und der englischen Sukzession, Bd. 1: 1674–1692 (1938).
SCHNEE, H.: Die Hoffinanz und der moderne Staat. Geschichte und System der Hoffaktoren an deutschen Fürstenhöfen im Zeitalter des Absolutismus, 6 Bde. (1953–1967).
SCHNEIDER, W.: Lexikon zur Arzneimittelgeschichte. Sachwörterbuch zur Geschichte der pharmazeutischen Botanik, Chemie, Mineralogie, Pharmakologie, Zoologie, 4 Bde. (1968–1969).
SCHÖNBAUER, E.: Geschichte und Bedeutung des Rechtsbegriffs »Die Pragmatische Sanktion«, in: Forschungen und Fortschritte 35 (1961) 179–183.
SCHÖTTLE, G.: Der Münzbetrieb von Ulm und Augsburg in den Kriegsjahren 1703–1704, in: Mitteilungen B.N.G. 28 (1910).
SCHORER, H.: Das Bettlertum in Kurbayern in der zweiten Hälfte des 18. Jh.s, in: FGB 12 (1904) 176–207.
SCHOSSER, A.: Der oberpfälzische Diözesanklerus im Jahrhundert der Rekatholisierung, in: XIV. Jahresbericht des Vereins zur Erforschung der Regensburger Diözesangeschichte (1940) 28–40.
SCHREIBER, G. (Hg.): Das Weltkonzil von Trient. Sein Werden und Wirken, 2 Bde. (1951).
SCHREMMER, E.: Die Wirtschaft Bayerns. Vom hohen Mittelalter bis zum Beginn der Industrialisierung, Bergbau, Gewerbe, Handel (1970).
SCHRÖTTER, FR. v.: Das deutsche Heckenmünzenwesen im letzten Viertel des 17. Jh.s, in: Deutsches Jahrbuch für Nationalökonomie 1 (1938).
SCHROTT, L.: Herrscher Bayerns. Vom ersten Herzog bis zum letzten König (^{3}1974).
SCHRYVER, R. DE: Inflatie van Ambtenaren in de Spanse Nederlanden. De Raad van Financien aan het eind van de zeventiende eeuw, in: Bijdragen voor de Geschiedenis der Nederlanden 17 (1962) 214–220.

- De eerste Staatse Barrière in de Zuidelijke Nederlanden (1697-1701), in: Bijdragen voor de Geschiedenis der Nederlanden 18 (1963) 65-90.
- Jan van Brouchoven Graaf van Bergeyck 1644-1725. Een halve eeuw staatkunde in de Spanse Nederlanden en in Europa, in: Verhandelingen von de koninklijke Vlaamse Academie voor Wetenschappen, Letteren en schone Kunsten van Belgie, Klasse der Letteren, Jaargang 27, Nr. 57 (1965).
- Aus der Vorgeschichte der niederländischen Statthalterschaft des Kurfürsten Max Emanuel von Bayern (1679-1691), in: Gedenkschrift für Martin Göhring, Studien zur Europäischen Geschichte (1968) 67-77.

SCHUBERT, F. H.: Die deutschen Reichstage in der Staatslehre der frühen Neuzeit, in: Schriftenreihe der hist. Kommission bei der Bayer. Akademie der Wissenschaften (1966).

SCHWARZ, ST.: Die Juden in Bayern im Wandel der Zeiten (1963).

SEILS, E. A.: Die Staatslehre des Jesuiten Adam Contzen, Beichtvater des Kurfürsten Maximilian I. von Bayern, in: Historische Studien 405 (1968).

SICKEN, B.: Das Wehrwesen des fränkischen Reichskreises, Aufbau und Struktur (1681-1714), 2 Bde., Diss. Würzburg 1966.

SINKOVICS, J.: Le servage héréditaire en Hongrie aux XVIe-XVIIIe siècles, études publiées dans le recueil: La Renaissance et la Réforme en Pologne et en Hongrie (1963).
- Die akademische Bildung in Ungarn im 17. Jh., in: Etudes Historiques (1970) 301-332.

SKALWEIT, ST.: Das Herrscherbild des 17. Jh.s, in: W. Hubatsch (Hg.): Absolutismus (1973) 248-267.

SLAWINGER, G.: Die Manufaktur in Kurbayern. Die Anfänge einer großgewerblichen Entwicklung in der Übergangsepoche vom Merkantilismus zum Liberalismus 1740-1830, in: Forschungen zur Sozial- und Wirtschaftsgeschichte 8 (1966).

SMET, J. DE: La situation économique de la ville de Bruges pendant la deuxième moitié du XVIIe siècle, Einleitung, Tables du commerce et de la navigation du port de Bruges 1675-1698, in: Bulletin de la Commission Royale d'Histoire 44 (1930) 107-145.

SOMMER, K.: Die Wahl des Herzogs Clemens August von Bayern zum Bischof von Münster und Paderborn (1719), zum Coadjutor mit dem Rechte der Nachfolge im Erzstift Cöln (1722), zum Bischof von Hildesheim und Osnabrück (1724 und 1728), Diss. Münster 1908.

SOMMER, L.: Die österreichischen Kameralisten in dogmengeschichtlicher Darstellung, 2 Bde., in: Studien zur Sozial-, Wirtschafts- und Verwaltungsgeschichte, H 12 u. 13 (1920 u. 1925).

SPIEGEL, K.: Wilhelm Egon von Fürstenbergs Gefangenschaft und ihre Bedeutung für die Friedensfrage 1674-1679, in: Rheinisches Archiv 29 (1936).

SPINDLER, M.: Der bayerische Bauernaufstand von 1705/06, Sonderdruck 1955 und in: Erbe und Verpflichtung. Aufsätze und Vorträge zur bayerischen Geschichte, hg. von A. Kraus (1966) 175-191.
- (Hg.): Handbuch der bayerischen Geschichte, Bd. 2: Das alte Bayern. Der Territorialstaat vom Ausgang des 12. Jh.s bis zum Ausgang des 18. Jh.s (1969).

SPRUNCK, A.: Maximilien Emanuel de Bavière, gouverneur général et souverain des Pays-Bas, in: t'Hemecht, Zeitschrift für Luxemburger Geschichte 7 (1954) 362-366.
- Francisco Bernardo de Quiros, ein spanischer Diplomat im Dienste des Hauses Österreich während des Spanischen Erbfolgekrieges, 3 Teile, in: Mitteilungen

des österreichischen Staatsarchivs 17/18 (1964/65) 24–95; 19 (1966) 56–134; 20 (1967) 1–35.
- Verteidigung der Interessen Österreichs in den südlichen Niederlanden während des Spanischen Erbfolgekrieges 1709–1714, in: Mitteilungen des österr. Staatsarchivs 21 (1968) 1–105.
- Die Trierer Kurfürsten und die Statthalter der spanischen Niederlande von 1675–1700, in: Rhein. Vjbl. 32 (1968) 318–331.
SRBIK, H. R. v.: Vom politischen Denken des Prinzen Eugen von Savoyen, in: Aus Österreichs Vergangenheit: Von Prinz Eugen zu Franz Joseph (1949).
STADTMÜLLER, G.: Geschichte Südosteuropas (1950).
- Die ungarische Großmacht des Mittelalters, in: HJb 70 (1951) 65–105.
- Osmanische Reichsgeschichte und balkanische Volksgeschichte, in: Grundfragen der europäischen Geschichte (1965) 119–159.
- Geschichte der habsburgischen Macht (1966).
STAUDINGER, K.: Das königlich bayerische 2. Infanterieregiment »Kronprinz« 1682–1882, erste bis dritte Lieferung (1885–1887).
- Geschichte des kurbayerischen Heeres. Bd. I: Unter Kurfürst Ferdinand Maria 1651–1679 (1901), Bd. II, 1 und 2: Unter Kurfürst Max II. Emanuel 1680 bis 1726 (1904/5).
STEINBERG, S. H.: Der 30jährige Krieg und der Kampf um die Vorherrschaft in Europa, 1600–1660 (1967).
STÖRMER, W.: Territoriale Landesherrschaft und absolutistisches Staatsprogramm. Zur Mikrostruktur des Alten Reiches im 18. Jh., in: Blätter für deutsche Landesgeschichte 108 (1972) 90–104.
STORK-PENNING, J. G.: Het Grote Werk. Vredesonderhandelingen gedurende de Spaanse Successieoorlog 1705–1710, in: Historische Studies uitg. vanwege het Instituut voor Geschiedenis der Rijksuniversiteit te Utrecht, XII (1958).
STOYE, J.: Wien 1683 oder Die Rettung des Abendlandes, dt. v. F. Jenaut (1967).
STRAUB, E.: Repraesentatio Maiestatis oder churbayerische Freudenfeste. Die höfischen Feste in der Münchner Residenz vom 16. bis zum Ende des 18. Jh.s, in: MBM Bd. 14 (1969).
- Zum Herrscherideal im 17. Jh., vornehmlich nach dem »Mundus christiano bavaro politicus«, in: ZBLG 32 (1969) 194–221.
STRICH, M.: Beiträge zur Geschichte der bayerisch-französischen Beziehungen unter Kurfürst Max Emanuel, I.: Der französische Gesandte Denis de la Haye und seine Abberufung von München, in: OA 58 (1914) 329–369.
- Der junge Max II. Emanuel von Bayern und sein Hof, in: Altbayerische Monatsschrift 13 (1915/16) 43–73.
- Kurfürstin Adelheid von Bayern. Nach den Briefen in der Bibliotheca del Rè zu Turin und anderen unveröffentlichten Dokumenten, in: HJb. 47 (1927) 63–96.
- Das Kurhaus Bayern im Zeitalter Ludwigs XIV. und die europäischen Mächte, 2 Bde., in: Schriftenreihe zur bayerischen Landesgeschichte 13/14 (1933).
STURM, H.: Eine Erhebung vom Jahre 1658 über die Abwanderungen aus der Oberpfalz nach Böhmen im Dreißigjährigen Krieg, in: Jahrbuch für fränkische Landesforschung 21 (1961) 59–78.
STURMINGER, W.: Bibliographie und Ikonographie der Türkenbelagerungen Wiens 1529 und 1683 (1955).
SÜSS, A.: Geschichte des oberrheinischen Kreises und der Kreisassoziationen in der Zeit des spanischen Erbfolgekrieges, 1697–1714, in: Zeitschrift für Geschichte des Oberrheins 103 (1955) 317–425 und 104 (1956) 145–224.

Süss, O.: Kloster Vornbach im spanischen Erbfolgekrieg. Tagebuch-Aufzeichnungen des Abtes Wolfgang II., in: Die ostbairischen Grenzmarken Jg. 14, H 4 (1925) 110–116.
Sundheimer, P.: Die jüdische Hochfinanz und der bayerische Staat im 18. Jh., in: Finanzarchiv 41 (1924) 1–44.
Sweet, Paul R.: Prince Eugene of Savoy and Central Europe, in: American Historical Review 57 (1951) 47–62.
Szabó, J.: L'assimilisation ethnique dans le bassin des Carpathes, in: Revue d'Histoire comparée (1943).
Tapié, V.-L.: Le Baroque, expression d'une société, in: XVIIᵉ siècle 20 (1953) 293–305.
– Baroque et Classicisme (1957).
– Baroque et Classicisme, in: Annales E.S.C. 14 (1959) 719–731.
– The age of grandeur (1960).
– Le baroque (³1968).
Tans, J.-A.: Pasquier Quesnel et les Pays-Bas, Correspondance, in: Publications de l'Institut française d'Amsterdam 6 (1960).
Taylor, F.: The Wars of Marlborough 1702–1709, 2 vol. (1921).
Tengberg, E.: Från Poltava till Bender. En studie i Karl XII's türkiska politik 1709–1713 (1953).
Thelen, T.: Der publizistische Kampf um die pragmatische Sanktion und Erbnachfolge Maria Theresias 1731 bis 1748, Diss. Masch. Mainz 1955.
Thieme, U. – Becker, F.: Allgemeines Lexikon der bildenden Künstler von der Antike bis zur Gegenwart, begründet von Ulrich Becker und Felix Becker, hg. von Ulrich Thieme, Bd. 8 u. 10 (1913, 1914).
Treue, W.: Das Verhältnis von Fürst, Staat und Unternehmer in der Zeit des Merkantilismus, in: VSWG 44 (1957) 26–56.
Troll, K.: Die natürlichen Landschaften des rechtsrheinischen Bayern, in: Geographischer Anzeiger 27 (1926).
Trunz, E.: Weltbild und Dichtung im deutschen Barock, in: Aus der Welt des Barock (1957) 1–35.
– Entstehung und Ergebnisse der neueren Barockforschung, in: R. Alewyn (Hg.): Deutsche Barockforschung (1965) 449–458.
Turba, G.: Die Grundlagen der pragmatischen Sanktion, 2 Bde. (1911/12).
– Die Pragmatische Sanktion. Authentische Texte samt Erläuterungen und Übersetzungen (1913).
Vallade, C. v.: Die Belagerung von Neuburg a. D. 1703 (1889).
Várkonyi, A. R.: Hapsburg absolutism and serfdom in Hungary at the turn of the 17ᵗʰ and 18ᵗʰ centuries, in: Nouvelles études historiques (1965).
Veh, O.: Die Einführung des Taxisschen Postwesens in Bayern und die ersten Versuche zur Gründung einer Bayerischen Landespost (1664–1717), in: Archiv für Postgeschichte in Bayern 13 (1937) 1–13.
Vehse, E.: Geschichte der Höfe der Häuser Baiern, Württemberg, Baden und Hessen (1853).
– Süddeutsche Fürstenhöfe, hg. v. G. Mayer, Bd. 1: Der bayerische Hof (1921).
Veit, L. A. – Lenhard, L.: Kirche und Volksfrömmigkeit im Zeitalter des Barock (1956).
Vits, G.: Joseph Effners Palais Preysing. Ein Beitrag zur Münchener Profanarchitektur des Spätbarocks (1973).
Vogüé, M. le Marquis de: Villars diplomate – Mission en Bavière (1687–1689), in: Revue des deux mondes 70 (1885) 757–793.

- Villars d'après sa correspondence et des documents inédits, 2 vol. (1888).
WAGNER, F.: Kaiser Karl VII. und die großen Mächte 1740–1745 (1938).
- Die Toepferschen Abschriften. Eine wichtige Quelle zur Geschichte der Kurfürsten Max Emanuel und Karl Albrecht, in: ZBLG 11 (1938) 471–476.
- Europa im Zeitalter des Absolutismus 1648–1789, in: Weltgeschichte in Einzeldarstellungen (^{2}1959).
- Europa im Zeitalter des Absolutismus und der Aufklärung, in: Handbuch der europäischen Geschichte Bd. 4 (1968) 1–163.
WAGNER, G.: Raimund Montecuccoli. Die Schlacht an der Raab und der Friede von Eisenburg (Vasvár) 1664, in: Österreich in Geschichte und Literatur 8 (1964) 201–221.
WAGNER, H. – PFISTERMEISTER, U.: Barocke Festsäle in bayerischen Schlössern und Klöstern (1973).
WALLMENICH, K. v.: Der Oberländer Aufstand 1705 und die Sendlinger Schlacht (1906).
- Das Sendlinger Bauerndenkmal von 1911 und die Auer Zimmerleute von 1705 (1911).
WANDRUSZKA, A.: Das Haus Habsburg (1968).
WAUTERS, A.: Liste chronologique des doyens des corps des métiers de Bruxelles de 1696 à 1795 (1888).
WEBER, M.: Gesammelte Aufsätze zur Sozial- und Wirtschaftsgeschichte (1924).
WEBER, O.: Der Friede von Utrecht. Verhandlungen zwischen England, Frankreich, dem Kaiser und den Generalstaaten 1710–1713 (1891).
- Der Friede von Rastatt 1714, in: Deutsche Zeitschrift für Geschichtswissenschaft 8 (1892) 273–310.
WEHLER, H.-U. (Hg.): Geschichte und Psychoanalyse (1971).
WEISS, CH.: Des causes de la décadencia de l'industrie et du commerce en Espagne depuis le règne de Philippe IV (1898).
WEIS, E.: Frankreich von 1661–1789, in: Handbuch der europäischen Geschichte, Bd. 4 (1968) 164–303.
- Montgelas 1759–1799. Zwischen Revolution und Reformation (1971).
WEISBACH, W.: Der Barock als Kunst der Gegenreformation (1921).
- Gegenreformation – Manierismus – Barock, in: ders.: Stilbegriffe und Stilphänomene (1957) 71–85.
WEITLAUFF, M.: Kardinal Johann Theodor von Bayern (1703–1763), Fürstbischof von Regensburg, Freising und Lüttich. Ein Bischofsleben im Schatten der kurbayerischen Reichskirchenpolitik, in: Beiträge zur Geschichte des Bistums Regensburg 4 (1970).
WENTZCKE, P.: Feldherr des Kaisers. Leben und Taten Herzog Karls V. von Lothringen (1943).
- Straßburg und das Elsaß als deutsches Friedensziel um die Wende des 17./18. Jh. Darstellungen und Aufgaben neuerer Forschung, in: Schicksalswege am Oberrhein (1952) 298–350.
WIDEMANN, J.: König Otto von Ungarn aus dem Hause Wittelsbach (1305 bis 1307), in: FGB 13 (1905) 20–40 und 15 (1907) 72–78.
WIEBE, R.: Die Hilfeleistung der deutschen Staaten für Wilhelm III. von Oranien im Jahre 1688, Diss. Göttingen 1939.
WIERCIMOK, J.: Die Territorialerwerbungen der Stadt Nürnberg im Spanischen Erbfolgekrieg, Diss. Erlangen 1960.
WILD, K.: Lothar Franz von Schönborn, Bischof von Bamberg und Erzbischof von Mainz 1693–1729 (1904).

WILLAX, F.: Die Belagerung der Festung Rothenberg 1703. Nach dem Bericht eines Überläufers über Ausrüstung, Versorgung und Besatzung der Festung, in: Altnürnberg Landschaft e. V., Mitteilungen, 21. Jg., Heft 2/3 (1972) 37–40.
WINTER, E. K.: Rudolf IV. von Österreich, in: Wiener soziologische Studien 2 und 3 (1934/36).
WITTMÜTZ, V.: Die Gravamina der bayerischen Stände im 16. und 17. Jh. als Quelle für die wirtschaftliche Situation und Entwicklung Bayerns, in: MBM 26 (1970).
WITTRAM, R.: Peter I., Czar und Kaiser. Zur Geschichte Peters des Großen in seiner Zeit, 2 Bde. (1964).
WOLDAN, E.: Eine amtliche Darstellung des Entsatzes vor Wien 1683, in: Wiener Geschichtsblätter 15 (1960) 148–154.
WOLF, FR.: Francois de Cuvilliés (1695–1768). Der Architekt und Dekorschöpfer, in: OA 89 (1967).
WOLFF, A.: Fürst Wenzel Lobkowitz, Erster Geheimer Rat Leopolds I., 1609 bis 1677 (1869).
– Die Hofkammer unter Leopold I., Sitzungsberichte der Akademie Wien 11 (1853).
WÜRDINGER, K.: Bestrebungen des Kurfürsten Max Emanuel, den wissenschaftlichen Geist in seinem Heere durch Errichtung einer Artillerieschule zu heben sowie deren Erfolge (1685–1730), in: Sitzungsber. der K. Bay. Akad. der Wissenschaften, Hist. Cl. (1885).
WUNDER, B.: Die bayrische »Diversion« Ludwigs XIV. in den Jahren 1700–1704, in: ZBLG 37 (1974) 416–478.
WYSOCKI, J.: Kurmainz und die Reunionen. Die Beziehungen zwischen Frankreich und Kurmainz 1679–1688 (1961).
– Frankreich und die Kurpfalz von 1680–1688, in: Geschichtliche Landeskunde 2 (1965) 46–108.
ZELLER, G.: Les temps modernes, II.: De Louis XIV à 1789, in: Histoire des Relations Internationales, éd. par P. Renouvin, vol. III (1955).
– Le principe d'équilibre dans la politique internationale avant 1789, in: RH 215 (1956) No 437, p. 25–37.
ZIEKURSCH, J.: Die Kaiserwahl Karls VI. 1711 (1902).

Zeittafel

1597–1651	Herzog Maximilian I. von Bayern, ab 1623 Kurfürst
1612	Steuerveranlagung in Ober- und Niederbayern
1618–1648	Dreißigjähriger Krieg
1623/28/48	Oberpfalz an Bayern
1636 (31. Oktober)	Geburt des bayer. Kurprinzen Ferdinand Maria
1638 (5. September)	Geburt des Louis-Dieudonné, Dauphin von Frankreich
1643 (14. Mai)	Thronbesteigung Ludwigs XIV. und Regentschaft Annas von Habsburg
1644–1709	Abraham a Sancta Clara
1646–1716	G. W. Leibniz
1651 (27. September)	Tod Kurfürst Maximilians I. von Bayern, Regentschaft für seinen minderjährigen Sohn Ferdinand Maria
1654	Volljährigkeit des bayer. Kurfürsten Ferdinand Maria
1657/58	Verhandlungen über Kaiserwahl; Ferdinand Maria lehnt eine Bewerbung ab
1658 (18. Juli)	Erzherzog Leopold wird zum römischen Kaiser gewählt Rheinbund
1659 (November)	Pyrenäen-Friede zwischen Frankreich und Spanien
1660 (9. Juni)	Vermählung Ludwigs XIV. mit der spanischen Infantin Maria Theresia
1660 (17. November)	Geburt Maria Anna Christinas, Tochter Ferdinand Marias
1661–1664	Türkenkämpfe
1661 (9. März)	Tod Mazarins
1662 (11. Juli)	Geburt des bayer. Kurprinzen Max Emanuel
1662 (21. September)	Tauffeier mit großem Prunk in München
1663	Beginn des »Immerwährenden Reichstages« zu Regensburg; Geburt des Prinzen Eugen in Paris (18. Oktober)
1664	20jähriger Waffenstillstandsvertrag zwischen dem Kaiser und den Türken zu Vasvár-Eisenburg
1665	Tod Philipps IV. von Spanien; Söldnerverkauf deutscher Klein- und Mittelstaaten
1665/66	Große Pest in London
1667	Reise Ferdinand Marias und Adelheids nach Italien
1667/68	Devolutionskrieg
1668 (19. Januar)	Teilungsvertrag Frankreich–Österreich, das spanische Erbe betreffend
1668 (Juli)	Ernennung des Marquis Henry de Beauvau zum Erzieher des bayer. Kurprinzen Max Emanuel
1669 (Januar–März)	Letzter Landtag der bayerischen Stände
1669	Kreta (Candia) fällt in die Hände der Türken
1670 (17. Februar)	Französisch-bayerisches Bündnis
1672	Beginn des holländischen Krieges
1673 (14. Januar)	Subsidienvertrag Bayerns mit Frankreich, Zusatzartikel vom 15. Juli
1674 (8. April)	Brand in der Münchener Residenz
1674	Wilhelm III. von Oranien Erbstatthalter der Vereinigten Niederlande
1677 (18. März)	Tod der Kurfürstin Henriette Adelheid

1678 (26. Juli)	Geburt des Kaisersohnes Joseph I.
1678 (Aug. u. Sept.)	Friede von Nimwegen
1679	Weitere Verträge in Nimwegen, Saint-Germain, Fontainebleau, Lund; Beendigung des Krieges im Norden
1679 (26. Mai)	Tod des bayer. Kurfürsten Ferdinand Maria im 43. Lebensjahr; Übernahme der Administration durch Herzog Max Philipp für den unmündigen Max Emanuel
1680 (28. Januar)	Prokuravermählung der bayer. Prinzessin Maria Anna Christina mit dem Dauphin, 7. März Vermählung zu Châlons
(11. Juli)	Volljährigkeit Max Emanuels und Regierungsübernahme; Olympia von Soisson flüchtet aus Frankreich
1680–1681	Verschärfung der Hugenottenverfolgung in Frankreich; erste Dragonaden; Reunionen mitten im Frieden
1681 (Frühjahr)	Heiratspläne des Kurfürsten Max Emanuel mit der Prinzessin Eleonore Erdmute von Sachsen-Eisenach
1681 (März)	Zusammenkunft Max Emanuels mit Kaiser Leopold I. in Altötting
(September)	Einnahme Straßburgs durch französische Truppen
1681–1683	Aufrüstung des bayerischen Heeres
1682 (Januar)	Versammlung des bayerischen Kreises in Wasserburg; Beratungen über Türkengefahr
(Oktober)	Parade und Übungen des bayerischen Heeres in einem Lager zwischen Schwabing und Freimann Endgültiger Umzug des französischen Hofes nach Versailles
1683 (26. Januar)	Bayerisch-österreichisches Defensivbündnis gegen die Türken und gegen Frankreich
(27. Februar)	Entlassung des bayer. Kanzlers Caspar von Schmid
(6. Mai)	Der Kaiser nimmt in Kittsee bei Preßburg in Gegenwart Max Emanuels eine Truppenparade ab
1683 (Mai)	Abmarsch des türkischen Heeres unter Kara Mustapha von Belgrad gegen Wien
(Ende Mai)	Rückkehr Max Emanuels nach München
(14. Juli)	Beginn der Belagerung Wiens durch die Türken
6. August)	Neuer bayerisch-österreichischer Zusatzvertrag; Frankfurter Verhandlungen über einen Waffenstillstand des Reiches und des Kaisers mit Frankreich.
(9. September)	Max Emanuel trifft bei seinen Truppen in Österreich ein und übernimmt den Oberbefehl
(12. September)	Entsatzschlacht am Kahlenberg
(Ende Sept.)	Max Emanuel auf dem Schloß Austerlitz als Gast des Grafen Kaunitz
(27. Oktober)	Belagerung und Übergabe der Festung Gran
1683/84 (Winter)	Prinz Eugen von Savoyen bei Max Emanuel in München
1684	Heilige Allianz: Österreich, Polen, Venedig, zwei Jahre später auch Rußland
(August)	Waffenstillstand zu Regensburg zwischen Kaiser, Reich und Frankreich. Die meisten Reunionen werden anerkannt. Bombardement und Brand von Genua mitten im Frieden
(9. September)	Max Emanuel trifft vor Ofen ein und übernimmt den Oberbefehl

1684 (Herbst) bis 1685 (Frühjahr)	Heiratsverhandlungen der bayerischen Räte über eine Vermählung Max Emanuels mit der Erzherzogin Maria Antonie
1685 (Januar)	Der französische Gesandte Denis de la Haye-Vantelet wird aus München abberufen
(12. April)	Ehevertrag Max Emanuels und Maria Antonies
(15. Juni)	Vermählungsfeierlichkeiten in Wien
(16. August)	Entsatzschlacht von Gran
(19. August)	Eroberung von Neuhäusl
(9. Oktober)	Einzug Max Emanuels und seiner Gemahlin in München
(18. Oktober)	Revokationsedikt von Fontainebleau
1685–1715	Europäische Gewissenskrise: Eine Elite stellt die kulturellen und christlichen Überlieferungen in Frage
1685	Konflikt um die Pfälzer Erbfolge
1686	Catinat verwüstet das Gebiet der Waldenser
(3. Juni)	Max Emanuel trifft im Lager vor Ofen ein
(17. Juni)	Bayerische Truppen bemächtigen sich der Stadt Pest
1686 (9. Juli)	Gründung der Augsburger Liga unter Führung des Kaisers gegen Frankreich
(2. September)	Erstürmung von Ofen
1686–1739	Cosmas Damian Asam
1687 (Jan./Febr.)	Max Emanuel verbringt Karneval in Venedig
(Februar)	Villars als außerordentlicher Gesandter in Wien
(März)	Max Emanuel trifft in Wien ein
(April)	Max Emanuel kehrt nach München zurück, Villars folgt ihm
(12. August)	Schlacht am Berge Harsán bei Mohács
1687–1918	Personalunion des ungarischen Königs mit dem Oberhaupt des Hauses Habsburg
1687	Konflikt Ludwigs XIV. mit dem Papst hinsichtlich der Frage der Zollfreiheiten in Rom und der Besetzung des Bischofsstuhles von Köln
1688 (3. Juni)	Tod des Kurfürsten Max Heinrich von Köln. Streit um die Nachfolge zwischen Kardinal Wilhelm Egon von Fürstenberg und Joseph Clemens von Bayern
(19. Juni)	Ehevertrag zwischen der bayer. Prinzessin Violante Beatrix und dem Erbprinzen Ferdinand von Toskana
(25. Juli)	Max Emanuel trifft bei Peterwardein ein; Übergang über die Save
(10. August)	Belagerung von Belgrad (Griechisch-Weißenburg)
(6. September)	Sturm auf Belgrad und Einnahme der Festung
(13. September)	Rückreise Max Emanuels nach Wien
1688	Englische Papiergeldpolitik in den nordamerikanischen Kolonien führt zur Inflation
	Glorreiche Revolution in England; Jakob II. wird gestürzt, die Parlamentspartei ruft Wilhelm III. von Oranien ins Land
	Angriffe der französischen Truppen gegen Lüttich, das Rheinland, die Pfalz, Avignon; Beginn des Pfälzer Erbfolgekrieges
1688 (Dezember)	Verhandlungen Villars mit Max Emanuel über eine Annäherung

1689 (5. Januar)	Villars wird aus München ausgewiesen
(4. Mai)	Neue bayerisch-österreichische Allianz, Vertragsartikel über die Niederlande
	Verwüstung der Pfalz, Landung Jakobs II.
1690 (20. April)	Maria Anna Christina, Gemahlin des Dauphin, stirbt in Versailles
1691 (12. April)	Beitritt Bayerns zur Großen Allianz (Bündnis zwischen Holland, England und dem Kaiser)
(Juli)	De la Haye inkognito zu Geheimverhandlungen in München
(September)	Rébénac zu Geheimverhandlungen mit Max Emanuel in Oberitalien
(Nov./Dez.)	Max Emanuel mit dem Prinzen Eugen in Venedig
(Dezember)	Sieur de Créqui trifft Max Emanuel zu Geheimgesprächen in Venedig
(12. Dezember)	Ernennung Max Emanuels zum Generalstatthalter der Niederlande durch den spanischen König Karl II.
1691–1700	Papst Innozenz XII.
1692 (5. März)	Max Emanuels Abreise aus München nach den Niederlanden
(26. März)	Einzug Max Emanuels in Brüssel
(28. Oktober)	Geburt des Kurprinzen Joseph Ferdinand in Wien
(12. Dezember)	Kurfürstin Maria Antonie unterzeichnet in Wien ihr Testament und schließt Max Emanuel vom Erbe aus
(24. Dezember)	Maria Antonie stirbt in Wien
1692–1697	Max Emanuel am Kriegsgeschehen der Niederlande beteiligt
1693	Französischer Sieg bei Neerwinden und Marseille; Beginn der großen Teuerung der Lebensmittel in Frankreich und Beginn des »großen Sterbens«
(Mai)	Reise des Kurprinzen von Wien nach München
(22. Mai)	Ankunft des Kurprinzen in München
1694	Größtes »Sterben« in Frankreich während der Regierungszeit Ludwigs XIV. fast im ganzen Land; Tod von Arnauld; Pater Quesnel wird einer der Führer des Jansenismus
(19. Mai?)	Unterzeichnung des Ehevertrages über die Vermählung Max Emanuels mit der polnischen Prinzessin Therese Kunigunde
(19. August)	Prokuravermählung in Warschau
1695 (2. Januar)	Einzug Therese Kunigundes in Brüssel
(13.–15. Aug.)	Beschießung Brüssels durch Villeroy
	Fénelon wird Erzbischof von Cambrai
1696	Tod des polnischen Königs Johann III. Sobieski
(September)	Ein Testament Karls II. zugunsten des bayer. Kurprinzen
1697	August der Starke wird König von Polen
	Bauernaufstand in Tokaj gegen kaiserliche Besatzung
	Friede von Ryswick, Ludwig XIV. behält Straßburg
1698	Neue Zolltarife der Niederlande; Reformation des Hofstaates, der Regierung und Verwaltung der Niederlande
(Januar)	Schwere Erkrankung des Kurprinzen Joseph Ferdinand

(Mai)	Reise des Kurprinzen nach Brüssel
(24. Mai)	Ankunft des Kurprinzen in Brüssel
(24. September)	Teilungsvertrag zwischen Frankreich und Wilhelm III. von Oranien über das spanische Erbe
(14. November)	Im Staatsrat erklärt der spanische König Karl II. den bayer. Kurprinzen Joseph Ferdinand zum Universalerben der spanischen Monarchie
1699 (15. Januar)	Beginn der Erkrankung des Kurprinzen in Brüssel
(24. Januar)	Akute Verschlimmerung
(6. Februar)	Tod des Kurprinzen
(Mai–Nov.)	Schwere Unruhen in Brüssel
(Juli)	Zweiter Teilungsvertrag zwischen Wilhelm III. und Frankreich, dem im März 1700 auch Holland beitrat. Bayern wird nicht mehr berücksichtigt Friede von Karlowitz: Österreich wird europäische Großmacht
1700	Lukas von Hildebrandt erhält den Auftrag zum Bau des Belvedere Beginn des Nordischen Krieges
(3. Oktober)	Karl II. setzt Philipp von Anjou zum Universalerben ein
(1. November)	Tod des letzten spanischen Habsburgers Karl II. Ludwig XIV. nimmt das Testament an
1700 (November)	Bombarda erhält Blankovollmachten wegen der Finanznot des bayer. Kurfürsten
(Dezember)	Beginn der Zusammenarbeit mit Frankreich Graf Monasterol als bayer. Gesandter in Versailles
1701	Wilhelm III. betreibt die Gründung der Großen Haager Allianz Ausbruch der Kämpfe zwischen Franzosen und Kaiserlichen in Italien
1701 (Januar)	Der französische Gesandte Desalleurs verhandelt mit Joseph Clemens von Köln über ein Bündnis, desgleichen Puysegur mit Max Emanuel
(13. Februar)	Bündnis von Joseph Clemens mit Frankreich
(März)	Verhandlungen des kaiserlichen Gesandten Grafen Schlick mit Max Emanuel
(9. März)	Allianz Max Emanuels mit Frankreich: Bayern ist als Einsatz in den kommenden kriegerischen Auseinandersetzungen vorgesehen
(7. April)	Der Kurfürst kehrt aus den Niederlanden nach Bayern zurück, anfangs Mai folgen die Kurfürstin und der Hofstaat Ricous wird neuer französischer Gesandter in München
(Juni)	Kriegsvorbereitungen in Bayern
(November)	Assoziation des fränkischen und schwäbischen Kreises zu Heidenheim, Neutralitätspolitik vorgesehen
1702	Beginn des spanischen Erbfolgekrieges
(19. März)	Tod Wilhelms III. von Oranien Beginn des Camisardenaufstands in Frankreich
(Juni)	Graf Schlick verhandelt in München
(17. August)	Erfolglose Verhandlungen des Grafen Schlick mit Max Emanuel in Schleißheim

(18. August)	Entscheidung für die Ratifikation des französischen Zusatzvertrages
(8. September)	Beginn der militärischen Aggression Max Emanuels: Überfall auf Ulm
(30. September)	Beschluß des Reichskrieges gegen Frankreich und seine Verbündeten, d. h. auch gegen Bayern
(Oktober)	Einnahme von Memmingen, Lauingen und Dillingen durch bayerische Truppen
(7. November)	Monasterol unterzeichnet in Versailles neue Zusatzartikel zum bayerisch-französischen Abkommen
1703 (Januar)	Beginn der konzentrierten Angriffe der kaiserlichen und Reichstruppen gegen Bayern
	Im Frühjahr Kämpfe in der Oberpfalz
(Februar)	Max Emanuel überfällt Neuburg a. D.
(März)	Villars überschreitet den Rhein und nähert sich Bayern über den Schwarzwald
(8. April)	Besetzung Regensburgs durch bayerische Truppen
(11. Mai)	Begegnung Max Emanuels und Villars bei Riedlingen
1703 (Juni)	Max Emanuels Truppen überschreiten die Grenze nach Tirol bei Kufstein
(2. Juli)	Einzug Max Emanuels in Innsbruck
(Juli/August)	Volkserhebung in Tirol gegen bayerische Truppen
	Rascher Rückzug Max Emanuels über Mittenwald
(4. September)	Besetzung von Augsburg
(September)	Rückzug Vendômes
(20. September)	Sieg der bayerisch-französischen Truppen bei Höchstädt über kaiserliche Verbände
(11. November)	Rückkehr Villars nach Frankreich
(November)	Konstituierung einer kaiserlichen Verwaltung in der Oberpfalz
	Der Herzog von Savoyen wechselt das Bündnis, desgleichen Portugal
1704 (9. Januar)	Kapitulation der Stadt Passau, anschließend Einfall bayerischer Truppen nach Oberösterreich
(Frühjahr)	Prinz Eugen von Savoyen und Herzog von Marlborough lassen ihre Truppen gegen Bayern vorrücken
(2. Juli)	Eroberung des Schellenbergs bei Donauwörth durch alliierte Truppen
(4. August)	Begegnung Max Emanuels mit Marschall Tallard bei Augsburg
(13. August)	Schlacht bei Höchstädt; Bayern wird aufgegeben
	Rückzug der restlichen französischen Truppen
(17. August)	Max Emanuel ernennt seine Gemahlin zur Regentin Bayerns
(1. Oktober)	Max Emanuel kehrt nach Brüssel zurück
	Präsident Rouillé wird neuer französischer Gesandter bei Max Emanuel in Brüssel
(7. November)	Vertrag von Ilbesheim
(Dezember)	Beginn geheimer Verhandlungen Max Emanuels mit Holland über seine Restitution oder den Austausch Bayerns

1704–1714	Bayern unter kaiserlicher Verwaltung
1705	Kökényesdyi de Vetes als Vertreter Rákóczys bei Max Emanuel in Brüssel
(16. Februar)	Die bayerische Kurfürstin Therese Kunigunde verläßt München und reist nach Italien
(5. Mai)	Tod Kaiser Leopolds I.; Joseph I. ist sein Nachfolger
(16. Mai)	Besetzung Münchens durch die Kaiserlichen; Max Graf von Löwenstein wird Administrator in Ober- und Niederbayern, Freiherr von Tastungen in der Oberpfalz
(6. u. 8. Juni)	Die bayerischen Beamten leisten den Treueid auf den Kaiser, desgleichen die Stände am 1. Juli
1705–1715	Therese Kunigunde in Venedig
1705 (August bis 1706 Januar)	Aufstand der bayerischen Bauern und Handwerker
1705 (14. November)	Ein kaiserliches Mandat kündigt den Einsatz von Truppen gegen die »Tumultuanten« an
(25. Dezember)	Mordweihnacht von Sendling
1706 (8. Januar)	Niederwerfung der niederbayerischen Aufständischen bei Aidenbach
(29. April)	Reichsbann über Max Emanuel und Joseph Clemens verhängt
(Mai)	Die bayerischen Prinzen werden nach Klagenfurt gebracht
(23. Mai)	Schlacht von Ramillies; die französische Front bricht zusammen, Brüssel wird aufgegeben, Max Emanuel schlägt sein Domizil in Mons auf; völlige Finanzmisere des Fürsten
(15. August)	Fénelon weiht Joseph Clemens in Lille zum Subdiakon, tags darauf zum Priester; im Mai 1707 erhält er die Bischofsweihe in Mons
(7. September)	Prinz Eugen schlägt bei Turin drei französische Armeen. Verlust Italiens für Frankreich
	August der Starke verliert vorübergehend den polnischen Thron
(Herbst)	Verhandlungen mit Sessandre über einen Separatfrieden mit Max Emanuel
1707	Prinz Eugen wird Generalleutnant und Feldmarschall des Kaisers und des Reiches
(Januar)	Letzter oberpfälzischer Landtag zu Amberg
1708 (10. Juli)	Niederlage von Oudenaarde
(22. Oktober)	Lille ergibt sich; Max Emanuel im französischen Exil
1709	Die Kaiserlichen bedrängen den Kirchenstaat und zwingen Papst Clemens XI. zur Abrüstung (15. Januar)
(8. Juli)	Schlacht bei Poltawa: Peter I. besiegt den Schwedenkönig Karl XII. Dieser flieht in die Türkei. »Grand hyver« in Frankreich; Anfänge der Hungersnot
(11. September)	Schlacht bei Malplaquet; Max Emanuel zieht sich nach Compiègne zurück, später nach Marly und Suresnes
1709/10 (Winter)	Die Verhandlungen Max Emanuels über einen Sonderfrieden scheitern
1710	Hungersnot in Frankreich
	Die Verhandlungen von Gertruidenburg scheitern

1711 (17. April)	Philipp V. gewinnt Spanien zurück Sturz Marlboroughs August der Starke erhält den polnischen Thron zurück Tod Kaiser Josephs I. Wahl Karls VI. zum Kaiser England verläßt die Koalition und unterzeichnet mit Ludwig XIV. die geheimen Londoner Präliminarien. Tod eines Teils der »enfants de France« Zusammenbruch der ungarischen Aufstandsbewegung Max Emanuel erhält die Souveränität über die Niederlande, de facto aber nur über die restlichen, von Frankreich gehaltenen Gebiete
(November)	Die englische Armee zieht vom Festland ab
1712	Die bayerischen Prinzen erhalten in Graz einen neuen Hofstaat
(Mai)	Administrator Graf Löwenstein zu Geheimbesprechungen mit Max Emanuel in Namur
(30. August)	Max Emanuel eilt nach Fontainebleau zu Ludwig XIV., um ihn für seine Sache zu gewinnen
1713 (11. April)	Friede von Utrecht
(August)	Max Emanuel übersiedelt nach St. Cloud Pragmatische Sanktion Kaiser Karls VI.
1714 (20. Februar)	Freundschaftsvertrag Max Emanuels mit Ludwig XIV. in Fontainebleau
(7. März)	Friede von Rastatt
1714 (7. September)	Friede von Baden (in der Schweiz)
1715 (23. März)	Max Emanuel verläßt Versailles und reist nach Bayern zurück
(8. April)	Zusammenkunft Max Emanuels mit Therese Kunigunde in Lichtenberg am Lech
(10. April)	Rückkehr Max Emanuels nach München
(1. September)	Tod Ludwigs XIV.; Kassation seines Testaments. Regentschaft Philipps von Orléans Nachfolge des Hauses Hannover in England
1715–1718	Graf Sauméry als französischer Gesandter in München
1716	Ausbau des Schlosses Nymphenburg
1716–1719	Erbauung der Pagodenburg durch Joseph Effner
1716 (5. August)	Prinz Eugen besiegt die Türken bei Peterwardein. Frankreich verbündet sich mit den Seemächten in der Trippelallianz
1717	Feuerstättenanlage in Bayern
1717 (16. August)	Rückeroberung Belgrads durch Prinz Eugen
1718 (2. August)	Quadrupelallianz von London zwischen England, Frankreich, Holland und dem Kaiser
1718 (30. November)	Tod des schwedischen Königs Karl XII. bei der Belagerung von Frederikshald
1718–1721	Erbauung der Badenburg durch Joseph Effner
1719	Fortführung der Bauarbeiten am Schloß Schleißheim
1721	Ende des Nordischen Krieges Steuerveranlagung in Bayern J. S. Bach: Brandenburgische Konzerte

1722	Tod von C. Dientzenhofer (1655–1722)
(25. September)	Vermählung des Kurprinzen Karl Albrecht mit der Kaisertochter Maria Amalie
1723	Tod Philipps von Orléans; Tod Fischer von Erlachs (1656–1723)
1724 (15. Mai)	Wittelsbachische Hausunion zwischen Bayern, der Pfalz, den Bischöfen von Trier und Köln; J. L. von Hildebrandt vollendet das Belvedere in Wien
	Gründung der Pariser Börse
1725 (8. Februar)	Tod Peter I. von Rußland
(3. September)	Herrenhausener Allianz zwischen England, Hannover, Frankreich und Preußen
1725–1728	Errichtung der Magdalenenklause durch Joseph Effner
1726 (26. Februar)	Tod Max Emanuels in München
1730 (10. März)	Tod Therese Kunigundes in Venedig

Personenregister

(A = Anmerkung)

Abaco, Evaristo Felice dall', Komponist 550
Abele, von, kais. Rat 146
Aberle († 1706), Teilnehmer am bayerischen Bauernaufstand A 1260
Abraham a Sancta Clara (Johann Ulrich Megerle), Kanzelredner und Volksschriftsteller (1644–1709) 39, A 261, A 1181
Adelheid Henriette, Tochter des Herzogs Victor Amadeus I. von Savoyen, Gemahlin des bayer. Kurfürsten Ferdinand Maria (1650–1676) 13, 15, 59, 64, 67, 70, 76, 82, 527, 550, 555, A 127, A 137, A 145, A 150, A 165, A 190, A 202
Adlzreiter, Johann von Tettenweis, bayer. Geheimer Rat und Ratskanzler († 1662) 213, A 559
Ahamb, Johann Joseph Franz zu Neuhaus, Graf von A 1407
Albert, Comtesse d', geb. v. Montigny, Tochter des Fürsten von Berghues, Gemahlin des Comte d'Albert, Fürst Grimberghen 511, A 1410, A 1414
Albert, Louis Joseph, Comte d', Fürst Grimberghen (1672–1758), bayer. Gesandter, Kammerherr, Finanzmann 377, 513, A 212, A 842, A 1377, A 1419, A 1433
Albert (Albrecht) Sigmund, Herzog von Bayern, Bischof von Freising (1651–1685) und Regensburg (1668 bis 1685) 62
Alexander der Große, König von Makedonien (336–323 v. Chr.) 78
Altheim, Johann Ignaz, Frhr. von, bayer. Gesandter 60
Amigoni, Jacobo, Maler 553
Amling, C. Gustav, bayer. Kupferstecher 550
Amort, Eusebius, Augustinerchorherr von Polling A 1474

Andreas II. (Endre, Andras II.), König von Ungarn (1205–1235) 392
Anna, Erzherzogin von Österreich 60
Anna, Gemahlin Wilhelms III. von Oranien, Königin von England (1702–1714) A 1000
Apafy, Mikaly von Apa und Nagyfaln, Fürst von Siebenbürgen († 1713) 124, A 242
Aquinate, siehe Thomas von Aquin
Arco, Agnes Francisca (geb. Louchier, Lelouchier), Gemahlin des Grafen Ferdinand Arco 232, 234, 235, 323, 551, A 611, A 613, A 614, A 1120
Arco, Ferdinand, Graf, bayer. Offizier († 1703) 213, 232
Arco, Johann Baptist, Graf von (um 1650–1715), bayer. Oberst, Generalfeldmarschall 251, 312, 314, 385, 492
Arnauld, Antoine (geb. 8. 2. 1612 in Paris, gest. 7. 8. 1694 in Brüssel), Hauptsprecher des Jansenismus 275
Arrondeu, Louis Arnold d', Direktor der Pariser Gobelinmanufaktur 559
Asam, Cosmas Damian (1668–1739), Maler und Baumeister 553
Atto, italienischer Sänger A 165
Aufsess, Graf, Vizedom von Straubing A 1257
August, Herzog von Braunschweig 60
August der Starke, als Friedrich August I. Kurfürst von Sachsen (1694 bis 1733), als August II. König von Polen (1697–1706, 1709–1733) 326, A 870
Auverquerque, Sieur d', holländischer Diplomat 388, 389
Aviano, Marco d' (1631–1699), Kapuzinerpater 115, A 254

Balthes, Schmied von Kochel, legendärer Anführer der Oberländer Bauern (1705) 472
Barelli, Agostino, Architekt und Baumeister (1627–1687) 59, 549, 555

779

Bartholotti, Wiener Handelsmann A 333
Bassa Jenghien (Jeghen Pascha), türkischer Kommandant von Belgrad (1688) 184, A 475, A 492
Baumgarten, Johann Joseph Franz Frhr. v., bayer. Obersthofmeister, Diplomat 212, A 623
Beauval, de, Leutnant in bayer. Diensten A 1363
Beauvau, Henry, Marquis de, Erzieher und Hofmeister des Kurprinzen Max Emanuel 73, 81, A 5, A 189
Beauvau, Ludwig, Marquis de, bayer. Generalwachtmeister der Kavallerie 119, 124
Bedmar, Isidro Melchor de la Cueva y Benavides, Marquis van, spanischer Botschafter 266, 293, 297, 298, A 712
Begnudelli, Carlos, Reiseschriftsteller A 129
Beich, Franz Joachim (1665–1748), bayer. Landschafts- und Schlachtenmaler 554, 555
Bellini, Wiener Handelsmann A 333
Belmont, de, Edelknabe am bayer. und Brüsseler Hof 469
Benfatti, Pater, florentinischer Gesandter 175
Berchem, Anton Frhr. v., bayer. Hofkammerrat, Geh. Rat, Konferenzmeister, Truchseß, Gesandter 138, 146, 147, 165, 179, A 129, A 213
Bergeyck, Jan van Brouchoven, Graaf van (1644–1725), spanisch-belgischer Minister und Staatsmann 204, 208, 220, 222, 242, 243, 270, 272, 282, 298, 299, 314, 385, 388, 398 bis 401, 403, 413, 495, 496, 498, A 528, A 712, A 739, A 1085
Berlo, Graf de Coquier, Festungskommandant 121
Bernard, Samuel (1651–1739), französischer Bankier 341
Bernini, Gian Lorenzo (1598–1680), italienischer Baumeister, Bildhauer und Maler 557
Berry, Charles de France, Duc de (1686–1714), dritter Sohn des »Grand Dauphin« A 233

Bertier, Peter, Frhr. v., bayer. Diplomat 203, A 623
Berwick, James, Fitzjames Duke of (1670–1734), französischer General 406
Besold, Christoph, Polyhistor und Jurist († 1638) A 197
Beyweg, Johann Gerwin, Kölner Bankier und Handelsmann 217, 218
Bidermann, Jacob, S.J., Dramatiker (1578–1639) 11
Bietiggamb, kaiserlicher Diplomat 251
Bissari, Pietro Paolo, Komponist A 125
Blessen, Cornelius, Bankier 218
Blondel, Francois, französischer Architekt 558
Bocskai, Stephan (István) (1557–1606), Fürst von Siebenbürgen (1605) 103
Boffrand, Germain (1667–1754), französischer Baumeister 551, 556
Bolingbroke, Henry Saint-John (1678 bis 1751), Viscount (ab 1713), englischer Schriftsteller und Sekretär des Auswärtigen A 1000
Bombarda, Jean Baptist (Giovanni Battista), bayer. Finanzmann, bayerisch-niederländischer Generalschatzmeister 213, 214, 215, 217, A 363, A 551, A 554, A 752, A 842, A 1364
Bonnac, Francois d' Usson, Marquis de, französischer Diplomat und Gesandter 390
Bourg, Lénor-Marie Comte du († 1739), französischer Generalleutnant 351, 352
Bourmastini, Wiener Bankier und Händler 521
Bresler, Ludwig von, Verleger A 559
Breuner, Graf, innerösterreichischer Hofkammerpräsident 481
Briancon, Guiseppe Carron, Conte di, savoyischer Diplomat A 971
Brifal, bayer. Finanzier A 1415
Brisari, Graf, bayer. Kämmerer, Lehrer Max Emanuels 79
Brouwer, Adriaen (um 1606–1638), niederländischer Maler 550
Brunner, Andreas (1589–1650), Geschichtsschreiber A 197, A 559

Burgomanero (Burgomaneiro), Marquis de, spanischer Gesandter in Wien 162
Burgund, Ludwig, Herzog von (1682 bis 1712), Enkel Ludwigs XIV., seit 1711 Thronfolger A 886

Caesar, Gajus Julius (100–44 v. Chr.), römischer Feldherr und Staatsmann 78, 354
Cajetan Maria († 1670), Sohn Ferdinand Marias und Adelheids A 138
Camerer, bayer. Jesuit, Lehrer Max Emanuels A 179
Canossa, Hofdame in Brüssel 287
Caprara, Enea Silvio, Graf (1631 bis 1701), kaiserlicher General, Diplomat 104
Caraffa (Carafa), Antonio, Conde di Forli († 1693), kaiserlicher General 146, 392, A 425
Carbonet, Charles, Gartenarchitekt 555
Caylus, Madame de, Hofdame in Versailles A 233
Ceulen, Gisbert van 550
Chamillart, Michel de (1652–1721), französischer Minister 302, 312, 347, 360, 408, 412
Chapuzeau, Le Sieur de, französischer Reiseschriftsteller A 186
Chavenese, A., Künstler 553
Chimay, Prinz von 210
Christian, Herzog von Braunschweig 60
Churchill, Winston Sir (1874–1965), englischer Staatsmann und Historiker A 1088, A 1102
Clemens XI., Papst (1700–1721) 404, 478
Clemens August, Herzog von Bayern (1700–1761), Fürsterzbischof von Köln (1723–1761), Fürstbischof von Münster, Paderborn, ferner von Hildesheim (1724), Osnabrück (1728) 480, 520, 558, A 1439
Clossen (Closen), Maria Elisabeth, Gräfin von, Erzieherin 67
Colbert, Jean-Baptiste, Marquis de Seignelay (1619–1683), französischer Staatsmann und Minister 408

Connor, Bernhard, Dr., Leibarzt des Königs Johann III. Sobieski A 606
Corbagi, Hassan, Janitscharen-Hauptmann 157
Corelli, Arcangelo, Komponist 550
Cosimo III. de Medici, Herzog von Florenz, Großherzog der Toskana 175, 176
Cotte, Robert de, französischer Baumeister 550, 553
Coulon, bayer. Offizier A 1064
Crécy, Verjus de, französischer Reichstagsgesandter 160
Créqui, Francois-Joseph, Marquis de, französischer Offizier 168
Croissy, Charles Colbert, Marquis de (1626–1696), Bruder Colberts, französischer Gesandter, Staatssekretär des Auswärtigen (ab 1679) 95, 161, 177, 288
Cuvilliés, Francois d. Ä. (1695–1768), Architekt 549, 556–558

Degenfeld, Hannibal (Hannibald), Frhr. von, bayer. Generalfeldmarschall-Leutnant 109, 118, 119
Dellmuck, Franz Gottlieb, bayer. Geheimer Rat, Reichstagsgesandter A 315
Desalleurs, französischer Gesandter 291, 395, A 765
Desmarets, Nicolas (1648–1721), französischer Minister 408
Dietrichstein, Ferdinand Joseph, Fürst von (1636–1698), kaiserlicher Oberstkämmerer 146
Dietz, Johann (1665–1738), brandenburgischer Feldscher 154
Dijkveld, Everard van Weede, heer van, Diplomat 288
Dubut, Charles, französischer Maler 553
Dulac, bayer. Kammerdiener 230, A 1167, A 1289
Dunoyer, Hofdame in Versailles A 741
Dussen, Bruno van der, holländischer Diplomat **389, 403**
Dyck, Anthonis van (1599–1641), flämischer Maler 550

Eckher, Johann Franz von Kapfing, Fürstbischof von Freising (1695 bis 1727) 367, 451
Effner, Joseph (1687–1745), Architekt 553, 555–558
Egmont (Egmond), Graf von, General der Kavallerie 210
Eisenreich, Christoph Benno, Frhr. von, bayer. Gesandter 60
Eleonora Erdmute, Tochter des Herzogs Hans Georg von Sachsen-Eisenach 133
Eleonore von Gonzaga (1630–1686), Gemahlin Kaiser Ferdinands III. 161
Erhard, bayer. Jesuit, Erzieher A 179
Ernst, Herzog von Bayern, Fürsterzbischof und Kurfürst von Köln (1583–1612), Bischof von Freising (1566), Hildesheim (1573), Lüttich (1581) und Münster (1585) 172
Ertl, Anton Wilhelm, bayer. Jurist und Schriftsteller 26
Eugen, Prinz von Savoyen (1663 bis 1736), kaiserlicher Generalfeldmarschall, Präsident des kaiserlichen Hofkriegsrats, Statthalter der Niederlande (1716–1724) 84, 185, 287, 313, 321, 365, 371, 372, 407, 410, 426, 499, 509, 510, 517, 544, 551, A 1000, A 1145, A 1399, A 1442

Fabri, bayer. Kassenkontrolleur 492
Febvre, Lucien, französischer Historiker 559
Fénelon, Francois de Salignac de la Mothe (1651–1715), französischer Theologe, Schriftsteller, Bischof von Cambrai, Erzieher 268, 477, 478
Ferdinand, Sohn Max Emanuels, Herzog von Bayern (geb. 1699) 480, 526, 527, 558
Ferdinand Karl, Erzherzog von Österreich 60
Ferdinand Maria (1636–1679), Kurfürst von Bayern (1651–1679) 13 bis 15, 21, 24, 26, 38, 40, 48, 51, 54, 59–62, 64–67, 70, 76, 77, 81, 82, 87, 92, 94, 98, 106, 109, 113, 120, 121, 158, 160, 164, 178, 198, 208, 250, 282, 283, 301, 302, 307, 319, 429, 434, 445, 516, 527, 532, 541, 548, 550, A 120, A 127, A 129, A 130, A 133, A 136, A 145, A 172, A 177, A 200, A 202, A 252, A 452, A 747, A 807, A 1406
Ferdinand von Toskana, Sohn Cosimos III. von Medici, Herzog von Florenz, Großherzog der Toskana 175
Fernandez, Louis, Leibmedicus 213, 259, 264
Fineti, Camillo, florentinischer Gesandter 175
Fischer v. Erlach, Johann Bernhard (1656–1723), Baumeister 551, A 1000
Fleury, André-Hercule de (1653 bis 1742), Kardinal (1726), französischer Minister (1726) A 1433
Forbin de Janson, Toussaint de (1625 bis 1713), französischer Kardinal 287
Foriol, Sieur de, französischer Botschafter in Konstantinopel 391
Freyberg, Josef Albrecht, Graf von, bayer. Kämmerer, Revisionsrat A 213
Friedrich V. († 1632), Kurfürst von der Pfalz (1610–1623), König von Böhmen (1619–1621) 396, 477
Friedrich Wilhelm III., Kurfürst von Brandenburg (1688–1713), als Friedrich Wilhelm I. König in Preußen (1701–1713) 283, 474, 509, A 533
Fürstenberg, Hermann Egon, Graf von († 1674), bayer. Obersthofmarschall, Oberthofmeister, Geheimer Ratsdirektor 62
Fürstenberg, Wilhelm Egon, Fürst von (1629–1704), Fürstbischof von Straßburg (1682), Kardinal (1686), Abt von Saint-Germain-des-Prés 171–174, 191
Fürstenberg, Graf von, kaiserlicher Obrist († 1688) 186
Füxl, bayer. Portier 251
Fugger, Graf von, bayer. Oberstkämmerer und Oberstküchenmeister 176, A 1138, A 1167, A 1324
Fugger, Graf von, Oberthofmeister Max Emanuels 247, 255, 480

Fugger, Maximilian, Graf von, Obersthofmeister 62

Galeazzo, Gualdo, Conte, Reiseschriftsteller A 129
Galen (Galenus), römischer Arzt (129 bis 199) 260
Garrido, Johann Baptist, Medicus 213
Gastañaga, Francisco Antonio de Agusto, Marquis de, Generalgouverneur der spanischen Niederlande 204–206, 208, 210
Georg I. (1660–1727), Kurfürst von Hannover (1698–1727), König von Großbritannien (1714–1727) A 1426
Gerbore, Pietro, italienischer Historiker 142
Gewold, Christoph (1556–1621), bayer. Jurist und Historiker A 197
Giese, Johann Heinrich, Medicus 213
Giggenbach, Sebastian von, bayer. Geheimer Rat, Hofratsvizepräsident A 129
Girard, Dominique, französischer Gartenarchitekt 555
Giustani, Benedetto, italienischer Dramendichter 74
Godolphin, Sidney G., Baron, Graf von (1645–1712), englischer Lord des Schatzes A 1000
Goethe, Johann Wolfgang von (1749 bis 1832) 75
Gossteiger, Franz Ignatius A 129
Goubert, Pierre, französischer Historiker 360
Gramont, Antoine III. (1604–1678), Duc de (1663), Comte de Guiche, Marschall von Frankreich A 120
Grana, Otto Heinrich Carretto, Marquis de (1620–1685), Generalgouverneur der spanischen Niederlande 208, 229
Gravel, Robert Vincent de, Seigneur de Marly, französischer Gesandter in Regensburg (1663–1674) A 169
Grégy, Sieur de, französischer Diplomat 287
Groff, Wilhelm de, Hofbildhauer 557
Gronsfeld von Bronckhorst, Johann Franz, Graf von (1639–1718), kaiserlicher General 414, A 1138

Grotius, Hugo (De Groot, Huigh), Jurist, Staatsmann und Historiker (1583–1645) 292
Guidobom (Guidobon) de Cavalchino, Franz Maria, Frhr. von, bayer. Gesandter, Obersthofmeister und Oberstkämmerer 318, 479, 480, A 845, A 971, A 1167
Gunetzrhainer, Johann Baptist, bayer. Baumeister 557

Hager, Luise, Kunsthistorikerin 555
Haimhausen, Ferdinand, Graf von und zu, bayer. Geheimer Rat, Kämmerer und Hofratspräsident 415, 426, A 129, A 1427
Hannibal (247/246–183 v. Chr.), Feldherr von Karthago 354
Hans Georg, Herzog von Sachsen-Eisenach 134
Hardouin-Mansard (Mansart), Jules (1646–1708), französischer Baumeister 550, 551
Harley, Robert (1661–1724), Graf von Oxford (1710), englischer Speaker des Unterhauses A 1000
Harrach, Ferdinand Bonaventura, Graf von (1637–1706), kaiserlicher Gesandter, kaiserlicher Minister A 629
Hartenfels, Gräfin von, geb. Mancini, bayer. Hofdame A 1118
Haslang, Georg Christoph, Frhr. von, bayer. Geheimer Rat und Obristkämmerer 62
Haslang, Max Friedrich, Frhr. von, bayer. Gesandter 60
Hayd (Haid), Ignaz, bayer. Kanzlist und Registratoradjunkt A 1227
Haydenfeld, Matthias von, bayer. Hofrat A 129
Haye-Vantelet, Denis de la, französischer Botschafter in Konstantinopel, dann Resident in München (1674–Jan. 1685), anschließend Botschafter in Venedig 14, 81, 94, 105, 106, 137, 160, 287, A 133, A 207, A 235, A 252, A 334, A 416, A 747
Heckenstaller, Urban, bayer. Geheimer Sekretär A 1474
Heidenfeld, bayer. Gesandter 474

Heinrich IV. (1553–1610), König von Navarra, König von Frankreich (1589–1610) 66, 76
Heinsius, Adolf (1641–1720), holländischer Ratspensionär und Staatsmann 241, 267, 303, 388, 389, 476
Henneberg, Frhr. von, bayer. Kammerherr A 1167
Herold, bayer. Geschichtsschreiber A 127
Héron, Charles Caradas, Marquis du, französischer Diplomat und Offizier 160, 168
Heydon, Frhr. von, bayer. Oberstwachtmeister 356, 533
Hieber, Franz von, Münchener Postmeister A 1398
Hieber, Gelasius, Publizist A 1474
Hildebrandt, Johann Lukas von (1668 bis 1745), Architekt A 1000
Hippokrates (um 460–375 v. Chr.), griechischer Arzt 260
Hörwarth, Ferdinand Joseph, Graf von, bayer. Hofrat A 129
Hörwart (Hörwarth), Ludwig Johann, bayer. Gesandter, Kämmerer, Revisionsrat, Pfleger 60
Hofer, Andreas (1767–1810), Tiroler Freiheitskämpfer 471, 472
Hoffmann, bayer. Obrist († 1706) A 1260
Holeysen, Christian, Augsburger Münzmeister A 1147
Huxelles, Nicolas de Laye du Blé, Marquis d' (1652–1730), französischer General und Minister 495

Imbsland, Georg Benno, Hofrat A 129
Innozenz XI., Papst (1678–1689) 113, 173
Innozenz XII., Papst (1691–1700) 245, 276
Isabella, Erzherzogin 210

Jablonowski, Stanislaus Johann, Krongroßfeldherr von Polen 123
Jägerwirt (Johann Jäger), Wirt
Jakob Sobieski (1667–1737), Prinz, Sohn Johann III. Sobieski von Polen 229, 230
Jakob II. Herzog von York (1633 bis 1701), König von England und Schottland (1685–1689) A 1000
Jakob III., Eduard Stuart, Chevalier de St. Georg (1688–1766), englischer Thronprätendent 286
Jennings, Sarah (1660–1744), Herzogin von Marlborough A 1000
Jobst, Johannes Sebastian, bayer. Hofrat A 129
Johann Ernst Graf von Thun, Fürsterzbischof von Salzburg (1687 bis 1709) 450
Johann Philipp, Fürstbischof von Passau (1689–1712), Kardinal (1700) 326, 330, 336, 337, 451, A 1156
Johann (Jan) III. Sobieski, König von Polen (1674–1696) 113, 123, 229, 232, 288, 289, A 164, A 606
Johann Theodor (1703–1763), Fürstbischof von Regensburg (1719 bis 1763), Freising (1727–1763), Lüttich (1744), Kardinal (1746) 480, 481, 520, 527, A 1326, A 1439
Johann Wilhelm (1658–1716), Kurfürst von der Pfalz (1690–1716) 476, A 1013
Jonner, Mathias, Licentiat der Rechte, Erzieher Max Emanuels 78, A 211
Jordan von Wasserburg, Kapuzinerpater und Prediger 39, A 193, A 1181
Joseph Clemens (1671–1723), Herzog von Bayern, Fürsterzbischof und Kurfürst von Köln (1688–1723), Fürstbischof von Freising (1685 bis 1694), Regensburg (1685–1717), Lüttich (1694) und Hildesheim (1714) 81, 82, 91, 135, 156, 172, 173, 176–178, 191, 246, 252, 291, 292, 303, 325, 378, 381, 408, 475–479, 491, 498, 501, 503, 509, 520, 533, 543, 551, A 138, A 452, A 763, A 765, A 767, A 1313, A 1379, A 1398
Joseph Ferdinand (1692–1699), Sohn Max Emanuels und Maria Antonies, Kurprinz von Bayern, Prinz von Asturien 142, 229, 238, 239, 241–244, 248, 251, 252, 255–257, 269, 281, 290, A 638, A 674, A 676, A 680, A 687, A 707

Joseph I. (1678–1711), ältester Sohn Kaiser Leopolds I., römisch-deutscher König (1690), Kaiser (1705 bis 1711) 196, 381, 410, 414, 443, 477, 480, 497, 503, 521, A 444, A 1017, A 1140

Kandler, Agnellus, Augustinereremit A 1474
Kandler, Johann, Hofbibliothekar, Registrator des Geheimen Rates A 1474
Karg von Bebenburg, Johann Friedrich, Freiherr, Dr. jur., kölnischer Obristkanzler, Abt des Mont St. Michel 291, A 699, A 1374, A 1376
Karl Albrecht (1697–1745), Sohn Max Emanuels und Therese Kunigundes, Kurfürst von Bayern (1726–1745), als Karl VII. Albrecht römisch-deutscher Kaiser (1742–1745) 256, 331, 479, 480, 502, 520, 522, 526–528, 535, 536, 550, 553, 556, A 626, A 1124, A 1167, A 1324, A 1433, A 1471
Karl I. der Große, römischer Kaiser, König der Franken (768–814) 78, 86
Karl II. (Habsburg), König von Spanien (1665–1700) 135, 197, 229, 236, 240, 243, 257, 269, 276, 286, 298, A 622
Karl IV., Römischer König (1346), Kaiser (1355–1378) A 249
Karl V. (1500–1558), König von Spanien (1516–1556), Römischer Kaiser (1519/30–1556) 50, 78, 237, 239, 285, 497, 526
Karl V. (IV.) Leopold (1643–1690), Herzog von Lothringen und Bar, kaiserlicher Generalfeldmarschall 115, 119, 123, 150, 165, 168, 181, 184, A 129, A 470
Karl VI. (1685–1740), zweiter Sohn Kaiser Leopolds I., Erzherzog von Österreich, römischer Kaiser (1711 bis 1740), als König von Ungarn Karl III., 1703 als König Karl III. von Spanien ausgerufen 240, 242, 364, 381, 382, 401, 480, 489, 490, 497, 498, 503, 504

Karl XII. (1682–1718), König von Schweden (1697–1718) 390, 404, 476, A 870, A 1068
Kaunitz, Maria Eleonore Wratislaw von Sternberg, Gräfin von (1657 bis 1706) 162, 164, 170, 180, 181, 405
Kaunitz-Rittberg, Dominikus Andreas, Graf von (1655–1705), kaiserlicher Gesandter, Reichsvizekanzler 115, 146, 170, 181, 289, 301, A 315, A 330, A 466, A 470
Kerll, Johann Kaspar, Komponist A 125
Kittler, Johann Georg († 1706), Teilnehmer am bayer. Bauernaufstand A 1260
Kleinschroth, Balthasar, Präfekt im Zisterzienserkloster Heiligenkreuz A 273
Kleist, Ewald von, Vizepräsident des bayer. Hofrates A 213
Knepper, bayer. Geheimer Rat A 1403
Königsegg, Leopold Wilhelm, Graf von (1629–1694), Reichsvizekanzler A 132, A 137, A 153, A 166, A 182, A 200
Köprülü, albanisches Geschlecht, das der Türkei fünf Großwesire stellte, darunter: Mechmed Köprülü (ca. 1596–1661), Großwesir seit 1656, dessen Söhne Achmed Köprülü (1635–1676), Mustafa Köprülü (1637–1691), seit 1689 Großwesir (er gewann 1680 Belgrad zurück) 104
Kolbinger, Joseph, Pfleger von Biburg A 1183
Kraus, Mathias († 1706), Metzger von Kehlheim, Teilnehmer am Bauernaufstand A 1260
Kray, Johann Adrian, bayer. Hofrat A 129
Kriechbaum, Georg Friedrich, Frhr. von (1667–1710), kaiserlicher General 455

Ladislaus Postumus, Herzog von Österreich (1440–1457), König von Böhmen (1453–1457) und Ungarn (1440–1457) 155

Laide, Marquise de, Obersthofmeisterin 212
Lamberg, Kardinal, siehe Johann Philipp
LeBrun, Charles (1619–1690), französischer Maler 551
Leiblfing, Franz Pankraz, Frhr. von, Vizestatthalter von Amberg, bayer. Kämmerer, Geheimer Rat 176
Leibniz, Gottfried Wilhelm (1648 bis 1716), Philosoph A 559
Lenôtre (Le Nôtre), André, französischer Gartenarchitekt (1613–1700) 555
Leopold I., König von Ungarn (1655 bis 1687), Böhmen (1656), römisch-deutscher Kaiser (1658–1705) 66, 104, 112, 114, 115, 136, 150, 162, 173, 183, 184, 195, 211, 237, 238, 240, 241, 243, 256, 318, 330, 335, 338, 365, 381, 410, 414, 476, 477, 552, A 348, A 353, A 456, A 705, A 1712
Leopold Wilhelm, Erzherzog von Österreich, Generalgouverneur der span. Niederlande 207
Lerchenfeld, Graf von 251
Leszczyński, Stanislaus (1677–1766), König von Polen (1704–1709), Herzog von Lothringen (ab 1738) A 870
Leydel (Leidel, Leiden), Johann Baptist, Frhr. von, bayer. Geheimer Rat, Geheimer Ratsvizekanzler, Gesandter 105, 118, 138, 165, 176, 179, 192, 317, A 213, A 330, A 456
Lichtenstein, Fürst von, kaiserlicher Obrist († 1688) 186
Lier, Frhr. von, bayer. Geheimer Rat A 1403
Ligsalz, Franz Joseph Anton, Frhr. von, bayer. Hofrat, Truchseß A 129
Limburg-Styrum (Stirum), Hermann Otto, Graf von (1652–1704), kaiserlicher Generalfeldmarschall 347, 360
Lindmayr, Maria, bayer. Karmeliterin 367
Lionne, Hugues, Marquis de Berny (1611–1671), französischer Gesandter, Staatssekretär A 120

Liselotte (Elisabeth Charlotte) (1652 bis 1722), Tochter des Kurfürsten Karl Ludwig von der Pfalz, zweite Gemahlin Philipps I., Duc de Orléans 127, 510, 530, 532, A 233
Littich, Georg, bayer. Jurist A 1474
Lobkowitz, Ferdinand August, Graf von (1655–1725), kaiserlicher Gesandter 95, A 222, A 229, A 315
Lösch, Frhr. von, bayer. Kammerherr A 1167
Löwenstein und Wertheim, Maximilian Carl, Reichsgraf von (1656 bis 1718), kaiserlicher Diplomat, Administrator von Bayern (1704 bis 1714), Generalgouverneur von Mailand 412, 416, 443, 448, 484, 502, 503, A 1117, A 1191, A 1231
Lorrain, Claude (eigentlich Claude Gellée) (1600–1682), französischer Maler und Radierer 550
Lothar Franz von Schönborn (1655 bis 1729), Fürsterzbischof von Mainz (1655–1729) 267, 325, 336
Louchier, Agnes, siehe Arco, Agnes Franziska
Louvois, François Michel le Tellier, Marquis de (1641–1691), französischer Kriegsminister (1668) 98
Ludovica Margaretha (1663–1665), Tochter Ferdinand Marias A 138
Ludwig II., König von Ungarn († 1526) 168
Ludwig IV. der Bayer, Herzog von Oberbayern (1294), Römischer König (1314), Römischer Kaiser (1328 bis 1347) 78, A 942
Ludwig V., Sohn Kaiser Ludwigs des Bayern, Herzog von Bayern (1347 bis 1361), Markgraf von Brandenburg (1323) A 942
Ludwig XIV. (1638–1715), König von Frankreich (1643–1715) 50, 66, 93, 94, 96–98, 105, 126, 127, 132, 135, 137, 140, 160–162, 170, 171, 177, 178, 180, 182, 191, 210, 211, 219, 224, 229, 237, 238, 241–243, 257, 266, 283, 285, 286, 288, 291, 293, 295, 296, 302, 317, 322, 329, 331, 333, 335, 337, 344, 348, 359–361, 377, 379, 382, 385, 388, 390, 395 bis

397, 399, 401, 403–405, 412, 468, 491, 493, 494, 496, 501, 502, 504, 510, 511, 516, 530, 532, 546, 549, 553, 557, 558, A 120, A 125, A 165, A 207, A 313, A 503, A 609, A 699, A 747, A 798, A 845, A 852, A 853, A 886, A 933, A 963, A 1000, A 1019, A 1086, A 1097, A 1099, A 1128, A 1362, A 1363, A 1371
Ludwig XV. (1710–1774), König von Frankreich (1715–1774) A 1435
Ludwig Amadeus Cajetan, Sohn Ferdinand Marias († 1665) A 125, A 138
Ludwig Wilhelm I. (1655–1707), Markgraf von Baden-Baden (1677 bis 1707), »Türkenlouis«, kaiserlicher Generalleutnant 168, 313, 321, 343, 350, 351, 362, 368, 371, 410, 544, 554, A 129, A 985, A 1004
Luegger, Johann Georg, bayer. Hofkanzler 457, 500, A 129, A 1382
Lützelbourg (Lüzelburg), Johann Wilhelm, Frhr. von, bayer. Obrist, Oberstwachtmeister, Generalwachtmeister 250, 313, 413
Lugero, Arzt 259
Luxembourg, Francois-Henry de Montmorency-Bouteville, Duc de (1628–1695), Marschall von Frankreich 219, 220

Mabillon, bayer. Jesuit A 179
Mändl, Johann Franz Joseph, aus Günzburg, Freiherr von Deutenhofen († 1666), bayer. Hofrat, Truchseß, Kämmerer, Hofkammerpräsident A 129, A 131
Mändl, Johann Franz Joseph, Frhr. von, Pfleger A 1332
Maffei, Ferdinand Alexander, Marquis de, bayer, Hauptmann, Generalfeldmarschall 352
Maingaud, Martin, französischer Maler 551
Mair, Martin von Oberschellang, bayer. Resident in Paris A 503
Malknecht, Alois, Frhr. von, bayer. Geheimer Sekretär, Geheimer Rat, Diplomat 213, 227, 282, 332, 347, 468, 510, A 613, A 1427

Mancini, Olympia (ca. 1640–1708), Gemahlin von Eugen Moritz von Savoyen-Carignan A 1000
Mandrou, Robert, französischer Historiker 537
Marcel, Frhr. von 252
Margarita Theresia von Spanien, Tochter Königs Philipp IV. von Spanien, erste Gemahlin Kaiser Leopolds I. (1651–1673) 132, 135, 142, 237, A 638
Maria Amalie, Tochter Kaiser Josephs I., Gemahlin des Kurfürsten Karl Albrecht (1722–1756) 521, 550, 553
Maria Anna († 1665), Tochter Kaiser Ferdinands II., zweite Gemahlin des Kurfürsten Maximilian I. 62, A 202
Maria Anna, Infantin, Tochter des spanischen Königs Philipp III. 237
Maria Anna von Pfalz-Neuburg (1667 bis 1740), zweite Gemahlin König Karls II. 240, A 685
Maria Anna Christina (1660–1690), Tochter des Kurfürsten Ferdinand Maria, Gemahlin des Dauphin von Frankreich (1680–1690) 59, 61, 62, 67, 74, 91, 94, 95, A 233, A 313, A 500, A 503
Maria Anna Karolina (geb. 1696), Tochter Max Emanuels, Herzogin von Bayern 479–481
Maria Antonie (1662–1692), Tochter Kaiser Leopolds I., Erzherzogin von Österreich, Gemahlin Max Emanuels, Kurfürstin von Bayern (1685 bis 1692) 76, 114, 132, 135, 136, 142, 145, 168, 193, 229, 233, 238, 240, 244–246, 249, 521, A 315, A 353, A 461, A 638, A 705, A 1420
Maria Eleonora, verwitwete Königin von Polen A 333
Maria Theresia, Tochter Königs Philipp IV. von Spanien, Gemahlin König Ludwigs XIV. von Frankreich (1638–1683) 135
Marianne (Maria Anna) von Österreich (1635–1696), Gemahlin des spanischen Königs Philipp IV. 241
Marie Casimiera (Maria Kasimira) de

787

la Grange d'Arquien, Gemahlin des polnischen Königs Johann III. Sobieski 231, 410

Mark, Ludwig Peter Engelbert, Graf von der (1674–1750), französischer General und Diplomat A 1383

Marlborough, John Churchill, Duc of (1650–1722), englischer Feldherr und Staatsmann 313, 321, 364–366, 368, 371, 372, 401, 403, 404, 406, 407, 410, 475, 476, 494, 497, 544, A 1000, A 1176, A 1304

Marsin (Marcin, Marchin), Fernand, Comte de (1656–1706), Marschall von Frankreich 361, 364, 366, 373, 374, 401, A 970

Mathias I. Corvinus, König von Ungarn (1458–1490) 155

Maultasch, Margarete (1318–1369), Tochter Herzog Heinrichs von Kärnten, Gräfin von Tirol, Gemahlin Johann Heinrichs von Luxemburg, Gemahlin Herzog Ludwigs V., des Brandenburgers 352, A 942

Mauritia Febronia de la Tour d'Auvergne († 1705), Gemahlin des Herzogs von Leuchtenberg Maximilian Philipp 15

Max II., König von Bayern (1848 bis 1864) A 1293

Max Emanuel (geb. 1704), Sohn des Kurfürsten Max Emanuel 480, 481

Max Emanuel Franz Joseph, Comte de Bavière, Sohn Max Emanuels und Agnes Louchier's A 609

Maximilian I. (1573–1651), Herzog von Bayern (1597–1651), Kurfürst (seit 1623) 13, 15, 21, 40, 54, 64, 65, 67, 74, 77, 78, 81, 95, 107, 120, 158, 164, 175, 215, 281, 282, 380, 477, 532, 537, A 131, A 136, A 197, A 202, A 559, A 807

Maximilian Gandolf, Graf von Kuenburg, Fürsterzbischof von Salzburg (1668–1687) 61

Maximilian Heinrich, Herzog von Bayern, Fürsterzbischof und Kurfürst von Köln (1650–1688), Fürstbischof von Hildesheim, Lüttich (1650) und Münster (1683) 171, 173

Maximilian Philipp (1638–1705), Sohn des Kurfürsten Maximilian I., Herzog von Bayern, Landgraf von Leuchtenberg, Administrator von Bayern (1679/80) 15, 16, 62, 91, 92, 94–96, 132, 135, 357, A 208

Mayr, kaiserlicher Kanzlist 146

Mayr, bayer. Hauptmann 456

Mayr, Dr., Stadtphysikus von Vilshofen A 1225

Mayr, Franz von, bayer. Geheimer Rat, Reichstagsgesandter in Regensburg und Frankfurt (1683 entlassen) 106, 166, A 221

Mayr, Marx Christoph von, Dr., bayer. Gesandter, Geheimer Sekretär 146, 176, 181, 230, 294, 318, 331, 415

Mazarin, Jules (1602–1661), französischer Staatsmann und Kardinal 50, A 120, A 168, A 1000

Mehan (Mean), Grand-Dechant von Lüttich, Bischof von Raab 292, A 766, A 767

Meindl, Teilnehmer am bayer. Bauernaufstand A 1260

Meinrad († 1363), Sohn Ludwigs V. des Brandenburgers A 942

Melun, Mademoiselle de 234

Mercy, Frhr. v., bayer. Offizier 121

Mérode-Westerloo, Jan Filip Eugeen, Graf von Mérode, Marquis van Westerloo, Offizier in den spanischen Niederlanden 261, 266

Metzberger, bayer. Feldzahlamtsgegenschreiber A 428

Meulen, Jan van der, Brüsseler Advokat 274

Michel, Augustinerchorherr vom Kloster Indersdorf A 805

Miller, Florian Sigmund, Pfarrer von Oberviechtach 454, A 1257

Mörmann, Franz Hannibal, Frhr. von († 1736), bayer. Geheimer Rat, Resident in Wien (1693–1703, wieder ab 1716) 318, A 691, A 761, A 872

Moles, Francisco, Duque di († 1713), spanischer und kaiserlicher Diplomat und Minister 144

Molière, Jean Baptiste Poquelin, gen. Molière (1622–1673), französischer Komödiendichter 37

Monasterol, Ferdinand Solar, Comte de, bayer. Diplomat, Finanzier 282, 295, 301, 312, 314, 317, 319, 332, 333, 337, 341, 347, 361, 377, 390, 412, 504, 513, A 842, A 922, A 938, A 1385, A 1394, A 1419
Monasterol, Victor Amadeus, Comte de, Bruder des Grafen Ferdinand Solar de Monasterol, bayer. Offizier, Gesandter in Wittenberg, Danzig, Leipzig 384, 390, A 1394
Monce, Jean de la, französischer Maler 550
Montfort, Anton, Graf von, bayer. Generalwachtmeister A 213
Montgelas, Maximilian, Graf von (1759–1838), bayer. Staatsmann 513
Mustafa, Kara (um 1634/35–1683), türkischer Großwesir 104

Nádasdy, Franz, Graf (1625–1671), ungarischer Magnat 104
Napoleon I. Bonaparte (1769–1821), Kaiser der Franzosen (1804–1814, 1815) 471
Neuhaus, Franz Johann, Graf von, bayer. Gesandter, Oberstkämmerer 60, 415, A 1427
Neusönner, bayer. Geheimer Rat, Kammerdirektor 416, A 1118, A 1138
Nostiz, Hans Hartwig, Reichsgraf (1610–1683), böhmischer Kanzler A 315
Novion, Potier, Marquis de, französischer General 353

Oexl (Oexle, Oexlin), Georg Johann, Dr., Frhr. v. († 1675), bayer. Geheimer Rat, Ratskanzler, Reichstagsgesandter 60
Oppenheimer, Wiener Finanzmann, Bankier, Hoffaktor 146
Oswaldt, Joseph Matthias Franz von, bayer. Hofrat, Truchseß A 129
Otto I. von Wittelsbach, Herzog von Bayern (1180–1183) 78
Otto III. Herzog von Niederbayern (1290–1312), König von Ungarn (1305–1307) 397, A 1066

Paar (Paer), Maria Josepha, Gräfin von, Hofdame 180
Pallavicini, Abbé, französischer Gesandter 161
Paulus, Apostel (um 30 n. Chr.) A 1313
Pedro II. (1648–1705), König von Portugal 335
Perfall, Graf von 251
Perger, Christoph, bayer. Bauernsohn 459
Perkhover, Maximilian, Licentiat der Rechte, bayer. Hofrat und Geheimer Sekretär 81, 91
Perkhover († 1685), Präzeptor A 211
Perousa, Comtesse de la, Erzieherin des bayer. Kurprinzen Joseph Ferdinand 244, 247–252, 254, 255, A 676
Peter I. der Große (1672–1725), russischer Zar (1682–1725) A 870
Pfettner, Marquard, bayer. Hofkammerrat und -direktor 78
Phelypeaux, Raymond-Balthasar, Marquis de († 1713), französischer Diplomat A 763
Philipp Moritz (1698–1719), Sohn Max Emanuels, Herzog von Bayern 480, 503, 520, 532, A 1324
Philipp Wilhelm, Pfalzgraf und Herzog von Pfalz-Neuburg (1653 bis 1685), Kurfürst von der Pfalz (1685 bis 1690) 127, 191, A 133, A 313, A 323
Philipp III. (1578–1621), König von Spanien (1598–1621) 237
Philipp V., Herzog von Anjou (1683 bis 1746), König von Spanien (1700 bis 1724, erneut ab 1724) 276, 277, 293–295, 330, 344, 390, 401, 406, A 1396
Piazza, Giovanni, Internuntius in Brüssel A 342
Pichler, Johann Adam, bayer. Künstler 553
Pienzenau, Johann Matthias, Frhr. von, bayer. Oberst und Trabantenhauptmann 62
Pistorini, Balthasar, bayer. Medicus 213
Pistorini, Joseph Max, bayer. Hofrat A 129

Pletten, Sigmund Marquardt, Frhr. von, Vizepräsident des bayer. Hofrats A 129
Plinganser, Sebastian, Mitterschreiber von Pfarrkirchen 450, 453, 464, A 1211, A 1260, A 1297
Poilly, Nicolas, französischer Bildnisstecher 550
Polignac, Melchior, Marquis de (1661 bis 1741), Abbé, französischer Diplomat 495
Pomponne, Abbé, französischer Gesandter in Venedig 384, A 1128
Pomponne, Simon Arnauld, Marquis de (1618–1699), französischer Staatssekretär des Auswärtigen (1671/72 bis 1679, ferner ab 1691) 98
Portia, Magdalena Maria, Gräfin von, geb. Freiin von Spiering, bayer. Obersthofmeisterin, Erzieherin 67, 69, 291, A 323
Portocarrero, Louis Manuel Fernández de (1635–1709), Kardinal (1669), Erzbischof von Toledo (1678–1709) 241, A 622
Précipiano, Humbert Guillaume de, Erzbischof von Mecheln (1689–1711) 275
Pretagni, Dr., Augustinerpater 526
Preysing, Friedrich Ignaz, Graf von, Domherr zu Salzburg, Augsburg, Passau, bayer. Gesandter 133
Preysing, Hans Christian, Graf von, bayer. Gesandter 60
Preysing, Johann Maximilian II., Graf von, bayer. Gesandter, Kämmerer, Obersthofmeister 144, 176, 415
Preysing, Johann Max III., Graf von, bayer. Kämmerer (1681), Geheimer Rat (1716/17) A 1433
Prielmair, Franz Bernhard, Frhr. von, Kastner von Burghausen 453, A 1407
Prielmayr, Corbinian, Frhr. von (1643 bis 1707), bayer. Kabinettssekretär, Geheimer Rat, Gesandter 78, 198, 204, 207–210, 212, 224, 243, 261, 267, 382, A 178, A 221
Prielmayr, Johann Emeram, bayer. Hofrat A 129
Puysegur, Marquis du, französischer Brigadier und Oberstleutnant, Gesandter 293, 297, 299, 301, 320

Quiros, Don Francisco Bernardo de, spanischer Gesandter 269, 272, 385, A 635, A 709, A 712, A 1029

Rabatta, Rudolf, Graf, kaiserlicher Generalkriegskommissär 146
Rader, Matthäus, S.J. (1561–1634), Schriftsteller A 197
Radziejowski, polnischer Kardinal 230
Rákóczy (Rákóczi), Franz Georg I. (1645–1676), Fürst von Siebenbürgen (1652–1676) 103
Rákóczy (Rákóczi), Franz II. (1676 bis 1735), Fürst von Siebenbürgen, (1704), von Ungarn (1705) 372, 391, 393–397, 443, 467, A 1055, A 1059, A 1061, A 1062, A 1067, A 1068
Rassler, Christoph Jakob von, kaiserlicher Regimentsrat, Reichstagsgesandter, Resident in München (ab 1674) 95, A 315
Rébénac, Francois de Pas, Comte de († 1694), französischer Diplomat 173, 287
Rechberg, Graf von, Präsident des bayer. Kriegsrates A 1427
Rechberg, Graf von, bayer. Generalleutnant A 1427
Rechberg, Bernhard Bero, Graf von, bayer. Oberhofmarschall und Kämmerer A 221
Regnis, Ludovicus, Dr., Medicus 258
Reichardt, Johann Nikolaus, bayer. Kabinettssekretär, Diplomat 337, 368, 385, 412, 413, 468
Rembrandt (eigentlich Rembrandt Harmensz van Rijn) (1606–1669), holländischer Maler 261
Riccardini, Giacomo, Musiker A 572
Richelieu, Armand – Jean du Plessis, Duc de (1585–1642), Bischof von Lucon (1608–1624), Kardinal (1622), französischer Staatsmann und Kardinal 50, A 168
Richelieu, Duc de, französischer Gesandter A 1435
Ricous, Louis Gaspard de, französi-

scher Gesandter 325–329, 339, 340, 347–349, 355, 356, 359–361, 366, 368, 380, A 818, A 862, A 867, A 983
Riezler, Sigmund von, Historiker 264, 473, A 1136, A 1198
Rigl, Leopold Andree von, bayer. Hofrat A 129
Riviera (Rivera), Giovanni Battista di Simeoni, Conte di, Spielgefährte Max Emanuels, Page, bayer. Vizestallmeister, Obrist und Generalwachtmeister, Pfleger zu Friedberg 70, 162
Ronpöckh, Joseph Anton, bayer. Hofrat A 129
Rosenberg, Wolfgang Andreas, Graf, kaiserlicher Minister 146, 147, 480
Rouille, Pierre, Le Président, französischer Gesandter 380, 382, 387, 400, 405, 412, 468, 478, A 845, A 1014, A 1084, A 1086, A 1097, A 1117, A 1124, A 1307
Royas y Spinola, Christobal de (geb. 1626), Bischof von Tinin (Knin) (1668), von Stephanien, von Wiener Neustadt (1686) A 172
Rubens, Peter Paul (1577–1640), flämischer Maler 550
Rudolf IV., Herzog von Österreich (1358–1365) A 249
Ruffini, bayer. Wechsler und Bankier 313, A 1146

Sabran, niederländischer Jesuit 276
Saint Maurice (San Maurizio), Cabò Sigmund, Marquis de, Comte de Beaumont, Spielgefährte Max Emanuels, Page, bayer. Kammerherr, Obrist 70, 163, 317, A 1405
Saint-Saphorin, Francois-Louis de Pesme, Baron de (1668–1738), Schweizer, kaiserlicher und englischer Offizier und Diplomat 518, A 1433
Saint-Simon, Louis de Rouvroy, Duc de (1675–1755), französischer Offizier und Schriftsteller A 1024
Sarfsee, Felix, Frhr. von A 129
Sanfré, Anton Franz Max, Graf von, Spielgefährte Max Emanuels, Page, bayer. Kämmerer und Obrist 70, 162, 212, 244, 251, 257, 312
Sauméry, Jean-Baptiste de Johanne de la Carre, Comte de († 1726), französischer Gesandter in München (1715–18), Diplomat 511, 517, A 1419, A 1420
Sbarra, Francesco, Komponist A 125
Scarlatti, Johann Baptist, bayer. Resident in Rom 287, 319, A 847
Scarlatti, Pompejo, Abbate, bayer. Resident in Rom 245, 287, 289, A 622, A 847
Scarron, Komödiendichter 211
Schadt, Hans Hektor, bayer. Gesandter 60
Scherffenberg († 1688), kaiserlicher General 60
Schielle, bayer. Oberstleutnant, Vizekommandant von München 414
Schindler, Herbert, Kunsthistoriker 553, 559
Schlick, Leopold, Graf (1663–1723), kaiserlicher General, Minister, Gesandter 303, 330–333, 347, 366, 502, A 799
Schlüter, Andreas (um 1660–1714), Bildhauer und Baumeister 551
Schmid, Caspar, Frhr. von (1622 bis 1693), bayer. Geheimer Rat, Gesandter, Geheimer Ratsvizekanzler, Kanzler 14, 15, 33, 44, 62, 76, 78, 82, 86, 87, 96, 98, 108, 166, 177, 178, 208, 215, 319, 352, 516, 537, A 133, A 136, A 169, A 172, A 177, A 198, A 221, A 226, A 235, A 249, A 259, A 416, A 452, A 751, A 942, A 1471, A 1475
Schmid, Franz Caspar, Frhr. von (geb. 1658), bayer. Hofrat, Historiograph 352, A 206, A 942, A 1224, A 1477
Schmid, Johann Baptist, Frhr. von, bayer. Rat A 644
Schmid, Wolf, bayer. Agent A 1330
Schulenburg, Johann Matthias, Graf von der (1661–1747), kaiserlicher und venezianischer General A 880
Sereni, Johann Karl, Graf von, bayer. General 184, 185
Sereni, Joseph, Graf von († 1705), kaiserlicher Offizier 149

Sessandre (Sersanders), Antoine Luna de, Diplomat 403, 404
Sigmund Franz, Erzherzog von Tirol 60
Silbermann, Felix Wilhelm, bayer. Hofrat und Truchseß A 129
Simeoni, Ferdinand, Frhr. von, bayer. Kämmerer, Gesandter, Obristküchenmeister, Finanzminister 231, A 623
Simerle, Nikolaus, Jesuitenpater 526
Sinzendorf, Philipp Ludwig, Graf von (1671–1744), kaiserlicher Minister 404
Sinzendorf, Gräfin von A 460
Smakers, Jesuitenpater, Beichtvater der Kurfürstin Therese Kunigunde 410, 412, 413, A 1124
Söllner, Augustin, Historiograph A 199
Soissons, Olympia Mancini, Comtesse de (ca. 1640–1708), Gemahlin des Prinzen Eugen Moritz von Savoyen-Carignan 551
Soliman (Süleiman) II. der Prächtige, der Große (um 1494–1566), Herrscher der Osmanen 183
Spilberg auf Naabeck, Julius Wilhelm Heinrich, Frhr. von, bayer. Hauptmann, Generalwachtmeister, Generalfeldmarschall 313
Spinelli, Antonio, Theatinerpropst, Beichtvater der Kurfürstin Adelheid 59, 249
Stadion, Johann Philipp, Graf von, Mainzischer Diplomat 330, 502
Stanislaus, König von Polen, siehe: Stanislaus Leszczyński A 870
Starhemberg, Graf von († 1688), kaiserlicher Obrist 186
Starhemberg, Ernst Rüdiger, Graf von, Festungskommandant und Verteidiger von Wien 125
Steffani (Stephani), Agostino, Komponist 301, 549
Steinau, Anna Barbara, Gräfin von, Gemahlin des bayer. Generalfeldmarschall-Leutnants Adam Heinrich, Frhr., Graf von Steinau 157
Steinau, Frhr. von, bayer. Gesandter A 618

Sternberg, Wenzel, Graf von, kaiserlicher Diplomat 251
Stinglheim, bayer. Jesuit, Beichtvater des Kurprinzen Karl Albrecht 479
Stoiberer (Stoiber), Johann Ferdinand, Frhr. von, Dr. († 1693), bayer. Gesandter und Resident in Wien, Schwiegersohn Oexls 129
Stratmann (Strattmann), Theodor Heinrich Altet von († 1693), pfalzneuburgischer Minister, Yülich-Bergischer Vizekanzler (1672), Diplomat, Wiener Hofkanzler 146, 147, 182, A 471
Stuber, Nikolaus Gottfried, bayer. Dekorateur 553
Styrum, Graf von († 1688), kaiserlicher Obrist 186
Styrum, siehe: Limburg-Styrum
Sylva, Dr., französischer Arzt 526

Tallard, Camille de la Baume d'Hostun, Graf von (1652–1728), General, Marschall, Diplomat 364, 368, 369, 372, 373
Tastungen, Frhr. von, kaiserlicher Administrator der Oberpfalz 416
Tattenbach, Ferdinand, Graf von, bayer. Oberststallmeister A 213
Tattenbach und Rheinstein, Georg Ignaz, Graf zu, bayer. Hauptmann, Generalwachtmeister 313, 415
Theodosius I., der Große, Flavius, Römischer Kaiser (379–395) 78
Therese Kunigunde († 1730), Tochter des polnischen Königs Johann III. Sobieski, zweite Gemahlin Max Emanuels, Kurfürstin von Bayern (1695–1730) 229–232, 250, 256, 288, 342, 410–413, 479, 527, 528, 550, A 597, A 757, A 1115, A 1120, A 1123 bis A 1125, A 1128, A 1414
Thoer, Franz Wolfgang, Frhr. von, bayer. Kämmerer, Grenz- und Speyerischer Ratsdirektor A 129
Thomas von Aquin (1225–1274), Theologe und Philosoph 87, A 1224
Thun, Franz Sigmund, Graf von, österreichischer Landkomtur, österreichischer Gesandter in München und London 165, 167, 291

Thun, Graf von, kaiserlicher Offizier († 1688) 186
Thürheim, Graf von, bayer. Kämmerer, Gardehauptmann, Obersthofmeister A 1167, A 1326
Thurn und Taxis, Inigo Lamoral, Graf von, bayer. Oberstleutnant, Generalfeldmarschall 312
Tintei, Wechsler A 363
Tököly, Emmerich (Imre), Graf (1657 bis 1705), Fürst von Siebenbürgen (ab 1690) 104, 124, 183, 392
Törring, Joseph, Graf von (geb. 1681), Erzieher A 1118, A 1167, A 1223, A 1407
Törring, Leopold, Graf von 249
Törring, Max, Graf von, bayer. Obersthofmarschall A 213
Törring-Jettenbach, bayer. Adelsfamilie 251
Törring-Seefeld, Max Joseph Philipp, Graf von, bayer. Obersthofmeister (1715) 521, A 1420
Torcy, Jean-Baptiste Colbert, Marquis de (1665–1746), französischer Staatssekretär des Auswärtigen (1696 bzw. endgültig 1699–1715), Sohn Croissy's 302, 312, 362, 412, 496, 500, 510
Torri, Pietro, Komponist 550, A 572
Tour d'Auvergne, französisches Adelsgeschlecht 15
Triva, Johann Askanius, bayer. Hofrat A 129
Tserklaes, Fürst 317
Turenne, Henri de Latour d'Auvergne, Vicomte de (1611–1675), französischer Marschall 371

Unertl, Franz Joseph, Frhr. von, bayer. Geheimer Sekretär, Vorsteher des Inneren Archivs, Hofrat, Minister, Geheimer Ratskanzler 516, 557, A 129, A 1407, A 1416, A 1427
Unertl, Johann Benno, bayer. Hofrat A 129
Ursenbeck-Marsimi, Franz Christoph, Graf von, Oberststallmeister 481

Vachieri, Carl Ferdinand, Dr., Arzt 245, 258, 260–264

Vauban, Sébastien le Prêstre de (1633 bis 1707), französischer Festungsbaumeister 78
Vaudémont, Charles-Henri, Prinz von Lothringen (1642–1723), spanischer Generalgouverneur von Mailand 205, 208, 288, A 531
Vaux, de, französischer Geschäftsträger in München (1718 ff) A 1433, A 1435
Vendôme, Louis Joseph, Duc de Bourbon (1654–1712), französischer Marschall (1696) 353, 354, 356, 371, A 903, A 1102
Vervaux, Johann, S.J. († 1661), Beichtvater des Kurfürsten Maximilian I., Historiograph 215, A 197, A 559
Vetes, Ladislaus Kökényesdyi de († 1756), ungarischer Agent, Gesandter, kaiserlicher Offizier 395, 397, A 1063
Victor Amadeus II. (1666–1732), Herzog von Savoyen (1675–1730), König von Sizilien (1714–1720), König von Sardinien (1720–1730) 335, 504
Villars, Louis Hector, Marquis de, Duc de, Pair (1653–1734), französischer Diplomat und Marschall (1702) 161–170, 172–173, 175–182, 191–193, 287, 315, 336, 338, 340, 342, 349–352, 359–361, 364, 374, 406, 509, 510, 544, A 202, A 407, A 409, A 416, A 423, A 425, A 444, A 450, A 456, A 461, A 498, A 500, A 622, A 836, A 938, A 939, A 1399
Villeroy (Villeroi), Francois de Neufville, Duc de (1644–1730), Marschall von Frankreich (1693) 220, 369, 401, 406, 412
Violante Beatrix (geb. 1673), Tochter Ferdinand Marias, Gemahlin des Großherzogs Ferdinand von Toskana 91, 175, A 138, A 444
Visconti, Primi A 233
Vitry, Francois-Marie de l'Hospital, Duc de, französischer Resident in München (1672–1675) A 133
Vivien, Joseph (1657–1734), Maler 551

793

Wämpl, Johann Rudolf, Frhr. von, bayer. Revisionsrat, Geheimer Rat, Hofrat, Reichstagsgesandter, Vizekanzler, Hofoberrichter, Truchseß 179, 255, 331, A 129
Wahl (Waal), Joachim von der, Graf, bayerischer Kammerherr, später Feldmarschall-Leutnant 144
Wahl, Graf von, Intendant der Gärten und Gebäude (1715) A 1427
Waldeck, Georg Friedrich, Graf von (1620–1692), Fürst von (seit 1682), Feldherr, Staatsm. 119, 126, A 263
Wallenstein, Albrecht von (1583 bis 1634), Herzog von Friedland, Feldherr (1583–1634) 337
Wallmenich, Karl von, bayer. Oberst, Historiker 473
Walther, Dr., bayer. Arzt 244–246, 248
Wartenberg, Graf von, bayer. Kämmerer und Hofratspräsident 62
Weber, Max (1864–1920), Historiker, Soziologe, Sozialökonom A 128
Wehlem, von, Hofdame 170, 180
Weichs (Weix), Anna Theresia, Freifrau von, bayer. Erzieherin 479, 480
Weichs (Weix), Timon Victor, Frhr. von, bayer. Kämmerer, Revisionsrat, Gesandter, Obersthofmeister 81, 247, 250
Weikel (Weickel) von Wackerstein, Karl Johann, Graf von, bayer. Generaladjutant, Generalfeldmarschall-Leutnant 312
Weller, Dr., bayer. Arzt 245, 248
Wendt, Johann Adam de, kaiserlicher Oberst A 1129
Wening, Michael, bayer. Kupferstecher 557
Wenzell, Wiener Bankier 521
Wesselényi, Franz (Ferenc), Graf (1605–1667), Feldherr, Landeskapitän, Palatin 107
Westenrieder, Lorenz von, bayer. Historiker, Schriftsteller, Aufklärer (1749–1829) A 1406
Widmann, Baron von, bayer. Diplomat 318, 388, A 1128
Wilhelm III. (1650–1702), Prinz von Oranien (1672–1702), König von England und Schottland (1689 bis 1702) 192, 196, 219, 238, 241, 242, 257, 294, 546, A 168, A 1000
Wilhelm, Ignaz Xaver von, bayer. Geheimer Sekretär 282, 385, A 1002, A 1362
Wilhelm, Propst von Mattighofen, Präzeptor A 1167
Wolframsdorff, Veit Heinrich, Graf von, bayer. Rittmeister, Generalwachtmeister 313
Wolfsegg (Wolfegg), Maximilian Willibald, Graf von, Truchseß von Waldburg, bayer. Geheimer Rat, Kämmerer, Statthalter der Oberpfalz, Generalfeldzeugmeister 62
Wolfswisen, Hanns Benno von, bayer. Hofrat A 129
Wolkenstein, Felicitas, Gräfin von, bayer. Oberhofmeisterin 62, 70, 72, 73, A 127
Wratislaw, Johann Wenzel (1699 bis 1712), kaiserlicher Diplomat und Minister 332, 365, 368, 410, 502

Yrsch, Johann Ferdinand, pfalz-neuburgischer Gesandter, Geheimer Rat, Oberkanzler A 133, A 257, A 313, A 315, A 316, A 322, A 323

Zaluski, Andreas Chrysostomus (um 1650–1711), Bischof von Plock, Bischof von Ermland (1699), polnischer Großkanzler 230, 288, 289, A 757, A 765
Zimmermann, Johann Baptist (1680 bis 1758), Maler und Stukkateur 553
Zrinyi, Peter (1621–1671), Graf, Banus von Kroatien (1665), General und Politiker 104
Zuccalli (Zugalli), Enrico (Johann Heinrich), bayer. Hofbaumeister (um 1642–1724) 60, 323, 549, 551 bis 553, 556
Zündt, Caspar Marquardt, Baron von Kenzingen, bayer. Geheimer Rat und Gesandter 166, 319, 324, 412, A 221, A 699, A 1374
Zwerger, Philipp, Baumeister 552

Sach- und Ortsregister

Abensberg 61
Abtei 202, 203
Absolutismus 11, 15, 16, 22, 26, 32, 33, 41, 44, 45, 47, 48, 50, 73, 83, 85 bis 87, 89, 97, 101–103, 236, 281, 285, 291, 299, 334, 335, 346, 384, 391, 414, 418, 425, 429, 444, 446, 465, 467, 477, 531, 534, 537, 538, 549
Adel 16, 23, 27, 40, 44, 45, 47, 49, 61, 63, 66, 68, 73–75, 77, 89–92, 109, 130, 133, 156, 163, 199, 200–204, 211, 212, 214, 222, 225, 238, 246, 273–298, 299, 312, 313, 318, 319, 342, 367, 377, 385, 386, 394, 425 bis 427, 431, 432, 445, 449, 491, 500, 523, 533, 538
Adel (Ungarn) 101–104
Administration (Max Philipps 1679/1680) 15, 16, 94–96
Administration (kaiserliche) 410–473, 479–490, 511, 512, 529, 545, 552
Aichach 128, 368
Aidenbach 456, 465, 470
Alpen 21, 55, 354
Altötting 106, 247, 255, 520
Amalienburg 558
Amberg 23, 43, 62
Amortisationsgesetz 305
Amsterdam 52, 200, 217, 232, 239, 266
Anjou 403
Ansbach 351
Antwerpen 200–202, 206, 209, 210, 221, 271, 272, 401
Anzing 454
Armenien 305
Aschheim 247
Asien 545
Asturien 243, 244
Ath 242, 401
Aufruhr (in Brüssel im Jahr 1698/99) 273
Aufstand (in Oberösterreich im Jahr 1626) 107
Aufstand (in Tirol im Jahr 1809) 471
Augsburg 21, 42, 177, 321, 322, 329, 341, 342, 348, 362, 363, 369, 372, 421, 468, 487, 488, 533

Augsburger Allianz bzw. Augsburger Liga (9. Juli 1686) 127, 195
Augsburger Konfession 134
Avignon 191, 193

Baden (Schweiz) 505, 553
Badenburg 556
Baltisches Meer 393
Bamberg 21, 60, 267, 322, 351, 372
Barcelona 241, 390
Barock 11, 12, 22, 30, 31, 39, 48, 49, 63, 82, 83, 85, 89, 250, 255, 281, 283, 308, 378, 402, 538, 551
Barriere 242
Baskenland 242
Bauernaufstand (in Bayern) 429–473, 529
Bauerntum 23, 25, 26–29, 31, 32, 35, 36, 38, 104, 114, 117, 199, 345, 429 bis 465, 482–493, 538
Bayern 21, 34, 51, 53, 54, 61, 76, 99, 105, 110, 117, 118, 120, 128, 130, 140, 142, 146, 203, 219, 239, 240, 243, 246, 256, 266, 268, 275, 281 bis 284, 288, 295, 296, 300–302, 305, 313, 314, 319–321, 323, 324, 326, 328, 331, 332, 334–350, 352, 354, 355, 359–361, 364, 365, 369, 371, 374, 378, 379, 388, 389, 410 ff., 429–465, 471, 482–493, 496, 501–503, 509, 512, 519, 523, 527, 533, 534, 536, 541, 544
Bayonne 493
Bayreuth 351
Behörden 42, 43, 114, 120
Beichtvater 13, 68, 315, 479
Belagerung Wiens (1683) 115
Belgrad 115, 169, 183–186, 188, 191, 517, 529
Berchtesgaden 110, 245, 520
Berg 519
Bergen 313
Berlin 303, 390, 474, 493, 502
Besançon 93
Bevölkerung (der Niederlande) 202
Bildung 36, 41, 47, 74, 75, 84
Bipolarität 52, 83
Blankovollmacht 317, 339

795

Blindheim 372
Bodensee 22, 498
Böhmen 50, 53, 97, 105, 121, 146, 340, 351, 392, 397, 420
Bonn 191, 291
Bourbon 52, 53, 55, 98, 239–241, 277, 281, 284, 285, 319, 393
Brabant 198, 202, 274
Brandenburg 60, 97, 112, 151, 214, 266, 283, 289, 303, 305, 330, 365, 474, 476, 498, 502, 509
Braunau 13, 128, 159, 334, 342, 348, 453, 456, 468
Braunschweig 60
Breisach 93, 510
Breiteneck, Grafschaft 110
Bremen 128, 474
Brenner 352, 354
Brixen 60
Brügge 202
Brüssel 142–144, 198, 201, 204–209, 211–220, 231–234, 244, 245, 249, 254, 256, 257, 266, 267, 269–271, 273, 283, 284, 287–290, 293–295, 298, 301–307, 314, 315, 330, 377, 379, 380, 384, 387, 391, 400, 401, 406, 410, 412, 465–469, 475, 476, 479, 491, 551
Buda 150, 155, 187
Bündnis Bayerns mit Frankreich (9. 3. 1701) 302
Bündnis Kölns mit Frankreich (Februar 1701) 302
Bürger 22, 23, 27, 41, 46, 47, 49, 69, 72, 74, 102, 103, 316, 318, 370, 445, 448, 449, 456, 458, 538
Burgau 108, 331, 366, 368
Burgund 330, 332
Burghausen 23, 43, 128, 141, 453, 456, 523

Calvinismus 199
Casale 97
Charleroy 242, 343
Chiny 343
Compiègne 491, 492, 495, 499, 558
Concordia 67
Cortez 135, 237, 238
Courtray 242

Dachau 556, 557

Dänemark 51, 60, 303
Dalmatier 183
Danzig 390, 493
Dauphin 94–96, 240
Deggendorf 255
Den Haag 52, 53, 77, 229, 238, 239, 268, 272, 318, 388, 389, 493
Devolutionskrieg (1667/68) 137
Dietfurth 128
Dillingen 336, 342
Dinkelsbühl 128
Doktrin 87, 88
Donau 100, 114, 120, 121, 129, 152, 177, 184, 246, 347, 352, 372
Donaumonarchie 321
Donauwörth 128, 342, 361, 366
Drau 100, 168
Dreißigjähriger Krieg (1618–1648) 13, 14, 22, 24, 27, 33, 34, 40, 43, 45, 55, 64, 87, 97, 103, 107, 121, 130, 175, 216, 345, 366, 367, 380, 430, 477
Dresden 390
Dynastische Interessen 40, 67, 86, 134, 135, 209, 269, 284, 285, 287, 314, 325, 502, 516

Ehe 27, 37, 38, 40, 41, 67, 134–136, 142, 229–235
Ehevertrag Max Emanuels (1685) 139
Ehrenberger Klause 353, 354, 356, 533
Eichstätt 21, 60, 191, 372
Eisacktal 355
Eisenach 133, 134
Elsaß 93, 119, 374, 384
Engadin 353
England 51, 52, 97, 195, 199, 203, 212, 213, 236, 237, 239, 241, 242, 257, 266, 270, 274, 283, 286, 294, 303, 334, 335, 342, 368, 393, 496, 497, 502, 504, 509, 518, 536, 545
Entlassung des Kanzlers Schmid 108
Eperjes 392
Erbe, österreichisches 87, 135, 139, 189, 283, 516, 520, 521, 528, 536
Erbe, spanisches 132, 135, 136, 138, 139, 142, 165, 175, 177, 189, 193, 194, 205, 209, 214, 225, 236, 240, 241–243, 256, 257, 266–268, 272, 281, 284, 290, 296, 330, 335, 380, 388, 389, 403, 404, 498

Erbfolge, spanische 276
Erbfolgekrieg, pfälzischer (1688–1697) 195, 270, 282, 305, 341
Erbfolgekrieg, spanischer (1701–1714) 330–505, 552
Erblande, österreichische 50, 76, 103, 105, 132, 136, 146, 158, 302, 320, 321, 326, 332, 334, 342, 379, 432, 477, 517
Erbteilung, spanische (Vertrag vom 19. 1. 1668) 241
Erbteilung, spanische (Vertrag vom 24. 9. 1698) 242, 269
Erbverträge 236
Erbverzicht 136, 142, 144, 237
Erding 483
Erziehung 36, 47, 59, 63, 67–70, 73, 75, 78–81, 84, 85, 91, 431, 479, 481, 511
Estland 128
Europa 22, 50, 55, 77, 92, 237, 238, 240, 267, 281, 285, 303, 335, 378, 471, 472, 509, 516, 518
Exkommunikation 483
Expansionspolitik 97

Familie 34, 35, 38, 39, 47
Fernpaß 353
Feuerstättenanlage (1717) 523
Fichtelgebirge 21
Finnland 128
Flamen 271
Flandern 166, 189, 201, 295, 300
Florenz 175
Fontainebleau 504
Fontainebleau (Vertrag vom 20. 2. 1714) 509, 516
Fortschau (Fichtelgebirge) 313
Franche-Comté 93
Franken 22, 351, 363
Frankfurt 218, 341, 348
Frankfurter Kongreß (1682) 106
Frankreich 15, 50, 51, 54, 60, 66, 67, 76, 77, 92–95, 97, 104, 105, 108, 126, 127, 135, 137, 161, 164, 171, 172, 192, 194–196, 199, 200, 203, 212, 219, 222, 224, 237, 239, 240, 241, 243, 257, 274, 275, 282, 283, 285, 287–289, 291–297, 300, 302, 311, 313, 317, 318, 320, 321, 324, 327, 328, 330–332, 334, 335, 338, 341, 343, 345–348, 350, 352, 356, 359, 360, 364, 365, 369, 371, 374, 379, 388, 390, 393, 401, 404, 466, 476, 482, 492–494, 501, 504, 509, 510, 518, 526, 536, 556, 559
Franziskaner 524
Französische Revolution (1789) 470
Fraueninsel, Kloster 235
Freiburg 322, 510
Freimann 114
Freising 60, 62, 110, 172, 177, 245, 367, 372, 451, 520
Friedberg 128, 487
Friedlingen 336
Frömmigkeit 70
Frühaufklärung 49, 538
Fürst 90
Fürstenried 557
Fulda 60

Gardasee 356
Gegenreformation (katholische Reform) 22, 48
Gegenreformation (Ungarn) 103
Geisenfeld 165
Geistlichkeit 71, 73, 113, 134, 199 bis 201, 203, 246, 342, 432, 440, 483, 523
Geistlichkeit (Ungarns) 102, 103
Geldern 296, 304, 320, 329
Generalamnestie 456, 457
Generalstände der Niederlande 202
Generalvikariat 330, 332, 409
Gent 202, 406
Gertruydenburg 494, A 1368
Geschichtsunterricht 68, 75
Gesellschaft 307
Gewerbe 221
Gewerbetreibende 36
Gilde 201, 202
Gleichgewicht Europas 53, 54, 239, 518
Glorreiche Revolution (1688) 192, 236
Gobelinmanufaktur 558, 559
Goldene Bulle Kaiser Karls IV. (1356) 292
Gottesgnadentum 73, 87, 88, 239, 446, 472, 548
Gouvernement der Niederlande 209, 277, 288, 294, 296, 301, 305, 359, 377, 385, 404, 550

797

Gran 149, 164
Graubünden 353, 550, 551
Graz 481
Griechen 183
Griesbach 308
Groningen 78
Großbayerisches Reich 302
Grundherrschaft 31, 32, 38
Gymnasium 47

Haager Allianz (1701) 330, 332, 368
Habsburg 50, 52, 53, 55, 60, 76, 77, 86, 87, 98–101, 104, 105, 126, 132, 137, 160–162, 168, 177, 189, 237, 239, 241, 281, 282, 284, 285, 315, 319, 322, 331, 334, 335, 339, 340, 350, 364, 365, 371, 379, 392, 393, 395, 482, 501, 502, 505, 509, 518, 536, 543
Hals 61
Handel 29, 32, 55, 225, 450
Handwerker 25, 29, 31, 35, 36, 38, 73, 130, 202, 345, 429–465, 482–493, 538
Handwerker (Ungarns) 102
Hannover 266, 283, 289, 301, 303, 330, 389, 390, 498, 518, 536
Harsán 168
Hausunion 504, 519
Heer 109, 113, 114, 116, 122, 123, 127, 308, 310–312, 315, 316, 326, 327, 339, 344, 345, 364, 377, 534
Hegemonie 54, 77, 92, 98
Heidenheim 324
Heilbronn 324
Heilige Allianz (1684) 127
Heiratspolitik 95, 96, 132–135, 175, 176, 237, 331
Hennegau 189, 271, 401, 557
Herrenhausener Allianz (1725) 518
Hessen 60
Hessen-Darmstadt 60
Hexenprozesse 513
Hildesheim 520
Höchstädt 360, 371–373, 380, 400, 418, 431, 467, 474, 516, 554
Hof (Brüssel) 225, 290, 308
Hof (Münchener) 71, 76, 82, 83, 85, 86, 91, 92, 94, 95, 97, 122, 162, 170, 319, 330, 479, 549
Hoffuß 29, 523

Hofstaat 41, 42, 64, 67, 69, 71, 74, 106, 140, 141, 198, 212, 213, 218, 256, 305, 306, 313, 370, 377, 386, 419, 424, 479, 481, 492, 513, 528, 558
Hofmarken 28, 44, 45
Hohenaschau 313
Hohe Pforte 102, 104, 365, 391, 393
Holland (= Vereinigte Niederlande, Generalstaaten) 23, 50, 52, 97, 126, 143, 195, 200, 203, 206, 210, 212, 213, 218, 224, 236, 239, 241, 242, 257, 266, 270, 272, 274, 294, 296, 313, 334, 342, 364, 365, 368, 388, 393, 404, 496, 497, 502, 505, 509, 518, 545
Holländischer Krieg (1672–1679) 78, 171
Holzkirchen 26
Hugenotten 239
Husaren 341

Ideologie 85–88
Ilbesheimer Vertrag (1704) 411, 446
Immerwährendes Edikt (1699) 270, 272
Ingolstadt 23, 47, 80, 121, 128, 169, 334, 342, 348, 361, 466, 486, 489, 523
Inn 21, 177, 347, 353, 355
Innsbruck 60, 128, 322, 352, 353, 355
Innviertel 21
Intendant, frz. 44, 95
Irland 51, 311
Isarwinkler 451
Islam 156, 183
Italien 175, 195, 196, 224, 234, 285, 287, 301, 305, 306, 311, 319, 334, 341, 352, 355, 434, 443, 466, 478, 486, 499, 556

Jägerwirt 464
Jagd 31, 79, 85, 89, 92, 168, 268, 387, 402, 526, 528
Janitscharen 124
Jansenismus 275–277, 399, 528
Jesuiten 73, 103, 133, 169, 251, 275, 276, 315, 467, 526
Joyeuse Entrée 198, 203, 398
Jülich 519
Justitia, Justiz 89, 209

Kärnten 480
Kahlenberg 124
Kaiser 47, 50, 52–55, 60, 67, 90, 92, 94, 97, 98, 101, 104, 106, 112, 115, 119, 122, 125–127, 129, 132, 136, 138, 143, 157, 194, 195, 204, 229, 240, 242, 256, 277, 285, 287, 290, 293, 302, 303, 305, 310, 315, 316, 320, 321, 324, 326–329, 331, 332, 334, 339–341, 343, 346, 351, 443, 446, 474, 505, 510, 517, 539
Kaisertum 76, 87, 132, 302, 331, 382, 504, 528, 535
Kaiserwahl 497
Kaisersheim 110
Karlowitz (Friede vom 26. 1. 1699) 157
Kaschau 146
Kastilien 390
Katalonien 390, 468
Kehl 127, 510
Kinderarbeit 32
Kinzigtal 351
Kittsee 114
Kitzbühl 331
Klagenfurt 480
Klein-Hüningen 336
Klima 21, 22, 24, 25, 37, 55
Klöster 46, 169, 248, 448, 457
Koalition 224, 286
Kochel 472
Köln 60, 170, 171–173, 192, 193, 224, 252, 266, 286, 291, 293, 302, 317, 325, 346, 477, 493–496, 502–504, 519, 520
Kölner Wahl (von 1688) 171–174
Königtum 329, 331, 333, 360, 379, 466
Kolonie 203, 239, 505
Komorn 100
Konstantinopel 104
Konversion 134
Kopenhagen 266
Korruption 16, 30, 44, 430
Kreis, bayerischer 110, 115, 324, 325
Kreis, brandenburgischer 197
Kreis, fränkischer 127, 300, 324, 448
Kreis, pfälzischer 111
Kreis, schwäbischer 21, 111, 300, 324, 448
Kreis, südwestdeutscher 127
Kreisorganisation 109, 111

Kreistruppen 119, 123, 147, 195
Kreisversammlung 110
Kreta (Candia, Kandia) 109
Kreuzzugsgedanke 99
Krieg (Funktion) 83
Kriegsrat 42, 121
Kritik 65, 66
Kufstein 107, 331, 352, 354, 356
Kultur 48, 49, 75, 82
Kurie 245
Kuruzzen 104

Landeck 353
Landesdefension 28, 309, 310, 341, 344, 354, 358, 442, 453, 454
Landesdefensionskongreß zu Braunau (1705) 453
Landsberg 128, 369
Landschaft 46, 55, 60, 66, 244, 246, 266, 336, 425, 426, 448, 454, 485, 521
Landshut 23, 43, 61, 128, 141, 165, 235, 523
Landshuter Erbfolgekrieg (1504/05) 107, 240
Landtag (von 1669) 74, 202
Landwirtschaft 23–25, 30
Lech 21, 369, 488
Lehensträger 61, 78, 334
Leonberg 165
Leuchtenberg 21, 110
Levencz 100
Lichtenberg am Lech 510
Lille (Abkommen vom Jahr 1699) 224
Lille (Stadt) 401, 406, 478
Limburg 320, 329
Linz 103, 115, 120, 122, 322, 341, 351
Lissabon 493
Literatur 79
Livland 128
Lobkowitz, Grafschaft 110
Löwen 201, 276, 401
London 52, 53, 77, 162, 200, 229, 238, 239, 268, 294, 299, 318, 332, 368, 390, 493
Lothringen 122, 149, 150, 184, 224, 285, 311, 389
Louvre 323, 552
Lüttich 276, 291, 313, 474, 478, 503, 520

799

Lustheim 551, 552
Luxemburg 93, 127, 137, 224, 242, 343, 401, 402, 496, 498
Lys 401

Maas 206, 294, 499
Maastricht 293
Madrid 52, 53, 77, 140, 194, 204, 205, 216, 229, 236–238, 240–242, 257, 269, 275, 285, 291, 293, 295–297, 299, 304, 330, 386, 389, 493, 496
Mähren 251
Magazin 120
Magdalenenklause 556
Magistrat 271, 273
Magnaten 100–104, 189, 392, 393
Mailand 97, 136, 137, 242, 266, 331, 332, 335, 366, 496, 497, 501
Main 371
Mainz 60, 266, 267, 324, 325, 330, 468, 469, 498, 504
Malines 271
Malplaquet 409, 494
Mantua 97, 137, 163, 182, 495
Manufaktur 26, 36, 37, 203, 270, 558, 559
Marimont 550
Maxlrain, Grafschaft 110
Mecklenburg 476
Memmingen 128, 336, 342
Menin 401
Merkantilismus 26, 239, 270
Mindelheim 128
Mirandola 67
Mißernte 273
Mittelalter 23, 27, 42, 48, 537
Mittelmeer 239, 390
Mittenwald 176, 356, 357
Mömpelgard 93
Mohács 167, 168, 554
Moldau 115
Moldauer 124
Monita Paterna 74, 81
Mons 242, 343, 402, 478, 557
Moskau 390
Moskowiter 545
Mouchy 499
München 13, 23, 28, 41, 52, 61, 65, 67, 77, 85, 105, 107, 114, 127, 128, 140, 143–145, 156, 161, 165, 169, 181, 192, 207, 211, 212, 216, 232–234, 244, 246, 247, 254, 287, 300, 301, 307, 308, 320, 322, 324, 329, 332, 341, 349, 352, 353, 361, 367, 370, 413–415, 450, 455, 458, 459, 470, 472, 479–481, 510, 511, 513, 523, 552
Münster 520
Mundus Christiano-Bavaro-Politicus 45
Mythos 89

Naab 21
Namur 198, 220, 242, 252, 271, 343, 401, 478, 492, 496, 498, 499, 502, 558
Napoleon 470
Nationalbewußtsein 472
»Nations« 271, 273
Neapel 51, 136, 137, 177, 242, 266, 331, 332, 335, 389, 499, 500, 543
Nebelbach 372, 373
Neckar 351
Neuburg a. D. 21. 60, 320, 341, 347, 348, 533
Neuburg am Inn 107, 108, 331
Neuchâtel 474
Neudegg 73
Neuhäusl 100, 149, 187
Neutra 100
Neutralität 14, 51, 92, 98, 282, 288, 300, 319, 320, 324, 348, 496, 497
Niedergerichtsbarkeit 26, 28, 316, 446
Niederlande (spanische bzw. österreichische) 51, 127, 136, 137, 139, 165, 193, 196–200, 203, 204, 212, 214, 219, 220, 222, 224, 225, 242, 256, 257, 266, 268, 271, 272, 274–276, 285, 289, 293, 295–297, 299, 302 bis 304, 306, 320, 322, 328, 331, 332, 334, 337, 343, 347, 377, 379, 384, 389, 399, 401, 409, 466, 470, 478, 482, 496–498, 500–505, 509, 510, 551, 552, 559
Niedermünster (Regensburg) 110
Niederösterreich 125
Nieuport 220, 242
Nimwegen, Friede von (1679) 92, 93
Nördlingen 128, 369, 373
Der große Nordische Krieg (1700 bis 1721) 327, 393
Norwegen 51

Nürnberg 21, 42, 177, 321, 329, 341, 351, 352, 371, 372
Nymphenburg 59, 156, 526, 552, 555, 557, 558

Oberelsaß 95
Obermünster (Regensburg) 110
Oberösterreich 21, 107, 340, 351, 371, 380
Oberpfalz 13, 21, 34, 43, 107, 121, 128, 140, 334, 348, 352, 363, 369, 421, 427, 428, 439, 454, 456, 476, 485, 495, 502, 509, 510, 542
Oberviechtach 454
Österreich 51, 92, 100, 104, 114, 116, 118, 120, 121, 127, 130, 134, 137, 139, 146, 158, 161, 243, 246, 275, 284, 288, 296, 313, 321, 329, 340, 342, 363, 389, 479, 480, 486, 496, 499, 511, 518, 536
Österreich ob der Enns 107
Ofen 127, 150–155, 157, 164, 183
Offizierskorps 118, 121
Oper in Brüssel 270
Oper in München 550
Oranien (Fürstentum) 474
Orden 156, 448
Ortenburg, Grafschaft 110
Osmanen 104, 107, 112, 115, 168
Osnabrück 520
Ostende 401, 406
Ostende-Kompagnie 518
Ostsee 393
Oudenaarde 242, 400, 406

Paderborn 520
Pagodenburg 556
Palais Holnstein 558
Palais Piosasque de Non 558
Palais Portia 558
Palermo 493
Papst 46, 59, 88, 96, 137, 142, 173, 176, 178, 234, 319, 331, 340, 498
Paris 51–53, 60, 77, 96, 140, 229, 234, 238, 247, 257, 264, 287, 289, 295 bis 297, 319, 325, 329, 333, 335, 338 bis 341, 356, 361, 363, 377, 389, 469, 492, 493, 499, 509, 511, 517, 543, 550, 551, 553, 556, 558, 559
Parlament (englisches) 192
Parma 60

Passau 21, 110, 115, 119, 120, 177, 178, 322, 329, 341, 342, 348, 363, 421, 448, 451, 467, 533
Pest 33
Petersburg 390
Petersdom 245
Peterwardein 167
Petitbourg 504
Pfälzer Erbe 170
Pfälzer Erbfolgekrieg, siehe Erbfolgekrieg
Pfalz-Neuburg 62, 110, 172, 240, 329, 366, 372
Pfalz (Rheinpfalz) 130, 191, 193, 224, 266, 305, 320, 329, 490, 497, 503, 504, 510, 519
Pfalz-Simmern 117, 191
Pfalz-Zweibrücken 93
Pfarrkirchen 26, 453
Pfleggericht 44
Phiole 349, 350
Pignerolo 137
Plock 230, 231
Polarisierung 54
Polen 32, 60, 104, 124, 127, 224, 231, 236, 283, 289, 327, 347
Polizei 44
Polypol 54, 83
Portugal 51, 172, 303, 335, 364
Prälaten 23, 27, 46, 90, 306, 426, 538
Prag 180, 322, 340
Pragmatische Sanktion (1713) 517
Preßburg 114, 149
Prestige 85
Preußen 32, 51, 283, 303, 305, 331, 365, 474, 475, 509, 518, 519, 536
Primogenitur 15
Privileg 200, 203, 220, 226, 392, 445, 483, 538
Protestantismus (in Ungarn) 101, 103, 275
Provence 406
Pyrenäenfriede (1659) 195, 237

Quadrupelallianz (1718) 518

Raab 100, 128
Rain 128, 334
Ramillies 400, 401
Rastatt 505, 553
Rattenberg 107, 331

801

Rechtswissenschaft 78
Reflach 128
Reformation 22, 23
Regensburg 21, 42, 60, 110, 119, 128, 172, 177, 235, 329, 337, 340, 342, 348, 421, 448, 468, 520
Regensburger Reichstag 15, 60, 97, 110, 133, 160, 171, 191, 319, 330, 337, 340, 344, 348, 390, 453, 495, 516
Regentschaft Therese Kunigundes (1704/05) 410, 411
Regentschaftsrat für Ludwig XV. (1715–23) 511
Reichenberg 439
Reichenhall 128, 347
Reichsbann 327, 328, 404, 468, 474 bis 476
Reichserzkanzler 325
Reichskreise 320, 326, 342, 351
Reichskreise, südwestdeutsche 282
Reichskriegserklärung (30. 9. 1702) 344, 346
Reichskriegsverfassung 110
Reichsmatrikel (von 1521) 110
Reichsstände 50, 54, 319, 348
Reichstag (ungarischer) 102, 103, 168, 392
Reichstruppen 126, 195
Reichsverfassung 97, 292, 327
Reichsvikar 490
Religionsfrage 133
Renaissance 22, 537
Rentamt 43, 44, 60, 61, 140, 421, 557
Rentmeister 43, 44, 540
Repräsentation 33, 64, 66, 82, 86, 512
Reputation 78
Residenz (Münchener) 13, 60, 65, 68 bis 71, 73, 79, 81, 134, 157, 165, 180, 207, 214, 244, 247, 370, 471, 512, 527, 550, 551, 558, 559
Residenztheater 558
Restitution 382, 388, 404, 480, 492, 495, 496, 509
Reunion 93, 95, 97, 98, 105, 106, 119, 127, 160, 171, 191, 224
Reutte in Tirol 353
Revolution, siehe Glorreiche Revolution bzw. Französische Revolution
Rezeß (zwischen Bayern und Österreich von 1684) 146

Rhein 177, 231, 285, 297, 301, 306, 334, 336, 343, 349, 359, 371, 372, 374, 434, 466
Rheinbund (von 1658) 292
Ried 128
Riga 493
Römisches Reich 47, 50–55, 76, 77, 94, 96–98, 103, 105, 109–111, 115, 126, 127, 132, 136, 158, 160, 161, 165, 166, 171, 177, 178, 191, 192, 195, 212, 237, 240, 266, 290–292, 300, 302, 305, 311, 315, 316, 323–326, 328, 329, 334, 337, 339, 340, 379, 443, 474, 475, 478, 504, 505, 510, 517, 520, 529
Rokoko 538, 559
Rom 163, 211, 235, 245, 266, 276, 291, 318, 319, 410, 478, 493, 520, 532
Rosenheim 26, 128, 352, 459
Roveredo 551
Rumänien 103
Rußland 104, 127, 393, 394
Ruthenen 103
Ryswick (Friede des Jahres 1697) 224, 241, 251

Saar 93
Sachsen 52, 60, 112, 119, 122, 123, 126, 150, 151, 283, 476, 498
Sachsen-Eisenach 133, 134
Salzach 21
Salzburg 60, 62, 63, 110, 119–121, 322, 324, 341, 342, 450, 451, 454, 456
Sambre 499
Sant' Andrea della Valle 59
Sardinien 51, 266, 335, 495, 497, 503, 504, 509, 518, 543
Save 100, 183, 187, 338
Savoyen 62, 66, 67, 76, 119, 137, 195, 303, 305, 311, 356, 364, 497, 504, 505
Schäftlarn 455, 458
Schärding 116, 120, 342, 453, 456
Scharnitz 356
Schelde 200, 203, 272, 401
Schellenberg 366, 367
Schleißheim 13, 65, 73, 80, 165, 187, 283, 323, 332, 333, 522, 528, 551–555
Schlesien 521
Schleswig-Holstein 60

Schönbrunn 323
Scholastik 80, 87, 88, 188, 446
Schottland 406
Schulden 158, 199, 268, 317, 493, 525
Schulwesen 43, 47, 48
Schwaben 22, 341, 351
Schwarzach 488
Schwarzwald 300, 336, 350
Schweden 50, 93, 127, 128, 327, 390, 391, 393–395, 397, 474
Schweiz 51, 192, 338, 341, 353, 368, 420, 442, 443, 450, 487
Securitas publica 110
Sedan 378
Seemächte 34, 50, 52, 239, 240, 243, 272, 277, 284, 285, 325, 326, 332, 518
Semendria 184
Sendling 455, 456, 459, 465, 470, 472
Serben 103
Siebenbürgen 169
Siebenbürger 115, 123, 151
Sizilien 51, 136, 137, 177, 237, 242, 266, 331, 332, 335, 389, 499–501, 504, 505, 518, 543
Slowaken 103
Soignies 550, 557
Soldaten 114, 116–118, 128, 129, 154, 221, 223
Solsona 144
Sopron 392
Souveränität 334, 346, 388, 498
Sozialisation 36, 39, 47, 71
Spanien 32, 50, 60, 93, 97, 126, 127, 135, 137, 139, 140, 166, 195, 204, 206, 212, 236, 237, 239–243, 257, 266, 277, 281, 285, 295, 324, 332, 334, 347, 364, 380, 385, 386, 390, 480, 495, 497, 502, 518, 536
St-Cloud 499, 558
St. Emeram (Regensburg) 110
St-Germain-en-Laye bei Paris (Friede von 1679) 97, 112
St. Gudulakirche in Brüssel 210, 245, 265
St-Michel, Abtei 210
Staatsdoktrin 85
Staatskirchentum 448, 534
Staatswissenschaft 78
Stadtamhof 128
Stände (Landstände) 26, 28, 32, 39–41, 44, 46, 47, 60, 63, 71–73, 85, 198, 201–203, 208, 209, 211, 214, 215, 220, 231, 233, 236, 247, 270, 273, 283, 298, 308, 316, 337, 344, 345, 354, 398, 401, 417, 425, 432, 458, 486, 524
Starnberg 449
Statthalterschaft der Niederlande 193, 194, 196, 197, 219
Steiermark 121, 125, 521
Stephanskrone 391, 392, 394, 397
Sterblichkeit 37, 38
Sterzing 353
Steuern 25, 27, 28, 30, 42–44, 46, 55, 216, 306, 344, 421, 428, 436, 484 bis 487, 489, 513, 523, 525
Stockholm 53, 77, 390, 493
Straßburg 97, 127, 224, 349, 377, 498
Straubing 23, 61, 128, 141, 189, 424, 488, 523
Stuart 192
Studium 48, 68, 80
Stuttgart 300
Subsidien 53, 94, 95, 106–108, 127, 129, 135, 146–148, 158, 178, 189, 213, 316, 322, 328, 331, 332, 339, 341, 384, 399, 404, 509, 512, 513, 517, 518
Südamerika 205, 237, 242, 266, 285, 294, 497, 545
Südosteuropa 126
Suresnes 499
Sznolnok 167

Tabakappalto 523
Tarvis 108
Tataren 115, 124, 151, 152
Taufe Maria Anna Christinas 61
Taufe Max Emanuels 61
Termonde 401
Territorialfürst 27, 40, 42
Territorialstaat 77
Tervueren 551
Testament (Karls II. vom 14. bzw. 11. Nov. 1698) 243
Testament (Karls II. zugunsten Philipps V., Oktober 1700) 276, 286
Testament der Kurfürstin Maria Antonie (1692) 142, 143, 215, 246
»Testament« Max Emanuels (von 1725) 536

803

Theatiner 59, 60, 71, 73, 133, 249, 276, 479
Theatinerkirche St. Cajetan in München 59, 60, 527, 549
Theiß 167
Thüringen 476
Tirol 23, 60, 120, 121, 128, 146, 338, 341, 342, 352, 353, 354–356, 358 bis 360, 366, 369, 371, 390, 421, 442, 486, 533
Tölz 26, 455, 458
Tokaj 393
Torf 271
Tory 497
Toskana 242, 503
Transilvanien 103
Traun 363
Traunstein 347
Trentino 354
Trient 356
Trienter Konzil (1545–63) 172
Trier 60, 266, 325, 493, 519
Türkei 100, 102, 104, 105, 112, 157
Türken 99, 109, 115, 118, 124, 126, 127, 149, 151–153, 156, 157, 166, 167, 183–187, 189, 229, 275, 338, 350, 395
Türkenkriege (1662–64; 1682–1699; 1714–18) 77, 100–103, 105, 110, 112, 113, 116, 123–127, 134, 135, 188, 211, 212, 239, 245, 282, 338, 344, 391, 517, 525, 526, 545, 554
Türkensteuer 109, 113
Tugendlehre 46, 84
Turin 60

Übersee 285, 334
Ulm 300, 327, 329, 333, 336, 342, 350
Ungarn 50, 97, 100, 101, 104, 115, 118, 124, 126, 128, 130, 140, 146 bis 151, 159, 165, 167–169, 177, 178, 181, 187–189, 193, 196, 224, 306, 321, 341, 365, 371, 391, 393, 395, 434, 443, 466, 517
Universität 47, 80
Unsere Liebe Frau zu München (Frauenkirche) 61, 63, 247
Untertan 90
Utrecht 501, 502, 505, 518

Vasvár-Eisenburg (Friede vom Jahr 1664) 100, 102

Venedig 52, 112, 127, 160, 161, 163, 164, 287, 384, 413, 469, 479, 510, 528
Verden 128, 474
Verfassung 203
Verfassung Ungarns 101
Verona 163, 176
Versailles 96, 266, 287, 288, 302, 323, 354, 361, 373, 478, 496, 497, 501, 510, 552
Verschuldung 32, 39
Vertrag, bayerisch-französischer (vom 17. 2. und 28. 11. 1670) 94
Vertrag, bayerisch-österreichischer (vom 26. 1. 1683)106–108, 160, 290
Vertrag, bayerisch-österreichischer (vom 6. 8. 1683) 122
Vertrag, bayerisch-österreichischer (vom 27. 11. 1684) 147
Vertrag, bayerisch-österreichischer (vom 4. 5. 1689) 194, 195
Vertrag von Linz (1645) 103
Vertrag: Teilungsvertrag des spanischen Erbes (vom 24. 9. 1698) 269
Verwaltung 42–44, 49
Viechtach 26
Villingen 349
Vilshofen 128, 443
Volljährigkeit 36
Volkssouveränität 470

Waffenstillstand im August 1684 zwischen Frankreich und dem Reich 127
Walachen 115, 123
Wales 51
Wahlkönigtum (Ungarn) 101, 102
Wallonen 271
Warschau 230, 288, 390
Wasserburg 23, 110, 138, 444
Wembding 128
Wesel am Rhein 230
Westfälischer Friede (Münster und Osnabrück 1648) 50, 52, 93, 195, 292, 390
Wien 52, 53, 60, 77, 92, 101, 103, 105, 107, 113, 115, 118, 120, 122–126, 136, 138, 140, 142–144, 161, 163, 164, 166, 167, 170, 179, 181, 216, 229, 238, 243–245, 266, 267, 289, 318, 321, 322, 324, 328, 342, 344,

349, 350, 353, 365, 366, 368, 468, 475, 481, 493, 497, 498, 502, 512, 517, 541
Wiener Vertrag (von 1606) 103
Wiener Bündnis (Wiener Allianz von 1725) 518
Wiener Neustadt 125
Wiesensteig 61, 128
Wilanow 230
Wildenwart 444
Wirtschaft 48
Wirtschaftskonferenz 272
Wismar 128
Wittelsbach 51, 77, 78, 86, 143, 144, 191, 267, 268, 281, 322, 516, 520, 529

Wolfstein Grafschaft 110
Württemberg 60, 365, 369, 476
Würzburg 21, 322, 351, 372

Ypern 478

Zeeland 221
Zeremoniell 72
Zillertal 331
Zips 169
Zolltarif 274
Zorneding 455
Zsitvatorch 100
Zunft 23, 41, 156, 201, 202, 271, 273, 274, 450, 539
Zweibrücken 93
Zwiesel 26

805

Nachwort

Der Autor dankt allen, die ihn bei seinen Studien zu dieser Biographie über den bayerischen Kurfürsten Max Emanuel unterstützten, insbesondere den genannten Archiven im In- und Ausland, dem Bayerischen Staatsministerium für Unterricht und Kultus und der Kommission für Bayerische Landesgeschichte bei der Bayerischen Akademie der Wissenschaften, Herrn Professor Dr. Karl Bosl, dem Vorsitzenden der genannten Kommission und Vorstand des Instituts für Bayerische Geschichte an der Universität München, ferner Herrn Dr. Peter von Bomhard (München), Herrn Amtsdirektor Anton Nemeth (Wien), Herrn Dr. Werner K. Blessing (München) sowie Herrn Dr. Hans-Peter Rasp und Herrn Dr. Josef Pfennigmann vom Süddeutschen Verlag.

München, im Februar 1976   Der Autor

Helga Wagner / Ursula Pfistermeister

Barocke Festsäle

in bayerischen Residenzen und Klöstern

210 Seiten mit 100 Abbildungen, davon 30 in Farbe. Leinenband

Nach dem Dreißigjährigen Krieg und nach der Abwendung der Türkengefahr (1683) begann im süddeutschen Raum eine ungeheure Bautätigkeit: das neue Lebensgefühl des Barock hatte Fürsten und Prälaten ergriffen – Schlösser, Kirchen, Bischofsresidenzen und Klöster wurden umgestaltet oder neu gebaut.

In diesem reich bebilderten Band sind 36 Festsäle aus Klöstern und Schlössern in Bayern beschrieben und interpretiert: z. B. Schloß Alteglofsheim, Neue Hofhaltung in Bamberg, Schloß Pommersfelden, Kloster Ebrach, Schloß Schleißheim, Kloster Ottobeuren, Residenz Ansbach, Residenz Kempten, Schloß Würzburg, Kloster Fürstenzell. Die Einleitung ist eine kultur- und kunsthistorische Darstellung jener reichen Epoche zwischen 1690 und 1769 und führt dem Betrachter das Weltbild barocken Denkens und Glaubens vor Augen.

Süddeutscher Verlag

Ludwig Schrott

Die Herrscher Bayerns

288 Seiten, 59 Abbildungen, davon 9 in Farbe. Leinenband

Ludwig Schrott stellt in diesem Buch sämtliche Herrscher Bayerns vom ersten Herzog Garibald – über Kaiser Ludwig den Bayern, Kurfürst Maximilian I. und König Max I. Joseph – bis König Ludwig III. vor. Er schildert in lebendigen Bildern ihr Schicksal und Wirken und vor allem das Bleibende ihrer Leistungen im kulturellen und politischen Bereich. Die Herrschergeschichte wird hier zur Volksgeschichte und führt heran bis an die aktuellen Probleme von heute.

Hans Rall

Zeittafel zur Geschichte Bayerns

262 Seiten mit Regenten- und Stammtafeln. Pappband

Der Band enthält einen sehr informativen Gesamtüberblick über die bayerische Geschichte, mehr als 90 Monographien bayerischer, fränkischer, schwäbischer und pfälzischer Territorien. Das Buch ist ein Nachschlagewerk, das wie kein anderes rasche und zuverlässige Orientierung möglich macht.

Süddeutscher Verlag

Nachwort

Der Autor dankt allen, die ihn bei seinen Studien zu dieser Biographie über den bayerischen Kurfürsten Max Emanuel unterstützten, insbesondere den genannten Archiven im In- und Ausland, dem Bayerischen Staatsministerium für Unterricht und Kultus und der Kommission für Bayerische Landesgeschichte bei der Bayerischen Akademie der Wissenschaften, Herrn Professor Dr. Karl Bosl, dem Vorsitzenden der genannten Kommission und Vorstand des Instituts für Bayerische Geschichte an der Universität München, ferner Herrn Dr. Peter von Bomhard (München), Herrn Amtsdirektor Anton Nemeth (Wien), Herrn Dr. Werner K. Blessing (München) sowie Herrn Dr. Hans-Peter Rasp und Herrn Dr. Josef Pfennigmann vom Süddeutschen Verlag.
München, im Februar 1976   Der Autor

349, 350, 353, 365, 366, 368, 468,
475, 481, 493, 497, 498, 502, 512,
517, 541
Wiener Vertrag (von 1606) 103
Wiener Bündnis (Wiener Allianz von
  1725) 518
Wiener Neustadt 125
Wiesensteig 61, 128
Wilanow 230
Wildenwart 444
Wirtschaft 48
Wirtschaftskonferenz 272
Wismar 128
Wittelsbach 51, 77, 78, 86, 143, 144,
  191, 267, 268, 281, 322, 516, 520,
  529

Wolfstein Grafschaft 110
Württemberg 60, 365, 369, 476
Würzburg 21, 322, 351, 372

Ypern 478

Zeeland 221
Zeremoniell 72
Zillertal 331
Zips 169
Zolltarif 274
Zorneding 455
Zsitvatorch 100
Zunft 23, 41, 156, 201, 202, 271, 273,
  274, 450, 539
Zweibrücken 93
Zwiesel 26